[194]

COLLECTION

DE

DOCUMENTS INÉDITS

SUR L'HISTOIRE DE FRANCE

PUBLIÉS PAR LES SOINS

DU MINISTRE DE L'INSTRUCTION PUBLIQUE ET DES CULTES

HISTOIRE

DE

LA GUERRE DE NAVARRE

EN 1276 ET 1277

PAR GUILLAUME ANELIER DE TOULOUSE

PUBLIÉE

AVEC UNE TRADUCTION, UNE INTRODUCTION ET DES NOTES

PAR FRANCISQUE-MICHEL

CORRESPONDANT DE L'INSTITUT DE FRANCE
MEMBRE NON RÉSIDANT DU COMITÉ DE LA LANGUE, DE L'HISTOIRE ET DES ARTS
DE LA FRANCE

PARIS

IMPRIMERIE IMPÉRIALE

M DCCC LVI
1857

INTRODUCTION.

Le manuscrit d'où nous avons tiré la chronique suivante doit sa conservation à D. Pablo Ilarregui, secrétaire de l'*ayuntamiento* ou municipalité de Pampelune, qui, chargé de recueillir les archives et la bibliothèque de l'abbaye de Fitero, le retira d'un monceau de livres et de papiers mis au rebut. Écrit sur vélin, il forme un volume in-4° de 142 feuillets, orné d'armoiries, de lettres tourneures et d'initiales peintes; il n'y a pas jusqu'à la reliure en bois couvert de cuir de Cordoue, qui ne soit accompagnée d'écussons en cuivre : l'un est d'argent au chevron d'azur; un autre paraît avoir été d'or au lion rampant de sable, barré, tandis qu'un troisième porte également un lion rampant, mais sans barre aucune. Deux des huit écussons qui s'y trouvaient originairement ont été arrachés. Quant aux armoiries peintes à l'intérieur du volume, outre celles que nous avons blasonnées en premier lieu, on y voit les armes de Navarre, qui sont de gueules aux chaînes d'or passées en orle, en croix et en sautoir, et un écu d'azur aux fleurs de lis d'or sans nombre. Ces armoiries serviront sans doute à faire retrouver le premier propriétaire du manuscrit.

INTRODUCTION.

L'auteur du poëme qu'il renferme a eu soin de se nommer dès la première ligne, ainsi conçue :

Guillelmus Anelier de Tolosa me fecit.

De quel *Tolosa* s'agit-il ici? de Tolosa, chef-lieu de la province basque de Guipuzcoa, ville voisine de Pampelune, ou de Toulouse en Languedoc? Sans contredit, de cette dernière. Comme on le verra par la suite, Eustache de Beaumarchais, nommé gouverneur de la Navarre par Philippe le Hardi, passe par Toulouse pour se rendre à son poste, et y prend du monde. Notre poëte sans doute en était. Je le soupçonne fort d'avoir voulu se désigner dans les vers suivants :

> Per venir en Navarra 'N Estacha issitz fo
> De Tolosa la nobla, a lei de bo baro :
> Ab si menet un savi qu'entendia razo,
> E maint bela compaynna e maint balester bo.
>
> Page 98, couplet XLI.

Pour venir en Navarre sire Eustache sortit de Toulouse la noble, à la manière de bon baron; avec lui il mena un sage qui entendait raison, et mainte belle compagnie et maint bon arbalétrier.

Mais comme si cette épithète de *sage*, en supposant que notre troubadour ait voulu se l'appliquer, ne lui eût pas suffi, il s'attache dans un autre endroit à prouver qu'il mérite celle de *brave*; car nous ne saurions rapporter à nul autre les vers que voici :

> E d adonc anet s'en la En Guillem Anelers
> Ben armatz, car el era de lançar esquerers :
> E fy apportar peyras e 'n loguet .ij. feyssers,
> E pres l'escut el col e me se tot prumers,
> E secodet las peyras contra 'ls tracho[r]s guerrers, etc.
>
> Page 234, couplet LXXVIII.

INTRODUCTION.

Et alors s'en alla sire Guillaume Anelier bien armé, car il était embarrassé pour manier la lance; et il fit apporter des pierres et loua pour cela deux porte-faix, et prit l'écu au cou et se mit tout premier, et secoua les pierres contre les traîtres guerriers, etc.

A ces maigres détails biographiques nous n'avons rien à ajouter, sinon que notre poëte-chevalier avait été témoin oculaire de la plus grande partie des événements qu'il rapporte. C'est ainsi que, parlant de l'embarquement des troupes de Louis IX, à Aigues-Mortes, il dit :

La crozada fom granda e aneron s'aprestar
Lai al port d'Aigas Mortas. Ço qu'eu vi puiss contar.
Page 26, couplet xii.

La croisade fut grande, et ils allèrent s'apprêter là au port d'Aigues Mortes. Ce que je vis je puis conter.

Plus loin[1], faisant le récit de la guerre civile qui arma les habitants de Pampelune les uns contre les autres, il répète la même formule. Ailleurs[2], racontant le siége d'un moulin, il dit *nous*, comme s'il avait pris part à l'action. Il parle en son nom personnel pour rendre hommage à Eustache de Beaumarchais[3]; enfin il dit au milieu d'une narration : *e d adonx yeu vi lo*[4] (et alors je le vis).

Après un prologue de douze vers, dans lequel le poëte expose les motifs qui l'ont amené à écrire l'histoire du temps passé, il commence son récit par la bataille de las Navas de Tolosa, que le roi de Navarre Sancho VIII, surnommé *le Fort*, gagna le 16 juillet 1212, en compagnie des rois de Castille, de Léon, d'Aragon et de Portugal, sur Mohammed El-Nassir-

---

[1] Page 194, v. 2998.
[2] Page 210, v. 3253.
[3] Page 214, v. 3300.
[4] Page 242, v. 3753. Voyez encore pag. 222, v. 3438, et pag. 230, v. 3573.

eddin-Allah, sultan des Almohades, qui reçurent en cette circonstance un coup dont ils ne devaient pas se relever; il parle ensuite de faits qui se rapportent aux années antérieures, du voyage de Sancho à Maroc, de son séjour à la cour d'Yacoub-Almanzor, et des événements qui rappelèrent le roi de Navarre dans ses États. Après quelques détails historiquement très-précieux sur les accroissements de la ville de Pampelune, le chroniqueur vient à parler de la retraite de don Sancho à Tudela, des désordres qui en furent la suite, de la visite de Jayme, roi d'Aragon, et du choix que le roi de Navarre fit de lui pour son successeur, puis de la mort de ce dernier et de son enterrement à Roncevaux (1234).

Guillaume Anelier raconte l'avénement au trône de Thibaut, comte de Champagne et de Brie, neveu de don Sancho par sa mère l'infante doña Blanca, sœur du défunt roi et fille de don Sancho le Savant, vingt et unième roi de Navarre; il parle des fêtes qui eurent lieu à Pampelune à cette occasion, et signale les récompenses qui furent données aux jongleurs:

> La i ac dat a joglas cavals e vestiment
> E muls e palafres e maint enap d'argent.
>
> Page 20, couplet x.

Là il y eut de donné aux jongleurs chevaux et vêtements, et mulets et palefrois et maint hanap (coupe, gobelet) d'argent.

Au reste, on ne pouvait rien faire qui fût plus agréable à un souverain dont le troubadour vante, un peu plus bas, les mœurs galantes et chevaleresques, les talents pour la poésie et la musique, ajoutant qu'il donnait aux jongleurs et qu'il leur faisait honneur.

La suite du récit est consacrée aux trois mariages de Thibaut le Grand et à sa postérité. Le seul fruit du premier, Blanche, d'abord promise, en 1225, à Othon III, fils d'Odon duc de Moravie et comte palatin de Bourgogne, puis en 1234 au fils aîné de Fernando le Saint, don Alonso le Savant, roi de Castille, fut enfin mariée deux ans après avec Jean Ier, dit le Roux, duc de Bretagne; union où le troubadour voit une source éternelle de discorde entre la Castille et la Navarre. Thibaut le Grand mourut en 1253, après avoir régné dix-neuf ans; il eut pour successeur son fils aîné, nommé Thibaut comme lui, dont Anelier loue la piété. C'est sans doute pour mettre en relief cette qualité du nouveau roi, qu'il passe tout de suite au récit de l'expédition de Tunis, qui n'eut lieu que longtemps après, en 1270; peut-être aussi tardait-il au troubadour de raconter les événements dont il avait été témoin oculaire. Nous n'aurions pas la déclaration que nous avons rapportée plus haut, qu'il serait encore aisé de reconnaître le témoin dans le narrateur, tant les circonstances qu'il relate sont nettement indiquées et les détails nombreux. Le récit de la croisade de Tunis, par Guillaume Anelier, mérite donc de prendre place à la suite de la chronique du sire de Joinville, qui, comme on le sait, n'a rien dit de cette expédition, à laquelle il n'assistait pas. « De la voie que il fist à Thunes, dit le bon sénéchal en parlant de son maître, ne weil-je riens conter ne « dire, pour ce que je n'i fu pas, la merci Dieu, ne je ne « weil chose dire ne metre en mon livre, de quoi je ne soie « certein. » Seulement, comme on pouvait s'y attendre, le troubadour toulousain, devenu navarrais par suite des circonstances, s'attache à faire l'éloge de ses nouveaux compatriotes, et ne trouve pas de meilleur moyen pour cela que de placer leurs louanges dans la bouche de leurs ennemis : par exemple, lorsqu'il parle des soldats de Thibaut qui volent en chemise au secours de leur maître, il ajoute que les Sarrasins, les voyant se démener ainsi, les proclamaient des diables vivants, inaccessibles à la crainte de la mort et des blessures, et avec lesquels il ne faisait pas bon combattre.

On sait que Louis IX, le chef et l'âme de la croisade, mourut en 1270; Thibaut II ne tarda pas à le suivre; il expira à Trapana en Sicile, au mois de décembre de cette année, laissant, à défaut de postérité, le trône à son frère Henri. A en croire notre chroniqueur, qui raconte tous ces faits, c'est à des mesures sanctionnées par ce prince qu'il faut rapporter la première origine des dissensions qui devaient plus tard ensanglanter sa capitale. Comme la plupart des villes du moyen âge[1], elle consistait en une cité et en bourgs, ou faubourgs, vraisemblablement construits en vue de contenir les citadins dans le devoir et dans l'obéissance due au suzerain, plutôt qu'à les défendre. Là se tenaient principalement les troupes, ce qui, à Toulouse, valut aux gens de guerre le nom de *bourgauts*, que l'on trouve dans l'un des registres municipaux[2]. Les habitants de la cité de Pampelune, appelée *Navarrerie*, conseillés par le prieur et les chanoines, demandèrent à se séparer des bourgs et l'obtinrent, grâce à l'argent qu'ils offrirent au roi. En vain les bourgeois de Pampelune réclamèrent, rien ne leur valut. Le roi fit apporter les chartes et le sceau, briser l'un et tran-

---

[1] Voyez, entre autres, les Chroniques de Froissart, liv. I*er*, part. II, ch. XIX (éd. du Panthéon littéraire, t. I*er*, p. 317, col. 2, et 318, ann. 1356), ch. LVII (p. 370, col. 2, ann. 1357), et ch. LXXVII (p. 389, col. 2; ann. 1358). — Un ancien troubadour parlant d'Avignon, détaille

La ciptat e lo borc o lo donjo, etc.
Roman de Gérard de Rossillon, p. 169.

[2] *Mémoires de l'histoire du Langue*doc, par M*e* Guillaume de Catel, liv. II, ch. II, p. 134, 135. (Cf. *Gloss. med. et inf. latin.* t. I, p. 816, col. 2, v° *Burgus*. — Dans un glossaire latin dont le manuscrit remonte au IX° siècle, *burgus* est expliqué par *castra*. (Voyez *Catalogus codicum philologicorum latinorum Bibliothecæ Vindobonensis*. Digess. Stephan. Endlicher. Vindobonæ, apud F. Beck, 1836, in-8°, p. 296.)

cher les autres. Cet acte d'autorité précéda de peu sa mort, qu'une note marginale du manuscrit fixe au jour de sainte Marie-Magdeleine de l'an 1273. Il laissait, pour lui succéder, une fille en bas âge, sous la tutelle de Blanche d'Artois, sa mère. Celle-ci dut penser à donner un gouverneur au royaume; elle convoqua les cortès, qui s'assemblèrent à Pampelune, et D. Pierre Sanchiz de Monteagudo, seigneur de Cascante, fut élu. La reine mère, alors, songea à se mettre en route pour la France, afin d'aller voir sa fille à Provins, où elle la faisait élever. Son départ fut le signal qu'attendaient les habitants de la Navarrerie; au mépris des priviléges octroyés au bourg de San Cernin, ou de San Saturnino, par les rois de Navarre, ils élevèrent des fortifications et les garnirent de machines de guerre. Le poëte dont nous analysons le récit décrit l'irritation des bourgeois, et rapporte les délibérations qui eurent lieu à cette occasion. Conformément à un avis ouvert par l'un d'entre eux, ils vont se plaindre au gouverneur, qui promet d'examiner les droits respectifs des parties et de rendre prompte justice. Dans ce but, il se transporte dans la Navarrerie, et entame une espèce d'enquête. Elle se termine par le refus net de détruire les machines de guerre, et par la menace de les défendre. Sans se laisser arrêter par cette fière réponse, le gouverneur assemble les cortès, et le conseil est d'avis que les ouvrages de guerre commencés par les habitants de la Navarrerie doivent être démolis. D. Pierre Sanchiz prend un arrêté en conséquence; mais quand ceux auxquels il s'adressait en eurent connaissance, ils répondirent au gouverneur comme ils l'avaient déjà fait par l'organe de D. Sancho de los Arcos, l'un d'eux.

Une pareille réponse méritait un châtiment : il ne se fit pas attendre, et l'ordre fut donné de ravager les propriétés des récalcitrants. Cet ordre fut rempli avec tant de rigueur que leurs adversaires eux-mêmes intercédèrent auprès du gouverneur, qui sortit de Pampelune, fort contrarié de la manière dont son jugement avait été exécuté. Il se mit à parcourir la Navarre, allant de Tudela à Olite, puis à Tafalla. Dans cette dernière ville, il reçut la visite d'un messager porteur de paroles menaçantes de la part de D. Garcia Almoravit, qui commandait dans la Navarrerie. Sans perdre un seul instant, le gouverneur rassemble des troupes et se met en marche vers Pampelune, bannière déployée. Une fois dans le bourg de San Cernin, il fait prévenir D. Garcia de son arrivée. Celui-ci lui propose un combat singulier. Rien ne paraissait devoir s'opposer à ce qu'il eût lieu, lorsque, par l'effet des démarches de don Gonçalvo Ibañez, l'affaire n'eut pas de suites.

Les discordes civiles n'en continuèrent pas moins. Sur l'avis d'un bourgeois nommé Garcia Arnalt, deux autres bourgeois furent députés au gouverneur, qui se trouvait alors à Estella, pour lui demander l'autorisation de mettre les bourgs de San Cernin et de San Nicolas en état de défense, comme l'avait fait la Navarrerie *que s'apela ciptatz*. D. Pierre Sanchiz la leur accorda, et les bourgeois s'empressèrent d'en profiter; ils envoyèrent chercher des ingénieurs en Gascogne, et les Vingt (c'est ainsi qu'on nommait le conseil des bourgs) leur donnèrent l'ordre de se mettre en besogne. D. Garcia Almoravit, averti que les bourgeois avaient fait tailler dans la montagne une grande quantité de palissades, y envoya du monde; et ces bois, ne se trouvant gardés par personne, furent mis en pièces.

Bientôt, en Navarre, les choses en vinrent à un tel point, que, fatigués du désordre qui régnait, les diverses classes de la société s'entendirent pour envoyer deux messagers à Paris, à Philippe le Hardi; ils avaient pour mission de lui demander un gouverneur. Après en avoir longuement délibéré avec son conseil, le roi nomma à ce poste important Eustache de Beaumarchais, que lui avaient chaudement recommandé Erard, sire de Valéry, et deux autres de ses conseillers. Il faut lire dans notre chronique toutes les merveilles qu'ils rapportent de l'administration d'Eustache, pendant qu'il était sénéchal de Poitou, sous Alphonse, second frère de Louis IX, et bailli des montagnes d'Auvergne. Mandé à Paris, le nouveau gouverneur quitte Toulouse, où il commandait pour le roi, et se rend auprès de Philippe, qui lui apprend sa nomination, lui donne ses instructions et le bénit. Eustache revient ensuite à Toulouse, y lève des troupes et se met en marche vers son poste en passant par la Gascogne, par la terre de sire Gaston, c'est-à-dire par le Béarn, par Sauveterre, Saint-Jean-Pied-de-Port et Roncevaux.

Un grand nombre de chevaliers et d'*enfançons*, c'est-à-dire de nobles Navarrais, vinrent à sa rencontre; parmi eux se trouvaient trois des plus notables habitants de la Navarrerie, qui commencèrent à l'entretenir des griefs qu'ils avaient contre ceux des bourgs. Voyant les sentiments qu'une partie de la population nourrissait contre l'autre, Eustache défend que personne ne sorte de la ville pour venir le recevoir, et un samedi matin il s'en vient à Olaz, dans la vallée d'Eguës, où le roi Thibaut avait fait construire des châteaux. Le dimanche matin il arrive à Pampelune, à l'insu de tout le monde, excepté des Champenois, qui s'empressèrent de le désarmer. L'auteur ajoute :

> E z anet audir messa, e d adonx yeu vi lo,
> Dedintz Sancta Maria fazent oraçõ.
>
> Page 100, couplet XLI.

Et il alla ouir messe, et alors je le vis dans Sainte-Marie faisant oraison.

Une fois dans le palais des rois de Navarre, le nouveau

gouverneur fut assailli de plaintes et de réclamations. Il se décida alors, d'après le conseil de D. Gonçalvo Ibañez, à convoquer les cortès à Estella. Les seigneurs y prêtèrent serment à Eustache de Beaumarchais, et reçurent les sommes qui leur étaient dues pour la garde des châteaux et le payement des troupes. Le gouverneur porta alors son attention sur la discorde qui régnait entre la cité et les bourgs de Pampelune, et tenta d'y mettre un terme. Il crut y parvenir en convoquant les cortès et en leur soumettant l'affaire. Après en avoir délibéré, l'assemblée fut d'avis que les fortifications devaient être démolies de part et d'autre. D. Ponce Baldoin, au nom des bourgs de San Nicolas et de San Cernin, déclara qu'ils se conformeraient à cette décision; quant aux députés de la Navarrerie, ils refusèrent de prendre aucun engagement avant d'avoir conféré avec le conseil de la ville, titre qui appartenait également à cette partie de Pampelune. Le conseil assemblé, le prieur Sicard prit la parole, et l'avis qu'il émit de résister à la volonté du gouverneur, entraîna bientôt tous les autres.

Eustache, averti de cette détermination, monte à cheval et se rend au palais de l'évêque. Les habitants de la Navarrerie, le voyant passer, croient qu'il vient démolir leurs fortifications; ils courent aux armes, font entendre des cris de mort, et enveloppent le gouverneur et sa troupe. Eustache veut entrer dans Sainte-Marie, il en trouve les portes fermées; il réussit, cependant, à quitter la ville et à gagner Olaz. Le lendemain il se rend au bourg de San Cernin, où l'attendait une meilleure réception; les bourgeois se montrent fort irrités de ce qui lui était arrivé la veille, et l'exhortent à en tirer vengeance. Eustache leur répond qu'il est décidé à souffrir en paix jusqu'à ce que l'heure de la vengeance ait sonné.

Après être resté quelque temps à San Cernin, le gouverneur se mit à parcourir la Navarre, pendant que, d'un autre côté, D. Gonçalvo Ibañez s'efforçait de réconcilier D. Pedro Sanchiz et D. Garcia Almoravit. Il y réussit; mais, dit notre auteur, ils firent la paix comme elle se fait en Lombardie, où l'un donne des assurances à l'autre jusqu'à ce qu'il voie son avantage.

Dans le même temps, le bourg de San Cernin et les autres, déterminés à se conformer aux ordres du gouverneur, firent jeter à terre leurs fortifications et lui en donnèrent avis, le priant d'assurer l'exécution du reste de l'arrêté. Eustache les exhorta à la patience, leur rappelant que Paris n'a point été construit en un jour.

D'un autre côté, les barons de la Navarre avaient formé comme une conspiration contre l'autorité de leur jeune reine, dans l'intérêt d'Alonso le Savant, roi de Castille et de Léon. Eustache de Beaumarchais, auquel don Gonçalvo Ibañez avait fait part de leurs projets, refusa avec indignation de s'y associer, et protesta qu'il mourrait avant de souffrir qu'ils s'exécutassent. Se voyant repoussés, les barons navarrais songèrent à chasser le gouverneur français; pour cela, ils imaginèrent un stratagème. Suivant eux, don Lope Diez, seigneur de Biscaye, et don Simon Ruiz, seigneur de los Cameros, avaient été exilés de Castille pour avoir épargné la Navarre. Ils aimaient ce pays et demandaient à être reçus à son service. Eustache y ayant consenti, ainsi que les cortès du royaume assemblés dans le château de los Arcos, bientôt après une armée de Castillans entra en Biscaye et y porta le ravage et l'incendie. Lope Diez ne manqua pas de réclamer des secours du gouverneur de la Navarre, qui s'empressa de convoquer à Pampelune les barons du royaume. Tous s'y rendirent en armes, à la tête de leur monde, prêts à marcher contre les envahisseurs. Cependant les conjurés convinrent de leurs faits; ils devaient s'entendre avec l'ennemi, prendre jour pour livrer une bataille rangée, et tout disposer de manière à ce qu'Eustache succombât des premiers. Leur conférence ne fut pas tellement secrète qu'il n'en transpirât quelque chose dans le bourg de San Cernin, où le gouverneur ne comptait que des amis. Averti par don Ponce Baldoin, il change de résolution et annonce aux barons qu'il ne quittera pas Pampelune. Battus de ce côté, ceux-ci ne renoncent cependant pas à leur projet; ils reviennent en ville et proposent aux habitants des bourgs de s'unir à eux pour renvoyer Eustache; mais, loin d'entrer dans leurs vues, les bourgeois se concertent pour les faire échouer, et promettent au gouverneur de le soutenir jusqu'à la mort. Ils le reçoivent au milieu d'eux, pendant que, d'un autre côté, les barons se renferment dans la Navarrerie. Le premier soin de ceux-ci fut de tenir *parlement,* comme dit Guillaume Anelier, dans l'église de Sainte-Marie, et, dans une seconde séance, tous prêtèrent serment.

Une scène analogue se passait en la cité, dans l'église Saint-Laurent; les habitants, s'adressant au gouverneur, s'écriaient d'une voix unanime qu'ils le défendraient jusqu'à la mort.

A partir de ce moment, il ne fut plus question que de se mettre en état de défense. Le point que l'on s'attacha plus spécialement à fortifier fut la tour de la Galée, car, dit Anelier, en cette tour était le péril; ce qui n'empêcha point de songer à la tour de la Cloche, à la tour Neuve, à celle qui venait après la Cloche, aux deux tours rondes qui tenaient à l'hôpital de San Cernin et aux autres, en grand nombre, qui ajoutaient à la force de Pampelune. Il paraît que Guillaume Anelier se mêla activement de ces préparatifs, s'il faut s'en rapporter à ces vers, où il interrompt le long détail des dispositions qui furent prises, pour dire :

> E nom de Jhesu Crist, qu'es nostre salvamens,
> Ieu garniray las tors e 'ls autres bastimens
> De la Poblacion[1], on es aunamens.
>
> Page 166, couplet LVIII.

Au nom de Jésus-Christ, qui est notre salut, je garnirai les tours et les autres bâtiments de la Poblacion, où il y a concorde.

Voulant conjurer les malheurs qui menaçaient la capitale du royaume, le prieur de Saint-Jacques se rendit auprès de la vingtaine, ou municipalité, qui était assemblée dans le jardin des frères Mineurs, et leur prêcha la réconciliation et la paix. Les bourgeois consentirent à ce que leur proposait le bon religieux, qui s'empressa de se rendre dans la Navarrerie pour tenter d'obtenir des révoltés le même résultat; mais il les trouva intraitables et décidés à combattre leurs voisins tant que ceux-ci conserveraient Eustache de Beaumarchais au milieu d'eux. A peine les religieux qui étaient avec le prieur eurent-ils rapporté à la vingtaine l'échec qu'ils venaient d'essuyer, qu'un messager vint donner avis que ceux de la Navarrerie commençaient l'attaque. Néanmoins, un autre ecclésiastique, l'abbé de Mont-Aragon, fit de son côté des démarches auprès des deux partis pour les réconcilier; mais il perdit son temps et ses paroles.

Sur ces entrefaites, le prieur de Saint-Jean (de Saint-Jean-Pied-de-Port, je suppose), qui se rendait en Espagne avec une suite nombreuse, apprit à Roncevaux ce qui se passait, de la bouche d'un messager qu'Eustache de Beaumarchais expédiait à Philippe le Hardi. Il se hâta d'arriver à Pampelune,

---

[1] Nom par lequel on désignait l'un des bourgs dont se composait Pampelune.

dans l'espérance d'y établir la paix; mais ses efforts furent vains, comme ceux du prieur de Saint-Gilles et d'autres ecclésiastiques, qui avaient tenté la même entreprise. Les choses, cependant, avaient été sur le point de s'arranger, lorsqu'un habitant de la Navarrerie, nommé Pascal Gomiz, avait tout gâté en faisant jouer contre la cité une machine à lancer des pierres. Il n'en fallait pas tant pour que la guerre civile éclatât dans toute sa fureur. Les bourgeois s'arment et Eustache monte à cheval, une torche en main, pour porter l'incendie dans la cité. Il met le feu à une maison; de leur côté, ceux qui sont restés dans l'enceinte des bourgs montent sur les murs avec des torches, jetant du bois et du soufre pour donner de nouveaux aliments aux flammes. En même temps, les dames et demoiselles, les serviteurs et servantes, s'empressent d'apporter de l'eau dans la tour de la Galée, dont une partie commence à brûler; mais ceux qui l'occupent réussissent à éteindre le feu. Alors, les *ricomes*, renfermés, comme on le sait, dans la Navarrerie, montent à cheval, sortent de la ville et se portent du côté de la Taconera pour faire du butin; le combat s'engage de plus belle et continue jusqu'à la nuit. Le lendemain et le surlendemain les choses se passèrent de la même manière, et le troubadour entre à ce sujet dans de longs détails. Le troisième jour commença par la prise d'un moulin appelé *del Maço*, dont la garnison, privée de son chef et se voyant sur le point d'être incendiée, se rendit à don Pedro Sanchiz. Lope Diez et don Simon se trouvaient alors à Pampelune. Les habitants de la Navarrerie, voyant que l'avantage n'était pas de leur côté, les prièrent de demander pour eux une trêve de deux jours. Eustache l'accorda bien mal à propos, *dont y fe grant nossen*, dit Guillaume Anelier; car les révoltés en profitèrent pour mettre en lieu sûr des effets pour la valeur de mille marcs d'argent. De son côté, le gouverneur s'occupa de ravitailler les bourgs, et fit distribuer gratuitement aux pauvres une grande quantité de blé; il prit également des dispositions pour empêcher que le peuple ne sortît inconsidérément.

Le troisième jour les hostilités recommencèrent et se poursuivirent avec des chances diverses et des circonstances que Guillaume Anelier a minutieusement consignées dans sa chronique rimée, mais dont l'analyse n'offrirait aucun intérêt. L'acharnement des combattants était tel, et il y eut tant de traits lancés et envoyés par les arbalétriers des bourgs, de garde ce jour-là, qu'il en fut compté aux Vingt deux cent vingt livres.

Dans la Navarrerie on avait le même jour écorché sept chevaux de prix : ce qui fait supposer que l'on y manquait de vivres. En tous les cas, les révoltés avaient eu le dessous.

Cependant le messager expédié par Eustache de Beaumarchais était arrivé à Paris et avait appris à Philippe le Hardi ce qui se passait en Navarre. Ce prince s'empressa de mander auprès de lui Imbert, sire de Beaujeu et connétable de France. Pendant qu'ils étaient en conférence, arriva un second messager, qui informa le roi de la position critique dans laquelle se trouvait Eustache. Ce prince les renvoya l'un et l'autre en les chargeant de dire au gouverneur qu'il aurait bientôt du secours. A peine celui-ci recevait-il ces nouvelles si bien faites pour lui causer de la joie, qu'on lui annonçait la défection de l'un des principaux d'entre les conjurés; ce qui n'empêcha pas néanmoins que la guerre ne continuât avec le même acharnement, mais avec des circonstances dont les détails n'ont rien d'assez intéressant pour mériter de prendre place dans ce résumé. Il faut en excepter, cependant, ceux qui sont relatifs à l'auteur de notre poëme, Guillaume Anelier, qui, ainsi que nous l'avons dit plus haut, y est représenté comme un chevalier d'une valeur éprouvée.

Bientôt la guerre, au lieu de se calmer, redoubla de violence. Les révoltés ayant pris la résolution de couper les vignes et les arbres de l'ennemi, à leur appel les vilains du voisinage et les juifs accoururent, et les *ricomes* firent une sortie à leur tête. La campagne fut mise à feu et à sang. Eustache eût bien voulu pouvoir arrêter ces ravages; mais, dit Guillaume Anelier, il avait grand peur d'être trahi, car il avait avec lui des Navarrais et en assez grand nombre.

Néanmoins, les arbalétriers des bourgs se portèrent à la rencontre des cavaliers, et, d'après un fait qui se passa dans cette circonstance, on peut juger de l'animosité des partis l'un contre l'autre. Un chevalier de la Navarrerie ayant été frappé d'un trait au cœur, les habitants des bourgs se mirent à crier : « Salez-le, salez-le. » Exemple que leurs adversaires, comme on peut le voir plus loin [1], s'empressèrent d'imiter. Un autre chevalier, dans cette rencontre, fit preuve de valeur et de sang-froid : il était de Toulouse, se nommait Guillaume Isarn et combattait du côté d'Eustache de Beaumarchais.

L'un des meneurs du parti opposé ayant ouvert l'avis de miner les quartiers ennemis et l'ayant fait adopter, le gouverneur informé de ce plan, songea à le déjouer. Il manda maître Bertrand, son ingénieur, qui prit ses dispositions en conséquence et fit commencer les travaux. De part et d'autre ils furent poussés avec tant d'activité, que les mineurs des deux partis ne tardèrent point à se rencontrer et à jouer des couteaux. La victoire resta à ceux des bourgs, qui mirent leurs adversaires en fuite.

---

[1] Page 246, vers 3828.

Pendant que tout cela se passait, trois messagers partaient pour Paris. Ils étaient chargés de lettres de la part des bourgs pour le roi Philippe, et avaient pris chacun un chemin différent, afin que, si le malheur voulait qu'un ou deux d'entre eux fussent dépouillés, il en échappât un pour accomplir le message. Ils arrivèrent tous les trois l'un après l'autre, sans avoir rencontré en chemin Gaston sire de Béarn, le prieur de Saint-Gilles, ni Clément, sire d'Aunay, que le roi avait envoyés en Navarre; ils les trouvèrent à leur retour, qui ne se fit pas attendre. Les trois commissaires avaient commencé leur enquête par la Navarrerie, où étaient les barons. Ceux-ci imaginèrent une ruse pour les mal disposer contre leurs adversaires : ils portèrent la cuisine de Gaston à l'endroit où le trébuchet des bourgs lançait des pierres. L'un des projectiles tomba dans un chaudron où cuisait du mouton, et le mit en pièces. Deux des *ricomes* n'eurent rien de plus pressé que de signaler à Gaston ce qu'ils appelaient une méchanceté calculée. Le sire de Béarn répondit à cette accusation en excusant ceux contre qui elle était formée, et en demandant pour les bourgs une trêve de quinze jours, que leurs adversaires furent bien forcés d'accorder. D'un autre côté, Eustache de Beaumarchais reçut l'ordre de ne rien lancer contre la Navarrerie, et personne ne bougea plus dans les bourgs. Les commissaires tentèrent alors de parler de réconciliation; mais les *ricomes* fermèrent l'oreille à toutes leurs prières. Il ne s'en trouva qu'un qui songeât à faire sa paix avec les bourgs et le gouverneur; c'était, il est vrai, un de leurs chefs, D. Pedro Sanchiz, sire de Cascante. Il promit à Gaston de passer de leur côté ; à ce qu'il paraît, il en fut empêché, car on l'attendit vainement les deux nuits suivantes. Les *ricomes* ayant eu vent de ce qui se tramait, complotèrent la mort de D. Pedro, de concert avec les habitants de la Navarrerie. Les conjurés, à la tête desquels se trouvait don Garcia Almoravit, se présentèrent en armes à la porte du sire de Cascante, qui allait se mettre au lit. Ils la firent voler en éclats, et tuèrent le malheureux don Pedro, malgré les efforts de don Garcia Martinez d'Eussa, chevalier qui était à son service, et qui lui-même périt avec deux jeunes écuyers. Tout cela, ainsi que nous l'apprend une note tracée au bas du folio 117 recto et reproduite page 268 de l'imprimé, se passait en 1276.

Cette mort glaça d'effroi Gaston de Béarn, qui s'empressa de quitter la ville et de retourner auprès du roi de France, toujours en compagnie du prieur de Saint-Gilles. Arrivés à Paris, ils exposèrent à leur maître la situation dans laquelle ils avaient laissé Pampelune. Après leur avoir solennellement promis de tirer Eustache de la fâcheuse position dans laquelle il se trouvait, Philippe le Hardi assembla son parlement. Le comte d'Artois, cousin germain du roi, et Imbert, sire de Beaujeu, y parlèrent et furent d'avis qu'on devait porter secours au gouverneur de la Navarre. Dans un conseil privé qui se tint ensuite et auquel assistaient le comte d'Artois, les comtes de Bretagne et de Flandre, le connétable de France et plusieurs prélats, le roi nomma chefs de l'armée qui allait passer les Pyrénées, le premier de ces seigneurs et Imbert de Beaujeu; quant à lui, il devait venir à leur suite pour les soutenir, dans le cas d'un échec.

Pendant ce temps là, que se passait-il à Pampelune? Les *ricomes* retranchés dans la Navarrerie avaient violé la trêve et recommencé à ravager la campagne; un des notables des bourgs insultait gravement Eustache de Beaumarchais, et la guerre recommençait avec un nouvel acharnement. Les bourgeois demandaient quand viendrait le secours promis par le roi Philippe : « A la Sainte-Marie d'août, » répondait le gouverneur pour les rassurer, et la fête se passait sans que l'on vît arriver personne. Qu'on juge de la douleur du pauvre Eustache, obligé de donner des assurances auxquelles il ne croyait pas lui-même!

Cette guerre intestine dura longtemps encore, avec des circonstances tout aussi cruelles et qui sont longuement rapportées dans le poëme de Guillaume Anelier, du folio 121 verso au folio 129 verso du manuscrit[1], c'est-à-dire en plus de trois cents vers.

Enfin, l'armée royale arriva en vue de Pampelune; outre le comte d'Artois et le sire de Beaujeu, on y remarquait les comtes de Foix, d'Armagnac et de Périgord, Jourdain de l'Ile et son fils, Sicard de Montaut, Jourdain de Rabastens, le sire de Caumont et celui de Bérenx, Raimond Roger, Clément de Lanais, le vicomte d'Avilar, le sire de Tonneins, Bertrand de Cardeillac, le sire de Navailles, et maint bon chevalier, maint homme de marque.

Averti par un messager de l'arrivée de l'armée française, Eustache de Beaumarchais, transporté de joie, convoque un parlement dans l'église de Saint-Laurent, et propose aux bourgeois assemblés d'aller hors de la ville à la rencontre de leurs libérateurs. Cette proposition est accueillie avec enthousiasme, et tous sortent en armes, précédés de trompettes. Un instant le connétable les prit pour ceux qu'il venait châtier; mais son erreur fut de peu de durée, et, quand on se reconnut, la joie n'eut pas de bornes.

Pendant que l'armée prenait ses positions, quelqu'un qui en faisait partie envoya dire à D. Garcia Almoravit de songer à

---

[1] Voyez ci-après, à partir de la page 276, couplet XCII, jusqu'à la page 294, couplet XCVII, inclusivement.

partir. Guillaume Anelier ne dit pas le nom du donneur d'avis; mais il ajoute :

> Pero be say qui es, mas no lo vuyll nommar.
>
> P. 300, vers 4673.
>
> Pourtant je sais bien qui il est, mais je ne veux pas le nommer.

Avertis du danger qui les menaçait, D. Garcia, D. Gonçalvo Ibañez, les barons et les *ricomes* convinrent de sortir la nuit même de la Navarrerie, et de se mettre en sûreté; dans le cas où ils ne pourraient obtenir les clefs, ils étaient décidés à briser les portes. Ce projet ayant été éventé, les habitants crurent le déjouer en les barricadant; mais ils ne purent empêcher qu'à l'heure de matines, où tout le monde était couché, barons et bourgeois, donnant le change à ceux qui croyaient les retenir, n'enlevassent les portes de leurs gonds et ne sortissent sans coup férir, au grand chagrin des témoins de ce départ.

Le lendemain, au jour, le cri *aux armes* retentit de toutes parts, et l'armée royale se préparait à l'attaque, quand le bruit se répandit que l'on pouvait entrer dans la Navarrerie, restée sans défense par la retraite des chevaliers et des citadins. Les Français se mirent en marche et pénétrèrent dans la place sans combat. Le pillage alors commença, accompagné de toutes les horreurs, de toutes les profanations d'usage en pareille circonstance. Cette partie du récit de notre auteur[1] n'est pas la moins curieuse de l'ouvrage. Une fois le pillage terminé et la soldatesque rentrée dans l'ordre, Eustache passa en revue les prisonniers, et de tous ceux qu'il reconnut pour lui avoir fait de la peine, il fit pendre les uns, traîner les autres à la

---

[1] Pages 304-306, vers 4736-4759, couplet xcviii.

queue d'un cheval, et renfermer le reste dans le château de Tiebas. Privée de ses habitants, la Navarrerie devint bientôt un lieu de désolation, dans lequel, dit Guillaume Anelier, on aurait pu faire de l'herbe et semer du froment. Nous sommes toujours en 1276.

Bientôt après, Philippe le Hardi eut envie de venir en Navarre, à la tête d'une armée, pour rétablir complétement l'ordre dans ce pays. Il fit des préparatifs formidables, convoqua une partie de ses vassaux même du nord, « et le roi, dit le troubadour, eut avec lui tant de compagnons, que, suivant ce que j'ouis dire, ils furent trois cent mille. » C'est ce qu'on a peine à croire, même en songeant que Philippe traînait après lui des prélats, des moines de tous ordres, des chevaliers du Temple et de l'Hôpital. Quoi qu'il en soit, l'auteur ajoute qu'il y eut tant de gens, que le pain de deux deniers se vendit deux sanchets et fut très-recherché.

L'armée était arrivée à Sauveterre, en Béarn, quand un messager qui venait de Navarre se présenta au roi Philippe et lui apprit la fuite des barons et des habitants de la Navarrerie, l'entrée des Français dans la place et le supplice des révoltés. Le roi, alors, consulta les douze pairs et ses conseillers, pour savoir s'il devait aller en Castille, afin d'assurer la couronne à son neveu. Il en fut détourné par sire Jean d'Acre, qui lui représenta la famine à laquelle l'armée était en proie, et il se remit en route pour la France, pendant que le connétable, pour assurer la tranquillité de la Navarre, parcourait le pays avec Eustache de Beaumarchais; mais tout était rentré dans l'ordre.

Quand ils furent revenus, ils tinrent un conseil auquel prirent part le comte d'Artois, le sire de Béarn, les comtes de Foix et de Bigorre, et maint autre baron : il y fut résolu que les tours et les châteaux des *ricomes* qui avaient trempé dans la revolte seraient rasés, opération qui commença dès le lendemain. L'armée se porta ensuite sur Saint-Christophe (aujourd'hui San Cristobal); mais ceux qui y étaient renfermés l'accueillirent par une décharge de traits et de projectiles de toute espèce. Le combat dura toute la journée sans que les assiégeants, à leur grand chagrin, parvinssent à s'emparer de la forteresse. Transporté de dépit, le sire de Beaujeu jure alors de l'avoir ou de périr. L'armée s'approche des murs; mais personne ne paraît pour les défendre, et les arbalétriers qui s'étaient portés en avant reconnaissent que Saint-Christophe a été évacué sans bruit pendant la nuit. Les Français durent la vie à des chiens, qui se jetèrent sur de la viande laissée par la garnison; elle était empoisonnée, comme l'eau et le pain qui s'y trouvaient en abondance. Saint-Christophe fut ruiné de fond en comble.

L'armée se porta ensuite sur Mendavia, qui se rendit après une courte résistance, puis sur Puynni Castro, qui fut pris. Le lendemain matin, elle se mit en route pour Estella, où les barons tinrent conseil et décidèrent d'aller à Garaynno. Cette place avait été fortifiée par Fortuyn Iniguez; elle se rendit après un siége de courte durée, et Eustache de Beaumarchais y mit garnison. Les troupes revinrent ensuite à Pampelune.

A partir de cet endroit, il devient difficile d'analyser le poëme de Guillaume Anelier, par suite de la mutilation qu'a éprouvée le manuscrit; nous ne chercherons donc pas à fonder un sens sur les mots qui ont échappé à la destruction, nous examinerons de quelle valeur cette chronique peut être pour l'histoire politique et littéraire de la France.

Inconnue jusqu'ici, elle ne nous paraît point avoir été jamais publiée; en d'autres termes, je ne crois pas qu'il en ait ja-

INTRODUCTION.

mais existé d'autre exemplaire que celui de l'abbaye de Fitero. Du moins ce manuscrit m'a bien l'air d'être celui que l'auteur aurait fait exécuter et revu lui-même pour l'offrir à Imbert de Beaujeu ou à Eustache de Beaumarchais. Ce qui me le fait supposer, ce sont, d'une part, les corrections marginales et les notes placées au bas des pages; de l'autre, les armoiries fixées sur la couverture ou peintes dans l'intérieur du volume : or, nous savons que le connétable portait un lion de sable dans ses armes; Guillaume Anelier lui-même nous le dit en plusieurs endroits :

> Pero lo conestable, per caçar robacers,
> Cavalgua per Navarra ab so leo que es ners.
>
> Page 312, vers 4849.

Mais le connétable, pour chasser les voleurs, chevauche par la Navarre avec son lion qui est noir.

> E yntret y 'l conestable e sos leos qu'es ners,
> E redet l'om la vila.
>
> Page 320, vers 4977.

Et le connétable y entra ainsi que son lion, qui est noir, et l'on rendit la ville.

Au reste, nous n'émettons cette opinion qu'avec réserve, et nous sommes loin de nous inscrire en faux contre le P. Anselme, qui décrit les armoiries de la maison de Beaujeu, d'or au lion de sable chargé d'un lambel de cinq pendants de gueules[1], ni contre Palliot, qui les blasonne d'or au lion de sable, armé et lampassé de gueules, brisé d'un lambel à cinq pendants de même mis en fasce[2], ni contre le P. Menestrier,

---

[1] *Histoire généalogique et chronologique de la maison royale de France*, 3ᵉ éd. t. VI, p. 81, 89.

[2] *La vraye et parfaite Science des armoiries... de feu maistre Louvan Geliot*, publiée par Pierre Palliot. Dijon et Paris, M. DC. LXIV. in-fol. p. 403, 404, n° VIII.

qui les donne d'or au lion de sable, armé et lampassé de gueules, accolé d'un lambel de cinq pendants de gueules[1].

Après l'analyse que nous venons de donner du poëme d'Anelier, il est peut-être inutile de chercher à faire ressortir sa valeur historique. Elle est d'autant plus grande que l'auteur, comme nous l'avons déjà dit, a été témoin oculaire des faits qu'il rapporte, et que ces mêmes faits n'étaient connus jusqu'à présent que par la vie de Philippe III, de Guillaume de Nangis, incorporée dans les grandes Chroniques de France[2], par la Branche des royaux lignages, de Guillaume Guiart[3], et par la Chronique du prince de Viana. Que l'on compare les Annales de Navarre, du P. Joseph de Moret, auxquelles je m'en tiens, laissant de côté André Favyn et nos historiens subséquents, et l'on verra combien de détails nouveaux et importants nous révèle le chevalier toulousain. Qui sait si ce n'est pas de lui que voulait parler Garci Lopez de Roncevaux, trésorier de Charles III, quand il dit, dans sa chronique, qu'il s'abstient d'écrire sur la guerre civile de Pampelune, parce que l'histoire en est longue et que les détails en sont consignés en d'autres livres conservés dans la jurade de Pampelune et ailleurs, *porque la historia es luenga, et largamente escripta en otros libros en la jurería de Pamplona, et otras partes*[4]?

---

[1] *La nouvelle Méthode raisonnée du blazon*, etc. A Lyon, M. DCC. LXI. in-8°, p. 122.

L'écu des barons de Beaujeu était décrit dans ces quatre vers bourguignons :

Un lion nai en champ d'ora,
Les ongles roges et la quoua,
Un lambey roge sur la joua,
Sont les armes de Bejoua.

[2] Voyez l'édition de M. P. Paris, Phelippe III, ch. XIX, XXIII et XXIV; t. V, p. 38, 39, 48-53.

[3] Vers 5127-3148, 3181-3256. (Édition des Chroniques nationales françaises, t. VIII, p. 122, 124-127.)

[4] *Annales del reyno de Navarra*, t. III. En Pamplona, M. D. CC. LXVI. in-fol. p. 414, col. 1, n° 26.

INTRODUCTION.

Un autre genre d'intérêt que présente le poëme d'Anelier, ou plutôt l'histoire de la Navarre à cette époque, c'est que ce pays était presque français, beaucoup plus français qu'on ne saurait le croire. Le prince de Viana, que je citais tout à l'heure, disait que la population de San Cernin de Pampelune se composait de Français venus de Cahors, « *los quales Carniceses,* « ajoute-t-il, *fueron echados de Francia por el rey D. Felipe* [1]. » Pour peu que l'on lise les noms des bourgeois dont il est question dans le poëme, on verra qu'ils appartiennent pour la plupart au midi de notre pays; observation, soit dit en passant, qui s'applique également à un document de l'an 1247 [2], et à d'autres pièces où le P. Terreros a puisé l'opinion qu'Illescas et les villages voisins, à six lieues de Tolède, avaient été peuplés uniquement de Gascons [3].

Reste à parler du dialecte dans lequel a écrit Guillaume Anelier. Toulousain, et probablement de la même famille qui avait déjà produit un troubadour du même nom [4], il était naturel qu'il employât l'idiome de sa patrie, la langue des jeux floraux;

---

[1] *Crónica de los reyes de Navarra...* Pamplona, 1843, in-4° esp. lib. II, cap. VIII, p. 89. — Quel est cet arrêt d'expulsion et ce roi de France? Si, comme je le soupçonne, le prince fait allusion aux lettres ou au mandement de Philippe III rendu en 1373 au sujet des Lombards, *Caorcins* et autres usuriers, et publié parmi les *Ordonnances des roys de France de la troisième race,* t. I, p. 298-300, l'argument emprunté au passage que nous avons cité n'a que bien peu de poids, et nous n'hésitons pas à l'abandonner; en effet, comme on le verra dans nos notes, il est loin d'être prouvé que la dénomination de *Caorcins* se rapportât à des gens de Cahors; et d'ailleurs, l'ordonnance de Philippe III, dirigée seulement contre quelques individus, ne dut point occasionner une émigration assez sensible pour qu'un quartier tout entier d'une ville pût être peuplé de ces exilés.

[2] *Diccionario de antigüedades del reino de Navarra,* t. Ier, p. 525.

[3] *Paleografía española,* etc. En Madrid : en la Oficina de Joachin Ibarra, año de 1758, in-4° esp. p. 18.

[4] Voyez dans le tome XVIII de l'His-

mais il faut croire aussi que, quand il se mit à rimer, il était déjà vieux et depuis longtemps établi en Navarre; car son provençal est profondément infiltré d'espagnol. Quoi qu'il en soit, déjà précieux sous le rapport historique, plus curieux encore pour la connaissance des mœurs et de la vie militaire à la fin du XIIIe siècle, le poëme de Guillaume Anelier présente un vif intérêt aux philologues, qui, marchant sur les traces de l'illustre Raynouard, étudient la langue du midi de la France dans le petit nombre de monuments échappés à la rage des Omar de l'inquisition. Ils y trouveront une foule de mots qu'ils chercheraient en vain dans le *Lexique roman*.

Ces avantages, exposés en 1846 à M. le comte de Salvandy, alors ministre de l'Instruction publique, le déterminèrent à faire copier le manuscrit de Fitero, dans le but d'en enrichir la Collection des documents inédits relatifs à l'histoire de France, et je fus choisi pour exécuter ce travail. Arrivé à Pampelune, où je n'étais pas inconnu, j'entrepris et poursuivis rapidement ma tâche, suivi de près par un copiste espagnol, qui faisait à mon écriture l'honneur de la préférer à celle du manuscrit, au reste peu difficile à lire. Ma copie, mise sous les yeux du Ministre, justifia le bien qu'il avait présumé de l'ouvrage de Guillaume Anelier, et le Comité des monuments écrits de l'histoire de France, sur le rapport de MM. Victor le Clerc et Champollion-Figeac, conclut à la publication du poëme si heureusement retrouvé. L'impression en était commencée depuis quelque temps et assez avancée, quand les journaux m'apprirent que j'avais été prévenu par D. Pablo Ilarregui,

---

toire littéraire de la France, p. 553-557, une notice de feu Éméric-David sur Guillaume Anelier l'Ancien, qu'il place au commencement du XIIIe siècle.

(Cf. Millot, *Histoire littéraire des troubadours*, t. III, p. 404; P. Paris, *les Manuscrits françois de la Bibliothèque du roi*, t. VII, p. 19, etc.)

qui ne m'avait jamais soufflé mot de son projet, et je reçus bientôt de l'éditeur lui-même un volume intitulé : *La Guerra civil de Pamplona, poema escrito en versos provenzales por Guillermo Aneliers, de Tolosa de Francia, é ilustrado con un prólogo y notas por D. Pablo Ilarregui, individuo de la Comision de monumentos históricos y artísticos de Navarra.* Pamplona, ymprenta de Longás y Ripa, año 1847, in-4°, de 183 pages. (La Guerre civile de Pampelune, poëme écrit en vers provençaux par Guillaume Aneliers, de Toulouse, et enrichi d'une préface et de notes par D. Paul Ilarregui, membre de la Commission des monuments historiques et artistiques de la Navarre. Pampelune, imprimerie de Longas et Ripa, 1847.)

Quels motifs ont pu déterminer D. Pablo à publier le manuscrit dont on lui doit la découverte, et à donner ainsi la mesure de ses connaissances dans l'ancienne langue provençale? Il est parfaitement sûr qu'il était informé de la décision du Comité, comme du commencement d'exécution qui en avait été la suite, et l'on ne saurait, sans injustice pour le savant Navarrais, lui supposer la crainte que le manuscrit dont la conservation lui était due ne fût pas reproduit avec fidélité et entouré de tous les secours nécessaires à l'intelligence du texte. Si donc le digne secrétaire du conseil municipal de Pampelune, le membre éclairé de la Commission des monuments historiques et artistiques de la Navarre, a pris le parti de nous devancer et de s'aventurer en aveugle sur une mer si dangereuse et si peu connue, c'est, gardons-nous d'en douter, par le motif le plus respectable, parce qu'il aura cru remplir un devoir de ses fonctions; et, s'il en est ainsi, nous ne pouvons que rendre hommage à son patriotisme.

Le poëme dont nous venons de présenter l'analyse est précédé, dans l'édition espagnole, d'une introduction de vingt-huit pages qui renferme des détails sur le manuscrit de Fitero et une relation succincte des vicissitudes de Pampelune, depuis son origine jusqu'à sa reddition, en juillet 1512, à l'illustre duc d'Albe, qui en prit possession au nom du roi de Castille, D. Fernando le Catholique. Suit un peu plus d'une page consacrée, sous le titre d'*Advertencias*, à faire remarquer quelques particularités de la langue provençale et à exposer les soins pris par l'éditeur pour les mettre en relief.

Au texte, qui se termine à la page 160, est joint un appendice de vingt-trois notes, dans lequel sont rapportées cinq pièces tirées des archives de l'*ayuntamiento* de Pampelune. Ces documents, joints à ceux que j'ai recueillis en grand nombre dans les Archives de l'Empire et ailleurs, prendront place à la suite du poëme de Guillaume Anelier, auquel ils serviront de preuve et de complément.

A ne considérer maintenant cet ouvrage qu'au point de vue littéraire, je remarque tout d'abord la ressemblance qu'il présente avec l'Histoire de la croisade contre les hérétiques albigeois, généralement attribuée à un troubadour nommé Guillaume de Tudela : même facture de vers, même distribution en couplets, terminés chacun par un vers plus petit[1], avec cette différence seulement, que, chez Guillaume Anelier, ce vers forme le premier hémistiche du couplet suivant. Quand on lit dans

---

[1] Je suis assez porté à croire que ce petit vers se chantait à peu près de la même manière que la fin des phrases de l'épître à la grand'messe, et qu'ensuite le jongleur jouait une ritournelle :

Delez la mer, en une lande,
Vit de dames grant compagnie
En mi leu d'une praierie;
Si erent assises voirement.

Là escoutoient bonement
.j. conteor, qui lor contoit
Une chançon; et si notoit
Ses refrez en une viele,
Qui assez iert et bonne et bele.

Le Roumanz de Claris et de Laris, ms. de la Bibl. imp. n° 7534⁵, fol. 129 verso, col. 2, v. 16. Cf. folio 134 verso, col. 2, v. 12.

l'introduction de M. Fauriel[1] la discussion des droits du clerc de Tudela à la paternité de la *Cansos de la crozada contr' els ereges d'Albeges*, on est porté à en suspecter la légitimité; mais quand on voit un poëme, calqué pour ainsi dire sur le même patron, surgir dans le même pays à soixante ans de là, on est moins touché des raisons du savant académicien, et l'on regrette qu'il n'ait pas connu l'Histoire de la guerre de Navarre et discuté l'argument que fournit son existence à ceux qui persistent à maintenir Guillaume de Tudela au rang des troubadours. On regrette surtout d'entendre dire à M. Fauriel : « J'ignore quelle langue on parlait à Tudèle vers 1210; c'était peut-être encore le basque, mais, à coup sûr, ce n'était point le provençal[2]. »

M. Fauriel veut-il dire que la langue qui avait cours à Tudela différait du langage parlé à Marseille et à Toulouse? Je suis volontiers de cet avis; mais si, à l'exemple de M. Raynouard et de la plupart de ceux qui s'adonnent à l'étude des dialectes du midi de la France, il comprend tous ces dialectes sous une seule et même dénomination, celle de *provençal,* alors je me crois obligé de le contredire. Aussi loin que nous pouvons remonter, nous trouvons en Navarre le basque relégué dans les Pyrénées, et la langue romane régnant dans les villes de la plaine. Nous pourrions citer cent preuves de ce que nous avançons ici; nous nous bornerons à trois ou quatre. L'acte d'union des quatre quartiers de Pampelune, que nous donnons plus loin[3], est en langue romane. En 1275, le gouverneur don Pedro Sanchiz, accordant certains priviléges aux habitants du bourg de San Cernin, expédie sa charte dans

---

[1] N° IV, pag. XVII, XVIII. Voyez encore l'Histoire littéraire de la France, t. XXII, p. 241.

[2] *Histoire de la croisade contre les hérétiques albigeois,* introduction, n° IV, p. XVIII.

[3] Pages 375, 376.

cette dernière langue[1]. L'année suivante, Eustache de Beaumarchais rend une ordonnance relative à la monnaie, et n'emploie pas d'autre idiome; des nobles navarrais des villes lui envoient des actes d'adhésion, on lui donne des reçus de sommes payées, et toutes ces pièces sont dans le même dialecte roman : comment ne pas croire, après cela, que ce fut celui qui avait cours à Pampelune? Or, si dans cette ville, située à la porte des Pyrénées basques, on parlait roman, à bien plus forte raison devait-on employer ce langage à Tudela, bien plus rapproché de l'Aragon, où le basque n'a jamais été en usage, si ce n'est dans les temps anté-historiques. La seule chose que j'accorde à M. Fauriel, c'est que la langue des pièces que je citais tout à l'heure est plutôt du castillan que du provençal, et que le poëme publié par ses soins est dans un idiome assez incorrect, assez grossier, mais au fond appartient à celui des troubadours. Si nous avions de la *Cansos de la crozada contr' els creges d'Albeges*, comme de l'Histoire de la guerre de Navarre, un manuscrit que l'on fût autorisé à présenter comme l'original, nous pourrions peut-être y puiser des motifs pour adopter ou repousser la paternité de Guillaume de Tudela; mais personne n'ignore que les copistes ne se faisaient pas le moindre scrupule d'altérer la langue des ouvrages qu'ils transcrivaient: les transporter d'un dialecte dans un autre n'était qu'un jeu pour eux. Enfin, et pour tout dire, savons-nous bien si le toulousain n'était pas répandu en Navarre et employé pour la poésie, à peu près comme le galicien le fut plus tard en Castille, et comme l'est encore le français dans certains de nos départements, où le peuple parle patois?

Le prix que nous attachons au manuscrit de Fitero ne nous empêche pas de reconnaître qu'il est souvent incorrect, de façon

---

[1] Voyez plus loin, p. 400.

INTRODUCTION.

à ce qu'on n'en puisse douter. Un précédent respectable, respectable en cela qu'il a pour auteur un savant que nous aimons tout en le combattant, nous autorisait à publier le poëme de Guillaume Anelier sans ponctuation, en un mot tel qu'il nous est parvenu; mais nous ne sommes pas considéré comme engagé par ce qu'avait fait l'éditeur de l'Histoire de la croisade contre les hérétiques albigeois, et nous avons préféré nous en tenir au système imaginé et mis en pratique par M. Raynouard. Une fois dans cette voie, nous avons été soutenu par un ancien collaborateur de l'illustre académicien, M. Léon Dessalles, qui, avec une patience et une amitié que rien n'a pu lasser, a bien voulu nous éclairer de son expérience et de sa connaissance profonde des dialectes du midi de la France : nous le prions de recevoir ici l'expression bien sincère de notre vive gratitude.

HISTOIRE

DE

LA GUERRE DE NAVARRE

EN 1276 ET 1277.

HISTOIRE

DE

LA GUERRE DE NAVARRE

EN 1276 ET 1277.

GUILLELMUS ANELIER DE TOLOSA ME FECIT.

In nomine Patris et Filii et Spiritus Sancti. Amen.

I.

Gesu Crist, qu'es mon paire et vera Trinitatz,
E ver Dios e ver oms e vera unitatz,
M'a dat sen e saber qu'eu sia aprimatz
En entendre razos et en far motz doblatz :
Per qu'eu vuyll far .i. libre, que razo n'ay assatz :   5
Qu'eu vey que zes segle es assy atornatz,
Que mas pot traicios que no fa leialtatz.
Per que m platz qu'eu vos digua, ab que si' escoltatz,
De ço que a estat fait el temps que n'es passatz.
E prec a Jhesu Crist, on son totas bontatz,   10
Que m lays ben començar e meiltz finir, si'l platz.
Qu'en lui es totz podes.

II.

Qu'en lui es totz podes, et es dreit e razo.
Un rei ac en Navarra, guaillart plus que leo;

HISTOIRE

DE

LA GUERRE DE NAVARRE

EN 1276 ET 1277.

GUILLAUME ANELIER DE TOULOUSE M'A FAIT.

Au nom du Père et du Fils et du Saint-Esprit. Amen.

I.

Jésus-Christ, qui est mon père et vraie Trinité, — et vrai Dieu et vrai homme et vraie unité, — m'a donné sens et savoir pour que je sois en état — d'entendre raison et de faire mots doublés : — c'est pourquoi je veux faire un livre, car raison j'en ai assez ; — vu que je vois que ce siècle est ainsi changé, — que trahison peut plus que ne fait loyauté. — C'est pourquoi il me plaît que je vous dise, pourvu que je sois écouté, — de ce qui a été fait au temps qui en est passé. — Et je prie Jésus-Christ, où sont toutes bontés, — qu'il me laisse bien commencer, et mieux finir, s'il lui plaît ; — vu qu'en lui est tout pouvoir.

II.

Vu qu'en lui est tout pouvoir, et c'est droit et raison. — Un roi il y eut en Navarre, gaillard plus que lion ; — le roi Sancho il eut

fol. 1 v° Lo rei Sancho ac nom, mortz es, Dios lo perdo! 15
Muiller ac de Tolosa, si com la gentz dizo;
Del coms Ramon fo filla, paire del comte bo.
Et el temps qu'el regnava, lay vas Ubeda fo
Un rei Amomelin molt mal e molt felo;
E per l'erguyll qu'avia fi cridar a bando 20
A totz celz qu'en la Vergen et en la cros credio,
Qu'els daria batailla al jorn qu'il voldrio.
Entr'el rei de Castela qu'avia nom Alfonso,
E'l rei de Portogal e lo rei de Leo,
E lo rei de Navarra e lo rei d'Arago, 25
Per mantener la crotz, entr'els acordero
Que z a un jorn lai fosson, quex ab son golfaino.
L'arcevesque lai fo, aquel de Toledo,
Que fo moltz santz e justz, et avia nom Rodrigo;
Avesques e abbatz de mainta regio 30
Hy ac, e maint caver e maint ondrat baro,
Borgues e menestrals e maint bon infançon.

. . . .

III.

. . . .[1]

fol. 2 r° Anet veder los Moros co'ls puiria traucar,
E vi los si crozatz espessament estar, 35
Que tot s'en esbaic e'n venc en grant pesar;
Mas Jhesu Crist, qui pot, o volc si adreçar,
Que'l trames .i. pastor que'l diss : « Rei, que vols far ?
Se tu me vols seguir lai on eu vuill anar,
Eu t metrai en tal loc d'ont los puiras dampnar. » 40
E'l rei, que'l entendet, diz li : « Que m platz de far. »
E ab pauca conpainna penset de cavalgar;
E segui lo pastor, qu'el mes en tal logar

[1] Il paraît manquer ici au moins un feuillet.

nom; mort il est, Dieu le pardonne! — Femme il eut de Toulouse, ainsi comme la gent dit; — du comte Raymond elle fut fille, père du comte bon. — Et au temps qu'il régnait, là vers Ubeda fut — un roi Amomelin, très-méchant et très-félon; — et par l'orgueil qu'il avait il fit crier publiquement — à tous ceux qui en la Vierge et en la croix croyaient, — qu'il leur donnerait bataille le jour qu'ils voudraient. — Entre le roi de Castille qui avait nom Alphonse, — et le roi de Portugal et le roi de Léon, — et le roi de Navarre et le roi d'Aragon, — pour maintenir la croix, entre eux ils convinrent — qu'un jour là ils fussent, chacun avec son gonfanon. — L'archevêque là fut, celui de Tolède, — qui fut très-saint et juste, et avait nom Rodrigue; — évêques et abbés de mainte région — il y eut, et maint chevalier et maint honoré baron, — bourgeois et artisans et maint bon infançon. — . . . .

III.

. . . . Alla voir les Maures comment il les pourrait trouer, — et les vit si croisés épaissement être, — que tout s'en ébahit et vint en grand penser; — mais Jésus-Christ, qui peut (tout), voulut tellement arranger la chose, — qu'il lui envoya un berger qui lui dit : « Roi, que veux-tu faire? — Si tu me veux suivre là où je veux aller, — je te mettrai en tel lieu d'où tu les pourras endommager. » — Et le roi, qui l'entendit, lui dit : « Cela il me plaît de faire. » — Et avec petite compagnie il pensa de chevaucher; — et il suivit le pasteur, qui le mit en tel lieu — qu'il put leur donner à travers

Qu'els poc dar a traves e rompre e trenquar.
E'l reis, que aquo vi, anc no l volc demorar, 45
E'l mul que cavalgava comencet a broquar;
Quar negun' altra bestia nol podia durar.
E det per mei la presso, e quar no i poc entrar,
El reviret son mul e pres lo a recular;
E diz : « Sancta Maria, tu m sias en enpar. » 50
Ab tant el pres sa maça e comença de dar,
fol. 2 v° E trenca e peccia e va les desmaillar;
E sa gent que lo viron entr'els entremesclar,
Degon per mei la pressa e dan s'al peceiar.
Ladoncs veiratz aureillas e pes e puins volar, 55
E cervelas espandre, e caps descarterar;
E lo rei ab sa maça viratz lo demenar,
Que aquel que feria, no'l calia metgar.
E'l seinner de Castela e de Gotdalfagar,
E lo rei d'Araguon, que no fa oblidar, 60
E'l rei de Portogal, quant viro 'l joc doblar,
Disson : « Seinnes, per Deu! anem los ajudar. »
E traien lurs cavals e van se n'aprosmar.
E la primera escala els se van ajustar;
Mas tant era serada qu'anc ren no y pogron far, 65
Tro qu'els cavals covenc de las ancas virar;
E boteron areire, e van los deguaillar.
E'ls Sarrazins qu'els viron laintz en mey loguar,
Ladoncs diss l'un al autre : « Aqui fa mal estar. »
fol. 3 r° E'ls Christians se giron, prenon s'a lanceiar. 70
La viratz caps partir, ventres esbudelar,
E coradas deissendre, e maint ome naffrar.
E'l rei Amomelin, qu'els vi descadenar,
Per cors de son caval el s'anet asalvar,
E'ls Moros al fugir e z els al encalçar; 75
E fon tant grantz la mort c'on no'l pogra contar,

et (les) rompre et tailler en pièces. — Et le roi, qui cela vit, il ne
voulut oncques tarder, — et le mulet qu'il chevauchait il commença
à éperonner; — car aucune autre bête ne pouvait durer. — Et il
donna par le milieu de la presse, et comme il n'y put entrer, — il
retourna son mulet et le prit à reculer; — et dit : « Sainte Marie,
sois-moi en aide. » — En même temps il prit sa masse et commence
à donner, — et tranche et taille en pièces et va les démailler; — et
ses gents qui le virent entre eux entremêler, — pénètrent au milieu de
la presse et se mettent à tailler en pièces. — Alors vous verriez
oreilles et pieds et poings voler, — et cervelles répandre, et têtes
couper en quartiers; — et le roi avec sa masse vous le verriez (se)
démener — (de telle sorte) que celui qu'il frappait, il ne fallait pas le
médicamenter. — Et le seigneur de Castille et de Goldalfagar, — et le
roi d'Aragon, qu'il ne faut pas oublier, — et le roi de Portugal, quand
ils virent le jeu doubler, — dirent : « Seigneurs, par Dieu! allons les
aider. » — Et ils tirent leurs chevaux et vont s'en approcher. — Dans
le premier bataillon ils vont se mêler; — mais tant il était serré que
jamais rien ils n'y purent faire, — jusque(-là) que les chevaux il fallut
détourner par les flancss; — et ils se mirent arrière, et vont les dés-
aligner. — Et les Sarrasins qui les virent là au milieu, — alors dit l'un
à l'autre : « Là il fait mauvais être. » — Et les Chrétiens se tournent, (et)
se prennent à jouer de la lance. — Là vous verriez séparer des têtes,
étriper des ventres, — et corées descendre, et blesser maint homme.
— Et le roi Amomelin, qui les vit débander, — par la course de son
cheval il alla se sauver, — et les Maures de fuir, et eux à la
poursuite; — et fut si grand le carnage qu'on ne pourrait le conter,
— de sorte qu'en sang vermeil ils pourraient s'abreuver. — En même
temps les Chrétiens s'occupent de s'en retourner. — Là vous verriez
plier tentes, et pavillons prendre et enlever, — et tant d'or et d'ar-

Si que en sanc vermeilla pogueran abeurar.
Ab tant los Christians pensson s'en a tornar.
La viratz cuillir tendas, e traps prendr' [e] levar,
E tant d'aur e d'argent que pro i ac que portar. 80
Adonc diz lo rei Sancho : « Huymas podem cenar,
Per que nuilltz Christians no s deu desesperar
Contra'ls fals Sarrazins, cui Jhesu Crist despar,
 E a nos lais ben faire[1]. »

IV.

La fu tal la bataillia con vos auzetz retraire; 85
E apres lo rei Sancho, que no i triguet gaire,
S'en tornet en Navarra, on era son repaire,
E regnet en aisi com bon seinnor deu faire.
E devenc s'Amorcs, .i. rei molt larc donaire,
Molt gaillart e molt pros e molt bon torneia[i]re, 90
E avia grant guerra ab lo soldan del Quaire;
E quar audi laudar per molt bon guerreyaire
Lo rei Sancho Navarra, pesset co pogues faire;
E trames hy .i. jorn cel que li fu vegaire,
Qu'el pregues com seinnor e si com fil a paire, 95
Que 'l vengues ajudar, per que pogues desfaire
Sos mortals enemics e metre en desaire.
E'l rei, que er ardentz de lançar e de traire,
Anet s'en a Marocs, qu'anc non s'en volc estraire;
E quant lai fon anatz lo pros reis de bon aire, 100
Venc lo rei Castelas, qu'amava com sos fraire,
E det per mei Navarra per prendre e per desfaire,
Si que li tolc grant re; e jur vos pel Salvaire
Que s'i fus lo rei Sancho, no ss'oses avant traire.

[1] Au bas de la page on lit en note, d'une écriture cursive du même temps : « Esta « batayla que venciren los Christians als « Moros, que se noma la de Hubeda, fu en « l'an de la Incarnation de nostre Seynor « Jhesu Crist de .M. CC. e xij' ans. »

gent qu'assez il y eut à porter. — Alors dit le roi Sancho : « Désormais nous pouvons souper, — parce que nul Chrétien ne se doit désespérer — contre les faux Sarrasins, à qui Jésus-Christ nuise, — et à nous laisse bien faire[1] ! »

IV.

Là fut la bataille telle que vous entendez raconter ; — et après le roi Sancho, qui n'y tarda guère, — s'en retourna en Navarre, où était sa résidence, — et régna ainsi que bon seigneur doit faire. — Et il advint qu'Amorcs, un roi très-large donneur, — très-gaillard et très-preux et très-bon combattant dans les tournois, — avait grande guerre avec le sultan du Caire; — et parce qu'il entendit louer pour très-bon guerrier — le roi Sancho de Navarre, il pensa comment il pouvait faire; — et il y transmit un jour celui qui lui parut propre, — pour le prier comme seigneur et ainsi que fils (prierait son) père, — de le venir aider, pour qu'il pût défaire — ses mortels ennemis et (les) mettre à mal. — Et le roi, qui était ardent de lancer et de tirer, — s'en alla à Maroc, qu'oncques il ne voulut s'en dispenser; — et quand là fut allé le preux roi débonnaire, — vint le roi castillan, qu'il aimait comme son frère, — et donna à travers la Navarre pour prendre et pour défaire, — tellement qu'il lui enleva beaucoup; et je vous jure par le Sauveur — que si le roi Sancho y fût, il n'aurait pas osé se porter en avant; — mais il laissa sa terre à

---

[1] Cette bataille que les Chrétiens gagnèrent sur les Maures, qui se nomme la bataille d'Ubeda, fut en l'an de l'Incarnation de notre Seigneur Jésus-Christ mil deux cent douze.

Mor el laisset sa terra a tals qu'avien cor vayre, 105
fol. 4 r° En cui el se fidava; e si 'ls pendes en l'aire,
Fera dreit jujament.

V.

Lay corret traicios en alcus de sa gent.
Et adoncs .i. mesage anet s'en mantenent
A Marrocs, al rei Sancho, e diss li apertament : 110
« Seinnor rei de Navarra, be sapchas certament
Que tu perdes ta terra e ton eretament,
Qu'el rei Alfons, que tu tens per leial parent,
Es intrat en Navarra ab gladi e ab foc ardent;
Quar tal en cui fidavas, sapchas que o cossent. 115
E si tu no vens tost, trestot ton regnament
Sapchas qu'auras perdut, que mas a ton vivent
No y albergaras jorn, com te vei a present;
Car perdut as Bitoria e Alava issament,
Ypuzquoa e Amesquoa ab lur pertenement, 120
E Fonterabia e ço que s'i apent,
E Sant-Sabastian, on es la mar batent,
E vilas e castels que eu non ay e ment.
fol. 4 v° E si laisses Navarra per la paiana gent,
Deus t'en airara e far t'en a parvent. » 125
E'l rei, quant l'entendet, ac lo cor plus sanglent
Que qui 'l des d'un venable o d'un quairal puinent.
E fu s'en al rei Moro, dis le felonament :
« Reis, per la tua amor e per far tu plazent,
E per tos enemics metre en baissament, 130
Ay perduda ma terra, on ay lo cor dolent.
E vuill m'en tost tornar; quar si no faz breument,
Crei que tot mon reiesme me vendra a nient. »
E'l rei, quant l'entendet, anc no 'l plac verament;
E fe l'apareillar naus ab lor ornament; 135

tels qui avaient le cœur changeant, — en qui il se fiait; et s'il les pendait en l'air, — il ferait bon jugement.

V.

Là courut trahison chez aucuns de sa gent. — Et alors un messager s'en alla à l'instant — à Maroc, au roi Sancho, et lui dit franchement : — « Seigneur roi de Navarre, bien sache certainement — que tu perds ta terre et ton héritage; — vu que le roi Alphonse, que tu tiens pour loyal parent, — est entré en Navarre avec glaive et avec feu ardent; — car tel en qui tu te fiais, sache que cela il consent. — Et si tu ne viens tôt, tout ton royaume — sache que tu auras perdu, vu que plus de ton vivant — tu n'y séjourneras un jour, comme je te vois à présent; — car tu as perdu Vitoria et Alava également, — Guipuzcoa et Amescoa avec leurs dépendances, — et Fontarabie et ce qui en dépend, — et Saint-Sébastien où est la mer battant, — et villes et châteaux que je n'ai pas en mémoire. — Et si tu laisses Navarre pour la gent païenne, — Dieu se courroucera contre toi et te le fera paraître. » — Et le roi, quand il l'entendit, eut le cœur plus sanglant — que s'il eût été blessé d'un dard ou d'un carreau poignant. — Il s'en fut au roi maure, (et) lui dit résolument : — « Roi, pour l'amour de toi et pour faire ton plaisir, — et pour tes ennemis mettre en abaissement, — j'ai perdu ma terre, en quoi j'ai le cœur souffrant. — Et je veux vite m'en retourner; car si je ne le fais promptement, — je crois que tout mon royaume me viendra à rien. » — Et le roi, quand il l'entendit, oncques cela ne lui plut vraiment; — et il lui fit préparer (des) navires avec leurs agrès; — il lui donna de belles pierres,

Det le de belas peiras, assatz d'aur e d'argent.
Puyss lo rei Sancho s mes [en mar] e tornet s'ent;
E Deus, qu'es poderos, donet le a dreit vent
 Per venir en Navarra.

VI.

Per venir en Navarra com seinnor natural.   140
E conoc que sa terra era anada a mal.
fol. 5 r° Et adonq lo rei Sancho anet per son reyal;
E venc en Panpalona, or no 'l faillia ostal.
E lo borc San-Cernin, que Deus garde e sal!
E la Navarreria anxe s volion mal.   145
E'l rei, paire d'aquest, fu tan descomunal
Que fe poblation lai on era pradal,
Sus de Sancta-Cecilia, ença, prop del portal.
E cels qu'ailli pobleron, firon que desleial,
Per ço qu'en altrui terra fe cascuns son logal;   150
Qu'aiso era del Borc e dedintz lur cessal,
Et era cemeteri dels mortz del hospital,
Que es denant Sant-Cerni, dont la glesia capdal
Non ac de lui puis dezma tant quant .i. boton val.
Et encara fe peych, que fo grant tort mortal,   155
Que fi far una tor on om vendia sal,
Fort, alta e quarada, on ac maint bel quantal;
E'l rei Sancho son filltz, que vi 'l tort criminal
E la força trop granda, per dreit ac acort tal
fol. 5 v° Que la mandet desfar : dont a maint om sap mal.   160
E per cels cui plazia, desfes se en .i. jornal.
E pel tort emendar, lo rey ladoncs fe tal
Qu'al borc donet la peyra e a tot lo comunal.
E'ls borgues de la vila, assi com gent leial,
Feron ne murs e tor e porta sabetz qual,   165
Que fu depuiss clamada e er porta reyal;

assez d'or et d'argent. — Puis le roi Sancho se met (en mer), et s'en retourna ; — et Dieu, qui est puissant, lui donna favorable vent — pour venir en Navarre.

VI.

Pour venir en Navarre comme seigneur légitime. — Et il connut que la terre était allée à mal. — Et alors le roi Sancho alla par son royaume ; — et vint à Pampelune, où ne lui manquait pas de logis. — Et le bourg Saint-Cernin, que Dieu garde et sauve ! — et la Navarrerie se voulaient réciproquement du mal. — Et le roi, père de celui-ci, fut si extravagant — qu'il fit quartier où était pré, — au-dessus de Sainte-Cécile, en deçà, près du portail. — Et ceux qui y peuplèrent ne firent que déloyaux, — parce qu'en la terre d'autrui chacun fit son logement ; — car cela était au Bourg et dans leur ressort (des habitants), — et (c')était le cimetière des morts de l'hôpital, — qui est devant Saint-Cernin, d'où l'église cathédrale — n'eut de lui depuis de dîme tant vaut qu'un bouton. — Et encore il fit pire, ce qui fut grand tort mortel : — vu qu'il fit faire une tour où on vendait du sel, — forte, haute et carrée, où il y eut maint beau quartier ; — et le roi Sancho son fils, qui vit le tort criminel — et la violence trop grande, par droit eut accord tel — qu'il commanda de la défaire ; dont à maint on sut mauvais gré. — Et par ceux à qui plaisait, elle se défit en un jour. — Et pour le tort amender, le roi alors fit tellement (les choses) — qu'au Bourg il donna la pierre et à toute la communauté. — Et les bourgeois de la ville, ainsi comme gent loyale, — en firent murs et tour et porte, vous savez laquelle, — qui fut depuis appelée et était porte royale : — car

Quar el donet la peyra, com seynnor principal,
  Per dreit e per razon.

VII.

Per dreit e per razon fo aquestz faitz passatz,
E lo tort de son paire fo pel rei emendatz.   170
E puyss al rei devenc us mals, el temps d'estatz,
En la camba : don fon molt destreit e cuitatz ;
E per ço el se mes en Tudela ensarratz,
C'om no 'l podia veyre, si no fos sos privatz.
E'ls cavers de la terra, que'l saubon enmuratz,   175
Tenion les camis, on maynt hom fon raubatz,
E feron maintz tortz e maintas malveztatz :
Don lo rei Sancho fo molt fels e corroçatz.
E'l rei, que vi sa terra confondre a totz latz,
Trames en Arago messager molt ondratz,   180
Al rei Jaime, que era savis e poderatz,
Que vengues tro a luy per dreita amiztatz.
E'l rei Jacme, quan vic le messag' e'l dictatz,
Venc s'en dreit a Tudela molt ben acompainnatz ;
E quant fu en la vila vengutz et alberguatz,   185
Puyet s'en al castel, com rei aconseillatz,
Lai or era 'l rey Sancho, e dic vos, fo vertatz,
Que quant amdui se viron, cascus fo molt pagatz.
Et adoncs quant se viron e foron saludatz,
Lo rei Sancho le diss : « Molt me tenc per ondratz,   190
Rei Jaimes, car vos etz vengutz a mi. Mos platz
Hyeu ay tramis per vos, car sai que etz nomnatz
Per rei qu'amatz dreitura, e fals traidors caçatz.
E per ço que ma terra a mals barons assatz,
Si que per mi nuilltz om non pot esser guidatz,   195
Vuyll que tot mon reiesme si'a vos comandatz,
  E cels que faran mal sien per vos dampnatz ;

HISTOIRE DE LA GUERRE DE NAVARRE. 15

il donna la pierre, comme seigneur principal, — par droit et par raison.

VII.

Par droit et par raison fut ce fait passé, — et le tort de son père fut par le roi réparé. — Et puis au roi vint un mal, au temps d'été, — en la jambe : dont il fut moult étreint et tourmenté; — et pour cela il se mit en Tudela enfermé, — de sorte qu'on ne le pouvait voir, si l'on n'était son intime. — Et les chevaliers de la terre, qui le surent emmuré, — tenaient les chemins, où maint homme fut volé, — et ils firent maints torts et maintes méchancetés : — (ce) dont le roi Sancho fut très-colère et courroucé. — Et le roi, qui vit sa terre confondre de tous côtés, — envoya en Aragon un messager très-honoré, — au roi Jayme, qui était sage et puissant, — (pour) qu'il vînt jusqu'à lui par véritable amitié. — Et le roi Jayme, quand il vit le message et l'écrit, — s'en vint droit à Tudela très-bien accompagné; — et quand il fut en la ville venu et hébergé, — il s'en monta au château, comme roi de bon conseil, — là où alors était le roi Sancho, et je vous dis, ce fut vérité, — que quand tous deux se virent, chacun fut très-satisfait. — Et alors quand ils se virent et (se) furent salués, — le roi Sancho lui dit : « Je me tiens pour fort honoré, — roi Jayme, car vous êtes venu à moi. Mes plaits (plaintes) — j'ai envoyé vers vous, car je sais que vous êtes renommé — pour roi qui aimez droiture, et faux traîtres chassez. — Et parce que ma terre a de mauvais barons assez, — en sorte que par moi nul homme ne peut être guidé (protégé), — je veux que tout mon royaume soit à vous recommandé, — et ceux qui feront mal soient

E si tenetz dreitura e ma terra em patz,
E de mos enemics que be la m defendatz,
Vuill que remaing'a vos quant eu serai finatz, 200
Quar yeu non ay enfant, ni m'es astres de natz,
Ni crei n'aia ma vida : per que m'es volontatz
Que jure a vos mon regne e totz mes comandatz,
E os tenguan per seinnor quant eu serai passatz;
E que en Panpalona siatz primer juratz, 205
Car caps es de ma terra e per cui sui penzatz. »
E'l rei Jaime, qu'auzi del rei sa grantz bontatz,
Ac en son cor gran joia, e parec, ben sapchatz,
  Segon qu'en fi senblant.

VIII.

Molt ac son cor jaudent, et ac en razon gran; 210
E diss al rei don Sancho : « Reis, puiss que m faitz senblan
Que m tenetz coma filtz, fraire[1] vostre coman;
E digats me que faça ni vas quel part m'en an. »
E'l rei Sancho, qu'ausi son dit e son talan,
Diss l'en aisi : « Rei Jaime, non vuill ço s faça en van, 215
Si qu'en apres ma fin mos regnes vos desan;
E vuyll qu'en tot mon regne vos juro'l pauc e'l gran,
Que puiss, apres ma vida, om per rei no's soan. »
Et adonc le jureron caver e cipdadan
E tuit comunalment, com poble a seinnor fan, 220
Pero no ab lur grat; mas volgron far lo man
De lur seinnor, que era fort, guaillart e sobran.
E puiss que fu juratz, rei Jacme anet gardan
Lo regne y el pays ab mou[t] bon cavalguan.
E la mortz, qu'es comuna, que .i. non ten ni blan, 225
Menet ne le rei Sancho : don fon tala e dan.

---

[1] Ce mot a été gratté, et se lit à peine.

par vous punis; — et si vous maintenez droiture et ma terre en paix, — et que de mes ennemis bien me la défendiez, — je veux qu'elle vous reste quand je serai fini, — car je n'ai pas d'enfant, ni ne m'est astre de né (ni chance d'en avoir), — ni ne crois que j'en aie de ma vie : c'est pourquoi il m'est volonté — de vous donner par serment mon royaume et tous mes recommandés, — et qu'ils vous tiennent pour seigneur quand je serai passé, — et qu'en Pampelune vous receviez d'abord les serments (de fidélité), — car la tête est de ma terre et pour elle je suis préoccupé. » — Et le roi Jayme, quand il ouït du roi la grande bonté, — a en son cœur grande joie, et il y parut, bien le sachez, — selon le semblant qu'il en fit.

VIII.

Il eut son cœur fort joyeux, et il en eut grande raison; — et il dit au roi don Sancho : « Roi, puisque vous me faites démonstration — que vous me tenez comme fils, je ferai votre commandement; — et dites-moi ce qu'il faut que je fasse et vers quel côté je m'en aille. » — Et le roi Sancho, quand il ouït sa parole et sa volonté, — lui dit ainsi : « Roi Jayme, je ne veux pas que cela se fasse en vain, — de sorte qu'après ma fin mon royaume vous échappe; — et je veux qu'en tout mon royaume vous prêtent serment les petits et les grands, — pour qu'ensuite, après ma vie, on ne vous rejette pas pour roi. » — Et alors lui prêtèrent serment chevaliers et citoyens — et tous généralement, comme peuples font à seigneur, — pourtant non de leur gré; mais ils voulurent faire le commandement — de leur seigneur, qui était fort, gaillard et impérieux. — Et depuis qu'il eut reçu ce serment, le roi Jayme alla gardant — le royaume et le pays avec de très-bons chevaucheurs. — Et la mort, qui est commune, qui per-

Enterreguo 'l[1] sos omes doloros e ploran
En le sant ospital or maint almonas fan,
Que a nom Ronçasvals, prop l'engarda Rollan;
E quant fo enterratz, esteguon molt pessan   230
Les omes de la terra, car les uns dizian :
« Si est tenem per rei, pel mon nos blasmaran
Les comtes e les reis e totz celz que y estan;
Quar no'l ven de natura : donc mas val qu'en façam
Del nebot del rei Sancho, quar el es plus propdan,   235
Quar filtz es de sa sor e om on dreit s'espan,
Et es com de Campaina e baron molt prezan;
E si nos lui fam rei, totz aquels que o sabran
Nos n'auran per leials, e tuit nostre effan
Ne seran mas amatz, que tras nos remandran. »   240
E a una boz pel regne ven los aital talan
Que trameso per el messager molt certan
    E ben enrazonatz.

IX.

A Campaynna s'anet lo messager cuchatz,
Dreitament a Proyns, on era 'l coms ondratz;   245
E quant le fu devant, dis le : « Seynner, si us platz,
Entendetz ma razo per que sui embiatz.
Io sui lai de Navarra, vostr'om endomegatz.
Saludan vos per my les petitz e les granatz
De tant quant en Navarra ni aperte'l regnatz.   250
E, seinner, sapchatz ben de cert, et es vertatz,
Qu'el rei Sancho, vostr'oncle, es d'est segle passatz.
E la gent de la terra, en cui es leialtatz,
Seinner, volem que vos siatz per rei alçatz;

---

[1] On lit en note, au bas de la page, ces mots tracés d'une écriture cursive de la même époque : « Morio el rey don « Sancho en el annyo de la Incarna-« cion de nuestro Señor Jhesu Christo « M. CC. xxxiiij. »

sonne ne craint ni ne ménage, — en emmena le roi Sancho : de quoi fut manque et dommage. — Ses hommes l'enterrèrent[1], accablés de douleur et pleurant — dans le saint hôpital où maintes aumônes font, — qui a nom Roncevaux, près de la hauteur de Roland; — et quand il fut enterré, restèrent très-pensifs — les hommes de la terre, car les uns disaient : — « Si nous tenons celui-ci pour roi, par le monde nous blâmeront — les comtes et les rois et tous ceux qui y sont; — car cela ne lui vient pas naturellement : donc mieux vaut que nous en fassions (un roi) — du neveu du roi Sancho, car il est plus proche, — car il est fils de sa sœur et homme où le droit se manifeste, — et il est comte de Champagne et baron de grand prix; — et si nous le faisons roi, tous ceux qui le sauront — nous en tiendront pour loyaux, et tous nos enfants, — qui resteront derrière nous, en seront plus estimés. » — Et à l'unanimité par le royaume il leur vient tel désir — qu'ils envoient vers lui un messager très-sûr — et sachant bien s'exprimer.

IX.

En Champagne s'en alla le messager à la hâte, — droit à Provins où était le comte honoré; — et quand il fut devant lui, il lui dit : « Seigneur, s'il vous plaît, — entendez mon motif pour lequel je suis envoyé. — Je suis là de Navarre, votre homme inféodé. — Par moi vous saluent les petits et les grands, — d'autant qu'est la Navarre et s'étend le royaume. — Et, seigneur, sachez bien certainement, et c'est la vérité, — que le roi Sancho votre oncle est de ce monde passé; — et les gens de la terre, en qui est loyauté, — seigneur, veulent que vous soyez pour roi élevé, — et dans Pampelune

---

[1] Le roi Sancho mourut en l'an de l'Incarnation de notre Seigneur Jésus-Christ mil deux cent trente-quatre.

E dintz en Pampalona recebutz e juratz. 255
E veuc vos aisi cartas, per que meilltz m'en creiatz. »
E ja no m demandetz del coms si 'n fo pagatz,
Quar qui ot tals novelas non deu esser iratz;
E diss al messagers : « Bels amics, vos siatz
Ben vengutz per mil vetz que tals novas portatz; 260
E dic vos, per ma fe, que vos seretz amatz
Per als jorntz qu'eu viuray, e per mi meilloratz. »
E donet le alvistra tal qu'el en fo pagatz.
E'l coms apareillet; e quant fo arnescatz,
Venc s'en para Navarra, on era desiratz. 265
E quant de Pampalona fu lo coms apressatz,
Issiron lo recebre, e fu molt onoratz;
E intret en la vila, on fo ben albergatz;
E ades lendeman el fo per rei alçatz,
Dont tuit foron jaudent. 270

X.

Noysa y ac e solatz e gran alegrament,
Cant lo coms fu alçatz rei molt ondradament.
La i ac dat a joglas cavals e vestiment
E muls e palafres e maint enap d'argent.
E apres el regnet molt dreitureramment, 275
E amet molt justicia, si qu'e son regnament
Mandet tener dreitura al paubr' e al manent;
E fu tant de bon aire e reis tan conoissent,
Qu'en aitant quant el vis ac gran abondament,
Per trestota sa terra, de vin e de forment, 280
E de totz altres bens qu'en terra son cuillent.
Tan fo'l reis de bon aire que a tot son vivent
Mantenc joi et amor, e fe lor mandament;
E fe mainta cançó an maint bel son plazent,
E mainta pastorela e maint bel partiment; 285

reçu et qu'on vous y prête serment. — Et vous voici des lettres pour
que mieux m'en croyiez. » — Et maintenant ne me demandez pas
si le comte en fut satisfait, — car qui entend telles nouvelles ne
doit pas être chagrin; — et il dit au messager : « Bel ami, soyez-
vous — bienvenu mille fois, qui telles nouvelles portez; — et je
vous dis, par ma foi, que vous serez aimé — pendant tous les jours
que je vivrai, et par moi enrichi. » — Et il lui donna étrenne telle
qu'il en fut satisfait. — Et le comte s'apprêta; et quand il fut équipé,
— il s'en vint vers Navarre, où il était désiré. — Et quand de Pampelune fut le comte approché, — (les habitants) sortirent le recevoir, et il fut fort honoré; — et il entra en la ville, où il fut bien
hébergé; — et incontinent le lendemain il fut pour roi élevé, —
de quoi tous furent joyeux.

X.

Vacarme il y eut et contentement et grande allégresse, — quand le
comte fut élevé roi moult honorablement. — Là il y eut de donné
aux jongleurs chevaux et vêtements — et mulets et palefrois et
maint hanap d'argent. — Et après il régna très-équitablement, — et
aima fort la justice, tellement qu'en son royaume — il commanda
qu'on fît droit au pauvre et au riche; — et il fut tant débonnaire et
roi tant éclairé, — que tant qu'il vécut il y eut grande abondance,
— par toute sa terre, de vin et de froment, — et de tous autres biens
qu'en terre sont récoltés. — Tant fut le roi débonnaire qu'en tout
son vivant — il maintint joie et amour, et fit leur commandement; —
et il fit mainte chanson avec maint bel air agréable, — et mainte

fol. 9 r° E donava a joglas e'ls fazia ondrament,
E ondrava mas donas que si fos lur servent;
E dic vos, per ma fe, que'l sieu captenement
Valia dos reis d'autres, tant era d avinent.
E aitant quant el vis, sapchatz le certament   290
Que el ac tres muilles an maint ondrat parent.
Cela fu d'Alamainna que z ac primerament,
E moric ses effant, don ac lo cor dolent.
La secunda fo filla, segon que ditz la gent,
Del seinnor de Bel-Juec, un baro molt valent,   295
E ac ne una fille bela e covinent;
E quan ela fom granda, parlet l'om casament
Ab lo rei de Castela, e s'en fe sagrament.
E lo rei de Castela baiset ne a present
La man al rei Tibalt, don n'ac le cor sacnent,   300
Que'l rei Tibalt l'avia sa filla covinent,
E puiss det la al comte cui Bretainna s'apent;
Pero lo rei de França o fe forçadament,
fol. 9 v° Sens qu'anc al rei Tibalt non plac ni fo cosent :
Dont Castel' e Navarra crei qu'entro al finiment   305
Auran tribaill e guerra e gran airament;
Qu'el rei Castela diss qu'el Seinne omnipotent
No 'l pogues audir, si no fus plus plazent
C'om lo tailles los potz o traisses una dent,
Car anc la y baisset ni s fe tal aoniment;   310
E juret pel soleill que s leva en orient,
Que si lo rei Tibalt no'l baisava issament
La man com el a lui, ja nuilltz temps pagament
Non auria en son cor, antz diss qu'a foc ardent
Gitaria Navarra, o la man verament   315
Li faria taillar qu'el baiset simplament.
Pero'l sagramen s'en fo aisi coma vent,
Que tot quant el juret fo meçorguer[a]ment;

pastourelle et maint beau jeu-parti; — et il donnait aux jongleurs et leur faisait honneur, — et il honorait plus les dames que s'il fût leur serviteur; — et je vous dis, par ma foi, que par sa manière d'agir — il valait deux autres rois, tant il était avenant. — Et tant qu'il vécut, sachez-le certainement — qu'il eut trois femmes avec maint honoré parent. — Celle qu'il eut premièrement fut d'Allemagne, — et mourut sans enfant, de quoi il eut le cœur affligé. — La seconde fut fille, selon que la gent dit, — du seigneur de Beaujeu, un baron très-vaillant, — et il en eut une fille belle et avenante; — et quand elle fut grande, on parla mariage — avec le roi de Castille, et il s'en fit serment. — Et le roi de Castille en baisa sur-le-champ — la main au roi Thibaut, de quoi il eut le cœur saignant, — vu que le roi Thibaut lui avait promis sa fille, — et puis il la donna au comte à qui Bretagne appartient; — pourtant le roi de France le fit par force, — sans qu'oncques au roi Thibaut il plût ni qu'il fût consentant : — de quoi je crois que Castille et Navarre jusqu'à la fin — auront peine et guerre et grande colère; — vu que le roi castillan dit que le Seigneur tout-puissant — ne le pût entendre s'il ne fût pas (n'eût pas été) plus content — qu'on lui coupât les lèvres ou arrachât une dent — parce qu'oncques la il s'abaissa et se fit telle honte : — et il jura par le soleil qui se lève en Orient, — que si le roi Thibaut ne lui baisait également — la main comme lui à lui, désormais en aucun temps satisfaction — il n'aurait en son cœur; au contraire il dit qu'à feu ardent — il mettrait la Navarre, ou que la main vraiment — il lui ferait couper qu'il baisa niaisement. — Mais le serment s'en fut ainsi que vent, — car tout ce qu'il jura (ce) fut mensongèrement; — pourtant parfois il s'entend dire et il est certain — que trop dire ne vaut guère.

Pero anc se au dire, et es certanament
    Que tro[p] dir no val gaire.   320

XI.

El rei Tibautz regnet si com bos reis deu faire,
E mori li la dona, que era de adaut affaire;
E puiss el n'ac un'altra, de las autras belaire.
Filla fu d'un baron molt savi guerreia[i]re,
Del seinner de Borbo, d'aver grant amasaire.   325
E'l rei ac ne d'effantz, segont qu'eu au retraire,
Essatz; mas d'els n'i ac que non viviron gaire.
E'l rei Tibalt, per temps, si c'ordena 'l Salvaire,
[1]Moric, don ac grant dol per trestot son repaire.
E laisset doas fillas e dos filtz de bon aire;   330
Pero maridet las, antz que moris lur paire,
Ab dos ducs, que cascun fo molt bon torneia[i]re.
E'l maior dels dos filtz ac nom, ço m'es vegaire,
Tibalt, e l'altre Enric, cel que ac cor plus que Daire;
Mas Tibalt fu l'ant natz, et anc non fu de maire   335
Nuilltz reis plus covinent ni de meillor afaire,
Quar el ondrava Deu plus que no fa null fraire.
Et el temps qu'el regnava, volc anar contra 'l Caire
Lo rei cui fu en Paris e Tolosa e Belcayre,
    Agen et Avilar.   340

XII.

Lodoys ac el nom, qui se fe molt amar;
E venc le en coratge de passar oltra mar,
E mandet sos naveis e fe 'ls apareillar,
E mandet que anes ab lui lo rei Navarr

[1] On lit en note, au bas du fol. 10 r°, et avec une croix comme marque de renvoi dans cet endroit du texte : « Lo rey Tibalt, payre « de don Tibalt e de don Enrric, mori en l'an « de la Incarnation de nostre Seynor Jhesu-« Crist de .m. cc. liij. ans, et regna .xix. ans. »

XI.

Le roi Thibaut régna ainsi que bon roi doit faire, — et lui mourut la dame, qui était de haut parage; — et puis il en eut une autre, des autres la plus belle. — Elle fut fille d'un baron très-sage guerrier, — du seigneur de Bourbon, grand amasseur d'avoir. — Et le roi en eut d'enfants, selon ce que j'entends rapporter, — assez; mais d'eux il y en a qui ne vécurent guère. — Et le roi Thibaut, en (son) temps, ainsi qu'ordonna le Sauveur, — [1] mourut, de quoi il y eut grande douleur par tout son logis. — Et il laissa deux filles et deux fils de bonne manière; — mais il les maria, avant que mourût leur père, — avec deux ducs, qui chacun furent très-bons combattants dans les tournois. — Et l'aîné des deux fils eut nom, ce m'est avis, — Thibaut, et l'autre Henri, celui qui eut plus de cœur que Darius; — mais Thibaut fut l'aîné, et jamais ne fut de mère (né) — nul roi plus convenable ni de meilleure conduite, — car il honorait Dieu plus que ne fait nul frère. — Et au temps qu'il régnait, voulut aller contre le Caire — le roi à qui fut Paris et Toulouse et Beaucaire, — Agen et Auvilar.

XII.

Louis eut-il nom, qui se fit fort aimer; — et il lui vint dans l'idée de passer outre mer, — et il manda ses navires et les fit appareiller, — et manda au roi navarrais que (il) allât avec lui —

---

[1] Le roi Thibaut, père de don Thibaut et de don Henri, mourut en l'an de l'Incarnation de notre Seigneur Jésus-Christ mil deux cent cinquante-trois, et régna dix-neuf ans.

Per razon de Navarra[1] e de s'arma salvar ; 345
E, quar era sos gendres, volc lo ab se menar.
La crozada fom granda, e aneron s'aprestar
Lai al port d'Aigas Mortas. Ço qu'eu vi puiss contar.
Lai viratz privilegis e grantz perdons donar,
Per anar ent al Caire ; e foron s'acordar 350
Que anesson a Tunitz, qu'assi fo lur pessar
Que la conqueririon, puiss puirion anar,
Sens mar passar, al Caire, et Acre enparar.
E .i. jorn, en setembre, preson se a navegar,
Et al port de Cartaina aneron arribar, 355
E preso lo per força e per ben guerreiar.
E quant foron a terra, tantost fero gitar
Los cavals de la naus, e feron los armar ;
E sonegon las trompas, e van se acostar
Dreitamentz a Cartaina per la vila entrar. 360
E'ls Sarrazins que viron els Christians esforçar,
Penseron de deffendre e de ben bataillar ;
Mas quant viron las sobras, non pogoron durar,
E fugiron a Tunitz, or era lur empar.
E si tantost con vengro, fosson assetjar 365
Tunitz, a rendre era et a desemparar ;
Mas Deus non lo volia : per que no se poc far.
E lo rei de Tunitz, que vi assetjar
Los Christians, e lueynn de la vil'atendar,
Ag n'en son cor grand joya e pres se d'alegrar ; 370
E diss a sos barons : « Segur podem estar
Qu'els Christians s'atendan sen bataillа donar.
Trametrai donc per cels que per mi an afar,
Que me vengan tantost defendre et ajudar. »
—« Per Deu ! disson sos omes, ço er molt ben a ffar. » 375

[1] Ce mot est gratté, et on lit en marge *Campaynna*.

en raison de (son fief de) Champagne et pour sauver son âme; — et 345
parce qu'il était son gendre, il voulut le mener avec lui. — La croisade fut grande, et ils allèrent s'apprêter — là au port d'Aigues-
Mortes. Ce que je vis je puis conter. — Là vous verriez indulgences
et grands pardons donner, — pour aller jusqu'au Caire; et ils furent 350
d'accord — qu'ils iraient à Tunis, car ainsi fut leur pensée —
qu'ils la conquerraient, puis pourraient aller, — sans mer passer,
au Caire, et protéger Acre. — Et un jour, en septembre, ils se
prirent à naviguer, — et au port de Carthage ils allèrent aborder, 355
— et le prirent par force et par bien guerroyer. — Et quand
ils furent à terre, aussitôt ils firent sortir — les chevaux des navires, et les firent armer; — et ils sonnèrent les trompettes, et
vont s'approcher — en droiture de Carthage pour entrer dans 360
la ville. — Et les Sarrasins qui virent les Chrétiens s'efforcer, —
pensèrent à se défendre et à bien batailler; — mais quand ils virent
l'abondance, ils ne purent tenir, — et fuirent à Tunis, où était leur
abri. — Et si aussitôt qu'ils vinrent, ils fussent (allés) assiéger — 365
Tunis, il était à rendre et à démanteler; — mais Dieu ne le voulait
pas : c'est pourquoi il ne se put faire. — Et le roi de Tunis, qui
vit s'établir — les Chrétiens, et loin de la ville dresser leurs tentes,
— en eut en son cœur grande joie et se prit à se réjouir; — et dit à 370
ses barons : « Nous pouvons être sûrs — que les Chrétiens dressent
leurs tentes sans bataille donner. — J'enverrai donc vers ceux qui
pour moi ont affaire, — pour qu'ils me viennent aussitôt défendre
et aider. » — « Par Dieu! disent ses hommes, cela sera très-bien à 375
faire. » — Et il envoya ses messagers et ainsi les fit mander; — et
ses gens, quand ils ouïrent les messagers parler, — et que le roi de
Tunis (les Chrétiens) voulaient bloquer, — les alcades par la terre firent aussitôt crier — que fils n'est pas pour (ne remplace pas son) 380

4.

fol. 11 v° E trames sos messages e si los fe mandar;
E sas gentz, quant auziron los messages parlar,
E qu'el rei de Tunitz volion ensarrar,
Los alcaitz per la terra feron tantost cridar
Que filtz non esperaire[1] ni l'auses esperar. 380
Adoncs viratz las gentz espessamen intrar
En Tunitz, que nuilltz om non puiria pensar;
E quant venc per avant a .i. jorn bel e clar,
Les Sarrazins issiron les Christians asaltar,
E crideron *Tunitz*, e preso s'a siblar, 385
E grant bruit e grant noissa entre els demenar.
E la ost Cristiana era sobre manjar;
E quant auziro'l bruit, fu molt grant lur doptar.
Disson : « Santa Maria, vols nos desemparar? »
E ladoncs viratz maintz fugir e estremar; 390
E fu tan grant la noisa per l'ost e lo cridar,
Qu'a penas fo neguns que s pogues cosseill dar,
Ni que pogues sas armas trobar en son loguar.
fol. 12 r° E quant lo rei Tibalt les vic desesperar,
Adoncs cridet *Navarra* e anet s'arnescar, 395
E tantost el se fe son caval amenar;
E los Navarrs, quant viron lor car seinnor montar,
Tot lo plus pereços se'l anet acostar.
E lo reis comencet son caval a brocar,
E det per mei la preyssa, quar volia issauçar 400
La santa fe de Roma, que vedia baissar.
E los Navarrs, que viron lur seinnor enpressar,
Disson . « Barons, anem nostre seinnor gardar,
E moram tuit ab el antz que'l laissem forçar. »
Adoncs viratz tendr'e balestes desarrar, 405
E de lanças ferir et azconas lançar,

---

[1] En marge on lit *paire*, d'une main contemporaine.

père et ne l'ose pas attendre. — Alors vous verriez les gens épaissement entrer — en Tunis, (tellement) que nul homme ne le pourrait penser; — et quand il vint par la suite un jour bel et clair, — les Sarrasins sortirent les Chrétiens assaillir, — et crièrent *Tunis*, et se prirent à siffler, — et grand bruit et grand vacarme entre eux (à) démener. — Et l'ost chrétienne était sur le manger; — et quand (les Chrétiens) entendirent le bruit, très-grande fut leur crainte. — Ils dirent : « Sainte Marie, veux-tu nous abandonner? » — Et alors vous verriez maints fuir et se cacher; — et furent si grands le vacarme par l'ost et le crier, — qu'à peine fut-il nul qui pût se conseil donner, — ni qui pût ses armes trouver en son lieu. — Et quand le roi Thibaut les vit se désespérer, — alors il cria *Navarre* et alla se harnacher, — et aussitôt il se fit son cheval amener; — et quand les Navarrais virent leur cher seigneur monter, — tout le plus paresseux alla se placer à ses côtés. — Et le roi commença son cheval à éperonner, — et il donna par le milieu de la presse, car il voulait élever — la sainte foi de Rome, qu'il voyait baisser. — Et les Navarrais, qui virent leur seigneur presser, — dirent : « Barons, allons notre seigneur garder, — et mourons tous avec lui avant que nous le laissions forcer. » — Alors vous verriez tendre et arbalètes desserrer, — et de lances frapper et javelots lancer, — et les Navarrais en chemise çà et là sautiller. — Et les Sarrasins, quand ils les virent nus ainsi se démener, — dirent : « Ce ne sont pas des hommes, par Mahomet, mais il paraît — qu'ils soient des diables vivants, puisqu'ainsi nous les voyons sauter; — car ils ne redoutent pas la mort, ni ne craignent d'être blessés, — et certes avec de telles gens il ne fait bon batailler. » — Et alors ils commencèrent vers Tunis à tourner, — et le preux roi de Navarre avec ses gens (de) poursuivre, — tellement que par les portes ils les firent entrer. — Alors le roi Thi-

E'ls Navarrs en camisas çay e lai salteiar.
E'ls Sarrazins, qu'els viron nutz assi demenar,
Disson : « Ço non son omes, per Bafomet, antz par
Que sion vius diables qu'aisi'ls vedem sautar ; 410
Quar els no temon mort, ni s temon a nafrar,
E ges ab aital gentz no s fa bon bataillar. » (fol. 12 v°)
E adoncs comenceron vas Tunitz a tornar,
E'l pros reis de Navarra ab sas gentz encalçar,
Si per mei las portas les ne feron entrar. 415
Adonc lo rei Tibalt pres se a capdelar
Sas gentz, e si lor diss : « Barons, tornem gaut'ar. »
E tuit torneron s'en e feron son mandar
 Ses tota demorança.

XIII.

E lo rey Lodoys, qu'era seinner de França, 420
Anet lo accuillir ab molt dura semblança ;
E si li dis : « Bel filtz, huey m'avetz fait pesança,
Quar anc ab gent sen fe nos mesetz en tal dança;
E sapchatz que vos fes failliment e enfança ;
E si fossas vencutz, vostra fora l'errança. 425
Pero ondrad' avetz per totz temps vostra lança :
Per que es be ssemblança que totz bes nos enança,
E hueymas no metatz tota l'ost en balança. »
E 'l rei Tibalt respos, alegre, sens doptança :
« Seinner, en Jhesu Christ es nostra esperança ; 430 (fol. 13 r°)
E si nos lui servent morem, es ma semblança
E ma fe qu'el bratz dreit vendrem de la balança.
E no i em per dormir ni per dar benanança,
Mas per alçar la fe de cels que ns es salvança. »
Adoncs lo rei Frances, per seinnal d'amiçtança, 435
Baiset le en la boca ab molt grant alegrança ;
 Dont totz n'agron sabor.

baut se prit à rallier — ses gens, et leur dit : « Barons, retournons face actuellement. » — Et tous se retournèrent et firent son commandement — sans nul retard.

XIII.

Et le roi Louis, qui était seigneur de France, — alla le recevoir avec un air très-dur; — et lui dit : « Beau fils, aujourd'hui vous m'avez fait du chagrin, — parce qu'avec gent sans foi vous nous mîtes en telle danse; — et sachez que vous fîtes faute et enfantillage; — et si vous fussiez vaincu, vôtre fût l'erreur. — Toutefois honoré vous avez pour toujours votre lance : — c'est pourquoi il semble bien que tout bien nous avance, — et désormais ne mettez pas toute l'armée en danger. » — Et le roi Thibaut répond, allègre, sans hésitation : — « Seigneur, en Jésus-Christ est notre espérance ; — et si en le servant nous mourons, c'est mon avis — et ma foi que nous viendrons au bras droit de la balance. — Et nous ne sommes pas ici pour dormir ni pour donner commodité, — mais pour exalter la foi de celui qui est notre salut. » — Alors le roi français, en signe d'amitié, — le baisa sur la bouche avec beaucoup de joie : — de quoi tous eurent plaisir.

XIV.

Razon no y ac puiss dita, mas de ben e d'amor.
E lo bon rei Navarr, assi com a sseinnor,
Asolecet lo rei que portava la flor.   440
E pui si s'en tornet ab molt gran alegror
Dreitament a sa tenda, on era s'auriflor;
E fe s tost desgarnir, per la granda calor
Que adonquas avia lo mager e'l menor.
E puiss vos aitant dir que anc li puinnidor,   445
Cels que foron de França, no cre fosson millor
Qu'adoncs fo'l rei Navarr, ni plus combatedor[1]...
E si lo jorn, quant venguon, fessan tant de rumor,
Non agra en Tunitz mur ni castel ni torr
Que z el no la presesen, quar tota lur paor   450
Era qu'el Christians dessan ades ab lor;
E puiss passet .iij. jorntz els non agron temor.
Et esdevenc s' apres que volc lo Salvador
Que mori'l rei Frances, dont perderon color
Totz aquels de la ost, e 'n agron grant dolor; 455
E lo pros rei Navarr, per la granda tristor
Que ac del rei Frances, e pel dol e pel plor.
    Pres la mort a estros.

XV.

Mori lo rei Frances e 'l rei Navarr amsdos[2],
Dont tot Christianisme baisset .ij. escalos.   460
E apres, lo rei Carles, gaillart coma leos,
S'en venc dreit a Tunitz ab maintz cavales bos
Pel rei Frances veder; empero mortz crei fos.

---

[1] Il paraît manquer ici, sinon un feuillet entier, au moins plusieurs vers.

[2] On lit en note, au bas du fol. 13 v°: « Morit el rey don Thibalt el Segundo en el annyo de la Incarnation de nostro Seynor Jhesu Christo .M. CC. LXX. »

XIV.

Parole il n'y eut plus dite, sinon de bien et d'amour. — Et le bon roi navarrais, ainsi comme avec seigneur, — s'entretint gaiement avec le roi qui portait la fleur (de lis). — Et puis il s'en retourna avec très-grande allégresse — tout droit à sa tente, où était son oriflamme; — et se fit vite désarmer, à cause de la grande chaleur — qu'alors avait le plus grand et le plus petit. — Et je puis autant vous dire qu'oncques les guerriers, — ceux qui furent de France, je ne crois pas qu'ils fussent meilleurs — qu'alors fut le roi navarrais, ni mieux combattant.... — Et si le jour, quand ils vinrent, ils fissent autant de rumeur, — il n'y aurait en Tunis mur ni château ni tour — qu'ils ne la prissent, car toute leur peur — était que les Chrétiens donnassent incontinent avec eux; — et depuis (qu'il se) passa trois jours ils n'eurent de crainte. — Et il arriva après que le Sauveur voulut — que mourût le roi français, dont perdirent couleur — tous ceux de l'ost, et en eurent grande douleur; — et le preux roi navarrais, pour la grande tristesse — qu'il eut du roi de France, et pour le chagrin et pour les pleurs, — prit la mort promptement [1].

XV.

Le roi français et le roi navarrais moururent tous les deux, — de quoi toute la chrétienté baissa de deux échelons. — Et après, le roi Charles, gaillard comme lion, — s'en vint droit à Tunis avec maints bons chevaliers — pour voir le roi français; mais mort je

---

[1] Le roi don Thibaut le Second mourut dans l'an de l'Incarnation de notre Seigneur Jésus-Christ mil deux cent soixante et dix.

E adonquas lo rei de Tunitz, com guiscos,
Trames sos messages moltz savis et artos, 465
fol. 14 r° Que parlesson adob ab alguns dels baros.
E fu l'adob aital que de las messios
Qu'agron fait los quitet, e los det maintz ric dos;
E part tot ço, enquara, segont que auzem nos,
Det lor .xx. milia onças de fin aur e de ros. 470
E'l filtz del rei de França, per que coronatz fos,
Acordet s'i, pero lo cor n'ac enguoissos.
E ladoncs l'arcevesque, om molt religios,
Qui era de Narbona, fe per l'ost moltz sermos,
Que la cros se vendia, e'l plait era ontos; 475
Quar per dines se dava la crotz del Glorios :
Dont tot Christianisme n'anava al dejos;
Mas anc per ren que fes no li valc sa raizos,
Antz diss om que la testa'l metri'om als talos.
La crozada s parti e fo mal lo resos, 480
E semblet bien peccat e rram de traiços,
E que vengues sobr'els de Deu maldicios;
Que quant vengon a Trapana, las naus e'ls aviros
fol. 14 v Trencavan e s ferian, quar us ventz rabios
Lor amenet al port; dont maintas garnizos 485
E maint om se perdet, e fora ben razos
Que totz fosson peritz.

XVI.

Et adonc le Navarr s'en torneron maritz;
Quar lor seinnor fo mort, qu'era pros e grazitz,
E venguon en Navarra; e quant foron auditz, 490
Levet se per la terra le plor e'ls dols e'ls critz,
Per ço quar lo seinnor dreiturer fo finitz,
E quar sens creatura fo sos regnes giquitz;
Mas el avia .i. fraire, qu'era molt afortitz,

crois qu'il fut. — Et alors le roi de Tunis, comme rusé, — envoya ses messagers très-sages et habiles — pour qu'ils parlassent arrangement avec aucuns des barons. — Et l'arrangement fut tel que des dépenses — qu'ils eurent faites il les tint quittes, et leur donna maint riche don ; — et outre tout cela, encore, selon ce que nous apprenons, — il leur donna vingt mille onces d'or fin et de roux. — Et le fils du roi de France, pour qu'il fût couronné, — y consentit ; mais le cœur il en eut plein d'angoisses. — Et alors l'archevêque, homme très-religieux, — qui était de Narbonne, fit par l'ost force sermons, — sur ce que la croix se vendait, et le traité était honteux ; — car pour deniers se donnait la croix du Glorieux : — de quoi toute la chrétienté s'en allait au-dessous ; — mais oncques pour chose qu'il fît ses paroles ne lui profitèrent, — au contraire on dit que la tête on lui mettrait aux talons. — La croisade se sépara, et fut mauvaise la renommée, — et parut bien péché et branche de trahison, — et que vint sur eux la malédiction de Dieu ; — vu que quand ils vinrent à Trapana, les navires et les avirons — cassaient et s'entre-choquaient, car un vent furieux — les amena au port ; par quoi maintes provisions — et maint homme se perdirent, et ce serait bien raison — que tous fussent péris.

XVI.

Et alors les Navarrais s'en retournèrent marris — de ce que leur seigneur, qui était preux et gracieux, fût mort. — Et ils vinrent en Navarre ; et quand ils furent ouïs, — s'éleva par le pays les pleurs, les douleurs et les cris, — parce que le seigneur légitime fut mort, — et parce que sans enfants fut son royaume délaissé ; — mais il

A cui laisset sa terra quant anet a Tunitz, 495
Que el la governes c'n fos poestaditz.
E quant sap qu'el fo mortz, no fo pas adormitz;
Qu'ades se fe far rei, e'n volc esser saisitz.
Et avantz que fos reis, fo om molt gen nuiritz,
E que s fazia amar als grantz et als petitz; 500
E tantost com fo rei juratz e eslegitz,
fol. 15 r° El fu fortz a sas gentz e braus e descausitz,
Mas c'obs no li avia.

XVII.

Fort mi desplaz quar dic alques que no voldria;
Empero tuit li rei non regnon d'una gya; 505
Que l'us es dur e fort, l'autre fai cortesia.
Et devenc que zel tepms (sic) que aquest rei vivia,
En Panpalona era grantz patz e compainnia,
E unitatz aitals que cel que la rompria
Remaingues coma Judas, o peitz, si peitz podia. 510
Et a .i. jorn aquels de la Navarreria,
Ab cosseill del prior e de la canongia,
Agron acort aital, que far non se devia,
Co s rompes l'unitatz, l'amor e la paria,
La fes e l'homenage que cascus fait avia. 515
E l'acort fu aital que aneguon .i. dia
Dreitament al palaci, lai or lo rei sedia,
E dixon : « Valent rei, seinner, s'a vos plazia
Que l'unitatz rompes, la vostra seinnoria
fol. 15 v° En seria plus fort en tota vostra via, 520
E tal que vos contrasta non vos contrastaria. »
E 'l rei, que 'ls entendet, diss lor : « Que m plaz que sia. »
Aqui era En Crestet que aiço afortia,
Quar el era preguatz de cels cui Deus maldia,
Que era chanbarlenc del rei e que podia 525

avait un frère, qui était très-fortifié, — à qui il laissa sa terre quand
il alla à Tunis, — pour qu'il la gouvernât et en fût dominateur. —
Et quand il sut qu'il fut mort, il ne fut pas endormi; — car incontinent il se fit faire roi, et en voulut être saisi (de la couronne). —
Et avant qu'il fût roi, il fut homme très-bien élevé, — et qui se
faisait aimer des grands et des petits. — Et aussitôt qu'on l'eut choisi
pour roi et qu'on lui eut prêté serment, — il fut violent pour ses
gens et dur et grossier — plus qu'il ne lui était besoin.

XVII.

Il me déplaît fort de dire quelque chose que je ne voudrais; —
pourtant tous les rois ne règnent pas d'une (seule) manière; — vu
que l'un est dur et violent, l'autre fait courtoisie. — Et il advint qu'au
temps que ce roi vivait, — en Pampelune il y avait grande paix et
fraternité, — et unité telle que celui qui la romprait — resterait
comme Judas, ou pire, si pire se pouvait. — Et un jour ceux de
la Navarrerie, — par le conseil du prieur et du chapitre, — eurent
accord tel, (ce) qui faire ne se devait, — comment se romprait
l'unité, l'amour et l'égalité, — la foi et l'hommage que chacun avait
fait. — Et l'accord fut tel qu'ils allèrent un jour — tout droit au
palais, là où le roi résidait, — et lui dirent : « Vaillant roi, seigneur,
s'il vous plaisait — que l'unité fût rompue, votre seigneurie — en
serait plus forte en toute votre vie, — et tel qui vous résiste ne
vous résisterait pas. » — Et le roi, qui les entendit, leur dit : « Il me
plaît que ce soit. » — Là était le seigneur Crestel qui encourageait

Cent tantz mais en la cort que a el no s tainnia.
Era y En Pascal Beatzça, que de grat o volia,
En Johan Peritz Alegre, que fe molt grant folia,
Que escris la unitatz e puissas la rompia;
Quar er[a] lur notari e tenc l'escrivania. 530
E fo i Miguel Peritz, aicel cui Deus maldia,
Celui de Çavaldica (empero qui'l tenia,
Om le metria'l ven e raizos que seria ;
Qu'en desfar l'unitat una nuyt non durmia),
E maint d'altres trachos qu'eu dire non sabria, 535
Que dixeron al rei, si ço far se podia,
Trenta milia sanchetz om comtar l'en faria.

fol. 16 r° E tot rei vol dines, e quascus si s voldria.
E 'l rei trames al Borc messages qu'el avia,
En la Poblacion dire qu'obs les avia; 540
E les borzes i venguo, e nengus non sabia
Per que les demandava, sy que cascus temia.
E quex saludet lo com om que s'umelia;
E'l rei acuillet los, e diss en aital guia :
« Baros, mos acortz es que vuill trencada sia 545
L'unitat e'l saiel on es sancta Maria,
E sant Miquel que a las armas en bailia,
E'l sant sant Micolau que la naus guia,
E la lun' e l'estrela; e qui ço m deffendia,
Auria la mia ira aitant quant eu bivria. » 550
E'ls borgues, qu'entenderon del rei sa felonia,
E vigon lo dapnage que per avant vendria,
E vigon l'altra part que de grat y venia,
A pauc lo cor el cos a cascus no fendia;
Quar lor mandava far ço que no s covenia. 555

fol. 16 v° E foron s'acordar.

cela, — car il était prié de ceux que Dieu maudisse; — vu qu'il
était chambellan du roi, et qu'il pouvait — cent fois plus en la cour
qu'il ne lui appartenait. — Il y avait le seigneur Pascal Beatza, qui
de gré le voulait, — le seigneur Jean Peritz Alegre, qui fit très-
grande folie, — vu qu'il écrivit l'unité et puis la rompit; — car il
était leur notaire, et tint l'étude. — Et Michel Peritz y fut, celui
que Dieu maudisse, — celui de Çavaldica (pourtant qui le tenait —
on le mettrait au vent, et raison ce serait; — vu que pour défaire l'unité il ne dormait pas une nuit), — et maints autres traîtres
que je ne saurais dire, — qui dirent au roi que si cela se pouvait
faire, — trente mille sanchets on lui en ferait compter. — Et tout
roi veut deniers, et chacun aussi en voudrait. — Et le roi envoya au
Bourg des messagers qu'il avait, — dire à la Poblacion qu'il avait
besoin d'eux; — et les bourgeois y vinrent, et nul ne savait — pourquoi il les demandait, en sorte que chacun craignait. — Et chacun
le salue comme homme qui s'humilie; — et le roi les accueillit, et
dit en telle guise : — « Barons, ma convention est que je veux que
soit tranchée — l'unité et le sceau où est sainte Marie, — et saint
Michel qui a les âmes en garde, — et le saint saint Nicolas, qui la
nef guide, — et la lune et l'étoile; et qui me défendrait cela, —
aurait ma colère autant que je vivrais. » — Et les bourgeois, quand
ils entendirent le courroux du roi, — et virent le dommage qui
pour l'avenir viendrait, — et virent que l'autre parti de gré y venait, — peu s'en fallut que le cœur dans le corps à chacun ne fendit; — car il leur commandait de faire ce qui ne convenait pas. —
Et ils furent se concerter.

XVIII.

E mester lor avia coseill, si Deus me gar;
E tirego s'a part, e l'us pren s'a parlar
E diss : « Seinnos, obs a que Jhesu-Crist nos empar,
Que ieu vei que lo rei nos vol desaunar; 560
Qu'en la Navarreria a traidos, ço m par,
Qui peralcen est mal, e'n van lo rei preguar.
E si aiço autreiam, nos no em per servar;
Quar ja de traizion no ns puirion salvar.
Doncs mas val que muram, o ns anem exillar. » 565
Et adoncs dixon totz : « Ço non es d'autregar.
Qu'anc no'l fero ls paires, ni nos non vuillam far;
Antz nos laissesem pendre o ardre o trainar,
O los hueilltz del cap traire, o las lengas taillar,
Quar per dreit nos puiria tot le mont acusar. 570
E si lo rei nos força, nos no'l podem vedar;
Mas degus no otrei per la terra manjar. »
E torneron al rei plens de molt grant pessar,
E dizon en aisi : « Humils, francs seinner car,
Per Deu e per la Verge, vos voldram preguar 575
Que tan grant mal com est non vuillatz sufertar. »
E'l rei los respondet : « Ço no vuill eu desfar;
Que aici En Pascal Beatzça qui m'en ven carridar,
E cel de Çavaldica, e m'en volon loguar,
E'N Cristel, qu'aici es, qu'i met tot son puinnar; 580
E puiss els tant o volon, yeu lo vuill confirmar. »
E'ls borzes responderon : « Seinner, per gadainnar
Lo regisme de França ab lo comtat de Bar,
Aiço no autreiariam, ni s puiria acabar;
Mas vos, coma seinner, nos podetz ben forçar. » 585
Ab tant lo rei mandet que'l fesson aportar
Las cartas e'l saiel senes trop demorar,

XVIII.

Et ils avaient besoin de conseil, si Dieu me garde; — et ils se tirèrent à part, et l'un se prend à parler — et dit : « Seigneurs, il est besoin que Jésus-Christ nous protége, — vu que je vois que le roi nous veut désunir; — en la Navarrerie il y a des traîtres, ce me paraît, — qui exaltent ce mal, et en vont prier le roi. — Et si nous octroyons ceci, nous ne sommes à conserver, — car jamais de trahison nous ne nous pourrions sauver. — Donc mieux vaut que mourions, ou que nous allions nous exiler. » — Et alors ils dirent tous : « Cela n'est pas à octroyer, — vu qu'oncques les pères ne le firent, ni nous ne (le) voulons faire; — nous nous laissassions plutôt pendre, ou brûler ou traîner, — ou tirer les yeux de la tête, ou les langues couper, — car justement nous pourrait tout le monde accuser. — Et si le roi nous fait violence, nous ne pouvons l'empêcher; — mais que nul ne l'octroie, dût-il manger de la terre. » — Et ils retournèrent auprès du roi, pleins de très-grande inquiétude. — et disent ainsi : « Humble, franc (et) cher seigneur, — pour Dieu et pour la Vierge, nous vous voudrions prier — qu'un aussi grand mal que celui-ci vous ne vouliez supporter. » — Et le roi leur répondit : « Je ne veux pas défaire cela; — vu que voici le seigneur Pascal Beatza qui m'en vient féliciter, — et celui de Çavaldica, et ils m'en veulent approuver, — et le seigneur Cristel, qui est ici, qui y met tous ses efforts; — et puisque tant ils le veulent, je le veux confirmer. » — Et les bourgeois répondirent : « Seigneur, pour gagner — le royaume de France avec le comté de Bar, — nous n'accorderions pas cela, ni (cela ne) se pourrait achever; — mais vous, comme seigneur, vous nous pouvez bien contraindre. » — En même temps le roi commanda qu'ils lui fissent apporter — les chartes et le

E om portet las y ab dol et ab plorar.
E'l rei pres lo saiel e fe lo peçeiar,
Et apres fe las cartas ab .i. cotel taillar; 590
Mas no las trenquet totas, que, segont qu'au contar,
fol. 17 v° Les fraires de Sant Jacme e'ls Menors n'an .i. par,
E prios et abbatz qu'eu non vos sai nompnar.
Ladoncs ditz .i. borzes : « Devins cuich ben estar.
Tal perdra en aiço que cuida gadainnar, 595
 E Deus gart la dreitura! »

XIX.

L'unitat se desfet, e fo molt causa dura,
E'ls borgues s'en entreron en Borc, dintz lur clausura,
E'n la Poblation, e fero'n Dyeu rencura
Del grant tort que prenion e de la desmesura. 600
E'n la Navarreria, com gent d'avol natura,
Fero'n ades dozena, per lor malaventura;
Quar per dreit no'ls devia venir bon'aventura,
Quar en tot mal affar messon ades lur cura.
Et adonquas la mort, que .i. non asegura, 605
Menet l'en, el rei Enric, lain on manda dreitura.
fol. 18 r° [1] Si que remas Navarra en tribail e z escura;
Car una pauca enfanta leisset de creatura,
Per qu'els barons gitavan la terra a non cura,
Car totz eren seinnos com auzel en pastura. 610
Et adoncs la reina volgui gardar mesura,
Et ac coseill molt bon; e fon tal d'aventura.
 Que fes governador.

---

[1] En haut de cette page on lit, d'une main du temps : « Don Enrric, rey de Navarra, mori lo dia de Santa Maria Magdalena, en l'an de la Incarnation de nostre Seynor Jhesu Crist de .M.CC.lxxiii. »

sceau sans trop retarder, — et on les y apporta avec chagrin et avec
pleurs. — Et le roi prit le sceau et le fit mettre en pièces, — et
après il fit les chartes avec un couteau couper; — mais il ne les
trancha pas toutes, car, selon que j'entends conter, — les frères de
Saint-Jacques et les (frères) Mineurs en ont une paire, — et prieurs
et abbés que je ne vous sais nommer. — Alors dit un bourgeois :
« Devin je pense bien être. — Tel perdra en cela qui pense gagner,
— et Dieu garde la droiture ! »

XIX.

L'unité se défit, et (ce) fut chose très-dure, — et les bourgeois
entrèrent dans le Bourg, dans leur clôture, — et dans la Poblacion,
et ils firent à Dieu plainte — du grand tort et de l'injustice qu'ils recevaient. — Et en la Navarrerie, comme gens de mauvaise nature, —
ils en firent incessamment douzaine, pour leur malheur; — car par
droit ne leur devait venir bonne aventure, — car en toute mauvaise
affaire ils mirent incessamment leur soin. — Et alors la mort, qui
n'épargne personne, — l'emmena, le roi Henri, là où commande
justice, — [1] en sorte que la Navarre resta en peine et obscure; —
car une petite infante il laissa (en fait) de postérité, — par (suite
de) quoi les barons laissaient le pays à l'abandon, — car tous étaient
seigneurs comme oiseaux en pâture. — Et alors la reine voulut garder mesure, — et eut très-bon conseil; et il fut tel d'aventure (par
le fait), — qu'elle fit gouverneur.

[1] Don Henri, roi de Navarre, mourut le jour de Sainte Marie-Madeleine en l'an de l'Incarnation de notre Seigneur Jésus-Christ mil deux cent soixante et treize.

XX.

Governador volc far, car la terra s perdia;
E mandet per ricomes e per la caveria, 615
E mandet per las vilas, pels savis que sabia,
E pels que per dreit a cort venir devia.
Las cortz foron mandadas lai ont se convenia,
Dedintz en Pampalona, qu'es cap de seinnoria.
Lai fo'N Gonçalvo Ivainnes e son bot don Garcia, 620
E'l seinnor de Cascant que l'aigla mantenia,
E'l seinnor de Bidaurre an mainta baronia;
E las cortz foron grantz, per mester que i avia.
E fon aital l'acortz dedintz Sancta Maria,
Qu'el seinnor de Casquant governes sens banria 625
La terra de Navarra e ço que se i tainnia;
E cascun juret lo, assi com far devia,
E vengues s'en a cort lai or el mandaria.
E las cortz se partiron, e cascus tenc sa via.
E don Garcia ten la Conca en sa bailia, 630
E las terras d'Estela don Gonçalvo avia,
E tota l'altra terra el governador tenia;
Car lo rei don Enric partit lur o avia.
Et adoncs la reina vo[l]c s'en anar .i. dia
En Campainna, per so que molt veder volia 635
La reina sa filla, que a Proi[n]s se nuiria;
E quant se fo anada, en la Navarreria
Ago molt fol acort, tals que no'ls covenia,
    Que fessan algarradas.

XXI.

Algarradas bastiron; e fu muit grant foldatz, 640
Cant li rei de Navarra, sels c'an era passatz,
Deron bons previleges e molt ben sagelatz

XX.

Gouverneur elle voulut faire, car la terre se perdait; — et elle manda les riches hommes et la chevalerie, — et manda les villes (et) les sages qu'elle connaissait, — et ceux qui par droit en cour venir devaient. — Les cortès furent mandées là où il convenait, — dans Pampelune, qui est capitale de seigneurie. — Là furent le seigneur Gonçalo Ibañez et son neveu don Garcia, — et le seigneur de Cascante qui maintenait l'aigle, — et le seigneur de Bidaurre avec mainte baronnie; — et les cortès furent grandes, pour le besoin qu'il y avait. — Et la résolution fut telle dedans Sainte-Marie, — que le seigneur de Cascante gouvernât sans conseil — la terre de Navarre et ce qui en dépendait; — et chacun le jura, ainsi que faire il devait; — et (jura qu'il) s'en viendrait en cour là où il commanderait. — Et les cortès se séparèrent, et chacun tint sa route. — Et don Garcia tint la Conca en sa puissance, — et les terres d'Estella don Gonçalvo avait, — et le gouverneur tenait toute l'autre terre: — car le roi don Henri le leur avait partagé. — Et alors la reine voulut s'en aller un jour — en Champagne, parce qu'elle voulait beaucoup voir — la reine sa fille, qu'on élevait à Provins; — et quand elle s'en fut allée, en la Navarrerie — ils prirent très-folle résolution. telle qu'il ne leur convenait pas, — de faire des algarades.

XXI.

Ils bâtirent algarades; et ce fut très-grande folie, — quand les rois de Navarre, ceux qui maintenant sont passés, — donnèrent de

fol. 19 r° Al borc de Sant Cernin, on es leialtatz,
Que dedintz Pampalona ni en lu[r]s terminatz,
Contra'l Borc non fes torr ni força ni valatz; 645
Et els non se leisseron, antz firon, sapiatz,
Manguanels et algarradas e trabuquetz assatz.
Et adonquas el Borc lo pople fon iratz,
E'n Poblacion, qu'en ams era unitatz
Et amor e concordia e patz ed amistatz; 650
E manderon cosseill, com omes assenatz,
Lai or volguon los .xx., ed ag n'i gent assatz.
E levet se .i. savis qu'era gent razonatz,
E dis a tot lo poble : « Seinnos, nos em forçatz;
Qu'en la Navarreria son contra nos alçatz, 655
Que l'i fan algarradas, so que non vi om natz
Qu'e vila contra autra fus trabuquetz auçatz,
Si per seinnor de terra no'n fus mandament datz.
E digatz qu'en façam o que n'acosseillatz. »
Et adoncs levet s'us qu'era ben entestatz, 660
fol. 19 v° E cridet autamentz : « Barons, en que gardatz
Mas que lor donem foc e que sien crematz,
Assi coma traidos per quy se[m] nos neguatz,
E unitatz rompida, e fes e caritatz?
E si les castiam, nos estarem em patz. » 665
Adoncs diss l'us al autre : « Est es fols o senatz? »
E levet s un borgues molt savis e membratz,
E diss a tot lo poble : « Seinnos, si escoltatz.
Ja Jhesu Crist non vuilla, qu'es vera Trinitatz,
Que per nos autres sia faita tan grant foldatz; 670
Mas eu da i est cosseill, si a vos autres platz.
Governador y a qu'es per nos autreiatz,
E per tota Navarra, e z el que ns a juratz
Nostres fos e franquezes, e que ns tendra en patz,
E que tendra dreitura als menutz e als grantz. 675

bons priviléges et très-bien scellés — au bourg de Saint-Cernin, où est loyauté, — (portant) que dans Pampelune ni dans leurs limites, — contre le Bourg on ne fît tour ni fortification ni fossés; — et ils ne s'en abstinrent pas, mais ils firent, sachez-(le), — mangonneaux et algarades et trébuchets considérablement. — Et alors au Bourg le peuple fut irrité, — et en la Poblacion, car en tous les deux il y avait unité, — et amour et concorde et paix et amitié; — et ils convoquèrent un conseil, comme hommes de sens, — là où voulurent les vingt, et il y en eut beaucoup de gens. — Et il se leva un sage qui était bien parlant, — et il dit à tout le peuple : « Seigneurs, nous sommes forcés, — car en la Navarrerie ils se sont contre nous élevés, — vu qu'ils y font algarades, ce que ne vit homme né — qu'en une ville contre une autre fût trébuchet dressé, — si par le seigneur de la terre l'ordre n'en fût donné. — Et dites ce que nous en devons faire ou ce que vous en conseillez. » — Et alors un se leva qui était bien entêté, — et cria hautement : « Barons, à quoi vous arrêtez-vous, — si ce n'est que nous leur mettions feu et qu'ils soient brûlés, — ainsi que traîtres par qui nous sommes reniés, — et l'unité rompue, et foi et charité ? — Et si nous les châtions, nous serons en paix. » — Alors l'un dit à l'autre : « Celui-là est-il fou ou sensé ? » — Et il se leva un bourgeois très-sage et plein de jugement, — et il dit à tout le peuple : « Seigneurs, écoutez. — Que jamais Jésus-Christ ne veuille, (lui) qui est vraie Trinité, — que par nous autres soit faite si grande folie; — mais j'y donne ce conseil, si à vous autres il plaît. — Il y a gouverneur, qui est par nous consenti, — et par toute la Navarre, et (c'est) lui qui nous a juré — nos fors et nos franchises, et qui nous tiendra en paix, — et qui tiendra justice aux petits et aux grands. — Et nous irons lui dire comme nous sommes dépouillés de nos fors, — vu qu'en la Navarrerie on nous fait portails fortifiés — et tour et

E nos irem li dire com em desafforatz,
Qu'en la Navarreria nos fan portals cairatz
E torr e d algarradas e faitz desmesuratz;
E que nos tengua dreit com dreit apodestatz,
Car per dreitura tenir governaire es auçatz. 680
E d'el crei que sera de dreit faire cuitatz;
Car grant foldatz seria e grant necessitatz
Si nos lor davan foc, ni eram barreiatz,
Sens judici de cort, o non fus dreitz jujatz.
E acosseillem nos com omes assenatz, 685
    E no i farem error. »

XXII.

E'ls borgues s'en aneron dreit al governador,
E disso'l en aisi : « Humil, franc, car seinnor.
Tu qui est per dreitura, augas nostra clamor :
Qu'en la Navarreria, com gent sens tot'amor, 690
Nos fan portals de fusta et algarradas e tor,
E maintas d'altras forças e mainta desonor.
N'agon bons priveleges del rei Sancho'l maior
E de los autres reis, que valatz ni bestor
Contra'l Borc non fus faita; e z els, per lur error, 695
Quant lor o devedam, fan ne tot lo peior.
Per que os preguam, car seinner, per la vostra onor,
E car etz per dreitura al mendre et al maior,
Que z o façatz desfar; sino aital error
Puira entre nos naisser, qu'el maier e'l menor 700
N'aura dol en son cor, et ira e tristor.
Per que vos preguam, per la vostra valor,
Ena[n]tz qu'el focs s'espanda ni crega la calor,
Per qu'el mal se desfaça, e baisse la folor,
    Que z o façatz desfar. 705

algarades et choses outrageuses; — et qu'il nous tienne droit comme
droit supérieur; — car pour tenir droiture il est institué gouver- 680
neur. — Et de lui je crois qu'il sera empressé de faire droit, —
car (ce) serait grande folie et grande extrémité — si nous les incen-
diions, et si nous étions confondus, — sans jugement de cour, ou s'il
ne fût bien jugé. — Et prenons conseil comme gens sensés, — et 685
nous n'y ferons pas erreur. »

XXII.

Et les bourgeois s'en allèrent droit au gouverneur, — et lui dirent
ainsi : « Humble, franc, cher seigneur, — toi qui es pour droiture,
écoute notre plainte : — vu qu'en la Navarrerie, comme gent sans 690
nul amour, — ils nous font portails de bois et algarades et tour, — et
maintes autres fortifications et maint déshonneur. — Nous en eûmes
de bons priviléges du roi Sancho l'ancien — et des autres rois, (portant) que fossé ni tourelle — contre le Bourg ne fût faite; et eux, 695
dans leur égarement, — quand nous le leur défendons, ils en font
tout le pire. — Par quoi nous vous prions, cher seigneur, pour votre
honneur, — et parce que vous êtes pour droiture au petit et au
grand, — que vous le fassiez défaire; sinon tel égarement — pourra 700
entre nous naître, que le plus grand et le moindre — en aura chagrin
en son cœur, et peine et tristesse. — C'est pourquoi nous vous prions,
par votre valeur, — avant que le feu s'épande et croisse la chaleur, —
pour que le mal se défasse, et que la folie baisse, — que vous le 705
fassiez défaire.

XXIII.

« Que z o façatz desfar e sia vostre chauzitz. »
E'l governador fun d'escoltar ben aizitz,
E diss lor : « Francs borgues, yeu vos ai ben auditz;
Enantz qu'el foc s'espanda, vuill que sia escantitz.
Audirai l'autra part per que o contraditz, 710
Ni si an dreit per que s deian esser bastitz.
E puiss mandarai cortz e savis et eslegitz,
E maintz barons ondratz que son de sen garnitz,
E qu'auian las razons, sens novas ni sens critz;
fol. 21 r° Quar yeu vuill que per dreitz ne siatz devezitz, 715
E cel que dreit aura qu'en sia dessazitz.
E jur vos, pel Seinnor qu'en crotz fo aremitz,
Que non i a ningun, si'l dreit me contradiz,
Qu'eu no'l sia enemics tro a qu'el sia delitz. »
E z ap aquestas novas, del Borc se fo yssitz. 720
Coma governador qu'era de sen garnitz;
Et anet belament per los camins politz
En la Navarreria, e fon bel acuillitz,
E mandet pels borgues qu'era[n] plus seinnoritz;
E quant foron ensemble, el fon en pes saillitz, 725
E diss lor : « Francs borgues, us grans mals se bastitz :
Que vos faitz algarradas e z etz molt affortitz;
E no m sembla ni par que sia dreitz complitz
Qu'en vila contra autra sia engens bastitz,
Senes rei o ses comte, o seinner podestitz; 730
E sembla m que vos autres vos etz trop enantitz. »
Et adoncs li borgues foron ben amarvitz
fol. 21 v° De respondre e tost, com omes fementitz :
E disso'l : « Governaire, cels dels borcs son complitz
De bons murs e de tors, per o son descausitz : 735
Per que z els nos malmenan, e z em envilanitz;

XXIII.

« Que vous le fassiez défaire et que ce soit votre décision. » — Et
le gouverneur fut à écouter bien disposé, — et il leur dit : « Francs
bourgeois, je vous ai bien entendus; — avant que le feu s'épande,
je veux qu'il soit éteint. — J'entendrai l'autre partie (pour savoir)
pourquoi elle le contredit, — et s'ils ont droit pour qu'ils doivent
être fortifiés. — Et puis je manderai des cortès et sages et choisis,
— et maints barons honorés qui sont de sens garnis, — et (je leur
dirai) qu'ils entendent les raisons, sans bavardages et sans cris; —
car je veux que par droit vous en soyez divisés, — et que celui qui
droit aura en soit dessaisi. — Et je vous jure, par le Seigneur qui
en croix fut affermi, — qu'il n'y en a aucun, s'il me contredit le droit,
— dont je ne sois l'ennemi jusqu'à ce qu'il soit détruit. » — Et avec
ces propos, du Bourg il fut sorti, — comme gouverneur qui était de
sens garni; — et il alla bellement par les chemins unis — en la
Navarrerie, et fut bellement accueilli, — et manda les bourgeois qui
étaient plus notables; — et quand ils furent ensemble, il fut en pieds
dressé, — et leur dit : « Francs bourgeois, un grand mal s'apprête, —
vu que vous faites algarades et êtes bien fortifiés; — et il ne me
semble ni me paraît que ce soit droit accompli — qu'en une ville
contre une autre il soit bâti machines de guerre, — sans roi ou
sans comte, ou puissant seigneur; — et il me semble que vous autres
vous vous êtes trop avancés. » — Et alors les bourgeois furent bien
préparés — à répondre et tôt, comme hommes déloyaux; — et ils
lui dirent : « Gouverneur, ceux des bourgs sont fournis — de bons
murs et de tours, pour cela (ils) sont rudes : — c'est pourquoi ils
nous malmènent, et nous sommes avilis; — et nous disons, par le

E dizem nos, pel Seinne qu'es vers Santz Espiritz,
Que, si jogan com solo, doblaran les embitz,
 E guazainn qui puira.

XXIV.

« E guazainn qui puira, e pes de son pro far. » 740
Adonc don Pere Sanchitz comencet de parlar,
E diss lor : « Francs borgues, yeu farè cortz mandar;
E si el cosseilltz e yeu podem per dreit trobar
Qu'els engens qu'avetz faitz per las peiras tirar,
Deven esser desfaitz, yeu los farei desfar. » 745
E don Sancho dels Arcs comencet de parlar.
E dis : « Governador, pessatz de ben affar;
Laissatz nostres engens, no'ls vuyllatz menaçar;
Vos podetz mandar cortz, e com vuyllatz jujar,
Quar sapchatz qu'els engens pessarem de gardar. » 750
fol. 22 r° E'l valent governaire, senes tot demorar,
El issic de la vila per ent al Borc entrar.
E'n la Navarreria anego s'albirar
Qu'el valent don Garcia podia molt mandar;
E s'il podian aver per la vil'amparar, 755
Contra'l Borc, ne puirian mil tantz mils estroubar,
E qu'el governador no['l]s podria sobrar.
Et adoncs don Garcia avia grant pessar,
Car don Pe[re] Sanchitz avia Navarr'a governar;
Car sobre convenenças s'anegon airar, 760
Si que malvolença hy era senes par,
E que ges don Garcia non volia anar
A las cortz qu'el mandava, ni los seus petz portar.
E'n la Navarreria, per mei lo mal doblar,
Anego'l humilmens e mans juntas preiar 765
Que z el los ampares, c'om no'ls pogues forçar;
Quar lo governador los volia sobrar.

Seigneur qui est vrai Saint-Esprit, — que s'ils jouent comme ils ont coutume, ils doubleront les enjeux, — et gagne qui pourra.

XXIV.

« Et gagne qui pourra, et pense à faire son profit. » — Alors don Pierre Sanchiz commença à parler, — et leur dit : « Francs bourgeois, je ferai mander les cortès; — et si le conseil et moi nous pouvons en droit trouver — que les machines que vous avez faites pour tirer les pierres, — doivent être défaites, je les ferai défaire. » — Et don Sancho de los Arcos commença à parler, — et dit : « Gouverneur, pensez à bien faire ; — laissez nos machines, veuillez ne pas les menacer; — vous pouvez mander les cortès, et comme vous voudrez juger, — car sachez que nous penserons à garder les machines. » — Et le vaillant gouverneur, sans aucun retard, — sort de la ville pour entrer dans le Bourg. — Et en la Navarrerie ils allèrent s'imaginer — que le vaillant don Garcia pouvait moult mander (réunir de forces); — et (que) s'ils pouvaient l'avoir pour défendre la ville — contre le Bourg, ils pourraient mille fois mieux résister, — et que le gouverneur ne les pourrait subjuguer. — Et alors don Garcia avait un grand chagrin, — parce que don Pierre Sanchiz avait la Navarre à gouverner; — car sur les conventions ils s'allèrent fâcher, — tellement que (entre eux) il y avait malveillance sans pareille, — et que don Garcia ne voulait pas du tout aller — aux cortès qu'il convoquait, ni ses pieds (y) porter. — Et en la Navarrerie, pour mieux le mal doubler, — ils l'allèrent humblement et mains jointes prier — qu'il les protégeât, pour qu'on ne pût les forcer; — car le gouverneur les voulait soumettre. — Le seigneur Miquel de la Rainna fut choisi pour (y)

En Miquel de la Rainna fom triatz per anar,
E don Pascal Beazça, que no fa a laissar,
Don Johan Peritz Alegre, per lo mal enartar, 770
E don Ochoa Santz, que z era ben, so m par;
E totz .iiij. aneron en Raondo albergar.
La era don Garcia, e fom temps de manjar.
Et ena[n]tz que ma[n]gessan, volgon le fait contar,
E foron devant lui acordatz de dictar; 775
E cascus anet se a lui humiliar,
E don Garcia lor a [fait] semblança d'amar.
E tireguo s a part per mas celat estar.
E 'N Miquel de la Rainna comencet le pregar,
E diss le : « Franc seinnor, merce os vinem clamar, 780
Per la Navarreria qu'es a vostre mandar,
Que vos nos amparetz, car om nos vol forçar,
E nos que os ajudem de fin cor, ses duptar;
E si vos aiso faitz, irem vos estrenar,
Cascun an, de mil libras, obs de vos arnescar. » 785
Et adoncs don Garcia anet s'i acordar.
E ma[n]jero ab joya; e venc apres manjar
Que don Garcia e z els aneron cavalgar,
Vas la Navarreria pesseguo de tornar.
E quan els de la vila les ne vigo entrar, 790
Meneron molt grant joya e gran ris ab jogar;
E z els, ab don Garcia, foron descavalgar.
E quant venc lendema, qu'el jorn fon bel e clar,
Don Garcia [e]'ls borgues anego s'ajustar;
E quant foro ensemble, anego s'encartar 795
Totas las convenenças, e fermament jurar.
E veos que don Garcia s'anet ab lor lasar,
E la vila ab lor, per mils segur estar:
  Mas Dios gart la dreitura.

aller, — et don Pascal Beatza, qui ne fait pas à laisser, — don Jean Peritz Alègre, pour le mal exciter, — et don Ochoa Sanz, qui était bien, ce me paraît; — et tous quatre allèrent en Raondo loger. — Là était don Garcia, et il fut temps de manger. — Et avant qu'ils mangeassent, ils voulurent le fait conter, — et ils furent devant lui d'accord pour s'expliquer; — et chacun alla auprès de lui s'humilier, — et don Garcia leur fait des semblants d'amitié. — Et ils se tirèrent à part pour plus être cachés. — Et le seigneur Miquel de la Rainna commença à le prier, — et lui dit : « Franc seigneur, merci nous vous venons crier, — pour la Navarrerie qui est à votre commandement, — que vous nous protégiez, car on nous veut forcer, — et nous que nous vous aidions de bon cœur, sans hésitation; — et si vous faites cela, nous irons vous étrenner, — chaque année, de mille livres, pour vous équiper. » — Et alors don Garcia alla s'y accorder, — et ils mangèrent avec joie; et il advint après manger — que don Garcia et eux allèrent chevaucher, — vers la Navarrerie ils pensèrent de retourner. — Et quand ceux de la ville les virent entrer, — ils menèrent très-grande joie et grand rire en jouant; — et eux, avec don Garcia, furent descendre de cheval. — Et quand vint le lendemain, que le jour fut bel et clair, — don Garcia et les bourgeois allèrent se rassembler; — et quand ils furent ensemble, ils allèrent coucher par écrit — toutes les conventions, et fermement (les) jurer. — Et voici que don Garcia s'en alla avec eux (se) lier, — et la ville avec lui, pour être plus sûrement; — mais Dieu garde la justice.

XXV.

  Mas Dios gart la dreitura, que z el [a] ops be faire.   800
Et adonc Pere Sanchitz, que z era governaire,
Mandet per totz aicels qu'avian per lui afaire.
La hy venc maint ricome e maint om de bon aire;
E las cortz foron grantz, segon qu'auzi retraire;
fol. 23 v° Mas no i fo don Garcia, que no'l prezava gaire.   805
Lai viratz departir e mot cridar e braire.
Et adoncs Pere Sanchitz, qu'el volia'l dreit traire,
Diss a totz les barons : « Seinnos, en grant desaire
Vey la Navarreria e'ls borcs, que coma fraire
Degran totz temps estar ed amar ses cor vaire.   810
En la Navarreria an fait engens per traire
Grans peiras redondissas per ams les borcs dechaire;
E z acosseillatz me si s deu per dreit desfaire. »
E'ls baros e'ls ricomes anego s'a part traire,
E vigo qu'en nuill dreit que z an[c] fes l'emperaire,   815
Non era ni non fo, depos que fo'l Salvaire,
Qu'en vila, ses seinnor, engens se degues faire.
Et adonc le coseill anet se totz atraire
Ent a don Pero Sanchitz, qu'era bon governaire;
Disso'l : « Governador, per dreit, nos es veiaire   820
Que los engens se deven desfar......
E dam vos est cosseill, e ffusats nostre paire,
fol. 24 r° Per dreitz e per razon.

XXVI.

  « Per dreitz e per razos pod e[s]ser jujamen. »
E'l pros don Pere Sanchitz, en qui era bos sen,   825
Quant vic que sos cosseills cosseillet leialmen,
Jujet en cort plenera e diss apertamen
Qu'en la Navarreria desfessan li engen;

XXV.

Mais Dieu garde la justice, vu qu'il a besoin de bien faire. — Et alors Pierre Sanchiz, qui était gouverneur, — manda tous ceux qui étaient sous ses ordres. — Là y vint maint riche homme et maint homme de bonne lignée; — et les cortès furent grandes, suivant que j'entends rapporter; — mais don Garcia n'y fut pas, qui ne le prisait guère. — Là vous verriez discuter et crier fort et faire du bruit. — Et alors Pierre Sanchiz, vu qu'il voulait le droit éclaircir, — dit à tous les barons: « Seigneurs, en grand désarroi — je vois la Navarrerie et les bourgs, qui comme frères — devraient toujours être et s'aimer sans cœur inconstant. — En la Navarrerie ils ont fait des machines pour lancer — de grandes pierres rondes pour détruire les deux bourgs; — et conseillez-moi si cela se doit en droit défaire. » — Et les barons et les riches hommes allèrent se tirer à part, — et virent qu'en nul droit qu'oncques fit l'empereur, — il n'était ni ne fut, depuis que fut le Sauveur, — qu'en ville, sans seigneur, machine se dût faire. — Et alors le conseil alla tout entier se retirer — vers don Pierre Sanchiz, qui était bon gouverneur; — ils lui dirent: « Gouverneur, en droit il nous est avis — que les machines se doivent défaire...... — et nous vous donnons ce conseil, et fussiez-vous notre père, — par droit et par raison.

XXVI.

« Par droit et par raison il peut être jugement. » — Et le preux don Pierre Sanchiz, en qui il y avait bon sens, — quand il vit que son conseil conseilla loyalement, — jugea en cour plénière et dit publiquement — qu'en la Navarrerie ils défissent les machines de

Car razo o mandava, e dreitz n'era cossen.
En la Navarreria qu'audigo el mandamen, 830
E qu'el governador era vengutz talen
Que les engens desfessan e totz los bastimen,
Al governador disso ben affortidamen :
« Seinner, vostre judici sapchatz que z er nien,
Qu'els engens remandran com s'estan, fermamen, 835
Que non se desfaran mentre siatz viven. »
E'l pros don Pero Sanchitz ac le cor plus sagnen
Que qui'l des d'una lança o d'un cairel puinnen.
Empero don Garcia l'estava sobreden,
Qu'el lor fazia dire aquel deschausimen; 840
Quar ges els non auseran tan grant [fayre]¹ nossen.
Et adonc Pere Sanchitz ac son cosseil breumen
Ab totz cels de las vilas que aqui eran presen,
E z ap totz les ricomes et ab molta d'autra gen,
Puiss la Navarreria non l'er obedien, 845
Ni non volian far le syeu comandamen,
Aysi con cort mandava ben acordadamen,
C'om lor tales las vinnas e l'orta e'l formen.
Asi fon acordat per totz cominalmen;
Et adonquas els borcs, on es entendemen, 850
Quan vigo lor da[m]pnage, pres lor ne chausimen,
E disso'l : « Governaire, lo ver Omnipoten
Vole que li peccador atenda om longamen,
Per veder si auran del mal repentemen,
Pregam vos non vuillatz le lor destruzimen, 855
Car crezem que vendran a vostre mandamen. »
E'l pros don Pero Sanchitz respondet malamen :
Borgues, vos me preguatz del vostre dampnamen,
E, d'altra part, dizetz que vos fan aonimen;

---

¹ Il manque ici un mot dans le manuscrit.

guerre ; — car la raison l'ordonnait, et le droit également. — En la
Navarrerie quand ils ouïrent l'ordre, — et qu'au gouverneur était
venue l'envie — qu'ils défissent les machines et toutes les constructions, — ils dirent au gouverneur bien résolument : — « Seigneur,
votre jugement sachez qu'il sera néant, — vu que les engins resteront
comme ils sont, fermement, — qu'ils ne se déferont pas tant que vous
serez vivant. » — Et le preux don Pierre Sanchiz eut le cœur plus
saignant — que si on lui donnât d'une lance ou d'un carreau poignant. — Cependant don Garcia lui était surdent (l'embarrassait), —
vu qu'il leur faisait dire cette insolence ; — car ils n'oseraient (commettre un) si grand non-sens. — Et alors Pierre Sanchiz eut son conseil
promptement — avec tous ceux des villes qui là étaient présents, —
et avec tous les riches hommes et avec bien d'autres gens, —
puisque la Navarrerie ne lui était pas obéissante, — et (que ses habitants) ne voulaient pas faire son commandement, — ainsi comme
la cour le commandait bien à l'unanimité, — qu'on leur coupât les
vignes et les jardins et les blés. — Ainsi fut-il arrêté par tous généralement. — Et alors dans les bourgs, où il y a entendement, — quand
ils virent leur dommage, il leur en prit considération, — et ils lui dirent : « Gouverneur, le vrai Tout-Puissant — veut que les pécheurs
on attende longuement, — pour voir s'ils auront du mal repentir. —
Nous vous prions que vous ne vouliez leur destruction, — car nous
croyons qu'ils viendront à votre commandement. » — Et le preux
don Pierre Sanchiz répondit de mauvaise humeur : — « Bourgeois,
vous me demandez votre dommage, — et, d'autre part, vous dites
qu'ils vous font outrage ; — et puisque vous souffrez leur grande
faute, — il me semble que vous consentez votre perte. — Et ne dites
pas que j'en fasse aucun châtiment. » — Et les bourgeois lui dirent :
« Gouverneur, ceux qui souffrent, — nous entendons dire qu'ils con-

E puiss que vos suffretz le lor gran faillimen, 860
Sembla m que cossentetz le vostre perdemen.
E non digatz qu'en fassa nigun castiamen. »
E'l borgues disso le : « Governaire, 'l suffren,
Auzem dir que conquero mercei an attenden;
E si el i an fait ni fan neciamen, 865
Enquer s'arepentran totz acordadamen;
E plaça os que suffram eras lo mal talen,
E preguam pel Seinne que z es ver salvamen. »
E lo governador, ab son arnescamen,
Issic de Pampalona, non pas alegramen; 870
 E z ac dreit e razo.

XXVII.

E z ac dreit e razo que s'en anes irat;
Car so que z el avia per dreitura jujat,
En la Navarreria l'avian contrastat.
E z el ab sa compaina e ben enarnescat, 875
Cavalguet per Navarra aisi com podestat;
fol. 25 v° E venc s'en a Tudela molt ben acompainnat,
Ont l'amavan de cor ab bona volontat.
E quant dintz en Tudela ago lonc temps estat,
Anet enta Olit, on es tota bontat; 880
E la el sogornet, quar es loc aizinat.
E quan el, a sa guisa, se fo ben sogornat,
Anet enta Tafailla, que z es loc abastat.
E z un jorn qu'el s'estava alegre e pagat,
Venc a lui .i. message on era malveztat; 885
E dis le : « Governaire, vos etz molt poderat;
Empero don Garcia vos fa atal mandat,
Que s fa grant maraveilla, e n'esta molt pessat,
Car le sieu borgues so per vos aisi jujat
De la Navarreria, que son sieu comandat. 890

querront miséricorde en attendant; — et si eux y ont fait et font sot- 865
tise, — encore ils se repentiront tous unanimement. — Et qu'il vous
plaise que nous souffrions maintenant leur mauvaise volonté, — et
nous (vous en) prions par le Seigneur qui est vrai salut. » — Et le
gouverneur, avec son harnais (de guerre), — sortit de Pampelune, 870
non pas joyeusement; — et il a droit et raison.

XXVII.

Et il a droit et raison de s'en aller fâché; — car ce qu'il avait avec
justice jugé, — en la Navarrerie on l'avait contredit. — Et lui avec 875
sa compagnie et bien équipé, — il chevauche par la Navarre comme
gouverneur; — et il s'en vint à Tudela très-bien accompagné, —
où on l'aimait de cœur avec bonne volonté. — Et quand dans Tudela ils eurent longtemps été, — il alla jusqu'à Olite, où est toute 880
(espèce de) bonté; — et là il séjourna, car c'est un lieu commode.
Et quand, à sa guise, il se fut bien reposé, — il s'en alla jusqu'à Tafalla,
qui est un lieu suffisant. — Et un jour qu'il était allègre et content, —
vint à lui un messager où était méchanceté; — et il lui dit : « Gouver- 885
neur, vous êtes très-puissant; — pourtant don Garcia vous mande —
qu'il s'émerveille grandement, et en est fort étonné, — de ce que par
vous sont ainsi jugés ses bourgeois — de la Navarrerie, qui sont ses 890

E manda os en aisi, e sapchatz qu'er vertat,
Que si Artederreta passatz ni'l terminat,
Que vos e vostres omes seretz tuit lanceiat. »
fol. 26 r° Et adonc Pere Sanchitz, qu'era molt esforçat,
Quan audit lo message, fon el cor molt irat; 895
E juret, pel Seinnor qu'es vera Trinitat,
Que no seri'alegres dintz son cor ni pagat
Tro a que dintz en la Quonca agues .i. mes estat.
E mandet per sos omes que l'eran acostat,
E mandet pels caves qu'eran a son mandat, 900
E mandet als ricomes que fossan pareillat
E que fossan a lui en .i. loc assignat,
Complitz de totas armas, e ben e bel armat.
Lai vengo li ricomes e'l baron seinnalat;
E quan foro trastotz a .i. jorn asemblat, 905
Le pros don Pere Sanchitz golfaino desplegat,
Ab molt bela compainna y ap maint ome triat.
Lai i venc don Gonçalvo qu'era molt esforçat,
E'l pros don Corbaran savi e ben membrat,
E moltz d'autres ricomes que no y son nompnat; 910
fol. 26 v° E quan foro el borc Sant Cerni albergat,
Don Pere Sanchitz ac .i. message sonat,
E diss le : « Messager, tu t'en iras quitat
Dire a don Garcia que yeu so arribat
En la Conqua, que z a a trastot son mandat; 915
E so vengutz per so car el m'a me[n]assat;
E, si ren me vol dire, er parra sa bontat. »
E'l messager anet, e ffo ben aviat,
A don Garcia dir so que'l fo castiat.
E'l valent don Garcia, qu'entendet lo dictat, 920
Ag n'en son cor grant ira e grant enequitat;
E diss al messager ab semblant de pagat :
« Messager, ieu t'en prec, quan t'en seras tornat,

recommandés à lui. — Et il vous mande ainsi, et sachez que ce sera vérité, — que si vous passez Artederreta et la limite, — vous et vos hommes vous serez tous percés à coups de lance. » — Et alors Pierre Sanchiz, qui était très-fier, — quand il entendit le message, fut au cœur très-chagrin, — et jura, par le Seigneur qui est vraie Trinité, — qu'il ne serait pas joyeux dans son cœur ni content — jusqu'à ce que dans la Cuenca il eût un mois été. — Et il manda à ses hommes qui s'étaient rapprochés de lui, — et manda aux chevaliers qui étaient à ses ordres, — et manda aux riches hommes qu'ils fussent préparés — et qu'ils fussent à lui en un lieu assigné, — munis de toutes armes, et bel et bien armés. — Là vinrent les riches hommes et les barons indiqués ; — et quand ils furent tous en un jour assemblés, — le preux don Pierre Sanchiz le gonfanon (a) déployé, — avec fort belle compagnie et avec maint homme d'élite. — Là y vint don Gonzalvo, qui était très-vigoureux, — et le preux don Corbaran, sage et bien expérimenté, — et bien d'autres riches hommes qui n'y sont pas nommés. — Et quand ils furent au bourg de Saint-Cernin logés, — don Pierre Sanchiz eut un messager appelé, — et lui dit : « Messager, tu t'en iras empressé — dire à don Garcia que je suis arrivé — en la Cuenca, qu'il a toute à ses ordres ; — et je suis venu parce qu'il m'a menacé ; — et, s'il me veut rien dire, à présent paraîtra sa valeur. » — Et le messager alla, et il fut bien dirigé, — dire à don Garcia ce qu'on lui avait recommandé (de dire). — Et le vaillant don Garcia, quand il entendit le message, — eut en son cœur grande colère et grand emportement ; — et il dit au messager avec un air de (être) content : — « Messager, je t'en prie, quand tu t'en seras retourné, — que tu dises au seigneur qui est de l'aigle nommé, — c'est don Pierre Sanchiz qui à moi t'a envoyé, — que don Garcia lui mande, puisqu'il l'a tant outragé, — que puisqu'il veut guerre avec moi, et que telle est sa

Que diguas al seinnor qu'es d'aigla seinnalat,
So es don Pero Sanchitz c'a mi t'a embiat, 925
Que don Garcia'l manda, puis tant l'a aontat,
Que puiss c'ap mi vol guerra, ni es sa volontat,
Que z ams .ij. la façam sols per sols en .i. prat,
Per que nostres baros non sian miscabat,
Ni los omes a pe no sian desterrat. » 930
Et adoncs lo message anet s'en abrivat
Dir a don Pero Sanchitz so que'l fon comandat,
E'l messager diss lo, senes mot affaitat.
Et adonc Pere Sanchitz, com omme coragat,
Diss : « Era vei lo jorn que tant ai desei[n]at. » 935
E mandet pels baros, ab gran alegretat,
  Per contar las novelas.

XXVIII.

Per contar las noelas fe los baros venir;
E quant foron ab lui, comencet lor de dir :
« Seinnos, ieu vos ai fait ent a mi recuillir. 940
Don Garci' Almoravit m'a embiat dizir
Que non vol que sos omes ni'ls meus prenguan martir,
Ni que s puiscan en camp l'us al autre aucir,
Mas c'ams .ij. de cabal pessem del escrimir.
E puiss que m'a volgut de batailla remir, 945
Aquesta vetz l'aura, qui que plaça o tir,
Ab solament qu'el vuylla ni aus' al camp issir. »
Et adoncs les ricomes, qu'el vigon affortir,
Disso le : « Franc seinnor, Dios vos gart de faillir. »
E'l pros don Pere Sanchitz comencet se de rir, 950
E diss los : « Francs seinnos, anatz vos totz garnir
Complitz de totas armas, e vuillatz me seguir,
Qu'els pratz devant Ciçur voldrai anuit dormir. »
E totz venguon a lui, senes mot contradir.

volonté, — que tous deux nous la fassions seul à seul en un pré, — pour que nos barons ne soient pas maltraités, — et que les hommes à pied ne soient pas tirés hors de leur terre. » — Et alors le messager s'en alla empressé — dire à don Pierre Sanchiz ce qui lui fut commandé, — et le messager le dit, sans mot déguisé. — Et alors Pierre Sanchiz, comme homme courageux, — dit : « Je vois maintenant le jour que tant ai convoité. » — Et il manda les barons avec grande allégresse, — pour conter les nouvelles.

XXVIII.

Pour conter les nouvelles il fit les barons venir ; — et quand ils furent avec lui, il leur commença à dire : — « Seigneurs, je vous ai fait jusqu'à moi rallier. — Don Garcia Almoravit m'a envoyé dire — qu'il ne veut pas que ses hommes ni les miens prennent le martyre, — ni qu'ils se puissent en campagne l'un et l'autre tuer, — mais que tous deux vaillamment nous pensions à combattre. — Et puisqu'il m'a voulu en bataille appeler, — cette fois il l'aura, à qui que (cela) plaise ou soit désagréable, — pourvu seulement qu'il veuille et ose sortir en campagne. » — Et alors les riches hommes, qui le virent s'affermir, — lui dirent : « Franc seigneur, Dieu vous garde de faillir ! » — Et le preux don Pierre Sanchiz commença à rire, — et leur dit : « Francs seigneurs, allez vous tous garnir — complétement de toutes armes, et veuillez me suivre, — car dans les prés devant Zizur je voudrai aujourd'hui dormir. » — Et tous vinrent à lui, sans le contredire d'un

Issic de Pampalona, e dic vos sens mentir 955
Que plus neta compainna no pogra om eslegir;
E z anet dreitament denant Ciçur ferir.
Lai auzirat tambortz e grailles retendir,
fol. 28 r° E viratz maint escut e maint elme lucir,
E maint noble caval auziratz refrenir, 960
E maint sirven auziratz jogar e esblaudir.
E don Gonçalvo Ivainnes, que sap ben motz forbir,
E diss a don Pe[re] Sanchitz : « Be os devetz afortir
Que z el no s'issiria pel regisme de Tir,
E qui aiso vos diss volia vos mentir 965
E tot mal enartar e lo ben escantir;
Empero ieu irai de don Garci'audir
Si l'issic de la boca de dir tan grant faillir. »
E don Pere Sanchitz anet al camp saillir,
E de totas sas gens el s'anet departir, 970
Per veire don Garcia, s'il voldria yssir;
Mas don Garcia issira si om no l'anes tenir.
Et ab aitant fon tart qu'es pres a escurzir;
E remasso el camp ses mai palaura dir,
Tro lendeman maitin. 975

XXIX.

fol. 28 v° Tro a lendema a l'alba, que'l soleill no s'aclutz,
Estet don Pero Sanchitz, ab noiza et ab brutz,
Els pratz dejus Ciçur, que non s'en fo mogutz :
A lui venc don Gonçalvo, que z es prims et aguts,
E moltz d'autres ricomes que z eran temegutz; 980
E quant foro ensemble e z a part eslegutz,
Don Gonçalvo diss lor : « Corages m'es vengutz
Que sapcha'l, don Garcia, com vos etz irascutz,
Ni qui fo lo message per que'l mal es cregutz. »
E z an pauca compainna tantost s'en fo mogutz, 985

mot. — Il sortit de Pampelune, et je vous dis sans mentir — que plus belle compagnie on ne pouvait choisir; — et il alla directement devant Zizur frapper. — Là vous entendriez tambours et trompettes retentir, — et verriez maint écu et maint heaume luire, — et maint noble cheval vous entendriez hennir, — et maint sergent entendriez jouer et s'amuser. — Et don Gonzalvo Ibañez, qui sait bien polir (ses) paroles, — dit à don Pierre Sanchiz : « Bien vous devez vous assurer — qu'il ne sortirait pas pour le royaume de Tyr, — et qui vous dit cela voulait vous mentir — et tout mal augmenter et le bien éteindre : — pourtant j'irai de don Garcia ouïr — s'il lui sortit de la bouche de dire si grande insolence. » — Et don Pierre Sanchiz alla sortir dans la campagne, — et de tout son monde il alla se séparer, — pour voir don Garcia, s'il voudrait sortir; — mais don Garcia sortirait si on ne l'allait tenir. — Et en ce moment il fut tard, vu qu'il est près de faire obscur; — et ils restèrent au camp sans plus mot dire, — jusqu'au lendemain matin.

XXIX.

Jusqu'au lendemain à l'aube, que le soleil ne se cache pas, — resta don Pierre Sanchiz, avec tumulte et avec bruit, — dans les prés au-dessous de Zizur, car il n'en avait pas bougé : — à lui vint don Gonçalvo, qui est subtil et habile, — et bien d'autres riches hommes qui étaient craints ; — et quand ils furent ensemble et à part tirés, — don Gonçalvo leur dit : « Envie m'est venue — que je sache, don Garcia, comment vous vous êtes irrité, — et quel fut le message par lequel le mal est accru. » — Et avec petite compagnie aussitôt il s'est mis

E z anet a Ciçur, ont fon ben recebutz :
Lai trobet don Garcia molt mal e molt sagnutz ;
E don Gonçalvo diss : « Botz, mal etz percebutz,
E luinn sen n'os abasta, ni força ni vertutz,
Quan a don Pere Sanchitz tramesetz tals salutz   990
Qu'ap lui voletz combatre de cabal, a brantz nutz.
Si vos i devalatz, vostre pretz es perdutz. »
fol. 29 r° E don Garcia'l diss : « Oncle, per las vertutz
De Dieu, non aurai ben tro que z ap ferr agutz
A junta nos firan sobr'els pintatz escutz,   995
O qu'eu e z el el camp no'n siam recrezutz. »
E don Gonçalvo'l diss : « Per cel qu'es vera lutz,
Non vuill, per sant Cristofol, vos siatz combatutz.
Laissatz o a mi teisser, qu'eu fara tals tescutz
E vos n'auretz onor, e z el que n'er venqutz.   1000
E cosseill vos que z eu sia d'aiso crezutz. »
E ap tant pres comjat, e fos s'en deissendutz
Ent a don Pero Sanchitz per les camis saubutz ;
E quant foro essemble e foro assegutz,
Don Gonçalvo diss le : « Seinner, be'm deceubutz,   1005
Que don Garcia diss qu'anc no fos mentaugutz
Per qu'ams fossatz en camp ab los brans esmolutz ;
Antz se fa maraveilla c'aisi o[s] z es paregutz,
Quar el m'a molt jurat, pel Dios qu'es mentaugutz,
fol. 29 v° Que d'aiso non parlet, antz volgra fos pendutz   1010
Aquel que o's venc dire, o de la lenga mutz.
E levem nos d'aisi e totz nostres trautz. »
E z accordero s'i les grosses e'ls menutz,
E disso'l : « Governaire, per vos es atendutz ;
E puiss que non recuill, par que z es recrezutz.   1015
E torne[m] no'n el Borc per les camis batutz. »
E levet se la ost e'ls arnes e'ls condutz,
  E ve[n]guon s'en al Borc.

HISTOIRE DE LA GUERRE DE NAVARRE.

en route, — et alla à Zizur, où il fut bien reçu : — là il trouva don Garcia très-irrité et très-animé ; — et don Gonçalvo dit : « Neveu, vous avez mal conçu, — et ne vous est suffisant nul sens, ni force, ni vertu, — puisqu'à don Pierre Sanchiz vous transmîtes tels saluts — qu'avec lui vous voulez combattre seul à seul, avec épées nues. — Si vous y descendez, votre mérite est perdu. » — Et don Garcia lui dit : « Oncle, par les vertus — de Dieu, je n'aurai de bonheur jusqu'à ce qu'avec un fer aigu — en rencontre nous nous frappions sur les écus peints, — ou que moi et lui nous soyons accablés de fatigue, sans force sur le champ (du combat). » — Et don Gonçalvo lui dit : « Par celui qui est vraie lumière, — je ne veux pas, par saint Christophe, que vous vous soyez combattus. — Laissez-moi tisser cela, vu que je ferai tel tissage — que vous en aurez de l'honneur, et lui en sera vaincu. — Et je vous conseille que de cela je sois cru. » — Et en même temps il prit congé, et il s'en fut descendu — jusqu'à don Pierre Sanchiz par les chemins connus ; — et quand ils furent ensemble et furent assis, — don Gonçalvo lui dit : « Seigneur, nous sommes bien déçus, — car don Garcia dit que jamais il ne fut fait mention — pour que tous deux vous fussiez dans la campagne avec les épées émoulues ; — mais il s'émerveille qu'ainsi il vous est paru, — car il m'a bien juré, par le Dieu qui est remémoré, — que de cela il ne parla pas, mais qu'il voudrait que fût pendu — celui qui vous le vint dire, ou muet de la langue. — Et levons-nous d'ici et tous nos bagages. » — Et s'y accordèrent les grands et les petits, — et lui dirent : « Gouverneur, par vous il est attendu ; — et puisqu'il n'accepte pas, il paraît qu'il est vaincu. — Et retournons-nous-en au Bourg par les chemins battus. » — Et l'ost se leva et les bagages et les convois, — et ils s'en vinrent au Bourg.

XXX.

E vengo s'en al Borc alegres e joyos
Per ço quar don Garcia romainni' al dejos ; 1020
Empero don Garcia juret lo glorios
Qu'el non seria fill de don Garcia 'l pros,
Qu'om dizi' Almoravit, qu'era molt poderos,
Si, dintz lo cap del an, a vista o a rescos,
El no'l fazia estar dolentz e dengoyssos, 1025
Le seinnor de Casquant e totz sos compainnos.

fol. 30 r° E z ap aquestas novas partigo s les baros,
E 'l pros don Pere Sanchitz cavalget pels erbos.
E z anet per Navarra lo bruille e 'l resos
Com don Garcia era remasut vergoynnos ; 1030
Dont comencet la guerra e 'l mals e las tenços.
Et adonqua lo Borc e la Poblacions
Fero mandar cosseill, e z ap ben ops que fos ;
E lo cosseill fum grans e z ag n'i d'omes bos.
E levet se .i. borgues molt savis e guisquos : 1035
Ço fon Garci' Arnalt, en cui era razos ;
E diss a tot lo poble : « Seinnos, que farem nos ?
En la Navarreria son contra nos felos,
E nos fan algarradas e torr ab escalos,
E vei que s'aforcisso e que menassan nos : 1040
Per qu'eu dai est cosseill, que crei que z es razos,
Que z al governador ano dels borgues dos,
E que'l clamo merce, si com es poderos ;

fol. 30 v° E puiss qu'en l'autra vila fan engens perillos,
Que nos ne puiscam far, car estam molt doptos. 1045
E si el nos o dona, no siam peressos,
Car pels engens so els gaillartz plus que leos,
Qu'els no temo ni prezan tot lo mon .ij. botos :
Per que d'aisso cercar devem esse amoros ;

XXX.

Et ils s'en vinrent au Bourg allègres et joyeux, — parce que don Garcia restait au-dessous ; — pourtant don Garcia jura par le Roi de gloire — qu'il ne serait pas fils de don Garcia le preux, — qu'on appelait Almoravit, qui était très-puissant, — si avant la fin de l'année, en vue ou en cachette, — il ne le faisait pas être dolent et angoisseux, — le seigneur de Cascante et tous ses compagnons. — Et sur ces entrefaites les barons se séparèrent, — et le preux Pierre Sanchiz chevaucha par les prairies. — Et alla par la Navarre le bruit et le retentissement — comment don Garcia était resté couvert de honte ; — de quoi commença la guerre et le mal et les discordes. — Et alors le Bourg et la Poblacion — firent mander conseil, et il y eut bien besoin qu'il fût (convoqué) ; — et le conseil fut grand, et il y en eut des hommes de bien. — Et il se leva un bourgeois très-sage et habile : — ce fut Garcia Arnalt, en qui était raison ; — et il dit à tout le peuple : « Seigneurs, que ferons-nous ? — En la Navarreria ils sont contre nous mal disposés, — et (contre) nous font algarades et tour avec escaliers. — et je vois qu'ils se fortifient et qu'ils nous menacent : — c'est pourquoi je donne ce conseil, que je crois que c'est raison, — qu'au gouverneur aillent deux des bourgeois, — et qu'ils lui crient merci, ainsi comme il est puissant ; — et, puisqu'en l'autre ville ils font des machines dangereuses, — que nous en puissions faire, parce que nous sommes bien inquiets. — Et s'il nous l'accorde, ne soyons pas paresseux, — vu qu'eux pour les machines ils sont hardis plus que lions, — vu qu'ils ne craignent ni (ne) prisent tout le monde deux boutons : — c'est pourquoi de chercher cela nous devons être amoureux ; — et si deniers

E si dines no i a, seinnos, ieu prestei vos 1050
Cent libras de sanchetz troa venga la sazos. »
E'l cosseill le respos : « Seinnos, nos creirem vos ;
   E z ano 'l messager.

XXXI.

« E z ano 'l messager, qu'aisi ns em acordatz. »
E z ams les borcs trieguo .ij. dels plus assenatz. 1055
E'n .i. dimartz maitin, molt ben enquavalgatz,
Anego vas Estella, on es tot a plantatz.
Lai fon don Pere Sanchitz, molt ben acompainnatz.
E los borgues dels borcs, quant foron albergatz,
Aneguo lui veder si coma podestatz ; 1060
fol. 31 r° E z el aquillic los ab semblant d'amiztatz,
E diss lor : « Francs borgues dels borcs, que demandatz ? »
E'ls borgues le resposo : « Humil seinnor ondratz,
Per merce, vos clamam que siam escoltatz.
Le borc de San Cernin, per qui vos etz amatz, 1065
E'l borc Sant Micolau, en qui es leialtatz,
Seinnor, nos an a vos trames et embiatz
Que vos pregam, per Dieu, que fos vostra bontatz,
Puiss la Navarreria, que s'apela ciptatz,
An faitas algarradas e trabuquetz assatz, 1070
E no'ls volo desfar, per les vostres mandatz,
Que nos ne puiscam far ab vostres conjatz ;
Car per nos no sera nuylltz engens començatz
Sens vostre mandament o vostras volontatz. »
E'l pros don Pere Sanchitz estet totz enpessatz, 1075
E puiss diss los aisy : « Borgues, vos vo'n tornatz,
E façatz totz engens ab que vos deffendatz ;
fol. 31 v° Que puiss que mon judici es per lor pecegatz,
Ieu non vuill que vos autres ne siatz miscabatz,
E si vo'n tornaretz al plus tost que puiscatz. » 1080

il n'y a pas, seigneurs, je vous prêterai — cent livres de sanchets jusqu'à ce que vienne la saison. » — Et le conseil lui répondit : « Seigneur, nous vous croirons ; — et que les messagers (y) aillent.

XXXI.

« Et que les messagers (y) aillent, car ainsi nous sommes convenus. » — Et les deux bourgs élurent deux des plus sensés. — Et en un mardi matin, très-bien enchevauchés, — ils allèrent vers Estella, où tout est à foison. — Là fut don Pierre Sanchiz, très-bien accompagné. — Et les bourgeois des bourgs, quand ils furent logés, — allèrent le voir comme une autorité ; — et il les accueillit avec marque d'amitié, — et leur dit : « Francs bourgeois des bourgs, que demandez-vous ? » — Et les bourgeois lui répondirent : « Doux seigneur honoré, — par grâce, nous vous réclamons que nous soyons écoutés. — Le bourg de Saint-Cernin, par qui vous êtes aimé, — et le bourg de Saint-Nicolas, en qui est loyauté, — seigneur, nous ont à vous transmis et envoyés — pour que nous vous priions, pour Dieu, que ce fût votre bonté, — puisque [en] la Navarrerie, qui s'appelle cité, — ils ont fait machines et trébuchets nombreux, — et qu'ils ne les veulent défaire sur vos ordres, — que nous en puissions faire avec votre agrément ; — car par nous ne sera nulle machine commencée — sans votre commandement ou vos volontés. » — Et le preux don Pierre Sanchiz resta tout pensif, — et puis leur dit ainsi : « Bourgeois, retournez-vous-en, — et faites toute espèce d'engins avec lesquels vous vous défendiez ; — car puisque mon jugement est par eux mis en pièces, — je ne veux pas que vous autres en soyez lésés, — et ainsi retournez-vous-en le plus tôt que vous pourrez. » — Et alors les bourgeois s'en furent reconnaissants,

Et adoncs li borgues foron se graciatz,
E yssiguo d'Estela alegres e paguatz,
    Per venir ent als borcs.

XXXII.

Per venir enta'l Borc, que de cor amarem,
S'en venguo les borgues; mas er los auzirem.   1085
E venguo en la vintena, e diss l'us : « Que farem ?
Ben par que Dios nos ama : per que s tainn que l'amem,
Que'l governador vol tot ço que nos voldrem.
E façam algarradas, prec vos, no i tardem,
E de trastotas armas que ben nos arnesquem,   1090
E las torrs de garrotz e d'omes garnirem;
Car si em ben armatz, trop meills nos deffendrem.
E per los carpentes aitantost trametrem,
Que façam les engens, e que les abastem
fol. 32 r° De tot ço c'ops auran, e que be les ondrem.   1095
E si avem engens, trop meills contrastarem;
Car si els nos combaten, e nos les combatrem.
E prec vos qu'en Gascoinna messages embiem
Pels maiestres que venguan, per o que les guidem.
E venguan en la vila, qu'aisi ns afortirem;   1100
Car si avem algarradas, trop meills los contendrem.
E si nos fam aso, sapchas que'ls deceubrem;
E pessem o de far, e totz que y puinnem. »
E'l cosseill le respos : « So qu'avetz dit voldrem,
    E pessem ben de far.   1105

XXXIII.

« E pessem ben de far, car dreit nos es cosens
Que nos nos defendam als perillos tormens. »
E'ls cosseills d'amps les borcs totz acordadamens
Tramesso pels maiestres, si que y venguo breumens;

HISTOIRE DE LA GUERRE DE NAVARRE.

— et sortirent d'Estella allègres et contents, — pour venir jusqu'aux bourgs.

XXXII.

Pour venir jusqu'au Bourg, qu'ils aimèrent de cœur, — les bourgeois s'en vinrent ; mais maintenant nous les entendrons. — Et ils vinrent en la vingtaine, et l'un dit : « Que ferons-nous ? — Il paraît bien que Dieu nous aime : c'est pourquoi il convient que nous l'aimions ; — vu que le gouverneur veut tout ce que nous voudrons. — Et faisons des algarades, je vous prie, n'y tardons pas, — et de toutes sortes d'armes munissons-nous bien, — et les tours de garrots et d'hommes nous garnirons ; — car si nous sommes bien armés, bien mieux nous nous défendrons. — Et vers les charpentiers aussitôt nous enverrons, — pour que nous fassions les engins et que nous les garnissions suffisamment — de tout ce dont ils auront besoin, et que bien les honorions. — Et si nous avons des engins, bien mieux nous tiendrons tête ; — car s'ils nous combattent, nous les combattrons. — Et je vous prie qu'en Gascogne nous envoyions des messagers — vers les maîtres (ingénieurs) pour qu'ils viennent, afin que nous leur montrions (ce qu'il y a à faire). — Et qu'ils viennent en la ville, qu'ainsi nous nous fortifierons ; — car si nous avons des algarades, nous les combattrons bien mieux. — Et si nous faisons cela, sachez que nous les décevrons ; — et pensons de le faire, et que tous nous nous y efforcions. » — Et le conseil lui répondit : « Ce que vous avez dit nous voudrons, — et pensons à bien faire.

XXXIII.

« Et pensons à bien faire, car le droit est d'accord avec nous — pour que nous nous défendions contre les tourments périlleux. » — Et les conseils des deux bourgs tous d'un commun accord — envoyè-

E les .xx. los mandeguo que fessan les engens; 1110
E don Garci' Arnalt, que n'era ben ardens.
fol. 32 v° E tramesso taillar al mont vergas flagens.
E quant las ago faitas be e complidamens,
Don Garci'Almoravit tantost ne fu sabens,
E fi sonar Adan Doarritz belamens; 1115
E diss le : « Tu yras al mont e pres tas gens,
E picaras las vergas ab las apchas fendens,
Que'ls borcs an faitas far, e va i tost quedamens. »
E z el ab compainna e z ap de sos sirvens
Anet s'en a las vergas que trobet solamens, 1120
Car nuilltz om no y avia que las fos defendens,
E peceiet las totas mal e vilanamens.
E'ls borgues, quant lo saubo, ago lo cors sagnens;
Pero feron far autras plus fortz e plus valens,
E feron fortz engens, dont maintz foron dolens. 1125
E crego'ls mals corages e los affortimens,
Si que tota Navarra estava ja volvens;
fol. 33 r° Mas Jhesu Crist, que z es seinnor omnipotens,
Atempret les corages, e fo gran salvamens,
E avia mester. 1130

XXXIV.

E z avia mester, car la terra s perdia,
Car luinna re per l'autre negus far ne volia :
Per que tota Navarra pels baros se perdia ;
Que'l pros don Pere Sanchitz seinnor esser volia,
E seinner issament lo valent don Garcia, 1135
E don Gonçalvo Ivaynnes sa part ne retenia.
Si que tota Navarra menavan a lur guya :
Per que s fazia mal e mainta roberia,
Car totz eran seynnos, e mai qui mai podia.
E z en totas las vilas capdals bando y avia, 1140

rent vers les maîtres, de sorte qu'ils vinrent en peu de temps; — et les vingt leur commandèrent qu'ils fissent les engins; — et don Garcia Arnalt, qui en était bien ardent. — Et ils envoyèrent couper à la montagne des verges flexibles. — Et quand ils les eurent faites bien et complétement, — don Garcia Almoravit aussitôt en fut instruit, — et fit appeler Adam Doarritz bellement, — et lui dit : « Tu iras à la montagne et prends tes gens, — et tu piqueras avec les haches fendantes les verges — que les bourgs ont fait faire, et vas-y vite sans bruit. » — Et lui avec compagnie et avec de ses serviteurs — s'en alla aux verges, qu'il trouva toutes seules, — car nul homme il n'y avait qui les fût défendant, — et il les mit toutes en pièces mal et vilainement. — Et les bourgeois, quand ils le surent, eurent le cœur saignant; — pourtant ils en firent faire d'autres plus fortes et plus valant, — et firent de forts engins, de quoi maints furent souffrants. — Et les mauvaises dispositions et les insolences s'accrurent — au point que toute la Navarre était déjà bouleversée; — mais Jésus-Christ, qui est seigneur tout-puissant, — apaisa les esprits, et ce fut grand salut, — et c'était nécessaire.

XXXIV.

Et c'était nécessaire, car le pays se perdait, — attendu que personne ne voulait aucune chose faire pour l'autre : — c'est pourquoi toute la Navarre par les barons se perdait; — vu que le preux don Pierre Sanchiz voulait être seigneur, — et seigneur également le vaillant don Garcia, — et don Gonçalvo Ibañez sa part en retenait. — de sorte que toute la Navarre ils menaient à leur guise : — c'est pourquoi il se faisait du mal et maint vol, — car tous étaient seigneurs, et plus qui plus pouvait. — Et en toutes les villes prin-

fol. 33 v° E dedintz Pampalona grans mals que se i bastia,
Per ço quar en Navarra luinn seinnor no i avia;
Mas Jhesu Crist qu'es filtz de la verge Maria,
Que vic que per capdels la terra s confondia,
E que laus al autre de res no obedia,   1145
Mes a totz bos corages, si que venc a .i. dia
Que laus diss al autre : « Seinnos, nos fam folia,
E confondem la terra, e cre que mal estia.
Totz em governadors e fam a nostra guia :
Per que seria sens si om tost trametia   1150
Al rei Felip de França, que nostra efanta guya,
Per .i. governador qu'a dreit nos mantendria. »
E vigo los ricomes e la grant caveria
E trastotas las vilas que salvetat seria,
Puys que laus per l'autre destreinner no s volia,   1155
  Ni ruan ni baro.

XXXV.

fol. 34 r° Ly baron de Navarra e tuit li cavaler,
E de las bonas vilas borges e mercader,
Menestrals e fantos, sirvent e mercader[1],
Car Navarra s perdia, feron conseill plener,   1160
E viro que la terra s prenia a baisser,
Q'us non fazia per autre lo valent d'un diner,
Antz prenian la terra, qui guinnon, qui carter.
E non era segur ni camin ni sender,
E non passava la que non pagues loguer;   1165
E vigon que la terra prenia destorber :
Foy aital lur acort, e d avia mestier,
Que triessen .ij. omes savis e bel parler,
Qu'embiessen en França al bon rey dreiturer,

---

[1] Il est évident que la répétition du mot *mercader* est une erreur de copiste.

cipales licence il y avait, — et dans Pampelune grand mal s'y apprêtait, — parce qu'en Navarre nul seigneur il n'y avait; — mais Jésus-Christ qui est fils de la vierge Marie, — qui vit que par les chefs la terre se confondait, — et que l'un à l'autre en rien n'obéissait, — mit à tous bon vouloir, en sorte que vint un jour — que l'un dit à l'autre : « Seigneurs, nous faisons folie, — et confondons la terre, et je crois que mal il y a. — Nous sommes tous gouverneurs et faisons à notre guise : — c'est pourquoi ce serait sens si on envoyait vite — au roi Philippe de France, qui guide notre infante, — pour (avoir) un gouverneur qui justement nous maintiendrait. » — Et les riches hommes et la grande chevalerie virent, — et toutes les villes, que ce serait salut, — puisque l'un pour l'autre ne se voulait contraindre, — ni vilain ni baron.

XXXV.

Les barons de Navarre et tous les chevaliers, — et des bonnes villes bourgeois et marchands, — ouvriers et enfançons, serviteurs et commerçants, — parce que la Navarre se perdait, firent une assemblée générale, — et virent que la terre se prenait à baisser, — que l'un ne faisait pas pour l'autre la valeur d'un denier, — au contraire ils prenaient la terre, qui lopin, qui quartier, — et il n'y avait de sûr ni chemin, ni sentier, — et l'on ne passait pas là sans payer loyer; — et ils virent que la terre était en proie au désordre : — leur résolution fut telle, et il y avait besoin, — qu'ils choisiraient deux hommes sages et beaux parleurs, — qu'ils envoyassent en France

Qu'es pilar de la Glesia apres lo bratz prumer, 1170
fol. 34 v° Car el manten la crotz ab gladis et abb acer :
« E que l'anon pregar com seynnor mercener,
Puiss que d a e comanda nostre dreit hereter,
Que d el garde Navarra, car Castela la quer;
Quar si no la empara, tot ira a brasier; 1175
E que governador savi, ab sen plener,
El trameta en Navarra, car mout n'a desirer;
Quar la terra s degasta, e'ls barons son sobrer,
Que cascun cuiga esse Rolant ho Oliver,
Quar els non an seynnor ni tiemon castier. 1180
E crei que'l valent rei, que d a conseill entier,
Le nos trametra tal que n'aurem alegrer;
E d ano li message. »

XXXVI

Li messager aneron a Paris belament,
E trobegon la 'l rey, cui Dios fa ondrament; 1185
E vengo als palaiz desus lo paviment.
La y a coms e viscoms e maint' hondrada gent;
E cant venc al mey jorn, fon grant le parlament.
fol. 35 r° E l'us del mesager levet s' apertament,
E diss: « Franc rei de França, si t platz, tu nos entent. 1190
Seynner, tota Navarra e ço que se y ateynt
Se met en vostra gracia et en vostre causiment.
E car nostra reyna avetz en gardament,
Vos vuillatz que sa terra non prenga baissiment :
Per que os pregam, franc seynne, per Dio he humilment, 1195
Que vos nos trametatz governador breument
Que governa la terra ab dreit e leialment,
E que tenga dreitura al paubre et al manent;
Que'ls baros de la terra an noelas e comtent,
Si que res no s'i fa ni s'y ditz leialment; 1200

au bon roi juste, — qui est pilier de l'Église après le bras premier, — car il maintient la croix avec glaives et avec acier : — « Et qu'ils l'aillent prier comme seigneur miséricordieux, — puisqu'il a et gouverne notre légitime héritière, — qu'il garde Navarre, car Castille la recherche ; — car s'il ne la protége, tout ira en feu ; — et que gouverneur sage, avec sens accompli, — il envoie en Navarre, car elle en a grand désir ; — parce que la terre se détruit, et les barons sont tyranniques, — vu que chacun croit être Roland ou Olivier, — car ils n'ont pas de seigneur ni ne craignent de châtiment. — Et je crois que le vaillant roi, qui a conseil accompli, — nous le transmettra tel que nous en aurons joie ; — et que les messages s'en aillent. »

XXXVI.

Les messagers allèrent à Paris bellement, — et trouvèrent là le roi, à qui Dieu fait honneur ; — et vinrent au palais sur le pavé. — Là il y a comtes et vicomtes et maintes gens honorées ; — et quand vint le midi, grand fut le parlement. — Et l'un des messagers se leva devant tout le monde, — et dit : « Franc roi de France, s'il te plait, que tu nous entendes. — Seigneur, toute la Navarre et ce qui en dépend — se met en votre grâce et à votre discrétion. — Et parce que notre reine vous avez en garde, — que vous vouliez que sa terre n'éprouve pas d'abaissement. — C'est pourquoi nous vous prions, franc seigneur, pour Dieu et humblement, — que vous nous envoyiez promptement gouverneur — qui gouverne la terre avec droiture et loyalement, — et qui fasse justice au pauvre et au riche ; — vu que les barons de la terre ont bruits et dispute, — en sorte que

Antz es cascus seynor, e qui mas pot mas pren[t],
E destruion la terra, e malmenan la gent.
E si tu, rei de França, no i as esgardament,
Navarra es perduda e tot l'eretament;
Car aqui es Castela que ns esta sobredent, 1205
E tot jorn nos guerreyan e nos dan espavent,
E l'autr'er entreron, e mezon foc ardent,
E nos tolgon Mendavia e lo perteniment,
E alcus de Navarra sabem que n'es sabent. »
E lo bon rey de França escoutet planament, 1210
E z audi ben que disson; per o non fu yauzent,
E dis los en aisi : « Cavales, verament
Be m platz d'esta venguda; mas le dich son cozent.
Enantz que'l mal s'espanda ni crega 'l failliment,
Eu y prendrai coseill, si dreitura cosent. 1215
E vos remandretz vos ab joi, alegrament,
E yeu auray coseill ab cels que me's parvent. »
E levet se lo rey ab un esgart puynent,
E fazia semblant que no l'era plazent;
E intret s'en, si tertz, complitz de pessament; 1220
E la cor se partit ses altre jugament,
E fun temps de manjar.

XXXVII.

Era fum de manjar, que'l jorn fu enansatz.
E lo bon rey de Ffrança, per qui Dios es ondratz,
Quant levet de manjar, fu tal sa volontatz 1225
Qu'embies per sos savis, sels qu'er el a privatz,
Que fo[s]san lendeman ab lui tot asemblatz
El luec que pel message lor seria asignatz.
E quant venc lendema que'l soleill fu levatz,
Lo valent rei de França, si com n'era vesatz, 1230
Anet audir la messa tro fun dada la patz;

rien ne s'y fait ni ne s'y dit loyalement ; — mais chacun est seigneur, et qui peut plus prend davantage, — et ils détruisent la terre, et maltraitent la gent. — Et si toi, roi de France, tu n'y as pas égard, — la Navarre est perdue et tout l'héritage ; — car là est 1205 la Castille qui nous est surdent (nous gêne), — et toujours (les Castillans) nous guerroient et nous donnent de l'épouvante, — et l'autre jour ils entrèrent (dans le royaume), et (y) mirent feu ardent, — et nous enlevèrent Mendavia et la dépendance, — et nous savons qu'aucun de Navarre en est sachant (quelque chose). » — Et le bon 1210 roi de France écouta complétement, — et ouït bien ce qu'ils dirent ; mais il n'en fut pas joyeux, — et il leur dit ainsi : « Chevaliers, vraiment — bien me plaît votre venue ; mais vos paroles sont pénibles. — Avant que le mal se répande et que la faute ne croisse, — j'y 1215 prendrai conseil, (pour savoir) si l'approuve justice. — Et vous vous tiendrez tranquilles en joie, allégrement, — et j'aurai conseil avec ceux qu'il m'est agréable. » — Et le roi se leva avec un regard perçant, — et il faisait semblant que la chose ne lui était pas agréable ; — et il rentra, lui troisième, absorbé par les réflexions ; — et la 1220 cour se sépara sans autre jugement, — et il fut temps de manger.

XXXVII.

Il était temps de manger, car le jour fut avancé. — Et le bon roi de France, par qui Dieu est honoré, — quand il se leva de table, 1225 sa volonté fut telle — qu'il envoyât chercher ses sages, ceux qu'actuellement il a pour intimes, — afin qu'ils fussent le lendemain avec lui tous assemblés — au lieu qui par le messager leur serait assigné. — Et quand vint le lendemain que le soleil fut levé, — le vaillant 1230 roi de France, ainsi comme il en avait l'habitude, — alla ouïr la messe

E puis el s'en intret en un palaitz cairatz,
E la fu sos coseilltz totz esems ajustatz.
E'l rey anet seder, que'l loc fon paraillatz;
E quant fon asegutz, estet totz enpessatz. 1235
E puis levet la testa e gardet a totz latz,
E dis lor : « Francs seinnors, eras m'acoseillatz,
Quar coseill m'a mester que m sia a dreit datz.
L'apostoli de Roma, qu'es nostra salvetatz,
Per qui s manten la crotz or Dios fon clavelatz, 1240
A meza en ma garda, e crei que o sapiatz,
L'efanta de Navaira e 'l regism' e 'l contatz,
fol. 36 v° E vol que yeu la garde troa 'l sia maritz datz.
E z auch dir que Navaira se joga senes datz.
E z ier vengo message, e crei que'ls auziratz, 1245
Que dizian de cert e que era vertatz,
Que qui non la acorria, que'ls jocs era jogatz,
Que'ls Castelas entravan e taillavan los blatz;
E que dintz en Mendavia per fors' eran entratz,
E avian pres la vila e las tors e 'ls fossatz. 1250
E z el pregueron me que fus ma volontatz
Que z un governador per mi 'l fos embiatz,
Que mantegues dreitura e que'ls tegues en patz.
E deman a vos totz que coseill mi donatz. »
E sire Irat se fo de Valeri levatz, 1255
E dis : « Franc rey de França, puis coseil demandatz,
E vos dirai mo sen, si a vos ja'l coseill platz.
Puis per la sancta papa vos es mandament datz
Que vos gardetz l'efanta, Campaynna e sos regnatz,
E vos etz de la terra e d'ela amparatz, 1260
fol. 37 r° Si no la defendetz, vostre pretz abaissatz.
E de governador, si es vostra volontatz
Que lor vuillatz trametre, non siatz embargatz,
Q'un cavaler avetz que z anc non fon rei natz,

jusqu'à ce que la paix fût donnée ; — et puis il entra dans un palais en pierres de taille, — et là fut son conseil tout ensemble réuni. — Et le roi alla s'asseoir, car le lieu fut préparé ; — et quand il fut assis, il se tint tout pensif. — Et puis il leva la tête et regarda de tous côtés, — et leur dit : « Francs seigneurs, maintenant conseillez-moi, — car j'ai besoin que conseil me soit donné à propos. — Le pape de Rome, qui est notre salut, — par qui se maintient la croix où Dieu fut cloué, — a mis en ma garde, et je crois que vous le savez, — l'infante de Navarre et le royaume et le comté (de Champagne), — et il veut que je la garde jusqu'à ce que mari lui soit donné. — Et j'entends dire que la Navarre se joue sans dés. — Et hier vinrent des messagers, et je crois que vous les entendîtes, — qui disaient certainement et que c'était la vérité, — que si on ne la secourait pas, que le jeu serait joué, — car les Castillans entraient et coupaient les blés ; — et que dans Mendavia par force ils étaient entrés, — et avaient pris la ville et les tours et les fossés. — Et ils me prièrent que ce fût ma volonté — qu'un gouverneur par moi leur fût envoyé, — qui maintînt droiture et qui les tînt en paix. — Et je demande à vous tous que conseil vous me donniez. » — Et sire Érard de Valeri se leva, — et dit : « Franc roi de France, puisque vous demandez conseil, — je vous dirai mon sentiment, si à vous désormais le conseil plaît. — Puisque par le saint pape mission vous est donnée — que vous gardiez l'infante, Champagne et son royaume, — et que vous êtes en possession de la terre et d'elle, — si vous ne la défendez, votre mérite vous abaisse. — Et en fait de gouverneur, si c'est votre volonté — que vous leur (en) vouliez envoyer (un), ne soyez pas embarrassé, — vu que vous avez un chevalier (tel) qu'oncques ne fut roi né, — ni Charles ni Alexandre, qui furent bien renommés, — qui en eussent (un) plus sage ni qui fût

Ni Carles, ni Alexandre, que foron molt nompnatz, 1265
Que n'aguessan plus savi ni fos millor armatz.
E dirai vos son nom, per tal que l'entendatz :
Seynnor, el es Estacha de Beu Marche clamatz,
Que'l valent com[s] N Anfus, a cui fom Peitau datz,
Fraire del vostre paire que es pe sant nompnatz, 1270
E que Dios fa vertutz lai or es enterratz,
Seynner, fe senescal de Peiteu, so sapchatz.
E era una forta terra, plena d'omes malvatz;
E sapchatz, quan el fom en la terra entratz,
Avantz de cap del an les ac si castiatz, 1275
C'om anava segur, que fus d'aur cargatz.
E puissa en Alvernia pel coms fo embiatz,
Per so que li marchantz non eron seguratz,
fol. 37 v° Ni nuilltz om non passava que no fos despuillatz
E non fos pres o mortz o destreitz o raubatz; 1280
E quant fo en la terra per senescals auçatz,
Vic que pel raubadors eran camis guidatz,
Que li eran seynnor e coms e podestatz.
E'N Estacha, que vic los mals e las foldatz,
E que Alverne s perdia, fun el cor molt yratz, 1285
E juret pel Seynnor qu'es vera Trinitatz,
Que non seria alegres dintz son cor ni pagatz
Entro c'om an segur pels camis asolatz.
E fe n'armar sos omes e totz sos comandatz,
E cavalguet pels puis e pels vals e pelz pratz, 1290
Per cassar raubadors qu'eran desmesuratz;
E lai on les trobava, jujament era datz,
Que les fazia pendre o eran demembratz.
E cant venc dintz .iij. ans, ag ne tantz enforçatz,
Que sonsis e que mortz e tantz de lanceiatz, 1295
Qu'el loc or om dizia *Beu Marche es entratz*,
fol. 38 r° **No i avia tant fort que non fos iritatz.**

meilleur armé. — Et je vous dirai son nom, afin que vous l'entendiez : — Seigneur, il est appelé Eustache de Beaumarchais, — lequel le vaillant comte sire Alphonse, à qui le Poitou fut donné, — frère de votre père qui est pour saint proclamé, — et pour qui Dieu fait miracles là où il est enterré, — seigneur, fit sénéchal de Poitou, sachez-le. — Et c'était une terre rude, pleine d'hommes méchants ; — et sachez que, quand il fut dans la terre entré, — avant le terme de l'année il les eut si châtiés, — qu'on voyageait avec sécurité, fût-on chargé d'or. — Et puis en Auvergne par le comte il fut envoyé, — parce que les marchands n'étaient pas en sûreté, — ni nul homme ne passait qui ne fût dépouillé — et ne fût pris ou mis à mort ou tourmenté ou volé ; — et quand il fut dans la terre installé comme sénéchal, — il vit que par des voleurs les chemins étaient infestés, — qu'ils y étaient seigneurs et comtes et investis du pouvoir. — Et sire Eustache, qui vit les maux et les désordres, — et que l'Auvergne se perdait, fut dans le cœur bien peiné, — et jura par le Seigneur qui est vraie Trinité, — qu'il ne serait allègre dans son cœur ni content — jusqu'à ce qu'on aille en sécurité par les chemins isolés. — Et il en fit armer ses hommes et tous ceux qui étaient sous ses ordres, — et chevaucha par monts et par vaux et par prés, — pour chasser les voleurs qui passaient les bornes ; — et là où il les trouvait, jugement était donné, — vu qu'il les faisait pendre, ou ils étaient démembrés. — Et dans l'espace de trois ans, il y en eut tant de réduits, — de pendus et de morts, et tant de percés à coups de lance, — qu'au lieu où l'on disait *Beaumarchais est entré*, — il n'y avait si fort qui ne fût abattu. — Et les laboureurs du dehors qui étaient malmenés, — et les marchands s'écrièrent : « Dieu nous a exaucés, — et nous a envoyé tel homme par qui la justice est aimée. » — « Par Dieu ! ce dit le roi, sire Érart,

E 'ls labrados de fora que eran malmenatz,
E 'ls marchantz escrideron : « Deus nos a isauçatz,
E ns a trames tal omme per cui es dreitz amatz. » 1300
— « Per Deu ! so ditz lo rei, sire Irat, be 'l vantatz. »
— « Seynner, hyeu lo's avanti per ço quar es vertatz,
E podetz o saber.

XXXVIII.

« Vos o podetz saber, car tot lo mont o diz. »
E d aitant un baron sus em pe fo saillitz, 1305
E dis : « Franc rey de França, plaça os que si' auditz.
D'En Estacha os puis dire que z es pros et arditz,
E deu esser per vos amatz et obeditz,
Qu'el manten la corona ab corage aybitz.
En defendre la flor non es pas adormitz, 1310
Seinner, qu'en Val Ribera era maint om delitz,
E'n Val de Foillola raubatz et escarnitz,
E'n Riba de Jordan era maint om peritz,
E 'n Riba de Volberta era maint om fenitz,
fol. 38 v° E 'n Riba de Portus toltz pes e puintz e ditz, 1315
E en Riba de Malrin era maintz om somsitz,
E en Riba de Maronna marchantz eran traitz,
E 'n Riba de Fulgos era maint om feritz;
En tot estas riberas era 'l lum escuritz,
E per autras .ij. tantz que n'avem els escritz, 1320
C'om no y era segur ni'l tenia pros guitz.
E quan y fom trames e per vos eslegitz,
Dison lay entre lor que non fos obeditz,
Cels que eran raubados per les camis politz.
E quant lai fo anatz, trobet les descausitz; 1325
Mas en petit de tems s'en fo tant seynnoritz
Que lay on el trobava les raubados sayzitz,
Aqui eiss les pendia, qu'aitals era 'ls meritz.

ous le vantez bien. » — « Seigneur, je vous le vante parce que c'est la vérité, — et vous pouvez le savoir.

XXXVIII.

« Vous pouvez le savoir, car tout le monde le dit. » —Et en même temps un baron se leva sur ses pieds, — et dit : « Franc roi de France, qu'il vous plaise que je sois ouï. — De seigneur Eustache je vous puis dire qu'il est preux et hardi, — et doit être par vous aimé et honoré, — vu qu'il maintient la couronne avec un courage parfait. — Pour défendre la fleur de lis il n'est pas endormi, — seigneur, vu qu'en Val-de-Rivière maint homme était détruit, — et en Val-de-Foillole volé et insulté, — et en Rive-de-Jordain maint homme avait péri, — et en Rive-de-Volberte maint homme avait reçu la mort, — et en Rive-de-Portus (étaient) ôtés pieds et poings et doigts, — et en Rive-de-Malrin était maint homme pendu, — et en Rive-de-Maronne les marchands étaient trahis, — et en Rive-de-Fulgos était maint homme frappé ; — en toutes ces rivières la lumière était obscurcie, — et dans deux fois plus d'autres que nous n'en avons en écrit, — vu qu'on n'y était pas en sûreté ni ne le tenait un honnête guide. — Et quand il y fut envoyé et par vous choisi, — ils disaient là entre eux qu'il ne fût pas obéi, — ceux qui étaient voleurs par les chemins frayés. — Et quand il fut allé là, il les trouva rudes ; — mais en peu de temps il s'en fut rendu tellement maître, — que là où il trouvait les voleurs saisis, — là même il les

E d en petita d'ora ag ne tant espauritz ;
De pendutz troberatz totz les camis frostis, 1330
E las forcas e 'ls boiss e les gibetz garniz.
E'ls raubados que l'era[n] escapatz e fugitz,
fol. 39 r° Dizian entre lor : « So non es om complis,
Entz es ben encantaires c'aisi ns a escofitz. »
E 'ls marchantz e 'ls bons omes per qui Dios es servitz, 1335
Dizian, d'autra part, qu'era Santz Espiritz,
Quar de las malas herbas taillava les raitz ;
E quar les plus malvatz avia destruzitz,
Si c'om i va segu[r]s, que mal no i fan ni s ditz.
E puys que aital caver es per vostre plevitz, 1340
E qu'es arditz e savis e de bon sen complitz,
Ben l'i podetz trametre, si es vostre chauziz. »
— « Per Dios ! s'a diz lo rey, be's per vos enantitz. »
— « Seynner, per so quar es de trastotz bes garnitz
May que z eu non sai dir. 1345

XXXIX.

« Mas que yeu non say dir, seynner; podetz proar. »
E ap tant .i. cavaler que non lo say nomnar,
Pero auzit ay dire qu'era dels .xij. par,
E dis : « Franc rey de França, yeu vuyl so confirmar
Qu'En Estacha es valentz e leyals sens duptar ; 1350
fol. 39 v° Qu'en Riba de Valrrutz n'osava om passar,
E en Riba de Falces Mayna degus anar,
E el lac de Marin solian grant mal far [1],
E'n tota la ribera de mont Brudelamar
Cels qu'en passavan eran en peryll de negar ; 1355
E'n Riba de Cantbon marchant descavalgar,
E a pont de Cantal maint ome desraubar,

---

[1] Le manuscrit porte *fac*, par une erreur évidente de l'ancien copiste.

pendait, car telle était leur récompense. — Et en peu de temps il y en eut tant d'épouvantés; — de pendus vous trouveriez tous les chemins pilés, — et les fourches et les bois et les gibets garnis. — Et les voleurs qui lui étaient échappés et enfuis, — disaient entre eux: « Ce n'est pas un homme complet, — mais c'est bien un enchanteur qui nous a ainsi escofiés. » — Et les marchands et les hommes de bien par qui Dieu est servi, — disaient, d'autre part, que c'était le Saint-Esprit, — car des mauvaises herbes il coupait les racines; — car les plus mauvais il avait détruits, — de sorte qu'on y va avec sécurité, vu qu'ils n'y font ni (ne) se dit mal. — Et puisqu'un tel chevalier est pour vous assuré, — et qu'il est hardi et sage et plein de bon sens, — vous pouvez bien l'y envoyer, s'il est votre choisi. » — « Par Dieu! a dit le roi, il est bien vanté par vous. » — « Seigneur, parce qu'il est de tous biens garni, — plus que je ne sais dire.

XXXIX.

« Plus que je ne sais dire, seigneur; vous pouvez (l')éprouver. » — Et en même temps un chevalier que je ne sais nommer, — pourtant j'ai ouï dire qu'il était des douze pairs, — dit: « Franc roi de France, je veux confirmer cela, — que sire Eustache est vaillant et loyal sans qu'on puisse en douter; — vu qu'en Rive-de-Valrutz on n'osait passer, — et en Rive-de-Faussemagne personne ne voulait aller, — et au lac de Marin ils avaient coutume de faire grand mal, — et en toute la rivière de mont Brudelamar — ceux qui passaient étaient en péril d'être noyés, — et en Rive-de-Cantbon (ils étaient habitués) de démonter les marchands, — et au pont de Cantal de voler maint homme, — et par toutes les rivières qui vont aboutir au pont, — ils avaient l'habitude de tuer, occire et décoller les hommes : — maintenant on va

E per totz las riberas qu'al pont van afrontar,
Solian matar omes, aucir e degolar :
Eras va om segu[r]s e ses tot mal afar; 1360
Que si portava peras o el tesaur de Sazar,
Pot om anar segu[r]s, que no 'l qual regardar.
Gavalda e Roergue vos fa em patz estar,
E Tolsan e Gascoyna e Foys, se vol doptar,
E tot el vostre nom o sap apoderar : 1365
Per que en tot bo loc lo podetz embiar. »
— « Per Dios! so ditz lo rey, be os devria logar. »
— « Seinnor, no m qual loguer; sol Dios vos lais regnar,
fol. 40 r° Quar vos nos donatz pro per tenir e per dar. »
— « Donc s trameta per el, puis tant le os auch gabar. » 1370
E pero lo rey l'ama, mas non o volc monstrar.
E trames un message delivre de trotar,
En Tolsan, quar le rey l'en volc senescalc far;
E mandet que vengues tantost ab lui parlar.
E z el, que auzi el message, no y volc plus tarzar; 1375
E mandet sa mainada, c'avian per lui afar.
E lendema, a l'alba, pessa de cavalgar,
E ven s'en a Paris, car Paris es ses par;
E quant fom lay intratz, anet descavalgar;
E fo endreit completas, que'l soleyll vol entrar. 1380
E lendema maitin, que'l jorn fom bel e clar,
Anet s'en ent al rey, complit de grant pessar;
Car non sabia cert ni s podia albirar
Per quar manera 'l rey l'avia fait mandar.
E quant le fo delantz, ane[t] se agenoillar, 1385
E diss le : « Franc seynnor, Jhesu Crist vos empar! »
fol. 40 v° E 'l rey regardet lo ab semblança d'amar,
E diss que leves sus, e fe 'l asetjar.
Aqui fo lo coseills per qui el rey vol regnar :
L'abbat de Sant Denis e l'abesque de Bar, 1390

avec sécurité et sans aucune mauvaise affaire; — vu que s'il portait des pierres ou le trésor de César, — un homme peut aller en sûreté, vu qu'il n'a pas besoin de se précautionner.—Le Gévaudan et le Rouergue il vous fait rester en paix, — et le Toulousain et la Gascogne et Foix, s'il veut douter, — et tout en votre nom il sait dominer: — c'est pourquoi en tout bon lieu vous le pouvez envoyer. » — « Par Dieu! ce dit le roi, il vous devrait bien payer. »— « Seigneur, je n'ai pas besoin de salaire; que Dieu seulement vous laisse régner, — car vous nous donnez assez pour tenir et pour donner. » — « Donc qu'il soit envoyé vers lui, puisque je vous l'entends tant vanter. » — Et pourtant le roi l'aime, mais il ne voulut pas le montrer. — Et il envoya un messager empressé de trotter, — en Toulousain, car le roi l'en voulut faire sénéchal; — et il manda qu'il vînt aussitôt avec lui parler. — Et lui, qui ouït le message, n'y voulut plus tarder; — et il manda ses familiers, qui avaient affaire avec lui.—Et le lendemain, à l'aube, il pense de chevaucher, — et il s'en vient à Paris, car Paris est sans pareil; — et quand il fut là entré, il alla descendre de cheval; — et ce fut vers complies, que le soleil veut rentrer. — Et le lendemain matin, que le jour fut bel et clair, — il s'en alla devant le roi, tout entier livré à de grandes réflexions; — car il ne savait pas certainement ni ne pouvait s'imaginer — pour quelle raison le roi l'avait fait mander.— Et quand il fut devant lui, il alla s'agenouiller, — et lui dit : « Franc seigneur, Jésus-Christ vous protége! » — Et le roi le regarda avec un air d'amitié, — et lui dit de se relever, et le fait asseoir. — Là fut le conseil par qui le roi veut régner : — l'abbé de Saint-Denis et l'évêque de Bar, — et le seigneur de Beaujeu, qu'il n'y faut pas délaisser, — et maints autres barons que je ne sais désigner. — Et le bon roi de France commença à parler, — et dit à tous ses sages : « Seigneurs, qu'ai-je à faire?—Vous savez bien que je dois protéger

E 'l seynner de Beu Juec, que no y fa a laissar,
E maintz d'autres baros que non say asignar.
E lo bon rei de França comencet de parlar,
E diss a totz sos savis : « Seynnors, que d ai a far?
Ben sabetz que Navarra m'a obs a emparar; 1395
Ab dreitura que y ses, no m'en vuill embargar. »
E 'l coseill, que de dreit no s vol foraviar,
Lo coseill dyss al rey : « Seynnor, puiss que gardar
Devetz vos la ifanta, segont que d a nos par,
Devetz gardar la terra, que no s posca mermar; 1400
E si non [y] faitz re, no s deu om comandar. »
E donca diss lo rey : « Yeu hy vuyl embiar
N Estacha qu'ayssy es, quar hyeu m'i puisc fiar;
E si coseill mi datz, hyra la governar. »
fol. 41 r° E'l coseill anet se tot essems acordar 1405
Qu'En Estacha anes Navarra adreçar;
E disson al franc rey senes tot demorar :
« Seynner, en tot ton regne non pogras meilltz triar,
Quar el governaria tot quant es deça mar. »
Si que'l coseyll e 'l rey aneguon ordenar 1410
Qu'En Estacha vengues lai or vivo el Navarr,
    Per governar Navarra.

XL.

Per governar Navarra e tota la honor,
Vol le coseyll de França e 'l reis qui es la flor,
Qu'En Estacha hy ane e'nsia gardador; 1415
Si qu'el rey diss : « Estacha, car te po[r]tci amor,
E car hieu t'ay trobat senes cor trichador,
Vuyll de tota Navarra sias governador,
E que tengas dreitura al bas et al major :
Pero tu i portaras foc e glatz e calor, 1420
E la bresca e la mel et el çucre ab dolçor,

Navarre ; — avec la droiture qu'y cesse, je ne m'en veux pas embarrasser. » — Et le conseil, qui du droit ne se veut fourvoyer, — le conseil dit au roi : « Seigneur, puisque garder — vous devez l'infante, selon ce qu'à nous il paraît, — vous devez garder la terre, (de sorte) qu'elle ne puisse déchoir; — et si vous ne faites rien, on ne doit pas se recommander à vous. » — Et alors dit le roi : « J'y veux envoyer — sire Eustache qui est ici, car je m'y puis fier; — et si vous me le conseillez, il ira la gouverner. » — Et le conseil décida à l'unanimité — que sire Eustache irait rétablir (les choses en) Navarre ; — et ils dirent au franc roi sans aucun retard : — « Seigneur, en tout ton royaume tu ne pouvais mieux choisir, — car il gouvernerait tout ce qui est par deçà la mer. » — En sorte que le conseil et le roi allèrent ordonner — que sire Eustache vint là où vivent les Navarrais, — pour gouverner (la) Navarre.

XL.

Pour gouverner la Navarre et toute la seigneurie, — veut le conseil de France et le roi à qui est la fleur (de lis) — que sire Eustache y aille et en soit gardien ; — si (bien) que le roi dit : « Eustache, parce que je te portai amitié, — et parce que je t'ai trouvé sans cœur faux, — je veux que de toute la Navarre tu sois gouverneur, — et que tu maintiennes justice au petit et au grand : — pour cela tu y porteras feu et glace et chaleur, — et la gaufre et le miel et le sucre avec douceur, — et tu en donneras à ceux qui ont mauvais goût. — Et si

E daras n'ad aquels que an mala sabor.
fol. 41 v° E si per ren que y fasas no'n potz gitar l'agror,
Vuill que lor dones foc e glazis ab ardor;
Car tota mala erba que gete mal holor, 1425
Deu om desradigar e toldre la humor. »
Et adoncas N Estacha respos e diss : « Seynnor,
En el teu regne a molt cavaler millor
Que no soy, e plus savis a far faitz de valor. »
— « Estacha, diss lo rey, ga t fas refortador; 1430
Ty faras ço que t mandi, e tost e ses rumor. »
— « Seynner, s'a diz N Estacha, ve os mi per servidor,
E donatz mi compaynnia que si' a vostra honor. »
— « Estacha, vuill que mandes per tota ma honor,
E que menes de cels que may t'aura sabor. » 1435
Et ab aitant N Estacha en mei del parlador
Agenoillet s'al rei, car era son major,
E volc que'l benadis de part del Salvador.
E lo rey, quant lo vic, mudet le sa color,
E tornet se plus fresc que rosa en pascor, 1440
fol. 42 r° E levet son bratz dreich, et, en nom del Criador,
Seynet le e 'l comanda al Seynner redemptor.
E'N Estacha s'en eis e non fe grant rumor,
E si mandet ferrar sos cavals a vigor.
E quant venc lendema qu'el gaita de la tor 1445
Escridet autamentz que paria l'albor,
El poia, e cavalga alegr' e ses temor,
Dreitamentz a Tolosa, c'a parage secor.
E quant lay fo entratz ab cor d'emperador,
Mandet pels balestes sels que l'eran meillor; 1450
E diss lor qu'els aguisan, maiss no lors dis ancor.
E ad un jorn bel e clar que'l sols ac resplandor,
El yssic de Tolosa, y ab lui sei trompador,
Per venir en Navarra.

pour rien que tu y fasses, tu ne peux en ôter l'aigreur, — je veux
que tu leur donnes feu et glaive avec ardeur ; — car toute mauvaise herbe qui jette mauvaise odeur, — on doit déraciner et en
enlever le suc. » — Et alors sire Eustache répondit et dit : « Seigneur,
— en ton royaume il y a nombre de chevaliers meilleurs — que je
ne suis, et plus entendus à faire des actions de valeur. » — « Eustache, dit le roi, désormais montre-toi plein de confiance ; — tu feras
ce que je t'ai ordonné, et vite et sans bruit. » — « Seigneur, a dit sire
Eustache, me voici pour serviteur, — et donnez-moi compagnie qui
soit à votre honneur. » — « Eustache, je veux que tu donnes des
ordres par tout mon royaume, — et que tu emmènes de ceux qu'il
te plaira le plus. » — Et en même temps sire Eustache au milieu
du parlement — s'agenouilla devant le roi, car il était son supérieur,
— et voulut qu'il le bénît de la part du Sauveur. — Et le roi, quand
il le vit, changea de couleur, — et devint plus frais que rose en printemps, — et leva son bras droit, et, au nom du Créateur, — le signa
et le recommanda au Seigneur rédempteur. — Et sire Eustache sort,
et ne fit pas grand bruit, — et commanda de ferrer ses chevaux vi-
goureusement. — Et quand vint le lendemain que la sentinelle de
la tour — cria à haute voix que l'aube paraissait, — il monte, et
chevauche allègre et sans crainte — droit à Toulouse, qui porte secours
à la noblesse. — Et quand là il fut entré avec un cœur d'empereur, —
il manda les arbalétriers, les meilleurs qu'il avait ; — et il leur dit
qu'ils s'apprêtent, mais ne leur dit pas encore. — Et un jour bel et
clair que le soleil fut resplendissant, — il sortit de Toulouse, et avec
lui ses trompettes, — pour venir en Navarre.

XLI.

    Per venir en Navarra 'N Estacha issitz fo   1455
De Tolosa la nobla, a lei de bon baro:
Ab si menet un savi qu'entendia razo,
E maint bela compaynna e maint balester bo.
fol. 42 v° E cavalguet alegre, per coita d'espero,
    E passet per Gascoynna, per la terra En Gasto,   1460
E venc a Sauba Terra, on l'ondreguon el Gasco.
Lendema cavalguet troa dintz Sant Johan fo,
E totz cels de vila joy e festa 'n fero.
E lendema passero les portz, si que foro
Dedintz en l'ospital, on ben acuillitz fo,   1465
Qu'on ditz de Ronçavals, ont se da grant perdo.
E venguo 'l al encontre caver et efanço,
E dedintz Pampalona, tantost com lo saubo,
De la Navarreria Pascal Beaça y fo,
E'N Miquel da Liraynna e'N Cristel que sap pro;   1470
E parlero ab lui de ço que lor saup bo,
E blasmavan al Borc e la Poblacion,
E que'l tortz qu'els avian a lor encargavo.
E lo valent N Estacha, qu'entendet la razo,
E vic qu'entre las vilas avian cor felo,   1475
Mandet en Pamplona que 'ls pregava en do
fol. 43 r° Que degun no l' issis' accuillir, mal ni bo.
E quant venc un dissapte que'l ssoleyss ysitz fo,
Ab tota sa compaynna cavalguet a lairo,
E venc s'en a Olatz, on les bels palaitz fo   1480
Que'l reys Tibautz fe far, cui Jhesu Crist perdo!
E 'l dimenge maiti, que d anc no o saubon,
Mas cels de Ca[m]paynna, em Pampalona fo
Dintz los palays del rey; e quant devalatz fo,
L'us li pren la espada e l'autre l'ispero.   1485

XLI.

Pour venir en Navarre sire Eustache fut sorti — de Toulouse la noble à la manière de bon baron; — avec lui il mena un sage qui entendait raison, — et mainte belle compagnie et maint bon arbalétrier. — Et il chevaucha allègre en toute hâte, — et passa par la Gascogne, par la terre du seigneur Gaston, — et vint à Sauveterre, où l'honorèrent les Gascons. — Le lendemain il chevaucha jusqu'à ce qu'il fût dans Saint-Jean (Pied-de-Port), — et tous ceux de la ville joie et fête en firent. — Et le lendemain ils passèrent les ports, en sorte qu'ils furent — dans l'hôpital, où il fut bien accueilli, — qu'on appelle de Roncevaux, où se donne grand pardon. — Et à sa rencontre vinrent chevaliers et enfançons, — et dans Pampelune, aussitôt qu'ils le surent, — de la Navarrerie Pascal Beaça y fut, — et sire Michel de Larraynna, et sire Cristel qui sut beaucoup; — et ils parlèrent avec lui de ce qui leur parut bon, — et ils blâmaient le Bourg et la Poblacion, — et (disaient) qu'ils mettaient à leur charge le tort qu'ils avaient. — Et le vaillant sire Eustache, quand il entendit cette explication, — et vit qu'entre les villes ils avaient de l'animosité, — manda dans Pampelune qu'il les priait en grâce — que personne ne sorte pour le recevoir, mauvais ni bon. — Et quand vint un samedi que le soleil fut levé, — avec toute sa compagnie il chevaucha à la dérobée, — et s'en vint à Olatz, où fut le beau palais — que fit faire le roi Thibaut, auquel Jésus-Christ pardonne (ses péchés)! — Et le dimanche matin, sans qu'oncques personne le sût, — sinon ceux de Champagne, il fut à Pampelune — dans le palais du roi; et quand il fut

E z anet audir messa, e d adonx yeu vi lo
Dedintz Sancta Maria fazent oraçō.
Et anet per Navarra lo bruylle e 'l resso
Que de França avian governador molt bo.
E 'N Estacha remas, gaillartz plus que leo,   1490
 Dedintz en Pampalona.

XLII.

Dedintz en Pampalona, per qui s guida 'l regnatz,
Es lo valent N Estacha vengutz et albergatz.
E doncs don Pero Sanchitz, qu'es de Cascant nompnatz,
fol. 43 v° Qu'era governador molt savis e membratz,   1495
Venc s'en, ab sa compaynna, enta lui molt pagatz.
E vengu'i don Garcia e totz ses acostatz,
E don Gonçalvo Hyvainnes, que z es ben emparlatz,
E son filtz Johan Gonçalveitz, ben e bel arnescatz;
Vengu'i Johan Corbaran, qu'es de Let apelatz,   1500
E mant bon cavaler e mainta podestatz.
E quant en Pampalona foron totz asemblatz,
Ane[t] don Pere Sanchitz ab sos amics amatz
E'ls fraires de Sant Jacme, e ieu'n vi l'en, sapchatz.
E trames a 'N Estacha .ij. escudes privatz   1505
Que aqui 'l vengues parlar e fos sa volontatz,
Qu'entr'el e don Garcia era enequitatz,
E cels d'aquela vila eran sos comandatz :
Per que z el no intrava, e que non fos iratz.
E lo valent N Estacha entendet be 'l dictatz,   1510
E diss als messages : « Ieu ys ar e viatz;
Pero del mal d'ams.ij. sapchatz que mi desplatz.
fol. 44 r° E prec a Jhesu Crist que z eu posca far patz
De lor e de las vilas, e que torn' unitatz. »
Ab tant aquestas novas ac sos omes mandatz,   1515
Puiet en son caval que'l fon apareillatz,

descendu, — l'un lui prend l'épée et l'autre les éperons. — Et il alla ouïr messe, et alors je le vis — dans Sainte-Marie faisant oraison. — Et le bruit et la rumeur courut par la Navarre — que de France ils avaient un très-bon gouverneur. — Et sire Eustache resta, plus gaillard qu'un lion, — dans Pampelune.

XLII.

Dans Pampelune, par qui se guide le royaume, — le vaillant sire Eustache est venu et s'est logé. — Et alors don Pierre Sanchiz, qui est nommé de Cascante, — qui était gouverneur très-sage et prudent, — s'en vint, avec sa compagnie, jusqu'à lui très-satisfait. — Et don Garcia y vint avec tous ses acolytes, — et don Gonzalve Ibañez, qui est bien éloquent, — et son fils Jean Gonçalvez, bel et bien équipé; — Jean Corbaran y vint, qui est appelé de Lete, — et maint bon chevalier et mainte autorité. — Et quand en Pampelune ils furent tous assemblés, — don Pierre Sanchiz alla avec ses amis aimés — et les moines de Saint-Jacques, et je le vis là, sachez-le. — Et il envoya à sire Eustache deux écuyers particuliers — (pour lui dire) qu'il lui vînt parler là et (que ce) fût sa volonté, — car entre lui et don Garcia il y avait inimitié. — et ceux de cette ville étaient ses recommandés : — par quoi il n'entrait pas, et qu'il n'en fût pas fâché. — Et le vaillant sire Eustache entendit bien le message, — et dit aux messagers : « Je sors maintenant et sans délai; — mais du mal des deux sachez qu'il me déplaît. — Et je prie Jésus-Christ que je puisse faire la paix — entre eux et les villes, et que l'unité revienne. » — A ces mots il eut mandé ses hommes, — il monta sur son cheval qui lui fut préparé, — et il

E fon per don Garcia troa lay assolaçatz,
E ab tant don Garcia s'en fo atras tornatz.
E quant N Estacha fo dintz le mester entratz,
Don Pere Sanchitz fo vas luy mol[t] aseynnatz, 1520
E z anet l'acuillir ab semblant d'amiztatz,
E z e[l] lui, e d intreron e la claustr' abraçatz.
E quan amps dos se foron de palauras testatz,
Diss don Gonçalvo Ivaynnes, qu'era ben coseillatz :
« N Estacha, quar vos etz vengutz, al cor mi platz; 1525
Mas entre don Garcia, qu'es de cor esforçatz
May que ops non l'auria ni non l'es poder datz,
E 'l seynnor de Quasquant, s'es un grant mal alçatz :
Per que us dai est coseill, si ams o coseyatz,
Per que'l mal no s'alumne e que sia entratz, 1530
fol. 44 v° Qu'intz en Castelas façan las cortz, e las mandatz. »
E vigo que ben era e granda salvetatz,
E recorderon se rricomes e preslatz;
E dedintz en l'Estela, ont le bel castel jatz,
Volo que'l parlament y sia setjatz. 1535
E fforo i cavales e rricomes mandatz,
E de las bonas vilas les plus acoseillats.
E las cortz foron grandas e z ag' ni gent assatz;
E quant foron ensemble e trastotz ajustatz,
Le seynnor de Cascant se fo em pes levatz, 1540
E diss a totz ensemble : « Seynnors, ers m'escoltatz.
Per coseyll de Navarra fo messag' embiatz
Al valent rey de França, per qui es Dios amatz,
Per un governador que nos tengues em patz;
Car entre nos estavan partitz e meitadatz. 1545
E'l rey Felipe de França, a qui em comandatz,
Nos e nostra reyna e trastotz sos comtatz,
An om trames molt savi en trastotas bontatz;
fol. 45 r° E vuyll que lo jurem e que sia autreiatz. »

fut par don Garcia jusque-là entretenu, — et alors don Garcia s'en retourna en arrière. — Et quand sire Eustache fut dans le monastère entré, — don Pierre Sanchiz fut à lui en homme de grand sens, — et alla l'accueillir avec des semblants d'amitié, — et lui en fit autant, et ils entrèrent dans le cloître bras dessus bras dessous. — Et quand tous les deux se furent assuré leurs paroles, — don Gonçalvo Ibañez, qui était de bon conseil, dit : — « Sire Eustache, il me plaît au cœur de ce que vous êtes venu ; — mais entre don Garcia, qui est fier — plus qu'il n'aurait besoin ni que pouvoir ne lui est donné, — et le seigneur de Cascante, un grand mal s'est élevé : — c'est pourquoi je vous donne ce conseil, si tous deux vous me le permettez, — pour que le mal ne s'allume pas et qu'il y soit étouffé : — que dans les Castilles ils assemblent les cortès, et mandez-les. » — Et ils virent que c'était bien et grande sûreté, — et ils se rappelèrent riches hommes et prélats ; — et dans Estella, où le beau château est établi, — ils veulent que le parlement soit installé. — Et chevaliers et riches hommes y furent mandés, — et des bonnes villes les plus avisés. — Et les cortès furent grandes, et il y eut assez de gens ; — et quand ils furent ensemble et tous assemblés, — le seigneur de Cascante se leva sur ses pieds, — et dit à tous ensemble : « Seigneurs, maintenant écoutez-moi. — Par le conseil de Navarre un messager fut envoyé — au vaillant roi de France, par qui Dieu est aimé, — pour (avoir) un gouverneur qui nous tînt en paix ; — car entre nous nous étions divisés et partagés. — Et le roi Philippe de France, à qui nous sommes recommandés, — nous et notre reine et tous ses comtés, — nous en a envoyé un très-instruit en toutes sortes de bontés ; — et je veux que nous lui prêtions serment et qu'il soit agréé. » — Et alors tous dirent à l'unanimité : « Ce qui nous plaît. » — Et le livre et la croix furent ici apportés. — Et dit don Pierre Sanchiz : « Je veux que tous vous voyiez

E d adonc disson totz a un : « Ço que nos platz. »   1550
E 'l libre e la crotz foron aqui portatz.
E dis don Pere Sanchitz : « Yeu vuyll que totz veiatz
Com fe 'l juri [e] promes, e que totz o façatz. »
Puys juret don Garcia, hy ab lui d'autres assatz,
E puys don Corbaran, que no 'n fo pas yratz,   1555
E 'N Johan de Bidaurre ab semblant que li platz,
E 'N Johan Corbaran, cel de Let, molt quitatz,
E moltz d'autres baros que z eu non ay nompnatz.
Puis Pampalona juret, qu'es caps e z es ciptatz,
Puis de las autras vilas, com eran costumatz.   1560
Vec vos que fo 'N Estacha acuillitz e juratz,
E z el jurel los fors, cels que son asignatz.
E 'N Estacha cavalga per la terr'a totz latz,
  Coma governador.

XLIII.

Coma governador qu'es de sen cabalos,   1565
fol. 45 v° Anet le pros Estacha cavalgant pels erbors,
E cerquet per Navarra dels malvatz e dels bos;
E venc en Pampalona, dont totz foron joios.
E quant lay fo, ricome y vengon e baros,
E de tota Navarra caves e d efançjos;   1570
E demandego le totas las messios
Qu'avian fait per gardar les castels fortz e bos,
Per pagar establidas e per pagar peos.
E lo valent N Estacha estet com om guiscos,
Respondet als ricomes : « Per Dio ! so farem nos. »   1575
Dyss a don Pere Sanchitz : « Don Pere, mandatz vos;
Car so que mandaretz, sapchatz que farem nos. »
Et adoncs paguet les, qu'anc non fo meintz bocos.
E quan els se sentigo del dines poderos,
Anego se cascus alegres e joyos;   1580

— comme foi je lui jure et promets, et que vous tous le fassiez. »
— Puis jura don Garcia, et avec lui assez d'autres, — et puis don
Corbaran, qui n'en fut pas fâché, — et sire Jean de Bidaurre, avec
l'apparence que cela lui plaît, — et sire Jean Corbaran, celui de
Lete, avec beaucoup d'empressement, — et beaucoup d'autres barons
que je n'ai pas nommés. — Puis jura Pampelune, qui est capitale et
cité, — puis des autres villes, comme elles avaient coutume. — Voilà
que sire Eustache fut accueilli et reçut les serments, — et lui jura
les fors, ceux qui sont établis. — Et sire Eustache chevaucha par le
pays de tous côtés, — comme gouverneur.

XLIII.

Comme gouverneur qui est de sens supérieur, — alla le preux
Eustache chevauchant par les prairies, — et chercha par la Navarre
les mauvais et les bons ; — et il vint à Pampelune, de quoi tous furent
joyeux. — Et quand là il fut, riches hommes y vinrent et barons, —
et de toute la Navarre chevaliers et enfançons ; — et ils lui demandèrent toutes les dépenses — qu'ils avaient faites pour garder les bons
et forts châteaux, — pour payer les garnisons à demeure et pour
payer des fantassins. — Et le vaillant sire Eustache fut comme homme
habile, — il répondit aux riches hommes : « Par Dieu ! ainsi ferons-
nous. » — Il dit à don Pierre Sanchiz : « Don Pierre, commandez ;
— car ce que vous commanderez, sachez que nous le ferons. » — Et
alors il les paya, qu'oncques il n'en manqua un morceau. — Et quand
ils se sentirent des deniers possesseurs, — ils s'en allèrent chacun

E z audi qu'el i n'ago, e crey que vertatz fo,
Cinquanta milia libras de bons tornes de Tors.
E lo valent N Estacha remas mot cosiros,
fol. 16 r° Car vic qu'en Pamplona era 'l mal perillos,
E'n la Navarreria z el Borc e s en ams dos, 1585
Que'ls coratgues avian mortals e d engoy[s]os;
E trames pels plus savis e pels plus poderos,
E diss lor : « Francs burgues, no sui gaire joyos,
Quar vei que l'us als altres etz trop contrarios;
E devriatz esser frayres, cossis e compaynnos, 1590
E trobei vos trop mals e braus e z urguillos.
E prec vos humilment que siatz coragos
Qu'entre vos meta patz, e l'unitat que i fos. »
E cels dels borcs disseron : « Governador, vec nos
Per far vostres comantz; car en vos es razos; 1595
E de las nostras partz qu'en siatz poderos. »
E cels de l'autra part, qu'avian cor de leos,
E'l fran governador humilment preget los
Qu'el pogues metre patz e desfar las tenços,
Qu'a cels dels borcs plazian e n' eran volontos; 1600
E d e[l]s resposso le que n'era[n] amoros,
fol. 16 v° E ço qu'avia n'obrat que ja desfaitz no fos.
E dyss que non faria ren que fos tracios,
Mas que lo adobaria si quom dreitz a ssomos.
E d els donego le, forçatz e temeros, 1605
    Que o pogues adobar.

XLIV.

Que o pogues adobar, l'en fun dat mandamen.
E lo valent N Estacha, cui es saber e sen,
Parlet ab les borgues dels borcs privadamen,
E diss lor : « Franc borgues, segont que yeu enten, 1610
Vos etz cap de Navarra e lo governamen,

HISTOIRE DE LA GUERRE DE NAVARRE.

allègre et joyeux; — et j'ouïs (dire) qu'ils en eurent, et je crois que ce fut vérité, — cinquante mille livres de bons tournois de Tours. — Et le vaillant sire Eustache resta très-rêveur, — car il vit que dans Pampelune le mal était périlleux, — et en la Navarrerie et au Bourg et dans tous les deux, — vu qu'ils avaient les animosités mortelles et ulcérées; — et il envoya vers les plus sages et les plus puissants, — et leur dit : « Francs bourgeois, je ne suis guère joyeux, — car je vois que les uns aux autres vous êtes très-opposés; — et vous devriez être frères, cousins et compagnons, — et je vous trouvai très-méchants et durs et orgueilleux. — Et je vous prie humblement que vous soyez empressés — pour qu'entre vous je mette la paix, et que l'union y fût. » — Et ceux des bourgs dirent : « Gouverneur, nous voici — pour faire vos commandements, car en vous est la raison; — et que de notre part vous en ayez pouvoir. » — Et ceux de l'autre côté, qui avaient cœur de lions, — le franc gouverneur humblement les pria — qu'il pût mettre paix (entre eux) et détruire les discordes, — car à ceux des bourgs cela plaisait et ils en avaient la volonté; — et eux ils lui répondirent qu'ils en avaient le désir, — et que ce qu'il avait fait jamais ne fût défait. — Et il dit qu'il ne ferait rien qui fût trahison, — mais qu'il arrangerait l'affaire ainsi comme droit l'a commandé. — Et eux, forcés et intimidés, ils lui octroyèrent — qu'il pût arranger cela.

XLIV.

Qu'il pût arranger cela, lui en fut donné mandat. — Et le vaillant sire Eustache, en qui est savoir et sens, — avec les bourgeois des bourgs parla en particulier, — et leur dit : « Francs bourgeois, suivant ce que j'entends, — vous êtes la tête de la Navarre et le gou-

E d en vos altres es sen e d ente[nde]men :
Per que os prec, pel Seynnor qu'es nostre salvamen,
Que vos finatz al mal e reynnetz humilment,
E'n la Navarreria ab vos sian humanamen, 1615
Quar entre vos etz frayres e cosis e paren;
Que del vostre domnage se riria la gen :
Per que os devetz gardar non façatz failliment,
Que'ls mals comença gran e l'ira e 'l turmen. »
fol. 47 r° Et adoncs levet se .i. borges belamen : 1620
Ço fon Pontz Baldoin, savis d'entendemen;
E diss a pros N Estacha bel e saviamen :
« Seynnor, or conoyssem que ns amatz leialmen,
Quar nos acoseillatz ben et enteramen.
Hyeu vos dic per les bors amdos comunalmen 1625
Que d a nos platz la paz e fugem al turmen.
E per que entendatz que z anam planamen,
Veiatz las nostras cartas e lo sagelamen
Que nos dego les reys que d am pres passamen;
E quant les auretz vistas, nos em ayssi pressen 1630
Per far ço que diretz, senes contrastamen. »
E 'N Estacha lor diss : « Borgues, merce vo ren,
Car dizetz que faretz trastost mon mandamen;
Yeu veiray l'autra part, ni quals es lur enten. »
E d aquomiadet e z anet belamen 1635
En la Navarreria ab son albergamen.
Ez estet aquel jorn ses far mais parlamen;
fol. 47 v° E lendema maiti, que'ls sols fo resplanden,
E la Navarreria mandet celadamen
Que venguessen a lui e fos lur chausimen. 1640
E z eli, aitantost qu'auzigo el mandamen,
Fero en la dozena coseyll ses tardamen,
Les doz e 'ls conseilles ab cels que 'ls fu parven ;
E l'acort fo aitals que z anessen breumen

HISTOIRE DE LA GUERRE DE NAVARRE. 109

vernement, — et en vous autres est sens et entendement : — c'est pourquoi je vous prie, par le Seigneur qui est notre salut, — que vous mettiez fin au mal et vous comportiez humblement, — et qu'en la Navarrerie ils soient avec vous humainement, — car vous êtes entre vous frères et cousins et parents, — vu que de votre dommage la gent se rirait : — c'est pourquoi vous devez vous garder que vous ne fassiez faute, — vu que le mal commence fort et l'animosité et le tourment. » — Et alors un bourgeois se leva bellement : — ce fut Ponce Baldoin, sage d'entendement; — et il dit au preux sire Eustache bien et sagement : — « Seigneur, à présent nous connaissons que vous nous aimez loyalement, — car vous nous conseillez bien et complétement. — Je vous dis pour les deux bourgs en commun — que la paix nous plaît et que nous fuyons le tourment. — Et pour que vous entendiez que nous allons rondement, — voyez nos chartes et le sceau — que nous donnèrent les rois qui sont morts; — et quand vous les aurez vues, nous sommes ici présents — pour faire sans contradiction ce que vous direz. » — Et sire Eustache leur dit : « Bourgeois, je vous remercie — de ce que vous dites que vous ferez tout mon commandement; — je verrai l'autre partie, et (saurai) quelle est leur intention. » — Et il prit congé et s'en alla tranquillement — en la Navarrerie avec sa suite. — Et il resta ce jour sans faire plus de conférences; — et le lendemain matin, que le soleil fut resplendissant, — en la Navarrerie il manda en cachette — qu'ils vinssent à lui et que ce fût leur volonté. — Et eux, aussitôt qu'ils ouïrent l'ordre, — ils firent en la douzaine conseil sans retard, — les douze et les conseillers avec ceux qu'il leur sembla bon; — et la résolution fut telle qu'ils allassent promptement — ouïr ce qu'il demandait aussi vivement, — et ils allèrent devant lui comme hommes mal instruits. — Et sire Eustache, qui les vit, avec un air riant — les accueillit très-

Audir que demandava aysi cuitadamen, 1645
E anego denant luy com omes mal saben.
E 'N Estacha, que'ls vic, ab un esgart rien
Acuyllyc les molt be e 'ls fe gran ondramen;
E diss lor : « Francs seynnors, lo Seynn' omnipoten
Vos garde de peccadz e de far erramen ! 1650
Jhesu Crist mandet patz trastotz primeramen;
E puyssc que z els la volc, vuyllatz la yssamen.
Entre vos e los borcs es us mals molt cosen;
Que'ls peccatz ynfernals, que z es mal et arden,
Es vengutz en vos autres e hy vol far bastimen. 1655
fol. 48 r° E si vos apodera ni 'ls coratges per ren,
Dios vos ayrara e far vonn a parven :
Per que vos prec, seynnors, tant com posc, coralmen.
Qu'entre vos e los borcs sya patz sens comten,
E que l'unitat sia ses rompre sagramen ; 1660
E si l'us contra l'autre a fait nou bastimen
Tal que faire no s dega, qu'en fass' amendamen :
E si vos faitz ayso, vendretz a salvamen. »
E don Sancho Mustarra parlet primeramen,
E diss : « Governador, qui mal cerca mal pren. 1665
Nos avem tant sofert que no'n gratam cozen.
Cels dels borcs saben tan de mal enartamen,
Que de la part que volo els fan veire lo ven;
Pero de vos sabem, seynne, certanamen
Que non vos jurarien per aur ni per argen : 1670
Per que ço qu'en faretz tendrem complidamen,
E tendrem vostre dich e 'l vostre jujamen. »
Si qu'ambas las partidas dego seguramen
Com le valent N Estacha, aissi con dreitz cosen,
fol. 48 v° Ne poges la patz far. 1675

bien et leur fit grand honneur; — et il leur dit : « Francs seigneurs, que le Seigneur tout-puissant — vous garde de péchés et de faire erreur ! — Jésus-Christ recommanda la paix tout d'abord ; — et puisqu'il la voulut, veuillez-la pareillement. — Entre vous et les bourgs il y a un mal très-cuisant ; — vu que le péché infernal, qui est mauvais et brûlant, — est venu en vous autres et y veut faire demeure. — Et s'il s'empare de vous ou de vos cœurs en rien, — Dieu vous détestera et vous en donnera la preuve : — c'est pourquoi je vous prie, seigneurs, autant que je le puis, du fond du cœur, — qu'entre vous et les bourgs il y ait paix sans contestation, — et que l'union (y) soit sans violer de serment ; — et si l'un contre l'autre a fait nouveau bâtiment — tel qu'il ne doive se faire, qu'il en fasse réparation ; — et si vous faites ceci, vous viendrez à salut. » — Et don Sancho Mustarra parla premièrement, — et dit : « Gouverneur, qui mal cherche mal prend. — Nous avons tant souffert que nous nous en grattons, car il nous cuit. — Ceux des bourgs savent tant d'artifice, — que de la part qu'ils veulent ils font voir le vent ; — pourtant à l'égard de vous nous savons, seigneur, certainement — qu'ils ne vous prêteraient serment ni pour or ni pour argent : — c'est pourquoi nous tiendrons complétement ce que vous en ferez, — et nous maintiendrons votre dire et votre jugement. » — En sorte que les deux partis octroyèrent sûrement — que le vaillant sire Eustache, ainsi que le droit le veut, — pût faire la paix entre eux.

XLV.

Com poges la patz far hy mes tot son penser,
E trames per ricomes e per maint cavalier,
E trames en las vilas per cels ab sen entier.
Lay hy venc don Garcia, i ab lui mant bon guerrier,
E'l seynnor de Cascant e so gonfaironer, 1680
E don Gonçalvo Hyvainnes, que z es molt bel parlier;
E fo y don Corbaran, en qui es sen plener,
E 'N Johan de Bidaurre desobre son destrier,
E maintz d'autres ricomes e maynt bon escuder;
E las cortz foron grandas ab maint bon coseiller. 1685
N Estacha, cui Deus gar de tot mal destorber,
Vic le coseill complit, levet se tot primer,
E diss lor : « Francs seynnors, le Seynnor dreturer
Prec que gart Pampalona de tot mal encombrer.
Entre las vilas nayss .i. molt mal destorber 1690
E que vivo ab grinna y ab corages d'acier ;
E ssy no i metem patz, lo pecat esqueirer
Crey que 'ls vendra desus e 'ls metra a brasier.
Sapchatz qu'ambas las partz me donego l'autr'er
Poder que o adobes assy com dreit requer : 1695
Per que os dic a vos autres qu'es mei acosseiller
Quom desfaray lo mal, car mout n'a desirer;
Que l'us fas contra l'autre trabuquetz e peirer
E portals e bertrescas e torr ab fort soler.
E ssy cossel no y dam, no les pretz un diner. 1700
E digatz me entre totz aiso que dreit ne quier. »
E'l seynnor de Quasquant e 'l syeu bon seynerer,
E don Gonçalvo Hyvainnes, que y fo si terçer,
E'l valent don Garcia, qui la Quonqua enquier,
E'l pros don Corbaran, que no y fon pas derrer, 1705
Ricomes e baros, borgues e mercader,

XLV.

Comment il pût faire la paix il y mit tout son penser, — et il envoya vers des riches hommes et vers maint chevalier, — et envoya dans les villes vers ceux de sens accompli. — Là y vint don Garcia, et avec lui maint bon guerrier, — et le seigneur de Cascante et son gonfanonier, — et don Gonçalvo Ibañez, qui est très-beau parleur; — et y fut don Corbaran, en qui est sens complet, — et le seigneur Jean de Bidaurre sur son dextrier, — et maints autres riches hommes et maint bon écuyer; — et les cortès furent grandes avec maint bon conseiller. — Sire Eustache, que Dieu garde de tout mauvais embarras, — vit le conseil complet; il se leva tout le premier, — et leur dit : « Francs seigneurs, le Seigneur légitime — je prie qu'il garde Pampelune de tout mauvais encombre. — Entre les villes naît un trouble très-mauvais, — et elles vivent avec mésintelligence et avec des cœurs d'acier; — et si nous n'y mettons la paix, le péché fâcheux — je crois qu'il leur viendra dessus et les mettra en feu. — Sachez que les deux partis me donnèrent l'autre jour — pouvoir d'arranger l'affaire ainsi que justice le requiert : — c'est pourquoi je vous dis à vous autres qui êtes mes conseillers — comment je déferai le mal, car j'en ai grand désir; — vu que l'un fait contre l'autre trébuchets et pierriers — et portails et créneaux et tours avec fortes plates-formes. — Et si nous n'y donnons pas conseil, je ne les prise un denier. — Et dites-moi entre tous ce que justice réclame. » — Et le seigneur de Cascante et son bon porteur d'enseigne, — et don Gonçalvo Ibañez, qui y fut soi troisième, — et le vaillant don Garcia que réclame la Cuenca, — et le preux don Corbaran, qui n'y fut pas le dernier, —

E maint bon ifançon e maint bon soldader,
Se tirego a part, senes tot alonguer,
 Per donar bon coseyll.

XLVI.

fol. 49 v° Per donar bon coseill s'anego apartar   1710
Totz celtz que aqui eran, per bon coseill donar,
Lay auziratz razos dire e contrastar,
E maint bon dit despendre e maynt hom ayllegar.
E l'us dizia'l dreit, cel que s devia far,
E l'altre 'l contrastava per lo mal enartar.   1715
E quant venc a la fi, anego ss'acordar
Qu'els engens se desfesan senes tot demorar,
D'e[n]tr'ambas las partidas, qu'aysi s fazia far.
E ab aquest acors anego coseillar
Le pros governador N Estacha, que Dios gar;   1720
E dysso'l en aisi : « Jujament podetz dar
Que'ls engens se desfaçan, e 'ls façatz abaissar. »
Et adoncas cascus set se en son logar,
E lo valent N Estacha comencet de parlar,
Et adonquas trastotz peseguo'l d'escoutar,   1725
E z el diss lor tot bel e senes tot peccar :
« Seynnos, en Pampalona vey un mal aflamar
fol. 50 r° Entre las .iiij. vilas, dont n'ay el cor pesar;
Qu'eli an fait engens per grans peiras tirar
E per derrocar tors e per alberx desfar.   1730
E per que'l mal non monte ni no puysc' isa[l]çar,
Ieu, el coseill vezen, que d am, judici dar
Que'ls engens se desfaçan e s'ano darroquar.
E cel que non fara pense de si gardar. »
E z un borgues molt savis s'anet em pes levar :   1735
Ço fu En Pontz Baldoin, que sap ben conseillar
Pel borc sant Micolau, qu'ez apelatz de Bar,

riches hommes et barons, bourgeois et marchands, — et maints bons enfançons et maints bons soldats, — se tirèrent à part, sans nul retard, — pour donner bon conseil.

XLVI.

Pour donner bon conseil allèrent se tirer à part — tous ceux qui là étaient, pour bon conseil donner. — Là vous entendriez des raisons dire et combattre, — et mainte bonne parole dépenser et maint homme alléguer. — Et l'un disait le droit, celui qui se devait faire, — et l'autre le contredisait pour accroître le mal. — Et quand vint à la fin, ils allèrent s'accorder — que les engins se défassent sans aucun retard, — des deux côtés, vu qu'ainsi il se faisait à faire. — Et une fois d'accord ils allèrent conseiller — le preux gouverneur sire Eustache, que Dieu garde; — et lui dirent ainsi : « Vous pouvez rendre arrêt — (pour) que les engins se défassent, et que vous les fassiez jeter à bas. » — Et alors chacun s'assit à sa place, — et le vaillant sire Eustache commença à parler, — et alors tous pensèrent à l'écouter, — et il leur dit tout bellement et sans aucunement pécher : — « Seigneurs, en Pampelune je vois un mal s'allumer — entre les quatre villes, de quoi j'ai du chagrin au cœur; — vu qu'ils ont fait des engins pour tirer de grandes pierres — et pour renverser les tours et pour défaire les habitations. — Et pour que le mal ne monte pas et ne puisse pas s'exhausser, — moi, en présence du conseil, que j'aime, je veux rendre (ce) jugement, — que les engins se défassent et s'aillent jeter par terre. — Et que celui qui ne le fera pas pense à se garder. » — Et un bourgeois très-sage s'alla lever en pieds : — ce fut sire Ponce Baldoin, qui savait bien donner conseil — pour le bourg de Saint-Nicolas,

E pel borc Sant Cerni, qui Dios salve e gar;
E diss al pros N Estacha : « Seinnors, per patz cercar
E per lo teu judici tenir e confermar   1740
Nos farem ço que mandes, e pensa de mandar. »
E z el dis : « Francs borgues, Dios vos vol restaurar !
Quar vei que ves la cort vos voletz refrenar. »
E cels de l'autra part presso s'a rrazonar,
E disso 'l que d aquo no puiran autreiar   1745
fol. 5o v° Sen coseyll de la vila, e que no'l fos pessar
Si'n fazian coseyll antz qu'anassan manjar.
E lo valent N Estacha, per mas humiliar,
Dis qu'aguessan coseyll tals que no 'ls fes errar
E'n la Navarreria feron coseyll cridar,   1750
E la venc maint bon omme e maint d'avol affar.
En mentre qu'els estavan per bon coseyll trobar,
Cels de Sancta Maria, que'l mal degran sessar,
Per que lo mal cregues, anego s'albirar
Que lo governador no pogui' aquo far.   1755
E d adonc lo prior Sicartz pesset d'anar
E venc a la dozena, on viratz maint plorar ;
Que l'us volia patz, l'autre ferir e dar.
E lo prior entret ab semblança d'amar,
E cascus, quant le vic, anet le sopleiar ;   1760
E lo prior lor diss : « Barons, be datz pessar ;
Quar abaissatz la Glesia que devetz relevar,
E 'l poder qu'en la ha voletz a d'autres dar.
fol. 51 r° Negus governador non pot aiso jujar,
Que vostras algarradas se degan peciar,   1765
Que nostre es lo judici, e l'en devem gitar ;
E quant nos mandarem les engins debrisar,
Adoncs les desfaretz, mas non qual regardar. »
Ez els, quant l'entenderon, preson s'a d alegrar,
E disso : « Plus la Glesia nos pren en son empar,   1770

qui est appelé de Barri, — et pour le bourg Saint-Cernin, que
Dieu sauve et garde; — et il dit au preux sire Eustache : « Seigneur, pour chercher la paix — et pour ton jugement tenir et confirmer, — nous ferons ce que tu commandes, et pense de commander. »
— Et il dit : « Francs bourgeois, Dieu vous veuille restaurer! — car
je vois que vers la cour vous voulez vous modérer. » — Et ceux
de l'autre côté se prirent à raisonner, — et lui dirent qu'ils ne pourraient octroyer cela — sans le conseil de la ville, et que cela ne lui
fût point pénible — s'ils en faisaient conseil avant d'aller manger.
— Et le vaillant sire Eustache, pour plus d'humilité, — dit qu'ils
tinssent conseil tel qu'il ne les fît point errer. — Et en la Navarrerie ils
firent conseil crier, — et là vint maint homme de bien et maint de
mauvais errements. — Et pendant qu'ils étaient (assemblés) pour
trouver bon conseil, — ceux de Sainte-Marie, qui devraient cesser
le mal, — pour que le mal s'accrût, allèrent s'imaginer — que le
gouverneur ne pouvait faire cela. — Et alors le prieur Sicart pensa
d'aller — et vint à la douzaine, où vous verriez maint pleurer; —
vu que l'un voulait la paix, l'autre frapper et donner. — Et le prieur
entra avec semblant d'amitié, — et chacun, quand il le vit, alla le
saluer; — et le prieur leur dit : « Barons, vous donnez bien de l'inquiétude; — car vous abaissez l'Église que vous devez relever, — et
le pouvoir qu'en elle a vous voulez donner à d'autres. — Nul gouverneur ne peut juger cela, — que vos algarades se doivent mettre en
pièces, — vu que nôtre est le jugement, et l'en devons exclure; — et
quand nous commanderons de briser les engins, — alors vous les
déferez, il ne faut plus considérer. » — Et eux, quand ils l'entendirent, ils se prirent à se réjouir, — et dirent : « Puisque l'Église nous
prend en sa protection, — suivons notre chemin et laissons-les là rester. » — Et alors le conseil alla prendre la détermination — qu'on

Sigam la nostra via e laissem la 'ls estar. »
Et adoncs le coseilltz anet se afinar
Que'ls engens com s'estavan c'om les laysses estar.
E d adoncas cascus anet s'en albergar,
Salp les .xij. que foro lo ditz desautreiar ; 1775
E disson : « Governaire, nos te volem mostrar
Per que lo teu judici non devem confermar ;
Quar nos em de la Gleyssa e z ela ns de[u] jugar :
Dont sapchatz que'l engens non voldrem demaillar. »
E'l governador dyss : « Ora saubretz que far. » 1780
E d adonquas les .xij. s'anego repairar ;
fol. 51 v° E lo governador pesset de cavalgar
Ent al palaitz del bispe, Lop Dies combidar ;
E'n la Navarreria, que l'en vigon passar,
Cuideron que'ls engens anes descavillar, 1785
E lo bruylle se leva, e preso s a cridar,
E cridan *via fora!* e cascus va s'armar,
E d adoncs las cadenas pessego de tirar,
E disso'l : « Mura 'l fals que nos vol barregar ! »
E doncs viratz balestas tendre e z encordar, 1790
E lanças e venables, per N Estacha matar.
E dic vos que N Estacha volgra ser a oltra mar ;
Car uns no entendia, tan cridavan, so m par ;
E dic vos que'l plus fortz se preni' a temblar
De cels de sa compaynna, cant se vigo ensarrar. 1795
Et adoncs Johan Murde pres les sa capdelar,
E dis : « Baros, non sia! » E va s'em mei parar,
Hy a cops hy ap palavras fe les adeirairar ;
E 'N Estach' ab lo mal fe son caval cuitar,
fol. 52 r° E dintz Sancta Maria ab sa gent volc entrar, 1800
E sarrego 'l las portas, e Dios fo 'l emparar,
Qu'el yssic de la vila com qui va abeurar.
E qui 'l disses : *N Estacha, vos saretz coms de Bar*

laissât subsister les engins comme ils étaient. — Et alors chacun s'en
alla au logis, — sauf les douze qui furent refuser la convention ; —
et ils dirent : « Gouverneur, nous te voulons montrer — pourquoi
nous ne devons pas confirmer ton jugement ; — car nous sommes
de l'Église, et elle doit nous juger : — sachez donc que nous ne
voudrons pas démolir les engins. » — Et le gouverneur dit : « Maintenant vous saurez que faire. » — Et alors les douze s'allèrent retirer ;
— et le gouverneur pensa de chevaucher — jusqu'au palais de l'é-
vêque, Lope Dias (pour) convoyer ; — et en la Navarrerie, quand ils le
virent passer, — (les habitants) crurent qu'il venait démonter les engins, — et le bruit se lève, et ils se prirent à crier, — et crient *vite
dehors !* et chacun va s'armer, — et alors ils pensèrent à tirer les
chaînes, — et ils lui dirent : « Meure le félon qui nous veut trom-
per ! » — Et alors vous verriez tendre et garnir d'encordes les arbalètes, — et lances et épieux, pour tuer sire Eustache. — Et je
vous dis que sire Eustache voudrait être outre mer ; — car nul n'entendait, tant ils criaient, ce me paraît ; — et je vous dis que le plus
fort se prenait à trembler — de ceux de sa compagnie, quand ils
se virent envelopper. — Et alors Jean Murde se mit à les guider,
— et dit : « Barons, que cela ne soit ! » Et il va au milieu se placer,
— et avec coups et avec paroles il les fit reculer ; — et sire Eustache
avec le maillet (d'armes) fit son cheval presser, — et dans Sainte-
Marie avec sa gent voulut entrer, — et ils lui fermèrent les portes,
et Dieu fut à son secours, — car il sortit de la ville comme qui va
abreuver (son cheval). — Et qui lui dirait : *Sire Eustache, vous serez
comte de Bar — et retournez en la ville*, il n'y voudrait pas retourner.
— Et il alla à Olatz souper le mieux qu'il put, — très-chagrin et
furieux.

E tornetz en la vila, qu'el no y volgra tornar.
E anet a Olatz, al miltz que poc, cenar, 1805
  Molt iratz e felos.

XLVII.

Molt iratz e felos, complitz de felonia,
Anet se pros N Estacha albergar aquel dia
En Olatz, als palaitz, on l'aiga pareysia.
E quant venc lendema, que'l soleyll resplandia, 1810
Dintz el borc Sant Cerni venc ab sa compaynnia,
Ont l'acuilliron be e z ap gran alegria,
Trop meill que no fero cels de Sancta Maria.
La y venc maint ricome e mainta baronia,
E mostrego semblança que molt los desplazia; 1815
Mays assy m'ajut Deus com a lor bo sabia.
E disso 'l : « Governaire, la vostra vilania
fol. 52 v° E lo vostre dampnage no nos platz ni puiria.
Nos autres auzem dir qu'en la Navarreria
Vos an fait grant oltrage, e z er dreitz qui'ls castia ; 1820
E prenetz ne vegença aital que be n'estia. »
E 'l pros N Estacha dis : « Seynnors, ieu non voldria
Fayre neguna causa que tornes a folia.
Si els m'an fait oltrage tal que far no s devia,
Suffrirai o en patz entro que l' hora sia ; 1825
Car anc no les fi mal ni no 'l cosentiria,
Antz ay volgut lur ben, e 'nquara me plairia.
E'ls embarreron me, si que paor avia,
Car cuiegon aucir mi e ma caveria.
E jur vos pel Seynnor que'l mon governa e guia, 1830
Que quant lur fo ganditz, ag n'i mas d'alegria
Que qui me fes coms d'Augeus o duc de Lormandia,
O fos emperador de tota Romania. »
Et adoncs .i. caver dyss le en aital guia :

XLVII.

Très-chagrin et furieux, plein de fureur, — s'en alla le preux sire Eustache se loger ce jour-là — à Olatz, au palais, où l'aigle apparaissait. — Et quand vint le lendemain que le soleil resplendissait, — il vint avec sa compagnie dans le bourg Saint-Cernin, — où (les habitants) l'accueillirent bien et avec grande allégresse, — beaucoup mieux que ne firent ceux de Sainte-Marie. — Là y vint maint riche homme et mainte baronnie, — et ils montrèrent en apparence que fort il leur déplaisait; — mais ainsi Dieu m'aide comme à eux il était agréable. — Et ils lui dirent : « Gouverneur, votre affront — et votre dommage ne nous plaît ni ne pourrait (nous plaire). — Nous autres nous entendons dire qu'en la Navarrerie — ils vous ont fait grand outrage, et (ce) sera justice qui les châtiera ; — et prenez-en vengeance telle qu'il en soit bien. » — Et le preux sire Eustache dit : « Seigneurs, je ne voudrais — faire aucune chose qui tournât à sottise. — S'ils m'ont fait outrage tel que faire ne se devait, — je le souffrirai en paix jusqu'à ce que l'heure soit (venue); — car oncques je ne leur fis mal ni ne le consentirais, — au contraire j'ai voulu leur bien, et encore il me plairait. — Et ils m'enfermèrent de telle façon que j'avais peur, — car ils pensèrent me tuer moi et ma chevalerie. — Et je vous jure par le Seigneur qui le monde gouverne et guide, — que quand je leur fus échappé, j'en eus plus d'allégresse — que si l'on m'eût fait comte d'Anjou ou duc de Normandie, — ou que je fusse empereur de toute la Romagne. » — Et alors un chevalier

« Seynnor, lo lur orgoyll e la sobranceria 1835
fol. 53 r° E lor malvatz corages an tot per don Garcia. »
Empero hyeu crei ben que z el no lo sabia.
« Aras, a diz N Astacha, nos sigan altra via,
Pessem de ben affar, e 'l mal escantitz sia. »
E quan el ac estat aitant quant li plazia 1840
El borc de Sant Cernin ont l'aman sens bauria,
E un dimartz maiti puiec e ten sa via,
E z anet per la terra troa fon en la Gardia.
E don Gonçalvo Hyvaynnes, en qui es maiestria,
Peset un' aprimesa que Dios non cossentia, 1845
Qu'entre don Pero Sanchitz que l'aygla mantenia,
E don Garci'a qui la Conqua humilia,
Mezes patz e concordia e fus bona paria.
E fe tant çay e lay ab sa sabiduria,
Que d'ams .ij. fe la patz, don maint omme riria ; 1850
Empero la patz fero com fan en Lombardia,
Q'us assegura 'l autre tro a ve sa milloria.
Et adoncs les ricomes ab granda gayllardia
fol. 53 v° Anego per Navarra e per la seynnoria,
E pessego lo mal que dessus lor vendria. 1855
E lo valent N Estacha, qu'avia em baylia
La terra de Navarra e sso que s'en devia,
Quavalget per Navarra may qu'alqus non volia,
Ses qu'el no avia tort.

XLVIII.

Ses qu'el no avia tortz era muit avillad ; 1860
Mas Jhesu Crist l'amava, qu'es vera Trinitad,
Per so car vol dreitura e patz e leyaltad,
E mentre qu'el anava regardant lo regnat,
E'l borc de San Cernin, per qui Dios es ondrad,
E la Poblacio, qu'en amps es amiztat 1865

lui dit de telle façon : — « Seigneur, leur orgueil et l'arrogance —
et leur mauvais vouloir ils ont totalement par don Garcia. » — Cependant je crois bien qu'il ne le savait pas. — « Actuellement, a dit
sire Eustache, nous, suivons autre voie, — pensons à bien faire,
et que le mal soit éteint. » — Et quand il eut été autant qu'il lui
plaisait — au bourg de Saint-Cernin, où (les habitants) l'aiment sans
tromperie, — en un mardi matin il monta (à cheval) et se mit en
route, — et il alla par le pays jusqu'à ce qu'il fût en la Guardia. — Et
don Gonçalvo Ibañez, en qui est autorité, — rêva une subtilité que
Dieu n'approuvait pas, — (c'est) qu'entre don Pierre Sanchiz qui
maintenait l'aigle, — et don Garcia à qui la Cuenca obéit, — il mît
paix et concorde et qu'il y eût bonne égalité. — Et il fit tant çà et là
avec sa sagesse, — qu'il fit la paix entre eux deux, de quoi maint
homme rirait; — pourtant ils firent la paix comme on fait en Lombardie, — que l'un assure à l'autre jusqu'à ce qu'il voie son avantage.
— Et alors les riches hommes avec grande vigueur — allèrent par la
Navarre et par la seigneurie, — et pensèrent au mal qui sur eux viendrait. — Et le vaillant sire Eustache, qui avait en garde — la terre de
Navarre et ce qui en dépend, — chevaucha par la Navarre plus qu'aucun ne le voulût, — outre qu'il n'avait pas tort.

XLVIII.

Outre qu'il n'avait pas tort il était très-outragé; — mais Jésus-
Christ, qui est vraie Trinité, l'aimait, — parce qu'il veut droiture, et
paix et loyauté. — Et pendant qu'il allait regardant le royaume, —
et le bourg de Saint-Cernin, par qui Dieu est honoré, — et la Pobla-

E sera per totz temps, si a Jhesu Crist plat,
E qui la desfara que sia trainat,
Et adoncs ams les borcx foro si acordat
Que so que lo valent N Estacha ac jugat
Volian que s tengues e que fos confermad. 1870
Et adoncas les .xx., si com eran juratz,
fol. 54 r° Mandego pels mayestres, sels que l'eran triat,
Que fossan aytantost trastotz apareillatz
Per desfar los engens, e fusan derroquat.
E 'ls carpentes que vigon dels .xx. lor volontat, 1875
Anego los desfar, e foron aterrat.
E quant foron desfait e tuit descavillat,
Dedintz en la dozena foron tuit ensarrat,
Que solia estar antz que fos l'unitat.
E quant lo ago fait, adoncs fon embiat 1880
Un messager delivre per far tot bon mandat,
Ent al valent N Estacha, qui Dios gar de foldat.
E quant lo messager fon ab lui huniat,
Dyss le : « Franc governayre, entendetz mon dictat.
Lo borc de Sant Cernin per qui vos etz amat, 1885
E 'l borc Sant Micolau, que son acompaynnat,
An desfait los engens, e que son debrisat :
Per que os pregan, car seynne, per la vostra bontat,
Que vos los tengatz dreit aysi com fo jugat. »
fol. 54 v° E lo valent N Estacha fo ben tost acordat, 1890
E dyss le : « Messager, yl so ben conseyllat.
Digas les qu'en .i. jorn Paris non fo obrat,
Car petit a petit es l'ome assenat,
E qu'ap bona sofrença conqueor li membrat;
Mas yeu non puysc jogar, car no m'o 'l dizo 'l dat. » 1895
E 'l messager s'en venc, quan ac pres comiat,
Em Pampalon' als .xx., qu'els foron ajustat,
E portet los tals cartas dont totz foron pagat.

cion, vu qu'entre les deux est amitié, — et sera pour toujours, s'il plaît à Jésus-Christ, — et que (celui) qui la défera soit traîné (à la queue d'un cheval),— et alors les deux bourgs furent ainsi d'accord — qu'ils voulaient que ce que le vaillant sire Eustache avait jugé — se tînt et fût confirmé.— Et alors les vingt, comme ils en avaient prêté serment, — mandèrent aux maîtres (ingénieurs), ceux qui étaient choisis, — qu'ils fussent sur-le-champ tout préparés — à défaire les machines, et qu'elles fussent renversées. — Et les charpentiers, quand ils virent la volonté des vingt, — allèrent les défaire, et elles furent jetées à terre.— Et quand elles furent défaites et toutes démontées,— à l'intérieur dans la douzaine elles furent toutes enfermées,— vu qu'il soulait être (ainsi) avant que l'union existât. — Et quand ils l'eurent fait, alors fut envoyé — un messager expéditif pour faire toute bonne commission, — jusqu'au vaillant sire Eustache, que Dieu garde de folie. — Et quand le messager fut avec lui réuni, — il lui dit : « Franc gouverneur, entendez mon message. — Le bourg de Saint-Cernin par qui vous êtes aimé, — et le bourg Saint-Nicolas, qui sont de compagnie, — ont défait les machines, et elles sont brisées :— c'est pourquoi ils vous prient, cher seigneur, par votre bonté, — que vous leur teniez droit ainsi qu'il fut jugé. » — Et le vaillant sire Eustache fut bientôt décidé, — et lui dit : « Messager, ils sont bien avisés. — Dites-leur qu'en un jour Paris ne fut pas fait,— car peu à peu l'homme devient sensé,— et avec bonne souffrance acquièrent les intelligents ; — mais je ne puis jouer, car les dés ne me le disent pas. » — Et le messager s'en vint, quand il a pris congé, — à Pampelune aux vingt, vu qu'ils furent assemblés, — et leur porta telles lettres dont tous furent contents. — Et sur ces entrefaites les barons de marque — qui étaient en Navarre, eurent un mauvais accord; — et je vous dirai quel il fut, si bien il est écouté.— Ils apportèrent des lettres

E z ab aquestas novas li baron seynnalat
Que z eran de Navarra, ago un mal tractat; 1900
E diray vos qual fo, si ben es escoutat.
Els aporteron cartas fermas e maint traslat
Del bon rey de Castela qu'es N Anfos apelat;
E don Gonçalvo Ivaynnes ac tot aysso pessat,
E venc al pros N Estacha molt ben acompaynat 1905
E ab lui maynt ricomes e mainta podestat,
E dyss al pros N Estacha : « Lo bon rey poderat,
fol. 55 r° N Anfos, cel de Castela, nos vol far grant bontat;
Quar el nos vol dar trevas troa .xv. ans passat,
E que om de Castela, on es tota plantat, 1910
Puyssqua'n traire totz ço que z era devedat.
Pero en aital guisa eç aiço autregat
Que la jove reyna, qui Dios gart de peccat,
No acuilla om en Navarra ni en sa eretat
Mas ab .x. cavales de cels que son privat, 1915
E que Frances no y sian de ça 'ls portz albergat.
E ssy nos aiso fan, nos serem abastat;
E si o desdizen, serem molt gerregat;
Quar le rey de Castela es trop apoderat :
E destruira nos totz, e serem desterrat : 1920
Per que os dizem, N Estacha, eras siatz membrat,
E rresponet[z] aysi com omme asenat. »
E lo valent N Estacha, a qui es saber dat,
Ac en son cor dolor com omme desperat,
De la jove reyna, e pres le pietat 1925
fol. 55 v° Qu'aysi la desgitavan de trastot son regnat.
E dyss a don Gonçalvo : « Seynner, ço m'es pessat
Qu'on faça tan gran erra ni tan gran malv[e]stat
Que contra la regina faça nuill ermandat,
Car yeu i son per ela, e son dreit ay jurat; 1930
E ssy lo seu dopnage era per mi obrat,

signées et mainte copie — du bon roi de Castille qui est appelé le
seigneur Alphonse ; — et don Gonçalvo Ibañez eut imaginé tout cela, —
et il vint au preux sire Eustache très-bien accompagné, — et avec lui
maint riche homme et mainte autorité, — et il dit au preux sire Eustache : « Le bon roi puissant, — le seigneur Alphonse celui de Castille,
nous veut faire grand' bonté ; — car il nous veut donner des trêves
jusqu'à quinze ans accomplis, — et (permettre) que de Castille, où
tout est en abondance, — on en puisse tirer tout ce qui était pro-
hibé. — Pourtant cela est octroyé de telle sorte — que la jeune reine,
que Dieu garde de péché, — n'accueille personne en Navarre ni en
son héritage — avec plus de dix chevaliers de ceux qui sont (ses)
intimes, — et que les Français n'y soient par deçà les ports hébergés. — Et si nous faisons cela, nous serons dans l'abondance ; —
et si nous refusons, nous serons fort guerroyés ; — car le roi de Castille est excessivement puissant, — et il nous détruira tous, et nous
serons chassés : — c'est pourquoi nous vous disons, sire Eustache,
maintenant soyez prudent, — et répondez ainsi comme homme sensé. »
— Et le vaillant sire Eustache, à qui savoir est donné, — eut douleur
en son cœur comme homme désespéré, — pour la jeune reine, et
pitié lui prit, — vu qu'ainsi on la jetait hors de tout son royaume. —
Et il dit à don Gonçalvo : « Seigneur, cela m'est pénible — qu'on
fasse si grande faute et si grande méchanceté — comme de faire
une ligue contre la reine, — car je suis ici pour elle, et son droit j'ai
juré ; — et si son dommage était par moi causé, — aujourd'hui du
titre de traître je ne serais délivré, — et le roi de France ne m'a pas
envoyé ici — pour lui faire trahison ni choses outrageuses. — Avant
que j'accorde ce que vous avez imaginé, — je veux que du château
d'Estella je sois dépouillé, — et qu'on me démembre tout et que je
sois mis en quartiers ; — car point du roi de France je n'ai telle per-

Enuec per traidor no sseria restaurat,
Ni ges lo rey de França no m'a ça embiat
Per far li traicios ni faytz desmesurat.
Enantz que yeu autregue ayso qu'avetz pessat, 1935
Vuyll sia del castel d'Estela despenat,
E qu'on tot me dessembre e que sia carterat;
Quar ges del rey de França no y a tal comiat
Que contra la reyna faga nuyll mal pensat. »
E d adoncs li baron foro molt esfelnat, 1940
Car non complia ço qu'avian cossirat;
 Mas Dios non voc soffrir.

XLIX.

 Mas Dios non voc soffrir, que es reys celestial,
fol. 56 r° Que N Estacha fes res per que fos desleyal;
E 'ls baros de Navarra e cels qu'eran cabdals 1945
Ago molt gran dolor e coratges mortal,
Car so que avian pessat non valia un didal.
E pessero tal fait que, si s fes, fora mal:
Pero cel que'l pesset non era trop leyal.
Los baros e 'ls ricomes ago acort aital 1950
Com le valent N Estacha gitesan del reyal.
E vengon ent a lui, cascus per son cabal;
E quant foro ensemble ab luy dintz son osdal,
Dysso li : « Governayre, nostre Seynnor vos sal !
Le bon rey de Castela, cel quen' es principal, 1955
Qui es Brucs e Toledo e'ls portz de Muradal,
A gitat de Castela ab corage mortal
Lop Dies [d]e Bisquaya, que i tol son comtal,
E don Simon Ruytz, que z era son vassal;
Car trastota Navarra n'avian gitat a mal. 1960
 E z els aman Navarra de bon amor coral,
fol. 56 v° E son vengutz a nos, peryllatz, ses caval,

mission — que contre la reine je fasse aucun mauvais dessein. » — Et
alors les barons furent très-irrités, — car il n'accomplissait pas ce
qu'ils avaient comploté ; — mais Dieu ne (le) voulut pas souffrir.

XLIX.

Mais Dieu, qui est roi céleste, ne voulut pas souffrir — que sire
Eustache fît rien par quoi il fût déloyal; — et les barons de Navarre
et ceux qui étaient chefs — eurent très-grande douleur et haine mortelle, — car ce qu'ils avaient machiné ne valait pas un dé à coudre.
— Et ils pensèrent chose telle qui, si elle se fît, serait mal : —
pour cela celui qui l'imagina n'était pas très-loyal. — Les barons et
les riches hommes eurent un accord tel — qu'ils chassassent du
royaume le vaillant sire Eustache. — Et ils vinrent jusqu'à lui, chacun pour sa part; — et quand ils furent ensemble avec lui dans son
logis, — ils lui dirent : « Gouverneur, Notre-Seigneur vous sauve ! —
Le bon roi de Castille, celui qui en est prince, — à qui appartient
Burgos et Tolède et les ports de Muradelle, — a jeté hors de Castille
avec haine mortelle — Lope Diez de Biscaye, vu qu'il lui enlève son
comté, — et don Simon Ruyz, qui était son vassal; — car ils avaient
mis à mal toute la Navarre. — Et eux ils aiment la Navarre de bon

Que nos los acuillam ab convenença aytal,
Que si om en Navarra ni en tot lo sesal
Fazia om d'Espaynna ningun tort criminal, 1965
Que z els o deffendessan ab cor martirial,
E que contra Castela mostrassen lor seynnal.
E si los aquyllem de bon amor coral,
Nos non temem Castela ni son leon campal :
Per que os juram, N Estacha, per le cor san Marçal, 1970
Que z esta compaynna nos sera cominal,
E nos que'ls ajudem senes cor desleyal,
Si om entrava en lur terra ni talavan fruital.
E acosseyllem nos en aysso que mas val. »
E lo valent N Estacha respos per son cabal : 1975
« Seynnos, de tot profeit de Navarra mi qual,
E a las vilas y a vos crey que faç' autretal. »
E z al castel dels Arx, on n'a maint bel cantal,
Dessos en la bertresca, endreit lo verial,
(fol. 57 r°) Fon de tota Navarra lo coseyll general. 1980
E 'ls baros de Navarra messo s dintz un corral,
Salp de don Pero Sanchetz ab l'aygle inperial,
E disso : « Er muira N Estacha el senescal,
Que no'l valdra fort salsa ni beure de barral. »
Mas lo ver Dios, que nasc en la nuit de Nadal, 1985
L'avia en sa comanda e dedintz son portal;
E crei fos en abril, prop la festa pascal,
Que l'aura dolça broylla en la flor el pradal,
 En calendas de may.

L.

En calendas de may fo us grantz mals parlatz 1990
Dintz lo castel dels Ars, qu'es fortz e ben terratz.
Lay y venc Lop Dies e maint omme ondratz,
E don Simon Ruitz molt ben acompaynnatz,

amour cordial, — et sont venus à nous, à travers les dangers, sans cheval, — pour que nous les accueillions à cette condition, — que si en Navarre ni dans tout le pays — on faisait devers Espagne aucun tort criminel, — qu'ils le défendraient avec courage de martyr, — et que contre la Castille ils montreraient leur étendard. — Et si nous les accueillons de bonne amitié cordiale, — nous ne craignons pas la Castille ni son lion en plein champ : — c'est pourquoi nous vous jurons, sire Eustache, par le corps de saint Martial, — que cette compagnie nous sera commune, — et que nous les aiderons sans cœur déloyal, — si on entrait en leur terre et taillait leur récolte. — Et nous nous décidons pour cela, vu que cela vaut mieux. » — Et le vaillant sire Eustache répondit pour sa part : — « Seigneurs, j'ai souci de tout le profit de la Navarre, — et aux villes et à vous je crois qu'il en convient tout autant. » — Et au château de los Arcos, où il y a mainte belle construction, — au-dessous du rempart, en face la verrière, — fut le conseil général de toute la Navarre. — Et les barons de Navarre se mirent dans un cours, — sauf don Pierre Sanchez à l'aigle impérial, — et dirent : « A présent meure sire Eustache le sénéchal, — vu que ne lui vaudra forte sauce ni boisson de baril. » — Mais le vrai Dieu, qui naquit en la nuit de Noël, — l'avait en sa garde et dans son portail; — et je crois que ce fut en avril, proche la fête de Pâques, — que le doux zéphyr surgit en la fleur au pré, — dans les calendes de mai.

L.

Dans les calendes de mai fut un grand mal discuté — dans le château de los Arcos, qui est fort et bien entouré de fossés. — Là y vint Lope Dias et maint homme honoré, — et don Simon Ruiz très-

E foro el parlador totz esem ajustatz.
E don Gonçalvo Hyvaynnes se ffon en pes levatz, 1995
E dyss : « Governador, entendetz est dictatz.
Le seynnor de Castela es molt appoderatz,
fol. 57 v° E don Lop, qu'aysi es, es de terra gitatz,
E don Simon Ruitz, e 'l tolc sas eretatz.
E so vengutz a vos per Dio que'ls l'acuyllatz 2000
E que dintz en Navarra per nos sian albergatz;
E si om en lur terra era vengutz armatz
Per destruire lo lur, que fossan ajudatz,
E z eli que ns ajudo, e totz lor parentatz,
E d a mort e z a vita syam acompaynnatz. » 2005
Ayssi foron los faitz e los ditz autreiatz
Per trastotz los ricomes e per las podestatz
E pel valent N Estacha, pero era'n duptatz,
E per las bonas vilas e pels acoseyllatz.
E la cort se partic lendeman a totz latz. 2010
E lo valent N Estacha cavalget molt pessatz;
E venc en Pampalona, on es de cor amatz,
El borc de Sant Cernin, or fan sas volontatz.
E'ls baros de Navarra anego s'en pagatz,
Cascus a son osdal, on era deseiatz. 2015
fol. 58 r° E quan vigon qu'el mes en qu'eran fon passatz,
Johan Alfonso venc, golfayno desplegatz,
E z ap lui cavales qu'eran sos comandatz,
E mainta bona gent ab mayntz om esforçatz;
Car del rey de Castela avian comiatz 2020
Qu'intrassen en Biscaya e que fosan talatz,
E sobre don Simo e que fos barregatz.
E vengo muit grans gentz e grantz cominaltatz
De sobre don Simon que z era avantatz.
E d adoncs Lop Dies anet s'en molt quitatz 2025
A don Simon Valer ap totz sos acostatz;

bien accompagné, — et ils furent au parloir tous ensemble réunis.
— Et don Gonçalvo Ibañez se fut levé en pieds, — et dit : « Gouverneur, entendez ces paroles. — Le seigneur de Castille est très-puissant, — et don Lope, qui est ici, est de (sa) terre chassé, — et don Simon Ruiz, et il lui enleva ses biens. — Et ils sont venus à vous pour Dieu (afin) que vous les accueilliez — et que dans la Navarre par nous ils soient hébergés ; — et si dans leur terre on était venu armé — pour détruire le leur, qu'ils fussent aidés, — et eux qu'ils nous aident, et tous leurs parents, — et à la mort et à la vie soyons associés. » — Ainsi furent les faits et les paroles arrêtés — par tous les riches hommes et par les autorités — et par le vaillant sire Eustache, pourtant il avait des doutes, — et par les bonnes villes et par les conseillers. — Et la cour se sépara le lendemain de tous côtés. — Et le vaillant sire Eustache chevaucha très-rêveur ; — et il vint à Pampelune, où il est aimé de cœur, — au bourg de Saint-Cernin, où (les habitants) font sa volonté. — Et les barons de Navarre s'en allèrent contents, — chacun à son logis, où il était désiré. — Et quand ils virent que le mois dans lequel ils étaient fut passé, — Jean Alphonse vint, gonfanon déployé, — et avec lui chevaliers qui étaient ses recommandés, — et maintes bonnes gens avec maint homme vigoureux ; — car du roi de Castille ils avaient permission — qu'ils entrassent en Biscaye et qu'ils fissent des abatis, — et (qu'ils courussent) sur don Simon et qu'ils le circonvinssent. — Et vinrent beaucoup de gens en grandes multitudes — sur don Simon qui était en avant. — Et alors Lope Diez s'en alla très-empressé — à don Simon Valer avec tous ses affidés ; — et quand ils furent ensemble, ils virent qu'ils avaient le dessous. — Et il envoya en Navarre des messagers expéditifs — jusqu'au vaillant sire Eustache avec des écrits scellés — (portant) comment tous les deux le priaient et qu'il eût la bonté — qu'il

E quan ensemble foro, viro qu'eran sobratz.
E trames en Navarra messages abrevatz
Ent al valent N Estacha ab escriut sagelatz
Com ams .ij. le pregavan e fos sa pietatz 2030
Que lor vengues acorrer, el e totz sos barnatz.
Et adonquas N Estacha, com om qu'era senatz,
Trames per los ricomes e pels baros triatz,

fol. 58 v° E vengo tuit a lui trop ben encavalgatz,
Complitz de totas armas, ab les escutz pintatz; 2035
E pero tals y venc que sabi' els mandatz,
E vengo en Pampalona, que z es nobla ciptatz.
Lay fo don Pere Sanchitz, qu'es d'aygla seynnalatz,
E 'l valent don Garcia ab escutz bastonatz,
E don Gonçalvo Hyvaynnes ap pendos escaçatz, 2040
E 'l pros don Corbaran qu'es per sen restauratz,
E may[n]tz d'autres baros e mai[n]tz om coragatz.
E quant dintz Pampalona foron totz asemblatz,
Lay fon grant le concilis e mai[n]tz om asenatz,
E fo y Sant Cristofos, et el cart es cridatz, 2045
E Quascant e Bidaurre e Let qu'es molt sobratz.
E quant for' un dyjos totz esems enserrats,
  Fom grant le parlament.

LI.

Le parlament fon grantz e totz esteron quetz.
E 'N Estacha lor dyss : « Eras m'escoltaretz. 2050
Lop Dies de Bisquaya, cel que porta 'l lobetz,

fol. 59 r° E don Simon nos a embiatz messages
Que sapiam de cert et ayssi que o trobaretz,
Que los Castelas entran ab lanças y ab dartz,
E los ardo lur terra e 'ls omes e 'ls rosetz, 2055
E que 'ls ane 'judar, e deman si vendretz. »
E don Gonçalvo Ivaynnes, qu'es un pau renaudetz,

leur vînt porter secours, lui et tous ses barons. — Et alors sire
Eustache, comme homme qui était sensé, — envoya vers les riches
hommes et vers les barons d'élite, — et ils vinrent tous à lui très-bien
montés, — garnis de toutes armes, avec les écus peints; — et pourtant
tel y vint qui savait les ordres, — et ils vinrent à Pampelune, qui
est noble cité. — Là fut don Pierre Sanchiz, qui est distingué par
l'aigle, — et le vaillant don Garcia avec écu à bandes, — et don Gonçalvo Ibañez avec des pennons tachetés, — et le preux don Corbaran qui est de sens garni, — et maints autres barons et maint homme
de courage. — Et quand dans Pampelune ils furent tous assemblés,
— là fut grand le conseil et (il y eut) maint homme sensé, — et Saint-
Christophe y fut, et est proclamé le quatrième, — et Cascante et
Bidaurre et Lete qui est très-soumis. — Et quand ils furent un jeudi
tous ensemble enfermés, — le parlement fut grand.

LI.

Le parlement fut grand et tous furent tranquilles, — et sire Eustache leur dit : « A présent vous m'écouterez. — Lope Diez de Biscaye, celui qui porte les loups, — et don Simon nous a envoyé des
messagers — pour que nous sachions positivement et ainsi que vous
le trouverez, — que les Castillans entrent avec lances et avec dards, —
et leur brûlent leur terre et les hommes et les (blés) roux, — et
(ils prient) que je les aille aider, et je (vous) demande si vous viendrez. » — Et don Gonçalvo Ibañez, qui est un peu petit renard, —

Dyss le : « Governador, mester a que i anietz ;
E las fortz convenenças e 'ls sagramentz tendretz,
E lor dreitz e lors terras ab totz nos defendretz ; 2060
Car els nos defendrian de cor, ayso creietz.
E pesatz del anar, prec vos, e no y tardetz ;
Car nos em aprestatz, que no y fayll botonetz. »
Mais alcun de Navarra que sap pron dels abetz,
Avia un mal tractatz que for' adereretz : 2065
E 'l e 'N Simo e 'N Lop parleron totz soletz,
E dyss los enaisi : « Sabetz vos que faretz?
Entre vos e 'N Johan Alfonso tractaretz
Que batailla campal a un jorn signaretz,
fol. 59 v° E trastotz les Navarrs a una part metretz, 2070
E 'l senescal N Estacha conoysser le faretz,
E la primera art als Navarrs donaretz ;
Empero don Garcia e los sieus salvaretz ;
E quant la brega mescle, totz esems feriretz
N Estacha el senescal, si que mort l'abatretz ; 2075
E quant o auretz fait, totz essems cridaretz
Sobre don Pero Sanchitz, si que lo lancegeretz.
E si o faitz, Navarra per totz temps may auretz,
E 'ls castels e las vilas e las forças tendretz ;
Car de Castela fora Navarra maintas vetz, 2080
Si non fos En Pero Sanchitz ; mas er vo'n vengaretz. »
Enaysi fo parlat, pero non fo secretz,
Qu'el borc de San Cernin se sap aquetz trayetz.
E'n un jorn bel e clar que l'ayre fom be netz,
N Estacha el governayre, baros e peonetz, 2085
Volg' anar en Castela defendre els castels.
E dels borgues del Borcx fero als Menoretz,
fol. 60 r° E disso a don Pontz : « Est ma[l] descobriretz. »
E anego a N Estacha dels borgues mayoretz,
E 'N Pontz Baldoin diss : « Seynnor, e que faretz? 2090

lui dit : « Gouverneur, il faut que vous y alliez ; — et vous tiendrez les fortes conventions et les serments, — et vous défendrez leurs droits et leurs terres avec nous tous ; — car ils nous défendraient de cœur, croyez cela. — Et pensez à marcher, je vous prie, et n'y tardez pas ; — car nous sommes prêts, qu'il n'y manque pas un petit bouton. » — Mais aucun de Navarre qui sait assez de ruses, — avait un méchant traité qui serait exhérédation : — lui et le seigneur Simon et le seigneur Lope parlèrent tout seuls, — et il leur dit ainsi : « Savez-vous ce que vous ferez ? — Entre vous et le seigneur Jean Alphonse, vous traiterez — de sorte que vous assignerez bataille rangée à un (certain) jour, — et vous mettrez tous les Navarrais d'un côté, — et vous leur ferez connaître le sénéchal sire Eustache, — et vous donnerez la première place aux Navarrais ; — pourtant vous sauverez don Garcia et les siens ; — et quand la mêlée s'échauffera, tous ensemble vous frapperez — sire Eustache le sénéchal, de sorte que mort vous l'abattrez ; — et quand vous aurez fait cela, tous ensemble vous crierez — sus à don Pierre Sanchiz, tellement que vous le percerez à coups de lance. — Et si vous le faites, désormais vous aurez la Navarre pour toujours, — et vous tiendrez les châteaux et les villes et les forteresses ; — car à la Castille la Navarre eût été maintes fois, — si ne fût le seigneur Pierre Sanchiz ; mais aujourd'hui vous vous en vengerez. » — Ainsi il fut parlé, pourtant ce ne fut pas en secret, — car au bourg de Saint-Cernin se sut ce complot. — Et en un jour bel et clair que l'air fut bien net, — sire Eustache le gouverneur, barons et hommes à pied, — voulurent aller en Castille défendre les châteaux. — Et des bourgeois du Bourg furent aux Minorés, — et dirent à don Ponce : « Vous découvrirez ce mal. » — Et les plus notables des bourgeois allèrent à sire Eustache, — et le seigneur Ponce Baldoin dit : « Seigneur, et que ferez-vous ? — Si vous allez en Cas-

Si anatz en Castela, jamas no'n tornaretz;
Car vos etz si vendutz com fon Dios c'amaretz,
Car la vos mataran celz en qui os fiaretz :
Per que os dizem, franc seynne, que del Borc no yssiretz,
E layssatz les anar, qu'eras jor ne sabretz. 2095
E si est coscill credetz, bon vos hy trobaretz. »
E 'N Estacha lor dyss : « Faray so que voldretz,
E conosc que de cor tot temps mi amaretz. »
E dyss als cavales : « Baros, trastot iretz
A 'N Simo et a 'N Lop, e vos presentaretz, 2100
E de trastotas armas be vos arnesquaretz,
Et en lo lur defendre en re no vos palpetz;
Car yeu no i puisc ana[r] pe[r] ren, car no mi letz. »
E 'ls baros disso le : « Seynnor, e remandretz. »
E z el dyss lor que z oc. « E doncs vos nos daretz 2105
Totas las messios, e dines trametretz
E z ome que escrivia ayso que despendretz. »
E 'N Estacha lor dyss : « Baros, no hy tardetz;
Per dines non estia, qu'eu vuyll qu'os n'abastetz;
Mas non vos daria omme, que credutz ne seretz. » 2110
E 'ls baros s'en aneron ab trompas y ap sonetz
E seynnas desplegadas cornan y ap tamboretz.
E 'N Estacha remas, co savi, cela vetz
   Ab los leials borgues.

LII.

Per los leials borgues es N Estacha ganditz; 2115
E si non les credes, fora mortz e delitz.
E 'ls baros de Navarra aneron se garnitz
De las armas, mas no de coratges complitz.
E quant les vic don Lop, foron ben acuyllitz;
Mas alcus de Navarra hy anavan maritz, 2120
Car lo mal que pessavan non era ben bastitz.

tille, jamais vous n'en reviendrez; — car vous êtes vendu tout comme le fut Dieu que vous aimerez, — car là ceux en qui vous vous fierez vous tueront : — c'est pourquoi nous vous disons, franc seigneur, que du Bourg vous ne sortirez pas, — et laissez-les aller, vu qu'actuellement vous en saurez le jour. — Et si vous croyez ce conseil, bien vous vous en trouverez. » — Et sire Eustache leur dit : « Je ferai ce que vous voudrez, — et je connais que de cœur toujours vous m'aimerez. » — Et il dit aux chevaliers : « Barons, vous irez tous — auprès de sire Simon et de sire Lope, et vous vous présenterez, — et de toutes armes bien vous vous harnacherez, — et à le leur défendre en rien ne vous tâtez; — car je n'y puis aller pour rien, car cela ne m'est pas permis. » — Et les barons lui dirent : « Seigneur, et vous resterez. » — Et il leur dit que oui. « Et donc vous nous donnerez — toutes les dépenses, et vous enverrez deniers — et un homme qui écrive ce que vous dépenserez. » — Et sire Eustache leur dit : « Barons, n'y tardez pas; — que ce ne soit pas pour deniers, vu que je veux que vous en abondiez; — mais je ne vous donnerais pas un homme, vu que vous en serez crus. » — Et les barons s'en allèrent avec trompettes et avec chansons — et enseignes déployées avec cors et tambourins, — et sire Eustache resta, comme sage, cette fois — avec les loyaux bourgeois.

LII.

Par les loyaux bourgeois sire Eustache est préservé; — et s'il ne les eût pas crus, il serait mort et détruit. — Et les barons de Navarre s'en allèrent garnis — de leurs armes, mais non pas pleins de courage. — Et quand don Lope les vit, ils furent bien accueillis; — mais aucuns de Navarre y allaient marris, — car le mal qu'ils

E trastuit li Navarr ab corages aybitz,
E don Simon e 'N Lop foron ben affortitz,

fol. 61 r° E feron parlament dedintz us prat floritz;
E quan els se pertigo, fun aital lur chauzitz. 2125
Que a Nager'anessan or es lo fort bastitz.
E lendema maitin que'l soyls fon esclaritz,
Armero s' e puyero sobre los Arabitz,
E 'nt a Nagera tengo per les camitz politz;
E quan foro en Lorca e s'en foro sayzitz, 2130
Anc contra lor non fo fait brega ni repitz,
Ni per lor contrastar no y fo nuilltz om yssitz :
Per que z els s'en tornero sen far que deschauzitz,
Car anc re no y talero ni traisso de raitz;
E vengo en Navarra com omes escarnitz, 2135
Car lo valent N Estacha no y era descofitz.
E si don Pere Sanchitz non fos tan poderitz
De cavales e d'omes, eli fora traitz;
Mas de bona compaynna era ben seynnoritz;
Quar non li tengra pro fortz auzbe[r]c ni politz, 2140
Ni maça, ni escut, ni sos elmes forbitz,

fol. 61 v° Que z el no fos feritz ab maint feir coladitz,
Que'ls jocx era bastitz ab las mortals embitz;
Mas no lo voc soffrir lo ver Santz Espiritz.
E d adoncs li Navarr se foron departitz 2145
Dels Castelas sens c'om non fo mortz ni feritz,
E presson comiatz.

LIII.

E presson comiatz; e quan venc a l'albor,
Cavalgan totz ensembles de molt granda vigor,
Dreit ent a Pampalona, que Dios te[n]g' ab honor. 2150
E quant foro el camin, don Gonçalvo dyss lor :
« Seynos, parlem ensemble, e no y farem error. »

rêvaient n'était pas bien bâti. — Et tous les Navarrais avec un courage parfait, — et don Simon et le seigneur Lope furent bien affermis, — et firent parlement dans un pré fleuri; — et quand ils se séparèrent, leur avis fut — qu'ils allassent à Nagera, où le fort est bâti. — Et le lendemain matin que le soleil fut brillant, — ils s'armèrent et montèrent sur les (chevaux) arabes, — et jusqu'à Nagera ils se dirigèrent par les chemins unis; — et quand ils furent en Lorca et s'en furent saisis, — oncques contre eux il ne fut fait hostilité ni retard, — ni pour leur résister n'y fut nul homme sorti: — c'est pourquoi ils s'en retournèrent sans faire sinon les malavisés, — car oncques ils n'y coupèrent ni ne déracinèrent rien. — Et ils vinrent en Navarre comme gens bafoués, — car le vaillant sire Eustache n'y était pas déconfit. — Et si don Pierre Sanchiz ne fût tant puissant — de chevaliers et d'hommes, il eût été trahi; — mais il était à la tête de bonne compagnie; — car ne le garantirait pas fort haubert et poli, — ni masse, ni écu, ni son heaume fourbi, — qu'il ne fût frappé avec maint fer coulant, — vu que le jeu était engagé avec de mortels invits; — mais le vrai Saint-Esprit ne voulut pas le souffrir. — Et alors les Navarrais se furent séparés — des Castillans sans que personne fût tué ni blessé, — et ils prirent congé.

LIII.

Et ils prirent congé; et quand vint l'aube, — ils chevauchent tous ensemble avec moult grande vigueur, — droit vers Pampelune, que Dieu tienne en honneur. — Et quand ils furent en chemin, don Gonzalvo leur dit: — « Seigneurs, parlons ensemble, et nous n'y

E 'ls baros e 'ls ricomes, cels qu'eran celador,
Entrego en un prat ont paria verdor;
E quant lay foro intratz e foro darredor, 2155
Dyss l'us : « E que farem d'aquest governador?
Que si el esta gaire, vendrem ab desonor.
Quant tramessem per el, ferem molt grant folor;
E cuyeguem ben far, e ferem lo peyor.
fol. 62 r° E. prengam y coseill, sino, pel Salvador, 2160
Antz que venga lo tems que z om dis de pascor,
El tendra de Navarra le plus fort e 'l millor.
E pessem que s'en ane al rey cuy es la flor;
Car yeu crey qu'ap tornes, dont totz avem sabor,
Nos toldra los castels, dont poys n'aurem dolor, 2165
E puys puyra nos dire que totz em traydor :
Per que pregam coseyll com s'en ane ayllor,
E doncas digam le ab semblança d'amor
Que s'en torn' en sa terra senes tota rumor. »
Et acorderon s'y li bon e 'l sordeior, 2170
E messo s'el camin, e 'l jorn ac resplandor;
E vengo en Pampalona, qui apretz d a color
Per abayssar N Estacha.

LIV.

Per abayssar N Estacha s'anego acordar,
E cascus lendema venc le humiliar; 2175
E z el acuyllic lor ab semblança d'amar,
E demandet de novas ab ris et ab jogar.
fol. 62 v° Lay viratz departir e grant festa menar.
E quant venc al partir que s'en volgo anar,
Dysso 'l tuit ly ricome qu'ab el volian parlar; 2180
E 'l pros governador N Estacha, qui Dios gar,
Dis que ben li plazia, et anego s setiar
Que dintz Sant Frances fossan les razos escoutar,

ferons pas erreur. »—Et les barons et les riches hommes, ceux qui étaient du complot, — entrèrent en un pré où paraissait la verdure; — et quand là ils furent entrés et furent autour, — l'un dit : « Et que ferons-nous de ce gouverneur? — car s'il demeure longtemps, nous aurons du déshonneur. — Quand nous l'envoyâmes demander, nous fîmes très-grande sottise; — nous pensions bien faire, et nous fîmes le pire. — Et prenons-y conseil, sinon, par le Sauveur, — avant que vienne le temps qu'on dit de Pâques, — il tiendra de Navarre le plus fort et le meilleur. — Et pensons qu'il s'en aille au roi à qui est la fleur (de lis); — car je crois qu'avec tournois, dont tous nous avons appétit, — il nous enlèvera les châteaux, ensuite de quoi nous aurons douleur, — et puis il pourra nous dire que nous sommes tous des traîtres : — c'est pourquoi prenons conseil comment il s'en aille ailleurs, — et donc disons-lui avec apparence d'amitié — qu'il s'en retourne en sa terre sans aucun bruit. » — Et les bons et les plus mauvais se rangèrent à cet avis, — et se mirent en chemin, et le jour eut splendeur; — et ils vinrent à Pampelune, qui apprit une manière — pour abaisser sire Eustache.

LIV.

Pour abaisser sire Eustache ils s'allèrent concerter, — et chacun le lendemain le vint saluer; — et il les accueillit avec un semblant d'amour, — et demanda des nouvelles d'un air riant et enjoué. Là vous verriez faire des jeux partis et grand' fête mener. — Et quand vint le moment de partir, qu'ils s'en voulurent aller, — tous les riches hommes lui dirent qu'avec lui ils voulaient parler; — et le preux gouverneur sire Eustache, que Dieu garde, — dit que cela lui plaisait bien, et ils allèrent décider — que dans Saint-François fussent

E totz pertigo se e foro s'albergar.
E quant foro albergatz, pessego d'embiar 2185
Per dels borgues dels borcs, cels que podian mandar;
E 'ls borgues y anego, senes tot demorar;
E quant foro ensemble, preso s'a razonar
Les ricomes, e disso : « Borgues, e que vos par
De nostre governayre que nos vol desforar? 2190
Car el nos fa tornes engal sanchitz pagar;
E per dines nos vol dels castels desgitar;
E comença tal causa que no'l voldrem pairar;
E sapchatz que dema 'l volem comiadar. »
E 'ls borgues disso lor : « So non etz dreitz de far; 2195
fol. 63 r° Que vos le fes venir e lo fes confermar,
E gardat vos de dir causa de mal estar. »
E don Gonçalvo dyss : « Aquo layssem estar,
Que'l tort que z el nos fa non puirem sofertar.
E fara molt que savis si va los portz passar; 2200
E si reman de ça, puyra lo cos layssar. »
Et adonc li borgues ago al cor pessar,
E disso als ricomes ses palaura palpar :
« Gardatz que'l pros N Estacha non vuyllatz aontar,
Qu'en nostra garda es : perque 'l devem gardar. 2205
Perque luins contra lui non aus lo bratz levar;
Car dizem nos, pel Dios que s vol crucificar,
Que'l primer que s mogues, e que fos coms o bar,
Senes tota merce l'iria om peciar. »
E don Gonçalvo s pres sy meteyss a seynnar, 2210
E dyss lor : « Francs borgues, ben faytz maraveillar
Que'ls baros de Navarra agon tan fol pensar,
Que z els non o farian pel tesau de Cesar.
fol. 63 v° Dema serem essems, e laissem los estar. »
Et adoncs li borgues s'anegon graciar, 2215
E fos s'en acuyllir cascun en son logar.

les raisons écoutées, — et tous se séparèrent et furent au logis. —
Et quand ils furent rentrés, ils pensèrent à envoyer — vers les bourgeois des bourgs ceux qu'ils pouvaient mander; — et les bourgeois
y allèrent sans nul retard; — et quand ils furent ensemble, les riches
hommes — se prirent à parler, et dirent : « Bourgeois, que vous semble
— de notre gouverneur qui nous veut dépouiller de nos fors? —
car il nous fait payer des tournois en place de sanchets, — et par
des deniers il nous veut chasser des châteaux; — et il commence
telle chose que nous ne lui voudrons permettre; — et sachez que
demain nous voulons le congédier. » — Et les bourgeois leur dirent :
« Il n'est pas juste de faire cela, — vu que vous le fîtes venir et le
fîtes confirmer, — et gardez-vous de dire chose malséante. » — Et don
Gonçalvo dit : « Laissons cela tel qu'il est, — vu que nous ne pourrions souffrir le tort qu'il nous fait. — Et il fera très-sagement s'il va
passer les ports; — et s'il reste en deçà, il pourra laisser le corps. »
— Et alors les bourgeois eurent de la peine au cœur, — et dirent aux
riches hommes sans ménager leurs mots : — « Prenez garde que vous
ne vouliez faire honte au preux sire Eustache, — vu qu'il est en notre
garde : c'est pourquoi nous le devons garder. — C'est pour cela que
nul contre lui n'ose donc le bras lever; — car nous vous disons, par
le Dieu qui se voulut (laisser) crucifier, — que le premier qui se
bougeât, et qu'il fût comte ou baron, — sans aucune miséricorde on
l'irait mettre en pièces. » — Et don Gonçalvo se prit lui-même à se
signer, — et leur dit : « Francs bourgeois, vous faites bien s'émerveiller
— que les barons de Navarre aient si folle pensée, — qu'ils ne le feraient
pas pour le trésor de César. — Demain nous serons ensemble, et laissons-les tranquilles. » — Et alors les bourgeois s'en allèrent remercier,
— et chacun s'en fut se retirer chez lui. — Et le lendemain matin
que le jour fut bel et clair, — les bourgeois des deux bourgs s'allè-

E lendema maiti que'l jorn fon bel e clar,
Les borgues d'ams les borcs s'anego ajustar;
E quan foro ensemble, parlet don Aymar
Crozat, qu'es affortitz lay on si fa affar; 2220
E diss a totz eseuble : « Jhesu Crist nos ampar!
Les baros de Navarra, segon que d a mi par,
Volo 'l governador N Estacha abaissar,
E, segont que z auzim, crei que 'l vuyllon matar;
E nos, non lo suffram, per la terra manjar. » 2225
E disson totz ensems : « So non es de pessar;
Mas nos valdria mortz o totz bius enterar.
Nos farem en ayssi per luy mi[e]ls restaurar :
Mandarem en la vila cintz centz omes armar;
E nos que nos armem per mi[e]ls segur estar. » 2230
E mandego en la vila los omes arnescar,
E dintz en la vintena anego ss'amasar;
E don Marti Crozatz pres les a castiar,
E dyss los en ayssi, e z er bon d'escoutar :
« Baros, lo pros N Estacha nos vol om desterrar, 2235
E de bona manera, si 'l pod om, peciar;
E si nos no'l gardam, no y pot escapar,
Que'ls baros de la terra s'en volon delivrar :
Per que nos vos volem assy assabentar
Que dintz les Frays Menos devem trastotz estar. 2240
E quant nos serem la, si audiatz començar
Ny dir que pros N Estacha volguessan malmenar
Ly baron de la terra, e pessatz d'uniar,
E del sieu cos defendre no's volguessatz palpar;
Antz plus le tot gayllart anesatz lanceiar, 2245
Ricomes e baros, senes merce trobar;
Car si om lo matava, ben puyria om nomar
Que nos n'eram cossentz et y eram al dictar.
E ja Dios no vos do de tal mal enartar!

rent assembler; — et quand ils furent ensemble, parla don Aymar — Crozat, qui est déterminé où il y a à faire; — et il dit à tous ensemble : « Que Jésus-Christ nous protége! — Les barons de Navarre, selon ce qu'à moi paraît, — veulent abaisser le gouverneur sire Eustache, — et, suivant que nous apprîmes, je crois qu'ils le veulent tuer; — et nous, ne le souffrons pas, dussions-nous manger la terre. » — Et ils dirent tous ensemble : « Cela n'est point à penser; — il nous vaudrait mieux être morts ou tout vifs enterrés. — Nous ferons ainsi pour le mieux soutenir : — nous manderons en la ville armer cinq cents hommes; — et que nous nous armions pour être mieux sûrs. »—Et ils mandèrent en la ville aux hommes de se harnacher, — et dans la vingtaine ils allèrent s'amasser; — et don Martin Crozat les prit à exhorter, — et leur dit ainsi, et il sera bon d'écouter : — « Barons, le preux sire Eustache on nous veut chasser, — et de bonne manière, si on le peut, mettre en pièces; — et si nous ne le gardons, il n'y peut échapper, — vu que les barons de la terre s'en veulent débarrasser : — c'est pourquoi nous vous voulons ainsi informer — que chez les Frères Mineurs nous devons tous être. — Et quand nous serons là, si vous entendiez commencer — ni dire que les barons de la terre voulussent malmener — le preux sire Eustache, et pensez de vous resserrer, — et de défendre sa personne ne voulussiez pas balancer;—mais tous les plus gaillards allez percer à coups de lance — riches hommes et barons, sans qu'ils trouvent merci; — car si on le tuait, bien pourrait-on répéter — que nous en étions consentants et y étions quand on le décida. — Et que jamais Dieu ne vous donne de tel mal encourager! — C'est pourquoi, si besoin était, vous viendriez sans retard — pour défendre sire Eustache.

fol. 64 v° Per que, si mester era, vendretz sens demorar 2250
Per N Estacha gandir.

LV.

« Per N Estacha gandir seretz trastotz presens. »
E 'ls borgues s'en aneron ent a lui belamens,
E dejus los vestitz porteron garnimens;
E ap le pros N Estacha aneron se breumens 2255
Ent als Frayres Menos, on era 'l perlamens.
Lay y fu les ricomes e molt d'ondrada gens;
E quant foron ensemble, esteron quedamens.
E don Gonçalvo Ivaynnes parlet primeramens,
E dyss : « Governador, vos faitz molt grans despens, 2260
E no puira pagar totz aquestz regnamens;
Car si esta messios durava longamens,
Sapchatz que a la reyna seria poder mens,
E vos, que ns avetz faitz de malvatz pagamens :
Per que nos vos dizem qu'en tornetz belamens; 2265
Car esta messio que vos faitz es nosens,
Qu'eu vei que la reyna gastatz sos rendamentz :
fol. 65 r° Per que os dic qu'en tornetz tot bel e simplamens,
Per mi e pels ricomes que aysi son presens;
E nos gardar vos em, si de re etz temens. » 2270
Et adonquas N Estacha levet s'apertamens,
E dyss lor : « Francs seinnos, ayso no m'es parvens
Que per dreitura s faça est comiadamens.
De trastota Navarra juretz cominalmens;
E ayssi com juretz ni m fes lo sagramens 2275
En cort complida, cre que m degatz veramens
De Navarra gitar totz acordadamens.
E si trastotz m'en gitan, yeu ire m'en gauzentz;
Mas ço que vos dizetz no m par bon jujamens,
Ni pel vostre comiat non en crolla la dens; 2280

LV.

« Pour défendre sire Eustache vous serez tous présents. » — Et les bourgeois s'en allèrent auprès de lui tranquillement, — et sous leurs habits portèrent équipements; — et avec le preux sire Eustache ils s'en allèrent promptement — jusqu'aux Frères Mineurs, où était la conférence. — Là furent les riches hommes et nombre de gens honorés; — et quand ils furent ensemble, ils se tinrent coi. — Et don Gonçalvo Ibañez parla premièrement, — et dit : « Gouverneur, vous faites de très-grandes dépenses, — et tout ce royaume ne pourrait payer; — car si cette mise durait longuement, — sachez qu'à la reine serait le pouvoir moindre, — et à vous, qui nous avez fait de mauvais payements : — c'est pourquoi nous vous disons que vous vous en retourniez bellement; — car cette dépense que vous faites est sottise, — vu que je vois que vous gâtez à la reine ses revenus : — c'est pourquoi je vous dis que vous vous en retourniez tout beau et simplement, — pour moi et pour les riches hommes qui ici sont présents; — et nous vous garderons, si vous craignez quelque chose. » — Et alors sire Eustache se leva publiquement, — et leur dit : « Francs seigneurs, ceci ne me paraît pas — que par droiture se fasse ce congé. — De toute la Navarre vous jurâtes en général; — et ainsi comme vous jurâtes et me fîtes le serment — en cour plénière, je crois que vous me deviez en vérité — chasser de Navarre tous à l'unanimité. — Et si tous m'en chassent, je m'en irai joyeux; — mais ce que vous dites ne me paraît pas bon jugement, — ni par votre congé la dent n'en branle point;

Mas si en las mias pagas vos autres etz perdens,
Ieu vuill que en sia faitz totz bos emendamens. »
E don Gonçalvo dyss : « Vegam qui z er perdens ;
Pero ço que parlatz, N Estacha, es niens,
Que z a tornar vos n'er, no s y valdra argens. » 2285
fol. 65 v° Et adonquas N Estacha parlet celadamens
Ab dels borgues dels borcs, e diss lor humilmens :
« Borgues, or entendetz le lor galiamens.
Ieu vos vuyll demandar cals es vostre talens,
Sy m soffriretz qu'eu viva ab vos coma parens, 2290
E mange mos dines ab trastotas mas gens,
Entro qu'aya trames al rey qu'es conoyssens,
Felip, ayzel de França, de qui eu so sirvens. »
Et adoncs li borgues coseillero s breumens.
Lay fom Pontz Baldoi, borgues molt entendens, 2295
E don Aymar Crozat qui es affortimens,
E don Martin sos frayre, qu'es gaillartz e valens ;
E'N Johan de Badoztaynn se que y fo yssamens,
E don Garcia Arnalt qu'era en be far puynnens,
E don Guillem Marzel qu'era ben defendens. 2300
De la Poblacion y fo le conoyssens
Don Pere l'Almirat en qui es bel parvens,
E don Johan Peritz Motzha a qui es datz bos sens,
fol. 66 r° Don Martin d'Undiano qu'a dreit non es volvens,
E don Pere d'Aldava qu'es savis e sabens, 2305
E l'abat d'Assiaynn, e de borgues grantmens.
E quant foron ensemble, fu breu l'acordamens ;
E disso a 'N Estacha tantost e belamens :
« Seynnor, vec vos les borcs e les eretamens,
E 'ls omes e las femas, sirventas e sirvens, 2310
E muilles et effantz, trastot cominalmens,
Per far e per complir totz vostres mandamens.
E volem nostra part dels mals e dels trumens,

— mais si dans mes payements vous autres vous êtes perdants, — je veux qu'il en soit fait toute bonne réparation. » — Et don Gonçalvo dit : « Voyons qui sera perdant; — pour cela ce que vous dites, sire Eustache, n'est rien, — car il faudra vous en retourner, et l'argent ne vous y sera d'aucun secours. » — Et alors sire Eustache parla secrètement — avec des bourgeois des bourgs, et leur dit humblement : — « Bourgeois, vous entendez actuellement leur perfidie. — Je vous veux demander quel est votre vouloir, — si vous me souffrirez que je vive avec vous comme parent, — et que je mange mes deniers avec toutes mes gens, — jusqu'à ce que j'aie envoyé vers le roi qui est éclairé, — Philippe, celui de France, de qui je suis serviteur. » — Et alors les bourgeois se consultèrent brièvement. — Là fut Ponce Baldoin, bourgeois très-intelligent, — et don Aymar Crozat à qui est affermissement, — et don Martin son frère, qui est gaillard et vaillant; — et sire Jean de Badoztayn je sais qu'il y fut également, — et don Garcia Arnalt qui était s'efforçant de bien faire, — et don Guillaume Marzel qui était se défendant bien. — De la Poblacion y fut l'éclairé — don Pierre l'Almirat en qui est belle apparence, — et don Jean Peritz Motzha à qui bon sens est donné, — don Martin d'Undiano qui à la justice n'est pas changeant, — et don Pierre d'Aldara qui est sage et savant, — et l'abbé d'Assiayn, et grandement de bourgeois. — Et quand ils furent ensemble, fut brief l'accord; — et ils dirent à sire Eustache bientôt et bellement : — « Seigneur, voici les bourgs et les propriétés, — et les hommes et les femmes, servantes et serviteurs, — et épouses et enfants, tous sans distinction, — pour faire et pour accomplir tous vos commandements. — Et nous voulons notre part des maux et des tourments, — et à la mort et à la vie nous sommes ici présents. — Et n'ayez pas peur ni ne soyez craignant, — car nous avons forte ville et doubles

E z a mort et a vida nos em aysi presens.
E non agatz paor ni non siatz temens, 2315
Car nos avem fort vila e dobles bastimens. »
E 'N Estacha lor dyss : « Lo ver Omnipotens
Von renda galardo d'aquetz nobles presens!
Pero yeu vos daray dobles sagelamens
Que de so que perdetz qu'o cobretz doblamens. » 2320
E'ls borgues disso le que no n'eran volens
fol. 66 v° Que z el qu'er' ansarratz los des encartamens;
Mas quant el fo[r'] en França ni gandit al turmens,
Que per merce le fos dels borcs remembramens.
E z ab aquestas novas partic s' el parlamens, 2325
E'l[s] borgues e 'N Estacha vengo sarradamens
    Dedintz le Borc gandir.

LVI.

Dedintz le Borc gandir foron trastotz vengutz,
E lo valent N Estacha ab grant joy recebutz.
E 'ls baros se aneron felos et irascutz, 2330
Car pels borgues dels borcs fo aysi defendutz,
E dizian que'ls borcs ne serian perdutz.
E seynnas desplegadas e golfaynnos tendutz,
Armatz de totas armas, ab lor nobles escutz.
Ab los elmes pintatz on l'aur flameyan lutz, 2335
Entrero tuit ensemble per les camis saubutz
En la Navarreria, e lay fom grant le brutz.
E disso entre lor : « Er ve nostra salutz,
E podem de cert dire que'l bes nos es cregutz;
fol. 67 r° Car trastotz los ricomes [sc] son mal endegutz 2340
Ab cels d'ams .ij. les borcs, dont seran decebutz.
E z anc tan mal N Estacha non vigo de la lutz :
Per que lor grantz urguill sera er desendutz;
E puyss que Dios nos ha los ricomes adutz,

bâtiments. » — Et sire Eustache leur dit : « Que le vrai Tout-Puissant
— vous en rende récompense de ces nobles présents! — Pourtant je
vous donnerai double écrit scellé — que de ce que vous perdez vous
le recouvrerez au double. » — Et les bourgeois lui dirent qu'ils
n'étaient voulants — que lui qui était enfermé leur donnât charte; —
mais que quand il serait en France et échappé à l'orage, — que par
grâce il voulût bien se souvenir des bourgs. — Et à ces mots l'assemblée se sépara, — et les bourgeois et sire Eustache vinrent en rangs
serrés — se réfugier dans le Bourg.

LVI.

Ils furent tous venus se réfugier dans le Bourg, — et le vaillant
sire Eustache fut reçu avec grand'joie. — Et les barons s'en allèrent
en colère et chagrins — de ce que par les bourgeois des bourgs il
fût ainsi défendu, — et ils disaient que les bourgs en seraient perdus. — Et enseignes déployées et gonfanons tendus, — armés de
toutes pièces, avec leurs nobles écus, — avec les heaumes peints où
l'or flamboyant luit, — ils entrèrent tous ensemble par les chemins
connus — en la Navarrerie, et là fut grand le bruit. — Et ils dirent
entre eux : « Maintenant voici notre salut, — et nous pouvons sûrement dire que le bien nous est accru; — car tous les riches hommes
se sont mal endettés — avec ceux des deux bourgs, dont ils seront
déçus. — Et jamais si grand mal sire Eustache ne vit clairement : —
c'est pourquoi leur grand orgueil sera bientôt abattu; — et puisque

Eras nos vengarem dels enemics sacnutz, 2345
Que no 'ls valdra sabença ni coratgues agutz. »
E quant foro 'l ricomes e trastoz lor trautz
Dintz la Navarreria els osdals deyssendutz,
Mandero parlament pels mesatges saubutz,
Dintz en Sancta Maria ont son les grantz vertutz, 2350
E de la vila foro mandatz e mentaugutz.
Lay venguo los borgues e lo poble menutz ;
E quant en la glessia foron totz assegutz,
Don Gonçalvo s levet e fu ben entendutz,
E dyss lor : « Vostre pretz sera er recrezutz, 2355
Si les borcs e 'N Estacha non son er abatutz ;
E si vos d'esta vila, les joves e 'ls canutz,
fol. 67 v° Nos voletz ajudar, los mu[r]s seran fondutz,
E lor pretz abayssatz e 'ls plus grosses pendutz. »
En la Navarreria lo joy fon espandutz. 2360
E don Pascal Beatza se fo em pes mogutz,
E dyss a los ricomes : « Lo poble vos adutz
Lor eysses e la vila e 'ls avers e 'ls condutz,
Ab que siatz ab nos juratz e ben cossutz.
E si nos etz leials, eli son esperdutz ; 2365
Que no y valdra Galea ni el murs que z es fendutz,
Que z els borcs non intrem e que serem temutz.
E si be ns ajudatz, bon laus vos er rendutz,
Car nos les vos redrem pres e mortz e vencutz. »
E parlet don Garcia que fo ben conogutz, 2370
E diss lor : « Frans seynnos, yeu vos soi tant tengutz,
Que qui m dava Tudela, non vuyll siatz vendutz ;
E quant vendra dema que'l soleylls er yssutz,
  Jurar nos em ensems.

LVII.

« Jurar nos em ensems, que serem ajustat. » 2375

Dieu nous a amené les riches hommes, — à présent nous nous venge- 2345
rons des ennemis sanglants, — vu que ne leur vaudra science ni courage subtil. » — Et quand les riches hommes et tout leur train furent
— dans la Navarrerie aux logis descendus, — ils mandèrent parlement
par les messagers connus, — dans Sainte-Marie où sont les grandes 2350
reliques, — et de la ville furent mandés et rappelés. — Là vinrent
les bourgeois et le menu peuple ; — et quand en l'église ils furent tous
assis, — don Gonçalvo se leva et fut bien entendu, — et leur dit : 2355
« Votre réputation sera aujourd'hui ruinée, — si les bourgs et sire
Eustache ne sont pas maintenant abattus ; — et si vous de cette ville,
les jeunes et les vieux, — vous voulez nous aider, les murs seront
fondus, — et leur renommée abaissée et les plus gros pendus. » —
En la Navarrerie la joie fut répandue. — Et don Pascal Beatza se fut 2360
en pieds levé, — et dit aux riches hommes : « Le peuple vous amène
— eux-mêmes dans la ville et les avoirs et la nourriture, — pourvu
que vous soyez avec nous liés par serment et bien attachés. — Et si 2365
vous nous êtes loyaux, ils sont éperdus ; — vu que n'y vaudra la tour
de la Galée ni le mur qui est fendu, — que nous n'entrions dans les
bourgs, et que nous serons craints. — Et si vous nous aidez bien,
bonne louange vous sera rendue ; — car nous vous les rendrons pris
et morts et vaincus. » — Et parla don Garcia qui fut bien connu, — 2370
et leur dit : « Francs seigneurs, je vous suis tant tenu, — que qui me
donnerait Tudela, je ne veux pas que vous soyez vendus ; — et quand
viendra demain que le soleil sera levé, — nous jurerons ensemble.

LVII.

« Nous jurerons ensemble, vu que nous serons ligués. » — Et quand 2375

fol. 68 r° Et quant venc lendema que'l jorn fo enansat,
Dedintz Sancta Maria foron tuit amassat.
Lay fo don Garcia que era molt amat,
E don Gonçalvo Yvainnes temegut e prezat.
E fo y don Pero Sanchitz, que fe molt gran foldat, 2380
Per so car de los borcs era partitz yrat;
Car ams los borcs l'amavan de fin cor esmerat.
Lay fo don Corbaran, mays puys fe que senat;
E fo y Johan de Bidaurre que s'era avançat,
E molt d'autres ricomes e maynta podestat. 2385
De la Navarreria y fo aprumairat
Don Miquel de la Raynna qu'era ben abastat,
E don Pasqual Beatza e totz son parantat,
E don Sancho Mustarra, que y fon ben seynnalat,
E Johan Peritz Alegre qu'era ben coragat, 2390
E don Ochoa Santz, ab mala volontat.
E fo y En Pascal Gomitz, que no y sia layssat,
E foro y dels calonges per odir lor dictat.
fol. 68 v° Entre lor fo la crotz e lo libre portat,
E juret l'us al autre força et amiztat, 2395
E z a mal e z a be qu'ap lor fos unitat,
Quontra 'l borc Sant Cernin, que z era ben murat,
E 'l borc Sant Micolau, qu'eran acompaynnat,
E lo valent N Estacha, c'ap lor er' ansarrat.
E quant tuit li ricome se foron ben sassat 2400
Ab la Navarreria, e cascus ac jurat,
Dedintz le Borc se saup tot ço qu'avian pessat.
E lo valent N Estacha, qui Dios gart de foldat,
Adoncs preguet los .xx. que fos lor voluntat
Que mandessan cosseyll en un loc assignat; 2405
E dedintz Sant Laurentz fu parlament mandat.
Lay y fo don Helias Davi qu'es molt hondrat,
E don Pontz Baldoin e don Aymar Crotzat,

vint le lendemain que le jour fut avancé, — dans Sainte-Marie ils furent tous assemblés. — Là fut don Garcia qui était fort aimé, — et don Gonçalvo Ibañez (qui était) craint et prisé. — Et y fut don Pierre Sanchiz, qui fit très-grande folie, — parce que des bourgs il était parti en colère; — car les deux bourgs l'aimaient de fidèle cœur épuré. — Là fut don Corbaran, mais ensuite il agit en homme sensé; — et y fut Jean de Bidaurre, qui s'était avancé, — et beaucoup d'autres riches hommes et mainte autorité. — De la Navarrerie y fut approché — don Miquel de la Raynna qui était bien suffisant, — et don Pascal Beatza et toute sa parenté, — et don Sancho Mustarra, qui y fut bien signalé, — et Jean Peritz Alègre qui était bien courageux, — et don Ochoa Sanz, avec mauvais vouloir. — Et y fut le seigneur Pascal Gomitz, qui ne doit pas y être oublié, — et y furent des chanoines pour ouïr leurs discours. — Entre eux fut la croix et le livre porté, — et l'un jura à l'autre appui et amitié, — et que pour le mal et pour le bien avec eux serait unité, — contre le bourg Saint-Cernin, qui était bien muré, — et le bourg Saint-Nicolas, vu qu'ils étaient compagnons, — et le vaillant sire Eustache, qui avec eux était enfermé. — Et quand tous les riches hommes se furent bien entendus — avec la Navarrerie, et chacun eut juré, — dans le Bourg se sut tout ce qu'ils avaient tramé. — Et le vaillant sire Eustache, que Dieu garde de folie, — alors pria les vingt que ce fût leur volonté — qu'ils convoquassent le conseil en un lieu assigné; — et dans Saint-Laurent fut (l')assemblée convoquée. — Là y fut don Hélias Davi qui est très-honoré, — et don Ponce Baldoin et don Aymar Crozat, — et don Martin son frère, bourgeois très-puissant; — don Ramon Peritz y fut et son frère Bernard, — don Arnalt de Sangüesa et Simon Caritat, — et don Garcia Arnalt à bien faire empressé, — et don Guillaume Marzel avec pur cœur impétueux, — et don Pascal Laceylla qui fait un fort beau guerrier; — de la Pobla

E don Martin son frayre, borgues molt esforçat;
Fo y don Ramon Peritz e son frere Bernart, 2410
Don Arnalt de Sangossa e Simon Caritat,
E don Garcia Arnalt en be far avançat,
E don Guillen Marzel ab fin cor abrievat,
E don Pascal Laceylla que fa molt bel armat;
De la Poblacion, don Pere l'Almirat, 2415
Don Marti d'Undiano e d'Ayssiaynn l'abbat,
E don Pere d'Aldava, don Pere de Chalat,
E don Johan Peritz Motza, e don Semen Tomat,
E don Andre Simenitz e grans cominaltat,
E de tota la vila li menutz e 'l granat. 2420
E totz esteron quetz e foron setiar.
E lo valent N Estacha se fo em pes levat,
E dyss lor : « Francs seynnos, la vera Trinitat
Nos gar de traycio e de l'altrui peccat.
Seynnos, per los ricomes soy acomiadat, 2425
E senes tot forfayt eli m'an acusat,
E alcus de vos autres sabetz ne la vertat;
E si eli poguessan, hyer m'agran peciat;
Mas Jhesu Crist e vos se que m'a restaurat :
Per que yeu vuyll saber si es vostra voluntat 2430
Qu'eu mange an vos altres mei diner monedat,
Ni si per los ricomes yeu era malmenat,
Si seray defendutz per vos ni emparat. »
Et adoncs tot lo poble ac, au son tot, cridat :
« Seynnors, estatz segur e non siatz duptat 2435
Que nos vos defendrem tro a siam lanceiatz. »
E don Pontz Baldoi se fo em pes dreçatz,
E dis al pros N Estacha : « Seynnor, puyss qu'enbiat
Vos a nostra reyna per gardar son regnat,
E per governador Navarra os a jurat, 2440
Le co[r]s de la reyna non fora mils gardat

cion, don Pierre l'Almirat, — don Martin d'Undiano et l'abbé d'Asiain, — et don Pierre d'Aldava, don Pierre de Chalat, — et don Jean Peritz Motza, et don Semen Tomat, — et don André Ximenez et grande communauté, — et de toute la ville les petits et les grands. — Et tous furent tranquilles et furent s'asseoir. — Et le vaillant sire Eustache se fut en pieds levé, — et leur dit : « Francs seigneurs, la vraie Trinité — nous garde de trahison et du péché d'autrui. — Seigneurs, par les riches hommes je suis congédié, — et sans nul crime de ma part ils m'ont accusé, — et aucuns de vous autres vous en savez la vérité ; — et s'ils pussent, hier ils m'auraient mis en pièces ; — mais je sais que Jésus-Christ et vous vous m'avez sauvé : — c'est pourquoi je veux savoir si c'est votre volonté — que je mange avec vous autres mes deniers monnayés, — et si par les riches hommes j'étais malmené, — si je serais défendu par vous et protégé. » — Et alors tout le peuple eut unanimement crié : — « Seigneur, soyez sûr et ne soyez point doutant — que nous vous défendrons jusqu'à ce que nous soyons percés à coups de lance. » — Et don Ponce Baldoin se fut en pieds dressé, — et dit au preux sire Eustache : « Seigneur, puisque envoyé—vous a notre reine pour garder son royaume, — et que la Navarre vous a prêté serment comme gouverneur, — le corps de la reine ne serait pas mieux gardé — que le vôtre sera, sans aucune fausseté. » — Et alors sire Eustache leur dit comme homme satisfait : — « Je veux que vous ayez chartes munies de mon sceau, — pour que de ce que vous perdrez vous soyez indemnisés. » — Et le seigneur Jean Baldoin, qui savait parler, dit : — « Seigneur, nous ne voulons pas votre écrit scellé ; — mais quand Dieu vous aura ramené en France — devant le vaillant roi qui est couronné par Dieu, — nous vous prions, cher seigneur, qu'il vous souvienne des paroles — que le larron dit le jour que Dieu fut cloué à la croix, — vu qu'il était pendu au côté droit, — et il lui

Que lo vostre sera, ses tota falsedat. »
E d adonquas N Estacha dyss lor com om pagat :
« Hyeu vuyll que z agatz cartas an mon sagel fermat,
Que d'ayso que perdretz vos sia emendat. » 2445
E 'N Pontz Baldoy diss, que n'era castiat :
« Seynnor, nos non volem vostr' escriut sagellat;
fol. 70 r° Mas quant Dios vos aura en França haviat
Denant lo valent rey qu'es per Dios coronat,
Que vos preguam, car seynne, que os membre [d]eu dictat 2450
Que'l layro diss le jorn que Dios fun clavelat,
Que'l estava pendutz ent al destre costat,
E clamet li merce, dont fu ben acordat :
Domine, memento mei dum veneris in regnum tuum.
E d'aisso vos preguam que siaz remenbrat, 2455
Quan en França seretz, al bon rey poderat. »
Et al valent N Estacha foro 'l syeu hueyll muillat
De lagrimas ab joya, quant vic lor volontat.
E'l cosseyl se pertic, qu'an[c] puys no y ac parlat;
E veos que fu N Estacha ab les borcs ensarrat, 2460
E Dios pes del defendre.

LVIII.

E Dios pes del deffendre, qu'es ver omnipotens,
Car la gerra comença e'ls mals e los turmenz.
Et adonquas les .xx. feron saviamentz,
E mandeguo las tors gardar et los engens, 2465
fol. 70 v° E trieguo els borcs de los plus conbatens;
La torr de la Galea dego primeramens.
Lay fo don Bernart Peritz qu'era ben defendens,
Miquel Santz Alaves on era fortimens,
E don Guyralt de Seta combate[nt] et ferens, 2470
Martin de Laturlegui fo ab lor yssamenz,
N Ochoa de Larumbe y fo e d'autras gens;

cria merci, qui lui fut bien accordée : — *Seigneur, souviens-toi de moi quand tu viendras en ton royaume.* — Et nous vous prions que de cela vous vous souveniez, — quand en France vous serez, auprès du bon roi puissant. » — Et au vaillant sire Eustache furent ses yeux mouillés — de larmes de joie, quand il vit leur volonté. — Et le conseil se sépara, et plus il ne fut parlé; — et voici que sire Eustache fut avec les bourgs enfermé, — et que Dieu pense à le défendre.

LVIII.

Et que Dieu pense à le défendre, (lui) qui est vrai tout-puissant, — car la guerre commence et le mal et les tourments. — Et alors les vingt agirent sagement, — et commandèrent de garder les tours et les engins, — et choisirent dans les bourgs des plus combattants; — la tour de la Galée ils donnèrent premièrement. — Là fut don Bernard Peritz qui était de bonne défense, — Miquel Sanz Alaves où était fermeté, — et don Guyralt de Seta combattant et frappant. — Martin de Laturlegui fut avec eux pareillement, — sire Ochoa de Larumbe y fut et d'autres gens; — car en cette tour était le

Quar en aquela torr era 'l perillamens.
La torr de la Campana fum dada veramens
A 'N Pascal Baldoyn a quy es dat bos sens, 2475
Que tenia 'ls garrotz ab los cayrels puynnens;
Johan Especier y era ben trazens,
E 'N Arnalt Aymar, Pedro d'Iza issamentz,
E don Miquel dels .xx. qu'era ben primarents.
La tor Nova fum dada a tal qu'era sabens, 2480
A don Johan Elio, soptil e z entendenz.
Ramo Bigorda y ffo, que z era sos parens,
E 'N Johan, e 'N Bernart, sos frayres be firens;
fol. 71 r° E fo y 'N Johan Felip, que no y era fugens.
E la torr qu'es apres la campana pendens, 2485
Fom dada a don Ramon esforciu veramens,
Un borgues molt sotils e savis et sofrens;
E z at per compaynnon tal qu'era ben ardens,
Bertolomeu Doat afortitz e garnentz.
E las .ij. tors redondas ab l'ospital tenens 2490
Que z es de Sant Cernin, fum dada certamens
En Ramon Aymeric ab bels captenimens,
E don Marin de Salt qu'era ben atendens,
E z a Pere Crozat ab nobles garnimens,
E z a Johan d'Estela firenz e refirenz. 2495
E z en la tor que z es so 'l capitel batens
De don Jehan Lombart, fum dada per presens
A don Miquel que z es de Tayssonar movens,
I a don Jacmes Lambert que i era mal trazens,
E z a Guiralt Lombart ab balestes tendens. 2500
E z en la torr que z es faita ancianamens
fol. 71 v° D'En Johan Caritat dec om tost e correns
Al pros Bertolomeu Caritat molt valent,
E z a N Guyllem Martin enartos e sabens.
E la torr don Guirgori de Galarr qu'es bastens, 2505

péril. — La tour de la Cloche fut donnée vraiment — à sire Pascal Baldoyn à qui est donné bon sens, — qui tenait les garrots avec les carreaux piquants; — Jean Especier y tirait bien, — et sire Arnalt Aymar, Pierre d'Iza également, — et don Miquel des vingt qui était bien premier. — La tour Neuve fut donnée à tel qui était savant, — à don Jean Elio subtil et entendu. — Raymond Bigourdan y fut, qui était son parent, — et sire Jean, et sire Bernard, ses frères bien frappants; — et y fut sire Jean Philippe, qui n'y était point fuyant. — Et la tour qui est après la cloche pendante, — fut donnée à don Raymond vraiment intrépide, — un bourgeois très-subtil et sage et patient; — et il eut pour compagnon tel qui était bien ardent, — Barthélemy Doat résolu et brillant. — Et les deux tours rondes attenantes à l'hôpital — qui est à Saint-Cernin, furent données certainement — à sire Raymond Aymeric aux beaux procédés, — et à don Martin de Salt qui était bien attentif, — et à Pierre Crozat aux nobles équipements, — et à Jean d'Estella qui frappait et refrappait. — Et en la tour qui est battant sur le chapiteau — de don Jean Lombart, fut donnée en présent — à don Miquel qui est mouvant de Taisenar, — et à don Jacques Lambert qui y tirait mal, — et à Guiralt Lombart avec arbalètes tendues. — Et en la tour qui est faite anciennement, — appartenante à sire Jean Caritat, on donna tôt et vite — (le commandement) au preux Barthélemy Caritat (qui est) très-vaillant, — et à sire Guillaume Martin (qui est) rusé et savant. — Et la tour de don Guirgori de Galar qui est suffisante, — fut donnée à sire Jean Ros qui sait assez de ruse, — et à Jean d'Aldava qui était bien vivant; — Michel Peritz y était prenant soin de la tour, — et avec eux un garrot qui n'est pas de moins (inutile). — Et dans le palais, qui est nouvellement bâti, — de dame Marie Pelegrin, il y eut grandement — d'arbalétriers; Marin Ros y fut premièrement, — et sire Jean Pelegrin, et sire Martin pareil-

Fum dad' a 'N Johan Ros que sap prom d'arremens,
E a Johan d'Aldava qui era ben vivens;
Miquel Peritz y era de la torr atendens,
E z ap lur un garrot que non s'esta de mens.
E dedintz lo palaci, qu'es de nou bastimens, 2510
De dona Maria Pelegrin, ac grammens
Balestes; Marin Ros y fo prumeramens,
E 'N Johan Pelegri e 'N Marti yssamens.
De Sant Germa er Peyre de cami attendens.
E la torr de la Filla del ospital, rendens 2515
Ont le corneyllat era que tirava lueynmens,
Fum Bernaz Aymeric senes totz espavenz,
E fo i don Miquel Lopeyz en tot be far cosens.
Per lo corneyllat guidar era 'n presens
fol. 72 r° Jaymes lo correyer, suptil e ben fasens; 2520
Pero Peritz y era carpenter ben dizens;
E la torr de la Rocha on i fer be lo vens,
De jus Johan Bichia, tenguo sabudament
Don Pere cel de Lanz volontes e gauzens, 2525
E Pere Sanz Palmer que no i fom volvens,
E de bons balestes que avi' ab lor dedens.
La torr de la Posterna dont Broters son yssenz,
Qu'es devant lo pont nou, gardegon suptilmens
Semerot cel d'Aransus que sap bels alamens, 2530
E z ap lui Johan d'Oteiça, e foron .ij. sabens.
La torr de la Teyllera fum dada veramens,
Qu'es gard' ap Santa Gracia ont so 'ls fortz entramens.
Ochoa de Bisquarret y fu be amarvens,
Salvador de Veraytz gaillartz e respondens, 2535
E Domingo d'Olayz e Domingo Vicens.
E z en la torr Mirabla qu'es denant Sant Lorens,
Fo y 'N Pere Semeneytz ab corages manens,
fol. 72 v° E fo y don Bernart Aymar ben presens,

lement. — De Saint-Germain était Pierre le garde du chemin. —
En la tour de la Fille de l'hôpital, rendant — où était le corneillat
qui lançait (des projectiles au) loin, — fut Bernard Aymeri sans nulle
épouvante, — et y fut don Miquel Lopez prêt à tout bien faire. — Pour
guider le corneillat était présent — Jayme le corroyeur, subtil et faisant
bien; — Pierre Peritz y était, charpentier bien disant; — et la tour de
la Roche où frappe bien le vent, — sous Jean Bichia, tinrent scíem-
ment — don Pierre celui de Lanz volontiers et avec joie, — et Pierre
Sanz Palmer qui n'y fut pas tergiversant, — et de bons arbalétriers
qu'il avait avec eux dedans. — La tour de la Poterne d'où partent les
Brotiers, — qui est devant le pont neuf, habilement gardèrent — Semerot celui d'Aransus qui savait de beaux mouvements, — et avec lui
Jean d'Oteiza, et ils furent deux savants. — La tour de la Teyllère fut
véritablement donnée, — qui regarde vers Saint-Engrace où sont les
fortes entrées. — Ochoa de Viscarret y fut bien empressé, — Salvador de Beraiz, gaillard et qui a la réplique prompte, — et Dominique
d'Olayz et Dominique Vincens. — Et en la tour Mirable qui est devant
Saint-Laurent, — y fut sire Pierre Ximenez avec un courage persistant,
— et don Bernard Aymar y fut bien présent, — et de bons arbalétriers
pour tirer adroitement. — En toutes ces tours ils avaient les établissements, — et il y eut dix fois autant d'hommes qui ici ne sont lus;
— car si je les rappelais, cela serait long. — Au nom de Jésus-Christ,
qui est notre salut, — je garnirai les tours et les autres bâtiments
— de la Poblacion où est concorde. — Ces vingt ainsi commandèrent
tous à l'unanimité, — et urgence il y avait.

E de bons balestes per trayre primamens.
En totas estas tors ago 'ls establimens, 2540
E z ag n'y .x. tantz d'omes qu'ayssi non son ligens;
Car si les mentavia, seria longamens.
E nom de Jhesu Crist, qu'es nostre salvamens,
Ieu garniray las tors e 'ls autres bastimens
De la Poblacion on es aunamens. 2545
Ayssi cels .xx. mandeguo totz acordadamens,
 E mestes que y aguya.

LIX.

E mestes que y avia, pels enemics murtriers,
Que z om garnis las tors e 'ls ambans e 'ls solers.
En Maria Delguada, on es autz lo fumers, 2550
Fo 'N Guyllem de Larraya molt gaillartz balesters,
Johan de le Quoate apertz e fazenders.
E en la torr que z es sus el portal primers
De la Poblacion que z al mercat s'afers,
Estava don Johan que z es bon campaners, 2555
fol. 73 r° E don Domingo Regne qu'es hondratz peleters,
E don Pedro Garcia d'Echauri lo merces,
Don Enequo Erlans us pross om vertaders.
E la tor qu'es redonda fum dada, ad arquers,
A Per' Arceytz d'Echauri que z ers be fazenders, 2560
Don Savaric Pintor e Sancho lo ferrers.
Et apres la torr redonda la tor que se i refers,
Que z es de don Domingo, del ospital sobriers,
El meteis la gardava, quar era ereters.
Era y Johan d'Ivero ab corage d'acers, 2565
Pere Ros ab balestes e ab cayrels vianders;
Capdels son en la torr qu'es delatz le mosters

LIX.

Et urgence il y avait, à cause des ennemis mortels, — que l'on garnit les tours et les retranchements et les plates-formes. — Dans Maria Delgada, où la fumée est haute, — fut sire Guillaume de Larraya très-brave arbalétrier, — Jean de le Quoate ouvert et actif. — Et en la tour qui est sur le premier portail — de la Poblacion qui touche au marché, — se tenait don Jean qui est bon sonneur de cloches, — et don Dominique Regne qui est pelletier honoré, — et don Pierre Garcia d'Echauri le mercier, — don Eneque Erlans un prud'homme véridique. — Et la tour qui est ronde fut donnée, avec des archers, — à Pierre Arceytz d'Echauri qui était bien dispos, — à don Savari Pintor et à Sancho le ferronnier. — Et après la tour ronde la tour qui s'y rapporte, — qui est à don Dominique, supérieur de l'hôpital, — lui-même la gardait, car il (en) était héritier. — Jean d'Ivero au courage d'acier y était, — Pierre Ros avec arbalètes et avec carreaux rapides. — Chefs sont en la tour qui est à côté de l'église — du cens [de] Saint-Nicolas, Pierre Sanz bourrelier, — et don Étienne Peritz, Pierre Arceyz l'étalagiste. — Don Pierre de Badoztayn en qui est grand sens, — don Simon Maiestre qui était bon charpentier, — furent chefs choisis en la tour des Tripiers, — le preux Pierre d'Eguia brave et entreprenant, — et le preux don Pierre Marra qui

Del sant Cenz Micolaus Pere Sanz burelers,
E don Esteven Peritz, Per Arceyz lo tenders.
Don Pere de Badoztaynn en qui es sen enters, 2570
Don Simon Maiestre qu'era bons carpenters,
Foron capdels triaz en la torr del Tripers,
Le pros Pere d'Equia guayllartz e z avanters,
fol. 73 v° E 'l pros don Pere Marra qu'era sos compaynners,
Martin de Laviano e 'ls iij. filz presenters, 2575
E Martin de Roncal gaillartz plus qu'Olivers.
E z en la torr que z era en perill dels brassers
De la Poblacion, so'l portal batayllers;
Vas la Navarreria denant nostres guerrers,
Era don Pere d'Aldava guaillartz e volonters, 2580
E don Pere Laceylla deffendentz e pleners,
E Miquel Esveyllart que y fom ben prumers,
E don Pere Furtado sencs cor meçongers.
Borgues e menestrals eran comunalers
A defendre las tors e 'ls ambans e 'ls cloquers; 2585
E z als portals defendre eran tuit mitaders,
Que us no s'y palpava ni eran meçorguers.
Las tors foron mandadas als borgues capdalers
E z as pros menestrals, que y eran be mesters.
E puyss dego les .xx., ab totz lor cosseillers, 2590
Los engens a gardar als borgues merceners
fol. 74 r° Qu'entendian dreitura e patz e castiers,
Per que non comencessan ni trayssysan prumers,
Qu'en la Navarreria avia fols parlers,
E que ges per lur dir non fossan sobrancers. 2595
E dirai vos qui foro dels engens capdelers,
Segont que disso 'ls .xx.

LX.

Segont que disso 'ls .xx. ni o volgo ordenar,

était son compagnon, — Martin de Laviano et les trois fils présents, 2575
— et Martin de Roncal intrépide plus qu'Olivier. — Et en la tour qui était en danger des manouvriers — de la Poblacion, sous le portail crénelé, — vers la Navarrerie, devant nos guerriers, — était don 2580 Pierre d'Aldava brave et déterminé, — et don Pierre Laceylla vaillant et calme, — et Miquel Esveyllart qui y fut bien le premier, — et Pierre Furtado (qui est) sans cœur mensonger. — Bourgeois et ouvriers étaient mêlés — pour défendre tours et retranchements et 2585 clochers ; — et à défendre les portes ils étaient tous de moitié, — vu que nul ne s'y épargnait, ni n'en était mensonger. — Les tours furent confiées aux bourgeois principaux — et aux preux ouvriers, qui y étaient bien nécessaires. — Et puis les vingt, avec tous leurs con- 2590 seillers, donnèrent — les engins à garder aux bourgeois bienveillants — qui voulaient justice et paix et correction, — pour qu'ils ne commençassent ni tirassent les premiers, — car en la Navarrerie il y avait fous bavards, — et (afin) que par leur dire ils ne fussent pas 2595 outrageux. — Et je vous dirai qui furent chefs des engins, — selon ce que dirent les vingt.

LX.

Selon ce que dirent les vingt ou le voulurent régler, — dans la

E la fort algarrada e nobla per tirar,
Denant Sant Micolau qu'es apelatz de Bar, 2600
Estava don Elies Davi que s fa prezar,
E 'l pros don Martin Morça que no y fa a layssar,
Martin del Ospital pel trabuquet guidar,
E de bona compainna per les torns torneiar.
L'algarrada fom dada de Sant Cerni, so m par, 2605
E don Aymar Crozat que la s degues guardar,
E don Johan Peritz Morça que sap ben cosseyllar,
E a maestre Guillem per l'engen adreçar.
Pero don Pere Marra y vi tot' ora estar,
fol. 74 v° E z ag n'i .xxx. omes per lo torn revirar. 2610
E la bon' algarrada que non avia par,
E z ap la Broteria viella s vay affrontar,
Estet don Ramon Periz, car la sap governar,
E don Pere d'Undiano le jove, ses dubtar,
E mayestre Bernartz e 'l filz que fay amar, 2615
E .xxx. d'altres omes per la verga bayssar.
L'algarrada fom dada, per miltz segur estar,
De la Rocha que s fay dels Peletes nomnar,
A don Guyllem Marzel, que y mes be son puynnar,
E don Andreu Xemeneytz segur per guerreyar, 2620
Don Sancho de Vilava prims de carpenteiar,
E de bona conpaynn' a obs del engen armar.
E l'algarrada pauca que s fazia nomnar
Tot jorn Cascavelet, deg om per regardar,
A Marquo carpenter qu'era soptil d'obrar, 2625
A En Garcia de Turrilles qu'en sap molt be penssar,
E d'altres que y avia per obs del torn girar.
fol. 75 r° Assy anero 'ls .xx. la vila ordenar,
Qu'establigo las torrs e 'ls murs per batayllar.
I ad omes assignatz mandego regardar 2630
Ams les borcs, per que foc no s poguess alupnar,

forte algarade et distinguée pour tirer, — devant Saint-Nicolas qui est
appelé de Barri, — était don Élie Davi qui se fait priser, — et le preux
don Martin Morza qui n'y fait pas à laisser, — Martin de l'Hôpital
pour guider le trébuchet, — et de bonne compagnie pour tourner les
manivelles. — L'algarade de Saint-Cernin fut donnée, ce me paraît, —
à don Aymar Crozat qui la dût garder, — et à don Jean Peritz Morça
qui sait bien conseiller, — et à maître Guillaume pour diriger l'engin. — Pourtant je vis don Pierre Marra y être à tout instant, — et
il y eut trente hommes pour tourner la manivelle. — En la bonne algarade qui n'avait pas de pareille, — et avec la vieille Broterie il va faire
face, — se tint don Raymond Periz, car il la sut gouverner, — et don
Pierre d'Undiano le jeune, sans douter, — et maître Bernard et le fils
qui (se) fait aimer, — et trente d'autres hommes pour baisser la verge.
— L'algarade fut donnée, pour être plus sûr, — (celle) de la Roche
qui se fait appeler des Pelletiers, — à don Guillaume Marzel, qui y mit
bien son soin, — ainsi que don Andrieu Ximenez sûr pour guerroyer,
— don Sancho de Vilava habile en fait de charpenterie, — et de
bonne compagnie pour le besoin d'armer l'engin. — Et la petite algarade qui se faisait nommer — toujours Petit Grelot, on (la) donna
pour surveiller — à Marquo le charpentier qui était habile pour
ouvrer, — à sire Garcia de Turrilles qui en sait fort bien penser,
— et à d'autres qu'il y avait pour le besoin de tourner la manivelle.
— Ainsi allèrent les vingt ordonner la ville, — vu qu'ils établirent les
tours et les murs pour batailler. — Et à des hommes préposés ils commandèrent de surveiller — les deux bourgs, pour que le feu ne se pût
allumer, — ni nos ennemis susciter aucun mal; — car le mal commençait, et la peine et le chagrin. — Mais Dieu garde les deux bourgs.

Ni els nostres enemics negun mal enartar;
Car lo mal començava, e 'l tribayll e 'l pessar.
  Mas Dios gart ams les borcs.

LXI.

Mas Dios gart ams borcs, qu'el es totz poderos ; 2635
Car la guerra comença, e 'ls mals e las tenços,
En la Navarreria e z els borcs amsedos.
Et adonc de Sant Jacme levet se lo priors,
E z el e'l gardi[a] qu'era dels Frays Menos
Venguo en la vinteria, dolenz e d engoyssos, 2640
Dir que « Per Dios non sia aquest mal perillos,
Car entre nos em frayres, cosis e compainnos;
E si 'l peccatz maligne es vengutz a rescos,
Non vuyllatz qu'en las vilas puisca esser poderos;
Que'l peccatz ifernals es mals et enartos, 2645
fol. 75 v° E z enarta com fassa les corages felos :
Per que vos preguam, per Dios que z es ver glorios,
Que nos y metam patz, si com manda razos. »
E les .xx. responderon : « Frayres, so platz a nos,
E nos ne farem ço qu'entenda totz om bos. » 2650
Et adonquas les fraires anego s amsedos
En la Navarreria, on eran les baros,
E de cels de la vila sels qu'eran poderos ;
E d adonquas les frayres humilment disso los
Que lo mal remases e que totz bes y fos, 2655
E z els adoncs resposo com omes urguillos :
« Frayres, en aquels borcs saben tant de razos,
Que tot lo mon enganan; mas non o faran nos.
Aquyllit an Estacha, e vendran al deios,
Per despeyt dels ricomes, dont ne son molt yros. 2660
E si gitan N Estacha, el i faran que pros,
E per lor farem ço dont totz seran joyos;

LXI.

Mais Dieu garde les deux bourgs, car il est tout-puissant ; — car la guerre commence, et le mal et la lutte, — en la Navarrerie et les bourgs tous les deux. — Et alors le prieur de Saint-Jacques se leva, — et lui et celui qui était gardien des Frères Mineurs — vinrent en la vingtaine, dolents et angoisseux, — dire que : « Pour Dieu ne soit ce mal périlleux, — car entre nous nous sommes frères, cousins et compagnons ; — et si le péché malin est venu en secret, — ne veuillez pas que dans les villes il puisse être puissant ; — car le péché infernal est mauvais et insinuant, — et s'évertue comment il fasse les esprits irrités : — c'est pourquoi nous vous prions, pour Dieu qui est le vrai glorieux, — que nous y mettions la paix, ainsi comme commande raison. » — Et les vingt répondirent : « Frères, cela nous plaît, — et nous en ferons ce qu'entendra tout brave homme. » — Et alors les frères s'en allèrent tous les deux — en la Navarrerie, où étaient les barons, — et de ceux de la ville ceux qui étaient puissants ; — et alors les frères humblement leur dirent — que le mal cessât et que tout bien y fût, — et eux alors répondirent comme hommes orgueilleux : — « Frères, en ces bourgs ils savent tant de raisons, — qu'ils trompent tout le monde ; mais ils ne nous le feront pas. — Ils ont accueilli Eustache, et ils auront le dessous, — en dépit des riches hommes, de quoi ils en sont fort irrités. — Et s'ils chassent sire Eustache, ils n'y feront que profit, — et pour eux nous ferons ce dont tous seront joyeux ; —

E si n'o volon far, non les pretz .ij. botos. »
fol. 76 r° E d adonquas les frayres sospiran e ploros
Vengo en la vintena, ont fo grant le ressos, 2665
E z entre'ls .xx. e z els feron petitz sermos.
Car les .xx. auziguo que 'N Estacha lo pros
Mandavan los ricomes qu'acomiadat fos,
Ago maior despeyt que qui 'ls des a bastos.
E 'ls .xx. disso als frayres : « Via vostras maysos. » 2670
E d adonc .i. message vec dir als .xx. coychos
Qu'en la Navarreria gitavan los rayllos
  Per començar la guerra.

LXII.

Per començar la guerra, don era gran folia,
Grazian de balestas en la Navarreria. 2675
Et adonquas l'abat, a qui mal desplazia,
Qu'es de Mont Arago, venc s'en al Borc .i. dia :
Lai trobet a 'N Estacha ab granda alegria,
E los .xx. que 'l fazian joya e compainnia.
E quan foron essems, l'abat diss d'aital guia : 2680
« Seinnos., trastotz preguem que la verges Maria
fol. 76 v° Gart que'l mal non comence, car dapnage seria. »
E parlegon ensemble d'ayso que lor plazia;
Mas le seynnor abat de l'actra part pendia,
Pero en la patz far tot son poder metia. 2685
E diss lor : « Francs seynnors, plaça os que serquem via
Qu'entre nos siamos e paz e compainnia.
E vos, seynnor N Estacha, vuyllatz que z aysi sia. »
E lo valent N Estacha respondet ses bauzia,
E diss : « Seynnor abat, nuill tort non consentria; 2690
Tot ço que dreitz comanda, sapchatz que mi playria,
E z als borgues dels borcs d'aquela eyssa guia.
Los ricomes son mals e plens de felonia,

et s'ils ne le veulent faire, je ne les prise pas deux boutons. » — Et alors les frères soupirant et en pleurs — vinrent en la vingtaine, où fut grand le bruit, — et entre les vingt et eux ils firent de petits discours. — Parce que les vingt ouïrent que sire Eustache le preux — les riches hommes ordonnaient qu'il fût congédié, — ils eurent un plus grand dépit que si on leur eût donné du bâton. — Et les vingt dirent aux frères : « Gagnez vos maisons. » — Et alors un messager vint dire aux vingt à la hâte — qu'en la Navarrerie ils lançaient les traits — pour commencer la guerre.

LXII.

Pour commencer la guerre, de quoi était grande folie, — ils tiraient des balistes en la Navarrerie. — Et alors l'abbé, à qui malement il déplaisait, — qui est (abbé) de Mont-Aragon, s'en vint au Bourg un jour : — là il trouva sire Eustache avec grande allégresse, — et les vingt qui lui faisaient fête et compagnie. — Et quand ils furent ensemble, l'abbé dit de telle guise : — « Seigneurs, prions tous que la vierge Marie — empêche que le mal ne commence, car il serait dommage. » — Et ils parlèrent ensemble de ce qui leur plaisait ; — mais le seigneur abbé penchait de l'autre part, — pourtant à faire la paix tout son pouvoir il mettait. — Et il leur dit : « Francs seigneurs, qu'il vous plaise que nous cherchions une voie — (pour) qu'entre nous nous soyons en paix et société. — Et vous, seigneur sire Eustache, veuillez qu'ainsi il soit. » — Et le vaillant sire Eustache répondit sans tromperie, — et dit : « Seigneur abbé, à nul tort je ne consentirais ; — tout ce que droit commande, sachez que (cela) me plairait, — et aux bourgeois des bourgs de cette même guise. — Les riches hommes sont méchants et pleins de félonie, — et me donnèrent

E dego m comiat ses tort que no 'ls avia;
E si tort les agues, que 'ls o emendaria; 2695
E z els no m'escoltero ayso que z eu dizia,
Antz disso tot apert que z eu m'en tornaria.
E sembla m, seyner N abas, que fortz causa seria
Si per estas palauras Navarra lor gequia;
fol. 77 r° Car Navarra m juret, e m dego seinnoria 2700
Trastotz cominalmens, que us no ni faillia.
E 'ls baros solamens dizon que z an ma via :
Per que m par, seynner N abas, que digan effantia;
Mas si tota la terra comiadar me volia
Ab sagels sagelatz, estar no y puyria; 2705
Mas pel dit dels ricomes sapchatz no m'en partiria,
Que'l rey cui es la flor per desenat m'auria,
Si pel dit des ricomes Navarra los rendia.
E 'ls borcs, com gentz leyals e senes tricheria,
M'an a dreit emparat, car dreitura los guya : 2710
Per que os dic, seynner N abas, qu'entro que morz m'aucia,
Dels borcs no yssiray entro que vengutz sia
De França lo message que z anet yer el dia. »
E lo seynnor abbat ac en son cor felnia,
Car vic que no anava lo fayt sy com devia; 2715
E diss al pros N Estacha : « Seynner, vuyllatz que sia
Que z auga l'autra part, sy m va, ap maestria,
fol. 77 v° E layssem so estar, que plus parlat no y sia. »
E los .xx. dysso le : « Abat, cel que'l mont guia
Cofonda totz aycels cui plaz esta folia. » 2720
E lo seynnor abbat puiet e z a[c] gracia,
E venc ab sa conpainna en la Navarreria
  Per metre bona patz.

LXIII.

Per metre bona patz anet l'abbat prezantz

congé sans que j'eusse tort envers eux ; — et si tort j'eusse envers eux, certes je le leur réparerais ; — et ils n'écoutèrent pas ce que je disais, — mais dirent tout ouvertement que je m'en retournerais. — Et il me semble, seigneur dom abbé, que (ce) serait chose grave — si pour ces paroles je leur abandonnais la Navarre ; — car la Navarre me prêta serment, et me donnèrent commandement — tous sans exception, vu qu'un seul n'y manquait. — Et les barons seulement disent que j'aille mon chemin : — c'est pourquoi il me semble, seigneur dom abbé, qu'ils disent enfantillage ; — mais si tout le pays me voulait congédier — avec des écrits scellés, je n'y pourrais rester ; — mais pour la parole des riches hommes sachez que je n'en partirais pas, — vu que le roi à qui est la fleur (de lis) pour insensé me tiendrait — si pour le dit des riches hommes je leur rendais la Navarre. — Et les bourgs, comme gens loyaux et sans trahison, — m'ont justement protégé, car droiture les guide : — c'est pourquoi je vous dis, sire dom abbé, que jusqu'à ce que mort me tue, — des bourgs je ne sortirai pas jusqu'à ce que soit venu — de France le messager qui partit hier au jour. » — Et le seigneur abbé eut en son cœur chagrin, — car il vit que le fait n'allait pas ainsi comme il devait ; — et il dit au preux sire Eustache : « Seigneur, veuillez qu'il soit — que j'entende l'autre partie, ainsi me va, avec dignité, — et laissons tomber cela, qu'il n'en soit plus parlé. » — Et les vingt lui dirent : « Abbé, que celui qui guide le monde — confonde tous ceux à qui plaît cette folie. » — Et le seigneur abbé monta et rendit des grâces, — et vint avec sa compagnie en la Navarrerie — pour mettre bonne paix.

LXIII.

Pour mettre bonne paix alla le digne abbé — dire aux riches hommes,

Dire a los ricomes, humil e merceyans, 2725
Que z aquels ma[l]s non fos ni aquetz desenantz :
« Seynnos, yeu ay estat ab N Estacha parlans
E z ap les .xx., e z ai auditz le lor talans.
De trastota Navarra los petitz e les grantz
Jurego a 'N Estacha, e vey qu'al prumer lans 2730
Le donatz comiat; e ges no m'es semblans
Que senes cort complida est dit sia fermans :
Per que os prec, non vuillatz a tort fayre bobans,
Car Jhesu Crist abaissa l'orguyll que z es sobrans :
Per que vuyll no siatz en aquest fait pecans. » 2735

fol. 78 r° E los ricomes dysso : « 'N abas, bes predicans,
E tot vostre predic no s'y valdra us gans,
Que z era cels dels borcs non compro los engans;
Que no les tendra pro ni Frances ni Romans,
Ni lur sabiduria don tot jorn son pessans; 2740
Car be os juran, N abat, per Dios e per sos sans,
Que non es om tant savi ni tant maestreians
E que z agues legitz en Boloynna .x. ans,
Que si los escoutava, que non anez mermans,
E que lo jugarian com si era efans. » 2745
E mentr'aiço s pa[r]lava, 'l prior de Sant Johans
Venia en Espaynna, ab maint bos cavalgans,
E passego les portz e l'a[n]garda Rolans,
E foro el ospital, que z es ben abastans,
De Ronçasvals, ont fus vengutz us mesatgans 2750
D'En Estacha qu'anava a 'N Felip, rey dels Francs.
E dis los las novelas e los mals perillans,
Don el fo molt irat e z el cor sospirans.

fol. 78 v° E venc en Pampalona a tot le plus enans,
E z audic que las vilas estavan en balans; 2755
E preguet lo ver Dios, que z es ver perdonans,
Que y pogues metre patz antz que y fos colps ni lans,

HISTOIRE DE LA GUERRE DE NAVARRE. 179

humble et suppliant, — que ce mal ne fût ni celui-là désormais : — « Seigneurs, j'ai parlé avec sire Eustache — et avec les vingt, et j'ai ouï leur volonté. — De toute la Navarre les petits et les grands — prêtèrent serment à sire Eustache, et je vois que de prime abord — vous lui donnez congé; et point ne m'est semblant — que sans décision de cour cette parole soit valable : — c'est pourquoi je vous prie, ne veuillez à tort faire suffisance ; — car Jésus-Christ abaisse l'orgueil qui est excessif : — c'est pourquoi je veux que vous ne soyez pas péchants en ce fait. » — Et les riches hommes dirent : « Dom abbé, vous êtes prêchant les biens, — et tout votre sermon n'y vaudra (la valeur d')un gant, — pour que bientôt ceux des bourgs ne payent les tromperies; — vu que ne leur servira ni français ni roman, — ni leur savoir, auquel ils pensent toujours; — car bien nous vous jurons, dom abbé, par Dieu et par ses saints, — qu'il n'est homme tant savant ni tant instruit — et qui eût lu à Bologne dix ans, — qui, s'il les écoutait, n'allât s'abaissant, — et ils le joueraient comme s'il était (un) enfant. »
— Et pendant que ceci se traitait, le prieur de Saint-Jean — venait en Espagne avec maint bon chevaucheur, — et ils passèrent les ports et la colline de Roland, — et ils furent à l'hôpital, qui est bien suffisamment fourni, — de Roncevaux, où fut venu un messager — de sire Eustache, qui allait à sire Philippe, roi des Francs. — Et il leur dit les nouvelles et les maux imminents, — dont il fut très-chagrin et soupirant dans le cœur. — Et il vint à Pampelune avec le plus grand empressement, — et ouït que les villes étaient dans l'inquiétude ; — et il pria le vrai Dieu, qui est vrai miséricordieux, — qu'il y pût mettre la paix avant qu'il y eût coup ni jet (de projectile), — et qu'il pût rendre modérées les haines mortelles, — et qu'il en chassât la colère, les insolences et les tromperies. — Et le jour qu'il était se préoccupant de faire cela, — deux chevaliers français qui étaient

23.

E que'ls mortals coratges pogues tornar temprans,
E qu'en gites la yra e 'ls orgoylls e 'ls engans.
E'l jorn que z el estava d'aiso fayre tractans, 2760
Dos cavales Frances que z eran viandans
Ent al baro Sant Jacme, pelegris honorans,
Foro en Pampalona vengutz et albergans.
E vigo qu'en las vilas era[n] braus e cridans,
E vengo a 'N Estacha el cor maraveyllans; 2765
E 'N Estacha, que 'ls vic, fe les molt bel semblans,
E diss los : « Cavales, vos siatz remembrans
Que'ls baros de Navarra me sont molt contrastans. »
E mentre ayso dizian, lo prior coratgans
De San Geli, que z es de ça mar le plus grans, 2770
Trames pel pros N Estacha del syeus millors sergans.
E 'N Estacha tantost, ab los borgues plus grans,
Venc s'en ent al prior ab afforcit senblans;
E quant foro ensemble, comencego 'l demandans.
E dyss le lo prior : « Be soy maraveyllans 2775
Car vos e les ricomes es si vengutz als brans. »
E lo valent N Estacha tantost fo en estans,
E dyss le : « Franc prior, anc no vi s tals engans
Com en Navarra corr, qui 'l sera confermans;
E saubretz ne lo ver, antz que anetz avans. » 2780
— « Per Dio ! dyss lo prior, aiso es mos talans;
Pero nuitz es hueimas, que'ls soleyll es intrans.
E quant vendra dema que sera flamegans,
Auziray l'autra part, per que es contrastans. »
E z ap aytant N Estacha e les borgues vayllans 2785
Ago pres comiatz e vengo s'en parlans
Ent al borc Sant Cerni, que restaura les dans;
E fon grant per las vilas la crida e 'l bobans,
Per ço quar de la guerra estavan comensans,
    May que z ops no y avia. 2790

voyageants — vers le baron saint Jacques, pèlerins pour l'honorer, — furent venus en Pampelune et (y) logèrent. — Et ils virent que dans les villes ils étaient furieux et criants, — et ils vinrent à sire Eustache, s'émerveillant dans le cœur; — et sire Eustache, qui les vit, leur fit très-bon visage, — et leur dit : « Chevaliers, soyez vous souvenant — que les barons de Navarre me sont fort opposants. » — Et pendant qu'ils disaient ainsi, le prieur courageux — de Saint-Gilles, qui est le plus grand en deçà de la mer, — envoya vers le preux Eustache de ses meilleurs serviteurs. — Et aussitôt sire Eustache, avec les principaux bourgeois, — s'en vint jusqu'au prieur avec air assuré; — et quand ils furent ensemble, commencèrent les demandes. — Et le prieur lui dit : « Je suis bien m'émerveillant — de ce que vous et les riches hommes vous êtes ainsi venus aux glaives. » — Et le vaillant sire Eustache fut aussitôt debout, — et lui dit : « Franc prieur, oncques ne se vit telle tromperie — comme il court en Navarre, qui le sera confirmant; — et vous en saurez le vrai, avant que vous alliez (plus) avant. » — « Par Dieu! dit le prieur, c'est mon désir; — mais il va être nuit, vu que le soleil se couche. — Et quand viendra demain qu'il sera flamboyant, — j'entendrai (de) l'autre partie pourquoi elle est opposante. » — Et en même temps sire Eustache et les bourgeois vaillants — eurent pris congé et s'en vinrent en parlant — vers le bourg Saint-Cernin, qui répare les dommages; — et par les villes les cris et le vacarme furent grands, — parce qu'ils commençaient la guerre, — plus que besoin n'y avait.

LXIV.

May que z ops no y avia era lo mal empris.
E quant venc lendema que lo jorn esclarzis,
Le prior de Sant Geli, com coitatz e pervis,
Com pogues far la patz e 'l mal que z adolsis,
E[m]puiet e cavalga, e z era be maytis, 2795
En la Navarreria, ont le mal s'afortis.
Lay trobet don Gonçalvo que sap may que Merlis,
E 'l valent don Garcia or es valent pres fis,
E 'l pros don Pero Sanchitz qui Cascant es aclis.
E 'l pros don Corbaran qu'era ben palazis, 2800
E de cels de la vila y eran be pervis.
E lo prior lor dyss : « Seynnos, us mals sortiss,
E z a ops que s'escantisca enans que sia pris;
Car la terra s perdia e totz aquest pays.
N Estacha s'es clamat que vos lo tenetz pris, 2805
E que non aus' yssir deforas als camis;
E 'l acomiades per ço que os abelis,
E non devetz far causa qu'en siatz sobrepris. »
E los ricomes dysso : « Puyss Dios vos a tramis,
Seynner prior, a nos, nostre dreitz enrequis. 2810
N Estacha vos a dit aysso que 'l fon avis;
Mas el gasta lo regne e l'aga a mal mis,
E demanda 'ls castels, tant da de paresis,
E a nos que ns a donatz, per sanchetz, peitavis.
E si gaire y estava, totz yriam mesquis; 2815
Car en un an mestria tot l'aver de Paris,
E da lo als estrans e nos empaubrezis.
E nos non suffririam qu'el degastes pais;
Car la nostra reyna, qu'en Campaynna s nuiris,
No'n puiri'arencar e trastotz sos amis; 2820
Mas, per la sancta Verge ont Jhesu Crist fo mis,

LXIV.

Plus que besoin n'y avait le mal était enflammé. — Et quand vint le lendemain, que le jour éclaira, — le prieur de Saint-Gilles, comme pressé et avisé, — afin qu'il pût faire la paix et que le mal adoucît, — monta à cheval et chevauche, et c'était bien matin, — en la Navarrerie, où le mal s'aggrave. — Là il trouva don Gonçalvo qui sait plus que Merlin, — et le vaillant don Garcia où est vaillant (et) pur mérite, — et le preux don Pierre Sanchiz à qui Cascante est soumis, — et le preux don Corbaran qui était bien palatin, — et de ceux de la ville y étaient (gens) bien avisés. — Et le prieur leur dit : « Seigneurs, un mal surgit, — et il est urgent qu'il s'éteigne avant qu'il soit pris; — car la terre se perdait et tout ce pays. — Sire Eustache s'est plaint que vous le tenez prisonnier, — et qu'il n'ose pas sortir dehors dans les chemins, — et que vous le congédiâtes parce que cela vous plaît, — et vous ne devez faire chose pour laquelle vous soyez repris. » — Et les riches hommes dirent : « Puisque Dieu vous a envoyé, — seigneur prieur, à nous, notre droit enrichit. — Sire Eustache vous a dit ce qu'il lui a plu; — mais il ruine le royaume et l'eût mis à mal, — et demande les châteaux, tant il donne de parisis, — et à nous, il nous a donné, pour sanchets, des poitevins. — Et s'il y était longtemps, nous deviendrions tous malheureux; — car en un an il dépenserait tout l'avoir de Paris, — et il le donne aux étrangers et nous appauvrit. — Et nous nous ne souffririons pas qu'il ruinât le pays; — car notre reine, qui se nourrit en Champagne, — n'en pourrait venir à bout avec tous ses amis; — mais, par la sainte Vierge où Jésus-Christ fut conçu, — (cela) ne lui sera plus souffert, ni nous ne

No 'l sera plus sufert, ni 'l serem plus aclis. »
'E d adoncs le prior respos a totz, e diss
A trastos los ricomes : « Altre coseyll n'er pris ;
Car pietatz es bona sobre sos enemis, 2825
E vos altres etz frayres e parens e cosis :
Per que y a obs que i venga la patz de paradis.
fol. 80 v° Entre mi e l'abbat, que lo be enantis,
Farem tant, si podem, qu'en sera bona fis,
E Dios don'o 'n poder. 2830

LXV.

« E Dios don'o 'n poder, que si fara, si 'l platz. »
E d adonc lo prior e lo seynnor abbatz
Pessego entre lor com poguessan far patz.
E dyss le lor prior : « Seynner N abas, parlatz
Ab trastotz les ricomes e z ap las podestatz 2835
E z ap cels de la vila, e si 'ls adomescatz.
Hyeu m'en iray els borcs saber las voluntatz ;
E, si Dio platz, farem qu'en seran totz pagatz. »
E d adonquas dyss l'abbas : « Seynner prior, anatz. »
E lo prior s'en venc ent a los bort cuitatz, 2840
E le seynnor abat anet ab sos privatz
Parlar ab los ricomes, qu'era be maestreiatz.
E quant l'abbat e z els foron totz ensarratz,
L'abbat lor pres a dire : « Baros, [e] que pessatz ?
Tal carrera prenetz qu'en remangatz hondratz. » 2845
fol. 81 r° E z aptant un ricome se fo em pes levatz,
E dyss le : « Seynner N abbas, per Dieu si escoltatz.
D'estas .ij. vias l'una, vos cala may presa[tz]?
N Estacha nos a dit, e crey que z o sapchatz,
Que si per cort complida es acomiadatz, 2850
Que tantost s'en ira, e nos em paraillatz
De fayre cort plenera de trastot est regnatz,

lui serons plus soumis. »—Et alors le prieur répondit à tous, et dit—
à tous les riches hommes : « Autre conseil en sera pris ;—car pitié est
bonne envers ses ennemis,—et vous autres vous êtes frères et parents
et cousins : — c'est pourquoi il y a urgence que la paix du paradis
y vienne. — Entre moi et l'abbé, que le bien exalte, — nous ferons
tant, si nous pouvons, qu'il en sera bonne fin, — et que Dieu (nous)
le donne en puissance !

LXV.

« Et que Dieu (nous) le donne en puissance! vu qu'il fera ainsi,
s'il lui plaît. » — Et alors le prieur et le seigneur abbé — pensèrent
entre eux comment ils pourraient faire la paix. — Et le prieur lui dit :
« Seigneur dom abbé, parlez — avec tous les riches hommes et avec
les autorités — et avec ceux de la ville, et ainsi calmez-les. — Je m'en
irai dans les bourgs savoir les volontés ; — et, s'il plait à Dieu, nous
ferons qu'ils en seront tous satisfaits. » — Et alors dit l'abbé : « Seigneur prieur, allez. » — Et le prieur s'en vint jusqu'aux bourgs
promptement, — et le seigneur abbé alla avec ses intimes — parler
avec les riches hommes, vu qu'il était bien instruit.—Et quand l'abbé
et eux furent tous enfermés, — l'abbé leur prit à dire : « Barons, (et)
que pensez-vous ? — Telle route prenez que vous en restiez honorés. » — Et en ce même temps un riche homme se fut levé sur
ses pieds, — et lui dit : « Seigneur dom abbé, pour Dieu écoutez.
— De ces deux voies l'une, laquelle prisez-vous plus ? — Sire Eustache nous a dit, et je crois que vous le savez, — que si par cour
plénière il est congédié, — qu'aussitôt il s'en ira, et nous sommes

E totz cominalment que li darem comiatz.
Empero autre fait es per nos albiratz;
Que nos seria honor e granda salvetatz   2855
Si cels dels borcs volian, qu'aysi ns an aontatz,
N Estacha gitar fora : serian perdonatz,
E que'ls portals que z an en esta vila obratz
Serian aitantost desfaytz e derroquatz,
E trastotz los engens romputz e peciatz.   2860
E si els borcs so fan, se que seran membratz;
E z en altra manera els seran desterratz.
E vos, seynner N abbat, yretz dir eu dictatz;
fol. 81 v° Pero estas razos privadament parlatz. »
E l'abbat los respos: « Yrei, puyss vos platz. » 2865
E puyet atantost, e ben encavalgatz
Venc s'en e la vintena; e quant fon devalatz,
El parlet ab los .xx. et ab lo coseill privatz,
E dyss que pels ricomes era lor embiatz :
« Les ricomes vos pregan sia desamparatz   2870
Per vos altres N Estacha e que no 'l defendatz.
E si vos aiso faitz, certament sapiatz
Que 'ls engens e 'ls portals seran totz debrisatz,
E la tor er desfayta, e may, si may mandatz. »
E los .xx. e 'l coseyll foro s tost coseyllatz, 2875
E dysso 'l : « Seynner N abbas, cant vos seretz tornatz,
Digatz a los ricomes que mati son levatz;
Car pessavan qu'en nos fon tan gran malveztatz.
Enantz que nos o fessam, certament sapiatz
Que de sanc, ab cervelas, er lo camp enjuncatz. » 2880
Aras a ditz l'abat : « D'ayso m siatz celatz,
fol. 82 r° Que z eu soy mesagers, e non si' acusatz. »
E los .xx. dysso le : « N abas, no vos tematz. »
E z ap aitant l'abbat, vergoynnos et iratz,
Anet al pros N Estacha lay on er' albergatz,   2885

préparés — à faire cour plénière de tout ce royaume, — et que tous sans exception nous lui donnerons congé. — Pourtant autre chose est par nous considérée; — qu'il nous serait honneur et grand salut — si ceux des bourgs, qui nous ont ainsi honnis, voulaient - - mettre sire Eustache dehors : ils seraient pardonnés, — et que les portails qu'ils ont faits en cette ville — fussent aussitôt défaits et jetés à terre, — et tous les engins rompus et mis en pièces. — Et si les bourgs font cela, je sais qu'ils seront prudents; — et en autre manière ils seront expulsés. — Et vous, seigneur dom abbé, vous irez leur dire ce propos; — pourtant expliquez ces choses en particulier. » — Et l'abbé leur répond : « J'irai, puisqu'il vous plait. » — Et il monta aussitôt, et sur un bon cheval — il s'en vint en la vingtaine; et quand il fut descendu, — il parla avec les vingt et avec le conseil en particulier, — et dit que par les riches hommes il leur était envoyé : — « Les riches hommes vous prient que sire Eustache soit abandonné — par vous autres, et que vous ne le défendiez pas; — et si vous le faites, certainement sachez — que les engins et les portails seront tôt brisés, — et la tour sera défaite, et plus, si vous ordonnez davantage. » — Et les vingt et le conseil eurent bientôt tenu conseil, — et lui dirent : « Seigneur dom abbé, quand vous serez retourné, — dites aux riches hommes que matin ils sont levés, — puisqu'ils pensaient qu'en nous il y eût une si grande méchanceté. — Avant que nous le fissions, certainement sachez — que de sang, avec cervelles, sera le champ jonché. » — Alors a dit l'abbé : « De cela ne me dites rien, — vu que je suis messager, et que je ne sois pas accusé. » — Et les vingt lui dirent : « Dom abbé, ne craignez pas. » — Et en même temps l'abbé, honteux et fâché, — alla au preux sire Eustache, là où il était logé, — et fut bien accueilli par tous et honoré. — Là était le prieur comme sage et prudent. — Et le vaillant sire Eustache et le prieur et l'abbé — se

E fon ben acuyllitz per totz e honoratz.
- Lay era lo prios com savis e membratz.
E lo valent N Estacha e 'l prios e l'abbatz
A par tego s, per que lo cosseyll fos privatz.
E l'abbas dyss: « N Estacha, message os soy forçatz ; 2890
Empero vos tot' ora vostre meilltz ne gardatz.
Les ricomes m'an dich, e que z es veritatz,
Que si en cort complida, aysi com fos juratz,
Vos donan comiat, que tantost vos n' iratz ;
E z els tendran vos o, sol que vos o tengatz. » 2895
E lo prior tantost respos com asenatz,
E dyss le : « Seynner N abbas, non l'es poder donatz
Qu'el posca aysso far, car ja son embiatz
Les messages en França al bon rey coronatz,
Dire com pels ricomes es el Borc ensarratz. 2900

fol. 82 v° Entro venga 'ls messages ab escriutz sagelatz,
El ayso no faria, car seriam blasmatz.
Pero yeu m'ay pessat ço que z er salvetatz
En la Navarreria e z els borcs aunatz ;
Pero aysels de la me senblan desenatz 2905
Que trazo de balesta los cayrels afilatz. »
E l'abat dyss : « Prior, si vos o cosseyllatz,
Hyeu vuill qu'entro dema, qu'el soleyll sia entratz,
Agan tregas e patz, e no y sia tiratz
Cayrel d'a[m]bas las partz ni ome menaçatz, 2910
E veyrem si dema serem myller astratz. »
— « Per Dio, ditz lo prior, N abat, trop be parlatz. »
E preso dels borcs tregas tro al jorn que fo sigatz,
E 'n la Navarreria dego la molt pregatz,
E preguen Jhesu Crist qu'es vera Trinitatz 2915
Que l'abatz e 'l prior, que son aordenatz,
L   Y poyscan metre be.

tirèrent à part pour que le conseil fût privé. — Et l'abbé dit : « Sire
Eustache, je vous suis messager contraint ; — toutefois vous, consi-
dérez-en toujours votre avantage. — Les riches hommes m'ont dit,
et c'est la vérité, — que si en cour plénière, ainsi qu'il fut juré, —
ils vous donnent congé, qu'aussitôt vous vous en irez ; — et ils vous
tiendront cela, pourvu que vous l'observiez. » — Et le prieur aussitôt
répondit comme homme de sens, — et lui dit : « Seigneur dom abbé,
pouvoir ne lui est pas donné — qu'il puisse faire cela, car déjà sont
envoyés — les messagers en France au bon roi couronné, — dire comment par les riches hommes il est dans le bourg bloqué. — Jusqu'à ce
que vienne le messager avec écrits scellés, — il ne ferait pas cela, car
nous serions blâmés. — Toutefois j'ai pensé à ce qui sera salut —
en la Navarrerie et dans les bourgs unis ; — pourtant ceux de là me
semblent fous — qui tirent avec la baliste les carreaux affilés. » — Et
l'abbé dit : « Prieur, si vous le conseillez, — je veux que jusqu'à demain, que le soleil sera levé, — ils aient trêves et paix, et qu'il n'y
soit pas tiré — carreau des deux côtés ni homme menacé, — et nous
verrons si demain nous serons plus heureux. » — « Par Dieu! dit le
prieur, dom abbé, vous parlez fort bien. » — Et ils prirent trêves des
bourgs jusqu'au jour qui fut assigné, — et en la Navarrerie ils durent
fort la prier, — et prient Jésus-Christ, qui est vraie Trinité, — que
l'abbé et le prieur, qui sont (clercs) ordonnés, — y puissent mettre
bien.

LXVI.

fol. 83 r° Que poscan metre be e gitar la error.
E trastotas las ordes anego a vigor
En la Navarreria pregan lo Salvador 2920
Que li prezes merce d'est poble peccador.
E 'l prior de Sant Gili, cant fo lay entre lor,
En la vila mandet per cels qu'eran millor;
Mas no y ac ricome, ni bo ni sordeior,
Que'l prior ab la vila ac coseyll celador. 2925
E 'l prior dyss aysi : « Humil, franc, quar seynnor,
Per totz tems may tornatz vostre pretz en color,
Si eras me crezetz, e faretz lo myllor.
Si els ricomes gitavatz de tota vostra honor,
E que'ls desamparetz si que s n'ano aillor, 2930
Esperanç' ay en Dio, qu'es nostre redemptor,
Que o[s] faray per .c. ans dar trevas et amor,
E que no s desfara algarrada ni torr,
Ni los porta s ni re que os sia desonor. »
Et adonc alcus dysso : « Ço es be fazedor. » 2935
fol. 83 v° E los altres dizian : « Certas, yl an paor. »
E dysso 'l : « En prior, vos que z es parlador,
Auria ab les borcs so que dizetz valor ? »
E z el diss que z ap Dio, que z es vera lugor,
O quidav' acabar e metre en tenor. 2940
   E do[n]quas tornatz vos e si parlatz ab lor,
E nos a vostre coseyll senes tota rumor. »
E 'l prior s'en tornet, e z ap lui Fray Menor,
E lo seynnor abat, si que'l fait contet lor;
E vengo ent al Borc de molt granda vigor ; 2945
En Sant Laurentz entrego, ont fo 'l governador
N Estacha, e los .xx. e li coseyllador.

LXVI.

Qu'ils puissent mettre bien et chasser l'erreur. — Et tous les ordres allèrent avec vitesse — en la Navarrerie, priant le Sauveur — qu'il lui prît compassion de ce peuple pécheur. — Et le prieur de Saint-Gilles, quand il fut là entre eux, — en la ville manda ceux qui étaient meilleurs; — mais il n'y a riche homme, ni bon, ni plus mauvais, — vu que le prieur avec la ville eut conférence secrète. — Et le prieur dit ainsi : « Doux, francs, chers seigneurs, — pour toujours désormais changez votre mérite de couleur, — si maintenant vous me croyez, et vous ferez (pour) le mieux. — Si vous chassiez les riches hommes de tout votre territoire, — et que vous les abandonnassiez en sorte qu'ils s'en aillent ailleurs, — j'ai espérance en Dieu, qui est notre rédempteur,—que je vous ferai pour cent ans donner trêves et amitié, — et que ne se défera ni algarade ni tour, — ni les portails, ni rien qui vous soit (à) déshonneur. » — Et alors aucuns dirent : « Cela est bien faisable. » — Et les autres disaient : « Certainement ils ont peur. » — Et ils lui dirent : « Sire prieur, vous qui êtes parleur, — ce que vous dites aurait-il valeur avec les bourgs? » — Et il dit qu'avec Dieu, qui est vraie splendeur, — il croyait achever cela et (le) mettre en teneur (par écrit). — « Et alors retournez-vous-en et parlez avec eux, — et nous à (nous acceptons) votre conseil sans aucun bruit. » — Et le prieur s'en alla, et avec lui des Frères Mineurs. — et le seigneur abbé, de sorte qu'il leur conta le fait; — et ils vinrent jusqu'au Bourg avec très-grande vitesse; — ils entrèrent en Saint-Laurent, où fut le gouverneur — sire Eustache, et les vingt et les con-

E d adonc lo prior, ab semblança de plor,
Comencet de parlar.

LXVII.

Comencet de parlar e pres le se a dir : 2950
« Seynnor, grant merce fa qui 'l mal pot escantir.
Sy en la Navarreria podiam acabir
Que'ls ricomes gitessan de lor a mal ayr,
fol. 84 r° Voldriam, per .c. ans, patz e tregas plevir
E qu'engen no s deſſes ni s'anes desbastir, 2955
E que'ls portals s'estian senes tot contradir.
E si vos ayso faitz, lo bes pot enantir ;
E per que'l mal s'escanta, vuyllatz o cosentir. »
E 'N Estach' ab .xx. anego s eslegir,
E parleron ensemble. Lay viratz departir ; 2960
Empero l'acort fu, can avenc al fenir,
Que dysso a 'N Estacha los .xx. ab grant sospir :
« Sey[n]er, per vostr' amor volem ayso suffrir ;
E farem tota re que os posca pron tenir,
Si per que'ls enemics vostres puyscatz delir. » 2965
En mentre qu'el estavan per aquest fait bastir,
En la Navarreria comencego de dir
Que la patz se fazia. Celuy que Dios air,
Pascal Gomiz anet, per lo ben destruzir,
fol. 84 v° Desparrar l'algarrada, ayssi que fe n' yssir 2970
La peyra, e z anet dedintz lo Borc ferir,
E trenquet e destruz so que pot cosseguir.
E la gent escridet e pres s'a d espaurir,
E cridan a las armas e van se tot[z] garnir.
E dedintz Sant Laurentz comencet uns a yr, 2975
E cridec : « Via fora ! c'ora es del escrimir,
Que los engens de la an tirat, ses mentir. »
E lo bruylle se leva, e van se tot[z] yssir.

seillers. — Et alors le prieur, avec apparence de pleur, — commença à parler.

LXVII.

Commença à parler et il se prit à dire : — « Seigneurs, grande grâce 2950
fait qui le mal peut éteindre. — Si en la Navarrerie nous pouvions
réussir — (à ce) que les riches hommes ils repoussassent loin d'eux avec
rude dédain, — nous voudrions, pour cent ans, garantir paix et trèves
— et qu'(aucun) engin ne se défît ni ne s'allât démolir, — et que les 2955
portails subsistent sans nulle contradiction. — Et si vous faites cela,
le bien peut avancer; — et pour que le mal s'éteigne, veuillez consentir à cela. » — Et sire Eustache avec les vingt allèrent se recueillir,
— et ils parlèrent ensemble. Là vous verriez (se) partager; — pour- 2960
tant il y eut accord, quand (on en) vint à la fin, — vu que les vingt
dirent à Eustache avec grand soupir : — « Seigneur, pour l'amour
de vous, nous voulons souffrir cela ; — et nous ferons toute chose
qui vous puisse fournir profit, — de sorte que vous puissiez détruire 2965
vos ennemis. » — Et pendant qu'ils étaient en train de traiter cette
affaire, — en la Navarrerie ils commencèrent à dire — que la paix
se faisait. Celui que Dieu haïsse, — Pascal Gomiz, alla, pour détruire
le bien, — décrocher l'algarade, de sorte qu'il en fit sortir — la pierre, 2970
et elle alla dans le Bourg frapper, — et trancha et détruisit ce qu'elle
put atteindre. — Et la gent s'écria et se prit à avoir peur, — et
ils crient aux armes et se vont tous garnir. — Et dans Saint-Lau- 2975
rent (quelqu')un commença à aller, — et cria : « Allons hors (d'ici)!
vu que c'est le moment de combattre, — vu que les engins de là

E ap tant un' autra peyra comencet de venir,
Sy que per una casa s'anet en intz plomir. 2980
E d adonc dys N Estacha : « So non es de sofrir ;
E vedetz, seynner N abas, co ns' volo destruir.
Torna von, que z ueimay no y pot ren pron tenir
    Que la guerra no sia.

LXVIII.

fol. 85 r° « Que la gu[e]rra no sia, que'l mal vey començar. » 2985
E crideguo a d armas e preso s a d armar;
E lo valent N Estacha pessa de cavalgar,
E los .xx. disso : « Seynne, que voldret far?
Sobre 'ls nostres engens se vol la gent macar :
Car non les layssan trayre, layssarem les tirar? » 2990
E z el diss lor que z oc, e que'ls anem cremar;
« E z alumaz las fayllas, qu'eu le vuyl primer dar. »
E la claus de la Rocha[1] el se fa aportar,
E hubrit sel portal e z anet oltra anar,
E pres l'escut al col per son co[r]s escudar, 2995
E la faylla el puynn, e comencet d'anar
E la casa on Maria de Lantz solia estar,
E aqui mes lo foc; so qu'eu vi puyss contar;
E lo foc pres se fort, si que'l vic om montar.
fol. 85 v° Et adonc una veylla vai .j. cayron tirar, 3000
Si que feric N Estacha sus l'elme bel e clar,
Dont totz que z ap luy eran ago el cor pessar;
Empero anc no 'l pot en nuylla ren dampnar.
E'n la Poblacion, que vigo 'l foc montar,
Puyego sus les mu[r]s ab fayllas, ab cridar. 3005
E z ap buyss e z ap sofre per mas tost alumar,
E dintz en Sorriburbu anego 'l foc gitar.

---

[1] Ce mot est douteux; on peut à peine le lire dans le manuscrit.

ont tiré, sans mentir. » — Et le bruit se leva, et ils vont tous sortir.
— Et en même temps une autre pierre commença à venir, — en
sorte que dans une maison elle alla tomber. — Et alors dit sire Eustache : « Ceci ne doit pas être souffert ; — et voyez, seigneur dom
abbé, comme ils nous veulent détruire. — Retournez-vous-en, vu
que désormais rien ne peut empêcher — que la guerre ne soit.

LXVIII.

« Que la guerre ne soit, car je vois commencer le mal. » — Et
ils crièrent aux armes et se prirent à s'armer ; — et le vaillant sire
Eustache pense à chevaucher, — et les vingt dirent : « Seigneur,
que voudrez-vous faire ? — Sur nos engins la gent se veut frapper :
— parce qu'on ne les laisse pas lancer, les laisserons-nous tirer ? » —
Et il leur dit que oui, et que nous allions les brûler (les ennemis) ;
— « et allumez les torches, car je veux le premier donner. » — Et la
clef de la Roche il se fit apporter, — et ouvrit ce portail et alla
outre passer, — et prit l'écu au cou pour garantir son corps, — et la
torche au poing, et il commença à aller — en la maison où Marie de
Lanz avait habitude d'être, — et là il mit le feu ; je puis conter ce que
je vis ; — et le feu se prit fort, de sorte qu'on le vit monter. — Et
alors une sentinelle va tirer une pierre, — de sorte qu'elle frappa sire
Eustache sur le heaume bel et clair, — dont ceux qui étaient avec lui
eurent au cœur de la peine ; — pourtant onques il ne put en aucune
façon l'endommager. — Et en la Poblacion, quand ils virent le feu
monter, — ils montèrent sur les murs avec des torches et en criant,
— et avec bois et avec soufre pour plus tôt allumer ; — et dans
Sorriburbu ils allèrent jeter le feu. — Et puis je vous dis en vérité

E puys vos dic de cert que no 'l calc barguinar,
Que z aytantost fun pres, e presso s'a cridar
D'entr'ambas las partidas, e trayre e lansar, 3010
E cayrels e segetas espessamentz anar.
E d'entr'ambas las partz audiratz frondeiar,
E trabuquetz destendre, e peyras enviar;
E viratz derroquar osda[l]s e peciar,
E balestas de torn e d'estrop desarrar. 3015
E z entre'l foc e 'l fum e la color e 'l flar
E 'l vent, lo cel e l'ayre fazian cambiar;
fol. 86 r° Mas cels de la Galea eran en grant cuytar,
Q'us non vezia l'autre ni s pogran devisar :
Tan grans era l'engoyssa del fum e del ventar. 3020
E 'l pros governador N Estacha, qui Dios gar,
Anava per las torrs les torreis confortar,
E dizia : « Seinnos, oy es temps de vengar
La onta dels trachos que nos an fait pessar. »
Adonc viratz las donas e doncelas anar, 3025
E sirventz e sirventas per l'ayga aportar,
Per metre en la Galea pels omes restaurar :
Car la casa en que'l veyllador sol veyllar,
S'era ja alumada e s preni' a cremar.
Mas aysels de la tor, c'avian pro affar, 3030
Ab tota la engoyssa l'anego aterrar;
E crey que mill cayrels y pogratz ben trobar.
Et adoncas N Estacha pres si a d alegrar,
E ap tota sa compaynna pesset de cavalgar
A la Poblacion les portals regardar 3035
fol. 86 v° E las tors e 'ls ambans e 'l luec per gueregar.
E'n la Navarreria pessavan d'estremar
Las femnas, e los oms de ferir e de dar.
E z auziratz dolor e playnner e plorar,
Car tal era vencutz que cuidava sobrar. 3040

HISTOIRE DE LA GUERRE DE NAVARRE. 197

qu'il ne lui fallut pas barguigner, — vu qu'aussitôt il fut pris, et ils se prirent à crier — des deux côtés, et à tirer et à lancer, — et carreaux et flèches (commencèrent à) épaissement aller. — Et des deux côtés vous ouïriez jouer des frondes, — et trébuchets détendre, et envoyer des pierres ; — et vous verriez renverser et mettre en pièces des maisons, — et desserrer des balistes de rempart et de barbacane. — Et entre le feu et la fumée et la couleur et l'odeur — et le vent, ils faisaient changer le ciel et l'air ; — mais ceux de la Galée étaient en grande presse, — vu que l'un ne voyait pas l'autre ni ils ne se pouvaient parler : — tant grande était l'incommodité de la fumée et du vent. — Et le preux gouverneur sire Eustache, que Dieu garde, — allait par les tours réconforter les touriers, — et disait : « Seigneurs, aujourd'hui il est temps de venger — l'outrage des traîtres qui nous ont fait de la peine. » — Vous verriez alors les dames et les demoiselles aller, — et serviteurs et servantes pour apporter de l'eau, — pour mettre en la Galée pour restaurer les hommes ; — car la maison en laquelle le veilleur a coutume de veiller, — s'était déjà allumée et se prenait à brûler. — Mais ceux de la tour, qui avaient assez à faire, — à grand'peine l'allèrent jeter à terre ; — et je crois que mille carreaux vous y pourriez bien trouver. — Et alors sire Eustache se prit à se réjouir, — et avec toute sa compagnie il pensa à chevaucher — à la Poblacion (pour) regarder les portails — et les tours et les retranchements et le lieu pour guerroyer. — Et en la Navarrerie ils pensaient à retirer — les femmes, et les hommes à frapper et à donner. — Et vous ouïriez douleur et plaintes et pleurs, — car tel était vaincu qui croyait avoir le dessus. — Et alors les riches hommes allèrent revêtir leurs hauberts, — et se firent les chevaux garnir et apprêter ; — ils sortirent de la ville et allèrent se poster — vers la Taconera, vu qu'ils pensaient trouver — les hommes des deux

Et adons les ricomes anego auzbergar,
E foro s los cavals garnir et aprestar;
Yssigo s de la vila e z anego s parar
Endreit la Taconera, que cuidavan trobar
Les omes d'ams les borcs per pendre e per raubar; 3045
Car Boquin les dizia e 'ls anava jurar
Que z ap sas algarradas les yria gitar
Dels borcs, e destruizir e los albercs desfar,
Que z om non l'auseria ni femna esperar;
Enantz s'en fugyrian e s'irian salvar. 3050
E 'ls baros e 'ls ricomes podian ben musar,
Que s cugavan fugissen, e'n fessan lor mandar.
Empero balestas anet om enbiar,
Si volian els borcs totz esems albergar,
Car om les layssaria seguramentz estar; 3055
Pero, a la yssida, s pessasen de gardar.
La hy viratz balestes e sirventz apartar
D'entr'ambes les partidas, e cayrels presentar,
E dartz e z alavesas menudamentz volar,
E las balestas tendre e tantost desarrar; 3060
E la guerra fom cauda e fortz de remirar,
Car dedintz e deforas pessavan de macar.
Lay auziratz las donas playnner e sospirar,
Car non vedian lor fill ni lor maritz tornar.
E viratz d'estadals reseynner li autar, 3065
E los santz e las santas ab torchas alupnar,
E domnas e donzelas ploran agenoyllar.
E adonquas N Estacha virat lo remenar,
Si que tota la vila fazia alegrar.
E duret tant la guerra e 'l ferir e 'l chaplar, 3070
Que'l soleyll s'en intret si c'om non vic son par,
E z ac n'i de nafratz que z anego megar.
E fon tan grantz la guerra e 'l mal e 'l tribayllar,

bourgs pour prendre et pour piller; — car Boquin leur disait et leur allait jurer— qu'avec ses algarades il les irait chasser— des bourgs, et détruire et défaire les habitations, —vu qu'homme ni femme ne l'oserait attendre ; — au contraire ils s'enfuiraient et s'iraient sauver. — Et les barons et les riches hommes pouvaient bien muser, — quand ils pensaient qu'ils s'enfuiraient, et en feraient leur commandement. — Pourtant les balistes on alla envoyer, — s'ils voulaient dans les bourgs tous ensemble héberger, — car on les laisserait (y) être en sûreté;—pourtant, à la sortie, qu'ils pensassent à prendre garde. — Là vous verriez arbalétriers et soldats s'écarter—des deux côtés, et présenter des carreaux, — et dards et projectiles voler menu, — et tendre et aussitôt desserrer les balistes; — et la guerre fut chaude et forte à contempler, — car dedans et dehors ils pensaient à frapper. — Là vous entendriez les dames (se) plaindre et soupirer, — car elles ne voyaient pas leurs fils ni leurs maris revenir. — Et vous verriez de cierges entourer les autels, — et illuminer avec des torches les saints et les saintes, — et dames et demoiselles pleurant (s')agenouiller. — Et alors vous verriez sire Eustache se démener, — en sorte que toute la ville il faisait se livrer à la joie. — Et tant dura la guerre et le combat et le carnage, — que le soleil se coucha et qu'on ne vit pas son compagnon, — et il y en eut de blessés qui allèrent (se) faire panser. — Et fut si grande la guerre et le mal et la fatigue, — que des deux côtés ils allèrent se retirer, — parce que le jour faisait défaut.

Que d'entr'ambas las partz s'aneguo repayrar,
    Per ço que'l jorn faillia.   3075

LXIX.

Per ço que'l jorn fayllia se foron relinquid;
Pero d'ambas las partz n'estego maynt garnid,
E lau contra l'autre aprest et amarvid.
Tota la nuyt audiratz las gaytas [far] maint crid;
E quant venc sus a l'alba, que'l soleyll resplandid,   3080
Cridero a las armas, e foro tuyt yssid.
E laus pren la lança, l'autre l'espeu pelid,
L'autre pren sa baleste an cayrels esmolid,
E l'autre pren son escut e son elme forbid,
E l'autre la guyssarma, l'autre'l cotel brunid,   3085
E l'autre son perpuynt, l'autre'l bran coladid.
E d adonques N Estacha parled, si c'om l'aauzid,
E diss lor : « Francx seynnos, li tracho[r] fementid
An perduda la força e perdut lor envid,
E z ay ferm esperança que tuid saran delid. »   3090
E z ab aquestas novas levet s el noytz e 'l crid,
E cridero a d armas, si que foro yssid,
Laus ent a Sant Jaime on era 'l chaplerid;
L'autre vengo al forn, ont mayntz om fo ferid;
L'autri oltra 'l pont nou entre l'arbre florid.   3095
D'entr'ambas las partz viratz que quascus s'escrimid.
E lo valent N Estacha venc s'en encoragid
Ent al forn, car la era le mayor chaplerid;
E z el, ab sa compaynna, fo se tant enardid,
Qu'a mantenent l'avian, assi que fo ferid   3100
Un escuder que avia gayllart e ben ardid.
N Arnaut de Marcafava a nom en son escrid.
E det l'om tal sul pe d'un cayro redondid,
Que per pauc de dolor aqui non s'e[s]mayd.

LXIX.

Parce que le jour faisait défaut ils se furent abandonnés; — pourtant des deux côtés maints restèrent armés, — et l'un contre l'autre apprêté et disposé. — Toute la nuit vous entendriez les sentinelles [faire] maint cri; — et quand vint sus à l'aube, que le soleil resplendit, — ils crièrent aux armes, et furent tous sortis. — Et l'un prend la lance, l'autre l'épieu poli, — l'autre prend son arbalète avec carreau émoulu, — et l'autre prend son écu et son heaume fourbi, — et l'autre la guisarme, l'autre le couteau bruni, — et l'autre son pourpoint, l'autre le glaive tranchant. — Et alors sire Eustache parla, de sorte qu'on l'ouït, — et leur dit : « Francs seigneurs, les traîtres félons — ont perdu la force et perdu leur défi, — et j'ai ferme espérance que tous seront détruits. » — Et sur ces entrefaites se leva le bruit et le cri, — et ils crièrent aux armes, de sorte qu'ils furent sortis, — les uns vers Saint-Jayme où était le carnage; — les autres vinrent au four, où maint homme fut frappé; — les autres outre le pont neuf entre les arbres fleuris. — Des deux côtés vous verriez que chacun se bat. Et le vaillant sire Eustache s'en vint encouragé — vers le four, car là était le plus fort carnage; — et lui, avec sa compagnie, il se fut tant enhardi, — que sur-le-champ ils l'avaient, tellement que fut blessé — un écuyer qu'il avait brave et bien hardi. — Sire Arnault de Marcafava il a nom en son écrit. — Et on lui donna un tel (coup) sur le pied d'une pierre ronde, — que peu s'en fallut

Ab tant don Diego Martinetz fo venid, 3105
E segotet sa lança fermamentz e brandid;
E donet tal a d un que ac acosseguid
Pel peitz, que z anc no poc tornar lo fer polid.
E cels de l'autra part foron si enrabgid,
Que totz foron tantost sobre luy asayllid; 3110
E degon tantz de colps qu'en terra s'acorpid,
Que per plus de .x. locs issi 'l sanc escarid;
E menet l'om nafrat e mal envilanid;
E qui no l'ajudes, lai [en] fora giquid.
E un autr' escuder gayllart e ben aybid, 3115
De don Fortuyn Eniguitz era frayre plenid,
Ab la lança el puynn el fo avant sayllid,
E ferig n'un tant fort que z el cors o sentid.
E un de l'autre partz ac le ben devezid,
E det le d'una lança si que z aqui morid, 3120
En que les traydos se foro esgayzid.
Don Andreu de Marça d'un venable brunid
Fo feritz per la cara, si que trastot l'ubrid
La mayssel e la gauta tro a sus a la narid.
E don Pascal Laceylla d'un cayrel asserid 3125
Fo ferud en la cara [de] mal colp descausid.
En la part vas Sanct Jacme foro si referid,
Que n'i ac de nafrat, de mortz e de fenid.
Pero Peritz d'Araquill y fo mortz e delid,
Aznar de Çaraquieta fo mortz e relinquid, 3130
E de l'autra part .ij. foro mort e somsid.
E lo valent N Estacha estet totz esbaid,
Car vic nafratz sos omes, [e] mortz e descolid.
E cridet autamentz : « Que sera, Jhesu Crid!
Si serai per traydos perjurs ses fe aunid, 3135
Que contra lur seynnora se son appoderid?
Non deu esser sufert per vos ni cossentid. »

que de douleur là il ne s'évanouît. — En ce moment don Diego
Martinez vint, — et secoua et brandit fermement sa lance; — et il
donna un tel (coup) à un qu'il atteignit — par la poitrine, que le fer
poli ne put plus revenir. — Et ceux de l'autre côté furent si enragés,
— que tous furent aussitôt élancés sur lui; — et ils lui donnèrent
tant de coups qu'en terre il s'accroupit, — vu que par plus de dix
endroits sortit le sang précieux; — et on l'emmena blessé et cruellement maltraité; — et qui ne l'aiderait pas, là [en] serait délaissé. —
Et un autre écuyer brave et bien façonné, — de don Fortunio Iniguez il était frère entier, avec la lance au poing il se fut élancé
en avant, — et en frappa un si fort qu'au corps il le sentit. — Et
un de l'autre côté l'eut bien visé, — et lui donna tel (coup) d'une
lance que là il mourut, — en quoi les traîtres se furent égayés. —
Don Andrieu de Marça d'un épieu bruni — fut frappé par la face,
de sorte qu'entièrement on lui ouvrit — la mâchoire et la joue jusque sur le nez. — Et don Pascal Laceylla d'un carreau acéré —
fut frappé en la face de mauvais coup brutal. — Dans la partie (de)
vers Saint-Jayme ils furent tellement repoussés, — qu'il y en a de
blessés, de morts et de finis. — Ainsi Peritz d'Araquil y fut tué et
détruit, — Aznar de Zaraquieta fut tué et abandonné, — et de l'autre
côté deux furent tués et détruits. — Et le vaillant sire Eustache resta
tout ébahi, — quand il vit ses hommes blessés, (et) morts et
déconfits, — et il cria hautement : « Que sera(-ce), Jésus-Christ!
— si je suis par des traîtres parjures (et) sans foi honni, — qui
contre leur maîtresse se sont fortifiés? — (Cela) ne doit pas être
souffert par vous ni consenti. » — Et les bourgeois des deux bourgs
aussitôt eurent dit : — « Seigneurs, ils sont vaincus et morts et
épouvantés. — En guerre (c')est coutume et droit, vu qu'il en est
lu, — que des deux côtés il y en doit avoir de morts et de bles-

E 'ls borges d'ams les borcs aitantost ago did :
« Seynnor, els son vencutz e mortz e z espaurid.
En gerra es costumma y dreitz, que n'es legid, 3140
Que d'anbas partz n'i deu aver mortz e ferid. »
E z ap aquelas novas els foron azaptid.
D'entr'ambas las partidas levet se lo brugid,
fol. 89 v° E ferigo s per caps e per mans e per did.
E duret tant la gerra e 'l chaple e 'l repid, 3145
Que'l terra e la ribera e l'ayga redendid,
E lo cel e 'l soleill e l'air' en refrenid.
E partit se lo jocx, que lo jorn s'escurid;
E cels que foron mortz porteron lor amid;
E cesset se la guerra e la noiza e 'l crid 3150
  Tro a lendema a l'alba.

LXX.

Tro a lendema a l'alba, que'l soleills ysitz fo,
D'entr'ambas las partidas estego ses tenço;
Mas quant le jorn parec, trestotz escridero,
Ricomes e baros, caver e d efanço, 3155
Borgues e menestrals, e silventz e peo :
« Baros, totz a las armas, que z er ve la sazo
Que mostrem los coratges, e veirem qui son pro. »
E d adonquas N Estacha, cui es sens e razo,
Sonet les .xx. e cels que del coseyll foro, 3160
E diss los en aissi : « Lo nostre coraço
fol. 90 r° Nos sera grant dapnage e grant perdicio.
Lo poble de la vila, a tot lo prumer so.
Isso fora 'ls portals, e degus no gardo
So que s cove a gerra ni a malecio; 3165
E cuyatz, cant les vei nafratz, que m sapcha bo?
Antz n'ai dolor mortal dintz en mo coraço. »
E d ado[n]quas les .xx. tantost resposo lo :

sés. » — Et sur ces explications ils furent satisfaits. — Des deux côtés le bruit se leva, — et ils se frappèrent par les têtes, par les mains et par les doigts. — Et dura tant la guerre, le carnage et le bruit, — que la terre et la plaine et l'eau retentit, — et le ciel et le soleil et l'air en résonna. — Et la bataille cessa, vu que le jour s'obscurcit; — et ceux qui furent morts, leurs amis (les) emportèrent; — et la guerre et le bruit et les cris cessèrent — jusqu'au lendemain à l'aube.

LXX.

Jusqu'au lendemain à l'aube, que le soleil fut levé, — des deux côtés ils restèrent sans combat; — mais quand le jour parut, tous (s')écrièrent, — riches hommes et barons, chevaliers et jeunes écuyers, — bourgeois et ouvriers, et serviteurs et gens de pied : — « Barons, tous aux armes, car maintenant vient la saison — que nous montrions nos courages, et nous verrons quels sont preux. » — Et alors sire Eustache, qui a sens et raison, — appela les vingt et ceux qui furent du conseil, — et leur dit ainsi : « Notre cœur — nous sera grand dommage et grande perdition. — Le peuple de la ville, avec le premier son, — sort hors des portes, et nul ne regarde — à ce qu'il convient à guerre et à furie; — et croyez-vous, quand je les vois blessés, qu'il me sache bon? — Au contraire j'en ai douleur mortelle en dedans de mon cœur. »

« Seynner, lo poble os ama aitant que metrio
Les cosses per a vos fayre defensio. » 3170
— « Jesu Crist, diss N Estacha, les ne do galardo. »
En mentre qu'els estavan en aquesta razo,
Les campanas sonero e 'ls corns que cornero ;
E 'ls omes de las vilas que las tors gaitavo,
Cridego : « Via fora, valetz al conpaynno ! » 3175
Que d'entr'ambas las partz se nefran e s fero,
E cridan a las armas. Laus pren gonio,
E l'autre pren sa lança, l'autre sos golfaino,
L'autre pren sa balesta e l'autre so rayllo,
fol. 90 v° E l'autre pres sa espassa, l'autre so gorgero, 3180
E l'autre pren son espieu e l'autre son pendo,
E l'autre sa gazarma e l'autre son plaço ;
E yssigo la fora, la ont se ferio.
Aqui viratz ferir e donar ses rayzo,
E gitar dartz, e lanças et espieus a bando ; 3185
Lay viratz escutz fendre e z uvrir alcoto,
Cayrels volar espes com fan li auzelo.
De la Navarreria suent escridavo :
« *Sant Cristofol, Elcart, e Zeuza, e Ladro,*
E *Cascant,* e *Bidaurre, Oarritz,* ab resso. 3190
E cels dels borx cridavan *Navarra* a bando,
E *Beu Marchet* e 'l martre sant Cerni que y tenc pro,
E 'l bar sant Micholau que'ls marines clamo.
E quant foron ensemble la fora el sablo,
Lay viratz dar e pendre ab grant malecio, 3195
Que degus no s conoyssia so fill ni son payro.
Lay viratz nafarra omes entorn et enviro,
fol. 91 r° E cervelas espandre, et hubrir maint menton,
E de cayrels nafrar caps e pes e braço.
E fom tant grant la guerra e 'l trebayll e 'l resson, 3200
Que quascuc s'en entrava, quant podi' a lairo,

— Et les vingt lui répondirent tout aussitôt : — « Seigneur, le peuple vous aime tant qu'ils exposeraient — les corps pour vous faire défense. » — « Que Jésus-Christ, dit sire Eustache, leur en donne récompense. » — Pendant qu'ils étaient sur ce chapitre, — les cloches sonnèrent et (voilà) les cors qui cornèrent ; — et les hommes des villes qui veillaient les tours, — crièrent : « Courez dehors, secourez le compagnon ! » — Car des deux côtés ils se blessent et se frappent, — et crient aux armes. L'un prend (sa) casaque, — et l'autre prend sa lance, l'autre son gonfanon, — l'autre prend son arbalète et l'autre son trait, — et l'autre prend son épée, l'autre son gorgerin, — et l'autre prend son épieu et l'autre son pennon, — et l'autre sa guisarme et l'autre son plançon ; et ils sortirent là dehors, là où l'on frappait. — Là vous verriez frapper et donner sans raison, — et lancer dards, et lances et épieux sans retenue ; — là vous verriez fendre écus et ouvrir hoquetons, — carreaux voler épais comme font les oisillons. — De la Navarrerie souvent ils s'écriaient : — *Saint-Christophe*, *Elcart*, et *Zeuza* et *Ladron*, — et *Cascante* et *Bidaurre*, *Oarritz*, avec bruit. — Et ceux des bourgs criaient *Navarre* avec force — et *Beaumarchais*, et (invoquent) le martyr saint Cernin, qui y tint profit, — et le baron saint Nicolas que les mariniers invoquent. — Et quand ils furent ensemble là dehors sur le sablon, — là vous verriez donner et prendre (des coups) avec grande furie, — vu que personne ne connaissait son fils ni son père. — Là vous verriez blesser des hommes à l'entour et environ, — et répandre cervelles et ouvrir maint menton, — et blesser de carreaux têtes et pieds et bras. — Et la guerre et la fatigue et le bruit furent si grands, — que chacun rentrait, quand il pouvait, à la dérobée, — et des deux côtés il en venait de blessés, — tellement que les dames avaient mauvais soupçon, — l'une pour son mari qu'elle avait bel et bon, — et l'autre pour son père ou pour son enfant, — et l'autre pour

E d'anbas las partidas de nafratz venio,
Si qu'avian las donas mala sospessio,
L'una per son marid qu'avia bel e bo,
E l'autra per son payre o per son effanço, 3205
E l'autre per son frayre qu'amava per son pro.
E quant venc al mey jorn que la calor del tro
Deissendet en la terra, yssigo d'espero
De la Navarreria caves ap cor felo;
E cels dels borxs estego plus ferm que z un peyro, 3210
E d'ambas partz escridon li borgues e 'l garço :
« Per Dio, diss l'us al autre, oy daretz redenso. »
E d adonquas N Estacha, gaylla[r]ts plus que leo,
Mes se el camp ab els, sy que le conego;
E 'ls omes d'ams les borx denant el se mezo, 3215
fol. 91 v° E disso 'l : « Franc seynnor, so non es pas razo
Que vos yscatz al camp contra malvatz gloto.
Layssatz a nos combatre e pendre passio;
Car si nos vos perdiam, per encussacio
Perdriam lo poder, la força e l'aguyllo, 3220
E valdria nos may que fossam en presso
O que fossam vengutz el poder Farao. »
E'N Estacha lor diss : « Yeu vos faz un sermo :
Si vos autres muretz, ja Deus vida no m do,
Ni m lays a rependir ni aver confessio. » 3225
E z ap aquestas novas auziratz tal lo so
De lanças e de dartz e d'espeu de rrando
D'e[n]tr'ambas las partidas, que de mortz n'i ac pro.
E duret tant la guerra si que'l soleyll bas fo,
E quascus s'en entret, e qui mortz fo, mortz fo; 3230
E pero totz les morts d'anbas partz ne meso.
E y entret se lo pople repausar senes to,
  Tro lendeman al dia.

son frère qu'elle aimait pour son mérite. — Et quand vint le midi que la chaleur du ciel — descendit sur la terre, sortirent rapidement — de la Navarrerie chevaliers avec cœur furieux ; — et ceux des bourgs se tinrent plus fermes qu'un perron, — et des deux côtés s'écrient les bourgeois et les garçons : — « Par Dieu ! dit l'un à l'autre, aujourd'hui vous donnerez rançon. » — Et alors sire Eustache, brave plus que lion, — se mit aux champs avec eux, de sorte qu'ils le reconnurent ; — et les hommes des deux bourgs devant lui se mirent, — et lui dirent : « Franc seigneur, cela n'est pas raison — que vous sortiez au champ contre de mauvais gloutons. — Laissez à nous de combattre et prendre peine ; — car si nous vous perdions, par reproche — nous perdrions le pouvoir, la force et l'aiguillon, — et il nous vaudrait mieux que nous fussions en prison, — ou que nous fussions venus au pouvoir de Pharaon. » — Et sire Eustache leur dit : « Je vous fais un sermon : — si vous autres vous mourez, que Dieu ne me donne jamais vie, — ni me laisse à repentir ni avoir confession. » — Et sur ces entrefaites vous entendriez tel le son — de lances et de dards et d'épieux avec impétuosité — des deux côtés, qu'il y eut assez de morts. — Et la guerre dura tant que le soleil fut bas, — et chacun rentra, et qui fut mort, fut mort ; — et pourtant ils en mirent les morts des deux côtés. — Et le peuple rentra se reposer sans bruit, — jusqu'au lendemain au jour.

LXXI.

fol. 92 r° Tro lendeman al dia esteron sens contendre;
E la Navarreria anego si enpendre, 3235
Que'l molin del Maço puyrian aver e pendre.
E z anego ss'armar payre e fill e gendre,
E 'ls cavales s'armero tuyt, li mager e 'l mendre,
E mandego las fayllas alumar et essendre,
E yssigo de la vila per los camis perpendre; 3240
E vengo al moly, ont maynt arc viratz tendre
De la tor del moly e maint cayro deissendre.
E cels deffora dysso : « Baros, oy es a rendre. »
E z aportero leynna per metre tot a ssendre.
E donc viratz balestas de torn e d'estrop tendre, 3245
E deffora combatre, e z els dedintz deffendre,
E vengo a la porta per trencar e per fendre,
E 'l capdel del moli anet s'a lor estendre;
E z un cayrel lo fier que non era pas tendre,
Pel cap, si que moric, e crei fos en divendre. 3250
E fo tant grant lo foc e lo fum, que z atendre
fol. 92 v° No pogo cels dedintz, si c'anero enpendre
Que ns redam a merce, que be ns y voldran pendre;
Si qu'a don Pero Sanchetz anego 'l fayt apendre.
E pres les a merce, e z acnego deyssendre, 3255
   E perdet se'l moly.

LXXII.

E perdet se'l moly ab tot lo garnimen;
E cobret om les omes ses pendre dampnamen,
Sal d'u c'om y perdet molt guaylla[r]tz e valen.
E z ab aquestas novas vengo tot dreytamen 3260
Lop Dietz e 'N Simo Ruytz, qu'eran paren,
E foro en Pampalona on era lo turmen;

LXXI.

Jusqu'au lendemain au jour ils furent sans combattre ; — en la Navarrerie ils allèrent tellement pousser, — afin de tenter si le moulin du Maçon ils pourraient avoir et prendre. — Et père et fils et gendre allèrent s'armer, — et les chevaliers s'armèrent tous, les plus grands et les moindres, — et ils commandèrent d'allumer et de faire brûler les torches, — et ils sortirent de la ville pour occuper les chemins ; — et ils vinrent au moulin, où maint arc vous verriez tendre — de la tour du moulin, et maint carreau descendre. — Et ceux de dehors disent : « Barons, aujourd'hui il faut se rendre. » — Et ils apportèrent du bois pour mettre tout en cendres. — Et alors vous verriez tendre des balistes de rempart et de barbacane, — et dehors combattre, et ceux de dedans se défendre, — et ils vinrent à la porte pour (la) trancher et pour (la) fendre, — et le capitaine du moulin alla vers eux s'avancer ; — et un carreau qui n'était pas tendre le frappe — par la tête, tellement qu'il mourut, et je crois que ce fut un vendredi. — Et furent si grands le feu et la fumée, qu'attendre — ne purent ceux de dedans, tellement qu'ils allèrent entreprendre — que nous nous rendions à merci, vu que bien ils nous y voudront pendre ; — de sorte qu'à don Pierre Sanchez ils allèrent apprendre le fait. Et il les prit à merci, et ils allèrent descendre, — et se perdit ce moulin.

LXXII.

Et se perdit le moulin avec toutes les munitions ; — et l'on recouvra les hommes sans éprouver de dommage, — sauf un qu'on y perdit très-brave et vaillant. — Et sur ces entrefaites vinrent tout droit — Lope Dias et sire Simon Ruiz, qui étaient parents, — et furent en Pampelune où était la tourmente ; — et ils virent que le mal et le

E vigo que'ls mals era e lo gran fayllimen
En la Navarreria, que z eran molt saben;
Pregegon Lop Dietz e 'N Simo yssamen 3265
Que demandessen tregas tro a .ij. jorn fayllen.
E don Symon e 'N Lop pregegon humillmen
A 'N Estacha e als borx que lor fos chausimen
Que z aguessan de tregas .ij. jorns enteramen.

fol. 93 r° E 'N Estacha det las, don y fe gran nossen; 3270
Car dedintz les bayntz traysso molt gran arnescamen,
Que non l'ausavan trayre ni far sol aparven.
En aquels .ij. jorns traysso els, a mos oyll veden,
Que dels bayntz, que dels sils, que valc mil marx d'argen.
E d adonquas N Estacha, cui es valor e sen, 3275
Fe rregardar los borx co estavan de formen,
De vi e de civada, de bacos yssamen.
E per donar confort a la mesquina gen,
Donet los mil cafiz de formen per pressen;
Enpero tals ne pres qu'era ricx e manen. 3280
Jur vos, pel Seynnor qu'es nostre salvamen,
Que z anc no vis nuyll ome de guerra plus saben
Ni qui mils la menes ha [bon] ordenemen.
E car vic que lo poble yssia pegamen,
Establit los portals de sos millos sergen. 3285
Del Chapitel gardet lo portal belamen
N Uc cel de Montlasu gayllartz e molt puynnen.
E guardet lo portal del martre sant Loren
Don Garcia Martinitz d'Uritz molt conoyssen,
Que ves la seynnoria va totz temps leyalmen. 3290
E'n la Poblacion gardego sabgamen
Le portal del mercat li Gascon convalen.
Cel de Sant Micholau gardego yssamen
Ly Tolsa e 'l Gascon trastotz mescladamen.
E li autre portal fe gardar duramen; 3295

grand tort étaient — en la Navarrerie, vu qu'ils étaient très-savants ;
— ils prièrent Lope Dias et sire Simon également — qu'ils deman- 3265
dassent des trêves jusqu'à deux jours passés. — Et don Simon et sire
Lope prièrent humblement — sire Eustache et les bourgs qu'il leur
fût agrément — qu'ils eussent de trêves deux jours entièrement. —
Et sire Eustache les donna, en quoi il fit grande folie ; — car 3270
dedans les bains ils tirèrent très-grand harnachement, — qu'ils
n'osaient pas tirer ni faire seulement le semblant. — Dans ces deux
jours ils tirèrent, de mes yeux le voyant, — tant des bains que des
celliers, ce qui vaut mille marcs d'argent. — Et alors sire Eustache, 3275
à qui est valeur et sens, — fit regarder (dans) les bourgs comment ils
étaient de froment, — de vin et d'avoine, de jambons également. —
Et pour donner encouragement à la chétive gent, — il leur donna
mille paniers de blé en présent ; — toutefois tel en prit qui était riche 3280
et fortuné. — Je vous jure, par le Seigneur qui est notre salut, —
que jamais je ne vis nul homme plus savant (en fait) de guerre,
— ni qui mieux la menât avec bon ordre. — Et parce qu'il vit que le
peuple sortait niaisement, — il établit aux portes ses meilleurs soldats. 3285
— Du Chapitel garda la porte bel et bien — sire Hugues, celui de
Montlasu, brave et très-ardent. — Et garda la porte du martyr saint
Laurent — don Garcia Martinez d'Uritz (homme) fort instruit, — qui 3290
vers l'autorité va toujours loyalement. — Et en la Poblacion gardèrent
sagement — la porte du marché les Gascons intrépides. — Celle de
Saint-Nicolas gardèrent pareillement — les Toulousains et les Gascons
tous ensemble. — Et il fit garder fortement les autres portails ; — mais 3295
je ne sais dire qui furent (ceux à qui ils furent confiés), ni je n'en
ai souvenance. — Ainsi il fit surveiller la ville soigneusement ; — et
ses hommes veillaient armés et vêtus, — les uns jusqu'à minuit, les
autres jusqu'au jour luisant. — Et du vaillant Eustache je puis vous 3300

Mas no sai dir qui foro ni n'ai remembramen.
Assi fe regardar la vila suptillmen;
E veyllavan sos omes armatz ab vestimen,
Laus tro a meia nuyt, l'autri tro a 'l jorn luzen.
E del valent N Estacha puys vos di[r] certamen 3300
Qu'el meteys se levava et anava quedamen
Vezer cels dels portals si gardavan ab sen.
Aquels .ij. jorns estero ses far remesclamen;
E quant tregas faylliron ni 'l soleyll fo deden,
Las gaytas de las tors escridego fortmen 3305
D'entr'ambas las partidas, e disso que pressen
Aurian bo mati de part de li engen.
E z ab aquestas novas l'alba fom pareyssen,
E z anego totz cels qu'avian mandamen
Bayssar las algarradas. 3310

LXXIII.

Bayssar las algarradas, e z avia mester.
E d'entr'ambas las partz tuyt foron batayller.
E viratz venir peiras com si fos avesser,
E trencar maynt palaci, cambras e maint soler;
E quant le jorn fum clas que parec lo semder, 3315
Sonego las campanas e cridego 'l torrer :
« Baros, totz a las armas, qu'oy vos aura mester. »
Lay s'anego armar baros e cavaler,
Borgues e menestrals, sirvent e soudader,
E cascus dels ricomes montet en son destrer. 3320
E 'l poble de las vilas yssigo tuit prumer,
Laus per matar l'autre, la fora el camper.
Laus portava peyra, l'autre espeu monter,
L'autre capel de fer, l'autre escut de quarter,
E qui portava maça, qui baston de pomer. 3325
E comencet la noysa e 'l ferir e 'l chapler.

HISTOIRE DE LA GUERRE DE NAVARRE.

dire certainement — que lui-même se levait et allait doucement — voir ceux des portails s'ils gardaient avec sens. — Ces deux jours ils restèrent sans faire nouvelle mêlée ; — et quand les trêves cessèrent et que le soleil fut couché, — les sentinelles des tours crièrent fort — des deux côtés, et dirent que présent — ils auraient de bon matin de la part des engins. — Et sur ces entrefaites l'aube parut, — et tous ceux qui (en) avaient l'ordre allèrent — baisser les algarades.

LXXIII.

Baisser les algarades, et (c')était nécessaire. — Et des deux côtés tous furent batailleurs. — Et vous verriez venir des pierres comme si (ce) fût (le) diable, — et trancher maint palais, chambres et mainte plate-forme ; — et quand le jour fut clair, que parut le sentier, — les cloches sonnèrent et les touriers crièrent : — « Barons, tous aux armes, vu qu'aujourd'hui vous (en) aurez besoin. » — Là s'allèrent armer barons et chevaliers, — bourgeois et ouvriers, serviteurs et soldats, — et chacun des riches hommes monta sur son dextrier. — Et le peuple des villes sortit tout d'abord, — l'un pour tuer l'autre, là dehors dans la campagne. — L'un portait pierre, l'autre épieu de chasse, — l'autre chapeau de fer, l'autre écu de quartier, — et qui portait masse, qui bâton de pommier. — Et commença la noise et le frappement et le

E lo valent N Estacha, si com savi guerrer,
Venc s'en ab sa compaynna, gayllartz e fasender,
E regardet la guerra e 'l mal e 'l destorber.
E d adonquas ricomes, baros et escuder, 3330
De l'autre part yssiro sautant plus que lebrer,
Conplitz de totas armas, ab maynt bon seynnerer;
E si passero l'aiga e perpresso 'l terrer.
E li ome del Borc si foro el verger
Que z es oltra 'l pont nou, fyrentz entre'l meller; 3335
E dizian cels de la : « Oy moretz, renoer,
Vos autres qu'etz del Borc sabens e mesonger. »
E cels dels borcx dizian : « Mentretz, vilans peyter;
Mas vos morretz qu'es falses vas lo dreit hereter. »
E z ap tant .j. baro, gayllartz plus c'Oliver, 3340
Broquet dels esperos son caval viander,
Contra cels d'ams les borcx chapla e dona e fier;
Ma[s] En Bernart Bigorda y fo aventurer,
Que z ades pres .j. colp mortal e galzier.
E d adonc don Garcia, qu'es afforçit gerrer, 3345
Feric per mey la pressa com foldre o temper,
Si que'ls omes dels borcx se fugian arrer
E s gitavan en l'ayga, que s muyllava 'l brager;
E pel pont ne fugian a sentz e z a miller,
Si que don Garcia y fo ben fazender, 3350
Qu'a Bernat Bigorda, que trobet tot primer,
Det l'un tal colp de lança qu'avya el fer d'acer,
Entre'l col e l'espalda, que cazet el terrer;
E puys det le .j. autre e puyssa lo terçer.
E d adonquas dels borcx yssigo 'l balester, 3355
E z escridero totz : « Val nos, Rey dreiturer,
   Per la tua vertud.

carnage. — Et le vaillant sire Eustache, ainsi comme sage guerrier, — s'en vint avec sa compagnie brave et actif, — et regarda la guerre et le mal et le trouble. — Et alors riches hommes, barons et écuyers, — de l'autre part sortirent sautant plus que lévriers, — armés de toutes pièces, avec mainte bonne enseigne ; — et ils passèrent l'eau et occupèrent le terrier. — Et les hommes du Bourg furent au verger — qui est de l'autre côté du pont neuf, frappant dans la mêlée ; — et disaient ceux de là : « Aujourd'hui vous mourrez, renégats, — vous autres qui êtes du Bourg savants et mensongers. » — Et ceux des bourgs disaient : « Vous mentirez, vilains vauriens ; — mais vous vous mourrez, vu que vous êtes faux envers le légitime héritier. » — Et en même temps un baron, brave plus qu'Olivier, — piqua des éperons son cheval rapide, — contre ceux des deux bourgs il hache et donne et frappe ; — mais sire Bernard Bigourdan y fut aventureux, — vu que tout de suite il prit un coup mortel et poignant. — Et alors don Garcia, qui est vigoureux guerrier, — frappa au milieu de la presse comme foudre ou tempête, — tellement que les hommes des bourgs s'enfuyaient (en) arrière, — et se jetaient dans l'eau, (de sorte) que se mouillait la ceinture ; — et par le pont ils s'enfuyaient par cents et par milliers, — tellement que don Garcia y fut bon jouteur, — car à Bernard Bigourdan, qu'il trouva tout d'abord, — il donna un tel coup de la lance qui avait le fer d'acier, — entre le cou et l'épaule, qu'il tomba sur le terrier ; — et puis il lui en donna un autre et puis le troisième. — Et alors des bourgs sortirent les arbalétriers, — et ils crièrent tous : « Secours-nous, vrai Roi, — par ta vertu.

LXXIV.

« Per la tua vertud, tu que es rei poderad. »
E cridan a las armas, e foro s conortad.
fol. 95 v° E la viratz cayre[l]s menutz e z afilad, 3360
Si que d don Garcia son caval poderad
Fon tant fortmen ferit e tant mal encolpad,
Que trabuca e tumba e z agni escridad.
E d adonquas Guiot, sergent molt esforçad,
Anet s'en ent a lui, sy que l'ac .j. colp dat; 3365
Mas don Garcia era tant noblamentz armad,
Que z anc no 'l pot falsar son bel azberc sofrad.
E z un pros cavaler, qu'ayssi vic enpreyssat
So seynnor don Garcia, e fo se aprimairad,
E broquet son caval e venc s'en abreyvad, 3370
E de[t] per mei la pressa, e feric a tot lad;
Enpero son caval le tiret mal son grad,
Asi que l'enporteg oltra sa volontad.
E det tal per hu ort, que, si no s foss bayssad,
Al vuidar de la porta que s fora eysservelad; 3375
E z ab aquo meteis si pres .j. colp malvad,
C'us le det d'una lança sus le destre costad.
fol. 96 r° E quant fu dedintz l'ort, fugian a tot lad
Cels que y eran dels borx, quant le vigo entrad;
Mas del colp qu'avia pres era si esmaiad, 3380
C'a per pauc no cadia del caval cubertad.
Ladonx cels que fugian foro si regardad,
E vigo que z estava trastot desenparad,
E tornego a lui, e z el fo redreçad,
E mes ma al espada; pero no 'l valc .j. dad, 3385
Que z em petita d'ora fo aissi lanceiad,
Que z anc non vi luyn ome tant fortment demembrad:
Que negus no 'l conogra, tant era deffaçad.

LXXIV.

« Par ta vertu, toi qui es roi puissant. » — Et ils crient aux armes, et se furent animés. — Et là vous verriez carreaux menus et affilés, — tellement que de don Garcia son cheval puissant — fut si fortement frappé et si malement atteint, — qu'il trébuche et tombe et hennit essoufflé. — Et alors Guyot, soldat très-brave, — s'en alla vers lui, tellement qu'il lui eut donné un coup ; — mais don Garcia était si noblement armé, — qu'onques il ne lui put fausser son bel haubert brodé. — Et un preux chevalier, qui ainsi vit enveloppé — son seigneur don Garcia, et se fut approché, — et éperonna son cheval et s'en vint empressé, — et donna au milieu de la presse, et frappa de tous côtés ; — toutefois son cheval le tira malgré lui, — tellement qu'il l'emporta malgré sa volonté. — Et il donna de telle sorte par un jardin, que, s'il ne se fût baissé, — au passage de la porte il se fût rompu la tête ; — et avec cela même il prit un mauvais coup, — vu qu'un (ennemi) lui donna d'une lance sur le côté droit. — Et quand il fut dans le jardin, fuyaient de tous côtés — ceux des bourgs qui y étaient, quand ils le virent entré ; — mais du coup qu'il avait pris il était si affecté, — que peu s'en fallait qu'il ne tombât du cheval caparaçonné. — Alors ceux qui fuyaient eurent regardé, — et virent qu'il était entièrement sans défense, — et ils retournèrent à lui, et il fut redressé, — et il mit la main à l'épée ; toutefois (cela) ne lui valut un dé, — vu qu'en peu de temps il fut ainsi percé de coups de lance, — que jamais on ne vit nul homme tant fortement démembré ; — vu que personne ne le connaîtrait, tant il était défiguré. — L'un

Laus le pren l'espada, l'autre l'escud pintad,
E l'autre la cuberta, l'autre l'auzberc doblad. 3390
E la fora hon era don Garcia terrad,
Entre'ls ayltz e las cebas, las berças e 'l porrad,
Viratz omes feritz, de mortz e de nafrad.
En Semen cel d'Oarritz veng el camp avantad,
Trobet Peyret Carnero que'l for' apartyllad, 3395
fol. 96 v° Ab la balesta 'l puynn e trastot dessarmad ;
E det le d'una lança .j. colp desmesurad
Pe la boca, que ades paup estet fo finad.
E 'N Estacha, que vic que'l joc fon revidad,
Volg n'issir ab sas gens; mas be li fun vedad, 3400
Que'ls borgues de las vilas foro 'l denant parad,
E dysso 'l : « Franc seynnor, vos que z etz tant senad,
Com voletz vos yssir tant pauc acompaynnad
Contra .DC. caves que vos an ayrad?
E li ja voldrian esser mortz la mitad, 3405
Per que vos i morisatz e fussatz enterrad. »
— « Seynnos, sa ditz N Estacha, ben soy desventurad
Que per mi mura 'l poble e sia malmenad,
E qu'ieu no los ajude e sia ensarrad.
Ben par que Dios m'ayra, o m nog algun pecad. » 3410
—« Seynnor, dysso 'l borgues, so n'os er sufertad;
Car si nos perdiam vos, no valdriam .j. dad. »
E z ap aquestas novas totz ago escridad :
fol. 97 r° « Seynnos, vengan cayrels, que tuyt son despensad;
Car de cayrels troberatz tot le camp enjuncad. » 3415
La viratz dartz e lanças e z espeus acirad
Lançar e dar e trayre, dont fo maynt om dapnad.
E venc a don Garcia .j. escuier privad,
E det le son caval, car le vic apead.
E adonquas Gardacho s'en anel molt cuytad, 3420
E dyss a don Garcia : « Seynne, si vo'n tornad;

lui prend l'épée, l'autre l'écu peint, — et l'autre la couverture, l'autre
le haubert doublé. — Et là dehors où était don Garcia à terre, — entre
les aulx et les oignons, les choux et les poireaux, — vous verriez
hommes frappés, des morts et des blessés. — Sire Simon celui d'Oarritz vint en avant sur le champ (de bataille), — il trouva Peyret Carnero
qui s'était mis à part, — avec l'arbalète au poing et tout désarmé; —
et lui donna d'une lance un coup démesuré — par la bouche, que peu
s'en fallut qu'il ne fût achevé sur le coup. — Et sire Eustache, qui
vit que le jeu était renvié, — voulut en sortir avec ses gens; mais
(cela) bien lui fut défendu, — vu que les bourgeois des villes furent
devant lui arrêtés, — et lui dirent : « Franc seigneur, vous qui êtes tant
sensé, — comment voulez-vous sortir si peu accompagné, — contre six
cents chevaliers qui vous ont détesté? — Et eux voudraient certes être
morts la moitié, — pour que vous y mourussiez et fussiez enterré. »
— « Seigneurs, a dit sire Eustache, je suis bien malheureux — que
pour moi meure le peuple et (qu'il) soit malmené, — et que je ne les
aide-pas et que je sois enfermé. — Il paraît bien que Dieu est irrité
contre moi, ou que quelque péché me nuit. » — « Seigneur, dirent les
bourgeois, cela ne vous sera pas permis; — car si nous vous perdions,
nous ne vaudrions pas un dé. » — Et sur ces entrefaites tous s'écrièrent : — « Seigneurs, qu'on apporte des carreaux, vu que tous sont dé-
pensés; — car de carreaux vous trouveriez tout le champ jonché. » —
Là vous verriez dards et lances et épieux acérés — lancer et donner
et tirer, dont fut maint homme endommagé. — Et vint à don Garcia
un écuyer privé, — et il lui donna son cheval, parce qu'il le vit à
pied. — Et alors Gardacho s'en alla fort empressé, — et dit à don Garcia : « Seigneur, retournez-vous-en ; — car si on vous connaissait, certes
tout l'avoir monnayé — ne vous servirait, ni d'Espagne le royaume,
— que vous ne fussiez tué ou pris ou attaché. » — Et en même temps

Car si om vos conoyssia, ges tot l'aver monedad
No vos tendria pro, ni d'Espaynna 'l regnad,
Que vos no fusetz mortz o pres o estaquad. »
E z ap tant .j. caval le fun apareyllad,   3425
Puyet e ten sa via vencutz e z aontad;
Car son caval layssava noblamentz arnescad.
E la guerra remas, e furo s desrayrad.
E jur vos pel Seynnor qu'es vera Trinitad,
Que si del Borc saubessan qu'aisi fos aterrad   3430
Don Guarci' Almoravid, no fora escapad;
Mas no fo conogud ni en re devisad,
Mes per Lope Gardacho, que z era son criad.
E duret tant la guerra tro a que s fu avesprad.
E foro tantz cayrels trames et enviad   3435
Pels balestes dels borcx aquel jorn asignad,
Que .xx. e .ij. cens libras foron als .xx. contad.
De la Navarreria se que foro escorgat
Set cavals aquel jorn, que z eran molt prezad.
E partit se la gerra, que'l soleyll fom bayssad;   3440
E cels dels borx entrero alegres e pagad,
E cels de l'autra part vencutz et haontad.
    Conplitz de marrimen.

LXXV.

Conplitz de marrimen e garnitz de tot mal
N'intrego cels de la si coma desleyal.   3445
E d adon[c] le messatge, que anet com yllernal,
Fo vengutz a Paris al bon rey natural,
E diss le : « Franc seynnor, N Estacha senescal
Se comanda a vos, si com vostre bassal;
E z aportei vo'n carta, pero vos saubretz cal. »   3450
— « Digas, sa ditz el rei, com governa 'l reyal. »
— « Seynnor, si que non aussa yssir fora 'l portal

un cheval lui fut préparé, — il monta et tint son chemin vaincu et honteux ; — car il laissait son cheval noblement harnaché. — Et la guerre cessa, et ils furent revenus en arrière. — Et je vous jure par le Seigneur qui est vraie Trinité, — que si des bourgs ils sussent qu'ainsi fût jeté à terre — don Garcia Almoravid, il n'eût pas échappé ; — mais (cela) ne fut pas connu ni en rien rapporté, — sinon par Lope Gardacho, qui était son serviteur. — Et la guerre dura jusqu'à ce que fut venu le soir. — Et tant de carreaux furent transmis et envoyés — par les balistes des bourgs ce jour-là même, — que deux cent vingt livres (en) furent comptées aux vingt. — De la Navarrerie je sais que furent écorchés — ce jour-là sept chevaux qui étaient très-prisés. — Et la guerre cessa, vu que le soleil fut baissé ; — et ceux des bourgs rentrèrent allègres et contents, — et ceux de l'autre part vaincus et honteux, — remplis de chagrin.

LXXV.

Remplis de chagrin et garnis de tout (genre de) mal, — ceux de là rentrèrent comme déloyaux. — Et alors le messager, qui alla comme (le diable) d'enfer, — fut venu à Paris au bon roi légitime, — et lui dit : « Franc seigneur, sire Eustache (le) sénéchal — se recommande à vous comme votre vassal ; — et je vous en apportai une lettre, mais vous saurez laquelle. » — « Dites, a dit le roi, comment il gouverne le royaume. » — « Seigneur, de telle sorte qu'il n'ose pas sortir hors du portail —

Del borc de Sant Cerni ni defora 'l sesal;
Que'l baron de Navarra e trastuyt li capdal
L'an enclau e 'l decassan e 'l volo mal mortal, 3455
Per ço car te dreitura com cavaler leyal. »
E d adonquas lo rei fe semblant que 'l sap mal;
E 'l seynnor de Beu Juec, c'ama d'amor coral,
Fe venir, et entrero ams .ij. en .j. pradal;
E 'l rey diss : « Sire Imbert, mon parent etz carnal. 3460
Novelas ai audidas tal que z al cor mi cal.
Li baron de Navarra e cel que mas y val,
An ensarrad N Estacha; e qui era no 'l val,
Lo pretz del rey de França no prezei .j. didal. »
E 'l seynnor de Beu Juec respos per son cabal, 3465
E diss le rei Felip : « Seynne, nos ferem tal :
Enviarem message, sy luynn secorr le cal;

fol. 98 v° E si el pres esta, be s tayn, si Deus mi sal,
Que i ane nostra seynna on es la flor campal. »
E z ab aquestas novas yntret per mes l'osdal 3470
Un altre mesager, e diss al rey aytal :
« Seynnor, N Estacha esta en dolor terrenal,
Car el esta en gerra qu'es molt descominal;
Que'l baro de Navarra meton tot lur jornal
Com le puysscan delir, que luynn dreit no ly val : 3475
Car lay veiriatz trayre cayrels e maint cantal,
E 'ls trabuquetz que getan peyras de tern quintal,
E trencan les osdals, las tors e 'l veyrial.
E si tu no 'l secors, franc rey enperial,
Gamas luyntz om de tu non deu tenir cabal » 3480
E d adonquas lo rey ac yra molt coral,
E diss al conestable : « So non es cominal;
Enantz vos jur, pel Seynne qu'es rei celestial,
Que nasquet de la Verge en la nuyt de Nadal,
Qu'el aura mon secors, o y metray del cabal, 3485

du bourg de Saint-Cernin ni hors de la censive; — vu que les barons
de Navarre et tous les principaux — l'ont enfermé et le pourchassent
et lui veulent un mal mortel, — parce qu'il tient droiture comme
chevalier loyal. » — Et alors le roi eut l'air que cela lui était désagréable; — et le seigneur de Beaujeu, qu'il aime de tout son cœur,
— il fit venir, et ils entrèrent tous deux en un préau; — et le roi dit :
« Sire Imbert, vous êtes mon parent charnel. — J'ai ouï telles nouvelles
que j'en ai souci au cœur. — Les barons de Navarre et celui qui plus
y vaut, — ont cerné sire Eustache; et si maintenant on ne le secourt
pas, — je ne prise pas un dé la gloire du roi de France. » — Et le
seigneur de Beaujeu répondit avec grand sens, — et dit au roi Philippe : « Seigneur, nous ferons telle (chose) : — Nous enverrons un
messager, (pour savoir) s'il lui faut quelque secours; — et s'il est
pris, il est bien urgent, si Dieu me sauve, — qu'y aille notre enseigne
où est la fleur des camps. » — Et sur ces entrefaites entra au milieu du
logis — un autre messager, et il dit au roi telle (parole) : — « Seigneur,
sire Eustache est en douleur mortelle, — car il est en guerre qui est
très-rude; — vu que les barons de Navarre passent toute leur journée
— (à penser) comment ils le puissent détruire, car aucun droit ne
lui sert : — en effet là vous verriez tirer carreaux et maint quartier
(de pierre), — et les trébuchets qui lancent des pierres de trois quintaux, — et tranchent les maisons, les tours et les verrières. — Et si
tu ne le secours, franc roi impérial, — jamais nul homme de toi ne
doit tenir cas. » — Et alors le roi eut chagrin très-profond, — et dit
au connétable : « Cela n'est pas ordinaire; — mais je vous jure, par le
Seigneur qui est roi céleste, — qui naquit de la Vierge en la nuit
de Noël, — qu'il aura mon secours, ou (j'y) mettrai du capital, — et
dût-il en coûter le mobilier qui tient en l'hôpital. » — Et le vaillant connétable lui dit : « Seigneur, ne t'inquiète pas. — Tu as si bon conseil

fol. 99 r° E costaria 'l moble que tenc en l'ospital. »
E 'l valent conestable le diss : « Seynne, no t cal.
Tu as tant bon cosseyll que luynn rey no n'a tal;
E mandaras per el com seynnor pri[n]cipal,
  E z auras bon cosseyll. 3490

LXXVI.

« E z auras bon cosseyll. » E 'l rey cui es la flor,
Diss a los messages : « Torna vo'n a vigor,
E digatz a 'N Estacha que tost aura secor. »
E 'ls mesagers s'en vengo con caval amblador
Tot dreit a Pampalona, on era la rumor 3495
E 'l tribayll e la gerra, l'angoyssa e la dolor.
E dego a 'N Estacha cartas del franc seynnor
Felip lo rey de França, a qui Dios fa honor;
E quan las ac legidas, ac ne gran alegror.
E z ab aquestas novas e z ab esta sabor, 3500
Pontz Baudoy entret per mey del parlador,
E z ap le pros N Estacha fe cosseyll celador;
E diss le enayssi senes tota error :
fol. 99 v° « Seynne, don Corbaran, cui es sens e valor,
Manda que mas vol esser perjur que traydor; 3505
E z ap que z a vos plaça, ab tot sey valedor
Vol s'en venir a vos e z er defendedor,
E z ajudar vos a de cor e de vigor. »
E d adonc diss N Estacha : « Donc venga ses tremor. »
E Semen de Gueretz diss le : « Humil seynnor, 3510
Voletz qu'eu an per el? » E z el diss : « De corr. »
E z el anet tantost ab caval milsoudor,
E veng ab sos efans senes tota rumor.
Puyss venc don Corbaran, que fe be lo millor.
E z ab aquestas novas la gaita de la torr 3515
Ecridet : « Via fora, que feron s'en l'erbor. »

que nul roi n'en a tel; — et tu le manderas comme seigneur souverain, — et tu auras bon conseil. 3490

LXXVI.

« Et tu auras bon conseil. » Et le roi à qui est la fleur (de lis) — dit aux messagers : « Retournez-vous-en promptement, — et dites à sire Eustache que bientôt il aura du secours. » — Et les messagers s'en viennent avec chevaux qui vont l'amble, — tout droit à Pampelune, 3495 où était la rumeur — et la souffrance et la guerre, l'angoisse et la douleur. — Et ils donnèrent à sire Eustache des lettres du franc seigneur — Philippe le roi de France, à qui Dieu fait honneur; — et quand il les eut lues, il en eut grande allégresse. — Et sur ces entrefaites et 3500 avec ces informations, — Ponce Baldoin entra au milieu du parloir, — et avec le preux sire Eustache tint conseil secret; — et lui dit ainsi sans aucune erreur : — « Seigneur, don Corbaran, en qui est sens et valeur, — mande qu'il aime mieux être parjure que traître; — et 3505 pourvu qu'il vous plaise, avec tous ses guerriers — il veut s'en venir à vous et il sera (votre) défenseur, — et il vous aidera de cœur et de vigueur. » — Et alors dit sire Eustache : « Qu'il vienne donc sans crainte. » — Et Semen de Gueretz lui dit : « Doux seigneur, — 3510 voulez-vous que j'aille vers lui ? » Et il dit : « Sur-le-champ. » — Et il partit aussitôt avec cheval milsoudor, — et vint avec ses enfants sans aucun bruit. — Puis vint don Corbaran, qui se montra bien le meilleur. — Et sur ces entrefaites la sentinelle de la tour — cria : 3515 « Allez hors, vu qu'ils se frappent sur l'herbe. » — Et des deux côtés

E d'ambas partz yssiro li bon e 'l sordeyor,
E lay on s'encontrego ferigo s de vigor.
Lay anavan cayrels com auzel volador,
Si que duret la gerra tro al soleyll colcador; 3520
Pero d'alcus n'i ac que z ac ops cofessor,
E z intret l'us ab joya e l'autre ab temblor.
E partit se la guerra e 'l mal e la tristor,
E d'ambas las partidas foro referrador
Tota la nuyt las gaitas, tro a que parec l'albor, 3525
Que'l soleylls fon levatz.

LXXVII.

Que'l soleylls fon levatz, que parec bel e clar,
Que cridego a d armas, e van se totz armar;
Car nuyll altre jornal non avian affar
Mas sus lo jorn yssir; no gardavan disnar. 3530
E z anego al forn, que nos fe grant pessar,
Car per luynna manera no 'l podiam cremar;
E si tres vetz lo jorn y anavam foc dar,
E z els a d escantir, l'autre a z alumnar,
E sobre aquel foron, puiss vos di[r] ses duptar, 3535
Que i ac maynt omme mort senes tot cofessar,
E maynt omme nafrat que avia obs a metgar.
E d adonc aquel yorn, cant venc apres mangar,
Les caves e 'ls ricomes anego totz montar,
E pessego grant mal si s pogues acabar. 3540
E yssigo de la vila et anego 'ls pontz pasar,
E z aportego portas, tablas per escudar,
De grans pix e palas, pals fers per desjuntar,
Si que z aquels dels borx fero s maraveyllar,
Per ço qu'ayssi yssian ni que volian far. 3545
E z els vengo s'en tost e ses tot demorar
Dreit denant lo molin la esclusa desfar,

sortirent les bons et les plus mauvais, — et là où ils se rencontrèrent ils se frappèrent avec vigueur. — Là allaient les carreaux comme oiseaux qui volent, — tellement que la guerre dura jusqu'au soleil couchant; — pour cela d'aucun il y en eut qui eut besoin de confesseur, — et l'un rentre avec joie et l'autre avec tremblement. — Et la guerre s'éloigna et le mal et la tristesse, — et des deux côtés furent attentives à surveiller — toute la nuit les sentinelles, jusqu'à ce que parut l'aube, — (et) que le soleil fut levé.

LXXVII.

Que le soleil fut levé, qui parut bel et clair, — qu'ils crièrent aux armes et vont tous s'armer; — car nulle autre journée ils n'avaient à faire — que (de) sortir sur le jour; ils ne regardaient pas à dîner. — Et ils allèrent au four, qui nous fait grand chagrin, — car en aucune manière nous ne le pouvions brûler; — et cependant trois fois dans la journée nous y allâmes mettre le feu, — et eux de l'éteindre, les autres de (l')allumer. — Et sur ce four, je puis vous dire sans hésiter, — qu'il y eut maint homme mort sans aucune confession, — et maint homme blessé qui avait besoin d'être pansé. — Et alors ce jour, quand on fut après manger, — les chevaliers et les riches hommes allèrent tous monter, — et ils méditèrent un grand mal s'il eût pu s'achever. — Et ils sortirent de la ville et allèrent passer les ponts, — et ils apportèrent portes (et) tables pour servir de bouclier, — de grands pics et des pelles, de forts pieux pour déjoindre, — de sorte qu'ils firent ceux des bourgs s'émerveiller, — parce qu'ainsi ils sortaient et (de ce) qu'ils voulaient faire. — Et ils s'en vinrent vite et sans aucun retard — droit devant le

E trencan e pecian, e vana desmayllar.
E d adonx cels dels borx viratz desconortar ;
Car no avyan plus molyn on ausessen anar, 3550
Ni ges aquel meteiss no 'l podia bastar :
Veiatz si avia pro cuyta e mester de gardar !
Enpero can els viro la esclusa trencar,
Cridego a las armas e penssan totz anar.
Lai auziratz balestas e garrotz dessarrar, 3555
E z esconaz e dartz viratz suent lançar ;
Mas per ço la esclusa no voligo desparar,
fol. 101 r° Si que cels d'ams les borx venguo en grant pesar.
Mas Jhesu Crist, qui vol trastot be ordenar,
Trames al pros N Estacha gracia de parlar. 3560
Cant vic que la esclusa anet descadenar,
E que per ren que y fessan no lo podian vedar,
Escridet autame[n]s : « Baros, totz ajudar !
Anem us dels engens ent a lor revirar. »
E dic vos que negus no s'en fe trop preguar, 3565
E presso la a mans e van la tornegar,
E tantost els pessego la verga de bayssar,
E mezo una peyra e van la desparar,
E donet dintz en l'aiga si que'ls fi totz temblar ;
Car ma[e]stre Bertran la saup be ordenar, 3570
Qu'era .j. engeynnyre tal que no avia par.
E lo valent N Estacha fe 'l venir ap pregar,
E vengu'y a layro, so que vuy puys contar ;
E enviegon autra, et aneg en terra dar.
Adonx viratz l'esclussa del tot desenparar, 3575
fol. 101 v° E cels de l'autra part fugir e z estremar,
E cels dels borx adonquas mortalment encauçar.
Lay auziratz las trompas e la gent escridar :
« Atras, dons traydos ! ara es temps de tornar. »
Lay viratz cayres trayre e ferir e lançar. 3580

moulin défaire l'écluse, — en tranchant et mettant en pièces, et la vanne démolir. — Et alors vous verriez ceux des bourgs se décourager, — car ils n'avaient plus de moulin où ils osassent aller, — ni celui-là même ne leur pouvait suffire : — voyez s'il y avait assez d'empressement et de besoin de prendre garde ! — C'est pourquoi quand ils virent trancher l'écluse, — ils crièrent aux armes et ils pensent tous marcher. — Là vous entendriez desserrer balistes et garrots, — et vous verriez souvent lancer piques et dards; — mais pour cela ils ne voulaient pas abandonner l'écluse, — de sorte que ceux des deux bourgs vinrent en grand souci. — Mais Jésus-Christ, qui veut tout bien ordonner, — envoya au preux sire Eustache la grâce de parler. — Quand il vit que l'écluse allait se détacher, — et que pour rien qu'ils y fissent ils ne le pouvaient empêcher, — il cria hautement : « Barons, tous à l'aide ! — Allons tourner vers eux l'un des engins. » — Et je vous dis que nul ne s'en fit beaucoup prier, — et ils la prirent avec les mains, et ils la vont tourner, — et bientôt ils pensèrent de baisser la verge, — et ils mirent une pierre et ils vont la lancer, — et elle donna dans l'eau de sorte qu'elle les fit tous trembler; — car maître Bertrand la sut bien diriger, — (lui) qui était un ingénieur tel qu'il n'avait pas (son) pareil. — Et le vaillant sire Eustache le fait venir avec prière, — et il y vint à la dérobée, ce que j'ouïs je puis conter; — et ils (en) envoyèrent une autre, et (elle) alla donner en terre. — Alors vous verriez abandonner entièrement l'écluse, — et ceux de l'autre côté fuir et s'éloigner, — et ceux des bourgs alors poursuivre mortellement. — Là vous entendriez les trompes et la gent crier : — « Arrière, sires traîtres ! il est maintenant temps de s'en aller. » — Là vous verriez tirer des carreaux et frapper et lancer. — Et je puis vous dire avec certitude et faire vrai serment — que si le moulin se perdait, les bourgs auraient assez à

E puys vos di[r] de cert e ver sagrament far
Que si 'l moli s perdes, les borx agran que far,
E si l'engen no fos, mal pogran molinar;
Mas Jhesu Crist no volc aquest mal suferrar.
E z aita[n]tost els fero la esclus' adobar; 3585
E z entret s'en lo poble, car venc al avespra[r].
D'e[n]tr'ambas las partidas ne viratz maintz sagnar.
E d adonquas els fero lo molin ben gardar,
E d'amba[n]s e tapias fero 'l revironar,
E catre cadafals de fustra be obrar, 3590
E mezo i balestas gayllartz per defensar.
E z estet se la nuyt senes plus contrastar;
Mas las gaytas auziratz tota nuyt refertar,
fol. 102 r° E l'us dizia : « Via a Tolossa salvar. »
E l'aultre 'l respondia senes tot demorar : 3595
« Trachos, vi' a Mendavia, car la son vostri par. »
E z aysi tota nuyt durava lor parlar,
    Tro a que'l jorn pareyssia.

LXXVIII.

Tro a que'l jorn pareyssia, que yssian li arquers
Per començar la gerra, c'adonx era'n mesters, 3600
Si que pauc cada pauc montava lo brasers
Qu'ades n'issian .ij. e z ades lo tercers.
E quant venc al mei jorns que'ls sols fo montaners,
Cridego *via fora* las gaytas e 'ls torrers.
Lay auziratz campanas sonar de lor cloquers, 3605
E z aquel jorn fo mals e durs e sobrancers.
De la Navarreria ysigo 'ls cavalers
E trastotz los ricomes e sirventz soudaders,
E de los bo[r]cx[1] yssian borgues e mercaders,
E'ls valentz menestrals qu'eran ben avanters, 3610

[1] Boix. *Ms.*

faire, — et si ne fût l'engin, mal ils pourront moudre ; — mais Jésus-
Christ ne voulut pas souffrir ce mal. — Et aussitôt ils firent raccommoder l'écluse ; — et le peuple rentra, car le soir vint. — Des deux
côtés vous en verriez maints saigner. — Et alors ils firent bien garder
le moulin, — et de retranchements et de revêtements (en terre) ils le
firent environner, — et bien fabriquer quatre tours de bois, — et ils
y mirent de fortes balistes pour défense. — Et la nuit se passa sans
plus combattre ; — mais vous ouïriez les sentinelles se répondre toute
la nuit, — et l'un disait : « Allons à Toulouse (nous) sauver. » —
Et l'autre lui répondait sans aucun retard : — « Traîtres, allez à Mendavia, car là sont vos pareils. » — Et ainsi toute la nuit durait leur
conversation, — jusqu'à ce que le jour paraissait.

LXXVIII.

Jusqu'à ce que le jour paraissait, que les archers sortaient — pour
commencer la guerre, car alors il y en avait besoin, — en sorte que
petit à petit montait le brasier, — vu que maintenant deux en sortaient et bientôt le troisième. — Et quand arriva le midi que le soleil
fut haut, — les sentinelles et les touriers crièrent : *Allons, dehors!*
— Là vous ouïriez les cloches sonner de leurs clochers, — et ce jour
fut mauvais et dur et excessif. — De la Navarrerie sortirent les cavaliers — et tous les riches hommes et les serviteurs soldés, — et des
bourgs sortaient bourgeois et marchands, — et les vaillants ouvriers
qui étaient bien empressés, — et du gouverneur les francs arbalé-

E del governador los apertz balesters,
fol. 102 v° Que z eran de Navarra leyals e dreiture[r]s;
Car hanc no 'l desparego per pretz ni per diners,
Enantz le deffendian ab ferm cor glaziers.
E laus s'en anava oltra 'l pont als gravers, 3615
E l'autre al cap del forn hon era lo chaplers.
E comencet la guerra tant fort e 'ls destrubers,
Que d'entr'ambas las partz y vengo volonters.
E z aquel cap de forn era tant traversers,
Que vas la part del Borc negus om dreyturers 3620
No s podia deffendre ni esser defensers,
Que'l lox era estreitz ; era naut lo requers,
E totz om que y estava era aventurers.
E d adonc anet s'en la En Guillem Anelers
Ben armatz, car el era de lançar esquerers; 3625
E fy apportar peyras e'n loguet .ij. feyssers,
E pres l'escut el col e me se tot prumers,
E secodet las peyras contra 'ls tracho[r]s guerrers,
E feric .j. escut si que'l fe meytaders.
fol. 103 r° Puyss tiret d'un cayro, que fo ben dreiturers; 3630
E feric en la gola us qu'era sabaters,
Asi que l'enmenegon .ij. de sos conpaynners.
E z un fals traidor era tras lo terrers,
E tendia un arc de .ij. pes molt sobrers,
E venia suau com fa lop al corders, 3635
E dizia suent : « Er moretz, s'en o quers. »
Si que'l mes .viij. cayrels per l'escut del carters.
E quant vic que z e lui non er' aventurers
Estava li delatz .j. cortes escuders
De don Corbaran, era molt gayllart soudaders; 3640
E desteyn la balesta d'un cayrel vianders,
E donet le pel pots yus le capel de fers,
Si que cay e trabucha en l'aiga sul gravers;

triers, — qui étaient de Navarre loyaux et fidèles; — car jamais ils ne le laissèrent pour prix (d'argent) ni pour deniers, — au contraire ils le défendaient avec un cœur ferme (et) de fer. — Et l'un s'en allait outre le pont aux graviers, — et l'autre à la tête du four où était le carnage. — Et la guerre et les tribulations commencèrent si fort, — que des deux côtés ils y venaient volontiers. — Et cette tête de four était tellement de travers, — que vers le côté du Bourg nul homme de pied — ne se pouvait défendre ni être défenseur (des autres), — vu que le lieu était étroit; le réduit était haut, — et tout homme qui s'y tenait était aventureux. — Et alors là s'en alla sire Guillaume Anelier — bien armé, car il était embarrassé pour manier la lance; — et il fit apporter des pierres et loua pour cela deux porte-faix, — et prit l'écu au cou et se mit tout premier, — et secoua les pierres contre les traîtres guerriers, — et frappa un écu de telle sorte qu'il en fit deux moitiés. — Puis il tira un quartier, qui alla bien droit; — et il frappa en la gorge un qui était cordonnier, — de telle sorte que deux de ses compagnons l'emmenèrent. — Et un traître déloyal était derrière le terrier, — et tendait un arc de deux pieds très-fort, — et venait doucement comme fait le loup à l'agneau, — et il disait souvent : « A présent vous mourrez, si en cela je réussis. » — De sorte qu'il mit huit carreaux par l'écu écartelé. — Et quand il vit que sur lui il n'avait pas de chances, — il y avait à côté de lui un courtois écuyer — de don Corbaran, il était très-brave soldat; — et il décharge la baliste d'un carreau rapide, — et le frappa par les lèvres sous le chapeau de fer, — de sorte qu'il tombe et trébuche en l'eau sur le gravier; — mais s'il eût voulu croire les représentations de quelques-uns, — il n'eût pas reçu la mort des ennemis intraitables. — Et alors fut frappé un courtois charpentier — qui était brave et habile et léger, — et par la balistière un meurtrier le frappa

Mas si el i volgues creire d'alcus le castiers,
Non aguera pres mort dels enemix sobrers. 3645
E d adonx fo feritz .j. corters carpe[n]ters
Tal que z era guayllart e z apte e leugers,
E per la balestera feric le us murtrers,
E det le d'una lança per lo costat derrers,
Si que z aqui morit ses autre reprovers. 3650
E En Semen du Gueretz, de Garra capdalers,
Fo feritz per la gola de .ij. cayrels d'acers;
E vi Andreu d'Estela us cortes bachalers,
Que avia sobre si mayntz cayrels menuders.
E d'oltra le pont nou, la hon era 'l vergers, 3655
Viratz ferir trop may que no y agra mesters;
Car la guerra mortals era sens alegrers,
Si que cascus leysset son par molt volonters.
E yntret s'en la gent per les fortz portalers,
E z ac n'i tantz de mortz, que si fos lo dezmers, 3660
Ben pogra pendre .j. e metre el carners,
Si que tuit s'en y entrego, li gayllartz e 'l corsers;
Enpero en las vilas tiravan les peirers,
E venian las peyras plus tost que z esparvers,
E trencavan las tors e 'ls ambans e 'ls celers. 3665
E duret tro a la nuyt, que parego 'ls lumers
    Qu'em fo temps de ssopar.

LXXIX.

Qu'em fo temps de ssopar, e la nuyt fom passans.
E quant venc lendema que'l gayta fom cridans
Que l'alba pareyssia, e jorn fum prumerans, 3670
De la Navarreria yssigo 'ls cavalgans
Ab escutz abraçatz et ab seynnas flammegans,
E z ap los cavadors, efanços e vilans,
E z ap cels de la vila que y eran coratgans..

— et lui donna d'une lance par le côté derrière, — tellement qu'il mourut sans autre reproche. — Et sire Semen de Gueretz, chef de Garra, — fut frappé par la figure de deux carreaux d'acier; — et je vis André d'Estella un courtois bachelier, — qui avait sur lui maints carreaux en grand nombre. — Et de l'autre côté du pont neuf, là où était le verger, — vous verriez frapper beaucoup plus qu'il n'y aurait besoin; — car la guerre mortelle était sans joie, — tellement que chacun laissa son pareil très-volontiers. — Et la gent rentra par les forts portails, — et il y a tant de morts que si on choisissait le dixième, — il pourrait bien (en) prendre un et (le) mettre au charnier, — en sorte que tous rentrèrent, les braves et les agiles; — cependant dans les villes les pierriers tiraient, — et les pierres venaient plus vite qu'éperviers, — et tranchaient les tours et les retranchements et les celiers. — Et (cela) dura jusqu'à la nuit, que parurent les lumières — (et) qu'il en fut temps de souper.

LXXIX.

Qu'il en fut temps de souper, et la nuit fut se passant. — Et quand vint le lendemain que la sentinelle cria — que l'aube paraissait, et (que le) jour fut commençant, — de la Navarrerie sortirent les cavaliers — avec écus embrassés et avec enseignes flamboyantes, — et avec les chevaliers, infançons et vilains, — et avec ceux de la ville

E fero .j. pessat que fo folia grans, 3675
Qu'el i cuiavan far que runa fos passans
Per mey loc de las vinnas, e no s fer' en .x. ans.
Lay viratz far taylladas, e maintz omes picans,
E laus carrejava, l'aultr' era pelegans;
Que cuiavan que l'ayga al molis fos mermans 3680
Ab forças de taylladas, e fos foravians.
E dic vos qu'els fazian la hobra dels efans,
Qu'en ço que'l cor lor dis volen esser obrans;
fol. 104 v° Mas quant venc ent al bespre, els foro remembrans,
Que vigo que lur hobra non valia us gans; 3685
Pero mentre hobravan, viratz de bons sargans
E mayntz omes de rrua gayllartz e viandans
D'entr'ambas las partidas, afortitz e lansans.
La viratz dar e pendre de lanças e de brans,
E lançar alavessas e passar per los pans; 3690
E cridava l'us l'autre : « Ara moretz, truans! »
E z ac n'i pro nafratz que z eran cosfessans,
Car hanc non crei c'om vis gerra d'aytal senblans;
Car ieu ay audit dire, e crey qu'es vertat grans,
Qu'en tot lo mon non a gerra tant peryllans 3695
Coma de .ij. vezis, ni que tant dessenans,
E z els eran parens, frayres e z amix grans;
Mas lo peccat maligne, qu'es mal e flamegans,
Avia enartat c'ab lor er' albergans;
Car cel que podia estre a la guerra y al lans, 3700
E matava son par, era mot be[n]anans :
fol. 105 r° Per que yeu non creria, qui'n jurar[i]a sul sans,
Que ira non fos de Dios, e pari' al senblans,
Car en matar l'us l'autre us non era duptans :
Per que preguem lo Seynne que z es ve[r]s perdonans, 3705
Que jamas no y avenga tal mal ni tal mazans
Entre los Cristias.

qui y avaient du cœur. — Et ils eurent une idée qui fut grande folie, — car ils pensaient faire que la ruine passât — par le milieu des vignes, et (cela) ne se ferait pas en dix ans. — Là vous verriez faire des abatis, et maints hommes piochants, — et l'un charriait, l'autre travaillait avec la pelle; — vu qu'ils pensaient que l'eau fût diminuant au moulin — à force d'abatis, et fût se détournant. — Et je vous dis qu'ils faisaient l'œuvre des enfants, — qui veulent être travaillants à ce que le cœur leur dit; — mais quand vint vers le soir, ils furent se souvenant, — car ils virent que leur œuvre ne valait pas un gant; — pourtant pendant qu'ils travaillaient, vous verriez de bons soldats — et maints hommes de rue braves et allant — d'entre les deux côtés. fermes et lançant (des projectiles). — Là vous verriez donner et recevoir (des coups) de lance et de glaive, — et lancer projectiles et passer par les pans; — et criait l'un à l'autre : « Maintenant vous mourrez, truands! » — Et il y en eut assez de blessés qui étaient (se) confessant, — car je ne crois pas que jamais on vit guerre qui ressemblât à celle-là; — car j'ai ouï dire, et crois que (c')est grande vérité, — qu'en tout le monde il n'y a guerre si périlleuse — comme entre deux voisins, ni qui tant abaisse, — et ils étaient parents, frères et grands amis; — mais le péché malin, qui est mauvais et flamboyant, — avait eu le dessus, vu qu'avec eux il était logé; car celui qui pouvait être à la guerre et au lancer (des traits), — et tuait son semblable, était très-heureux : — c'est pourquoi je ne croirais pas, qui en jurerait sur les reliques, — que (ce) ne fût pas colère de Dieu, et il y paraissait à la manière; — car à tuer l'un l'autre un seul n'était hésitant : — c'est pourquoi prions le Seigneur qui est vrai miséricordieux, — que jamais il n'y advienne tel mal ni telle boucherie — entre les chrétiens.

LXXX.

Entre los Cristias, quar no m sembla razo.
E quant venc a la nuyt que'l soleyll yntrat fo,
Las gaytas de la torr l'us l'autre cridavo, 3710
E s dizian prom d'ontas ab grant malecio.
E quant venc lendema, a d armar cridero;
E d adonc li ricomes, cavaler e baros,
Borgues e menestrals, sirventz et yfanço,
En la Navarreria malvatz cosseyll fero 3715
Que talassen las vinnas, li arbre e 'l planço.
E z acordero s'i trastuit, li mal e 'l bo,
E cridero a d armas, si que totz s'armero,
E vengo y dels vilas qu'en las aldeas so
Entorn de Pamplona si com va'l coviro, 3720
E z eli vengo y con frayre a sermo;
Car us non ama'ls borx, assi Dios mi perdo.
E mandego 'ls Yuzieus, que son fals e gloto;
E quant foro essenble ni ayustatz foro,
Les ricomes yssiro quex ab so golfayno, 3725
E z apres les vilas e li Guzieu felo,
E de cels de la vila n'i ac .j. grant bando.
E quant foro deforas, aitantost talero
Las vinnas d'ams les borx e l'orta e 'l broto.
E los vilas de fora ferian a bando, 3730
E'ls Juzieus traydo[r]s que'ls logas sabio.
E jur vos pel Seynnor qu'en crotz pres passio,
Que z aquel jorn fero granda destructio;
Car maynta bona cassa d'ortolas cremero,
E maynta bona vinna a tort descepero, 3735
E maynt fruytal gitego a grant perdicio;
Mas els era[n] seynnos en aquela sazo,
Dont lo valent N Estacha n'estava molt felo.

LXXX.

Entre les chrétiens, car (cela) ne me semble pas raison. — Et quand vint la nuit que le soleil fut couché, — les sentinelles de la tour (se) criaient l'une à l'autre, — et se disaient assez d'injures avec grande malédiction.—Et quand vint le lendemain, elles crièrent aux armes;— et alors les riches hommes, chevaliers et barons, — bourgeois et ouvriers, soldats et infançons, — en la Navarrerie prirent le mauvais conseil — qu'ils couperaient les vignes, les arbres et les arbustes. — Et tous s'y rangèrent, les mauvais et les bons, — et crièrent aux armes, en sorte que tous s'armèrent. — Et il y vint des vilains qui sont dans les villages —autour de Pampelune ainsi comme va la banlieue, — et ils y vinrent comme moines à sermon;—car nul n'aime les bourgs, ainsi Dieu me pardonne. — Et ils mandèrent les Juifs, qui sont faux et gloutons; — et quand ils furent ensemble et furent rapprochés, — les riches hommes sortirent chacun avec son gonfanon, — et après les vilains et les Juifs félons, — et de ceux du quartier il y en eut une grande abondance. — Et quand ils furent dehors, sur-le-champ ils coupèrent — les vignes des deux bourgs et les jardins et les branches (d'arbres), — et les vilains dehors frappaient sans retenue, — et les Juifs félons qui connaissaient les lieux. — Et je vous jure par le Seigneur qui en croix prit passion, — que ce jour ils firent grande destruction; — car ils brûlèrent mainte bonne demeure de jardiniers, — et arrachèrent à tort mainte bonne vigne, — et maint verger jetèrent en grande perdition; — mais ils étaient seigneurs (et maîtres) en ce

Enpero Nonpoder le tenia en presso;
Car si agues conpaynna, be os poyss dir ab razo 3740
Qu'el yssira a lor, o 'l fos dampnage o pro.
Mas grant paor avia de pendre traycio,
Que z el tenia ab si de los Navars e pro;
Pero les balesters eran lial e bo,
E tals que no pessero a luy far fayllizo, 3745
E d avia n'i d'autres qu'eran leyal e pro;
Mas Renart enganet le Lop son conpaynno:
Per que z el se gardava, e mesters que li fo.
E[m]pero balestes aquel yorn saylliro
Contra los cavalers, e maynt cayrel traysso, 3750
E una fort balesta de torn lay portero,
E tendet se el torn, e 'l cayrel pausero
Sus la notz ben polit, e d adonx yeu vi lo;
E l'arquer dessarret, e dreit enviet lo,
Si que un cavaler feric pel coraço, 3755

fol. 106 v° E z auch dir que moric sen[e]s cofessio,
E crei don Miguel Peritz de Legaria fo.
E d adoncs le ricomes entrero d'espero,
E cels dels borx cridero : « Sala lo, sala lo. »
Lai viratz dar e trayre e ferir de basto, 3760
E laus fugian, e l'autre 'l caçavo.
E partic se la guerra ses may de comte[n]ço,
Car le caves fo mortz; pero hanc play[n]tz no fo
    Per negus d'ams dels borx.

LXXXI.

Per negu[s] d'ams les borx non fero messa dir. 3765
E quant venc lendema que'l soleyll volc luzir,
De la Navarreria viratz caves yssir,
E de cels de la vila e vilas, ab desir
Per las vinnas talar e pels fruitz destruir.

HISTOIRE DE LA GUERRE DE NAVARRE. 243

moment, — de quoi le vaillant sire Eustache était fort irrité. — Toutefois Impuissance le tenait en prison ; — car s'il eût compagnie, je puis bien vous dire avec raison — qu'il sortirait contre eux, qu'il y eût dommage ou profit. — Mais grande peur il avait d'éprouver trahison, — vu qu'il tenait avec lui des Navarrais et assez ; — pourtant les arbalétriers étaient loyaux et bons, — et tels qu'ils ne pensèrent à lui faire faute, — et il y en avait d'autres qui étaient loyaux et preux ; — mais Renard trompa le Loup son compagnon : — c'est pourquoi il se gardait, et cela lui fut nécessaire. — Pourtant les arbalétriers sortirent ce jour(-là) — contre les chevaliers, et tirèrent maint carreau, — et ils portèrent là une forte baliste à tour, — et le tour se tendit, et ils posèrent le carreau — sur la noix bien polie, et alors je le vis ; — et l'archer desserra, et l'envoya droit, — de sorte qu'il frappa un chevalier par le cœur, — et j'ouïs dire qu'il mourut sans confession, — et je crois (que ce) fut don Miguel Peritz de Legaria. — Et alors les riches hommes rentrèrent en toute hâte, — et ceux des bourgs crièrent : « Salez-le, salez-le. » — Là vous verriez donner et tirer (des projectiles) et frapper avec bâton, — et l'un fuyait, et l'autre le poursuivait. — Et la guerre cessa sans plus de chamaillis, — car le chevalier fut mort; toutefois onques il ne fut plaint — par aucun des deux bourgs.

LXXXI.

Pour aucun des deux bourgs ils ne firent dire messe. — Et quand vint le lendemain que le soleil voulut luire, — de la Navarrerie vous verriez chevaliers sortir, — et de ceux de la ville et vilains, avec désir — de couper les vignes et de détruire les fruits. — La

Lay viratz los escutz e 'ls elmes resplandir. 3770
E d adonquas N Estacha fe .j. trop bon alvir,
E fe armar sos omes e ben e ber garnir,
E fe tirar la cata, e detras si venir
fol. 107 r° Ent a la Triperia, e fe 'l portal hobrir;
E z endreit Çoriburbu la cat' anet sayllir, 3775
E z anet sob lo mur de terra sostenir.
E lo valent N Estacha pres se autamentz dir :
« Baros, ayam los pix, quar les podem hobrir. »
Lay auziratz picar e ferir ab dessir.
E 'n la Navarreria presso s a d espaurir, 3780
E cridan a las armas, e van se totz abtir.
Soneron las campanas, que 'l poguessan auzir
Les caves que gitavan las vinnas a martir;
E 'ls caves que z auzigon las campanas tendir,
Layssego s del talar, comencero d'issir, 3785
E vengo a la vila, ont fo grant l'escrimir
  Per defendre lo mur.

LXXXII.

Per defendre lo mur foron atras tornatz.
Lay viratz apear caves e podestatz,
E venir ves la cata ab escutz abraçatz. 3790
Hi adonx Gullyem Isarn se fon aprumeyratz,
fol. 107 v° E mes s'el cap del pont qu'era sobre'l valatz;
E de l'autra partida vengon .vj. ben armatz,
E disso : « 'L Tolosa, a morir es, sapchatz. »
E z el diss lor : « Muretz, fals trachos renegatz. » 3795
Lay viratz escrimir e donar a totz latz;
E si hanc nuyll temps vis ome que fos ben seguratz,
Guillem Yssarn o fo aquel jorn, sapiatz.
Pero si s'en tornes, fera ben que menbratz;
Que tant vengo sobre'l ab espieus afilatz, 3800

vous verriez les écus et les heaumes resplendir. — Et alors sire Eustache prit un très-bon parti, — et fit armer ses hommes et bel et bien garnir, — et fit tirer la chatte, et derrière lui venir — jusqu'à la Triperie, et fit ouvrir le portail; — et vers Çorriburbu la chatte alla sortir, — et alla sur le mur soutenu de terre. — Et le vaillant sire Eustache se prit à dire hautement : — « Barons, ayons les pics, car nous les pouvons ouvrir. » — Là vous entendriez piocher et frapper à l'envi. — Et en la Navarrerie ils se prirent à avoir peur, — et crient aux armes et vont tous s'apprêter. — Ils sonnèrent les cloches, (tellement) que les pouvaient ouïr — les chevaliers qui martyrisaient les vignes ; — et les chevaliers qui entendirent retentir les cloches, — cessèrent de couper, commencèrent à sortir, — et vinrent à la ville, où le combat fut grand — pour défendre le mur.

LXXXII.

Pour défendre le mur ils furent revenus en arrière. — Là vous verriez chevaliers et autorités mettre pied à terre, — et venir vers la chatte avec les écus embrassés. — Et alors Guillaume Isarn se fut approché, — et se mit à la tête du pont qui était sur le fossé ; — et de l'autre parti vinrent six bien armés, — et dirent : « Le Toulousain, tu dois mourir, sache(-le). » — Et il leur dit : « Vous mourrez, faux traîtres renégats. » — Là vous verriez combattre et donner de tous côtés ; — et si jamais à aucune époque je vis homme qui fût bien rassuré, — Guillaume Isarn le fut ce jour(-là), sachez(-le). — Pourtant s'il s'en retournait, il agirait bien en homme sage ; — vu que tant (de gens) vinrent sur lui avec des épieux affilés, — que

Que z us l'anet ferir e fo ben acertatz.
E det le per la cara .j. colp esglaziatz
Que m pesset, quant lo vic, c'aqui eyss fos finatz.
E d adonquas N Estacha, com om qu'era yratz,
E[s]cridet a sos omes : « Baros, si ajudatz! » 3805
Lay viratz yoc bastir e yogar senes datz,
E trametre sagetas e cayrels aciratz,
E dels murs gitar peyras e de cantals cayratz.
Lay viratz dartz e lanças e z espieus pressentatz,
fol. 108 r° E de peyras de fronda dar cops esglaziatz. 3810
Bernart de Vila Nova y fom trop mal naffratz,
Qu'era pros e gayllartz, arditz e refforçatz.
E z ab aquesta guerra lo mur fom tant cavatz,
Que ya fos en tres lox o en .iiij. foradatz.
E cels de la Galea disso 'l : « El mur es traucatz. » 3815
E viro que trastotz eran la ajustatz.
Volgo los donar foc per un autre costatz;
E foron de la torr del portal devalatz,
E lo portal s'ubric, e 'l foc fu alumatz.
Tal pres la faylla el puyn, qu'era molt coratgas. 3820
N Esteve lo peynner era per totz nomatz,
E z ab l'escut al col anet s'en dessarmatz
E z ap la fayll' ardent, e diss : « Desperjuratz,
Le yorn es que morretz, e totz seretz crematz. »
Ab tant .j. balester fos de luy apressatz, 3825
E da 'l tal d'un cayrel per l'ueyll, que tumbatz
Fo aytantost en terra e mortz e delivratz.
fol. 108 v° E z els de la dissero : « Aquel sia salatz. »
Pero sobre lui viratz donar e pendr' asatz,
Que'ls de la lo volian per far lo[r]s volontatz; 3830
Mas el Borc le mesero, et y fo enterratz.
E de cels de la torr per qui era donatz
Lo cosseyl que z ississan, puyss dir', e es vertatz,

l'un l'alla frapper et fut bien assuré.— Et il lui donna par la face un coup terrible, — (tellement) qu'il me vint à l'esprit, quand je le vis, que là même il fût mort. — Et alors sire Eustache, comme homme qui était fâché, — cria à ses hommes : « Barons, secourez donc ! » — Là vous verriez bâtir jeu et jouer sans dés, — et envoyer flèches et carreaux acérés, — et des murs lancer pierres et quartiers (de pierre) équarris. — Là vous verriez dards et lances et épieux mis en avant, — et de pierres de fronde donner des coups terribles. — Bernard de Villeneuve y fut dangereusement blessé, — (lui) qui était preux et brave, hardi et courageux. — Et avec cette guerre le mur fut si creusé, — que déjà il fut percé en trois ou en quatre endroits. — Et ceux de la Galée lui dirent : « Le mur est troué. » — Et ils virent que tous étaient là réunis. — Ils voulurent leur donner du feu par un autre côté : — et ils furent descendus de la tour du portail, — et le portail s'ouvrit, et le feu fut allumé. — Tel prit la torche au poing, qui était fort en courage. — Sire Étienne le peigneur était par tous nommé, — et avec l'écu au col il s'en alla désarmé — et avec la torche ardente, et dit : « Parjures, — le jour est (venu) que vous mourrez, et tous serez brûlés. » — En ce moment un arbalétrier de lui se fut approché, — et lui donne d'un carreau un tel (coup) par l'œil, que tombé — il fut aussitôt à terre et mort et expédié. — Et ceux de là dirent : « Que celui-là soit salé. » — Pourtant sur lui vous verriez donner et prendre assez (de coups), — vu que ceux de là le voulaient pour faire leur volonté ; — mais au Bourg ils le mirent, et il y fut enterré. — Et de ceux de la tour par qui était donné — le conseil qu'ils sortissent, je puis dire, et (c')est la vérité, — que quand (on en) vint au sortir, ils furent des plus mauvais : — c'est pourquoi on ne doit pas croire homme qui est trop parleur. — Et sur ces entrefaites le mur fut entr'ouvert ; — et s'il ne fût de terre, plus tôt il fût jeté à terre. — Ils tirèrent

Que cant venc al yssir, foren dels plus malvatz :
Per que z om non deu creyre om qu'es trop enparlatz. 3835
E z ab aquestas novas le murs fom bayllonatz;
E si no fos de terra, plus tost for' aterratz.
Tirego la cata, e lo foc fom donatz,
E z a petita d'ora le mur fom derrocatz;
Mas hanc ta gran effortz non pesset mai om natz 3840
Com adonc fe 'N Estacha; car totz desconortatz
Eran de l'autra part, car foro dessarratz.
E z intret N Estacha e totz sos comandatz,
E 'l borgues de la vila e 'ls menutz e 'ls granatz;
E 'ls plagatz om ne mes, e foron tots metgatz. 3845
(fol. 109 r°) E fom la nuytz escura.

LXXXIII.

E fom la nuytz escura : per que'l mal se reprem.
E 'ls baros e 'ls ricomes disso : « Seynnos, parlem. »
E z ap cels de la vila traysso s a .j. estrem.
E don Gonçalvo dis : « Seynnos, e que farem? 3850
Que z a mi es veiayre que tot yorn amermem;
Pero yeu ay pessat ab que'ls enganarem.
Trastot celadament jus terra cavarem,
E z entro al mur nou, e nos les minarem;
E quan o aurem fayt, lo mur bayllonarem, 3855
E puyssas totz essems escudatz nos vendrem,
E metrem foc de yus, e 'l mur derrocarem;
E darem per la vila, si que nos combatrem,
E z ap foc e z ap flama la vila lor toldrem.
E las tors dels mostes tantost establirem 3860
Qu'es de Sant Micholau, e z arques y metrem;
Puys lo borc Sant Cerni aytantost conquerrem. »
E d adonc trastotz dysso : « Aquest cosseyll tendrem. »
(fol. 109 v°) Adonx diss don Garcia : « Bo matin comencem,

HISTOIRE DE LA GUERRE DE NAVARRE. 249

la chatte, et le feu fut donné, — et en peu de temps le mur fut renversé; — mais jamais tant grand effort n'imagina homme né, — comme alors fit sire Eustache; car tous découragés — ils étaient de l'autre côté, parce qu'ils furent desserrés. — Et entrèrent sire Eustache et tous ceux qui étaient sous ses ordres, — et les bourgeois de la ville et les petits et les grands; — et les blessés on en mit (dedans), et ils furent tous pansés. — Et la nuit fut obscure.

LXXXIII.

Et la nuit fut obscure : c'est pourquoi le mal se reprend. — Et les barons et les riches hommes dirent : « Seigneurs, parlons. » — Et avec ceux de la ville ils se tirèrent dans un coin. — Et don Gonzalvo dit : « Seigneurs, et que ferons-nous ? — vu qu'il m'est avis que tous les jours nous diminuons; — mais j'ai imaginé (quelque chose) avec quoi nous les tromperons. — Tout secrètement sous terre nous creuserons, — et jusqu'au mur neuf, et nous les minerons; — et quand nous l'aurons fait, nous entr'ouvrirons le mur, — et puis tous ensemble nous viendrons couverts d'écus, — et nous mettrons le feu dessous et nous renverserons le mur; — et nous donnerons par la ville, de sorte que nous combattrons, — et avec feu et avec flamme nous leur enlèverons la ville. — Et bientôt nous occuperons les tours de l'église — qui est de Saint-Nicolas, et nous y mettrons des archers; — puis nous conquerrons aussitôt le bourg Saint-Cernin. » — Et alors tous dirent : « Nous suivrons ce conseil. » — Alors dit don Garcia : « Commençons bon matin, — et nous et tous (les habi-

E nos e de las vilas trastotz y ajudem. » 3865
E lo valent N Estacha, qu'es de natural sem,
Saub o e diss als .xx. : « Seynnos, er nos gardem;
Car si no nos gardam, en breu mynatz sarem.
Mas antz qu'el i comenzon, vull que nos come[n]cem.
Hi aga 'N maestre Bertran, e que nos cosseyllem, 3870
 E trametam per el.

LXXXIV.

« E trametam per el, e digam le l'engan. »
E tantost le mandet que y anes .j. sargan,
E z aneg n'i e venc a tot lo primer man.
E d adonquas N Estacha dis le : « Mae[s]tre Bertran, 3875
En la Navarreria dizen que minaran,
De la Poblacion lo mur derrocaran,
E puyss que y metran foc e que la cremaran. »
E maestre Bertran diss : « E z aquo faran?
Per mun cap, s'ieu pusc, per la gola mentran. 3880
Layssatz o a mi far, e non siatz duptan
fol. 110 r° Que eu serey antz ab lor, tan no s'i cuitaran;
E layssatz les cavar e far tot lor talan. »
E z ap tant fe portar fusta e traus travessan,
E z entre la Galea e 'l portal batayllan 3885
El se pres a minar, e z anet s'en hobran;
Dreit yntz en Çorriburbu el va yssir cavan;
Puyss en la Broteria el anet foradan
En mai de .iiij. lox, tro fu pel mur passan.
E quant fo passatz outra, el fe un travessan, 3890
Si que li minador s'anego encontran;
E s'anavon layntz ab les cotels burcan,
Si que z aquels dels borx les anego soptan,
Tant que'ls autres se fugigo tornan,
E layssego las palas e de picx no ssey can. 3895

tants) des villes nous y aidons. » — Et le vaillant sire Eustache, qui est de bon sens, — le sut et dit aux dix : « Seigneurs, maintenant gardons-nous; — car si nous ne nous gardons pas, bientôt nous serons minés. — Mais avant qu'ils y commencent, je veux que nous commencions. — Qu'y soit sire maître Bertrand, et que nous tenions conseil, — et envoyons vers lui.

LXXXIV.

« Et envoyons vers lui, et disons-lui le piége. » — Et aussitôt il ordonna qu'un serviteur y allât, — et il y alla et vint à la première réquisition. — Et alors sire Eustache lui dit : « Maître Bertrand, — en la Navarrerie ils disent qu'ils mineront, — de la Poblacion qu'ils renverseront le mur, — et puis qu'ils y mettront le feu et qu'ils la brûleront. » — Et maître Bertrand dit : « Et ils feront cela ? — Par ma tête, si je puis, par la gueule ils mentiront. — Laissez-moi faire cela, et ne soyez pas doutant — que je serai auparavant avec eux, quelque hâte qu'ils fassent; — et laissez-les creuser et faire toute leur volonté. » — Et en même temps il fit porter bois et poutres pour servir de traverses, — et entre la Galée et le portail crénelé — il se prit à miner et s'en alla travaillant; — droit dedans Çorriburbu il va sortir (en) creusant; — puis en la Broterie il alla perforant — en plus de quatre endroits, jusqu'à ce qu'il fut passant par le mur. — Et quand il fut passé outre, il fit une traverse, — tellement que les mineurs s'allèrent rencontrer; — et ils s'allaient là heurter avec les couteaux, — en sorte que ceux des bourgs les allèrent surprenant, — tant que les autres s'enfuirent en arrière, — et laissaient les pelles et je ne sais com-

E cels dels borcx les mezo rien e z alegran,
Per que tot lur minar no valia .j. gan;
E cels de l'autra par tengo s per malenan,
E cels dels borx estego gayllartz plus que Rolan,
Ab fin cor e segur. 3900

LXXXV.

Ab fin cor e segur for' els borx arnescat.
E quant ven lendema que'l soleyll fo levat,
Les trabuquetz avian tant ferit e lançat,
Que sus en la Galea los avia trencat
La corona d'entorn, si que z ar an duptat 3905
Cels que la sus estavan, e destreitz e cuitat;
Mas don Guyralt de Seta y fon ben aprimat,
E fi puyar grans traus de robre ben cayrat,
Mes les sus la Galea trastotz entravessat,
E mes sus yssarmens e de terra assat. 3910
E quan venia la peyra del trabuquet sobra,
Metian se deyus tro a 'l colps era passat;
Car tant grant cop donava e tant desmoniat,
Que la torr ne t[r]enblava; mas fero .j. pessat,
Que l'unpligo de terra tro a prop de la maitat; 3915
Car no era luynn jorn, so vos dic per vertat,
Qu'entorn .l. peyras le davon sul costat,
E cascuna pessava .iij. quintals acabat.
E puys vos dir que'l pe de la torr trobessat
Mil d'aquelas grans peyras, ayso es veritat. 3920
E 'ls trabuquetz dels borx estavan enbargat,
Car no avian peyras, dont n'eran molt cuytat.
E lo valent N Estacha, a qui es bo sen dat,
E 'ls borgues d'ams les borx foro si acordat
Que yssisan per las peyras, puys serian abastat. 3925
E z anego ss'armar li menut e 'l granat

bien de pics. — Et ceux des bourgs les emportèrent riants et allègres, — parce que toute leur mine ne valait pas un gant ; — et ceux de l'autre côté se tinrent pour malheureux, — et ceux des bourgs furent plus fiers que Roland, — avec cœur content et rassuré.

LXXXV.

Avec cœur content et rassuré ils furent dans les bourgs harnachés. — Et quand vint le lendemain que le soleil fut levé, — les trébuchets avaient tant frappé et lancé, — qu'en haut en la Galée ils leur avaient coupé — la couronne d'entour, en sorte que maintenant ils ont crainte — ceux qui étaient là-haut, et embarras et presse ; — mais don Guayralt de Seta s'y fut bien approché, — et fit monter de grandes poutres de chêne bien équarri, — il les mit sur la Galée toutes en travers, — et il mit dessus des sarments et assez de terre. — Et quand la pierre du trébuchet venait dessus, — ils se mettaient dedans jusqu'à ce que le coup était passé ; — car il donnait tant grand coup et tant satané, — que la tour en tremblait ; mais ils eurent une pensée, — (ce fut) qu'ils l'emplissent de terre jusqu'à près de la moitié ; — car il n'y avait nul jour, je vous le dis en vérité, — qu'environ cinquante pierres ne lui donnassent sur le côté, — et chacune pesait trois quintaux achevés. — Et je puis vous dire qu'au pied de la tour vous trouveriez — mille de ces grandes pierres, ceci est vérité. — Et les trébuchets des bourgs étaient embarrassés, — car ils n'avaient pas de pierres, ce dont ils étaient très-inquiets. — Et le vaillant sire Eustache, à qui bon sens est donné, — et les bourgeois de deux bourgs se furent accordés — qu'ils sortissent pour (aller chercher) les pierres, (qu')ensuite ils seraient satisfaits. — Et ils allèrent s'armer les petits et les grands — tout doucement, (pour)

Tot suau que de la no fossan sabentat,
E las portas hubrigo, ses plus, luna mitat,
E yssic cab e fora granda cominaltat.
Le protz Guyllem Minaut y fo aprumayrat 3930
Ab tota compaynna e ben e bel armat,
Trayssom una cata per estar plus me[m]brat.
E d adonc cels de la que s vigo seynnalat,
Cridego a las armas, que'ls jox era entaulat,
Que z avian temensa que tuyt fossan cremat. 3935
fol. 112 v° Lay vengo cavales, baros e podestat,
E de cels de la vila li bo e li malvat.
Lay viratz maynt cayrel que z era pressentat.
E ven s'en .j. cayrel d'acer molt ben temprat,
E feric en la cara don Aymar Crozat; 3940
E un altre cayrel s'en ven mal haurat,
Que feric per lo pe de Badoztaynn Bernart;
E moric d'aquel colp, dont maynt om fon yrat;
Car hanc filltz de borgues plus gent acostumat
Non cre que z om trobes en trastot .j. regnat. 3945
E dic vos que l'issada aguera mai costat,
Si lo valent N Estacha no fus tant assenat,
Que su el portal s[e] mes, e nuylltz om desarmat
Non layssava essir que totz foron plagat;
Car .j. pec senes armas yssic per sa foldat, 3950
E det l'om d'un cayrel si c'ades fo finat.
E costet tant la peyra, que qui n'agues comprat,
Om n'aguera agut .x. tans millor mercat.
fol. 113 r° E quant lo poble fu el borc trastot entrat,
Mandet lo protz N Estacha el portal sia sarrat; 3955
E puys el se pesset granda savietat
Que de grant peyra seca fosan ben tapiat.
E fe'n .iiij. sarrar, e fon grant salvetat;
Car le pobles, que z era ardent et escalfat,

que de là ils ne fussent pas instruits, — et ils ouvrirent les portes, une moitié sans plus, — et il sortit droit dehors une grande multitude. — Le preux Guillem Minaut y fut placé en avant — avec toute (sa) compagnie et bel et bien armé, — tirant une chatte pour être plus rassurés. — Et alors ceux de là qui se virent signalés, — crièrent aux armes, que le jeu était engagé, — vu qu'ils avaient peur que tous ne fussent brûlés. — Là vinrent chevaliers, barons et autorités, — et de ceux de la ville les bons et les mauvais. — Là vous verriez maint carreau qui était présenté. — Et un carreau d'acier très-bien trempé s'en vint — et frappa en la face don Aymar Crozat; — et un autre carreau s'en vint mal prédestiné, — qui frappa par le pied Bernard de Badostain. — Et il mourut de ce coup, de quoi maint homme fut chagrin; — car jamais fils de bourgeois plus gentiment élevé — je ne crois pas qu'on trouvât en tout un royaume. — Et je vous dis que la sortie aurait plus coûté, — si le vaillant sire Eustache ne fût tant sensé — qu'il se mit sur le portail, et nul homme désarmé — il ne laissait sortir, vu que tous ils furent blessés; — car un malheureux sans armes sortit par sa folie, — et on lui donna d'un carreau tellement qu'il fut mort sur l'heure. — Et tant coûta la pierre, que qui en eût acheté, — on en aurait eu à dix fois meilleur marché. — Et quand le peuple fut tout entré dans le bourg, — le preux sire Eustache commanda que le portail fût fermé; — et puis il imagina une chose bien sage, — (c'est) que de grande pierre sèche (les portails) fussent bien murés. — Et il en fit fermer quatre, et (ce) fut grande sûreté; — car le peuple, qui était ardent et échauffé, — quand on criait aux armes, était tout irrité — de ce qu'on n'ouvrait pas les portes à tout commandement, — et maint homme se perdait et était dépaysé. — Et si le vaillant sire Eustache n'eût pensé à cela, — maint homme serait frappé et perdu et blessé : — c'est pourquoi est bon en guerre

Can om cridav' a d armas, eran totz esfelnat 3960
Car n'obri' om las portas a trastot lo mandat,
E perdia s maynt ome e n'era desterrat.
E si el valent N Estacha no agues so pessat,
Maynt om fora feritz e perdutz e colpat:
Per que z es bo en guerra sens e savietat. 3965
En mentre aysso s fazia, .iij. messages cuytat
Anego per les borx ab escritz sagelat
A 'N Felip rey del Franx, per qui Dios es hondrat;
Car si dels messages fos el cami roubat,
Que l'autre escapes e que no fos trobat. 3970
Per o cascus anava per camin apartat,
fol. 112 v° Si que entro Paris no foron ayustat;
Enpero hanc no vengo a un jorn assignat.
Lay fo lo reis de França qu'es per Dios coronat,
E no mas rey del mon. 3975

LXXXVI.

E no mas rei del mont coronat dignamens,
Mas lo bon rei de França qui Dios fe hondramens,
Qu'el es rei de vertut, so sabem certamens;
Car el sana 'ls malautes, e no mai reis vivens.
E d adonx .j. mesatge anet s'en bel[a]mens 3980
Devant lo rei de França, qu'es franx e conoyssens,
E dis le : « Valent rei, lo ver Omnipotens
Te layss viur' e regnar als tieus millor amens!
Le borc de Sant Cerni te pregua humilmens,
E 'l borc Sant Micholau, qu'en ams es unamens, 3985
Que per Dio que de lor te prengua chausimens,
E del valent N Estacha que z es le tien sirvens;
Car es tan en grant cuyta e z en grans marrimens,
Qu'els non ausan yssir fora lor bastimens,
fol. 113 r° Que'ls baros de Navarra e'ls caves e'ls sergens 3990

sens et sagesse. — Pendant que cela se faisait, trois messagers pressés — allèrent par les bourgs avec écrits scellés — à sire Philippe roi des Français, par qui Dieu est honoré, — pour que si l'un des messagers était volé en chemin, — l'autre échappât et qu'il ne fût pas trouvé. — Pour cela chacun allait par un chemin distinct, — en sorte que jusqu'à Paris ils ne furent pas réunis; — pourtant ils ne vinrent point à un jour assigné. — Là fut le roi de France qui est couronné par Dieu, — et pas davantage (n'est) roi du monde.

LXXXVI.

Et pas davantage (n'est) roi du monde couronné dignement, — mais le bon roi de France à qui Dieu fit honneur, — vu qu'il est roi de vertu, nous le savons certainement, — car il guérit les malades, et pas davantage (ne le fait) roi vivant. — Et alors un messager s'en alla bellement — devant le roi de France, qui est franc et instruit, et lui dit : « Vaillant roi, (que) le vrai Tout-Puissant — te laisse vivre et régner avec tes meilleurs amis ! — Le bourg de Saint-Cernin te prie humblement, — et le bourg de Saint-Nicolas, vu qu'il y a union entre eux, — que pour (l'amour de) Dieu, tu prennes pitié d'eux, — et du vaillant sire Eustache, qui est ton serviteur; — car il est tant en grande inquiétude et en grands chagrins, — qu'ils n'osent pas sortir hors de leurs maisons, — vu que les barons de Navarre et les

E cels de la ciptat teno les passamens.
E si en Pamplona no trametes breumens,
N Estacha es perdutz e los borx yssamens.
E per que tu m'en crezatzs, vec te n' encartamens. »
E lo rei que'ls auzic, fo en son cor sagnens ; 3995
Pero diss al mesage : « Amix, certanamens
Trames ay en Navarra 'N Gasto, qu'es mos parens,
E 'l prior de Sa[n]t Gili savis e z entendens,
E 'N Clement de Lenay .j. cavaler sabens;
Mas no 'ls as encontratz en tos caminamens. » 4000
E z ab aquestas novas, per lo palaytz enens
Venc l'autre messagers ab los sagelamens,
E donet los al rey sospiran e playnnens ;
E legic e trobet que no y ac may ni mens,
Mas si com en las autras que z ac prumeramens. 4005
Puyssas ac la tercera, per que mils fos crezens.
E lo rei diss adoncas : « Ayssso non es pas vens,
Puys las cartas acordan e 'ls ditz e 'ls pregamens. »
E dis a los mesages : « Torna vo 'n belamens,
Que z en breu auran tal que'l[s] sera defendens. » 4010
E d adonc le bon rei mandet apertamens
Pel seynnor de Beu Juec, qui es affortimens,
Conestable de França e dels eratamens ;
E 'l rey diss : « Sire Ymbert, be soy el cor dolens
Si eu perdi 'N Estacha, per que no y ano gens. » 4015
E 'l valent conestable respos li simplamens,
E diss le : « Humil seynnor, no vos detz pessamens.
Lo seynnor de Bearn, qu'es savis e puynnens,
E 'l prior de Sant Gili, qu'es suptil e sabens,
Te saubran dir per que fu lo comensamens. 4020
E z apres tu feras mandar tos parlamens,
E faras ne tot ço de que dreitz es cossens. »
— « Sire Imbert, dis lo rei, por me fa tardamens. »

chevaliers et les sergents — et ceux de la cité tiennent les passages. — Et si en Pampelune tu n'envoyes pas brièvement, — sire Eustache est perdu et les bourgs pareillement. — Et pour que tu m'en croies, en voici une lettre. » — Et le roi, quand il les ouït, fut saignant en son cœur; — pourtant il dit au messager : « Ami, certainement — j'ai envoyé en Navarre sire Gaston, qui est mon parent, — et le prieur de Saint-Gilles (qui est) sage et entendu, — et sire Clément de Lenay, un chevalier prudent; — mais tu ne les as pas rencontrés en tes chemins. » — Et sur ces entrefaites, par le palais en avant — vint l'autre messager avec les lettres, — et les donna au roi (en) soupirant et (en) exhalant des plaintes; — et il lut et trouva qu'il n'y a plus ni moins, — mais (que c'est) ainsi comme dans les autres qu'il eut premièrement. — Puis il eut la troisième, pour que mieux il fût croyant. — Et le roi dit alors : « Ceci n'est pas vent, — puisque les lettres accordent et les paroles et les prières. » — Et il dit aux messagers : « Allez-vous-en tranquillement, — vu que dans peu ils auront telle (personne) qui les sera défendant. » — Et alors le bon roi envoya publiquement — vers le seigneur de Beaujeu, en qui est fermeté, — connétable de France et des possessions (royales); — et le roi dit : « Sire Imbert, je suis bien chagrin dans le cœur — si je perds sire Eustache, parce que n'y vont pas les gens. » — Et le vaillant connétable lui répond simplement, — et lui dit : « Doux seigneur, ne vous donnez pas d'inquiétude. — Le seigneur de Béarn, qui est sage et entreprenant, — et le prieur de Saint-Gilles, qui est habile et prudent, — te sauront dire pourquoi fut le commencement. — Et après tu feras mander tes parlements, — et tu en feras tout ce dont le droit est consentant. » — « Sire Imbert, dit le roi, pour moi fais retard. » — Et sur ces entrefaites, les messages rapides — vinrent dans Pampelune, où était le trouble; — là ils trouvèrent sire Gaston qui sait assez de ruses, —

E z ab aquestas novas, les messatges correns
Vengo en Panpalona, on era lo turmens ; 4025
fol. 114 r° Lay trobero 'N Gasto que sap pro d'artamens,
E 'l prior de Sant Geli e de Lanay Climens,
Per saber tot lo fayt.

LXXXVII.

Per sauber tot lo fayt y fo vengut Gasto[s],
E 'N Climent de Lanays, de Sant Geli 'l prios, 4030
En la Navarreria, hon eran los baros ;
E quant lay fo yntratz, .j. barat pessego s :
Que lay o 'l trabuquet feria las sazos,
Portego la cozina del seynne dels Gascos.
E 'l trabuquet dels borx destendet molt cochos, 4035
E la peyra va ss'en plus tost que auzelos,
Feri[r] dintz el payrol ont cosia 'l moltos,
E trenquet lo payrol e 'ls trepez e'ls gofos.
E d adonx dels ricomes a 'N Gasto foron dos,
E disso 'l : « Franc seynnor, veiatz com so felos 4040
Cels del Borc que z an trayt lay or cozinatz vos,
E z an trencat cauderas, trepez e cabyros :
Veyatz, cant vos no y es, si son soperbios. »
fol. 114 v° —— « Seynne, so di 'N Gastos, d'est mal som cossiros ;
Mas vos daretz, aytant al prior e z a nos, 4045
Tregas per .xv. jorns per audir les razos. »
E z autregego las forçatz e z egoyssos.
E z ap tant .j. message venc s'en al Borc cochos
E z al valent N Estacha, cuy es sens e razos,
De part de don Gasto, que trabuquet no fos 4050
Destendutz, ni sagetas enviatz ni rayllos ;
Car lo prior e z els estavan temeros.
E d adonquas nuyltz om no si move, mals ni bos.
E lendema, quant fo le soleyll lugoros,

et le prieur de Saint-Gilles et Clément de Lanay, — pour savoir tout le fait.

LXXXVII.

Pour savoir tout le fait y fut venu Gaston — et sire Clément de Lanay, de Saint-Gilles le prieur, — en la Navarrerie, où étaient les barons ; — et quand là il fut entré, ils imaginèrent une tromperie : — vu que là où le trébuchet frappait par intervalles, — ils portèrent la cuisine du seigneur des Gascons. — Et le trébuchet des bourgs (se) détendit très-vite, — et la pierre s'en va plus tôt qu'oisillon, — frapper dans le chaudron où cuisait le mouton, — et rompit le chaudron, les trépieds et les gonds. — Et alors deux des riches hommes furent à sire Gaston, — et lui dirent : « Franc seigneur, voyez comme sont félons — ceux du Bourg, vu qu'ils ont tiré là où vous faites votre cuisine, — et ont rompu chaudières, trépieds et chevrons : — voyez, quand vous n'y êtes pas, s'ils sont insolents. » — « Seigneurs, dit sire Gaston, de ce mal nous sommes chagrins ; — mais vous donnerez, autant au prieur et à nous, — trêves pour quinze jours pour ouïr les raisons. » — Et ils les octroyèrent forcés et tristes. — Et en même temps un messager s'en vint empressé au Bourg — et au vaillant Eustache, en qui est sens et raison, — de la part de don Gaston, (pour) que trébuchet ne fût — détendu, ni flèches ni traits envoyés ; — car le prieur et eux étaient craintifs. — Et alors nul homme ne bougea, mauvais ni bon. — Et le lendemain, quand le soleil fut luisant, — le prieur et sire Gas-

Le prior e 'N Gastos, que z eran compaynnos, 4055
Entrero s'en els borx, dont tot foron joyos;
Enpero els jurego desus lo Glorios
Que el Borc non remandrian per prex ni per razos.
E fero ab N Estacha de ço que'ls plac sermos,
E puyssas presso tregas de los borx ams e dos 4060
Per .xv. jorns complitz, e puys gitada fos;
E quan aquo fo fayt, els ab sos donzelos
Tornegon s'en arreyre ses brulla e ses resos,
Per lor yur a tenir.

LXXXVIII.

Per lor yur a tenir s'en anego tornar 4065
En la Navarreria totz essems albergar.
E puyssas eli furo ab los baros parlar;
E don Gasto los diss: « Tregas vos volen dar
Les borgues d'ams les borx e de ma confermar;
E vos dar n'etz a los, c'ayssi s cove a ffar. » 4070
E les ricomes disso: « Per a vos soplegar,
Don Gasto, nos farem trastot vostre mandar,
E del seynner prior, que devem molt hondrar. »
E quant venc lendema, que'l jorn fom bel e clar,
De la Navarreria vengo al Borc intrar, 4075
E dedintz Sant Cerni s'anego entregoar,
E cels dels borx anego ab lor, ab gran duptar;
E quan ago pres tregas, ses trop comiadar
Tornego s'en al Borc, e fum temps de mangar.
E 'l prior e 'N Gasto, per lo mal abayssar, 4080
Humilmens s'en anego los ricomes pregar
Que lo mal remases, car no s devia far,
Qu'encontra so seynnor no s deu om relevar.
E'ls ricomes dissero: « Seynn' En Gasto, no m par
Que so que vos dizetz se pusca acabar; 4085

HISTOIRE DE LA GUERRE DE NAVARRE. 263

ton, qui étaient compagnons, — s'en entrèrent dans les bourgs, de quoi tous furent joyeux; — pourtant ils jurèrent sur le Glorieux — qu'ils ne resteraient dans le Bourg ni pour prières ni pour raisons. — Et ils discoururent avec sire Eustache de ce qui leur plut, — et puis ils prirent des trêves des deux bourgs — pour quinze jours pleins, et puis elle fut proclamée; — et quand cela fut fait, avec leurs suivants, — ils s'en retournèrent arrière sans bruit et sans rumeur, — pour tenir leur serment.

LXXXVIII.

Pour tenir leur serment ils s'en retournèrent — en la Navarrerie tous ensemble héberger. — Et puis ils furent parler avec les barons; — et don Gaston leur dit : « Trêves vous veulent donner — les bourgeois des deux bourgs et confirmer avec la main; — et vous leur en donnerez, car ainsi il convient être fait. » — Et les riches hommes dirent : « Pour vous obéir, — don Gaston, nous ferons tout votre commandement, — et (celui) du seigneur prieur que nous devons fort honorer. »
— Et quand vint le lendemain que le jour fut bel et clair, — de la Navarrerie ils vinrent entrer au Bourg, — et dans Saint-Cernin ils s'en allèrent conclure les trêves, — et ceux des bourgs allèrent avec eux, avec grande crainte; — et quand ils eurent pris les trêves, sans trop de cérémonie — ils s'en retournèrent au Bourg, et il fut temps de manger.
— Et le prieur et sire Gaston, pour abaisser le mal, — doucement s'en allèrent prier les riches hommes — que le mal cessât, car il ne devait pas se faire, — parce que contre son seigneur ne doit-on pas se révolter. — Et les riches hommes dirent : « Seigneur sire Gaston, il ne me paraît pas — que ce que vous dites se puisse terminer; — car

Car N Estacha e'ls borx nos an fait tal pessar
Que per ren que z els fessan no s puyria emendar :
Per que, seynn' En Gasto, layssetz ayso estar. »
E la cort se partic senes may razonar,
E 'l prior e 'N Gasto anego repayrar. 1090
E quant venc ent al vespre, que soleyll volc yntrar,
Don Pero Sanchetz venc don Gasto corteiar
E 'l prior, que z ams .ij. eran en .j. logar,
E parlego del fayt que fu durs de pessar.
E don Gasto adonx pres si a començar, 1095
E diss : « Don Pero Sanchetz, el cor mi datz pessar,
Car contra vostra dona vos voletz revelar,
fol. 116 r° E senbla m que'l pecat vos fa ayssi obrar.
Torna vo 'n yntz el Borc, qu'eu o cuch acabar
Qu'om vos perdonara ses renda amermar, 1100
Car la vostra natura a volgud emparar
Los dreytz de so seynnor, e vos o vuyllat far ;
Car si 'l seynnor amatz, Dios vos voldra amar. »
E 'l pros don Pero Sanchetz pres si a sospirar :
« Ar enten que mi faytz grant senblança d'amar. 1105
Ben conosc qu'ai fayllit ; mas tal m'a fait errar
Que z en far traycio met trastot son pessar.
Don Gasto, ben conosc qu'eu ay fait malestar,
E prec vos c'ab les borx vos m'anetz razonar
E z ap le pros N Estacha, que m deyan perdonar. » 1110
E don Gasto le diss : « Aquo layssatz estar.
Entra vo 'n dintz el Borc senes trop demorar,
Que recebutz seretz ab molt gran alegrar. »
— « Donquas, seynne En Gasto, farai vostre mandar,
E trametrey mesage qu'a noch hi vuyl entrar. » 1115
fol. 116 v° E don Gasto le diss : « Hieu y vuyll enbiar. »
E z amz .ij. li message ano 'l dit cofermar,
E 'ls messages anero a 'N Estacha contar

HISTOIRE DE LA GUERRE DE NAVARRE. 265

sire Eustache et les bourgs nous ont fait telle peine, — que pour rien
qu'ils fissent elle ne pourrait se réparer : — c'est pourquoi, seigneur
sire Gaston, laissez ceci tranquille. » — Et la cour se sépara sans plus
discuter, — et le prieur et sire Gaston allèrent reposer au logis. —
Et quand (on) vint vers le soir, que le soleil voulut se coucher, —
don Pierre Sanchiz vint courtiser don Gaston—et le prieur, vu que tous
deux étaient en un même endroit,—et ils parlèrent du fait qui fut dur
à penser. — Et don Gaston alors se prit à commencer, — et dit :
« Don Pierre Sanchiz, au cœur vous me donnez souci, — car contre
votre dame vous voulez vous révolter, — et il me semble que le
péché vous fait ainsi agir. — Retournez-vous-en dans le Bourg, vu
que je pense achever cela — qu'on vous pardonnera sans diminuer
revenu, — car votre nature a voulu établir — les droits de son seigneur, et vous veuillez faire de même;—et si le seigneur vous aimez,
Dieu vous voudra aimer. »—Et le preux don Pierre Sanchiz se prit à
soupirer : — « Maintenant j'entends que vous me faites grand semblant
d'amitié. — Je connais bien que j'ai failli; mais tel m'a fait errer
— qui à faire trahison met tout son penser. — Don Gaston, je
connais bien que j'ai fait une mauvaise action,—et je vous prie qu'avec
les bourgs vous alliez me raccommoder — et avec le preux Eustache,
pour qu'ils me daignent pardonner. »—Et don Gaston lui dit : « Laissez
cela en paix. Entrez-vous-en dans le Bourg sans trop de retard,—vu
que vous serez reçu avec très-grande allégresse. » — « Donc, seigneur
sire Gaston, je ferai votre commandement, — et j'enverrai un messager (pour annoncer) qu'à la nuit j'y veux entrer. »—Et don Gaston
lui dit : « J'y veux envoyer. » — Et les deux messagers allèrent confirmer la parole, — et les messagers allèrent à sire Eustache conter —
que sire Pierre Sanchiz venait prendre position dans le Bourg; — et
le vaillant sire Eustache, pour venger sa honte, — dit aux messagers :

Qu'En Pere Sanchetz venia dedintz le borc pausar;
E lo valent N Estacha, per sa onta vengar, 4120
Diss a los mesages : « Anatz le pressentar,
Que ben sia vengutz e venga ses puynnar. »
E lo valent N Estacha fe sos omes armar,
E 'ls borgues de la vila anego ss'arnescar,
E z esperego 'l molt, e pogran esperar, 4125
Car hanc la nuyt no venc ni o pog ayzinar;
Mas mandet que z a l'autra vendria ses pecar,
Si que'ls borx e 'N Estacha fe tota nuyt veyllar;
E z anc no i venc, car Dios non o volc ordenar.
E d adonc les ricomes saubo aquest pessar, 4130
E z ap cels de la vila fero cosseyl mandar,
E disson : « Pere Sanchetz nos vol dessenparar;
E s'il nos dessempara, nos no podem durar;
Car el a grant poder e puyra nos dapnar :
Per que nos voldra may qu'a nuyt l'anem matar, 4135
E puyssa nos puyrem so que voldrem mandar. »
E jurego sul santz que la mort fos celar.
E z ap tant don Garcia s'en anet deportar
Ent a don Pero Sanchetz e grant solatz menar.
E quan venc ent al vespre, anet cascus sopar. 4140
E quan ago sopat e venc al anuitar,
Que la gentz de la vila s'en entret repayrar,
Cels que z avian jurat s'en anego armar.
E quant foron armatz, anego s, ses tarzar,
Ent a don Pero Sanchetz, que s'anava colcar; 4145
E trenquego las portas, e z el pres s'a cridar :
« Baros, e som trazitz. » Mas no 'l calc razonar
Mas, que trastotz essem l'anego peceiar.
[Et] enantz que fos mortz, el pres a demandar :
« Garcia Martintz d'Eussa, amix, ven m'ajudar. » 4150
E z el, quan son seynnor vic ayssi malmenar,

« Allez le présenter, — qu'il soit bien venu et vienne sans difficulté. »
— Et le vaillant sire Eustache fit armer ses hommes, — et les bourgeois de la ville allèrent se revêtir de leur harnois, — et ils attendirent longtemps et pourront attendre, — car onques ne vint la nuit ni ne put arranger l'affaire ; — mais il manda que l'autre il viendrait sans manquer, — de sorte qu'il fit veiller toute la nuit les bourgs et sire Eustache ; — et onques il n'y vint, car Dieu ne voulut pas l'ordonner.
— Et alors les riches hommes surent ce projet, — et avec ceux de la ville ils firent convoquer un conseil, — et dirent : « Pierre Sanchiz nous veut délaisser ; — et s'il nous délaisse, nous ne pouvons durer ; — car il a grand pouvoir et pourra nous faire dommage : — c'est pourquoi il nous vaudra mieux que cette nuit nous l'allions tuer, — et puis nous pourrons commander ce que nous voudrons. »
— Et ils jurèrent sur des reliques que la mort fût secrète. — Et là-dessus don Garcia s'en alla se divertir — vers don Pierre Sanchiz, et mener grande joie. — Et quand vint vers le soir, chacun alla souper.
— Et quand ils eurent soupé et (qu'il) vint à faire nuit, — que la gent de la ville entra se reposer, — ceux qui avaient juré s'en allèrent armer. — Et quand ils furent armés, ils s'en allèrent, sans tarder, — vers don Pierre Sanchiz, qui s'allait coucher ; — et ils coupèrent les portes, et il se prit à crier : — « Barons, et nous sommes trahis. » Mais il ne lui fallut pas raisonner — davantage, vu que tous ensemble allèrent le mettre en pièces. — [Et] avant qu'il fût mort, il se prit à demander : — « Garcia Martinez d'Eussa, ami, viens m'aider. » — Et lui, quand il vit ainsi malmener son seigneur, — avec l'écu, en chemise, il va se présenter devant lui ; — toutefois ne lui valurent défendre ni frapper, — car sur son seigneur on l'alla percer à coups de lance. — Et y mourut son neveu, fils de don Pierre Ayvar, — sire Jean de Tunayn qui sut peu de (ce qu'est le) bonheur. — Et quand vint

fol. 117 v° Ab l'escut, en camisa, va s denant luy parar;
Enpero no li valc defendre ni lançar,
Car sobre son seynnor l'anet om lanceiar.
E morig y son bot, filtz don Pere Ayvar,   4155
En Johan de Tunayn que saup pau d'aurar.
E quant venc lo mati, auziratz escridar :
« Mortz es don Pero Sanchetz, » ont viratz maintz plorar[1];
Mas degus non pessava de sa onta vengar.
Don Gasto, que o saup lo mayti al levar,   4160
Dic vos qu'en Salvaterra volguera mas estar.
E trames tost al Borc, q'us no s'auses mostrar
Els murs ni en las tors, ni cayrels enbiar,
Ni trabuquet destendre, ni garrot dessarrar;
Car si o fazian, de mort no 'l puyrian salvar;   4165
Car de por que z avia s'en anet entorrar.
E si no fos per el, dic vos, si Dios m'ampar,
Qu'En Estacha e los borx s'en volian entrar
En la Navarreria pels traidos sobrar.
fol. 118 r° E d adonc don Gasto, senes trop demorar,   4170
Ses que z'anc non ausset ent als borx retornar,
El yssic de la vila, e pres s'a caminar
  Ent al bon rei de França.

LXXXIX.

Ent al bon rei de França, de vertut coronad,
Don Gasto e 'l prio[r] anego co[m]paynnad;   4175
E quant foro en Paris vengutz et albergad,
Anego ent al rei contar la veritad.
E don Gasto diss le belamentz e pagad :
« Humil franc rei de França, nos forem enbiad

[1] On lit au bas du fol. 117 r° cette note de la même main que les autres : « En l'an de la Incarnation de nostre Seynor Jhesu Crist de M. cc. lxxvj. ans, don Garcia Almoravit e les de la Navarreria mataren a don Pero Sanchetz de Cascant. »

le matin, vous entendriez crier : — « Mort est don Pierre Sanchiz, » où vous verriez maints pleurer[1] ; — mais nul ne pensait à venger sa honte. — Don Gaston, qui le sut le matin au lever, — je vous dis qu'en Sauveterre il voudrait plutôt être encore. — Et il envoya promptement au Bourg, (pour) qu'un seul ne s'osât montrer — sur les murs ni sur les tours, ni envoyer des carreaux, — ni détendre trébuchet, ni desserrer garrot ; — car s'ils le faisaient, de mort ils ne le pourraient sauver ; — car de (la) peur qu'il avait il alla s'enfermer en une tour. — Et si ce ne fût pour lui, je vous dis, si Dieu me protège, — que sire Eustache et les bourgs voulaient entrer — en la Navarrerie pour écraser les traîtres. — Et alors don Gaston, sans trop tarder, — sans qu'il osât jamais retourner jusqu'aux bourgs, — sortit de la ville, et se prit à cheminer — jusqu'au bon roi de France.

LXXXIX.

Jusqu'au bon roi de France, de vertu couronné, — don Gaston et le prieur allèrent accompagnés ; — et quand ils furent en Paris venus et logés, — ils allèrent jusqu'au roi conter la vérité. — Et don Gaston lui dit doucement et avec calme : — « Doux (et) franc roi de

---

[1]. L'an de l'incarnation de notre Seigneur Jésus-Christ mil deux cent soixante et seize, don Garcia Almoravit et ceux de la Navarrerie tuèrent don Pierre Sanchiz de Cascante. »

En Navarra per vos, e nos em retornad; 4180
E direm vos com es lo fayt haordenad :
El borc de Sant Cerni es N Estacha ensarrad,
E los ort e las vinnas vilanamentz talad.
E sapchas, franc seynnor, qu'el esta molt quitad,
Que'ls baros e 'ls ricomes l'an de mort avyllad : 4185
Enpero eli an .j. mal joc entaulad,
Que, quant nos eram la, fom tal lor volontad

fol. 118 v° Qu'eli s donego tregas tro .xv. jorns passad,
Que nuyltz om no s mogues, ni fus cayrel lançad;
E nos cuygem far que'l mal fos emendad, 4190
E trobeguem tant fortz li baron seynnal[a]d,
Que tot quant nos diziam no valia .j. dad.
Pero don Pere Sanchetz aviam domesgad
E que volia far la nostra volontad,
Car conoyssia be que z avia pecad; 4195
E si luy nos aguessam, tota l'una maytad
Aguerram de Navarra : tant er'el efforçad.
E los baros, que saubo so qu'aviam tractad,
Pessego s que ses el serian esterrad;
E, franc rei, una nuyt que z el se fo colcad, 4200
Senes tota merce, fom trasto peceiad,
Et ab luy .j. cavaler qu'era son comandad,
E dos escudes yoves que z eran sey criad.
E jur vos, pel Seynnor qu'es vera Trinitad,
Qu'eu agui grant paor que la fos lanceiad, 4205

fol. 119 r° Cant vi la traycio e 'l fait desmesurad;
E dic vos que z a penas nos dego comiad
Que z una vetz entressam el Borc, ab tal dictad
Que z ades non tornassem e pressesam comiad :
Per que os pregam, car seynne, qu'os prengua pietad 4210
D'En Estacha qu'esta molt destreit e cuytad,
E de los borx que son destruit e malmenad. »

France, nous fûmes envoyés — en Navarre par vous, et nous sommes
revenus; — et nous vous dirons comment est l'affaire ordonnée : — Dans
le bourg de Saint-Cernin sire Eustache est enfermé, — et les jardins
et les vignes (sont) vilainement coupés. — Et sachez, franc seigneur,
qu'il est très-délaissé, — vu que les barons et les riches hommes l'ont
mortellement outragé : — pour cela ils lui ont préparé un mauvais jeu, —
vu que, quand nous étions là, leur volonté fut telle — qu'ils se donnèrent
trêves, jusqu'à quinze jours, — (stipulant) que personne ne bougeât et
(que nul) carreau ne fût lancé; — et nous crûmes faire (de telle sorte)
que le mal fût réparé, — et nous trouvâmes les barons si fort passionnés
— que tout ce que nous disions ne valait pas un dé. — Pourtant nous
avions calmé don Pierre Sanchiz — si bien qu'il voulait faire notre volonté, — car il connaissait bien qu'il avait péché; — et si nous l'eus-
sions (eu), toute une moitié — nous aurions (eu) de la Navarre : tant
il était puissant. — Et les barons qui surent ce que nous avions con-
certé, — pensèrent que sans lui ils seraient dépossédés; — et, franc
roi, une nuit qu'il se fut couché, — sans aucune pitié, il fut tout mis
en pièces, — et avec lui un chevalier qui était son recommandé, — et
deux jeunes écuyers qui étaient ses serviteurs. — Et je vous jure,
par le Seigneur qui est vraie Trinité, — que j'eus grand peur que là
je fusse percé à coups de lance, — quand je vis la trahison et le fait
outrageux; — et je vous dis qu'à peine ils nous donnèrent congé —
qu'une fois nous entrassions dans le Bourg, avec telle recommandation
— qu'incontinent nous nous en retournassions et prissions congé : —
c'est pourquoi nous vous prions, cher seigneur, qu'il vous prenne
pitié — de sire Eustache qui est très-serré de près et délaissé, — et
des bourgs qui sont détruits et malmenés. » — Et alors le roi avec l'air
d'(un homme) irrité — lui dit : « Sire Gaston, je ne serai pas
nommé roi — si je ne le tire pas de prison, puisque par moi il y

E d adonquas lo rei ab semblança d'irad
Diss le : « Syr'En Gasto, non serey rei nomnad
Si eu no 'l trau de presso, puyss per mi es yntrad. » 4215
E z ab aytant lo rei lo coseyl ac mandad,
 E mandet parlament.

XC.

E mandet parlamen[t] el rei cui es la flor.
Lay a coms e viscoms e maint om de valor;
E lo rey diss assi : « Cosseyllatz mi, seynnor. 4220
N Estacha ten om pres, dont prenc grant dessonor,
E crey sera perdut, si tost om no 'l secor;
E cosseyllatz ne breu so que z er lo millor. »
E 'l valent com d'Artes, que fo al parlador,
Qu'es del hondrat linage, parlet senes temor 4225
E diss le : « Bels cossis, la vostra dessonor
E la nostra seria, e molt granda error,
Si'N Estacha s perdia per cels qui son trachor :
Per que z om le secorra antz que venga 'l peyor,
Puys de tota Navarra lo fes governador. 4230
E si ers no 'l valetz, non deu aver sabor
Nuylltz om de nostre regne per vos ane ayllor. »
E'l seynne de Beu Juec qui a pretz da color,
Conestable de França e de tota l'onor,
Diss al bon rey de França : « Puyss que'l vostre pastor 4235
Esta ab sas oueyllas entre'l lop raubador
Que contra lur seynnora an fait portals e torr,
Seynne, tu 'l deves esser per dreit defendedor. »
Si que tot lo cosseyll, senes tota rumor,
S'acordego c'anessan de França 'l valedor 4240
En Estacha valer qu'estava en paor,
E z acordego s'i li bo e li meillor;

est entré. » — Et là-dessus le roi eut mandé le conseil, — et manda parlement.

XC.

Et manda parlement le roi à qui est la fleur (de lis). — Là il y a comtes et vicomtes et maint homme de valeur ; — et le roi dit ainsi : « Conseillez-moi, seigneurs. — On tient prisonnier sire Eustache, de quoi je prends grand déshonneur, — et je crois qu'il sera perdu, si tôt on ne le secourt ; — et conseillez-en sans retard ce qui sera le meilleur. » — Et le vaillant comte d'Artois, qui fut à la conférence, — qui est du lignage honoré, parla sans crainte — et lui dit : « Beau cousin, votre déshonneur — et le nôtre (ce) serait, et très-grande faute, — si sire Eustache se perdait par ceux qui sont traîtres : — c'est pourquoi qu'on le secoure avant que vienne le pire, — puisque de toute la Navarre vous le fîtes gouverneur. — Et si maintenant vous ne lui prêtez pas assistance, ne doit point avoir de plaisir — nul homme de votre royaume qui pour vous aille ailleurs. » — Et le seigneur de Beaujeu, qui à mérite donne couleur, — connétable de France et de tout le domaine, — dit au bon roi de France : « Puisque votre pasteur — est avec ses brebis entre les loups ravissants, — qui contre leur souveraine ont fait portails et tours, — seigneur, tu dois être justement son défenseur. » — En sorte que tout le conseil, sans aucun bruit, — fut d'accord que les vaillants de France allassent — assister sire Eustache qui était dans la peur, — et les bons et les meilleurs furent d'accord

E'l valent rey de França ac cosseyll celador
 Ab cels que may li plac.

XCI.

Ab cels que may li plac fe cosseyll belamen. 4245
Lay fo lo com d'Artes, adretz e conoyssens;
Lay fo 'l com de Bretaynna e de Flandre yssamen,
E 'N Imbert de Beu Juec, qui Mont Ferant s'aben,
Conestable de França e dels eretamen;
Arcevesques e bispes hi ac el parlamen. 4250
E lo bon rey de França parlet prumeramen,
E dyss al conestable : « Hyeu vos day mandamen,
Syre Imbert, car vos m'es leyals e mos paren,
E la vostra natura a regnat leyalmen
Ent a la flor de França e ses far fayllimen; 4255
Vos mandaretz Tolsa e los pertenimen,
fol. 120 v° Carcases e Roergue e Caerci breumen,
E tot ço que de la Limoges mi apen;
E mandaretz los contes e 'l baros e 'l sirven,
E yretz en Navarra ap tota aquela gen. 4260
En Gastos gidara pels portz celadamen,
E'l com d'Artes e vos seretz capdelamen.
E yeu vendrey apres ab l'auryflam luzen
E z ap totz los baros de ton (sic) mon regnamen.
Car si vos encontravatz qui vos fos sobreden, 4265
Le mieu secos auriatz que vos fos defenden;
Qu'enantz me costaria del Temple tot l'argen,
Que si trayrai 'N Estacha del peryllos turmen. »
E'l seynne de Bel Juec respos humilmen,
E diss le : « Franc seynnor, lo tieu comandamen 4270
Fare, puyss que a tu platz, e aquo mantenen. »
E partic se la cort e lo razonamen.
E'l valent com d'Artes, en qui es ardimen,

en cela; — et le vaillant roi de France tint un conseil secret — avec ceux qu'il lui plut davantage.

XCI.

Avec ceux qu'il lui plut davantage il tint conseil bellement. — Là fut le comte d'Artois, intelligent et expérimenté, — là fut le comte de Bretagne et de Flandre également, — et sire Imbert de Beaujeu, à qui Montferrant obéit, — connétable de France et des possessions (de la couronne); — archevêques et évêques il y eut au parlement. — Et le bon roi de France parla premièrement, — et dit au connétable : « Je vous donne ordre, — sire Imbert, car vous m'êtes loyal et mon parent, — et votre nature s'est gouvernée loyalement — envers la fleur de France et sans faire de faute; — vous convoquerez Toulouse et les dépendances, — Carcassès et Rouergue et Querci promptement, — et tout ce qui au delà de Limoges m'appartient; — et vous manderez les comtes et les barons et les soldats, — et vous irez en Navarre avec toute cette gent. — Sire Gaston guidera par les ports en cachette, — et le comte d'Artois et vous (vous) serez chefs. — Et moi, je viendrai après avec l'oriflamme éclatante — et avec tous les barons de tout mon royaume. — Car si vous rencontriez (quelqu'un) qui vous fût surdent (fît opposition), — vous auriez mon secours qui vous défendrait; — vu qu'il me (en) coûterait plutôt tout l'argent du Temple, — mais je tirerai sire Eustache du tourment périlleux (où il est). » — Et le seigneur de Beaujeu répondit doucement, — et lui dit : « Franc seigneur, ton commandement — je ferai, puisqu'il te plaît, et cela maintenant. » — Et l'assemblée se sépara, et la conférence (cessa). — Et le vaillant comte d'Artois, en qui est hardiesse,

35.

E'l seynne de Beu Juec tot acorda[da]men
Vengo s'en en Tolosa, que z es ciptaz plazen, 4275
Per far venir las ostz.

XCII.

Per far venir las ostz vengo aqui .j. dia.
E'n mentre qu'els mandavan per aquels que'ls plazia,
El borc de San Cerni et en la Navarreria
Avian gitat tregas e z amor e paria; 4280
Enpero los ricomes feron sobranceria,
Que fero fer tayllada, e ges no s covenia,
Car negus en las tregas re obrar non devia.
E quan avenc lo vespre que la trega s rendia
Que'l pros N Estacha diss que fes qui far puyria, 4285
Que no volia tregas ni la lor co[m]paynnia,
Don Miguel Peritz diss una grant parleria,
Aquel de Çavaldica, tal que fo grant folia;
Que dis al pros N Estacha, hy auzigo 'l qui s volia,
Que del borc Sant Cerni pel pe lo gitaria. 4290
E diss le de grant ontas e maynta vilania :
Pero be os puys jurar que si el lo tenia,
D'un cordo d'un diner ades l'estrenaria,
E metria 'l al vent veyre com balaria.
Ayssi fo aontitz, e z el tot so sofria. 4295
Enpero cels del Borc fero grant maestria,
Qu'en mezo de forment tant que z els borx n'avia
Per .iiij. antz o plus, si cuyta s perprenia,
E leynna e bacos e tota manentia.
E z este[t] se la nuyt tro lendema al dia, 4300
Que'ls trabuquetz tirero e mai qui mai podia.
E comencet la guerra e la grant felonia
D'entr' ambas las partidas, que merce no y avia.
E les borx demandavan le secors cant vendria,
E 'N Estacha diss lor qu'a la Sancta Maria, 4305

HISTOIRE DE LA GUERRE DE NAVARRE. 277

— et le seigneur de Beaujeu tout d'un commun accord — s'en vinrent à Toulouse, qui est cité agréable, — pour faire venir les troupes.

XCII.

Pour faire venir les troupes ils vinrent là un jour. — Et pendant qu'ils convoquaient ceux qu'il leur plaisait, — dans le bourg de Saint-Cernin et en la Navarrerie — ils avaient jeté (de côté) trèves et amour et égalité; — pourtant les riches hommes firent énormité, — vu qu'ils firent faire tranchée, et (cela) ne convenait point, — car nul pendant les trèves ne devait rien faire. — Et quand vint le soir que la trève s'achevait, — que le preux sire Eustache dit que fît qui faire pourrait, — vu qu'il ne voulait trèves ni leur compagnie, — don Miguel Peritz dit un grand bavardage, — celui de Zabaldica, tellement que ce fut grande folie; — car il dit au preux sire Eustache, et l'entendit qui voulut, — que du bourg Saint-Cernin, par le pied il le jetterait. — Et il lui dit de grandes injures et mainte vilenie : — pour cela je puis bien vous jurer que s'il le tenait, — d'un cordon d'un denier sur-le-champ il l'étrennerait, — et le mettrait au vent (pour) voir comment il danserait. — Ainsi il fut vilipendé et il souffrait tout cela. — Cependant ceux du Bourg firent (acte de) grande habileté, — quand ils ramassèrent tant de froment que dans les bourgs il y en avait — pour quatre ans ou plus, si le besoin se faisait sentir, — et bois et flèches de lard et toute (espèce de) richesse. — Et la nuit se passa jusqu'au lendemain au jour, — que les trébuchetz tirèrent et plus qui plus pouvait. — Et commença la guerre et la grande furie — entre les deux parties, vu qu'il n'y avait pas de pitié. — Et les bourgs demandaient quand viendrait le secours, — et sire Eus-

Cela que ven d'aost, e crei que z aysi s sia,
Si que passet la festa qu'enqueras no venia,
Dont maynt ome del Borc se que s'en espauria.
E 'N Estacha adonquas, quant vic que les mentia,
A pauc lo cor el cos de dolor no 'l fendia; 4310
fol. 122 r° E diss a los borgues : « Seynnos, no say qu'en dia,
Qu'eu vos soy meçonges : per que mort mi playria. »
E don Pontz Baldoy diss le : « Seynnor, no sia,
Que ges grant ost no pot venir can se voldria;
E layssatz o estar e d'aquo non vos sia. » 4315
Pero tot yorn al camp le pobles combatia.
Arnaut de Marcafava le yove y auzia,
Que demandava junta, que re als no queria;
Mas per cridar que fes, negus no li yssia.
Assi era tot jorn la noiza e la folia 4320
    E la guerra mortal.

XCIII.

E la guerra mortal e'l mal e lo destrig
Era trastotz lo jorn ab corage enig.
E quant venc .j. mati que lo soleyll s'esclarig,
D'ams .ij. les borx s'armero li bo e li mendig; 4325
E quan ago manjat, tot lo poble yssig
Oltra 'l pont, el verger ont la flor espandig.
E portego barreras per far millor abrig,
fol. 122 v° Si qu'al moli del bispe per pendre s'afortig;
Cascus d'aquels dels borx y eran be aprig. 4330
En la Navarreria auziratz far repig,
Si que cuytadamens ca[s]cus d'els se garnig,
E yssigo la fora ont le jox se bastig;
Car us ab una faylla al moli s'enantig,
E gitet les lo foc, mas tantost escantig, 4335
E viratz que cascus ab son par s'escrimig.

tache leur dit que (ce serait) à la Sainte-Marie — celle qui vient en
août, et je crois qu'ainsi ce sera, — en sorte que la fête (se) passa qu'il
ne venait pas encore, — de quoi je sais que maint homme du Bourg
s'en effrayait. — Et alors sire Eustache, quand il vit qu'il leur mentait,
— peu s'en fallut que le cœur ne lui fendit dans le corps; — et il dit
aux bourgeois : « Seigneurs, je ne sais qu'en dire, — vu que je vous
suis mensonger : c'est pourquoi la mort me plairait. » — Et don Ponce
Baldoy lui dit : « Seigneur, que (cela) ne soit pas, — vu que point ne peut
venir grande armée quand elle voudrait; — et laissez cela en repos et
ne vous en tourmentez pas. » — Pourtant toujours au champ le
peuple combattait. — J'y entendais Arnaut de Marcafava le jeune, —
qui demandait joute, vu que rien autre il ne cherchait; — mais
quelques cris qu'il fît, personne ne sortait contre lui. — Ainsi durait toujours la noise et la folie — et la guerre mortelle.

XCIII.

Et la guerre mortelle et le mal et le tourment — régnaient tout
le jour avec courage inique. — Et quand vint un matin que le
soleil s'éclaircit, — des deux bourgs s'armèrent les bons et les pauvres;
— et quand ils eurent mangé, tout le peuple sortit — au delà
du pont, dans le verger où la fleur resplendit. — Et ils portèrent
des barrières pour faire meilleur abri, — en sorte qu'ils s'efforcèrent de se rendre maîtres du moulin de l'évêque; — tous ceux de
ces deux bourgs y étaient bien appris. — En la Navarrerie vous
ouïriez faire répit, — en sorte que rapidement chacun d'eux se
garnit. — Et ils sortirent là-dehors où le jeu se dressa; — car un
avec une torche s'avança au moulin — et leur jeta le feu, mais aussitôt il s'éteignit, — et vous verriez que chacun s'escrime avec son

E 'N Arnaut de Berret sa lança y brandig
E gitet l' al moli; mas no say qui ferig.
E fom tant grant la noiza e la brega, be os dig,
Que'l terra e la ribera e l'ayga retendig ; 4340
E lau[s] contra l'altre aytan fort s'enaptig,
Que de sanc ab cervelas la plaça ne buyllig,
Ont main[t] pe e maint bras debrisset e cruyssig.
E maynt' arma de cos aquel jorn se partig.
Qu'eu say qui perdet l'ueyll, e so frayre morig ; 4345
E maynt om s'i nafreg, e mayntz om s'i delig,
fol. 123 r° E maynt ome sagnava, e maynt cap s'i obrig,
E maynt ome fugia, e maynt s'i espaurig,
E tal y fo nafrat que z anc poyss no garig,
E tal portet garida qu'al moli la gequig ; 4350
Car mayntz caver armat per matar els yssig.
E vengon tantz ensemble que lo cam ne tremig,
Si que dels borx fugiron ses valer a l'amig;
E dig o us, qu'el fugir maynt ome y finig.
Tant duret lo tribaylls tro que'l jorns escurig, 4355
Que venc la nuyt escura, que l'us l'autre no vig;
E cels dels borx entreron vencut e relequid,
E les mortz om ne mes e si les sebelig;
E puys fero la gayta tro l'alba abelig,
    Com er'acostumat. 4360

XCIV.

Com er'acostumat, tota nuyt a yornal
Gaytavan per las tors e per maynt verial,
E cascun jorn yssian a la guerra canpal,
E 'ls trabuquetz brissavan las tors e maynt osdal.
fol. 123 v° E quan venc en aost, que fa lo sobrer cal, 4365
A z un jorn de la festa del sant espirital,
De Sant Bertolomio que per Dio sofric mal,

pareil. — Et sire Arnaud de Berret y brandit sa lance — et la jeta contre le moulin; mais je ne sais qui il frappa. — Et la noise fut si grande et le bruit, je vous le dis, — que la terre et la rivière et 4340 l'eau retentirent; — et l'un contre l'autre s'acharne si fort, — que la place bouillonne de sang (mêlé) avec cervelles, — où maint pied et maint bras se brise et craque. — Et mainte ame de corps ce jour se sépara, — vu que je sais qui perdit l'œil, et son frère mourut; 4345 — et maint homme s'y blessa, et maint homme s'y détruisit, — et maint homme saignait, et mainte tête s'y ouvrit, — et maint homme fuyait, et maint s'y épouvanta, — et tel y fut blessé qui jamais depuis ne guérit, — et tel porta défense qui la laissa au moulin; — car maint 4350 chevalier armé sortit pour les tuer. — Et ils vinrent tant ensemble que le champ en trembla, — tellement que des bourgs ils fuirent sans assister leurs amis; — et je vous dis cela, que dans la fuite maint homme y finit. — La tourmente dura jusqu'à ce que le jour devint 4355 obscur, — que vint la nuit obscure, que l'un l'autre ne vit; — et ceux des bourgs rentrèrent vaincus et délaissés, — et on ramassa les morts et on les ensevelit; — et puis ils firent le guet jusqu'à ce que l'aube devint belle, — comme il était accoutumé. 4360

XCIV.

Comme il était accoutumé, toute la nuit jusqu'au jour — ils guettaient par les tours et par mainte verrière, — et chaque jour ils sortaient pour la guerre de campagne, — et les trébuchets brisaient les tours et maint logis. — Et quand vint en août, qu'il fait la plus 4365 grande chaleur, — un jour de la fête du saint spirituel, — de saint

Cridego a las armas borgues e menestral :
« Baros, via Sant Yaime, que'ls cops y son mortal. »
E correg a las armas trastot le cominal,   4370
Borgues e cavales e trastuit li capdal.
Qui pren basto, o maça, o lança, o tinal,
O venable forbit, ab asta de coral,
O escut, o balesta, o dart, o arc manal,
O pica, o rayllo, guyssarma, o destral,   4375
O perpuynt, o gorgera, alavesa, o pal,
Ayssi que totz yssiro cabe fora 'l portal.
E 'ls caves escridero cascus : « Da m lo caval. »
Laus metia sela, e l'autre lo peytral.
E quant d'ambas las partz foro per cominal,   4380
Dejus l'olm de Sant Jacme lo yoc fon y[n]ffernal.
Lay auziratz cridar : « Sancta Maria, val! »

fol. 124 r° E ferir laus l'autre ab cor martirial ;
E viratz maynt cayrel trayre e mant cantal,
E lançar ezcona, maynt cayro revessal,   4385
E trayre maynt espada e maynt cotel puynnal ;
E viratz n'i nafrar e z ubrir cervygal,
E viratz venir sanc com fa vin per canal,
E viratz y budels anar a no m'en cal,
E ferir ses merce maynt cop descomunal,   4390
E de ssanc ab cervelas espandir pel pradal.
E cels dels borx entrego tant yntz en lur logal,
Que sul portal prumer foron totz per engal,
Si q'us y mes la seynna e'l mostret lo seynal,
E l'autre y feric d'un dart por cariçal.   4395
Aqui viratz contendre e ferir maynt vasal,
E de los murs lançar e trayre maynt rocal ;
E viratz fondeiar maynt vilan desleyal.
En la fontana Vieylla, per la riba del val,
Anero cels dels borx ent al autre portal,   4400

Barthélemi qui pour Dieu souffrit mal, — bourgeois et ouvriers crièrent aux armes : — « Barons, allons à Saint-Jacques, vu que les coups y sont mortels. » — Et tout le monde courut aux armes, — bourgeois et chevaliers et tous les chefs. — (C'est à) qui prendra bâton, ou masse, ou lance, ou gourdin, — ou épieu fourbi, avec pique de chêne, — ou écu, ou arbalète, ou dard, ou arc de main, — ou pique, ou raillon, ou guisarme, ou hache, — ou pourpoint, ou gorgerin, alavèse, ou pieu, — en sorte que tous sortirent droit hors le portail. — Et les chevaliers crièrent chacun : « Donne-moi le cheval. » — L'un mettait la selle, et l'autre le poitrail. — Et quand des deux côtés ils furent à la fois, — dessous l'orme de Saint-Jacques le jeu fut infernal. — Là vous ouïriez crier : « Sainte Marie, à l'aide ! » — et frapper l'un l'autre avec cœur de martyr ; — et vous verriez tirer maint carreau et maint quartier (de pierre), — et lancer javelot, maint carreau renversé, — et tirer mainte épée et main couteau-poignard ; — et vous y en verriez blesser et ouvrir des cerveaux, — et vous verriez venir le sang comme fait le vin par canelle, — et vous y verriez les boyaux aller au hasard, — et frapper sans miséricorde maint coup énorme, — et répandre du sang avec des cervelles par le gazon. — Et ceux des bourgs entrèrent tant en avant en leur endroit, — que sur le premier portail ils furent tous également, — en sorte que l'un lui met l'enseigne et lui montre le signal, — et l'autre y frappe d'un dard par la visière. — Là vous verriez maint vassal combattre et frapper, — et des murs lancer et tirer maint rocher ; — et vous verriez maint vilain déloyal jouer de la fronde. — En la fontaine Vieille, par la rive du val, — ceux des bourgs allèrent jusqu'à l'autre portail. — Là vous verriez faire boucherie et étrange carnage, — déchirer maint pourpoint, et rompre maint panache ; — en la maison qui était de l'abbé disant messe, — on mit le feu, et elle brûla plus clair qu'é-

fol. 123 v° Lay viratz far mazel et estrange carnal,
E perpuynt escuysendre, e rompre maynt cristal;
E la cassa que era de li abat messal,
Mes om foc, e cremet plus clar que z estadal.
Entr'el foc e la flama, e la dolor e 'l mal, 4405
Viratz donar e pendre e ronpre maynt braçal,
E cridar *Deus ayuda!* e sagnar may[n]t bocal;
E virat maynt cayrel per front e per hueyllal,
E maynt omes rendut per lo camin real,
Maynt pe e maynta cambe nafrat pel nervial. 4410
Pere Bertran y moric, borgues molt cominal;
E 'N Johan de la Cuba y morig altretal,
E d'autres qu'eu no say lor nom, si Dios mi sal.
E z ac n'i de naffratz a tot descominal;
E z era tal la cuyta e la dolor mortal, 4415
Que cascus, d'anbas partz, volgra ser en l'osdal,
E que laysseran be lo yox per cominal.
E z ab aquestas novas d'anbas partz per engal
fol. 125 r° Entrego per las vilas l'un san l'autr' ab seynal,
E 'l camp remas sagnes e la placa 'l rosal. 4420
E viratz demandar meges e merescal,
Estopa e blanc d'ueu, oli buyllid e sal,
Enpastres et unguens e bendas savenal.
E remas se la guerra, e fom mal le jornal;
Mas les borcx ni Estacha non an regart ni 'ls cal 4425
Que ja 'ls ricomes prengan los borx ni lo sesal;
Car plus dolentz estan que paubres d'ospital,
    E faran may tot dia.

XCV.

E faran may tot dia e'ls vendra destorber.
Enpero cascun jorn era grant lo chapler, 4430
E passet la semana e 'l dimenge primer.

chafaud. — Entre le feu et la flamme et la douleur et le mal, — vous verriez donner et prendre (des coups) et rompre maint bras, — et crier *Dieu aide!* et mainte bouche saigner; — et vous verriez maint carreau par le front et par les yeux, — et maint homme rendu par le chemin royal, — maint pied et mainte jambe blessés par les nerfs. — Pierre Bertrand y mourut, bourgeois très-connu;—et sire Jean de la Cuba y mourut pareillement, — et d'autres dont je ne sais les noms, si Dieu me sauve. — Et il y a des blessés de toute façon extraordinaire, — et telle était la presse et la douleur mortelle, — que chacun, des deux côtés, voudrait être au logis, — et qu'ils laisseraient bien le jeu en commun. — Et sur ces entrefaites des deux côtés également — ils entrèrent par les villes, l'un et l'autre, avec enseigne, — et la campagne reste sanglante et la place et la roseraie. — Et vous verriez demander médecins et maréchaux, — étoupe et blanc d'œuf, huile bouillie et sel, — emplâtres et onguents et bandes de toile fine. — Et la guerre cessa, et la journée fut mauvaise; — mais les bourgs ni Eustache n'ont pas préoccupation et il (ne) leur soucie — que les riches hommes prennent les bourgs ni la rente; — car plus chagrins ils sont que pauvres d'hôpital, — et ils le seront plus toujours.

XCV.

Et ils le seront plus toujours, et il leur viendra embarras. — Cependant chaque jour le carnage était grand, — et la semaine se passa et le dimanche d'abord. — Le prieur de Saint-Jacques vint avec un

Le prios de Sant Jacme venc ab .j. compaynner;
E diss le lo prior, que z es molt bel parler :
« Governador, prec vos, pel seynnor dreiturer,
Que vos la nostra cassa amparetz e 'l moster, 4435
E la establisscatz e qu'en siatz claver;

[fol. 125 v°] Qu'els ricomes m'an dich e li fals cavaler
Qu' eli la cremaran e yra a brassier,
E demas que m quigego far aucire l'autr'er,
Per ço car los blasmava del tort que fan sobrer. » 4440
E d adonquas N Estacha mandet li soudader,
Don Fortuynn Almoravit y mandet tot primer,
Qu'el establis la gleyssa e 'ls ambans e 'l cloquer.
E cridego a d armas borgues e meynader,
E de cels de la vila li menud e 'l grosser; 4445
E trastotz d'un acort yssigo pel terrer,
E messo s per la lissa e per mei del sender,
E perpresso la glessia senes tot defenser,
E messo sus la vouta le pendo seynnaler
Del seynnal d'En Estacha, que z es ben presenter. 4450
En la Navarreria, que vigo 'l capdaler
Lo pendo sus la gleyssa, agon grant cossirer;
E disso entre lor : « Qui mal cerqua mal quer;
Per qu'es fols qui guerreia so seynnor dreiturer. »

[f° 126 r°] Enpero de las tors trazian li arquer, 4455
E sol moster ferigo .i. cortes escuder ;
E dego'l tal per l'ueyll d'un prim cayrel d'acer,
Que d'aquel colp morig : d'ont diss la reprover
Que non pod om fugir a d ayso que Dios quer.
E puyssas destendet .j. malvatz balester 4460
E det tal per l'espalda d'un cayrel esquerrer
A z u sirvent qu'estava dejus l'o[l]m en l'onbrer,
E fo aqui la quita e 'l t[r]abayll e 'l chapler.
E don Fortuynno yssig e 'l sieu bon seynnorer;

compagnon ; — et le prieur, qui parlait bien, lui dit : — « Gouverneur, je vous prie, par le Seigneur légitime, — que vous protégiez notre maison et l'église, — et la mettiez en état et que vous en soyez le gardien ; — vu que les riches hommes et les faux chevaliers m'ont dit — qu'ils la brûleraient et (qu'elle s'en) ira en charbons, — et de plus qu'ils pensèrent me faire tuer l'autre jour, — parce que je les blâmais du tort qu'ils font outre mesure. » — Et alors sire Eustache manda les soldats, — il commanda tout d'abord à don Fortuin Almoravit — qu'il mît en état l'église et les enceintes et le clocher. — Et crièrent aux armes les bourgeois et les chefs de bandes, — et de ceux de la ville les petits et les grands ; — et tous d'un (commun) accord sortirent par le terrier, — et se mirent par la palissade et par le milieu du sentier, — et s'emparèrent de l'église sans aucune résistance, — et mirent sur la voûte le pennon qui portait — les armoiries de sire Eustache, qui sont bien agréables (à voir).—En la Navarrerie, quand les chefs virent — le pennon sur l'église, ils eurent grand souci ; — et ils dirent entre eux : « Qui mal cherche mal veut ; — c'est pourquoi est fou qui fait la guerre à son seigneur légitime. » — Pourtant des tours tiraient les archers, — et sur l'église ils frappèrent un courtois écuyer ; — et ils lui donnèrent par l'œil un tel coup d'un fin carreau d'acier, — que de ce coup il mourut : d'où dit le proverbe — qu'on ne peut échapper à ce que Dieu veut. — Et puis un mauvais arbalétrier détendit (son arc) — et donna par l'épaule un tel (coup) d'un carreau maladroitement tiré, — à un soldat qui était dessous l'orme à l'ombre, — et là fut la presse, le tourment et le carnage. — Et don Fortuyn sortit et son bon porte-enseigne ; — mais il ne trouva oncques personne qui sortît contre eux dans la campagne. — Pourtant dans les villes les pierriers tiraient, — et abattaient les maisons et les galeries et les étages supérieurs ; — mais quand on prit l'église,

Mas hanc non trobet ome qu'els yssis al camper. 4465
Enpero en las vilas trazian li peirer,
E derrocavan cassas e'ls ambans e'l soler;
Mas hanc al moster pendre us no fo defenser,
Ni non yssic la for baron ni logader.
E tornet s'en areyre a mant bon compaynner 4470
   E per le moster gardar.

XCVI.

E per lo moster gardar Furtuynno y fo entratz,
E'l trabuquet le fo lendema enbiatz,
fol. 126 v° E nuyl jorn non cesava la guerra a totz latz.
E quant venc .i. diluns qu'el solells fo levatz, 4475
Lop d'Erro s'en yssic molt ben acompaynnatz;
De l'autra part, que 'l viro, fo y ben seynalatz,
E yssigo al encontre sos enemix cuytatz.
E'ls torrers de las tors que 'ls vigo entremesclatz,
Sonego las campanas, e'ls corntz foron cornatz, 4480
E cridego *via fora!* que fero s' a tot latz,
Oltra'l pont per las vinas, pels camis e pels pratz.
E cridero a d armas les menutz e 'ls granatz,
Borgues e menestrals, caves e podestatz;
Mas lo poble menud se fo aprumeratz, 4485
De la Navarreria yssigo, sapiatz,
Seynneras desplegadas e pendos desplegatz;
Sobr' el pont de Sant Pere de Ribas totz armatz
S'en vengo ab la seynna totz esem acordatz.
E d adonquas yssigo dels borx cavals armatz, 4490
fol. 127 r° E del valent N Estacha sos balestes prezatz.
E quant foron la fora, lo joc fon entaulatz,
E cels de la fugigo, quant se vigon sobratz,
Ent al pont on estava lo pendo seynnalatz;
Pero .i. balester se fon aderayratz, 4495

personne ne la défendit, — ni il ne sortit là dehors baron ni mercenaire. — Et il s'en retourna (en) arrière avec maint bon compagnon 4470
— et pour garder l'église.

XCVI.

Et pour garder l'église, Fortuyn y fut entré, — et le trébuchet lui fut le lendemain envoyé, — et nul jour ne cessait la guerre de tous côtés. — Et quand vint un lundi que le soleil fut levé, — Lope d'Erro 4475 fit une sortie, très-bien accompagné. — De l'autre côté, quand ils le virent, il fut bien signalé, — et ses ennemis sortirent à sa rencontre avec empressement. — Et les touriers des tours, quand ils les virent entremêlés, — sonnèrent les cloches, et les cors furent cornés, — et 4480 ils crièrent de tous côtés : *Allons, hors (d'ici)! combattons!* — de l'autre côté du pont, par les vignes, par les chemins et par les prés. — Et les petits et les grands crièrent aux armes, — bourgeois et ouvriers, chevaliers et hommes puissants; — mais le menu peuple 4485 s'approcha, — de la Navarrerie ils sortirent, sachez-le, — enseignes et pennons déployés; — sur le pont de Saint-Pierre de Ribas tous armés — ils s'en vinrent avec l'enseigne tous ensemble d'accord. — Et alors sortirent des bourgs chevaliers armés, — et du vaillant Eus- 4490 tache les arbalétriers prisés. — Et quand ils furent là dehors, le jeu fut engagé, — et ceux de là fuirent, quand ils se virent battus, — vers le pont où était le pennon signalé; — mais un arbalétrier se plaça 4495

Que tirava 'ls cavals, dont n'i ac may[n]tz plagatz.
E d adonca .i. borgues del Borc fo s'avantatz,
E puyss vos di[r] que z el fu don Martin Crozatz,
E broquet son caval e fos aysi cuitatz
Qu'el balester cuidet ferir per les costatz; 1500
Pero seguit le tant tro que ffo affrontatz
Ab cels qu'eran sul pont, don y fe grant foldatz.
Miquel Crozat, que vic son oncle aluynnatz,
Puys son caval e cor entro a qu'el fo de latz,
E diss : « Oncle, no sia fayta tant gran foldatz, 1505
Qu'els balestes nos trazo los cayrels ac[e]iratz.
E si moro 'ls cavals e nos em apezatz,
Res no nos pot deffendre no siam peceiatz;
fol. 127 v° Car els son ben .viij. cens, e nos duy asolatz. »
E ab aquestas novas li baro seynnalatz, 1510
Cels qu'eran de Navarra, les bos e les malvatz,
Conplitz de totas armas e ben apareyllatz,
De la Navarreria yssigo acordatz,
Seynneras desplegadas e ppendos esvantatz;
E van s'en passar l'ayga totz essem a un clatz, 1515
E perprendo las vinas e 'ls camis esfossatz.
E cels dels borx tornero ent a los terminatz;
E quant le pros N Estacha les vic si acordatz,
Mandet totz sos baros e totz sos comandatz,
E cridet : « A las armas, que yox es affinatz. » 1520
E z issic pels portals molt ben acompaynnatz.
La y fo don Corbaran e totz sos acostatz,
E 'ls borgues de la vila per qui era amatz.
Don Fortuynn Almoravit y fo ades mandatz,
Car le moster dels frayres era per el gardatz. 1525
La y ac maynt cavaler e maynt om esforçatz,
fol. 128 r° E d'anbas las partidas de grans cominaltatz.
E les baros de la foro s'acoseyllatz,

derrière,—qui tirait sur les chevaux, dont il y en eut maint blessé.—
Et alors un bourgeois du Bourg se fut avancé,—et je puis vous dire
que ce fut don Martin Crozat, — et il éperonna son cheval et fut si
pressé —qu'il pensa frapper l'arbalétrier par les côtés;—toutefois il
le poursuivit jusqu'à ce qu'il fût en face — de ceux qui étaient sur le
pont, en quoi il y fit grande folie. — Miquel Crozat, qui vit son oncle
éloigné,—pique son cheval et court jusqu'à ce qu'il fût à côté (de lui),
— et dit : « Oncle, ne soit faite si grande folie,—vu que les arbalétriers nous tirent les carreaux acérés. — Et si les chevaux meurent et
que nous soyons à pied, — rien ne nous peut défendre que nous ne
soyons mis en pièces; — car ils sont bien huit cents, et nous deux
nous sommes isolés. »—Et sur ces entrefaites, les barons de marque,
— ceux qui étaient de Navarre, les bons et les mauvais, — armés de
toutes pièces et bien équipés,—sortirent de la Navarrerie d'un commun accord,—bannières déployées et pennons au vent;—et ils s'en
vont passer l'eau tous ensemble à un cri, — et occupent les vignes,
et les chemins garnis de fossés. — Et ceux des bourgs retournèrent
jusqu'aux limites; — et quand le preux sire Eustache les vit ainsi
d'accord, — il manda tous ses barons et tous ses subordonnés, — et
cria: « Aux armes! vu que le jeu est fini. »—Et il sortit par les portails,
très-bien accompagné. — Là y fut don Corbaran et tous ses amis, —
et les bourgeois de la ville par qui il était aimé. — Don Fortuyn Almoravit y fut mandé incontinent, — car l'église des frères était par lui
gardée. Là il y eut maint chevalier et maint homme déterminé, — et
des deux côtés de grandes multitudes. — Et les barons de là se furent
mis à tenir conseil, — et don Garcia dit : « Barons, écoutez. — Je
crois que ceux des bourgs sont d'accord pour une bataille; — et si
nous l'avons, c'est notre salut; — car mieux vaut mort honorable que
vivre déshonoré. — Et si à nous autres tant de bonheur est donné —

E don Garcia diss : « Baros, si escoltatz.
Cels dels borx crei que so de batayll' acordatz ; 4530
E si nos lo avem, es nostra salvetatz ;
Car mas val mortz hondrada que biure desondratz.
E si a nos autres es tant de astre donatz
Que les desbaratem, per totz temps em hondratz. »
E lo valent N Estacha fo se a partz tiratz 4535
Ap totz los cavales et ab les borgues presatz,
E diss lor : « Francs seynnos, la vera Trinitatz
Vol que z uey nos vengem dels enemix sobratz
Que batayla demandan, que ya so arengatz.
E puyss que tant la volo, eli l'auran, sapchatz. » 4540
E 'l pros don Corbaran fos vas luy redreçatz,
E diss : « Seynnor, no sia fayta tant grant foldatz,
Qu' eli s teno por mortz e son desesperatz. »
E 'N Estacha diss le : « Don Corbaran, calatz ;
fol. 128 v° Que lo vostre dapnage e l' onta razonatz. 4545
Els auran la batayla, certanamen creatz. »
E 'ls borgues e 'ls caves vigo sas volontatz
E disso : « Fasa se, perque z a vos tant platz. »
E d adonquas trastotz se foron seynnalatz,
E fero se las aitz dels omes apeatz, 4550
Si que d'anbas las partz estavan pareyllatz,
Si que el canp y ac caves noels levatz.
Don Fortuyn Almoravid ne fe .i., sapiatz,
E diss al pros N Estacha que fos sa pietatz
En la primer' escala fos el aordenatz. 4555
En mentre qu'els estavan si façatz no façatz,
Don Corbaran e 'ls .xx., qu'eran ben cosseyllatz,
Disso al pros N Estacha : « Seynner, venc e os layssatz.
Le secors es en Jaca e trastotz lo barnatz,
E z er aysi dimecres, o digo, sso sapchatz ; 4560
E puyss que tant lonc temps es per nos esperadz,

que nous les mettions en déconfiture, pour toujours nous sommes
honorés. » — Et le vaillant sire Eustache se fut tiré à part — avec
tous les chevaliers et avec les bourgeois prisés, — et leur dit : « Francs
seigneurs, la vraie Trinité — veut qu'aujourd'hui nous nous ven-
gions des ennemis orgueilleux — qui demandent bataille, vu que
déjà ils sont alignés. — Et puisque tant ils la veulent, ils l'auront,
sachez-le. » — Et le preux don Corbaran se fut redressé vers lui, — et
dit : « Seigneur, que si grande folie ne soit pas faite, — vu qu'ils se tiennent pour morts et sont désespérés. » — Et sire Eustache lui dit : « Don
Corbaran, taisez-vous ; — vu que vous parlez à votre préjudice et à votre
honte. — Ils auront la bataille, certainement croyez(-le). » — Et les
bourgeois et les chevaliers virent ses volontés — et dirent : « Que
cela se fasse, puisque cela vous plaît tant. » — Et alors tous se furent
rangés sous les enseignes, — et se firent les lignes des hommes à pied,
— en sorte que des deux côtés ils étaient appareillés, — et que dans
la campagne il y eut de nouveaux chevaliers levés. — Don Fortuyn
Almoravid en fit un, sachez(-le), — et il dit au preux sire Eustache qu'il
fût (de) sa bonté — (qu')en la première compagnie il fût rangé. —
Pendant qu'ils étaient ainsi faites ne faites, pas, — don Corbaran et
les vingt, qui étaient de bon conseil, — dirent au preux sire Eustache :
« Seigneur, venez et retirez-vous. — Le secours est à Jaca avec tous
les barons, — et ils seront ici mercredi, ils le disent, sachez-le ; — et
puisque si longtemps il est par nous attendu — attendons-le trois
jours, et ce sera grand salut, — vu qu'ils voudraient plutôt être morts
que ruinés. » — « Maintenant, a dit sire Eustache, je connais que vous
me couvrez de honte, — et je connais que vous autres vous m'aban-
donnez tout à fait, — et je croirai le conseil ; pourtant je suis bien
forcé. » — Et ils dirent au peuple : « Barons, rentrez. » — L'un rentrait
pénétré de douleur, et l'autre très-blessé. — Et les traîtres de là eurent

Esperem le .iij. jorns, e z er grant salvetatz,
[Q]u'eli voldrian esser may mortz que resillatz,
« [A]ra, sa ditz N Estacha, conoc que m'aontatz,
[E] conosc que vos autres del tot mi desparatz, 4565
[E] creyray lo cosseyll; pero ben so forçatz. »
[E] mandero al poble : « Baros, si von yntratz. »
[L']us n'intrava dolens, e l'autre molt plagatz.
[E] les trachos de la ago los gins giratz,
[Q]ue, quant s'en entravan, que fossan acolpatz. 4570
[E] quan els s'en entravan, l'engen fom desparatz,
[E] det la peyra en loc que no fo us tocatz;
[E] l'autra det en l'ayga, car cel qu'es Trinitatz
[E]sgarda la dreitura e'l tortz e los pecatz.
E Dios amet N Estacha, car no y fom cops donatz 4575
[E]ls borx; que traycio va e corr a totz latz :
[P]er que s fa bon gardar.

XCVII.

Perque s fa bon gardar entre algunas gens,
E quar els s'en entrero, fero saviamens;
Car la batuylla fora folia et nossens. 4580
E passet aquel jorn e segon yssamens,
E lo terz; mas to[t] yorn era lo chaplamens.
E quan avenc al cart, qu'el jorn fom resplandens,
Le seynnor de Beu Juec, N Inbert, qu'es molt valens
Conestable de França e dels eretamens, 4585
De qui es Mont Ferrant, que ab Clarmon es tenens,
Entr'el e 'l com d'Artes, que z ams .ij. son parens,
Amenego las ostz ab mantas belas gens.

---

[1] Dans toute cette page les initiales manquent. Entre les feuillets 128 et 129, il paraît en manquer un, qui semble avoir été coupé.

[2] Le P renferme un écu d'or, dont les autres détails héraldiques ont disparu.

retourné les engins, — de sorte que, quand ils rentraient, ils fussent frappés. — Et quand ils rentraient, l'engin fut désemparé, — et la pierre donna dans un endroit (tel) que ne fut un seul touché ; — et l'autre donna dans l'eau, car celui qui est Trinité — considère la droiture et le tort et les péchés. — Et Dieu aima sire Eustache, car coup n'y fut pas donné — dans les bourgs ; vu que trahison va et court de tous côtés : — c'est pourquoi il fait bon se garder.

XCVII.

C'est pourquoi il fait bon se garder entre aucunes gens, — et parce qu'ils rentrèrent, ils firent sagement ; — vu que la bataille serait folie et non sens. — Et ce jour (se) passa et (le) second pareillement, — et le troisième ; mais toujours le combat avait lieu. — Et quand vint au quatrième, que le jour fut resplendissant, — le seigneur de Beaujeu, sire Imbert, qui est très-vaillant — connétable de France et des possessions, — à qui est Montferrant, qui avec Clermont est tenant, — entre lui et le comte d'Artois, vu que tous deux sont parents, — amenèrent les troupes avec maintes belles gens. — Là y fut don Gaston,

Lay y fu don Gaston, qu'es de gerra sabens,
E 'l valent com de Fuis, de guerregar ardens, 4590
E 'l comte d'Armaynnac, gayllart e z avinens,
E com de Pereguerc, savis e conoyssens,
fol. 130 r° E 'N Jorda de Ylla e sos filtz yssamens,
E 'N Cicart de Montauÿt (sic), Jordan de Rabastens,
E 'l seynne de Calmont, e 'l seynne de Berens; 4595
E fo y Ramon Roger, de Lanays En Climens,
E 'l viscoms d'Avilar, e 'l seynne de Tonoens;
Bertran de Cardeyllac y fo apertamens,
E 'l seynne de Navaylla, que z es be atendens,
E maynt bon cavaler, maynt ricom yssamens. 4600
Lay viratz may[n]t pendo e may[n]t elme luzens,
E maynta bela seynna e may[n]tz cavals correns,
E may[n]tz nobles escutz on era l'au[r]s flamens,
May[n]ta bela loriga, maynt capel luzens.
E vengo vas la vila totz acordadamens; 4605
Mas .i. mesag' anet ent a els borcs molt correns,
Dire al pros N Estacha que saubes certanamens
Qu'el valent com d'Artes era aqui pressens,
E 'l seynne de Beu Juec e des baros gransmens.
E dadonquas N Estacha fon el cor molt jauzens, 4610
fol. 130 v° E mandet parlamens dedintz en Santz Laurens,
E cels dels borxs y venguon trastotz cominalmens;
E 'N Estacha lor diss : « Barons, hieu so sabens
Qu'el secors aurem huey ses plus alongamens,
E prendrem la vengança dels trachos mescrezens. 4615
E z anem nos dinnar tost e delivramens,
E puyss yscam la fora trastotz cominalmens,
E yrem al encontre faire totz hondramens,
E si los mostrarem les millos entramens. »
E totz disso : « Seynnor, platz nos e n'em plazens. » 4620
E quant foro dinnat, cridego autamens :

qui est savant (en fait) de guerre, — et le vaillant comte de Foix, ardent 4590
de guerroyer, — et le comte d'Armagnac, brave et avenant, — et le
comte de Périgord, sage et rempli de connaissances, — et sire Jordan de l'Isle et son fils pareillement, — et sire Cicart de Montaut,
Jourdan de Rabastens, — et le seigneur de Caumont, et le seigneur 4595
de Bérenx; — et y fut Raymond Roger, sire Clément de Lanays, —
et le vicomte d'Avilar, et le seigneur de Tonneins; — Bertrand de
Cardeillac y fut ouvertement, — et le seigneur de Navailles, qui
(s')attend (à) bien (faire), — et maint bon chevalier, maint riche homme 4600
pareillement. — Là vous verriez maint pennon et maint heaume
luisant, — et mainte belle enseigne et maints chevaux courants, —
et maints nobles écus où l'or flamboyait, — mainte belle cuirasse,
maint chapeau luisant. — Et ils vinrent vers la ville, tous d'accord; 4605
— mais un messager alla vers les bourgs (en) courant fort, — dire
au preux sire Eustache qu'il sût certainement — que le vaillant
comte d'Artois était ici présent, — et le seigneur de Beaujeu et
nombre de barons. — Et alors sire Eustache fut au cœur très-joyeux, 4610
— et il convoqua (un) parlement dans Saint-Laurent, — et ceux
des bourgs y vinrent tous ensemble; — et sire Eustache leur dit :
« Barons, je suis sachant — que nous aurons le secours aujourd'hui
sans plus de retard, — et nous prendrons vengeance des traîtres 4615
mécréants. — Et allons-nous(-en) dîner tôt et lestement, — et puis
sortons là dehors tous ensemble, — et nous irons à (leur) rencontre
faire tout (genre d')honneur, — et nous leur montrerons les meilleures entrées. » — Et tous dirent : « Seigneur, il nous plaît et nous
en sommes satisfaits. » — Et quand ils eurent dîné, ils crièrent hautement : — « Barons, tous aux armes! prenez les harnois, — que le 4620
père ne reste pas pour le fils ni le parent. » — Et le vaillant sire Eustache sortit premièrement, — et les trompettes et les clairons et le

« Baros, totz a las armas! prenetz los garnimens,
No remaynga lo payre pel fil ni lo parens. »
E lo valent N Estacha yssic primeramens,
E 'l trompados e 'ls grayles e lo corn retindens, 4625
E puys cels de la vila ab joy alegramens;
E z anego vas lor per los camis batens,
E lay endreit Bruslada ont la roca pendens,
fol. 131 r° Fo venguda la ost e los arnescamens.
E z eli, quant le viro, cuyego certanamens 4630
Que fussan les ricomes e els traydos fayllens.
E conestable diss : « Be soy el cor yauzens,
Comte d'Artes, e vos, siatz oyssamens,
Que la bataylla vem dels enemix puynnens,
E z eu vei qu'eli veno per los camis sayllens. » 4635
En mentre c'arnescavan les primes rengamens,
Us cavalers lor diss : « Be parlam pregamens,
Que z ayso es N Estacha e les borx defendens. »
E lay on se conego, escridero fortmens.
La yoya e'l solatz fom grantz e'l bayssamens. 4640
E si no fos tan vespres, crezatz certanamens
Que la bataylla s daria, o fos folia o sens;
Mas ben s'en penedero de las vetz puys .v. cens.
E partigon las ostz e preso tendamens;
  Mas faitz y fom baratz. 4645

XCVIII.

Mas faytz y fom baratz, si Jhesu Christ m'ampar;
fol. 131 v° Que can avenc la nuyt que s volgo atendar,
Le valent com d'Artes fero asetjar
E luec on negus om no devia pasar,
E z ap luy com de Fuys, gayllatz per guerregar. 4650
Lay dedintz Sancta Clara anego albergar,
E 'l seynne de Bearn anet se repayrar

cor retentissant, — et puis ceux de la ville avec joie allégrement ; — 4625
et ils allèrent vers eux par les chemins battus, — et là vers Bruslada
où la roche (est) pendante, — l'armée fut venue et les harnachements.
— Et eux quand ils les virent, ils crurent certainement — que ce 4630
fussent les riches hommes et les traitres félons. — Et le connétable dit :
« Je suis bien joyeux au cœur, — comte d'Artois, et vous, soyez(-le)
pareillement, — vu que nous voyons le corps d'armée des ennemis
s'avançant, — et je vois qu'ils viennent galoppant par les chemins. » 4635
— Pendant que les premiers rangs se harnachaient, — un chevalier
leur dit : « Nous parlons bien niaisement, — vu que c'est sire Eustache
et les bourgs qui se défendent. » — Et là où ils se reconnurent, ils
crièrent fortement. — La joie et le plaisir et l'embrassement furent 4640
grands. — Et s'il ne fût pas si tard, croyez certainement — que la
bataille se livrerait, (que ce) fût folie ou sens ; — mais plus de cinq
cents s'en affligèrent bien des fois. — Et les troupes se séparèrent et
prirent logement ; — mais il y fut fait tromperie. 4645

XCVIII.

Mais il y fut fait tromperie, si Jésus-Christ me protége ; — vu
que quand arriva la nuit qu'ils voulurent camper, — le vaillant comte
d'Artois ils firent placer — en (un) lieu où nul homme ne devait
passer, — et avec lui (le) comte de Foix, brave pour faire la guerre. 4650
— Là dans Sainte-Claire ils allèrent loger, — et le seigneur de
Béarn alla se retirer — à Saint-Pierre de Ribas visiter les dames, —

38.

A Sant-Peyre de Ribas las dona[s] vessitar,
E las otz de Tolosa comencego d'anar
Endreit Sant Cibrian e las tendas parar. 4655
E puyss vos di[r] de cert e sobr' els santz yurar
Que z anc plus bela gent no pogr'om ajustar;
Enpero cels que fu als setis devisar,
A don Garcia fe molt grant senblant d'amar;
Car lo cami rumeu layssego asolar, 4660
Si c'om podia fugir senes tot contrastar.
E senblet ben baratz, e pareg al obrar,
Car lo pas leysset om que s degra meyltz gardar;
Mas lo valent N Estacha y mes be son p[u]ynnar;
fol. 132 r° Pero no li valc gin ni força ni parlar. 4665
E los omes dels borx si l'anego pregar
Que 'l plagues qu'el donassen aquel pas a gardar.
E z estet se la ost ses mavr' e sses mudar.
E 'l valent conestable de Franç' anet gardar,
Ab N Estacha, las ostz e lo gayt reveyllar. 4670
E qui qui s fus de l'ost, el anet enbiar
Message a don Garcia que pesses del anar;
Pero be say qui es, mas no lo vuyll nommar.
Don Garcia, que auzic lo message parlar,
Disso a don Gonçalvo que z avi' a duptar. 4675
E 'ls baros e 'ls ricomes anego s cosseyllar.
E parlet don Garcia : « Seynnos, que puyrem far?
Si remanem aysi, no podem escapar.
Tan grandas son las ostz que no fa d'albirar,
E no say on dyables s'anego amassar. 4680
E yscam non esta nuyt e pessam del salvar,
E veiam de las claus si las nos voldran dar;
fol. 132 v° E si nos las avem, anem o tot trencar. »
Enpero en la vila se saup aquest parlar,
E viratz els portals cubas e fustz gitar, 4685

et les troupes de Toulouse commencèrent à aller — vers Saint-Cyprien et à préparer les tentes. — Et je puis vous dire certainement et jurer sur les reliques — que jamais plus belle gent on ne pourrait rassembler; — néanmoins celui qui fut pour déterminer les places, — à don Garcia fit très-grand semblant d'amitié; — car le chemin des pélerins ils laissèrent isoler, — tellement qu'on pouvait fuir sans aucune résistance. — Et ce sembla bien tromperie, et il parut à l'ouvrage, — car on laissa le passage qui devrait être le mieux gardé; — mais le vaillant sire Eustache y mit bien son zèle; — toutefois ruse ni force ni paroles ne lui furent d'aucune utilité. — Et les hommes des bourgs l'allèrent prier — qu'il lui plût qu'ils lui donnassent ce passage à garder. — Et l'armée resta sans bouger et sans changer (de place). — Et le vaillant connétable de France alla regarder, — avec sire Eustache, les troupes et réveiller le guet. — Et qui que ce fût de l'armée, il alla envoyer — messager à don Garcia (pour) qu'il pensât à aller, — pourtant je sais bien qui il est, mais je ne veux pas le nommer. — Don Garcia, qui ouït le messager parler, — dit à don Gonçalvo qu'il (y) avait à craindre. — Et les barons et les riches hommes allèrent tenir conseil, — et parla don Garcia : « Seigneurs, que pourrons-nous faire? — Si nous restons ici, nous ne pouvons échapper. — Tant grandes sont les troupes, qu'on ne se l'imagine pas, — et je ne sais où (les) diables allèrent s'amasser. — Et sortons cette nuit et pensons à nous sauver, — et voyons s'ils nous voudront donner les clés; — et si nous ne les avons, allons tout trancher. » — Toutefois dans la ville se sut ce propos, — et vous verriez jeter aux portails cuves et bois — et pierres et quartiers (de pierre), et barricader les portails; — mais aucuns de la ville savaient toute l'affaire. — Et quand les riches hommes virent barricader les portes, — don Gonçalvo commanda (et dit) : « Barons, tous à l'assaut,

E peyras e quintals, e 'ls portals enbarrar;
Mas alcus de la vila sabian tot l'afar.
E quant vigo 'ls ricomes los portals enpachar,
Don Gonçalvo ma[n]det : « Baros, totz al balar,
E z alumar las torchas, prenc os al dançar,   4690
E prendretz de la vila cels qu'i puyretz trobar.
E cridatz autamentz, c'om non entenda son par;
E z entr'el chant e 'l brut que faretz, e 'l cridar,
Nos yrem als portals las portas peciar. »
Aysi fu fayt e dit com vos auzetz contar;   4695
E quant venc a matinas que la gent fu colcar,
Foro a semeteri las portas desgontar
Del portal, e z issiro ses cop prendre e dar.
Cavales e borgues ne viratz devalar,
E don Pascal Beaça, que no y fa a layssar,   4700
fol. 133 r° E tot cels que per el avian re a far.
Aqui viratz fugir e prendre e trossar,
E z a la Magdalena foro lo pont passar;
E quant cels de la vila les ne vigo anar,
Lay auziratz dolor e playnner e plorar,   4705
E ferir per las caras e pels cabels tirar,
E dir : « Sancta Maria, sias nos en enpar. »
Pero aquel fu savis que s pesset de salvar;
Mas be os puyss dir que molt no s podi' alegrar;
Ca ço qu'avian puynnat totz temps en gadaynnar,   4710
Layssavan el repayre que s degran avitar.
E quan venc lendema, que yorn fom bel e clar,
Cridego : « A las armas ! baros, trastotz armar. »
Lay pogratz auzir tronpar e campanas sonar,
E grayles e nafils e tamboretz tocar,   4715
Si que anbas las ostz fazian ressidar.
Lay viratz prendre lanças e cavals cubertar,
E tantost metre selas e fermamentz singlar,

— et allumez les torches, mettez-vous à danser, — et vous prendrez de
la ville ceux que vous pourrez trouver. — Et criez hautement, qu'on
n'entende pas son pareil; — et pendant le chant, le bruit et les cris
que vous ferez, — nous irons aux portails mettre les portes en
pièces. » — Ainsi fut fait et dit comme vous entendez conter; — et
quand vint à matines que la gent fut se coucher, — ils furent au
cimetière arracher des gonds les portes — du portail, et ils sortirent
sans coup prendre ni donner. — Chevaliers et bourgeois vous en
verriez descendre, — et don Pascal Beaça, qu'il ne faut pas oublier,
— et tous ceux qui pour lui avaient (quelque) chose à faire. — Là
vous verriez fuir et prendre et charger, — et à la Magdeleine ils furent
passer le pont; — et quand ceux de la ville les virent s'en aller, —
là vous ouïriez douleur et se plaindre et pleurer, — et se frapper
par la face et par les cheveux se tirer, — et dire : « Sainte Marie,
soyez notre protectrice. » — Pourtant celui-là fut sage qui pensa à se
sauver; — mais bien je vous puis dire qu'il ne pouvait pas beaucoup
se réjouir; — car ce qu'ils s'étaient toujours efforcés de gagner, —
ils (le) laissaient au logis qu'ils devraient habiter. — Et quand vint
le lendemain, que le jour fut bel et clair, — ils crièrent: « Aux armes!
barons, (allez) tous (vous) armer. » — Là vous pourriez ouïr résonner
les trompettes, et les cloches sonner, — et jouer des clairons et
des cors et des tambours, — tellement qu'ils faisaient réveiller les
deux armées. — Là vous verriez prendre des lances et mettre
des couvertures sur des chevaux, — et aussitôt mettre des selles
et fermement (les) sangler, — et ceindre mainte épée, et maint chevalier monter (à cheval), — et vous verriez les goujats brider
les roussins; — et vous verriez déployer mainte noble enseigne,
— et prendre mainte masse, et maint homme chevaucher, —
et prendre maint épieu et maint heaume bel et clair, — et vêtir

fol. 133 v° E cinner maynt espada, e maynt caver montar,
E viratz al trotes les rocis enfrenar; 4720
E viratz maynta nobla seynnera desplegar,
E may[n]ta maça pendre, e mayntz om cavalgar,
E pendre maynt espieu e maynt elm bel e clar,
E vestir maynt perp[u]ynt, e camberas cauçar.
E fom tant grant la noyza e 'l crit e lo trompar, 4725
Que la terra e l'ayga comencet de tremblar.
E 'l seynnor de Beu Juec anet lor ordenar
La prumera bataylla qui la yria dar.
E z ap aquestas novas lo breulle s va levar
Que en la Navarreria s'en podian entrar, 4730
Car no y a negun omme que l'ause esperar;
Que'ls caves e 'ls borgues que podian mandar,
So yssitz de la vila ap trastot lor afar.
E d adonquas les viratz pels portals entrar,
E z intrego dedintz ses cop pendre ni dar. 4735
Lay viratz pendre cassas, e z omes lanceiar,
fol. 134 r° E z ubrir maynta arca e maynt celer trencar,
Maynta bela donzela retenir e menar,
E maynta bela rauba pendre e z ensacar,
E maynt bon sil hubrir, maynta cassa cremar, 4740
E may[n]ta bona hucha del tot descadenar,
E can ago la vila a trastot lor mandar,
Entrego en la gleysa, ont pogueratz trobar
Tot l'aver de la vila e 'l millor e 'l plus car.
Lay viratz les sirventz de pe mal remenar. 4745
Aqui viratz hubrir cayssas e debrissar,
E cervelas espandre e caps encarterar,
E domnas e donzelas malamentz malmenar,
E z al santz crucifix la corona raubar,
E las lampas d'argent pendre e z amagar, 4750
E las cayssas hubrir, e las vertutz ostar,

maint pourpoint et chausser jambières. — Et fut si grand le bruit
et le cri et le retentissement des trompettes, — que la terre et l'eau
commencèrent à trembler. — Et le seigneur de Beaujeu alla leur
ordonner — la première compagnie qui là irait donner. — Et sur
ces entrefaites le bruit va se lever — qu'en la Navarrerie ils pouvaient entrer, — car il n'y a aucun homme qui ose l'attendre; —
vu que les chevaliers et les bourgeois qui pouvaient commander —
sont sortis de la ville avec toute leur affaire. — Et alors vous les verriez entrer par les portails, — et ils entrèrent dedans sans coup
prendre ni donner. — Là vous verriez prendre maisons, et percer
hommes à coups de lances, — et ouvrir maint coffre et briser maint
cellier, — retenir et emmener mainte belle demoiselle, — et prendre
et mettre en sac mainte belle robe, — et ouvrir maint bon silo,
brûler mainte maison, — et forcer complétement mainte bonne
huche. — Et quand ils eurent la ville à tout leur commandement, —
ils entrèrent en l'église, où vous pourriez trouver — tout l'avoir de
la ville et le meilleur et le plus cher. — Là vous verriez les soldats
de pied mal se démener. — Là vous verriez ouvrir et briser caisses, —
et répandre cervelles et mettre têtes en quartiers, — et malement
malmener dames et demoiselles, — et au saint crucifix dérober la
couronne, — et prendre et cacher les lampes d'argent, — et là ouvrir
des châsses, et ôter les reliques, — et voler les calices et les croix et
les autels; — et vous verriez prendre maint drap et dépouiller les
femmes. — Et les traîtres qu'on pouvait trouver en aucun lieu, —
aussitôt on les prenait et (on) les allait attacher, — et avec la corde
au cou amener dans le Bourg. — Là vous verriez prendre draperie
sans coup donner, — et ouvrir maint coussin et la plume voler, —
et vendre maint beau froment, et maint tonneau.... — Et fut si grand
la guerre et le bruit et le combat, — que quand le comte d'Artois

E 'ls caliz e las croz, e robar li autar;
E viratz maynt drap pendre e femnas despuyllar.
E 'ls trachos c'om podia en negu loc trobar,
fol. 134 v° Tantotz om los prenia e 'ls anava astacar, 4755
E z ab la cord' al col dintz el Borc amenar.
Lay viratz draperia pe[n]dre senes cob dar,
E may[n]ta cozna hubrir e la pluma volar,
E maynt bel forment vendre, e may[nt] tonel...[1]
E fum tant grant la guerra e la brega 'l chaplar, 4760
Que quant le com d'Artes y cuyget dintz entrar,
E 'l seynor de Beu Juec, N Estacha, cui Dios gar,
Que volian les dreitz de la Glis' anparar
Tro meyntz qu'a mi no feran les volc om escoutar;
Antz vos dic, si entressan, qu'el mal pogran doblar, 4765
Si que totz s'en vengo dintz le Borc repausar.
E 'N Estacha anet les trachos regardar;
E totz cels que l'avian fayt enui ni pesar,
El les fes per la gola pendre e z enforcar;
E d'alcus que y avia el ne fe traynar; 4770
E totz les autres fe en Tebas presonar,
E morir de dolor e laytnz languinar,
fol. 135 r° E z anc may ningun omme no vis tan ben vengar.
E la Navarreria vos viratz abayssar,
Que dintz .i. mes no pogratz de yus cubert estar; 4775
Antz y pogratz far erba o forment semenar,
  E Dios sia 'n lozatz.

XCIX.

[2] E Dios sia 'n lauzatz, que li trahor murtriers
Son destruzitz e mortz e fayditz pels terrers,

---

[1] Il manque un mot à la fin de ce vers.
[2] Au milieu de l'E initial se trouve un écu d'azur aux fleurs de lis d'or sans nombre.

HISTOIRE DE LA GUERRE DE NAVARRE.

pensa y entrer dedans, — et le seigneur de Beaujeu, sire Eustache, que Dieu garde, — qui voulaient protéger les droits de l'Église — .... les voulut-on écouter; — mais je vous dis que s'ils entraient, ils pourraient doubler le mal, — tellement que tous s'en vinrent se reposer dans le Bourg. — Et sire Eustache alla regarder les traîtres, — et tous ceux qui lui avaient fait ennui ou chagrin, — il les fit par la gueule pendre et mettre aux fourches; — et d'aucuns qu'il y avait il en fit traîner; — et tous les autres il fit emprisonner à Tebas, — et mourir de douleur et là languir, — et jamais je ne vis nul homme aussi bien se venger. — Et vous verriez la Navarrerie baisser, — (tellement) que dans (l'espace d') un mois vous ne pourriez être sous (un) toit; — au contraire y pourriez-vous faire de l'herbe ou semer du froment, — et Dieu en soit loué!

XCIX.

Et Dieu en soit loué, vu que les traîtres meurtriers sont dé-

E la Navarreria gitada ha brassiers[1].   4780
Apres no tardet gayre que 'l bon rey dreyturers,
Felip, seynnor de França, venc us grans desirers
De venir en Navarra bayssar l'orguyll sobrers,
Si que son estandart se fe metre prumers,
E puys de tota França seguigo 'l seynnerers.   4785
E donc viratz venir tesaur ab carreters,
Tendas e z armaduras desobre los saumers,
E cayrels e sagetas a z ops dels balesters.
fol. 135 v° E perpresso 'ls camis e las vals e semders.
E vengo ab lo rei los coms e 'ls cavalers,   4790
E 'ls Picartz e 'ls Normans e 'ls gayllartz Champayners,
Los Flamenx e 'ls Bretos, Alamans e Bayvers,
Torones, Bergoynnos e totz cels de Peyters.
E lo reis ag ab sy aytantz de compaynners,
Que, segont que audi dire, foro .ccc. millers.   4795
Les .xij. pas y foro et tot sos coseyllers,
Arcevesques e bisbes e z abatz legenders ;
E monges e canonges hy ac e Cordalers,
E Jacopis e 'l Tenple e los Ospitalers.
E fom tant grantz la s ostz e 'l calz e 'l polverers,   4800
Que cascus volia esser o prumers o derers.
E z en paucas jornadas foron tant avansers,
Qu'en Salvaterra vengo, e fom grant l'alegrers.
E perpreso la orta e los camps e 'ls vinners.
La viratz atendar les baros soudaders   4805
E los sirventz de pe e trastotz los arquers,
E viratz y mayntz elmes ont luzia l'acers,

---

[1] On lit au bas du feuillet 135 r° la note suivante, de la même main : « En l'an « de la Incarnation de nostre Seynor Jhesu-« Crist de m. cc. lxxvj. ans, fu destruita et « arrsa la Navarreria, et furen muyt de la « dicta Navarreria justiciatz et enfforçatz « per la grān traycion que firen contra la « infanta dona Johanna, reyna de Navarra, « filla de don Enrric, rey de Navarra. »

truits et morts et bannis par les terres, — et la Navarrerie mise en cendres¹. — Après ne tarda guère qu'au bon roi légitime, — Philippe, seigneur de France, vint un grand désir — de venir en Navarre baisser l'orgueil excessif; — en sorte que son étendard se fit mettre (au) premier (rang), — et puis de toute la France le suivirent les seigneurs. — Et alors vous verriez venir trésor avec charretiers, — tentes et armures sur les chevaux de charge, — et carreaux et flèches pour le besoin des arbalétriers. — Et ils occupèrent les chemins et les vallées et les sentiers. — Et avec le roi vinrent les comtes et les chevaliers, — et les Picards et les Normands et les braves Champenois, — les Flamands et les Bretons, Allemands et Bavarois, — Tourangeaux, Bourguignons et tous ceux de Poitiers. — Et le roi eut avec lui autant de compagnons, — que, suivant (ce) que j'ouïs dire, ils furent trois cent mille. — Les douze pairs y furent et tous ses conseillers, — archevêques et évêques et abbés légendiers; — et il y eut moines et chanoines et cordeliers, — et Jacobins et le Temple et les Hospitaliers. — Et fut si grande la troupe et la chaleur et la poussière, — que chacun voulait être ou premier ou dernier. — Et en peu de journées ils furent si avancés, — qu'ils vinrent à Sauveterre, et l'allégresse fut grande. — Et ils occupèrent les jardins et les champs et les vignes. — Là vous verriez camper les barons soudoyés — et les soldats à pied et tous les archers, — et vous y verriez maints heaumes où luisait l'acier, — et mainte belle enseigne et maints nobles dextriers, — mainte belle cuirasse, maint écu écartelé, — et maints panaches de couleurs et de noirs.

---

¹ « En l'an de l'Incarnation de notre Seigneur Jésus-Christ mil deux cent soixante et seize, fut détruite et brûlée la Navarrerie, et furent plusieurs de ladite Navarrerie punis et pendus pour la grande trahison qu'ils firent contre l'infante dona Johanna, fille de don Henri, roi de Navarre. »

E mayna bela seynna e mayntz nobles destrers,
fol. 136 r° Maynta bela loriga, maynt escut de carters,
E mayntz sobreseynnals de colors e de ners. 4810
E foron tans grans gens, qu'el pan de ij. diners
Se vendia .ij. sanchetz e z ab gran desirers.
Mas de Navarra vengo us apertz messagers
Al reys Felip de França humils e dreyturers;
E diss le lo message, que z era bels parlers : 4815
« Seynnor, lo com d'Artes, en qui es pretz enters,
E 'l valent conestable, gayllartz plus c'Olivers,
E 'N Estacha que z es tos leyals cavalers,
Vos trameso message qu'els trachos raubacers,
Ricomes e baros, borgues e mercaders, 4820
S'en so fugitz de noytz pels camis reversers,
E layssego la vila e las tors e 'ls solers,
E z intrego dedintz senes tot defensers.
E de cels que y trobero fon fayt tal castiers,
Que yamas no vendran co[n]tra 'l dreit ereters; 4825
Car l'us foro pendutz, l'autri son presoners.
E la vila an mesa a foc e z a brassers,
E derrocan las tors e los murs batayllers,
fol. 136 v° Per tal com do yssanple als que vendran derrers.
E van s'en als castels del baros messongers. » 4830
E 'l rey can ac audit les ditz e 'ls reprovers,
Mandet pels .xij. pas e per los cosseyllers,
E diss lor : « Franc seynnos, cosseyll m'aura mesters.
Los baros de Navarra e los contraziers
Se so fuytz e fayditz : per que o cosseyll vos quers 4835
S'ieu yrai a Castela mos botz far ereters,
Que 'l rey los deshereta e los es torturers. »
E syre Johan d'Acre le respondet prumers,
E diss le : « Hondrat rey, puyss nostre cosseyll quers,
Be s taynn que le t dem tal que sia dreiturers. 4840

— Et y furent tant de gens, que le pain de deux deniers — se vendait deux sanchets et avec grand désir (d'en avoir). — Mais de Navarre vint un messager publiquement — au roi Philippe de France doux et juste; — et le messager, qui était beau parleur, lui dit : — « Seigneur, le comte d'Artois, en qui est valeur complète, — et le vaillant connétable, plus brave qu'Olivier, — et sire Eustache, qui est entièrement loyal chevalier, — vous envoient avis que les traîtres voleurs, — riches hommes et barons, bourgeois et marchands, — se sont enfuis de nuit par les chemins de traverse, — et laissèrent la ville et les tours et les habitations, — et (qu'ils) entrèrent dedans sans aucune résistance. — Et de ceux qu'ils y trouvèrent fut fait tel châtiment, — que jamais ils ne viendront contre le légitime héritier; — car les uns furent pendus, les autres sont prisonniers, — et la ville ils ont mis à feu et à brasier, — et ils renversent les tours et les murs crénelés, — afin de donner exemple à ceux qui viendront ensuite. — Et ils s'en vont aux châteaux des barons déloyaux. » — Et le roi, quand il eut entendu les paroles et les rapports, — manda les douze pairs et les conseillers, — et leur dit: « Francs seigneurs, j'aurai besoin de conseil. — Les barons de Navarre et les adversaires — se sont enfuis et exilés : c'est pourquoi je vous demande conseil — (pour savoir) si j'irai en Castille faire mes neveux héritiers, — vu que le roi les déshérite et est leur bourreau. » — Et sire Jean d'Acre lui répondit le premier, — et lui dit: « Honoré roi, puisque tu demandes notre conseil, — il convient bien que nous te le donnions tel que de droit. — Tu t'en retourneras en France avec tous tes guerriers, — vu que la disette est grande, tellement que les soldats — ne trouvent de quoi vivre, et (que) les goujats meurent. — Et si le roi castillan se conduit mal envers vous et d'une façon outrageuse, — que l'Église juge cela, et puis avec l'acier — et avec

Tornar t'en as en França ab totz tos maynaders,
Que carestia 's grans, si que les soudaders
No troban la vianda, e moro les troters.
E si el rey castelas vos es mals e sobrers,
Juge vos o la Gleyssa, e poyssas ab acers 4845
E z ab gladis mortals anem y volenters. »
E 'l rey acordet se e totz les capdalers,
E tornet se lo rey e 'ls trautz e 'ls saumers.

fol. 137 r° Pero lo conestable, per caçar robacers,
Cavalgua per Navarra ab so leo que es ners, 4850
E lo valent N Estacha, gayllart plus c'Olivers:
Pero los trachos fuyo a cens e a millers,
  E Dios sia'n lauzatz.

C.

E Dios sia'n lauzatz, qu'el trachor son delitz,
L'us foro pres e mortz, l'autri foro fugitz, 4855
E los baros de França de la vila sayzitz ;
E quan aquo fom fayt, lo cosseyll fon bastitz :
Lay fo lo com d'Artes, gaillartz e z issarnitz,
E 'l seynner de Beu Juec, en qui es pretz complitz ;
E lo valent N Estacha, gayllartz e z affortitz, 4860
E 'l seynnor de Bearn, qu'es de sen seynnoritz.
E 'l valent com de Fuys, de guerreiar aptitz,
E 'l compte de Bigorra, cortes e gent nuyritz,
E mayntz d'autres baros savis e z eslegitz.
E quant foron ensenble, e 'l cosseil fon i complitz, 4865
Lo pros N Estacha fo prumers en pe sayllitz,

fol. 137 v° E diss le : « Franx seynnos, hieu soy estatz aunitz
Pels baros de Navarra e mal envylanytz
E per cels de la vila cui avem destruzitz ;
E si no foz pels borx, fora mortz e delitz. 4870
E digatz qu'en farem ni a quals er lo moritz. »

glaives mortels allons-y volontiers. » — Et le roi fut de cet avis, et tous les chefs, — et le roi s'en retourna et les équipages et les chevaux de charge. — Mais le connétable, pour chasser les voleurs, — chevauche par (la) Navarre avec son lion qui est noir, — et le vaillant sire Eustache, plus intrépide qu'Olivier ; — mais les traîtres fuient à centaines et à milliers, — et Dieu en soit loué.

C.

Et Dieu en soit loué, vu que les traîtres sont détruits, — les uns furent pris et mis à mort, les autres furent fugitifs, — et les barons de France maîtres du quartier ; — et quand cela fut fait, le conseil fut assemblé : — là fut le comte d'Artois, intrépide et bien avisé, — et le seigneur de Beaujeu, en qui est mérite accompli, — et le vaillant sire Eustache, intrépide et déterminé, — et le seigneur de Béarn, qui est pourvu de sens, — et le vaillant comte de Foix, habile dans l'art de la guerre, — et le comte de Bigorre, courtois et bien élevé, — et maints d'autres barons sages et d'élite. — Et quand ils furent ensemble, et le conseil y fut complet, — le preux sire Eustache fut (le) premier dressé en pieds, — et lui dit : « Francs seigneurs, j'ai bien été honni — par les barons de Navarre et fort vilipendé, — et par ceux de la ville que nous avons détruits ; — et si n'eussent été les bourgs, je serais mort et détruit. — Et dites-moi ce que nous en ferons et pour lesquels sera le supplice. » — Et le seigneur de

E 'l seynnor de Beu Juec de parlar fo ayzitz,
E diss : « Per Dio, 'N Estacha, puys caves [tals] fayzitz
Fero contra lur dona, lo dreytz n'es devezitz
Que de tota lur terra sian despodestitz, 4875
E que z om los derroque las tors e les bastitz. »
E 'l cosseyll s'acordego les grantz e les petitz.
E quan venc lendema que'l soleyls fo yssitz,
Van derroquar las tors e los palaytz mansbritz
Que z eran dels ricomes que foron descauzits. 4880
E poyssas s'en anego per les camis politz
Tot dreit a Sant Cristofol, ont le lox es ayzitz;
Enpero cels dedins foron ben establitz.
E cels de l'ost se foro armatz e ben garnitz,
fol. 138 r Cridero ad armas e puysso 'ls arabitz; 4885
Enpero cels dedintz foron pauc espauritz.
Que z ades los trameso cayrels d'acer politz
E z asconas e dartz e z epieus azayritz,
E cels de l'ost avant e 'ls dedintz escausitz.
Lay viratz sagnar caps e pes e puyntz e ditz, 4890
E sanc vermeylla correr, e mayntz cavals feritz.
E fon tan grant la cuyta e 'l chaples e 'l repitz,
Que d'anbas partz n'i ac que foron relinquitz.
E duret tant la guerra que'l jorn fon escuritz;
Enpero Sant Cristofos no fon pas conqueritz. 4895
E sels de l'ost tornero cosiros e marritz.
E cant venc lendema que'l jorn fon esclarzitz,
Le seynnor de Beu Juec se fo mal esfelnitz,
E yuret pel Seynor qu'en crotz fo arremitz,
Qu'auria Sant Cristofol o y saria dalitz. 4900
E d adonc totz anego ab corages arditz.
E quant l'ost fo venguda devant lo pratz floritz,
fol. 138 v Anc om de Sant Cristofol no fo vist ni yssitz;
E 'ls guayllartz balestes que foro avantitz,

Beaujeu fut disposé à parler — et dit : « Par Dieu, sire Eustache, puisque des chevaliers de tels méfaits — firent contre leur souveraine, le droit en est bien déterminé : — (il faut) que de toute leur terre ils soient dépossédés, — et qu'on leur démolisse leurs tours et leurs bâtiments. » — Et à ce conseil s'accordèrent les grands et les petits. — Et quand vint le lendemain que le soleil fut levé, — ils vont renverser les tours et les palais de marbre — qui étaient aux riches hommes qui furent coupables. — Et puis ils s'en allèrent par les chemins unis — tout droit à Saint-Christophe, où le lieu est en état ; — toutefois ceux de dedans furent bien établis. — Et ceux de l'armée se furent armés et bien garnis, — ils crièrent aux armes et montèrent sur les chevaux ; — mais ceux de dedans furent peu effrayés, — vu qu'incontinent ils leur envoyèrent carreaux d'acier poli — et javelines et dards et épieux acérés, — et ceux de l'armée en avant à ceux de dedans malavisés (firent de même). — Là vous verriez saigner têtes et pieds et poings et doigts, — et sang vermeil courir, et maints chevaux blessés. — Et fut si grand la presse et le carnage et la mêlée, — que des deux parts il y en a qui furent laissés.

— Et la guerre dura tant que le jour fut obscurci ; — cependant Saint-Christophe ne fut pas conquis, — et ceux de l'armée retournèrent pensifs et chagrins. — Et quand vint le lendemain que le jour fut éclairci, — le seigneur de Beaujeu se fut fortement courroucé, — et jura par le Seigneur qui en croix fut mis, — qu'il aurait Saint-Christophe ou y serait détruit. — Et alors tous marchèrent avec courages hardis. — Et quand l'armée fut venue devant le pré fleuri, — oncques personne de Saint-Christophe ne fut vu ni ne sortit ; — et les braves arbalétriers qui furent en avant, — virent que Saint-Christophe était évacué, — et ils donnèrent de la tête par les portes sans bruit et sans cris. — Et toute l'armée entra ; mais on eût été trahi,

Viro que Sant Cristofol era desestablitz, 4905
E degon cab en uitz sens noysas ni sens critz.
E tota l'ost entret; mas om fora traitz,
Si no fossan los cans que foran engolitz;
Car lay ac pro vianda e z un vedel rostitz,
E 'ls cas mangeron ne e cazego fenitz. 4910
E si om ne manges, yssira'n l'espiritz;
Car empozonat era pels trachos femelitz
La vianda e l'ayga e los pas entendritz;
Mas Jhesu-Cristi qu'en crotz fo per nos arremitz,
No volc sofrir que fos tant grant mal cossentitz. 4915
Enpero Sant Cristofol de cap entro a raytz
 Fun trastot derrocatz.

CI.

Fom trastot derrocatz, e fom fayt dreiturers;
Que'l seynnor de qui era, er estat sobrancers
Contra la protz reyna, us efantz orfeners. 4920
E quant venc per avant, fo aytal l'acorders
Que z anessan las ostz pels camis vianders
A Mendavia pendre e los trachos murtrers;
E perpreso las vias e 'ls camis e 'l semders.
Lay anego las ostz e 'ls baros cabdalers; 4925
E quant foron denant et entorn pels vinners,
Eli vigon que eran hubertz les portalers.
Cridego a las armas sirventz e soudaders,
Menestrals e borgues e les bos escuders,
E rrecinglan las selas e puian els destrers. 4930
E 'l seynne de Beu Juec pres se parlar prumers,
E diss al pros N Estacha : «Pel Sene dreiturers,
Mereveyllas mi fatz, car no vei defensers
Els portals, ni no vey hyssir us balesters;
E 'ls portals son hubertz, e no y a nuyls porters : 4935

— si ce n'eût été les chiens qui furent gloutons ; — car là il y eut assez de vivres et un veau rôti, — et les chiens en mangèrent et tombèrent morts. — Et si quelqu'un en eût mangé, en fût sorti l'esprit ; — car était empoisonnée par les traîtres déloyaux — la nourriture et l'eau et les pains tendres. — Mais Jésus-Christ, qui en croix fut mis pour nous, — ne voulut pas souffrir que si grand mal fût consenti. — Pourtant Saint-Christophe de fond en comble — fut tout démoli.

CI.

Il fut tout démoli, et (ce) fut action juste ; — vu que le seigneur à qui il était, avait été insolent — contre la noble reine, un enfant orphelin. — Et par la suite l'accord fut tel — que les troupes allassent par les chemins battus — pour prendre Mendavia et les traîtres meurtriers ; — et ils prirent les routes et les chemins et les sentiers. — Là allèrent les troupes et les barons qui les commandaient ; — et quand ils furent devant et alentour par les vignobles, — ils virent que les portails étaient ouverts. — Sergents et soldats crièrent aux armes, — manœuvres et bourgeois et les bons écuyers, — et ils resanglent les selles et montent sur les destriers. — Et le seigneur de Beaujeu se prit à parler premièrement, — et dit au preux sire Eustache : « Par le Seigneur droiturier, — il me semble merveille de ce que je ne vois défenseurs — aux portails, ni ne vois sortir arbalétriers ; — et les portails sont ouverts, et n'y a nuls portiers, —

So m sembla traycios o alcus galiers. »
— « Seynne, s'a ditz N Estacha, no los voldra pensers
Ni gen ni traycios ni tor ni travessers;
Que no s vol e s preguā els sarem sobransers. »
E z al son de las tronpas comencet l'alegrers, 1940
E 'N Estacha ab sas gentz mes se trastotz prumers;
E 'l pros Guyllem Ysarn, qu'era sos seynnerers,
Det per mey de la vila, et ab luy us escuders.
Arnaut de Marcafava gayllartz plus c'Olivers,
E d'autres no say cantz apertz e bos g[u]erers. 1945
E quant cels de la vila, borgues e cavalers,
Vilans et efançons et 'l poble menuzers,
Que vigo dintz la seynna, creg los espaventes;
E cridego : « A las armas! c'ades nos a mesters. »
Lay viratz pendre armas, maynt espeu monters, 1950
E lancas e balestas e cayrels vianders,
Espadas e bastos e plançós de pomers;
E lay ont s'encontrego, de grantz cops mortalers
Viratz donar e pendre, e fo grant le chaplers.
E viratz venir peyras de murs e de torrers, 1955
De cambras e de cassas e dels hubertz solers,
Que senblava tempesta o fuyldre vianders,
Si que cels que z intrero volgran esser arrers.
Que'l seynner er pres tal d'un cayro revesers
Sus las dentz, que z a pauc no cadi el campers; 1960
E perdet .ij.ᵃˢ dentz, tant fo 'l cop glaziers.
Arnaut de Marcafava se fo mes avancers;
Mas .iᵘⁿᵃ. peyra venc quo si fos averssers,
Si que'l sen e 'l saber le tolc e 'l desirers,
E 'l trenquet .iᵃ. dent ont par lo finestrers. 1965
Lay viratz nafrar omes e d'escutz far carters.
E de cels de la vila foron tan sobransers,
Que fora les gitego, sens autre alouguers,

cela me semble trahison ou quelque fourberie. » — « Seigneur, a dit sire Eustache, ne leur vaudrait penser — tromperie ni trahison ni tour ni traverses; — qu'on ne veuille pas ou qu'on nous prie, nous leur serons supérieurs. » — Et au son des trompettes commença l'allégresse, — et sire Eustache avec ses gens se mit le premier; — et le preux Guillaume Isarn, qui était son enseigne, — donna parmi la ville, et avec lui un écuyer, — Arnaud de Marcafava, plus vaillant qu'Olivier, — et d'autres je ne sais combien hardis et bons guerriers. — Et quand ceux de la ville, bourgeois et chevaliers, — vilains et enfançons et le peuple menu, — virent en dedans l'enseigne, leur épouvante s'accrut; — et ils crièrent : « Aux armes! vu que incessamment cela nous est nécessaire. » — Là vous verriez prendre les armes, maint épieu de chasse, — et lances et arbalètes et carreaux voyageurs, — épées et bâtons et javelots de pommiers; — et là où ils se rencontrèrent, de grands coups mortels — vous verriez donner et prendre, et fut grand le carnage. — Et vous verriez venir pierres des murs et des tours, — des chambres et des cases et des plates-formes ouvertes, — de sorte que ce semblait tempête ou foudre voyageuse, — tellement que ceux qui entrèrent voudraient être arrière. — vu que le porte-enseigne en ce moment reçut un tel carreau à revers — sur les dents, que peu s'en fallut s'il ne tomba par terre; — et il perdit deux dents, tant fut le coup meurtrier. — Arnaud de Marcafava se fut mis en avant; — mais une pierre vint comme si ce fût le diable, — tellement que le sens et le savoir il lui enleva et le désir, — et lui cassa une dent où paraît l'ouverture. — Là vous verriez blesser hommes et d'écus faire quartiers. — Et de ceux de la ville (il y eut qui) furent si terribles, — qu'ils les jetèrent hors, sans autre délai, — tapant et frappant avec les glaives d'acier; — et il y en eut plus de morts qu'il ne serait besoin. — Et s'en retourna l'armée

Colpegan e firen ab los glazis d'acers;
E z ag n'i mas de mortz que no y agra mesters. 4970
E tornet s'en la ost e li gonfayroners.
E puyssas de la vila yssigo los parlers
Dire al conestable que l'eran mesagers;
E puyss que z els y eran per lo dreit ereters,
fol. 140 v° Ben d[a]rian li la vila e 'ls ambans e 'ls cloquers. 4975
E rredego 'l las claus, e 'l y mes son clavers,
E yntret y 'l conestable e sos leos qu'es ners,
E redet l'om la vila.

CII.

E redet l'om la vila e 'ls omes e 'ls condutz,
E z el fo en la vila per seynnor recebutz. 4980
Puyss anego las ostz e 'ls avers e 'ls trautz
Dreit ent a Puynni Castro, per les cami batutz,
Seynneras desplegadas, golfaynnos estendutz.
E quant foro devant Puynhi-Castro vengutz,
Resplandic la ribera, la vayll e la palutz, 4985
De la clartat dels elmes e dels pintatz escutz,
E dels nobles arnes ont l'aur flamegant lutz,
E dels fers de las lanças forbitz e z esmolutz.
E fon tant grant la noysa e la crida e 'ls brutz
Del sonet de las trompas e dels graylle menutz, 4990
Que retendic lo vayll e la puytz qu'er' agutz.
E quan cels del castel les vigo deyssendutz,
fol. 141 r° Sab lor en.........................
E quan aten... ....
Lo valent co...................... 4995
Cavalgue........................
E regardeg......................
E vigo de......................
E fero far......................

et le gonfanonier. — Et puis de la ville sortirent les parlementaires
— dire au connétable qu'ils lui étaient messagers; — et que puisqu'ils étaient héritiers par le droit, — bien ils lui donneraient la   4975
ville et les fortifications et les clochers. — Et ils lui rendirent les
clefs, et il y mit son porte-clefs, — et y entra le connétable et son
lion qui est noir, — et on lui rendit la ville.

CII.

Et on lui rendit la ville et les hommes et les vivres, — et il fut   4980
dans la ville reçu pour seigneur. — Puis allèrent les armées et les
richesses et les bagages — droit jusqu'à Puynni-Castro, par les chemins battus, — enseignes déployées, gonfanons étendus. — Et
quand ils furent devant Puynni-Castro venus, — la plaine resplendit,
et la vallée et le marais, — de la clarté des heaumes et des écus peints,   4985
— et des nobles harnais où l'or flamboyant luit, — et des fers des
lances fourbis et émoulus. — Et fut si grand le tapage et le cri et les
bruits — du son des trompettes et des clairons menus, — que la   4990
vallée retentit et le coteau qui était escarpé. — Et quand ceux du
château les virent descendus, — leur en sut..............
— et quand........ — le vaillant....... — chevaucha.......   4995
— et regarda...... — et virent de...... — et firent faire......

E quant las............................ 5000
Enpero lo n............................
Que no y..............................
Le gins...............................
E 'N Estac.............................
E cridet.............................. 5005
Baros................................
E quetz..............................
E d ado..............................
E pres................................
Lay a................................ 5010

[*Le verso de ce fragment de feuillet ne renferme qu'une dizaine de fins de vers rimant en* utz.]

E lo castel fom pres, que z era tant volgutz.
E lendeman maytin que'l soleyll fo yssutz,
Cavalgego las ostz, ab noyza e z ab brutz,
  Dreitament a l'Estela.

CIII.

Dre[i]tamen[t] a l'Estela vengo tuyt li baro, 5015
E lendema maytin lo parlament fero
Qu'anessen a Garaynno ab son golfayno.
E lendema mayti d'Estela yssiro,
E vengo a Garaynno e si s'atendero.
Pero Fortuyn Eniguitz y fe outra razon, 5020
Qu'establit lo castel de maynt bon compaynno;
E si n'avia pres maynt diner e maynt do
De la yove reyna, don y fe fayllizo;
Car nuytz om non deu puynner encontra l'aguyllo.
Mas las ostz se tendero tot entorn enviro; 5025
E 'l valent conestable, que porta lo leo,
E 'N Estacha, cui Deus garde de fayllizon,

— et quand les...... — Cependant le........ — que n'y...... 5000
— l'engin.................... — et sire Eustac............
— et cria......... — barons........ — et tranquilles........ 5005
— et alo........... — et pris......... — Là y a......... 5010
....
....

Et fut pris le château, qui était tant convoité. — Et le lendemain matin que le soleil fut apparu, — chevauchèrent les troupes avec tapage et avec bruit, — directement à Estella.

CIII.

Directement à Estella vinrent tous les barons, — et le lendemain matin ils prirent la résolution — qu'ils iraient à Garaynno avec leur gonfanon. — Et le lendemain matin ils sortirent d'Estella, — et vinrent à Garaynno et se campèrent. — Pourtant Fortuyn Eniguitz y fit outre raison, — vu qu'il garnit le château de maint bon compagnon; — et néanmoins il avait pris maint denier et maint don — de la jeune reine, de quoi il fit faute; — car nul homme ne doit se regimber contre l'aiguillon. — Mais les troupes se campèrent tout alentour en circuit; — et le vaillant connétable, qui porte le lion, — et sire Eustache, que Dieu préserve de tromperie, — contournèrent

Revirego 'l castel en cal loc fora bo
fol. 142 v° Que i messesan l'engeyn que y feris a bando.
Maestre Bertran y era, engeynnaire molt bo; 5o3o
E z en un puy denant, entr'els acordero
Que i mezesan l'engeynn; aporter le fero.
E las ostz foron grandas, e 'l bruille e 'l reso.
Pero en Pampalona messag' embiero
Que venguessan la ostz tot dreyt a Garayno, 5o35
E mot bela compaynna adoncas lay foro.
E z aysi com entravan, l'engeynu desparatz fo,
E puyet se la peyra plus aut que z auzelo,
E paset lo castel, so que no quiȳavo
Que y pogues abastar; don totz espauxiro 5o4o
Aycels que dintz estavan, li malvatz e li bo.
E quant venc lendema que'l soleylltz yssitz fo,
Aquels de Pampalona ad armas cridero,
E dysso autamens : « Dios, esgardatz razo
E z issausatz dretura e bayssatz traycio! » 5o45
E anego al castel, si que'l puch puyero
fol. 143 r° Tro a lay a la fontana, e l'ayga lor tolgo;
Mais cels dedintz que'ls vigo apropchar, yssigo
E disso autamens : « Aras morretz, gloto. »
Lay viratz enviar cantals e maynt cayro 5o5o
E peyras redondissas e 'sconas a bando,
Tirar may[n]ta sageta e trayre maynt rayllo;
E viratz sols escutz ferir e far carto,
E los omes rollar coma redont bayllon,
E los autres tumbavan com si enbriax foson; 5o55
E dic vos per ma fe que la gent ridio
Ab trastota l'angoyssa e z ap la passion,
E tornego s atras e z agon be razon,
E rremas aquel yorn ses mai de contenson;
Enpero morig y .i. cortes donzelon 5o6o

le château (pour voir) en quel lieu il serait bon — qu'ils missent la
machine qui y frapperait sans relâche. — Maître Bertrand y était, le
très-bon ingénieur; — et sur un coteau devant, entre eux ils convinrent — qu'ils y missent la machine; ils la firent apporter. — Et
les armées furent grandes, et le bruit et le retentissement. — Pourtant à Pampelune ils envoyèrent message — (pour) que vinssent les
troupes tout droit à Garayno, — et très-belle compagnie alors ils
furent là. — Et ainsi qu'ils entraient, la machine fut partie, — et la
pierre s'éleva plus haut qu'un oiseau, — et dépassa le château, ce à
quoi ils ne pensaient pas — qu'elle pût suffire; de quoi tous s'effrayè-
rent — ceux qui dedans étaient, les mauvais et les bons. — Et quand
vint le lendemain que le soleil fut apparu, — ceux de Pampelune
crièrent aux armes, — et dirent hautement : « Dieu, ayez égard à
raison, — et exaucez droiture et abaissez trahison ! » — Et ils allèrent
au château, tellement que par le coteau ils montèrent — jusqu'à la
fontaine, et leur enlevèrent l'eau; — mais ceux de dedans qui les
virent approcher, sortirent — et dirent hautement : « Actuellement
vous mourrez, gloutons. » — Là vous verriez envoyer quartiers (de
pierre) et maint carreau — et pierres rondes et javelines sans dis-
continuer, — tirer mainte flèche et lancer maint trait; — et vous
verriez frapper sur les écus et faire morceaux, — et les hommes
rouler comme ballon rond, — et les autres tombaient comme s'ils
fussent ivres; — et je vous dis par ma foi que les gens riaient —
avec toute l'angoisse et avec la douleur, — et ils se tirèrent à part et
eurent bien raison, — et ce jour resta sans plus de lutte; — pourtant y mourut un courtois damoisel — d'un trait de garrot, de quoi
(ce) fut grand dommage; — il est vrai que la machine frappait où ils
mangeaient. — Et dit le connétable : « Sire Eustache, ils sont nôtres,
— vu que le trébuchet leur brise la porte et le perron; — et faisons

D'un cayrel de garrot, dont grant dapnage fo;
Pero l'engens feria el luec on mangavo.
E diss le conestable : « 'N Estacha, nostres son,
Que'l trabuquetz lo[r] trenca lo portal e 'l peyron;
fol. 143 v° E façam alt[r'] engen que d'autra partz lor don, 5065
E prendrem lo castel e cels que layntz so. »
E si que l'altr'engen començar volio,
E z els de dintz que o saubo, acort parlar feron
Que'l castel lor rendesan senes defensio,
E que z om le pagues .c. marcs de messio. 5070
E 'l seynner de Beu Juec ab prex e molt felo
Anet s'i acordar, e 'l castel rendutz fom,
E 'N Estacha fe y metre establizon;
E las ostz s'en levero ab tronpas e z ap so,
E vengo en Pampalona, ont so lial e bon, 5075
Ab molt grant alegrer.

CIV.

Ab molt grant alegrer s'en vengo e yauzens,
Car an pres lo castel e los fort[z] bastimens,
E les traydos caçats e gitatz a turmens;
Enpero Mon Real los era'n sobredens, 5080
Que z es molt bels castels e fortz e defendens;
E si l'asetjassen, fora us grans nossens,
Q..
M..
Q.. 5085
E tr..
E z a..
E cel..
El val......................................
Asetjet...................................... 5090
Els cast....................................

autre machine qui d'autre part donne (sur) eux, — et nous prendrons le château et ceux qui sont là dedans. » — Et ainsi que l'autre machine ils voulaient commencer, — ceux de dedans qui le surent, firent parler accord — afin de leur rendre le château sans résistance, — et qu'on leur payât cent marcs de dépens. — Et le seigneur de Beaujeu avec valeur et fort rude — alla s'y accorder, et le château fut rendu, — et sire Eustache y fit mettre garnison; — et les troupes décampèrent avec trompettes et avec son, — et vinrent à Pampelune, où on est loyal et bon, — avec très-grande allégresse.

CIV.

Avec très-grande allégresse ils s'en vinrent et joyeux, — parce qu'ils ont pris le château et les forts bâtiments, — et chassé et jeté dans les tourments les traîtres; — cependant Monreal leur était en surdent, — lequel est un château très-beau et fort et défendu; — et s'ils l'assiégeaient, ils feraient un grand non sens, — q. . . . . — m. . . . . — q. . . . . — et tr. . . . . — et a. . . . . — et celui. . . . . — au val. . . . . — assiégea. . . . . — aux chât. . . . . —

E las ostz..............................
E 'l valent............................
E 'N Estacha do.....................
E de tota Nava...................... 5095
Remas goverr.......................
Renalt de Rroue....................
E governet la terra.................
E puis vengo de....................
Qu'el anes a pa..................... 5100
....
....
....
....
..............................as 5105
....
.............................ns
....
......................poderatz
................galardon les datz 5110
......................esirratz
...................s la foldatz
.................ɔ es vertatz
...............on contral rey alçatz
......................so livratz 5115
.....................mo peciatz
................ric que s fo auçatz
.............si que 'l reys fo ontatz

et les troupes.............. — et le vaillant............
—et sire Eustache do........... — et de toute Nava....... 5095
...... — resta gouver............... — Renalt de Roue...
...........—et il gouverna la terre............. — et puis
vinrent de............... — qu'il allât à pa............ 5100

....
....
....
....
.... 5105
....
....
....
.....................puissants.................
........................les dés................ 5110
........................sortiriez.................
........................la folie.................
........................est vérité...............
.....................contre le roi élevés........
........................sont livrés............. 5115
.....................brisez......................
.....................qui se fut exaucé...........
.................tellement que le roi fut honni......

NOUVELLES OBSERVATIONS

SUR LE TEXTE.

Page 4, vers 28. Il y a ici une cédille sous le *c* d'*arcevesque*. Au reste, le manuscrit de Fitero présente fréquemment des *c* ainsi marqués, par exemple, page 2, vers 9 (*de ço*); page 4, v. 37 (*adreçar*); page 6, v. 46 (*comenpet*); page 14, v. 178 (*corroçatz*); page 28, vers 399 (*començet*), etc.

Page 10, vers 114, 119, 120. On peut remarquer ici l'absence du *t* qui doit accompagner la conjonction *e* toutes les fois qu'elle précède un mot commençant par une voyelle; mais nous n'avons pas cru devoir corriger le manuscrit, où cette règle est, en général, peu observée, à telles enseignes que vers 1, par exemple, on lit en toutes lettres *et* devant *vera*. Voyez encore page 160, v. 2465, 2470, etc.

Page 12, vers 165. Le manuscrit porte *tort*.

Page 22, vers 296. Si on lit ici *fille*, quand dans la même page, v. 294 et 301, on trouve *filla*, il ne faut s'en prendre qu'à l'ancien copiste.

Page 34, vers 481. Le manuscrit porte *traicōs*.

Page 42, vers 598. Ne vaudrait-il pas mieux lire *eu*?

Page 42, vers 606. Au-dessous du troisième *e* du premier mot se trouve un point dans le manuscrit, comme pour indiquer que cette lettre était à supprimer, ce que nous n'avons pas jugé à propos de faire.

Page 46, vers 657. L'ancien copiste, qui fait si souvent usage du *ç*, a écrit *aucatz*, comme plus loin *facatz*, page 48, v. 699.

Page 46, vers 662. Le manuscrit porte *donec* ou *donet*.

Page 46, vers 672. On lit au manuscrit *Covernador*.

Page 54, vers 798. Nous avons pensé qu'il fallait lire *ab el*, et nous avons traduit en conséquence.

Page 62, vers 904. *Seinnalat* est traduit autrement que page 126, v. 1899, ce qui est une faute.

Page 66, vers 961. Il semble qu'il faut lire *esbaudir*.

Page 68, vers 1002. Le manuscrit porte *C ap*.

Page 72, vers 1060. Peut-être vaudrait-il mieux lire *com a podestatz*, et se rappeler que dans certaines langues néo-latines la particule *a* indique l'accusatif.

Page 74, vers 1092. On lit au manuscrit *Car sien*.

Page 76, vers 1115. Lisez *d'Oarritz*.

Page 78, vers 1148. Le manuscrit porte *cofondem*.

Page 80, vers 1171. Il aurait peut-être mieux valu imprimer *ab bacer*, le second *b* n'ayant d'autre emploi que d'indiquer la liaison des deux mots entre eux.
Page 80, vers 1179. *Rolanç*, Ms.
Page 82, vers 1213. Le manuscrit porte *Ben platz*.
Page 82, vers 1215. *Ey y*, Ms.
Page 82, vers 1226. *Lā privatz*, Ms.
Page 92, vers 1373. Le manuscrit porte *Toslan*, leçon évidemment mauvaise.
Page 96, vers 1441. *Enmō*, Ms.
Page 98, vers 1472. *Ploblacion*, Ms.
Page 98, vers 1476. *Plamplona*, Ms.
Page 102, vers 1519. Il est évident qu'il faut ici *moster*.
Page 103, vers 1533. Je ne suis nullement sûr d'avoir bien compris ce vers.
Page 104, vers 1566. Le manuscrit porte bien *erbors*, mais on ne saurait douter qu'il ne faille *erbos*.
Page 106, vers 1583. *Mos cosiros*, Ms.
Page 106, vers 1585. *Es ams e dos*, Ms. Il y a donc lieu à rectifier ici le texte. Cf. page 172, v. 2651.
Page 106, vers 1590. *E devrietz*, Ms.
Page 108, vers 1616. Nous avons retranché le mot *es* placé mal à propos entre *etz* et *frayres*.
Page 108, vers 1626. *Alturamen*, Ms.
Page 108, vers 1636. Ne faut-il pas lire *al son albergamen*?
Page 110, vers 1650. *Peccada*, Ms.
Page 110, vers 1659. *Borsc*, Ms.
Page 112, vers 1700. *E ssy cossel y no y dā*, Ms.
Page 114, vers 1719. Lisez *Et ab*.
Page 116, vers 1739. *Cercas*, Ms.
Page 116, vers 1749. *Erras*, Ms. Terminez le vers par un point.
Page 116, vers 1769. Lisez *E z els*.
Page 120, vers 1809. Le manuscrit porte *aiga*; mais je persiste à croire que c'est par une erreur de copiste. J'exposerai plus loin mes raisons.
Page 120, vers 1820. *Altrage*, Ms.
Page 121, vers 1833. Ne faudrait-il pas plutôt *Romanie*?
Page 124, vers 1894. N'y a-t-il point faute ici dans le manuscrit? Sûrement il faudrait lire *conquero*.
Page 126, vers 1906. Il semble qu'il faudrait ici *Et ab*.
Page 126, vers 1928. *Malaztat*, Ms.
Page 128, vers 1937. Telle est la leçon du manuscrit; mais il est évident qu'il faut *desmembre* ou plutôt *demembre*. Voyez page 86, v. 1293, et page 218, v. 3387.
Page 128, vers 1955. Lisez *que n'es*.
Page 129, vers 1958. Nous avons mis ici *Lope Diez*, au lieu d'écrire *Lope Dias*, comme page 211, v. 3261, et ailleurs.

Page 132, vers 2002. *Armartz*, Ms.

Page 132, vers 2011. Dans le manuscrit, ce vers commence par un *C*.

Page 134, vers 2045. *El Cart* est mal traduit; c'est un nom de lieu, qui demande une capitale.

Page 134, vers 2047 et 2056. Même observation que pour le vers 2011.

Page 136, vers 2060. Lisez *lor*.

Page 136, vers 2075. Au lieu d'*el*, nécessaire au sens, le manuscrit porte *es*.

Page 138, vers 2100. Au lieu d'*e vos*, le manuscrit porte *el vos*.

Page 147, vers 2245. Mettez une virgule après *lance*.

Page 148, vers 2268. Le manuscrit porte *quō tornetz*.

Page 150, vers 2313. Il me semble qu'il faudrait *turmens*, comme page 152, v. 2323.

Page 151, vers 2305. Lisez d'*Aldava*.

Page 152, vers 2326. Le manuscrit porte *Eb borgues*, qui est peut-être la meilleure leçon. D. Pablo Ilarregui a imprimé *El borgues*.

Page 154, vers 2345. Le manuscrit porte *Eras non vengarē*.

Page 156, vers 2384. L'ancien copiste, qui prodigue la cédille même dans les mots où le *c* devait être doux, n'en a pas mis ici à *avancat*.

Page 160, vers 2448. Le manuscrit porte *huniat* ou *huviat*.

Page 160, vers 2459. *Cl cosseyl*, Ms.

Page 160, vers 2463. Le manuscrit porte bien *et los turmenz*.

Page 160, vers 2465. C'est à tort que la conjonction est écrite ici avec un *t*.

Page 160, vers 2470. *Combatē*, Ms. — Même observation que pour le vers 2465. On en peut dire autant pour l'*et* du vers 2487.

Page 162, vers 2501. Terminez ce vers par une virgule.

Page 162, vers 2502. Mettez-en une après *Caritat*.

Page 168, vers 2569. Lisez *Per' Arceyz*. Cf. page 166, v. 2560.

Page 172, vers 2640. Au lieu de *vinteria*, lisez *vintena*. Cf. page 174, v. 2665.

Page 174, vers 2663. Le manuscrit porte *botons*, qui ne rime pas avec *joyos*. Nous nous sommes cru d'autant plus autorisé à substituer ici *botos*, qu'Anelier a déjà employé ce mot dans le couplet xxx. Voyez page 70, v. 1048.

Page 180, vers 2769. On a lieu de s'étonner de voir ici l'article *lo*, changé en *le* dans le vers suivant. Tout ce que je puis dire, c'est que telle est la leçon du manuscrit. Au reste, nous retrouverons plus loin *le prior*, *le mal* (page 182, v. 2793, 2796), *le seynnor* (page 184, v. 2841), *le portal* (page 212, v. 3292), *le jorn* (page 214, vers 3315), etc.

Page 184, vers 2823. *Ed adocns*, Ms.

Page 184, vers 2837. *Los volantatz*, Ms.

Page 190, vers 2920. Le manuscrit porte *los salvador*.

Page 192, vers 2958. *Cesentir*, Ms.

Page 192, vers 2978. *C lo*, Ms.

Page 195, vers 3000. Nous avons traduit ici *cayro* par *pierre*, ce qui est exact; mais plus loin, page 211, v. 3242, nous avons rendu *cayro* par *carreau*, ce qui ne l'est pas.

Page 196, vers 3008. *Barquinar*, Ms.
Page 196, vers 3037. Ne faudrait-il pas lire :

> E'n la Navarreria s pessavan d'estremar
> Las femnas, etc.

et traduire : « Et en la Navarrerie pensaient à se cacher — les femmes ? » etc.

Page 198, vers 3055. Le manuscrit porte *estar*.
Page 200, vers 3087. *Parlet*, Ms.
Page 200, vers 3091. On lit *navas* au manuscrit.
Page 202, vers 3122. *Branid*, Ms.
Page 204, vers 3159. *E d adoquas*, Ms.
Page 205, vers 3155. *Esanço* est mal traduit, quoi qu'on puisse induire du sens de ce mot, page 208, v. 3205.
Page 206, vers 3198 et 3200. Il est évident qu'il faut *mento*, au moins *resso*, comme plus haut, v. 3190.
Page 206, vers 3197. Il n'est pas moins évident qu'il faut lire *nafrar*.
Page 213, vers 3277. C'est à tort que *bacos* est ici traduit par *jambons*; ce mot devrait l'être par *flèches de lard*, comme page 276, vers 4299.
Page 213, vers 3779. *Cafiz* est mal traduit. C'est l'ancienne forme de *cahiz*, mot par lequel on désigne une mesure contenant la charge d'un mulet.
Page 218, vers 3367. Je propose de lire *auzberc safrad*.
Page 220, vers 3394. Mieux eût valu laisser *Semen* que de le traduire par *Simon*.
Page 225, vers 3469. Ne vaudrait-il pas mieux *fleur des champs* que *des camps*?
Page 229, vers 3531. Il vaudrait mieux, ce me semble, rendre *que nos fe* par *qui nous fit*.
Page 230, vers 3573. Le manuscrit porte bien *so que ouy*, ce qui est fort différent. Il y a donc à modifier la traduction.
Page 236, vers 3651. Lisez *En Semen du Gueretz*, ou plutôt *de Gueretz*, comme page 226, vers 3510. Peut-être faut-il aussi *gatta*, chatte, nom que l'on donnait à une machine de guerre.
Page 236, vers 3665. Lisez *e'ls ambans e'ls solers*, et traduisez par *les galeries et les combles*. Voyez plus loin, page 288, v. 4467.
Page 237. Le vers 3650 n'est pas complétement rendu ; il faut lire : *tellement qu'il mourut là*, etc.
Page 238. Il y a contre-sens dans la traduction du vers 3676. Le mot *runa* signifie, non pas *ruine*, mais *ru*, *ruisseau*. Il s'agit du courant d'eau qui faisait tourner le moulin.
Page 251. *Als .xx.* du vers 3867 doit être rendu par *aux vingt*.
Page 253, vers 3907. Lisez *don Guyralt de Seta*, comme page 161, vers 2470.
Page 254, vers 3954. Le mot *borc* devrait être écrit avec un B.
Page 272, vers 4236. *Oueylla*, Ms.
Page 274, vers 4256. *Vos madaretz*, Ms.

HISTOIRE DE LA GUERRE DE NAVARRE.

Page 288, vers 4490. C'est à tort que *cavals* est traduit par *chevaliers*; il faudrait *chevaux*.

Page 289, vers 4481. Au lieu de *combattons*, ce qui est un contre-sens, écrivez : *car on combat de tous côtés*.

Page 290, vers 4528. *De la fores*, Ms.

Page 291, vers 4525. Il manque ici un tiret.

Page 292, vers 4530. Le manuscrit porte *A cels*.

Page 292, vers 4541. *Redrecatz*, Ms.

Page 292, vers 4548. *Plantz*, Ms.

Page 294, vers 4563. Terminez ce vers par un guillemet.

Page 296, vers 4594. L'*y* surmonté d'une tilde qui se trouve dans le nom de *Montaut* est écrit au-dessus, entre l'*a* et le *t*.

Page 298, vers 4637. Nous proposerions de lire *pegramens*, si nous ne savions que c'est l'habitude en gascon, comme en espagnol, de transposer ainsi les lettres.

Page 298, vers 4642. Le manuscrit porte *deran*, au lieu de *daria*, que nous avons cru devoir lui substituer.

Page 298, vers 4648. *Asetia*, Ms.

Page 300, vers 4654. Le manuscrit porte *camençego*.

Page 301, vers 4689. *Balar* est mal traduit; il faudrait : *Barons, tous à la danse*.

Page 304, vers 4740. *Hubris*, Ms.

Page 307, vers 4764. Le premier hémistiche du vers n'a pas été traduit, faute d'être compris.

Page 307, vers 4777. Il faut un tiret après *meurtriers*.

Page 308, vers 4791. Le manuscrit porte *Lormans*, et nous avons eu tort de changer cette orthographe, après avoir laissé *Lormandia* plus haut, page 120, v. 1832. Comme le fait observer M. Édélestand du Méril, « le changement du *n* en *l* est assez commun : *orphelin* vient d'*orphanus*; *licorne* d'*unicornis*; et le vieux français disait *alme* d'*anima*; *gonfalon* de l'islandais *gunnfani*; *velin* de *venenum*. Le même changement, ajoute-t-il, a lieu dans les autres langues, même pour les noms propres. Les Normands s'appelaient *Lormanos* en vieux portugais; *Hieronymus* est devenu *Girolamo* en italien, et *Bononia* Bologne. » (*Histoire de la poésie scandinave*, prolégomènes, p. 244, col. 2, art. *Bruni*.)

Page 309, vers 4785. *Seyanerers* veut dire *porte-étendards*, et non *seigneurs*.

Page 310, vers 4809. *Maynta escut*, Ms.

Page 310, vers 4826. *Car lur*, Ms.

Page 320, vers 4976. *Erredeglol*, Ms.

Page 322, vers 5024. *Lo guyllo*, Ms.

Page 324, vers 5049. Le manuscrit porte *morrē*.

NOTES.

Page 2, vers 7, couplet I.

Anelier n'est pas le seul des poëtes de l'époque qui ait des plaintes sur le triomphe de la trahison prévalant contre l'antique loyauté; Hugues de Bersi en exhale de semblables dans sa philippique sur les mœurs de son temps :

> Or se delitent en trahir,
> Et li uns de l'autre engingnier;
> Cil qui miex set deschevauchier
> Son compaignon, cil vaut or miex.
>
> *La Bible au seignor de Berze*, v. 86. (*Fabliaux et contes*, édit. de Méon, t. II, p. 396.)

Page 6, vers 46, couplet III.

Dans nos anciens romans, on voit souvent des personnages considérables montés sur des mulets, ordinairement annoncés comme arabes, syriens, espagnols ou aragonais :

> Par la porte s'en ist sor .i. mul de *Surie*.
>
> *Li Romans d'Alixandre*, p. 47, v. 10.

> Es-vus les pers d'Araine, par mi la praerie,
> Et cevauce cescuns .i. mulet de *Surie*.
>
> *Ibid*. p. 221, v. 15. Cf. *La Chanson d'Antioche*, t. II, p. 174, 182.

> Mais Dinas l'orgillous qui siet sor noire mule,
> .I. destrier de grant pris que li douna sa drue,
> Souvent cierke les rens, etc.
>
> *Li Romans d'Alixandre*, p. 226, v. 10.

> Este-vus Tholomés sor .i. mul *sarrasin*.
>
> *Ibid*. p. 423, v. 35.

> Et Richars monte sur le mul *arrabi*.
>
> *Li Romans de Garin le Loherain*, t. I, p. 70, et t. II, p. 207.

> La dame montent sor .i. mul *arragon*...
> O lui sa fille sor .i. mul *espaingnois*.
>
> *Li Romans de Raoul de Cambrai*, p. 265, v. 4, 8. Cf. p. 318; et *li Romans de Parise la Duchesse*, p. 69.

Chascuns chevaiche un mulet *aragon*.

Der Roman von Fierabras, etc. p. 166, col. 1.

They ryd upon joly moyles *of Spayne*,
With sadell and brydell of Champayne, etc.

Launfal, v. 886. (*Ancient Engleish metrical Romanceës*, selected and publish'd by Joseph Ritson, vol. I, p. 208.)

Nos trouvères parlent fréquemment aussi de mule, de mulet *afeutré*[1], de mulet *atorné richement*[2].

Dans la Chronique de Bertrand du Guesclin, v. 8835[3], ce chevalier est représenté montant sur une mule pour aller, hors de Burgos, au-devant de la femme de Henri de Transtamare, montée elle-même sur une mule; et ailleurs on voit Pierre le Cruel chevauchant, à Bordeaux, *sur le mul arragon*[4]. Enfin Froissart nous montre le roi Henri de Transtamare monté sur une mule forte et *roide*, selon l'usage du pays[5].

On trouve le prix d'un mulet au temps d'Anelier dans cet article des comptes de Navarre pour 1284 :

Item eidem (gubernatori) pro quodam mulo empto, xviii libras.

(*Compot. Michaelis Baldoini, prepositi Stelle*, Ms. Bibl. imp. suppl. lat. n° 165[7], fol. 37 verso.)

Un autre article semble indiquer que les mulets de Navarre venaient de la Castille :

Item pro expensis quatuor mulorum quos Petrus Petri de Oarritz duxit de Castella ad opus gubernatoris, in septem diebus, iij kaficia iij rova.

(Fol. 82 verso. *Compotus Johannis Petri de Gandidayn, prepositi de Olito*, A. D. 1285.)

Page 6, vers 59, couplet III.

La localité ici nommée est appelée *Guadalfajar* par Rodrigue de Tolède, qui en indique la situation au pied de la montagne de Muradal, célèbre par la défaite des Almohades[6]. S'il faut en croire le P. de Moret, ce nom venait d'un ruisseau qui baignait l'endroit[7].

---

[1] *Charlemagne*, etc. p. 4, v. 82. — *La Chanson d'Antioche*, t. I, p. 26, 47, 48. — *Le Chevalier au Cygne*, édit. de M. de Reiffenberg, t. II, p. 16.

[2] *La Chanson d'Antioche*, t. II, p. 16.

[3] T. I, p. 316.

[4] P. 368, v. 10468.

[5] *Chroniques*, liv. I, part. II, chap. CCXXXIV; t. I, p. 533, col. 2.

[6] Rod. Tolet. *De reb. Hispan.* lib. VIII, cap. VI; apud Andr. Schott, *Hispan. illustr.* t. II, p. 132, lin. 40.

[7] *Annales del reyno de Navarra*, lib. XX, cap. V, § IV, n° 17; t. III, p. 87, col. 2.

Page 6, vers 73, couplet III.

L'expression *descadenar* trouve son explication dans un passage de Rodrigue de Tolède. Cet historien, décrivant les dispositions prises par les Almohades à la bataille de las Navas, rapporte que certains d'entre eux s'étaient attachés les uns aux autres, comme s'ils eussent voulu s'ôter la ressource de fuir : «Extra atrium erant etiam aliæ acies peditum, quorum quidam tam de interioribus quam de exterioribus sibi ad invicem colligatis, ut quasi de fugæ præsidio desperarent, constanter belli instantiam sustinebant[1]. »

En souvenir de ce mémorable événement, des fragments des chaînes prises sur l'ennemi furent suspendus, comme de glorieux trophées, dans plusieurs églises de la Navarre. Non content de cela, D. Sancho fit encore représenter des chaînes dans les armes du royaume, qui, au rapport d'André Favyn, étaient auparavant d'or au chêne de sinople, à la croix pommetée de gueules en chef[2]. C'est, en effet, depuis ce prince que les rois de Navarre ont porté l'écu de gueules chargé de doubles chaînes d'or naissantes d'un carré placé au milieu, qui le remplissent en orle et en sautoir, armoiries blasonnées ailleurs par treillis composé de croix, sautoir et orle de deux pièces de chaînes d'or en champ de gueules[3], ou encore de gueules aux chaînes d'or passées en orle, en croix et en sautoir[4].

---

[1] Rod. Tolet. *De reb. Hispan.* lib. VIII, cap. IX; ap. Andr. Schott, *Hisp. illustr.* t. II, p. 134, lin. 45. — Un manuscrit cité par le P. de Moret porte *tibiis* au lieu de *sibi*, leçon suivie dans un exemplaire de la Chronique du prince de Viana, où on lit qu'autour de la tente de l'émir il y avait trois retranchements (*tapiados*) et en chacun d'eux un bataillon de Maures qui étaient liés par la cuisse, afin de ne pouvoir fuir. (*Crónica de los reyes de Navarra*, etc. Pamplona, 1843, in-4° esp. cap. XVI, p. 116, not.) Auparavant, le noble écrivain, faisant le dénombrement de l'armée ennemie, dit qu'à la suite d'un corps d'armée de quarante mille nègres, venaient trois mille chameaux enchaînés l'un à l'autre avec de grosses chaînes de fer, puis nombre de cavaliers, d'arbalétriers et le reste.

[2] *Histoire de Navarre*, etc. par André Favyn. Paris, 1612, in-folio, liv. II, p. 55. Cf. *Investigaciones históricas de las ant. del reyno de Navarra*, ed. de MDCC. LXVI., lib. III, cap. IX, § II, p. 737-739.

[3] *La vraye et parfaite Science des armoiries... de feu maistre Louvan Geliot...* par Pierre Palliot, pag. 46 et fig. VII.

[4] *La Science heroïque*, etc. par Marc de Vvlson, sieur de la Colombiere. A Paris, M. DC. XLIV., in-fol. chap. XVII, p. 172. — Cet écrivain fait observer avec raison qu'avant lui les armes de Navarre ont été blasonnées par la plupart des auteurs (mais mal) de gueules aux rais d'escarboucle accollés et pommetés d'or. L'un des plus anciens, le rédacteur du compte de l'exécution du testament de la reine Jeanne d'Evreux, fait mention de besans dans les armes de Navarre; mais, comme le remarque judicieusement M. Leber, ou les besans de

Ce point a été traité, avec tous les développements qu'il comporte, par le P. de Moret, dans ses *Investigaciones históricas*, liv. III, chap. IX, § I, p. 723-737. Voyez encore *Annales del reyno de Navarra*, liv. XX, chap. v, § vi, n° 48-51; t. III, p. 106-108.

Page 8, vers 84, couplet III.

Il s'agit ici de la fameuse bataille généralement connue sous le nom de *las Navas de Tolosa*, dont il existe nombre de relations contemporaines, recueillies pour la plupart par le marquis de Mondejar [1], qui semble s'être attaché surtout aux témoignages des écrivains chrétiens; du moins il ne cite qu'Al-Khatib d'après Casiri [2], et nous connaissons deux autres récits de la journée en question par des auteurs arabes de la même époque : ce sont Abd-al-Wâhid de Maroc, à qui l'on doit une Histoire des Almohades, récemment publiée par M. Reinhart-Dozy [3], et Abd-el-Halim, à l'ouvrage duquel M. Charles Romey a fait de nombreux emprunts, et qu'il a copié dans cette circonstance [4].

L'auteur de l'Histoire de la croisade contre les hérétiques albigeois fait une allusion expresse à la bataille de las Navas, et annonce l'intention où il était d'en faire le sujet d'une chanson de geste, *bona canso novela tot en bel pargamin* [5]. Si ce projet a jamais été réalisé, il ne faut pas encore désespérer de retrouver un manuscrit qui nous fasse connaître cette œuvre.

Dans les vers qu'un troubadour catalan, Mosen Jayme Febrer, a consacrés à la bataille de las Navas, il est fait mention en ces termes d'un guerrier navarrais qui y prit part :

En Fermin Marcilla,
Infanzó Navarro,

1370 dont il est ici question n'étaient pas des besans, ou ce qu'on a pris dans les temps modernes pour *l'escarboucle pommetée* figurait des besans. Voyez Collection des dissertations, etc. t. XIX, p. 155, en note.

[1] *Memorias históricas de la vida y acciones del rey D. Alonso el Noble*, etc. En Madrid: en la imprenta de D. Antonio de Sancha, año de M. DCC. LXXXIII., in-4°, cap. CIII-CVII, p. 306-323. Cf. apéndices, p. XCVIII-XCXVIII. — Aux ouvrages cités par le savant marquis on peut joindre la grande Chronique de Mathieu Paris (*Matthæi Paris.... Historia major*, ed. Lond.

MDCLXXXIV, p. 206, lin. 30) et les Annales de Wawerley. (*Historiæ Britannicæ, Saxonicæ, Anglo-Danicæ Scriptores XV*, etc. ed. Th. Gale, tom. II, pag. 176.)

[2] *Bibliotheca Arabico-Escurialensis*, tom. II, pag. 221.

[3] Leyde, 1847, in-8°. Voyez p. 237, 238.

[4] *Histoire d'Espagne*, etc. tom. VI. Paris, Furne et C¹ᵉ, 1841, in-8°, chap. IV, pag. 192, 195.

[5] Édit. de M. Fauriel, p. 10, v. 116-120, couplet v.

> Dihuen descendeix
> De Sancho Garzés,
> Que ab lo rey En Pere
> Asistí bizarro
> Trobantse en les Naves,
> E ab gentil desgarro
> Peleá valent;
> E que á un Alavés
> Li levá lo cap,
> E aguda vitoria,
> Tornanse ab lo rey,
> Per Castellfabí
> E per Ademuz,
> Conseguí la gloria
> D'aquestos dos llochs.
> Son fill, per memoria,
> Pintá en lo camp blanch
> Faixes carmesis
> E una stela blava, etc.
>
> *Memorias históricas de la vida y acciones del rey D. Alonso XI*,
> apéndices, pag. CXXVII, col. 1.

Page 8, vers 89, couplet IV.

Je crains d'avoir commis un grave contre-sens en traduisant ce vers, depuis que j'ai lu ceux-ci dans la Chronique rimée de Philippe Mouskès

> Rois Arestains et rois Gaifiers,
> Ki moult estoit vallans et fiers,
> Plus de .xl. en i ot mors
> Ki vers aus s'estoient *amors*.
>
> V. 7592; édit. du baron de Reiffenberg, t. I, p. 302.

On lit dans le *Roman de la Rose*, v. 2466 :

> Ele me pest et replenist
> De joie et de bonne aventure;
> Mès ce m'*amort* que poi me dure.
>
> Édit. de Méon, t. I, p. 99, 100.

Mais j'incline à croire qu'il faut lire *m'a mort*.

Page 8, vers 94, couplet IV.

Quoi qu'en dise M. Fauriel, qui propose de changer en *veiaire* le *vegaire* du poëme qu'il a publié¹, on voit que ce dernier mot appartenait bien à la langue romane. Il y a donc à l'ajouter au Lexique de M. Raynouard, qui n'a recueilli que *veiaire*².

Page 8, vers 99, couplet IV.

Dans tout ce que dit Anelier relativement au règne de don Sancho le Fort, il y a plus d'un anachronisme. Le troubadour présente la bataille de las Navas de Tolosa, qui eut lieu en 1212, comme ayant été donnée avant le voyage de ce prince au Maroc. Or, il n'en fut pas ainsi. Don Sancho passa en Afrique à la fin de juillet de l'année 1196, et y resta jusqu'au printemps de l'an 1202, époque à laquelle il fit alliance avec son beau-frère Jean sans Terre, envers et contre tous, à l'exception de l'émir Al-Mouminin, roi de Maroc³. Suivant notre auteur, le but de ce voyage était de prêter aide et secours à ce prince, alors en guerre avec d'autres chefs, et qui l'en avait prié par ambassadeurs. Don Pablo Ilarregui considère comme un acte de folie l'abandon que fit D. Sancho de son royaume pour une cause aussi légère, surtout avec la certitude où était ce prince que les rois de Castille et d'Aragon voulaient le dépouiller de la plus grande partie de ses états, comme ils avaient déjà tenté de le faire. Le savant Navarrais ne voit pas qu'une alliance avec les Maures d'Afrique était peut-être le meilleur moyen pour tenir en respect ces deux terribles voisins, dont les regards, cessant de se porter vers le Nord, durent rester fixés sur le détroit de Gibraltar et l'interroger avec inquiétude. Au lieu d'avoir cette idée, D. Pablo explique le départ du roi de Navarre par un récit que fait le P. Moret, d'après l'historien anglais Roger de Hoveden, qui devait avoir part aux nouvelles que recevait Bérengère, sœur de D. Sancho et femme de Richard Cœur de Lion. Selon le savant jésuite, le monarque navarrais quitta ses états pour épouser une fille de l'émir Al-Mouminin-Abou-Youcef-Ya'koub, avec lequel ce mariage avait été arrêté, à la demande de la princesse, devenue éperdument amoureuse de D. Sancho, sur le bruit de sa réputation⁴. Un pareil récit, contre lequel les deux écrivains que nous

---

¹ *Hist. de la croisade contre les hérét. albig.* p. 648.

² *Lexique roman*, tom. V, p. 534, col. 2, n° 15.

³ *Fœdera, conventiones*, etc. edit. III, tom. I, pars 1, pag. 40, col. 2.

⁴ *Annales del reyno de Navarra*, liv. XX, cap. II, § 1, n⁰ˢ 8-12; tom. III, pag. 15-18. Cf. *Investigaciones históricas de las antigüedades del reyno de Navarra*, lib. III, cap. VIII, ed. de 1766, pag. 715-723. (*De la jornada del rey don Sancho el Fuerte en Africa, y tierras que en*

venons de citer n'élèvent pas le moindre doute, me paraît une fable à ranger parmi celles qu'on rencontre dans les chansons de geste et dans les récits d'aventures véritables, comme l'Histoire de Foulques Fitz-Warin[1]. Un personnage avait-il attiré l'attention, tant qu'il était en vue, ses actions étaient assez fidèlement rapportées; disparaissait-il aux regards, l'imagination populaire, frappée par l'éclat de grandes actions, continuait l'histoire commencée. C'est ainsi que, si l'on peut se refuser à croire que, pendant son séjour chez les Maures, Sancho VI ait négocié et rompu un mariage avec une fille du roi de Maroc, on ne saurait nier que, du moins, le bruit n'en ait couru alors. L'abbé Millot en croit trouver l'écho dans les vers suivants de Pierre Vidal[2]:

> E vuelh saber mot cada mot,
> Senher, e no us deu pesar,
> Per cal forfag deu mescabar
> Dona del tot son cavasier;
> Et atressi del cavasier,
> De sa dona, per que la pert;

su ausencia se perdieron.) Voici le récit de Roger de Hoveden : « Processu vero temporis filia Boyac Almiramimoli, imperatoris Africanorum, audita per communem famam probitate Sanctii regis Navarræ... dilexit eum in tantum, quod vehementer adoptavit eum sibi in maritum. Et cum ipsa propositum suum diutius celare non posset, indicavit patri suo imperatori quod ipsa seipsam laqueo suspenderet, nisi Sanctius... eam sibi in uxorem duceret. Cui pater respondit : « Quo modo potest hoc fieri, cum tu sis pagana, et ille christianus?» Cui filia respondit : « Parata siquidem sum fidem christianorum suscipere, et secundum legem illorum vivere, dummodo prædictum regem Navarræ in maritum habeam....» Imperator igitur Africanorum misit nuncios suos ad Sanctium... per quos mandavit illi ut ipse veniret ad eum, filiam suam in uxorem ducturus, et ille daret ei tantam pecuniam quantam vellet, et insuper totam terram quæ dicitur Hispania Saracenica.... Dum autem rex Navarræ iret ad eum, mortuus est ille Boiac Almiramimoli... cumque præfatus rex Navarræ venisset in Africam, invenit imperatorem mortuum, et filius imperatoris defuncti adhuc minimus erat... et erant ei in imperio multi adversantes. Cum autem rex Navarræ ad eum venisset sperans se accepturum sibi in conjugem præfatam puellam, dixit ei puer, qui regnaturus erat, quod si vellet juvare eum, et servire sibi ad terram suam obtinendam, ipse daret ei sororem suam cum promissis patris sui; sin minus autem, poneret eum in captionem, de qua nunquam exiret. Ipse autem videns se in arcto positum, elegit magis servire ei quam poni in captione....... Domino igitur concedente, et Sanctio laborante, filius Almiramimoli subjugavit sibi infra triennium omnes adversarios suos; et factus est imperator. » (*Rogeri de Hoveden Annalium pars posterior, Richardus I,* apud Henr. Savile, *Rerum Anglicarum Scriptores post Bedam præcipui*, ed. M. DCI. p. 685, l. 59.) — Le même écrivain, après avoir rapporté l'invasion de la Navarre par les rois de Castille et d'Aragon, fixe le retour de D. Sancho à l'année 1200. (*Ibid.* pag. 802, l. VIII.)

[1] Paris, Silvestre, M DCCC XL, in-8°, pages 69-78.

[2] *Histoire littéraire des Troubadours*, etc. t. II, p. 305, 306.

> Ni cals es lo forfag, per cert,
> Perque la deu desamparar;
> Qu'en auzir qu'el rei navar
> Avia sa dona gequida.
> Manh tornei e manhta envaida
> E manh assaut e manh sembel
> E manhta tor e manh castel
> Eron per s'amor envait,
> E fag manh do e manh covit
> Cant el era per lies joios,
> Cointes e gais i amoros
> E cantaires e vesiatz;
> Mas eras canta de pechatz;
> So ausi comtar, l'autr'ier,
> Ad .i. seus cortes escudier
> Que de Navarra va en Fransa.
> Dios prec que 'lh reda sa conhtansa
> Al rei, si o pot far per razo,
> E qu'ela lo forfag li perdo,
> E que jamai no 'lh sia truanda[1].

Lai on cobra, etc. (Lexique roman, tom. I, p. 414. — Die Werke der Troubadours, etc. erster Band. Berlin, 1846, in-12, p. 248.)

En dépit de tous les témoignages qui attestent le voyage et le séjour de D. Sancho le Fort à la cour de Maroc, l'un des derniers historiens de l'Espagne, M. Charles Romey, ne balance pas à les révoquer en doute; il s'inscrit résolument en faux contre les écrivains occidentaux, qu'il sacrifie, sur ce point, à Ebn-Abd-el-Halim-Abou-Mohammed-el-Saleh-el-Gharnaty, dont il cite le petit Kartas[2]. Suivant l'écrivain arabe, ou plutôt suivant son traducteur, l'émir El-Mouminin étant parti de Maroc en 1211, le bruit de son arrivée et de l'immense appareil de guerre qu'il traînait se répandit dans tous les pays chrétiens, et les plus voisins en furent surtout alarmés. Quelques-

---

[1] L'historien des troubadours que nous citions tout à l'heure voit encore Sancho VI dans ces vers, qui terminent une pièce de Giraud de Borneil, où le poëte dit que s'il est honoré de l'estime du bon roi de Navarre, le blâme le touche peu :

> E s'il bos reis dels Navars
> M'o lauza, de mantz blasmars
> Gaire no m daria.
> S'ara no poja mos cans, etc. (*Le Parnasse occitanien*. t. I,

p. 133. — *Die Werke der Troubadours*, erster Band, p. 201.)

Voyez *Hist. litt. des Troub.* t. II, p. 8.

[2] Cet ouvrage a été publié par M. C. J. Tornberg, sous ce titre : *Annales regum Mauritaniæ*, etc. Upsaliæ, litteris academicis, MDCCCXLIII - XLVI, deux volumes in-4°. Ce qui est relatif au voyage de D. Sancho s'y trouve t. II, p. 205, 206.

uns lui écrivirent pour lui demander la paix et écarter cet orage de leurs
terres. De ce nombre fut le roi de Bayonne, Sancho, fils de Sancho, roi de
Navarre. Il envoya des ambassadeurs à l'émir, chargés d'une lettre dans
laquelle il se rendait à lui, humble et suppliant, et lui demandait, par grâce
spéciale, la permission de venir le saluer à sa cour et la faveur d'une audience.
El-Nassir la lui accorda, et le roi de Bayonne se mit en route pour Séville,
où il trouva le musulman et où il resta quelque temps. L'émir eut plusieurs
conférences avec lui, lui fit de riches présents, et ils se lièrent par un traité[1].
« Cette relation de l'auteur arabe, ajoute en note M. Romey, détermine
l'époque précise du mystérieux voyage (dont il est tant parlé dans les chroniques espagnoles) du roi de Navarre « en Afrique, » comme disent la plupart
de ces annales, notamment tout ce que dit Moret à ce sujet, » etc.

Ni moi non plus, je n'ai aucune confiance dans le récit du jésuite navarrais; mais je me sens encore moins porté vers le système de M. Romey, et je
persiste à croire à la réalité du voyage de don Sancho en Afrique, en le
dégageant, bien entendu, de toutes les circonstances fabuleuses dont l'a
entouré Roger de Hoveden.

M. Romey place vers le même temps l'ambassade du roi Jean auprès de
l'émir, qu'il raconte[2] en traduisant Mathieu Paris[3]. Avant notre contemporain, un historien de l'Angleterre, Lingard, avait pareillement transposé le
récit du moine de Saint-Alban, en s'appuyant sur deux raisons, qu'il déduit
d'une façon assez plausible[4].

Page 10, vers 119, couplet v.

La ville de Vitoria ne se rendit à Alphonse VIII, roi de Castille, qu'après
que D. Garcia, évêque de Pampelune, eut obtenu l'agrément de son souverain. Dans ce but, le prélat se mit en route, accompagné de l'un des
assiégés, vers le pays des Arabes, où se trouvait D. Sancho, et lui exposa
l'état des choses. Voyez la Chronique de Rodrigue de Tolède, liv. VII,
chap. XXXIII (*Hispaniæ illustratæ*, etc. t. II, p. 127, lin. 15), en la comparant
avec celle de Lucas de Tuy, chap. IV (*ibid.* t. IV, p. 108, lin. 34) et avec
la Chronique générale d'Espagne, part. IV, chap. IX. Les passages de ces

---

[1] *Histoire d'Espagne*, chap. IV, p. 177-180.
[2] *Ibid.* t. VI, p. 180-187.
[3] *Matthæi Paris.... Historia major*, sub ann. 1213; ed. MDCLXXXIV, p. 204, l. 32. Cf. *Vit. vi-ginti trium Sancti Albani abbatum*, p. 1044, l. 23.
[4] *A History of England*, etc. third edition. London : printed for J. Mawman, MDCCCXXV, in-8°, t. III, chap. I, p. 33, 34.

histoires relatifs au siége et à la capitulation de Vitoria ont été recueillis par D. Rafael Floranes, dans le chapitre v de l'ouvrage qu'il a écrit sur cette ville [1], et qui a paru sous le nom de don Joaquin Joseph de Landazuri y Romarate, auquel il l'avait confié en manuscrit.

Page 10, vers 120, couplet v.

On trouve le nom de la province de Guipuzcoa écrit de cette manière, dans les plus anciens documents. Voyez *De la Guipúzcoa en el siglo x*, dans les *Noticias históricas de las tres provincias vascongadas*, etc. por el Dr D. Juan Antonio Llorente. Madrid, 1806-1808, in-4° esp. parte I, tom. I, cap. xi, pág. 103-106.

Les comptes de Navarre portent de même *Ipuzcoa*, et même *Pazcoa* :

Item pro expensis dicti merini (Pampilonensis, Didaci Sancii de Garriz), quando ivit loquuturus cum merino de *Ipuzcoa*, ut solitum est tempore regum. (Ms. Bibl. imp. suppl. lat. n° 165⁷, fol. 60 verso.)

Item pro expensis dicti merini, quando fecit congregationem apud Larrahuu, ut iret in *Ipuzcoam* contra bannitos et inimicos domini regis. ¶ Item tunc quando Johannes Corbarani de Leeth fecit congregationem ut iret in auxilium merini. (*Ibid.*)

Item pro expensis merini quando cepit mulaterium apud Blastegui in *Pazcoa*, quia dicebatur quod erat particeps illorum qui deraubaverant mercatorem Pampilonensem; et dimiserunt ipsum de mandato gubernatoris. (*Ibid.*)

Pro operibus factis in castro de Aussa, pro lignis emptis ad cooperiendam turrim de novo, et recooperiendis domibus quas ventus discooperuit. Pro expensis quindecim scutiferorum custodientium carpentarios custodientes ligna et tabulas in nemoribus de *Ipuzcoa*, et portantes ea ad opus dictorum castrorum, etc. (Fol. 92 verso.)

Item merino, pro fugandis malefactoribus, capiendis et suspendendis, cum salario insidiarum, et quando ibat locuturus cum illis de *Ipuzcoanos*, ad ponendam terram in pace, et pro custodienda terra et castris, quando rex Castelle erat apud Sanctum Sebastianum, lxx libras, que computate non sunt. (*Ibid.*)

Page 10, vers 123, couplet v.

Voyez, sur les châteaux de la Navarre pendant le moyen âge, sur le mobilier qui les garnissait et la solde que les alcaïds recevaient du trésor royal, un bon article de D. José Yanguas, dans son Dictionnaire des antiquités du royaume de Navarre, t. I, p. 209-218.

Dans la liste des châteaux qui s'y trouve, je vois celui de *Belmecher* ou

---

[1] *Historia civil, eclesiástica, política y legislativa de la M. N. Y. M. L. ciudad de Victoria*, etc. En Madrid, en la imprenta de don Pedro Marin, año de 1780, in-4° esp. pag. 48-54.

Beaumerches, à Estella. Nul doute qu'il n'eût reçu son nom d'Eustache de Beaumarchais, s'il n'avait pas été fondé par ce héros du poëme d'Anelier. On lit, au sujet de cette place, les articles suivants dans les comptes de Navarre pour 1283 :

> Item de gubernatore pro emendis porcis salsis, vino et aliis, ad opus garnisionis castri de Bello Marchesio, xlv libras v solidos iiij denarios. (Ms. Bibl. imp. suppl. lat. n° 165', fol. 4 recto.)
>
> Pro expensis servientium castrorum Stelle et Belli Marchesii in cibo, potu et pro operibus aliis, expensis minutis factis ibi per partes, per manum Garsie Michaelis, in viginti duobus diebus, xj libras v denarios. (*Ibidem.*)
>
> Item pro portandis iiij° iiij kaficiis de castro Belli Marchesii ad aliud castrum, xxx solidos viij denarios. (*Ibid.*)
>
> Johanni Ultrasage pro castro de Bel-Marches, pro duobus annis et dimidio a festo beati Barnabe, anno octingentesimo secundo, usque ad primam diem januarii, anno octingentesimo quinto, quolibet anno triginta kaficia, lxxv kaficia. (Folio 83 verso.)
>
> Item pro clavis per magistrum Martinum emptis ad opus coquine de Belmarches, per oblivionem non computatis, xxxiij solidos. (Folio 99 verso.)

A juger de l'Espagne par le coin qui nous occupe, certes les châteaux qui s'y trouvaient n'étaient point chimériques. Cependant le proverbe existait déjà au xiii° siècle :

> Lors feras chatiaus en Espaigne,
> Et aras joie de noient, etc.
>
> *Le Roman de la Rose*, édit. de Méon, tom. I, p. 99. Cf. le Livre des proverbes français, par le Roux de Lincy, t. II, p. 347.

Comment donc expliquer cette locution? Les curieux que ce point peut intéresser auront à choisir entre les diverses interprétations consignées dans le tome IV du *Mercure françois*, année 1616, p. 59; dans le Dictionnaire des proverbes français de M. Quitard, Paris, 1821, in-8°, p. 173, 174, et dans les *Manuscrits françois de la Bibliothèque du Roi*, t. V, p. 124, 125[1].

Page 10, vers 127, couplet v.

Le mot *venable*, que l'on retrouve plus loin, page 202, vers 3122, couplet LXIX, et que l'on chercherait vainement dans le Lexique roman

---

[1] T. VI, pag. 146, M. Paulin Paris cite encore un passage d'un écrivain du xv° siècle, dans lequel se trouve cette locution, depuis longtemps en usage.

de M. Raynouard, vient du latin *venabulum*, employé par Cicéron, Martial, Virgile, Ovide, Pline, et qui n'a pas cessé d'être usité pendant le moyen âge[1]. En Espagne, on appelait *venablo* une espèce de javelot plus court qu'une lance, à large fer, et qui, plus tard, au xv⁵ et au xvi⁵ siècle, servait spécialement à la chasse du sanglier :

> El *venable* que llevaba,
> A Vellido se lo ha dado, etc.
>
> *De Zamora sale Dolfos*, entre los romances del Cid. (*Romancero castellano*, etc. por G. B. Depping y D. Antonio Alcala-Galiano. Leipsique: F. A. Brockhaus, 1844, in-12, t. I, n° 113, p. 163, col. 1.)
>
> Su manto revuelto al brazo...
> Y en la su mano derecha
> Un *venablo* cortador, etc.
>
> ¡*Helo! Helo! ¿Por do viene*, etc. (*Ibid*. tom. II, n° 84, pág. 105, col. 1.) — Cf. *Diccionario de la lengua castellana... compuesto por la real Academia española*, in-folio, t. VI, pag. 439, col. 1, v° *Venablo*.

Page 12, vers 143, couplet vi.

Il est à croire qu'Anelier fait ici allusion au droit de gîte qu'avaient autrefois les rois et certains hauts barons, et qui consistait, chez nous, à pouvoir descendre une ou plusieurs fois l'an, avec leur suite, chez leurs vassaux, et à y séjourner plus ou moins longtemps. Les églises cathédrales et les monastères étaient aussi sujets au droit d'*hospice* ou de *procuration* envers le roi. Voyez le Glossaire de du Cange, aux mots *Gistum*[2] et *Procuratio*[3]; le Nouvel Examen de l'usage général des fiefs en France, par Brussel, liv. II, chap. xxxviii, t. I, p. 536-569; et les Fabliaux ou contes de le Grand d'Aussy, t. III, p. 12, 13.

Page 12, vers 145, couplet vi.

Une partie de la capitale de la Navarre avait reçu le nom de *Navarreria*, de ce que, dans l'origine, elle était exclusivement peuplée de Navarrais. Elle seule avait le titre de *cité*, à la différence du reste de Pampelune, qui portait le nom de *villa*, et qui se composait des bourgs ou quartiers de San-Cernin, San-Nicolas et de San-Miguel, quelquefois compris dans la Navarrerie[4]. Dès le ix⁵ siècle, on aperçoit une distinction établie entre les

---

[1] Voyez, entre autres, la Chronique de Richer, édit. de la Société de l'histoire de France, t. I, p. 190.

[2] T. III, p. 525-527.

[3] T. V, p. 465, col. 2 et 3.

[4] Au défaut d'Anelier, qui, dans cet endroit

Navarri et les *Pampelonenses* [1]. Don Alonso le Batailleur, dans le fuero donné aux Français qui devaient peupler le bourg de Pampelune, en 1129, défendait qu'il y eût parmi eux Navarrais ou clerc, soldat ou enfançon [2], interdiction renouvelée par D. Sancho le Savant dans les fueros qu'il donna à Saint-Sébastien [3] et aux *Francos* [4] d'Estella et d'Iriberi, dans les années 1150,

de sa relation, avait occasion de parler de Toulouse, sa patrie, nous ferons remarquer que cette ville présentait avec la capitale de la Navarre, comme avec Narbonne et Carcassonne, ces traits de ressemblance, qu'elle aussi se composait d'une cité et d'un bourg (*Hist. des comtes de Tolose*, par M. Guillaume Catel, liv. I, chap. III, p. 34), et qu'il y eut, dans ces trois villes, entre ces deux parties du même corps, des combats sanglants au commencement du XIIIe siècle. (*Histoire littéraire des Troubadours*, par l'abbé Millot, t. I, p. 195; *Mémoires de l'histoire de Languedoc*, liv. II, chap. II, pag. 137, 138.) A cette époque, les remparts de la ville, construits en brique (*coctilibus muris*, comme dit Ausone, *Claræ urbes*, c. XI, v. 2), traversaient, du levant au couchant, l'emplacement où se trouve aujourd'hui la place du Capitole; ils la partageaient en deux parties égales, et suivaient une ligne perpendiculaire à la porte actuelle du même nom. On appelait le *Bourg* toute la partie située au nord et un peu à l'est de la cité, et l'on comprenait sous cette dénomination les quartiers appelés aujourd'hui *Matabiau*, *Arnaud-Bernard* et *Saint-Sernin*; la porte Arnaud-Bernard était au XIVe siècle une porte du Bourg. La belle basilique romane de Saint-Sernin se trouvait dans cette partie de Toulouse, ainsi que l'hôpital Saint-Jacques du Bourg, « basti, dit Catel (*Mémoires de l'histoire de Languedoc*, etc. liv. II, p. 270), pour loger les pelerins de Saint-Jaques qui passoient par ceste ville, » et venaient visiter autrefois les reliques conservées dans la basilique de Saint-Saturnin.

[1] « ..... Navarri, et Pampilonenses, qui superioribus annis ad Sarracenos defecerant, in fidem recepti sunt. » *Annales Francorum Tiliani*, A. DCCCVII. (*Recueil des historiens des Gaules et de la France*, t. V, p. 25, D.) Cf. Annal. Loiselian. ann. super. (*Ibid.* p. 55, E), Annal. Francor. Mettens. (*Ibid.* p. 353, D); Ann. Franc. per Einhard. conscript. inter opera ejus, ed. Alex. Teulet, t. I, p. 266. Ita habent Annal. Bertin. et Regino. — Le P. Manuel Risco, qui cite le passage rapporté plus haut (*España sagrada*, t. XXXII, cap. XVII, n° 2, pag. 373, 374), signale un grave contre-sens dans la traduction qu'en a donnée l'écrivain de la Chronique de Saint-Denis. (Voyez *Recueil des histor. de France*, t. V, p. 253, D.) Le même passage est encore discuté dans le Mémoire à consulter et consultation sur le franc-aleu du royaume de Navarre. A Paris, chez Knapen et fils. M. DCC. LXXXIV., in-4°, p. 198, 199.

[2] « Et nullus homo non populit inter vos nec Navarro, neque clerico, neque milite, neque ullo infanzone. » (*Diccionario de antigüedades del reino de Navarra*, t. II, p. 510.)

[3] « Et dono pro fuero... ut dictus, nisi Navarrus, sit populator in populatione, nisi voluntate regis et consilio omnium vicinorum. » (*Diccionario geografico-histórico de España*, por la real Academia de la Historia, seccion I. Madrid, MDCCCII, in-4°, t. II, pag. 543, lig. 25.— *Dicc. de antig. del reino de Navarra*, tom. III, pag. 303, art. *San Sebastian.*)

[4] Voyez, pour ce qu'il faut entendre par ce mot, le Dictionnaire des antiquités de la Navarre, t. III, p. 516-526. On trouve dans les comptes de Navarre pour 1285, cet article curieux à plus d'un titre :

« In villa de Valtierra, de filia de *Franco*, quia fornicata fuit cum quodam viellario, pro utroque xx solidos. » (Ms. Bibl. imp. suppl. lat. n° 165⁷, fol. 85 verso, lin. ult.)

Nous avions également, chez nous, une classe de personnes, sans analogie avec les

1164 et 1174[1]. En 1187, le même roi, ordonnant de peupler le Parral, près de San-Miguel d'Estella, disait que les nouveaux habitants, quels qu'ils fussent, Navarrais ou autres, devaient prendre le fuero des habitants d'Estella, et nous savons, en effet, qu'il y avait dans cette cité des Navarrais. Tout un quartier s'appelait et s'appelle encore *la Navarreria*. En ce qui touche les Navarrais et les *Francos* d'Estella, les fueros de cette cité renferment une disposition remarquable relativement à l'administration de la preuve, avec un témoin navarrais et un autre franc, dans les procès qui pouvaient survenir entre les deux classes d'habitants : celui-ci devait être de la cité ou du bourg du roi, et non des villages du dehors, et le témoin navarrais, soit du côté de Lazagorria ou d'Archeta, c'est-à-dire sans doute d'Azqueta, vers Estella, soit du côté de Pampelune ou de San-Martin, et il devait avoir son feu et sa table [2]. Tout cela prouve qu'il y avait une distinction bien marquée entre les deux classes, semblable à celle qui existait entre les chrétiens et les

Francos navarrais, désignées sous le nom de *Franc de France* :

Quant vient en mai, que l'on dit as lons jors,
Que *Franc de France* repairent de roi cort,
Reynauz repairt devant, etc.
    Bele Erembors, couplet 1. (*Le Romancero françois*, p. 69. Cf. p. 52.)

[1] « Et quod nullus Navarrus vel presbiter de foras non possit populare in Stella sine voluntate regis et omnium Stellensium. » (*Dicc. de ant. de Nav.* t. I, pág. 433, 434. Cf. pág. 515.)

[2] *De Franco [et] Navarro.* — « De judicio si est inter Francos et Navarros de omne pleito quod habeant Navarri cum Francis, cum testibus debent probare unus ad aliud pro uno Navarro et uno Franco; et Francus non debet esse de villis de foris, sed de civitate aut de burgo regis, et Navarrus debet esse de Lizagorria citra, aut de ponto Archeta citra, aut de Pampilona citra, aut de ponto Sancti Martini citra, et debet habere suum focum et suam mensam. » (*Dicc. de antig. del reino de Navarra*, tom. I, pag. 463, 464.) — On trouve une disposition semblable dans le fuero de Saint-Sébastien : « Similiter, y est-il dit, dono pro fuero quod non faciant bellum nec duellum cum hominibus de foris per nullo pacto, sed donent testes, unum Navarrum et unum Francesem, » etc. (*Dicc. geogr.-hist. de España*, tom. II, pag. 544, lig. 1.) — On lit encore dans le fuero d'Estella : « Et quod non fecissent bellum, duellum cum hominibus de foras per nullo plaito, si dedissent testes, unum Navarrum et unum Francum. » (*Dicc. de ant. del reino de Nav.* t. I, pag. 432.) — « Nullus vicinus de villa Navarrum vozer ad judicium adducere debet; sed causa rogacionis contra omnes homines potest adducere, sed per vozer non accipientur. Et si duellum inter duos vicinos aderit, Navarrum de foris ad vigilandum nec ad duellum accipient. » (*Ibid.* pag. 433.) — « Nullus homo bestiam quadrupedis sine firmis emat. Si auctor qui erit de bestia sit Francus, contra Francum donet auctorem, et auctor sit Francus, et dicat : « Numquam fuit tua, » probabit cum duobus Francis, et habebit suam bestiam; et si auctor est Navarrus, et dicat: « Numquam fuit tua, » ille qui probabit cum uno Franco et altero Navarro et Franco, similiter. » (*Ibid.* pag. 464.) — Le même fuero prescrit aux Navarrais une forme particulière de serment, la même, il est vrai, que celle dont faisaient usage ceux qui juraient pour les Francs : « Et Judeus et villanus sua manu jurabit 122 denariis supra. Et Navarrus capud sui compatris jurabit, et Judeus secundum Orientem jurabit 122 denariis infra, et

Maures, avec lesquels les preuves étaient sans valeur s'il n'y avait pas de témoins appartenant aux deux lois. Puente la Reina avait également, en 1234, un quartier de la *Navarreria* : « De la rua mayor poblada de los rumeos, dit un ancien texte, ata la rua poblada de la Navarreria. » On peut voir dans le Dictionnaire des antiquités du royaume de Navarre[1], auquel nous avons emprunté ces détails, d'autres curieuses indications qui se rapportent à l'idée que l'on doit se former du pays désigné par la dénomination de *Navarre* antérieurement au XIII° siècle; ils sont trop étrangers à notre sujet pour que nous fassions autre chose que de renvoyer au précieux travail de D. José Yanguas.

Page 14, vers 168, couplet VI.

Pour comprendre ce que dit le troubadour, dans ce couplet, relativement à l'ordre qui fut donné de détruire une tour élevée par les habitants de la Navarrerie contre ceux du bourg, il faut recourir à ce que dit D. Pablo Ilarregui, dans sa préface, sur les fréquentes discordes des différents quartiers de Pampelune, sous couleur de bâtir sur le terrain appartenant au bourg et autres prétextes semblables. Au reste, la porte construite avec la pierre de la tour, et, selon l'auteur du poëme, appelée *la Royale*, devait être sans doute celle qui se trouvait à l'entrée de la rue actuelle *de Bolserias*, vis-à-vis de la Calle Mayor. Cette porte, voûtée en pierre de taille, fut détruite peu après la guerre de l'indépendance; il en reste cependant quelques traces. Là était l'un des points de défense les plus capitaux dans l'antique fortification du bourg de Saint-Cernin : par conséquent, les habitants avaient grand soin de ne pas laisser élever d'édifices devant cette partie, et ils tenaient libre tout l'espace intermédiaire jusqu'à Sainte-Cécile. De leur côté, les habitants de la Navarrerie faisaient tous leurs efforts pour s'emparer de ce terrain, qui devait être très-convoité; et cette seule cause, abstraction faite de diverses autres, donna naissance, en différentes occasions, à des débats sans nombre et à des disputes ardentes, dont les rois durent se mêler pour y mettre fin. Cet endroit spacieux servait alors de place de marché et de commerce, sous le nom de *Chapitel*, et de là vient la dénomination de la rue actuelle de la Chapitela, qui enclôt partie de ce terrain et qui fut construite après l'union des quartiers.

Francus 122 denariis infra omnibus hominibus juratorem dabit, qui caput sui compatris aut sui patrini jurabit. » (*Diccionario de antigüedades del reino de Navarra*, t. I, pag. 444, 445.)

[1] Tom. II, pag. 461 - 465.

Page 14, vers 173, couplet VII.

Il est fréquemment question de Tudela, dans nos anciens romans, comme d'un lieu important :

> Raoul tenoit sa main à sa maissele,
> Et juré Dieu qui fu nez de pucele,
> Qu'il ne l'airoit por tout l'or de *Tudele*.
>
> Li Romans de Raoul de Cambrai, p. 41, v. 7.
>
> Ne fera pais por l'onor de *Tudele*.
>
> Ibid. p. 137, v. 2.
>
> Mais ne l' presisse por l'onnor de *Tudele*.
>
> Ibid. p. 144, v. 22.
>
> Il ne gettast .j. ris pour tout l'or de *Tudele*.
>
> Li Romans de Bauduin de Sebourc, ch. I, v. 809; t. I, p. 25.

Après cela, il faut dire que, dans ces sortes de lieux communs, nos trouvères employaient indifféremment les noms de localités qu'ils avaient entendu prononcer, les laissant venir comme d'eux-mêmes se ranger dans leurs vers à l'appel de la rime [1].

Quoi qu'il en soit, la renommée, et par conséquent l'importance de Tudela, sont attestées par la mention que font de cette ville nos vieux trouvères [2]. L'un d'eux nomme une certaine drogue qui en venait :

> Mult fu biaus li vregiers et gente la praiele;
> Mult souef i lairoient radise et canele,
> Garingaus et encens, chitouaus de Tudele.
>
> Li Romans d'Alixandre, p. 341, v. 22.

Mais ce *Tudele* est-il bien la ville de Navarre? On peut en douter en lisant le passage suivant, où Arthur dit à Fregus :

> S'aurois Lodiien et la regne,
> Et si croistra vostre demainne
> De la contrée de *Tudiele*,

---

[1] Sans sortir du Roman de Raoul de Cambrai, voyez p. 43, 44, 57, 69, 71, 104, 162, 168, 201, 320, 333.

[2] Toi tiers seras fet chevaliers
Par le mesage à la plus bele
Qui soit de ci jusqu'en Tudele.

Le Roman de Tristan, t. I, p. 163, v. 3373.

Cuvelier fait dire à un Juif qui cherche à rassurer D. Pedro le Cruel, effrayé de l'entrée de du Guesclin et des grandes compagnies en Espagne :

Ainçois qu'il aient Burs ne Tolette la lée,
Ne Sebile la grant, qui si bien est fermée,
Ne *Tudelle* ensement, qui bien est crettellée,
Porront avoir du pis, ce vient à l'assemblée.

Chronique de Bertrand du Guesclin, v. 7914, t. I, p. 285.

HISTOIRE DE LA GUERRE DE NAVARRE. 353

> U il mainte riche siele
> Et maint palais emperial.
>
> *Le Roman des aventures de Fregus*, p. 269, v. 9.

Quel degré de confiance accorder à l'assertion contenue dans l'avant-dernier vers? Les selles de *Tudiele*, quelle que soit cette localité, valaient-elles donc une pareille mention? Je n'hésiterais pas à dire oui, si les selles de Zara[1], de Toulouse, de Carcassonne et d'autres villes n'étaient citées avec autant d'éloges[2].

En résumé, je crois que, dans tous les passages où nous venons de voir le nom de *Tudele* ou de *Tudiele*, il s'agit bien de Tudela en Navarre, ville considérable par son commerce et son industrie, comme on peut le supposer en voyant le grand nombre de juifs et de Maures qui s'y trouvaient réunis[3]. Tout le monde a entendu parler de Benjamin de Tudela, dont la relation est bien faite pour donner une idée favorable de la culture intellectuelle des juifs de cette partie de la Navarre, au XIIe siècle. Quant aux Maures, ils avaient des droits municipaux et des fueros, à l'égal des autres habitants. En 1277, la reine Juana recommandait à son gouverneur en Navarre de se montrer compatissant envers les Maures de Tudela et de leur

---

[1] Li aubers est si fors, çou est cose ciertaine...
C'onques ne l'enpira vallant une castaine,
Ne ne mut le ceval de la siele gadraine.
Li Romans d'Alixandre, p. 174, v. 8.

[2] Son fil dona li rois son arrabi,
Che fu bauçant ge il paramoit si :
Bone est la sele qui de Tolose vint.
La Chevalerie Ogier de Danemarche, v. 7310; t. II, p. 296.

Au lieu de *Tolose*, un manuscrit donne *Cologne*. On sait qu'au moyen âge cette ville était célèbre non-seulement par ses armuriers, mais par ses peintres. Un vieux rimeur anglais fait figurer dans un dénombrement

> Gaudyn, that was of Macedoyne,
> With his sweord of Cologne.

Kyng Alisaunder, chap. xv, v. 3648. (*Metrical Romances*, published by Henry Weber, t. I, p. 152.)

Dans un autre roman écrit au commencement du XIIIe siècle, un minnesinger, parlant de la beauté d'un chevalier, dit qu'aucun peintre de Cologne ou de Mastricht ne l'eût mieux dessiné :

> Von Choelne noch von Mastricht
> Dechein scîltære entwurf en baz.

Wolfram von Eschenbach, *Parcival*, v. 4705.

Voyez, pour une mention d'une selle de Carcassonne, *Histoire littéraire des Troubadours*, de l'abbé Millot, t. II, p. 418. On lit dans l'une des branches du Roman de Guillaume d'Orange :

> Girars entra en Orenge, eslessiez,
> Et voit ces dames contremont ès solliers....
> En la cité avoit moult de mestiers,
> Li uns fet elmes, li autre brans d'acier,
> Li autre font ces escus entailliez,
> Li quars fet seles, li autre fet estriers.

La Chevalerie Vivien, Ms. de la Bibl. imp. n° 6985, fol. 186 verso, col. 3, v. 14.

[3] L'auteur d'un roman que nous venons de citer parle d'un *aumacour* de Tudela comme d'un personnage important :

> Bien resamble marchis u comte,
> Rois u aumacour de Tudele.

Le Roman des aventures de Fregus, p. 194, derniers vers.

Ce mot d'*aumacour*, dérivé d'un composé d'arabe et de persan (أمير أخور), était le nom d'une dignité chez les musulmans, correspondant à celle de *connétable*.

conserver leurs anciens fueros, ces gens-là lui ayant représenté les graves dommages que leur causait la guerre avec la Castille[1].

Page 18, vers 229, couplet VIII.

Ce n'est qu'en 1238 que l'on transporta, par ordre de Thibaud Ier, le corps de D. Sancho le Fort, son oncle, dans l'église de Roncevaux, de la chapelle du château de Tudela, où il se trouvait. Voyez une pièce de la Chambre des comptes de Pampelune, citée dans le Dictionnaire des antiquités du royaume de Navarre, t. III, p. 280, art. *Roncesvalles*.

Je profite de l'occasion de cette note pour signaler un petit volume de la plus grande rareté, surtout précieux pour l'histoire du célèbre monastère; il est intitulé *Regula canonicorum Ecclesiæ et Monasterij Sanctæ Mariæ de Roncesvalles : inventa in eodem monasterio. Impressum Pompelonæ, cum licentia et facultate Regij Senatus : apud Petrum Porralium*. In-4° espagnol, de onze feuillets, dont un blanc. Les trois derniers sont occupés par une autre pièce dont voici le titre : *Rubrica fundationis, et dotis S Pampiloñ. Episcopi domas, et confrariæ Rosci-de-valle, nec non Ecclesiæ et Religionis*.

Page 18, vers 229, couplet VIII.

Le mot *engarda*, qui se retrouve plus loin, p. 178, v. 2748, est bien dans le Lexique roman[2], avec deux passages qui établissent l'acception que nous avons donnée à ce substantif; mais M. Raynouard n'a pas cherché à compléter son article en exposant l'étymologie d'*engarda*, et l'on peut douter qu'il s'en soit rendu compte. Selon toute apparence, une hauteur avait été ainsi appelée, parce qu'elle oppose un obstacle au passage :

Il part du royaume... sçait nouvelles de la grande ligue faicte contre luy pour l'*engarder* de passer, etc. (*Vies des grands capitaines estrangers et françois*, liv. II, Charles VIII, roy de France, parmi les Œuvres complètes de Brantôme, édit. du Panthéon littéraire, t. I, p. 182, col. 2.)

Page 18, vers 243, couplet VIII.

Les messagers n'étaient pas toujours d'un rang à inspirer tant de confiance. Un ancien trouvère en fait ainsi parler :

Et nous sommes çà miesatier :

---

[1] Cartulaire de Philippe le Hardi, fol. 12. (*Diccionario de antigüedades del reino de Navarra*, t. II, p. 433, art. *Moros ó Sarracenos*.)

[2] T. III, p. 426, col. 2, n° 17. Cf. *le Roman de Rou*, t. II, p. 169, v. 12134, et *li Roumanz de Claris et de Laris*, Ms. de la Bibl. imp. n° 7534*, fol. 143 verso, col. 2, v. 35. Auparavant, fol. 73 recto, col. 2, v. 15, on lit *esgarde*.

> Moult avons pris mauvais mestier ;
> A nul prodomme ne doit plaire,
> Uns escuiers le déust faire,
> Quar en plusor leus, par usage,
> Fet-an del soudaier mesage.
>
> *Li Romanz de Floiremont*, Ms. de la Bibl. imp. n° 6973, fol. 3o recto, col. 2, l. 2. Cf. n° 7498⁴, folio 66 verso, col. 2, v. 24.

Dans un compte du royaume de Navarre pour 1286, on voit un barbier de Troyes chargé des lettres du gouverneur pour la reine Blanche :

Item cuidam nuncio misso per castellanum (Sancti Johannis de Pede Portus, dominum Johannem le Briays) ad dominam Blancham cum omnibus litteris quas portabat barberius de Trecis, de mandato gubernatoris xiij solidos. (Ms. Bibl. imp. suppl. lat. n° 165², fol. 102 verso.)

Deux articles plus haut, c'est un autre messager, qui, étant tombé malade en France, n'avait pas de quoi revenir dans son pays[1] :

Item Martino, nuncio misso ad dominum regem Francie cum litteris gubernatoris, super morte domini Petri Aragonie, et fuit dictus nuncius longo tempore infirmus in Francia, et non habebat expensum ut rediret in Navarram, pro viginti Turonensibus argenti xij solidos. (Folio 102 recto.)

On voit aussi, dans le même registre, un Français soupçonné d'être un faux messager, et mis en prison sans doute comme tel :

Pro expensis unius Francigene, qui dicebat se nuncium domini regis Francie versus Petrum Aragonie, capti de mandato gubernatoris, in xxxᵃ uno diebus, quolibet die tres denarios vij solidos ix denarios. (Folio 66 recto et verso. *Compot. Poncii Arnaldi, ballivi Sangosse*, A. D. 1285.)

Page 22, vers 286, couplet x.

Après un pareil éloge, on est tenté d'appliquer à un autre qu'à Thibaut le Grand ces vers satiriques de Pierre Bremon de Noves, qui partage le corps du troubadour Blacas, à l'exemple de Sordel, qui avait distribué son cœur :

> Lo ters cartier auran li valen Castelan,
> E vengan l'azorar Gascon e Catalan
> Et Aragones, car an fin pretz e prezan ;
> E si 'l rey de Navarra y ven, sapcha de plan,
> Si non es larcx e pros, jes del cors non veiran,
> Qu'el bon rey Castelan lo tenra en sa man,

---

[1] C'est ce que l'on appelait alors *rapatrier*.
« Petrus Dominici Hispanus Claudus, de dono, quando *repatriavit* a Parisius, vigilia sancti Petri ad vincula, xvi l. teste Guillelmo de Braia. » (*Compte des dépenses de la maison de Saint-Louis en 1239.* — Original. Bibl. imp.)

> Que donan e meten lo cors sans gardaran,
> C'aysi renhet sos auis ab fin pretz sobeyran.
>
> *Pus partit an lo cor,* etc. (*Choix des poésies originales des Troubadours*, t. IV, p. 71. — *Hist. litt. des Troub.* t. II, p. 381.)

Mais on est forcé de reconnaître que Pierre Bremon a bien entendu parler de Thibaut le Grand[1], en lisant ces vers dans le sirvente imité par le troubadour :

> Del rey d'Arago vuel del cor deia manjar,
> Que aisso lo fara de l'anta descarguar
> Que pren sai a Marcella et a Milau, qu'onrar
> No s pot estiers per ren que puesca dir ni far.
> Et apres vuelh del cor don' hom al rey Navar,
> Que valia mais coms que reys, so aug comtar;
> Tortz es, quan Dieus fai home en gran ricor poiar,
> Pus sofracha de cor lo fai de pretz bayssar.
>
> *Planher vuelh En Blacatz,* etc. (*Choix des poésies originales des Troubadours,* t. IV, p. 68. — *Le Parnasse occitanien,* t. I, p. 146, 147.)

Page 22, vers 287, couplet x.

Notre ancienne langue avait aussi le mot *doune* avec le sens de *dame* :

> Au tans que sains Grigoire tint
> Le cure des ames del monde,
> Se mut une mult riche *doune*
> (La contesse estoit d'Aquitaine),
> O bel harnas, o bel compaine, etc.
>
> *Vie de saint Grégoire,* Ms. de l'Arsenal, Belles-lettres françaises, in-fol. n° 325, fol. 169 recto, col. 1, v. 13.

On trouve également *dounes* dans la Chronique de Philippe Mouskès, t. I, p. 121, v. 15403; mais là ce mot paraît bien avoir le sens de *doyens* que lui donne l'éditeur.

Page 24, vers 324, couplet xi.

La troisième femme de Thibaut VI se nommait Marguerite de Bourbon; elle était fille d'Archambaud de Dampierre, sire de Bourbon VIII, surnommé *le Grand,* comme son gendre, et mort en 1238. Elle mourut à

---

[1] Un autre troubadour, Barthélemi Giorgi, donne cette épithète à Thibaut II, dans une pièce de vers où, parlant des préparatifs de saint Louis pour sa seconde croisade, il dit que le grand roi de Navarre accompagne ce prince et brûle d'ardeur de se distinguer par de hauts faits pour la gloire de Dieu. (Voyez *Hist. litt. des Troub.* t. II, p. 356.)

Provins, le 11 avril 1256. Voyez l'Histoire.... de la maison royale de France, etc. t. III, p. 160.

Page 24, vers 329, couplet XI.

Nul doute que ce ne soit cet événement qui ait inspiré au roi de Castille Alphonse X l'idée d'envahir la Navarre. Au bruit du projet de cette expédition, le troubadour Boniface Calvo fit un sirvente pour l'engager à entrer sans retard en campagne. Il s'annonce comme disposé à célébrer la valeur du monarque :

> Per que chantan m'agenza
> Sa gran valor sonar,
> Car comenz sens tardar
> De sos dreitz demandar
> Tant afortidamenz
> Que, sens tot contradir,
> Li Gascon e li Navar
> Fasson sos mandamenz,
> E los liur' a turmenz
> Ab prend' et ab aucir.
>
> *Mout a que sovinenza*, etc. (*Choix des poésies originales des Troubadours*, t. IV, p. 228, 229.)

En dépit de ces exhortations, Alphonse, moins guerrier que le poëte ne le voulait, termina cette entreprise en cédant les droits qu'il croyait avoir sur l'Aquitaine à sa sœur Éléonore, qui épousa Édouard Ier, roi d'Angleterre.

Dans deux autres sirventes, Calvo, revenant à la charge, engage pareillement Alphonse à faire la guerre aux rois d'Aragon et de Navarre. Voyez l'Histoire littéraire des Troubadours, t. II, p. 373.

Pag. 24, vers 334, couplet XI.

Ce souvenir de Darius est emprunté à la légende d'Alexandre le Grand, si répandue pendant tout le moyen âge. On trouve d'autres mentions du roi *Daire* dans un sirvente d'Élias Cairels publié par Raynouard[1] et par M. de Rochegude[2], et dans le *Roman du Renart*, édit. de Méon, t. IV, p. 204, v. 2039. M. de Reiffenberg rencontrant *ung amiral qui fu fieux au roi Daire*, écrit *d'Aire* et cette note : « *Aire*, le Corazan? Aria est aussi une ville de la même contrée. » Voyez *le Chevalier au Cygne*, etc. t. II, p. 375, v. 13806.

---

[1] *Choix des poésies originales des Troubadours*, t. IV, p. 294.

[2] *Le Parnasse occitanien*, t. I, p. 109.

Page 24, vers 340, couplet XI.

Le troubadour veut sans doute, comme le missionnaire Izarn [1], parler d'Auvillars, chef-lieu du département de Tarn-et-Garonne, arrondissement de Moissac, et non du vignoble cité par Henri d'Andeli [2], ou d'Auviller, dont deux autres trouvères ajoutent le nom à celui de deux personnages de roman [3], et qui figure dans la liste des compagnons de Guillaume le Conquérant donnée par Wace [4].

Avant d'appartenir au roi de France, le château d'Auvillars était au pouvoir du vicomte de Lomagne, au moins en 1204, époque à laquelle il fut assiégé par les consuls et l'armée de Toulouse, qui s'étaient armés pour obtenir réparation d'injustes entreprises dont Vézian, avec son fils Odon, la garnison et les habitants d'Auvillars, s'étaient rendus coupables envers ceux de cette ville. Voyez *Charte inédite du XIIIe siècle, concernant les criées pour la vente des vins dans la ville de Toulouse*, par M. Belhomme. (*Mém. de l'Acad. nat. des sciences, inscr. et belles-lettres de Toulouse*, 4e sér. t. I, 1851, p. 402.)

Page 26, vers 358, couplet XII.

Jean de Joinville donne de curieux détails sur la manière dont on embarquait, de son temps, les chevaux destinés aux expéditions d'outre-mer : « A celle journée que nous entrames en nos nez, dit-il, fist l'en ouvrir la porte de la nef, et mist l'en touz nos chevaus ens, que nous devions mener outremer; et puis reclost l'en la porte et l'en boucha l'en bien, aussi comme l'en naye un tonnel, pource que quant la nef est en la mer, toute la porte est en l'yaue [5]. »

Nous sommes encore à savoir comment les chevaux étaient établis dans la partie du navire qui leur était affectée. Ce n'est qu'au XVe siècle que nous avons à cet égard des détails assez circonstanciés; encore se rapportent-ils aux Catalans [6].

---

[1] *Histoire littéraire des Troubadours*, t. II, p. 53. « Haut-Villar, lieu inconnu, » dit étourdiment l'abbé Millot.

[2] *La Bataille des vins*, v. 95. (*Fabliaux et contes*, édit. de Méon, t. I, p. 155.)

[3] *Li Romans de Garin le Loherain*, t. I, p. 196. — *La Chevalerie Ogier de Danemarche*, v. 7628; t. II, p. 308.

[4] *Le Roman de Rou*, t. II, p. 304.

Froissart, racontant la bataille de Cocherel, dit que « là fut pris le captal de Buch d'un escuyer de Picardie qui s'appeloit *Pierre d'Auviler*. » (Liv. I, part. II, chap. CCCLIII, ann. 1372; t. I, p. 649, col. 1.) Froissart n'aurait il point écrit *Picardie* au lieu de *Normandie*? Il est certain qu'il y a dans cette dernière province deux communes de ce nom.

[5] *Histoire de Saint Louis*, etc. édition de MDCCLXI, p. 27.

[6] *Cuenta de los gastos del embarco de los caballos que llevó el rey á la expedicion de Córcega*, 1419. (*Ordenanzas de las armadas navales de la*

HISTOIRE DE LA GUERRE DE NAVARRE. 359

Les vaisseaux sur lesquels saint Louis partit pour la sixième croisade appartenaient aux Vénitiens. Le contrat qu'à cet effet il passa avec eux a été publié par André du Chesne. On y voit quelles sortes de provisions on embarquait pour nourrir les croisés, bêtes et gens, pendant la traversée. Pour les hommes, c'était du pain, du vin, de l'eau, des salaisons, du fromage, de l'huile et autres légumes; pour les chevaux, de l'orge, du foin et de l'eau : le tout en quantités exactement déterminées et sûrement proportionnées à la longueur du voyage [1].

Un passage d'un roman de l'époque nous fournit des détails plus circonstanciés encore que l'acte dont nous venons de donner un extrait :

> Après i misent garnison
> Dont viveront li franc baron :
> Eaue douce, vin et besquit,
> Roisins nouviaus et autre fruit,
> Feves fraites et des pois crus,
> Et de Roussie salés lus,
> Dades, figes [2] et cras fromages,
> Et de poucins plaines les cages,
> Et espesses pour atemprer
> Contre les flairours de la mer.
> Rien n'i failli k'il n'i éust
> Quantkes on sot ke boin i fu.

D'Atis et de Prophelias, Ms. de la Bibl. imp. n° 7191, fol. 127 verso, col. 1, v. 37.

En descendant jusqu'au XVI° siècle, nous trouvons encore une autre des-

corona de Aragon, etc. copiadas por D. Antonio de Capmany. Madrid, en la Imprenta real, MDCCLXXXVII, in-4°, apéndice, p. 14, 15.

[1] « Sequitur hic ea quæ sunt necessaria ad ponendum in navibus pro sustentatione hominum et equorum, quando passagium erit. P. pro qualibet persona unum modium frumenti ad mensuram de Accon, liberatum in pane et farina; una quarta et dimidia vini ad mensuram Paris., pro qualibet die, et tantum de aqua; carnes salsatæ, casei, oleum, alia legumina, armaturæ militis pro se et equo suo et duobus servientibus suis. Pro qualibet equo quatuor modia ordei ad mensuram de Accon currentem tempore quo dominus rex Franciæ erat ibi; una vata plena fœni, quæ erit de tour novem pedum, et de longitudine quinque pedum; et quindecim quartas aquæ ad mensuram Parisien. pro qualibet die. » *Contractum navigii domini regis cum Venetis, factum anno Domini* M. CC. LXVIII, etc. (*Hist. Franc. Script.* ed. And. et Fr. Duchesne, t. V, p. 437, C.) Cf. Marin. Sanut. Torsell. *Lib. secret. fidelium crucis*, lib. II, pars IV, cap. x, ad calcem *Gest. Dei per Francos*, p. 60-64.

[2] Les figues les plus estimées à l'époque étaient celles de *Melite* ou *Maleque*. Voyez les *Crieries de Paris*, v. 130 (*Fabliaux et contes*, édit. de Méon, t. II, p. 285); *Recherches sur les étoffes de soie*, etc. t. I, p. 337, not. 4; et *Lettres des rois, reines*, etc. t. I, p. 419.

cription de l'approvisionnement d'un navire; elle fait partie d'une scène de l'un de nos anciens mystères :

FLAGOT, patron, parlant à ses mathelotz qui dormoyent.

Sus tost, compaignons, à l'ouvrage!...

LE SECOND (mathelot).

Autant le bas comme le hault
Sans delayer visiterons,
Et, ce faict, vous reciterons
Ce que au navire aurons trouvé.

LE PREMIER.

Il est tout clair et bien prouvé
Que avons bon mas.

LE SECOND.

Quant à la hune,
Je croy que vivant n'en veit une
De si deffensable appareil.

LE PATRON.

Et le cordaige, quoy?

LE SECOND.

Pareil.
Tout est bien, il ne s'en fault rien.

LE PREMIER.

Pour le hault, tout ne va que bien;
Dessoubz le tillard reste veoir.

LE SECOND.

Quant au chasteau-gaillard pourveoir,
Je n'y treuve rien à redire.

LE PREMIER.

Du blocus?

LE SECOND.

Je n'en puis mesdire,
Ne du cadran où siet le maistre.

LE PREMIER.

Il ne nous convient chose obmettre.

LE SECOND.

Quant au fond, rien n'y faict mestier;
Le boys est très-bon.

LE PREMIER.

          Et entier.
Puis le gouvernail?

LE SECOND.

           Ferme et fort.
Et se on nous vouloit faire effort
Dessus la mer par pillerie,
Nous avons bonne artillerie,
Bonne pouldre et très-bons boulletz,
Et d'abondant force jallets
Pour getter avecques noz frondes
Aux pillards par dessus les ondes.

LE PREMIER.

Les rames sont franchement faictes
De bon boys.

LE SECOND.

      Et les ancres?

LE PREMIER.

              Nettes.
La veue en descouvre le faict.

LE PATRON.

Et puis, compaignons, est-ce faict?
Avez-vous partout visité?

LE SECOND.

Par nous ne sera recité
Que rien dedans la nef y faille,
Fors que convient qu'on l'envitaille;
D'autre chose n'y fault parler.

LE PATRON.

Il convient donc present aller
Chercher ce qui est convenable.
Le biscuyt est le plus louable,
Car on ne s'en pourroit passer.

LE PREMIER.

S'il vous plaist qu'en voyse trasser,
Tantost auray faict diligence.

LE PATRON.

Avoir te fault intelligence,
Faire apporter force merlus
Et des coquesys bien esleuz,
Des morues, de la balaine[1].
Qu'i a-il plus?

LE SECOND.

La pippe plaine
De tonine et aussi de megre,
Qui font tenir les gens allegre,
Et des saulmons en quantité.

---

[1] Au moyen âge, la chair de baleine entrait dans la nourriture du peuple et même des classes élevées. Voyez l'*Histoire de la vie privée des François*, par le Grand d'Aussy, Paris, 1815, in-8°, t. II, p. 83-88; le *Ménagier de Paris*, Paris, 1847, in-8°, t. II, p. 200; et la table des mots techniques des Comptes de l'argenterie des rois de France, etc. p. 350, col. 1. — A la même époque, on employait les fanons de baleine à divers usages, entre autres à faire des gants:

La veissiés garçons acoure...
Wans de balainne, trumolieres, etc.
Les Tournois de Chauvenci, v. 3803, p. 142.

Ganz de plates et de balaines.
Branche des royaux lignages, dans la Collection des Chroniques nationales françaises, t. VIII, p. 361, v. 9370. Cf. p. 360, v. 9357; et Froissart, liv. II, chap. cxciii, ann. 1382, t. II, p. 247, col. 1.

Guillaume le Breton rapporte dans sa Philippide, liv. IX, v. 520, qu'à la bataille de Bouvines le comte de Boulogne, voulant paraître plus grand qu'il n'était, ajouta à son heaume des cornes faites de côtes de baleine. Voyez le Recueil des historiens de France, t. XVII, p. 237. B. Sir Samuel Rush Meyrick, qui cite le chapelain de Philippe-Auguste et Guillaume Guiart, dans son *Enquiry into antient Armour*, vol. I, p. 86 et 178, a commis au moins une étrange méprise. — Dans les Chroniques de Froissart (livre III, chapitre cxii, année 1388; tom. II, pag. 701, col. 1. Cf. le second Volume du magnificque *Mystere des Actes des Apostres*, etc. édition de 1541, in-folio, feuillet ii verso, col. 2), il est question de vaisseaux «qu'on dit *balleniers;*» et dans les mémoires d'Olivier de la Marche, liv. II, chap. IV (édit. du *Panth. litt.* p. 568, col. 2), on voit figurer, aux noces du duc de Bourgogne et de Marguerite d'York, en 1468, une baleine mécanique de soixante pieds de long, conduite par deux géants.

LE PREMIER.

D'abondant j'ay premedité
Que force harenc il nous fault.

LE PATRON.

Garde bien qu'il n'y ayt deffault,
Et de faire apporter t'advise
Du bresil de la bonne guyse
Et des lardz; mais faictz qu'ilz soient bons.

LE SECOND.

Oublier ne fault les jambons,
Entendz-tu?

LE PATRON.

   Charge-toy aussi
De bon beuf sallé.

LE PREMIER.

    C'est ainsi ;
Et fault du mil, febves et poys.

LE PATRON.

Des ongnons.

LE SECOND.

Des aulx.

LE PREMIER.

     Et des noix.
Tout est bon en vitaillement.

LE PATRON.

Garnys-toy aussi de froment;
Car en deffaulte de biscuyt,
L'on en vit, pourveu qu'il soit cuit,
J'entends rosty.

LE PREMIER.

  Si faict-on d'orge.

LE SECOND.

Et pareillement pour la gorge
Rafreschir.

LE PREMIER.

  Le goust du raisin.

LE SECOND.

Qu'il ne soit oublié, cousin :
C'est le principal de la feste.

LE PATRON.

A nous est aussi manifeste
Que voulentiers t'en tire près.

LE PREMIER.

Choisir fault du bon par exprès,
Car le mauvais porte dommaige.

LE SECOND.

Donne-toy garde de fromaige;
Qu'il soit bon, et beurre à foison.

LE PATRON.

Que reste plus?

LE PREMIER.

Bien est raison
D'avoir du vinaigre et verjus.

LE SECOND.

Et pour passer le temps aux jus,
N'oublye les cartes et dez.

LE PATRON.

C'est bien ce que vous demandez,
Quant une heure avez de repos.

L'Apocalipse sainct Jehan Zebedee, etc. Paris, Arnoul et Charles les Angeliers frères, 1541, in-folio, feuillet vii recto, col. 1.

Page 28, vers 379, couplet XII.

Alcaitz n'est pas provençal; c'est un mot espagnol venu de l'arabe (القايد), comme *alcalde*, dont nous avons fait *alcade*, et qui est tout à fait différent. Nous avons encore dans notre langue le mot *caïd*, qui sert à désigner le chef d'une tribu de nos possessions françaises d'Afrique; c'est là, je crois, le terme par lequel aurait dû être rendu *alcaitz*, au lieu de recourir à *alcaïde*, qui, en castillan, présente le sens de gouverneur de ville, de forteresse, de château ou de prison.

Page 28, vers 395, couplet xii.

Thibaut Ier, comte de Chartres, de Tours et de Blois, qui est certainement la souche des comtes de Champagne, avait pour cris de guerre le nom de son principal domaine, ainsi que *Passavant* :

> E li quens Thibaut *Chartres* et *Passe avant* crie.
>
> Le Roman de Rou, t. I, p. 238, v. 4667

> *Manjoie!* escrient si Franceis.
> E *Passavant!* Tiebaut de Bleis.
>
> Chronique des ducs de Normandie, par Benoît, t. II, p. 215, v. 21692.

Des comtes de Chartres et de Blois, le cri de *Passavant* vint aux comtes de Champagne, et de là aux rois de Navarre, qui l'inscrivirent sur leur sceau. Les mots de *Passavant le meillor* se lisent au contre-scel d'une charte de Henri le Large [1] et d'une autre de Thibaud IV, en 1217 [2]. Celui de deux instruments de Thibaut Ier de Navarre, datés de 1244 et de 1248, porte PASSE AVANT LATE IBAUT (*Passe avant la Teibaut*) [3].

Ce nom de *Passe-avant* était aussi celui d'une bannière mentionnée par un trouvère de l'époque :

> Symon Disier, de vous me vant
> Toz jors et après et devant,
> Quar toute honor en vous acieve;
> Maintes genz s'en vont parcevant.
> Vo baniere a non *Passe-avant*,
> Ki toz les abatus relieve.
>
> Li Congié Jehan Bodel d'Aras, v. 37. (*Fabliaux et contes*, édit. de Méon, t. I, p. 136.)

Page 28, vers 406, couplet xii.

A l'époque où se passent les événements racontés par Anelier, les Navarrais étaient renommés pour leur habileté à manier la lance et à lancer le

---

[1] S. Bernardi, Clarevallensis abbatis, Genus illustre assertum, etc. cura et studio P. Fr. Chifletii. Divione, Typis Philiberti Chavance, MDCLX, in-4°, p. 579.

[2] Histoire genealogique de la maison de Montmorency et de Laval, par A. Duchesne, t. I, p. 34.

[3] Voyez Adiciones al Diccionario de antigüedades de Navarra, por D. José Yanguas y Miranda. Pamplona, imprenta de Javier Goyeneche. 1843, in-4° esp. p. 324, 325.

javelot[1]. Aussi disait-on en proverbe commun, *Li meillor lanceor en Navare*, ou : *Li meillor lanceur de gaverlos en Navarre*[2].

On lit dans le Roman de Gérard de Rossillon :

> Aduc-vos Senebru de Sanh-Ambriei,
> Ab .xx. m. Gascos, tan los esmei.
> Lhi Navar e lhi Bascle, cilh d'Agenei,
> Si son autre .xx. m. em prumerei.
> Cascus porta tres dartz e .j. espei.
>
> Pages 53, 54.

> Lhi Navar e lhi Bascle lansen lor dartz,
> No i a ta fort escut non fassan part.
>
> Page 144.

Les Gascons jouissaient aussi de la réputation d'être aussi bons *dardasiers* que légers à la course[3].

Un ancien trouvère nous montre des soldats armés de javelots, qu'il appelle *dards à main*, combattant ainsi du haut des remparts d'une place assiégée :

> Fors fu l'assaus et molt fist à douter.
> Tant gentil homme i véissiés pasmer...
> Ches arbalestriers ces quariaus desteler,
> A dars maniers ceus des creniaus berser.
>
> *Le Roman des Lorrains*, Ms. de la Bibl. imp. fonds de Colbert n° 602, du Roi 9654, 3. A. fol. 200 recto, col. 2, v. 6.

---

[1] Les Cantabres l'étaient déjà, au temps des Romains :

> Ac juvenem, quem Vasco levis, quem spicula densens
> Cantaber urgebat, letalibus eripit armis.
>
> C. Sil. Ital. Punic. lib. X, v. 15.

Je soupçonne du Bartas de réminiscence, quand, après avoir comparé le cheval de Caïn au tigre et à l'hirondelle, il ajoute :

> Et son brave galop ne semble pas moins viste
> Que le dard biscain, ou le traict moscovite.
>
> *La Seconde Semaine*, etc. A Paris, m. dc. x, in-folio, 1ᵉʳ jour, p. 143, v. 9.

Au XVII° siècle, nous avions *pique de Biscaye* dans un sens figuré :

« ...Ceste *picque de Biscaye* de la ruë S. Denis, qui a fait faire plusieurs fois cession à son mary, et ne laisse pourtant de tenir bouticque ouverte. » (*Recueil general des caquets de l'acouchée*, etc. m.dc.xxiii. in-8°, 5° journée, pag. 144.) Notre mot populaire *bisquer* (être piqué) ne viendrait-il pas de là ?

[2] *Proverbes et dictons populaires... aux* xiii° *et* xiv° *siècles*, etc. par G. A. Crapelet. A Paris, m dccc xxxi, in-8°, p. 81.

[3] *Histoire de la croisade contre les hérétiques albigeois*, p. 24, v. 314, 315. M. Fauriel a eu certainement tort de traduire *dardasier* par *arbalétriers*.

Au XIII° siècle, les Espagnols affectionnaient l'exercice du javelot. Écoutons Adenez, qui nous dit :

> Vraiement sachiez sans cuidance
> K'Espaignol tienent molt à bel
> Le jeu de lancier au tablel.
>
> *Le Roman de Cleomades*, Ms. de l'Arsenal, B. L. F. in-fol. n° 175, fol. 62 recto, col. 1, v. 8.

On lit dans un autre roman de la même époque :

> Vient entor li la grant compaigne...
> Mès li Espaignol le batoient
> De lor brans, si li embatoient
> Parmi l'escu lor javeloz.
>
> *Le Rouman de Claris et de Laris*, Ms. de la Bibl. imp. n° 7534², fol. 114 recto, col. 2, v. 4.

A la fin du XIV° siècle, les Espagnols, surtout les Castillans et les Galiciens, avaient conservé l'habitude de combattre avec des dards et des *archegayes*, des zagaies sans doute, qu'ils lançaient sur l'ennemi. Voyez les Chroniques de Froissart, liv. I, part. II, chap. CCXXIX, année 1367 (t. I, p. 531, col. 1); liv. III, chap. LXI, année 1386 (t. II, p. 572, col. 2), et chap. LXVIII, année 1387 (p. 592, col. 1. Cf. p. 597, col. 2, et p. 599, col. 2).

Le mot *azcona*, employé par Anelier dans le vers qui a donné lieu aux observations précédentes, en mérite également une. M. Raynouard, qui l'a recueilli dans son *Lexique roman*, t. II, p. 132, ne manque pas de faire remarquer qu'il existait en vieil espagnol[1]; mais il en reste là, laissant ainsi à d'autres le soin de compléter son article.

« Les lances, dit M. du Méril, étaient ordinairement en frêne; rien n'est plus commun dans la poésie française que *lance fraisnine*, et on lit dans le *Roman d'Agolant* :

> Et puis li ont son roit espié livré;
> Il fu *de frene*, si ot fer aceré[2].

---

[1] D. Gonzalo de Berceo, *Vida de santa Oria*, st. 81. (*Coleccion de poesias castellanas*, etc. t. II, p. 445.) Cf. *Diccion. de la lengua castellana*, etc. in-fol. t. I, p. 515, v° *Azcon*, *Azcona*, *Azconilla*.

[2] Ailleurs il est parlé d'une lance
> Qui grosse fu, roide, *de fraisne*.
>
> *Roman de la Violette*, p. 134, v. 2654. Cf. not.

Dans une chanson de geste plus ancienne, c'est une lance de sycomore :

> .F. ac cara bruna e cabelh saur...
> E ac fer en sa lansa *de sicamaur*,
> D'un chastel de Bigora que es sobre maur, etc.
>
> *Roman de Gérard de Rossillon*, p. 131.

« *Asc* signifiait aussi *lance* en anglo-saxon :

> Byrhtnoð maþelode,
> bord hafenode,
> wande wæcne *æsc*, etc.
>
> Mort de Byrhtnoth, dans les *Analecta Anglo-Saxonica* de B. Thorpe, Londres, MDCCCXLVI, petit in-8°, p. 132, col. 2.

« *Astonne*, en vieux français, vient probablement de *hasta*[1]. »

Ici j'arrête M. du Méril pour lui adresser deux questions : 1° s'il a vu ce mot ailleurs que dans le Glossaire de la langue romane, t. I, p. 102, col. 1, où le lexicographe a négligé de citer aucun exemple; 2° si, au lieu d'adopter un nouveau mot, avec une étymologie différente, il ne vaudrait pas mieux supposer que Roquefort, ou celui qu'il a copié, a lu *astonne* quand il y avait *asconne*.

Page 30, vers 409, couplet XII.

Le législateur des Arabes, appelé *Mahommès*, et plus ordinairement *Mahom*, par les anciens trouvères du nord de la France, porte le nom de *Bafomet* et de *Bafom* dans les ouvrages des troubadours :

> Ab luy venseretz totz los cas
> Cui *Bafometz* a escarnitz,
> E 'ls renegatz e 'ls assalhitz.
>
> Gavaudan le Vieux : *Senhors, per los nostres peccatz*, etc. (*Choix des poésies originales de troubadours*, t. IV, p. 86.)

> Profeta sera 'N Gavaudas,
> Qu'el dig er faitz e mortz als cas,
> E Dieus er honratz e servitz
> On *Bafometz* era grazitz.
>
> Ibid. p. 87. Cf. *Lexique roman*, t. II, p. 167, col. 2.

Il y avait encore des lances de sapin :

> Cieux-la qui va portant l'ymage femenine,
> Porte moult fierement celle lance *sapine*.
>
> *Le Chevalier au Cygne*, etc. édit. du baron de Reiffenberg, t. II, pag. 417, v. 15105.

Dans un document contemporain de la guerre de Navarre, il est question de glaives d'osier, à moins que le copiste n'ait, par erreur, écrit *ozier* pour *acier* :

« Item mandamus vobis quod queratis ad opus nostro duodecim gladios bonos *de ozier*, fortes et leves, verniculatos, id est *verniciez*. » (Epistola Alfonsi, comitis Pictavie et Tholose, senescallo Xanctonensi, super feudis scribendis, A. D. M° CC° LX° nono, in Thes. Chart. reg. LXII, vol. II, fol. 32 recto.)

[1] *Histoire de la poésie scandinave*, prolégomènes, pag. 238, 239.

HISTOIRE DE LA GUERRE DE NAVARRE.

Per aycel *Bafomet* a cuy mi son donatz,
Jamay no finaray c'auray Frances trobatz.

Der Roman von Fierabras, Provenzalisch, p. 8, v. 103.

Per *Bafomet* mon dieu, que totz nos a jutgier, etc.

Ibid. p. 13, v. 308. Cf. p. 14, v. 314, etc.

Car per aycel *Bafom* a cui mi soy donatz,
Jamay no finaray c'auray Frances trobatz.

Ibid. p. 21, v. 579.

Ieu no n refudaray, per *Bafom*, tro a sis.

Ibid. p. 23, v. 636. Cf. p. 30, v. 873, etc.

Les écrivains latins du même pays, ayant à parler de Mahomet, ne manquaient pas de l'appeler pareillement *Baphomet, Baphumet;* on le voit par deux passages de Raimond d'Agiles cités dans le Glossaire de du Cange, t. I, p. 534, col. 1, au mot *Bafumaria,* et par une phrase d'un autre chroniqueur rapportée plus loin, p. 579, col. 1, à l'article *Baphomet.*

D'autres passages cités au mot *Mahum,* t. IV, p. 186, col. 3, et au mot *Mahamet* du glossaire et index de notre édition de la Chanson de Roland, p. 194, 195, montrent que le prophète avait été mis, par nos ancêtres, au nombre des dieux qu'ils prêtaient aux mécréants[1], souvent désignés, dans nos anciens poëmes, par le nom de *gent,* de *geste,* de *maisnie* ou de *lignage Mahon*[2]. Cette apothéose apparaît encore mieux dans les vers suivants :

Par matin se leva, moult reclama *Mahon,*
Margot et Apolin, Jupiter et Noiron.

Le Roman du Chevalier au Cygne, Ms. de la Bibl. impér. n° 540ᴬ, fol. 52 recto, col. 2, v. 15. Cf. éd. Reiffenberg, t. II, p. 179, v. 7993; et p. 355, v. 13213.

---

[1] A ceux qui vont paraître devant nous, joignez Septifone, nommé dans *li Romans d'Alixandre,* p. 181, v. 33, et *Barrakins,* qui l'est dans la *Chronique rimée de Philippe Mouskès,* v. 5325, t. I, p. 214.

Dans la version anglaise du premier de ces poëmes, le rimeur place dans la bouche des barons grecs un appel *as armes, for douce Mahons!* Voyez la Collection de romans métriques de Weber, t. I, p. 153.

[2] Voyez *la Chanson d'Antioche,* t. II, p. 82; *la Chevalerie Ogier de Danemarche,* v. 9826, t. II, p. 399, et v. 9841, p. 400; *la Chanson des Saxons,* t. I, p. 24, et t. II, p. 84, 170; le *Roman de la Violette,* p. 72, v. 1417, et la note correspondante; *li Romans de Bauduin de Sebourc,* t. I, p. 382, et t. II, p. 65, 66, 171, etc. On disait aussi *la geste Noiron.* Voyez le *Roman d'Anséis de Carthage,* Ms. de la Bibl. imp. n° 7191, fol. 29 verso, col. 1, v. 10.

Et fals! car croi Tervagant et *Mahon*,
Et Apolin et mon dieu Barratron,
Et Jupiter qi croient Esclavon, etc.

La Chevalerie Ogier de Danemarche, v. 11749; t. II, p. 490.

He tar the her of hed and berd,
And seide he wolde hir wive with swerd,
  Beo his lord seynt *Mahoun*.

The Kyng of Tars, v. 100. (*Ancient Engleish metrical Romanceës*, vol. II, p. 160.)

Bi Jovin and Plotoun,
Bi *Mahoun*, and bi Tirmagaunt, etc.

Ibid. v. 453. (*Ibid.* p. 175.)

Furst he custe Appolin,
Astrot, and sire Jovin,
  For drede of worldes awe;
In the temple, whil heo was ther,
Of *Mahoun* and Jubiter,
  Ther heo lernde the lawe.

Ibid. v. 475. (*Ibid.* p. 176.) Cf. v. 560, 618, 634, p. 179 et 182.

Whan the soudan thys tydyng herd,
For jre as he wer wod he ferd;
He ran with a drawe swerde
  To hys mamentrye,
And all hys goddys ther he amerrede,
  With greet envye.
Asterot, Jopyn, and *Mahoan*
He all to-hew with hys fachoun,
And Jubiter he drew adoun
  Of hys autere.

Octavian imperator, v. 1303. (*Metrical Romances*, by Henry Weber, vol. III, p. 211, 212.)

Si l'on en croit nos anciens poëtes, on voyait souvent chez les musulmans la représentation figurée de Mahomet et d'autres images :

Et sor iceus envoist male confusion
Qui croient et aorent la figure Mahon!

La Chanson d'Antioche, ch. I, coupl. III; t. I, p. 5.

> Là enfuient le mort, chascuns s'en avança.
> Li peres un image à son chief li posa
> En l'onor de Mahon, que tousjours servira.
>
> Ibid. ch. V, coupl. IV; t. II, p. 14. Cf. p. 46, 47.

> Elle avoit ung drap d'or moult biel et reluisant :
> Deux campaignes i ot de vermel et de blanc.
> En la blance avoit mis Mahom et Tiervagant
> Et ij fiers campions, pourtrait en droit samblant,
> Et se tenoit cascuns une espée trençant;
> Et en l'autre partie dou drap noble et plaisant
> Fu pointe ly ymagne de Jhesus le poisant,
> Et s'avoit desoulx lui ung homme haut et grant,
> A loy de campion tint la lance trençant :
> Droit as deux Turs s'aloit combatant par samblant.
>
> Le Chevalier au Cygne, édit. de M. de Reiffenberg, t. II, p. 274, v. 10730[1].

> Puis prist l'escu qi fu d'os de poisson...
> Enmi avoit un ymage Mahon
> Tot de fin or massis dessi en son.
>
> La Chevalerie Ogier, v. 9903-6; t. II, p. 403.

> Enmi la sale fu Mahons aporté.
> Il estoit mis sour .ij. pailes roé;
> Par devant lui ot .iiij. candelers,
> Et sor cascun ont .j. cierge alumé.
> Là ne pasoit Sarrasin ne Escler,
> Ne l'enclinast voiant tot le barné.
>
> De Huon de Bourdele, Ms. de la Bibliothèque publique de la ville de Tours, fol. 98 recto, v. 15.

Par suite, le nom de *mahommet* fut employé dans le sens d'*idole*, de *fétiche* :

> Mais chascuns a uns divers mestre,
> Uns *mahommet* en cui il croit,
> Par coi s'amors fraint et descroit.
>
> Les Tournois de Chauvenci (1285), par Jacques Bretex, p. 108, v. 2630.

C'est sans doute dans ce sens que prend ce mot l'auteur du *Dit des Ma-*

---

[1] Plus loin, p. 412, v. 14957, il est fait mention de draps d'or *de l'œuvre de Mahon* : le rimeur a sans doute entendu parler d'étoffes fabriquées en pays musulman, comme par *riche drap de l'œuvre à Cipion* (p. 413, v. 14973), il aura voulu désigner une étoffe italienne.

hommès[1], Watriquet, dont les vers présentent trop d'obscurité pour que l'on puisse se permettre autre chose qu'une simple conjecture.

On donnait encore le nom de *mahommet* ou de *mahon* aux figures antiques que l'on trouvait en terre, plutôt qu'au métal dont elles étaient faites. Il y a donc quelque chose à corriger dans ce que dit l'abbé Lebeuf[2], et, d'après lui, D. Carpentier[3], qui tombe plus juste un peu plus loin[4]. Une figure trouvée chez les templiers, et connue sous le nom de *Baphomet*, servit à leurs accusateurs de prétexte à une imputation d'idolâtrie, ou au moins de gnosticisme; mais leur défenseur, M. Raynouard, n'a pas eu de peine à prouver, contre M. de Hammer[5], que cette accusation n'était rien moins que fondée, et le baphométisme, déjà attaqué, en 1810, par M. Silvestre de Sacy, dans le Magasin encyclopédique[6], a été ruiné sans retour par la réfutation insérée, en 1819, dans le Journal des Savants[7], ce qui n'a pas empêché, plus tard, M. Mignard de reprendre l'accusation d'hérésie portée autrefois contre les templiers[8].

Page 32, vers 459, couplet xv.

Un trouvère contemporain a composé, sur la mort de Thibaut V, une complainte, que M. Achille Jubinal a publiée, avec une traduction en regard, dans le deuxième numéro du Journal de l'Institut historique. Depuis, ce morceau a reparu parmi les OEuvres complètes de Rutebeuf, etc. t. I, p. 40-47. Les notes qui l'accompagnent[9] me dispensent de m'étendre sur

[1] Manuscrit de la Bibliothèque impériale, supplément français, n° 632[18], fol. 44 verso-47 recto.

[2] *Dissertations sur l'histoire ecclésiastique et civile de Paris*, t. II, p. 169, 170. Voyez encore le Dictionnaire étymologique de Ménage, à la fin du mot *Médaille*, t. II, p. 193, celui de Trévoux, à l'article *Mahon*, et notre Théâtre français au moyen âge, p. 175, col. 1, en note.

[3] *Gloss. med. et inf. Latin.* t. IV, p. 186, col. 3.

[4] Pag. 187, col. 1.

[5] Voyez *Mysterium Baphometi revelatum*, dans les *Fundgruben des Orients*, etc. t. VI, p. 3-120, pl.

[6] T. VI, p. 159.

[7] Page 152. Le système de M. de Hammer a d'ailleurs été réfuté en Allemagne, notamment par M. Gruber de Grubenfels. (*Epistola apologetica pro templariis*, etc. dans les *Fundgruben des Orients*, t. VI, p. 405-416.) — Voyez aussi un article de M. Rapetti dans le Moniteur universel, n° du mardi 10 janvier 1854, p. 39.

[8] *Monographie du coffret de M. le duc de Blacas*, etc. Paris, Dumoulin, 1852; *Suite de la Monographie du coffret de M. le duc de Blacas, ou preuves du manichéisme de l'ordre du Temple*. Paris, Dumoulin, etc. 1853, ensemble 1 vol. in-4°, avec planches. — Avant M. Mignard, M. de Hammer s'était occupé du même monument. Voyez *Mémoire sur deux coffrets gnostiques du moyen âge, du cabinet de M. le duc de Blacas*. Paris, librairie orientale de Dondey-Dupré, 1832, in-4°, pl.

[9] Voyez encore la note C à la fin du volume, p. 347-349.

le compte de Thibaut, comme sur celui de son frère Henri, dont le règne, qui fut court, n'offre aucun événement remarquable.

Page 34, vers 481, couplet xv.

Cette singulière expression, *rram de traiços*, avait son équivalent dans notre ancienne langue; du moins on y trouve *branche de Renart* avec la même signification :

> Li dux Naymes parole, qi le cuer ot liart,
> Vaillanz fu et prodom et de molt bone part,
> Toz jorz ama le roi sans *branche de Renart*.
>
> *La Chanson des Saxons*, couplet xix; t. I, p. 33.

On appelait aussi un traître *branche de meurtre*, comme on le voit par ce passage d'un poëme d'une date postérieure :

> Puis c'uns hons est traïtrez, jaumais bien ne fera,
> Et si sera chius folz, qui puis s'i fiera :
> Car c'est .j. *rains de mordre*, que jà Diex n'amera :
> Et Diex het tous traïtres, jà ne les sauvera,
> Pour l'amour de Judas, qu'en baisant le livra,
> Se par confession repentanche [n'en] a.
>
> *Li Romans de Bauduin de Sebourc*, ch. II, v. 448; t. I, p. 46.

On trouve encore *raim de lascheté* dans une ballade d'Eustache Deschamps contre ceux qui demandaient son office en donnant à entendre qu'il était mort. Voyez ses Œuvres morales et historiques, publiées par Crapelet, p. 129, avant-dernière ligne.

Page 34, vers 487, couplet xv.

Comparez ce récit d'Anelier avec celui de la Branche des royaux lignages, t. VIII des Chroniques nationales françaises, p. 111-118. Pour la relation de la croisade de Tunis, on peut recourir à l'Histoire des croisades de Michaud, liv. XVII, 4ᵉ édition, t. V, p. 75-107. Dans son Itinéraire de Paris à Jérusalem, etc. M. de Chateaubriand a fait un tableau rapide et brillant de cette expédition et de la mort de saint Louis, qui en fut la suite.

Page 36, vers 510, couplet xvii.

Les anathèmes ou imprécations lancées contre ceux qui oseraient violer les pactes ou les articles dont on était convenu remontent à la plus haute antiquité, et furent en usage pendant les premiers siècles du moyen âge. S'il faut en croire dom de Vaines, le xiii° siècle montre encore, dans les actes ecclésiastiques comme dans les diplômes et chartes laïques, mais bien rarement, quelques traces de ces malédictions; mais c'est ici qu'elles finissent : « A cette époque, dit-il, on ne doit plus rencontrer ni anathèmes, ni excommunications, ni imprécations. » Voyez *Dictionnaire raisonné de Diplomatique*, etc. t. II, p. 19-25, au mot *Imprécations*.

Page 38, vers 537, couplet xvii.

Le sanchet était une monnaie navarraise, au sujet de laquelle on peut recourir au *Diccionario de antigüedades del reino de Navarra*, de D. José Yanguas y Miranda, t. II, p. 356, 364. Nous y reviendrons.

Pages 36-39, vers 504-556, couplet xvii.

La paix et l'unité dont parle ici le troubadour comme rompues par le roi don Henri furent conclues entre les quatre villes par ordre du roi don Sanche le Fort, en 1222, et, pour entendre ce qu'ajoute l'auteur relativement aux sceaux qui donnaient autorité à l'acte public dressé dans cette occasion, il faut savoir que le sceau dont usait le bourg de la Navarrerie portait sur l'une de ses faces la figure de la Vierge avec son enfant dans ses bras, et sur l'autre la représentation de la cathédrale. Le sceau des habitants du bourg de Saint-Cernin et de la ville de Saint-Nicolas, qui formèrent ensuite une seule municipalité, composée de vingt conseillers et de deux alcades, portait d'un côté une nef, au milieu la figure du saint avec les insignes de l'épiscopat, et au-dessus une étoile et un croissant; de l'autre, se voyait un mur avec des créneaux et des tours. « La lune et l'étoile, dit don Pablo Ilarregui, auquel j'emprunte ces observations, furent toujours l'attribut particulier du bourg de Saint-Cernin, et on les y voit encore peintes dans l'église paroissiale. On en ignore l'origine, ajoute le savant Navarrais; mais je crois que l'usage de ces deux signes doit être très-ancien, et remonte peut-être aux premiers temps de l'endroit. Ce qu'il y a de certain, c'est que plusieurs cités de la Bétique, comme Acinipo, Asido, Bailo, Carbula, Gades, Ulia et autres, plaçaient sur leurs monnaies les astres en question, qui étaient sans doute des symboles de son culte antique. Peut-être la Iruña des Vascones avait-elle les mêmes signes, qui seraient ensuite restés comme de simples figures de blason. » Pour moi, je ne crois pas qu'il faille aller chercher si loin l'origine des deux qui nous occupent. Selon toute apparence, ils faisaient partie du sceau de la ville de Saint-Nicolas, où le saint était représenté naviguant *à la lune et as estoiles;* et quand la séparation eut lieu, le bourg de Saint-Cernin prit pour sa part du sceau commun l'étoile et le croissant qui le décoraient [1]. Le bourg de Saint-Michel avait pour la sienne la figure de l'archange son patron, sans rien de plus.

Il existe dans les archives de l'ayuntamiento de Pampelune un document original relatif à l'unité et à l'accord des quatre villes, qui donne en même temps une idée nette de l'organisation des conseils et montre dans quelles classes ils se recrutaient. Comme cette pièce jette du jour sur les personnages dont il est parlé dans ce couplet, et que d'ailleurs elle nous offre un curieux spécimen du langage qui avait cours alors à Pampelune, il nous a paru, comme à D. Pablo Ilarregui, à propos de la publier :

In Dei nomine. Sabuda cosa sia a totz homes, als qui son e qui son per venir, que les doce juratz e lo coseil del borc de San Cerni de Pamplona, nomnadament don Bon Macip, e don Artal Deza, e don Garcia Arnalt, e don Helies David, e don Per' Arnalt de Sant Gili, e don Pere Semeneitz lo ferrer, e don Paschal de les Tables, e don Johan Regnez, e don Miguel de Tassonar, e don Pero d'Olaitz lo mayor, e don Semeno d'Arcenegui, e don Pere Johan Petit; e les doce juratz e lo conseil de la Navarreria de Pampalona, nomnadament don Miguel Peritz de Zavaldica, e don Miguel de Sada, e don Johan Thomas, e don Pero Gil lo broter, e don Domingo de Egueratz, e don Pere Arceitz de Zavaldica, e Semen Ortiz lo cambiador, e don Sancho Peritz de Gongora, e don Miguel Arza, e don Pero Ochoa de Semeteri, e don Eneco de Toledo, e don Pascal ferrador; e les doce juratz e lo conseil de la poblacion de San Nicholau de Pampalona, nomnadament don Martin Motza, e don Johan Peritz Motza, e Ochoa d'Undiano, e don Miguel de Meotz lo joven, e don Guillem de la Raya, e don Domingo d'Utzama, e don Paschal Guillem lo zabater, e don Domingo Arzaya lo ferrer, e don Pere Semeneitz lo carpenter, e don Pere Santz lo bureler, e don Semen de Meotz, e don Semen de Larrangotz; e les seis juratz e lo conseil del borc de Sant Miguel de Pampalona, nomnadament don Pere Beatza, e Johan d'Echeverria, e don Miguel Gailla, e don Pere Benedit, e don Johan Calvo, e don Sancho lo peleter, atorgaren e veniren de manifest cant

---

[1] Le P. de Moret donne une autre explication de l'origine de ces armoiries, qu'il rattache à la bataille de las Navas de Tolosa. On doit aussi à cet annaliste la publication d'une monnaie qui sur une de ses faces porte le croissant et l'étoile avec l'inscription *Navarra*, et sur l'autre une tête de roi avec diadème et pendants, et ces mots : *Sancius rex.* Voyez *Investigaciones históricas de las antigüedades del reyno de Navarra,* édit. de 1766, liv. III, chap. IX, n° 32, p. 740; et *Anales del reyno de Navarra,* liv. XX, chap. V. § VI, n° 52, t. III, p. 108.

avinenza e la patz e la unitat firen, segun que se demostra en les cartes sayeladas ab les sayels dels sobreditz conseiltz. Firen altressi esta avinenza en tal manera que si, per aventura, lo seynnor don Thibal, rey de Navarra, o nengun altre que jamas nenguns temps sia rey de Navarra, donava ningun judici ni mandava que complisse ni fisen nenguna emenda ni nenguna res les uns als altres, per razon de les quereilles que furen mises en sa man, ni per razon de les demandes que furen faites denant el, ni per nengunes altres razons que aguisen estas entre els de coseil a coseil entro al dia que esta carta fu faita e atorgada, se son obligatz totz les sobreditz juratz e conseiltz que res non tenguen, ni res non husien, ni res non complisquen, per nengun dann ni per nengun pro que hy aguissen ni esperassen ad aver nengun ni nenguns dels sobreditz conseiltz per nenguna razon. E quel o quels dels sobreditz conseiltz lo fissen, que sien fals e perjuris e tals traydors manifestz com Judas Cariat, que tradi nostre seynnor Ihesu Christ en baisant, e que ayen totes les altres penes, segont que en la carta de la avinenza e de la patz e de la unitat diz, e que non s'en puissen salvar per nenguna razon que els podissen far ni dire, ni altre os altres dizissen o fissen per els. E en testimonianza d'estes sobredites coses, les sobreditz juratz e conseiltz an mis caduns les sayels des sobreditz conseiltz en esta present carta, des cals sayels husanen caduns en lurs sobredites viles troa 'l dia que esta carta fu faita. E io don Johan Cofier, escrivan jurat del sobredit borc de San Cernin, per mandament dels sobreditz juratz e conseiltz escrivi esta carta, la cal fu faita e atorgada en la era M. CCC. IIII., el mes de jun, lo dimenge avantz de la festa de sant Johan Batista.

A ce document, en effet, sont joints quatre sceaux, aujourd'hui tout à fait brisés; mais si, à l'époque où l'acte fut dressé, les quatre villes avaient leur *ayuntamiento* ou conseil particulier, plus tard, ceux du bourg de Saint-Cernin et de Saint-Nicolas s'unirent ensemble, comme cela a été dit, et continuèrent ainsi pendant quelques années, jusqu'à ce que de nouvelles discordes les obligèrent à se séparer. Avec la destruction de la Navarrerie, en 1276, disparut pour toujours le bourg de Saint-Michel, et voilà la cause pour laquelle on ne voit concourir que les trois conseils au célèbre privilége de l'union, qui mit fin à toutes les dissensions.

Page 42, vers 592, couplet XVIII.

A la fin du XIII° siècle, nous voyons pareillement entre les mains de frères mineurs des chartes étrangères à leur ordre : c'était le comte de Foix qui avait donné en gage celles de son comté aux frères mineurs de Toulouse, pour une somme d'argent. Philippe le Hardi s'occupa de les faire restituer, comme on le voit par la lettre suivante, adressée au sénéchal de cette ville :

Philippus, Dei gratia Francorum rex, senescallo Tholosano, vel ejus locumtenenti, salutem. Mandamus vobis quatenus omnes litteras et instrumenta, quæ fuerunt deposita penes fratres minores conventus Tholosæ, quæ erant inter dilectum et fidelem nostrum comitem Fuxi et Gastonum de Bearnio, defunctum, et Constantiam suam primogenitam, quæ ibidem pro quadam pecuniæ summa extiterunt obligatæ, si vobis constiterit dictam summam pecuniæ solutam fuisse, eidem comiti, vel ejus mandato, sine dilatione qualibet liberari et restitui faciatis. Actum Parisius, die Mercurii post octavas Paschæ, anno Domini millesimo trecentesimo.

Trésor des chartes du château de Foix. (Bibliothèque impériale, collection Doat, vol. CLXXVII, fol. 87 recto.)

C'était, comme l'on voit, l'usage à cette époque de mettre ainsi en dépôt entre les mains des religieux ce que l'on pouvait avoir de plus précieux. Un document du 18 décembre 1271 nous montre un bourgeois de Bordeaux, appelé Arnaud de Sous-le-Mur (*Arnaldus de subtas murum*), abandonnant à Henri de Cuzances (*Henrico de Cazanciis*), sénéchal de Gascogne pour le roi d'Angleterre[1], tout le droit qu'il avait sur une coupe d'émeraude ou de quelque autre pierre précieuse (*in capa smaragdinis sive alterius lapidis pretiosi*), qui était tombée au pouvoir des héritiers de Pierre et Arnaud Calhau, et ensuite mise en dépôt entre les mains de frère Raymond Esperetian, de l'ordre des frères prêcheurs, objet qu'Arnaud de Sous-le-Mur assurait avoir été enlevé par des enfants de perdition, avec d'autres effets, de la maison de Pierre et Raymond de Sous-le-Mur, son père et son aïeul. (Voyez *Recherches et mémoires concernant la ville de Bordeaux*, par l'abbé Baurein, Ms. conservé dans les archives de la mairie de cette ville, f° 18 r° et v°.)

Page 42, vers 597, couplet xix.

Nous avons déjà dit que, du temps de D. Henri, les habitants du bourg de Saint-Cernin et de Saint-Nicolas avaient pour les gouverner un seul *ayuntamiento*, composé de vingt conseillers et de deux alcades ; il nous reste à ajouter que, même après la rupture de l'unité par ce prince, ces quartiers continuèrent à se gouverner de la même façon pendant un grand nombre d'années, jusqu'à l'époque où des désordres graves obligèrent de séparer les deux conseils. En 1275, le conseil unique des deux quartiers apposa son sceau à un reçu de *dona Gairauta*, femme de feu don Pes de la Clau, pour la somme de quarante livres tournois, montant de l'indemnité que le roi

---

[1] Trois ans auparavant on trouve dans l'armée de Charles d'Anjou un chevalier de ce nom. (Voyez la vie de saint Louis par Guillaume de Nangis, dans le Recueil des Historiens des Gaules, etc. t. XX, p. 430, C ; 431, B ; 432, B ; 433, A ; 434, B.)

Henri lui devait à raison du péage d'Ostasvailles, pendant que don Pes le tenait en location : « Et en testimonio et en maor firmeza de todo esto, ajoute dame Guiraude, por que yo non havia mio propio seyeillo, ruego á los veynt jurados del burgo de Sant Cerni e de la poblacion de Sant Nicholau de Pamplona que metan el lur seyeillo en esta present carta, » etc. (Archives de l'Empire, Trésor des chartes, 1275-89, J 614.)

Page 42, vers 611, couplet XIX.

Cette reine était Blanche, fille de Robert, comte d'Artois, et nièce de Louis IX. Voici la lettre par laquelle Thibaud II donna son consentement au mariage de son frère :

Thibaus, par la grace de Dieu', rois de Navarre, de Champaigne et de Brie cuiens palazins, à son très-chier frere Henri, fil le roi de Navarre, salut et bonne amour. Biau frere, cum nous aiens antendu que mariages soit faiz de vous et de Blanche, fille le comte d'Artois, se il nous plest et nous nous i acordons, saichiés, biau frere, que lidiz mariages nous plest moult, et bien le voulons et nous i acordons et i donnons nostre assantemant, nostre ostroi et nostre volanté de quant que nous povons. Et pour greigneur seurté, vous an anvoions noz lettres pendanz, qui furent faites par nous à Olit, an Navarre, le jour de la nativité saint Jeham Baptiste, en l'an de grace mil deus cenz et soixante nuief. La note Huede de Chastiau-Tierri. (Trésor des chartes, ann. 1269, cart. J. 614, pièce 5; sceau en cire rouge représentant un chevalier portant les armes de Navarre, sur un cheval caparaçonné de même.)

Page 44, vers 615, couplet XX.

Je ne connais pas, hors de cet ouvrage, d'autre exemple du mot *caveria* dans notre ancienne langue d'oc, qui avait cependant *caver* avec la signification de *chevalier*[1]. En Navarre, on employait communément *cabertas* dans le sens de *chevaux*, quand il s'agissait d'armée; on donnait encore ce nom aux rentes que les riches hommes et les chevaliers recevaient du roi, sous la condition de le servir à la guerre avec un certain nombre de chevaux. Vers l'an 1276, à ce qu'il paraît, le mot *cabertas* fit place à celui de *milites*, et bientôt après à la dénomination de *mesnaderos*, ce qui n'empêche pas ces mots de reparaître ensuite quelquefois indistinctement les uns pour les autres. (Voyez *Diccionario de antigüedades del reino de Navarra*, t. II, p. 20, 21, art. *Guerra*.)

---

[1] Voyez le Lexique roman, t. II, p. 367, col. 2.

Page 44, vers 628, couplet xx.

Après la mort de D. Enrique, en 1274, sa veuve Blanche convoqua, le 27 août, les *ricos hombres*, les chevaliers et les hommes des bonnes villes, sans tenir compte du clergé, et, du consentement de tous, elle nomma gouverneur du royaume, à cause de la minorité de la reine doña Juana, sa fille, un fidèle serviteur du père[1], D. Pedro Sanchiz, seigneur de Cascante, qui jura d'observer les *fueros*. Une chose à noter, c'est que, dans le document qui nous apprend ce fait, on voit ensuite les bons hommes des villes (*los buenos homes de las villas*) s'entendre et jurer entre eux que, si D. Pedro Sanchiz ou tout autre gouverneur n'observait pas leurs *fueros*, ils s'aideraient les uns les autres pendant l'espace de trente ans. Cet engagement fut pris par les représentants des principales villes de la Navarre, qui apposèrent leur sceau à l'acte qui en fut dressé. Voici cet acte, tel qu'il est rapporté dans les Annales du P. de Moret, qui l'avait tiré des archives d'Olite :

En era M. et CCC. XII, lunes vint et siet dias andados del mes de Agosto, como por muerte del rey don Henrique doña Blanca, reyna muller del sobredito rey, oviesse clamado los ricos hombres don Gil de Rada, don Gonzalvo Yvaynnes de Baztan, don Artal de Luna, don Garcia Almoravit, don Juan Gonzalvez, don Oger de Malleon, don Juan Corbaran, et los cabaylleros et los homes de las buenas villas de Navarra, el Burgo et la Poblacion de Pamplona, Esteylla, Olit, Sangüesa, el Puent de la Reyna, los Arcos, Viana, la Guardia, Roncesvaylles, San Juan del Pie del Puerto, sobre provision de gobernador del dito reyno, la devant dita reyna doña Blanca, de voluntad de los ditos ricos homes, cabaylleros, et buenos homes de las villas, proveyó por gobernador de dito regno á don Pedro Sanchiz, seynnor de Cascant; el qual dito D. Pedro Sanchiz, recebida la eleccion, á requisicion de los ditos ricos homes et de los cabaylleros, et de los buenos homes de las villas, juró corporalmente sobre los santos Evangelios y Cruz, tocándolos de su mano ante todos, por mandamiento de la dita reyna, que eyll gobernaria la tierra de toda Navarra en su tiempo bien et leialmant, segun su poder, et que mantendria á todas las gentes de la tierra en sus fueros et en sus buenas costumes, et que desfaria las fuerzas et las malas tueltas, las quales el rey don Henrique fizo en su tiempo, et los otros reyes, desque el rey don Sancho entró á eyll, segunt que promissó et juró el dito don Henrique, quando fo levantado rey, et se contiene en las cartas de la jura.

Ici le P. de Moret interrompt l'acte que nous reproduisons, pour faire

---

[1] *Annales del reyno de Navarra*, lib. XXIV, cap. 1, § 1, n° 4; t. III, p. 379, col. 2. Tels étaient les liens qui unissaient D. Pedro Sanchiz au roi, dont on voulait probablement honorer la mémoire en la personne du nouveau gouverneur, qu'en 1273 celui-ci lui léguait sa seigneurie de Cascante, dans le cas où il mourrait sans enfants. Les deux qu'il laissa, Juan et Millan, la vendirent en 1281 à la reine Juana, avec la ville d'Aguilar, pour la somme de trois mille livres. (*Dicc. de antigo del reino de Nav.* t. I, p. 193, 194, 504.)

remarquer que la suite ne semble pas commune à tous les États de Navarre, mais seulement aux délégués ou procureurs des bonnes villes. La voici :

> Et los bonos homes de las villas antediLas, por amor que todas estas cosas fuesen atenudas et bien gardadas, posieron entre sí que si el dito D. Pedro Sanchiz, ó qualquiere gobernador que fuese en Navarra, viniesse en partida ó en todo contra aqueyllo que es contenudo en la dita jura, que á demanda de aqueyll ó de aqueyllos á qui el tuerto será feyto, que todas las villas porfacen al dito don Pedro Sanchiz, ó á qualquiere gobernador qui fues en Navarra, en cort ó fueras de cort. Et feyto el porfazo, si eyll, ó qualquiere gobernador qui fues et mandare, non lo quisier assí como lo promissó et juró, ó prometrá et jurará qualquiere gobernador qui será en Navarra, que nos ayudemos bien et leyalment et entegrament con cuerpos et con haveres, que nuestros fueros et nuestras buenas costumnes nos sean aguardadas et tenudas, et las fuerzas desfeytas, como jurado nos fué et jurado será. Et aquesta ayuda tengamos et complamos los unos á los otros, como sobrescripto es, del dia que esta carta fué feyta hasta treinta aynnos complidos, que todas las comunidades de las ditas villas lo juremos sobre santos Evangelios et sobre la sant Cruz de siet á siet aynnos, todo home que sea de doce aynnos á suso. Et qualquiere que contra esta ayuda et jura vendrá, sea juzgado et punido, como aqueyl que falsa su fé et su jura. Et an aun jurado entre sí las comunidades de las ditas villas, que cada una de eyllas envie de cada villa dos buenos homes á Olit'por verse sobre las cosas devant ditas, et esto que sea de tres á tres meses. Et son los tiempos que se deben aplegar, á tercero dia de Todos Santos, á tercero dia de Santa Maria de Candelaria, et al dia de Santa Cruz de Mayo, et al primer dia de Agosto. Et por mayor firmeza de las ditas cosas, nos, don Pere de Esteylla, et don Pedro Furtado, et don Gregorio de Galar, et don Pedro de Echalaz, de los veynt jurados de Pamplona, por nos et por el conceyllo del dito Burgo et de la Poblacion de Pamplona, avemos puesto el seyllo de la nuestra comunidat pendent en esta present carta por testimonianza.

Dans les mêmes termes et dans le même ordre, les procureurs des universités, ou, comme nous dirions, des municipalités, apposèrent à l'acte le sceau de celles-ci. C'étaient pour Estella D. Miguel Baldouin, D. Bernart de Montaner pour la rue de San Martin, D. Sancho de Peralta et D. Bartholomé d'Azqueta pour la paroisse de San Miguel et de San Pedro de Lizarra, D. Sancho Soter et D. Bartholomé de Nazar pour la population de cette cité. C'étaient, pour Olite, D. Miguel Perez, son alcade, et D. Thomas Tendero [1] ; pour Sangüesa, D. Gil Duhart et D. Español ;

---

[1] Je soupçonne le mot *Tendero*, que nous verrons plus loin, p. 392, écrit *Tendoy* (Cf. *Dicc. de ant. del reino de Nav.* t. III, p. 47), de n'être point un nom propre, mais la désignation de l'état de D. Thomas. On en peut dire autant de *Mercero*, qui se trouve plus loin. En général, toute cette nomenclature me semble avoir été fort mal lue, et nous ne nous sommes fait aucun scrupule de la rectifier plus d'une fois.

pour Puente la Reina, D. Pascual de Palmas et D. Lope Perez de Jacca ; pour los Arcos, D. Henrique et Yure Perez, fils de son alcade ; pour Viana, l'alcade D. Romero Perez et D. Gregorio de Cuevas ; pour la Guardia, D. Martin Fernandez de Aras et D. Pedro de Maria Joan ; pour Roncevaux, l'alcade D. Martin Sanz et D. Garcia Mercero ; pour Saint-Jean-Pied-de-Port, D. Bernat de Baubion et D. Bernat Arramon. Cette union, ajoute le P. de Moret, naquit de la crainte que, pendant le règne d'un enfant, les gouverneurs ne prissent trop de liberté et ne portassent la perturbation dans les choses qui touchaient aux bons *fueros* et coutumes. A la fin de l'acte, il est dit que la cité de Tudela entra plus tard dans cette union, et que ses procureurs, D. Remon Gomaz et D. Bartholomé de Donadeu, apposèrent le sceau municipal à la suite des autres. Cet exemple fut imité par un nombre d'universités qui alla en croissant, réduites par l'inquiétude et par les événements politiques, à se serrer les unes contre les autres, et à se liguer dans l'intérêt de leur conservation, bien que durant le temps que D. Pedro Sanchez de Montagut fut gouverneur, bien peu eussent des motifs de crainte ; car ce fut un homme très-droit et très-intègre dans l'administration de la justice [1].

Page 44, vers 635, couplet xx.

Malgré la nomination d'un gouverneur, la reine Blanche prenait encore part au gouvernement du royaume ; peut-être aussi y avait-il des questions réservées qu'elle seule pouvait résoudre. En 1274, l'infant D. Fernando, fils du roi de Castille, ayant assiégé Viana, les habitants lui opposèrent une héroïque résistance. Pour les récompenser et les indemniser de leurs pertes, les riches hommes et les conseils des bonnes villes de la Navarre demandèrent à la reine d'exonérer les Vianois du cens de douze deniers auquel chaque maison était imposée. L'un d'eux, D. Juan Garceiz, se chargea de porter en France la pétition dressée en leur faveur, et la veuve du roi Henri, qui se trouvait alors à Sens en Bourgogne [2], y fit droit, comme on le voit par la pièce suivante :

[1] *Annales del reyno de Navarra*, lib. XXIV, cap. I, § 1, n.ᵒˢ 5 y 6 ; t. III, p. 379-381.

[2] Comme pendant à ce Navarrais venu en Bourgogne, nous trouvons plus tard un Bourguignon venu en Navarre, dans cet article des comptes de ce pays, en 1284 :

« Item pro expensa unius garcionis vocati *Crespin*, duchese Burgundie, qui remansit infirmus apud Stellam in novem mensibus, et pro quadam rauba quam gubernator mandavit ei dari, x libras. » (Ms. Bibl. imp. Suppl. lat. n° 165?, fol. 37 verso.)

Sepan cuantos esta carta verán et oirán, que ante nos doña Blanca, por la gracia de Dios, reina de Navarra, de Champayna et de Bria contesa palatina, parecieron D. Juan Garceiz de Viana, por si et por todo el concejo de Viana, et diónos una carta abierta, con sieyllos pendientes, de los ricos homes et de los concejos de las buenas villas de Navarra, en esta forma de yuso escripta : A la muy alta et noble et poderosa seinnora dona Blanca, por la gracia de Dios reina de Navarra, de Champainna et de Bria contesa palatina. Gonzalvo Ibainnis de Baztan, alferis de Navarra, Pedro Sanchiz de Montagut, seinnor de Cascant, gobernador de Navarra, Corbaran de Vidaurre, Joan de Vidaurre, Pedro Martinez de Subiza, el alcalde et los jurados del Burgo et la Poblacion de Pamplona, de Tudela, de Estella, de Sangüesa, de Olit, de los Arcos et de todo el pueblo de Navarra, besan vuestras manos et comiendanse en la vuestra mercé, como de seinnora de quien atienden bien et mercé, á la qual cubdician servir sobre quantas en el mundo viven. Seinnora, sepades, asi es la verdat, que el infant D. Ferrando, fillo del rey de Casteilla, cercó vuestra villa de Viana por dos vegadas, et fizo hí muy gran dainno, que tayó la huerta et las vineas, et fizoles otros muy grandes dainnos, que non serian fáciles de escribir. Et demas, seinnora, los vuestros homes de Viana, como leales vasaillos, por defender meyor la vuestra villa de Viana desficieron todas sus aldeas, et derribaron quantas casas eillos habian fuera de la cerca de los muros, que habia mas casas que en toda la cerca, de que, seinnora, han recibido tan grant dainno, que non vos lo podriamos contar. Et demas, seinnora, en la guerra, en defender la villa han seido todos et cada uno de eillos, assi buenos et leales et proces en lures armas, que el infant D. Ferrando, que cuidaba prender Viana por ocho ó quince dias, non la osó combatir, magüer que la obiesse cercado por dos vegadas, et fincasse hi muit grant tiempo. Et, seinnora, vassaillos que en tal tiempo assí prueban, á nuestro cuidar, galardonados deben ser, por que eillos que son buenos sean meillores, et los otros prengan en eillos exemplo de ser buenos et leyales, et que puedan ganar prez et galardon. Onde, seinnora, como vos et doña Joanna, nuestra seinnora, ayades en la villa de Viana, cada ainno, vei[n]te y dos libras et media de renta por la fossadera [1], rogamos á vos, seinnora, et pedimos vos mercé, et vos lo conseillamos leyalment, que vos aqueillas veint y dos libras et media quittassedes á los de Viana, por que la villa finque franca. Et tenemos, seinnora, que con essa franqueza la villa muito mellorará, et habredes mayores rentas por

---

[1] On appelait ainsi une contribution levée pour la réparation des forteresses et des retranchements, et pour l'entretien des gens de guerre. (Voyez *Diccionarios de los fueros del reino de Navarra*, etc. p. 116, not. 3; *Dicc. de ant. del reino de Nav.* t. I, p. 612, 613; et *Gloss. med. et inf. Lat.* t. III, p. 343, col. 2, au mot *Fonsadera*.) On lit *fonsato, fonsado*, avec le sens de guerre, d'armée, dans les *fueros* donnés à Caseda, en 1129, par Alphonse le Batailleur: « Vicinos de Caseda non vadant ad *fonsato* usque ad septem annos..... et illo cavaillero que non fuerit ad *fonsato*, peitet in anno duos solidos, et pedon uno solido.... Vicinos de Caseda, si fuerit in *fonsado* cum rege, » etc. (*Dicc. de ant. del reino de Nav.* t. I, p. 202, 203.)

Au XIII° siècle, ce mot revient à tout moment:
Vinien tantos enfermos, que farien gran *fonsado*.
Vida de santo Domingo de Silos, copl. 537. (*Coleccion de poesias castellanas*, etc. t. II, p. 69.)

Vino Leovirgillo con mui grandes *fonsados*.
Vida de san Millan, copl. 289. (*Ibid.* p. 150. Cf. copl. 411, p. 166; copl. 426, p. 168.)

otras razones; et será gran bien, et buen exemplo que daredes á los de vuestro regno, por que sean buenos et leyales, et se esfuercen de bien facer. Et esta gracia et mas de merced que vos facer les podades á los de Viana, terriamos que seria bien puesta, por la gran lealtat et por el gran dainno que eillos han recibido por fer lealdat. Et nos, Gonzalvo Ibainnes de Baztan, et Pero Sanchiz de Montagut, seinnor de Cascant, et Corbaran de Vidaurre, et Pero Sanchiz, dean de Tudela, et los del Burgo et de la Poblacion de Pamplona, et de Estella et de Olit, á rogaria de los ricos homes et de los caballeros, et de los conceillos de las buenas villas de Navarra, et por mandamiento de la cort, pusiemos nuestros sieillos pendientes en esta present carta. Dat en Olit, viernes primera empues cabo d'ainno, anno Domini millesimo cc septuagesimo sexto.

Et nos, enguardando la lealdat et el servicio que los de Viana han fecho et facen á nos et á nuestra fija doña Joanna, et queriendo oir las pregarias de los ricos homes, et de los conceyos de las buenas villas de Navarra, abido conceyo et deliberacion sobre todo esto con los honrados et sabios varones del nuestro conceyo de Champainna, quitamos al conceyo de Viana, á los que oy son hí poblados, et á todos los que poblaránt de aquí adelant en la dicha villa, de quanto poder nos hí abemos, el cens que á nos deben dar cada ainno : es asaber de cada casa doce dineros, salva la nuestra lealdat et de nuestra posteridat. Et nos, en testimonio et mayor firmeza de todo esto, damos al conceyo de Viana esta nuestra carta abierta, seillada con nuestro seillo pendient. Data en Sanz en Borgoinna, sabado primero empues Santa Maria Candelera, anno Domini millesimo ducentesimo septuagesimo sexto. (*Archivo de Comptos*, Pamplona, cajon 1, f. 206; caj. 3, n° 74[1].)

Page 44, vers 639, couplet xx.

Le mot *algarrada*, qui revient si fréquemment dans le poëme d'Anelier, n'est point provençal, et on le chercherait en vain dans le Lexique roman de M. Raynouard; c'est un mot espagnol, qu'il n'est point rare de trouver dans les anciens écrivains de l'autre côté des Pyrénées :

« E otrosi los que dan, ó les venden madera para hacer *algarradas* é otros engeños. » (*Partida* IV, tit. 21, l. 4.)

« ... como pueden ser tornos ó cigüeñales, y recorbas y trabuquetes, y los engenios que son usados en servicio de los reyes, y combatir las villas y los castillos, y *algarradas* y puentes, » etc. (*Ordenanças de Sevilla*, tit. *Alarifes*; édit. de M. DC. XXXII., in-folio, fol. 142 recto, lig. 11.)

« No podian hacer daño las *algarradas*, ni ballestas. » (Zurita, *Annales de Aragon*, lib. III, cap. v.)

Page 44, vers 630, couplet xx.

Il y a ici quelque chose à corriger, c'est-à-dire *Conca* à changer en *Cuenca*,

---

[1] *Annales del reyno de Navarra*, lib. XXIV, cap. 1, § 5, n°⁸ 20-23; t. III, p. 387-389. — *Diccionario de antigüedades del reino de Navarra*, t. III, p. 488-490.

comme nous l'avons écrit plus loin, p. 63, v. 915, et p. 113, v. 1704. On entendait par ce nom une partie de la Navarre, comprenant un certain nombre de localités, dont les noms se trouvent dans le Dictionnaire des antiquités de ce pays, t. I, p. 345.

Page 46, vers 647, couplet XXI.

On entendait alors par *manguanels* ou *mangonneaux* des machines portatives destinées à lancer des pierres et des traits. Il en est souvent question dans les écrivains du moyen âge, occidentaux comme orientaux[1]; aussi est-on en droit de s'étonner que le P. Daniel n'ait pas même donné ce mot dans son *Histoire de la milice françoise*, parue longtemps après le Glossaire de Ducange, où se trouvent réunis, sous les mots *Manganum* n° 2, *Manganus*, *Manganellus*, *Manganella*, *Mangonellus*, etc. une multitude de passages relatifs aux mangonneaux[2].

Je ne vois pas non plus que le savant jésuite ait rien dit des trébuchets, sortes de balistes auxquelles Ducange et ses éditeurs ont également consacré des articles sous les mots *Trebuchetum*, *Trabuchetum*[3], etc. Il nous suffira d'y renvoyer.

Dans ses Mémoires sur les Turcs et les Tartares, le baron de Tott, qui écrivait à la fin du siècle dernier, nous apprend que de son temps il existait

---

[ ] On lit dans un historien arabe qu'en l'année 1211, Ennassir dressa contre Charbaterra (Salvatierra) quarante *mandjanik* (مجنيق), et ruina les faubourgs. (Voyez le Kartâs, texte arabe, p. 101 (156), et trad. p. 207. Cf. *Histoire des Berbères*, etc. par Ibn-Khaldoun, trad. par le baron de Slane, Alger, imprimerie du Gouvernement, 1854, in-8°, t. II, p. 225.)

[1] Voyez t. IV, p. 227, col. 2, et 228. Cf. *Gloss. ad script. med. et inf. Græcit.* t. I, c. 841, v° Μάγγανον, Μαγγανικὰ, Μαγγανέλα, Μαγγανιτζάτζα, et *A critical Inquiry into antient Armour*, by Dr. Sam. Rush Meyrick, vol. I, p. 74, 75, 107, 108, 204. Ce que l'on a dit de plus satisfaisant sur la catapulte et la baliste, dont l'usage paraît s'être perpétué, sous d'autres noms, pendant le moyen âge, se trouve dans le Traité de l'attaque et de la défense des places des anciens, du chevalier de Folard, art. XXI-XXIX. (*Histoire de Polybe*, traduite par dom Vincent Thuillier. Amsterdam, MDCCLXXIV, in-4°, t. II, p. 233-280.) On fera bien de consulter, relativement aux machines de guerre, pendant les XII°, XIII° et XIV° siècles, l'Histoire du Château-Gaillard, etc. par M. A. Deville. (Rouen, MDCCCXXIX, in-4°), p. 57, 68, 78, 79, 88; l'ouvrage du docteur Meyrick, vol. I, p. 170, 171, 203; et les Études sur le passé et l'avenir de l'artillerie, par Louis-Napoléon Bonaparte, t. II, p. 26-54.

[3] T. VI, p. 647, 648.

Nous avions autrefois le mot *trebuc*, d'où *trébuchet* pourrait bien être venu :

Li jaians ot non Dinabuc,
Que puisse prendre mal *trebuc*!

Le Roman de Brut, v. 11599; t. II, p. 146.

encore une catapulte oubliée dans un magasin d'armes du sérail à Constantinople [1]. Byzantine ou latine, une pièce semblable ne peut qu'offrir un grand intérêt pour l'histoire de la poliorcétique au moyen âge, car nous ne nous arrêtons pas un seul instant à l'idée que ce puisse être un monument de l'antiquité. Nous croyons donc devoir appeler l'attention sur cette machine de guerre, que le baron de Tott appelle *catapulte*, faute du mot propre, et qui pouvait bien être un mangonneau ou une *perrière*, autre espèce d'engin nommée plus loin [2], comme en plusieurs endroits de Guillaume Guiart [3], et dans ce récit de siége, que je crois inédit et digne de mention :

> Tous les vaissiaux ke il porent trouver,
> A bien .vij^c. les peuist-on esmer,
> Duskes as murs les ont fait puis aler,
> A grans estakes par deseure cloer,
> Huis et fenestres trestout entre-horder,
> Et tout le hourt desoure tierer
> Por les perrieres ke n'i puissent grever,
> N'on ne les puist ardoir ne embraser;
> Et chil dedens font mangonniaus porter
> Et les perrieres font toutes atourner,
> Et les saietes, les quarriaux empener.
> Ki atains est ne s'en pora lever,
> D'autre martin li convenra canter.

Le Roman des Lorrains, Ms. du fonds Colbert 602, du fonds du Roi 9654 [3] A. fol. 99 recto, col. 2, v. 23.

Comme l'indique suffisamment son nom, la *perrière* était destinée à lancer des pierres. Il en était de même du mangonneau et de la plupart des autres machines, qui lançaient aussi des traits et bien d'autres choses, par exemple des corps humains morts ou vifs, en totalité ou en partie. Le fait se repro-

---

[1] *Mémoires du baron de Tott sur les Turcs et les Tartares.* A Amsterdam, M.DCC.LXXV, in-8°, première partie, p. 168, not. 2.

[2] P. 112, v. 1698. Cf. *Histoire de la croisade contre les hérétiques albigeois*, p. 92, v. 1280; et *Gloss. med. et inf. Latin.* t. V, p. 229, col. 2, v° *Petraria*, n° 3. On peut voir la figure des perrières dessinée dans le liv. III, dial. III, du *Poliorceticon* de Juste Lipse, où il parle de machines de guerre, de la baliste et des mangonneaux.

[3] *Branche des royaux lignages*, ann. 1204, v. 3294, et ann. 1126, v. 8070. (*Chron. nat. fr.* t. VII, p. 147, 348.)

duisit plus d'une fois pendant les croisades[1]. Plus tard, en 1340, le duc de Normandie ayant mis le siége devant Thun-l'Évêque, « ceux de l'ost leur jetoient et envoyoient par leurs engins chevaux morts et bestes mortes et puans pour eux empunaiser, dont ils estoient là dedans en grand' destresse[2]. » Cinq ans après, les habitants d'Auberoche, assiégés par le comte de Lille et les barons de Gascogne, ayant envoyé demander du secours à Bordeaux, leur messager tomba entre les mains des ennemis. Ceux-ci, ajoute Froissart, « prirent le varlet, et lui pendirent les lettres au cou, et le mirent tout en un mont en la fonde d'un engin, et puis le renvoyerent dedans Auberoche[3]. »

Au temps de l'écrivain que nous venons de citer, le mot *mangonneau* ne signifiait plus seulement une machine de guerre, mais encore une sorte de projectile. Parlant du siége de Royauville en Quercy, par le comte de Périgord et d'autres seigneurs, « si jetoient, dit-il, nuit et jour pierres et mangonneaux par dedans la ville[4]. » Plus loin, racontant le siége du fort de Saint-Maubert par les Anglais et les Gascons, en 1378, il nous apprend qu'ils firent dresser devant la place leurs engins, « qui jetoient pierres et mangonneaux, » pour effondrer les toits de la tour où se tenaient les Bretons[5]. Mais dans le récit du siége de Lourdes, en 1388, on voit le terme de *mangonneau* reparaître avec sa signification primitive : « Et ot là, dit le chroniqueur, plusieurs grands appertises d'armes faites par grands mangonneaux et autres atournemens d'assauts, que le duc d'Anjou fist faire et charpenter[6], » etc.

Page 50, vers 729, couplet XXIII.

Le point de droit mis en avant par don Pierre Sanchiz se trouve établi dans le titre III du livre Ier des *fueros* de Navarre, titre consacré aux forte-

---

[1] Mains et piés li loierent, sor l'engien fu levés,
Devant la tour de Nique entre tous est jetés.
La Chanson d'Antioche, ch. II, coupl. XV; t. I, p. 106.
Puis ont prises les testes de la gent mescreant,
El mangonel les metent no crestien vaillant,
En la cité de Nique les jetent en lançant.
Ibid. coupl. XXXVII; p. 136.
Par les murs d'Antioche dont la pierre est polie,
A perrieres turcoises qu'il i ont establie,
Ont jetées les testes et chascune lancie.
Ibid. ch. IV, coupl. XXV; p. 38. Cf. t. II, p. 27.
[2] *Les Chroniques de sire Jean Froissart*, liv. I,

part. I, chap. CXV; édit. du *Panth. litt.* t. I, p. 102, col. 1. Cf. liv. III, chap. CXIV, ann. 1388; t. II, p. 706, col. 2.
[3] *Ibid.* liv. I, part. I, chap. CCXVIII; t. I, p. 191, col. 2.
[4] *Ibid.* part. II, chap. CCLXX, ann. 1369; t. I, p. 571, col. 1. L'écrivain avait déjà dit la même chose du siége de Breteuil, en 1356. Voyez chap. XXII, p. 333, col. 1.
[5] *Ib.* liv. II, chap. XXXV; t. II, p. 38, col. 2.
[6] *Ibid.* liv. III, chap. X; t. II, p. 391, col. 2.

resses : « Aucun homme, est-il dit au chapitre I", ne doit faire forteresse en ville royale, si ce n'est à la connaissance et pour l'amour du roi. De même, en ville fermée, un habitant ne doit faire ni maison ni forteresse avec murs ou barbacanes, ou avec palissade, sans l'agrément du seigneur de la ville[1]. »

Selon toute apparence, le droit était le même dans notre pays; on est du moins fondé à le penser en lisant une charte du comte de Chartres Henri-Étienne, où il est dit que, si les évêques de cette ville fortifiaient leur maison épiscopale par quelque donjon ou autres ouvrages de défense, ces fortifications seraient démolies[2].

Page 56, vers 803, couplet xxv.

La qualité de *ricome* constituait en Navarre la première dignité du royaume parmi la noblesse. On ne voit pas que ce titre ait été en usage antérieurement au XIIe siècle, car jusque-là les grands personnages étaient connus sous le nom de princes, de barons et de seigneurs. S'il faut en croire D. José Yanguas, qui cite le *fuero* général, il n'y avait dans l'origine que douze *ricos hombres*[3]; mais l'examen attentif du passage sur lequel se fonde le savant Navarrais nous fait soupçonner qu'il se trompe. En effet, que dit le législateur? Que le roi ne peut prendre aucune détermination grave sans avoir reçu au préalable l'avis de douze *ricos hombres*, ou de douze sages des plus anciens du royaume[4]. Rien dans cette phrase qui indique le nombre des riches hommes existant alors dans le pays; il n'y est question que de celui des membres du conseil du souverain. Cette observation s'applique également au texte que cite D. José pour appuyer cette autre assertion que,

---

[1] *Con cuya licencia se deven facer fortalezas.*

« Ningun hombre non deve fazer fortaleza en villa realenga, sino es con sabiduria ó con amor del rey. Otrosi en villa cerrada, porque sea vecino de la villa, non deve fazer casa ni fortaleza con muros, ó barbazanas, ó com palenc, sin voluntad del seinor de la villa. » (*Fueros del reyno de Navarra*. En Pamplona, por Longas, año de 1815, en folio, p. 10.)

[2] « Si qui autem futurorum episcoporum in domo supradicta turrim vel propugnacula ædificaverint, turris et propugnacula tantum destruantur; domus autem cum appenditiis inconcussa manebit. » (*Vet. script. et monument. amplissima Collectio*, t. I, col. 622, E.) Cf. *Nouvel Examen de l'asage général des fiefs*, chap. XXI, t. I, p. 314, en note, col. 2; et chap. XXX (*Des châteaux et forteresses des seigneurs*), p. 378-391.

[3] *Dicc. de antig. del reino de Navarra*, t. III, p. 272.

[4] « Et que rey ninguno que no hoviesse poder de fazer cort sin conseyo de los ricos hombres naturales del regno, ni con otro rey, ó reyna, guerra ni paz, nin tregua non faga, ni otro granado fecho, ó embargamiento de regno, sin conseillo de doze ricos hombres, ó doze de los mas anciano sabios de la tierra, » ec. (*Fueros del reyno de Navarra*, ed. de 1815, lib. I, tit. I, cap. 1, p. 1, col. 2, eec.)

en 1329, le nombre des *ricos hombres* était encore, à ce qu'il paraît, limité [à] douze[1]. Dans ce document, je vois bien qu'un pareil nombre de seigneur[s] ainsi appelés reçurent le serment de Philippe III et de Jeanne, sa femme[,] mais rien ne fait connaître qu'à eux seuls ils constituassent tous les *rico[s] hombres* du royaume.

Je suis encore obligé de combattre le même savant au sujet de la syn[o]nymie qu'il établit entre *rico* et *subio* à l'époque de D. Sanche le Sage, parc[e] qu'il trouve dans son serment : « Signum regis Santii Navarræ *divitis*, qui el[e]vatione sua forum juravit et confirmavit[2]. » Comment D. José n'a-t-il pas v[u] que la pièce rapportée dans le *fuero* général émane de D. Sancho lui-même[,] qui ne pouvait décemment s'adjuger un titre que la postérité devait lui d[é]cerner? Mon avis est qu'il faut traduire *dives* par *puissant*, comme *rics* dan[s] ce passage cité par M. Raynouard :

> Ieu dic que ben es estraguatz
> Hom *rics*, ergulhos, descauzitz,
> Que vol ades tener aunitz
> Sos vezis ni apoderatz.
>
> Rambaud de Vaqueiras : Ja hom pres. (*Lexique roman*, t. III, p. 224, c. 1[)]

Tel était aussi le sens de *rikr* dans l'ancien islandais :

> Rógs bar recka lægir
> *Rikr* valkera liki,
> Herstefnir let hröfnom
> Hollð Flæmingia golldit.
>
> *Antiquitates Celto-Scandicæ*, etc. compil. Jacobus Johnstone, Havniæ, MDCCLXXXVI, in-4°, p. 68.

Voyez encore, au sujet des riches hommes, une bonne note de Ducang[e] dans ses Observations sur l'*Histoire de S. Louys*, par Jean, sire de Joinvill[e,] sans oublier de recourir au Glossaire du même savant, t. VII, p. 357. [On] lit dans *Huon de Bourdele* :

> Les rices hommes de Bordiax le cité
> Et les barons que il devoit garder,
> Deniers lor faut et avoir à planté.
>
> Ms. de la Bibliothèque de Tours, fol. 42 verso, v. 15.

---

[1] *Dicc. de ant. del reino de Navarra*, t. III, p. 273.

[2] *Fueros del reyno de Navarra*, p. 19[,] col. 2.

Wace, rapportant la déroute des Anglo-Saxons à Hastings, en 1066, ajoute :

> Mult en chai à cel enchaus
> Des plus riches et des plus haus.
>
> *Le Roman de Rou*, t. II, pag. 276.

Mais, dans ces deux passages, comme dans un troisième du même auteur [1], il ne paraît pas que l'adjectif *riche* ait un autre sens que dans le drame d'Adam, où *riches hom* signifie *homme riche* [2].

Ailleurs, c'est un combat, un tournoi auxquels des trouvères donnent l'épithète de *riche* :

> Sor eus refu li *riches* chapléis.
>
> *Li Romans de Garin le Loherain*, t. I, pag. 16.

> Devant Verdun ot *riche* poignéiz.
>
> *La Mort de Garin le Loherain*, p. 176, v. 3773. Cf. p. 192, v. 4128; p. 129, v. 2721.

> *Riches* fu li tournois desous la tour antive.
>
> *Bele Idoine*, coupl. 23. (*Le Romancero françois*, p. 18.)

Il y avait aussi des créneaux, des chants *riches*; on fortifiait une ville *richement*, on se défendait de même :

> La bataille par les creniaux,
> Qui molt erent *riches* et biaux, etc.
>
> *Le Roumanz de Claris et de Laris*, Ms. de la Bibl. imp. n° 7534², fol. 148 recto, col. 2, derniers vers.

> Cantan un *rico* canto, todo de la creencia.
>
> *El Sacrificio de la misa*, copl. 55. (*Coleccion de poesias castellanas*, etc. t. II, p. 188.)

> Et à Verdun est remés Lancelins,
> Qui *richement* fait la vile garnir.
>
> *La Mort de Garin le Loherain*, p. 176, v. 3762.

> Les proies ont *richement* defandu
>
> *Ibid.* p. 244, v. 23.

---

[1] Li rice home se guerroierent,
Li fort les foibles essillerent.
Le Roman de Brut, t. I, p. 104, v. 2131.

[2] Édit. de M. Victor Luzarche, Tours, imprimerie de J. Bouserez, MDCCCLIV, in-8°, p. 48.

On voit par là que ce mot avait autrefois une signification encore plus étendue qu'aujourd'hui.

Page 56, vers 815, couplet XXV.

Il n'y a point de doute qu'Anelier ne veuille ici parler de l'empereur Justinien et du droit connu sous son nom. Au reste, cette législation n'a jamais cessé d'être invoquée ni en Navarre ni chez nous pendant le moyen âge. Ainsi, un différend s'étant élevé entre les moines du monastère de Saint-Martin-des-Champs, à Paris, et Adam, vicomte de Melun, il intervint, en 1209, une sentence par défaut dans laquelle est citée une loi du Digeste[1]. En 1286, dona Estrella, femme de D. Juan Montan, convenait avec Pedro Periz de Ladron, de lui donner en mariage, dans le délai de cinq ans, sa fille Empiria, selon la loi de Rome, avec trois cents livres de bons tournois noirs, deux paires d'habits tout garnis, un bon lit complet et la moitié des frais de la noce[2].

Au commencement du XIIIe siècle, il y avait déjà plus d'une traduction du Digeste[3], et ce siècle n'était point révolu qu'un trouvère normand, Richard d'Annebaut, mettait en vers les Institutes. Cette traduction, qui fut imprimée à la fin du XVe siècle[4], avait été entreprise principalement pour l'instruction d'un jeune Gascon, élève du traducteur[5]; elle prouve, ainsi que trois passages, l'un du Roman de Tristan, qui passera sous nos yeux plus tard, l'autre des Vers sur la mort[6], le troisième du Roman de la Rose[7], combien la loi romaine était répandue dans l'ancienne France.

Sous le titre de *Lex Romana sub regibus tertiæ stirpis*, Hauteserre a donné

---

[1] *Histoire du château et du bourg de Blandy en Brie*, par A. H. Taillandier. Paris, J. B. Dumoulin, 1854, in-8°, p. 22, 169.

[2] *Diccion. de antigüed. del reino de Navarra*, t. II, p. 309, art. *Matrimonios*.

[3] Voyez *les Manuscrits françois de la Bibliothèque du Roi*, t. II, p. 182-184 et 186; et t. IV, p. 256-266.

[4] *C'est le Livre des institutions des drois, appelé* Institute, *translaté de latin en françois et corrigé en diligence par plusieurs docteurs et souverains légistes*, s. l. n. d. in-folio gothique à deux colonnes. (*Manuel du libraire*, etc. t. II, p. 749, col. 2. — *Catalogue des livres... de feu M. J. L. A. Coste*, etc. Paris, 1854, in-8°, p. 29, n° 204.)

[5] L'abbé de la Rue lui a consacré une notice dans ses Essais historiques sur les bardes, etc. t. III, p. 180-187.

[6] Langue n'est mie sans areste,
Dont avocas porte le teste;
Bien se doit sainier qui le voit.
Miex lor venist canter de geste
C'aprendre Code ne Digeste,
Por faire autrui tort de sen droit.
   Couplet 184. Ms. de la Bibl. imp. n° 6987, fol. 335 verso.

[7] Édit. de Méon, v. 11539; t. II, p. 349.

un chapitre sur le point qui nous occupe dans son ouvrage sur l'Aquitaine [1], chapitre précédé de plusieurs autres consacrés à l'histoire du droit romain dans les Gaules aux époques antérieures.

Quant aux vicissitudes de cette législation de l'autre côté des Pyrénées, elle a été exposée par Fr. W. Unger dans son ouvrage intitulé *Römische und Nationales Recht. Eine Schilderung der Stellung des römischen Rechts im modernen Staate und vornehmlich des Kampfes zwischen dem Nationalen und Römischen Rechte im Königreich Kastilien* (Droit romain et national. Tableau de l'état moderne, et principalement de la lutte entre le droit national et romain dans le royaume de Castille). Göttingen, Dieterich, 1848, in-8°. Voyez encore *Historia de la legislacion española desde los tiempos mas remotos hasta la época presente*, etc. por don José Maria Antequera (Madrid, imprenta de los señores Martinez y Minuesa, 1849, in-8°), et *Mémoire à consulter et consultation sur le franc-aleu du royaume de Navarre*. A Paris, chez Knapen et fils, M.DCC.LXXXIV, in-4°, p. 237-239. (*Droit des gens et droit romain observé en Navarre.*)

Page 60, vers 880, couplet XXVII.

A Olite eut lieu, le 1ᵉʳ novembre 1274, un fait important dont Anelier ne dit pas un mot. Le gouverneur, don Pedro Sanchez de Monteagudo, et plusieurs chevaliers, réunis en cortès, arrêtèrent qu'aussitôt que l'infant don Pedro, fils aîné du roi d'Aragon, se présenterait en Navarre pour recevoir le serment et les hommages des habitants, aux conditions stipulées entre eux et ledit infant, ils jureraient, en lui rendant hommage de mains et de bouche, de remplir ces conditions. Voici le document qui témoigne de ce fait :

Sepan todos los qui esta carta odrán et verán, como nos D. Pedro Sanchiz de Montagudo, seinor de Cascant, gobernador de regno del Navarra, é D. Gonzalbo Ibaynez de Baztan, alferez de Navarra, é D. Johan Garzoiz d'Oriz, abat de Monteáragon, é D. Garcia Ochoa, prior del monasterio de Ronzasvalles, et D. Pedro Sanchiz, dean de Tudela, et D. Miguel Periz de Legaria, tesorero de Santa María de Pamplona, et D. García Lopis, enfermero de Santa María de Pamplona, et D. García d'Oriz, D. Martin Yeneguiz d'Oriz, D. Albar Periz de Rada, D. Pedro Zapata, D. Roldan Periz d'Otansos, D. Martin de Valtierra, D. Martin Garsaiz d'Eusa, D. Gomiz Periz d'Arronis, D. Semen d'Olleta,

---

[1] *Rerum Aquitanicarum Libri quinque*, etc. autore Ant. Dadino Alteserra. Tolosæ, apud Arnaldum Colomerium, M.DC.XLVIII-LVII, in-4°, t. I, lib. III, cap. x, p. 202-205.

D. Roy Semeynes d'Olleta, Juan Martiniz d'Olleta, Aznos Hienegui de Corella, Martin Lopiz d'Oriz, Pero Martiniz Muerlua, Diago Martiniz de Morentain, Gil Martiniz d'Aibar, Sancho Garceis d'Agoncello, Martin Diaz de Mirefuentes, Juan Periz d'Ulleta, Roy Seco, alcait de Buradon, Lope Hieneguis de Sada, Adam de Sada, Juhan Periz de Maylli, alcait de Córtes, Anas Semenis de Caparosso, García Peris de Sangüesa, Roy Marquiz de Tafalla, Alfonso Diaz de Morentain, Albart de Arremon de Malleon, Miguel Martiniz d'Aransos, alcaite de Santa Cara, D. García Periz de Cadreita, Martin de Valtierra el menor, Gil Jemenis de Falces, Gonsalbo Roiz de los Arcos, Pedro Garces de la Raya, Sancho Sanchiz de Leos, Garcia Yeneguiz d'Arguedas, Roy Sanchiz de Sotés, García Garseis d'Araztia, Diago Periz de Sotés, Pedro de Gorris, Gil Miguel de Leoz, Gonsalbo Gil de los Archos, Miguel Semeniz de Enecnesa, Pedro Martinez de los Archos, Pero Periz d'Ozta, Garcia Lopiz d'Arrasta, Hienego de Rada, Pedro Semeniz de Falces, Ferranz Geriz de Echalas, D. Jurdan de Peña, García Aynues de Lerin, Diago O[r]tés de Falces, Juan Elias de Mirafuentes, Per Aybar de Iriberri, Lope Siria d'Aransos, Sancho Periz de Pedrola, Sancho Periz de Muez, Martin Ferrandiz de Falces, Roy Lopis d'Oriz, Garcia Semenis d'Oriz, Juan Periz d'Aniasa, Roy Lopis de Marcella, Semen Ochoa d'Obanos, Pedro García d'Andosilla, Roldan Petris de Sotés, Semen Gonsalbis de Valtierra; de Tudela, don Gil Balduin, alcalde, D. Bernat Durain, D. Lope Ortés la justicia, D. Juan Periz d'Epatos; de Rinal, Andreo de Murusabial, Juan de Croy; de Pamplona, Pedro Arnal el cambiador, D. Ponce Baldoin, Juan Periz Merga, Pedro Aldaba, Pedro de Jalas, Pascoal Baldoin; de Olit, D. Miguel Periz, alcalde, Miguel de Mosquera, D. Tomas Tendoy; de Sangüesa, D. Juan d'Oysurdan, D. Gil d'Uart, Juan de Guintona, Galbet d'Oroz, D. Martin Garceis; de la ciutat de Pamplona, Pascual de Pamplona, Miguel Periz, Salvadin Garcia, Martin Abiecas, Pedro Moba; del Puent de la Reyna, Pedro de Palmas, alcalde, Miguel Albaris, Domingo Larraga, Pedro Lopis, alcalde; Domingo Gratal, Petro Yeneguis, Martial d'Arguedas, Domingo Yeneguis, alcalde, Rodrigo Aznares, Enego de Fustiñana; de Murillo Freto, Miguel de la Puerta, alcalde; de Falces, D. Garcia, alcalde, Garcia Comuña de Asag[ra], Pedro Tabi, Domingo Mancho; de Corella, Lope d'Arasiel, Martin de Funes; de Ujué, Domingo Gintis, alcaide, Sancho Ficito, Orte de Muelas; todos qui fuimos plegados en la cort de Navarra general, que fué feita et plegada en Olit, sobre fecho del infant don Pedro, combenimos et juramos en manos del devandito abat de Montearagon, recibiendo la jura per non... del infant D. Pedro, fillo primo heredero del noble rey d'Aragon, que tan ayna como el dicho infant D. Pedro sea en Navarra, por recebir las juras et les homenages por les condiciones et combeniencias que sunt tratadas et puestas entre ell et los del regno de Navarra, juraremos et faremos homenage á ell, de manos et de boca, de á tener et cumplir las dichas condiciones é los paramientos et las combeniencias, que se contienen en la nota que fu loada et otorgada por toda la cort en Olit; é fo á mi García Echamia, notario de Olit, luego librada de voluntat de todos por fer en dos cartas partidas por letras en forma pública; en pero, otrosi, compliendo et ateniendo á Nos, el dicho infant D. Pedro, aquesas cosas todas como escritas son en las cartas fechas entre eill é los Navarros. Esto fo fecho en Olit, juebes dia prim[er]o del mes de noviembre, fiesta de Todos Santos, anno ab Incarnatione M. CC. LXXIIII. É yo García Echamia, sobredicho notario de Olit, por mandamiento de todos los sobre escriptos escribí esta carta partida por A B C, et fiz esto mio signo acostumbrado. Signum Jacobi de Portu, notarii. Signum Petri de Fraga, notarii. Signum Nicolai de Samares, notarii. Signum Petri Marchesis. »

(*Archivo de comptos*, Pamplona, cajon 3, n° 73.)

Le traité dont il est mention dans ce document, ajoute don José Yanguas, qui l'a publié fort incorrectement dans son *Diccionario de antigüedades del reino de Navarra*[1], ne s'est pas retrouvé; mais on est fondé à croire qu'il était relatif au mariage de la reine doña Juana avec don Alonso, fils aîné de l'infant don Pedro d'Aragon, ou, au cas où ce jeune prince mourrait, avec tel de ses frères qui succéderait au trône[2]. Ce traité ne reçut pas d'exécution.

Il existe deux autres documents qui se rattachent à celui que nous venons de rapporter. Ce sont des vidimus d'actes par lesquels il est établi que l'infant don Pedro avait, en septembre 1274, envoyé à une assemblée (*corte*), à Puente la Reina, ses ambassadeurs, D. Garcia Ortiz de Açagra, don Ferrer de Manresa, juge de la cour dudit infant, et D. Juan Gil Tarin Çalmedina, de Saragosse; ils étaient chargés de demander la couronne de Navarre comme appartenant à leur maître en vertu du droit que son père y avait, les royaumes d'Aragon et de Navarre ayant été de tout temps unis et possé-

---

[1] T. III, p. 46-48. Cf. t. I⁰ʳ, p. 288.

[2] *Compendio historial de las chrónicas y universal historia de todos los reynos de España*, etc. compuesto por Estevan de Garibay, etc. Año 1628. Impresso en Barcelona, por Sebastian de Cormellas, in-fol. t. I, p. 225, col. 2, lib. XXVI, cap. 1. Dans le traité il est également stipulé que, la reine Juana venant à mourir, le prince épouserait une de ses cousines, de préférence la fille du duc de Bretagne, et au cas où don Alonso décéderait, celle du roi Henri s'unirait avec le frère du défunt, qui lui succéderait à la couronne d'Aragon; «y que si esto, continue Garibay, el reyno de Navarra no pudiesse cumplir, que para las costas que el infante de Aragon en la defensa del reyno hiziesse, le darian del patrimonio real de Navarra, ciento y quarenta mil marcos de plata, sobre los setenta mil que ántes se devian, de modo que por todo fuessen dozientos mil marcos de la ley en este tiempo corriente. Los quales se le darian y pagarian desde la Pasqua de Resurrecion primera en un año, y que al derecho que tenian el Rey don Jayme su padre, y el al reyno de Navarra, no parasse esto ningun perjuyzio, mas ántes con todas sus fuerças le ayudarian, á que estas cosas llevassen effecto. Todo lo qual siendo jurado por los tres estados del reyno en primero de noviembre, dia Iueves, fiesta de Todos Santos deste año en la villa de Olite, se obligaron de cumplir, so pena de caer en caso de aleve, salvo en lo tocante á los matrimonios, porque en esto eceptaron este crimen : porque la que se avia de casar, no se hallava en su poder. Muchos cavalleros uvo en el reyno, que en esto no consentieron, ni menos quisieron jurar, teniendo sus pretensos y fines muy diferentes, especialmente don Garcia Almoravid, y otros de su parcialidad y valia, no dieron consenso en ello, de que en el reyno no tardaron en nacer muy grandes divisiones y males.» — (Cf. Zurita, *Anales de Aragon*, vol. I, lib. III, cap. LXXXIX.)

dés ensemble par les rois d'Aragon, et le roi don Sancho ayant désigné D. Jayme pour son successeur. Ceux de l'assemblée répondirent en promettant une réponse à quelque temps de là. Au reste, voici ces deux pièces :

I. Hoc est translatum sumptum fideliter a quodam instrumento per alphabetum diviso, cujus tenor talis est. In Domini nomine. Sea manifesta cosa á todos que come nos, infant don Pedro, fijo primero é heredero del muy noble rey de Aragon, embiassemos à la corte de Navarra, la qual era aperlegada en la Puente de la Reyna, domingo el otro dia de sant Miguel del mes de setembre del anno de M CC LXX quarto, el noble don Garsia Ortiz de Asagra, richomne nostro, é don Ferrer de Menresa, jutge de nostra cort, é don Johan Gil Tarin Çalmedina de Çaragossa, por demandar lo regno de Navarra por razon del dreycho qu'el senyor rey, nostre padre, é nos avemos en el diccho regno é devemos aver, por estas razones qual el diccho regno de Aragos tiempos fué uno con el regno de Aragon, é el regno de Aragon con el regno de Navarra, é siempre reyes de Aragon possedieron é regnaron ensemble Aragon é Navarra, segon que estas cozas se demostran por fama antigua, la qual siempre fué é es ahun é encara por muychos privilegios, donaciones, cartas é poblaciones fechas en aquelos tiempos por rey de Aragon é de Navarra, antecessores nostros, segon es que se demostra plenamente en cartas muychas é privilegios que se fayllen en monasterios, ciudades é villas del regno de Aragon é de Navarra, é ahun por foros dados de los reyes antecessores nostros en el regno de Navarra é d'Aragon. E otrosi por otra razon qu'el noble rey don Sancho, á qui Dieu perdone! primo counario del noble seyor don Jasme, rey d'Aragon, padre nostro, connocie[n]do el drecho que avia en el regno de Navarra, é el parentesco que avia con el affijo á él é á desaffijo á todo homne, assi que si mories ántes d'él, qu'el regno de Navarra, fuesse del diccho padre nostro, con todas sus pertinencias, é esto asseguró per homanatye é por jura, deyos pena de traycion, é mandó á sos riches homnes todos é á los pueblos de Navarra de seguir é attender esto deyos pena otrossi de traicion. E los richos homnes é los poblos juraron esto, segund que se contenesse en cartas públicas en defecchas, las quales se mostraron en ladita cort. E embiamos les á desir que elos compliendo é atorgando á nos el dreyccho que avemos en el regno de Navarra, teniendo so fe é so lealdat que los aui donamos, é ahun si elos entendian que podiessemos maior acuesta o maioramiento d'amor con eles que nos plaseria de coraçon dél á aver. E sobr'esto la cort de Navarra au do se acordó, embiónos á Taraçona los nobles don Pedro San[c]hiz de Montagut, sennor de Cascant é governador de Navarra, é don Gonçalvo Yvayes de Baztan, alferriz de Navarra, é don Johan Gonzalves, su fijo, don Martin Garzes de Coça é don Gil Baldouin, alcalde de Tudela, por mandaderos por nos fazer ende respuesta ; los quales nos respondieron que nos gradesien muycho, quanto nos los embiamos desir é los no tenian á merce. E dixeron nos de parte de la cort que les plaçia todo drecxo qu'el rey, nostre padre, é nos aviessemos en Navarra. Catando la fe é l'alcaldat de Navarra, enquos gradescian muycho lo costamiento é la aiuda que les embiamos á prometer. E demandaron nos quel era el acostamiento que queriamos aver co Navarros, é en que manera les queriamos aiudar. E nos, magüer veamos é conoscamos que el dreycho d'eredar Navarra por amigo dreycho é affijamento del rey don

Sancho é por jura de los Navarros, segond que dreycho es desuso, pertenesce al seyor rey, nostro padre, é á nos, é devies ser, é podiessen conoscer sennorio de nostro padre é nostro á bien é á profeccho de lures almas é sen reprendimiento neguno, catando el deudo antigo, el gran amor que avemos á los Navarros, avendo talant de crescer el deudo é l'amor quanto podiamos, avemos sabor é plasse á nos, é dixiemos á los dicchos mandaderos que don Alfonso, nostro fijo maior, case con dona Johanna, fija del rey don Anrrique. E si ela los Navarros no podian aver, qu'el diccho fijo nuestro casasse con una de las fijas de las ermanas del diccho rey don Anrrique. E si per aventura neguna destas aver non podiessen, case con la fija de don Johan de Bretaynna, sobrina del diccho rey don Anrrique. E si por aventura, lo que Dieus non quera deveniesse del diccho don Alfon[so], fijo nostro, que case con la una d'elas el otro fijo nostro maior qui deve regnar. Dixeremos les atressi que les aiudariamos á defendimiento del regno, con el corpo é con los vassayos é con l'aver é con toda la terra é nostro podier, ben é lealment é esforçadament é sen casamiento neguno, contra tot homne. Dixeremos les ahun que cataremos é terremos todos los fueros é las custumas é donationes fecchas aparelados á las ordenes, riehos homnes, clérigos é ciutadanos é á los homnes de las villas é á todos otres homnes ó muyeres, por donadio á siempre, ó por vida ó á cierto tiempo. E si por ventura conoscerē que poda avier meyoramiento en los f[u]eros, catelo la cort, é nos meyorar los hemos con acuerdo d'elos. E por mostrar amor é meyoramiento, queremos que las cavarios (sic) de Navarra, que son de .cccc. sols, sean de quingentos. Et quando nos ó nostro fijo no seamos en Navarra, que pongamos hy governador del regno, aquel que foyaremmos con conseyo de la cort de Navarra ó de la maior partida. E que todos los officiales del regno sean de la terra. E por attender é complir todas aquestas cosas, pornemos en poder de los Navarros don Alfonso, nostro fijo. E ahun si deveniesse dél lo que Deus ne quera, el otro fijo nostro que deve regnar en logar dél. Demas que lo juremos nos atendre é complir, é lo faremos jurar á don Garçia Ortiz de Açagra é á don Garçia Romun é á Cho de Fozes é don Guilabert de Cruylles é á otros richos homnes de ciudades é de villas que podamos avier bonement. Otorgamos empero esto con aytal condicion que si por aventura el feccho del casamiento no se podia cumplir de neguna de las ditas donas por mort ó por vida, assi com dito es desuso, que los Navarros d'esta Pascha de quaresma primera vinient en un anyo, livren á nos el regno de Navarra todo entegrament, con ciudades, villas, castelos é con todo lo al que pertenesçes al regno. E que d'aquel tiempo á enant tiengan á nos por rey é por senyor, atiendan á nos con personas, ciudades, castelos é villas é otros lugares, assi commo á rey é á senyor, por razon del dreyt qu'el senyor rey, nostro padre, é nos avemos el regno de Navarra. E otrossi si ante d'esto tiempo se pueda cumplir el casamiento ho aver sertinidat d'esti fet, que cumplan luego todas aquestas cozas. Et esto que juran atender é cumplir sobr'el libre é la cruz. E fagan homanatge de manus é de bocha todos los prelados, segund deven. E todos los richos homnes é los caveros é los infanzones é los bonos homnes de ciutades é de villas é todos los pueblos, crestianos, judios é moros del regno de Navarra, á nos, en penna de traicion. E nos que resibamos luego las juras é los homenatges por razon de nostro fijo, que fiçiere el casamiento, si cumplir se pudiere; ó si cumplir non se pudiere, que las recibamos por nos mismos, segons la forma desus dita. Ahun queremos que si nos hovieremos á entrar el regno de Navarra por deffendimiento de la terra, entro á aquel tiempo que nos podamos aiudar é valer de los richos homnes é de los cavaleros é de los infansones é de todos los pobles é de las ciutades é de las villas é de los otros logares, é del pan é del vin é de la carne del rey e de todas la (*sic*) rendas suyas, saccado las rendas que tenen los richos homnes é los cavaleros é los maynaderos é los clérigos é los homnes bonos de las villas é otros homnes ó muyeres por donativo ó por vida, é saccada la retenencia de los castiellos é las messiones que serán mester por aprofeycho del regne. E nos prometen que infra el tiempo dit nos levemos ben é leyalment. E no fagamos torto á niguno ni força de lo suyo, ni nos alsemos con villa ni con castelo, ni furtemos ni hi fagamos furtar villa ni castello niguno ni otro logar. E que faremos desfer las forças que el rey don Sancho ni los otros reyes del en acá les aien fetas. E prometen de cumplir totas las cosas sobreditas, é los complendo á nos otrossi aquelas que les demandamos, segund qu'escrito es desuso. Fuerunt presentes á aquesto, que lo vieron é lo odieron, don Garcia Ortis de Açagra é don Garcia Romun é don Guilabert de Cruylles, é don .K. de Peralta, richos homnes d'Aragon é de Cataluya, é don Johan Gil Tarin Salmedina de Saragossa, Pero Lopen d'Eslava é don F. de Menresa é don Martin Peres d'Oscha de Aragon é de Navarra, é don Peiro Sanxes, dean de Tudela, don Johan Sanxes de Munt Agut, don Pero Lopez d'Especru, .P. Garçia d'Andossella, Enego de Rada, Ruy Examenes d'Olleta, Don Lop Ortiz, justicia de Tudela. Actum Tirassone xvij kalendas novembris, anno Domini millesimo cc° septuagesimo quarto (16 oct. 1274). Signum Raymundi Scoma, notarii publici auctoritate domini regis Aragonie per totam terram et jurisdictionem ejusdem, qui de mandato domini infantis predicti et nunciorum predictorum curie de Navarra hoc scripsit et clausit, loco, die et anno prefixis, cum emendato in xiij linea, ubi dicitur : « E si por aventura neguna d'estas oviere non podiessen, case con la fija de don Johan de Bretayna, sobrina del dit rey don Anrrique. » Signum Petri Marquesii, Barchinonensis notarii. Signum Petri Marci, notarii. Signum Petri de Fraga, notarii.

Signum Petri de Portu, publici Barchinonensis notarii, qui hoc translatum scribi fecit et clausit, et cum originali suo fideliter comprobavit, nono kalendas februarii (24 januar.), anno Domini millesimo ducentesimo septuagesimo quarto. (Trésor des chartes, ann. 1274, cart. J 613, n° 8.)

II. Hoc est translatum scriptum fideliter a quodam instrumento sigillato sex sigillis pendentibus quorumdam nobilium Navarre, cujus tenor talis est : In Dei nomine, sepan todos quantos esta present carta verán, que dia mércoles, tres dias andados del mes de octobre, don Garcia Ortis de Açagra, procurador del noble segnor yffant don Pedro fillo del noble rey de Aragon, con carta suya que commeza : « Noverint universi, » et fincxe : « Data Tarazone xi° kalendas octubris, anno Domini millesimo cc°. lxx°. quarto (21 sept. 1274), » et foron y con él don Ferrer de Manresa, jutge del senuor yffant, don Pedro et doñ Johan Gil Tarin Çalmedina, de Saragoza, en Navarra, en la Puent de la Rayna, ho era mandada cort general de los Navarros, y en presencia de don Armengot, vispe de Pamplona, et del abbat de Mont-Aragon et de doñ Pero Sanches de Montagut, governador del regne de Navarre, et de don Johan Gonsalbo Yvennos de Baztan, et don Garcia Almoravit, et de doñ Johan Gonsalves de Baztan, et de doñ Johan Corvaran, et de don Pero Martinez de Sovizn, et de muitos otros ricos ommes et yffanzones et cavalleros et ciudadanos et bonos omnes de todas las villas de Navarra buenas, mostró una carta del noble sennor yfant don Pedro, de creyenza, que conmenza asi : « De nos yfant don Pedro, » et fincxe : « Dada en Tarosona, diamerues (dia mércoles) iiij dias por andar del mes de setiembre, en el año de mil .c. lxx° quarto. » Encara mostró duos (sic) cartas, con seyellos mayores pendientes, del noble sennor don Yame, rey d'Aragon, la una qui vinia á los ricos omnes et á los cavalleros de Navarra, et la otra á los bonos omnes de las villas de Navarra, que conmensa : « Jacobus, Dei gratia, » et fincxen : « Datas Barchinone iiij° kalendas augusti, anno Domini M°. cc° Lxx° quarto. » Encara el avandicō don Garcia Ortis, procurador, demandó á toda la cort de Navarra, seyendo perlegados en los palacios cabdales del rey de Navarra, en la Puent de la Reyna, por nomne et vos del dcō yfant don Pedro, el regno et la señoria, de Navarra et que los ricos omnes et que los cavares et los co[n]çellos de Navarra livrassen et toviessen al señor rey de Aragon por señor, ho al dcō yffant don Pedro, por nomne del dcō padre suyo, asi come el rey don Sancho, que muerto es, mandó á los richos omnes et á los consellos de Navarra de jurar et de atener con Navarra et con los castellos et con las villas, segunt que se contenexe an la carta del afillamento et de los paramientos que ficieron los nobles sennores doñ Yames, rey de Aragon, et don Sancho, rey de Navarra, la qual carta commensa : « Aquest ye traslat bien et fidelment sacado, » et fincxe : « E comprovó de palavra á palavra con la carta original. » Encara mostró el dcō don Garcia Ortis un traslat d'una carta, en el qual se contenexe que richos omnes de Navarra et de Aragon et de los bonos homnes de las villas de los regnos juraron á tener et conplir les paramientos et les affillamientos que los dcōs reys fetieron entre si, las quales todas sobredicãs cartes et traslates foron leydas per don Michel Sanches de un castiello, chantre de Panplona, en los palacios desusodcōs, et encara leydas las dcãs cartas demandó el dcō don Garcia Ortis al vispe et á los richos homnes et á los yfanzones et á los cavalleros et á los ciudadanos et á los bonos homnes de las villas que toviessen et oviessen por sennor al dcō yffant don Pedro en vos del dcō padre suyo, ho si ellos quessiesen, al dcō yfant, segun que doñ Jame, padre suyo, avia dado á él poder, segun que parexe par las cartas desusodcãs; et que pregava á ellos que toviessen por sennor al dcō yfant don Pedro de todo el regno de Navarra, con los castiellos et las villas, segunt come se cotenexe en las dcãs cartas del sennor rey et por obligamiento que feyto fe por el rey don Sanche al rey doñ Jayme de Aragon por las cartas del affillamientos et de las juras de la (sic) ricos homnes de la (sic) ciudades et de las villas de Navarra. Et el sennor vispe et los prelados et los ricos homnes et los cavalleros et les bones omnes de las villas ovieron sobre esto lur consello, et, avido lor consello, respondieron al avandcō don Garcia Ortis que ellos enviaran lures mandaderos por fer respuesta á él mismo sobre est feyto, de dia domingo primero qui viene, vij dias andados del mes de octubre en vii dias primeros que vienen, en Tarazana, ó ántes, si el sennor yffant feciesse saber á elles que fes á Tarazana. Y en testimonio de todas las sobredcãs cosas, nos dcōs don Armingot, vispe de Panplona, et don Johan Garzes d'Oriz, abbat de Mont-Aragon, et don Pero Sanches de Montagut, et don Gonzalvo Yvannes de Baztan, et don Garcia Almoravit, et doñ Johan Gonzalves de Baztan en esta present carta nuestres seyellos pendientes y mandamos poner. Esto fe feyto en la cort de Navarra, en Puent de la Reyna. E (sic) son encara testimonias d'esto don Exemen de Sotes et don Roldan Perez, alcalde de Navarra, et don Go[n]zalvo Gil de los Arcos, et don Martin de Baltiera, et don Duago Perez de Sotes, et don Gil Baldouin, et don Baldouin de Tudela. Feyta carta dia mércoles, tres dias andades del mes de octobre, era M°. CCC°. XII° (3 de oct. 1274). Ego Rodericus, publicus notarius Tirasone, hanc cartam scripsi et hoc signum feci. Signum Jacobi de Portu, notarii. Signum Petri de Fraga, notarii. Signum Nicholai de Samares, notarii. Signum Petri Marchesii, publici Barchinonensis notarii, qui hoc translatum scriptum ab originali fideliter scribi fecit et clausit, et cum predicto originali instrumento de verbo ad verbum comprobavit, ix. kalendas februarii, anno Domini M°. CC°. LXX°. quarto (24 januar. 1274). (Trésor des Chartes, ann. 1274, cart. J 613, n° 8bis.)

La veuve de Henri le Large, sans doute à la suggestion du roi de France, son cousin, ou sous l'appréhension des périls qui la menaçaient, prit le parti de se placer sous la protection de ce prince; elle s'en alla, avec sa fille, en 1275, et, l'année suivante, se conclut le mariage de celle-ci avec Philippe le Bel, dauphin de France.

Voici les conventions passées, à cette occasion, entre le roi et Blanche :

Blancha, Dei gratia regina Navarre, Campanie Brieque comitissa palatina, universis presentes litteras inspecturis salutem. Notum facimus quod inter nos et carissimum dominum et consanguineum nostrum, Philippum, Dei gratia regem Francie illustrissimum, super matrimonio contrahendo inter filiam nostram Johannam, heredem unicam regni et comitatuum predictorum, et unum ex duobus primogenitis dicti domini regis, qui per dispensationem sedis apostolice eam habere potuerit in uxorem, tales habite sunt conventiones : videlicet quod predictus dominus rex et nos curam adhibebimus diligentem, et operam dabimus efficacem, quod dictus filius domini regis et Johanna predicta, constituta in etate sufficienti ad sponsalia contrahenda, ad sponsalia se obligent. Et quando dicta Johanna ad nubilem etatem venerit, dictus filius domini regis eam accipiet in uxorem, et ipsa eum recipiet in maritum, nisi turpis infirmitas vel enormis deformitas, aut aliud impedimentum rationabile appareret in alterutra personarum ante contractum matrimonium inter ipsas. Et si contingat quod filius dicti domini regis qui dictam Johannam, filiam nostram, uxorem habebit, eidem domino regi in regno non successerit, idem dominus rex voluit et concessit quod ipsa Johanna habeat pro dotalitio suo quatuor milia librarum Parisiensium annui redditus in terra que eidem filio dicti domini regis assignabitur. Si vero contingat dictum filium domini regis eidem domino regi in regno succedere, majus dotalicium eidem assignabitur ad arbitrium domini regis vel ejusdem heredis, si de ipso aliquid humaniter contingeret antequam fieret matrimonium inter ipsos. Premissas autem conventiones promisit idem dominus rex se servaturum bona fide et fideliter impleturum. Et ad hoc se et heredem suum qui eidem in regno successerit, obligavit. Nos vero easdem conventiones juravimus ad sancta Dei evangelia nos firmiter servaturas, et toto conamine nostro fideliter impleturas, et quod contra eas per nos vel alios non veniemus in futurum. Actum est etiam inter nos quod nobis in ballo filie nostre, aut dotalicio nostro, aut in conquestibus quos habere debemus in terris predictis, aut aliis juribus nostris, per predictas conventiones nullum omnino prejudicium generetur. In cujus rei testimonium presentibus litteris nostrum fecimus apponi sigillum. Actum Aureliani, anno Domini millesimo ducentesimo septuagesimo quinto, mense maio. (Trésor des chartes, ann. 1275, cart. J 613, n° 11. Sceau en cire rouge.)

Philippe le Hardi ayant écrit aux barons de la Navarre pour leur annoncer le mariage de leur reine, ils lui répondirent en ces termes :

Serenissimo et magniffico domino, domino Philippo regi Francie, Petrus Sancii de Monte Acuto, dominus de Cascant, gubernator regni Navarre, Gundisalvus Johannis de Baztan, primipilarius regni Navarre, Corbaranus de Vidaurre, Johannes de Vidaurre. Johannes Gundisalvi de Baztan, P. Martini de Suviça, Johannes Corbarani de Elet, proceres et barones regni Navarre, et tota milicia congregata in curia apud Oletum, salutem et devota manuum oscula inclitarum. Noverit vestra regalis Sublimitas quod dominus de Parayo, miles, et Joufredus de Senonis, vester serviens, ad nos et ad totum populum regni Navarre cum vestris literis pervenerunt. Et nos auditis et intellectis que in vestris continebantur literis, et hiis que nobis ex parte vestra verbo proponere voluerunt, intelleximus, unde quam plurimum gavisi fuimus, quod inter dominam nostram, dominam Johannam, regni Navarre dominam et heredem, et alterum de duobus filiis primogenitis vestris, per dispensat[i]onem sedis apostolice, matrimonium est contractum. Preterea intelleximus per eosdem nuncios vestros et literas, quod, hujus rey causa, vos regnum Navarre in vestra proteccione receperitis speciali, et quod solempnes nuncios miseritis ad illustres reges Castelle et Aragonie, ut regnum Navarre sub vestra proteccione constitutum de cetero nullatenus inquietent. Unde gaudemus quamplurimum et vobis regraciamur quantum possumus, tanquam illi qui die qualibet per homines regis Castelle multipliciter et graviter infestamur. Recepimus preterea literas serenissime domine nostre Blanche, regine Navarre, ut cum hec supradicta taliter se haberent, vobis et mandato vestro debemus, tanquam sibi, per omnia obedire Insuper continebatur in vestris literis, et hoc idem retulerunt nobis vestri nuncii viva voce, quod volebatis scire per eosdem nuncios qualiter obedire intendimus illis quos pro conservatione dicti regni Navarre duxeritis destinandos. Ad que Serenitati vestre tale damus responsum : quod vobis et mandato vestro obedientes erimus et devoti, juxta mandatum jam dicte domine nostre regine Navarre, in conservatione regni Navarre, ad opus domine nostre, domine Johanne, ipsius regni domine et heredis. Et recipiemus senescallum, seu gubernatorem, per vos constitutum nomine domine Johanne, domine nostre, Navarrum vel Campanum, vassallum et fidelem domine nostre, domine Johanne. Et hujus rey causam vestris nunciis exposuimus, per ipsos vobis verbo tenus referendam. Ita quod si Campanus habeat constitui senescallus vel gubernator, per vos et dominam nostram reginam et illos de Campania eligatur; et si Navarrus per vos et jam dictam reginam Navarre, et per curiam regni Navarre similiter eligatur. Et quicumque fuerit electus, juret in principio sui regiminis quod omnes violencias, seu forcias, in regno Navarre factas, ad statum debitum revocabit, et quod nostra fora et consuetudines aprobatas nobis inviolabiliter observabit, nec terram suam, seu honorem, alicui procerum, vel militum, auferet, nisi ex legitima causa et que fuerit in regni Navarre curia legitima approbata. Preterea noverit vestra regalis Majestas quod nullum castrum rederemus alicui viventi, auctoritate quarumcumque literarum vel nuncii, nisi tantum domine nostre, domine Johanne, presenti facie ad faciem personaliter existenti, quia hoc juxta forum nostrum et tocius Ispanie non posset aliter fieri sine nota. Super eo vero quod nobis misistis quod et quale nobis pro defensione regni ad presens magis esset auxilium oportunum, sic Dominationi vestre dicimus quod vos, qui multa fulgetis prudencia, et magna in armis gaudetis copia, expertorum quo indigeamus auxilio et consilio ad subveniendum nobis et ad regni defensionem, rectius et discretius poteritis arbitrari, considerando diligenter potenciam et astuciam regis Castelle, quarum vix est numerus, et Navarrorum paucitatem et potissime paupertatem : quare Serenitatem vestram quanto possumus devocius deprecamur, quatinus omni mora et dilacione postposita, que nobis sunt valde periculose et in rebus et personis cotidie dapnose, auxilium nobis pro defensione regni mittere regalis vestra Clementia non moretur; nam Deo teste vobis loquimur, quod occasione hujus guerre, quam per multas partes contra nos et regnum Navarre movent Castellani, cotidie fame, igne et gladio multipliciter cruciamur, presertim quia cum quo possimus contra eos bellatores munire et eis satisfacere pre manibus non habemus. In quorum omnium testimonio sigilla nostra duximus presentibus apponenda. Data die sabati proxima post festum Pentecostes, anno Domini m°. cc°. lxx°. quinto (8 jun. 1275). (Trésor des chartes, ann. 1275, cart. J 613, n° 10. Avec sept sceaux en cire jaune et verte; l'avant-dernier a disparu, il n'en reste plus que l'attache.)

Page 72, vers 1080, couplet xxxi.

Les archives de l'ayuntamiento de Pampelune conservent encore l'original de l'acte qui établit la concession du gouverneur don Pedro Sanchez aux habitants du bourg de Saint-Cernin, dont il est question dans ce couplet :

Sepan cuantos esta present carta verán que yo, don Pero Sanchiz de Montagut, seinor de Cascant, gobernador en Navarra, fago á saber á cuantos esta carta verán, que como los oms de la Navarreria de Pamplona hubiesen armados et parados engeynos contra los del burgo de Sant Cerni et de la poblacion de Sant Nicolau de Pamplona, yo veyendo la guerra que aviamos con Castella, et los Castellanos que entraban en Navarra per facer nos mal, otrosi que nengunos non deben ser osados de parar engeynos unos contra otros, menos de mandamiento de seynor ó del que tiene su logar; é per todas estas cosas mandé á los devant ditos de la Navarreria que toilliesen los engeynos que habian virados contra los del dito burgo et de la dita poblacion, et que los pusiesen en otros logares contra fuera per defenderse de los Castellanos. E otrosi mandé á los del dito burgo et de la dita poblacion que los engeynos que eyllos avian feitos, que no los parasen contra los de la dita Navarreria, mas que los parasen en otros logares contra fuera per defenderse de los Castellanos, et eyllos respondiéronme que lo ferian voluntes, mas yo que parase mientes que asi lo ficiese fer á los de la Navarreria, si non que engaynados podrian seer. Et los de la Navarreria disiéronme que per nenguna res non los toldrian de aquellos logares on los avian parados. E yo veyendo que en esta guia los del burgo et de la poblacion podrian ser engaynados, mandélis que parasen lures engeynos en aquellos logares or meillor se podrian defender de los de la Navarreria. Et en testimonianza de todas estas cosas sobreditas, et como yo mandé parar los engeynos á los del burgo et de la poblacion, elis dada esta mi carta abierta sayeillada con mi sayeillo pendient. E yo Ferrant Periz escribi esta per mandado del dito don Pero Sanchez, viernes dia de Santa Cruz de Mayo, anno Domini millesimo ducentesimo septuagesimo quinto.

Page 74, vers 1091, couplet XXXII.

Le garrot était une espèce de trait, différent du carreau, que l'on lança d'abord à l'aide d'une machine, puis avec une arbalète. Voyez le Glossaire de du Cange, au mot *Garrotus*, t. III, p. 488, col. 2 et 3, et Rabelais, liv. I, chap. XL, et liv. II, chap. XXVI et XVIII.

Il y avait des balistes spéciales pour lancer des garrots :

Pro duabus balistis de garroto emptis ad opus castri de Burgui, c. solidos. (Ms. Bibl. imp. Suppl. lat. n° 165⁷, fol. 91 recto.)

Page 74, vers 1095, couplet XXXII.

Cette importance accordée au métier de charpentier, autrefois laissé, dans les Pyrénées, aux membres d'une classe proscrite par l'opinion publique et par les lois [1], me donne à penser qu'Anelier a voulu parler des ingénieurs. C'est ainsi que, dans notre vieille langue, les sculpteurs étaient appelés *maçons* [2] aussi bien qu'*entailleres* [3]. Il faut remarquer, cependant, que nous avions le mot *engigneor*, *ingingneor*, que Roquefort n'a pas manqué, quoi qu'en dise M. Pluquet [4], de rendre par *ingénieur* [5], et qui figure côte à côte avec *carpentier* dans le *Roman de Rou*, que ce dernier a publié [6]. On le retrouve encore dans cette tirade d'un satirique du XIIIe siècle, qui s'élève

---

[1] Voyez *Histoire des races maudites de la France et de l'Espagne*, etc. passim.

[2] *Chanson du roi de Navarre*, dans l'*Essai sur la musique*, de Laborde, t. II, p. 229. — *Nouveau Recueil de fabliaux et contes*, t. II, p. 307. — *Le Roman de Flore et Blanchefleur*, cité dans *le Romancero françois*, p. 57. — *Le Sort des Dames*, v. 130. (*Jongleurs et trouvères*, etc. publ. par A. Jubinal, Paris, 1835, in-8°, p. 186.) — En 1411, il y avait en Navarre un certain Jean le Home de Tortay, appelé dans une pièce *taillador de imágenes*. (Voyez *Dicc. de antig. del reino de Nav.* t. III, p. 366.)

[3] *Le Roman de la Rose*, édit. de Méon, t. III, p. 288, v. 21071.

[4] *Le Roman de Rou*, t. II, p. 147, not. 2.

[5] *Glossaire de la langue romane*, t. I, p. 458, c. 1.

[6] On lit dans un autre poème de Wace :
Engigneors orent noviax,
Qui tost orent fait mangoniax
As perieres contrejeter, etc.
Le Roman de Brut, t. Ier, p. 17, v. 329.

Toz les engeigneors ait fait li rois mander,
Qui de fust ou de piere savoient bien ovrer, etc.
Fragment cité dans une note du *Roman de Brut*, t. Ier, p. 392.

contre la considération accordée à cette classe d'hommes, aussi bien qu'aux arbalétriers, aux mineurs et à ceux qui combattaient avec des pierres :

> Tuit sont esbahi par le mont
> Des malvès princes qui i sont;
> Et chevaliers sont esperdu.
> Cil ont auques lor tens perdu;
> Arbalestier et mineor,
> Et perrier et engingneor,
> Seront d'or en avant plus chier.
>
> La Bible Guiot de Provins, v. 180. (*Fabliaux et contes*, édit. de Méon, t. II, p. 313.)

On trouve, dans des comptes que nous avons déjà eu occasion de citer, deux articles relatifs à un charpentier de conséquence; ils se rapportent à l'année 1284 :

Item pro expensis magistri Martini et familie sue faciendo defensiones vocatas *archeras* in castro de Cortes, iiij kaficia. (Ms. Bibl. imp. Suppl. lat. n° 165[7], fol. 40 recto.)

Pro expensis equitaturarum magistri Martini carpentarii, dum remansit apud Cortes faciendo defensiones vocatas *archeras*, vj kaficia. (Fol. 40 verso.)

Dans un mystère d'une époque bien postérieure[1], il y a une scène où figurent un charpentier et un maçon; il s'y trouve nombre de termes de leurs métiers.

Page 74, vers 1098, couplet XXXII.

Anelier ne dit pas à quelle ville de Gascogne les habitants du bourg de Pampelune s'adressèrent pour obtenir des ingénieurs. En voyant, au XI° siècle, Gaston de Béarn à la tête des ingénieurs et des charpentiers génois employés au siége de Jérusalem[2], on peut être tenté de s'arrêter à Pau, ou plutôt à Orthez. Pour moi, je ne vois que Bayonne ou Bordeaux en état de satisfaire à une demande semblable; encore m'arrêté-je plus volontiers à cette dernière ville, eu égard à son importance et à ses manufactures d'armes, auxquelles les Navarrais avaient quelquefois recours. En 1358, l'infant D. Luis, frère du roi Charles II, fit venir des ouvriers

---

[1] C'est le *Mistere de la resurrection de nostre seigneur Iesucrist*, imprimée à *Paris*, édit. de Verard, in-folio, sans date, 2° feuillet, verso, col. 1, après la signature d. iii verso.

[2] «Dux enim et duo comites, Normannorum videlicet et Flandrensis, quendam egregium et magnificum virum, dominum videlicet Gastonem de Beart, operi præfecerunt; et super artifices, ne se haberent negligentius circa propositum, curam eum rogaverunt impendere diligentem.» *Willermi Tyren. archiepiscop. Histor.* lib. VIII, cap. x. (*Gesta Dei per Francos*, p. 754, l. 3.) Cf. Raimund Agil. et Guibert. Novigent.

de la capitale de la Guienne pour fabriquer des armes et des armures [1], et, à l'époque où se passent les faits racontés par Anelier, nous voyons un certain *Reymunde de Bardieus* occupé à un pareil travail pour des chevaliers anglais [2]. Vers le même temps un écrivain arabe mentionnait avec éloges les épées de Bordeaux [3]. Dans le siècle suivant, Froissart nous montre les acteurs du combat des Trente armés de courtes épées de cette ville « roides et aigües [4], » et le sire de Berkley combattant avec une épée de Bordeaux « bonne et legere et roide assez [5]; » il nous parle de lances affilées de fer de Bordeaux [6], de larges fers de Bordeaux aigus, mordants et tranchants comme un rasoir, et d'épées forgées dans cette ville « dont le taillant estoit si aspre et si dur que plus ne pouvoit [7]. » Enfin Cuvelier en donne à un écuyer anglais une « qui moult chier li cousta [8]. » A la même époque, il y avait en Navarre un certain Perrin de Bordeaux, *maestro de facer cainones* [9]. Il est juste, cependant, de faire observer qu'au xiv° siècle on fabriquait aussi des armes à Bayonne, ville citée au xiii° pour sa population guerrière [10]. En 1325, Hugues le Despenser mandait à son fils d'y « faire overer tutte manere d'armure » et d'en acheter en Espagne. En même temps il recommandait d'envoyer d'Angleterre en Guienne des bois préparés, si l'on n'avait pas le temps

---

[1] *Dicc. de ant. del reino de Navarra*, t. I, p. 59, 67. — On y trouve le prix d'une armure d'un chevalier navarrais en 1378; une épée de Bordeaux y est cotée six florins.

[2] *Close roll* de la cinquante-quatrième année de Henri III, cité dans *A critical Inquiry into ancient Armour*, by Samuel Rush Meyrick, t. I, p. 150.

[3] Ibn-Sayd, cité par Makkari, Ms. de la Bibl. imp. A. F. n° 704, fol. 56 recto : قال يعني ابن سعيد والسيوف البرذكيات مشهورة بالجودة وبرذيل آخر الا ندلس من جهة الشمال والشرق Cf. *Géographie d'Aboulféda*, traduite par M. Reinaud. Paris, impr. nat. M DCCC XLVIII, in-4°, t. II, 1ʳᵉ part. p. 307.

[4] *Les Chroniques de sire Jean Froissart*, liv. I, part. II, ann. 1351, chap. VII; édit. du Panthéon littéraire, t. I, p. 294, col. 2.

[5] *Ib.* chap. XLIII, ann. 1356; p. 352, col. 2.

[6] *Ibid.* liv. III, chap. XX, ann. 1385; t. II, p. 429, col. 2.

[7] Liv. II, chap. V, ann. 1377 (t. II, p. 5, col. 1); chap. LIX, ann. 1386, p. 567, col. 2. Cf. chap. XIV, ann. 1388, p. 405, col. 1.

[8] *Chronique de Bertrand du Guesclin*, v. 6017; t. I, p. 322. — Un ancien rimeur espagnol dit d'un épieu que le fer en fut fait en France, et la hampe en Aragon. N'y aurait-il pas ici une allusion aux armes de Bordeaux? Voyez *Romancero castellano*, etc. Leipzig, F. A. Brockhaus, 1844, in-12, t. II, p. 205, col. 1, rom. n° 84 (*¡Helo, helo, por do viene*, etc.). Peut-être vaut-il mieux s'arrêter aux fers d'épieu de Toulouse, dont il est question au xiv° siècle :

A son col pent un blachon
A or bendé et à achon ;
Ot une lance merveilose
A un *fer* tranchant *de Tolose*.

Le *Roman de Jouffroi de Poitiers*, Ms. de la Bibl. royale de Copenhague, ancien fonds royal, n° 3555.

[9] *Dicc. de ant. del reino de Nav.* t. I, p. 68.

[10] Matth. Paris, *Hist. maj.* sub ann. 1254; ed. Lond. MDCLXXXIV, p. 759, l. 42.

d'en fabriquer des machines; il conseillait au roi d'emprunter à l'évêque de Durham de ses *espringalles* et de lui demander « aucun bon mestre » pour en faire; enfin il voulait que l'on avertît « le mestres des espringaldz » désignés pour passer en Gascogne, de se tenir prêts en temps convenable [1].

Page 74, vers 1099, couplet XXXII.

Le mot *maiestres*, que nous avons rendu par *ingénieurs*, et qui est resté dans notre langue pour désigner des peintres et des musiciens chefs d'école, paraît avoir eu, de l'autre côté des Pyrénées, le sens d'*ouvriers*. On le voit par les passages suivants :

> Buscó buena madera qual avie mester,
> Demandó los *maestros*, destaió al loguer....
> Estando los *maestros* todos man á maxiella,
> El confessor precioso issio de sue capiella, etc.
> *Vida de san Millan*, copl. 226 y 229. (*Coleccion de poesias castellanas*, etc. t. II, p. 142.)

« De Damasco llevó los *maestros* que pudo aver, asi de paños de seda de todas maneras, como los que facen arcos con que ellos tiran, é armeros, é los que labran el vidrio é barro, que los avia alli los mejores del mundo. » (*Vida del gran Tamorlan*, edicion de M DCC LXXXII, p. 190.)

Chez nous, l'acception du mot *mestre* était beaucoup plus large. L'auteur du *Roman de Trubert* s'en sert indistinctement dans le même ouvrage pour désigner un peintre, un charpentier et des médecins. Voyez v. 75, 96, 99, 113, 118, 457, 1020, 1060, etc. (*Nouveau Recueil de fabliaux et contes*, t. I, p. 194, 195, 206, 224, 225.)

Dans le récit que fait Philippe Mouskès du siége de Tournay par Sigebert, le mot *mestre* a été pour l'éditeur l'occasion d'une lourde méprise. Il y a dans le texte :

> A Markeng estoit li markiés,
> Et à Blandeng li mestres siés :
> Encore est-çou la mere glise.
> T. I, p. 37, v. 918.

M. de Reiffenberg traduit *li mestres siés* par *les charpentiers, scieurs, chargés*

---

[1] *Collection générale des documents français qui se trouvent en Angleterre*, recueillis et publiés par Jules Delpit, t. I. Paris, J. B. Dumoulin, 1847, in-4°, n° CXIII, n°ˢ 5, 6, 12, 17; p. 56, 57. Cf. n° 27, p. 58, et introduction, p. CCXXI.

de fabriquer les machines de siége, au lieu d'écrire *le maître siége*, sens qui lui était indiqué par le vers suivant.

Page 78, vers 1136, couplet xxxiv; et page 238, vers 3687, couplet lxxix.

Le *ruano* ou *hombre de rua*, différent de l'homme des champs, était un ouvrier mécanique, un homme occupé d'autre chose que d'agriculture. Les gens de cette caste avaient un *fuero* particulier; on les désignait aussi sous le nom de *francos*. Voyez *Diccionario de los fueros del reino de Navarra*, etc. art. *Deuda*, p. 19, not. 15; art. *Fueros*, p. 39, 40, not. 27, et art. *Pruebas*, p. 103, not. 36.

Page 78, vers 1158, couplet xxxiv.

En France, le roi appelait ses bonnes villes celles auxquelles il voulait témoigner une affection plus particulière, et que, pour cette raison, lui ou les rois ses prédécesseurs avaient affranchies de toutes tailles et autres impositions ordinaires, leur accordant à cet effet le droit de bourgeoisie. Voyez *Nouvel Examen de l'usage général des fiefs*, t. I, p. 20, en note.

On lit dans un ancien roman :

> Costume estoit, signor, à icel dis
> Qu'ensemble estoient li chevalier gentil
> Aus *bonnes villes*, aus chastiaus signoris :
> Or sunt aus viles, aus bors et aus maisnis
> Et aus buissons ensemble o les berbis.
>
> *Li Romans de Garin le Loherain*, t. I, p. 166.

Louis IX, dans son ordonnance touchant les mairies dans toutes les bonnes villes du royaume, les distingue des communes en les énumérant à leur suite. Voyez *Ordonnances des roys de France de la troisième race*, t. I, p. 82.

Page 80, vers 1179, couplet xxxv.

A tout moment il est question, dans les écrivains du moyen âge,

> .... de Rollant,
> Dont cil jogleor vont cantant.
>
> *Le Roman de Thebes*, Ms. de la Bibl. imp. n° 6987, fol. 63 recto, c. 2, v. 42.

Nous avons recueilli, dans le glossaire et index de notre édition de la

Chanson de Roland, p. 206, col. 2, p. 214, col. 2, tous les textes concernant ce héros venus à notre connaissance avant 1837, époque à laquelle elle parut. La même année, la Revue de Paris du 19 février accueillait une tradition allemande relative au neveu de Charlemagne, au martyr de Roncevaux.

On trouvera également un long article consacré à Olivier, son compagnon, dans la première de ces deux publications, p. 199, col. 2. Nous nous bornons à y renvoyer, sans chercher à augmenter, ce qui nous serait facile, le nombre des passages d'anciens auteurs que nous avons rapportés pour donner une idée de la vogue dont jouirent les deux célèbres paladins pendant tout le moyen âge.

Page 84, vers 1255, couplet XXXVII.

Érard de Valéry, de Saint-Valérian et de Marolles, chambrier de France et connétable de Champagne, suivit le roi Louis IX au premier voyage qu'il fit en la terre sainte, en 1248. Le sire de Joinville en parle, en maint endroit de ses mémoires, comme d'un chevalier preux, hardi et renommé, « et qui assés sot de bataille[1]. » Érard fit son testament au mois de juin de l'année 1276; il était mort en novembre 1277[2].

Ceux qui seraient curieux de plus amples détails peuvent recourir à la notice que M. Jubinal a donnée sur Érard de Valéry dans les OEuvres complètes de Rutebeuf, t. I, p. 360-370.

Page 86, vers 1272, couplet XXXVII.

Par son testament fait au château de Montpensier, le 12 juin 1225, le roi Louis VIII avait disposé de la terre d'Auvergne en faveur d'Alphonse, son fils puîné; le 24 juin 1241, dans un parlement tenu à Saumur, saint Louis abandonna à son frère partie de cette terre, ainsi que le comté de Poitou et le pays d'Albigeois. Pendant tout le temps que dura l'apanage jusqu'en 1271, le comte Alphonse eut en Auvergne des officiers pour administrer la justice en son nom. L'un d'eux, Eustache de Beaumarchais, était bailli des montagnes d'Auvergne en 1265[3]. En 1269, nous le voyons

---

[1] *Histoire de saint Louis*, etc. édit. du Louvre, p. 261, 264. Cf. p. 64, 228, 260, 265.

[2] *Histoire... de la maison royale de France*, etc. par les PP. Anselme et Simplicien, t. VII, p. 406.

[3] « En 1265, Guillaume, *comitor*, seigneur d'Apchon, s'estant mis à la teste des habitans des Faugouse (Falgouse), alla ravager plusieurs terres dans la haute Auvergne, qui estoient du

sénéchal de Poitou pour le même comte, et possesseur, en Auvergne, de terres régies par Bernard de Moncignet [1].

L'administration d'Eustache de Beaumarchais a laissé peu de traces en Poitou. Il figure dans la liste la plus complète des sénéchaux de cette province de la manière suivante : « Eustache de Beaumarchais, *de Bellomarchorio*, sénéchal du Poitou en 1269-1276; » et en note : « C'est mal à propos que Thibaudeau dit qu'il exerçait en 1269. » Il est de fait que Thibaudeau dit 1260, et non 1269 [2].

M. Rédet, l'habile archiviste du département de la Vienne, n'a trouvé qu'un seul document où Eustache de Beaumarchais soit mentionné : c'est

ressort, district et juridiction du prince Alfonse; à cause de quoi ce seigneur fut poursuivi par Eustache de Beaumarché, seigneur de Calvinet, bailly des montagnes d'Auvergne, à la requeste du vicomte de Murat, du seigneur de Tournemire et d'autres chevaliers; mais cette affaire fut terminée par sentence arbitrale donnée le jeudi après la Toussaint audict an, par Estienne, doyen de Mauriac. (Archives d'Apchon.) » *Histoire d'Auvergne* par l'abbé Teillard, curé de Virargues, p. 26; manuscrit autographe entre les mains de M. Delalo, à Mauriac. (Voyez *Description historique et scientifique de la haute Auvergne* (*département du Cantal*), etc. par J. B. Bouillet.) Paris, J. B. Baillière, 1834, in-8°, p. 288, en note. Cf. p. 294. — Dans une liste des baillis des montagnes d'Auvergne, rédigée, en 1760, par M. Raucilhac de Chazelles, lieutenant particulier au bailliage d'Andelat, on lit : « 1265. Eustache de Beaumarché, chevalier, seigneur de Calvinet, de Chambeuil et de Falcimagne, coseigneur de Tournemire, bailli des montagnes d'Auvergne, et ensuite sénéchal de Toulouse. » — Il paraît qu'Eustache possédait également le château de Sénezergues, qui appartenait en 1284 aux comtes de Rodez, et qui devint après lui la propriété de la famille de la Roque. (Voyez *Coutumes locales de la haute et basse Auvergne*, par Chabrol, p. 725, 849; et *Dictionnaire statistique du département du Cantal*, par M. Déribier. Aurillac, de l'impr. de Picut, M DCCC XXIV, in-8°, p. 355, etc.)

[1] Alips, fille et héritière de feu Guillaume de Tremoilles, s'étant plainte de ce que ce personnage, au nom d'Eustache, avait profité de sa minorité pour usurper mille septerées de terre, le comte Alphonse manda en ces termes au connétable d'Auvergne d'accueillir cette plainte et d'y faire droit :

« *Constabulario Alvernie pro Alipdi, filia defuncti Guillelmi de Tremoilles.*

« Alfonsus, filius regis Francie, comes Pictavie et Tholose, dilecto et fideli suo constabulario Auvernie salutem et dilectionem. Ex parte Aelipdis, filie et heredis defuncti Guillelmi de Tremoilles, nobis est conquerendo monstratum quod Bernardus de Moncignet, nomine Eustachii de Bello Marchesio, militis, senescalli nostri in Pictavia, ipsam minorem mille sextariatis terre indebite, ut dicitur, spoliavit in ipsius minoris prejudicium non modicum atque dampnum. Quare vobis mandamus quod vocato dicto Bernardo et qui fuerint evocandi, dictam minorem super hiis diligenter audiatis, exhibentes eidem, super predictis, celeris justicie complementum de personis et rebus quas ad juridiccionem nostram noveritis pertinere. Datum Parisiis, die Veneris ante festum beati Thome apostoli, anno Domini M° CC° lx° nono. » *Epistolæ Alfonsi, comitis Pictavie et Tholos.* (1269-1270), au Trésor des Chartes, cart. 319, n° 5, folio 59 verso.

[2] *Histoire de Poitou*. Niort, Robin et compagnie, 1839-1840, in-8°, t. III, p. 458.

un acte du mois de juin 1260, par lequel Alphonse, comte de Poitou et de Toulouse, sur le rapport de son sénéchal en Poitou, donne aux abbé et religieux de Moutierneuf, pour les indemniser de quelques héritages situés près des fossés et des murs du château de Poitiers, qu'il leur avait ôtés, une rente annuelle de vingt-cinq sous sur des jardins situés derrière la maison de Saint-Lazare [1]; mais d'autres pièces conservées au Trésor des Chartes, surtout trois lettres adressées, par le comte de Poitou, à son lieutenant [2], démontrent à l'évidence que cette date de 1260 est fausse, ou plutôt qu'elle a été mal lue. On ne voit pas, d'ailleurs, comment Eustache de Beaumarchais aurait pu être sénéchal de Poitou à cette époque; car Thibaud de Neuvi (*Theobaldus de Noviaco*) remplissait ces fonctions le 23 septembre 1261, le 29 juillet 1263, etc. et même en 1259, d'après des documents positifs. Déjà chevalier et au service du comte Alphonse [3], Eustache, qui avait remplacé Simon de Coutes, de sénéchal de Poitou devenu châtelain de la Roche-sur-Yon [4], puis en 1260, chevalier de la maison du

---

[1] Recueil de Dom Fonteneau, aux archives du département de la Vienne, t. XIX, p. 417. M. Rédet a vainement cherché l'original de cet acte dans le dépôt qu'il administre si habilement.

[2] *Senescallo Pictavensi pro Gaufrido de Leziniaco, milite.* (Datum apud hospitale prope Corbolium, die Martis post Pascha, anno Domini M° CC° LX°° octavo.) Littere senescallie Pictavensis incepte in Pascha, anno Domini M° CC° LX° viij, au Trés. des Chart. cart. J. 319, n° 4, folio 92 recto. — *Senescallo Pictavensi pro comite Pictavie et Tholose super facto monete.* (Datum apud Rampillam, die Martis in festo apostolorum Philippi et Jacobi, anno Domini M° CC° LX°° octavo.) — *Senescallo Pictavensi pro comite Pictavie.* (Datum ut precedens, ibid. folio 98 recto.) — *Episcopo Pictavensi pro comite.* (Datum Parisiis, die Mercurii ante nativitatem beati Johannis Baptiste, anno Domini M° CC° LX° octavo.) Ibid. folio 95 recto. Eustache de Beaumarchais est nommé à la troisième ligne. — *A Jehan de Nantuel, chevalier, et au seneschal de Poitiers et Xant' pro comite.* (Ce fu donné le mecredi après la feste saint Michiel en l'an Nostre-Segneur, M. CC. LX et viij.) Littere senescallie Xanctonensis incepte in Pascha, anno Domini M. CC. et lx viiij. Ibid. folio 113 recto. — *Senescallo Xanctonensi pro comite Pictavie et Tholose super facto Judeorum.* (Datum die sabbati post festum beati Luce euvangeliste, anno Domini M° CC° LX°° octavo.) Ibid. folio 114 recto.

[3] « Universis presentes litteras inspecturis Eustachius de Bello Marchesio, miles, salutem. Notum facio quod ego ab illustri viro et karissimo domino meo Alfonso, comite Pictavensi et Tholosano, mutuo recepi centum libras turonensium, sibi reddendas et solvendas quando ab ipso, vel suo certo mandato, fuero requisitus. In cujus rei testimonium predicto domino comiti presentes litteras dedi sigillo meo sigillatas. Datum apud Longum Pontem, dominica post festum beati Mathie apostoli, anno Domini millesimo ducentesimo sexagesimo septimo. » (Trésor des Chartes, cart. J. 322, pièce n° 29.)

[4] Cet officier nous l'apprend lui-même dans une lettre écrite avant le 1ᵉʳ mai 1268 et copiée à la suite d'une autre adressée à Eustache de Beaumarchais :

Senescallo Pictavensi pro comite Pictavie.

Alfonsus, filius regis Francie, comes Picta-

roi pour la croisade de Tunis[1], eut pour successeur Henri de la Chapelle, qui exerçait encore en 1276.

Il avait épousé, probablement pendant qu'il était bailli des montagnes

vie et Tholose, dilecto et fideli suo Eustachio de Bello Marchesio, militi, senescallo Pictavie, salutem et dilectionem. Super eo quod nobis per vestras litteras intimastis quod fidelis noster Symon de Cubitis, miles, nunc castellanus de Ruppe super Oyon, circa nostra negocia promovenda ac debita exigenda benigne et fideliter vos instruxit, quodque pauci aut ullus de eodem hactenus sunt conquesti, gratum geremus et acceptum, vobis mandantes quatenus cum ea qua poteritis cura et sollicitudine diligenti circa negocia nostra fideliter et utiliter procuranda et procurandam, bono tamen modo et licito perquirenda, efficaciter laboretis, ac ea que nobis debentur ab eodem Symone de Cubitis, milite, vobis et aliis, tam de novo quam de veteri, tum occasione finacōrum quam aliis de causis, emendis scilicet seu aliis quibuscumque, exigatis et levetis, presertim cum eadem debita ascendant usque ad non modicam quantitatem, sicut prefatus Symon nobis per suas litteras intimavit, quarum transcriptum vobis mittimus infrascriptum; ac pecuniam in majori quantitate qua poteritis habitam afferatis apud Templum Parisius, vel adduci faciatis, cum ad nos veneritis in crastinum quindene instantis Penthecostes, facto scambio de moneta nostra Pictavensium novorum cum Turonensibus bonis et legalibus, vel empto inde auro in paleola, seu alia moneta aurea, sicut vobis traditum fuit in scriptis, vel meliori modo, si possitis, si vobis constiterit quod circa hujusmodi scambium faciendum nostra versetur utilitas, pocius quam afferri in Franciam moneta Pictavensium predictorum. In premissis autem et aliis negociis nostris, ac bono et fideli regimine terre nostre, taliter vos habentes quod vestram diligentiam debeamus merito commendare. Symoni de Cubitis, militi, predicto, Arnulpho clerico, et Guillelmo Petet ex parte nostra dicatis quod in crastino quindene instantis Penthecostes ad nos intersint. Datum ut precedens

(apud Rampillam, die Martis in festo apostolorum Philippi et Jacobi, anno Domini m^o cc^o lx^o octavo).

« *Littera subscripta in precedenti.*

« *A son très-excellent et très-redoutable seigneur Aufonz, fiuz le roy de France, conte de Poitiers et de Tholose, Symons de Coutes, chevaliers, sis chateleins de la Roche-seur-Oyon, saluz e toute reverence o servise leal.*

« Sire, je vous rent graces et merciz tant com je puis de ce que vos m'avez relaschié de vostre seneschauciée de Poitou et de ce que vos m'avez retenu par vostre grace en vostre servise ou chatel de la Roche. Et sachiez que je ai ensengné et monstré diligenment et loiaument, à mon pooir et à vostre profist, à vostre seneschal l'estat de voz besongnes et de vostre terre et de totes voz choses et de voz rentes, si com vos porroiz miuz savoir par lui que par moy. Et ai conté à li de totes les choses certeinnes qui vos sont deues en Poitou, sanz vos rentes, fors de cest terme de la Penthecoste qui vient; et monte la some xiiij^m vj^c lvi livres vi sols, dont l'en devra à cest terme de la Penthecoste vi^m iv^c xlviii livres xv sols, que por vos que por le roy de Sezile. Et sachiez que vostre terre est, Dieu merci, en bon estat, ne je ne croi pas que voz rentes ne voz droiz soient en riens deperdu par ma deffaute. Il seroit bien trové par les contes de la court que je ai rendu chascun an, que je ai tenu vostre terre ii^m livres plus que il n'avoit esté fet lonc tans avant. Mandez-moi vostre plesir et commandez com à vostre leal. » (*Littere senescallie Pictavensis, incepte in Pascha anno Domini m^o cc^o lx^o viij*, in Th. Chart. cart. J. 319, n° 4, folio 93 verso.) Voyez une autre lettre du même *au conte sur la monoie* dans le registre lxx du Trésor des Chartes, vol. Ier, pièce 31.

[1] Voyez le Recueil des historiens des Gaules et de la France, t. XX, p. 307, col. 1.

d'Auvergne, Marine, veuve de Pons de Villa, mort avant 1261 [1]. Sa femme fit son testament au mois de juillet 1280 et laissa divers legs pieux aux pauvres et aux couvents d'Aurillac [2].

Dans un acte de même date, Eustache n'a d'autre titre que celui de chevalier du roi [3]; en 1288, il est qualifié de sénéchal de Toulouse [4].

Nous avons fait toutes les diligences en notre pouvoir pour retrouver ses traces dans cette ville : nos recherches ont été vaines. Une lettre de M. le ministre de l'intérieur à son collègue le ministre de l'instruction publique et des cultes, en date du 27 avril 1855, est venue nous apprendre que les investigations prescrites par M. le préfet de la Haute-Garonne avaient été infructueuses; qu'il n'existait dans les archives de ce département aucun document se rapportant à l'administration d'Eustache de Beaumarchais. Nous sommes donc réduit à ceux dont ont fait usage les auteurs de l'Histoire générale de Languedoc. On y voit, liv. XXVII, chap. LV [5], qu'en 1279 Géraud, comte d'Armagnac, s'étant révolté contre l'ancien gouverneur de la Navarre, alors sénéchal de Toulouse, celui-ci, après avoir assemblé les troupes de la sénéchaussée, lui livra bataille, le fit prisonnier et l'amena en France, où le comte demeura deux ans en prison au château de Péronne. Ce fait était établi par une pièce des archives de l'église d'Alby que D. Vaissette cite en note et qui n'a pu être retrouvée.

Dans le chapitre LVI [6], on voit Eustache de Beaumarchais, avec Imbert

---

[1] Nous avons dans les *Olim*, t. Ier, p. 140, le résumé d'une enquête faite sur la saisine de la maison de feu Pons de Villa, sur l'amende due au roi, et sur les violences faites à Gautier, bailli du roi dans la ville d'Aurillac.

[2] «Juillet 1280. Testament de Marine; elle se dit veuve de Pons de Villa, et épouse en deuxièmes noces d'Eustache de Beaumarchais. Le testament est passé à Aurillac, et elle y fait divers legs pieux aux pauvres et aux couvents de cette ville.» (Inventaire des titres d'Aurillac, à l'hôtel de ville du chef-lieu du Cantal.)

[3] Le lundi avant la fête de sainte Madeleine, 1280, sentence arbitrale rendue par Eustache de Beaumarchais, entre l'abbé et les consuls d'Aurillac, au sujet des franchises et coutumes de la ville, sentence connue sous le nom de *première paix*. La bibliothèque publique d'Aurillac en possède deux copies : l'une, en latin, est reproduite textuellement dans des lettres patentes du roi Charles VII, du mois de juillet 1442; la seconde, qui est la plus ancienne, est en langue romane, et l'écriture paraît être du XIIIe siècle. Eustache y est mentionné de la manière suivante : «Nos, Estacha de Belmerchiet, cavaliers de nostre senhor lo rey de Fransa.»

[4] Dans les lettres patentes du roi Philippe le Bel, datées de Paris, au mois de février 1288, qui ordonnent l'exécution de la sentence (lettres conservées à la bibliothèque d'Aurillac), Eustache de Beaumarchais est qualifié de chevalier et de sénéchal de Toulouse.

[5] Édit. in-folio, t. IV, p. 31.

[6] *Ibid.*

HISTOIRE DE LA GUERRE DE NAVARRE. 411

de Beaujeu, connétable de France, médiateur entre Sicard d'Alaman, damoiseau, fils et héritier de feu Sicard d'Alaman, chevalier, et Guillaume, abbé de Belle-Perche, Pierre, doyen de Saint-Martin de Tours, et Jean *de Puteolo*, chanoine de Chartres, commissaires députés par le roi pour prononcer sur une action intentée contre le défunt, en raison des usurpations qu'on l'accusait d'avoir faites dans les domaines de feu Alphonse, comte de Toulouse et de Poitiers. D. Vaissette cite des lettres royaux de 1279 extraites des manuscrits de Chauvelin, qui prouvent qu'Eustache de Beaumarchais et Imbert de Beaujeu commandaient cette année dans la province de Languedoc.

Si nous en croyons la chronique de Guillaume Bardin[1], le premier, ayant été suspendu de ses fonctions de sénéchal, fut absous et rétabli dans sa charge par arrêt d'un parlement tenu à Carcassonne en 1283; mais plusieurs réflexions nous persuadent, comme à D. de Vic, que tout ce que Bardin rapporte de ce parlement est entièrement fabuleux[2]. Cette même année 1283, Eustache fut chargé par le roi, avec Bertrand de Montaigu, abbé de Moissac, et Étienne de Mortel, juge-mage de Toulouse, d'examiner les coutumes de cette ville; il en prit connaissance, les approuva, y mit son sceau, et fit ensuite prêter serment à tous les habitants de les observer, dans une assemblée générale qui fut tenue en 1286[3].

On voit encore davantage le législateur chez Eustache, dans les priviléges de Grenade-sur-Garonne, bastide qui venait d'être fondée à trois lieues de Toulouse[4]. La petite ville de Valence-en-Albigeois le fut certainement par lui, comme en témoignent les priviléges qu'il leur donna et qui furent confirmés en 1351[5]. Le nom de *Beaumarchais* (*Bellum Marquesium, seu Marchesium*) que porte une autre bastide royale, mentionnée, avec celle de Marsiac, dans un arrêt du parlement de Paris de l'an 1309, nous autorise à croire qu'il en fut également le père[6].

En 1285, Philippe le Hardi ayant franchi les Pyrénées orientales par le col de la Mançana, mit le siége devant Gironne et s'en rendit maître par capitulation. Il y fit son entrée le 7 septembre, et y établit pour gouverneur

---

[1] *Histoire générale de Languedoc*, t. IV, preuves, col. 6.
[2] *Ibid.* not. 1, chap. VIII, p. 524, col. 2, 525, col. 1.
[3] *Ibid.* liv. XXVII, chap. LXXIV; t. IV, p. 43.
[4] *Ordonnances des roys de France de la troisième race*, t. IV, p. 18-24.
[5] *Ibid.* p. 105-107.
[6] *Hist. gén. de Langued.* liv. XXIX, ch. XXVI; t. IV, p. 148, et preuves, col. 141.

Eustache de Beaumarchais, sénéchal de Toulouse, avec douze cents chevaliers et cinq mille fantassins de garnison[1].

L'année suivante, le lundi après l'octave de la Purification de la sainte Vierge, cet officier établit avec Guillaume, abbé de Belle-Perche, une charte de pariage de ce monastère avec le roi pour les villes de *Monte-Ayno* et de *Gargainvilar* qui appartenaient à cette maison, et pour la ville d'Angerville, qui était du domaine royal[2].

En 1287, le bailli d'Auvergne, qui rendait compte des recettes et des dépenses, tant pour le bailliage des montagnes que pour celui d'Auvergne, portait en recette, dans le compte du premier, quatre-vingts livres dues par Eustache de Beaumarchais, et en dépense deux cents livres pour la moitié de la rente viagère constituée sur les revenus du bailliage à ce chevalier[3].

En 1290, le samedi après la fête de sainte Luce, il dressait avec Arnaud Raimond, abbé de Saint-Jean de Sordas, de l'ordre de Saint-Benoît, diocèse de Dax, et frère Arnaud Garcia, moine et syndic de ce monastère, une charte de pariage avec le roi, pour la ville de Sordas et ses dépendances[4].

En mars 1291, on le voit à Paris figurant dans un acte relatif à un échange de propriétés avec le roi[5], et le 1ᵉʳ août 1291, il donne quit-

---

[1] Zurita, *Anales de la corona de Aragon*, lib. IV, cap. LXIX. — *Hist. gén. de Lang.* t. IV, p. 50.

[2] Trésor des Chartes, cart. J. 397, n° 18.

[3] Dans le compte rendu par Jean de Trie (*de Trya*), bailli d'Auvergne, au terme de la Toussaint 1287, au chapitre relatif au bailliage des montagnes, on porte en recette : « De debito domni Eustachii de Bellomarchesio LXXX lib. » Et en dépense : « Domino Eustacbio de Bellomarchesio, pro medio reditus sui dati ad vitam suam, cc lib. » (Ms. de la Bibl. publ. de Clermont, C. 255, n° 4.)

[4] Trésor des Chartes, cart. J. 397, n°ˢ 15 et 15 *bis*.

[5] Voici cet acte intéressant pour l'histoire de la vie privée d'Eustache : « A touz ceus qui ces lettres verront, Guillaume de Hanget, garde de la prevosté de Paris, salut. Nous fesons à savoir que par devant nous vint noble homme monseigneur Eustache de Biaumarchès, chevalier, seneschal de Toulouse; requenut en droit par devant nous que il avoit eschangié et par non d'eschange bailllié, quitté, otroié et delessié dès orendroit à touz jourz perpetuelment et heritablement à nostre seingneur le roi, pour la quarte partie que nostre sire li rois avoit ou chastel, en la ville et en la baronnie de Haute-Ribe en l'esveschié de Toulouse, si comme il est contenu ès lettres dudit nostre seingneur le roi, fetes sus celui eschange, si comme il disoit, les choses qui s'ensuivent : c'est à savoir quatorze livrées treze soudées sis deniers et maille de tournois de rente assis en la ville de Puisuiran en l'esveschié de Toulouse, avesques toute juridicion que lidit monseingneur Huitace achata de monseingneur Hue de Voisins, chevalier, si comme il disoit; derechief sis livrées à tournois de rente assis ès escours de Viviers en Leutaroys en l'eveschié de Toulouse, qui furent foiz de Navare; derechief cent dix-sept livres et dis sous de tournois de rente, lesquiex lidit monseingneur Eustache prenoit en la bourse le roi chascun an de rente sus le salin de Toulouse, que lidit monseingneur Eustache achata de monseingneur

tance, au nom de son maître, à Guyot *de Appiano*, écuyer, de toutes les sommes que lui et ses gens pouvaient devoir au roi pour cause de violences (*pro portationibus armorum*)[1].

En 1294, il était décédé, laissant, pour lui succéder, Marie, sa fille unique. D'après Dom Coll[2], elle aurait épousé Pierre de la Vie de Villemur, neveu du pape Jean XXII; Chabrol[3] lui donne pour mari Jean de Chamblat, qui vendit Calvinet à Pierre de la Vie de Villemur, en 1333. Les documents nous manquent pour vérifier quelle est celle de ces deux assertions qui doit être préférée. Il paraît que Marie de Beaumarchais ne fut mariée qu'après la mort de son père et postérieurement à l'année 1294; autrement il n'est point à présumer que l'on eût oublié le nom de son mari dans un acte dont l'original, en parchemin, a été communiqué par M. Desbouis, bibliothécaire de la ville de Clermont[4], à M. Delalo. C'est à ce savant que nous

Bertran, vicomte de Lautré, si comme il disoit; derechief sexante-cinq livrées de terre à tournois, avec toute juridicion, que lidit monseingneur Eustache avait bailliez et assis en non du roi et pour le roi à monseingneur Giraut de Cassebon, chevalier, du propre heritage dudit monseingneur Eustache, assis à Tonnac et en la ville d'Alerac, ès appartenances et en la chastelerie de Tonnac en l'esveschié d'Alubi en Aubigais, pour l'eschange que lidit monseingneur Giraut avoit fet au roi de la terre du Pui, si comme il disoit, avesques tout le droit que cil monseingneur Eustache avoit et povoit avoir ès choses desus dites, à tenir et à avoir à touz jourz mès dudit nostre seingneur le roi, de ses hoirs et de ses successeurs et de ceus qui auront cause de lui; la somme desqueles choses est deus cenz livres soissante-trois souz sis deniers et maille de tournois, si comme lidit monseingneur Huitace disoit. Et promist par devant nous et par son loial creant li devant dit monseingneur Eustache, que il encontre l'eschange, le bail, la quittance et l'otroi desus diz, n'ira ne aler ne fera, et que jamès d'ores en avant ès choses desusdites bailliées et eschangiées, par aucun droit, quel qu'il soit, commun ou especial, riens ne reclamera ne reclamer ne fera par lui ne par autres à nul jour, ainçois les choses desus dites bailliées et

eschangiées dudit monseingneur Huitace, si comme il est dit desus, à nostre seingneur le roi et à ceus qui auront cause de lui, garantira, delivrera et defendra à touz jourz contre touz, aus us et aus coustumes du païs. Et quant à ces choses desus dites et chascunne d'icelles tenir fermement et loialment remplir, ledit monseingneur Eustache a obligié et soumis, lui et ses hoirs, touz ses biens et de ses hoirs, muebles et non muebles, presenz et à venir, à jousticier à nous et à noz successeurs. En tesmoing de ce, nous avons mis en ces lettres le seal de la prevosté de Paris, avec le seel dudit monseingneur Eustache. Ce fu fet en l'an de grace mil deus cent quatre-vinz et onze, le mois de marz. (Trésor des Chartes, carton J. 295, n° 36 *bis*. Sceau d'Eustache de Beaumarchais, en cire verte.)

[1] Trésor des Chartes, cart. J. 396, n° 13.
[2] *Nobiliaire d'Auvergne*, man. de la bibliothèque publique de Clermont.
[3] *Coutumes locales de la haute et basse Auvergne*, etc. tom. IV, pag. 647.
[4] Dans cet acte, passé à Calvinet, le vendredi après les Cendres, l'an 1294, Austorg de Royeyras, qui le reçoit, prend le titre de *publicus notarius totias terre nobilis Marie, filie ac heredis nobilis viri domini Eustachii de Bellomarchesio militis quondam.*

en devons la connaissance, aussi bien que de la plupart des renseignements que nous venons de donner sur Eustache de Beaumarchais en Auvergne[1].

Dans une autre charte de l'an 1291[2], nous trouvons encore un renseignement relatif aux affaires privées d'Eustache de Beaumarchais. Un certain Gandolphe *de Alcellis*, clerc, natif de Plaisance et habitant de Paris, où, à ce qu'il paraît, il exerçait la banque, ayant fait son testament, y dispose d'une partie de ses biens en faveur de ceux qu'il avait dépouillés par l'usure, et dans cet acte nous voyons figurer notre chevalier pour la somme de trente livres tournois[3].

Page 88, vers 1311, 1312, couplet xxxviii.

Je voulais laisser aux érudits de l'Auvergne, ce pays sur le compte duquel nos trouvères expriment des opinions si diverses[4], le soin de rechercher à quelles localités peuvent se rapporter *val Ribera, val de Foillola* et les autres

---

[1] Au mémoire que nous avons reçu de M. Delalo sont joints les éclaircissements suivants sur les localités qui y sont mentionnées. Le fief de Tremoilles, Tremolhas, Tremouilles, était situé dans la commune de Ladinhac, près de Montsalvy. Il avait donné son nom à une famille d'ancienne chevalerie, éteinte vers la fin du xv⁰ siècle. En 1490, Nicolas de Tremouilles, fils de Pons, fit hommage au baron de Calvinet pour le fief d'Auzol, paroisse de Sénezergues. — Calvinet, ancienne baronnie démembrée de la vicomté de Carlat. Elle passa de la maison de Beaumarchais dans celle de la Vie de Villemur, qui la posséda jusqu'à la fin du xv⁰ siècle. Elle appartint ensuite à Jean II, duc de Bourbon, et demeura dans sa maison jusqu'à la confiscation des biens du connétable. Elle fut alors réunie à la couronne, d'où Louis XIII la détacha, en 1643, pour la céder au prince de Monaco. Il y avait un château fort, qui fut rasé en 1634. Aujourd'hui, Calvinet est une commune du canton de Montsalvy, arrondissement d'Aurillac. — Chambeuil est un fief situé dans la commune de Lavayssière, canton et arrondissement de Murat. On voit encore les ruines du château, qui était peu considérable. — Falcimagne, fief peu important, situé dans la commune de Cheylade, mêmes canton et arrondissement que Chambeuil. — Tournemire, fief avec château, qui avait donné son nom à l'une des plus anciennes familles de la haute Auvergne. Il était situé dans la commune de ce nom, canton de Saint-Cernin, arrondissement d'Aurillac.

[2] « Indicione quinta, undecima die mensis octobris, pontificatus domini Nicolay pape quarti, anno quarto. »

[3] Trésor des Chartes, cart. J. 406, pièce n° 14, lig. 20. — Nous devons connaissance de cette pièce et de la précédente à l'obligeance de M. Boutaric, employé aux Archives de l'Empire.

[4] Bavier e Saisnes sunt alet à conseill,
E Peitevin e Norman e Franceis;
Asez i ad Alemans e Tiedeis.
Icels d'Alverne i sont li plus curteis.

La Chanson de Roland, couplet cclxxxvii; édit. de 1837, p. 146, 147.

Dans *les Enfances Vivien* (Ms. de la Bibl. imp. n° 6985, folio 181 recto, col. 2, antépénultième vers) l'*Averne* est appelée *terre sauvage*; enfin, dans *la Chevalerie Vivien* (même ms. f. 185 v°, col. 1, v. 46), figure un roi musulman nommé *Cordoain d'Auvergne*; mais dans ces derniers passages il me paraît y avoir une réminiscence de l'Averne des anciens. Un autre trouvère, par

endroits mentionnés par Anelier; mais une nouvelle et précieuse communication de M. Delalo me met en état de m'acquitter de cette partie de ma tâche.

Le *Val Ribera* du vers 1311 ne lui semble pas un nom de lieu, mais un nom commun ayant la signification de *vallée :* « Au XIIIe siècle, dit-il, le mot *ribera* avait très-probablement le sens qu'il a dans notre patois. Il ne signifie pas *rivière*, qui se dit chez nous *aïga* ou *aygua* (*l'aïga de Mar*[1], *l'aïga d'Aouza*, la rivière de Mar, la rivière d'Auze), mais bien *vallée*. On dit *la ribeira d'Anglars* pour *la vallée d'Anglars;* on dit encore que les semailles se font plus tard, que les moissons se font plus tôt, *din las rebeïros*, dans les vallées. » Je me sens d'autant plus porté à partager, sur ce point, l'opinion de mon savant correspondant, qu'en espagnol le mot *ribera* existe avec la même acception. Il y a donc quelque chose à corriger dans notre traduction d'Anelier, et une addition à faire à l'article *Ribeira*, etc. du *Lexique roman*, t. V, p. 91, col. 2.

Dans le *val de Foillola* du vers 1312, M. Delalo reconnait Folliole, seigneurie située dans la commune de Vezac, canton sud d'Aurillac. Il y existe encore un village de ce nom, qui domine la vallée de la Cère.

Le mot *Jordan* du vers 1313 laisse quelque chose à désirer dans notre texte; en effet, il devrait être terminé par une apostrophe, vu que le rimeur a écrit *Jordan* par élision pour *Jordana*. La Jordanne est une petite rivière qui prend sa source au Puy-Mary, et se réunit à la Cère, au-dessous d'Arpajon. La vallée qu'elle arrose est, en entier, située dans le canton nord d'Aurillac.

Parmi les personnages d'une ancienne chanson de geste figure

> Danz Boz de Carpion, qui tint Jordane.
> *Le Roman de Gérard de Rossillon*, p. 300.

lant de la tour d'un château d'outre-mer, ajoute :

> Cele fist Cerberus qui d'enfer est portier;
> La port d'enfer en ot, itel est son loier.
> *La Chanson d'Antioche*, ch. VI, c. XXXVI; t. II, p. 129.

[1] Ce mot lui-même me parait avoir signifié très-anciennement *eau* comme le latin *mare* et le français *mare*. On est confirmé dans cette idée en voyant la partie du département de la Gironde comprise entre la Garonne et la Dordogne, désignée sous le nom d'*Entre-deux-Mers*, et la syllabe *mar* figurer dans des noms de rivières, comme ceux de la Marne et de la Maronne, qui semblent se confondre l'un avec l'autre. — En dépit de ce que dit M. Delalo, il paraît que la rivière de Mar, et non de Merle, comme l'appelle à tort M. Bouillet d'après Déribier, p. 185, est aussi appelée dans le pays *rien cavada ;* ou plutôt *ribeira cabada*, nom qui s'appliquerait mieux à la vallée où elle coule. (Voyez la *Description historique et scientifique de la Haute-Auvergne* de M. Bouillet, p. 291, not. 1.) Je m'arrête avec d'autant plus de plaisir à cet ouvrage que M. Delalo ne le cite point, sûrement à cause de l'éloge que l'auteur y fait de son savoir et de son inépuisable obligeance. (Voyez p. 91 et 336, not. 2.)

Jusqu'à présent je n'ai pu me procurer aucune lumière sur la *Riba de Volberta*, mentionnée vers 1314. Pour ce qui est de la *Riba de Portas* du vers suivant, il est certain qu'il y avait une seigneurie de ce nom située auprès du bourg de Fontanges, dans la vallée arrosée par l'Aspre. Encore aujourd'hui il existe, à l'extrémité de ce bourg, une maison dite *de Portus*.

Au lieu de *Malrin*, vers 1316, il est plus que probable qu'il faut lire *Malriu*. La petite vallée de Malrieu (en patois *Malriou*) est située dans la commune de Saint-Paul, canton de Salers.

La vallée de la Maronne, dont il est question vers 1317, s'étend sur cette commune et sur celles de Fontanges, de Saint-Martin-Valmeroux, dans le même canton; et, dans celui de Pleaux, sur celles de Sainte-Eulalie, de Loupiac, de Saint-Christophe et de Saint-Martin-Cantaleix. Il y avait au moyen âge plusieurs passages très-importants sur la Maronne, celui de Saint-Martin-Valmeroux, celui du Rouffet et celui de l'Estouroc.

Vers 1318, *Riba de Fulgos*, autrefois Felgos, aujourd'hui Falgoux, commune du canton de Salers, dans la vallée arrosée par la rivière de Mar.

Page 90, vers 1351-1357, couplet XXXIX.

Valrrutz, vallée de la Rue. Le Valruts était un petit district de la commune de Cheylade, qui avait donné son nom à la famille des comtours de Valrutz, connue dès le commencement du XIIIe siècle; il s'étendait dans la partie haute de la vallée de Cheylade, arrosée par la Rue, qui prend sa source sur le flanc nord du Puy-Mary.

Falces Maynnu doit être traduit par *Falcimagne*. On appelait ainsi un fief qui s'étendait dans la vallée arrosée par le ruisseau de Chamalières. Cette vallée, parallèle à celle de la Rue, se confondait avec elle au-dessous du château de Scourolle. Comme le Valrutz, elle faisait partie de la paroisse de Cheylade, canton et arrondissement de Murat. Nous avons vu plus haut que le fief de Falcimagne appartenait à Eustache de Beaumarchais.

Le lac de Marin, nommé vers 1353, était le lac de Mary, situé à l'origine de la vallée de Dienne, au pied et à l'est du Puy-Mary; il a été comblé par les atterrissements formés par les eaux des montagnes voisines[1]. Sur ce

---

[1] M. Déribier indique un petit lac comme existant à la cime du Puy-Mary; plus exact, M. Bouillet déclare qu'il n'a rien pu découvrir qui en ait même la forme. (Voyez *Dictionnaire statistique du département du Cantal*, p. 251; et *Description historique*, etc. p. 117.)

point, il existait un col, ou passage, très-fréquenté au moyen âge, qui mettait en communication la partie occidentale de la haute Auvergne, Mauriac, Pleaux, Salers, avec la partie orientale, Dienne, Murat, Saint-Flour. Ce passage, connu sous le nom de *Pas de Peyrol*, est encore pratiqué aujourd'hui, mais pendant cinq mois de l'année seulement. Le pâturage le plus élevé de la vallée de Dienne porte encore le nom de *montagne du lac de Mary*. Il est peut-être bon d'expliquer ici que, dans la haute Auvergne, on entend par *montagne* un pâturage élevé, où les vaches stationnent pendant l'été seulement.

Le vers 1354, qu'il faut écrire :

E'n tota la ribera de Montbru, de la Mar,

s'applique à la vallée arrosée par la rivière de Mar, qui s'étend dans les communes du Falgoux, du Vaulmier, de Saint-Vincent, d'Anglards et de Meallet. Dans cette dernière commune et dans la vallée, on voit l'ancien château de Montbru ou Montbrun.

Les trois derniers mots du vers, rapprochés de *ribera*, doivent signifier *vallée de Mar*. Telle est la véritable orthographe du nom de cette rivière, écrit *Mars* par quelques personnes étrangères à la connaissance des anciens titres où elle se trouve mentionnée.

Il est assez difficile de déterminer le lieu ou la contrée auxquels s'applique le nom de *Riba de Cantbon*, qu'on lit au vers 1356. Dans la haute Auvergne, les localités nommées *Cantbon*, *Cambon*, *Chambon*, sont assez nombreuses. Le sens indique que celle dont il s'agit ici était située sur un chemin fréquenté, puisqu'on y attaquait, on y détroussait les marchands; d'un autre côté, le Cantal est nommé après Cantbon, et l'énumération faite, dans les vers 1310 et suivants, témoigne du soin qu'a eu l'auteur, en indiquant diverses localités de l'Auvergne, de suivre exactement l'ordre géographique : ce qui (soit dit en passant) nous donne à penser qu'Anelier avait appris ces détails de la bouche même d'Eustache de Beaumarchais.

Ces considérations me porteraient à placer le lieu qu'Anelier a voulu indiquer, dans le village du Chambon (commune de Laveyssière, canton de Murat), ancienne seigneurie située non loin du Cantal, dans la partie supérieure de la vallée de l'Allagnon, près du col appelé *font de Cères*, où se trouve le passage du Lioran, très-fréquenté au moyen âge. C'est par ce col que la partie méridionale de la haute Auvergne, Aurillac, la vicomté de Carlat, communiquaient en tout temps avec Murat, et en hiver avec Saint Flour.

Reste le *pont de Cantal*. M. Delalo pense que *pont* a été mis ici pour *plon* ou *plomb*, la montagne qui a donné son nom au département étant la seule de la haute Auvergne qui soit distinguée par le mot de *plon* (en patois *ploun*), synonyme de *pay*, de *suc*, appliqué aux autres montagnes. On remarque encore, ajoute-t-il, auprès du plomb du Cantal, les vestiges d'une ancienne voie très-fréquentée au moyen âge, par laquelle les villes de Saint-Flour et d'Aurillac, et leurs territoires, communiquaient ensemble. N'en déplaise au savant président du tribunal de Mauriac, je persiste à maintenir *pont de Cantal*, me fondant sur une curieuse charte, où l'on trouve *pom de Cantal* bien distinctement écrit. Comme ce document jette un jour nouveau sur les affaires d'Eustache de Beaumarchais en Auvergne et sur certaines localités nommées dans cette note, nous le donnons ici en entier:

« Haenricus, filius comitis Ruthenensis et dominus vicecomitatus Karlatensis, universis presentes litteras inspecturis salutem in Domino. Noverit universitas vestra quod cum contencio, seu controversia, verteretur inter me, ex una parte, et illustrem virum dominum Alphonsum, filium serenissimi regis Francie, comitem Pictavie et Tholose, ex alia, super eo quod, cum Eustachius de Bello Marchesio, miles, accepisset in feudum a dicto domino comite castrum de Calvineto cum omnibus suis pertinenciis, mandamento et districtu, et Durantus de Croseto domum vocatam *lo Croset*, cum omni eo quod dictus Durantus habebat in valle vocata *Valces*, scilicet in parochiis de Tyassaco et de Vico, excepto manso vocato *Lariba*, et Guido de Monte Jovis et Guillelmus de Vinsosas, domicellus, gener dicti Guidonis, quicquid habent et habere debent apud capellam et in repario seu manerio vocato *Altaval*, et in eorum pertinenciis, et in montanis de Bana et de Monte Jovio, usque ad pom de Cantal et ad Teron de Rocalta, et Rigaldus de Conros et fratres sui fortalicium de Conros cum ejus pertinenciis, districtu et mandamento, et Geraldus de Crosa Petra, domicellus, quedam bona sua, et Hugo de Sancto Christophoro, miles, bordariam vocatam *Salesla*, et mansum vocatum *Vabre*, et quedam alia bona sua, et Guido de Lobuil locum vocatum *Lobuil* et quicquid habet a Broa de Rog usque ad aquam vocatam *Senic* excepto eo quod habet in castro de Monte Jovio et ejus pertinenciis, quod recognoscebat se tenere a me dicto Haenrico, et Petrus de Tornamira terram quam habet et tenet, vel alius seu alii pro eo, in valle de Valces, in parochiis de Vico et de Tyassaco, et ab eo recognoscerent se tenere : que omnia ego dictus Haenricus dicebam a me debere teneri in feudum per predictos; tandem inter me et dictum dominum comitem, presente etiam et expressim consentiente nobili viro domino Deodato de Canillaco, procuratore illustris regis Aragonum, super predictis talis compositio intercessit : videlicet quod predicti omnes, exceptis predictis Eustachio et Duranto de Croseto, omnia predicta per eos a dicto domino comite avocata, amodo tam ipsi quam successores ipsorum, teneant a me in feudum et meis successoribus, et tenere debeant, et michi et successoribus meis pro predictis homagium faciant et jurent fidelitatem; et quod ego dictus Haenricus et successores mei teneamus et tenere debeamus a dicto domino comite et successoribus suis in retrofeudum francum hoc, salvo quod pro predictis tam ego quam successores mei teneamur dicto domino comiti et successoribus suis homagium facere et jurare fidelitatem, in mutatione domini, ex utraque parte vel ex altera. Et incontinenti ego dictus Haenricus pro supradictis feci eidem domino comiti homagium et juravi fidelitatem, et dictus dominus pro se et successoribus suis dictas acceptiones in feudum et recognitiones factas de predictis per predictos Guidonem de Monte Jovio, Guillelmum de Vinsosas, Hugonem de Sancto Christophoro, Geraldum de Crosa Petra, Petrum de Tornamira, Guidonem de Lobuil, Rigaldum de Conros et fratres suos ad manum mei dicti Haenrici et successorum meorum reduxit et transtulit, ita tamen quod ego dictus Haenricus et successores mei a dicto domino comite et successoribus suis in retrofeudum predicta teneamus, ut superius est expressum. De predictis vero Eustachio et Duranto de Croseto ita inter me et dictum dominum comitem, consentientibus etiam expresse predictis Eustachio et Duranto, extitit ordinatum, videlicet quod ego et successores mei habeamus in perpetuum predictam domum de Croseto, cum omni eo quod dictus Durantus et Garinus, frater ejus, habent et tenent in valle vocata *Valces* et in mandamento de Laroca de Cascornutz et ubicumque, exceptis hiis que dictus Durantus recognovit et avocat se tenere in feudum a nobili viro domino Beraldo de Mercurio, que habet a parte uxoris sue; et avocata supra per dictum Durantum a dicto domino comite, ego et successores mei debemus tenere in feudum a dicto domino comite, ut supra de aliis est expressum; et quod ego dictus Haenricus dem escambium dicto Duranto pro predictis et ad valorem predictorum in terra vocata *Bainagues*, tam in eo quod ibi habeo ratione plene proprietatis in fortalicio de Senazargues et in alia terra de Bainagues seu redditibus, ad cognitionem et voluntatem Rigaldi de Belclar, militis, et Fredoli de Foillaquerio, canonici Mimatensis, retento tamen michi et successoribus meis jure feudi quod habeo et habere debeo in eo quod Arcambaldus Laroca, miles, habet in dicto fortalicio de Senazargues et ejus pertinenciis, scilicet in tercia parte. Et si prefati duo non possent supra predictis ad invicem convenire, nobilis vir dominus Beraldus de Mercurio est, de consensu parcium inter ipsos tercius desuper adjunctus, ita quod cum altero predictorum duorum predictum escambium seu permutationem valeat adimplere. Et ex causa predicte permutationis, data dicto Duranto a me dicto Haenrico tenebit dictus Durantus in feudum a dicto domino comite Pictavensi et Tholosano. Si tamen contingerit, quoquo casu seu modo, dictum Durantum velle remanere seu esse pro rebus suis supradictis in feudo et homagio mei dicti Haenrici, dictus dominus comes vult et concedit quod hoc facere possit, ita tamen quod in suo retrofeudo remaneat, ut supra de aliis est conventum. Et factis supradictis escambiis et permutationibus, dictus Durantus de Croseto debet teneri et tenebitur michi dicto Haenrico et meis successoribus de evictione, et ego similiter sibi et successoribus suis. Et pro feudo dicti castri de Calvineto et ejus pertinenciarum et mandamenti quas et quod habet et tenet ibidem dictus Eustachius, vel alius ab eo, occasione dicti castri, dictus dominus comes debet dare michi et dabit escambium et successoribus meis in feudis juxta terram meam, ad cognitionem et voluntatem magistri Guillelmi Rufi, clerici dicti domini comitis, et Fredoli de Foillaquerio supradicti. Et si ipsi non possent vel nollent convenire, actum est et conventum quod nobilis vir dominus Sicardus Alamanni, a me dicto Haenrico et dicto domino comite ad hoc electus, seu missus ab eo, sit tercius inter ipsos desuper adjunctus, ita quod cum altero predictorum suorum, per se vel per alium, predictum escambium seu permutationem valeat consummare; et quod ego dictus Haenricus et successores mei data michi in escambium a dicto domino comite, cum data fuerint, ab eo in retrofeudum tenebimus et tenere debebimus, ut supra de aliis est condictum. In recompensatione verumtamen predictorum ego dictus Haenricus accepi in feudum francum a dicto domino comite hoc, salvo quod ego et successores mei teneamur dicto domino comiti et successoribus suis jurare fidelitatem et homagium facere, quod ego feci in continenti, ut supra pro aliis feci. Et recognovi me tenere in feudum, eo modo quo supra, a dicto domino comite quicquid habeo in fortalicio de Senazargues, tam de dominio quam de feudo, etiamsi permutatio supradicta per me dictum Haenricum et dictum Durantum non fieret ut superius est conventum, et quicquid habeo et teneo in castro et villa de Muret et pertinenciis eorumdem, cum medietate mandamenti quod regi consuevit per bajulum dicti loci, et terra Guillelmi de Lavaisseria in retrofeudum. Fuit tamen expresse actum et conventum inter me et dictum dominum comitem quod supradicta ego dictus Haenricus et successores mei a dicto domino comite et successoribus suis ad unum tenebimus homagium, quod tantum tenebimur facere in mutatione domini, ex utraque parte vel ex altera, ut superius continetur. Et prefata escambia, seu permutationes, debent fieri hinc ad festum beati Johannis Babtiste proximo venturum. Et si tunc facta seu facte non essent, dictus dominus comes debet et tenetur compellere et cogere quod fiant citra festum Omnium Sanctorum tunc proximo venturum. Et si infra dictum tempus dictum escambium, seu permutatio, facte non essent, fuit in ipsa compositione actum et conventum quod si illustrissimus dominus noster rex Francie compulsionem et coactionem habeat super hiis, ita quod predicta escambia, seu permutaciones, per compulsionem et coactionem ipsius, prout ipse voluerit, veniant ad effectum. Actum etiam extitit et conventum in ipsa compositione quod si contingat superius nominatos, exceptis supradictis Eustachio et Duranto et Garino, non venire ad homagium mei dicti Haenrici super avocatis supra per eos a dicto domino comite, necnon aliis qui in presenti habent seu possident si qua sint, dictus dominus comes denuo non debet eos recipere, nec aliquem ipsorum ad homagium, seu recognitionem aliquam faciendam ab eisdem pro predictis dicto domino comiti, seu ab aliquo eorumdem. De censu vero quem Arnaldus de Tornamira dicitur habere in dicta domo del Croset, quacumque ex causa eam habeat, si quam habeat, ita actum fuit quod census predictus ematur ex parte mei dicti Haenrici ad plus precio .x. librarum Vianencium. Si ultra vero constiterit, dictus dominus comes quod ultra erit persolvere tenetur. Et dictam domum de Croseto tenebo ego dictus Haenricus a dicto domino comite, una cum rebus aliis dicti Duranti supradictis. De aliis vero feudis censualibus, vel non censualibus, permutandis michi dicto Haenrico a dicto Duranto, ita extitit ordinatum quod quicumque in dictis rebus feudum habeant, quod a dicto domino comiti teneant. Dictus dominus comes in me dictum Haenricum et successores meos dictum feudum transfert et michi donat, ita tamen quod ab ipso in retrofeudum teneam, ut supra de aliis est expressum. Si vero aliqui alii habeant aliquid in predictis rebus dicti Duranti quod a dicto domino comite non teneant, non avocent se tenere; dictus dominus comes promittit quod non recipiet amodo avocationem eorum, si aliquo tempore vellent avocare ab eo. Si vero ego dictus Haenricus feudum adquirerem in predictis, a dicto domino comite tenebo. Item dictus dominus comes solvit et quittat quicquid posset petere a me dicto Haenrico et meis usque ad diem hodiernam, ratione incursionis, mulcte, pene, contumacie, inhobediencie, armorum portationis, dampni dati, injuria vel sine. Et ego dictus Haenricus feci et facio illud idem super eo quod a dicto domino comite et suis petere poteram predictis de causis et a superius nominatis. Mei autem intelliguntur homines mei, servientes, bailivi, fautores, consiliatores, complices et adjutores ipsorum. In cujus rei testimonium presentes litteras feci sigilli mei munimine roborari, salvo in aliis jure meo et salvo jure quolibet alieno. Datum Parisius, anno Domini millesimo ducentesimo sexagesimo octavo, mense decembris. (Trésor des Chartes, carton J. 313, pièce n° 93. Avec sceau qui représente un lion rampant, et autour duquel on lit : [HAEN]RICI. SIGIL. COMITIS RUT.)

Page 92, vers 1361, couplet XXXIX.

Le trésor, l'or de César, comme ceux de l'empereur Octavien[1], l'or de Constantin[2] et le trésor d'Arthur[3], de Salomon[4], étaient célèbres au moyen âge; nos ancêtres aimaient à les citer quand ils voulaient parler d'une grande richesse. Dans l'un de nos anciens romans, un personnage s'écrie :

> Ne lairoie à ferir, puis que jou sui si près,
> Qui me donroit tout l'or qui fu au roi Sessers.

Li Romans d'Alixandre, pag. 404, v. 36.

[1] Voyez, sur ces trésors, *Théâtre français au moyen âge*, p. 203; et *Recherches sur le commerce, la fabrication et l'usage des étoffes de soie*, etc. t. II, p. 105, en note. Aux anciens écrivains qui y sont cités, joignez le rimeur de *Godefroi de Bouillon* (*Le Chevalier au Cygne*, t. II, p. 522, v. 18307) et maître François Villon. (Œuvres, édit. de J. H. R. Prompsault, p. 337.) — Peut-être cette tradition sur la richesse d'Auguste dérive-t-elle d'une circonstance de sa vie, ainsi rapportée par Suétone : « Usum pecuniæ publicæ iis qui cavere in duplum possent, ad certum tempus indulsit. » (Sueton. in Octaviano Augusto, cap. XLI. Cf. Jul. Capitolin. et Lamprid. de Anton. Pio et Alexandr. Sever.)

[2] *Li Romans de Bauduin de Sebourc*, ch. XXII, v. 177; t. II, p. 278.

[3] *Ibid.* ch. XVII, v. 219 et 631; t. II, p. 131, 143, 291, etc.

[4] *Ibid.* ch. XXII, v. 1015; t. II, p. 304.

Un autre trouvère vante la force de César, quand il déclare celle de son héros

> La grinour ki ainc fust en home
> Puis Julius Cesar de Roume.
> *Li Romans des aventures Fregus*, p. 158, v. 21.

Dans une chanson de geste plus ancienne, César est présenté comme contemporain d'Alexandre :

> El faudestuef sist Auberons li ber.
> Li pecoul furent de fin or esmeré,
> Li arc d'Amors i furent compasé.
> Fées le fisent en une ille de mer.
> Roi Alixandre le fisent presenter,
> Qui les tornois fist faire et estorer;
> Le roi Cesar le fist après donner;
> Cil le laissa son fil par amisté.
> Li fausdestuef fu de tel disnité :
> S'il ciet en fu, il ne puet embraser.
> Chil qui sus ert, puet estre aséurés;
> Car ne puet estre por riens envenimés,
> Por nul venin ne puet estre grevés[1], etc.
>
> *Huon de Bourdele*, Ms. de la Bibliothèque publique de Tours, n° 241 ancien, f° 62 r°, v. 26.

Ce fils du roi César était Auberon, qu'il avait eu de Morgue la fée, sa légitime épouse[2]. Au dire d'un autre trouvère, qui rapporte aussi cette alliance et ses suites, Jules César était seigneur de nombre de pays divers :

> Signour, cis Auberon dont vous fais ramantaige,
> Fuit fil Jullii Cesar, qui tant fuit prous et saige;
> Car en Morgue la fée l'anjanrait san servaige.
> Julliij fuit moult riche et tint grant herritaige,
> Et conquit mainte terre par son grant vassellaige;

---

[1] On trouve dans un autre roman une description de fauteuil qu'il m'a semblé intéressant de rapprocher de celle-ci :
> Li rois Artus s'est desarmez,
> Puis s'est assis et acoutez
> Dessus .i. faudestuel d'or fin
> Que firent mestre sarrazin
> En une ille d'outre la mer.....
> Plus valoit de .v^c. besanz,
> Encor iert larges et pesanz
> Et ouvrez à euvre foudice, etc.
> *Le Roumanz de Claris et de Laris*, Ms. de la Bibl. imp. n° 7534³, fol. 157 recto, col. 2, v. 20.

[2] Jules Cesar me nori bien soué.
> Morge li fée qui tant ot de biauté,
> Che fu ma mere, si me puist Dix salver.
> De ces .ij. fui conçus et engerrés;
> N'orent plus d'oirs en trestout lor aé.
> *Huon de Bordele*, Ms. de Tours, fol. 60 recto, dernier vers. Cf. fol 172 verso, v. 14.

Un autre trouvère donne à César un frère nommé *Angobier*. Il est vrai que des manuscrits, au lieu de *Cesaires*, présentent *Orcanes*, *Orgaires* et *Orsaires*. (Voyez *la Chanson d'Antioche*, ch. V, coupl. XXIV; t. II, p. 45.)

HISTOIRE DE LA GUERRE DE NAVARRE.

> Sire fuit d'Ermenie et de Hongrie la laige,
> Et de toute Osteriche ressut-il les hommaige,
> Et de Constantinoble fuit sire son eaige,
> Et de maint bel paiis où il avoit halsaige.
> Morgue fuit son espouse de loialz mariaige,
> Que fuit damme dez fée en Avallont la laige :
> Celle fuit mere Abront, que n'ot pas grant corsaige, etc.
>
> *Livre de Huelin de Bourdialx et du roy Abron*, Ms. de la Bibl. imp. fonds de Sorbonne, n° 450, fol. ciiij*. et .iiij. recto, col. 1, v. 16.

Le souvenir du conquérant des Gaules s'était peut-être encore mieux conservé dans le Midi; il s'y perpétuait par une foule d'anecdotes, dont il nous serait bien difficile de déterminer la source. Par exemple, un troubadour nous apprend que Jules César avait conquis le monde entier, bien qu'il fût issu de bas, comme on le disait :

> Juli Cezar conquis la senhoria
> De tot lo mon tan cum ten ni garanda,
> Non ges qu'el fos senher ni reys d'Irlanda
> Ni coms d'Angieus ni ducx de Normandia,
> Ans fon hom bas, segon qu'auzem retraire;
> Mas quar fon pros e francx e de bon aire,
> Puget son pretz tan quan puiar podia.
>
> Perdigon : *Aissi cum selh*. (*Choix des poésies originales des troubadours*, t. III, p. 347. Cf. *la Bible Guiot de Provins*, v. 750.)

Un autre troubadour, décrivant une fête où figuraient plusieurs jongleurs, nous en montre un occupé à raconter des traits de la vie de Jules César :

> L'us comtet de Juli Cesar
> Com passet tot solet la mar,
> E non i preguet Nostre Senor,
> Que no us cuies agues paor.
>
> *Flamenca*, p. 25, 26.

Qui lirait avec attention nos anciennes chansons de geste, nos vieux poëmes chevaleresques et autres, y retrouverait sans doute les éléments de la légende de Jules César, telle qu'elle était répandue chez nous pendant le moyen âge[1]. Un rimeur de cette époque mentionne

..... un bon brant de color

---

[1] Il existe dans le manuscrit de la Bibl. imp. n° 7540, un poëme du xiii° siècle intitulé, *Le Romanz de Julius Cesar*; mais ce n'est qu'une amplification de la Pharsale de Lucain.

Qui fu le roi Cesaire l'aumacor.

Les Enfances Vivien, Ms. de la Bibl. imp. n° 6985, fol. 179 v°, col. 1, v. 17.

L'auteur de *Huon de Bourdele* avait signalé Jules César comme un roi « qui les cemins fist faire et compasser; » un autre trouvère fait parler ainsi l'un de ses personnages :

Rois, tu n'ies pas plus deboinaire
Que fu rois Juliiens Cesaire,
Qui les chemins a tos ferrés, etc.

Li Romans des sept Sages, édit. du Dr Keller, p. 81, n° XCI, v. 2061.

Comme l'on voit, on attribuait au grand homme les voies romaines, plus communément appelées chez nous *chemins*, *chaussées de Branehault* ou *Braneau*[1], du nom d'une fée[2]. Le passage de France en Espagne par le col de Roncevaux portait autrefois celui de César, plus ou moins altéré[3]. Je suis convaincu qu'il le devait à l'habitude où l'on était de faire honneur à ce Romain des grandes voies de communication, plutôt qu'aux dénominations de *Cyza* et de *Cise*, qui appartiennent à un point de la descente de Roncevaux en France et à un petit pays de la basse Navarre. L'auteur du Mémoire à consulter et consultation sur le franc-alleu du royaume de Navarre, après avoir fait observer que Roger de Hoveden parle du port de Sizara en 1177, demande si ce ne serait pas *Sarrah*, qui est dans le pays de Labourt et tout près du point qui sépare le Labourt de la Navarre[4].

Page 92, vers 1390, couplet XXXIX.

Cet abbé de Saint-Denis était Matthieu de Vendôme, qui fut élu en 1258 et mourut en 1286[5].

---

[1] () soi iert Bruneholz la fée.
Le Roumans de Claris et de Laris, Ms. de la Bibl. imp. n° 7534⁵, fol. 119 recto, col. 1, v. 25.

[2] Voyez *Caroli Bouilli Samarobrini Liber de Differentia vulgarium linguarum*, etc. Parisiis, ex officina Roberti Stephani, M. D. XXXIII, in-4°, p. 105, 106. — *Les Etymologies de plusieurs mots françois....* du R. P. Philippe Labbe, etc. A Paris, chez Guillaume et Simon Benard, M. DC. LXI, in-12, p. 132. — *Recueil de divers écrits pour servir d'éclaircissemens à l'histoire de France*, etc. par l'abbé Lebeuf. A Paris, chez Jacques Barois fils, M. DCC. XXXVIII. in-8°, t. I, p. 125. — *Histoire des grands chemins de l'empire romain*, par Bergier, liv. I, ch. XXVII. — *Cours d'antiquités monumentales*, par M. de Caumont, t. II, p. 153, etc.

[3] Voyez *la Chanson de Roland*. Paris, chez Silvestre, 1837, in-8°, p. 23, 29 et 186, col. 1, au mot *Fizer*. Aux ouvrages cités en cet endroit du glossaire et index, joignez ceux qui sont mentionnés par Traggia, dans le *Diccionario geográfico-histórico de España*, etc. Madrid, M DCCC II, in-4°, p. 254, col. 2, art. *Pirineos*.

[4] Voyez p. 212, 213.

[5] *Histoire de l'abbaye royale de Saint-Denys en France*, par D. Felibien, liv. V, chap. VII-XI, p. 242-256.

Comme il était obligé par sa charge d'aller souvent à la cour, Blanche, reine de Navarre et comtesse palatine de Champagne et de Brie, se trouvant un jour à Vincennes, lui rendit hommage pour la châtellenie de Nogent-sur-Seine, et déclara que, si elle n'était pas venue exprès à l'abbaye, c'était sans prétendre porter aucun préjudice aux droits du monastère [1]. Avant cette princesse, Thibaud VII, passant par Melun, en 1270, avait reconnu tenir en fief mouvant de cette maison la même châtellenie [2].

Page 94, vers 1391, couplet XXXIX.

Ce seigneur de Beaujeu, qui reparaît souvent dans notre poëme, était Imbert ou Humbert, chevalier, seigneur de Montpensier, d'Aigueperse, de la Roche-d'Agoux, d'Hermenc et de Roanne, connétable de France. Il accompagna Louis IX en son premier voyage d'outre-mer, et se distingua à la bataille de Mansourah, en 1250 [3]. Il fut honoré de la dignité de connétable après la mort de Gilles II, seigneur de Trasignies, suivit le roi dans sa croisade d'Afrique, et mourut en 1285. Voyez *Histoire... de la maison royale de France*, t. V, p. 89; et *Histoire du Beaujolais et des sires de Beaujeu*, etc. par le baron Ferdinand de la Roche la Carelle. Imprimerie de L. Perrin, à Lyon, MDCCCLIII, in-8°, t. I, p. 94-97, en note.

Page 94, vers 1421, couplet XL.

Le substantif *bresca*, que l'on lit ici et dont le sens a été déterminé d'une façon satisfaisante par M. Raynouard [4], a sans aucun doute donné naissance à un mot de la langue du commerce, où l'on emploie l'expression de *suif en branche* pour désigner celui qui est tel qu'il vient de l'animal. Nous trouvons, en effet, *brance* pour *bresche* (ital. *bresca*) dans un manuscrit du Livre du trésor, de Brunetto Latini [5]. Nous devons, toutefois, faire remarquer que l'expression en question n'a cours que dans le nord de la France, et que dans le Midi on dit *du suif en rame*.

A ce dernier mot se rattache incontestablement le substantif *rème*, autre-

---

[1] *Hist. de l'abb. roy. de Saint-Denis*, etc. p. 252; preuves, 1re partie, p. cxxvj.

[2] *Ibid.* p. 246, p. cxxvj.

[3] *Histoire de saint Louis*, par Jean sire de Joinville, édit. du Louvre, p. 52, 53. Cf. p. 31, 37, 46, 50, 73, 76, 92, 209.

[4] *Lexique roman*, t. II, p. 256, col. 2.

[5] «.... Il est ausi come une *brance* de miel conqueillie de diverses flors.» (Ms. de la Bibliothèque impériale n° 7066, folio 10 verso, col. 1. Cf. *les Manuscrits françois de la Bibliothèque du Roi*, etc. par A. Paulin Paris, t. IV, p. 356.)

fois usité dans le sens de *fromage*[1], et qui s'est conservé dans l'argot, où *durème* a la même signification.

Page 94, vers 1421, couplet XL.

Le sucre, déjà répandu sous ce nom dans le midi de la France[2], n'apparaît jamais dans ce qui nous reste des ouvrages des anciens trouvères; du moins ne l'ai-je point encore rencontré une seule fois dans ceux qui ont passé sous mes yeux. Mais, au xiv siècle, l'usage en était devenu commun, et les mentions en sont fréquentes[3]. En 1383, Léon, qui se disait roi d'Arménie, étant venu rendre visite à Charles II, celui-ci, entre autres présents, lui donna treize livres de sucre, huit livres d'avelines, une d'eau de rose, une demi-livre de gingembre, une once de macis, une demi-livre d'anis et une autre demi-livre d'épices. V. *Dicc. de antig. del reino de Nav.* t. III, p. 131.

Un trouvère de l'époque, décrivant le paradis du roi des Haut-Assis, prince de la Rouge-Montagne, dit qu'il s'y trouve un fleuve qui se partage en trois, et il ajoute :

> En l'un coert li clarés, d'espices bien garnis;
> Et en l'autre li miés, qui les a resouffis;
> E li vins de pieument i queurt par droit avis.
> Li saille et li pressins, roses et flour de lis,
> Gingembre et canele et *chuchre* et asur bis.
> Toutes coses flairans, pour estre resjois,
> I poroit-on trouveir; de che soiés tous fis[4].

Li Romans de Bauduin de Sebourc, ch. XI, v. 508; t. I, p. 319.

Du temps de l'écrivain que nous venons de citer, le sucre qui se débitait dans son pays, c'est-à-dire en Flandre, venait en partie d'Afrique,

---

[1] Voyez le Glossaire de du Cange, au mot *l'ema*, n° 2, t. V, p. 693, col. 2.

[2] Voyez le *Lexique roman*, t. IV, p. 284, col. 2.

[3] Voyez le Glossaire de du Cange, aux mots *Sucarium, Succarum, Sucrum, Zacara, Zuccarum*, etc. t. VI, p. 422, col. 3; p. 424, col. 3; p. 937, c. 3; et p. 938, col. 1; la table des mots techniques des comptes de l'argenterie, p. 404, col. 2; l'*Histoire de la vie privée des François*, par le Grand d'Aussy, chap. III, 1ʳᵉ section (édit. de Roquefort, t. II, p. 198), etc.

[4] On retrouve la même tradition dans la relation du sire de Joinville, qui l'applique au Nil : «Avant que le flum entre en Egypte, dit-il, les gens qui ont acoustumé à ce faire, getent leur roys desliées parmi le flum, au soir; et quant ce vient au matin, si treuvent en leur royz cel avoir de pois que l'en apporte en ceste terre, c'est à savoir gingimbre, rubarbe, lignaloecy et canele; et dit l'on que ces choses viennent de paradis terrestre, que le vent abat des arbres qui sont en paradis, aussi come le vent abat en la forest en cest païs le bois sec; et ce qui chiet du bois sec au flum, nous vendent les marcheans en ce païs.» (*Recueil des historiens des Gaules*, etc. t. XX, p. 220, A.)

nommément de Maroc et de Bougie[1]; mais il n'y a point à douter que la Syrie, l'Inde et l'Égypte, citées par les historiens des croisades pour cette sorte de denrée[2], ne nous en envoyassent aussi. Cette dernière contrée en expédiait même en Palestine, comme on le voit par le détail des marchandises dont se composait le chargement d'une caravane égyptienne pillée par Richard Cœur-de-Lion[3].

Le sucre était un des grands produits de l'île de Chypre sous les Lusignans[4], et plus d'une fois les rois firent des payements avec des caisses de sucre[5]. L'un d'eux, Janus, employait les prisonniers arabes qu'il ramenait de ses expéditions sur la côte de Syrie, à cultiver la canne à sucre sur les terres du domaine royal[6]. La plus grande partie des sucres récoltés dans l'île se fabriquait et se livrait au commerce sous le nom de *poudres de sucre* ou de *poudres de Chypre (polvere de Cypro)*[7].

D'Orient la culture de la canne à sucre et l'art de fabriquer son produit furent apportés en Sicile par les Arabes, on ne sait à quelle époque[8]. En 1176, nous voyons le roi Guillaume II donner au monastère de Monreale

---

[1] «Marrocs, autele marchandise (que Fez), et commin, et *sucre* bus...— Bougie, peleterie de aingniaux, cuir, *suc* et alun de plume.» *Ce sont li royaume et les terres desqueux les marchandises vienent à Bruges*, etc. dans les *Fabliaux ou contes*, par le Grand d'Aussy, t. IV, p. 9.

[2] Albert. Aquens. *Histor. Hierosol.* lib. V, cap. XXXVII. (*Gesta Dei per Francos*, p. 270, l. 41.) — Fulch. Carnot. *Gesta peregrin. Franc.* etc. (*Ibid.* p. 401, l. 30.) — Jacob. de Vitriaco, *Histor. Iherosol.* cap. LXXXIV. (*Ibid.* p. 1199, l. 39.) — Willermi Tyr. archiepiscopi *Histor.* lib. XIII, cap. III. (*Ibid.* p. 835, l. 31.) — Marin. Sanut. Torsell. *Lib. secret. fidel. crucis*, lib. I, pars IV, cap. III et IV (*ibid.* p. 28, l. 57; p. 29, l. 18 et 45), pars V, cap. III (p. 32, l. 55, et p. 33, l. 22). — Aboulféda nous apprend que le territoire de Tripoli était rempli de cannes à sucre, qu'il y en avait également à Belinas, à Camoulas et à Ney, sur la rive occidentale du Nil. Voyez les Mémoires de l'Académie des inscriptions et belles-lettres, t. XXXVII, p. 509; *Abulfedae Tabula Syriae*, ed. Bernhardo Koehler (Lipsiae, litteris Schoenermarkii M DCC LXVI, in-4°), p. 102; et la Géographie d'Aboulféda, traduite par M. Reinaud, t. II, I"" part. p. 140, 224.

[3] *Itinerarium regis Anglorum Richardi*, etc. auctore Gaufrido Vinisauf, lib. VI, cap. IV; apud Th. Gale, *Historiæ Anglicanæ Scriptores quinque*, vol. II, p. 407.

[4] *Histoire de l'île de Chypre sous le règne des princes de la maison de Lusignan*, par M. L. de Mas Latrie, t. II. Paris, Imprimerie impériale, MDCCCLII, in-8°, p. 95, not. 1.

[5] *Ibid.* p. 424, not. 3, et p. 478.

[6] *Ibid.* p. 459, en note.

[7] *Ibid.* t. III, MDCCCLV, p. 88, not. 2.

[8] Suivant Raynal (*Histoire philosophique et politique des établissements et du commerce des Européens dans les deux Indes*, édit. de 1782, t. VI, p. 157), ce ne fut pas avant le milieu du XII° siècle; selon Gibbon (*the History of the Decline and Fall of the Roman Empire*, chap. LIII; ed. Lond. 1821, in-8°, vol. VII, p. 13, not. 8), l'introduction de la canne à sucre et la fabrication de son produit en Sicile par les Arabes suivirent de près leur conquête de l'île.

un moulin pour moudre des cannes à *miel*[1]; et vers la même époque l'historien Hugues Falcand parle des champs de cannes à sucre qui existaient dans les environs de Palerme, et de la manipulation à laquelle cette plante donnait lieu[2]. Plus tard, en 1239, nous avons une lettre de l'empereur Frédéric II au maître justicier, à Palerme, pour lui ordonner de rechercher deux hommes habiles dans la fabrication du sucre et capables de faire des élèves, afin que cet art ne se perdît point dans cette ville[3]. Ce malheur n'arriva point, grâce à Dieu, et l'on peut voir dans l'ouvrage de Domenico Scinà comment en 1448 on multipliait aux environs de Palerme les plantations de cannes et les fabriques de sucre[4].

S'il faut en croire de Guignes[5], dont l'assertion a été répétée par David Macpherson[6], les cannes à sucre passèrent de Sicile à Grenade, de là à

[1] «... Et juxta portam Rotæ concedimus ei libere..... molendinum unum molendas ad cannas mellis, quod sarracenice dicitur *Masara*,» etc. (*Sicilia sacra*, auct. don Roccho Pirro. Panormi, apud hæredes Petri Coppulæ MDCCXXXIII, in-folio, p. 454, col. 1, in fine.)

[2] «Quod si in partem aliam visum deflexeris, occurret tibi mirandarum seges harundinum, quæ cannæ mellis ab incolis nuncupantur, nomen hoc ab interioris succi dulcedine sortientes. Harum succus diligenter et moderate decoctus in speciem mellis traducitur; si vero perfectius excoctus fuerit, in saccari substantiam condensatur.» (*Hugonis Falcandi in suam de regno Siciliæ historiam Præfatio*, etc. apud Carusium, *Bibliotheca historica regni Siciliæ*, etc. Panormi, MDCCXXIII, typis Francisci Cichè, in-folio, t. I, p. 408; et apud Murat. *Rer. Ital. Script*. t. VII, col. 258, C.)

[3] «... Mittimus licteras nostras Riccardo Filangerio, ut inveniat duos homines qui bene sciant facere zuccarum, et illos mittat in Panormium pro zuccaro faciendo. Tu vero licteras ipsas eidem Riccardo studeas destinare, et hominibus ipsis venientibus eos recipias et facias fieri zuccarum; et facias etiam quod ducant alios facere, quod non possit deperire ars talis in Panormo de levi.»(*Regestum imperatoris Frederici II*, apud Carcani, *Constitutiones regum regni utriusque Siciliæ*, etc. Neapoli, ex regia Typographia, anno MDCCLXXXVI, in-folio, p. 291, col. 1, l. 31.)

[4] *La Topografia di Palermo*, ecc. Palermo, dalla reale Stamperia, 1818, in-8°, prove ed annotazioni, p. 36, not. 98. Voyez encore dans les *Capitula regni Siciliæ*, etc. édit. de Monsr Testa, CIƆIƆCCXLI, in-f°, p. 567 et 572, les capitulaires LXXVII et LXXXVI de Ferdinand II pour la culture de la canne à sucre à Palerme, sans oublier le chap. LXXXII, liv. I, de la *Pratica della mercatura*, d'Antonio da Uzzano, ouvrage écrit en 1442. (*Della Decima e delle altre gravezze*, ecc. Lisbona e Lucca, MDCCLXV-VI, in-4°, t. IV, p. 295, 296.) — Aujourd'hui on cultive cette plante dans les parties méridionales de la Sicile, province de Noto, pour en tirer un rhum fort recherché dans le commerce. Quant au sucre, il n'a pas cessé depuis Macpherson de venir d'Angleterre et d'ailleurs.

[5] *Mémoire dans lequel on examine quel fut l'état du commerce dans le Levant, c'est-à-dire en Égypte et en Syrie, avant les croisades*, etc. (*Mém. de litt. tirés des reg. de l'Acad. roy. des inscr. et bell.-lettres*, t. XXXVII, p. 509.)

[6] *Annals of Commerce*, etc. London: 1805, in-4°, vol. I, p. 258. A. D. 877. Cf. *the History civil and commercial of the British Colonies in the West Indies*, by Bryan Edwards, 3.[d] edit. London: printed for John Stockdale, 1801, in-8°, book V, chap. 1; vol. II, p. 234.

HISTOIRE DE LA GUERRE DE NAVARRE. 429

Madère, d'où on les porta au Brésil et dans le reste de l'Amérique; mais l'historien de la denrée qui nous occupe, Moseley s'élève contre cette supposition, qu'il qualifie d'erronée[1]. On peut également douter que les Grenadins aient, les premiers de la Péninsule ibérique, reçu la canne à sucre de Sicile, quand on voit, au xe siècle, le Sévillan El Awam consacrer à cette précieuse plante un chapitre de son traité d'agriculture[2].

On employait le sucre dans les confitures[3], en bonbons[4], surtout en sirops et en remèdes[5]. En 1605 encore, le commerce du sucre était entre les mains des apothicaires. Cette année-là, Henri IV écrivait à Sully de faire

---

[1] *A Treatise on Sugar,* etc. 2nd edit. London: printed by John Nichols, M DCC, in-8°, p. 26.

[2] *Libro de agricultura.* Su autor el doctor excelente abu Zacaria Ibaia aben Mohamed ben Ahmed Ebn el Awam, Sevillano. Madrid, en la Impr. real, año de 1802, en folio, p. I, cap. VII, art. XLVII (*De la plantacion de la caña de azucar, llamada tambien caña dulce*), p. 390-393.

[3] Voyez l'ordonnance de Philippe le Bel, de décembre ou janvier 1312, art. 10, et celle de Charles IV, de février 1321, art. 9, dans les *Ordonnances des roys de France de la troisième race,* t. I, p. 513 et 761. — L'empereur Frédéric II, mort le 13 décembre 1250, avait mangé la veille des poires au sucre, «certe pera con lo zuccaro.» (Voyez *Commentaire historique et chronologique sur les éphémérides intitulées Diurnali di messer Mateo di Giovenazzo,* par H. D. de Luynes. Paris, Firmin Didot frères, 1839, in-4°, p. 6, § 30.)

[4] C'est, j'imagine, ce qu'il faut entendre par le sucre désigné de la même façon que le roi Anarche dans Rabelais (liv. II, chap. XXXI):

> En oultre nous est deffendu
> De ne porter manches petites,
> Grans bonnetz sur le hault verdu,
> Ne chausses de migraine eslite,
> Pourpoint taillé à marguerite,
> Ne de menger plaisant viande,
> Ne aussi *sucre de trois cuictes,* etc.
>
> *L'Amant rendu cordelier à l'observance d'amours.*
> st. CLXXXVII.

[5] «Ecce quod magistro Theodoro, philosopho et fideli nostro, damus nostris licteris in mandatis ut de sciropis et zuccaro violaceo tam ad opus nostrum faciat quam ad opus camere nostre, in ea quantitate sicut sua circumspectio viderit expedire, propter quod fidelitati tue precipiendo mandamus, quatenus ad requisitionem dicti philosophi nostri, zuccarum, et omnia alia necessaria pro zuccaro et sciropis predictis faciendis studeas sine defectu quolibet exhibere eidem de pecunia curie nostre que est per manus tuas.» *Litt. ad Riccardum de Pulcar.* in Regest. imperatoris Frederici II, annor. 1239 et 1240. (*Constitut. regum regni utriusque Siciliæ,* etc. p. 347, col. 1, l. 31.) —On trouve une autre mention de sucre violet dans une lettre inédite du même philosophe Théodore au chancelier Pierre de la Vigne, mais sans plus de détails : «Et ecce in vestri memoriam de zucaro violaco plenam pixidem mitto vobis,» etc. (Ms. Saint-Germain-Harl. n° 455, fol. 39 recto, col. 1, n° lxxiii.) La rubrique (folio 30 recto, col. 1) porte : *exennium zuctari rosati;* un ms. de Sir Thomas Phillipps : *saccarum violatum,* et le ms. de la Bibliothèque impériale n° 4042, ancien fonds lat. fol. 127 recto, l. 8 : *de zucario molato.* — Pegoletti a donné, dans le chapitre XCI de son précieux *Libro di divisamenti di paesi,* etc. (*Della Decima,* ecc. t. III, p. 362 - 366), la liste de diverses sortes de sucre qui avaient cours de son temps, et l'on n'y trouve aucune mention du sucre violet. Peut-être est-ce la même chose que le *violat* mentionné dans la *Bible Guiot de Provins,* v. 2623. (*Fabl. et contes,* édit. de Méon, t. II, p. 391.)

pàyer au sien la somme de dix-sept mille cent trente-huit livres à lui due, tant pour remèdes que pour *sucres*, épiceries et flambeaux. Voyez *Mémoires des sages et royalles Œconomies d'Estat... de Henry le Grand*, édit. aux vvv verts, t. I, chap. L, p. 325.

Page 96, vers 1450, couplet XL.

Les arbalétriers de cette partie de la France avaient une grande renommée. Dans le Roman de Garin le Loherain, Begons de Belin emmène

> Ensemble o lui chevaliers quatre mil,
> Aubelestriers qui sunt de son païs.
>
> T. I, p. 276[1].

On lit dans une autre branche de cette vieille chanson de geste :

> Arbalestiers ot li dus trente-siz,
> Où il se fie; de Gascoigne sont-il;
> Begues li dus, ses freres, les norri.
>
> *La Mort de Garin le Loherain*, p. 195, v. 4201.

Édward II, roi d'Angleterre, en guerre avec les Écossais, fit, en 1322, venir d'Aquitaine des arbalétriers et des lanciers pour les combattre [2], bien que son royaume fût alors riche en archers [3].

Une ordonnance du même prince, destinée à réprimer certains désordres qui avaient lieu dans la cité de Londres, nous apprend que l'on employait, avec les arcs et les arbalètes, des pierres et des balles de terre, sans doute durcies au feu [4].

Chez nous, on trouve des arbalétriers gascons jusqu'à l'extinction de l'arme. L'auteur de la *Chronique scandaleuse*, racontant, sous l'année 1579, comment le duc en Auteriche, le comte de Romont et autres de leur compagnie se rallièrent et vinrent devant une place nommée Malaunoy, nous apprend qu'il y avait dedans un capitaine gascon nommé *le Capdet Ramonnet*, « et avec luy de sept à huict vingts lacquets arbalestriers, aussi gascons [5]. »

---

[1] Ces vers, que M. Paris a rejetés en note, sont préférables à la leçon du manuscrit 9654³ A, qu'il a cru devoir adopter.

[2] *De balistariis et hominibus ad lanceas de ducatu Aquitaniæ contra Scotos ducendis*, ann. 15 Edw. II; ap. Rymer, *Fœdera*, etc. ed. 3ª, t. I, pars II, p. 44, col. 2.

[3] Voyez, entre autres, les Chroniques de Froissart, à l'année 1327, liv. I, part. 1, chap. XXIX; édit. du Panthéon littéraire, t. I, p. 21, col. 1.

[4] *De gladiis et masuellis in civitate Londonensi non portandis*, ann. D. 1319; ap. Rymer, *Fœdera*, etc. t. II, pars I, p. 182, col. 1.

[5] *Histoire de Louys unziesme, roy de France*, etc. M. DC. XI, in-8°, p. 399.

HISTOIRE DE LA GUERRE DE NAVARRE. 431

Les arbalétriers génois n'étaient pas moins renommés. Messire Louis d'Espagne en commandait un grand nombre à l'attaque du château de Miramont, en 1345[1]; le roi Philippe de Valois en avait à la bataille de Crécy[2], et le duc d'Anjou quinze cents dans l'armée qu'il rassembla, en 1374, à Périgueux[3]. On en voyait pareillement dans celle que le prince de Galles conduisit, en 1367, en Espagne[4], d'où il nous venait aussi des arbalétriers[5], et Henri de Transtamare en comptait vingt mille parmi ses troupes[6]. Dans un roman de la même époque, on en voit figurer au nombre des soldats d'un seigneur flamand :

> Dont fist appareiller Wistasces ses conrois :
> .iiij^c. archiez ot qui traient dars turcois[7].
> Et .c. arbalestrés, qui furent *genevois*.
> *Li Romans de Bauduin de Sebourc*, ch. v, v. 38 ; t. I, p. 124.

L'exercice de l'arbalète avait de tout temps été en faveur à Gênes. En 1245, la commune envoie à Milan, assiégé par l'empereur Frédéric, un secours de cinq cents arbalétriers[8]. Deux ans après, elle en expédie d'abord

---

[1] *Les Chroniques de sire Jean Froissart*, liv. I, part. I, ch. CCLII; t. I, p. 209, col. 1.

[2] *Ibid.* chap. CCLXXXVII; p. 237, col. 1.

[3] *Ibid.* liv. I, part. II, chap. CCCLXXVIII; t. I, p. 687, col. 2. Cf. t. II, p. 440, col. 1 et 2; p. 445, col. 1; p. 446, col. 2. — Dans une multitude d'autres endroits, il est question de Génois au service de puissances étrangères : je ne doute pas que ce ne fussent des arbalétriers. (Voyez liv. I, part. I, chap. CXXXVIII, t. I, p. 120, col. 1; chap. CLV, p. 136, col. 1; chap. CLXIX, p. 155, col. 1; chap. CLXXI, p. 156, col. 1, etc.) — Certains de ces mercenaires restèrent dans notre pays et y firent souche. La famille de Gaureaut, originaire d'Italie, descendait de Georges de Gaureaut, capitaine d'une compagnie d'arbalétriers génois, passés au service de la France. (Voyez *Histoire de Flers*, etc. par M. le comte Hector de la Ferrière. Paris et Caen, 1855, in-8°, p. 120.)

[4] *Chron. de Bertrand du Guesclin*, t. I, p. 388, v. 11063.

[5] « Quidam Hispanus qui voluit esse balistarius, de dono, apud S. Benedictum, IX. s. teste Fulcone de Bri. » *Recepta et expensa anno* M.CC.XXXIIII, art. II.(*Rec. des hist. des Gaules*, etc. t. XXI, p. 230, G.)

[6] *Chronique de Bertrand du Guesclin*, t. I, p. 385, v. 10979. Cf. p. 389, v. 11087, et p. 391, v. 11144.

[7] Voyez *le Chevalier au Cygne*, etc. vers 11991, 13625; t. II, p. 316, 369. — Ce sont probablement des dards *turcois*, ou plutôt des fers de lance, dont il est question dans cet article du grand rôle de l'échiquier de Normandie et dans une vieille chanson de geste : « Pro v^c. ferris Turkeis .vij. libras .xv. solidos .iiij. denarios. » etc. (*Magni Rotuli scaccarii Normanniæ sub regibus Angliæ*, opera Thomæ Stapleton, t. II. Londini, 1844, in-8°, p. 303.)

> As penons de noz lances les lierons estrois,
> Ou ficherons as pointes des riches fers turquois.
> *La Chanson des Saxons*, t. I, p. 57, v. 9.

Nous avions aussi chez nous des arcs *turquois*. (Voyez *le Roman de la Rose*, v. 913, édit. de Méon, t. I, p. 38.)

[8] *Barth. Scribæ Annal. Genuens.* lib. VI; ap. Murat. *Rerum Italic. Scriptores*, t. VI, col. 509, B.

cent cinquante, puis trois cents, au secours de Parme, également assiégée par le même prince[1]. La galère génoise qui reçut Louis IX après sa captivité, en 1250, était armée d'arbalétriers génois[2]. Villani nous apprend qu'en 1282 les Génois, voulant prendre leur revanche sur les Pisans, ordonnèrent que les bourgeois apprendraient à tirer de l'arbalète[3], et ce n'est pas le seul endroit où il parle des arbalétriers génois[4].

Chez nous, il ne faut pas chercher d'arbalétriers enrégimentés avant le XIII° siècle, bien que, dès le X°, il soit fait mention dans nos annales d'archers armés d'arcs et d'arbalètes[5]. Guillaume Guiart, racontant, d'après Guillaume le Breton[6], ce qui se passa en France en 1185, ajoute :

> Nul ne savoit riens d'arbaleste,
> El tens dont je faiz remembrance,
> En tout le royaume de France.
>
> *Branche des royaux lignages*, parmi les *Chron. nat. fr.* t. VII, p. 49. v. 616.

Les arbalétriers de France avaient un maître et un clerc[7]. Matthieu de Beaune était grand maître des arbalétriers sous saint Louis; le dernier fut Aymar de Prie, mort en 1534.

Page 98, vers 1461, couplet LXI.

Au temps d'Anelier, on entendait communément par *Gascons* les habi-

---

[1] *Barth. Scribæ Annal. Genuens.* lib. VI; ap. Murat. *Rerum Ital. Script.* t. VI, col. 511, D, E.

[2] *Hist. de S. Louis*, par J. de Joinville, éd. du Louvre, p. 80.

[3] *Historie fiorentine di Giovanni Villani*, lib. VII, cap. LXXXIII. (*Rer. Ital. Script.* t. XIII, col. 294, C, D.)

[4] *Ibid.* lib. IX, cap. XCIII, col. 490, D; lib. X, cap. XX, ann. 1327, col. 613, B.

[5] «Sagittarii cum arcubus et balistis per montana dispositi sunt.» (*Richerii histor.* lib. III, cap. XCVIII, ann. 984; t. II, p. 120. Cf. p. 128, 166, et t. I, p. 257.) — La première fois que l'on voit des arbalètes chez nous, c'est au siège de Senlis, en 949. (*Ibid.* liv. II, chap. XCII; t. I, p. 265.) A l'année 1097, Foucher de Chartres s'écrie : «O quot capita cæsa, et ossa occisorum ultra Nichomediam... invenimus quos... ignaros, et usui sagittario modernos Turci peremerant.» (*Histor. Hierosol.* lib. I, cap. IV; ap. du Chesne, *Histor. Francor. Script.* t. IV, p. 822.)

[6] *Guillelmi Britonis-Armorici Philipp.* lib. II, v. 315. (*Rec. des hist. des Gaules*, etc. t. XVII, p. 140, B.) — Voyez, sur le passage auquel je renvoie, l'*Hist. de la milice françoise* du P. Daniel, liv. VI, chap. IV (t. I, p. 424-426), et les *Observations sur l'Histoire de saint Louys*, par du Cange, p. 74.

[7] Ordonnance de Philippe le Long, des 18 juillet 1318 et 10 juillet 1319, art. 35, 37, 38. (*Ordonnances des roys de France de la troisième race*, t. I, p. 661.)

tants du sud-ouest de notre pays, entre l'Océan et la Garonne, depuis l'extrémité septentrionale du département de la Gironde jusqu'en Espagne [1].

> Li Loherens la nuit jut à Pariz...
> Desi à Blaives ne prist-il onques fin...
> Passe Gironde, en Gascoigne s'en vint.
> Il prent Bordele et par terre la mist, etc.
>
> *La Mort de Garin le Loherain*, p. 212, v. 4585.

L'un de nos anciens troubadours distingue expressément les Basques des Gascons, qu'il nomme à la suite les uns des autres [2] :

> Si faran Bergonho, e de sert es,
> Bigot e Proensal e Roergues
> E Bascle e Gasco e Bordales.
>
> *Roman de Gérard de Rossillon*, p. 41.

Dans la Chronique rimée de Philippe Mouskès,

> *Bretagne* lucent li Breton,
> *Bordiaus* et *Blaves* li Gascon.
>
> Tom. I, p. 281, v. 7068.

Toutes les fois que le rimeur veut parler des Basques, il leur donne ce nom, comme v. 6147, 6272 et 6282.

D'après ce qui précède, il est impossible de croire que notre troubadour, en nommant ici les Gascons, ait entendu parler des Basques. Cependant il est certain qu'à Sauveterre il entrait dans leur pays; mais comme ce pays faisait partie de la Gascogne, qui commençait également là, le serviteur d'Eustache de Beaumarchais ne crut pas devoir s'arrêter au détail, et il se contenta de nommer la contrée qui venait après le Toulousain, sa patrie, et la séparait de la Navarre.

Guillaume de Humboldt, adoptant et présentant dans un meilleur jour une opinion qui avait un cours mal réglé parmi les Basques, a prétendu que

---

[1] Voyez, sur la valeur exacte de ce mot, le *Notitia Galliarum* d'Adrien de Valois, p. 380-382. (*Novempopulania provincia, quæ nunc Vasconia Aquitanica: et de Vasconibus Gallicanis.*)

[2] Un autre en fait autant à l'égard des Béarnais :
Quan veyran los baros crozats

Alamans, Franses, Cambrezis,
Engles, Bretos et Angevis,
Biarns, Gascos ab nos mesclatz, etc.

Gavaudan le Vieux : *Senhors, per los nostres peccats*, etc. (*Choix des poésies originales des Troubadours* t. IV, p. 87.)

leurs ancêtres avaient couvert une grande partie de l'Europe[1]. On ne voit pas, cependant, qu'ils aient été en Aquitaine, ou, s'ils l'ont jamais occupée, ce doit avoir été de bien bonne heure. Le médecin Marcellus, né à Bordeaux vers le milieu du IV° siècle, nous a conservé les restes de la langue qui s'y parlait de son temps, et cette langue est, à n'en pas douter, de la famille celtique[2]. Il est bien vrai qu'autrefois j'ai cru voir un nom basque dans celui d'une localité voisine de Bordeaux[3]; mais aujourd'hui je renonce sans peine à cette étymologie, qui ne saurait se soutenir dans son isolement, et avec elle s'évanouit l'induction que j'en voulais tirer.

Mais supposons que les Basques aient été aussi nombreux que le suppose G. de Humboldt. A quelle époque ont-ils été acculés dans le coin de terre qu'ils occupent aujourd'hui? C'est ce qu'il est impossible de dire; mais on peut assurer qu'au moins depuis le XIII° siècle ils ne se sont pas laissé entamer, car alors, comme aujourd'hui, le pays basque commençait, de notre côté, à Sauveterre. Froissart même, au lieu d'en augmenter l'étendue, la restreint entre cette localité et les montagnes de Roncevaux[4].

Page 98, vers 1467, couplet XLI.

Les enfançons formaient une classe d'hommes libres, également désignés, dans le fuero, sous le nom de *fidalgos*, et il y avait des localités entières composées de gens de cette sorte. On peut citer, notamment, les habitants de Tudela, de Cervera et de Galipienzo, dont le roi Alonso le Batailleur fit les meilleurs enfançons de tout son royaume.

[1] *Prüfung der Untersuchungen über die Urbewohner Hispaniens vermittelst der Vaskischen Sprache*, etc. Berlin, 1821, in-4°. (Cf. *Journal des Savants*, oct. et nov. 1821, p. 587-593, 643-650.) Le dix-huitième chapitre (p. 54-61) est consacré à l'étymologie des noms de Basques, de Biscaye, d'Espagnols, d'Ibériens. — On trouvera celle du mot Navarra dans le *Dicc. geogr. hist. de España*, in-4°, t. II, p. 57-58.

[2] Voyez *Über Marcellus Burdigalensis*, mémoire de M. Jacob Grimm publié dans le *Philologische und historische Abhandlungen der Königlichen Akademie der Wissenschaften zu Berlin*, aus dem Jahre 1847, Berlin, 1849, pag. 429-460, et analysé par M. Gustave Brunet dans le Recueil des actes de l'Académie impériale des sciences, belles-lettres et arts de Bordeaux, 1854, p. 141-156. Cf. Jacob Grimm und Adolf Pictet über die marcellischen Formeln. Aus den Abhandlungen der Königl. Akademie der Wissenschaften zu Berlin 1855. Berlin, 1855, in-4°, p. 49-68.

[3] *Histoire des races maudites de la France et de l'Espagne*, chap. 1, t. I, p. 167.

[4] «... lendemain ils passerent à Sauveterre et entrerent au pays des Bascles... et s'en vinrent à Saint-Jean-du-Pied-des-Ports à l'entrée de Navarre.» (*Chroniques de sire Jean Froissart*, liv. III, chap. LVIII, ann. 1386; t. II, p. 566, col. 2.) — «Et passerent outre le comble de Pampelune et les montagnes de Roncevaux, et entrerent en Bascle,» etc. (*Ibid.* liv. III, chap. CIX, ann. 1388, p. 695, col. 2.)

Don José Yanguas a rassemblé toutes les lumières qu'il a pu trouver sur ce sujet, sous le mot *Hidalguia* de ses *Diccionarios de los fueros de Navarra*, p. 50-55, et de son *Diccionario de antigüedades del reino de Navarra*, t. II, p. 47-62.

Dans la Chanson de Roland, Baligant, annonçant à son fils l'approche de Charlemagne, ajoute :

> E si cevalcet el premier chef devant,
> Ensembl'od els .xv. milie de Francs,
> De bachelers que Carles cleimet *enfans*.
>
> Édit. originale, p. 123, 124. Cf. Glossaire et index, p. 182-183.

Une semblable appellation était-elle en usage au ixe siècle? Je l'ignore; mais il est bien sûr qu'elle avait cours au xiie. Un rimeur de cette époque, l'auteur de la chanson de *Huon de Bourdele*, n'appelle pas son héros, arrivé à l'âge d'homme, autrement que *l'enfès Hues* ou *l'enfès Huelins*. Tous ceux auxquels la littérature écossaise est familière connaissent *Chil Ether*, *Chield Morice*, *Childe Maurice* et *Child Noryce*. On trouve un dernier reflet de cet usage dans le nom de l'une des plus célèbres créations de lord Byron, *Childe Harold*.

Page 98, vers 1480, couplet XLI.

L'article suivant des comptes de Navarre pourrait donner à penser que nous avons fait erreur ici et page 120, v. 1809, en écrivant *palais* au singulier :

Pro operibus factis in palaciis de Olaz, videlicet pro lignis, clavis, plastro et tenuis lapidibus vocatis *losas*, emptis ad cooperiendum palatia, cum pomellis emptis, seris et clavis ad opus portarum, cum locatione et expensis latomorum[1] et aliorum operariorum... xxvj libras xviij solidos vij denarios. (Ms. Bibl. imp. Suppl. lat. n° 165⁷, fol. 101 recto.)

[1] Les bénédictins, éditeurs du Glossaire de du Cange, expliquent *latomus* par λατόμος; *lapicida*, conformément au sens que donnent à ce mot Jean de Gènes et d'autres auteurs cités tom. IV, p. 38, col. 2; mais on aura des doutes sur la parfaite exactitude de cette interprétation, au moins pour cet article, à la lecture du suivant : « Item pro expensis ejusdem (Sancii del Trillar, baillivi Pampilonensis?) quando ivit cum magistro Johanne de Salt et magistro Yvani, magistro latomorum, ad montes de Lanz, ut scinderent ligna ad opus ingeniorum, in viginti duobus diebus, xliiij solidos. » (Ms. Bibl. imp. Suppl. lat. n° 165⁷, f° 101 v°, A. D. 1286.) — Je ne vois pas trop ce qu'un maitre de tailleurs de pierres pouvait avoir à faire dans une coupe de bois destinés à des machines de guerre. Pour un charpentier, c'est autre chose, et l'on comprend très-bien qu'en le voyant habituellement occupé à débiter, à employer des *lattes* pour en former le toit des maisons, on en soit venu à étendre jusqu'à cet artisan le nom de *latomus*, comme si le mot *latæ* (*Gloss. med. et inf. Latin.* tom. IV, p. 35, col. 3. Cf. *Roman de Rou*, t. II, p. 51, v. 9477) fût entré dans sa composition.

Plus haut, on lit cet autre article, qui doit se rapporter aux mêmes constructions :

Item, pro cooperiendis domibus de Olaz, xviij solidos. (Fol. 2 verso.)

Mais, selon toute apparence, dans les endroits que nous venons de signaler, il ne s'agit que d'un palais, d'une seule maison, et il y a là un hispanisme. En effet, dans l'ancien espagnol, on disait *palacios* au pluriel, au lieu de *palacio* :

En *palacios* de Galiana
El rey mandado tenia
Que se junten á las Cortes
Todos los que alli vendrian.

Cuarta parte de los romances del Cid, n° 61 : A Toledo habia llegado, ec. (*Romancero de romances caballerescos é históricos*, ordenado y recopilado por don Agustin Duran. Madrid : imprenta de don Eusebio Aguado, 1832, en 8°, p. 152, col. 1.)

Palacios de Galiana
Mandó el rey que estén compuestos, ec.

Id. n° 67 : Despues que el Cid Campeador, ec. (*Ibid.* p. 158, col. 1.)

En la vega de Toledo
Estaba el fuerte Abenamar,
Frontero de los *palacios*
De la bella Galiana.

Romances de Abenamar, n° 1. (*Romancero de romances moriscos*, ec. por don Agustin Duran. Madrid : imprenta de Leon Amarita, año 1828, en 8°, p. 5, col. 1.)

On peut à bon droit s'étonner que les rédacteurs du grand Dictionnaire de la langue castillane n'aient point fait mention de cet emploi du pluriel de *palacio*.

Page 104, vers 1554, couplet XLII.

Voici l'acte qui intervint, en cette occasion, entre don Garcia Almoravid et messire Eustache de Beaumarchais :

Sepan quantos esta present carta verán et odrán que yo, don Garcia Almoravid, de buen coraçon é de buena voluntad queriendo fazer leal servicio al noble seynnor [el rey de Francia é á] madama Johana, reyna de Navarra, prometo á vos, me sire Eustace de Biau Marches, governador de Navarra, por vos é por... in por madama Johana el vuestro logar en Navarra, que vos ayude contra todos los omes del mundo á mantener paz et á guar.... fazer guerra é paz á vuestra voluntad contra todos omes qui contra vos ni contra dona Johana, mi synnora, se reveillassen o quisies... o de Navarra, con cuerpo, con aver, con todos mios parientes, vasaillos et amigos, que vos ayude con todo mio poder et á guar... as lealment á bona fe sin engaynno nenguno. E de los castieillos que yo tengo et aqueillos qui la mi carrera venen por... toda sazon que á vos ploguiere ni mester vos fuere de fazervos guerra e paz de los dichos castieillos é de recebir... n revieyllo nenguno. E que yo paz ni acordamiento ni lignaça d'amor nenguna, ni composicion non faré con ome del mundo... enteria del seynnor rey de França é de vos que sia contra vos ni contra el regno de Navarra. E quiero et otorgo à maor firmeza... e de cada una d'eillas qu don Lope Martinez de Uriz é don Fortun Yeneguez de Urdaniz[1], merino, cavailleros, tengan comunalment... é por vos, me sire Eustace, governador sobredicho, los castieillos de Maya[2] é de Aussa[3]. Es assaber que don Lope Martin... de Maya é don Fortun Yeneguez tenga el castiello de Aussa, é los guarden bien é lealment por mí é por vos. E si mester era... Lope Martinez é don Fortun Yeneguez devandichos reciban en los castieillos de Maya é de Aussa á vos, governador

---

[1] Je trouve dans les comptes de Navarre pour 1283 les articles suivants, qui se rapportent à ce personnage et à une maison forte qu'il avait en garde :
« Furtunio Enneci de Urdaniz pro domo Vallis Karoli per medium annum, ut supra, xx libras. » (Ms. Bibl. imp. Suppl. lat. n° 165⁷, fol. 2 recto.) — Plus loin il est nommé en ces termes avec D. Martin Lopez de Uriz :
« Domino Martino Lupi d'Oriz pro domo Vallis Karoli usque ad Candelosam anno tercio, per manum domini Guillelmi Unaldi, xxx kaficia. « Furtunio Enneci de Urdaniz, pro dicta domo per medium annum usque ad festum Assumptionis, anno tercio, xx kaficia. » (Folio 9 verso. Cf. fol. 7 verso.)
« Furtunio Enneci de Urdaniz pro domo de Lucayde in valle Karoli a festo Assumptionis anno quinto (1285) usque ad sequentem Candelosam per medium annum l kaficia. » (Folio 77 verso.)

[2] Le château de Maya, situé dans la vallée de Baztan, était aux mains, en 1284, d'Ochoa Martinez d'Oarriz. (Ms. Bibl. imp. n° 165⁷, folio 50 verso.)

[3] Ce château était situé dans la vallée d'Ezcabarte, merindad de Pampelune. Il en est question en ces termes dans le compte de Diego Sanchez de Garriz, merino de Pampelune pour 1285 :
« Pro operibus factis in castro de Aussa, videlicet pro reparanda turre quam fulgur destruxit, lapidibus, calce et aqua portata ad faciendum morterium in dicto opere. ¶ Item, pro locatione latomorum et aliorum operariorum et expensis eorumdem... xlviij libras x solidos. — Item, eidem (Didaco Sancii de Garriz), pro castro de Aussa, pro retinencia et augmentatione trium servientium, per annum, ut supra, xv libras. — Item pro iiij quintallis sagitarum emptis ad opus castrorum de Aussa et de Atahun, qui sunt in frontaria Castelle et sub custodia dicti merini, xvj libras xiij solidos iiij denarios. — Didaco Sancii, merino predicto, pro emenda eidem facta pro quinque balistis unius pedis cum suis munimentis, sex armaturis vocatis perpuntes, tribus capellis ferri, sex scutis vocatis de Almazen, que posuerat in garnisione castri de Aussa, et combusta fuerunt quando fulgur destruxit turrim et interfecit quosdam, xij libras. (Ms. Bibl. imp. Suppl. lat. n° 165⁷, folio 60 verso. Cf. folios 46 verso, 92 verso et 101 verso.) — « Item eidem pro castro de Aussa cum augmentatione trium servientium ratione guerre, per annum, ut supra, lxxv kaficia. » (Folio 79 verso.)

devandicho... mas que á vos ploguiere, assí como en castieillos de quales deve ome fazer guerra é paz. E si por aventura (lo que Dios non quiera!)... nd vinia contra ó faillecia en ren á vos, governador devandicho, en los juramentos sobredichos ó en alguno d'eillos, quiero et otorgo que... Martinez é don Fortun Yeneguez devandichos riendan á vos, governador sobredicho, los castieillos de Maya et de Aussa quitament, sin enbargo nenguno, é que los tengades et aguardedes lealment pora dona Johana, mi seynnora, é pora sus successores. E mando á don Lope Martinez et á don Fortun Yeneguez sobredichos que se obliguen á vos, governador devandicho, de rendervos los castieillos antedichos, si yo failleciesse en ren contra vos, governador, como dicho es de suso. Empero quiero é retengo que si en este comedio devinia de mí ante que madama Johana fiziesse esposaillas, que don Lope Martinez de Uriz é don Fortun Yeneguez de Urdaniz riendan los castieillos de Maya é de Aussa á dona Johana é á sus successores herederos. E si por aventura anté deste tiempo madama Johana passasse deste sieglo (lo que Dios non quiera!), que don Lope Martinez é don Fortun Yeneguez riendan los dichos castieillos á mí. E por que todas estas cosas sobredichas sean mas firmes é mejor aguardadas, é que yo non pueda por mí ni por otri venir contra las dichas cosas ni nenguna d'eillas, juro sobre libro é cruz de mantener é guardarlas bien é lealment como dicho es de suso.

Yo don Eustace, governador devandicho, recibo de vos, don Garcia Almoravid, los paramientos é la jura, como dicho es de suso, é prometo á vos, don Garcia Almoravid, que vos sea bueno é leal amigo, é que vos ayude á vos é á los vuestros á mantener vuestros drechos é de rāto... pueda con el rey de França, mio sennor, é con madama Johana procure vuestro drecho lealment é sin engaynno nenguno. Demas vos pro... eite que vos, don Garcia é don Pero Roiz d'Argaiz[1], alcalde maor de Navarra, é los otros alcaides de castieillos qui tienen vuestra ca... mra convuscu tenedes del tiempo del rey Henric (á qui Dios perdone!), non vos tuelga ni toiller vos faga á otri por mi sin... s que perder lo deviessedes, ó por judicio de cort, segund fuero é costumbre de Navarra. E otrossi vos prometo á buena fe... que ayades carta del seynnor rey de França de como plaze á eill é á madama Johana é ad aqueillos qui son... los paramientos sobredichos. E mando é quiero que si por aventura yo fallecia en esto que yo e prometido á vos... é los dichos don Lope Martinez de Uriz é don Fortun Yeneguez de Urdaniz riendan los castieillos de... Garcia Almoravid. Testigos fueron, qui presentes fueron é todas estas cosas vieron é oyeron, é por testigos... [don Pero Roiz de Ar]gaiz, alcalde maor de Navarra, é maestre Bernart Molener de Cordova, judge del dicho governador, [é don Lope Martinez de] Uriz, cavaillero. E por maor firmeza de todas las cosas antedichas é de cada una d'eillas, nos don Gar[cia Almoravid é don Eustac]e governador sobredichos, fiziemos poner nuestros seyeillos colgados en esta present carta. E yo Martin... [escriv]ano jurado del governador sobredicho, por mandamiento de don Garcia é governador devandichos fu present... cosas sobredichas, é escrevi esta present carta con mi propria

---

[1] Immédiatement avant le premier des articles qui précèdent, j'en lis un ainsi conçu : « Roderico Petri de Argayz pro castro de Legun per medium annum, ut proxime supra, iij libras. » (Ms. Bibl. imp. Suppl. lat. n° 1652, fol. 2 recto. Cf. folio 44 recto.)

mano, laqual fué fecha en Thiebas, domingo primero enpues la fiesta de convierso sancti Pauli, en el mes de genero, anno Domini м° cc° septuagesimo quinto.

(Trésor des Chartes, 1275 - 9 - J. 614. Deux sceaux.)

Page 104, vers 1557, couplet XLII.

On a de Johan Corbaran de Lehet un reçu de cent cinquante livres tournois à lui payées par Eustache de Beaumarchais, pour cause des *soudées* qu'il avait : « Las quales cavaillerias, ajoute-t-il, tengo por don Pero Sanchez de Mont Agut, all tiempo que eill era governador. » Cette pièce est datée d'Estella, mars 1275[1].

Le nom de ce baron resté fidèle à son serment se retrouve à chaque instant dans les comptes de Navarre pour 1283, 1284 et 1285, de façon à nous donner une haute idée du personnage :

Domino Johanni Corbarani de Leeth pro eodem (complemento miliciarum suarum) xlvi kaficia ij rova. (Ms. Bibl. imp. Suppl. lat. n° 165[?], fol. 10 verso. *Compot. Roderici Petri de Echalaz.*)

Domino Johanni Corbarani de Leeth pro eodem viij˟ vij libras xvj solidos x denarios. (Fol. 22 verso. *Compot. Sancii Orticii de Sancto Miliano, merini Stellensis.*)

Domino Johanni Corbarani de Leeth pro eodem in valle de Echauri ci solidos iiij denarios. (Fol. 25 verso. *Compot. Didaci Sancii de Garriz, merini.* Cf. fol. 61 recto, 79 verso.)

In villa de Petralta de pecta rusticorum ij kaficia. Johannes Corbarani tenet. (Fol. 41 recto. *Compot. Sancii Orticii de Sancto Miliano.* Cf. fol. 42 verso et 75 verso.)

Domino Johanni Corbarani de Leeth pro eodem (complemento miliciarum suarum) iij˟ lxvj kaficia j terçal j quartale[2]. (Fol. 42 recto. *Compot. ejusd.*)

Domino Joanni Corbarani de Leeth pro eodem in pecta vallis Sancti Stephani, de Arana, de la Berueça et de Petralta iiij˟ liiij kaficia ij rova j terçal iiij quartalia. (Fol. 75 recto. *Compot. ejusd.* Cf. folio 76 recto.)

[1] Archives de l'Empire, 1275-169-J. 614.
[2] Ces diverses mesures se trouvent expliquées dans un registre de la chambre des comptes de Paris, cité d'une manière inexacte par D. Carpentier : « Quidam modus mensurarum in Navarra. In kaficio Pampilonæ sunt quatuor rova, in rovo quatuor quartalia.... In kaficio Tutellæ sunt quatuor rova, in rovo sex quartalia.... In kaficio Stellæ sunt octo rova, in rovo quatuor quartalia. » (*Gloss. med. et inf. Latin.* t. V, p. 812, col. 2, v° *Rovum.*) Cf. *Dicc. de ant. del reino de Nav.* t. II, p. 708-714.

Item de vinea vocata de Çamaqua et de pecta de Assarta, de Azedo et de Villamera nichil, quia dominus Johannes Corbarani de Leeth tenet pro complemento miliciarum suarum. (Fol. 76 recto. *Comp. ejusd.*)

Domino Johanni Corbarani de Leeth pro eodem (complemento miliciarum suarum) in valle Sancti Stephani, in Arana, Amescoa, Assarta, Azedo, de Villamera, et in pecta de Petralta, de Vernedo viij^x vij libras xvj solidos x denarios. (Fol. 89 recto. *Compot. Guillelmi Ysarni, merini Stellensis.* Cf. fol. 106 recto.)

Page 104, vers 1560, couplet XLII.

Le 29 mars 1276, le nouveau gouverneur de la Navarre, Eustache de Beaumarchais, parcourait déjà le pays, exigeant de tous les endroits où il passait des hommages à la reine. Il est constant qu'il reçut satisfaction, de ce côté-là, de Tudela et de sa *merindad*, d'Estella et de la sienne, y compris l'*aljama* des juifs, de Tafalla et de son territoire, et jusque de Caseda et de Saint-Jean-Pied-de-Port. «Il est à remarquer, dit don José Yanguas, qui cite des pièces des archives de la Chambre des comptes de Pampelune, qu'il ne paraît pas que cette ville ni sa *merindad*, ni celle de Sangüesa, excepté le château de Castillon, en aient fait autant [1].» Il ajoute que, dans l'hommage de Tudela, il fut stipulé que le gouverneur jurerait les fors et les bonnes coutumes de l'endroit, et que la municipalité de Mendigorria ajouta qu'elle verrait avec plaisir le mariage de la reine avec le fils du roi de France.

Page 104, vers 1560, couplet XLII.

Voici l'acte du serment prêté dans cette circonstance par la ville d'Artaxona, le seul que nous ayons retrouvé :

In Dei nomine amen. Sepan quantos esta present carta verán et odrán, que nos don Johan alcalde, Miguel Cortes maoral, et Semen Garciez, jurado de Artaxona, por nos é por los otros jurados é por todo el concejo de Artaxona, por mandamiento del dicho concejo, esguardando el provecho é la honrra de la mucha honrrada dona Johana, nuestra natural seynnora, reyna de Navarra, é de todo el su regno de Navarra, é queriendo guardar é salvar la nuestra lealtad, de como conviene á fideles é naturales vassaillos, enta nuestra seynnora dona Johana, de buen coraçon é de buena voluntat prometemos á vos, me sire Eustace, governador de Navarra por la dicha reyna, que nos guardaremos é mantendremos á todo nuestro leal poder el regno de Navarra é todo el seynnorio e todos los otros drechos que pertenecen al regno de Navarra, pora dona Johana,

---

[1] *Diccionario de antigüedades del reino de Navarra*, t. III, p. 49.

nuestro seynnora natural. E obediremos en todas cosas á vos, governador antedicho, et á todo otro governador qui enpues vos fuere enviado del seynnor rey de França por governar el regno de Navarra en voz et en nombre de la dicha Johana, reyna de Navarra, é mantendremos é defendremos á todo nuestro poder contra todo omme la vuestra persona é vuestras compaynnas é todas vuestras cosas é de qualquiere governador qui fuesse enviado enpues vos por el rey de França á governar Navarra, como dicho es, ata o la dicha dona Johana, nuestra seynnora, sea de edat de doze aynnos; é que todos tiempos seamos plazenteros del casamiento que sea entre el fijo del rey de França é la dicha dona Johana, nuestra seynnora; é que non vengamos encontra por nos ni por otri en nenguna manera que pueda seer dicha ni pensada. E á mantener é complir todas estas cosas devandichas é de cada una d'eillas, por mandamiento del dicho nuestro concejo, nos, alcalde, maoral é jurado devandichos, juramos por nos é por todo el concejo de la dicha villa, sobre santos Evangelios é la santa cruz; é demas por fazervos maor complimiento é á maor seguridat de todo esto, prometemos que nos fagamos é procuremos que los otros bonos omes de la nuestra villa, quales vos, governador, queradas, convusco ensemble, por sí é por todo el concejo de Artaxona, vos juren é prometan todas estas cosas antedichas, segunt la forma que es dicha de suso. Et estas juras fazemos á vos, me sire Eustace, governador antedicho, é vos otrossi que tengades á nos en nuestros fueros é en nuestras costumbres de como lo jurastes, et otrossi que qualquiere governador que sea enpues vos enviado por el seynnor rey de França por governar Navarra en voz et en nombre de dona Johana, nuestra seynnora, como dicho es de suso, jure á nos de mantenernos en nuestros fueros et en nuestras costumbres. Et en testimonio et en maor firmeza de todas estas cosas antedichas, é de cada una d'eillas, nos alcalde, maoral é jurado antedichos, por voluntad é mandamiento del concejo de Artaxona, damos á vos, me sire Eustace, governador antedicho, esta carta abierta, seeillada con el seyciilo del dicho concejo, la qual fué fecha é dada en Pamplona, domingo secundo del mes de mayo, anno Domini millesimo cc° septuagesimo sexto. (Trésor des chartes, cart. J. 613, pièce n° 12. Sceau représentant un arbre avec cette légende autour : SIGILLUM DE CONCELLO ARTASSONA.)

Pages 104 - 107, vers 1569 - 1582, couplet XLIII.

Anelier dit qu'Eustache de Beaumarchais, à son arrivée à Pampelune, paya aux chevaliers et aux enfançons de toute la Navarre ce qui leur était dû pour leur service militaire. J'ai recherché, aux Archives de l'Empire et ailleurs, les pièces qui pouvaient établir le fait d'une manière péremptoire, et j'en ai trouvé bon nombre, que je vais faire connaître, en commençant par celles qui émanent des personnages nommés dans notre poëme.

La première, cotée 1275 — 120 — J. 614, est un reçu de *Pero Sanchez de Montagudo, seynor de Cascant*, de la somme de 1,393 livres 13 sous 10 deniers en sanchets, et de 3,606 livres 6 sous 10 deniers en tournois noirs, pour mises faites au service de la reine Jeanne en défendant la Navarre quand Pero Sanchez en était gouverneur. Cette pièce est datée de Tebas, le mercredi 1er du mois de février 1275 [1].

A la suite de cette pièce, j'en signalerai deux autres : la première, cotée 1275 — 123 — J. 614, est un reçu de D. Garcia Almoravid, de la somme de 10 livres tournois pour la tenue du château de Maya et de 35 livres pour celle du château d'Aussa pendant l'année précédente [2]; la seconde, marquée dans la même série du numéro 133, est un reçu, souscrit par le même, de

---

[1] A côté d'elle il faut placer un reçu de soixante livres tournois, par Johan Sanchez de Mont Agut, pour un cheval acheté par D. Pero Sanchez de Montagut à D. Pero Sanchez, doyen de Tudela, dans le temps que le second était gouverneur de la Navarre, *é lo puso en sa conta*. (Arch. de l'Emp. 1275 — 140 — J. 614.) — A l'année suivante, nous trouvons un autre reçu de quatre cents livres de tournois noirs, pour mises faites par D. Pero Sanchez pour la défense du royaume de Navarre (*ibid.* 1276 — 307 — J. 614), et un certificat en faveur de la créance de Johan Martinez de Medrano, qui avait occupé, du temps du roi D. Henri, la *fossadera* de Viana, depuis cédée par la reine de Navarre à la municipalité de cette ville, et qui avait fait des mises pour défendre celle-ci contre les Castillans au temps de la guerre. (*Ibid.* 1276 — 296 — J. 614. Cf. Ms. Bibl. imp. Suppl. lat. n° 1657, fol. 87 verso.) Sur ce que l'on entendait par *fonsudera* ou *fosudera*, voyez ci-dessus, p. 382, en note. — Ce Jehan Martinez de Medrano était un homme considérable. On le voit figurer encore jusqu'en 1286 dans les comptes de Navarre :

« Item domino Johanni Martini de Medrano, qui ivit cum equitibus ad villam de Coreilla quando Johannes Alfonsi erat in camera, et credebant quod voluissent eum obsedere barones Castelle, l kaficia. » (Ms. Bibl. imp. n° 1657, fol. 7 recto.)

« Johanni Martini de Medrano pro castro de Coreilla a medio mense maii proximo preterito usque ad sequens festum Assumptionis, pro quindecim servientibus xviij kaficia iij rova.

« Item eidem pro dicto castro a dicto festo Assumptionis, usque ad sequentem Candelosam, per medium annum, xxvij kaficia ij rova. » (*Ibid.* Cf. fol. 8 verso, 104 recto.)

« Item pro expensis Johannis Martini de Medrano et equitum ac peditum qui secum erant quando iverunt apud Malon in Aragoniam ad faciendum dampnum, in duobus diebus, iiij libras iiij solidos. » (Fol. 19 recto.)

« Domino Johanni Martini de Medrano pro castro de Coreilla per annum xv libras. » (Fol. 19 verso. Cf. fol. 54 r°, 72 r°, 87 recto.)

« Johanni Martini de Medrano pro castro de Artaxo cum augmentatione a festo Assumptionis anno quarto usque ad sequentem Candelosam, per medium annum l kaficia. « Item eidem pro turre de Viana et augmentatione a festo Assumptionis predicto usque ad sequentem Candelosam, per medium annum xvij kaficia ij rova. » (Folio 42 recto. Cf. fol. 56 verso, 74 verso, 89 verso, 106 recto.)

« Item pro expensis dicti merini (Johannis de Yanvilla, merini Ripperie), domini Martini de Medrano, et Lupi Orticii de Monte Acuto, quando iverunt ad appreciandum da[m]pna illata ville frontarie propter guerram, xiiij libras. » (Fol. 54 v°. Cf. f° 103 v°, 104 r° et v°.)

[2] Le sceau porte trois pals et cette inscription autour : *Sigillum Garsia Almoravit*. — J'ai sous les yeux un autre reçu de *don Yenego Almoravid, mesnadero*, de la somme de quarante livres tournois pour son service de l'année; il est daté de Tebas, le dernier mercredi de février 1275. (Arch. de l'Empire, 1275 — 116 — J. 614.)

HISTOIRE DE LA GUERRE DE NAVARRE.   443

2,000 livres tournois pour dépenses faites à la même époque en défendant le royaume de Navarre, alors en guerre. Ces deux pièces sont datées de Tebas, le premier dimanche après la fête de la Chaire de Saint Pierre, l'an de Notre-Seigneur 1275 (23 février 1276)[1]. Dans une autre, Johan Corbaran de Vidaurre est associé à Miguel Periç de Arviçu comme ayant reçu, pour sa *mesnaderia* de l'année, 40 livr. tourn. tandis que son compagnon n'en touchait que la moitié[2]. Cette pièce, cotée 104 dans la même série, est datée d'Estella, le mercredi 1ᵉʳ mars 1275, et munie du sceau de D. Johan Sanchez de Mont Agut, qui figure lui-même dans ces comptes, en qualité d'alcaid des châteaux d'Estella et de Tudela, pour la somme de 82 livres tournois[3].

Voici maintenant les autres pièces de la même espèce que nous avons trouvées au Trésor des chartes :

1. Sepan quantos esta carta verán et odrán que yo, don Garcia Martinez de Uriz, vengo de conocido que yo e recebido de vos, me sire Eustace de Biau Marches, gobernador de Navarra, treynta libras de torneses por complimiento de la mi mesnaderia deste present aynno ata la primera fiesta de Navidad que viene.... Et en testimonio desto, ec. Data en Thebas, sabado dia de katedra sancti Petri, A. D. M° cc° LXX° quinto (22 febr. 1276).

    Arch. de l'Emp. 1275 — 91 — J. 614.

2. Sepan... que yo, Fortun Yeneguez de Urdariz, merino, casteillano de los casteillos de Mont Ferrant, de Guerayño... de Aycita é de Aussa, por dona Johana, reyna de Navarra... e recebido... por mi mesnaderia deste present aynno ata la primera fiesta de Navidat que viene, veynt libras de torneses, é por retenencia de los dichos casteillos del aynno sessaynta é siet libras et onze sueldos torneses, é por retenencia del casteillo de Mont Ferrant del aynno present ata la Navidat primera que viene, treynta é nueu libras de torneses, é por retenencia del casteillo de Aussa deste present aynno ata la Na-

---

[1] Dans une pièce de l'année suivante, le même personnage reconnaît qu'à son instigation Eustache de Beaumarchais a payé à Semen Martinez de Maya, Per Ochoa de Sorecta, Miguel Garciez de Recta et Peirot, arbalétriers, dix-huit livres tournois pour leurs dépenses et vêtements, pendant la guerre de l'année précédente, au temps où D. Pero Sanchez était gouverneur. (Arch. de l'Emp. 1276 — 241 — J. 614. Cf. n° 234.)

[2] Les mêmes reparaissent l'année suivante dans une reconnaissance de cinquante livres pour *mesnaderia* et de cinquante autres livres, don du roi de France à chacun. (Arch. de l'Empire, 1276 — 259 — J. 614.) — Johan Corbaran est encore nommé dans un autre acte encore plus curieux : c'est un reçu de vingt livres de tournois noirs pour quatre homicides arrivés à Larrasoaña. (Ibid. 1276 — 220 — J. 614.) — Dans une autre pièce de l'année suivante, c'est un reçu de dix-huit cent trente-cinq livres tournois pour rentes (*cavallerius*), dépenses et indemnité pour chevaux perdus à la guerre en défendant le royaume de Navarre. (Ibid. 1276 — 304 — J. 614.)

[3] Arch. de l'Emp. 1275 — 170 — J. 614.

56.

vidat treynta libras torneses, é por retenencia del castieillo de Guerayño[1] deste present aynno ata la Navidat veynte libras torneses, é por la retenencia del castieillo de Ayata deste present aynno ata la primera fiesta de Navidat que viene, veynt libras de torneses; la qual suma monta viiij[xx]. é seze libras et onze sueldos de tornezes[2].,.. Et en testimonio, ec.

Arch. de l'Emp. ibid. 128.

3. Sepan... que yo, don Lope Martinez de Uriz, casteillano del castieillo de Maya[3]... e recebido... por retenencia del castieillo de Maya deste present aynno... cinquanta libras de tornes, ec.

Ibid. 154.

4. Sepan... que yo, Martin Yvaynnes de Uriz... he recebido... por mi mesnaderia deste present aynno, veynt é cinquo libras de torneses, é por la retenencia del castieillo de Casteillon[4]... veynt é quatro libras de torneses, ec.

Ibid. 156. Sceau de don Garcia Martinez de Uriz, annoncé dans l'acte comme oncle de Martin.

5. Noverint universi presentes litteras inspecturi quod ego, Petrus Roderici de Argaitz, castellanus de Leguin, scio et in veritate recognosco me habuisse et recepisse.....xxiiij. libras turonenses pro guagiis seu retinentia custodie dicti castri hujus presentis anni, et pro .xx. kaficiis frumenti que remanserant ad solvendum de retinentia anni preteriti cus-

[1] Cette place fut assiégée en 1277, comme nous l'apprenons d'une autre quittance ainsi conçue : « Noverint universi, presentes pariter et futuri, quod nos Eustachius de Bello Marchesio, miles, regni Navarre gubernator et custos, recognoscimus et in veritate confitemur nos recepisse, aut alius pro nobis, a vobis, fratre Jacobo, monacho Belle Pertice, Cisterciencis ordinis, dyocesis Tholose, et Raimundo de Serano, burgensi Castri Serraceni, dicte dyocesis, duo milia et ducentum et quatuordecim kaficia tritici, et octingenta et septuaginta et octo kaficia inter ordeum et avenam, totum ad mensuram Cesarauguste. Quod bladum dominus abbas Belle Pertice emi fecerat in partibus Cesaraugustanis antedictis, de quibus a vobis et dicto domino abbate, nomine prefati domini regis, tenemus plenarie pro contentis. In cujus rei testimonium sigillum nostrum presentibus duximus apponendum. Datum in setgio de Garanho, die Veneris post octabas apostolorum Petri et Pauli, anno m° cc° lxx° septimo (9 jul. 1277). (Arch. de l'Emp. J. 474, n° 47. Invent. de Dupuy, quittances 1, n° 47. Sceau en cire verte sur simple queue, moulé n° 6761.)

[2] Plus tard, nous retrouvons le même personnage, cette fois nommé Fortuyn Yeneguiç de Urdariç, recevant d'Eustache de Beaumarchais un don de cent livres tournois. (Arch. de l'Emp. 1276 — 243 — J. 614.) — Dans un document de l'année précédente, c'est un Garcia Yeneguez de Urdariz recevant aussi vingt livres tournois pour sa mesnaderia de l'année. (Ibid. 1275 — 62 — J. 614.)

[3] L'année suivante, D. Lope recevait cinquante livres tournois pour travaux de bâtiment exécutés au château de Maya.(Arch. de l'Empire, 1276¹.— 286 — J. 614.) Est-ce le même que le Martin Lopez d'Oriz ou Duriz nommé ci-dessus, p. 437, en note, col. 1, et dans le Dict. des ant. du roy. de Nav. t. I, p. 289?

[4] Casteillon sobre Sangüesa, dit un autre reçu de l'année suivante. (Arch. de l'Empire, 1276 - 300 - J. 614.)

todie dicti castri. Item recognosco recepisse... .x. libras turonencium pro rauba mea seu vestibus hujus presentis anni.... Et in testimonium, etc. Data Thebis, dominica in crastinum Beati Petri ad kathedram, A. D. M° cc° lxx° quinto (23 febr. 1276).

Arch. de l'Emp. *ibid.* 22.

6. Noverint universi quod ego, Petrus Martini de Gualipenso, miles, castellanus castri de Gualipenso, scio... me habuisse et recepisse... .xxiiij. libras turonenses pro guagiis seu retinentia custodie dicti castri de Gualipenso istius anni presentis, et .xx. libras turonenses pro mainaderia mea hujus presentis anni... Et in testimonium predictorum sigillo domini Eximinis de Sotes feci presentes litteras sigillari, etc.

Ibid. 24.

7. Noverint universi... quod ego, Arnaldus Bernardi d'Argava, magister arcbalestariorum regni Navarre, castellanus castri de Murel freito, scio... me habuisse et recepisse... .xviij. libras turonencium pro guagiis meis hujus presentis anni usque ad festum proximum dedicationis beati Michaelis, et .xviij. libras turonencium pro retinencia seu gagiis dicti castri de Murel freito istius presentis anni usque ad dictum terminum.... In cujus, etc.[1]

Ibid. 27.

8. Noverint universi... quod ego, Michael Guarcie d'Oarris[2], miles, castellanus castri de Horcorros, scio... me habuisse et recepisse... .xij. libras turonensium pro guatgiis seu retinencia castri predicti anni preteriti que remanserant ad solvendum, et .xxiiij. libras turonensium pro guagiis seu retinentia istius totalis anni presentis.... Et in testimonium, etc.

Ibid. 28.

9. Noverint universi... quod ego, Guarcias Petri de Cadreita, miles, mainaderius, scio... me habuisse et recepisse... .xx. libras turonencium, pro mesnaderia mea istius totalis presentis anni.... Et in testimonium, etc.

Ibid. 30.

10. Noverint universi... quod ego, Bernardus de Guarro, arcbalestarius, scio... me habuisse et recepisse .xxi. libras turonencium pro exmeta [emenda] cujusdam equi mei, quem amisi pro guerra in servicio domine Johane regine Navarre, etc. [Sceau d'Arnalt Bernard d'Argava, maître des arbalétriers.]

Ibid. 31.

[1] Il existe, à une date postérieure, un reçu du même Arnalt de Argava, qualifié cette fois de *ballestero*, qui reconnaît avoir reçu d'Eustache de Beaumarchais, pour mises faites au temps de la guerre quand don Pero Sanchez était gouverneur, soixante livres tournois. (Arch. de l'Empire, 1276 — 393 — J. 614.)

[2] Ailleurs, je trouve un Garcia Periç de Huariç, nommé dans un reçu de vingt livres tournois pour sa *mesnaderia* de l'année (Arch. de l'Empire, 1275 — 74 — J. 614), et un don Garcia de Oriç dans une pièce semblable portant reconnaissance de cinquante livres tournois. (*Ibid.* 1275 — 149 — J. 614.)

11. Sepan... que yo, don Pero Velaz de Guevara[1]... e recebido... cinquanta libras por complimiento de las cavaillerias que yo tengo, que non me fueron pagadas del aynno passado, é cinquanta libras de torneses por la despensa que yo fiz en la guerra del anno passado, é dozientas libras torneses que yo recebi por diez cavaillerias deste present aynno.... Et en testimonio, ec.

Arch. de l'Emp. *ibid.* 96.

12. Sepan... que yo, don Garcia Almoravid... he recebido de vos... veynt libras de torneses por emienda de un cavaillo que Martin Xemeznez d'Ayvar perdió al tiempo de la guerra.... Et en testimonio de todo esto, ec.

Ibid. 112. Cf. n° 17.

13. Sepan... que yo, Pero Periz de Ax, mesnadero... he recebido... treynta libras torneses por la mi mesnaderia deste present aynno.... Et en testimonio desto, ec. [Sceau de don Garcia Almoravid.]

Ibid. 113.

14. Sepan... que yo don Semen de Sotes, casteillano de los casteillos de Sangüessa la Vieilla é de Ongaçarria... he recebido... seze libras de torneses por quaranta kafices de trigo por la retenencia del casteillo de Sangüessa la Vieilla deste present aynno ata la Navidat que viene, é quatro libras de torneses por retenencia del casteillo de Ongoçarria... é diez libras de torneses por mi roba deste present aynno, ec.

Ibid. 145.

15. Sepan... que yo, don Garcia Ochoa d'Opaco, casteillano del casteillo d'Oro[2]... e recebido... veynt libras de torneses por mi mesnaderia deste present aynno ata la Santa Miguel[3], é por la ret[en]encia del dicho casteillo que fincó á pagar d'antaynno, doze libras de torneses, é por la retenencia del dicho casteillo deste present aynno ata la Navidat primera que viene, veynt é quatro libras torneses.... Et en testimonio desto, ec.

Ibid. 162.

16. Sepan... que yo, don Roy Marquez de Tafailla... e recebido... veynt libras de torneses por mi mesnaderia deste present ayno, ec. [Sceau de D. Semen de Sotes.]

Ibid. 193.

[1] On trouve, dans les comptes de Navarre pour 1284, l'article suivant:
« Domino Petro Velaz de Guevara pro eodem (jure gonfauarie) in valle de Oyllo xij**x libras. » (Ms. Bibl. imp. Suppl. lat. n° 165?, folio 25 verso. Cf. folio 61 recto.)

[2] En 1283, D. Garcia Ochoa de Oppaco était encore châtelain du château d'Oro et recevait six cahiz un rovo de blé pour service rendu au domaine. (Ms. Bibl. imp. Suppl. lat. n° 165?, folio 16 verso, 17 recto.)

[3] Cette limite se trouvant mentionnée dans la plupart des reçus que nous donnons, nous l'avons le plus souvent supprimée.

17. Noverint universi, presentes et futuri, quod ego, Martinus Eximini d'Eyvar, castellanus castri de Yrullegui[1], confiteor... me habuisse et recepisse .xxiiij. libras turonenses pro totali retinentia bladi et peccunie mihi debite pro custodia castri predicti pro presente anno usque ad proximum festum beate Marie augusti.... Et in testimonium.... Actum Thebis, die lune post Katedram sancti Petri. A. D. M° CC° LXX° quinto (24 febr. 1276).

Arch. de l'Emp. ibid. 23. Cf. n° 21.

18. Noverint universi... quod ego, Enego Periz de Sansoayn, miles[2], scio .. me habuisse et recepisse... .xxv. libras turonenses pro masnadaria mea istius presentis anni, etc.

Ibid. 25.

19. Noverint universi... quod ego, Rotlandus Peris d'Oscaris, et ego, Lupus Çuria d'Aransus[3], masnaterii domine Johane regine Navarre, recognoscimus... vobis domino E. de B. M..... quod vos solvistis mihi Rotlando Peris d'Oscaris .xxx. libras turonencium, et michi dicto Lupo Çuria d'Aransus .xx. libras turonensium... pro

---

[1] Voici l'acte par lequel Martin Xemenez d'Ayvar prêtait foi et hommage à Eustache de Beaumarchais pour le château d'Irurlegui, dont la garde lui était confiée :

« Sepan quantos esta carta verán et odrán que yo, don Martin Xemenez de Ayvar, tenient el casticillo de Irurlegui, juro sobre santos Evangelios é la santa cruz, é fago pleito homenage de manos é de boca, en pena de traicion, á vos, me sire Eustace de Biau Marches, governador de Navarra, que toda sazon que dona Johana, reyna de Navarra, mi natural seynnora, enviare sus letras por mí, que yo vaya luego ante eilla. É si la dicha reyna me demandare el casticillo sobredicho, que lo rienda á eilla o á su mandamiento, sin contraria nenguna. Testigos son qui presentes fueron et esto vieron et oyeron é por testigos se otorgaron, don Garcia Martinez d'Uriz, don Pero Roiz d'Argaiz, alcalde maor de Navarra, don Ferant Gil de Sarassa, cavailleros, é maestre Gil Lopez, clérigo de la dicha reyna. É ruego á Martin Garciez, escrivano del governador antedicho, que escriva esta carta... fecha en Esteilla, martes primero del mes de marzo, A. D. M° CC° LXX° sexto (2 mart. 1277). » (Archives de l'Empire, 1276 - 262 - J. 614.) —

Voyez, sur le même personnage, le Dict. des ant. du roy. de Nav. t. I, p. 295, et les Annales du P. de Moret, liv. XXVI, chap. II, § VII, n° 27; t. III, p. 529 : on y voit doña Garcia Sanchiz de Cascant, nommée dans un acte de 1321 comme femme de feu noble D. Martin de Aybar, alferiz de Navarre.

[2] D. José Yanguas se trompe quand il dit que l'emploi de ce mot, en Navarre, ne date que de 1276. (Voyez Dicc. de ant. del reino de Navarra, t. II, p. 21.)

[3] Les comptes de Navarre pour 1285 me fournissent le nom d'une femme qui pourrait bien être de la parenté de ce personnage :

« Ex alia parte de prima tabula (macelli Tutele) nichil, quia est Marie Lupi de Eransus. (Ms. de la Bibl. imp. Suppl. lat. n° 165, folio 61 verso.) — On sait qu'il n'était pas rare que des personnages appartenant à la noblesse fussent en possession de marchés ou d'étaux. On lit dans une ancienne chanson de geste :

.G. los vi venir iratz de brieu ,
E son .xx. chavalers ; cascus ac fieu
O chastel o mercat, fiera o tolieu.

Roman de Gérard de Rossillon , p. 202.

guatgiis masnaterie nostre istius presentis anni usque ad proximum festum dedicationis beati Michaelis.... Et in testimonium, etc.

Arch. de l'Emp. *ibid.* 29.

20. Noverint universi... quod ego, Guarcias Lopis Arraisso, mesnaderius domine Johane regine Navarre, recognosco... vobis domino Eustachio de Bello Marchesio... quod vos solvistis mihi Guarcie Lopis Arraisso predicti (*sic*) .xx. libras turonencium... pro guatgiis masnatarie mee istius presentis anni.... Et in testimonium, etc.

Ibid. 31.

21. Sepan... que yo, don Garcia Gil de Yaniz... e recebido... por mi mesnadería deste present aynno... quaranta libras de torneses, é, por emienda de un cavaillo que yo perdi al tiempo de la guerra, veynt libras torneses.... Et en testimonio, ec. [Sceau de don Pedro Roiz d'Argaiz.]

Ibid. 54.

22. Sepan... que yo, don Garcia Sanchez de Uriniça, mesnadero... e recebido... por mi mesnadería deste present aynno... veynt libras torneses.... Et en testimonio desto, ec.

Ibid. 55.

23. Sepan... que yo, Arnalt Arremon de Malleon, mesnadero... yo e recebido... por mi mesnadería deste present aynno... cinquanta libras de torneses, ec. [Sceau de D. Semen de Sotes.]

Ibid. 64.

24. Sepan... que yo, don Diago Lopez d'Ezperun, mesnadero... e recebido... por mi mesnadería deste present aynno.... treynta libras torneses.... Et en testimonio desto, ec.[1] [Sceau de D. Pero Roiz, *alcalde maor de Navarra.*]

Ibid. 103.

25. Sepan... que yo, Adam de Sada, mesnadero, e recebido... veynt é cinquo libras torneses por mi mesnadería deste present aynno.... Et en testimonio desto, ec. [Sceau de don Semen de Sotes.]

Ibid. 127.

[1] L'année suivante nous offre un certificat de D. Pero Sanchez de Montagut, seigneur de Cascante, attestant la perte par don Pero Lopeiç d'Eçperun, au service de la reine, de deux mulets d'une valeur de vingt livres de tournois, dont il n'avait point été payé. (Arch. de l'Empire, 1276 — 293 — J. 614.) Il existe aussi, sous le n° 313, un reçu de *don Pero Lopez, d'Azperu, cavayllero*, à moitié détruit, et dont le reste est en partie illisible. — Enfin je retrouve le même personnage, dans les comptes de Navarre pour 1283 et 1286, comme retenant le château de Gorriti (Ms. Bibl. imp. Suppl. lat. n° 165⁷, folio 13 recto), et comme étant en contestation avec un mérino pour des limites. (Folio 101 verso.)

26. ... yo, don Roldan Periz de Sotes, alcait[1]... vengo de conocido que e recebido... [d]oze libras de torneses por la meatad de la retenencia que yo devia re... [r]ecebido treynta libras de tornes por mi mesnadería deste present aynno, ec.

  Arch. de l'Emp. *ibid.* 152. Charte mutilée et privée de son sceau, annoncé comme étant celui de D. Semen de Sotes, frère de D. Roldan Periz.

27. Sepan... que nos, Garcia Periz de Sarria é Johan Periz de Villa Nueva é Alvar Garcia de Vidaurreta é Ferrand Roiz de Harroniz[2], mesnaderos... avemos recebido... cada veynt libras de tornes por nuestra mesnadería deste present aynno, ec.

  Ibid. 153. Le sceau de D. Garcia Almoravid, annoncé dans la pièce, a disparu.

28. Noverint universi... quod ego, Martinus Ferrandi d'Aransus, castellanus castri de Herraregui[3], scio et... recognosco... me recepisse .xviij°. libras turonensium pro retinencia seu guatgiis bladi et peccunie dicti castri hujus presentis anni usque ad proximum festum beate Marie Augusti, et .xxv. libras turonensium pro masnataria mea hujus presentis anni usque ad proximum festum dedicationis beati Michaelis.... In cujus rei testimonium, etc. Actum Thebis, die martis post Katedram sancti Petri, A. D. M° CC° LXX° quinto (25 febr. 1276).

  Ibid. 26.

29. Noverint universi... quod ego, Semen Martines de Mutilva, scio... me recepisse... .xx. libras turonencium pro masnadaria mea hujus presentis anni... Et ad majorem roboris firmitatem, etc.

  Ibid. 33.

30. Sepan... que nos, don Per Ahe é don Martin de Valtierra é don Alvar Yvaynnes

---

[1] Ce château était sans doute celui d'Uxue, dont Roldan Periz de Sotes était alcaïd, comme nous l'apprend un reçu de trente livres de tournois pour *mesnadería*, de six livres et de trente cahiz de blé, mesure de Pampelune, pour tenue dudit château. (Arch. de l'Empire, 1276 — 209 — J. 614.)

[2] A la même époque, il y avait un don Gomiz Periz de Harroniz, alcaïd du château et des souterrains (*cuevas*) de Lerin; on le voit donner reçu de quarante livres tournois pour son service de l'année, de huit livres et de trente-cinq cahiz de blé, mesure de Pampelune, pour la tenue du château et des souterrains. (Arch. de l'Emp. 1276 — 295 — J. 614.)

[3] Le 1er mars de la même année, le même *Martin Ferrandez d'Eransus* recevait vingt-cinq livres pour son service et vingt-quatre pour la tenue du château d'Orarregui (Arch. de l'Emp. 1275 — 138 — J. 614); en 1277 (V. S.), il touchait encore vingt-cinq livres tournois pour *mesnadería*, et six livres pour l'entretien du château pendant l'année courante. (*Ibid.* 1277 — 335 — J. 614.) Cf. *Dicc. de ant. del reino de Navarra*, t. II, p. 21, 22. Je trouve, l'année précédente, un *don Roldan Periç de Eranssus*, qualifié d'*alcayt del castieillo de Montreal*, donnant reçu à Eustache de Beaumarchais de cinquante-neuf livres tournois, prix d'un cheval perdu pendant la guerre de Castille. (Arch. de l'Empire, 1276 — 268 — J. 614.) Voyez ci-dessus, p. 447, n° 19, et ci-après, p. 467, n° 111.

é don Semen Çapata, mesnaderos... avemos recebido... cada veynt libras de torneses por nuestra mesnaderia deste present aynno, ec. [Sceau de don Semen de Sotes.]

Arch. de l'Emp. *ibid.* 71.

31. Sepan... que nos, don Lop Martinez de Mendia é don Garcia Periz de Subiça... avemos recebido... por nostra mesnaderia deste present aynno... yo don Lope Martinez, veynt é cinquo libras, et yo don Garcia Periz, treynta libras.... Et en testimonio desto, ec.

Ibid. 107.

32. Sepan... que yo, Arnalt Arremon Baldango... e recebido... por mi mesnaderia deste present aynno... treynta libras de torneses.... Et en testimonio desto, ec.

Ibid. 164.

33. Sepan... que yo, Semen Ochoa d'Avanos, mesnadero, e recebido.... por mi mesnaderia deste present aynno... veynt libras torneses.... Et en testimonio desto, ec.

Ibid. 174.

34. Sepan... que yo, Martin Xemenez de Garinoayn, mesnadero... e recebido... por mi mesnaderia dest present aynno... veynt libras torneses.... Et en testimonio, ec. Data en la Puent de la Reyna, miércoles postremero de febrero, A. D. M° CC° LXX° quinto (26 febr. 1276).

Ibid. 126.

35. Sepan... que nos, don Johan Martineç d'Ayllo é don Sancho Sanchez de Dicasteillo, mesnaderos... avemos recebido... por razon de nostra mesnaderia deste present aynno... yo don Johan Martineç, veynt é cinquo libras de torneses, et yo don Sancho Sanchez, veynt libras de torneses.... Data en Estieilla, jueves postremero del mes de febrero, A. D. M° CC° LXX° quinto (27 febr. 1276). [Sceau de don Semen de Sotes.]

Ibid. 84.

36. Sepan... que yo, Sanchez Ladron de Guevara[1]... he recebidas (*sic*)... cient libras de torneses por mi mesnaderia deste aynno.... Et in testimonio de todo esto, ec.

Ibid. 88.

---

[1] En 1283, les biens de ce personnage étaient sous le séquestre; on le voit par cet article des comptes de l'époque :
« Item Michaeli Garsie de Ponte, militi, pro debito in quo sibi tenetur eidem Sancius Ladron, et bona dicti Sancii sunt in manu dominii, vi libras xvi solidos ix denarios. » (Ms. Bibl. Suppl. lat. imp. n° 165 [7], folio 3 verso.)
« Domino Michaeli Garsie de Ponte, militi, quia fidejussor pro Sancio Latronis, et bona dicti Sancii dominium tenet in manu sua, xxx kaficia. » (Folio 7 recto.)

37. Sepan... que yo, don Pero Semen de Falces, cavaillero, et yo, don Ferrant Periç de Maynneru, cavaillero, et yo, Maran Roiz, merino de la noble seynnora dona Johana reyna de Navarra... avemos recebido... por nostra mesnadería dest anno present.... cada uno de nos cada quatrozientos sueldos de torneses.... En testimonio desto, ec.

    Arch. de l'Emp. *ibid.* 167.

38. Sepan.. que yo, Lop Ieneguiç de Sada... he recebido... veynt libras de torneses por la mi mesnadería deste present aynno, ec. [Sceau de D. Semen de Sotes.]

    Ibid. 171.

39. Sepan... que nos, Roy Ferrandez de Arnedo, é Roy Ferrandez de Medrano, mesnaderos, avemos recebido... por nostra mesnadería deste present aynno... yo Roy Ferrandez recebí veynt libras, et yo Roy Ferrandez de Medrano quinze libras torneses, ec. [Sceau de don Semen de Sotes.]

    Ibid. 173.

40. Sepan... que yo, Gil de Vidaurre... que he recebido... coraynta libras de torneses por mi mesnadería deste present aynno, ec. Data en Esteilla, viernes postremero de febrero, A. D. M° CC° LXX° quinto (28 febr. 1276). [Sceau de don Johan de Vidaurre.]

    Ibid. 51.

41. Sepan... que yo, don Gomiz de Harroniz, casteillano del castieillo é de las cuevas de Lerin, e recebido... quaranta libras torneses por mi mesnadería, é por retenencia del castieillo é cuevas antedichas veynt é tres libras torneses por este present aynno.... Et en testimonio desto, ec.

    Ibid. 85.

42. Sepan... que yo, Sancho Periz de Piedrola... e recebido... por mi mesnadería deste present aynno... treynta libras torneses.... Et en testimonio, ec. Data en Esteilla, viernes primero enpues la fiesta de Katedra sancti Petri, A. D. M° CC° LXX° quinto. [Sceau de don Gonçalvo Yvaynnes de Baztan, *alferiz de Navarra.*]

    Ibid. 95.

43. Sepan... que yo, Diago Garcia de Alfaro... he recebido... treynta libras de torneses por mi mesnadería por este aynno, ec. [Sceau de don Corbaran de Vidaurre.]

    Ibid. 105.

44. Sepan... que yo, Gonçalvo Roiz d'Arroniz, mesnadero... he recebido... por mi mesnadería deste present aynno... veynt libras torneses.... Data en Esteilla, viernes postremero del mes de febrero, A. D. M° CC° LXX° quinto. [Sceau de D. Semen de Sotes.]

    Ibid. 117. Cf. n°s 73 et 94.

45. Sepan... que yo, Alffonso Diaz de Morentin, alcait de la torr de Caparroso, et yo, don Diago Martinez de Morentin... que yo, Alffonso Diaz, e recebido veynt libras

de torneses por mi mesnaderia, é seis libras torneses por retenencia de la dicha torr dest present aynno ata Santa Maria mediant agosto, et yo don Diago Martinez e recebido por mi mesnadería deste present aynno... veynt é cinquo libras torneses. Et en testimonio desto, ec.[1]

Arch. de l'Emp. ibid. 125. Cf. n° 80.

46. Sepan... que nos, Martin Diez é Johan Diez de Mirifuentes é Martin Ieneguiç de la Goardia[2], avemos recebido... cada uno de nos veynte libras de torneses por nostra mesnadería por este aynno.... E porque los nostros seyeyllos no teniamos, rogamos á Remiro Gil de los Arcos, merino[3], que ponga el su seyeillo en esta present carta en testimonio de las cosas antedichas.

Ibid. 131.

47. Sepan... que yo, Miguel Martineç de Eranssus, alcayt del castieillo de Sancta Cara[4], he recebidos (sic).... veynt libras de torneses por la mi mesnaderia, é doze libras de torneses por la retenienença del castieillo de Sancta Cara por este aynno en que estamos.... Et en testimonio desto, ec.

Ibid. 160.

48. Sepan... que nos, Roy Martinez de Mirifuentes é Sancho Lopez de Mues é Per Martinez de los Arquos, mesnaderos... avemos recebido... por nuestra mesnadería veynt libras torneses... por razon de nuestra mesnadería... Data en los Arquos, viernes postremero de febrero, ec.

Ibid. 73.

49. Sepan... que yo, don Miguel Garciç de la Puent... he recebido... veynte libras de torneses por mi mesnadería deste present aynno en que estamos, ec. [Sceau de Gil Lopiç de Iriverri.]

Ibid. 150. Cf. n° 36, not.

---

[1] Un reçu de l'année suivante nous montre le même chevalier recevant dix cahiz de blé et quarante sous de tournois. (Arch. de l'Emp. 1276 — 222 — J. 614.) Dans les comptes de Navarre pour 1285 et 1286, Alfonso Diaz de Morentin est porté comme ayant reçu vingt livres pour son service, et la même somme comme don du roi à vie. (Ms. Bibl. imp. Suppl. lat. n° 165', folio 64 recto, 95 verso.)

[2] Je vois, dans une pièce de l'année suivante, un Pero Martineç de la Goardia donner reçu de vingt livres tournois pour service de l'année. Un autre mesnadero, nommé en même temps que lui, y est porté pour trente livres. (Arch. de l'Empire, 1276 — 314 — J. 614.) Voyez encore ci-après, page 456, n° 64.)

[3] Les mérinos étaient des espèces de sénéchaux chargés de la recherche et de la punition de tous les malfaiteurs de la merindad. (Voyez Dicc. de antigüed. del reino de Navarra, t. II, p. 322, 323.) — On lit dans les comptes de Navarre pour 1285 :

« Item merino (Sancio Orticii de Sancto Miliano, merino Stellensi) pro fugandis malefactoribus merinie sue et pro servicio facto dominio, per annum l libras. » (Ms. Bibl. imp. Suppl. lat. n° 165', folio 57 recto.)

[4] En 1283, ce château était aux mains de Guillem Bertrand Fosso. (Ms. Bibl. imp. Suppl. lat. n° 165', folio 7 verso.)

50. Sepan... que yo, don Semen de Oylleta¹... he recebido... veynt é cinquo libras de torneses por mi mesnaderia deste aynno present.... En testimonio desto, ec. Data en los Arcos, sabado postremero de febrero, A. D. м° cc° lxx quinto (29 febr. 1276).

Arch. de l'Emp. *ibid.* 53.

51. Sepan... que yo, Garcia Ferrandez de Nacar, mesnadero... e recebido... por mi mesnaderia deste present aynno... veynt libras de torneses... En testimonio, ec. [Sceau de Gil Ortiç d'Armaynnanças.]

Ibid. 80.

52. Sepan... que yo, don Garcia Martineç de Lerin... he recebido veynt libras de torneses por mi mesnaderia deste aynno en que estamos, ec. [Le sceau de Martin Ruyç *el merino*, annoncé dans la pièce, ne s'y trouve plus.]

Ibid. 159.

53. Sepan... que yo, Roy Diaz d'Oyon, casteillano de Sant Vicent de la Gorsierra²... e recebido... por mi mesnaderia dest present aynno... veynt libras torneses, é por la reten[en]cia é por las expensas del dicho casteiello deste present aynno ata la fiesta de santa Maria mediant agosto, veynt é cinquo libras torneses.... Et en testimonio desto, ec. Data en los Arquos, domingo primero de março, A. D. м° cc° lxx° quinto (1 mart. 1276).

Ibid. 194.

54. Sepan... que yo, Garcia Periz de Lagral, casteillano del casteiello de Toro³... e

---

¹ Dans une autre pièce, on voit un *Roy Semeneyç de Oilleta, alcayt del castillo de Miraglo*, donnant reçu de dix-huit livres tournois pour cette *reteniença* de 1274 et de 1275. (Arch. de l'Empire, 1275 — 69 — J. 614. Sceau de D. Semen de Sotes.) Dans les comptes de Navarre pour 1284, il est porté comme ayant prêté au gouverneur à Villafranca une certaine quantité de grain. (Ms. Bibl. imp. Suppl. lat. n° 165⁷, folio 40 verso.) Ailleurs, je trouve, en 1277, un *Eximino Olleta*, alcaïd du château d'Araciel (*Dicc. de antig. del reino de Nav.* t. II, p. 22), place qui était, en 1283 et 1284, aux mains de Johan Periz de Oylleta, vraisemblablement son fils. (Ms. Bibl. imp. Suppl. lat. n° 165⁷, folio 7 recto, 28 verso, 39 verso.) Enfin on rencontre un don Johan Martinez de Oylleta occupant en 1284 la tour et le château de Villafranca. (Ms. Bibl. imp. Suppl. lat. n° 165⁷, folio 40 recto.)

² D. José Yanguas écrit *S. Vicente de Sonsierra.* (Voyez *Dicc. de ant. del reino de Navarra*, t. II, p. 21, et t. III, p. 320, 321.) On trouve ce nom encore écrit d'une autre manière dans cet article des comptes de Navarre pour 1286 : «Item communitati de Sancto Vincentio de la Socierra, de mandato gubernatoris, in auxilium, ut construeret pontem, c solidos.» (Ms. Bibl. imp. Suppl. lat. n° 165⁷, folio 89 verso.)

³ Dans un autre reçu de la même série, J. 614, n° 70, nous voyons la même année ce personnage recevant, en qualité de châtelain du château de Toro, vingt livres tournois pour six

recebido... por mi mesnaderia veynt libras torneses, é por retenencia del dicho castieillo diez libras torneses por este present aynno ata la fiesta de santa Maria mediant agosto que viene.... Et en testimonio desto[1], ec. [Sceau de don Roy Diaz de Oyon.]

Arch. de l'Emp. *ibid.* 100.

55. Sepan... que yo, Martin Gonçalviç de Yecora.... he recebido... veynt libras de torneses por mi mesnaderia deste aynno, ec. [Sceau de don Johan Martineç de Medrano.]

Ibid. 175.

56. Seppan... que nos, Diago Martiniz de Miraglo é Roy Sanchez de Miraglo... avemos recebudo... io, el sobredito Diago Martiniz, veynt cinquo libras de torneses, et io, el sobredito Roy Sanchez, veynt livras de torneses, por nuestra mesnaderia deste present aynno.... Dada en Esteilla, lunes primero del mes de março, A. D. M° CC° LXX° quinto[2] (2 mart. 1276). [Sceau de don Johan Sanchez de Cascant.]

Ibid. 44.

57. Seppan que yo, Lop Alvariz de Rada... que he recebudo... treynta livras de torneses por mi mesnaderia deste present aynno, ec.

Ibid. 72. Cf. n° 99.

58. Sepan... que nos, Pero Martinez de Sarrya é Gil Xemenez é Martin Xemenez

mois de tenue de cette place avec douze hommes. En 1276, il reçoit, pour habillement et *rocin*, comme arbalétrier à cheval, dix-huit livres tournois, et pour tenue du château de Toro cent sous tournois. (Arch. de l'Empire, 1276—309—J. 614.)

[1] Un autre reçu de la même série J. 614, qui porte le n° 99, nous montre le même Periz de Lagral reconnaissant un don de cent livres tournois et s'en tenant pour bien payé. Cette pièce est datée d'Estella, le 1er mars après Saint-Grégoire.

[2] La charte suivante ajoute au peu que nous savons des rapports de Diego Martiniz avec la couronne de France:

«Sepan quoantos esta present carta verán et odrán, que como don Pero Garciz de Peralta, merino de tierras de Esteylla, en vez et en nombre de nos, maestre Pierre Larreue e Martin Garcia, recebidores de las rentas de Navarra, oviese trebudado á vos, don Diago Martiniz de Miraglo, cavayllero, lo que el rey ha en Miraglo, es assaber la lezta et el forno con todos sus drechos é todos los heredamientos que el rey ha en Miraglo, é los sotos con su costeria, é todos los vertos que el rey ha en Miraglo é deve aver, é todo el pecho de pan é de dineros que el seynnor rey ha en Miraglo ni deve aver; con todas las conditiones que son escriptas en la carta feyta por a b c partida por mano de Roy Periz, escrivano jurado, la quoal carta nos tenemos; nos los ditos recebidores avemos por firme é valedero el dito trebudo en la manera et en la forma que se contiene en la dita carta por a b c partida. En testimonio de esto ponemos nuestros sieyllos pendientes en esta present carta, la quoal fué fecha é dada en Pomplona, martes primero del mes de abril, A. D. millesimo ducentesimo octogesimo nono (5 de abril 1289).»—Arch. de l'Emp. 1289—345—J. 614. (Voyez, sur ces personnages en 1290, le *Dict. des ant. du roy. de Nav.* t. I, p. 289.)

de Falces, mesnaderos, avemos recebido... por nostra mesnadería deste present aynno... cada veynt libras torneses.... Et en testimonio desto, ec.

<small>Arch. de l'Emp. ibid, 163.</small>

59. Seppan... como io, Sancho Garcia d'Agoncieillo... he recebudo... veynt é cinquo livras de torneses por mi mesnadería dest aynno present ata la Sant-Miguel primera que viene.... Et en testimonio desto, ec. [Sceau de don Semen de Sotes.]

<small>Ibid. 165.</small>

60. Sepan... que nos, don Garcia Sanchez d'Araiz é don Pero Martinez de Cripan[1], mesnaderos.... avemos recebido.... cada veynt libras torneses por nostra mesnadería deste present aynno. [Sceau de don Johan de Mont Agut.]

<small>Ibid. 166. Cf. n° 67.</small>

61. Sepan... que yo, San de Valtierra, mesnadero, alcayt del castieillo de Coreilla... e recebido... por mi mesnadería deste present aynno... veynt é cinquo libras torneses, é por retenencia del dicho castieillo, en partida por el aynno passado é por este present aynno ata la fiesta de santa Maria mediant agosto primera que viene, veynt libras torneses.... Et en testimonio, ec. Data en Esteilla, martes primero del mes de março, A. D. M° CC° LXX° quinto[2] (3 mart. 1276).

<small>Ibid. 43.</small>

62. Sepan... que nos, Aznar Ieneguiç, don Lop Semeneyz de Netuesa, Ferrant Lopiç é Gonçalvo Lopiç de Coreilla, cavailleros, Semen Ieneguiç, Lop Sanç, Sancho Arnalt de Liçoayn, Sancho Periç de Beyre, Pero Martineç, Gonçalvo Aznariz é Roy Ferrandiz, escuderos, moradores en Coreilla... avemos recebido... yo Aznar Ieneguiz veynt é cinquo libras de torneses, é nos Lop Semeneiç, Ferran Lopiç é Gonçalvo Lopiç, cavaillieros, cada veynte libras de torneses, é nos los sobredichos escuderos cada quinze libras de torneses por nostra mesnadería deste present ayno, ec. [Sceaux de D. Semen de Sotes et de D. Johan Sanchez de Mont Agut.]

<small>Ibid. 48.</small>

---

[1] Nous retrouvons plus tard Pero Martinez de Cripan donnant, avec Diago Ochoa [enlevé], Sancho Lopiç de Samaynnego et Ferrand Lopiç de Davalos, reçu chacun de vingt livres tournois pour leur mesnadería de l'année. Arch. de l'Emp. 1276 — 216 — J. 614.)

[2] Nous avons une autre pièce de l'année suivante, par laquelle le même Sanz de Valtierra reconnaît avoir reçu la même somme, pendant que don Garcia Periç de Olcoz, don Johan Periç de Mayllen et don Semen de Montagut donnent reçu chacun de vingt livres tournois, et les uns comme les autres de huit livres et de quarante cahiz de blé, mesure de Pampelune, pour l'entretien des châteaux de Coreilla, de Valtierra, de Montagut et de Córtes. (Arch. de l'Empire, 1276 — 255 — J. 614.)

63. Sepan... que yo, Pero Garciez d'Andosieilla, casteillano de las cuevas é de la torr de Azagra, e recebido... por mi mesnadería deste present aynno... quaranta libras torneses, é por retenencia del dicho castiello deste present aynno ata la fiesta de sancta Maria mediant agosto que viene, .xij. libras torneses[1].... [Sceau de don Johan Sanchez de Mont Agut.]

 Arch. de l'Emp. *ibid.* 49.

64. Sepan... que nos, Johan Sanches de Guevara, Diago Periç é Diago Martineç (?) del Ciego, Alvar Martineç de Leza, Johan Garciç de Samaynego, Pero Martineç de la Goardia, Sancho Lopiç de Samaynego, Gil Diago Ochoa é Ferran (?) Lopiç d'Avalos, Johan Ortiç de la Tor et Orti (*sic*) Ortiç de Baynos... avemos recebido... yo Johan Sanchez de Guevara[2], treynta libras de torneses, é nos todos los otros sobredichos cavailleros cada veynte libras de torneses por nostra mesnaderia deste present aynno, ec. [Sceaux de D. Semen de Sotes et don Johan Sanchez de Mont Agut.]

 Ibid. 56.

65. Sepan... que yo, Gonçalvo Gil de los Arcos... he recebido... cinquanta libras de torneses por Garcia Gonçalviç de Andossieilla[3], por retenencia de los casteillos de Falces, de Sant Adrian é de Resa deste aynno passado é deste aynno en que estamos, ata la primera fiesta de sancta Maria de meytad de agosto.... [En testimo]nio de todo esto, ec.

 Ibid. 81.

66. Sepan... que yo, Ferrando Ieneguiz de Miraglo... he recebido... por mi mesnadería deste present anno... quinze libras de torneses.... En testimonio desto, ec. [Sceau de don Johan Sanchiz de Mont Agut.]

 Ibid. 87.

---

[1] Même reçu pour l'année suivante, avec la différence que la partie prenante y est appelée *Pero Garcia*, et qu'au lieu de douze livres tournois pour la tenue des souterrains et de la tour d'Açagra, il y est fait mention de quatre livres et de vingt cahiz de blé. (Arch. de l'Emp. 1276 — 211 — J. 614.) J'ai encore trouvé un reçu d'un Lope Gonçalviç de Andosieilla, de vingt-cinq livres tournois pour les travaux de la tour d'Andosilla au temps où don Pero Sanchez était gouverneur. (*Ibid.* 1276—202.—J. 614.) Pour le sens exact du mot *cuevas*, voyez le *Dict. des ant. de la Nav.* t. 1, p. 210.

[2] Sous le n° 77, nous avons un autre reçu du même de la somme de dix livres tournois; il est daté d'Estella, le premier mardi avant la fête de saint Vincent 1275.

[3] On trouve une autre mention de ce personnage dans ces articles des comptes de Navarre pour 1283 :

«Garsie Gundisalvi de Andosella pro debito in quo sibi tenebatur Ennecus Almoravit, vj kaficia.» (Ms. Suppl. lat. n° 165[7], folio 10 recto. *Compot. Martini Roderici, merini Ripparie.*)

«Garsie Gundisalvi de Andosella pro debito in quo sibi tenebatur Ennecus Almoravit, iij kaficia ij rova.» (Fol. 10 verso.)

«Garsie Gundisalvi de Andosella pro mesnadaria sua, l libras.» (Fol. 69 recto. *Compot. Petri Garsie, ballivi Stellensis.*)

67. Sepan... que nos Rodrigo Ortiç de Baynos é Ferran Semeneyç de Cripan... avemos recebido... cada veynt libras de torneses por nostra mesnadería deste aynno present.... En testimonio desto, ec.

Arch. de l'Emp. *ibid.* 101. Cf. n° 60.

68. Seppan... commo yo, Pero Lopiz de Novarr... he recebudo... treynta livras de torneses por mi mesnadería dest aynno, ec. [Sceau de don Johan Sanchez de Cascant.]

Ibid. 106.

69. Sepan... que yo, Ienego de Rada, é Pero Semeneyç de Rada, alcayt del castieillo de Sancho Avarca... avemos recebido... cada treynta libras de torneses por nostra mesnadería, et yo Pero Semeneyç cinquanta é quatro libras de torneses por retenienca del dicho castieillo por este ayno passado é por este en que estamos, ata la primera fiesta de sancta Maria de mey agosto, ec. E porque los nostros seyeillos non teniamos, seellamos esta carta con el seyeillo de don Semen de Sotes.

Ibid. 124. Cf. n° 57.

70. Sepan... que yo, Gonçalvo Gil de los Arquos[1], cavaillero... he recebido... por mi mesnaderia deste present aynno [*illisible*] de Sant-Miguel que viene, cinquanta libras de torneses, é por la garda del castieillo [*illisible*] por retenencia del castieillo de Funes del año passado é de est present anno ata Sancta Maria d'agosto [que vie]ne, veynt é dos libras de torneses.... En testimonio desto, ec.

Ibid. 125. Cf. 1276 — 315 — J. 614.

71. Sepan... que yo, Diago Periç de Sotes[2]... he recebido... veynt é dos libras de torneses por retenencia del castieillo é de la tor de Peralta por este aynno passado

---

[1] Il existe un autre reçu du même Gonçalvo Gil de los Arcos, à la date de 1277, de quatre-vingt-dix livres tournois pour service de l'année et de la précédente, et de quarante livres pour celui de son fils Adam. (*Ibid.* 333.) — En 1276, le père tenait les châteaux de Funes et de Cadreita, pour lesquels il reçut soixante et dix cahiz de blé, mesure de Pampelune, et quatorze livres tournois. (*Ibid.* 265.) — En 1283, je le retrouve occupant le château de Cadreita. (Ms. Bibl. imp. Suppl. lat. n° 165⁷, folio 7 verso. Cf. folio 8 verso.) — Ailleurs, je rencontre un *Gil Martinez de los Arquos, casteillano de los Arquos*, recevant cinquante livres tournois pour son service de l'année, et dix-huit pour tenue dudit château. (Arch. de l'Emp. 1275 — 157 — J. 614.) Une autre pièce nous montre le même personnage recevant vingt-cinq livres tournois pour lui et ses compagnons tenant frontière à Sesma, pour les mises qu'ils ont faites. (*Ibid.* 1276 — 225 — J. 614.)

[2] Il existe du même, pour l'année suivante, un reçu de huit livres tournois et de quarante cahiz de blé, mesure de Pampelune, pour tenue du château de Peralta, dont il est, dans cette pièce, qualifié d'alcaïd. (Arch. de l'Emp. 1276 — 287 — J. 614.) — Cette même an-

é por este en que estamos, ata la primera fiesta de santa Maria de mey agosto que viene, ec. [Sceau de D. Johan Sanchez de Mont Agut.]

Arch. de l'Emp. ibid. 134.

72. Seppan... como io, Johan Martiniz Manjon... he recebudo... veynt livras de torneses por mi mesnaderia dest aynno present.... E por testimonio desto, ec. Data en Esteilla, miércoles primero del mes de março, A. D. M° CC° LXX° quinto[1] (4 mart. 1276). [Sceau de don Johan Sanchez de Cascant.]

Ibid. 53. Cf. n° 85.

73. Sepan... que yo, Pero Garciez de Harroniz[2]... e recebido... por diez cavaillerias que yo tengo de dona Johana deste present aynno... dozientas libras de torneses... Et en testimonio desto, ec.

Ibid. 57.

née, il rendait en ces termes hommage de ce château et de celui d'Agredas :

« Sepan quantos esta present carta verán et odrán, como yo, Diago Periz de Sotes, juro sobre santos Evangelios é fago pleit omenage, en pena de traicion é de perder quanto yo he en el regno de Navarra, á vos, mi sire Imbert de Belju, seinnor de Monpencer é conestable de Francia, en voz del señor rey de Francia, qui tiene la reyna dona Johana, mia seynnor natural, é 'l regno de Navarra, en su guarda et en sua comenda, que io los castillos suios de la dita reyna dona Johana, de Peralta é de Arguedas, guarde bien é lealment pora eylla; et si d'eylla devenies lo que Dios non quiera, por aquell qui sera dreito herederio del regno de Navarra. E prometo en buena fe, sen mal enguayno, sobre la pena de suso dicha, que qualque ora eylla oviere vij aynos complidos, me demandare los ditos castillos de suso dichos de la su boca, que los hi renda á eylla irada é pagada. E prometo en buena fe que si el seynor rey de Francia, ó el governador que será por eyll é por la dita reyna dona Johana en el regno de Navarra, que si eyll oviere mester, á su voluntat fuere que io lo cuilga en los castillos en manere que el mayor poder de los castillos sea mio. E prometo en buena fe que caut (?) al seynor rey el cuerpo et al su governador et á sus gentes otrosi, é que les sierva bien et lealment, dándome mi mesnida como me suelo dar et acostumbrado, he de prender ata agora. Et en testimonio destas cosas, ec. dada en Oteiça, miércoles primero enpues Todos Santos, A. D. millesimo CC° LXX° sexto. » (Arch. de l'Emp. 1276–247–J. 614.)—En 1283, Diago Periz de Sotes tenait tout à la fois le château de Peralta et celui de Valtierra. (Ms. Bibl. imp. Suppl. lat. n° 165⁷, folio 7 verso.)

[1] Nous avons une pièce de l'année suivante portant reçu de Roy Sequo et de Johan Martinez Manjon, de la somme de trente livres tournois pour l'un, et de vingt livres pour le second, pour leur *mesnaderia* de l'année. (Arch. de l'Empire, 1276 — 217 — J. 614.) Voyez ci-après, n° 85, not.

[2] On retrouve le même personnage dans cet article des comptes de Navarre pour 1284 :

« Item pro expensis merini, quando ivit, cum equitibus et peditibus, ad destruendum domos quas Petrus Garsias de Harronits construxit in valle de Resa, et invenerunt ibi fratrem dicti Petri, et ideo remanserunt ibi per duos dies, xij libras. » (Ms. Bibl. imp. Suppl. lat. n° 165⁷, folio 22 verso.) Cf. n° 94, not.

74. Sepan quantos esta carta ve[rán et odrán que yo, don Martin] Gil de Falces é Lop Ortiz de Mont Agut[1] et Yenego [de Gada et Aznar de Sada], mesnaderos, avemos recebido... por nostra mesnadería deste present aynno... yo, don Martin Gil, veynt libras torneses, et yo, Lop Or[tiz, v]eynt libras torneses, et yo, Yenego de Gada, setaynta libras de torneses, et yo, Aznar de Sada, quinze libras torneses, ec.

Arch. de l'Emp. ibid. 92.

75. Sepan... que yo, don Pero Roiz d'Argaiz, alcade maor de Navarra... e recebido ocho libras torneses por veynt kafizes de trigo que fincavan á pagar á Martin Xemenez de Ayvar por retenencia del castieillo de Irurlegui del aynno passado.... Et en testimonio desto[2], ec.

Ibid. 111. Cf. n° 17.

76. Sepan... que yo, Diago Lopiç de Olloqui, he recebido... veynt libras de torneses por mi mesnadería deste present ayno.... En testimonio desto[3], ec.

Ibid. 129.

77. Sepan... que nos, Sancho Periç de Açagra[4], Ferran Sanchez, Pero Sanchez et Alffonso Ferrandiç de Açagra... avemos recebido... yo, Sancho Periç, treynta libras, et yo, Ferran Sanchez, veynt libras, é nos, Pero Sanchez et Alffonso Ferrandiç, cada quinze libras de torneses por nuestra mesnadería deste aynno present, ec.

Ibid. 142.

78. Sepan... que nos, **Gil Martineç de los Arcos**[5], é Pero Gil de los Arcos, é Semen

---

[1] En 1283, ce personnage avait en garde le château de Cascante, pendant que Sancho Periz de Mont Agut était alcaïd du château de ce nom :

« Lupo Orticii de Monte Acuto pro castro de Cascant, pro xx servientibus commorantibus ibidem per medium annum a vicesimo septimo die mensis junii, x libras. » (Ms. Bibl. imp. Suppl. lat. n° 165[7], fol 5 recto.)

« Sancio Petri de Monte Acuto pro castro de Monte Acuto per tres menses a proximo preterito festo Assumptionis, xv kaficia. (Ib. folio 7 recto.)
— Quelques lignes plus haut on lit cet article :

« Furtunio Petri de Monte Acuto pro insidiis missis in Aragoniam, per partes iiij kaficia. » (Cf. n° 81.)

[2] Plus tard, Pero Ruiç de Argaiç recevait d'Eustache de Beaumarchais un présent de cent livres tournois. (Archives de l'Empire, 1276 — 227 — J. 614.)

[3] Pareil reçu pour l'année suivante. Voyez le n° 240.

[4] On a du même don Sancho Periç de Açagra, qui y est qualifié de *cavaillero*, un reçu de deux cents sous, pour mises faites au service de la reine Jeanne, à Azagra, pendant la guerre. (Arch. de l'Emp. 1276 — 299 — J. 614.) — En 1277, le même personnage demandait mille sous de *mesnaderia*, qu'il avait l'habitude de toucher avant d'encourir l'inimitié des rois de Castille et d'Aragon, ajoutant qu'il était de trop bonne noblesse pour recevoir des gages d'un autre que du roi. (*Dicc. de ant. del reino de Nav.* t. II, p. 22.)

[5] Nous avons, pour l'année suivante, un reçu

Gonçalviç de Peynalen[1]... que avemos recebido... nos, Gil Martineç é Pero Gil, cada veynt é cinquo libras de torneses, et yo, Semen Gonçalviç, veynt libras de torneses por nostra mesnadaría deste aynno present, ec. Data en Esteilla, jueves primero de março, A. D. M° CC° LXX° quinto (5 mart. 1276). [Sceau de Remiro Gil.]

Arch. de l'Emp. ibid. 45.

79. Seppan... quomo io, Johan Periz de Oylleta[2]... he recebudo... veynt é cinquo livras de torneses por mi mesnadería dest aynno present.... Por testimoniança desto, ec.

Ibid. 82.

80. Sepan... que yo, Semen Dies de Samaynego... he recebido.... veynt libras de torneses por mi mesnadería deste aynno en que estamos, ec. [Sceau de don Semen de Sotes.]

Ibid. 97.

81. Sepan... que nos, don Semeno de Mont Agut, don Pero Xemenez de Córtes, don Yenego Remon de Falces, don Martin Periz de Morentin[3], Per Yeneguez de Indurayn, Garcia Lopez de Narvaiz, Johan Periz de Mont Agut, Calvet de Arçoiriz, mesnaderos... avemos recebido... por nostra mesnadería deste present aynno... yo, don Semeno, veynt libras torneses, yo, don Pero Xemenez, veynt libras torneses, yo, don Yenego

---

du même Gil Martineç de los Arcos, de cinquante livres tournois pour *mesnadería*, de six livres de sanchets pour la tenue du château de los Arcos, et de neuf cahiz de blé, mesure de Pampelune, *por crex*, en raison de la guerre, pour *mesnadería* et tenue du château. (Arch. de l'Emp. 1276 — 219 — J. 614.)

[1] En 1280, Martin Gonzalez de Peinalen, Pere Yeneguiz de Peinalen, confessaient, avec Juan Sanchez et Lop Sanchez, avoir reçu des receveurs des rentes royales, chacun vingt livres de sanchets pour leur service de l'année précédente. (Voyez *Dicc. de ant. del reino de Navarra*, t. II, p. 23.)

[2] En 1284 et 1285, ce *mesnadero* avait en sa garde le château d'Araciel. (Ms. 165⁷, folio 7 verso, 8 verso, 19 verso, 54 recto.)

[3] Ce même personnage figure ainsi dans les comptes de Navarre pour 1283 :

« Martino Petri de Morentiayn pro novem kaficiis mensure Tutelensis, xix kaficiis ij rovis, mensure Pampilonensis. » (Ms. Biblioth. imp. Suppl. lat. n° 165⁷, fol. 14 recto.) — En 1321, le gouverneur de ce pays était Ponz de Morentain. (*Diccionar. de antig. del reino de Nav.* t. I, p. 45.) Plus près de nous, je trouve un savant dont le nom ressemble fort à celui du *mesnadero* du XIII° siècle. Je veux parler de l'auteur d'une édition des œuvres de l'empereur Julien, ainsi intitulée : Ἰουλιάνου αὐτοκράτορος τὰ σωζόμενα. *Juliani imperatoris Opera quæ extant omnia. A Petro Martinio Morentino Navarro, et Carolo Cantaclaro, etc. Parisiis, apud Dionysium Duvallium,* 1583, in-8°. Mais il ne faut pas oublier qu'il y avait aussi chez nous, dans le pays de Mixe, une maison de Morentin, dont Martin de Vizcay a donné les armoiries. (Voyez *Drecho de naturaleza que los naturales de la merindad de San Joan del Pie del Puerto tienen en los reynos de la corona de Castilla. En Çaragoça : Por Juan de Lanaja y Quartanet, año* 1621, *in-4°, 2°* feuillet de la sign. O.)

Remon, veynt libras torneses, yo, don Martin Periz, veynt libras torneses, yo, Per Yeneguez, veynt libras torneses, é nos, Garcia Lopez, Johan Periz é Calvet, cada quinze libras torneses, ec. [Sceau de don Johan Sanchez de Mont Agut.]

Arch. de l'Emp. ibid. 102.

82. Sepan... que yo, don Diago Martinez de Huarriz, alcait de Peynna... e recebido... por mi mesnadería dest present aynno... treynta libras torneses[1], é por retenencia del dicho castieillo ata Sancta Maria mediant agosto primera que viene, diez libras torneses; é por mano de don Ponz Arnalt, baile de Sangüessa[2], quaranta kafices de trigo... Et en testimonio desto, ec.

Ibid. 139.

83. Sepan... que yo, Ferrand Gil de Sarassa, alcayt del castieillo de Casseda[3]... que yo e recebido... por mi mesnadería deste present aynno... quaranta libras torneses, é, fecho final conto, por la retenencia deste aynno passado é del present ata la fiesta de santa Maria mediant agosto por el castieillo antedicho, diez et ocho libras torneses. De las quales, ec. Et en testimonio, ec. Data en la Puent de la Reyna, viernes primero del mes de março, A. D. M° CC° LXX quinto (6 mart. 1276).

Ibid. 40.

84. Sepan... que yo, Martin Xemenez de Echalaz, mesnadero... e recebido... por mi mesnadería deste present aynno... treynta libras torneses, ec.

Ibid. 76.

---

[1] Pareil reçu daté de Tebas, le premier samedi de février de la même année, existe aux Archives de l'Empire, sous la marque 1275 — 65 — J. 614. Les fonds y sont annoncés comme délivrés par les mains de maître Durant Fabre. Enfin, nous avons un autre reçu de Diago Martineç, qui lui est commun avec Garcia Periç de Huarriç, d'une somme de cinquante livres pour le premier et de vingt livres de tournois pour le second, à raison de leur service de l'année. (Ibid. 1276 — 283 — J. 614.)

[2] L'année suivante, ce même don Ponz Arnalt reparaît, donnant reçu à Eustache de Beaumarchais de cent livres tournois *por fazer las obras de Sangüessa*. (Arch. de l'Emp. 1276 — 284 — J. 614.) — D. Ponz Arnalt était encore bailli de Sangüesa en 1285. (Ms. Bibl. imp. Suppl. lat. n° 165⁷, folio 65 verso, 71 recto, 77 verso, 96 verso, 103 verso.)

[3] On retrouve ce personnage en 1284 dans ces articles des comptes de Navarre:

« Item Ferrando Egidii de Sarassa pro operibus que fecit in castro de Pitieylla, xxx libras. » (Ms. Bibl. imp. Suppl. lat. n° 165⁷, fol. 24 recto. *Compot. Sancii Orticii de Sancto Miliano, merini Stellensis.*)

« Ferrando Egidii de Sarassa pro dupla retinencia castri de Pitieilla pro tribus annis preteritis... quolibet anno viginti libras, lxij libras. » (Fol. 59 recto. Cf. fol. 77 verso.)

85. Sepan... que nos, Alvar Periz de Rada et Aznar Martinez de Miraglo é Semen Periz de Peralta, mesnaderos... avemos recebido... por nuestra mesnadería deste present aynno... yo, Alvar Periz, quaranta libras torneses, et yo, Aznar Martinez, veynt é cinquo libras torneses, et yo, Semen Periz, veynt libras torneses, ec.

> Arch. de l'Emp. ibid. 78. La date est en partie enlevée; on ne lit plus que *primero de marzo*, etc.

86. Sepan... que yo, Roy Semeneçy de Tudela... que he recebido... veynt libras de torneses por mi mesnadería deste ayno en que estamos, ec.

> Ibid. 143.

87. Sepan... que yo, Roy Sequo [1], alcayt del castieillo de Buradon [2]... e recebido... veynt libras torneses por mi mesnadería deste present aynno... é por retenencia del dicho castieillo deste present aynno... quaranta é cinquo libras torneses, ec. [Sceau de don Johan Sanchez de Mont Agut.]

> Ibid. 148.

88. Sepan... que yo, Semen Ortiç de Elcoaz... he recebido... veynt libras de torneses por mi mesnadería deste present aynno.... En testimonio desto, ec. Data en la Puent de la Reyna, domingo secundo del mes de março, A. D. M° CC° LXX° quinto (8 mart. 1276).

> Ibid. 41.

89. Sepan... que nos, don Garcia Semeneyç de Oriç et don Martiniç Alaman de Coreilla... avemos recebido... yo, don Garcia Semeneyç, veynt é cinquo libras de torneses, et yo, don Martiniç Alaman, veynt libras de torneses, por nostra mesnaderia deste present aynno, ec. [Sceau de don Johan Sanchez de Mont Agut.]

> Ibid. 46.

90. Sepan... que yo, don Johan Periç de Mayllen, alcayt de Córtes, he recebido... veynt libras de torneses por mi mesnadería deste present aynno... é seze libras de tor-

---

[1] Dans une autre pièce datée d'Estella, le premier dimanche avant la fête de saint Vincent, et portant reconnaissance d'un prêt de quatre cents francs de sanchets fait par Eustache de Beaumarchais au même personnage, il est appelé *Roy Seco Manjon*. (Trésor des chartes, 1275 — 67 — J. 614.) — Pour l'année suivante, nous avons un autre reçu du même, pour soixante et quinze cahiz de blé et quinze livres de sanchets. (*Ibid.* 1276 — 269 — J. 614.) — Roy Seco Manjon gardait encore le château de Buradon en 1286. (Ms. Bibl. imp. Suppl. lat. n° 165⁷, f° 89 v°. Cf. f° 21 v° et 74 verso.)

[2] Ce château n'était pas en Navarre, mais dans la province basque d'Alava, qui faisait alors partie de la Castille. On lit dans les comptes de Navarre pour 1284 :

« In castro de Buradon pro operibus minutis factis, videlicet pro conductibus aquarum factis et locatis ad colligendum aquas cisterne, cum tabulis emptis ad cooperiendum domos, per manum Roderici Secco, vj libras x solidos. ¶ Item pro bitumine empto ad reparandum cisternas, xxxviij solidos x denarios. (Ms. Bibl. imp. Suppl. lat. n° 165⁷, folio 22 recto. *Compot. Lupi Orticii, merini Ripperie.*)

neses por la reteniença deste present aynno ata la primera fiesta de sancta Maria de mey agosto que viene, por el castieillo antedicho, ec.

Arch. de l'Emp. ibid. 50.

91. Sepan... que yo, Pero Sanchez de Gascue, ballestero... e recebido... trenta é dos libras torneses por emienda de un cavaillo que murió en servicio de dona Johana, ec.

Ibid. 58.

92. Sepan... que nos, don Martin Çamel é Sancho Aznariz de Murguia... avemos recebido... yo, Martin Çamel, coraynta libras de torneses por mi mesnaderia, et yo, Sancho Aznariz, treynta libras de torneses otrosi por mi mesnaderia deste present ayno en que estamos, ec.

Ibid. 63.

93. Sepan... que yo, Pero Lopez Puerco... e recebido... por emienda del mio cavaillo que perdí en Viana al tiempo de la guerra, en servicio de dona Johana, reyna de Navarra, treynta é tres libras é quinze sueldos torneses[1], ec. [Sceau de don Johan Sanchez de Mont Agut.]

Ibid. 86.

94. Sepan... que yo, Remiro de Harroniz[2], mesnadero... he recebido... por mi mesnaderia dest present aynno... veynt é cinquo libras torneses, ec.

Ibid. 130.

95. Sepan... que yo, Pero Periz d'Oria, alcait del castieillo de Caparroso[3]... he recebido .. veynt libras torneses por mi mesnaderia deste present aynno... é por retenencia del dicho castieillo por este present aynno ata la fiesta de santa Maria mediant agosto primera que viene, veynt é quatro libras torneses, ec. [Sceau de don Johan Sanchez de Mont Agut.]

Ibid. 141.

[1] Une pièce de l'année suivante nous montre Pero Lopez Puerco et Lope Periz de Torres, mesnaderos, recevant vingt livres tournois pour dépense faite à Viana au temps de la guerre. (Arch. de l'Empire, 1276 — 256 — J. 614.)

[2] Je trouve dans les comptes de Navarre pour 1283 et 1285, un Remigius Martin de Harroniz, nommé comme commandant de la tour et des souterrains d'Azagra et de ceux de Resa. (Ms. Bibl. imp. Suppl. lat. n° 165⁷, folio 7 verso.

Cf. folio 42 recto, 76 recto; et ci-dessus, p. 451, n° 43, et p. 458, n° 73.)

[3] Dans un reçu de l'année suivante, ce sont vingt livres tournois et quarante cahiz de blé, mesure de Pampelune, pour l'entretien du château. (Arch. de l'Empire, 1276 — 274 — J. 614.) — En 1283, ce n'est plus Pero Periz d'Oria qui le garde, mais D. Pero Aznar, et la tour de Caparroso est aux mains de Pero Simon de la Cambra. (Ms. Bibl. imp. Suppl. lat. n° 165⁷, folio 7 verso.)

96. Sepan... que yo, Semen Periz de Hafizedo, mesnadero, he reçebido... por mi mesnadería deste present aynno... veynt libras torneses.... Data en la Puent de la Reyna, lunes segundo de março, A. D. M° CC° LXX° quinto (9 mart. 1276). [Sceau de don Pero Roiz d'Argaiz, *alcade maor de Navarra*.]

Arch. de l'Emp. *ibid.* 83.

97. Seppan... como io, Pero Simon de Navasseras... he recebudo... veynt livras de torneses por mi mesnadería dest aynno pressent.... E por testimoniança desto vos dono esta mi carta abierta seelada con el seyeillo de maestre Gill. Data en la Puent de la Reynna, lunes primero ante de la fiesta de sant Gorgoria (*sic*), A. D. M° CC° LXX° quinto.

Ibid. 132.

98. Seppan... como yo, Pero Garcia Droaniz... he recebudo... diez livras de torneses por la mision que io fiz con mi compaynna teniendo frontera en Labraza por razon de la guerra de Castieilla.... Et por testimonio desto, etc. Data en los Arcos, domingo primero enpues la fiesta de sant Gregorio, A. D. M° CC° LXX° quinto (15 mart. 1276). [Sceau de D. Semen de Sotes.]

Ibid. 98.

99. Sepan... que nos, don Sancho Periz de Peralta é don Pero Garciez de la Raya [1], mesnaderos... avemos recebido... yo, don Sancho Periz, veynt é cinquo libras torneses, et yo, don Pero Garciez, veynt libras torneses por la nuestra mesnadería deste present aynno.... Data en la Puent de la Reyna, sabado segundo del mes de março, A. D. M° CC° LXX° quinto.

Ibid. 79.

100. Sepan... que yo, Miguel Periz de Legaria, alcalde del mercado d'Esteilla, e recebido... por mi mesnaderia deste present aynno... é por la demanda que yo fazia al dicho governador de los dineros que me dió el rey don Henrric cadaynno en el sato de Yenego Galindez, quaranta é cinquo libras torneses.... Et en testimonio de todo esto, ec. Data en la Puent de la Reyna, jueves primero ante la fiesta de sant Benedit, A. D. M° CC° LXX° quinto [2].

Ibid. 172.

101. Sepan... que nos, Johan de la Seror é Pero Vacher, jurados de Viana, por nos é por el concejo de Viana... avemos recebido... veynt libras torneses, los quales nos diestes por fazer los muros de Viana.... Et en testimonio desto, ec. Data en los

---

[1] On trouve un *Petrus Garsias de Larraya* dans les comptes de Navarre pour 1284. (Ms. Bibl. imp. Suppl. lat. n° 165¹, fol. 25 verso.)

[2] Je trouve ailleurs un *Sancho Periz de Legaria* donnant, avec Diago Ortiç de Falces, reçu de vingt livres tournois pour *mesnaderia* de l'année. (Arch. de l'Empire, 1275 — 157 — J. 614. Sceau de D. Semen de Sotes.)

Arquos, lunes primero enpues la fiesta de sant Gregorio, A. D. M° CC° LXX° quinto (16 mart. 1276).

Arch. de l'Emp. ibid. 66.

102. Sepan... que yo, don Lop Xemenez d'Agon, alcait de los castieillos de Ferrera é de Peynna Redonda... e recebido... iiij^xx libras tornes, é otrossi por retenencia de los dichos castieillos por el aynno passado é por est present aynno ata la primera fiesta de santa Maria mediant agosto primera que viene, vi^xx tornes..... Data en Esteilla, miércoles segundo de marzo. A. D. M° CC° LXX° quinto (11 mart. 1276).

Ibid. 155.

103. Sepan quantos esta carta verán et odrán, que yo, Bernart, seynnor de Garro, é Gil Garciez de Olquoz[1], mesnaderos, venimos de manifiesto que avemos recebido... por nostra mesnadería deste present aynno... yo Bernart... treynta libras torneses, et yo, Gil Garciez de Olquoz, veynt libras torneses.... Data en Pomplona, sabado dia de Sant Benedit, A. D. M° CC° LXX° quinto. [Sceau de D. Lop Ortiz, *justicia é baile de Tudela*.]

Ibid. 101.

104. Sepan... que yo, Ramiro Gil de los Arquos, merino... e recebido... por retenencia del castieillo de Peynna Flor sobre Toloynno[2], diez libras torneses... Et en testimonio desto, ec. Data en Pomplona, domingo dia de Ramos, A. D. M° CC° LXX° quinto.

Ibid. 109.

---

[1] Ce personnage figure de la manière suivante dans les comptes de Navarre pour 1283 :

« Egidio Garsie de Olcoz pro castro de Penna Rotunda, a festo Candelose proximo preterito usque ad sequens festum Assumptionis per medium annum, xxx kaficia. » 1 Item eidem pro dicto castro, a dicto festo Assumptionis usque ad sequentem Candelosam per medium annum, cum augmentatione sibi facta per gubernatorem ratione guerre, xlv kaficia. » (Ms. Bibl. imp. Suppl. lat. n° 165?, folio 7 recto.) — Il est à croire que ce personnage était parent de Miguel Garciez de Olcoz, fils de don Garcia Periz de Olcoz, alcaid de Valtierra, que nous voyons, en 1275 (V. S.), recevoir chacun vingt livres tournois pour leur service de l'année, somme augmentée, pour le père, de celle de trente-deux livres tournois pour la tenue dudit château. (Arch. de l'Emp. 1275 — 108 — J. 614.)

[2] Ce château n'était pas le seul que tînt Remiro Gil de los Arcos. Dans un autre reçu, il est question de cinquante livres de sanchets, *assaber es*, dit ce mérino, *por razon de las retenienças de los castieyllos que yo tengo por dona Jahana ; las quales çinccoanta libras a tomado el ondrado don fray Henrric de Verivylla, prior del ospital de Sant Johan en Navarra*. (Arch. de l'Empire, 1275 — 136 — J. 614.) Ces fonds, bien entendu, ne faisaient que passer par les mains du religieux ; nous trouvons, en effet, dans une autre pièce de la même année (ibid. 115) que Remiro reçut de lui cent cinquante livres tournois, et d'un marchand nommé, ou plutôt surnommé *Caorcin*, trente livres. — L'année suivante, je retrouve le même mérino donnant reçu de trois cent vingt-cinq livres

105. Sepan... que yo, Oger de Malleon[1].... he recebido... por complimiento de las cavaillerias que yo tengo, é por las espensas que yo he fecho por razon de la guerra, é por emiendas de los cavaillos que yo perdi en la guerra de Castieilla, cinquo cientas libras torneses.... Et en testimonio, ec. Data en Pomplona, sabado dia de Sant Benedit... A. D. M° CC° LXX° quinto.

Arch. de l'Emp. *ibid.* 119.

106. Sepan... que yo, don Miguel Xemeney d'Urroz[2], mesnadero... e recebido... por complimiento de mi mesnaderia deste present anno... diez é siete libras é media de torneses.... Et en testimonio desto, ec. Data en Pomplona, etc.

Ibid. 122.

[1] On trouve dans les comptes de Navarre pour 1283-1286 les articles suivants, à l'aide desquels on peut se former une idée de la position sociale d'Oger de Mauléon :

« De pecta de Eslava lx libras. Dominus Augerius de Malo Leone tenet. » (Ms. Bibl. imp. Suppl. lat. n° 165⁷, f° 23 r°. *De pectis vallis de Ayvarr.*)

« Domino Augerio de Malo Leone pro eodem (complemento militiarum suarum), lx libras. » (Fol. 24 recto. *Compot. Roderici Petri de Echalaz.* Cf. folio 59 recto.)

« Domino Augerio de Malo Leone pro complemento miliciarum suarum, vij²² iiij kaficia iij rova. » (Folio 42 recto. *Compot. Sancii Orticii, merini Stellensis.*)

« Domino Augerio de Malo Leone pro complemento miliciarum suarum, cij kaficia ij rova. » (Folio 43 recto. *Compot. ejusd.*)

« Domino Augerio de Malo Leone pro eodem (complemento miliciarum suarum) in pecta de Assança et tributo hereditatis et in pectis de Içurçu, de Muniayn et de Ayzquona, de Cirauqui, de Ecoyen et de Urbe, vij²² iiij kaficia iij rova. » (Folio 75 recto. *Compot. Johannis de Yanvilla, merini Ripperie.* Cf. fol. 12 recto, 73 verso, 76 recto, 77 verso.)

« De pecta de Avayz lx kaficia. Dominus Augerius de Malo Leone tenet. » (Folio 76 verso.)

« Domino Augerio de Malo Leone mutuatum super gagiis suis (a Sancio de Sancto Miliano, merino Stellensi) c kaficia. » (Folio 78 verso.)

« Domino Augerio de Malo Leone pro eodem (complemento miliciarum suarum) in pecta de Murugarren, de Assança, de Munariz, in Goynni, in Urdanoz, in Ayzpun, in Murello, Ayztona, Içurtu, Muniayn, in pectis de Aniz et de Cirauqui et in pectis de Miranda, de Vidaurre, de Leçaun, de Ariçala et de Herendaçu, iij° lxiiij libras ij solidos. » (Folio 89 recto. Cf. fol. 57 recto, 91 verso, 101 verso.)

« Item domino Augerio de Malo Leone pro jure suo in homicidiis illorum quos interfecerunt illi de Soracoyz et de Cirauqui, x libras. » (*Ibid.*)

[2] Un Miguel Lopez d'Urroz figure en 1284 dans les comptes de Navarre comme alcaid du château de Miranda. (Voyez le ms. 165⁷, fol. 42 recto.)

deux sous onze deniers tournois, pour la tenue des châteaux (*por retenienças de los castieyllos*), son service personnel, frais et mises faites pour la guerre, etc. (Arch. de l'Emp. 1276 — 251 — J. 614.) — En 1284, Remiro Gil de los Arcos avait en sa garde les châteaux de Funes et de los Arcos, si l'on peut lui appliquer ces articles des comptes de Navarre :

« Remigio Egidio de Arcubus pro castro de Funes usque ad mensem sequentem februarii, xl kaficia. » (Ms. Bibl. imp. Suppl. lat. n° 165⁷, folio 7 verso.)

« Remigio Egidii de Arcubus pro castro de Arcubus per medium annum, ut supra, c solidos. » (Folio 29 recto.)

« Remigio Egidio pro castro de Arcubus et pro augmentatione per annum, ut supra, lv kaficia. » (Folio 42 recto.)

HISTOIRE DE LA GUERRE DE NAVARRE.

107. Sepan... que nos, don Bernart Duhart é don Bernart d'Agramont, don Lop Gassia de Sivas, don Ramon de Bardos é don Guillem Arnalt de [1] . . mesnaderos,... avemos recebido... yo don Bernart Duhart veynt é cinquo libras torneses, é nos don Bernart, don Lop Gassia, don Remon é don Guillem... dichos cada veynt libras torneses por nostra mesnadería dest present aynno.... De los quales, ec. En testimonio, ec. Data en Ronçasvalles, martes vigilia Annunciacionis beate Marie, A. D. M° CC° LXX° sexto (24 mart. 1276). [Charte presque effacée et illisible en plus d'un endroit. Sceau de D. Garcia Almoravid.]

> Arch. de l'Emp. ibid. 42.

108. Sepan... que nos, don Per Arnalt de Salt et el bizcomte de Baiguerr, mesnaderos... avemos recebido... por nostra mesnadería dest present aynno... yo, don Per Arnalt, cinquanta libras torneses, et yo, bizcomte de Baiguerr, veynt é cinquo libras torneses... Data en Ronçasvailles, martes vigilia Anunciacionis beate Marie, A. D. M° CC° LXX° quinto. [Sceau de don Garcia Almoravit.]

> Ibid. 47. Cf. n° 113, en note.

109. Sepan... que yo, Pero Roiz de Mues, mesnadero... e recebido... por mi mesnadería dest present aynno... veynt libras torneses, ec. [Sceau de D. Garcia Almoravid.]

> Ibid. 61.

110. Sepan... que yo, don Ochoa de Rieta, alcayt de Castiel Nuevo [2]... he recebido.... veynt libras torneses por mi mesnadería dest present aynno... é por la retenencia del dicho castieillo por est present aynno ata la fiesta de santa Maria mediant agosto que vient, veynt é quatro libras torneses.... Et en testimonio de todo esto, ec.

> Ibid. 118.

111. Sepan... que yo, Furtado Periz de Eransus... e recebido.... por mi mesnadería deste present aynno... veynt libras torneses, ec. Data en Pomplona, miércoles

---

[1] Nous trouvons un *Arnalt Guillem* seigneur de *Agramont*, à la date du 27 octobre 1255, dans le recueil de Rymer, 3° édit. t. I, part. II, p. 7, puis en 1276, le même donnant quittance de cent livres tournois, don du roi de France (Arch. de l'Emp. 1276 — 233 — J. 614); un Guillem-Arnaud, dans le *Catalogue des rolles gascons*, etc. de Thomas Carte, t. I, p. 22; enfin un D. Guillem Arnal, *mesnadero* de la reine de Navarre en 1287, aux appointements de soixante livres de tournois noirs par an. (*Dicc. de antig. del reino de Nav.* t. II, p. 23.) On trouve dans le tome Ier de cet ouvrage, p. 15-21, une précieuse notice sur la maison de Gramont, tirée des archives de la Chambre des comptes de Navarre, à Pampelune. On y lit l'acte d'hommage d'Arnalt Guillelm au roi de Navarre, hommage répété à Thibaut en 1266.

[2] En 1283, ce château était aux mains de Pedro Ayvarr de Iriverri. (Ms. Bibl. imp. Suppl. lat. n° 165⁷, folio 9 verso.)

fiesta Anunciacionis beate Marie, mense marcii, A. D. м° cc° LXI° quinto (25 mars 1276).

Arch. de l'Emp. *ibid.* 127.

112. Sepan... que nos, don Per Arnalt, seynnor de Sant Pere, et el seynnor d'Atssa, e don Guillem Arnalt de Salt, et el seynor de Villa Nova, et el seynor de Yrumberry, e don Gassia Arnalt d'Ezpeleta, é don Gassia Arnalt de Salt, don Sanz de Lastaun[1], é don Bernart, seynnor de Beeria... avemos recebido... por nostra mesnadería d'este present aynno... yo, Per Arnalt seynnor de Sant Pere, veynt libras torneses, yo, seynnor d'Atssa, treynta é cinquo libras torneses, yo, Guillem Arnalt de Salt, treynta libras, yo, seynnor de Vila Nova, veynt é cinquo libras, yo, seynnor de Yrumberry, veynt libras, yo, Gassia Arnalt d'Ezpeleta, veynt libras, yo, Gassia Arnalt de Salt, veynt libras, yo, Sanz de Lastaun, veynt é cinquo libras, et yo, Bernart seynnor de Beeria, veynt libras torneses[2].... Et en testimonio desto, ec.

Ibid. 135.

113. Sepan... que yo, don Guillem de Villa Nueva, casteillano del castieillo de Roqua Bruna... e recebido... por mi mesnadería deste present aynno... veynt libras tor-

---

[1] En 1283, ce personnage occupait le château de Montferrant. (Ms. de la Bibl. imp. Suppl. lat. n° 165⁷, folio 9 verso.) — Un autre article des comptes de Navarre pour la même année nous apprend une particularité qui se rattache à ce personnage ou plutôt à sa famille :

« Pro expensis dicti castellani (castri Sancti Johannis de Pede Portus, Johannis le Briays), se septimo equitum et pluribus peditibus, quando cepit quendam qui interfecit fratrem Sancii de Lestaun in domo d'Ueycita, xxvij solidos. (Fol. 5 recto.)

[2] La plupart des noms que l'on vient de lire se retrouvent dans un reçu de l'année suivante, que nous croyons devoir reproduire en grande partie.

« Sepan quantos, ec. que nos los mesnaderos... deiuso escriptos... habemos recebido de vos, me sire de B..., yo, En Braso*, seynor de Luxa, cient libras de torneses, yo, Per Arnal de Salt, cinquant libras, yo, Sancho Arnalt de Armendariç, veynt libras; yo, Sancho de Lastaun, veynt é cinquo libras; yo, Guillem Arnal d'Atill, .xx. libras; yo, Bernart de Agramon, veynt libras; yo, Remon de Bardos, veynt libras; yo, seynnor de Garro, treynta libras; yo, seynnor de Berria, veynt libras; yo, Bertran d'Uart, veynt é cinquo libras; yo Guillem Arnal de Salt, treynta libras; yo, Ochoa seynnor de Villa Nova, veynt é cinquo libras; yo, seynnor de Sant Pere, veynt libras; yo, el seynnor d'Irumberri, .xx. libras; yo Garsia Arnal, seynnor de Ezpeleta, veynt libras; yo, Garsia Arnalt de Salt, veynt libras; et yo, Bernart de Luxa, veynt libras de torneses, por nuestras mesnaderías deste present aynno, etc. Data en Pomplona, sabado primero ante la fiesta de sancta Lucia (12 de decemb.), A. D. м° cc° LXI° sexto. » (Arch. de l'Empire, 1276—213—J. 614.) — Il existe, sous les numéros 290 et 308, deux autres reçus de 20 livres tournois, de Sancho Arnalt de Armendariç, pour son service de l'année.

* Je trouve ce personnage, nommé *Brass Gasia*, dans une reconnaissance de cent livres tournois, qui lui avaient été données à Sauveterre, par le roi de France (Arch. de l'Emp. 1276—298—J. 614), et *don Brass Gasia*, dans un reçu de cent autres livres pour son service et pour le fief du château de Luxe. (*Ibid.* 302.)

neses, é por la retenencia del dicho castieillo por est present aynno ata Santa Maria mediant agosto veynt é quatro libras torneses¹, ec.

Arch. de l'Emp. *ibid.* 146.

114. Sepan... que yo, Miguel de Luesia, mesnadero... e recebido.... por mi mesnadería de antaynno é de ogaynno... cinquanta libras torneses.... Et en testimonio desto, ec.

Ibid. 168.

115. Sepan... que yo, Gil Ortiç de Armaynanças²... he recebido... veynt é cinquo libras de torneses por razon de las messiones que yo fiz en Sesma per razon de la guerra.... En testimonio desto, ec. Data en los Arcos, sabado postremero del mes de março, A. D. M°CC° LXX° quinto³.

Ibid. 114.

Ce qui précède suffit, ce me semble, pour donner une idée du système économique de l'administration militaire de la Navarre à l'époque. Les châteaux et forteresses, qui s'y trouvaient en grand nombre, avaient chacun

---

[1] Cf. 1275 — 68 — J. 614 (reçu de 28 livres tournois pour la tenue du château, daté de Pampelune, vendredi jour de Sainte-Agathe 1276) et 1276 — 246 — J. 614 (reçu de 14 livres tournois pour six mois de cette tenue, daté de Pampelune, le jeudi après la fête de sainte Foi, au mois d'octobre, même année). — Dans un autre reçu de l'année suivante, daté de Pampelune, le 5 des ides de juillet, ce sont dix livres tournois à lui remises par don Durant Fabre, clerc d'Eustache de Beaumarchais, pour les munitions les plus nécessaires au château de *Rocabrun*, en raison de la guerre. (Arch. de l'Empire, 1270 — 250 — — J. 614.) Il figure de la manière suivante dans les comptes de Navarre pour 1283-1286 :

« Domino Guillelmo de Villa Nova pro retinencia castri de Rocabruna per medium annum usque ad festum Assumptionis, iiij libras. » (Ms. Bibl. imp. Suppl. lat. n° 165⁷, fol. 2 recto. Cf. folio 101 verso.)

« Pro operibus factis in castro de Rocabruna, anno secundo et tercio, videlicet pro operibus factis per dominum Guillelmum de Villa Nova de mandato gubernatoris, iiij libras iiij solidos. » (Folio 5 verso.)

« Domino Guillelmo de Villa Nova pro castro de Rocabruna per medium annum usque ad Candelosam, xx kaficia. » (Folio 9 verso. Cf. folio 84 verso.)

[2] Il était alcaïd du château de Alcaçar, et reçut en cette qualité vingt-cinq livres d'une part et vingt-quatre de l'autre, pour service et tenue dudit château, tandis que Sancho Ortiç de Armaynanças ne touchait que vingt livres pour gages de l'année courante. (Archives de l'Emp. 1275 — 144 — J. 614. Cf. 1276 — 297, et 1277 — 317.) Dans une pièce de l'année 1276 (V. S.), je trouve le château dont Gil Ortiz de Armaynanças était châtelain, appelé *de Calçara*. (Arch. de l'Emp. 1276 — 236 — J. 614.)

[3] On remarquera sans doute que cette pièce n'est pas ici à son rang : l'ayant trouvée après les autres, nous ne pouvions mieux la placer qu'à leur suite.

son gardien ou alcaïd, qui recevait une solde en argent pour son service, et une somme avec une certaine quantité de blé pour l'entretien de la garnison; il lui était, en outre, alloué des frais extraordinaires pour ouvrages faits aux châteaux ou pour payer du monde quand le besoin de la défense l'exigeait.

Le P. Moret rapporte à ce propos un fait très-propre à jeter du jour sur ce système; il raconte qu'un chevalier navarrais nommé don Garcia Gonzalez, l'un des alcaïds de la frontière, présenta à Philippe le Hardi une plainte dont voici la substance : A la mort du roi Henri, y disait-il, il tenait de lui trois châteaux, dont deux sur la frontière de Castille, sans terre entre eux, et il recevait pour ces châteaux 110 livres de solde. Don Pedro Sanchez et toute sa famille le haïssaient parce qu'il favorisait le parti de la reine et qu'il n'avait pas voulu jurer avec les autres que le gouverneur engagea à prêter serment au roi d'Aragon quand il fut à Olite, serment qui avait pour objet de faire avoir à ce prince le royaume de Navarre. Quand commença la guerre entre la Castille et ce pays, don Pedro Sanchez, ajoutait-il, avait doublé la solde de tous les alcaïds, mais non la sienne; à tous ceux qui, dans le cours de cette guerre, avaient perdu quelque chose, il avait donné une part dans les prises faites sur les Castillans, jusqu'à concurrence de leurs pertes, et à lui rien. A partir de cette époque, il avait perdu chaque année soixante et dix cahiz de blé, employés pour la défense, et la solde de quatre-vingts hommes d'armes et de sept cavaliers, qu'à ses dépens il avait ajoutés à la garnison des châteaux dans la crainte de les perdre. Avec toute la solde qu'il avait, il ne pouvait entretenir que vingt-quatre hommes d'armes, et don Pedro n'avait voulu le secourir ni d'armes, ni de gens, ni d'argent[1]. Vient ensuite le mémoire avec d'autres plaintes identiques contre le gouverneur Regnauld de Rouvray, successeur d'Eustache de Beaumarchais, plaintes qu'il est inutile de répéter ici, ce qui précède suffisant à notre propos.

Nous pourrions sans doute aussi nous en tenir aux pièces que nous avons données plus haut en si grand nombre, mais ce ne sont pas les seules que nous ayons trouvées; il en existe d'autres pareilles qui se rapportent aux années suivantes, et l'on ne peut nous savoir mauvais gré d'en donner ici le détail, ne fût-ce que pour accroître la liste des alcaïds, chevaliers et autres

---

[1] *Annales del reyno de Navarra*, libr. XXIV, cap. II, S 2, n° 4; t. III, p. 393, col. 2, 394.

individus plus ou moins haut placés dans l'échelle sociale, avec lesquels Eustache de Beaumarchais eut affaire.

L'année 1276 (A. S.) nous offre, avec plusieurs des noms que nous venons de voir, les suivants : Garcia Garciç de Aramendi (reçu de 20 livres tournois pour *mesnaderia* de l'année (Arch. de l'Emp. 1276—208—J. 614); Andreu, Lop Ochoa, Semen Lopez et Pero Garciez de Oloriz, arbalétriers (reçu de 30 livres tournois par le premier, de 22 par le second, de 18 par le troisième et de 22 par le dernier, pour chevaux perdus au service de dona Johana, au temps de la guerre, pendant le gouvernement de don Pero Sanchez, *ibid.* 215); dona Marquesa Lopiz, dame de Rada (reçu de 450 livres tournois pour fin de payement des rentes (*por complimiento de cavaillerias*) de Lop Diaz, son fils[1], et de 250 livres pour mises faites sur les frontières, au temps de la guerre, quand don Pero Sanchez était gouverneur, *ibid.* 221); Per Ieneguiç Navar et Issusco, arbalétriers (reçu de 54 livres tournois pour vêtements, bêtes et mises faites à raison de la guerre à la même époque, *ibid.* 223); Martin Roiz, *merino* de la reine de Navarre (reçu de 20 livres de sanchets, d'une part, pour son service, d'autant pour celui de Ferrant Periz de Maynneru, et de 50 livres tournois pour dépenses faites sur la frontière, *ibid.* 224; de 69 livres pour la tenue des châteaux de Miranda, d'Ablitas, de la Estaqua et de Peñaflor, et des souterrains de Carcar et d'Andosilla, pour pain et argent pendant six mois, et de 18 livres pour restant de compte de sa *merinia* de l'année précédente, *ibid.* 267); Ferrant Remiriç de Iriverri, alcaïd du château de Petilla (reçu de 10 livres tournois pour la tenue du château, *ibid.* 229); Sanchez de los Arcos (reçu de 25 livres tournois pour service de l'année[2], *ibid.* 231); En Sanz de Ezpeleta (reçu de 20 livres tournois pour la même chose,

---

[1] On a une pièce de lui portant reçu de deux cents livres tournois. (Arch. de l'Empire, 1277—321—J. 614.) Voyez dans le *Dict. des ant. du roy. de Nav.* t. III, p. 4, 5, une notice sur le château de Rada, D. Gil, seigneur de Rada, et doña Marquesa Lopiz, sa femme. Celle-ci ne serait-elle pas de la maison de Haro? Je suis tenté de le croire à la lecture de cet article des comptes de Navarre pour 1283 :

« Domine Marquesie Lupi de Haro pro miliciis suis in villa de Melida ij^c kaficia. » (Ms. Bibl. imp. Suppl. lat. n° 165¹, folio 7 recto.)—Plus loin, je trouve cet autre article :

« *Expendit vinum* (Lupus Martini prepositus Pontis Regine). *Expensa communis.*

« Domine Constancie, matri domini Lupi Didaci, de dono gubernatoris, v metre ij carapita. » (Folio 52 recto.)

[2] Dans un autre reçu, ce sont trente cahiz de blé, mesure de Pampelune, et six livres en argent pour tenue des souterrains de Ranna(?). (Arch. de l'Empire, 1276—306—J. 614.)

Arch. de l'Emp. 232); don Arnalt de Belçunce (reçu de 20 livres tournois pour *mesnaderia*[1], *ibid.* 235); Miguel de Rio, *mesnadero* (reçu de même somme pour service de l'année, *ibid.* 236); don Per Arnalt de Luxa (reçu de 20 livres tournois pour service de l'année, *ibid.* 237[2]; sceau d'Adam de Luxa, son frère); Johan Martinez, cousin de don Diago Martinez de Huarriz (reçu de 30 livres de sanchets des gages et par ordre de don Diago, *ibid.* 239; sceau de maître Gil Lopez de Yriverry); Garcia Lopiç d'Esteilla (reçu de 31 livres 5 sous tournois pour indemnité d'un cheval tué par les habitants de Logroño à Viana, au service de dona Johanna, pendant le gouvernement de don Pero Sanchez, *ibid.* 242; sceau de l'alcade, des jurats et du conseil de Viana); Furtado Periç de Oztariç, Bernart de Luxa (reçus de 20 livres tournois pour service de l'année, *ibid.* 244, 245); Johan Martinez de Medrano (reçu de 22 livres tournois et de cent dix cahiz de blé pour la tenue du château d'Artasso et pour la tour de Viana, *ibid.* 249; et reçu de 100 livres tournois pour dépenses faites à Viana au temps de la guerre, et de 30 livres pour un cheval tué alors, *ibid.* 264[3]); Johan Ferrandez del Gadieillo, chevalier de don Johan Nuynnez (reçu de 3,931 livres tournois pour les gages de cent quatre-vingts chevaliers dudit don Johan Nuynnez et pour sept chevaliers de Johan Ferrandez de Valverde, *ibid.* 253; autres reçus de 1,200 livres tournois, d'une part, et de 800 livres, de l'autre, pour les gages des chevaliers de son maître[4],

---

[1] En 1277, un Garssia Arnaldus de Belssunce, chevalier, donne, à Sauveterre, décharge à Eustache de Beaumarchais de cinquante livres tournois pour sa *mesnaderia* de l'année précédente. (Arch. de l'Empire, 1277 — 37 — J. 614.) La maison de Belsunce, à jamais illustre chez nous, est originaire du pays d'Arberoa, dans la Navarre française. (Voyez ses armoiries dans le traité de D. Martin de Vizcay, 2ᵉ feuillet de la sign. P.)

[2] Voyez ci-dessus, p. 469, en note, col. 1.

[3] Voyez ci-dessus, p. 442, en note.

[4] Ce Johan Nunnes, qui prend le titre de *vasallo de Santa Maria, señor d'Alvarrasi*, avait commencé par être au service de la Castille; il le quitta avec Nuño Gonçalvez et Fernando Ibañez (*Fernandus Johannis*), et passa, avec Philippe le Hardi, à Angoulême, en septembre 1276, un traité par lequel il s'engageait à lui mener trois cents hommes d'armes (*milites*), et à le servir en Castille, en Aragon, en Portugal comme en Gascogne, dans le comté de Toulouse et pays intermédiaires, pendant quarante jours, moyennant la solde de cent sous par jour pour lui et pour son logement, et de sept sous six deniers tournois pour chacun de ses hommes. Il y est stipulé qu'il recevrait en outre des revenus équivalents à ceux qu'il perdait en renonçant au service du roi de Castille, revenus évalués à 14000 livres. (Trésor des chartes, 1276 — 13 *bis* — Castille J. 600.) — Johan Nunes revient à tout moment dans les comptes de finances des années postérieures. D'abord, c'est Johan Simon, son écrivain ou notaire, qui reconnaît avoir reçu, à deux reprises différentes, de don Bertholomun d'Ar-

dont il s'intitule aussi *mayordomo*, ibid. 273, 311); Nunno Gonçalvetz (reçu de 200 livres tournois prêtées sur le tiers, à échoir à la Pentecôte, des deniers qu'il a du roi de France pour sa terre, *ibid.* 204; de 50 livres tournois pour six chevaux perdus au service de ce prince, *ibid.* 258; de 2,410 livres tournois pour solde de payement de ses gages et de ceux de cent six de ses chevaliers; de 1,166 livres 13 sous 4 deniers tournois pour solde du tiers des 8,000 livres que le roi lui donne *por complimiento de cavaillerias*, ibid. 266 [1]); Garcia Ferrandiç de Razar (reçu de 20 livres tournois pour son service, *ibid.* 257); Roy Periz, Ganiz Periz, Sancho Remirez, Gil Xemenez de Tidon, Semen Yeneguez, Gonçalvo Diaz d'Oyon et

guinariz, *tendero d'Estella*, pour Eustache de Beaumarchais, trente livres tournois (Trésor des chartes, 1277 — 326 et 340 — J. 614); puis, c'est Johan Nunnes lui-même qui donne reçu de deux mille livres de tournois noirs payés par les mains de Miguel Perez de Sant Miguel, marchand d'Estella, et de don Pero Roldan, marchand de Pampelune, de quatre cent soixante-sept livres trois sous quatre deniers de tournois noirs (*ibid.* 180), de onze cent cinquante livres de tournois noirs payés par don Ponz Deça, marchand de Pampelune, pour compte d'Eustache de Beaumarchais (*ibid.* 184); curieux effet à ordre payable à Paris, avec besoin à Pampelune, de deux cent vingt-sept livres dix sous six deniers (*ibid.* 189), de cent livres de tournois (*ibid.* 193), de cinq cents livres tournois payées par les mains de Bernalt Rollan (*ibid.* 194), de deux cents livres (*ibid.* 196), de quatre cent douze livres de tournois noirs (*ibid.* 197), de douze cent quarante livres quatre sous cinq deniers (*ibid.* 198), de six mille cinq cents livres de tournois noirs (*ibid.* 202), de mille autres livres (*ibid.* 205). Nous connaissons encore une pièce de Johan Nunnes, lettre adressée à *don Xir Ostaz de Beau Marches*; il le salue comme un ami, dit-il, qu'il aime fort, en qui il a grande confiance et auquel il souhaite vie et santé autant qu'à lui-même. Il lui demande ensuite de donner, des deniers qu'il lui doit, trente livres tournois au prévôt d'Estella don Pelegrin Estevan, l'assurant de sa gratitude, etc. (*Data en Cotinnana xviij. dias de mayo, en era de mil é .ccc. é quinze annos*, ibid. 188 — J. 614.) — Les comptes de Navarre pour 1283 et années suivantes offrent ces articles relativement à Johan Nunnes :

« Domino Johanni Nunni domino de Alverrezin, pro servicio facto dominio dum non erat ad vadia, c libras. » (Ms. Bibl. imp. Suppl. lat. n° 165 [?], folio 7 recto. *Compot. Martini Roderici, merini Ripperie.*)

« Item pro expensis ejusdem (merini Ripperie, Joannis de Yanvilla), quando ivit cum domino Johanne Nunnii ad destruendum vineas Tirasone cum equitibus et peditibus ac saumeriis portantibus victualia, armaturas, sagitas, xx libras. » (Folio 54 verso, A. D. 1285.)

« Item pro expensis ejusdem (justiciarii Tutele, Ferrandi de Eslava), quando ivit cum domino Johanne Nunnii comunitas Tutelensis ad destruendum aquas Tirasone, in tribus diebus, iiij libras x solidos. » (Folio 65 recto.)

« Pro expensis domini Gaucheri de Gornay, quando ivit cum domino Johanne Nunnii ad destruendum vineas de Tirasona, xiij kaficia ij rova. » (Folio 80 verso. Cf. folio 81 recto.)

« Pro expensis dicti justiciarii, quando ivit ad gubernatorem apud Olitum super facto familie domini Johannis Nunnii, eo quod fama fuit quod ejecerat quemdam puerum flumine Yberi, xv solidos. (Fol. 96 recto, A. D. 1286.)

[1] On a, pour l'année suivante, un reçu de Nuynno Gonçalviç de six cents livres tournois, et de cent pour don Johan Menaç, son frère. (Arch. de l'Empire, 1277 — 322 — J. 614.)

Pero Bertran (reçu de 80 livres tournois pour dépenses faites au temps de la guerre en tenant frontière, et de 76 autres livres pour chevaux perdus par Roy Periz [1], Arch. de l'Emp. 263; sceau de Johan Martinez de Medrano, châtelain de Viana); Periz de Larrimburu, alcaïd de Peynnaflor sobre Toloynno, et Martin Periz de Larrimburu, *mesnaderos* (reçu de 20 livres tournois chacun, *ibid.* 270; sceau de Remiro Gil de los Arcos, *merino*); Martin de Sarta ou Sarra (reçu de même somme, *ibid.* 271; sceau de son père, don Roy Diaz d'Oyon); Semen de Olleta (reçu de 25 livres tournois pour son service de l'année, *ibid.* 277); Rodrigo Alvarez, Alvar Nuynnez et Ferrando Nuynnez (reçu de 94 livres 10 sous pour leurs gages et ceux de leurs chevaliers au service du roi de France en Navarre, *ibid.* 279); don Ochoa de Arrieta (reçu de 20 livres tournois pour service et de 8 livres pour la tenue de Castillo Nuevo, *ibid.* 280); don Lope Martineç de Mendia (reçu de 25 livres tournois pour service de l'année, *ibid.* 281); Roy Ferrandez de Arnedo, Roy Ferrandez de Medraño et Roy Ortiz de Vaynnos (reçu de 20 livres tournois pour service, *ibid.* 282; sceau de Remiro Gil de los Arcos); Martin Gonçalviç de Hyetora (reçu de pareille somme pour même cause, *ibid.* 288; sceau de maître Gil Lopiç de Iriverri); Gil Periz de Sarassa (reçu de même somme pour le même objet, *ibid.* 289; sceau de don Johan Sanchez de Mont Agut); Martin Roiz d'Uriz (*id. ibid.* 292); le même, avec don Lope Martiniz d'Uriz et Martin Yvaynnes d'Uriz (reçu de 25 livres tournois pour don Lope et de 20 livres pour les autres, à raison de leur service de l'armée. Témoins : Martin Garceyz, écrivain d'Eustache de Beaumarchais; Artuyss de Saint-Jean-Pied-de-Port, et Miguel Semeniz, écrivain ou notaire juré du conseil d'Olite, rédacteur de l'acte qui porte la date de « dia sabbado ix dias en el mes de noviembre, sub era millesima ccc° terçia deçima, » et, aux Archives de l'Empire, la cote 186—J. 614); Martin Garcia d'Agorreta, *merino* (reçu de 20 livres tournois pour *mesnaderia, ibid.* 302); Fortun Lopeç Arnalt (reçu pareil, *ibid.* 310).

Nous avons encore Ferran Ryz, chevalier (décharge de 20 livres payées

---

[1] Dans une autre pièce, Gil Ximenez de Tidon figure comme ayant reçu vingt livres tournois pour son service de l'année (Arch. de l'Empire, 1276 — 273 — J. 614); ailleurs il est nommé, dans un certificat de don Pero Sanchez de Mont Agut, seigneur de Cascante, avec les mêmes., plus Pero Lopiç Puerco et Lope Periç de Torres, comme ayant fait pour dix livres de mises en défendant Viana contre les Castillans, au temps de la guerre et pendant le gouvernement de don Pero Sanchez. (*Ibid.* 1276 — 291 — J. 614.)

pour sa *mesnaderia*, pièce datée in *era m° ccc° xiiii*, c'est-à-dire de 1276 (V. S.) et conservée aux Archives de l'Empire sous la cote 183 — J. 614. Témoins : Martin Garceytz, *escrivano de la cort*, et don maitre Durant Fabre, notaire; écriture et signature de Domingo Palmero, notaire juré du conseil municipal de Sangüesa); don Roy Periz d'Oyllalde[1], chevalier (reçu de 30 livres de tournois noirs, *prietos*, pour entretien de la garnison du château d'Ataun, pain et argent; charte datée de la même manière, à Estella, le premier mercredi après la Pâque de carême, *ibid.* 195; sceau de Pero Sanchez de Mont Agut, seigneur de Cascante); Xemen Periz, abbé de Barascaya (reconnaissance, à la même date, de 10 livres de sanchets, « las quales x libras, dit-il, yo devo aver é recebir cadaynno por mandamiento de la reynna, de como demuestra la carta que tengo de la dicha reyna, » *ibid.* 203). Enfin nous trouvons, parmi les pièces de comptabilité relatives à la Navarre en 1276 (V. S.), une reconnaissance, par les jurats de la ville de Saint-Jean, de 40 livres de bons morlaas, payés par Eustache de Beaumarchais : « Para la sarazon[2] de nostre biele, y est-il dit, é aço per lo man de la corte deudit gobernador. » (*Ibid.* 278.)

Pour l'année 1277 (V. S.), nous avons don Bernart Durant, alcade de Tudela (reconnaissance au même gouverneur de 30 livres tournois pour *mesnaderia* de l'année, *ibid.* 316); Ferant Peritz Pontz (reçu de 100 livres de tournois noirs prêtés par Eustache, *ibid.* 320[3]); Per Yeneguiç de Sada (reçu de 20 livres tournois pour *mesnaderia* de l'année, *ibid.* 324); Lope Periz, alcade de los Arcos (reçu de 50 livres tournois pour *treitas* faites, par ordre d'Eustache, aux gens de l'armée (*de la huest*) en Navarre, et pour mises faites à garder la tour d'Almunça, *ibid.* 328); doña Agnes, abbesse du monastère de Santa Gracia, près de Pampelune (reçu, en son nom et au nom de tout le couvent, de *don frayre Yeneguiz*, commandeur de Zizur, de deux cents cahiz de blé de l'année, par ordre de sire Eustache, *ibid.* 336). Puis c'est Nunno Gonzalez (reçu de 300 livres pour ses gages, somme qu'il devait

---

[1] D. José Yanguas l'appelle tout simplement *Ruy Perez*, d'après une pièce du cartulaire de Philippe le Hardi. (*Dicc. de ant. del reino de Navarra*, t. II, p. 22.)

[2] D. José Yanguas traduit ainsi ce mot : « L'enceinte ou fortification des villes ou villages. En 1407, le roi ordonna de payer à Garcia d'Iturroz, maçon (*albañil*), son travail dans la *sarrazon* du village de Huarte-Araquil, sa dépense en chaux et autres choses. » (*Dicc. de antig. del reino de Nav.* t. III, p. 323.)

[3] Plus tard nous retrouvons le même personnage donnant à Eustache reçu de cent livres tournois sur ses gages, *en era de mil é ccc. é quinze anos* (Arch. de l'Empire, 192 — J. 614.)

avoir des mains de don Pere Dieta, et touchées en un mandat par Marque Yeneguiz, son dépensier, Arch. de l'Emp. 178; reconnaissance au même Eustache de 500 livres tournois à valoir sur les gages que Nunno reçoit du roi de France, *ibid.* 190; reçu de Martin (?) Fernandez de Soto de 400 livres parisis, valant 500 livres tournois, prises sur les gages de Nunno Gonzalez, *ibid.* 344); Rodrigo Alvarez, Ferrant Nuynnez et Alvar Nuynnez, chevaliers d'Aça (reçu par don Pero d'Ayeta, de Domingo Esteven et de Garcia Sanz, habitants d'Estella, de 100 livres moins 2 sous 6 deniers de bons tournois noirs pour leurs gages, *ibid.* 182, même année); Diago Sanchiz de Garriz (reçu de 400 sous de sanchets pour *mesnaderia*[1], ibid. 185; sceau de don Pero Ruiz d'Argaiz); don Gonçalyvannes (reçu de 88 livres de tournois noirs pour gages, *ibid.* 199); Diago Lopez de Campos (reçu de don Andreo Prevoz (?), changeur d'Estella, de 60 livres de tournois noirs, sur lettre de sire Eustache, *ibid.* 201). Enfin nous terminerons cette longue énumération par le nom de *mayestre Micolas*, sans doute maçon, dont il nous reste un reçu de 30 livres de bons tournois, « para fer en la obra del castieyllo de Roncesvailles. » (*Ibid.* 343.)

Dans cette même année 1277, les amis de Garcia Egidio, ou plutôt Gil, qui était mort à Paris, sollicitaient du roi le payement dû au défunt pour les hommes d'armes marchant à sa suite, et Fernan Perez Rincio, chevalier, faisait hommage à Philippe le Hardi, dans l'intérêt des infants de la Cerda, offrant de les servir quarante jours par an, avec soixante chevaliers, à ses frais, pour une somme annuelle de 3,000 livres[2].

Je n'ai point à m'occuper de la dépense faite par Philippe le Hardi pour la Navarre postérieurement à l'année 1277 et à l'administration d'Eustache de Beaumarchais; toutefois je signalerai des articles de recette relatifs à ce pays qui se trouvent dans le compte du bailli de Tours, du terme de la

---

[1] Dans les comptes de Navarre pour 1284 nous trouvons les articles suivants, dont le dernier se rapporte peut-être à un parent de ce personnage :

« Didaco Sancii de Garriz, merino, pro castro de Gueraynno, cum augmentatione trium servientium ratione guerre, per annum xv libras. ¶ Item eidem pro castro de Ansa a festo Symonis et Jude usque ad sequens festum Candelose, in tribus mensibus lx solidos. ¶ Item eidem pro castro de Attahun in tribus mensibus, ut proxime supra, lx solidos.

« Item Didaco Sancii de Garriz pro servitio facto dominio, c solidos.

« Didaco Sancii de Garriz, pro mesnadaria sua hujus anni, l libras. ¶ Sancio Ochoe de Garriz dicto *Ros*, pro eodem, xx libras. » (Ms. Bibl. imp. Suppl. lat. n° 165⁷, fol. 25 verso.)

[2] *Dicc. de ant. del reino de Navarra*, t. II, p. 22.

Chandeleur 1282. Les pensions des chevaliers y figurent pour une somme de 112,363 livres 11 sous 6 deniers tournois[1].

Page 112, vers 1699, couplet XLV.

Soler, que l'on retrouve encore plus loin[2], a été omis dans le Lexique roman, où l'on trouve, cependant, *solier,* rendu par *charpente, plancher, plateforme*[3], et dont l'équivalent espagnol n'est pas *solero,* comme le dit M. Raynouard, mais *solera.* Selon moi, le mot français le plus propre à rendre *soler,* qui vient de *solarium,* employé par Plaute et par d'autres[4], est *comble,* qui l'a été par Froissart dans une circonstance analogue à celle que raconte Anelier. Parlant du siége d'Auberoche par le comte de Lille et les barons de Gascogne en 1345, sire Jean nous dit qu'ils envoyèrent chercher quatre grands engins à Toulouse, et les firent charrier et dresser devant la forteresse. « Et n'assailloient les François d'autre chose, ajoute Froissart, fors de ces engins, qui nuit et jour jetoient pierres de faix au chastel, qui les esbahissoient plus que autre chose; car dedans six jours ils derompirent la plus grand'partie des *combles* des tours[5]. » Ailleurs, racontant comment le duc de Bourbon assiégea Belle-Perche, il dit que ce prince avait fait amener devant cette forteresse quatre grands engins, « lesquels jetoient à l'estrivée nuit et jour, pierres et mangonneaux, tellement qu'ils derompoient et brisoient tous les *combles* des tours et de la maison, et abatirent la plus grand'partie des toits[6]. »

On trouve, cependant, *solier* dans le même auteur, qui l'emploie avec le sens de *chambre,* de *mansarde,* que ce mot paraît avoir dans nos vieux trouvères[7]. Parlant d'un combat qui eut lieu à Montauban, en 1367, entre les grandes compagnies aux gages de l'Angleterre et les Français, Froissart

---

[1] *Nouvel Examen de l'usage general des fiefs en France,* etc. par Brussel, t. I, p. 468, n. *b,* col. 2.

[2] Page 166, v. 2549; p. 288, v. 4467, etc.

[3] Tome V, p. 247, col. 2, n° 4.

[4] *Miles gloriosus,* act. II, sc. III, v. 69; sc. IV, v. 25. Cf. *Totius Latinitatis Lexicon,* auct. Facciolat. Forcellin. et Furlanetto, v. *Solarium,* in fine.

[5] *Les Chroniques de sire Jean Froissart,* liv. I, part. 1, chap. CCXXVII; édit. du *Panth. litt.* t. I, p. 191, col. 1.

[6] *Ibidem,* part. II, chap. CCIII, ann. 1370; p. 605, col. 2. Cf. p. 331, col. 2.

[7] *La Chanson d'Antioche,* ch. VIII, couplet VI. (t. II, p. 296). — *Horn et Rimenhild,* p. 9, v. 186; p. 65, v. 1356 et var. 11; p. 117, v. 2296, etc. — *Haon de Bourdele,* ms. de la Bibl. publ. de Tours, fol. 83 recto, v. 3. — *Oriolans,* couplet I. (*Romancero françois,* p. 42.) — *Le Roman de la Rose,* édit. de Méon, t. II, p. 446, v. 13716. Cf. *Gloss. med. et inf. Latin.* t. VI, pag. 281 - 282, v° *Solarium,* n° 1. — Aux nombreuses citations où se trouve ce mot

raconte que jusqu'aux femmes de la ville montèrent en leurs logis et en leurs *soliers* pourvues de pierres et de cailloux, qu'elles lancèrent sur nos compatriotes [1]. Dans un autre endroit, décrivant la maison d'une pauvre femme à Bruges, dans laquelle le comte Louis de Flandre trouva un asile, « ce n'estoit pas, dit-il, hostel de seigneur, de salles, de chambres ni de palais; mais une povre maisonnelle enfumée.... et n'y avoit en celle maison fors le bouge devant, et une povre couste de vieille toile enfumée pour estuper le feu; et par dessus un povre *solier*, auquel on montoit par une eschelle de sept eschelons. En ce solier avoit un povre litteron, où les enfans de la povre femme gissoient [2]. »

Page 112, vers 1699, couplet XLV; page 130, vers 1979, couplet XLIX.

Par *bretèches* on doit entendre des fortifications en bois [3], et souvent des hourds [4]. Les bretèches dont parle le sénéchal Guillaume des Ormes dans son rapport adressé à la reine Blanche, sur la levée du siége de Carcassonne en 1210, étaient des ouvrages provisoires que l'on élevait derrière les palis pour battre les assaillants lorsqu'ils avaient pu faire brèche. Voyez le Glossaire de du Cange, au mot *Bretachiæ*, t. II, p. 769, col. 1; le Lexique roman, à l'article *Bertresca*; et le Dictionnaire raisonné de l'architecture française du XIe au XVIe siècle, par M. Viollet-le-Duc, t. I, p. 347.

De *bretèche* est venu *breteschié*, que l'on peut croire, avec M. Buchon, synonyme de *crénelé*. Il y avait des cités *breteschiées*, des beffrois *breteskiés*, des barques *breteschées*, et des châteaux *breteskés* à bord des vaisseaux. Voyez les Chroniques de Froissart, liv. I, part. II, chap. III, ann. 1350 (t. I,

on peut joindre celle-ci de l'historien Tudebode :

« Milites igitur nostri qui erant sursum in solario superiori, videlicet Willelmus de Montepeslerio et alii plures, jactabant maximos lapides super Sarracenos qui stabant in civitatis muros. » (Ms. Bibl. imp. n° 5135. A, fol. 29 recto, lin. 26.)

[1] *Les Chroniques de Froissart*, liv. I, part. II, chap. CCXIV; t. I, p. 518, col. 1.

[2] *Ibidem*, liv. II, chap. CLVII, ann. 1382; t. II, p. 207, col. 2. Cf. p. 208, col. 1.

  Encore unt *berteschæ* levées,
  Bien planchies et kernelées.
Le Roman de Rou, v. 9450, t. II, p. 50.

  Un chastèl i ont fermé
  De *breteschas* e de fossé.
Ibid. v. 11831; t. II, p. 156.

  Entor la cité fist castiax
  A *bretesques* et à cherniax.
Le Roman de Brut, v. 13975; t. II, p. 143.

  Li hers est sus saillis,
  Endroit une *bretesche* desous un arc voutis.
La Chanson d'Antioche, ch. IV, coupl. XXXII, t. I, p. 261.

Les navires avaient aussi des bretèches :

  Quant il les orent ancrées,
  Si les ont bien encantelées,
  Par les bretesques metent armes,
  Haces, gaverlos et ghisarmes, etc.
C'est de Troies et de Tebes, Ms. de la Bibl. imp. n° 6987, folio 72 verso, col. 2, v. 1.

p. 285, col. 2), chap. xxi, ann. 1356 (p. 331, col. 2), chap. cccxiii, ann. 1370 (p. 614, col. 1), chap. cccxlii, ann. 1372 (p. 636, col. 2); et Jal, *Archéologie navale*, t. I, p. 438, et t. II, p. 360, 361.

Page 118, vers 1783, couplet XLVI.

L'évêque de Pampelune était alors don Armingoto, qui succéda à don Pedro IV Ximenez de Gazolaz en 1266, et mourut en 1277. Voyez *Catálogo de los obispos que ha tenido la santa iglesia de Pamplona*, etc. por don Prudencio de Sandoval. En Pamplona, por Nicolas de Assiayn, año de M. DC. XIIII. in-fol. fol. 94, 95; et *Historia de la iglesia y obispos de Pamplona*, etc. por el doctor don Gregorio Fernandez Perez. Madrid, imprenta de Repullés, 1820, in-4° esp. t. II, p. 31-41.

Page 118, vers 1790, couplet XLVI.

Au xv° siècle, l'instrument que l'on employait en Navarre pour tendre les balistes s'appelait *cinfonia*; et en 1429, le roi don Juan II ordonnait de payer le prix d'une *cinfonia de torno* destinée à cet usage[1]. Quelle peut être l'origine de ce mot? Nous allons tâcher de la déterminer, d'autant plus volontiers que du Cange est muet à cet égard.

On trouve, il est vrai, *Symphonia* dans son Glossaire[2]; mais cet article n'est consacré qu'à un instrument de musique, nommé chez nos vieux auteurs *cyfonie*, *cyphonie*, *chifonie*, *chiffonie*, *chyfonie*, *symphonie*. Du Cange rapporte des passages d'Isidore de Séville et d'Ugution qui prouvent que c'était une espèce de tambour pareil dans le milieu à un crible, et qu'on frappait des deux côtés avec des baguettes. D'autres citations semblent établir que la symphonie était un instrument à vent, tel que flûte ou trompette; enfin une anecdote racontée par Cuvelier, dans sa Chronique de Bertrand du Guesclin, donne à penser que ce n'était autre chose que notre vielle. Sans rechercher si le mot *symphonia* n'aurait point, dans quelques-uns des passages cités, le sens général de *musique*, nous établirons le dernier en date de *chiffonie* en nous appuyant sur l'acception de *cinfonia* que nous venons de voir. La ressemblance d'un tour de baliste avec une manivelle de vielle ne permet plus de douter que ce ne fût là l'instrument *traant* dont parle Mahieu de Gournay[3].

[1] *Dicc. de ant. del reino de Navarra*, t. I, p. 223.

[2] Tome VI, p. 468, col. 3.

[3] *Chronique de Bertrand du Guesclin*, t. I, pag. 355, v. 10,064. Cf. *Roman de Mahomet*, p. 33, v. 776.

480 HISTOIRE DE LA GUERRE DE NAVARRE.

On trouverait peut-être un autre trait de ressemblance entre la baliste et un instrument de musique à cordes, dans l'opération usitée pour vérifier l'égalité de tension des deux torses de cette machine de guerre. Voyez Vitruve, liv. X, chap. xviii. Cf. Folard, *Traité de l'attaque et de la défense des places des anciens*, Ire part. art. xxiii.

Page 120, vers 1806, couplet xlvi.

On voit clairement dans ce couplet que le clergé de la cathédrale prenait une part active à la résistance des habitants de la Navarrerie contre le gouverneur, fait qui n'était pas bien nettement établi dans l'histoire, mais qui n'admet pas le moindre doute. Le motif que ce clergé pouvait avoir pour en agir ainsi s'explique facilement quand on sait que, dès l'année 1255, il y eut de sérieuses dissensions entre l'évêque de Pampelune et le roi Thibaut II, au sujet de la manière dont le prélat devait exercer l'autorité temporelle qu'il avait sur la ville par la concession des rois antérieurs. Ces discordes en vinrent au point d'amener des *producibulæ* du pape, des censures ecclésiastiques et de grands scandales; et, quoique les différends se fussent terminés par une transaction, il est probable que le clergé garda rancune au pouvoir royal, qui faisait obstacle au retour de son ancienne autorité sur la capitale de la Navarre.

A l'appui de ce qui vient d'être dit, et pour donner une idée du respect et de la considération dont jouissait l'évêque dans ces temps-là, même au milieu de la guerre civile, D. Pablo Ilarregui a cru devoir publier un acte des archives municipales de Pampelune, émané des vingt conseillers du bourg de San Cernin et de la *poblacion* de San Nicolas. Ils y disent que, se voyant frappés, par l'évêque, de censures ecclésiastiques, à raison de la défense qu'ils font en faveur du gouverneur Eustache et de la reine doña Juana, et ne pouvant en appeler au pape par-devant le même évêque, par l'empêchement qu'y met l'état des choses, ils s'empressent de déclarer qu'ils veulent interposer le remède en question par-devant divers religieux de bien. Voici cette pièce :

Quum opressis et contra justitiam agravatis, tam in judiciis quam extra, appelationis remedium est inventum, idcirco nos, viginti jurati burgi Sancti Saturnini et populationis Beati Nicholay Pampilonensis, nomine ac vice totius universitatis, sive concilii predictorum burgi et populationis, totaque universitas supradicta, sentientes seu timentes nos et dictam universitatem, sive concilium, contra justitiam agravari a reverendo in

Cristo patre domino R. episcopo, priore et capitulo Pampilonensibus. In primis narrando factum ex quo gravamina liquide apparebunt, dicimus et proponimus in hunc modum, quod universitas et homines de Navarreria, civitatis Pampilonensis, in nos, imo potius contra excelentissimam dominam Johannam, illustrem reginam Navarre, nostram et eorum dominam naturalem, temeritate propria insurgentes, receptarunt barones Navarre, nobis infestos, videlicet : dominos Gundissalvum, Petrum Sancii, Garsiam Almorabit, Johannem de Vidaurre, eorumque complices et fautores, qui nobis minitantur letali[ter], dicteque regine in quantum possunt temere adversantur; nosque omnino inoxios et insontes, et villam nostram dicti barones et homines de Navarreria predicta, et eorum complices et fautores cum maquinis et ingeniis, balestis et aliis armorum generibus, projiciendo lapides atque ignem et quairellos, fortiter expugnarunt, et adhuc expugnare non cessant, impugnando nos et nobilem virum dominum Eustachium de Bello Marquesio, gubernatorem regni Navarre, vice ac nomine regine predicte, damnaque cedis et vulnerum gubernatori predicto et nobis in gente nostra modis omnibus quibus possunt, maxime *de turri et palatiis episcopalibus inferendo.* Et licet per predictum gubernatorem et nos pariter oblatum fuisset baronibus et aliis supradictis, quod si aliqua feceramus in gravamen eorum, quod non credimus, parati eramus ad cognitionem et mandatum competentis curie, seu judicis, omnia enmendare, ipsi tamen hoc non obstantibus, nos expugnare predictis modis pro viribus non cessarunt. Quare contra inimicos et adversarios nostros predictos, non in lesionem seu ofensionem episcopi et capituli predictorum, sed in defensionem nostram et conservationem jurium domine regine predicte, dumtaxat nos muniri oportuit, et contra eos modis quibus potuimus et nobis erat et est licitum repugnare, cum cuilibet sit licitum sese defendere, ac vim vi repellere, cum moderamine inculpate tutele. Sane cum predicti episcopus et capitulus, occasione predictorum, contra nos et gentem nostram nostrosque adjutores, imo pocius contra reginam predictam, injuriose nimis intendant, excomunicationis et suspensionis sententias fulminare, burgum quoque nostrum ac populationem predictam eclesiastico sub judice [subjicere?] interdicto, prout ex comminationibus plurimis et monitionibus per prefatos episcopum et capitulum in nos factis de intentione constant eorum; ex his sentientes nos et universitatem nostram predictam per jam dictos episcopum et capitulum indebite agravari, timentes et de aliis gravaminibus ab ipsis episcopo et capitulo nobis in hiis et aliis in posterum inferendis, et ne ipsi contra nos ac villam nostram, videlicet predictorum burgui et populationis, vel potius contra reginam predictam excomunicationis, suspensionis seu interdicti sentencias promulgare presumant, in his scriptis, nostro totiusque nostre universitatis nomine, et fauctorum nostrorum et omnium aliorum quorum interest seu interesse poterit, ad sedem appostolicam appelamus, ponentes nos et omnia bona nostra, necnon fauctorum et coadjutorum nostrorum, sub protectione appostolicæ sedis predicte, protestantes nichilominus quod si presentiam episcopi et capituli predictorum habere possemus, appelationem hujus coram ipsis libentius faceremus, et apostolos et ab eis secundum juris ordinem cum instantia peteremus. Sed quod non possumus eorumdem habere presentiam, nec ad eos audemus accedere propter inimicitias capitales, coram vobis, religiosis et honestis viris, fratre Johanne de Oleto, custode domorum ordinis fratrum minorum in regno Navarre, fratre Egidio Stelleri, gardiano minorum Pampilone, fratre Petro Lupi de Sarria, priori fratrum predicatorum Pampilone, et fratre Garcia de Gallipenzo, ejusdem ordinis, coram vobis et Michahele Petri, Arnaldo, et Petro Martini de Arceis, Johanne Filippi, tabbellionibus publicis et juratis, tancquam coram publicis et honestis personis, dictam appelationem pro dicto modo duximus faciendam, et instamus apud vos ut predicte appelationi apponatis sigilla vestra, vos, domine custos, gardiane ac prior predicti, in testimonium premissorum, vos et prefati tabelliones signa tabellionatus vestra solita faciatis : protestamus siquidem quod quam cito facultas se obtulerit quod liberum additum ad dictum episcopum et capitulum habere possimus, coram ipsis eandem appelationem curabimus innovare. Actum Pampilone in ecclesia Beati Laurentii de burgo Pampilone, presentibus dominis Johanne Arnaldi, capellano majore in ecclesia Sancti Saturnini, Johanne de Sancta Cecilia, capellano Sancti Laurentii, Garcia d'Oson, capellano majore in ecclesia Sancti Nicholay, Pascasio et Michahele de Sancto Lazaro, Dominico et Johanne dicto *Petit*, presbiteris, et dominis Martino de Undiano, Guillelmo Marcelli, et Pascasio Balduini, Garsia Arnaldi, Johane Petri Motza, et aliis presentibus testibus ad hoc vocatis et rogatis, die sabbati, videlicet quatuor nonas julii, sub anno Domini M° CC° LXXVI. Et nos pronuntiati custos, gardianus et prior, supradictam appelationem anno, die et loco predictis, per jam dictum gubernatorem predicto modo coram nobis fuisse interpositam profitemur, in quorum testimonium et munimine presentis appelationis instrumentum, ad instantiam gubernatoris ejusdem, sigillorum nostrorum fecimus appensione muniri. Et ego, Michael Petri, predictus tabellio publicus et juratus, profiteor appelationem predictam per jam dictos viginti juratos, coram me, predicto modo, presentibus testibus antedictis, interpositam extitisse anno, die ac loco premissis. In quorum testimonium, etc.

Suit, dans la même forme, la même attestation des trois autres notaires.

Dans ce curieux document, on voit clairement la part active que prit dans la guerre civile le clergé de la cathédrale, et même l'évêque, puisqu'on y assure que, du palais et de la tour du prélat, on faisait beaucoup de mal au bourg de Saint-Cernin.

Page 120, vers 1809, couplet XLVII.

Je n'ai point hésité à traduire *l'aige* par *l'aigle*, sans égard pour l'exemple de M. Fauriel, qui me paraît avoir commis un gros contre-sens en rendant *lo trap del pali on l'aiga es resplandens*, par *la tente de soie, là où resplendit l'eau (du Rhône)*[1]. Au moyen âge, l'usage était de surmonter d'un aigle, non-seulement les tentes, mais les habitations des classes élevées. Déjà, dans une précédente publication, j'ai traité ce point en détail[2]; il me suffira de

[1] *Histoire de la croisade contre les hérétiques albigeois*, p. 342, v. 4921.

[2] *Recherches sur le commerce, la fabrication et l'usage des étoffes de soie*, etc. t. I, p. 46, 47.

renvoyer à une phrase de la Chronique de Richer[1], à plusieurs passages de la *Chanson des Saxons*[2], de la *Chevalerie Ogier de Danemarche*[3], de *Partonopeus de Blois*[4], de *Flamenca*[5], surtout à une miniature d'un ancien roman anglais, où l'on voit un pavillon surmonté d'un aigle d'or[6].

Au dire de Guillaume Guiart, une pareille représentation annonçait la guerre. Décrivant l'étendard impérial que l'on vit à la bataille de Bouvines, il ajoute :

> Desus ot un aigle doré :
> C'est signe de guerre cuisant.
>
> *Branche des royaux lignages*, ann. 1214. (*Chron. nat. fr.* t. VII, p. 281, v. 6840.)

Il est beaucoup plus probable que nos ancêtres avaient reçu cet usage de l'antiquité, où la vue d'un aigle était d'un heureux présage, non-seulement chez les Hébreux, mais chez les Grecs[7]. On sait qu'en Grèce les temples étaient ordinairement surmontés de l'image du roi des oiseaux[8]. Dans l'un de nos anciens mystères on lit cette rubrique, *Icy vont faire l'aygle d'or sur le temple*[9]; mais c'est à la suite d'un dialogue qui se termine ainsi :

LIBINUS.

> Vous verrez les Juifz resveiller,
> Mais qu'ilz voient sur le temple mise
> L'aigle d'or.

---

[1] « Æream aquilam, quæ in vertice palatii a Karolo Magno ac si volans fixa erat, in vulturnum converterunt. » (*Richer. Histor.* lib. III, cap. LXXI; ed. J. Guadet, tom. II, pag. 84.)

[2] Maint tref i ot tandu et mainte aigle fichie.
Coupl. VII; t. I, p. 14. Cf. coupl. L, p. 82; et coupl. LXI, p. 101.

[3] Le tref le roi coinsist en un pendant;
Bien le conut à l'aigle flambiant,
Et au dragon ki siet desus si grant.
V. 9936; t. II, p. 405. Cf. v. 7231, p. 393; v. 8961, pag. 362; v. 9919, p. 404, etc.

[4] Li palais sont trestot d'un grant...
Sor les pumeaus sont li lion
Et li aiglet et li dragon,
Et ymages d'autre figure
Qui samblent vives par nature.
V. 831 - 841; t. I, p. 29, 30.

[5] Las aiglas son els poins daurats.
Page 9, v. 12.

[6] *The History of the valiant Knight Arthur of little Britain,* etc. London: printed for White, Cochrane and C°, etc. in-4°, pl. 5, pag. 46.
—Dans un autre roman écrit dans la même langue, on voit une tente surmontée d'un lion d'or :
Theo kyng dude sette out his dragoun,
And on his tent a gold lyoun.
Kyng Alisaunder, v. 4300. (*Metrical Romances*, etc. by Henry Weber, t. I, p. 178.)

[7] *Iliade*, ch. XIII, v. 822; ch. XXIV, v. 315.
—*Odyssée*, ch. II, v. 146; ch. XV, v. 164.

[8] Pindar. Olymp. XIII. Cf. Pyth. I et IV, v. 6.

[9] *Le Mistere de la conception, nativité, mariage et annonciation de la benoiste Vierge Marie*, etc. Paris, Alain Lotrian, s. d. in-4°, feuil. XXX recto, col. 1.

ADRASCUS.

Ilz seront submis
Soubz la puissance imperialle,
Et à la majesté royalle
Du roy Herode obeiront.

Page 122, vers 1851, couplet XLVII.

Les Lombards, disons mieux, les Italiens, que l'on désignait par leur nom, ont toujours eu chez nous la plus mauvaise réputation; on en a la preuve dans un ancien proverbe qui dit que :

« C'est trop d'un demy Italien en une mason[1]. »

Comme Anelier, Raimbert de Paris les accuse de déloyauté, dans ces paroles qu'il fait adresser par Berons à Ogier :

Vesci Lunbars, poi i a loialtage,
Traitor sont et plain de cuvertage.
Forment me dolt, se Jhesu ben me face,
C'au deerain ne vus facent damage.

La Chevalerie Ogier de Danemarche, v. 4980, t. I, pag. 203, 204, et p. 203, 204 de l'in-4°.

Un autre trouvère déclare que

Bien est honnis qui en Lonbart se fie.

Les Enfances Vivien, ms. de la Bibl. imp. n° 6985, fol. 181, col. 1, v. 25.

Dans une autre chanson de geste, le maire d'une commune de notre pays dit à son seigneur, Raimond, duc de Provence :

Vos estes .i. Lombarz de Lombardie nez,
Certes anvers ma dame vos estes perjurez.

Li Romans de Parise la Duchesse, p. 156[2].

Ailleurs les Lombards sont accusés d'avidité[3] et d'avarice[4], reproche re-

---

[1] *Adages et proverbes de Solon de Voge*, par l'Hetropolitain. A Paris, par Nicolas Bonfons, s. d. in-16, feuillet signé L iij recto.

[2] L'éditeur, M. de Martonne, s'est étrangement mépris en voyant dans ces vers une preuve de l'origine lombarde ou italienne de Raimond. (Voyez les notes des pages 156, 204 et 205.)

[3] *Leben des heilig Thomas von Canterbury*, altfranzösisch, herausgegeben von Immanuel Bekker. Berlin, 1838, in-8°, pag. 41, v. 20.

[4] Huon de Mery, *Tournoisment d'Antechrist*, p. 71, v. 12-28.

HISTOIRE DE LA GUERRE DE NAVARRE. 485

nouvelé plus tard par Froissart[1]; ils le sont également d'un vice encore plus honteux[2] et de folie[3].

Il est vrai que, s'il faut en croire un rimeur du xvi° siècle,

> Les Lombars, selon leurs usages,
> Sont foulx par force d'estre saiges.
>
> *Sermon joyeux*, etc. (*Ancien Théâtre françois*, publié par M. Viollet-le-Duc, t. I, p. 214.)

Veut-on savoir quelle était cette sagesse? c'était celle que donne l'étude de la jurisprudence. Un satirique du xiii° siècle nous montre la Loi et le Décret chevauchant à la tête des Arts, et, à la suite des premiers, nombre de chevaliers lombards conduits par Rhétorique. Il ajoute :

> Dars ont de langues empanez
> Por percier les cuers des genz nices,
> Qui vienent jouster à lor lices;
> Quar il tolent mains heritages
> Par les lances de lor langages.
>
> *La Bataille des .vii. ars*, parmi les additions placées à la suite des Œuvres complètes de Rutebeuf, t. II, p. 420.

Maintenant écoutez les troubadours, ils vous représenteront les Lombards comme des fainéants :

> Talairans non trota ni salh
> Ni no s mov de son artenalh,
> Ni non dupta lansa ni dart,
> Ans viu a guiza de Lombart;
> Et es tan ples de nualha,
> Que, quant tot'autra gen s'en part,
> El s' estendill e badalha.
>
> Bertrand de Born : *Un sirventes on motz non falh*, etc. (*Choix des poésies originales des troubadours*, t. IV, p. 142. — *Die Werke der Troubadours*, erster Band, p. 279.)

> Je vos vi au comensier
> Large de grant mession;
> Mais puis trovetz ochoison

---

[1] *Chroniques*, liv. I, part. I, ann. 1349; t. I, p. 276, col. 2.

[2] *Le Roman de la Rose*, v. 11927; édit. de Méon, t. II, p. 366.

[3] *Le Siége de Thèbes*, ms. 6987, fol. 46 recto, c. 4, v. 3.

> Que por fortz castels levier
> Laissastes don e donoi
> E cortz, e segre tornoi;
> Mais nos cal avoir regart
> Que Franssois son' Longobart.
>
> Richard Cœur de Lion : *Dalfin, je us voill deresnier*, etc. (*Le Parnasse occitanien*, t. I, p. 14. — *Die Werke der Troubadours*, erster Band, pag. 130.)

Il n'y a point à douter que, par cette expression *a guiza de Lombart*, Bertrand de Born n'ait voulu faire allusion aux banquiers italiens[1], sans cesse confinés dans leur maison comme dans une forteresse, à cause de leur commerce et des valeurs qu'ils avaient à défendre, et non aux habitants de la Lombardie en général. Dans une tenson avec l'un de ses confrères, un autre troubadour, débattant la supériorité de mérite entre les Lombards et les Provençaux, n'hésite point à se prononcer en faveur des premiers, chez lesquels il trouve de bons et braves chevaliers, francs, courtois et aimant la dépense. Voyez l'Histoire littéraire des troubadours, t. II, p. 414-417.

Page 124, vers 1879, couplet XLVIII.

Le poëte ne dit pas les noms des engins démontés dans cette circonstance; mais il est sûr que c'était ce qu'il appelle plus loin des algarades. En quoi ces machines différaient-elles des caables, cadables ou cadafalcs, nommés dans la Philippide de Guillaume le Breton[2], dans la Chanson de Roland[3] et dans l'Histoire de la croisade contre les hérétiques albigeois[4], des calabres et de la mauvaise voisine mentionnés dans ce dernier poëme, dans l'*Historia major* de Mathieu Paris, et ailleurs[5]? Qu'avaient-elles de commun avec les beffrois nommés dans la Philippide[6], dans la Chronique de Bertrand du Guesclin[7],

---

[1] Voyez le Glossaire de du Cange au mot *Langobardi*, t. IV, p. 35, col. 3, etc.

[2] Lib. VII, v. 803; ap. D. Bouquet, t. XVII, p. 309, B. Cf. *Gloss. med. et inf. Latin.* t. II, p. 10, col. 2, v° *Cabulus*.

[3] St. VIII, v. 3; st. XVI, v. 8.

[4] Page 468, v. 6857. Cf. *Lexique roman*, t. II, p. 285, col. 1.

[5] *Hist. de la crois. contre les hérét. alb.* p. 42, v. 581; p. 76, v. 1061; p. 110, v. 1526; p. 308, v. 4419; p. 322, v. 4610, etc. — Matt. Par. *Hist. maj.* ann. 1216; ed. MDCLXXXIV, p. 240, l. 44. — *Pèlerinage de la vie humaine*, dans du Cange, *Gloss. med. et inf. Latin.* t. IV, p. 586, col. 2, au mot *Maschetta*. Cf. p. 211, col. 3; t. II, p. 20, col. 2, v° *Calabra*; p. 168, col. 1, v° *Carabaga*; et *Lexique roman*, t. II, p. 287, col. 2.

[6] Lib. II, v. 572; ap. D. Bouquet, t. XVII, p. 144.

[7] Tom. I, p. 69, v. 1853 et suiv.

et dans une multitude d'autres ouvrages[1], avec les arganelles, qui le sont dans l'Histoire de la guerre de Frioul[2], avec les bibles que je trouve dans la Vie de saint Louis par Jean de Joinville[3], et dans une Description de siége imaginaire[4], avec le renard, que l'on voit au siége de Nicée[5], avec la truie qui figure dans d'autres circonstances[6], avec les espringales dont il est si fréquemment question dans les écrivains du xiv siècle[7], avec les

---

[1] Voyez le Glossaire de du Cange, tom. I, p. 639, 640, art. *Belfredus*, n° 1.

[2] *Antiquitates Italicæ medii ævi*, auct. Muratorio, t. III, col. 1197, E.

[3] *Recueil des historiens des Gaules*, etc. t. XX, p. 278, B.

[4] Li roys et Claris et Laris.
Gauvains, Yvains et Brandalis,
Vers la cité mainnent lor genz.
Aus engins corent les sergenz,
Aus portes vont li chevalier,
Aus berfroiz li aubalestier;
Cil de laienz montent as murs,
Ne doutent rien, ainz sont séurs.
Bien s'apareillent d'euls defendre,
Et cil defors de la cit prendre.
Dont recomence li assauz:
Li chevaliers vers les portaus,
Des lices couper se travaillent;
Més cil de la cité lor saillent,
Lor lices durement defendent;
D'une part et d'autre contendent
De bien faire, de bien ferir
Et de bien l'estor maintenir.
Aus lices est granz li estors,
Et aus fenestres et aus tours
N'est li assauz de toutes pars.
Volent carrel et pel et dars
Et pierres granz, et les perrieres
Et les *bibles*, qui trop sont fieres,
Getent trop menuetement.
Li chevalier communement
Sont aus lices, là se combatent,
Li .j. d'euls les autres abatent, etc.
Le Roumanz de Claris et de Laris, ms. de la Bibl. imp. n° 7534², folio 161 recto, col. 2, v. 5.

[5] Alb. Aquens. *Histor. Hierosolym.* lib. II, cap. xxx. (*Gesta Dei per Francos*; etc. p. 28, lin. 16.) Cf. *Gloss. med. et inf. Latin.* t. VI, p. 898, col. 2.

[6] *Gloss. med. et inf. Latin.* t. VI, p. 134, col. 1, v° *Scropha*; p. 461; col. 1, v° *Sus*, p. 679, col. 3, v° *Troia*, n° 1. — *Les grandes Chroniques de France*, ann. 1204, éd. de M. Paris, t. IV, p. 129. — *Les Chron. de Froissart*, liv. II, ch. v, ann. 1377, t. II, p. 4, col. 2.

[7] *Li Romans de Bauduin de Sebourc*, ch. iv, v. 196, t. I, p. 104; et ch. xix, v. 705, t. II, p. 205. — Branche des royaux lignages, par Guillaume Guiart, dans la collection des Chroniques nationales françoises, édit. de Verdière, t. VIII, p. 328, 368, 370, 371. — *Chronique de Bertrand du Guesclin*, par Cuvelier, t. I, p. 145, en note. — *Les Chron. de Froissart*, t. I, p. 263, col. 2; p. 265, col. 1; p. 301, col. 2; p. 311, col. 1; p. 317, col. 1. Cf. *Gloss. med. et inf. Latin.* t. III, p. 98, col. 1, v° *Espringala*; t. IV, p. 586, col. 2, v° *Muschetta*; et t. VI, p. 329, col. 2, v° *Spingarda*. — Tome VII, pages 515, 516, on trouve la nomenclature de tous les articles qui se rapportent aux machines de guerre pendant le moyen âge; mais ni là, ni dans le corps du Glossaire, je ne vois le mot *cercleia* employé par Geoffroi Vinisauf, avec *cottus*, comme nom de machine de guerre. (*Richardi regis iter Hierosolymitanum*, lib. III, cap. vii, apud Th. Gale, *Hist. Anglic. Script. quinque*, vol. II, p. 335.) — Quelques lignes plus haut le même écrivain parle de la ruine, par les perrières des croisés, d'une tour d'Acre nommée *Maudite*. Dans les comptes de Navarre pour 1284 (ms. de la Bibl. imp. Suppl. lat. n° 165², folio 29 recto), nous en trouvons une appelée *de Malveizin*, sûrement par la même raison qui avait fait donner le nom de *mauvaise voisine* à une machine de guerre. — En 1285, cette tour était entre les mains de trois personnages ainsi nommés dans l'article suivant: Garsie Petri de Peynalen, Espaynol, Michaeli

martinets[1], la dondaine[2], le passe-avant mentionnés par Froissart[3]? etc. C'est ce que je ne suis point en état de dire pour le moment, et peut-être est-il impossible d'établir de pareilles distinctions. Je signalerai toujours au futur historien de la poliorcétique française, que le traité du P. Daniel[4] ne suffit pas pour nous faire parfaitement comprendre un curieux passage de Raimbert de Paris, trop court pour qu'il nous soit reproché de l'avoir rapporté :

> Devant la porte lor drecha un engin,
> Sor une estace l'a levé et basti.
> A sept estages fu li engins furnis;
> Amont as brances qi descendent as puis,
> Fu ben cloiés et covers et porpris.
> Par les estages montent chevalier mil,
> Arbalestrier cent et soixante et dix.
> Traient archier et destendent arbrins
> Vers Castel-Fort tot ensanlle à un brin.
> Laiens n'ot home, tant soit d'armes garnis,
> Qui de paor osast là fors venir,
> Tant espès volent quarrel par grant air,
> Tante saiete ki fers ont acerins,
> Et fu gregois k'il faisoient bruir.
>
> *La Chevalerie Ogier de Danemarche*, v. 6734; t. II, p. 274, et 274 de l'in-4°.

Suivent des détails curieux sur la composition et l'emploi du feu grégeois, qui n'ont peut-être pas encore été remarqués.

On trouve, sur les engins de guerre, à la fin du XIII° siècle, et sur les diverses parties dont ils se composaient, des lumières précieuses dans un inventaire que l'on sera peut-être bien aise d'avoir en entier[5].

Sancii et Martino de Uxtran, pro custodienda turri vocata *de Malvezin* in sexaginta duobus diebus a prima die januarii usque ad primam dominicam mensis marcii, quolibet die quatuordecim denarios, xiiij libras ix solidos iiij denarios. ¶Item Garsie Petri et Espaynol pro eadem turri in centum triginta uno diebus a dicta dominica usque ad primam diem Veneris post festum beati Benedicti, qua die Gilebertus reddidit dictam turrim Johanni de Yanvilla, quolibet die quatuordecim denarios, xv libras v solidos, viij denarios. (*Ibid.* folio 63 verso.)

[1] *Les Chron. de Froissart*, liv. I, part. 1, chap. CCLXII, ann. 1346; t. I, p. 216, col. 1 et 2.

[2] *Ibid.* liv. II, chap. CCLXXIV, ann. 1385; t. II, p. 328, col. 2.

[3] *Ibid.* liv. III, chap. XXIII, ann. 1388, p. 443, col. 1.

[4] *Histoire de la milice françoise*, etc. A Paris, M. DCC. XXI, deux volumes in-4°. (Voyez, relativement aux machines dont on se servait dans les sièges sous la troisième race, liv. VII, chap. III, t. I, p. 556-563.)

[5] Je soupçonne les Bénédictins de l'avoir connu; du moins ils en citent un de 1294. (Voyez le Glossaire de du Cange, au mot *Ternas*, n° 1, t. VI, p. 615, col. 2.)

Estat des armes trouvées dans l'arcenal de la cité de Carcassonne par Lambert de Tureye, chevalier, senechal de Carcassonne.

Des nones de decembre 1298.

Anno Dominicæ Incarnationis millesimo ducentesimo nonagesimo octavo, nonas decembris. Noverint universi quod nobilis vir dominus Lambertus de Tureyo, miles domini regis, dominus de Saxiacho, regens senescalliam Carcassonæ et Biterris, præcepit et injunxit magistro Joanni de Manta, olim carpentario domini regis in senescallia Carcassonæ et Biterris, nunc carpentario ejusdem domini regis in senescallia Tholosæ et Albiensi, coram eo ibi præsenti, ut ipse garnisionem carpentariæ civitatis Carcassonæ tradat et deliberet, cum inventario, magistro Gerardo de Regali Monte, carpentario domini regis in senescallia Carcassonæ et Biterris, sicut ipse magister Joannes ipsam garnisionem recepit a magistro Ranulpho de Sancto Dionisio, carpentario domini in senescallia Carcassonæ prædicta. Actum fuit hoc in civitate Carcassonæ, in præsentia domini Sicardi de Vauro, clerici domini regis Franciæ, judicis majoris in senescallia Carcassonæ et Biterris; magistri Guillelmi Maurini, notarii curiæ Carcassonæ; magistri Guillelmi Cortesii et mei Petri de Paratge, notarii infra scripti. Post hoc, anno et die prædictis, dictus magister Joannes de Manta, de mandato dicti domini Lamberti prædicto si facto, garnisionem carpentariæ civitatis Carcassonæ domini regis, in præsentia mei prædicti notarii et testium infra scriptorum, dicto magistro Girardo tradidit in scriptis, ut sequitur : primo, videlicet, tresdecim brachia fundarum, inter magnas et parvas; item sexdecim molas de cembellis, inter magnas et parvas; item quadraginta septem molas de cordis novis, inter chatbles et ligaturas ingeniorum, inter magnas et parvas; item quatuor cembellos novos; item quatuor braguerios de grossa corda, quemlibet de decem palmis, ad pendendum polleras ingeniorum; item septem fundas novas ad ingenia, quatuor cum cordis et tres sine cordis; item sex coria vaccarum, duo integra et quatuor laniata, pro fundis parandis; item duos chatbles veteres de opere salini; item unum chatble novum; item quatuor chatbles veteres, qui fuerunt de ingenio ad levandum lapides; item quadraginta cordas veteres qui fuerunt de liguaturis ingeniorum, inter magnas et parvas; item quinquaginta unum tuellos plombi, quemlibet de duobus cannis in longo, unum per alium; item septem petias tuellorum plombi, valentes tres tuellos de duabus cannis; item quingentas sexaginta petias plombi, ubi sunt quadraginta octo petiæ largæ, de quibus quælibet ponderat modium quintale, et quatuor de aliis petiis ponderant unum quintale; item sex quintalla plumbi in tabulis, minus decem libris; item octo magnas petias plombi de tempore magistri Teobaldi; item decem palleyas de cupro; item unam palleyam ferri; item duos palos ferri magnos, ponderantes unum quintale et dimidium, ad levandum lapides; item quadraginta octo bandas ferri ad ferrandum quadrigas; item quatuor magnas cavillas ferri ad pandelas ingeniorum; item unam parvam cavillam ferri inceptam et non perfectam; item sex boitas ferri, in quibus polleyæ vertuntur; item octo paalerios ferri in quibus turni ingeniorum vertuntur; item unam magnam cavillam ferri quadratam de duobus palmis et dimidio in longo; item sex posserios ferri, quatuor magnos et duos parvos, ad ingenia; item octo magnos circulos ferri ad armaturas ingeniorum; item quatuor magnas relas ferri factas pro porta Narbonæ; item quatuor torreitos ferri cum rotis et clavis, ad faciendum cordas; item triginta pandelas ferri ad ingenia; item duas pandelas ferri inceptas, et duas dirutas; item unum paalerium ferri rotundum ad tornandum super arbora; item unum circulum quadratum ferri; item unam ferraturam fenestræ de vitreo; item unam bandam ferri plicatam; item unam bandam ferri penetratam minute; item undecim claves ferri quadratos inter magnos et parvos, ad ingenia; item quatuor paalerios de cupro et duos de ferro, ad ingenia; item unam boitam ferri ad unum pavilionem; item duos anulos ferri platos, magnos, ad cavillas ingeniorum; item viginti cavillas ferri rotundas pro invergaturis et pro polleis; item decem anulos parvos ferri ad ponendum in capite cavillarum; item sex cavillas ferri quadratas ad ponendum in biguis; item decem pomellos pavilionum et duos ferratos veteres de puteo castri; item quatuor petras ad ponderandum, de quibus una ponderat unum quintale, alia medium quintale, alia unum quarteronum, item et alia dimidium quarteronum; item unum molendinum ad brachia, cum duabus rotis, et unam rotam imperfectam; item duas costas molendini, ubi sunt quatuor stanni et duæ tolæ inferius; item unum molendinum ad brachia, sine rotis; item duas tinas veteres ad ponendum aquam; item duo vasa ad vinum, quolibet de duobus saumatis; item tres cassias veteres et duas novas; item fustam de duobus springallis imperfectis; item unum molendinum ad equos, imperfectum; item viginti septem agullas de fusto veteres, quæ fuerunt de salino, quamlibet de decem palmis in longo; item septem paria de sofletis veteribus ad fabricas; item temones de quatuor carribus, cum septem rotis quadrigarum, inter bonas et malas, de quibus una est deferrata; item duos paalerios curruum de fusta; item tria folia de sera, vetera; item duas rotas ad filandum filum de cordis; item duas besaguas veteres et dirutas; item sex tarerios, inter magnos et parvos, deterrioratos; item unam rabasseriam; item duos talerios ad operandum de sirica; item viginti novem liguaturas quadriguarum de canabo; item decem circulos de fusto, de magnis conellis; item undecim tabulas ad comedendum, inter magnas et parvas; item viginti duos banquellos; item tresdecim bancas, inter bonas et deterioratas; item aliquam quantitatem fustæ de tempore magistri Teobaldi; item sex fayssellos de canabo; item centum quater viginti sex cabironos; item quinque fondas veteres, inter magnas et parvas, de ingeniis sine cordis; item duas petras ad ponderandum, quamlibet de dimidio quintale; item quatuor magnos circulos ferri de tonello ad portandum denarios; item unam magnam quatenam de duabus cannis in longo; item septem quatenas ferri, inter magnas et parvas; item unam quatenam, cum quinque baculis ferri ibi tenentibus; item decem octo anulos ferri ad perticas pavilionum; inter magnos et parvos; item duas arbores ferri de molendinis ad brachia; item unum magnum anulum quadratum de turno ballistæ; item unum enclutge ferri; item unam nadilam ferri; item duodecim platenas ferri radiatas, cum quibus solebat fieri moneta; item septem ferrollos rotundos, et unum planum, inter magnos et parvos; item unam pinsoriam ferri; item triginta octo cavillas ferri, inter magnas et parvas; item quatuor goffonos duplices; item tres tenalas deterioratas; item unam clavem ferri quadratam; item unum enclutge parvum, plicatum in capite; item novem graffas ferri, factas ad pontem molendini regis; item viginti unum crampones ferri, inter magnos et parvos; item unum cutellum ferri ad talliandum terram pro tegulis faciendis; item duos cutellos, quemlibet cum duobus manubriis; item unam ferraturam unius fenestræ, de duobus brachiis in longo et tribus traverseriis; item quadraginta sex relas veteres de portis, inter magnas et parvas; item duos turnos ballistarum; item viginti octo cavillas pavilionum cum suis quatenis; item tres crocos ad diruendum domos; item unam massam ferri de ferrato putei; item decem novem berselerias rotundas de ferrollis; item sexdecim goffonos ferri, inter magnos et parvos; item quatuor ferraturas, videlicet unam munitam de clave et vertevella rotunda, aliam cum clave sine vertevella, et duas sine clavibus et vertevellis; item quatuor nadilas ferri de molendino ad brachia; item duas picas molendini; item quadraginta octo anulos ferri, inter magnos et parvos; item duos rabasserios ferri, unum magnum et alium parvum; item unam furcam ferri; item unam barram ferri ad claudendum portam; item unam caruam ferrati castri de puteo; item unum puiotum ferri portæ, cum sua placa ferri; item duos picotos de porta; item duos pousserios ferri ad mangonellos; item quatuordecim bandas ferri penetratas, inter magnas et parvas; item unum ferrum ad penetrandum sclouam crolii; item quatuor coplas de ferro; item duodecim cavillas quadrigarum; item undecim bandas parvas et deterioratas; item quindecim anulos de manducaturis; item viginti sex paria cavillarum quadratarum, inter magnas et parvas; item duodecim claves ad virgas ingeniorum; item duos traverserios unius fenestræ ferri; item unum anulum magnum, platum, penetratum; item quinque anulos ferri, inter magnos et parvos; item duas cavillas ferri, inter magnos et parvos; item duas cavillas ferri et unum cramponem; item duos bacevos molendini de ferro; item duos pinotos de portis; item septuaginta duas bandas parvas ferri; item novem ferros ad palos paliciorum; item septem ferros de picotis; item sexaginta bandas veteres de ferro; item septuaginta paria goianorum ferri ad jungendum portas; item ferramentam veterem et deterioratam, ponderantem circiter tres quintallos; item unam portam veterem de salino; item triginta molas molendinorum ad brachia; item duas pendelas de fusto, inceptas pro uno parvo ingenio; item tres furcas de mangonellis; item tres petias de amaysuris ad mangonellos; item unum fusellum de mangonello; item novem rotas fustæ ad tendendum ingenia; item sex turnos pro ingeniis et mangonellis; item unam molam ad acuandum ferramenta; item duodecim cabronos qui fuerunt de cabana teuleriæ; item tres magnos ingenios; item unum parvum ingenium; item fustam unius mangonelli, seu ingenii; item sex rotas curruum vel quadrigarum; item unum axem quadrigæ et unam furcam; item garnisionem unius turni ad faciendum cordas; item duas colcas de fusta; item duas rotas curruum, seu quatuor filas, quamlibet de quatuor cannis et dimidio in longo. Sequuntur novæ garnisiones. Item quatuor ingenia nova munita de ferro et fusta; item duas magnas cavillas rotundas de ferro ad ingenia; item triginta bandas de ferro; item septem magnas pandelas de ferro ad... ingeniorum; item decem cavillas rotundas de ferro ad palleyas; item quatuor magnas claves de ferro, quamlibet de uno pede in longo, cum quatuor claveriis; item quatuor anulos parvos ferri; item quatuor joerias de ferro ad furcas; item quatuor testerias de ferro ad furcas; item quatuor cavillas de ferro ad paviliones; item unum mallum de ferro; item septem paviliones, videlicet quatuor novos et tres veteres; item unam quadrigam cohopertam de fusto, cum suis rotis; item decem octo relas de ferro ad portas; item unam sarchiam ferri; item quinque magnas bandas plicatas de ferro; item tres brassollos molendinorum de ferro, et tres de fusta; item tres nadilas de ferro ad molendina de brachio; item tres fenestras de ferro penetratas, cum quinque brachiis colantibus; item tres magnos circulos de ferro, quemlibet de duabus cannis in longo; item triginta tres boetas ferri ad pavillones, inter novas et veteres; item sex ferros de picotis; item quinque coplas pavilionum de ferro; item quatuor bolonos de ferro ad sustinendum limetas supra domos; item duas picas massonorum; item quatuor pinsorias et unas torquesias de ferro; item duas polleyas de cupro; item unam de ferro; item unum crocum de ferro, ponderantem viginti libras; item unam barram de ferro penetratam in duobus capitibus; item duos bastones de ferro, cum tribus cramponibus et duabus clavetis; item sex falces de ferro cum punctis; item duodecim bandas veteres de ferro; item novem quatenas de ferro, inter magnas et parvas, cum una massa; item quinque paalerios magnos de cupro, quemlibet de duobus palmis et dimidio in longo, et de dimidio pede in amplo; item unum magnum pivotum de ferro, ponderantem viginti libras; item duos magnos anulos de ferro; item unam cassam de ferro ad fundendum plombum; item quinquaginta quatuor cavillas de ferro, inter magnas et parvas, ad invergaturas ingeniorum et ad polleyas; item quatuor molendina ad brachia munita, et quatuor immunita; item fustam duorum grossorum tonellorum sine circulis; item centum tresdecim quintalia nonaginta unam libras plombi; item decem coria nova de bove, videlicet sex rubea et quatuor alba; item quadraginta duas molas de chaables et de liguaturis; item septem molas de cambellis; item viginti duas molas parvarum cordarum; item novem liassas cordarum munitarum; item duos parvos posserios ad ingenia. Quæ quidem omnia supradicta, prout superius in præsenti instrumento sunt expressata et divisa, prædictus magister Gerardus de Regali Monte, nomine domini regis, recognovit dicto magistro Joanni præsenti se habuisse et recepisse ab eodem, de mandato dicti domini Lamberti eidem magistro Joanni facto, prout superius continetur, et de prædictis dictum magistrum Joannem absolvit penitus et quitavit. Acta fuerunt hæc in civitate Carcassonæ in præsentia et testimonio Raymundi Rech fusterii, Bernardi corderii de Carcassona, Arnulphi de Sancto Dionisio, carpentarii dictæ carpentariæ, Roberti Cordelerii, servientis civitatis Carcassonæ, Guillelmi de Pontoys, Joannis de Corbelio de civitate Carcassonæ, et mei Petri de Paratge, notarii publici Carcassonæ, domini regis Franciæ, qui, requisitus de prædictis, hanc cartam recepi, scripsi, signoque meo signavi, regnante domino Philippo rege Francorum. (Ms. de la Bibl. imp. Collection Doat, vol. LXIV, folio 29 recto.)

Une pièce du Trésor des chartes, dans laquelle est nommé un charpentier avec qui nous avons déjà fait connaissance, nous apprend combien il avait reçu d'Eustache de Beaumarchais pour la fabrication d'un engin de guerre exécuté à Viana par ordre du gouverneur:

Sepan quoantos esta present carta verán et odrán como yo, maestro Martin, por mí é por maestro Doquin, he recebido de don Beneyt, camarlengo de mi sire Eustaci de Biau-

Marche, governador de Navarra, veynt é dos livras tres sueldos é tres dineros de bonos sanchetes, é quinze livras de bonos tornes, los quales ditos dineros he recebidos por un engenio que nos avemos feyto en Viana por mandamiento del dito governador. É por testimonio desto pongo mio sieillo pendient en esta carta yo el dito maestro Martin, la quoal fo fecha é dada en Pomplona en lunes primero enpues la fiesta de sant Andreo, anno Domini millesimo .cc°. lxx° quinto. (Archives de l'Empire, 1275-147-J. 614.)

Page 126, vers 1911, couplet XLVIII.

Le 19 novembre 1274, l'infant de Castille D. Fernando, surnommé *de la Cerda*, se trouvant à Mendavia, accordait à la municipalité de cette ville la faculté de tirer de la Castille, sans droits de péage, du pain, du vin, des bestiaux et toutes les autres denrées dont on pourrait avoir besoin, excepté de Séville, de Tolède, de Cordoue et de Murcie[1].

Ces *autres denrées* sont indiquées dans un état des marchandises qui se vendaient à Bruges et en Flandre, comme consistant en « grainnes, cire, cordonnas [cordouans?], basanne, filache, lainne, peleterie, vif-argent, sui, oint, comins, henis, amandres et fer[2]. »

Quant à la Navarre, elle exportait, pour le même pays, « laches dont on fait sarges, cordouans, basans, ricolisse, amandres, peleteries, draps dont on fait voiles à grant nez. » Il venait aussi de l'autre côté des Pyrénées des grenades : un article des comptes auxquels nous avons fait tant d'emprunts nous montre, en 1285, le gouverneur de la Navarre achetant pour Philippe le Hardi quatre cent quatre de ces fruits et les envoyant en France[3].

Enfin la Galice figurait, sur les marchés flamands, pour « sains, vif-argent,

---

[1] *Dicc. de antig. del reino de Navarra*, t. I, p. 228, pal. *Comercio*.

[2] « Ce sont li royaume et les terres desquex les marchandises viennent à Bruges, etc. (*Fabliaux ou contes*, édit. de Renouard, t. IV, p. 9.)

[3] « Item pro iiij^c iiij^{or} malis punicis emptis de mandato gubernatoris et missis in Franciam ad regem Navarre, cum uno roncino empto, et vasis vocatis *paneres*, stupa ad involvendum, ferraturis, clavis ad opus roncini in via, et pro uno coopertorio ad cooperiendum mala punica, et centum solidis traditis illis qui ibant in Franciam pro suis expensis et roncini, xiij libras xiij solidos xj denarios. » (Ms. Bibl. imp. n° 165', fol. 63 v°.) — Selon M. Louis du Bois, c'est à un roi de Navarre, Charles le Mauvais, que les Normands doivent la pomme de Biscait, dont le nom, ajoute-t-il, ne permet pas de douter qu'elle provienne d'une autre contrée que de la Biscaye. Il est vrai que Moisant de Brieux, dans sa lettre V° à Prémont Graindorge, assure que nous sommes redevables de cette espèce à un gentilhomme nommé Marin-Onfroy, qui apporta du pays basque des greffes du pommier ainsi appelé. (Voyez *Mémoire sur l'origine et l'histoire du pommier, du poirier et des cidres*, dans les Archives annuelles de la Normandie, etc. A Caen, chez Mancel, 1826, in-8°, p. 70, 79, not. 2.)

vin, cuir, peleterie et lainne, » denrées tout à fait différentes de celles qu'annonce, dans un fabliau, un vieux marchand de ce pays [1].

Page 126, vers 1929, couplet XLVIII.

Ermandat n'est pas de la langue du midi de la France; du moins on ne le rencontre pas dans le Lexique roman; c'est le mot espagnol *hermandad*, qui, entre autres acceptions, a celle d'*association*, de *ligue*, et qui vient de *germanus*, comme *germania*, nom que l'on donne à l'argot des associations de malfaiteurs.

Page 128, vers 1956, couplet XLIX.

Il y a ici une erreur dans la traduction. *Muradal* se rapporte sûrement à la localité du même nom célèbre par la bataille plus connue sous celui de *las Navas de Tolosa*, tandis que *Muradelle* est une juridiction séculière de la province de Galice, qui ne méritait pas d'être citée.

Il faut croire que le nom de *Muradal* n'existe plus, puisque l'on ne le trouve pas dans le Dictionnaire géographique-statistique de Miñano. On n'y rencontre pas davantage *Maladar*, comme le commandeur Fernan Nuñez appelle la montagne de Muradal. Voyez *las Trezientas d'el famosissimo poeta Juan de Mena*, etc. En Anvers, en casa de Juan Steelsio, M. D. LII, in-12, copla CCLXXX, p. 542.

Page 128, vers 1958, couplet XLIX.

Voyez sur don Lope Diaz de Haro y Bearne, treizième seigneur de Biscaye (1254-1288), une courte notice dans les *Noticias históricas de las tres provincias vascongadas*, etc. por el Dr. D. Juan Antonio Llorente. Madrid, 1806-1808, in-4° esp. t. V, p. 471.

Tome IV, page 94, on trouve quelques mots sur don Simon Ruiz, seigneur de los Cameros [2], nommé par Anelier, au vers 1959.

---

[1] Demandez, dist-il, recolice,
  Annis, ou gingembre ou canele?
    De la Bourse plaine de sens, v. 160. (*Fabliaux et contes*, édit. de Méon, t. III, p. 43.)
Ces épices, avec d'autres, servaient à plusieurs usages, surtout, à ce qu'il paraît, à faciliter la digestion :
  On vergier mainte bone espice,
  Clos de girofle et roquelice,
  Graine de paradis novele.

Citoal, anis et cauele,
Et mainte espice delitable
Que bon mengier fait après table.
  Le Roman de la Rose, v. 1349; éd. de Méon, t. I, p. 54.

[2] Voyez, sur cette localité de la Rioja, *Diccionario geográfico-histórico de España*, por la real Academia de la Historia, secc. H. Madrid, 1846, in-4°, p. 45, art. CAMEROS (SIERRAS DE).

Page 128, vers 1960, couplet XLIX.

La pièce suivante sert de preuve à ce que dit Anelier sur les ravages exercés en Navarre par don Lope Diaz :

Sepan quantos esta present carta verán et odrán que yo, Domingo Periç, fijo Mansso de Viana, vengo de cognoscido é de manifiesto que he recebido de vos, mi sire Eustace de Beaumarches, governador de Navarra, por nompne de todo el concejo de Viana, treze libras .iiij. denarios tornes por emienda d'aquellas quatro bestias que fueron robadas de don Diez é rendidas de cabo á sus dueynos, los quoales dineros recebí por mano de don Beneyt Molener de Cordua, vuestro cambarlengo. É porque seyeillo propio non tenia, rogué á mayestre Gil, á rogarias del dicho Domingo Periç pus el mi seyeillo en esta present carta en testimonio de las cosas ante dichas. Data en la Puent de la Reyna, .v. idus marcii, anno Domini M°. CC°. LXX° quinto. (Trésor des chartes, 1275 — 151 — J. 614.)

Page 130, vers 1969, couplet XLIX.

Les hidalgos navarrais font ici erreur. La Castille avait pour armes un château, appelé en espagnol *castillo* : ce qui lui faisait des armes parlantes. Le lion entrait bien dans celles du monarque des Espagnes ; mais c'était pour représenter le royaume de Léon, dont le nom est le même que celui du roi des animaux. Voyez le P. Joseph de Moret, *Investigaciones históricas de las antigüedades del reyno de Navarra*, liv. III, chap. IX, édit. de 1766, p. 738, 739 ; et *Congressiones apologéticas sobre la verdad de las Investigaciones*, etc. congr. XI, n°° 6-10, éd. de la même année, p. 305-307.

Toutefois, le poëme d'Anelier n'est pas le seul où le lion soit donné comme armes à la Castille ; dans une des romances du cycle de Bernardo del Carpio, on voit une multitude crier : Vivent la Castille et ses lions redoutés !

Viva Castilla
Y sus temidos leones !

Retirado en su palacio, etc. (*Romancero castellano*, etc. Leipsique, F. A. Brockhaus, 1844, en 12, t. I, p. 45, col. 2. Cf. p. 47, col. 1.)

Page 130, vers 1979, couplet XLIX.

Voyez, sur l'origine des fenêtres vitrées, la Collection des meilleures dissertations, etc. par C. Leber, t. XVI, p. 410 et suivantes.

Le passage suivant, qui est inédit, montre que les vitraux peints n'étaient pas exclusivement réservés aux églises, et que l'on en trouvait encore dans les édifices pareils au château de los Arcos :

>Un jour estoie après diner
>Alez pour moi esbanoier,
>Du paveillon haut apoier
>En une tornele petite
>De verrieres painte et escripte,
>Bele et gente et de riche atour.
>Si vi .j tornoi tout entour
>Pourtrait et paint en la verriere :
>Dont j'oi merveille moult très-fiere,
>Combien que li veoir fist biaus,
>Car cis tornois et cis cembiaus
>Dont ci vous sui avant parliers,
>De dames et de chevaliers
>Estoit touz ordenez et fais ;
>Mès merveilleus estoit li fais
>Et orribles à regarder,
>Car si mal couvrir et garder
>Chascuns chevaliers se savoit,
>Que force ne pooir n'avoit
>De soi desfendre vers sa dame.
>A eulz seroit honte et disfame
>S'en disoie la verité,
>Tant estoient à grant vilté
>Et au destroit mis et tenus,
>Et si très-maubaillis que nus
>A paines le savoit conter ;
>Il se lessoient desmonter
>Si vilment jus de leur destriers,
>Que li aucuns par leur estriers
>Se traynoient à la terre ;
>Ce sembloit une mortel guerre.
>Cil qui plus fier erent que roy
>Ne metoient en euls conroy
>De desfendre ne achoison ;
>Ainçois fiançoient prison,
>Ou il se lessoient morir.

Les Paraboles de verité, etc. par Watriquet, ms. de la Bibliothèque de l'Arsenal, belles-lettres françaises, in-folio, n° 318, folio 3 verso.

Page 130, vers 1982, couplet XLIX.

L'aigle des armoiries de D. Pedro Sanchiz était simple [1], tandis que l'empereur portait dans les siennes un aigle à deux têtes. Cette représentation d'un monstre chimérique, que l'on serait tenté d'attribuer à l'imagination de quelque ancien roi d'armes, se retrouve dans des monuments antiques. Par exemple, dans les environs du village d'Euyuk, en Galatie, on voit un aigle à double tête sculpté sur la face intérieure d'un des piliers de la grande porte d'un édifice, emblème représenté dans un état de conservation parfaite sur le grand bas-relief de Boghâz-Keui [2]; mais peut-être n'est-ce là que l'aigle de Byzance, aigle noir à deux têtes tracé en mosaïque sur le pavé d'un vestibule de Mégaspiléon, en Achaïe [3].

Voyez, sur l'aigle impériale, Bernd, *Allgemeine Schriftenkunde der gesammten Wappenwissenschaft*. Bonn, 1830, in-8°, t. I, p. 114-117. Parmi les ouvrages cités, les plus remarquables sont : 1° *Der Reichsadler durch Siegel erläutert.* Von Phil. Ernst Spiess, dans son ouvrage intitulé : *Archivische Nebenarbeiten.* Halle, 1783, in-4°, t. I, p. 1-8. — 2° *Abhandlung über den Ursprung des doppelten Adlers des Röm. Königs Wenzel.* Von Franz Maria Pelzel; dans *Abhandlungen der Böhmischen Gesellschaft der Wissenschaften*, année 1785, 2° partie. Prague, 1786, p. 85-100. — 3° *Dissert. de usu aquilæ imperii in sigillis imperatorum Romanorum et aliorum*, auct. Reiseisen. Argentorati, 1788. — 4° *Corpus jur. publ.* auct. Pfeffinger. Francof. ad Mœn. 1654, in-4°, t. III, p. 1009-1034. — 5° *Commentatio historico-diplomatica de origine aquilæ imperialis* recit. d. 28 Nov. 1789, auct. Gatterer; dans le recueil intitulé : *Commentationes soc. reg. Gotting.* vol. X, p. 224-269. — 6° *Der K. gedoppelte Reichsadler*, du même auteur, dans son *Praktische Heraldik*. Nürnberg, 1791, in-8°, p. 40-56. — 7° *Der zweiköpfige Adler als ein Zeichen des Teutschen*

---

[1] Voyez le sceau de ce personnage attaché à un reçu émané de lui et conservé au Trésor des chartes sous la marque 1275 — 120 — J. 614. — Une autre famille navarraise, la maison d'Etchapare de Sarasqueta, portait de gueules à l'aigle royale d'argent et orle d'argent engrelée. (Voyez *Nobiliario de el Valle de la Valdorba*, etc. por el D. D. Francisco de Elorza y Rada. En Pamplona : por Francisco Antonio de Neyra, año de 1714, in-4°, p. 297-300.

[2] *Description de l'Asie Mineure*, etc. par Charles Texier, I" volume. A Paris, typographie de Firmin Didot frères, 1839, in-folio, p. 224. Auparavant, pl. XXXVII, p. 123, on voit un évidement demi-circulaire rempli par un aigle qui a les aigles déployées. — S'il faut en croire M. J. Quicherat, la décoration persane et arabe présente des aigles à deux têtes. (*Bibl. de l'École des chartes*, 3° série, t. V, p. 384.)

[3] *Voyage dans le royaume de Grèce*, par Eugène Yemeniz, etc. Paris, E. Dentu, 1854, in-8°, chap. XIV, p. 365.

Reichs aus neu entdeckten Siegeln K. Ladwig's IV. von Baiern unwidersprechlich beigelegt. Von Bodmann. Nürnberg, 1802, in-8°, avec planches.

Voyez enfin *De imperatorum Constantinopolitanorum... numismatibus Dissertatio*, cap. xiv-xviii, à la suite du Glossaire de du Cange, t. VII, p. 150-153.

Page 132, vers 2017, couplet L.

Don Juan Alfonso, neuvième seigneur de los Cameros, était Biscayen et de la noble famille de Haro [1]; on le trouve complétement nommé dans cet article des comptes de Navarre pour 1284 :

Joanni Alfonsi de Haro, pro servicio facto dominio, c kaficia. (Ms. Bibl. imp. Suppl. lat. n° 165 [7], folio 40 recto.)

Page 134, vers 2035, couplet L.

Cette expression, qui revient encore une autre fois [2], désigne certainement des écus décorés d'armoiries. Dans *li Romans d'Alixandre* [3], dans la *Chanson d'Antioche* [4], *li Romans des aventures Fregus* [5], *Huon de Bourdele* [6], et l'*Histoire de la croisade contre les hérétiques albigeois* [7], il est question de *targe florie* et de *targe pointe à flour*. Ailleurs [8], l'auteur du premier de ces poëmes parle d'*escus as esmaas* [9], d'écu *vermilliet*, d'*escus paintarés*, d'écu de couleur vermeille; et celui du second [10] en mentionne un *ki d'asur ert pains*, comme le rimeur de *li Romans de Garin le Loherain*, qui cite un écu *d'azur brunis* [11]. Dans d'autres endroits de cette chanson de geste [12], on lit *escu doré, escu floré*, et *esca à or fin* dans le *Roman d'Anseis de Carthage* [13]. Enfin, on trouve des écus vermeils en tout ou en partie, dans le *Lai de l'Espine*, v. 324 [14], et dans *Partonopeus de Blois*, v. 7775 [15]; des selles et des écus *de nou teinz*, dans le roman provençal

[1] *Noticias históricas de las tres provincias vascongadas*, etc. t. IV, p. 95.
[2] Page 220, v. 3389. Un trouvère plus ancien mentionne :
De plusors guises escus poinx.
Le Roman de Rou, t. II, p. 33, v. 9087.
[3] Page 29, v. 29; p. 268, v. 10; p. 384, v. 29.
[4] Ch. II, coupl. xvi; t. I, p. 108.
[5] Page 86, v. 10.
[6] Ms. de Tours, fol. 30, v. 18.
[7] Page 88, v. 1222.
[8] Page 167, v. 26; p. 178, v. 37; p. 307, v. 12; p. 424, v. 22. Cf. p. 132, v. 20; p. 135, v. 7.
[9] Voyez encore la Chanson d'Antioche, t. II, p. 218; et la Chanson des Saxons, t. II, p. 76, v. 10.
[10] Page 250, v. 6.
[11] Tome I, p. 187.
[12] Tome II, p. 49, 50.
[13] Ms. de la Bibl. imp. n° 7191, fol. 45 verso, col. 2, v. 36.
[14] *Poésies de Marie de France*, t. I, p. 566.
[15] Tome I, p. 94.

de *Flamenca*[1] ; des targes peintes d'or, d'azur et de sable, dans la *Branche des royaux lignages*[2], et des écus *verniciés* dans *li Romans de Raoul de Cambrai*[3] et dans *la Mort de Garin le Loherain*[4]. Qu'entendait-on alors par *vernis*? Un trouvère du xive siècle nous apprend que c'était une substance du règne minéral, qui croissait, dit-il, sous des roches, avec l'or, l'argent, le cuivre, les métaux et l'étain[5].

Citons encore, avant de clore cette note, deux écus décorés de portraits, l'un de l'image de la sainte Vierge [6], le second de celle d'une *gente pucelle*[7]; un autre sur lequel *ot paint un gent miracle*, celui de la résurrection de Lazare [8] ; un quatrième où l'on voyait un papelart [9] ; un cinquième qui *fu pains à Melors* [10], ville qui m'est inconnue. Enfin, je renverrai, pour les boucliers de couleur et ornés de dessins, à l'Histoire de la poésie scandinave, de M. du Méril, prolégomènes, p. 155, note 2.

---

[1] Page 4, v. 23. On trouve une selle «qui fu à or vernis,» dans la Chanson d'Antioche, ch. IV, coupl. xv; t. I, p. 222.

[2] Ann. 1204. (*Chron. nat. fr.* t. VII, p. 153, v. 3450.)

[3] Page 165.

[4] Page 90, v. 1896. Cf. p. 196, v. 4230; *le Roman de Gérard de Rossillon*, p. 68, 117; et *le Roman de Trubert*, v. 70. (*Nouv. Rec. de fabl. et contes*, t. I, p. 194.)

[5] *Li Romans de Baudain de Seboarc*, ch. XIII, v. 62; t. Ier, p. 359.

[6] *Le Roman de Brut*, v. 9528; t. II, p. 54.

[7] *Le Chevalier au Cygne*, etc. édit. de M. de Reiffenberg, t. II, p. 412, v. 14946 et suiv. Page 500, v. 17883, il est fait mention d'une targe listée

Qui fu à iij dragons noblement paintarée.

[8] *Chançon d'Ayen la bele d'Avignon*, ms. de la Bibl. imp. fonds de Baluze, n° 7989⁴, fol. 135 verso, v. 32.

[9] *La Chanson d'Antioche*, ch. VIII, coupl. xxxviii; t. II, p. 246. — A la page suivante, on lit le mot *toenart*, qui semble être synonyme d'*écu*.

[10] *Li Romans d'Alixandre*, p. 402, v. 10. Pages 27, v. 9, et 306, v. 36, il est question d'écus d'Aquitaine et d'écus viennois.— Les romanciers prêtent encore à leurs héros des écus de Toulouse (*li Romans de Garin*, t. II, p. 172), de Castille (*Partonopeus de Blois*, t. II, p. 109, v. 8214), d'Allemagne (*le Roamanz de Claris et de Laris*, ms. de la Bibl. imp. n° 7534⁵, fol. 156 recto, col. 2, v. 35), des écus beauvoisins (*La Chanson d'Antioche*, t. II, p. 212; *li Romans de Raoul de Cambrai*, p. 101, v. 18; *la Chanson des Saxons*, t. I, p. 127; *la Mort de Garin le Loherain*, p. 55, v. 1160), de Paris (ibid. p. 22, v. 437), de Blois (*Gérard de Rossillon*, p. 338), etc. Dans l'avant-dernier passage auquel nous renvoyons ici, le trouvère dit qu'au milieu de l'écu *ot un lioncel petit* : c'est là un motif d'ornementation que l'on retrouve fréquemment. Voyez plus loin, p. 245, dernier vers; *li Romans d'Alixandre*, p. 175, v. 3; *la Chanson d'Antioche*, ch. IV, coupl. xxxii (t. I, p. 252); *le Chevalier au Cygne*, t. II, p. 138, v. 6844; *li Romans de Raoul de Cambrai*, p. 229; *la Chevalerie Vivien*, ms. de la Bibl. imp. n° 6985, folio 174 verso, col. 3, v. 20; *le Roman de Florimont*, ms. de la Bibl. imp. n° 6973, fol. 21 recto, lig. 35; *le Roman de Troies*, de Benoit de Sainte-Maure, ms. de la Bibl. imp. n° 6987, folio 81 verso, col. 3, v. 21; 83 recto, col. 2, v. 45; 83 verso, col. 2, v. 6; 84 recto, col. 2, v. 18, etc. (Cf. *Antiquitates Celto-Scandicæ*, p. 241.)

Les haubert portaient aussi des peintures, qui étaient certainement des armoiries. Guillaume de Nangis le dit positivement, lorsque, racontant la croisade de Tunis, il nous apprend que les Français avaient des cuirasses couvertes d'images variées suivant la différence des armes [1].

Page 134, vers 2035, couplet L.

La traduction de *bastonatz* est peut-être inexacte, comme la définition que donne Beuther des armes de Catalogne introduites en Aragon [2]. Le P. de Moret, après avoir dit, contrairement à cet écrivain, qu'il faut voir dans ce blason, non pas des bandes, mais des bâtons ou des barres, cite le liv. III, chap. XII, du *Nobiliario* de Fernan Mexia [3], qui donne une bonne explication de ce dernier signe héraldique. Selon cet auteur, les bâtons, comme ceux des armes d'Aragon, représentent une entrée dans une palissade, ou bien encore une palissade forcée, gagnée ou défendue. *Bastonatz* serait donc bien traduit par *pallé*. Froissart, parlant du comte de Foix, neveu du roi d'Aragon, ajoute : « et encore en porte le comte de Foix les armes; car il descent d'Arragon, et sont pallées d'or et de gueules, » etc. (*Chroniques*, liv. II, chap. XII, ann. 1388; t. II, p. 397, col. 2.)

Page 134, vers 2057, couplet LI.

Renaudetz manque dans le Lexique roman, aussi bien que *lobetz*, que l'on rencontre six vers plus haut; mais M. Raynouard donne *lobat*, qui s'en éloigne bien peu et qu'il rend par *louveteau*. Voyez t. IV, p. 107, col. 1, n° 3.

Page 136, vers 2061, couplet LI.

Le 2 avril 1276, Eustache de Beaumarchais avait conclu, à los Arcos, avec divers chevaliers castillans qui avaient abandonné le service de leur souverain, un traité auquel avaient concouru D. Pedro Sanchiz, D. Gonzalo Ibañez de Baztan, *alferez* du royaume, D. Juan Gonzalvez, son fils, et D. Juan de Vidaurre, en leur nom et pour tous les riches hommes et les

---

[1] « Franci..... loricas induunt, et desuper picturis variis, secundum diversas armorum differentias, se distinguunt. » *Gesta Philippi III*, cap. v. (*Hist. Franc. Script.* ed. Andr. et Fr. Duchesne, t. V, p. 519, C.)

[2] *Segunda Parte de la Coronica general de España*, etc. Valencia, en casa de Joan Mey, Flandro, año 1551, pet. in-f°, t. II, c. XIII, f. xxxiiij r°.

[3] *Congressiones apologéticas*, etc. éd. de MDCCLXVI, in-fol. congr. XI, n° 53, p. 323, col. 2. Cf. *Memoria sobre el incierto Orígen de las barras de Aragon*, etc. por don Juan Saus y de Baratell. (*Memorias de la real Academia de la Historia*, t. VII, p. 203-235.)

chevaliers de la Navarre. Ils étaient convenus avec D. Lope Diez, seigneur de Biscaye, D. Simon Ruiz, seigneur de los Cameros, D. Diego Lopez de Haro, D. Pedro Diaz et avec d'autres riches hommes et chevaliers de Castille, parmi lesquels on trouve D. Vela Ladron de Guevara, mentionné moins complétement ailleurs[1], que le gouverneur, les chevaliers et les communes de la Navarre leur donneraient aide et secours contre tout homme qui viendrait leur faire du mal sur leurs terres; qu'ils les accueilleraient en Navarre, et qu'ils ne feraient pas la paix avec la Castille sans le conseil de D. Simon, de D. Lope et des autres *ricos hombres* castillans, qui s'obligeaient, de leur côté, à défendre le gouverneur et les riches hommes navarrais[2].

Il n'est pas dans mes projets de suivre Lope Diez hors du cadre de ce poëme, ce qui me mènerait bien loin; je veux seulement citer des pièces qui prouvent qu'il reçut d'Eustache de Beaumarchais des prêts d'argent. La première est ainsi conçue :

Sepan quantos esta presen carta verán et odrán, que yo, Lop Diaz de Haro, seynnor de Bizcaya, vengo de conocido é de manifiesto que he recebido de vos, me sire Eustache de Beau Marches, governador de Navarra, cyncuanta livras de bonos tornes negros en enpresto, por mano de don Johan Matho, camiador d'Esteylla, de los quoales dineros me tiengo por bien pagado, etc. los quoales dineros vos prometo de pagar quoalquier ora vos pluguiere. Et en testimonio de todo esto, etc. Data en Esteylla, domingo dia de Pentacostes, A. D. M°. CC°. LXX°. septimo. (Arch. de l'Emp. 1277—319—J. 614.)

Une autre fois, ce sont deux cents livres de bons tournois noirs reçus en prêt des mains du même changeur (*ib.* 1277—330—J. 614). Ailleurs, c'est *Per abbad de la Guinella* ou *de la Ginella*, clerc de don Lope Diez de Haro, qui reçoit mil six cent vingt livres de tournois noirs pour les gages et les chevaux de son maître (*ib.* 314), cent soixante et une livres prêtées pour la compagnie de D. Lope (*ib.* 327), enfin la somme bien plus considérable de trois mille neuf cent six livres tournois (*ib.* 332).

La dernière pièce de comptabilité que j'aie trouvée relativement à don Lope Diez de Haro, est un reçu de quarante livres tournois que ce sei-

---

[1] « Item pro expensis dicti merini (Guillelmi Ysarni, merini Stellensis), se quinto decimo equitum et quadraginta peditibus, quando ivit Lucromum, dum dominus Vela Latronis apud Munilla prope Lucromum, super violenciis illatis Navarris a Castellanis, et fuerunt hujus negocii inquisitores alcaldus de Arcubus et dominus Medor de Agoncieillo ad sciendum veritatem, in duobus diebus iiij libras xij solidos. » (Ms. Bibl. imp. Suppl. lat. n° 165⁷, folio 89 recto, A. D. 1286.)

[2] Le texte de ce traité a été donné par D. José Yanguas, dans son *Diccionario de antigüedades del reino de Navarra*, t. III, p. 50-53.

gneur avait fait donner à Samuel, fils de don Juze Macho. Il est daté du 4 mai, *era de mil e .ccc*^{me}*. quinze annos*. (Arch. de l'Emp. 1277—187— J. 614.)

Page 136, vers 2085, couplet LI.

Peonetz a été oublié, dans cette acception, par M. Raynouard. Voyez le Lexique roman, t. IV, pag. 471, n° 4.

Nous avions autrefois *peonier*, et les Castillans *peonciello* :

> Bien sont cinquante mile, ains n'i ot *peonier*,
> N'i a cel qui n'ait armes et bon corant destrier.
>
> *La Chanson d'Antioche*, ch. I, coupl. XVI; t. I, p. 28.

> En tant com trait de lonc l'anste d'un *peonier*,
> N'osent li Turc à lui venir ne aproismier.
>
> *Ibid.* ch. VIII, coupl. LI; t. II, p. 264. Cf. p. 274.

> Quando fué *peonciello*, que se podie mandar,
> Mandólo yr el padre las oveias guardar.
>
> *La Vida del glorioso confesor santo Domingo de Silos*, copl. XIX. (Coleccion de poesías castellanas anteriores al siglo XV, t. II, p. 3.)

Page 138, vers 2114, couplet LI.

Tout ce que l'on trouve dans ce couplet et dans le précédent relativement à la conjuration des grands pour en finir avec le gouverneur Eustache de Beaumarchais est historiquement certain, et l'on doit tenir comme telle la réunion des mêmes personnages qui eut lieu à los Arcos. Il est très-probable que dans cette conjuration ils agissaient de concert avec les Castillans, et que leur but était de priver de toute intervention dans le gouvernement le roi de France, qu'ils considéraient comme leur plus grand ennemi. A ce sentiment venait s'ajouter l'orgueil national, vivement blessé par la nomination d'un gouverneur étranger.

On ne trouve pas, cependant, aussi conforme à l'histoire la part que, dans cet événement, l'auteur attribue à don Diego de Biscaye et à don Simon Ruiz, seigneur de los Cameros, quand il suppose que ces chevaliers se présentèrent aux grands de Navarre en leur demandant aide et protection contre le roi de la Castille, d'où ils se disaient expulsés par ordre de ce monarque, et quand il ajoute qu'ils eurent pour auxiliaires les troupes navarraises dans la défense de leurs possessions contre l'armée castillane, expédition qu'ils poussèrent jusqu'à Najera. Pour éclaircir ce point et d'autres, assez confus dans le récit du troubadour, il paraît à propos de rapporter ce que raconte le prince de Viana, dans sa chronique, relativement à la conjuration des barons :

« Et finalement, dit le noble écrivain, ils convinrent de faire quelque mouvement entre les frontières de Castille et de Navarre, espérant que dans quelques combats, ledit gouverneur recevrait la mort, et qu'ainsi ils pourraient en faire un autre en Navarre. Et ces choses ainsi convenues et réglées entre eux, ils s'arrangèrent de telle sorte que don Diego, qui était seigneur de Biscaye, d'une part, et de l'autre don Jimen Ruiz, qui était seigneur de los Cameros et des frontières de Navarre, firent faire et rassembler de grandes troupes [1] de gens d'armes. Et ceux qui étaient sur ces frontières, les voyant plus puissants qu'eux, et craignant qu'ils ne voulussent faire quelque mal au royaume, notifièrent audit gouverneur Eustache qu'il eût à y apporter remède. Et celui-ci l'ayant ouï et entendu, tint conseil avec quelques riches hommes, chevaliers et autres du royaume, (pour savoir) comment il se devait gouverner; et il lui fut conseillé d'ordonner à tous les *mesnaderos* du royaume, aux riches hommes et aux chevaliers, de se tenir prêts à marcher sur-le-champ vers ces frontières, et d'y aller pareillement avec eux. La chose ainsi réglée et ordonnée, tous les riches hommes, chevaliers *et mesnaderos*, s'étant mis en route vers ces lieux, ledit gouverneur alla à Estella, et là ils réglèrent leur itinéraire. Le lendemain à la nuit, quelqu'un, si ce n'est plusieurs, au fait du complot, le découvrit au gouverneur, l'avertissant de ne pas aller plus loin s'il voulait rentrer en vie chez lui, car toutes les levées [2] se faisaient pour lui et à son intention, afin que, lui mort, ils pussent mettre un autre gouverneur dans le royaume. Et là-dessus, ledit gouverneur, la nuit suivante, quand chacun se fut retiré dans son logement, suivit l'avis de son conseil, qui l'exhorta à marcher toute la nuit vers Pampelune. Et le jour suivant, au matin, bon nombre des riches hommes et des chevaliers furent aux portes du palais royal, où le gouverneur logeait à Estella, à l'attendre pour qu'il fût avec eux, et finalement ils surent comment il était allé à Pampelune. A cette nouvelle, ils conjecturèrent que les choses convenues entre eux lui avaient été révélées,

---

[1] Le texte porte *plegas*, que nous avons vainement cherché dans le grand Dictionnaire de l'Académie espagnole.

[2] *Plegas*, porte encore le texte.

et ils pensèrent à ce qu'ils avaient à faire. Et là-dessus, il fut arrêté entre eux d'envoyer leurs messagers audit gouverneur pour l'avertir qu'il voulût bien s'en aller en France, (ajoutant) qu'avec ceux du royaume ils le pourvoieraient de gouverneur, vu qu'il y avait dans le pays de bons riches hommes, des chevaliers instruits, qui connaissaient mieux que lui les fueros de Navarre et les coutumes du royaume. Là-dessus il répondit qu'il leur assemblerait des cortès générales, et que si ceux du royaume s'accordaient, comme ils le disaient, et lui donnaient telle lettre qui lui servît de décharge, il le ferait, sinon qu'il encourrait un trop grand blâme. Et là-dessus une cour générale fut assemblée à Pampelune, et encore que ceux qui étaient de cet avis et de cet accord le voulussent, les autres du royaume ne le voulurent accorder ni faire, et finalement toute la cour fut ainsi défaite et se sépara dans cette discorde. Et là-dessus ceux qui étaient déterminés dans cette opinion contre ledit gouverneur, réunis ensemble, tombèrent d'accord d'envoyer audit gouverneur leurs messagers pour lui dire qu'il était étranger et qu'il vît s'il voulait rester et être dans ledit royaume contre leur vouloir et gré, l'invitant à ne pas le faire, mais à se mettre en route, sinon qu'ils le tiendraient pour ennemi et qu'ils procéderaient contre lui comme tel; ce qu'ils firent[1]. »

L'auteur continue ensuite en disant qu'à cette intimation le gouverneur n'eut d'autre ressource que de se mettre sous la protection des habitants du bourg de San Cernin, qui lui offrirent de le soutenir contre ses adversaires.

Page 140, vers 2128, couplet LII.

Le mot *arabi*, que l'on retrouve plus loin[2], était aussi une épithète que l'on donnait à certains chevaux dans le midi de la France :

> Qar Bausans fon chavals ferrans e bais;
> Demiehtz fo *arabitz*, dimietz morais[3].

Roman de Gérard de Rossillon, p. 235.

---

[1] *Crónica de los reyes de Navarra*, cap. VIII, p. 140-142.

[2] Page 314, v. 4885.

[3] M. Raynouard, qui cite ce passage dans son Lexique roman, t. II, p. 109, col. 1, rend ainsi le second vers : « Il fut moitié arabe, moitié moresque. » Il me semble que cette traduction est inexacte, et que morais signifie noir, couleur de mûre :

> Montés estoit sor un corant destrier,
> Noire ot la teste comme more de morier.

La Chevalerie Ogier de Danemarche, v. 1614; t. I, p. 189.

Amener li fait .j. cheval

HISTOIRE DE LA GUERRE DE NAVARRE.

> Mas can seran manjat li *arabit* corser, etc.
> *Hist. de la crois. contre les hérét. albigeois*, p. 324, v. 4652.

> La doncas esperonan los destriers *arabitz*.
> *Ibid.* p. 600, v. 8894.

> Els cavals son montatz, els destriers *arabis*.
> *Der Roman von Fierabras, Provenzalisch*, p. 14, v. 326.

On l'employait également dans le Nord, avec *arabois* :

> De l'autre part s'en issent cil de Sens
> Sor lor chevaus *arrabis* et corans.
> *Li Romans de Garin le Loherain*, t. I, p. 22. Cf. p. 77, 165, 170; et t. II, p. 129, 135.

> Grans fut la noise et li huis et li cris,
> Kant perdus fut li destriers *arabis*.
> *Roman de Gérard de Vienne*, en tête de celui de Fierabras, p. xxi, col. 1, v. 863. Cf. p. xxv, col. 1, v. 1244 ; p. 142, v. 4818 (*destrier de Surie*), etc.

> La terre crolle sous lor piés
> Et de la friente et du trepois
> D'els et des cevals *arabois*.
> *C'est de Troies*, ms. de la Bibl. imp. n° 6987, fol. 103 verso, col. 4, v. 50.

Il y a tout à parier que dans les passages français qui précèdent, *arabis*,

> Bon et plus noir que une meure.
> *Roman de la Violette*, p. 234, v. 5008.

> Sire, il s'en va trestout cel val
> Sor .j. cheval noir comme meure.
> *Roman d'Eustache le Moine*, p. 22, v. 594.

> Mis s'estoit mains que les galos
> Seur le destriers noir come moure.
> *Les Tournois de Chauvenci* (1285), p. 126, v. 3148.

Nous avions autrefois *morois*, *moret*, pour exprimer une nuance du *noir* :

> Isnelement monterent ès auferans *morois*.
> *La Chanson d'Antioche*, ch. II, coupl. XXVII ; t. I, p. 123.

> Les chevaus eslaisierent bruns et bais et *morois*.
> *Ibid.* ch. VIII, coupl. xxx ; t. II, p. 236. Cf. t. I, p. 123, t. II, p. 235 ; et li *Romans d'Alixandre*, p. 306, v. 33.

> Fumé entre noir et *moret*.
> *Farce des cris de Paris*, dans l'Ancien Théâtre français, publié par M. Viollet-le-Duc, tom. II, p. 310.

On disait aussi *morentin* et *mor* :

> Vers l'ost esporouna le ceval *morentin*.
> *Li Romans d'Alixandre*, p. 496, v. 22.

> Vus sovient-il du destrier orfarin ?...
> A Saint-Faron m'en alai un matin...
> Encor i vi le destrier *morentin*.
> *La Chevalerie Ogier de Danemarche*, v. 10517, 10526-28 ; t. II, p. 435.

> Ly quens Robiert de Flandre y vint sus *morentin*.
> *Le Chevalier au Cygne*, t. II, p. 138, v. 6853.

> Les deffendeurs blons et *mors*
> Prennent ileuc de mort le mors.
> *Branche des royaux lignages*, ann. 1268. (*Chron. nat. fr.* t. VIII, p. 100, v. 2576.)

Les Grecs ont conservé μαῦρός avec le sens de *moreau*, de *cheval noir*. (Voyez *Chants populaires de la Grèce moderne*, recueillis par M. Fauriel, t. II, n° 11, p. 144-149.)

arabois, n'a pas d'autre sens qu'*arabes*[1]; mais dans les vers du *Roman de Gérard de Rosillon*, on ne peut se refuser à regarder *arabitz* comme désignant une couleur, celle que le troubadour exprime par l'adjectif *ferrans*[2], que l'on trouve quelquefois joint avec *rouan* et avec *pommelé* :

> Sor .i. roan ferrant font le serjant monter.
>
> *Li Romans de Parise la Duchesse*, p. 158. Cf. p. 227, 228.

> Et Hues de Saint-Pol, qui le poil ot *ferrant*[4], etc.
>
> *La Chanson d'Antioche*, ch. VI, coupl. VI; t. II, p. 78. Cf. ch. VIII, coupl. LIII, p. 266.

> Voiiés quel homme, comme a le poil *ferrant*.
>
> *Huon de Bourdele*, ms. de la Bibliothèque publique de Tours, fol. 51 recto, v. 5. Cf. fol. 52 recto, v. 4.

> Sire, ce dit dus Naimes qi le poil ot *ferrant*, etc.
>
> *La Chanson des Saxons*, t. I, p. 158.

> Li cevaus ù il siet fu *ferrans pumelés*.
>
> *Li Romans d'Alixandre*, p. 148, v. 10. Cf. p. 401, v. 32.

Citons encore deux passages d'anciens trouvères d'où il semblerait résulter que les *arabis* étaient roux ou fauves :

> Hues s'en part sor le *rous* arrabi.
>
> *Li Romans de Garin le Loherain*, t. I, p. 220.

> La cele est mise sor *Fauvel* l'arabi.
>
> *Li Romans de Raoul de Cambrai*, p. 90, v. 22.

Enfin nous renverrons au tome III, pag. 207, col. 1, du Glossaire de du Cange, qui rapporte un autre vers de la première de ces deux chansons de

---

[1] Voyez le Roman de Fierabras déjà cité, p. 13, v. 297; p. 106, v. 3546.

[2] Voyez, sur ce mot, le Glossaire de du Cange, à l'art. *Ferrandus*, t. III, p. 235, col. 2, et au mot *Waranio*, t. VI, p. 205, col. 3 (Cf. t. III, p. 579, col. 3, v° *Gnaragnas*); le Glossaire de la langue romane, t. I, p. 590, col. 1; les Poésies de Marie de France, t. I, p. 490, en note; le Roman de la Violette, p. 126, not. 1; la Dissertation sur le Roman de Roncevaux, par H. Monin. Paris, MDCCCXXXII, in-8°, p. 7, v. 2; la Chronique rimée de Philippe Mouskès, t. I, p. 282 et 326, notes aux vers 7082 et 8275; li Romans de Garin le Loherain, t. I, p. 21, etc. — La traduction en vieux norvégien (XIV° siècle) des lais français attribués à Marie de France donne simplement le mot *gangara* pour correspondant de *cheval ferrant*. (Voyez p. 90, lig. 11, des *Strengleikar* publiés à Christiania, en 1850, par Keyser et Munch, grand in-8°.)

geste, à l'article *Farias Equas*, n° 2, où l'on trouve accumulés une multitude de passages précieux pour celui qui voudrait faire des recherches sur les chevaux pendant le moyen âge.

A cette époque, on estimait non-seulement les chevaux, mais encore les mulets arabes, et généralement ceux d'Orient[1], voire même les ânes[2]. Nos trouvères vont jusqu'à mentionner des chevaux indiens[3]; mais il y a toute apparence que par ce mot ils entendent des chevaux de l'Asie Mineure, car lorsqu'ils ont soin de spécifier plus nettement la provenance de ces animaux, ils nomment Damas[4], qui, cependant (il faut le dire), était déjà dans l'antiquité un des entrepôts des marchandises de l'Inde[5], et ils citent Tabarie[6] et Tyr[7]. L'un d'eux parle d'un *vair de Calidone*[8]; il est probable qu'il a entendu désigner un cheval de Grèce.

La renommée de ces chevaux, auxquels il ne faut pas manquer de joindre ceux de Barbarie[9] et ceux de Nubie[10], célèbres dès le x° siècle, était si bien fondée au xııı°, que l'auteur de *Partonopeas de Blois*, après nous avoir montré son héros tourné vers le Levant et contemplant la vaste mer, ne manque pas d'ajouter : « Par là viennent les tissus d'Alexandrie, les bonnes soieries et les bons chevaux de course[11]. »

Il en fut de même pendant toute la durée du moyen âge. En 1510, un membre de la maison de Ligne, prêt à partir pour Jérusalem, écrivait la

---

[1] *Li Romans de Garin le Loherain*, t. I, p. 3; t. II, p. 251. — *Li Romans d'Alixandre*, p. 47, v. 10. — *La Chanson d'Antioche*, t. I, p. 23; t. II, p. 174, 182, etc.

[2] *Li Romans de Baudouin de Sebourc*, ch. V, v. 102; t. I, p. 126. On lit *ane bedain* dans le *Chevalier au Cygne*, p. 139, v. 6849 : nul doute que ce ne soit de là que dérive le nom de *Baudouin* donné à cet utile animal.

[3] *Li Romans d'Alixandre*, p. 478, v. 8. Cf. p. 480, v. 26.

[4] *Ibid.* p. 479, v. 31.

[5] « ... τὰ ἐξ Ἰνδῶν ἀγώγιμα, καὶ οἱ Περσικοὶ Σῆρες, ἢ ὅσα ἐν τῇ Αἰθιόπων γῇ τίκτεται μὲν καὶ λέγεται, τῷδε τῆς ἐμπορίας νόμῳ πανταχοῦ διαβαίνει.... » (*Juliani imperatoris Epistola Sarapioni.*)

[6] *Li Romans d'Alixandre*, p. 309, v. 15.

[7] *La Chevalerie Ogier de Danemarche*, v. 7401;

t. II, p. 79. (Voyez sur des chevaux, des destriers de Syrie, le glossaire et index de la Chanson de Roland, au mot *Sulians*, p. 216, col. 2.)

[8] *Li Romans d'Alixandre*, p. 407, v. 27.

[9] Charta ann. 913 laudata a Murat. *Ant. Ital. med. ævi*, t. III, col. 191. — Charta ann. 1076, ex tabul. Aquens. laud. a Dn. Carpent. in *Gloss. med. et inf. Lat.* t. I, p. 585, col. 1. — *La Chevalerie Ogier de Danemarche*, v. 4988; t. I, p. 204. — *Le Roman de Gérard de Rossillon*, p. 164.

[10] Ricart troeuve monté ou destrier de Nubie :
Corbarans l'acata à l'aumaçour d'Orbrie
Pour le meilleur ceval qui soit en Tartarie.
Ly cevaus estoit haus et noirs que pois boulie,
S'ot les iiij piés blanc plus que n'est flours de lie.
Le Chevalier au Cygne, v. 11047; t. II, p. 284.

[11] *Partonopeus de Blois*, v. 1622; t. I, p. 56.

lettre suivante au cardinal Wolsey : « Monsieur, je vous envoyray gens de toute sorte que m'avez mandé, et davantaige vous garde de beaulx chevaulx ; et se ch'est vostre bon plaisir, chetteray demy-douzaine de chevaulx exquis, sy me le commandés [1]. » En 1531 et 1532, Henri VIII avait dans ses écuries un cheval barbe, dont il est souvent question dans les comptes de la maison du roi pour ces années [2]. A voir les mentions accordées au *Barbary horse*, qui dans un endroit est appelé *Barra horse*, et dans un autre *Barbaristo horse*, on se rend aisément compte du prix que Henri attachait à cet animal. Peut-être l'avait-il reçu en présent de quelque souverain.

Nos trouvères mentionnent tout aussi fréquemment des destriers, des chevaux gascons, que l'on appelait quelquefois *gascons* tout court [3]. Faut-il inférer de là que la Gascogne produisait alors des chevaux très-estimés ? Je ne le pense pas, et me sens plus disposé à croire que cette province n'était que l'entrepôt de ceux qui, déjà du temps de Charlemagne [4], nous venaient de l'autre côté des Pyrénées, c'est-à-dire de Castille et d'Aragon, dont les destriers et les mulets étaient célèbres au XIIIe siècle, à l'égal des ânes de Navarre [5]. Je vais plus loin, et dis qu'il n'y a rien d'impossible à ce que le renom de la Gascogne chevaline soit venu d'une fausse étymologie attribuée à l'Aquitaine, appelée *Equitania* dans de vieilles annales [6]. Il est vrai que, dans le même volume où nous les avons consultées, nous trouvons men-

---

[1] *Collection générale des documents français qui se trouvent en Angleterre*, recueillis et publiés par Jules Delpit, t. I, p. 273.

[2] *The privy Purse Expences of King Henry the eighth*, etc. by Nicholas Harris Nicolas. London : William Pickering, MDCCCXXVII, in-8°, p. 133, 199, 204, 298, col. 1. — Shakspere parle aussi de cheval de Barbarie dans deux endroits de ses pièces :

When Bolingbroke rode on roan *barbary*, that horse
That thou so often had bestrid.

Richard II, act v, sc. 5.

« You'll have your daughter cover'd with a *Barbary horse*. »

Othello. act I, sc. 1 [et von *Merry Wives of Windsor*, act II, sc. 2, « comme dit Nicolas.]

[3] *Li Romans de Garin le Loherain*, t. II, p. 187. — *Li Romans d'Alixandre*, p. 131, v. 19. —

Roman de Gérard de Vienne, en tête de celui de Fierabras, p. XXVIII, col. 1, v. 1569 ; p. XXXVI, col. 1, v. 2367.—*La Chanson d'Antioche*, ch. III, coupl. XXXV, v. 804, t. I, p. 204 ; ch. VIII, coupl. X, v. 198, t. II, p. 208. — *Der Roman von Fierabras, Provenzalisch*, p. 140, v. 4732.

[4] *Monachi Sungallensis Lib. II de Rebus bellicis Caroli Magni*, cap. XIV. (Rec. des hist. des Gaules et de la France, t. V, p. 126, B. — Rech. sur le comm. la fabric. et l'usage des étoffes de soie, etc. t. I, p. 317, not. 3.)

[5] *Proverbes et dictons populaires... aux XIIIe et XIVe siècles*, publiés par G. A. Crapelet. A Paris, MDCCCXXXI, grand in-8°, p. 114.

[6] « Ejecit Heudo Sarcinos de Equitania. » (*Annales Francorum Nazarieni*, ann. D. DCCXXI ; apud du Chesne, *Hist. Francorum Scriptores*, t. II, p. 3, B.) — On lit *destrier d'Equilanche* dans le *Lai d'Ignaurès*, etc. p. 17, v. 334.

tion d'un chef gascon, possesseur d'un cheval peut-être du même pays, auquel la croyance populaire prêtait un âge fabuleux [1].

Plus tard aussi nous voyons une mention d'un *ferrant* de Navailles, c'est-à-dire de Béarn[2], des achats de chevaux faits en Aquitaine pour le roi d'Angleterre[3], et un certain Raimond de Bordeaux figurer, parmi des marchands de cette ville et d'autres du Bordelais, sur le registre de créances de Guild Hall[4]; enfin un éloge de Tarbes en raison des ressources qu'offrait le pays pour l'élève des chevaux[5]; mais en même temps, on trouve sur un compte de 1364, « en pris de chivalx achatez en Angleterre et envoyez vers les parties d'Aquitaine, 772 l. 13 sh. 4 s.[6] » Comment concilier ces diverses indications, de manière à déterminer ce qu'il peut y avoir de vrai dans la renommée qu'avait la Gascogne pour ses chevaux? Nous y arriverons peut-être à l'aide d'un passage des Mémoires de Sully. Le grand ministre, que personne ne se serait attendu à voir transformé en maquignon, état aussi peu estimé au moyen âge que de nos jours[7], vécut pendant un certain temps du bénéfice qu'il faisait dans le commerce des chevaux; il achetait à bon marché quantité de beaux courtauts, envoyant jusqu'en Allemagne pour cet effet, puis il les revendait si cher en Gascogne qu'ils lui payaient grande partie de sa dépense[8].

---

[1] « Lupus quoque Acinarius Vasco, qui equum ferebatur habere annorum plusquam centum, adhuc tamen validissimum. » (*Chronicon Frodoardi*, ann. DCCCXXXII, apud du Chesne, t. II, p. 600, B. Cf. Richer. *Hist.* lib. I, cap. LXIV; ed. J. Guadet, t. I, p. 118.)

[2] *Li Romans d'Alixandre*, p. 242, v. 28.

[3] « De 17 marcis liberandis J. S. ad emendum unum equum pro rege, » etc. — « De 20 marcis liberandis E. G. ad emendam unam equam pro rege, » etc. (*Catalogue des rolles gascons*, etc. par Thomas Carte, t. I, p. 3.) — Une autre pièce, publiée par Rymer, montre que les juments étaient exclues des armées. Voyez *De hominibus ad arma, hobulariis et peditibus, in episcopatu Dunelmensi eligendis*, A. D. 1324. (*Fœdera, conventiones*, etc. ed. III, tom. II, pars II, p. 122, col. 1.)

[4] « Remundus de Burdeus... se teneri in LXVI sol. VIII den. sterl. pro uno equo. » (*Collection générale des documents français qui se trouvent en Angleterre*, recueillis et publiés par Jules Delpit, t. I, p. 5.)

[5] « ..... nous vinmes à Tharbe..... et y sejournasmes tout ce jour, car c'est une ville trop bien aisée pour sejourner chevaux, de bons foins, de bonnes avoines et de belle riviere. » (*Les Chroniques de sire Jean Froissart*, liv. III, chap. X, ann. 1388; t. II, p. 393, col. 2.)

[6] *Recepte foreyne des tresoriers nostre seigneur le prince.* (J. Delpit, p. 176, n° CCXXIV.)

[7] SATHAN.
Mettre je me vueil à mestier
Au monde pour estre usurier.
BERITH.
Et croyez que je m'esprouveray
A estre marchant de chevaulx, etc.
Le second volume du magnificque mystere des Actes des Apostres. Paris, Arnoul et Charles les Angeliers, 1541, in-folio, liv. VII, feuillet lviii verso, col. 2.

[8] *Memoires des sages et royalles œconomies d'Estat de Henry le Grand*, etc. édit. aux VV verts, chap. XVIII, p. 41.

D'autres passages des mêmes mémoires témoignent encore du penchant de Sully pour le commerce des chevaux, et de l'estime que l'on avait, de son temps, pour ceux d'Espagne : « Estant donc party d'auprès du roy de Navarre, fait-il dire à l'un de ses secrétaires, vous vous en allastes à Rosny, où la premiere chose que vous fistes, fut d'envoyer le sieur de Maignan, vostre escuyer, à Paris, pour vous achepter de grands chevaux, lequel, huict ou dix jours après, vous en amena six assez beaux et bons, et entre iceux un cheval d'Espagne noir, qui n'avoit rien qu'une tache blanche à la fesse droicte : l'un des plus gentils et dociles chevaux que nous ayons jamais veu : car n'ayant que cinq ans, et n'ayant jamais esté dressé, il manjoit terre à terre à toutes mains : Et un cheval de Sardaigne, cavesse de More, ayant les oreilles fendues[1], le plus hardy et furieux cheval dont nous ayons jamais ouy parler : car il se laissoit tirer des pistolades et des harquebusades aux pieds et aux environs de la teste, sans se mouvoir, cligner les yeux, ny haucher les oreilles; mais si quelqu'un luy eust presenté une espée ou un baston, avec demonstration de le vouloir frapper, aussi-tost il plioit les oreilles, rouloit les yeux, et, ouvrant la bouche, se jettoit sur luy[2]. »

Plus loin, le même secrétaire continue ainsi :

« Cependant vous pourveustes à vostre équipage : acheptastes de monsieur de la Rocheguyon un des plus beaux chevaux d'Espagne qui se pouvoit voir, six cens escus, trois autres chevaux de prix de messieurs de Laugnac, de Rieux et de la Taillade; acheptastes au marché aux chevaux un roussin roüan fleur de pesché quarante escus, qui ne sembloit propre qu'à porter la malle, lequel se fit si excellent cheval, que depuis vous le vendistes six cens escus à monsieur le vidasme de Chartres : comme vous fistes aussi vostre cheval d'Espagne à monsieur de Nemours la Garnache douze cents escus, desquels ne vous pouvant payer, vous en eustes une tapisserie des forces de Hercule, qui est en vostre grande salle de Sully[3]. »

La réputation des chevaux d'Espagne, qui durait encore sous Louis XIV[4],

---

[1] Plus ordinairement c'étaient les chevaux d'Espagne que l'on marquait ainsi. Tallemant des Réaux parlant de M. de Brégis, auquel il avait fallu couper pour une maladie une des lèvres d'en bas, rapporte qu'on l'appela *Castillan*, « à cause que les chevaux de ce pays-là ont le bout d'une oreille coupé. » (*Historiettes*, 2ᵉ édition, Paris, 1840, in-12, tome VII, p. 170.)

[2] *Mem. des sages et royalles œcon. d'Estat*, etc. ch. xvi, p. 33.

[3] *Ibid.* chap. xix, p. 43.

[4] « ... c'est prendre un âne pour un beau cheval d'Espagne, parce qu'il a une housse

remonte à une époque bien antérieure à l'invasion arabe. Philippe Mouskès, racontant l'expédition de Théodebert et de Clotaire de l'autre côté des Pyrénées, dit qu'ils en ramenèrent *murs et palefrois et cevaus*[1]. On voit Guillaume le Conquérant combattre, à la bataille de Hastings, sur un excellent cheval, don d'un roi d'Espagne[2]; et plus tard, le moine de Marmoutier présente comme espagnol le cheval incomparable qui fut amené à Geoffroi le Bel, comte d'Anjou, le jour où il fut armé chevalier[3]. Dans une charte de son fils Henri II, qui contient le tarif des droits de péage du Pont de Cé, on trouve un article relatif aux chevaux d'Espagne; ils y sont taxés douze deniers, tandis que les autres ne le sont que quatre, et les juments deux[4].

A partir de l'époque à laquelle se rapporte ce document, on rencontre à chaque pas des mentions de chevaux d'Espagne[5], et dans certaines d'entre elles ils sont placés sur la même ligne que ceux de Gascogne[6]. Ces chevaux (je parle des premiers) étaient réputés les meilleurs de tous, les plus *corans* et les plus beaux[7]; ils se recommandaient aussi par leur haute taille, qui les rendait propres à servir, comme destriers, à la guerre et dans les tour-

toute couverte d'or et de pierreries. » (*Défense de la Bruyère et de ses Caractères*, par Pierre Coste, à la suite des *Caractères de Théophraste et de la Bruyère*, Paris, MDCCLXIX, in-8°, t. II, p. 378. La première édition de cette défense est de 1702.)

[1] *Chronique rimée de Philippe Mouskès*, v. 614; édit. de M. de Reiffenberg, t. I, p. 25.

[2] *Le Roman de Rou*, etc. t. II, p. 193, v. 12673. — *A critical Enquiry into antient Armour*, etc. by Samuel Rush Meyrick, vol. I, p. 10. — Ce cheval avait été ramené par un pèlerin de Saint-Jacques, circonstance qui doit avoir été fréquente et où je vois la cause de la célébrité des chevaux de Compostelle :

Folchers venc apoïhnan sus Faça-bele,
Sobre un chaval moran de Compostela.
Le Roman de Gérard de Roussillon, p. 66.

[3] « Andegavensi vero adductus est miri decoris equus Hispaniensis, qui tantæ, ut aiunt, velocitatis erat, ut multæ aves in volando eo tardiores essent. » (*Joannis monachi Majoris Monasterii... Historia Gauffredi*, etc. Parisiis, apud Petrum Chevalerium, MDCX, in-8°, p. 18.)

[4] *Archives d'Anjou*, par M. Marchegay. Angers, 1853, in-8°, p. 257.

[5] *Roman du Chevalier au Cygne*, ms. de la Biblioth. impér. n° 540⁸, fol. 33 verso, col. 1, v. 30. — *Hist. de la crois. contre les hérét. alb.* p. 508, v. 7483. — *Der Roman von Fierabras*, p. 25, v. 730. Cf. p. 139, v. 4686, etc. (Voyez encore la relation d'un tournoi par Rambaud de Vaqueiras, dans l'Histoire littéraire des troubadours de l'abbé Millot, tome I, p. 264, 265.)

[6] *La Chanson des Saxons*, coupl. XXXVI, t. I, p. 61, et coupl. XCIV, p. 160.

[7] *La Mort de Garin le Loherain*, p. 108, v. 2284. — *Du Duc Buef d'Aigremont*, ms. de la Bibl. imp. n° 7183, fol. 89 recto, col. 1, v. 13. — *Le Roumanz de Claris et de Laris*, ms. de la Bibl. imp. n° 7534⁵, fol. 76 verso, col. 1, v. 27. — *Partonopeus de Blois*, v. 7290; t. II, p. 77. Auparavant, v. 2394, t. I, p. 82, l'auteur fait mention de mulets d'Espagne. (Voyez encore les *Arrêts d'amours*, etc. A Amsterdam, MDCCXXXI, in-8°, II° part. p. 475.)

nois[1]. On les tirait principalement de la Castille[2] et de l'Aragon[3], où, à ce qu'il paraît, le cheval arabe avait été importé de bonne heure. Toujours est-il que, dans notre ancienne langue, *aragon* et *arabi* étaient employés indistinctement l'un pour l'autre avec la signification de *cheval*, ou plutôt de *dextrier*, c'est-à-dire de *cheval de bataille*, et qu'il n'est pas rare de voir le même animal également désigné par ces deux mots[4].

Les chevaux d'Espagne portaient aussi, au moins dans nos romans, le nom d'*amoravis*[5], emprunté à celui d'une famille de princes musulmans d'Afrique, qui, après avoir fondé l'empire de Maroc, passèrent, à la fin du XIe siècle, en Espagne, et dont nos anciens poëtes, trouvères et troubadours, font un nom de peuple[6].

---

[1] *Lai du Trot*, à la suite du *Lai d'Ignaurès*, p. 75, v. 99 et suiv. — *Les Tournois de Chauvenci*, par Jacques Bretex (1285), p. 46, v. 749.

[2] *Der Roman von Fierabras*, p. 9, v. 137. — *Li Romans de Raoul de Cambrai*, p. 70, v. 20; p. 132, v. 12. — *La Chanson des Saxons*, t. I, p. 176 (Cf. p. 113, 118). — *Lai de l'Espine*, v. 406 (*Poésies de Marie de France*, t. I, p. 572). — *Roman de la Violette*, p. 184, v. 3797. — *La Chevalerie Ogier de Danemarche*, v. 11869; t. II, p. 495 (Cf. v. 11899, p. 496; v. 11908, p. 497). — *Li Romans d'Alixandre*, p. 227, v. 13. L'auteur de ce dernier poëme place la Castille outre mer.

[3] *La Chanson d'Antioche*, t. II, p. 159 et 229. — *Roman des quatre fils d'Aimon*, en tête de celui de Fierabras, p. IV, col. 1, v. 250. — *Roman de Girard de Vienne*, même volume, p. XXVIII, col. 1, v. 1591; p. XXXVI, col. 1, v. 2372. (Cf. v. 1600; p. LV, col. 2, v. 215, 226, etc.)

[4] *La Chevalerie Ogier de Danemarche*, v. 6487; t. II, p. 264 (Cf. v. 10538, 10551, p. 436, et v. 10561, p. 437), et v. 7003, p. 284; v. 7754, p. 312, et v. 9899, p. 403. — Dans cette chanson de geste, t. I, p. 50, v. 1201, on trouve *destrer d'Arage*, comme dans la Chanson d'Antioche, t. II, p. 229. Le nom d'*Aragon* aura sans doute subi cette altération en vue de la rime; mais, ainsi altéré, il est bien près de se confondre avec *Arrabe*, comme disaient nos ancêtres parlant de l'Arabie. Quelques vers plus loin, Raimbert de Paris, parlant du *destrer d'Arage* de Karaheus (une variante donne d'*Arcade*), l'appelle *le bon destrer d'Arabe*.

[5] *Li Romans d'Alixandre*, p. 121, v. 13. — *Horn et Rimenhild*, p. 83, v. 1680; p. 150, v. 2941; p. 201, v. 3974, etc. On lit *alferan amoravitz* dans le *Roman de Gérard de Rossillon*, fol. 27, et M. Raynouard, qui rapporte le passage dans son Lexique roman, t. IV, p. 261, col. 2, traduit *Amoravit*, comme *Morais*, par *More, moresque*.

[6] *La Chanson d'Antioche*, ch. VII, coupl. XVII et XVIII; t. II, p. 162, 163. — *Li Romans d'Alixandre*, p. 415, v. 11. — *La Chevalerie Ogier de Danemarche*, v. 2325; t. I, p. 96. Cf. v. 991. — Marcabrus: *Emperaire, per mi mezeis*, etc. (*Choix des poésies originales des troubadours*, t. IV, p. 129, 131.) — *Die Werke der Troubadours*, erster Band, p. 48, 49. — *Examen critique de la dissertation sur le Roman de Roncevaux*, p. 11. — *Théâtre français au moyen âge*, p. 166, col. 1, n. 2. — Raimbert de Paris fait d'*Amoravis* un nom de pays:

> Atacie ert en mi le pré flori,
> Lès son destrier isnel et arabi.
> La siele iert mise el bauçant arabi.
> Bons fu li frains, si vint d'*Amoravis*:
> Fées le fisent en l'ille Caldeys.

La Chevalerie Ogier de Danemarche, p. 471, v. 11268.

L'un d'eux parle de Génois armés de dards et montés sur des genets[1], et dans un ancien poëme anglais je trouve mention de *jennettes of Spayne*[2]; c'était une espèce particulière de chevaux d'Espagne, petits et bien conformés, fort à la mode au xvie et au xviie siècle, comme les genets de Sardaigne, de Portugal[3], etc. On les employait non-seulement à la promenade, mais à la guerre; du moins on les exigeait de part et d'autre, dans les duels en champ clos, en 1547, date du dernier combat judiciaire en France[4].

Dans le récit que nous en a fait M. le prince de la Moskowa, nous retrouvons le nom de *courtaut*, que nous avons déjà vu dans les Mémoires de Sully, et que l'on voit encore dans une foule d'autres lieux, entre autres dans le *Ragotin* de la Fontaine, act. Ier, sc. x. On appelait ainsi les chevaux et les chiens auxquels on avait coupé la queue. Ne lit-on pas dans Horace liv. Ier, sat. vi :

...... Nunc mihi curto
Ire licet mulo?

Nous n'avons rien à dire de *coursier*, ce mot s'expliquant de lui-même,

---

Un vieux troubadour, qui parle de cheval *gasco i amoravi*, place dans le nord de l'Europe

Bavires i Alamans *amoravil.*
Le Roman de Gérard de Rossillon, p. 65, 72.

[1] *Chron. de Bertrand du Guesclin*, v. 11144; t. I, p. 391. Cf. Froissart, liv. I, part. ii, chap. ccxxix, ann. 1367 (t. I, p. 531, col. 1), Cf. liv. II, chap. xlii, ann. 1378 (t. II, p. 47, col. 1); liv. III, chap. xix, ann. 1385, p. 425, col. 1); et chap. xxxix, ann. 1386 (p. 509, col. 2).

[2] *The Squyr of lowe Degre*, v. 749. (*Ancient Engleish metrical Romanceës*, vol. III, p. 176. Cf. p. 8.)

[3] «... laissant tous ceux qui voltigeoyent sur les genets, chevaux turcs, ou sardes, par la ville de Naples, elle proposa de prendre curee d'autre venaison que de ceste folle et éventee jeunesse.» *L'infortuné Mariage du seigneur Antonio Bologne*, etc. (*Histoires tragiques extraites des œuvres italiennes de Bandel*, etc. par François de Belle-Forest, t. II. A Rouen, chez Pierre L'Oyselet, 1603, petit in-12, hist. XIX, p. 14.)

— Mathurin Regnier, après avoir, dans sa satire v, parlé de la vertu de son temps qui

Fait crever les courtaux en chassant aux forests...
Talonne le genet, et le dresse aux passades.

dit, satire vi, v. 37 :

Je me deschargeray d'un fais que je desdaigne,
Suffisant de crever un genet de Sardaigne.

[4] Guy de Chabot écrivait à son adversaire, François de Vivonne : «Premierement, vous vous pourvoirez d'un courcier, d'un cheval turc, d'un genest et d'un courtaut. — *Item*, vous vous pourvoirez, pour armer vostre courcier, d'une selle de guerre, d'une selle de jouste..... — *Item*, que lesdits chevaux soient fournis desdites selles, specifiant que ledit genest ait davantage une selle à la genette et une à la caramane, et le turc, une selle à la turquesque et une selle à la françoise, avec deux doigts d'arçon derriere et l'arçon bas devant. — *Item*, que le courtaut ait davantage une selle à la françoise,» etc. (*Revue des deux Mondes*, cahier du 1er mars 1854, p. 947.)

si ce n'est qu'il était déjà en usage au xiv⁰ siècle [1]. Au xiii⁰ les noms le plus généralement employés chez nous pour désigner les catégories de chevaux étaient *palefroi, dextrier, rocin, sommier*[2]. Il n'est pas aussi facile de déterminer au juste la signification de *milsoldor, mialsodor, milsoudor, missaudor, missodor,* mots par lesquels les troubadours[3] et les trouvères désignent parfois des chevaux[4]. Selon D. Carpentier, il faut entendre par ce terme un coursier, un cheval de bataille, explication que contredit un passage du Roman d'Alexandre, où il est question d'un *missaudor*, chargé d'étoffes de Nubie; dans le dictionnaire de Borel, qui cite Perceval, *missodor* est présenté comme semblant vouloir dire un athlète[5]. Il est beaucoup plus simple, à mon avis, de traduire ce mot, que je n'ai jamais trouvé employé qu'en parlant de chevaux, par l'adjectif *riche*, comme le fait Ménage pour *mille-soudier*[6], dont il aurait bien dû citer au moins un exemple; on y est autorisé en lisant *ceval rice* dans la Chronique rimée de Philippe Mouskès, t. I⁰⁰, p. 649.

J'ai encore trouvé, dans l'un de nos vieux poëmes, le mot *toenart* employé dans le sens de *cheval*[7]; mais j'avoue que je suis hors d'état d'indiquer la racine de ce terme, que les lexicographes ont oublié, comme *bidouart*[8]. Ils donnent à *gailloffre* la signification de *rosse*[9], de *cheval de peu*

---

[1] « Et estoit tousjours bien monté de bons coursiers, de doubles roncins et de gros palefrois, » etc. (*Les Chroniques de Jean Froissart*, liv. I, part. 1, ann. 1348, chap. CCCXXIV; t. I, p. 275, col. 2.) — « Ce Croquard chevauchoit une fois un jeune coursier fort embridé, que il avoit acheté trois cens escus, » etc. (*Ibid.* p. 276, col. 1.) Cf. *Dicc. de ant. del reino de Nav.* t. I, p. 268, v⁰ *Corsier.*

[2] Pernent palefreis e destriers,
Trossent rocins, chargent sumiers.
Le Roman de Rou, v. 10101; t. II, p. 79, 80.

[3] *Lexique roman*, t. IV, p. 233. — *Hist. de la crois.* etc. p. 206, 466. Cf. ibi supr. p. 226, v. 3512.

[4] *Li Romans d'Alixandre*, p. 138, v. 27; et p. 372, v. 8. — *La Chanson des Saxons*, t. 1, p. 48, v. 2. — *La Chevalerie Ogier de Danemarche*, v. 6655; t. II, p. 270, etc.

[5] *Dictionnaire étymologique*, de Ménage, édition de Jault, à la fin du tome II, p. 155, col. 2.

[6] *Ibid.* p. 210, col. 1.

[7] *Li Romans d'Alixandre*, p. 244, v. 31.

[8] *Ancien Théâtre françois*, publ. par M. Viollet-le-Duc, t. II, p. 296. — Rabelais semble avoir voulu donner le catalogue des espèces de chevaux en usage à son époque, quand il fait dire à l'un de ses héros : «Voilà mon genet, voilà mon guildin, mon lavedan, mon traquenard, et, les chargeant d'un gros livier, je vous donne, dist-il, ce phryzon; je l'ay eu de Francfort, » etc. (*Gargantua*, ch. XII.) L'une de ces espèces me semble encore mentionnée dans la préface des Contes de la reine de Navarre, où, parlant d'une compagnie réunie à l'abbaye de Saint-Savin, l'auteur ajoute : « L'abbé les fournit des meilleurs chevaux qui furent en Lavedan. »

[9] Voyez un exemple de ce mot dans la *Branche des royaux lignages*, ann. 1286. (*Chron. nat. fr.* édit. Verdière, t. III, p. 145, v. 3735.)

de prix, et l'un d'eux demande si cet ancien mot ne viendrait pas de l'espagnol *gallofero*, gueux[1].

Les troubadours et les trouvères citent encore le destrier, le cheval d'Allemagne et de Hongrie[2], que plusieurs mettent sur le même rang que le cheval d'Espagne[3]. L'un d'eux parle aussi du destrier de Russie[4]. Du temps de Bignon, les chevaux qui nous venaient de ces pays étaient coupés, d'où le nom de *hongres* par lequel on désigne les chevaux ainsi mutilés[5], bien différents de ceux que l'on voit dans la tapisserie de Bayeux avec un sexe si positivement accentué[6].

Les trouvères se plaisent aussi à signaler les destriers d'Orcanie[7]. A quel pays rapporter ce nom? Sans doute aux Orcades, aux îles *Orkney*, comme on les appelle en anglais, contrée que l'un de ces rimeurs nomme en même temps que la Bretagne, probablement parce qu'elle en était voisine[8]. En en voyant un autre amener des *Norois* « de Guenelande et d'Orcanie[9], » on ne saurait douter que ce pays ne fût en même temps celui des chevaux *norrois*, dont la réputation était proverbiale au xiiie siècle[10] et qui paraissent si

---

[1] *Gloss. med. et inf. Latin*. t. III, p. 466, col. 3.

[2] *Hist. de la crois. contre les hérét. albigeois*, p. 88, v. 1216. — *Li Romans de Garin le Loherain*, t. I, p. 95; t. II, p. 186. Cf. t. I, p. 40, not. 2. — *C'est de Troies*, ms. de la Bibl. imp. n° 6987, fol. 83 verso, col. 1, v. 23. — *Li Romans de Bauduin de Sebourc*, ch. XIV, v. 166, t. II, p. 6; ch. XVII, v. 978, p. 153; ch. XVIII, v. 35, p. 158. L'auteur de la Chanson d'Antioche fait aussi mention d'un âne de Hongrie. (Voyez ch. VII, coupl. xxix, t. II, p. 183.)

[3] *La Chevalerie Ogier de Danemarche*, v. 12594; t. II, p. 536.

[4] *Ibid.* v. 12018, p. 501.

[5] Note sur le titre XL de la loi salique, au mot *Spadonatum*. — *Dictionnaire étymologique de la langue françoise*, par Ménage, édit. de Jault, t. II, p. 42, col. 1.

[6] Voyez, à ce sujet, les remarques de M. Édélestand du Méril dans l'*Athenæum français*, n° du 25 novembre 1854, p. 1112, col. 3.

[7] *Li Romans de Raoul de Cambrai*, p. 93, v. 6, 11; p. 144, v. 5; p. 305, v. 11; p. 318, dernier vers. — *La Chevalerie Ogier de Danemarche*, v. 1759; t. I, p. 73. Cf. p. 75, v. 1794; p. 199, v. 4879. — *La Chanson des Saxons*, coupl. cii, t. I, p. 175. — *Li Romans de Bauduin de Sebourc*, ch. V, v. 518; t. I, p. 138, etc.

[8] *Li Romans des aventures Fregus*, p. 97, v. 8 (Cf. *Histoire de Foulques Fitz-Warin*, p. 73.) — L'auteur d'un autre poême de l'époque, en donnant à l'Orcanie un roi nommé *Daires* (Darius), a l'air de vouloir placer ce pays en Orient. (Voyez la Chanson des Saxons, coupl. vii, t. I, p. 14.)

[9] *Partonopeus de Blois*, v. 2074-77; t. I, p. 71.

[10] *Proverbes et dictons populaires aux xiiie et xive siècles*, p. 114. Dans un dénombrement de pays qui envoyaient des marchandises à Bruges et en Flandre, on voit figurer le Danemarck, entre autres, pour des palefrois. (*Fabliaax ou contes*, édit. de Renouard, t. IV, p. 8.)
— On lit dans un ancien roman :

Lors voient venir l'ambléure
Une courtoise damoisele...
Desus un *palefroi norrois*.

Li Roumans de Claris et de Laris, ms. de la Bibl. imp. n° 7534⁵, fol. 72 recto, col. 1, v. 18.

fréquemment dans nos anciens poëmes[1], et souvent sous le nom seul de *Norois*[2], dont Philippe Mouskès fait un nom géographique[3], et Jacques Bretex un adjectif synonyme de *fier*, de *brillant*[4], tandis que ce n'est en réalité que le nom de l'un des peuples des îles britanniques[5].

On est fondé à croire que bon nombre de ces chevaux étaient achetés par les Écossais, qui en avaient bien l'emploi, « car, dit Froissart à l'année 1346, nul ne va à pied en Escosse[6]; » toutefois on y estimait surtout les chevaux d'Orient. Le chroniqueur Winton, parlant d'Alexandre Ier, vante son destrier d'Arabie richement harnaché[7].

On voit par ce qui précède que les dénominations de chevaux que l'on trouve dans nos anciens poëmes ne sont point dues au hasard, mais ont toutes une raison d'être autre que le caprice ou le besoin du rimeur. Quand il cite les destriers orléanais[8], le bai d'Alençon[9], le cheval d'Otrante[10], le brun de *Bonevent*[11], le cheval de Benic[12] ou de Lorie[13], le bai de Monsenie[14], ou le cheval noir de Montenis, le destrier de Frise[15], il ne faut pas se récrier,

---

[1] *Li Romans d'Alixandre*, p. 138, v. 6. Cf. p. 186, v. 12. — *Li Romans de Raoul de Cambrai*, p. 30, v. 3; p. 84, v. 13; p. 132, v. 22; p. 232, v. 8. — *Les Tournois de Chauvenci*, p. 128, v. 3219, etc.

[2] *La Chevalerie Ogier de Danemarche*, v. 1803; t. I, p. 75.

[3] Sour un ceval seoit li rois,
Moult grant et rice, de Norois.
Chronique rimée de Philippe Mouskès, v. 2418; t. I, p. 99. L'éditeur n'a pas compris cette expression.

[4] *Les Tournois de Chauvenci*, p. 69, v. 1460. (Cf. *Gloss. de la langue romane*, t. II, p. 245, col. 1.)

[5] Passar pot Escotz et Englès,
Noroecx et Yrlaus e Galcs.
Pierre du Vilar: *Sendats vermelhs*, etc. (*Choix des poésies originales des troubadours*, t. IV, p. 187.)

[6] *Chroniques*, liv. I, part. 1, chap. cccv; t. I, p. 252, col. 2. (Voyez, sur le prix élevé et la rareté des chevaux en Écosse en 1385, liv. II, chap. ccxxviii; t. II, p. 315, col. 2.)

[7] Be-for the lordis all, the kyng
Gert than to the awtare bryng,
Hys cumly sted of Araby,
Sadelyd and brydelyd costlykly,
Coveryd wyth a fayre mantlete
Of pretyows and fyne velvet;
Wyth hys armwris of Turky,
That pryncys than oysyd generaly, etc.
The oryggnale Cronykil of Scotland, be Androw of Wyntown, etc. published by David Macpherson, London: printed by T. Bensley, m.dcc.xcv., grand in-8°, b. vii, c. v, l. 93, vol. I, pag. 286.

[8] *Li Romans d'Alixandre*, p. 285, v. 31.

[9] *Ibid.* p. 460, v. 30.

[10] *Ibid.* p. 483, v. 4.

[11] *Ibid.* p. 129, v. 14; p. 157, v. 38. Dans la *Chevalerie Ogier de Danemarche*, c'est Bonivent qui est le nom du destrier. (Voyez v. 1675, t. I, p. 70.)

[12] *C'est de Troies*, ms. 6987, folio 84 recto, col. 4, dernier vers.

[13] *Li Romans d'Alixandre*, p. 180, v. 21.

[14] *Chançon d'Ayen la bele d'Avignon*, ms. de la Bibl. imp. fonds de Baluze, n° 7989⁴, fol. 88 verso, v. 27. — *Du duc Baef d'Aigremont*, ms. de la Bibl. imp. n° 7183, fol. 75 recto, col. 1, v. 32.

[15] *La Chevalerie Ogier de Danemarche*, v. 5021; t. I, p. 205.

mais chercher patiemment les indications qui peuvent justifier ces dénominations. Par exemple, en ce qui touche la dernière, nous citerons les deux chevaux de frise dont Gilbert Talbot, plus tard comte de Shrewsbury, offrait en 1578 trente-trois livres sterling [1], et nous rappellerons qu'en 758 les Saxons s'engagèrent à payer au roi Pépin un tribut de trois cents chevaux [2], preuve que ce peuple s'adonnait déjà, à cette époque, à l'élève de ces animaux. Je ne dirai rien des destriers orléanais, si ce n'est qu'Henri IV avait à Meung un haras [3], dont il n'était peut-être pas le fondateur. Pour ce qui est du cheval d'Alençon, nous savons par le beau travail de M. Léopold Delisle sur la condition de la classe agricole et l'état de l'agriculture en Normandie au moyen [4] âge, que de bonne heure les seigneurs de ce pays ne laissèrent pas à des étrangers le soin de leur procurer des chevaux et qu'ils se créèrent des haras particuliers. On y voit, entre autres renseignements précieux, un abbé de Mortemer donner à un certain Gilbert de Sancei un cheval appelé *Payen* [5], sans aucun doute parce qu'il venait de pays musulman. Avec de pareils étalons, la race normande dut acquérir de bonne heure la supériorité qu'elle a conservée depuis.

Les palefrois de Bretagne étaient également renommés, comme on le voit dans deux passages, dont l'un semble se rapporter plutôt à un animal fantastique [6]. Les *roncins* bretons étaient surtout en estime au XIII° siè-

---

[1] *Illustrations of British History*, etc. by Edmund Lodge. London, 1791, in-4°, t. II, p. 171.

[2] *Annales Francorum Loiseliani* apud du Chesne, *Historiæ Francorum Scriptores*, t. II, p. 26, B. — Einhardi Annales de Gestis Pipini regis (ibid. p. 235, C).

[3] Lettre de Henri IV à Sully, du 14 avril 1601. (*Mémoires des sages et royalles œconomies d'Estat*, etc. édit. aux VVV verts, t. II, ch. VI, p. 26.)

[4] Évreux, imprimerie de A. Hérissey, 1851, in-8°, p. 225-233.

[5] *Ibid.* p. 230. Dans la Chronique de Jordan Fantosme, v. 200, on voit un messager aller trouver Henri II à Rouen, *sur morel de riviere* : s'agit-il ici d'une sorte de chevaux, ou ce dernier mot serait-il le nom d'une localité? Dans la seconde de ces hypothèses, il y aurait encore à rechercher, parmi un grand nombre de lieux, quel est celui qui a pu, au XII° siècle, être renommé pour ses chevaux. — Le nom de *Payen* donné à l'un d'eux me fournit l'occasion de faire remarquer l'usage où l'on était autrefois, comme aujourd'hui, de les désigner autrement que par leurs qualités physiques. Je lis dans les comptes de Navarre pour 1286 : «Item Martino, custodi equi vocati *Galemart*, pro gagiis suis in triginta duobus diebus, octo denarios per diem, XXI solidos IIIJ denarios.» (Ms. Bibl. imp. Suppl. lat. n° 165 [7], folio 98 recto.)

[6] *Hist. de la crois. contre les hérét. albigeois*, p. 16, v. 211.

El palafre fon de Bretanha;
E es plus vert que erba de prat,
E fo vermelha la mitat,
E la cri e la coa saissa;
E per la cropa una faissa
Plus blanca que flor de lir, etc.

Pierre Vidal : *Lai ox cobra*, etc. (*Lexique roman*,

cle¹. Néanmoins, dans une ballade bretonne contemporaine, on voit Satan monté sur une haquenée anglaise pareille à celle de défunt seigneur Pierre d'Izel-Vet².

Dans une chanson de geste antérieure à cette époque³, les destriers de Brie sont cités en même temps que ceux de Gascogne. La patrie des Thibaut était-elle renommée pour les chevaux qu'elle produisait? Je me sens plutôt disposé à croire que le trouvère a voulu parler de ceux que l'on y vendait pendant ces foires célèbres dont M. Félix Bourquelot nous promet l'histoire, et qui rivalisaient sous ce rapport avec celles d'Espagne⁴. En 1281, Philippe III, roi de France, écrivait à Édouard I", roi d'Angleterre, pour le prier de trouver bon qu'en conséquence de sa nouvelle ordonnance, pour défendre de transporter hors de son royaume armes ou chevaux, il ne permît pas la sortie des destriers qu'Édouard avait fait acheter en France⁵. Plus tard, une correspondance fut échangée entre les gardiens des foires de Champagne et de Brie pour le roi de France et la commune de Londres, relativement à une somme considérable que Bourgeois Faubert, citoyen de Florence et marchand de chevaux, devait à quelques marchands de Bar-sur-Aube⁶ : il est probable que l'origine de cette créance

---

t. I, p. 408. — *Die Werke der Troubadours*, t. I, p. 243. Cf. *Hist. litt. des troub.* t. II, p. 298, 299.)

Ce devait être là un palefroi pareil à celui dont parle Benoît de Sainte-Maure :

Hector monta sor Galatée,
Que li tramist Ornains la fée,
Qui moult l'amma et moult l'ot cier;
Mais ne le volt o soi colcier, etc.

C'est de Troies, ms. de la Bibl. imp. n° 6987, fol. 84 verso, col. 2, v. 39.

¹ *Proverbes et dictons populaires*, etc. p. 114. — De la Motte Messemé, parlant de l'armée du duc d'Albe, dit :

Leurs montures n'estoyent des bestes de Bretagne :
L'un avoit un cheval, et l'autre lentement
Alloit sus un mulet, ou sus une jument.

Les Sept Livres des honnestes loisirs, etc. A Paris, chez Marc Orry, 1587, in-12, liv. I, p. 19.

Sûrement, par *bestes de Bretagne*, le poëte entend des ânes.

² *Barzas-Breiz*, chants populaires de la Bretagne recueillis et publiés..... par Th. de la Villemarqué. Paris, Charpentier, 1839, in-8°, t. I, p. 142.

³ *La Chanson d'Antioche*, ch. VIII, coupl. x, v. 198; t. II, p. 208.

⁴ Dans une de ses lettres, le frère du prieur de Saint-Gilles, qui figure dans notre poëme, parle d'achats de chevaux faits aux foires d'Espagne et ailleurs :

« In nundinis partium Yspaniarum et alibi quamplures equos emi fecimus, etc. » (*Epistola Fulconis de Vilareto, magistri ordinis S. Johannis Jerosolimitani, domino Philippo, Francorum regi, de apparatu passagii ultramarini*, Pisæ, 1311, in reg. chartoph. J. 442, n° 15.)

⁵ *Lettres de rois, reines et autres personnages des cours de France et d'Angleterre*, etc. publ. par M. Champollion-Figeac, t. I, p. 285, 286.

⁶ *Collection générale des documents français qui se trouvent en Angleterre*, etc. recueillis et publiés par Jules Delpit, t. I, p. CLXII, et p. 26, 27, n° LXII.

remontait à l'achat des quatre-vingts destriers. Ce fait, joint aux passages de *Horn et Rimenhild* que nous citions tout à l'heure, et à d'autres[1], aussi bien que l'absence de toute indication relative aux chevaux de ce pays, semble annoncer qu'il n'était point encore renommé sous ce rapport et qu'il recevait bon nombre de chevaux d'Orient. S'il faut en croire un écrivain, qui malheureusement ne cite pas ses autorités, ce fut sous le règne d'Étienne que Robert, duc de Glocester, améliora le premier la race chevaline en Angleterre, en y important des sujets arabes, dont il peupla le haras de son château de Powis[2]; mais une pareille importation fut bien longue à porter des fruits sensibles, et le commerce des chevaux levantins continua longtemps encore avec nos voisins. Dans une histoire écrite de l'autre côté de la Manche, au plus tard sous Henri III, un faux marchand amené devant Jean sans Terre par le maire de Londres, répond au roi, qui lui adresse des questions, qu'il est de Grèce, qu'il a visité Babylone, Alexandrie et les Grandes Indes, et qu'il a un navire chargé de chevaux parmi d'autres richesses[3].

A l'époque où cette scène avait lieu, l'Angleterre recevait des chevaux de l'étranger au lieu de lui en fournir. Il devait en être ainsi bien plus encore sous les rois saxons, à en juger par une disposition du code d'Athelstan, qui défend l'exportation, par le commerce, de ces animaux[4], disposition renouvelée depuis dans le même pays[5], et que l'on retrouve dans les autres con-

---

[1] Li rois la don par grant hennor
Donna xxiiij. chevaus
A xii. nobiles vassaus
Qu'aler s'en doivent en Bretaigne;
Li cheval estoient d'Espaigne.
Le Roumanz de Claris et de Larus, ms. de la Bibl. imp. n° 7534³, fol. 118 verso, col. 2, v. 26. Cf. fol. 135 verso, c. 1, v. 18, etc.

[2] *A critical Enquiry into antient Armour*, etc. by Samuel Rush Meyrick, vol. I, p. 10.—Dans une notice sur les races domestiques de chevaux, insérée au Moniteur universel, n° du 16 mars 1855, col. 5 (*Origine de la race anglaise.—Erreurs à ce sujet*), M. Dureau de la Malle ne fait remonter la première importation certaine d'étalons étrangers en Angleterre qu'au temps de Charles II, contrairement à l'opinion commune, qui attribue la race anglaise actuelle au croisement des juments bretonnes avec des chevaux persans, turcomans ou arabes, importés par Henri VIII et par sa fille Élisabeth.

[3] *Histoire de Foulques Fitz-Warin*, p. 91. — *Recherches sur le commerce, la fabrication et l'usage des étoffes de soie*, etc. t. I, p. 332.

[4] « Ne quis dimittat equum suum ultra mare, nisi velit eum dare. » *Leges Adelstani regis*, art. xxiii. (*Leges Anglo-Saxonicæ*, ed. Davide Wilkins, Lond. 1721, folio, p. 52. — *Chron. Johann. Bromton*, apud Roger. Twysden, *Historiæ Anglicanæ Scriptores X*, t. I, col. 843, lin. 48.)

[5] Stat. II Henr. VII, chap. xiii. (*The Statutes of the Realm, printed by command of His Majesty King George the third*, etc. [By Geo. Eyre and Andrew Strahan] vol. II, 1816, folio. p. 578.)

trées de l'Europe pendant le moyen âge[1]. J'ignore à quelle époque nos marchands commencèrent à aller chercher des chevaux de l'autre côté de la Manche; je sais seulement que Marie Stuart « ayant recouvert une couple de beaux et rares guilledins, » pour son cousin M. de Guise, annonce l'envoi de l'un d'eux à M. de Mauvissiere[2], et que Louis XIV, qui avait des chevaux de Perse[3], faisait acheter de ces animaux à Londres[4].

Le cheval anglais était-il alors ce que nous le voyons aujourd'hui aux courses? Je laisse à de plus savants que moi le soin de répondre à cette question, et me borne à constater qu'au siècle précédent, et sans doute pendant tout le moyen âge, la législature et les éleveurs anglais avaient en vue de produire de grands, de forts chevaux. Dans son livre sur les statuts de la Grande-Bretagne, Barrington conjecture, page 499, que les lois relatives aux chevaux rendues dans ce pays au XVIe siècle ont pu être inspirées par les tournois et les autres fêtes d'apparat en vogue dans la première partie du règne de Henri VII. Il est certain que la force des chevaux devait contribuer à rendre les tournois moins dangereux à ceux qui y figuraient, comme augmenter l'effet général du spectacle.

On trouve des indications sur la valeur des chevaux chez nos voisins, vers la fin du règne d'Édouard Ier, dans les registres de Guild Hall[5], dans les Rôles du Parlement, vol. I, p. 228, 245, et dans le *Liber quotidianus contrarotulatoris Garderobæ*, de la vingt-huitième année de ce prince, en une multitude d'endroits, mais plus particulièrement pages 77 et suivantes. Leur

---

[1] « Il est inhibé de faire sortir et porter hors le royaume en tout temps..... les armes, salpestres, poudre à canon, *chevaux de prix*, harnois et toute sorte de munitions de guerre, » etc. (*Les Us et coutumes de la mer*, etc. par Cleirac, p. 338. L'auteur cite *Bulla cænæ Domini, et ibi Rebuffus : Annales d'Aquitaine*, IVe partie, feuillet 274.) — Dans les Mémoires de l'Académie royale de l'histoire, de Madrid, t. V, p. 174, 175, on lit un ordre d'Alfonse III, roi d'Aragon, adressé, en 1290, aux viguiers et bailes de Tarragone, de ne point mettre empêchement à l'embarquement des chevaux, mulets, effets et grains destinés à secourir la Terre sainte, qu'il avait permis au maître des templiers de faire sortir de ses États.

[2] Lettre datée de Sheffield, le 3 septembre 1580. (*Lettres, instructions et mémoires de Marie Stuart*, etc. publiés par le prince Alexandre Labanoff. Londres, Charles Dolman, MDCCCXLIV, in-8°, t. V, p. 177, 178.)

[3] *Mémoires et journal du marquis de Dangeau*, etc. Paris, MDCCCXXX, in-8°, t. I, p. 365 (14 nov. 1687). — *Abrégé*, etc. extrait par Mme de Genlis. A Paris, chez Treuttel et Würtz, 1817, in-8°, t. I, p. 206.

[4] *Mémoires du duc de Saint-Simon*, ann. 1706; édit. in-8°, t. V, p. 194.

[5] Par exemple, dans le registre D, fol. 125, on voit, en 1306, le cheval blanc d'un commerçant saisi et estimé trente sous. (*Coll. gén. des doc. fr. qui se trouvent en Angleterre*, etc. p. LXXIX. Cf. p. XCII, ligne 7.)

prix paraît avoir varié d'une à dix livres sterling, et leurs couleurs, aussi bien que l'emploi auquel ils étaient destinés, sont minutieusement indiquées. Les *chivalx de charrettz* de Henri V furent vendus pour la somme de quatre-vingt-quinze livres quatorze shillings dix deniers [1]. Ailleurs, nous trouvons que dans une occasion des chevaux furent payés trente-sept livres, dans une autre cinquante, et qu'à différentes époques il fut donné pour un cheval sept livres dix shillings, trois livres six shillings huit deniers, et six livres treize shillings quatre deniers. En 1547, deux des chevaux qui avaient amené de Bâle Bernardin Ochin et Pierre Martyr furent vendus à Smithfield quatre livres treize shillings six deniers [2].

Nous voici bien loin du xiiie siècle; nous y reviendrons pour parler du prix des chevaux et de la législation française de l'époque, relative à ces animaux. En 1202, date du compte général des revenus du roi, publié par Brussel, le prix d'un roncin ou d'un sommier variait de quarante à cent sous, et celui d'un cheval de selle pouvait monter jusqu'à quarante livres [3]. Sous saint Louis, dont la femme reçut en une circonstance un cheval du roi de Navarre [4], ces prix continuèrent à monter [5], au point que Joinville estimait cinq cents livres deux palefrois offerts à ce prince par l'abbé de Cluny pour la reine [6]. Deux ans après la conclusion de la guerre de Navarre, Philippe le Hardi rendait une ordonnance somptuaire renouvelée en partie par son successeur en 1294. Dans l'établissement de 1279, le roi veut que tous les chevaliers, les nobles et les bourgeois du royaume, en possession d'une certaine fortune, tiennent habituellement une jument poulinière, et les comtes, ducs, barons et autres grands personnages, « qui ont pasture souffisant, » des haras de quatre juments au moins. Ces animaux devaient être privilégiés; pas plus que leurs poulains, ils ne pouvaient être saisis pour forfait de leur maître ni pour ses dettes. Comme le fait judicieusement obser-

---

[1] *Rotuli Parliamentorum*, etc. (printed in 6 vol. folio in 1765, at the expence of Government) vol. III, p. 237.

[2] *Archaeologia*, vol. XXI, p. 473. — *The privy Purse Expences of King Henry the eighth.* etc. by Nicholas Harris Nicolas. London : William Pickering, MDCCCXXVII, in-8°, p. 329.

[3] *Nouvel Examen de l'usage général des fiefs en France*, t. II, p. CLXVI, col. 1 et 2; p. CLXIX, col. 1; p. CLXXXVI, col. 2; p. CLXXXVII, col. 1 et 2; p. CLXXXVIII, col. 1 et 2; p. CCII, col. 2; p. CCIII, col. 2; p. CCVI, col. 2; p. CCVII, col. 1, etc.

[4] *Recepta et expensa anno* M. CC. XXXIIII, art. II. (*Recueil des historiens des Gaules*, etc. t. XXI, p. 241, K.)

[5] *Ibid.* art. VI : *Equi et roncini*, p. 248, 249. — *Tabulæ ceratæ Johannis Sarraceni.* (*Ibid.* p. 357, B, 358.)

[6] *Rec. des hist. des Gaules*, t. XX, p. 288, A.

ver M. Duplès-Agier, auquel on doit la publication de l'ordonnance de Philippe le Hardi, cette mesure s'explique par la nécessité du service militaire et de l'équipement des chevaliers[1]. J'ajouterai qu'il n'est pas douteux que le roi ne voulût aussi favoriser la production indigène et diminuer le commerce d'importation, qui appauvrissait le pays. C'est dans ce but qu'après avoir réglé le prix que chacun, clerc ou laïque, ne devait pas dépasser pour un palefroi, ou un cheval de charge, soit amblant, soit trottant[2], il limite à trente le nombre de chevaux de guerre que les marchands seuls ou en société pouvaient exposer en vente aux foires. Toute infraction à ces dispositions était punie, quel que fût le coupable, de forfaiture et de confiscation, et le sixième de l'amende était alloué au dénonciateur[3].

A quelque distance de là, nous trouvons une pièce qui nous donne de précieuses lumières sur le prix et le signalement des chevaux au commencement du xive siècle[4]. Je veux parler de l'inventaire des biens meubles du roi Louis Hutin, dressé en 1317. J'en extrais la partie relative à mon sujet :

Item l'inventaire des chevaus qui estoient aus Quarrieres.

Premierement.

1 cheval gris, que l'evesque d'Amiens rendi.
Item 1 somier liart moucheté, que monseigneur Thibaut rendi.
Item 1 cheval brun bai, qui fu du chariot des armeures.

---

[1] *Bibliothèque de l'Ecole des chartes*, 3e série, t. V, novembre-décembre 1853, 2e livraison, p. 177.

[2] « Et que nus dès ore en avant, combien qu'il soit riches homs, soit clers, soit lais, ne puist achater palefroi de plus haut de lx libr. de tournois; ne escuiers, combien qu'il soit gentix hom ne combien qu'il ait de rente, n'achate roncin amblant au plus de xv libr. de tournois, ne trotant de plus de xx libr. de tournois, pour son chevauchier, se n'est cheval pour porter armes, se il n'est fix de home qui eust v[m] livrées de terre ou plus, ou se il-meimes ne les avoit, et s'il ne pourroit avoir amblant plus de xxv livres par achat. » (*Bibl. de l'École des chartes*, 3e série, t. V, p. 180.)

[3] *Ibid.* p. 181.

[4] Dans une chanson de geste qui appartient à cette époque, il est fait mention d'un bel et bon cheval,

Que ses sires avoit, droit à l'Ascention,
Aquatés .c. florins bien près de Besenchon.

Li Romans de Baudain de Seboure, ch. III, v. 677; t. I, p. 82.

Dans le journal de la dépense du roi Jean, en Angleterre, on trouve

« Pour un roncin, acheté à Londres par Jehan de Dainville pour le commun de l'ostel du roy, 28[s] 6[d]. » (*Comptes de l'argenterie des rois de France*, p. 222. — Voyez, sur le prix des chevaux et les haras au moyen âge, les Fabliaux ou contes, de le Grand d'Aussy, t. III, p. 143-145. Malgré tout ce que l'on a dit sur le soin que l'on avait de ménager les juments, par égard pour la reproduction de l'espèce, on les employait au moins dans les tournois. (Voyez le couplet xxiii de *Bele Idoine*, dans *le Romancero françois*, p. 19.)

Item 1 cheval noir, que Jean le veneur rendi.
Item 1 cheval gri poimelé, qui fut de l'achapt Toteguy.
Item 1 somier noir, qui fu de l'eschançonerie.
Item 1 cheval ferrant, que Messire Guillaume de Harcourt rendi.
Item 1 palefroy blanc, que Messire Pierre de Villepereur rendi.
Item 1 cheval rous liart, que François le messagier rendi.
Item 1 cheval bai baucent qui vint du gouverneur de Navarre[1].
Item 1 cheval brun fauve merchié en la cuisse senestre.

---

[1] On lit dans les comptes de Navarre pour 1283 et 1284 les articles suivants, qui se rapportent à un envoi semblable :

« Item Amorosio Roscide Vallis pro quibusdam equo et palefredo missis domino regi ex parte gubernatoris, cum magistro Radulpho et Martino Garsie, pro tunicis ad opus garcionum, frenis et aliis neccessariis emptis, iiij libras vj solidos viij denarios. (Ms. Bibl. imp. Suppl. lat. n° 165¹ fol. 3 verso ad calcem.)

« Item pro expensis unius magni equi quem gubernator mittebat domino regi Francie, et fuit infirmus in villa Sancti Johannis, et propter hoc reversus fuit iterum in Navarram, v solidos. » (Folio 5 verso.)

« Item pro expensis magistri Radulpbi, qui duxit duos equos in Franciam, xxx solidos. » (Fol. 34 verso.)

Ces autres articles nous apprennent le prix des chevaux et des juments, en Navarre, à l'époque :

« Item pro quodam roncino mortuo portando fenum, xlv solidos. » (Fol. 1 recto.)

« Petro Lupi, alcaldo Pampilonensi, pro quodam roncino empto ab eo, quas debet recuperare in mesnadaria sua, xxj libras. » (Fol. 1 verso.)

« Item eidem (gubernatori) pro quodam roncino empto ad opus Remundi Bernardi, xx libras. — Item eidem, per manum Michaelis d'Ancia et Johannis Durandi, pro quodam equo empto, xxx libras xvij solidos. » (Fol. 29 verso.)

« Item eidem (domine Constancie Saucii de Lodosa) pro quodam roncino, xxv solidos. » (Folio 54 verso.)

« Item Bernardo de Ricart, de mandato gubernatoris, pro emenda unius roncini, videlicet pro viginti quinque libris turonensibus, xvi^{cim} denariis per libram, xxiij libras viij solidos viij denarios sanchetes. » (Folio 96 recto.)

« Item eidem (domino Clementi gubernatori), per manum unius almogavari, pro equabus emptis ab eo, xv libras. » (Fol. 64 recto.)

L'almogavare nommé dans ce dernier article était une espèce de bandoulier autorisé, à peu près comme le sont sur mer les corsaires. Il en est encore question dans les mêmes comptes :

« Item de dominino Martini almogavar, pro hominibus, xl solidos. » (Folio 30 verso. Cf. folio 64 verso et 96 recto.)

« Item de quodam almogavarr, pro quadam equa, viij solidos. ¶ Item de quodam alio almogavarr, pro bobus, vij solidos. » — « Item de illis vocatis *almogavares*, quando dominus Johannes Nunnii et communitas ville iverunt apud Tirasonam, pro asinis, xxxij solidos, etc. » (Folio 64 verso.)

« Item recepit de jure vocato *quinto*, rerum de Aragonia delatarum, videlicet de quibusdam vocatis *almogavares*, qui iverunt cum Symone de Oloriz, xxvsolidos. » (Folio 97 recto.)

« Item Garsie d'Ornes, pro quadam vacca quam emit de quibusdam vocatis *almogavares*, que erat domini Petri domini de Ayerba, et fuit reddita eidem, xxv solidos. » (Folio 97 verso.) — Ce nom se retrouve dans la chronique catalane de Ramon Muntaner, ce qui a donné lieu à feu Buchon d'écrire une note insignifiante. (*Coll. des chr. nat. fr.* t. V, Paris, Verdière, MDCCCXXVII, in-8°, p. 31, not. au ch. x.) Il vaut mieux recourir au grand Dictionnaire de l'Académie espagnole, t. I, p. 233, c. 2, aux mots *Almogaraves* et *Almogavares*.

Item 1 cheval noir, le pié destre d'arriere blanc.
Item 1 cheval gris, à une estoile au front.
Item 1 palefroy blanc, à une crois en l'espaule senestre.
Item 1 palefroy ferrant pomelé, merchié en la cuisse senestre.
Item 1 cheval ferrant, qui fu sommier.
Item 1 grant cheval noir, à une estoile au front.
Item 1 cheval noir, les deux piez d'arriere blans.
Item 1 cheval blanc pomelé, qui fut Michelet de Navarre.
Item 1 cheval noir, cuit des quatre jambes.
Item 1 cheval ferrant estelé.
Item 1 grant cheval noir, le piez senestre d'arriere blanc.
Item 1 cheval noir mal taint, baucent de la teste.
Item 1 cheval ferrant, que le sire de Chambli ot en l'ost.
Item 1 cheval bai, les deux piez d'arriere blans.
Item 1 cheval noir, que messire Hugues d'Augeron eut en l'ost.
Item 1 cheval noir, les deux piez d'arriere blans, qui vient de Troyes, d'un Lombart.
Item 1 cheval bai baucent de la teste, à une grosse jambe d'arriere.
Item 1 cheval ferrant pomelé du cors le roy.
Item 1 palefroy cler bay, les deux piez d'arriere blans.
Item 1 palefroy gris, merchié en la cuisse senestre.
Item 1 palefroy brun bay; et acheta ces trois palefrois Guillaume Clamart à Chastiau-Thierry[1].
Item 1 palefroy noir merchié en la cuisse senestre, et vient de Chastiau-Thierry.
Item 1 cheval ferrant pomelé, cuit des quatre jambes, que Messire Guillaume l'aumosnier rendi.
Item 1 sommier bay baucent, qui fu de l'aumosne.
Item 5 chevaus de charette.

Somme : 48 chevaus, car on rendi huit puis ce premier inventaire.

La despence et delivrance desdits chevaus est ceste :

Monseigneur de la Marche en ot 2 prisiés 400 livres parisis.

Monseigneur de Saint-Pol, un de 160 liv. parisis, poiez à Gilles Clamart[2], si comme il donna à entendre.

Item le connestable, 2 de 320 livres parisis; si en devoit poier à Montenglant 160 livres parisis.

Item Monseigneur de Chastillon le jeune, un de 140 livres tournois, valent à parisis 112 liv.

---

[1] Voyez, pour des achats de chevaux pour nos princes, l'Histoire de la maison royale de France, etc. t. VIII, p. 468-473. (*Histoire des grands écuyers de France.*) Cf. p. 479, 510, 511.

[2] Gilles Clamart fut premier écuyer du corps, et maître de l'écurie du roi après la mort de Jean Bataille, le 9 mars 1325, époque avant laquelle le P. Anselme ne sait rien sur notre personnage. (Voyez *Hist. généalog. et chronolog. de la maison royale de France*, etc. t. VIII, p. 465.)

Item 22 chevaus amenez à Paris, vendus par Raoulet 164 livres 10 sols parisis.

Item pour 12 chevaus qui estoient aux Quarrieres, achetez de Guillaume Pizdoe[1] 386 livres 5 sols tournois, valent à parisis 282 parisis.

Item 2 chevaus vendus à Jencien de Pacy[2] 88 livres 5 sols tournois, valent à parisis 70 livres 12 sols.

Item 1 chevaus vendus à Perrot le Bourgoignon et à Guyart de Pontoise, 64 livres parisis.

Item à Godefroy du Sejour, 2 chevaus à 34 livres 5 sols tournois, valent à parisis 27 livres 8 sols, et furent bailliez à Gille Clamart. Somme de tout, au pris de l'argent, 1280 livres 10 sols parisis.

Ce sont ses receptes pour l'occasion du testament du roy Loys de bonne mémoire, par Gencien de Pacy.

Premierement.

De Guillaume de Conques, 5000 livres tournois.

Item pour les chevaus que Raoulet le courretier a vendus, 122 livres 17 sols 2 den. parisis, valent à tournois 153 liv. 11 sols 5 den.

Item pour 1 palefroy vendu à Monseigneur Gauchier de Chastillon 140 livres, desquiels 140 livres on li rabat 90 livres que on li devoit, et ledit Jencien reçut le remanent, et sont 50 livres tournois.

Item de Jehan des Feulloy, 8 livres 15 sols tournois, pour unes plates que il acheta des executeurs.

Item 50 livres tournois pour 2 coutiaus qui furent vendus.

Item de Guillaume Pizdoe pour 14 chevaus qu'il a eus, 486 livres 5 sols. *Item* un de Pierre des Essarts 394 livres 5 sols 7 deniers obole tournois pour l'aisselement qu'il a eu de Monseigneur Hugue d'Augron. *Item* pour 2 chevaus que ledit Jensien a eus, 18 livres 15 sols tournois.

Item pour un chevaus vendus à Perrot le Bourgoignon et à Guyart de Pontoise, 80 livres tournois.

De tous les chevaux portés sur cet inventaire, ceux dont on estimait le plus la robe étaient, à ce qu'il paraît, au moins à la fin du siècle suivant,

---

[1] Guillaume Pisdoe le jeune était premier écuyer du corps et maître de l'écurie de Philippe le Long. (*Hist. généal. et chronol. de la maison royale de France*, t. VIII, p. 465.) — Plus tard, on le retrouve sous le nom de *Guillelmus Pidoye*, administrateur et gardien des biens du Temple. (Voyez *Procès des Templiers*, publié par M. Michelet, t. II, p. 218.)

[2] Les Gentien étaient une ancienne famille de Paris connue par plusieurs monuments. Deux de ses membres, Pierre Gentien, peut-être le même dont il nous reste des poésies (*Bibl. fr.* de l'abbé Goujet, t. IX, p. 71, 72), et Jacques Gentien, honorablement nommés, en 1304, par Guillaume Guiart, v. 12263, remplirent successivement l'office de maître de l'écurie du roi, de 1295 à 1299. (*Hist. de la maison royale de France*, etc. t. VIII, p. 464.) A cette époque, il y avait déjà à Paris une ruelle Gentien. (Voyez le Dictionnaire des rues de Paris, v. 452. — *Fabliaux et contes*, édition de Méon, t. II, p. 269.)

d'abord le blanc [1], puis le liart pommé et le bai clair et obscur; un passage d'un curieux poëme relatif à l'art militaire, écrit à la fin du moyen âge, ne laisse aucun doute à cet égard [2]. Au XIIIe siècle, les trouvères mentionnent surtout les destriers *sor*[3], *baucent, ferrant,* pommelés, *vair,* gris, liart et tirant [4].

Pour peu que l'on interroge encore nos vieux poëtes, on apprendra en quoi leurs contemporains faisaient consister la beauté d'un cheval. Suivant l'un des auteurs du Roman d'Alexandre, il devait avoir la tête plate, le pied dégarni de poil et fendu[5]; Raimbert de Paris remarque d'un bon destrier qu'il était tout noir et avait la jambe plate [6]; enfin Jean Bodel fait le portrait suivant d'un bon destrier gascon : « Son poil, dit-il, luisoit plus que le plumage d'un paon; il avoit la tête maigre, l'œil *vair* comme un faucon, le poitrail grand et carré, la croupe large, la cuisse ronde et le derrière serré. Ceux qui le voient, ajoute-t-il, disent que jamais l'on n'en vit de plus beau[7]. »

Un mot maintenant sur l'entretien des chevaux.

La nourriture que dans les villes, au XIVe siècle, on regardait comme la plus propre à mettre le cheval dans un état brillant, consistait en bon foin, en paille d'avoine ou de froment, en son, menues fèves et avoine[8]. L'ordonnance de l'an 1548 taxe pour la pension d'un cheval de gendarme par jour vingt livres de foin, dix livres de paille et trois picotins d'avoine[9]. Suivant cette ordonnance, un économiste du XVIIe siècle établit ainsi l'entretien

---

[1] Voyez, sur l'usage des chevaux blancs, au moyen âge, le Grand d'Aussy, not. 16, au *Lai de Lanval* (*Fabliaux ou contes*, etc. édition de Renouard, t. I, p. 192.)

[2] Fra li color el *leardo pomato*
Obtien la palma, e 'l baio chiaro e scuro ;
Di rar in questi s'inganna el soldato.
Anchor d'altro mantel bon corsier furo ,
Ma questo è 'l general che mai non falle.
Chi spende in tal ha el suo dinar securo, ecc.

Cornazano, *de Re militari*, ccc. lib. II , cap. 1. Vinegia. Nelle Case di Pietro di Nicolini da Sabbio. Nell' anno di nostra salute M.D.XXXVI. in-8°, folio 39 recto.

[3] Dans le manuscrit de la Bibl. imp. n° 7013, fol. 8 recto, on trouve *equus rufus* traduit par *cheval sor.*

[4] *Du duc Buef d'Aigremont,* ms. de la Bibl. imp. n° 7183, fol. 88 verso, col. 1, v. 37, et fol. 89 recto, col. 1, v. 6.

[5] *Li Romans d'Alixandre*, p. 132, v. 30.

[6] *La Chevalerie Ogier de Danemarche*, v. 1665; t. I, p. 69.

[7] *La Chanson des Saxons*, coupl. CVI; t. I, p. 182.

[8] *Le Menagier de Paris*, etc. t. II, p. 76. — *Études sur la condition de la classe agricole... en Normandie*, p. 232.

[9] *Sommaire de l'œconomie de la despence selon le revenu*, etc. s. l. ni d. in-4°, de 61 pages, p. 27. Cet opuscule, que j'ai rencontré à Bordeaux, me semble avoir été imprimé dans cette ville, comme le *Discours sur l'excessive chereté, présenté à la mère Reine, mère du Roi,* par un sien fidèle serviteur (1586), réimprimé dans le *Recueil G.* A Paris, M DCC LX, in-8°, p. 125-160.

d'un cheval, qu'il met à cent livres par an, au prix où les fourrages étaient en Guienne en 1624 :

« 1. Foin, quatre-vingts quintaux par an, vallant quarante livres, revenant par jour à vingt livres, vallant deux sols. — 2. Paille, quarante quintaux par an, vallant dix livres, revenant par jour à dix livres, vallant six deniers. — 3. Avoine, six pippes par an, vallant cinquante livres, revenant par jour à trois picotins, vallant deux sous six deniers.[1] »

Voyez, sur l'équitation au commencement du xv° siècle, *o Livro da ensynança de bem cavalgar toda sella, que fez ElRey Dom Eduarte de Portugal e do Algarve, e Senhor de Cepta, o qual começou em seendo Iffante*, à la suite du *Leal Conselheiro*, du même auteur. Paris, MDCCCXLII, in-4°, p. 497-650.

Pour ce qui concerne l'hippiatrique au moyen âge, on peut consulter, outre les ouvrages mentionnés par Brunet[2], les suivants : 1° *Medicina dei cavalli*, ms. de la Bibl. imp. n° 7099[3], fol. 126 recto, indiqué dans *les Manuscrits françois de la Bibliothèque du Roi*, t. V, p. 227; 2° *Libro de' marescalcia da Franceschino Sodetto*, ms. de la Bibl. imp. n° 2246[2], décrit dans le même catalogue, t. VII, p. 135, 136. Quant au *Libro di marescalcia di Giordano Rosso di Calabria*, dont il est parlé plus loin, p. 136, 137, ce n'est que la traduction de l'*Hippiatria* de Giordano Ruffo, publiée pour la première fois à Padoue en 1818, par Girolamo Molini, en un volume grand in-8°.

Page 144, vers 2190, couplet LIV.

L'accusation qu'Anelier met dans la bouche des riches hommes est confirmée par Guillaume de Nangis, qui parle des efforts tentés par Eustache de Beaumarchais pour réformer les coutumes ou plutôt les fors de Navarre[3] : il n'y a donc pas lieu à mettre le point en discussion. Toutefois, je ferai observer que le gouverneur, représentant du souverain, était, aux termes des mêmes fors, en droit de retirer la garde des châteaux à ceux qui les occupaient : « Si le roi, est-il dit, livre Ier, titre IV, chapitre IV, de cette antique législation, ou un riche homme donne un château à quelque

---

[1] *Sommaire*, etc. p. 44. Cf. p. 43.

[2] *Manuel du libraire*, t. III, p. 126, 127; t. V, p. 165-167.

[3] « ... dominus Eustachius de Bellomarchasio... cum vellet aliquas consuetudines Navarrorum injustas in melius, si posset, commutare, orta contentione propter hoc inter ipsum et barones patriæ, fuit ab ipsis et Pampilionis civibus... obsessus. » (*Gesta Philippi III*, ap. du chesne, *Hist. Franc. Script*. t. V, p. 333, C. Cf. *Chronicon Guill. de Nangiaco*, sub anno MCCCLXXV; ed. Soc. hist. Franc. t. I, p. 246.)

hidalgo, celui-ci doit le rendre bon gré mal gré, quand il en est requis ; mais on doit lui donner neuf jours de répit, pour débarrasser la place de ce qui lui appartient. Et s'il ne veut pas quitter le château, il doit être considéré comme traître; car tel est le for[1]. »

Le prince de Viana, qu'a suivi le P. de Moret, se borne à dire que les riches hommes et les chevaliers de Navarre, à la suite du mauvais succès du complot d'Estella, arrêtèrent d'envoyer des messagers à Eustache de Beaumarchais pour l'inviter à s'en retourner en France, ajoutant qu'eux et les habitants du royaume se pourvoiraient d'un gouverneur, vu que dans le pays il y avait de bons riches hommes, de sages chevaliers, qui connaissaient mieux que lui les fueros et les coutumes de Navarre[2].

Le verbe *desforar*, qui nous a fourni l'occasion de cette note, n'est pas dans le Lexique roman. On n'y voit rien non plus qui indique que nous avions autrefois le mot *fuer* dans le sens de *fuero*, acception également omise dans le Glossaire de la langue romane; et cependant la chose est certaine, quoique je ne trouve que cet exemple pour appuyer ce que j'avance :

> A Deu voie que je l' feroie
> Molt volentiers se je pooie,
> Si que Yseut fust acordée
> O le roi Marc qu'est esposée,
> Las! si qe l' virent maint riche ome,
> Au *fuer* q'en dit la loi de Rome.
>
> *Tristan*, t. I, p. 106, v. 2156.

Page 144, vers 2191, couplet LIV.

Il résulte évidemment de ce passage que la monnaie navarraise était les sanchets, et que les tournois apportés de France devaient avoir une valeur

---

[1] « Si el rey, ó ric hombre, diere castieillo ad alguno fidalgo, quando quiere que gelo demande, develo render irado et pagado; empero devele dar nueve dias de plazo, ata que escombre el castieillo de las cosas que tiene dentro. Et si se alzare con el castieillo, que non li quiera render, finque por traidor, que assi es fuero. » (*Fueros del reyno de Navarra*, etc. En Pamplona, por Longas, año de 1815, en folio, p. 12, col. 2.)—Don José Yanguas, qui a donné la substance de cet article dans ses *Diccionarios de los fueros del reino de Navarra* (en San Sebastian, en la imprenta de Ignacio Ramon Baroja, 1828, in-4° esp. pag. 39, art. *Fortalezas*), me semble avoir commis un contre-sens en rendant *irado et pagado* par *siendo pagado*. (Voyez, sur cette expression, le Glossaire de du Cange, t. VII, p. 134, col. 1.)

[2] *Crónica de los reyes de Navarra*, cap. VIII; edic. de 1843, p. 142. — *Annales del reino de Navarra*, lib. XXIV, cap. III, § IV, n° 11; tom. III, p. 406.

moindre, bien qu'on voulût leur en donner une égale. Cette observation, déjà présentée par D. José Yanguas dans l'article *Moneda* de son Dictionnaire des antiquités du royaume de Navarre, est encore confirmée par le texte d'un document qu'a publié D. Pablo Ilarregui, d'après l'original conservé dans les archives de l'ayuntamiento de Pampelune :

« Nos, Eustace de Beumerchez, gobernador de Navarra, facemos saber á cuantos esta present carta verán é odrán, que los mucho hondrados varones mesire Robert, por la gracia de Dios, comte d'Artes, é mesire Hymbert de Beuyeu, seynnor de Montpancer é conestable de Franza, é nos ensemble con eillos, veyendo é entendiendo la gran mengoa de los sanchetes que era é es en Navarra, porque las huestes del seynnor rey de Franza qui vinieron é verrán en deffendimiento del reyno de dona Johanna, reyna de Navarra, non se podian abondar de los dichos sanchetes, porque eran tan pocos en la tierra, oviemos á rogar á los ricos omes, á la cavería é á los bonos hombres de las villas de Navarra que fueron clamados é plegados á la cort general en Pamplona, que eillos fuesen placenteros é nos ficiesen tanta de gracia que del dia d'oy adelant corriesen torneses cabales con sanchetes en compra é en vendida, é en toda otra manera de mierca, mientre el seinnor rey de Franza é sus huestes fuessen en Navarra, en tal manera que tan ayna como el dicho seynnor rey de Franza fuese de torna y passase los puertos de Roncesvailles d'ida enta Francia, todo esto fuese casado, é tomasen sanchetes en su siesto é en su valor. É los dichos ricos omes é la cavería é los hombres bonos de las villas, queriendo facer sobre esto servicio á dona Johana, reyna de Navarra, lur seynnora natural, é otrosi per facer volontat é placenteria del seynnor rey de Franza é de nos, todos ensemble acordadament é de buena voluntat otorgaron nos esta gracia, es asaber que torneses corrán quabales con sanchetes en todo el regno de Navarra atal el tiempo sobredicho. É todo ome qui deviere sanchetes por cualquiere mierca que fué fecha en Navarra ata este dia d'oy, que pague sanchetes así como los deve; é si sanchetes aver non puede, que pague torneses por sanchetes á quincenes. Otrosi qui deviere desaqui sanchetes por razon de cens, ó de trebudo, ó de toda cosa que pagar deva por pecha, ó por loguero de casa, que pague sanchetes, si aver los puede, ossi non torneses por sanchetes á quincenes, come dicho es de suso. En testimonio de esto nos, el dicho gobernador, ponemos el nuestro seyeillo colgado en esta present carta, la qual fué fecha é dada al concejo del burgo de San Cernin é de la poblacion de San Nicholas de Pamplona dentro en Pamplona, martes dia de Santa Fe, anno Domini M. CC. LXXVI. »

La tentative faite à l'époque pour remplacer en Navarre les sanchets par les tournois réussit complétement plus tard ; la résistance qu'elle avait éprouvée d'abord ayant été oubliée, la monnaie étrangère prévalut sur celle du pays. En 1290, le roi d'Angleterre y ayant fait acheter des chevaux par son châtelain à Bordeaux, celui-ci paya en sanchets, en monnaie bordelaise, en tournois et en sterlings[1]. Une chose encore à remarquer, c'est le nom des sanchets. Il leur venait de l'un des rois de Navarre appelés *Sancho*, contrairement à l'usage assez général qui donnait aux monnaies le nom du lieu où elles étaient frappées. C'est ainsi que dès les croisades il y avait des poitevins[2], des chartains, des mansois, des lucquois, des valentinois, des melgoriens, des *pogesii*[3], comme des angevins, des artisiens, des parisis, des orlenois[4] etc. monnaies presque toutes différentes entre elles de valeur et de poids : ce qui, dans le commerce, causait beaucoup d'embarras, et obligeait, quand on voulait contracter, de spécifier en quelles es-

[1] « Rex universis, etc. Quia dilectus clericus noster Iterius antedictus decem cursarios, de mandato nostro et ad opus nostrum, in partibus Navarre nuper emit in diversis monetis, ut sequitur : videlicet in moneta schenchensi, ducentas quadraginta libras, quinque solidos, duo denarios; in moneta Burdegalensi, viginti sex libras, viginti tres denarios; in moneta turonensium nigrorum quadraginta tres libras, quatuordecim solidos, octo denarios; et in moneta sterlingorum, sexaginta decem solidos, » etc. (*Lettres de rois, reines*, etc. t. I, p. 376, 377.) — On trouve, dans les comptes de Navarre pour 1284 l'indication de l'une des monnaies bordelaises de l'époque :
« Cuidam medico regis Castelle, de dono gubernatoris, pro xl morobotinis Bur[de]galensibus, xxxiij libras iij denarios. » (Ms. Bibl. imp. Suppl. lat. n° 185?, folio 30 verso. — Voyez le Glossaire de du Cange, t. IV, p. 226, col. 2, art. *Marabotinus*.) — Dans l'exposé que les Bénédictins ont donné p. 270, col. 1, de leur opinion sur l'étymologie de ce mot, ils ont omis de dire qu'il signifiait aussi *maure*, *arabe*. Tel est du moins le sens que présente *Marabetis* dans une pièce de Gavaudan le Vieux rapportée par Raynouard. (*Choix des poésies originales des troubadours*, t. IV, p. 86.) Ils auraient pu dire encore qu'au xvi° siècle nous avions *marabe* pour *maravédis*. (Voyez une citation de notre Dictionnaire d'argot, p. 225 col. 2.)

[2] On disait aussi *poitevine*, comme on le voit par ce curieux passage, que je suis bien aise d'avoir l'occasion de rapporter :

Segnor preudomme, certes bien le veés,
Près est de vespre et je sui molt lassé :
Or vous proi tous, si cier com vous m'avés
Ni Auberon ne Huon le membré,
Vous revenés demain après disner;
Et s'alons boire, car je l'ai desiré.
Je ne puis, certes, mon coraige celer
Que jou ne die çou que j'ai empensé :
Molt sui joians quant je voi avesprer,
Car je desire que je m'en puise aler;
Si revenés demain après disner,
Et si vos proi cascuns m'ait aporté
U pan de sa chemise une maille noué,
Car en ces *poitevines* a poi de largeté :
Avers fu et escars qui les fist estorer,
Ne qui ains les donna à cortois menestrel.

Huon de Bourdele. Ms. de la Bibliothèque de Tours, folio 85 verso, v. 20.

[3] Raimund. de Agil. *Hist. Iherusal.* apud Bongars, *Gesta Dei per Francos*, p. 165, l. 26.

[4] *Li Romans de Garin*, t. I, p. 7, 8. — *Li Diz de l'erberie*, dans le *Nouveau recueil de fabliaux et contes*, t. I, p. 190. — *Roman de Trubert*, v. 212. (*Ibid*. p. 198.) — *Jongleurs et trouvères*, publ. par M. A. Jubinal, p. 41. — *Lai de Graelent*, v. 603. (*Poésies de Marie de France*, t. I, p. 530.) L'auteur de ce dernier ouvrage, parlant du palefroi d'une fée, assure que

Ses frains, sa sele et ses lorains,
Valoit mil livres de çartains.

Le sens du dernier mot n'est pas douteux; malgré tout, le traducteur a fait fausse route, et rendu *de çartains* par *certainement*.

pèces serait fait le payement, à moins qu'on n'aimât mieux stipuler par marc[1].

Page 146, vers 2219, 2220, couplet LIV.

On retrouve Aymar Crozat dans les comptes de Navarre pour l'an 1286 :

Ademarius Crozati, Johannes Lombardi et dominus Dominicus de Enderiz, presbiter, receperunt denarios.

¶ Debent de tributo vinearum bannitorum Navarrerie, hujus anni, vij^c xl libras. ¶Item debent de compoto anni preteriti ix^{xx} xviij libras ij solidos v denarios, de quibus solverunt domino Johanni le Briays, de mandato gubernatoris, c libras. ¶ Item dicto gubernatori l libras, et sic restat quod de anno preterito xlviij libre ij solidi v denarii sanchetorum, quas solverunt dicto gubernatori. Et sic restat quod debent totum tributum de anno presenti, videlicet vij^c xl libre sanchetorum. (Ms. Bibl. imp. Suppl. lat. n° 165', folio 101 recto.)

D'autres articles, qui se rapportent aux années précédentes, sont relatifs à un Bérenger Crozat, probablement de la même famille qu'Aymar et Martin :

Remundus Bernardi de Puges, *Berengarius Crozati*[2] et Johannes Anglici debent de tributo pedagii de Arcubus hujus anni xl libras, etc. (Folio 39 recto. Cf. folio 67 verso.)

Ailleurs (folio 66 recto) c'est un *Benedictus Cruzat* porté pour un payement fait à Calvet d'Oronz, alcade de Sangüesa.

Vers la fin du XIVe siècle, il y avait un doyen de Tudela nommé D. Juan Cruzat. Après avoir servi plusieurs fois d'ambassadeur au roi Charles II, il tomba en disgrâce, et ses biens furent confisqués. Voyez le Dictionnaire des antiquités du royaume de Navarre, t. I, p. 344, et t. III, p. 124.

Page 148, vers 2280, couplet LV.

Au moyen âge, une des formules de serment les plus solennelles, au moins chez les musulmans tels que nous les représentent nos anciens trouvères, consistait à se heurter la dent de l'ongle. Dans le *Jeu de Saint Nicolas*[3], le sénéchal dit au roi : « Sire, je vous crois bien quand vous prenez les

---

[1] Voyez, sur les diverses espèces de monnaies, les *Fabliaux ou contes*, de le Grand d'Aussy, édition de Renouard, t. III, p. 141-143.

[2] Dans un article analogue, de date postérieure (fol. 100 recto), on lit, à la place de ce nom, *Berengarius Karitatis*.

[3] *Théâtre français au moyen âge*, p. 167.

dieux à témoin; mais je vous croirais bien plus si vous **heurtiez votre ongle** contre votre dent[1]. »

On lit dans trois romans de l'époque :

> Sa loi jure, et en a son dent dou doit hurté,
> Que tout metra pour tout, ou ce iert recouvré.
>
> *Roman de Beuves de Commarchis*, par Adenés, ms. de l'Arsenal, belles-lettres françaises in-f° n° 175, folio 183 verso, col. 2, v. 8.

> Por l'otroier fiert son doit à sa dant.
>
> *Li Moinages Renouart*, ms. de la Bibl. imp. n° 6985, fol. 233 verso, col. 2, v. 38.

> Dist li mesages : « Voire sans traiement;
> Le moie foi vos en jur loialment. »
> Se doi leva, si le hurte à son dent.
>
> *Le Roman d'Anséis de Carthage*, ms. de la Bibl. imp. n° 7191, folio 32 recto, col. 1, v. 13. Cf. folio 44 verso, col. 1, v. 2 et 7.

Peut-être dans ce que dit Eustache de Beaumarchais, y a t-il allusion à cette manière de jurer; mais j'avoue que je ne la saisis pas.

Page 150, vers 2302, couplet LV.

Sûrement *l'Almirat* est un nom propre; toutefois il n'est pas inutile de faire remarquer qu'en ancien navarrais ce mot était synonyme d'*almirante*, de *preboste*, d'*alcalde*. On le trouve, avec cette signification, dans les *Fueros*, liv. II, tit. VI, chap. IV, pag. 40, col. 2; et dans les comptes de Navarre pour les années 1283 et 1285 (ms. de la Bibl. imp. Suppl. lat. n° 165[7], fol. 1 verso, 66 recto, 97 recto), où l'on rencontre aussi *almiraldia*, qui désigne l'emploi. (*Ibid.* et fol. 65 verso, 100 verso.)

Page 150, vers 2303, couplet LV; et page 170, vers 2602 et 2607, couplet LX.

On trouve un *domnas Michael Moza* nommé dans une ordonnance sans date rendue au sujet des juifs de Navarre, par Jean Pasté, doyen de l'église

---

[1] En 1250, les émirs traitant avec Louis IX juraient que, s'ils manquaient à leurs promesses, ils consentaient à être bafoués comme le pèlerin qui fait le voyage de la Mecque la tête découverte, ou bien à être aussi méprisés que celui qui reprend ses femmes après les avoir quittées. (Voyez l'Histoire de saint Louis, par J. de Joinville, édit. du Louvre, pag. 76; et l'Histoire des croisades, de Michaud, 4° édit. t. IV, p. 358.)

de Chartres, et Hugues de Vissy, chevalier, députés par Philippe le Long pour la réformation du royaume[1]; et, à un siècle de là, on voit un Pascual Motza[2], changeur à Pampelune : il est vraisemblable qu'ils appartenaient à la même famille que Martin et Johan Peritz Motzha.

Page 152, vers 2327, couplet LV.

Le couvent de Saint-François dont il est parlé dans ce couplet était situé sur la Taconera, très-près de la porte du même nom, et il subsista jusqu'à l'érection des nouvelles fortifications. Au XVIe siècle, il fut transféré à la place qu'il occupe actuellement, et le trésor royal contribua par plusieurs sommes à sa construction.

Le couvent de Saint-Jacques, plus d'une fois mentionné dans notre poëme, existait sur l'emplacement à présent occupé par le théâtre, ainsi que D. Pablo Ilarregui a eu l'occasion de le vérifier. Depuis il fut transféré au lieu où se trouve maintenant celui de Saint-Dominique, dont il a pris le nom.

Page 152, vers 2335, couplet LVI.

Les heaumes les plus estimés au moyen âge étaient ceux des pays musulmans, de Grèce et d'Italie :

> Il vesti .j. haubert dont blanche fu la tire,
> Et laça en son chef .j. vert elme d'*Aufrique*,
> Devant ens el nazel reluist une bericle.
>
> *Chançon d'Ayen la bele d'Avignon*, ms. de la Bibl. imp. fonds de Baluze, n° 7989[4], fol. 88 verso, v. 2.

> Il laça en son chief .j. vert hiaume luisant[3],
> Qui fu à .j. juif qui tint Jerusalant.
> Cil de là l'apeloient Matofle fil Matant.

---

[1] *Nouvel Examen de l'usage gén. des fiefs*, etc. t. I, p. 608, en note, col. 2, et 609, col. 2. Il n'y aurait rien d'impossible à ce que ce Michel Moza fût le même que le Michel Maça nommé dans cet article des comptes de Navarre en 1284 :

« De uxore Michaelis Maça, quia percussit filium Martini Dominici, v solidos. » (Ms. Biblioth. imp. Suppl. lat. n° 165[?], fol. 30 recto.)

[2] *Dicc. de ant. del reino de Navarra*, t. III, p. 126.

[3] A mon sens, ce mot explique l'épithète *clarentin* que l'on trouve attachée à un heaume dans le *Roman des Lorains*, ms. de la Bibl. impér. fonds de Colbert n° 602, du Roi, n° 9654-3-A, fol. 99, col. 2, v. 27.

.J. paien le trouva en l'ostel Abrahant,
En .j. sarquel vermeil où ot jut longuement.

Chançon d'Ayen la bele d'Avignon, ms. de la Bibl. imp. fonds de Baluze, n° 7989¹, fol. 89 recto, v. 10.

Garniers vint el palais, si demande ses armes;
Il vesti une broigne fort et tenant et large,
Et laça en son chief .j. vert elme *d'Arrabe*[1].
De devant el nazel avoit assis .i. brasme.

Ibid. fol. 135 verso, v. 27.

Vestent haubers, lacent elmes *grigois*.

La Chevalerie Ogier de Danemarche, v. 6848; t. II, p. 278.

Ja por un home armier ne me verrois,
Vestir hauberc, lacer elme *turcois*.

Ibid. v. 11223, p. 469. Cf. v. 1244, p. 470, et *Li Romans d'Alixandre*, p. 140, v. 35.

Là véissiés tante brogne vestie,
Lacer tant elme de l'uevre *de Persie*.

La Ch. Ogier, v. 12591; t. II, p. 536.

Ses elmes fu forgiés en la cit de Baudart.

La Chanson d'Antioche, ch. VIII, coupl. xxxviii; t. II, p. 245.

Ses elmes fu forgiés desour l'aive d'Eufras[2].

Ibid. coupl. XL, p. 248.

Hyaume reluisant de l'œvre Synagon[3].

Li Romans de Bauduin de Sebourc, ch. XXII, v. 777; t. II, p. 297.

---

[1] Ailleurs, c'est un *blanc auberc d'Arabe*. (Voyez *la Chevalerie Ogier de Danemarche*, v. 1642; t. I, p. 68.)

[2] Dans le Roman d'Anséis de Carthage, on trouve un haubert également fait à Bagdad. (Voyez le ms. de la Bibl. imp. n° 7191, fol. 45 verso, col. 1, v. 33. Après cela, on est étonné de voir l'auteur du *Roman de Baudouin de Sebourc* (t. I, p. 378) donner aux habitants de Bagdad de *bons brans vienois*. — Aux casques, aux cuirasses de la manufacture de Bagdad, il convient de joindre les haubers fabriqués en Poitou, en Bavière, à Otrante, à Pise, à Barcelone en Espagne, en Syrie, dont il est fait mention dans le Roman de Guillaume d'Orange, ms. de la Bibl. imp. n° 6985, fol. 170 recto, col. 2, v. 35; dans la Chanson des Saxons, couplet CLXXV, v. 28, t. II, p. 66; dans *li Romans d'Alixandre*, p. 430, p. 430, v. 32, p. 431, v. 5, p. 523, v. 11, et dans *li Romans de Bauduin de Sebourc*, ch. X, v. 166, t. I, p. 172; et ch. XI, v. 232, p. 311. (Cf. Sir Samuel Rush Meyrick, *an Enquiry into antient Armour*, t. I, p. 180.)

[3] Cet adjectif, que l'on serait tenté de traduire par *hébraïque*, est ici, comme pag. 134, v. 297, synonyme de *musulman*. Dans un vieux poëme anglais, un fier (*proud*) garçon appelé *Syr Synagote*, apporte cent heaumes brillants à des braves prêts à combattre. Voyez *le bone Florence de Rome*, v. 778-82. (*Ancient Engleish metrical Romanceës*, vol. I, p. 33.)

Fiert un Gascon sor l'elme *de Pavie.*

> *Roman de Girard de Vienne*, en tête de celui de Fierabras en provençal,
> p. xxx, col. 1, v. 1778. Cf. p. xl, col. 1, v. 2777, et col. 2, v. 2793.

En son chief lace .i. elme *paviois.*

> *Li Romans de Raoul de Cambrai*, p. 233, v. 4. Cf. li *Romans d'Alixandre*,
> p. 30, v. 1, p. 138, v. 7; li *Romans des aventures Fregus*, p. 176, v. 10.

Ferabras tenc Florensa, que mot ben es forbia,
Oliviers Autaclara, que mot fort reluzia,
E feric Ferabras sus l'elme *de Pavia.*

> *Der Roman von Fierabras, Provenzalisch*, p. 42, v. 1307. Cf. *Hist. de la crois. contre les hérét. alb.* p. 88, 388, 542.

Or cevalce Espaulars à la ciere grifaigne.
Il fu molt bien armés d'auberc et d'entresagne
Et d'escu et de lance et d'elme *de Sartaigne.*

> *Roman du Chevalier au Cygne*, cité dans *Véland le Forgeron*, p. 88.

Et puis lacierent fermement
.ij. bacinez fez *de Venice.*

> *Le Roumanz de Claris et de Laris*, ms. de la Bibl. imp. n° 7534⁵, fol. 79 verso, col. 1, v. 17.

Il est aussi question, dans nos anciens poëmes, de heaumes de Provence[1], de heaumes de Poitiers, qui étaient recherchés jusque dans le Nord[2], de heaumes *vienois*, qui n'étaient peut-être pas autre chose, et de heaumes de Chartres, de Blaye, de *Roais*, et de Senlis:

> Escu ot bialvoisin[3] et heaume de Poitier.
>
> *La Chanson des Saxons*, t. I, p. 111.

> Ains qu'en puisse partir li rois,
> Le fiert en l'elme *vienois*, etc.
>
> *Partonopeus de Blois*, v. 3025; t. I, p. 103.

> Mot gonios i ars, mot elme e mot gambais,
> Que foron faitz a Chartres, a Blaia o a Roais.
>
> *Hist. de la crois. contre les hérét. alb.* p. 38, v. 520. M. Fauriel traduit *Roais* par *Édesse*.

---

[1] *La Chanson de Roland*, édition de 1837, st. CCLXXXVII, p. 151.

[2] Voyez *Scripta historica Islandorum*, vol. VI (Hafniæ, 1835, in-8°), p. 42.

[3] L'auteur du Roman de Garin, t. II, p. 207, et le troubadour Pierre Vidal (*Histoire littéraire des troubadours*, t. II, p. 299) font mention de l'acier poitevin comme employé à faire des haches et des dards. Sous l'article *Vianeis* du Glossaire de la Chronique de Normandie, de Benoît, t. III, p. 868, nous avons recueilli bon nombre de textes relatifs aux armes fabriquées en Poitou pendant le moyen âge.

>   Puis fu-li aubert aportés,
>   Et elme qui fu *de Senlis*.
>
>> *Roman de l'Atre perilleux*, Ms. de la Bibl. imp. suppl. fr. n° 548, fol. 5o verso, col. 1, v. 31.

Anelier parle d'*elmes pintatz* : que faut-il entendre par ce dernier mot? Les heaumes avaient-ils été recouverts d'une ou plusieurs couleurs, ou bien le métal dont ils étaient faits devait-il au brunissage ou au travail de l'armurier une certaine nuance? Je n'ose pas me prononcer sur ce point, sujet à discussion; mais je veux fournir des autorités à celui qui voudrait le traiter.

Il paraît qu'au XII° et au XIII° siècle il y avait des heaumes décorés de fleurs, coloriés, niellés et émaillés, comme l'étaient certains écus et jusqu'à des gardes d'épée :

>   Il feri Tolomé parmi son elme à flour,
>   Que le cercle en abat et les pieres entor ;
>   Et Tolomés fiert lui en l'elme de coulour,
>   Que il li a percié le cercle de valour.
>   Li cols est descendus en l'escu *paint à flor*.
>
>> *Li Romans d'Alixandre*, p. 32, v. 34.

>   Là véisciés doner de brans tant cop mortal,
>   Et-decoper maint elme à or et *à esmal*, etc.
>
>> *Ibid.* p. 166, v. 14. Cf. *Gloss. med. et inf. Latin.* t. II, p. 93, col. 3, v° *Esmantatus, Esmatatus*.

>   La teste avant com tumeour,
>   Entreûche le hiaume *à flour*.
>
>> *Li Romans des aventures de Fregus*, p. 250, v. 13.

>   A l'escut d'or, al vert lion,
>   Al ceval ferrant pumelé,
>   A cel hiaume d'or noelé.
>
>> *Chronique rimée de Philippe Mouskès*, t. I, p. 311, v. 7846.

Il y avait encore des heaumes rayés :

>   Se feron e s combaton pels peitz e pels coslatz,
>   Que talhan e que trencan los vertz elmes *vergatz*, etc,
>
>> *Hist. de la crois. contre les hérét. alb.* p. 616, v. 9173.

On cite également des heaumes sur lesquels était inscrit un certain nom :

>   Puis lace l'elme au mieus qu'il pot;
>   Cler luist, si est de bone taille,
>   Jà pour arme ne fera faille.

> Li cercles est tous esmerés,
> .ij. haus nons i ot tous letrés.
> Li nasaus fu d'un cier onicle,
> El front devant ot .j. bericle, etc.
>
> *C'est de Troies et de Tebes*, ms. de la Bibl. imp. n° 6987, folio 71 verso, col. 3, v. 38.

Que faut-il entendre par ces hauts noms? Sans nul doute un amulette destiné à protéger le porteur. L'auteur de *Gérard de Rossillon* nous apprend, à n'en pas douter, que l'on croyait augmenter la force des heaumes par certaines pratiques superstitieuses[1]; mais il ne nous dit rien sur leur nature. L'un des noms dont parle Benoît de Sainte-Maure ne serait-il pas celui de Salomon, auteur de charmes pour conjurer le diable[2]? On connaît la réputation qu'eut le fils de David pendant tout le moyen âge, et l'on sait qu'il y avait un genre de travail appelé *aevre Salemon*, qui s'appliquait à une infinité d'objets. Par exemple, sans sortir du roman de Troies, quelques vers avant ceux que nous venons de citer, nous trouvons une mention d'éperons d'or fin *taillié à l'aevre Salemon*[3].

Les heaumes, dans nos anciens romans, sont souvent qualifiés de *verts*:

> Un jor estoit levés de Saint-Pol Enguerant,
> Et avoit endossé son haubert jaserant,
> Et lacé en son chief un *vert* elme luisant.
>
> *La Chanson d'Antioche*, ch. III, coupl. xxx; t. I, p. 193.

> Qui donc fust en l'ost Dieu, si véist maint baron...
> Tant *vert* elme luisir, tant escu à lion.
>
> *Ibid.* ch. IV, coupl. xxxiii, p. 252. Cf. t. II, p. 34, 79.

> Si m'envoia à mout povre conrois,
> Sans mon hauberc et mon branc vienois
> Et mon *vert* elme et mon espiel turquois.
>
> *Ueber ein Fragment des Guillaume d'Orange*, von D' Conrad Hofmann. München, 1851, in-4°, p. 28.

> Et son *vert* hiaume li atornerent si,
> Li cercles d'or sor ses espaules gist.
>
> *Li Romans de Garin le Loherain*, t. II, p. 170.

[1] Ja ne garont les helmes sort ne carait.
Gérard de Rossillon, p. 326.

[2] *Li tiers Livres des Rois*, p. 241.

[3] Ms. 6987, folio 71 verso, col. 3, v. 31.

[4] Cf. *li Romans de Parise la Duchesse*, p. 130. Dans *li Romans d'Alixandre*, p. 131, v. 3, c'est un «branc qui fu fais à Valance,» et dans le grand Testament de François Villon, huit. xcix, v. 1102, c'est une épée lyonnaise.

El chief li lacent un *vert* hiaume d'acier.

Roman de Gérard de Vienne, en tête de celui de Fierabras, p. xiv, col. 2, v. 226.

Je ne doute pas que par cet adjectif *vert* nos anciens poëtes n'aient voulu indiquer la teinte de l'acier *brani*, et non une couleur appliquée sur le métal. Il n'est pas sans exemple qu'ils aient allié ces deux adjectifs ensemble :

E debrizan e talhan los *vertz* elmes *brunitz*.

Hist. de la crois. contre les hérét. alb. p. 600, v. 8919.

L'escu au col, si a un espié prins
Dont li fers fu d'un *vert* acier *brani*.

Li Romans de Garin le Loherain, t. II, p. 119.

La main met à l'espée qui fu forgie en Frise[1]...
La coulors ne fu mie trop blance ne trop bise,
Mais brune et verdoians[2]; del pumiel se devise.

Li Romans d'Alixandre, p. 133, v. 7.

---

[1] N'i a cel n'ait escu et broigne,
Helme et espée de Saissoigne,
U loherenge u d'Alemaigne.

Roman de Troies, ms. de la Bibl. imp. n° 7595, fol. cxvii r°, col. 1, v. 34.

La bone espée d'Alemaigne.

Le Roumans de Claris et de Laris, ms. de la Bibl. impér. n° 7534², fol. 80 recto, col. 1, v. 37. Cf. fol. 147 v°, col. 1, v. 27 (*L'anste roide à fer d'Alemaigne*), et folio 155 recto, col. 2, v. 5.

A granz espées d'Alemaingue
Leur trenchent souvent les poings outre, etc.

Branche des royaux lignages, ann. 1204. (*Chron. nat. fr.* t. VII, p. 161, v. 3630.)

Dans une circonstance, l'armée de Saladin reçut des croisés des épées d'Allemagne, et dans une autre l'empereur Frédéric II envoya au sultan Malek Kamel des objets en fonte, sans doute fabriqués dans ce pays. (*Extraits des historiens arabes relatifs aux guerres des croisades*, p. 357, et 427, en note. Cf. du Cange, *Observations sur l'Histoire de S. Louys*, par Jean de Joinville, p. 73, 74.) Ce dernier écrivain représente son maître armé d'un heaume doré et d'une épée d'Allemagne. (Voyez l'édition du Louvre, p. 49.) — On lit dans un ancien géographe arabe : « Au nord des montagnes de la Croatie est la ville de Sebeclou, dans laquelle se fabriquent les épées devenues célèbres et connues sous le nom d'épées d'Allemagne. » (*Géographie d'Aboulféda*, traduction de M. Reinaud, t. II, 1rᵉ part. p. 311.)

[2] Dans un autre roman, figure une bonne épée trouvée à Babylone dans un précieux cercueil de sardoine :

Vermex et indes fu li brans,
Nus rasoirs ne fu plus trençans.

Le Roman de Thèbes, ms. de la Bibl. imp. n° 6987, folio 54 recto, col. 2, v. 22.

Je laisse aux hommes de l'art à décider jusqu'à quel point cette épée ressemblait à celle dont parle du Bellay (*Mémoires*, liv. VI, ann. 1536; édit. du Panthéon littéraire, p. 559, col. 1), « espée d'un costé forgée à flambes, et de l'autre esmaillée de rouge, » et je me borne à ajouter que l'armure de *Lybeaus Disconus*, dans le roman anglais de ce nom, est annoncée comme étant *purpur inde*. (Voyez *Ancient English metrical Romanceës*, t. II, p. 77, v. 1828.)

Plus ordinairement nos anciens écrivains se bornaient à l'emploi de l'adjectif *bruni*, que l'on retrouve dans les chansons de geste aussi souvent que le mot *vert* et dans les mêmes circonstances :

> Dementres me chargiés vos chevaliers de pris,
> Ce qu'avoir en porés, à lor elmes *brunis*.
>
> *La Chanson d'Antioche*, ch. I, coupl. xii ; t. I, p. 19. Cf. ch. II, coupl. xlii, p. 144 ; ch. III, coupl. xxvii, p. 191.

> Il vest l'aubert, lace l'elme *bruni*.
>
> *Li Romans de Garin le Loherain*, coupl. xxiv ; t. II, p. 29. Cf. p. 118.

> Begues s'arma, un blanc haubert vesti,
> Et lasce un helme à un cercle *bruni*.
>
> *Ibid.* coupl. xxxii, p. 94.

> Des brans d'acier commencent à ferir
> Desor ces hiaumes dont li aciers *branist*, etc.
>
> *La Mort de Garin le Loherain*, p. 151, v. 3215.

> Dels aubercs e dels elmes ab lo fin or *brunit*,
> E d'escutz e de lansas totz lo cams resplandit.
>
> *Hist. de la crois. contre les hérét. alb.* p. 294, v. 4207.

> Franceis i ferent des espiez *brunisant*.
>
> *La Chanson de Roland*, couplet cxxiii ; édit. de 1837, p. 64.

Dans ce dernier poëme, il est à tout moment question d'acier brun :

> Dreites ces hanstes, luisant cil espiet *brun*.
>
> *La Chanson de Roland*, couplet lxxxi, p. 41.

> Tient Halteclere, dont li acer fut *bruns*.
>
> *Ibid.* coupl. cxliv, p. 76.

> Il trait Almace, s'espée de acer *brun*.
>
> *Ibid.* coupl. cliii, p. 81.

> Fier[t] Carlemagne sur l'elme d'acer *brun*.
>
> *Ibid.* coupl. cclxiii, p. 139.

> Fiert Pinabel sur l'elme d'acer *brun*.
>
> *Ibid.* coupl. cclxxxviii, p. 152.

Comme le fait observer M. Édel. du Méril[1], l'épithète de *brun* (brown) se trouve souvent dans la vieille poésie anglaise, *brown brand, brown bill* :

---

[1] *Hist. de la poésie scandinave*, prolég. p: 161, not. 6.

He rode with helm and sword browne. (*La Morte Arthur.*)

With blades both *browne* and bright.
Robin Hood and Guy of Gisborne.

Guy upstert as an eger lyoune,
And drue hys gode sworde *browne.*
Romance of Syr Guy.

Brende, de *brand*, épée, signifiait même en vieil anglais *bruni*. On trouve aussi dans le *Roman de Rou*, v. 3981, t. Iᵉʳ, p. 203 :

Là péussiez véir estor espez e grant,
Maintes lances bruissier e sachier maint *pers* branc.

Page 156, vers 2384, couplet LVII.

Déjà, le mardi avant Noël de l'an 1276, l'*alferez*[1] D. Gonzalvo Ibañez[2], D. Juan Gonzalvez, son fils, et D. Juan de Vidaurre s'étaient mis en état d'hostilité envers la reine et le gouverneur; on le voit par un document des archives de la Chambre des comptes, dans lequel D. Roldan Periz, alcaïd du château de Monreal, promettant fidélité à celui-ci, s'oblige à ne laisser entrer dans cette forteresse ni le roi de Castille, ni les trois chevaliers ci-dessus nommés, ni aucun autre ennemi de la reine et du gouverneur Eustache. Voyez le Dictionnaire des antiquités du royaume de Navarre, t. III, p. 53.

Les biens de D. Juan de Vidaurre furent réunis au domaine, qui les administrait encore en 1283. On lit dans les comptes de Navarre pour cette année :

Item pro faciendo vino de vindemia vinearum Johannis de Vidaure, iiij solidos vi denarios. (Ms. Bibl. imp. Suppl. lat. n° 165⁷, folio 2 verso.)

---

[1] L'*alferez* de Navarre avait de rente cent *mesnadas*, ce qui faisait deux mille livres. En 1387, le roi D. Carlos III accorda cette dignité à D. Carlos de Beaumont, son cousin, qui prêta serment d'exercer son office en mettant de côté la faveur et la haine, de garder l'honneur du roi et du royaume, de défendre celui-ci contre tous et de ne pas divulguer ses secrets. (*Dicc. de antig. del reino de Navarra*, t. I, p. 29.)

[2] Ne serait-ce point à ce personnage qu'il faudrait rapporter ces deux articles d'un compte de Ponce Arnalt, bailli de Sangüesa?

«De hereditate que fuit domini Gundisalvi Johannis vij libras x solidos.» (Ms. Bibl. imp. Suppl. lat. n° 165⁷, fol. 65 verso.)

«Item pro operibus factis in domo que fuit domini Gundisalvi Johannis, videlicet pro lignis emptis per partes, reparanda domo et sedili porte, tenuis lapidibus emptis, cum locatione latomorum et aliorum operariorum ac expensis eorumdem... xxxiiij solidos viij denarios.» (*Ibid.*)

HISTOIRE DE LA GUERRE DE NAVARRE. 541

Page 158, vers 2413, couplet LVII.

Don Guillen Marzel, nommé dans ce vers, l'est aussi dans la pièce suivante :

Sepan quantos esta present carta verán et odrán que yo, Nuyno Gonçalviç, otorgo é vengo de cognoscido é de manifiesto que he recebido de vos, me sire Eustace de Beau Marches... cinquanta libras de torneses por mano de don Guillem Marzel, burges de Pomplona; las quales vos á mí prestastes, é vos prometo de vos pagar los dichos dineros qualque hora vos me los demandartes. En testimonio d'esto dovos esta mi carta abierta, seellada con mi seyeillo. Data en Pomplona, martes primero empues el domingo de Carnelcuetas, A. D. M°CC°LXX° sexto. (Archives de l'Empire, 1276—248—J. 614.)

Ce Guillaume Marzel était vraisemblablement un banquier chargé des payements du roi de France et de ses officiers en Navarre; dans les comptes de l'administration de ce pays en 1283 et années suivantes, il est à tout moment question de ce personnage et de son fils, nommé *Guillaume Marzel* comme lui :

Lupus Garsias de Salinis, balistarius, recepit denarios. ¶ De domino Clemente gubernatore, per manum Guillelmi Marzelli, xxxv libras x solidos. (Ms. Bibl. imp. Suppl. lat. n° 165⁷, fol. 1 recto, l. 15.)

Item eidem (Ade, ballivo Sancti Johannis), per manum Guillelmi Marzelli, quas recepit de pedagariis, xx libras. (*Ibid.* fol. 2 recto.)

Item de domino Clemente, per manum Guilhelmi Marzelli (Sancius de Vilava recepit), x libras. (Fol. 2 verso.)

Item per compotum Guillelmi Marzelli (Joffredus, castellanus castri Stellensis, recepit), iiij^{xx} libras sanchetas. ¶ Item per compotum ejusdem centum libras turonensium parvorum xv denarios obolum, valent lxxvij libras viij solidos iiij denarios. (Fol. 4 recto.)

Item pro quadraginta libris turonensibus receptis a Guillelmo Marzelli Parisius, xxxvj libras sanchetas. (*Ibid.*)

De hereditate de Ezpilce nichil, quia Guillelmus Marzelli tenet. (Folio 12 verso.)

Guillelmo Marzelli pro expensis suis apud Tutelam, quando exercitus erat Tirasone, v kaficia. (Fol. 14 recto.)

Item Guillelmo Marzelli dum remansit Sangosse, quando exercitus erat apud Ul., ij kaficia. (Fol. 15 recto.)

Item gubernatori, per manum illorum (pedagariorum Tutele), de almodino quas recepit Johannes Corbarani de Leeth, et fuerunt deducte de gagiis suis, per manum Guillelmi Marzelli, de quibus debet reddere compotum, lxvi libras x solidos. (Fol. 29 verso.)

Item eidem (gubernatori), per manum Guillelmi Marzelli, quas recepit Guillelmus Ysarni, de quibus dictus Guillelmus debet reddere compotum, l libras. ¶ Item eidem gubernatori, per manum Guillelmi Marzelli, de quibus debet reddere compotum, vj^{xx} v libras xvij solidos v denarios. (Fol. 57 verso.)

Item pro viginti duobus arpentis vinearum quas tenet Guillelmus Marzelli senior, et pro duodecim arpentis vinearum quas tenet Guillelmus Marzelli, filius ejus, xxvj libras. (Folio 70 recto.)

Item pro expensis ejusdem (Ade, ballivi), quando ivit apud Baionam cum litteris Guillelmi Marzelli, x solidos. ¶ Item pro expensis ejusdem, quando ivit apud Olitum pro denariis ad opus operum Vallis Karoli, x solidos. ¶ Item pro expensis ejusdem, quando ivit apud Baionam pro scambiandis centum marchis in quinque diebus, quas receperat a domino Guillelmo, xv solidos. (Folio 71 recto.)

Item pro expensis Johannis, quando ivit Pampilonam, pro mille libris ad Guillelmum Marzelli, eundo, morando et redeundo, in octo diebus, xlj solidos. (Folio 87 recto. *Compot Johannis de Yanvilla merini Ripperie.*).

Item recepit (Henricus claviger de Olito) de gubernatore, per manum Guillelmi Marzelli, x libras. (Folio 97 verso.)

De Guillelmo Marzelli (Petrus Symonis, abbas de Villanova), lv libras. (Fol. 98 recto.)

Item recepit (Jofredus Descors, castellanus castri Stellensis) de Guillelmo Marzelli, per partes, lx libras v solidos. (Fol. 99 verso.)

De Guillelmo Marzelli, per manum Johannis Petri de Gandidayn (magister Martinus, carpentarius Stellensis), x libras. ¶ De Paschasio Marzelli, per manum Petri Sancii de Avarçuça, xl libras. ¶ De Guillelmo Marzelli, per manum Petri Sancii, consanguinei sui, xx libras. ¶ Item de eodem Guillelmo Marzelli, xxx libras. (*Ibid.*)

Item de Guillelmo Marzelli (dominus Johannes le Briays, castellanus castri Sancti Johannis de Pede Portus), c libras morlanensium. ¶ Item de eodem, bis l libras. ¶ Item de Guillelmo Marzelli, per partes, pro sexaginta libris turonensibus xiiij^{rus} valentibus li libras x solidos sanchetos. (Folio 102 recto.)

Page 158, vers 2416, couplet LVII.

Ce *Marti d'Undiano* est qualifié de *chambellan de la reine de Navarre*, dans ce reçu des Archives de l'Empire :

Sepan quantos esta present carta verán et hodrán que yo, don Pero Martineytz de Subiça, otorguo é venguo de conoscido que he recebido de vos, don Martin d'Ondiano, cambarlenguo de la muyt noble reynna de Navarra, dozientas libras de torneses, las quales me mandó (*salevé*) goveruador de Navarra, de que me tienguo por bien paguado. En testimonio d'esto ponguo el mio seeyllo en esta present carta abierta, la quoal fué fecha é dada en Thiebas, lunes primero ante de la fiesta de sant Luch evangelista, anno Domini millesimo cc° LXX° quinto. (Trésor des Chartes, 1275 — 121 — J. 614.)

Dans les comptes de Navarre pour l'an 1283, il est question de ce personnage en ces termes :

Martino de Undiano de dono regis ad voluntatem, xx libras. (Ms. Bibl. imp. Suppl. lat. n° 165 ^{7}, fol. 2 recto.)

Page 158, vers 2417, couplet LVII.

On trouve, dans les comptes de Navarre pour 1283 et 1284, les articles suivants relatifs à Pierre d'Aldava :

Petro de Aldava, Pampilonensi, de pecta d'Açoz, vallis del Cart, de mandato gubernatoris, pro servicio facto dominio, xij kaficia. (Ms. Bibl. imp. Suppl. lat. n° 1657, fol. 13 recto.)

Petro de Aldava, Pampilonensi, de pecta d'Açoz, de mandato gubernatoris, vij kaficia ij rova. (Fol. 13 verso.)

Petro de Aldava, Pampilonensi, pro servicio facto dominio, lx solidos. (Fol. 25 verso.)

Petro de Aldava, Pampilonensi, pro servicio facto dominio, xij kaficia. (Fol. 46 verso.)

Item Petro de Aldava, Pampilonensi, pro servicio facto dominio, lx solidos. (Fol. 60 verso.)

Quant à don Pierre de Chalat, je crains d'avoir mal orthographié le nom de ce personnage. Je trouve dans les mêmes comptes que ci-dessus *Ferrandus Petri de Echalaz* et *Rodericus Petri de Echalaz*. Voyez folio 44 recto et verso, 50 recto et verso, 67 recto, 82 recto, 91 recto.

Page 160, vers 2461, couplet LVII.

Ce couplet et le précédent nous offrent la preuve de ce que D. Pablo Ilarregui avance, dans sa préface, relativement à la part considérable que prit à cette guerre civile la classe moyenne de la société[1]. D'un côté, l'on remarque que les barons, du moment qu'il leur fut impossible de réduire le gouverneur à quitter la Navarre après avoir abdiqué l'autorité, firent dans la cathédrale un pacte solennel d'alliance avec les principaux citoyens et le conseil municipal de la Navarrerie; d'autre part, on remarque également que le gouverneur réunit dans l'église de Saint-Laurent les habitants du Bourg et de San-Nicolas, dans le but de savoir s'ils le défendraient contre ses ennemis et soutiendraient la cause de la reine. Une déférence si marquée à l'égard de cette classe, dont on faisait auparavant si peu de cas[2], témoigne d'un grand pas vers la fusion de toutes, et d'un progrès considérable dans la marche de la civilisation.

---

[1] Le seigneur de Berze divise la société en trois ordres. Voyez sa *Bible*, v. 179. (*Fabliaux et contes*, édit. de Méon, t. II, p. 399.)

[2] L'auteur du *Lai de Graelent*, parlant des bourgeois de son temps (*Poés. de Marie de France*, t. I", p. 501), leur refuse la courtoisie, qualité qu'un troubadour accorde à des vilains. (*Choix des poés. orig. des troub.* t. IV, p. 295.) — Dans un ancien roman anglais, traduit de l'un des nôtres, je trouve les bourgeois, avec

Si nous portons maintenant nos regards sur un autre point, nous les arrêterons sur l'offre faite par le gouverneur aux mêmes habitants de prendre l'engagement par écrit de les indemniser de tous les dommages qu'ils souffriraient dans cette guerre pour défendre sa cause. Les bourgeois, repoussant généreusement cette proposition, ne voulurent point l'accepter; cependant elle ne resta pas sans effet, car il existe dans les archives de l'*ayuntamiento* de Pampelune un document qui mérite de prendre place ici, à cause du rapport qu'il a avec notre sujet et des autres renseignements intéressants qu'il renferme :

Sepan cuantos esta present carta verán et hodrán, que yo, Miguel Guarzeytz de Urusurgui, notario público et jurado del conceyllo de Pamplona, por delant los testigos de suso escriptos, vi, tobí et ley una carta escripta en pergamino, non rasa, non cancelada, non corrupta ni en nenguna part en sí viciada, con su syeyllo de cera pendient, la tenor de la qual es atal : Sepan quantos esta carta verán et hodrán que como nos, Eustaze de Biau Marches, gobernador de Navarra, fuesemos enviado por el noble seynor rey de Franza por gobernador de Navarra en vez et en nombre de dona Johanna, noble reina de Navarra, la cual tiene en comanda el seynnor rey de Franza antedicho; é como nos travayllasemos en gobernar el dicho regno de Navarra, queriéndolo mantener en patz et en justicia á nuestro leal poder, los ricos omes de Navarra mandaron nos que fuesemos de la tierra, é quisieron nos echar del regno. Et nos veyendo que por esta carrera la dicha reina podia perder el regno de Navarra, oviemos á ensayar é á rogar á los burgueses et á los omes buenos del burgo de Sant Cernin et de la poblacion de Sant Nicholau de Pamplona que nos ayudassen é deffendiessen de los dichos ricos omes por la lealtat é por la fe é por el deudo que eyllos avian con la dicha reina et con nos por razon deylla; los coales burgueses nos respondieron que eran appareylladas de nos ayudar é defender á todo lur poder como nos podiesemos deffender el dicho regno, por que la dicha reina, lur seynora, non fuese deseredada. É nos veyendo que no podiemos por al pasar como el regno podiessemos emparar por la dicha reina, oviemos á esperar la guerra de los dichos ricos omes, por la qual guerra nos oviemos á ensarrar en el dicho burgo é poblacion, en los qoales logares nos tovieron cercado los dichos ricos omes é los omes de la Navarrería con lures poderes, combatiéndonos de ingenios é de fuego, ata que nostro rey de Franza nos envió acorro. Porque nos, gobernador antedicho, manifestamos que los dichos burgeses del dicho burgo et poblacion, á demanda nostra é por facer lealtat enta la dicha reina é por deffenderli su tierra,

les hommes de tous les métiers, mêlés aux chevaliers et aux nobles dames :

> Olimpias, that faire wif,
> Wolde make a riche feste,
> Of knyghtis, and ladies honeste,
> Of burgeys and of jugoleris,

And of men of eche mesteris.

Kyng Alisaunder, v. 156. (*Metrical Romances*, etc. by H. Weber, vol. I, p. 12.)

Voyez, sur les bourgeois pendant le moyen âge, une note de le Grand d'Aussy. (*Fabl. ou contes*, édit. de Renouard, t. III, p. 135, 136.)

fueron per nos en la guerra sobredicha é ayudaron nos á deffender nuestro cuerpo é nuestras gentes é el reyno de Navarra; por la qoal ayuda que eyllos nos ficieron, perdieron muchos omes de muert et muchos de lures bienes. É porque á los dichos burgeses en nengun tiempo non lis pueda ser fecha nenguna demanda por nenguna cosa que fuese contecida en la dicha guerra que eyllos ficieron por la dicha reina é por nos, como de suso es dicho, ni nunqua la seynnoria lis pueda ren demandar nin facer nenguna question por razon de nenguna cosa que fuese contecida en la guerra antedicha, et en testimonio é mayor firmeza de todas las cosas sobredichas é de cada una d'eyllas, damos á los burgeses del burgo et poblacion antedichos esta nuestra carta abierta, seyllada con nuestro syeyllo pendient. Et yo Martin Garceytz de Tudela, escribano jurado del seynor gobernador antedicho, por su mandamiento, fuí present en todas las cosas sobredichas, et escribí esta present carta con mi propia mano, la qoal fué fecha et dada en Pamplona, lunes dia de sant Andreu apostol, anno Domini M. CC. LXX. sesto. Testigos son don Belenguer, cambiador, et don Johan de Sangossa, francos del burgo de San Cernin de Pamplona. Feito traslat in era Mª. CCª. XLI., el mes de junio, viernes primero empues San Bernabee apostol. Et yo Miguel Garceytz, notario antedicho, á requisicion é roguarias de los hondrados et cuerdos don Pero Martin, cambiador, et don Miguel Roldan, escribí et traslaté est sobredicho treslat de la original carta *de verbo a verbo* syn mas et syn menos; et testimonianza de verdat fiz hy este mi signo acostumbrado, et so testigo.

A la suite de cette pièce viennent les attestations de trois autres notaires, que j'omets, à l'exemple de D. Pablo Ilarregui.

Page 160, vers 2456, couplet LVII.

La pièce suivante semblerait annoncer qu'Eustache de Beaumarchais réalisa l'espoir que les bourgeois avaient en lui :

Noverint universi presentes litteras inspecturi seu etiam audituri, quod nos viginti jurati burgi Sancti Saturnini et populationis Sancti Nicolay Pampilonensis, nomine ac vice nostra necnon et tocius comunitatis Pampilonensis, pro nobis et successoribus nostris, pura et spontanea voluntate remittimus et quitamus excellentissimo domino Philippo, Dei gratia Francorum regi, et illustrissime domine nostre domine Johanne, Dei gratia regine Navarre, pro se suisque heredibus, omnem actionem, seu peticionem, sive querellam, nobis et comunitati nostre conpetentem, seu conpetituram, comuniter vel divisim, in regem et reginam prefatos, seu quoslibet alios, ratione dampnorum illatorum nobis in guerris exercitus dicti regis. Et hanc remissionem sive quitationem predictam facimus, ut est dictum, pro duodecim milibus librarum turonensium, nobis per ipsum regem solvendis pro emenda et satisfaccione dictorum dampnorum, de quibus duodecim milibus turonensibus, nos, vice ac nomine nostro et tocius comunitatis nostre, recognoscimus et confitemur nos habuisse ac recepisse in veritate, et non spe future numeracionis, per manum nobilis viri domini Reginaldi de Roboreto, regni Navarre gubernatoris, sex milia librarum turonensium computatis in hac summa centum libris turonensibus, quas nuncii nostri pro expensis suis aput Templum Parisius receperunt. Solutionem vero residue quantitatis accepturi sumus ab eodem rege in terminis inferius annotatis, videlicet ab instanti festo beati Michahelis in annum, mille et quingentas libras turonenses, et ex tunc anno quolibet, in festo beati Micaelis in septembre, mille et quingentas libras, quousque de totali summa predicta duodecim milium librarum turonensium nobis integre fuerit satisfactum; renunciantes nichilominus exceptioni non numerate pecunie, non habite nec recepte, quoad summam sex milium librarum turonensium, quas nos superius recognovimus habuisse, et conditioni sine causa et in factum, actioni sive doli et omni alii juris et legum auxilio, generali vel speciali, per quod in premissis, vel eorum quolibet, in judicio vel extra, possemus in regem et reginam predictos, sive ipsorum heredes aut quoslibet alios, quomodolibet experiri. In quorum omnium testimonium et munimen sigillum comunitatis nostre appendens presentibus duximus apponendum. Datum apud Tebas, die Martis videlicet vi° kalendas octobris, anno Domini m° c° lxx° nono. (Trésor des chartes, ann. 1279, carton J. 613, n° 15.)

En ce qui touche particulièrement Ponce Baldoin, une fois l'autorité royale rétablie à Pampelune, il reçut de Philippe le Hardi une rente annuelle de dix livres, dont on trouve ainsi la trace sur le registre des comptes de Navarre, à l'année 1283 :

Poncio Baldoini, de dono regis ad vitam, x libras. (Ms. Bibl. imp. Suppl. lat. n° 165⁷, fol. 2 recto.)

Page 160, vers 2470, couplet LVIII.

On trouve dans les comptes de Navarre, pour 1283 et 1284, les articles suivants, qui se rapportent à Guyralt de Seta :

Guiraldo de Setha, misso super facto Navarre et Vasconie, xvij libras iij solidos iiij denarios. (Ms. Bibl. imp. n° 165⁷, fol. 2 recto.)

Giraldo de Setha, de dono domini Clementis gubernatoris, pro servicio facto dominio, x kaficia. (Fol. 16 recto.)

Item pro expensis Giraldi de Seta et dicti ballivi (Ade), quando iterum iverunt apud Bon Loch loquturi cum Vasconibus, et remanserunt ibi xi^tim diebus, iiij libras xv solidos. ¶ Item pro expensis Ade ballivi et Michaelis de Garriz, quando iverunt apud Hospitale novum loquturi cum Vasconibus, x solidos vij denarios. ¶ Item pro expensis Giraldi de Seta et Ade ballivi, quando iverunt apud Bon Loc loquturi cum Vasconibus, et remanserunt ibi quinque diebus, xlix solidos vij denarios. ¶ Item pro expensis Giraldi de Seta et dicti Briays, quando iverunt apud Bon Loc locuturi cum Vasconibus, et remanserunt ibi in quinque diebus, et prorogaverunt terminum usque ad xx dies ut irent iterum, et dictus Giraldus noluit ire illuc, immo ivit apud Salvam Terram ad querendum testes, et fuit abbas d'Onça, lx solidos. ¶ Item pro expensis eorumdem qui remanserunt expectando Vascones[1] in xlii diebus, xij libras. (Folio 34 verso.)

Pro expensis Guiraldi de Setha, dum remansit Pampilone pro negociis dominii, iij kaficia ij rova. (Fol. 50 recto.)

Item pro expensis ejusdem (merini, Didaci, Sancii de Garriz), et Guiraldi de Setha, quando, de mandato gubernatoris, fecerunt inquisitionem super monasterio d'El Cart. (Fol. 60 verso.)

Item pro expensis ejusdem castellani (Castri Sancti Johannis de Pede Portus, Johannis le Briays), Guiraldi de Secha et Ade ballivi, qui iverunt ad locum vocatum *Bonloc*, cum magna familia contra gentes regis Anglie, et fuerunt ibi in quindecim diebus. (Fol. 71 recto.)

Item pro expensis roncini Guiraldi de Secha, qui remansit in villa de Arcubus de mandato gubernatoris in centum quinque diebus, quolibet die j quartale, viij kaficia ij quartalia. (Fol. 76 recto.)

Pro expensis Guiraldi de Secha et dicti domini Johannis (le Briays), qui de mandato gubernatoris iverunt loquturi cum vicecomite de Tartays, apud Ciorcitoquia, super contentione que erat in terra de Mixa et Arberoa, cum reditu domini Guiraldi, xxv solidos Morlanenses. (Fol. 102 recto.)

Page 162, vers 2497, couplet LVIII.

Dans un compte de 1283, un Jean Lombart est porté comme créancier de Gerin d'Amplepuis, gouverneur de la Navarre après Eustache de Beaumarchais[2] :

Johanni Lombart et Petro Johannis Roscide Vallis pro debito in quo eis tenebatur dominus Gerinus, quondam gubernator, pro trecentis quadraginta tribus libris decem solidis turonensibus iij^c xvij libris xix denariis sanchetis. (Ms. Bibl. imp. Suppl. lat. 165', fol. 2 recto.)

Trois ans plus tard, Jean Lombart reparaît dans les mêmes comptes comme fermier des biens de la Navarrerie. Voyez ci-dessus la note aux v. 2219, 2220.

---

[1] On lit ailleurs ces autres articles, relatifs à des Gascons plutôt qu'à des Basques :

« Item pro hominibus Vasconie qui remanserunt apud Olitum in decem et octo diebus, xviij kaficia. ¶ Item Ferrando Petri, qui venit cum militibus vasconibus, ij rova. » (Fol. 15 recto.)

« Ibi (Stelle) de pecta Vasconum, de Sancio Luengo, iij solidos. » (Fol. 20 verso.)

« Ibi de pecta Vasconum, de Michaele d'Oyllo, iij solidos. » (*Ibid.* Cf. folio 88 recto.)

« Item predicatoribus Baionensibus missis per gubernatorem ad senescallum Vasconie in servicio dominii, x kaficia. » (Fol. 50 verso.)

[2] Voyez, relativement à cet officier, l'Histoire générale de Languedoc, t. IV, p. 43.

Page 162, vers 2502 et 2503, couplet LVIII.

Il y avait autrefois à Tudela une famille *Caritat*, dont le nom est resté à un moulin dont certains de ses membres étaient possesseurs au XVIe siècle[1].

Dès le XIIIe siècle on trouve à Estella un four dit de *Caritat* :

De lezta furni Karitatis xlvj solidos. (Ms. Bibl. imp. Suppl. lat. n° 165⁷, fol. 3 recto, 68 recto, l. 1.)

Page 164, vers 2510, couplet LVIII.

Nous avons traduit par *palais* le mot *palaci* du texte; mais il faut s'entendre sur le sens exact de ce dernier, qui est plutôt catalan que toulousain.

Au temps d'Anelier, il avait probablement la même valeur que *casa*, pareil au substantif espagnol *palacio*, qui sert à désigner toute espèce de grande maison habitée par des personnes de distinction. Dans le royaume de Murcie, l'extension va plus loin encore, et *palacio* se dit d'une bicoque en terre, avec sa couverture ou toit ordinairement d'une seule pièce[2]. C'est dans ce sens que Calderon a pris ce mot, quand il fait dire à Rosaura, au début de l'une de ses pièces :

> Rústico nace entre desnudas peñas
> Un *palacio* tan breve,
> Que al sol apenas á mirar se atreve,
> Con tan rudo artificio
> La arquitectura está de su edificio,
> Que parece á las plantas
> De tantas rocas y de peñas tantas,
> Que al sol tocan la lumbre,
> Peñasco que ha rodado de la cumbre.
>
> *La Vida es sueño*, jorn. 1.

Page 164, vers 2528, couplet LVIII.

Les *broters* nommés ici sont sans aucun doute des bouchers : « Item, est-il dit dans les établissements de Monségur en Bazadais, establissen que si nulh *breuteir*, o nulha autra persona de quenha condessio ques sia, vezen vendre carn o carns als *breuteirs* del dit loc de Montsegur, o a degun de lor,

---

[1] *Diccionario histórico-político de Tadela*, por don José Yanguas y Miranda. Zaragoza : en la impr. de Andr. Seb. año 1823, in-4° esp. p. 88.

[2] *Diccionario de la lengua castellana*, t. V, p. 87, col. 1, art. 3.

o a nulha autra persona, als grans bancs del deit loc de Montsegur, qui no fos bona ni suffecient per vendre aqui, que sien tengut per lor sagrament los deit *breuteirs* de dizer e de mostrar, tantost cum ac sabran, als juratz de la dita vila. E tota autra maneira de gens que sien tengutz de monstrar a lor en la maneira que los deit *breuteirs*, al sagrament que an a la vila. E si tantes era que los deit *breuteis*, ni degun de lor, o nulha autra perssona de quenha condescion que fos, ag tengossen neg als juratz en la manera que deit es, los juratz pode aprohar ab.ij. homes dignes de fe, que degun de quetz ag agossen saubut ni vist ni auzit, e no ag auren reportat als jurat en la manera que dessus es establit, que aquet o aquetz, fossen punitz a lxvi sols de gatge, la maitat al senhor, e l'autra a la vila. » (*L'Esclapot*, registre des archives de la mairie de Monségur, folio 54 verso. *Asso es l'establiment dels fems e dels barbeirs e dels breoteirs*, etc. art. VIII.)

Voyez encore le Lexique roman, art. *Bochier, breuter*, n° 6, sous *Boc*, t. II, pag. 230, col. 2.

Plus ordinairement on employait *mazelier* au lieu de *broter* : « Item, est-il dit dans les établissements de Beaumont-sur-Gimone, les *mazeliers* que vendran carnzs en la dicha vila, que vendan bonas carnz et sanas. E si bonas o sanas non ero, les carnzs sian donadas als paubres, e'l prets sia esmendats ad aquels que las auran compradas. E'ls *mazelier* gazanho en cascu sol .i. d'. de la moneda que costera. E'l *mazelier* que aquest nostre mandament non observara, sia encors a nos et al digh mostier en .ii. sol'. et .i. d'. tol. » (*Mémoires de l'Académie nationale des sciences, inscriptions et belles-lettres de Toulouse*, 3ᵉ série, t. VI, 1850, p. 125.)

Si j'ai cité ces établissements, au lieu de renvoyer purement et simplement au Lexique roman, t. II, p. 170, col. 2, n° 2, c'est parce qu'ils sont contemporains de notre poëme et relatifs à une *bastida* à la fondation de laquelle Eustache de Beaumarchais, à qui la ville de Fleurance dans la vicomté de Gaure doit la sienne, ne resta point étranger[1]. En outre, il m'a paru curieux de montrer *mazelier* employé dans le dialecte de Toulouse, pendant qu'un troubadour de cette ville faisait usage d'un autre mot, en usage sans doute alors, mais certainement plus tard, dans une autre province du midi de la France.

---

[1] *Mémoires de l'Académie de Toulouse*, déjà cités, p. 117.

Page 166, vers 2549, couplet LIX.

Le mot *ambans*, que nous avons traduit par *retranchements*, nous paraît, comme à M. Fauriel, impossible à préciser. Il revient fréquemment dans notre poëme[1] et dans celui dont on doit une édition à ce savant :

E lo vescoms estec pels murs e pels *ambans*.

Hist. de la crois. contre les hérét. alb. p. 40, v. 540.

E li peirier qui trazon que lor so mal mirens...
Que no lor i ten pro *ambans* ni bastimens.

Ibid. p. 204, v. 2857.

E agro los maestres e totz los carpenters,
E dressero los murs e los *ambans* entiers.

Ibid. p. 286, v. 4067.

Car enans seretz velhs e canutz e ferrans
Que mais aias la vila, la tor ni los *ambans*.

Ibid. p. 292, v. 4165.

La doncs viratz abatre los solers e las tors
E los murs e las salas e los dentelhs majors,
E detrencan li ome els tetz e 'ls obradors
E 'ls *ambans* e las cambras complidas de colors, etc.

Ibid. p. 384, v. 5557.

Lo coms receubt Tolosa, car n'a gran desirier;
Mas no i a tor, ni sala, ni *amban*, ni soler,
Ni aut mur, ni bertresca, ni dentelh batalhier,
Ni portal, ni clausura, ni gaita, ni portier, etc.

Ibid. p. 406, v. 5886.

Los arquiers que defendo los *ambans* e 'ls costals, etc.

Ibid. p. 434, v. 6325.

E mezon en las frondas los bels cairos grossiers,
E 'l castel Narbones e 'ls portals frontaliers
E 'ls murs e las bertrescas e 'ls *ambans* meitadiers...
Abaton e trabucan e brizon a cartiers, etc.

Ibid. p. 514, v. 7562.

Mas de l'*amban* senestre dessarra us arquiers, etc.

Ibid. p. 570, v. 8434.

E feiron las clauzuras e 'ls fossatz e 'ls terriers
E 'ls pons e las barreiras e 'ls murs e 'ls escaliers

[1] Page 168, v. 2585; p. 196, v. 3036; p. 232, v. 3589; p. 320, v. 4975.

> Ez *ambans* e corseiras e portals e solers
> E lhissas e arqueiras e dentelhs batalhiers
> E bocals e gueridas e guisquetz traversers,
> E trencadas e voutas e camis costeners.
>
> *Hist. de la crois. contre les hérét. alb.* p. 634, v. 9433.

En face de ce mot M. Fauriel se montre toujours irrésolu. Tantôt il le rend par *terrasse*, puis par *créneau*, d'autres fois par *galerie* ou par *bastion*; ailleurs, il ne le traduit pas ou il le passe; enfin il conjecture qu'il lui paraît désigner des espèces de tours ou de bastions en saillie sur la ligne générale des murs pour défendre les abords de ceux-ci[1].

De son côté, M. Raynouard rend *ambans*, *anvan*, par *entour*, *retranchement*[2], sens qui lui était indiqué par le mot bas-latin *ambannus*, ou plutôt par le verbe *ambanare*, auquel D. Carpentier donne pour équivalents *ambire*, *cingere*, *claudere*[3]; mais aucun de ces savants, pas plus que M. Fauriel, ne fait remarquer la ressemblance qu'*ambans* présente avec *ambon*, mot par lequel on désignait autrefois les jubés dans les églises[4], et l'air de famille qu'ont ensemble *anvan* et *desvan*, qui signifie *grenier* en espagnol.

Un troubadour s'écrie, dans une effusion d'enthousiasme guerrier :

> Be m plazo l'arquier
> Pres la barbacana[5];
> Cant trazo 'l peirier,
> E 'l mur *dezanvana*.
>
> Bernart Arnaut de Moncuc : *Er can li rozier*, etc. (*Choix des poésies originales des troubadours*, t. II, p. 218, 219. — *Le Parnasse occitanien*, p. 23, col. 2, etc.)

---

[1] *Glossaire*, p. 664, c. 2.
[2] *Lexique roman*, t. II, p. 69, c. 2.
[3] *Gloss. med. et inf. Latin.* t. I, p. 219, c. 2.
[4] *Ibid.* p. 222, c. et 3. — *A Dictionary of the Architecture and Archeology of middle Ages*, by John Britton, p. 20, 21.
[5] M. Raynouard (*Lexique roman*, t. II, p. 186, c. 1) traduit ce mot par *barbacane*, *créneau*, *embrasure*. Roquefort (*Glossaire de la langue romane*, t. I, p. 132) lui donne un sens encore plus étendu, et il cite la vie de du Guesclin, par Cuvelier, sans voir que le passage allégué par lui présente une acception différente de celles qu'il indique, l'acception de *herse*. On la découvre encore mieux dans les vers suivants empruntés au même poëme et à un autre plus ancien :

> La barbaquenne estoit tout aval abaissie.
>
> Tom. I, p. 114, v. 3179.

> La barbaquanne fu encontremont sachie.
> Quant cil du chastel virent que la porte devant
> Estoient nostre gent fierement assaillant,
> Et que la barbaquenne, qui fu de fer pesant,
> Estoit levée amont, lors viennent acourant.
>
> *Ibid.* v. 3198.

> Et quant il furent ens, la porte s'avala,
> La grande barbakene à le tierre coula.
>
> *Le Chevalier au Cygne*, édit. de M. de Reiffenberg, t. II, v. 8118. Cf. p. 476, v. 16890, et *Gloss. med. et inf. Latin.* t. II, v° *Barbacana*.

M. Raynouard rend *dezanvanar* par *crouler*[1]; mais je crois que l'on peut serrer le sens de plus près. A mon avis, *dezanvana*, dans le sirvente que nous venons de citer, veut dire *perd sa plate-forme*, chose qui arrive à un bâtiment quand on le couvre d'un toit pour y faire un grenier. Voilà, je crois, l'origine du mot espagnol *desban*.

Quant à *amban*, j'y reviens pour dire plus clairement ce que j'entends par ce mot : c'était, à n'en plus douter, l'équivalent de *terrasse* ou de *plate-forme*. Ce nom convenait d'autant mieux à l'espèce de galerie qui courait derrière les créneaux, que l'on y montait par un escalier pareil à celui qui conduisait aux ambons des anciennes églises.

Page 166, vers 2550, couplet LIX.

Il est difficile de déterminer ce qu'il faut entendre par ce mot de *Maria Delguada*, même après avoir lu ces articles de comptes de 1283 et de 1286 :

Marie Garsie filie Thome de Urroz pro quadam domo empta ab ea Pampilone prope Maria Delgada ad opus domine regine, c libras sanchetas. (Ms. Bibl. imp. Suppl. lat. n° 165', fol. 2 recto.)

Item pro mille tegulis emptis ad cooperiendum domos de Mari Delgada, et reparandis porta et graneriis, cum quadam sera empta ad opus dicte porte, xlvij solidos viij denarios. (Fol. 2 verso.)

Pro operibus factis in turri vocata *de Maria Delgada*. (Fol. 101 recto.)

Page 166, vers 2557, couplet LIX.

Tout porte à croire que ce *don Pedro Garcia d'Echauri lo merces* est le même que le personnage dont il est question dans ces articles des comptes de Navarre pour les années 1284 et 1285 :

Item Petro de Echauri, mercerio Pampilonensi, pro debito in quo sibi tenetur dominus Garsias Almoravit, xix kaficia. (Ms. Bibl. imp. Suppl. lat. n° 165', folio 46 v°. Cf. fol. 47 recto, ubi *xix kaficia avene*.)

Petro de Echauri, mercerio burgi Pampilonensis, ad complementum quadraginta librarum, quas illi d'Elcart debebant eidem pro domino Garsia Almoravit, lxxiij solidos vi denarios. (Fol. 60 verso.)

Page 168, vers 2570, couplet LIX.

Je trouve ce personnage nommé dans l'article suivant des comptes de Navarre pour l'année 1283 :

[1] *Lexique roman*, t. II, p. 69, c. 2.

Item Johannes de Bazdoztayn, Petrus de Bazdoztayn, Petrus de Esperça et Martinus Rumei, pedagarii Pampilonis, receperunt denarios. ¶ De tributo pedagiorum Pampilonis, de Maya, de Sancto Johanne de Pede Portus, de Lerumberri et de Sancto Stephano de Lerin, xvij° libras sanchetas per annum. ¶ Item de tributo Sangosse per annum, lxiij libras. (Ms. Bibl. imp. Suppl. lat. n° 165⁷, fol. 1 verso, ult. art. Cf. folio 70 recto, A. D. 1285.)

De ces personnages, le premier apparait, sous le nom de *Jean de Baudesteng*, en compagnie d'un Simon ou Pierre dit *Periz*, dans des lettres de Robert comte d'Artois, datées de Paris le mercredi avant les Rameaux de l'an 1276 (V. S.), pour fourniture de bêtes de somme, que ce seigneur prie Eustache de Beaumarchais de payer pour lui[1].

Je trouve un Lope Periç de Badoztayn, nommé avec Pero Xemeneyç de Casteillon, Johan Periç Beyre, Semen Lopiç de Erespuru, Pero Ferrandiç, Pero Garciç de Oloriç, Andreu de Esteilla, Martin Miguel de Nas(?), Lop Ochoa de Ureta, Per Ieneguiç de Uxue, Garcia de Arrieta, et Adam de Luxa, arbalétriers, dans un reçu de soixante-cinq livres de tournois pour mises faites au service de doña Johana, du temps que don Pero Sanchez était gouverneur de la Navarre[2].

Page 168, vers 2573, couplet LIX.

Ce Pierre d'Equia (et non *d'Eguia*, comme nous l'avons écrit dans la traduction) figure parmi les individus qui prirent à ferme les biens de ceux qui furent bannis à la suite du sac de la Navarrerie :

Remundus Bernardi de Puges, Petrus de Equia et Michael de Meoz, tributatores hereditatum bannitorum Navarrarie, receperunt denarios. ¶ Debent de tributo dictarum hereditatum hujus anni (1284) v° libras. (*Compot. regni Navarr.* ms. Bibl. imp. Suppl. lat. n° 165⁷, fol. 35 recto. Cf. folio 3 verso, A. D. 1283.)

Page 168, vers 2581, couplet LIX.

Peut-être aurions-nous dû écrire *l'Aceylla*. On voit par les comptes de Navarre, folio 60 verso, qu'il y avait, près de Pampelune, une localité nommée *Aceilla*, qui ne se trouve indiquée ni dans le Dictionnaire des antiquités de D. José Yanguas, ni dans le *Diccionario geográfico histórico de Navarra*, par D. Teodoro Ochoa, publié à Pampelune, en 1842, in-4° esp.

[1] Archives de l'Empire, 1276 — 21 — J. 614. — [2] *Ibid.* 1276 — 275 — J. 614.

Page 168, vers 2597, couplet LIX.

Dans ce couplet et dans les deux précédents, Anelier fait connaître en détail les tours fortifiées du Bourg et de la Poblacion de San Nicolas, et les noms des citoyens chargés de les défendre. La principale était la tour de la Galée[1]; elle devait toucher à la porte qui donnait entrée au Bourg par la rue actuelle de Bolserias. Le mur allait depuis cette porte tout le long de cette rue et de celle qui porte le nom de *Nueva,* jusqu'à la maison du marquis de Besolla, où l'on voit encore un reste de cette muraille. Il continuait ensuite par les maisons contiguës, jusqu'à la tour de San Lorenzo, où il y avait une porte vis-à-vis de la calle Mayor, et de là on pouvait le suivre par la petite place dite *de Recoletas* et la rue de Santoandia jusqu'à la muraille qui existe aujourd'hui. En la suivant tout entière jusqu'à l'angle de l'hôpital civil, un autre pan allait, vis-à-vis la rue de Santo Domingo, s'unir au côté gauche de la porte de la Bolsería.

L'enceinte de San Nicolas occupait tout le reste des rues qui forment maintenant la paroisse de ce nom, et la Navarrerie et San Miguel avaient le même terrain qui appartient actuellement à la paroisse de San Juan jusqu'à la rue de la Chapitela, qui, avec un grand terrain contigu, servait de marché. En dehors de ces enceintes, du côté de la rivière d'Arga et de Barañain, il y avait un grand nombre de maisons qui constituaient les faubourgs.

Comme le fait encore remarquer don Pablo Ilarregui, c'est dans ce couplet et dans les deux précédents que l'on voit le mieux l'auteur s'attacher à imiter Guillaume de Tudela, à leur ressemblance avec le dernier couplet de son poëme, qui commence ainsi :

> Contre l'orgolh de Fransa es faitz l'emprendemens
> Qu'el coms joves defenda si mezeish e sas gens[2].

Il s'y trouve une narration très-étendue de la manière dont furent distribuées les barbacanes et les forts de la ville de Toulouse pour la défendre

---

[1] Cette tour existait encore longtemps après. En 1362, le roi Charles II ordonnait de payer le prix accoutumé à Garcia Perez d'Acx, écuyer, mérino des montagnes, pour deux bannis qu'il avait mis à mort et de l'un desquels il avait rapporté la tête, déposée dans la tour de la Galée. (*Diccion. de ant. del reino de Nav.* t. I, p. 6, art. *Acotados.* Cf. ci-dessus, p. 446, n° 13.)

[2] *Hist. de la crois. contre les hérétiques albigeois*, p. 834, couplet CCXIV.

contre l'armée des croisés. On y voit figurer les noms des principaux chefs des Albigeois à la valeur et à l'habileté desquels furent confiés les postes les plus dangereux comme les plus importants.

Page 170, vers 2607, couplet LX.

Ce bourgeois possédait devant la barbacane du portail de San Nicolas une maison que le gouverneur fit abattre pour les besoins de la défense [1] :

Noverint universi, presentes pariter et futuri, quod ego, Johannes Petri Mossa, burgensis Burgi et Populationis Pampilone, scio et in veritate recognosco me habuisse et recepisse a vobis, domino Eustachio de Bello Marchesio, milite, senescallo Tholosano et Albiensi, regnique Navarre gubernatori, .c. libras turonencium, quas mihi debebatis ratione emende cujusdam domus mee site coram barbacanam portalis Sancti Nycholay Populacionis Pampilone, quam mihi destruxistis racione guerre, quum eratis obcessus in burgo Pampilone... In quorum erũ testimonium, etc. Datum Pampilone, die sabbati in vigilia beati Petri ad vincula, A. D. M° CC° LXX° septimo. (Arch. de l'Empire, 1277 — 35 — J. 614.) — [Le sceau porte un aigle dans un écu surmonté et supporté par trois lions ou léopards. On lit autour S' Ioan Peric Motza ✠.]

Après cela, je dois faire remarquer que le nom de l'auteur de ce reçu, comme celui d'un autre individu cité cinq vers plus haut, est mal écrit dans le manuscrit de Fitero, et qu'il faut lire *Motza*.

Page 170, vers 2621, couplet LX.

On retrouve Sancho de Vilava dans les comptes de Navarre pour 1283 :

(*Sancias de Vilava*) *expendit denarios.*

Pro quatuor carpentariis locatis dum idem Sancius remansit infirmus apud Pampilonam, et missis de mandato gubernatoris ad exercitum de Sadava, cum expensis suis

---

[1] Tel est peut-être le motif qui avait déterminé une autre acquisition de maisons, spécifiée dans l'acte suivant :

«Sepan quantos esta present carta verán, que yo, doña Maria Salvaça, é mi fillo Hyenego Ortiz, atorgamos é venimos de manifiesto que avemos recebido de vos, me sire Eustache de Biau Marches, governador de Navarra, vint et una libras de sanchetes, por mano de don Beneyt Molener de Cordova, carbarlengo vuestro, los quales dineros vos nos deviedes por unas casas que de nos comprastes, de los quales dineros somos bien pagados de vos, governador antedicho, e vos end clamamos quito por siempre mas. E son testigos desto don Pere Lombart, don Pascual lo corretor é Martin Garceyz, scrivano del dicho governador. Esto fo feyto martes primero enpues la Epiphania .vij. iddus januarii, A. D. M° CC° LXX° quinto (7 janvier 1276). Et yo Andreo scrivano jurado del conceyllo de Sangüessa fu presient, et á mandamiento de la dicha doña Maria et de su fillo Hyenego Ortiz scriví esta carta é fiz esti mio si ✠ gno manual acostumpnado en testimoniança de las antedichas cosas.» (Arch. de l'Emp. 1275 — 75 — J. 614.)

in quinque diebus et locatione unius saumerii ad portandum ferramenta ipsorum et expensas eorumdem, vj libras xij denarios. (Ms. Bibl. imp. Suppl. lat. n° 165', folio 2 verso.)

En même temps ce personnage figure dans les mêmes comptes en qualité de clavier des greniers du roi à Pampelune, place où il paraît avoir eu pour successeur Pedro Ochoa [1]:

Sancio de Vilava in graneriis Pampilone, de quibus debet reddere compotum, ij° iij kaficia. (Folio 13 recto. *Compot. Didaci Suncii de Garriz, merini Pampilonensis.*)

Item Sancio de Vilava, clavigero graneriorum regis Pampilone, xxi kaficia ij rova. (Folio 46 verso.)

Item Sancio de Vilava, clavigero Pampilone, ix^{xx} vij kaficia ij rova. (Folio 47 recto.)

Item Sancio de Vilava, pro defectu mensure, xv kaficia j quartale. (Folio 50 recto.)

Item de Sancio de Vilava in graneriis (Petrus Ochoe portarius et claviger graneriorum Pampilone recepit) ij° xxv kaficia ij rova iiij quartalia. (Folio 50 verso.)

Item de Guillelmo (Marzelli) filio predicto, per manum Sancii de Vilava, xxxvij libras x solidos. (Folio 69 verso.)

A partir de cet endroit, nous retrouvons le charpentier dans les articles suivants :

Item pro disjungendis machinis et ponendis in loco tuto, Sancio de Vilava et sociis suis ipsum juvantibus, et pro quadam corda empta Pampilone et portata apud Pampilonam, ut apparet per partes sui libri, xviij libras vj solidos x denarios. (Folio 63 verso. *Compot. Gileberti, ballivi Tutele.*)

Item pro operibus factis apud Thebas per manum Sancii de Vilava, videlicet pro lignis emptis ad faciendum sedilia in palacio. ¶ Item pro facienda tabula domini regis. ¶ Item pro faciendis viginti mensis ad comestionem ad opus familie. ¶ Item pro quadraginta sedilibus factis ad sedendum vocatis *bancos*. ¶ Item pro clavis, ferramentis ad opus mensarum, clavis ad opus fenestrarum, pingendis mensis, trelicio empto ad cooperiendum mensam domini regis. ¶ Item pro portandis lignis et tabulis de Pampilona apud Thebas. ¶ Item pro locatione centum triginta septem latomorum. ¶ Item pro quadam mensa facta ad opus gubernatoris, ut apparet per partes sui libri, xxxvij libras x solidos. (Folio 69 verso. *Compot. Lupi Garsie de Salinis.* Cf. folios 54 verso, 101 recto.)

---

[1] On pourrait croire que ce fonctionnaire fut pendu en 1286, en lisant cet article des mêmes comptes :

«Pro expensis Didaci et Petri Ochoe, qui suspensi fuerunt pro captivitate Ennecii Orticii, xlv solidos.» (Folio 87 recto. *Compot. Johannis de Yanvilla, merini Ripperie.*)

Mais ce soupçon ne tarde point à s'évanouir quand on voit reparaître (folio 101 recto et verso), non-seulement *Petrus Ochoe, portarius*, mais *Petrus Ochoe, alcaldus de Utçama*. Le soin avec lequel le copiste a effacé le premier de ces titres pour inscrire le second prouve, à n'en pas douter, qu'il s'agit ici de deux personnages distincts.

HISTOIRE DE LA GUERRE DE NAVARRE. 557

¶ Item Sancio de Vilava, fabro, pro servicio facto dominio in equis domini regis et gubernatoris, iij kaficia. (Folio 84 recto. *Compot. Petri Ochoe, portarii et clavigeri graneriorum Pampilone.*)

Auparavant on y voit figurer un Jean de Vileva, bourgeois de Troyes[1].

Page 170, vers 2629, couplet LX.

En y réfléchissant bien, je croirais plutôt que le mot *batayllar*, que j'ai traduit par *batailler*, doit l'être par *créneler*, *fortifier*, sens que Raynouard donne à *batalhar*[2]. Les Bénédictins, éditeurs du Glossaire de du Cange, rendent aussi *bataillatus*, *batallatus* par *munitus*, et citent des exemples qui établissent cette signification dans la basse latinité comme dans notre langue[3]. Rien de plus commun que de trouver, dans nos anciens auteurs, *tour batellie* :

> Je vous certefie
> Que bien sevent miner une tour *batellie*.
>
> *Le Chevalier au Cygne*, etc. édit. de M. de Reiffenberg, t. II, p. 453, v. 16193.

> Et Calabre se tient en sc tour *batellie*,
> La plus forte qui soit en toute paienie, etc.
>
> *Ibid.* p. 527, v. 18460.

D. Carpentier fait observer avec raison que le nom de *grange batelière* que l'on donnait de son temps à une construction en dehors du rempart de Paris et qui est resté à une rue, venait des fortifications ajoutées à cet édifice, et il cite des lettres de 1377 qui portent *grange bataillée*, aussi bien qu'un inventaire d'environ 1450 dans lequel on lit *granchia præliata*.

---

[1] Il n'est pas rare de rencontrer dans ce registre des noms des Champenois émigrés en Navarre, comme Gilbert et maître Raoul de Sézanne, auxquels se rapportent les articles suivants :

« Gilberto de Sezana ad servandum in graneriis Tutele, de quibus debet reddere compotum, ixe xlviij kaficia. » (Folio 7 recto. *Compot. Martini Roderici, merini Ripparie.* A. D. 1283.)

« Item magistro Radulpho de Sezana, capellano domine regine, mutuatum sine littera, v kaficia. » (Folio 84 verso.)

En d'autres endroits, ce sont Robin de Meleun (fol. 12 verso), Hugues de Coniflans (fol. 15 recto), Henri de Beaune (folio 106 recto), Gaucher de Gornay (folio 73 recto, 80 et 81 verso, 102 recto et verso) et Thomas le Picard (fol. 52 verso), français, normand et picard d'origine établis en Navarre. Vraisemblablement « Petrus Deable, castellanus quondam de Sancto Adriano, » mentionné au folio 42 recto, était également un étranger ou un fils d'étranger venu de chez nous.

[2] *Lexique roman*, tom. II, p. 197, col. 1.

[3] *Glossar. med. et inf. Latinit.* t. I. p. 620. c. 1.

ce qui prouve que déjà *bataillée* n'était plus compris. Il est à regretter que M. Édouard Fournier n'ait pas recouru au Glossaire de du Cange; il y aurait trouvé de quoi dissiper son incertitude. Voyez *Paris démoli, mosaïque de ruines*. Paris, Jules Dagneau, 1853, in-12, pages 236, 237.

Page 178, vers 2743, couplet LXIII.

Bologne était surtout célèbre pour l'étude de la jurisprudence, et son université est la première où l'on ait enseigné publiquement les lois. De bonne heure cette ville devint en quelque sorte, pour l'Europe entière, la métropole, ou, comme on le voit inscrit sur une ancienne médaille, *la mère commune des études*. Les empereurs et les papes accordaient, comme à l'envi, des encouragements à l'école de Bologne, et les étrangers y accouraient de toutes parts. Voyez l'Histoire littéraire d'Italie, de Ginguené, I" partie, chap. III, tom. I", pag. 157, 160; chap. IV, pag. 360, 367-373, et chap. XI, tom. II, pag. 294-300.

Page 180, vers 2770, couplet LXIII.

Guillaume de Villaret, vingt-quatrième grand maître de l'ordre des hospitaliers de Saint-Jean de Jérusalem, ne pouvait être omis dans la Biographie universelle : aussi lui a-t-on donné une place dans cet ouvrage, t. XLVIII, p. 508, 509; mais rien de plus maigre que cet article, rien de moins propre à donner une idée de l'importance du rôle joué par ce religieux à la fin du XIII" siècle; pas une date, pas un mot de la part qu'il prit dans les négociations diplomatiques de Philippe le Hardi. Pour en savoir quelque chose, il suffisait, cependant, de recourir à l'Histoire générale de Languedoc : c'est elle qui nous apprend que Guillaume, sorti d'une ancienne maison du Querci, fut, le 27 avril 1274, nommé par le pape Grégoire X premier recteur ou gouverneur du pays Venaissin, au nom de l'église romaine[1]. Plus tard, Anelier nous le montre commissaire royal en Navarre; enfin nous le retrouvons en 1289 à Perpignan, chargé, avec quelques autres, de continuer les négociations entamées, au sujet de la paix, entre les rois de France et d'Aragon[2].

En 1296, Guillaume de Villaret fut élu pour succéder à Odon de Pins comme grand maître de l'ordre de Saint-Jean de Jérusalem; il se trouvait

---

[1] Liv. XXVII, chap. XXVIII (t. V, p. 18), et notes, p. 530, col. 1.

[2] Liv. XXXVIII, chap. XIII, t. IV, p. 66.

alors à Saint-Gilles, dont il était grand prieur. Avant son départ pour l'île de Chypre, où était sa résidence et où il mourut, il tint à Fronton, dans le diocèse de Toulouse, le dernier jour de mai de l'an 1297, un chapitre provincial, où furent prises diverses résolutions rapportées dans l'Histoire générale de Languedoc [1].

Page 182, vers 2797, couplet LXIV.

Merlin et ses prophéties étaient connues dans le midi de la France aussi bien que dans le nord et dans la Grande-Bretagne. Comme Anelier, le troubadour Pistoleta vante le savoir du prophète [2], Pierre de Corbiac fait mention de *Merlin lo Salvage* [3], et, s'il faut en croire Guillaume de Tudela, qui le nomme deux fois, le pape Innocent III lui-même invoqua l'autorité du divin Anglais au concile de Latran en 1215 [4]. Enfin, il n'est pas jusqu'à Brantôme qui n'ait cité ses prophéties [5], à une époque où l'on pourrait supposer que personne n'y croyait plus.

Le crédit dont elles étaient en possession n'avait point encore cessé au XVIIe siècle. En 1649, un libraire de Francfort en donnait une édition, devenue très-rare [6], comme la précédente [7], dont M. Brunet donne la date d'une manière fautive.

Les curieux qui désireraient de plus amples détails sur Merlin et sur ses prophéties trouveront à se satisfaire dans l'introduction à la vie de cet ancien barde, attribuée à Geoffroy de Monmouth, que j'ai publiée avec M. Thomas Wright [8], et où j'ai rassemblé tout ce que je savais alors sur ce sujet.

Page 182, vers 2800, couplet LXIV.

D. Corbaran de Vidaurre reçut cinq cents livres tournois à raison des dépenses qu'il fit pendant qu'il était enfermé avec Eustache de Beaumar-

---

[1] Liv. XXXVIII, chap. XXIV, t. IV, p. 73.
[2] *Choix des poésies originales des troubadours*, t. II, p. 296.
[3] *Ibid.* p. 297.
[4] *Chronique de la guerre contre les hérétiques albigeois*, p. 254, v. 3590. Cf. p. 482, v. 7078.
[5] *Œuvres complètes*, édit. du Panthéon littéraire, t. I, p. 423, c. 2.
[6] V. *Manuel du libraire*, etc. t. III, p. 367, c. 2.
[7] *Prophetia Anglicana et Romana, hoc est Merlini Ambrosii Britanni, ex incubo olim ante annos 1200 in Anglia nati, Vaticinia*, etc. Francofurti, typis Joannis Spiessii, sumptibus Joannis Jacobi Pocsii, M X DC VIII (1598), petit in-8°.
[8] *Galfridi de Monemuta Vita Merlini*, etc. Parisiis, e typographia Firmin Didot fratrum, anno 1837, in-8°.

chais dans le bourg de Pampelune au service de la reine doña Juana. Il nous l'apprend lui-même par son reçu conservé dans le Trésor des chartes sous la marque 1276 — 261 — J. 614. Deux autres pièces, qui lui sont communes avec un certain Miguel Peric d'Arbiçu ou de Arbiçu, témoignent que ce ne fut pas tout, et que don Johan Corbaran eut encore trente livres de tournois et neuf cent vingt-six livres quatorze sous de tournois noirs. On y voit aussi qu'il touchait cinquante livres de solde et qu'il reçut, dans une occasion, un don de cinquante livres du roi de France[1]. Il paraît que ce ne fut pas le seul; car on retrouve en 1277 ce chevalier donnant reconnaissance à Eustache de Beaumarchais de deux cents livres de bons tournois noirs, payés, pour ledit gouverneur, par Guillaume Rolland de Caortz, marchand[2]. Enfin dans une autre pièce, où, comme ailleurs, don Corbaran prend le titre d'*alferiz* ou de porte-étendard de Navarre[3], cet officier

---

[1] Trésor des chartes, 1276 — 207, 218, 259 — J. 614. (Voyez ci-dessus, p. 443.)

[2] Trésor des chartes, 1276 — 181 — J. 614. Cf. ci-dessus, p. 465, not. 2. — Dans une autre pièce de comptabilité de l'année 1276, il est question d'un *Bernart Rollant de Caors* comme ayant payé à don Dieguo Martinitz, *cavallero* de Miraglo, pour lui et Rui Sancheytz de Miraglo, soixante-cinq livres de bons tournois noirs pour indemnité de trois chevaux perdus à la guerre pendant le gouvernement de don Pero Sancheis. (Trés. des ch. 1276 — 252 — J. 614.) En 1277, Diago Rodrigueits, chevalier et majordome de don Remiro Diez, *de tierras de Leon,* recevait six cent vingt-six livres onze sous tournois pour gages, des mains de deux marchands de Cahors (*ibid.* 1277 — 329 — J. 614), peut-être les mêmes que ceux qui payaient à Sancho Garceitz, majordome de don Pero Pelaez de Esturias, ses gages et ceux de ses chevaliers, s'élevant à la somme de sept cent soixante-deux livres deux sous tournois. (*Ibid.* 1247 — 337 — J. 614.) — On sait que c'était un riche marchand de Cahors, nommé Raymond de Salvagnac, qui faisait les fonds de la croisade commandée par le comte de Montfort; en payement de ses avances, il recevait du drap, du vin et du blé, pris sur les malheureux Albigeois. (*Hist. de la crois. contre les hérétiques,* etc. p. 116, v. 1634.) — En 1267, nous trouvons un bourgeois de la Rochelle nommé Pierre de Cahors, *Petrus de Caturco,* associé à d'autres particuliers pour la fabrication des monnaies du comte de Poitou. Voyez le registre LXXI, vol. I, du Trésor des chartes (*Littere terre Pictavensis incepte die Pasche, anno Domini M CC° lx° vij°,* pièce 31; *littere terre Xanctonensis incepte in Pascha, anno Domini M° CC° lx° vij,* pièce 16, etc.), où l'on trouve encore, pièce 23, un autre bourgeois de la Rochelle appelé *Lupus Garsie* et sans doute d'origine navarraise ou espagnole. Enfin, au commencement du XIV° siècle, les comptes de l'argenterie des rois de France (p. 5) nous montrent Guy de Cahors maître de la monnaie d'or de Philippe le Long. — Ces gens de Cahors se trouvaient partout. Je lis dans une lettre adressée à Pierre de la Vie, neveu du pape Jean XXII et gendre d'Eustache de Beaumarchais : «Noverit vestra magnifica dominatio quod scripsi vobis per Raimundum, habitatorem Venetiis, qui fuit oriundus de contratis vestris *de Caours,*» etc. (*Marini Sanuti Torselli Epistola* XXI, A. D. 1329, ad fin. *Lib. Secret. fidel. Crucis,* etc. p. 313, l. 48.)

[3] Un autre personnage prenait, à la même

reconnaît avoir reçu quinze cents livres tournois pour le solde des *cavaillerias* du fief qu'il tient de la reine doña Johana, pendant la présente année, (Trésor des chartes, 1276—224—J. 614), et de Lope Periz, alcade de los Arcos, deux cents *rovos* de blé et trente *quoquas* de vin par ordre du gouverneur (*ibid.* 1277—339—J. 614).

Les comptes de Navarre pour 1283 et 1284 présentent à chaque pas des articles relatifs à Corbaran de Vidaurre et bien faits pour nous donner une haute idée de sa position sociale; nous ne citerons que les suivants :

Domino Johanni Corbarani pro complemento miliciarum suarum in villa de Peralta, ij^c kaficia. (Ms. Bibl. imp. Suppl. lat. n° 165⁷, folio 7 recto.)

Domino Corbarano de Vidaure pro complemento miliciarum suarum, viij^c iiij kaficia ij quartalia. (Folio 10 verso. *Compot. Roderici Petri de Echalaz.*)

Item domino Corbarano de Vidaure pro complemento miliciarum (de pecta vallis de Roncal), ij^c iiij^{xx} xij arietes. (Folio 11 recto.)

Domino Corbarano de Vidaure pro complemento miliciarum suarum, iiij^c xxx kaficia iij rova j quartale. (Folio 13 verso. *Compot. Didaci Sancii de Garriz, merini Pampilonensis.*)

Domino Corbarano de Vidaure pro complemento miliciarum suarum in Villa Franca, lij libras. (Folio 19 verso. *Compot. Lupi Orticii, merini Ripperie.*)

Domino Corbarano de Vidaure pro complemento miliciarum suarum in pecta de Miraglo et de Soracoyz, lxv libras. (Folio 22 verso. *Compot. Sancii Orticii de Santo Miliano, merini Stellensis.*)

Domino Corbarano de Vidaure pro complemento miliciarum suarum in valle de Bullina, xiiij libras xiiij solidos. ¶ Item eidem in valle de Araquil, vij^{xx} libras xxxj solidos iiij denarios. ¶ Item eidem in Araynnaz, ij^c libras. ¶ Item eidem in Burunda, xxx libras. ¶ Item eidem in Utçama, xl libras. ¶ Item eidem in Lanz, xij libras. ¶ Item eidem in milicia de Burutayn, xiij libras xv solidos. ¶ Item eidem in milicia de Olave, c solidos. ¶ Item eidem in milicia de Sorauren, xv libras. ¶ Item eidem in Arayz, xvj libras xix solidos. ¶ Item eidem in Leytça et Aresso, ix libras xij denarios. ¶ Item eidem in Larraun, vij libras xvij solidos. ¶ Item eidem in Bassaburua majori, xxiij libras ix solidos vi denarios. ¶ Item eidem in Imoz, viij libras viij solidos vi denarios. ¶ Item eidem in Acez, lxiij solidos. ¶ Item eidem in Bassaburua superiori, xix libras viij solidos. ¶ Item eidem in Lerin, xvij libras iij solidos. ¶ Item eidem in Attahondo, [in] milicia, et

époque, le titre d'*alferiz de Navarra* : c'était don Gonçalvo Ivaynnes de Baztan, père de Johan Gonçalvez et de Pero Cornel, qui figurent, avec leur père, dans un reçu de douze cent soixante-quatre livres tournois pour défense du royaume de Navarre pendant la guerre, du temps que don Pero Sanchez était gouverneur. (*Trésor des chartes*, 1276 — 214 — J. 614.) Dans un reçu de l'année suivante, on voit apparaître un Ieneguo Yvaynnes de Vidaurre, hospitalier de Sainte-Marie de Pampelune, pour quatre cents sous de sanchets, prix de quatre bœufs de labour et d'un cheval de charge qui lui avaient été enlevés à Miluce. (*Ibid.* 1277 — 323 — J. 614.)

de Murquo, vi libras xv solidos x denarios. ¶ Item eidem in valle de Içarve, in milicia de Ovanos, ix libras xvij solidos vj denarios. ¶ Item eidem in milicia de Uterga et de Olandayn, xl solidos. ¶Item eidem pro jure gonfanarie, a festo Nativitatis Domini proximo preterito, per annum xl libras. (Folio 25 verso. *Compot. Didaci Sancii de Garris, merini*. Cf. folio 61 recto, 79 verso, 80 verso, 84 recto, 89 recto, 92 verso, etc. etc.)

Dans le vers qui a donné lieu à cette note, don Corbaran est appelé *palazis*: il nous est impossible de dire si cette qualification est un titre d'office pareil à celui que l'on voit chez nous sous la première et la seconde race de nos rois, ou une épithète vague destinée à indiquer la noblesse du personnage[1] par la place qu'il avait, en raison de son rang, le droit d'occuper dans le palais du souverain[2]. Du Cange, qui a consacré la quatorzième de ses dissertations sur l'Histoire de saint Louis aux comtes palatins de France, et qui parle incidemment de ceux d'Allemagne et d'Italie, ne dit rien des palatins de Navarre. Voyez son Glossaire, t. VII, à la fin, p. 59-64, et t. V, p. 27, col. 1, au mot *Palatini*. Voyez encore l'Histoire de la poésie scandinave, prolég. p. 445, col. 2.

Les Castillans avaient dans leur langue *paladino*, *palaciano* :

> Quiero fer una prosa en roman *paladino*,
> En qual suele el pueblo fablar á su vecino,
> Ca non so tan letrado por fer otro latino.
>
> *La Vida del glorioso confesor santo Domingo de Silos*, copl. II. (*Coleccion de poesias castellanas anteriores al siglo* XV, etc. t. II, p. 1.)

> Qui pudo ver nunqua cuerpo tan *palaciano*?
>
> Ibid. copl. 485. (*Ibid*. p. 62.)

> Quando dice *per omnia* con la voz cambiada...
> Otra cosa significa esta voz *paladina*.
>
> *El Sacrificio de la misa*, copl. 77, 78. (*Ibid*. p. 191.)

> Muy bien sabe el rey don Sancho
> Que soy muger femenina
> Y non lidiaré con él,
> Mas á furto ó *paladina*
> Yo haré que le den la muerte, ec.
>
> *Entrado ha el Cid en Zamora*, etc. (*Romancero de romances caballerescos é históricos*, etc. orden. y recopil. por D. Agustin Duran, part. II. Madrid: imprenta de don Eusebio Aguado, 1832, in-8° esp. p. 80, col. 1.)

---

[1] Après s'en ist Tangrès à loi de *palasin*.
La *Chanson d'Antioche*; ch. VIII, coupl. XIV; t. II, p. 212.

[2] Il est à remarquer que cette épithète se trouve quelquefois jointe au mot roi. (Voyez un passage de Guillaume Berguedan, cité par Raynouard dans son *Lexique roman*; à l'article *Palaizi*, t. II, p. 400, col. 1.)

En recourant au Glossaire qui termine le volume de Sanchez, p. 532, on voit que l'éditeur donne une autre origine à *paladino*, qu'il traduit par *claro, intelegible*, et dérive du latin *palam;* cette étymologie avait déjà été présentée, t. V, p. 88, col. 1, du grand dictionnaire de l'Académie espagnole, dit *des Autorités*, où je trouve encore *á paladinas*, mais non *á paladina*, et *palatino* rendu par «lo que pertenece á palacio, ó es proprio de los palaciégos. Lat. *Aulicus. Palatinus.*» Une citation des poésies de D. Luis de Ullaa, qui couronne cet article, nous montre *idioma palatino* dans un sens entièrement différent de *roman paladino*, que nous avons vu plus haut.

Page 196, vers 3015, couplet LXVIII.

Je me suis complétement fourvoyé dans la traduction de ce vers, trompé par M. Raynouard, qui rend *torn* par *rempart, mur de circonvallation*, et *balesta de torn* par *baliste de rempart*[1]. Anelier veut parler des balistes, ou grandes arbalètes[2], que l'on bandait avec un moulinet et avec une poulie, comme de celles que l'on bandait avec le pied, et quelquefois avec les deux pieds[3], en les mettant dans une espèce d'étrier, s'il faut s'en rapporter à Joinville[4] et à Guillaume le Breton, qui parle de la flèche envoyée par l'arbalète tendue par un double pied :

Ballista duplici tensa pede missa sagitta.

Guillelmi Britonis Armorici Philipp. lib. VII, v. 427. (*Rec. des hist. de Fr.* t. XVII, p. 202, D.)

---

[1] *Lexique roman*, t. V, p. 377, col. 1.

[2] Jean de Joinville les appelle *arbalestres à tour.* (Voyez *Hist. de S. Louis*, édit. du Louvre, p. 45.)

[3] C'est probablement ainsi qu'il faut entendre l'*arc de .ij. pes* dont il est question dans notre poëme, p. 234, v. 3634. — Il est encore question d'arbalètes de deux pieds, comme de tour, dans une lettre de Frédéric II, qui fait partie du *Regestum* de cet empereur pour les années 1239 et 1240. (*Constitutiones regum regni utriusque Siciliæ*, etc. Neapoli, ex regia typographia, anno M DCC LXXXIV, in-folio, p. 293, col. 2, l. 26.) Ces sortes d'armes sont appelées *balistæ de gamba et de turno* dans un document analogue de la fin du XVᵉ siècle : «Item similiter emet et inarrabit capsias virotonorum, videlicet L pro balistis de gamba et XL de girella et decem de turno. Item, girellas LX pro balistis.» (*Instruct. brev. agend. in Janua parte ducis Sabaudie*, per Theobaldum de la Briga, A. D. 1460; ap. L. de Mas Latrie, *Histoire de l'île de Chypre sous le règne des princes de la maison de Lusignan*, t. III, p. 102. Cf. Jal, *Archéologie navale*, t. II, p. 175, 176.)

[4] Page 53, var. 1. — On lit dans les comptes de Navarre : — «Item, pro tribus dozenis de estriberas [ad opus balistarum], ix solidos.» (Ms. Bibl. imp. Suppl. lat. n° 165⁷, fol. 99 verso.) — Je trouve dans un traité espagnol du

« Ces arbalètes, ajoute le P. Daniel, auquel je viens de faire un emprunt[1], étaient ou de bois[2], ou de corne, ou d'acier. » Il ne serait pas impossible que ce fût cette phrase qui eût induit M. Fauriel dans l'erreur qu'il a commise en traduisant le vers 8438 de l'Histoire de la croisade contre les hérétiques albigeois. On lit dans le manuscrit :

> E can lo cavals vira, us autre balestiers
> Ab arc de torn garni l'intrec de costal[ers], etc.

L'éditeur ne comprenant pas l'expression *de torn*, sur laquelle il aurait trouvé des lumières dans le Glossaire de du Cange[3], a cru devoir lire *de corn*[4], et traduire ainsi le passage : « Et quand le cheval se retourne, un autre archer de son arc garni de corne[5] lance une autre flèche, » etc.

Il y avait cependant une espèce d'arcs appelés *ars de cor* :

> Renoart ont as *ars de cor* bersé,
> Lancent fausarz et mainz darz empené.
> *La Batalie de Loquiferne*, ms. de la Bibl. imp. n° 6985, fol. 219 verso, col. 3, v. 13.

---

xv° siècle : « De la artillería de mar. Primero lorigas, lorigones, perpuntas, cartaças, escudos, yelmos et otros para la cabeça, item puñales, espadas, porras, lanças, astas, garavatos, rampagones que son con cadenas para asir, vallestas con dos estribos de torno, » ec. (*Libro de derecho militar*, por Pedro de Azamar, ms. de la Bibl. de l'Arsenal, Espag. 9, cap. c. lxxviij, folio 76 verso, col. 2.)

[1] *Histoire de la milice françoise*, etc. liv. VI, chap. IV, édit. de MDCCXXVIII, t. I, p. 423.

[2] Un article du Glossaire de du Cange (t. I, p. 380, col. 2) semble indiquer que ce bois était l'aubier. Il est vrai qu'il y est question d'arcs de *aubour*; mais, à l'époque, *arbalète* et *arc* étaient synonymes :

> Murgalés de Vaubis son *abalastre tent*...
> Et Ricars saut à lui tos et hastiement...
> La corde de son arc ly trença tellement
> Que l'arc trença oussy, etc.
> *Le Chevalier au Cygne*, édit. de M. de Reiffenberg, t. II, p. 287, v. 11121.

On lit encore *arc d'aubour* dans *li Romans de Gurin le Loherain*, t. II, p. 238, v. 11, *arc d'aubore* dans notre *Tristan*, t. I, p. 66, et *arc d'alborn* dans une pièce de Pierre Vidal, citée par Raynouard. (*Lexique Roman*, t. I, p. 408.) Les rimeurs du nord de la France disaient aussi *aubiel* pour *aabier*. (Voyez *Roman de la Violette*, p. 58, v. 1109.)

[3] Tom. VI, p. 615, col. 2, v° *Tornus*, n° 1. On lit *arbalestes à tour* dans le Roman de la Rose, t. I, p. 156, v. 3868 ; et *ars à tour*, dans les Chroniques de Froissart, liv. I, part. I, chap. CCCXV, ann. 1347 (t. I, p. 263, col. 2); et dans la Chronique de Bertrand du Guesclin, t. I, p. 388, v. 11069.

[4] D. José Yanguas a fait pis : trouvant dans un document de 1386 *ballesta de torno*, il a lu *ballesta de traeno*. (Voyez son Dict. des ant. du roy. de Nav. t. I, p. 68.)

[5] Dans un autre endroit (p. 434, v. 6312), on lit ces vers :

> Del castel establiron los murs e'ls verials
> De balestas tornissas ab puas aceirals

M. Fauriel traduit : « ils arment les murs et les embrasures du château d'arbalètes tordues et de flèches aiguës, » se méprenant ainsi sur le sens de *verials* et de *tornissas*.

As *ars de cort* font nostre gent verser.

Li Romans de Garin de Loherain, t. I, p. 37, not.

Et Turc aus *ars de cor* les vont bien destruisant.

La Chanson d'Antioche, t. I, p. 31. Cf. p. 248, 261; et t. II, p. 26, 37, 126, 238, 254.

Un article d'un compte de 1338, cité par D. Carpentier[1] et dans lequel il est question d'arbalètes de cor et d'if[2], semble indiquer le sens du premier mot, que je n'hésiterais point à rendre par *cornouiller*[3], sans égard pour l'explication proposée par M. Paulin Paris.

Il y avait aussi des balistes, ou plutôt des arbalètes de corne, si l'on peut traduire ainsi les *balistæ cum cornu*, *de cornu* ou *corneæ*, des passages recueillis par du Cange[4], mais je soupçonne qu'il y a là une mauvaise traduction de l'expression romane de *torn*, que nous avons vue. Cependant il est certain que l'on employait autrefois la corne dans la confection des arbalètes. Dans la relation de Jean de Joinville on voit, vers 1250, Jean li Ermin ou l'Arménien, *artillier* de Louis IX, allant à Damas acheter cornes et glu pour faire des arbalètes[5]. On lit dans les comptes de Navarre pour 1284 et 1286 :

Item Amet, balistario, pro reparatione balistarum sanarum et fractarum, *cornu*, et aliarum balistarum castrorum, cum cordis emptis ad preparandum eas, xj libras x solidos. (Ms. imp. Bibl. Suppl. lat. n° 165, fol. 22 recto. *Compot. Sancii Orticii de Sancto Miliano, merini Stellensis.*)

---

[1] *Gloss. med. et inf. Latin.* t. I, p. 552, col. 3, v° *Balista*. — On lit dans les comptes de Navarre pour 1284 : « Pro preparandis balistis Tutele, balteis emptis et filo ad faciendum cordas pro reparandis balistis *de cornu*, saumeriis locatis ad portandum ligna ad opus garnisionis castri, clarificandis loricis castri, et turnis emptis ad armandum balistas, ut apparet per partes alterius libri, vij libras xix solidos ix denarios. » (Ms. Bibl. imp. Suppl. lat. n° 165, folio 28 verso.)

[2] Dans un compte plus ancien, on lit cet article : « Pour xii^{xx} et xix verges d'yf prestes pour fere arbalestes, xviij livres xviij sols ij deniers tournois. » (*Compot. Johannis Arronde et Michaelis Gascoing de Navarre*, etc. A. D. m° cc° xcvi°, ap. Jal, *Archéologie navale*, t. II, p. 321.)

[3] Le mot *cor* avait encore, dans notre ancienne langue, un autre sens, qui ne saurait être de mise ici. (Voyez *li Jus Adan* ou *de la feuillie*, dans notre *Théâtre français au moyen âge*, p. 60, col. 1.)

[4] *Gloss. med. et inf. Latin.* col. 2 et 3.

Dont péussiés véir un capléis moult fier...
Et tant Sarrasin traire à lor ars de cornier.

La Chanson d'Antioche, ch. VI, coupl. xxxiii; t. II, p. 123. M. P. Paris traduit à tort les derniers mots par *arcs de corne*.

Les saietes li traient à lor ars de cormier.

Ibid. ch. VII, coupl. iv, p. 141, en note. Cf. p. 251.

[5] *Hist. de S. Louis*, p. 93.

Item Jucef in centum quatuordecim diebus, quolibet die xij denarios, c xiiij solidos. ¶ Item Hamet in iiij^xx diebus, iiij libras. ¶ Item garcioni ipsius in iiij^xx xj diebus quatuor denarios per diem, xxx solidos quatuor denarios. ¶ Item pro nervis, coloribus, cornu, nucibus, lignis, clavis, sol' et aliis neccessariis emptis ad opus balistarum, ut apparet per partes sui libri, xxv solidos vij denarios. ¶ Item pro expensis Hamet, quando ivit ad laborandum apud Stellam, cum locatione equitature eundo et veniendo, et portandis ferramentis, xiij solidos viij denarios. ¶ Item pro quodam turno empto, xx solidos. (Folio 87 recto.)

Ainsi que l'indique le nom d'*Hamet*, cet homme et son compagnon étaient sarrasins. On le voit encore mieux par ces autres articles des mêmes comptes :

Item Amet et Juce, Sarracenis, preparantibus balistas, per partes, xx kaficia. (Fol. 40 recto [1].)

Item Jucef et Ameth, balistariis, pro salario suo per annum, xx kaficia. (Folio 104 recto. *Compot. Johannis de Yanvilla, merini Ripperie.*)

Au reste, ce ne sont pas les seuls arbalétriers maures dont il soit question dans le registre; on y retrouve l'article suivant :

Item viginti Sarracenis balistariis, qui iverunt apud villam de Monte Acuto de mandato gubernatoris, et remanserunt ibi in duodecim diebus, cuique vi denarios per diem. (Folio 30 verso. *Compot. Ferrandi de Eslava, justiciarii Tutele.*)

Peu de personnes sans doute savent que, pareille à la lance d'Achille, l'arbalète était employée pour guérir les blessures qu'elle avait faites. L'auteur d'un traité de médecine du XIIIe siècle conservé à la Bibliothèque impériale, dans le manuscrit 8161 A, pour retirer un fer enfoncé dans la vertèbre de la hanche, conseille, quand tous les moyens ont échoué, de tendre une arbalète, d'attacher à la corde le fer enfoncé dans l'os, de faire maintenir l'os par un aide, et de lâcher l'arbalète, qui emporte le fer (Folio xxxiiij recto, col 1 : *De Vulnere scie*. Cf. *Histoire littéraire de la France*, t. XXII, p. 109.)

---

[1] Plus loin on lit l'article suivant : — « Item Sarraceno Tutele qui preparavit balistas, mutuatum xx solidos. » (Fol. 99 verso. *Comp. Petri Garsie, ballivi Stellensis.*) Mais on ne doute pas qu'il ne s'agisse de Jucef en voyant plus haut : — « Item Juce, balistario Tutele, pro preparandis balistis castrorum regine, de dono gubernatoris, xx kaficia. » (Fol. 7 recto.)

Page 198, vers 3044, couplet LXVIII.

La rue de Sorriburbu ou Corriburbu mentionnée au vers 3007 appartenait à la Navarrerie, et la Taconera, qui conserve encore son nom, était un champ planté d'arbres qui servait de promenade et de lieu de récréation aux habitants. Il est possible que ce nom vienne du verbe *taconear*, donner du talon, se promener.

Page 200, vers 3086, couplet LXIX; page 206, vers 3182, couplet LXX.

On trouve dans un roman de l'époque une énumération d'armes parmi lesquelles figure une targe navarraise :

> A son chevès avoit pendues
> Espées, guisarmes, maçues,
> Misericordes et fauchons
> Et bracheus et bouciers roons
> Et une targe Navaroise
> Et une grant mache Turcoise,
> Et si avoit pendu encor
> Une arbaleste fait de cor
> Et un cuevre plain de quarriaus ;
> En travers par mi ses mustiaus
> Jut une grant hace Danoise.
>
> *Roman de Cleomadès*, ms. de l'Arsenal, Belles-lettres françaises in-folio, n° 175, fol. 12 recto, col. 2, v. 39.

La guisarme, dont il est question dans ce passage aussi bien que dans la chronique d'Anelier, fut en usage, sous ce nom, depuis le XII° jusqu'au XVI° siècle. Elle est mentionnée à chaque pas dans nos anciens auteurs. Voyez, entre autres, le *Roman de Rou*, t. II, p. 204, 206, 228, 262; la *Chronique des ducs de Normandie*, de Benoît, t. III, p. 814, col. 1; le *Roman de la Rose*, t. II, p. 251, 313; la *Chronique rimée de Philippe Mouskès*, t. I, p. 301, v. 7571; t. II, p. 39, v. 13086; les *Chroniques de sire Jean Froissart*, liv. III, chap. XXX (t. II, p. 477, col. 2), et le Glossaire de du Cange, au mot *Gisaama*, t. III, p. 524, col. 1 et 2, sans oublier l'*History of British Costume*, par J. R. Planché. Londres, Charles Knight, MDCCCXXXIV, in-12, p. 88.

Selon Tyrwhitt[1], c'était une hache d'armes, explication justifiée par un

---

[1] *The Canterbury Tales of Chaucer*, etc. London : printed for W. Pickering, MDCCCXXII, in-8°, vol. V, p. 102, v° *Gisarme*.

passage de la *Chanson d'Antioche*, t. II, p. 278, en note, et par un autre de *la Mule sanz frain*, v. 574. (*Nouv. Rec. de fabl. et contes*, t. I, p. 19. Cf. p. 9, v. 262.) La guisarme était particulière aux fantassins (*le Roman de Brut*, v. 11416; t. II, p. 136). Un romancier, décrivant une sortie, ajoute, après nous avoir montré les archers en campagne et les arbalétriers sur les murs et aux créneaux :

> Devant la maistre porte sont li borjois à pié
> Qui portent bones armes et visarmes d'acier,
> Et grant targes raondes fanduess de cartier.
> *Li Romans de Parise la Duchesse*, p. 145.

Page 200, vers 3102, couplet LXIX.

Ce sire Arnault de Marcafava était un Toulousain, qu'Eustache de Beaumarchais avait amené avec lui; peut-être était-il fils de Raimond Guillaume, au sujet duquel il nous reste une lettre d'Alphonse, comte de Poitiers, dans le Trésor des chartes[1].

On voit par le *regestum* de l'empereur Frédéric II pour 1239 et 1240, que ce prince avait alors pour trésorier (*secretas*) un certain Mathieu Marchafaba. (*Constit. reg. regn. utriusq. Sicil.* etc. p. 293, col. 2, l. 8; p. 368. col. 1, l. 40, etc.)

Page 206, vers 3186, couplet LXX.

Voyez, sur le sens exact et sur les formes diverses du mot *alcoto*, le Glossaire de du Cange, t. I, p. 158, col. 1 et 2; le *Lexique roman*, t. II, p. 52, col. 2; et nos *Recherches sur le commerce, la fabrication et l'usage des étoffes de soie*, etc. t. II, p. 31, 32, 37-39.

Page 206, vers 3189, couplet LXX.

S'il est ici mention du cri d'armes de Garcia Martintz d'Eussa, nommé plus loin, le premier *Z* de *Zeuza* n'est qu'une affixe qui doit, conformément au système de M. Raynouard, être détachée d'*Euza*, et rester suspendue entre ce nom et la conjonction *e*.

Page 210, vers 3256, couplet LXXI.

Le moulin du bourg dont il est question dans ce couplet, et qui s'appelait *del Maço*, est celui que l'on connaît aujourd'hui sous le nom de Santa

---

[1] *Senescallo Tholose pro Raimundo Guillelmo de Marcafaba, milite.* (Littere senescallie Tholose et Albiens. incepte in Pascha, anno Domini m° cc° lx° vij°, Trés. des ch. cart. J. 319, reg. LXXI [1250-1269], vol. I, folio 47 recto.)— Cf. *Hist. gén. de Lang.* t. III, pr. col. 473, 497.

HISTOIRE DE LA GUERRE DE NAVARRE.

Engracia, emprunté à un monastère de religieuses qui existait à côté; il a été démoli pendant la guerre que l'Espagne soutint contre la République française, à la fin du siècle dernier.

Page 212, vers 3271, couplet LXXII.

Il est à tout moment question de bains dans les comptes du royaume de Navarre, auxquels nous avons déjà fait tant d'emprunts.

De domibus balneorum (Stelle) nihil hoc anno (1283)[1], quia date sunt ad censum ut repararentur. (Ms. Bibl. imp. Suppl. lat. n° 165[7], fol. 20 verso. Cf. fol. 56 recto, A. D. 1285.)

Voici le compte et les détails de ces réparations, en remontant le plus haut possible :

In balneo veteri, pro faciendo tecto super rota, xxvj solidos vij denarios. ¶ Pro reparanda calderia balnei novi et facienda rota de novo, in sexaginta diebus quibus vacavit, cum funibus et aliis neccessariis emptis, xij libras x solidos j denarium. (Fol. 3 recto.)

Pro operibus factis in balneo veteri minanti ruinam : in primis pro preparando et mundando balneo, tenuis lapidibus ad pavandum, calce et plastro emptis ad preparandum et reparanda camera et recooperienda cum tegulis, lignis, tabulis vocatis *navarriscus*, et aliis tabulis emptis, portis factis de novo in balneo, preparanda camera balnei, preparanda rota per quam aqua extrahitur ad opus balnei, mundando puteo, extrahenda aqua, faciendis cordis de virgis ad opus balnei, et extrahenda aqua de balneo cum saumeriis locatis, lignis quercus emptis ad opus cenie, clavis, seris et tabulis emptis ad facienda parva vasa vocata *cochaires* ad opus cenie, clavis et tabulis emptis ad circumdandum puteum, latomis et carpentariis locatis ad operandum in isto opere de lapidibus et lignis, plastro et calce et lampadibus emptis ad faciendum bitumen in coopertorio balnei ad videndum intus, operariis et saumeriis locatis ad portandum lapides, calcem, plastrum, ligna et alia neccessaria, ligno empto ad calefaciendum balneum et recooperienda domo supra puteum, et pro expensis latomorum... ¶ Item pro extrahenda et reparanda calderia in qua calefcitur aqua, que erat fracta, videlicet pro duobus quintallis et dimidio cupri emptis, et clavis ad ponendum et figendum cuprum in calderia, cum bitumine facto ter ad opus calderie, quia non poterat tenere aquam, ligno empto ad calefaciendam aquam, cum locatione latomorum et operariorum..... Pro portanda calderia ad balneum, locanda et extrahenda, ter claudenda fornace calderie ad calefaciendam aquam, farina, calce, ovis, oleo, lino, resina, aceto et splenis vaccarum ad opus bituminis. ¶ Item pro mundando et lavando balneo. ¶ Item pro candelis et seppo emptis ad habendum lumen. ¶ Item clavis ad opus calderie, seris ad opus portarum balneorum,

---

[1] Ces maisons, qui faisaient alors partie des bains d'Estella, payaient en 1286, une rente de six sous :— « De domibus que fuerunt balneorum, vj solidos. » (Fol. 88 recto.) — Les bains eux-mêmes étaient ordinairement loués, le vieux neuf livres, le neuf six. (Fol. 3 recto et 35 verso.)

preparanda scala, expensis latomorum et operariorum, circulis et viminibus emptis ad opus tine, cum locatione unius latomi... cum plastro empto ad claudendum foramen dictum *fornazo*, locanda calderia, et preparandis conductibus. Summa dictorum operum, xlix libras x solidos iiij denarios.

¶ Pro operibus factis in balneo novo per partes, videlicet pro ligno, tabulis et tegulis emptis, lapidibus portatis, plastro empto, instrumentis vocatis *avaztos* et lampadibus emptis ad opus balnei, tenuis lapidibus emptis et portatis ad os calderie, recooperiendo balneo, reparando intervallo quod ceciderat, unde comburebatur quedam domus prope balneum, clavis emptis, locatione latomorum et aliorum operariorum... Summa dictorum operum, vj libras xvij solidos v denarios obolum. (Fol. 35 verso.)

Quelque considérables que fussent ces réparations, elles ne suffirent pas, et il en fallut d'autres plus tard. Le même registre nous en a conservé le détail :

Pro operibus factis in balneo veteri, scilicet pro preparanda cenia, ligno empto per partes, brachio quodam de rodeto, cavillis ferri, clavis vocatis *de entablar*, lamine ferri, tabulis ad facienda instrumenta vocata *cocharras*, clavis emptis, quadam virga empta ad opus cenie ad extrahendam aquam, cum locatione latomorum et aliorum operariorum... lxij solidos. ¶ Pro operibus factis in balneo novo, videlicet pro virgis emptis ad faciendam cordam cenie ad extrahendam aquam. ¶ Item pro facienda de novo coquina intra balneum, cum lignis quercus emptis ad opus coquine. ¶ Item pro reparanda cenia ubi cadit aqua frigida, de lignis quercus emptis. ¶ Item pro quodam ligno quercus empto ad suste[n]tandam coquinam, laminibus ferri et clavis emptis, preparanda tina ubi cadit aqua calefacta, cum lignis emptis ad opus dicte tine, tabulis vocatis *legoas* ad opus ejusdem tine, clavis et laminibus ferri ad opus tine, et stupa. ¶ Item pro lignis emptis ad preparandam rotam balnei. ¶ Item pro barris, bertavillis ferri, et clavis emptis ad opus portarum balnei, cum locatione latomorum et aliorum operariorum... lxj solidos ij denarios obolum. (Fol. 68 r°.)

¶ Pro operibus factis in balneo veteri, videlicet pro reparanda cenia, cum cordis emptis et factis ad extrahendam aquam... xvij solidos viij denarios. ¶ Item pro operibus factis in balneo novo, videlicet pro lignis emptis ad faciendas portas intus balneum, clavis emptis et una tina quercus empta, laminibus ferri ad opus dicte tine, cordis emptis ad opus dicte tine, plastro empto et portato ad parandum balneum, cum locatione et expensis latomorum, lxxij solidos xj denarios. ¶ Item pro tegulis emptis ad cooperiendum dictum balneum, ix solidos. (Fol. 98 verso, 99 recto.)

Les articles suivants se rapportent aux bains de Tudela :

De locatione balneorum.

De locatione balnei Sancti Salvatoris, xxv libras. ¶ De locatione balnei vocati de *porta de Çaragoça*, xvj libras. ¶ De locatione balnei de porta d'Albacares, xv libras xv solidos.

¶ De locatione unius balnei de don Davi, x solidos[1]. ¶ Summa locationis balneorum : lvii libras v solidos. (Fol. 26 recto, A. D. 1283.)

Comme les bains d'Estella, ceux de Tudela reçurent aussi des réparations à plusieurs reprises. Voyez folio 63 recto et 94 verso.

Au premier de ces deux endroits, il est fait mention d'une cuve achetée pour se baigner au château[2]. On y voit aussi allouer aux locataires des bains de la ville certaines sommes portées au chapitre de la dépense commune, sans que l'on sache la cause de ce payement :

Item locatori balnei de porta de Çaragoça, l solidos. ¶ Item locatori balnei de porta de Albaceres, l solidos. ¶ Item locatori balnei Sancti Salvatoris, c solidos. (Fol. 63 verso.)

Dans tout le volume de comptes que nous aurons encore tant d'occasions de citer, je ne trouve qu'une seule mention des bains de Pampelune, encore s'agit-il de ceux de la Navarrerie :

Pro operibus factis in domo balneorum Navarrerie... vij libras ix solidos. (Fol. 70 recto.)

Tous ces bains étaient la propriété du domaine, à l'égal des fours et des moulins. Ailleurs, ces établissements étaient seulement soumis à une certaine redevance, tandis que dans quelques localités ils étaient libres, comme les bains d'eau minérale de Bourbon l'Archambaud, dont l'auteur du *Roman de Flamenca* nous donne la description[3].

En vertu du for donné à la cité de Saint-Sébastien, par le roi de Navarre D. Sancho le Sage, les habitants jouissaient du privilége de construire et de posséder des fours, des bains et des moulins, libres et exempts de tous cens[4].

---

[1] Cet article se trouve répété plus loin, pour les années 1285 et 1286, fol. 61 recto et 93 recto, avec des différences dans les chiffres; le premier bain y est aussi désigné comme étant de la paroisse de Saint-Sauveur.

[2] « Item pro quadam tina que est in palaciis regis, empta ad balneandum in castro, xiij solidos vi denarios. » (Fol. 63 verso.)

[3] Ms. de la Bibliothèque publique de Carcassonne, folio XXVI recto et verso. (Cf. *Lexique roman*, t. 1er, p. 18, 19.)

[4] « Similiter volo et dono pro fuero populatoribus Sancti Sebastiani ut faciant furnos, balneos et molendinos, et possideant ipsi, et omnis generatio illorum, liberos et ingenuos, et ut rex nullum censum non ponat in eis. »

(*Dicc. geogr. histór. de España*, secc. 1, t. II, p. 543, l. 22.) — En Castille, le connétable avait droit à un bain dans les villes où il se trouvait, comme on le voit par l'article suivant d'un curieux traité que nous avons déjà cité :

« Si é commo las cibdades son tenudas de escallentar los baños á los militantes.

« Leemos que á los cavalleros, capitanes nin á ninguno las cibdades ne son tenudas aparejar nin escalentar los baños si non solamente al condestable por su privillegio é dignidad. » (*Libro de derecho militar*, por Pedro de Azamar, ms. de la Bibl. de l'Arsenal, Espag. 9, cap. ccxxxj, fol. 96 recto, col. 1.)

« L'usage des bains domestiques, introduit par les Romains dans les Gaules, dit le Grand d'Aussy, étoit encore, au temps de nos fabliers, aussi général qu'avant l'invention du linge. Tout le monde en usoit, jusqu'aux moines. On se baignoit avant de recevoir la chevalerie[1]. Quand on donnoit un festin chez soi, il étoit de la galanterie d'offrir le bain, et surtout aux dames[2]. » J'interromps le spirituel savant pour ajouter que celles-ci n'avaient aucune répugnance à le préparer elles-mêmes à leurs hôtes, principalement quand ils étaient malades ou blessés[3].

Il suffisait d'être fatigué pour obtenir chez soi un bain et d'autres accessoires de toilette encore en usage aujourd'hui[4]; mais chez nos bons aïeux, le bain se compliquait souvent, en santé, d'une saignée, d'une apposition de ventouses[5], et d'une opération qui serait le massage, si l'on pouvait rendre par *masser* le verbe *cousteir, coteir*, que je trouve dans deux poëmes anciens[6].

La suite de la note de le Grand d'Aussy, dont j'ai rapporté le commencement, renferme, sur les bains à Paris, et sur l'usage que faisaient les religieux de ce remède, des détails auxquels il nous suffira de renvoyer. Elle ne laissera rien à désirer pour peu que l'on y ajoute une observation qui montre encore combien le bain était dans les habitudes de nos ancêtres. Quand ils vouloient menacer quelqu'un, ils lui disaient comme Fierabras à son adversaire :

> Li bains est sur le feu, que je vous fac caufer.

Voyez aussi le Roman de la Violette, p. 259, v. 5502 et note; et *du Prestre c'on porte*, v. 632. (*Fabliaux et contes*, édit. de Méon, t. IV, p. 40.)

---

[1] *L'Ordene de chevalerie*, v. 111. (*Fabliaux et contes*, etc. t. Ier, p. 62. Cf. p. 80, 81.) — *La Mort de Garin le Loherain*, p. 20, v. 387 et suiv. etc.

[2] *Fabliaux ou contes*, édit. de Renouard, t. III, p. 289.

[3] Mais les dames n'ont pas sejour,
Ançois grant pieche devant jor
Li ont-eles un baing tempré
Gent et courtois et atempré
Et bon pour ses dolor saner.
Li Romans des aventures Fregus, p. 174.

[4] Veçvos a son ostal Peiro tornat,
E tota aquela nuh l'an sejornat,
E l'an ras e tondut o gen banhat.
Roman de Gérard de Rossillon, p. 99. Cf. le *Roman de Brut*, t. Ier, p. 96.

[5] *Horn et Rimenhild*, p. 194, v. 3839. — *Le Chevalier au Cygne*, édit. de M. de Reiffenberg, t. II, p. 30, v. 4062.

[6] Si l'ont bagnié et cousteï.
Roman de l'Atre périlleux, ms. de la Bibl. imp. n° 548, fol. 18 verso, fol. 1, v. 23.

Bien se cotëirt en ses bains, etc.
De Richaut, v. 459. (*Nouveau Recueil de fabliaux et contes*, t. Ier, p. 52.)

Page 212, vers 3274, couplet LXXIII.

Il est fréquemment question de celliers dans les comptes de Navarre :

Pro operibus factis in cellario, videlicet pro lignis emptis per partes, adobandis, lapidibus et terra portata ad faciendum lutum ad opus operum, cum locatione latomorum, aliorum operariorum et latomorum et expensis eorumdem, et saumeriis locatis... xij libras xvij solidos vj denarios. (Ms. Bibl. imp. Suppl. lat. n° 165⁷, fol. 65 verso.)

Pro operibus factis in cellario de Olito, pro reparandis doliis, cum circulis, viminibus et aliis neccessariis emptis, facienda quadam tina, preparanda scala, et locatione carpentariorum et aliorum operariorum... xxix libras iiij solidos xj denarios. ¶ Item pro vindemiandis aliis vineis, faciendis vinis, portandis racemis, extrahendo vino cum utreis, replendis doliis, duobus scriptoribus scribentibus honera racemorum, et abluendis doliis cave et cellarii, vasis vocatis *cuencos* emptis ad extrahendum vinacias, stupa, lumine et aliis neccessariis emptis, ponendis portis doliorum, et extrahendis vinaciis de doliis, et portandis cum locatis saumeriis ad mercatum, extrahendis vinaciis doliorum ad torcular, vineis vocatis *Serna* et *Maylluelo* aumandis... xxiij libras vij solidos iiij denarios. (Fol. 66 verso.)

Pro operibus factis in cellario de Bervincana pro videlicet pro (*sic*) circulis emptis ad opus doliorum regis et alterius dolii commodati, saumeriis locatis ad portandum circulos et tempanos de Stella apud Bervinçanam, viminibus emptis, carpentariis locatis, cum expensis eorumdem... iij solidos sex denarios. (Fol. 67 verso.)

De cellario qui fuit ejusdem Martini Petri (filii abbatis veteris), iij solidos. (Fol. 88 recto.)

Pro reparandis cellariis ubi servatur ordeum et avena regis, cum lignis, tenuis lapidibus vocatis *losas* emptis, et locatione latomorum, operariorum et mulierum[1]... ix libras xvij solidos vj denarios. (Fol. 96 verso.)

Qu'entendait-on par *celier*? Une façon de cave[2], où l'on gardait le vin, les grains et jusqu'aux chevaux[3].

---

[1] Ces femmes servaient les maçons, usage qui s'est conservé dans les Pyrénées :

« Item xxij mulieribus ascendentibus lapides sursum ad castrum, v solidos vj denarios. » (Fol. 4 verso.) — « Item sex mulieribus portantibus aquam et terram, in quatuor diebus, iiij solidos. » (Fol. 5 recto. Cf. fol. 5 verso, 19 recto, 28 verso, 31 recto et verso, 32 verso, 33 recto, 53 verso, 68 recto, etc.) — Dans un article de ces mêmes comptes, on voit des Anglais (peut-être des Gascons, sujets de la couronne d'Angleterre) employés comme servants de maçons :

« Item pro quatuor Anglis portantibus aquam et ascendentibus plastrum et lapides ad castrum (de Oro), in viginti uno diebus, cuique septem denarios, xlix solidos. » (Folio 58 recto.) — Auparavant on trouve un maçon, peut-être Anglais, nommé *Bernard Aglicus* :

« Item Bernardo Aglico, Petro Arnaldi, Euneco Sancii, Bernardo et Petro Alnauldi, vj latomis in centum quindecim diebus, decem denariis per diem, xxviij libras xv solidos. » (Fol. 5 verso.)

[2] Sus le mont de Tygris, où hault sont ly rocier,
Demoroit ly sierpens, que Dieux doinst encombrier !
Et avoit une fosse où il dormoit l'ivier,
Qui desous tierre aloit à guise de *celier*, etc.
Le Chevalier au Cygne, édit. de M. de Reiffenberg, t. II, p. 315, v. 11971.

[3] Un chaval saur, bausa, de bon *celier*.
Le Roman de Gérard de Roussillon, p. 103, v. 16.

Page 212, vers 3279, couplet LXXII.

Le cahiz est une mesure espagnole contenant la charge d'un mulet. Voyez le Glossaire de du Cange, aux mots *Caffirus* et *Caficium*, t. II, p. 17, col. 3; le grand dictionnaire de l'Académie, dit *des autorités*, t. II, p. 51, col. 1; le Dictionnaire des antiquités de la Navarre, t. II, p. 709, etc.

Page 212, vers 3289, couplet LXXII.

De ce personnage, que nous avons déjà vu scellant un reçu de son neveu [1], il existe une reconnaissance de cent livres tournois pour la défense de Viana au temps de la guerre. (Arch. de l'Emp. 1295—59—J. 614.) Don Garcia Martinitz d'Uritz reparaît de la manière suivante dans les comptes de Navarre pour 1283 et 1284 :

Domino Garsie Martini de Uriz pro complemento retinencie castri de Falcibus, xxv kaficia. (Ms. Bibl. imp. Suppl. lat. n° 165¹, fol. 8 verso. *Compot. Martini Roderici, merini Ripparie.*)

Garcie Martini de Uriz pro eodem (complemento miliciarum suarum), lx kaficia. (Folio 9 verso. *Compot. Roderici Petri de Echalaz.*)

Domino Garsie Martini de Uriz pro complemento mesnadarie sue pro quadraginta libris, ij° kaficia. (Folio 12 recto. *Compot. Sancii Orticii de Sancto Miliano, merini Stellensis.*)

Domino Garsie Martini de Uriz pro complemento mesnadarie sue, vj libras. (Fol. 24 recto. *Compot. Roderici Petri de Echalaz.* Cf. folio 59 recto.)

Item domino Garsie Martini de Uriz pro mesnadaria sua, videlicet pro sexaginta libris, cl kaficia. (Folio 51 verso. *Compot. Garsie Michaelis, scriptoris et ballivi Stellensis.*)

Item domino Garsie Martini de Uriz pro mesnadaria sua, videlicet pro quadraginta libris, ij° kaficia. (*Ibid.*)

De pecta de Arriascoyti, vj libras. Dominus Garsia Martini de Uriz tenet. (Folio 58. *Compot. Roderici Petri de Echalaz.*)

Garsie Martini de Uriz ad complementum retinencie de Falces in jure vocato *fornage* de Falcibus, per annum xxv kaficia. (Folio 106 recto. *Compotus Guillelmi Ysarni, merini Stellensis.*)

Voyez encore folios 74 verso, 76 recto, 89 recto et verso, 91 verso, 106 recto.

[1] Voyez ci-dessus, p. 444, n° 4.

Page 216, vers 3341, couplet LXXIII.

Le mot *viander*, que l'on retrouve plus loin[1], est encore à ajouter au Lexique roman, où l'on ne rencontre que *viandan*, *vianda*[2]. Cependant on lit *fossatz vianders* dans l'Histoire de la croisade contre les hérétiques albigeois, p. 570, v. 8426.

Page 220, vers 3394, couplet LXXV.

Il nous reste de Semen d'Oarritz un reçu ainsi conçu :

Sepan quantos esta carta verán et odrán, que yo, Semen d'Oarriz, vengo de conocido que yo e recebido de vos, me sire Eustace de Biau Marchez... por mi mesnaderia deste present aynno ata la fiesta de sant Miguel primera que viene, quarenta libras de torneses.... Et en testimonio desto, *etc.* Data en Thebas, lunes primero enpues la fiesta de katedra Sancti Petri, A. D. Mº CCº LXXº quinto. (Archives de l'Empire, 1275 – 176 — J. 614.)

Ce personnage, du moins un Simon d'Oarriz, possédait des biens dans la ville de Saint-Martin d'Unx :

In villa de Sancto Martino d'Unx de tributo hereditatis Symonis d'Oarriz, xx kaficia. (Ms. Bibl. imp. Suppl. lat. n° 165⁷, folio 9 verso. *Compot. Roderici de Echalaz*, A. D. 1283.)

Plus loin, folio 84 recto, on trouve nommé un Ochoa Martin d'Oarriz, qui appartenait peut-être à la même famille.

Page 222, vers 3426, couplet LXXIV.

D. Garcia Almoravid, poursuivi autant par la justice royale que par la veuve, les fils et la famille de D. Pedro Sanchiz[3], se réfugia d'abord dans le château de Sare[4], près d'Espelette, puis en Castille, d'où il tenta, au moins une fois, de rentrer en Navarre[5]; ses biens furent confisqués et réunis

---

[1] P. 234, v. 3641, et p. 318, v. 4957.

[2] Voyez t. V, p. 540, col. 2.

[3] *Annales del reyno de Navarra*, lib. XXXIV, cap. III, § VI, n° 23; t. III, p. 412, c. 2.

[4] «Dizen mas, que don Garcia y sus complices se recogieron al castillo de Sar, de donde despues por el conde Carlos fueron compellidos á huyr, y que algunos passaron á la ylla de Cerdeña, donde refieren que moraron perdiéndose en Navarra sus casas y solares... y los principales dellos fueron despues reptados, como luego se notará.» (*Compendio historial de las chrónicas... d'España*, etc. compuesto por Esteban de Garibay. Anvers, 1571, in-fol. lib. XXVI, cap. III.)

[5] «Item pro expensis ejusdem quando ivit, cum mesnaderia Sancti Vincencii de la Gardia et de Viana et cum peditibus, ad custodiendum portum de Thoro, de Ferrera et populationis de Maragnon, et fuit ibi per quatuor dies ad hoc ut Garcias Almoravit et sui non intrarent

à la couronne, qui se chargea de ses dettes [1]. En 1284, ses maisons avaient été données aux dames de Santa-Clara [2]; en 1393, le roi Charles III donna le lieu d'Unciti, qui appartenait à ce seigneur, avec d'autres biens, à son frère bâtard Mosen Leonel [3].

Avant de prendre congé de don Garcia Almoravid, donnons cette pièce, qui nous fait connaître le nom de sa femme, sans doute issue d'une famille de Champagne, la famille de Marigny :

> Sepan quantos esta carta verán et odrán, que yo, don Garcia Almoravit, vengo de manifiesto que devo á vos, me sire Eustace de Biau Marchez... cient libras torneses, las quales yo de vos recebí en dineros contados en presto... E devo dar é pagar los dichos dineros á vos, ó á vostro mandamiento, qui esta carta mostrare por vos, toda sazon que á vos ploguiere, d'aqueilla renta que yo devo recebir cada aynno en Campayna, por razon de donna Maria de Maraynni, mi muger, sin otro alongamiento. Et en testimonio, *etc.* Data en Pamplona, martes primero ante la fiesta de sant March evangelista, A. D. M° CC° LXX° sexto. » (Arch. de l'Empire, 1276—276—J. 614.)

Par une autre pièce de même date, don Garcia reconnaît devoir deux cents livres tournois à Eustache Beaumarchais et s'engage à les lui payer, à lui ou à son ordre. (*Ibid.* 1276—254—J. 614.)

Page 222, vers 3433, couplet LXXIV; et page 270, vers 4203, couplet LXXIX.

Le mot *criad*, conservé dans l'espagnol actuel, où *criado* a le sens de *domestique*, manque dans le Lexique roman. Nous l'avions cependant encore au XVI° siècle, au moins en Gascogne, s'il faut en croire un passage d'un fragment de la vie de François de Bourdeille, père de Brantôme : « Entre autres, y est-il dit, il mena un honneste maistre pallefrenier, qui s'entendoit bien en chevaux, qui estoit de ce temps comme un *creat* d'aujourd'huy [4]. »

Navarram, XX libras. » (Ms. Bibl. imp. Suppl. lat. n° 1657, fol. 22 verso.)

« Pro expensa mesnadarie de la Goardia et de Sancto Vincentio et de Viana, in quatuor diebus, custodiendo portus populationis ne transirent inde Garsias Almoravit nec ipsius familia ad Navarram, xxiiij kaficia (ordei). » (Fol. 43 recto.)

[1] « Petro d'Echauri, mercerio Pampilonensi, de bonis d'El Cart pro debito in quo sibi tenebatur Garsia Almoravit, de mandato gubernatoris, xix kaficia. » (*Ibid.* fol. 13 verso.)

« Petro de Echauri, mercerio Pampilonensi, pro debito in quo sibi tenetur Garsias Almoravit, iiij libras xix solidos. » (Fol. 25 verso.)

[2] *De domibus non locatis.*

« De domibus domini Garsie Almoravit nichil, quia gubernator dedit eas dominabus Sancte Clare. » (*Ibid.* fol. 26 recto.)

[3] *Diccionario de antigüedades del reino de Navarra*, t. III, p. 472.

[4] *Œuvres complètes de Brantôme*, édit. du Panthéon littéraire, t. II, p. 472, col. 2.

Notre ancienne langue avait autrefois *nurri*, *nourri*, *norri*, dans le sens de *domestique* :

> Ele apele à sei Herselot sa *nurrie*.
>
> *Horn et Rimenhild*, p. 34, v. 706.

> Lors ad pris un penun d'un cendal de Ruissie,
> A dan Horn le veiat par une sue *narrie*.
>
> *Ibid.* p. 77, v. 1580.

> En Ardene la grant vers la mer est fuie,
> E od sei si menat une sue *nurrie*.
>
> *Ibid.* p. 239, v. 4879.

> Noise out entr'eus grant et murmuire...
> E s'il a dit à ses *norriz*.
>
> *Chronique des ducs de Normandie*, par Benoît, t. II, p. 308, v. 24559-62.

> Or n'a baron de ci que en Ponti
> Ne li envoit son fil ou son *nourri*.
>
> *Li Romans de Raoul de Cambrai*, p. 21, v. 6.

Quant à l'infinitif *norir*, on le trouve employé dans le sens d'*élever*, mot avec lequel il est quelquefois employé :

> Là fut la mesnie privée
> Qu'il ot *norie* et *eslevée*.
>
> *Le Roman de Brut*, v. 12738; t. II, p. 180.

Les Castillans avaient *nodrir* dans le même sens :

> Los monges de la casa, cansos et doloridos,
> Aguisaron el cuerpo como eran *nodridos*.
>
> *Vida de santo Domingo de Silos*, copl. 528. (*Coleccion de poesías castellanas*, etc. t. II, p. 67.)

> El bispado de Uesca, mui noble calongia,
> *Nadrió* estos criados, etc.
>
> *Martirio de S. Lorenzo*, copl. 8. (*Ibid.* p. 229.)

De là *nudricion* pour *éducation*. Voyez *la Estoria de señor sant Millan*, dans la même collection, même volume, p. 116.

Page 222, vers 3437, couplet LXXIV.

Dans le registre original des comptes de Navarre pour les années 1283, 1286, on voit bon nombre d'articles qui peuvent nous éclairer sur le prix des flèches à l'époque de la guerre de Pampelune, et en général sur les munitions de guerre et les armes employées alors :

[Anno 1283.]

Item Ade, ballivo Sancti Johannis, pro faciendis sagitis, xx libras. (Ms. Bibl. imp. Suppl. lat. n° 165', fol. 2 recto.)

Item pro filo empto ad faciendum cordas balistarum, xiiii s.

Item pro quinque pocis[1] salsis, vij doliis magnis et parvis, duabus magnis archis et duabus parvis archis ad tenendum sagitas, quodam scuto, thoris et alio arnesio, emptis de Johanne de Monciaco, vi libras iiii solidos. (Fol. 4 recto.)

Item pro quadam balista de garroto empta ad opus dicti castri (de Cascant), l s.[2].

Item pro facienda alia balista de garroto, cum lignis, ferramentis et cordis emptis, et locatione operariorum, iiij l. iiij. s. ¶ Item pro ij rovis canabi emptis et faciendo filo de eodem ad opus dicte baliste et aliarum, xvj s. vj d. ¶ Ibi pro iiij° sagitis ad opus balistarum, qualibet pro iiij d. ob. cxij s. vi d. (Fol. 4 verso.)

Ibi pro reparanda turre et faciendo tecto baliste de garroto et quadam porta ad opus turris, xvij s. ix d.

Ibi pro preparando turno balistarum, ij s. vj d.

Ibi pro centum sagitis, balistis de garroto et suis hastis et pennis emptis, qualibet pro v d. xlj s. viij d. (Fol. 5 recto.)

Item pro faciendis xiij" sagitis cum hastis et pennis suis, quolibet miliario pro sexaginta novem solidis quinque denariis, xlv l. ii s. v d. ¶ Item pro octo turnis emptis ad armandum balistas, c s. ¶ Item pro caxis emptis ad invasandum sagitas, xij s. (Fol. 5 verso.)

[Anno 1284.]

Pro quadam balista de garroto de parvis balistis empta ad ponendum in Cascant, iiij lb. iiij s. ¶ Item pro duabus balistis de garroto, de majoribus, emptis, xi lb. iij s. ¶ Item pro sexaginta ferris vocatis *reyas*, emptis ad pugnandum de muro, si neccesse sit, lxv s. ¶ Ibi pro sexaginta tabulis vocatis *alcamias*, emptis ad faciendum hastas ferrorum, xl s. ¶ Item ibi pro cordis vocatis *de sparto*, emptis ad suspendendum tabulas et ligna de muro, xxxiij s. ¶ Item pro centum telis vocatis *javelos* emptis, xxxiij s. iiii d.

---

[1] Sic, pro *porcis*. — [2] Voyez ci-dessus, p. 401, note au vers. 1091.

Ibi pro duabus macis ferri emptis, xxv s. ¶ Ibi pro sex cuneis ferri emptis, xix s. vi d. ¶ Ibi pro preparanda quadam balista de garro[to], que antea erat ibi in castro, xx s. vj d.

Ibi pro sex instrumentis ferreis vocatis *picos*, emptis, xiii s. (Folio 19 recto.)

Ibi pro pennis vulturis[1], pergameno et cola emptis ad ponendum pennas sagitarum, xxvj s.

Ibi pro quadam archa empta, cum sexcentis sagitis de turno bene preparatis, que archa est ad tenendum armaturas[2], xx lb.

Item pro quadam balista de garroto, empta ad opus turris Montis Regalis, cx s. ¶ Ibi pro faciendo quodam coopertorio ad opus istius baliste de turno, et cordis, xix s.

Item pro duobus balteis emptis, x s.

---

[1] Plus ordinairement les flèches et les carreaux étaient garnis de plumes d'oie ou de barbes de parchemin. En 1325, un officier du roi d'Angleterre en Guienne demandait que l'on y envoyât cent mille livres de cette sorte de plumes « pur penner quarreux et setes, pur esparnier parchemin qe autrement convendroit estre despendu en cel oeps. » (*Collection générale des documents français qui se trouvent en Angleterre*, rec. et publ. par Jules Delpit, t. I, p. ccxxi et 57.) — Il y avait encore des carreaux avec des ailes de cuivre. (*Archéologie navale*, par M. Jal, t. II, p. 320. Cf. Guillaume Guiart, *Branche des royaux lignages*, ann. 1304; apud Buchon, *Chron. nat. fr.* t. VIII, p. 368, v. 9561.) — Enfin on employait aussi quelquefois des plumes de paon pour garnir des flèches. On lit dans les comptes de la garde-robe d'Édouard II : « Pro duodecim flechiis cum pennis de pavone emptis pro rege, 12 sol. » (Ms. Bibl. Cott. Nero, C. VIII, p. 53.)

[2] Il était d'usage, comme l'on voit, de tenir les armures enfermées dans des coffres, tandis qu'aujourd'hui il est de mode de les laisser exposées à l'air. On lit dans de vieux romans :

> A son escrin est maintenant alés,
> Si en trait fors .j. branc d'achier letré...
> « Vasal, dist-il, cestui me porteras;
> Je l'ai maint jor en mon escrin gardé. »
>
> *Huon de Bourdels*, ms. de Tours, fol. 129 recto, v. 21.

> Il deferment .i. coffre que .i. muz ot aporté,
> S'an traient les aubers et les iaumes gemez,
> Et les espées riches don li pon sont dorez.
>
> *Li Romans de Parise la Duchesse*, p. 143, v. 9. Cf. p. 176.

> Li garçons est tost sallis sus...
> S'a un viés cofre desfrumé,
> Si en trait unes armes teus
> Que jou bien vous sai dire queus.
>
> *Li Romans des aventures Fregus*, p. 20, v. 12.

> .j. escrin li ont desfrumé,
> S'en traient .j. auberc treillis,
> .j. vert elme d'acier burnis
> Traient d'un cofre bel et gent.
>
> *Ibid.* p. 176, v. 14.

Dans un compte de la garde-robe d'Édouard Ier, cité par le docteur Meyrick, on lit cet article : « Domino Radulpho de Stokes... pro... coffris, saccis, bahudis et forellis, emptis pro diversis armaturis imponendis. » (*A critical Inquiry into antient Armour*, vol. Ier, p. 139.) Il vient maintenant tout naturellement à l'esprit que notre mot *armoire* n'a pas d'autre origine, ce que le Duchat n'a pas manqué de faire remarquer. (*Dict. étym.* de Ménage, t. Ier, p. 86, col. 2.) On lit dans le Roman de Perceforest, ch. CXLIIII (édit. de 1531, vol. Ier, folio cxxv recto, col. 1) : « Et se ilz leur falloit chevaulx ne armeures, ilz s'en allassent en ses estables et en son armoirie. »

Ibi pro quinque balistis duorum pedum, qualibet pro decem solidis, et decem et novem balistis unius pedis, qualibet pro septem solidis, ix lb. iij s. ¶ Item pro duabus balistis de turno, xxx s. ¶ Item pro quadraginta scutis emptis, quolibet pro quatuor solidis, viij lb. ¶ Item pro decem capellis ligni, xx s. ¶ Item pro decem armaturis vocatis *perpuntes*, emptis quolibet pro quindecim solidis, vij lb. x s. ¶ Item pro decem gorgeriis de panno, xij s. vj d. ¶ Item pro centum sagitis emptis ad opus balliste de garroto, cum suis hastis et pennis, qualibet pro tribus denariis et obolo, xxviij s. ij d. ¶ Item pro quingentis triginta sagitis de garroto, ad preparandum emptis, in parte aliquibus earum pro tribus denariis, in parte duobus denariis et obolo, vj lb. ij s. xj d. ¶ Item pro ii^m c sagitis de turno, ad preparandum emptis, quolibet miliario pro quadraginta solidis, iiij lb. iiij s. ¶ Item pro iiij^m v^c sagitis duorum pedum, ad preparandum emptis, quolibet miliario pro triginta solidis, vj lb. xv s. ¶ Item pro xiiij^m sagitis balistarum unius pedis, ad preparandum emptis, quolibet miliario pro viginti quinque solidis, xvij lb. x s.

Item pro cordis factis de caudis vacarum emptis apud Cortes et Coreilla, ad opus balistarum de garroto, xxxv s. vi d. ¶ Item pro tribus turnis ad armandum balistas, emptis, xv s.

Item duo brachia balistarum. (Fol. 20 recto.)

Item pro xij scutis et pro xij capellis ferri[1], emptis ad opus castri de Theb. vj lb.

Item pro tribus scutis emptis ad opus garnisionis dicti castri (Montis Regalis), xij solidos. (Fol. 33 verso.)

Pro octo balistis duorum pedum et duabus balistis de cornu, et sex honeribus instrumentorum vocatorum *alçaprimes*, missis apud Olitum de mandato gubernatoris, xij lb. x d. (Fol. 35 recto.)

[Anno 1285.]

Item pro xxix^m sagitis unius pedis portatis de Sancto Johanne apud Aoiz, quolibet miliario pro quinquaginta novem solidis quatuor denariis, c lb. x s. viij d. ¶ Item pro quingentis sagitis duorum pedum portatis de Sancto Johanne apud Aoiz lxix s. ij d. ¶ Pro portandis dictis sagitis de Aoyz apud Sangossam, xl s. ¶ Item pro vasis vocatis *achas*, emptis ad portandum dictas sagitas, xx s. (Fol. 71 recto.)

Voyez sur les traits appelés *carreaux*, le Glossaire de du Cange, à l'article *Quadrellus*, n° 1, t. V, p. 534, col. 1. Cf. folios 20 recto, 22 recto, 31 recto, 54 verso, 64 verso, 65 recto, etc. l'ouvrage du docteur Meyrick, déjà cité, t. Ier, p. 90, 202, 203, et l'Archéologie navale de M. Jal, t. II, p. 219.

---

[1] A cette époque, on fabriquait de ces chapeaux à Montauban. Dans un manuscrit du Musée Britannique, que l'on peut regarder comme étant de la fin du xiiie siècle (Bibl. Harl. n° 6146, fol. 46), il est dit qu'un écuyer ne doit figurer dans un tournoi que la tête couverte d'un *chaplette of Montaubien*. (Voyez *A critical Inquiry into antient Armour*, vol. Ier, p. 155.)

HISTOIRE DE LA GUERRE DE NAVARRE.

En recourant au compte général des revenus du roi pendant l'année 1202, publié par Brussel, on aura le prix des carreaux au commencement du XIII° siècle, prix qui n'est pas uniforme, comme on va voir :

Pro xx. millibus quarellorum à estris, LXX lib.[1]. — De XL.^m carellorum faciendis, c. l.[2]. — Pro XL.^m quarellorum, IIII^{xx}. et x. l. — Et pro IIII^m quarellorum ex aliis quarellis, IX l.[3].

La pièce suivante, précieuse pour l'histoire des armes de guerre, nous fait connaître le prix des carreaux au milieu du XIII° siècle :

Aufonz, filz de roi de France, coens de Poitiers et de Tholose, à son amé et son feau mesire Sicart Alemant, chevalier, saluz et attalentement de boenne amor. Come Sycart, vostre filz, ait baillié arbalestes et tarcais et quarriaus, dont le millier des greigneurs carriaus costerent xx sols et des meneurs xviij sols, si comme il estoit contenu en l'escrit que cil vostre filz bailla, nos vos fesons assavoir que les devant diz quarriaus que il bailla sunt trop lons et ne sunt mie bien droit enferrez : pour quoi nos vos envoions iiij quarreaus à estreu, et vos prions qu'à l'essamplaire des devant diz iiij quarriaus que nos vous envoions nos en faciez fere .C. milliers à arbaleste à estreu pour xviij sols tholosans le millier ou pour meins, au meilleur marchié que vos pourroiz, et que lidiz .C. milliers soient d'autel façon et au plus semblables qu'en pourra comme les iiij que nos vos envoions et de lonc et de gros, de fer et de fust, et droitement enferrez ; et des gros à ij piez dont nos vos envoions ausint .ij. qui n'a point de pointe, nos faciez fere xx milliers por xx sols de tholosans le millier ou entour, au meuz que vos porrez ; et lesdiz xx milliers à ij piez faciez fere d'autel façon come celui que nos vos envoions et de lonc et de gros, de fer et de fust, et que il soient droitement enferrez et bien apointiez, et que il siee sur la querre, et que lesdiz C milliers à estrief et les xx milliers à ij piez soient fez dedenz ce prochien Noël. Et bien nos plest que des arbalestes et des cros et des tarcais nos faciez fere de chascun .xl. pour iiij sols une arbaleste, et pour xij deniers le croc et le tarcais, si comme cel Sycart vostre fiz dist, si comme nos avon entendu ; et ces choses festes commencier à fere au plus tost que vos pourroiz ; et quant vos auroiz fet commencier, si nos envoiez vj des quarriaus à estrieu, et vj de ceus à ij piez. Et sachiez que nos avons mandé par noz lestres à nostre seneschal de Tholose, par le porteur de ces lestres, que il vos face baillier de noz deniers tholosans ce que les devant distes choses costeront, quant vos l'en requerrez. Ce fu fet le samedi après les oitieves de Penthecoste, l'an de l'incarnation Nostre-Seigneur M. ij° lx vij. Dont nos vos mandons que au devant dist mesire Sicart, quant il vos en requerre, bailliez ou faciez baillier de nos deniers tholosans ce que les devant distes choses costeront à fere, c'est assavoir : C. milliers de quarriaus à estreuf pour xviij sols tholosans le millier, ou entor, et les xx milliers à ij piez xx sols tholosans ou environ, et les xl arbalestes et xl cros et xl tarcais v sols tholosans chascune arbaleste et cros et tarquais ensemble, ou entor, dont la somme de tout monte vi^{xx}

---

[1] *Nouvel Examen de l'usage général des fiefs*, etc. t. II, p. 140, col. 1.

[2] Col. 2.

[3] P. CLXVIII, col. 2.

livres de tholosans, ou entour; et quant ces choses seront fetes, que elles soient bien gardées et bien estoiées sauvement, et le nos festes assavoir par voz lestres. Datum die et anno predictis. (*Epistolæ Alfonsi, comitis Pict. et Thol.* 1250 — 1269, in Thes. chart. cart. J. 319, reg. LXXI, vol. I, folio 44 verso.)

Les meilleurs carreaux étaient ceux de Gênes. On lit dans des conventions arrêtées entre Guillaume Pierre de la Mar et Philippe le Bel, en 1294, pour l'armement des galères de Provence :

Et est à savoir que ce sont les armeures qui faillent, selonc mon dit, pour chascune galie : vi^{xx} targes bonnes et souffisanz; vi^{xx} bacinez; vi^{xx} cousteliers; vi^{xx} espaulieres. Item ii^{m} de bons quarreaus de Jennes d'un pié; iii^{m} d'autres quarreaus; i^{m} de quarreaus de ii piés, des bons de Jennes. Item lx plates. Item lx gorgieres de plates. Item lx ganz de plates d'une main. Item lx arbalestres ; c'est assavoir xl d'un pié, et xx de ii piez. Item iiii dozainnes de longues lances. Item ii dozainnes de rouelles. Item c javeloz qui sont appelez *gabahsz* (?). Item m. poz de chauz vive. (Trésor des chartes, J. 387, transactions, n° 12.)

Dans ce temps-là, les mots *carreau, dard, flèche, sagette*, servaient à désigner des objets différents, ainsi qu'en témoignent les vers suivants, dans lesquels on les trouve réunis :

Li dart e las sagetas e 'l cairel punhedor.

Hist. de la crois. contre les hérét. alb. p. 466, v. 6807.

E flecas e sagetas e cairels rebulhitz.

Ibid. p. 600, v. 8899.

Notre ancienne langue avait encore *flichon, boujon, vire* et *engaine* :

Pro .xx. milers de *flichons* emptis à Vernon et enferrez à Vernon, per magistrum, xx l. (*Tabulæ ceratæ Johannis Sarraceni*, apud Rer. Gallic. Script. t. XXI, p. 354, G.)

... nule arbaleste...
N'i trairoit ne *bojon* ne *vire*.

Le Roman de la Rose, v. 15867; tom. III, p. 78.

L'arc tent, et le *boujon* encoche.

Ibid. v. 20989, p. 285.

Saietes barbelées,
Dart et *engaines* empenées.

C'est de Troies, ms. de la Bibl. imp. n° 6987, folio 82 verso, col. 4, v. 5.

M. de Martonne, trouvant le mot *bojons* dans le Roman de Parise la Duchesse, l'écrit *botons*. Voyez p. 177.

Page 232, vers 3589, couplet LXXVII.

Ce mot n'est pas de l'ancienne langue du midi de la France [1], du moins ne le rencontre-t-on point dans le Lexique roman. Il est espagnol et se lit, avec *tapiadores*, qui en est formé, dans cet article des comptes de Navarre pour 1284 :

Item pro saumeriis locatis ad portandum lapides de cava ad ortum, et operariis ipsos juvantibus, et aliis operariis aperientibus fundamentum, et facientibus dictum instrumentum vocatum *alizaz* de lapidibus, et aliis operariis vocatis *tapiadores*, et aliis operariis dantibus terram et lapides latomo facienti portale, aliis cooperientibus dictas tapias, et pro expensis latomorum et aliorum operariorum in vino et caseo, etc. (Ms. n° 165', fol. 36 recto. *Compot. Garsie Michaelis, scriptoris et ballivi Stelle.*)

Page 232, vers 3590, couplet LXXVII.

M. Raynouard traduit *cadafalc*, qu'il trouve dans l'*Histoire de la croisade contre les hérétiques albigeois*[2], par *machine de guerre, tour de bois*[3], M. Fauriel par *échafaud*, et M. Viollet-le-Duc dit que les *cadafals* étaient probablement des bretèches[4]. Voyez le Glossaire de du Cange, au mot *Cadafalsus*.

Page 232, vers 3594, couplet LXXVIII.

Je crains fort de m'être trompé dans la traduction de ce vers. Selon toute apparence, l'auteur y fait parler une sentinelle de la Navarrerie, qui, s'adressant à un partisan d'Eustache de Beaumarchais, l'engage à se sauver à Toulouse, d'où venait le gouverneur de la Navarre.

Ce vers, comme le 3596°, le 3604°, le 4369° et le 4481°, fournit une addition importante au Lexique roman de M. Raynouard, qui ne cite, t. V, p. 540, col. 1, qu'un seul exemple de *via* employé comme interjection. Nous avions autrefois, dans le nord de la France, *vias* et *vie* dans le sens de *vite*, de *rapidement* :

Li boins provos le suit *vias*,
Une hace pendue au bras.

De Blancandin, ms. de la Bibl. imp. n° 6957, fol. 257 r°, col. 2, v. 47.

Or en voies ! *viaz* ! *viaz* !

De Monacho in flumine periclitato, etc. v. 343. (*Chronique des ducs de Normandie*, etc. t. III, p. 521.)

---

[1] Cependant on le trouve dans un document du Livre jaune de l'évêché de Marseille cité dans le Glossaire de du Cange. (Voyez t. VI, p. 506, col. 1, au mot *Tapia*.)

[2] P. 280, v. 3989. Cf. p. 454, v. 6318.
[3] *Lexique roman*, t. II, p. 85, col. 1.
[4] *Dictionn. raisonn. de l'archit. franç.* t. I", p. 351, not. 2.

> Mal del cure que je fui née,
> Quant ne moru iluec *vias*
> Qu'il me tenist veaus en ses bras!
>
> *Partonopeus de Blois*, t. II, p. 67, v. 6986. Cf. p. 74, v. 7184.

Mistoudin... commença à piquer de la botte et donner du talon à sa jument, et *vie*, regardant s'ils le suivoient. (*Propos rustiques et facétieux*, de Noël du Fail, ch. x.)

... maistre Pierre... monte à cheval sur sa jument, et va *vie* avec des bottes et ses esperons. (*Les Contes et joyeux devis* de Bonaventure des Periers, nouv. xxv.)

Le lendemain, elles le mirent dehors de bon matin, et s'en va *vie*. (*Ibid.* nouv. LXVI.)

Dans les trois exemples qui précèdent, *vie* est un italianisme. Dans l'*Impromptu de la folie*, sc. XIX, Nison en arlequin, reconduisant Scapin à coups de batte, lui crie : « Va *via*, baron, ladro et maledetto becco cornuto. »

Page 232, vers 3598, couplet LXXVII.

L'autre moulin, mentionné dans ce couplet, pourrait bien être celui qui porte maintenant le nom *de la Biurdana*, bâtiment très-ancien, qui existait au XV° siècle, comme on le voit par les comptes qui sont conservés dans les archives de l'*ayuntamiento* de Pampelune; mais comme dans le même couplet le troubadour dit que les habitants du Bourg n'avaient pas d'autre moulin que celui-ci, dont la digue, à ce que l'on suppose, allait être détruite par les habitants de Navarrerie, il est assez difficile de préciser quel est le moulin en question, l'auteur ayant déjà dit que celui de Santa-Engracia avait été perdu, et sa garnison faite prisonnière. Au milieu de cette incertitude, don Pablo Ilarregui croit que ce moulin était celui de la Biurdana.

Le même savant pense que dans ce temps-là devait également exister l'autre moulin appelé aujourd'hui *de Caparroso*, et que c'est le même dont il est fait mention dans un autre couplet sous la dénomination *du moulin de l'Évêque*, comme appartenant aux habitants de la Navarrerie.

Page 234, vers 3635, couplet LXXVIII.

Le mot *corder* ne se trouve pas dans le Lexique roman; mais, outre que le sens de la phrase n'est pas douteux, nous avons dans l'espagnol *cordero*, qui signifie *agneau*.

Page 236, vers 3673, couplet LXXIX.

Le mot *cavador* n'est pas dans le Lexique roman, où l'on trouve, t. II, p. 365, col. 2, *cavar*, avec la signification de *percer, tailler, creuser, fouiller*. Les détails qu'Anelier va donner sur les dévastations commises à la suite

HISTOIRE DE LA GUERRE DE NAVARRE. 585

de cette sortie, semblent indiquer que nous aurions dû traduire *cavadors* par *sapeurs*.

A la fin du xiv° siècle, ces sortes d'ouvriers portaient aussi le nom de *houilleurs* (fouilleurs), d'où celui de *houille* donné au charbon extrait du sein de la terre. A l'année 1378, Froissart parle de «mineurs et houilleurs mis en besogne.» (*Chron.* liv. II, chap. xxxii; édit. du Panthéon littéraire, t. II, p. 36, col. 2.)

Page 238, vers 3690, couplet LXXIX.

Nous avons traduit *alavessas* par projectiles, mot dont le sens est bien vague; mais nous n'avons trouvé nulle autre part *alavessa*, qui désignait sans doute une arme originairement fabriquée dans la province d'Alava, renommée pour ses fers et ses aciers[1]. Nous verrons reparaître cette arme plus loin, p. 282, v. 4376, et dans la traduction sous le nom d'*alavèse*.

Nous avions autrefois *alenaz* avec la signification de *poignard* :

> Et sacha par grant atayne
> Un *alenaz* d'une gayne
> Au crucefiz, etc.
> *Branche des royaux lignages*, parmi les Chroniques nationales françaises, édit. Verdière, t. VII, p. 191, v. 4519, ann. 1205.

> Vers le roy d'Arragon s'abesse,
> Un *alenaz* en sa main destre, etc.
> *Ibid.* p. 228, v. 5464, ann. 1208.

> Les arméures li souzlieve;
> L'*alenaz* du cop qu'il destent,
> Li met el cors, etc.
> *Ibid.* p. 229, v. 5493. Cf. p. 288, v. 6816, etc. *Gloss. med. et inf. Latin.* t. I, p. 177, col. 2, v° *Alenacia*: et *Lexique roman*, t. II, p. 53, col. 2, v° *Alena*.

Peut-être faut-il lire *alanessas* dans le poëme d'Anelier, et traduire ce mot par *poignards*. Si l'on m'objecte que le poignard n'est point une arme de jet, je répondrai que la lance et l'épée peuvent encore moins être rangées dans cette catégorie, et que néanmoins l'on s'en servait fréquemment comme d'un javelot. Jean de Joinville raconte que, dans une circonstance, un sergent de l'armée des croisés prit son glaive par le milieu, le lança à un cavalier turc et l'atteignit parmi les côtes[2]. Dans la description d'un combat

---

[1] Fierro traen de Alaba é cuños de azeros. *Vida de san Millan*. copl. 466. (*Coleccion de poesias castellanas*, etc. t. II, p. 173.)

[2] *Histoire de saint Louis*, édit. du Louvre, p. 56.

livré au commencement du xiv° siècle, un autre écrivain, après avoir dit qu'on en était venu aux épées, ajoute :

> Mès François, qui d'accoustumance
> Les ont courtes, assez legieres,
> Gietent aus Flamens vers les chieres, etc.

Branche des royaux lignages, ann. 1300; parmi les Chron. nat. fr. t. VIII, p. 243, v. 6288.

On lit dans un ancien roman :

> Quant ly roys des ribaus et sy arbalestriers
> Vinrent sur Sarrasin sy fort traire et lancier
> Et ferir de faussars et de glaves lancier, etc.

Le Chevalier au Cygne, etc. t. II, p. 511, v. 17950.

Enfin Froissart, racontant la mort du sire de Beaujeu en 1351, dit que « là fut un homme d'armes anglois appareillié qui lui jeta son glaive en lançant[1], » etc. Plus loin, rapportant un combat entre le sire de Berkley et un écuyer de Picardie, qui eut lieu en 1356, il dit que le premier prit son épée de Bordeaux, « et l'empoigna par les haus en levant la main pour jeter en passant à l'escuyer, et l'escouy, et laissa aller. Jean d'Ellenes, qui veit l'espée en volant venir sur lui, se destourna... et jeta par avis si roidement son espée audit chevalier... et l'atteignit dedans les cuissiens tellement que l'espée, qui estoit roide et bien acerée, et envoyée de fort bras et de grand' volenté, entra ès cuissiens et s'encousit tout parmi les cuisses jusques aux hanches[2]. »

Page 240, vers 3719, couplet LXXX.

Le mot *aldea*, que l'on chercherait en vain dans le Lexique roman, paraît n'avoir jamais existé en provençal; il appartient à la langue espagnole, et n'a point cessé d'être en usage. Voyez le Glossaire de du Cange, t. I", p. 174, col. 2, art. *Aldea*, n° 1.

---

[1] *Les Chroniques de sire Jean Froissart*, liv. I", part. II, chap. VIII; édit. du Panthéon littéraire, t. I", p. 296, col. 1.

[2] *Ibid.* chap. XLIII; t. I", p. 352, 353. Cf. chap. XCV, ann. 1359 (p. 406, col. 1); chap. CCCXI, ann. 1370 (p. 642, col. 2), et liv. III, chap. XIII, ann. 1388. (Tome II, p. 402, col. 2.)

Page 240, vers 3736, couplet LXXX.

A ces excès, le P. de Moret en ajoute d'autres, sans doute d'après la chronique du prince de Viana. Selon cet écrivain, les habitants de la Navarrerie, non contents de dévaster les propriétés de leurs adversaires, auraient porté la cruauté jusqu'à rechercher dans les villages voisins leurs enfants qui y étaient en nourrice, et les auraient tués et mis en pièces jusqu'au dernier en les écrasant contre les murs[1]. Nous remarquons avec bonheur qu'Anelier ne fait aucune mention de ce fait, qui offre ainsi matière à discussion.

Dans le même couplet, le troubadour, parlant de la razzia faite par les habitants de la Navarrerie, dit que les juifs qui s'y trouvaient prirent une part très-active aux ravages. Il y avait, en effet, dans ce quartier, une rue appelée *la Juderia*, qui leur était affectée, et qui fut totalement détruite dans le sac de 1276. Plus tard, c'est-à-dire en 1336, le gouverneur de la Navarre, Salhadin d'Anglure[2], concéda aux juifs la faculté d'élever une nouvelle juiverie, ce qui, en effet, eut lieu; mais à l'expulsion de ce peuple, en 1498, tous leurs biens furent réunis au patrimoine royal, à l'exception de ceux des sectateurs de Moïse qui se convertirent à la foi chrétienne. Le roi don Juan et doña Catalina, sa femme, qui régnaient alors, accordèrent l'année suivante à l'*ayuntamiento* de Pampelune, la grande synagogue des juifs avec toutes ses dépendances pour y établir des écoles de grammaire et d'humanités, qui y furent, en effet, installées.

L'an 1598, le même corps passa une convention avec les jésuites pour se charger de l'enseignement; on vendit alors à l'évêque don Antonio Zapata la maison de l'ancienne école située dans la rue Chica du quartier de San-Nicolas, et le séminaire des enfants de la doctrine y fut placé. En même temps, l'*ayuntamiento* acheta à la confrérie appelée *de Corpore Christi*, l'édifice de la rue de la Caldereria, contigué au collége des R. P., et l'on y transporta l'école : il résulte de ce qui précède, que la synagogue des juifs devait être dans la maison que l'on appelait vulgairement *de los doctrinos*, dans la rue de Lindachiquia.

Pour en revenir aux juifs de la Navarrerie à l'époque de la guerre qui amena sa destruction, ils ne s'attaquaient aux vignes des bourgs que parce

---

[1] *Crónica de los reyes de Navarra*, édition de D. José Yanguas y Miranda, ch. IX, p. 147. — *Annales del reyno de Navarra*, liv. XXIV, ch. III, S VI, n° 24 ; t. III, p. 413, col. 1.

[2] Probablement le même que le chevalier nommé *Johannes Salhadinus de Anglura*, dans un registre du parlement de Paris. (Arch. de l'Emp. sect. judic. X, 11, art. xxvij, fol. 13 r°.)

qu'ils étaient eux-mêmes fermiers de celles du roi [1]. Nous l'apprenons par ces articles des comptes de Navarre pour 1283 et 1286 :

Johannes de Fevras, castellanus Montis Regalis, recepit denarios :

Ibi de censu vinearum regis quas Judei tenent, xj libras vij solidos. Deficiunt sex solidi sex denarii, quia quidam Judeus ivit in Aragoniam. ¶ De censu vinearum regis quas Judei tenebant, et diviserunt eas, nichil, quia in vini compoto computabitur. (Ms. Bibl. imp. Suppl. lat. n° 165⁷, fol. 1 recto.)

Expendit denarios.

Pro cultura vinearum regis quas Judei tenebant ad censum, et postea dimiserunt eas propter guerram, et faciendo vino [2], xxx solidos iiij denarios. (Fol. 1 verso, l. 1.)

Ibi de censu vinearum regis quas Judei tenent, vj libras xiiij solidos. (Folio 90 verso. *Compot. Roderici Petri de Echalaz, merini.*)

Peut-être même y avait-il, parmi les juifs de la Navarre, des propriétaires de vignes. On est amené à le penser en lisant dans les comptes de ce pays pour l'an 1284 l'article suivant, qui se rapporte peut-être à un Maure [3] :

---

[1] Celles de la reine de Navarre avaient été vendues, en tout ou en partie :

« De vindemia venditarum vinearum que proprie erant domine regine ante destructionem Navarrerie, xlj solidos vj denarios. » (Fol. 2 verso.) — Les vignes du roi étaient cultivées, soit à façon, soit à moitié :

« De vineis regis quas tenet ad culturam Gilebertus, et de aliis vineis laboratis ad medietatem, iiij⁵ metre. » — (Fol. 81 recto. *Compot. Gileberti, ballivi Tutele,* A. D. 1285.) — « De vineis regis de Thebas de Gorris, datis ad laborandum ad medietatem, xviij metre vini. » (Folio 84 recto.) — « Item pro colligendis vasis vocatis *cestis*, vinearum datarum ad medietatem, cum uno saumerio locato, ij solidos viij denarios. » (Fol. 97 verso. *Compot. Calveti d'Oronz, almiraldi Sangosso.*) — En 1286, le domaine royal possédait encore, dans la Navarrerie, des vignes dont il vendait les produits en nature :

« Item pro xviij honeribus racemorum que Poncius de Monte Rodato et Symon Aznarii portarius in vineis de Açoz Roderici de Uesqua, de Navarreria, iiij libras x solidos. » (Fol. 35 recto.) — « Item Johanni Michaelis, scriptori, pro scribendis vineis Navarrerie v solidos. ¶ Item pro expensis ejusdem et Petri Ochoe, portarii, in sexdecim diebus visitando vineas Navarrerie, si erant laborate vel non, iiij libras. » (Fol. 101 recto.)

[2] Cette fabrication du vin par les juifs excitait ainsi la bile d'un souverain pontife :

« Vindemiarum tempore uvas calcat Judæus ligneis caligis calciatus, et puriore mero juxta ritum Judæorum extracto, pro beneplacito suo retinent ex eodem, residuum quasi fœdatum ab ipsis relinquentes christianis, ex quo interdum sanguinis Christi conficitur sacramentum. » (*Epist. Innocent. III,* lib. X, ap. *Rer. Franc. et Gall. Script.* t. XIX, p. 497.) — Toujours est-il que le vin de Navarre était fort estimé chez nous au xɪvᵉ siècle :

Vins i ot bons et precieus,
A boire moult delicieus...
De Saint-Jngon et de Navarre, etc.

Le Roman de Fauvel, ms. de la Bibl. imp. n° 6812, folio xxxii verso, col. 1, v. 38. Cf. *les Manuscrits françois de la Bibliothèque du Roi,* t. Iᵉʳ, p. 310.

[3] « Item Sarracenis de Cascant colentibus vineas, pro jure suo vocato *açofra*, xv kaficia mixture et ordei. » (Ms. Suppl. lat. n° 165⁷, fol. 73 recto.)

De vinea Yucef padre, xxij solidos vi denarios. (Folio 26 recto. *De Locatione ortorum et aliorum ortorum vocatorum* abolecas.)

Mais que penser en lisant cet article, au chapitre des amendes?

De Audela Marrachan, quia ostendit quamdam vineam cuidam Judeo, x solidos. (Folio 95 verso.)

A cette époque, les champs, les vignes et les maisons de la Navarrerie rapportaient au fisc 550 livres, 134 livres 6 sous de plus que le revenu du fonds destiné aux femmes devenues veuves antérieurement à la guerre, aux orphelins, aux clercs et à ceux qui à ce moment étaient hors de la ville [1].

Pour avoir travaillé, dans le même temps, à ses fortifications, les aneliers, ou bijoutiers juifs, et les cordonniers de la même nation, recevaient du gouverneur remise de 20 livres [2], ce qui diminuait d'autant les charges qui pesaient si lourdement sur elle [3]. Auparavant, le même officier avait donné trois cahiz de blé à un juif, qualifié de *corrector* dans le registre qui nous a conservé le souvenir de cette libéralité [4]; mais on ne voit pas clairement ce qu'il faut entendre par ce mot, pour lequel le Glossaire de du Cange est sans explication plausible [5].

Page 242, vers 3747, couplet LXXX.

On trouve une allusion pareille dès le xiie siècle, dans un sirvente de Richard Cœur de Lion :

[1] « De tributo agrorum, vinearum et domorum Navarrerie Pampilonensis, v^c l libras. — Pro hereditate redditus viduis que erant ante guerram, orphanis et clericis et illis qui tempore guerre erant extra villam, de mandato domini regis et juramento illorum qui ad hoc per dominum regem fuerunt specialiter destinati, iiij^{xx} xvj libras vij solidos. » (Ms. Bibl. imp. Suppl. lat. n° 165⁷, fol. 3 verso. Cf. folio 70 recto.)

[2] « Item anulariis et çapateriis Judeis pro remissione facta per gubernatorem, racione guerre, xx libras. » (Ms. Bibl. imp. Suppl. lat. n° 165⁷, fol. 29 recto. Cf. fol. 94 recto : *De locatione tendarum anulariorum et çapateriorum Judeorum*.) — Nous hésitons d'autant moins à rapporter ce passage que l'on ne trouve pas, dans le Glossaire de du Cange, d'exemple cité sous le mot *Annularius*. (Voyez t. Ier, p. 266, col. 3. Cf. p. 258, col. 1, v° *Anhelerius*, et *Lexique roman*, t. II, p. 83, col. 2, art. *Anelier*.) — Je trouve encore dans les comptes de Navarre pour 1285, un article d'où l'on pourrait induire qu'à cette époque les alcades de ce pays portaient un anneau d'or comme signe de leur dignité :

« Item pro quodam anulo aureo empto ad opus alcaldi de Cascant, viij solidos. » (Fol. 54 verso.)

[3] Voyez *De Emendis Judeorum*, ms. cit. fol. 94 recto et verso.

[4] « Didaco Judeo, correctori, pro servicio facto gubernatori, iij kaficia. » (*Ibid.* fol. 14 recto.)

[5] Voyez t. II, pag. 618, col. 3, et 619, col. 1.

> Dalfin, jeus voill deresnier
> Vos e le comte Guion,
> Que an en ceste seison
> Vos feistes bon guerrier
> E vos jurastes ou moi;
> E m'en portastes tiel foi
> Com N Aengris à Rainart,
> E semblés dou poil liart.
>
> *Le Parnasse occitanien*, t. I, p. 13. — *Die Werke der Troubadours*, etc. erster Band, p. 129.

Il y a encore une allusion au *Roman du Renart* dans ce passage, qui a embarrassé M. de Reiffenberg :

> Devant les aultres fu à guise d'estandart,
> E reclaime de cuer le cors de saint Lienart
> Que delivrer les voelle de le prison Renart.
>
> *Le Chevalier au Cygne*, v. 10315; t. II, p. 261.

Page 242, vers 3757, couplet LXXX.

En 1275, on trouve Miguel Periz de Legaria, châtelain du château de Montjardin, donnant reconnaissance à Eustache de Beaumarchais de quarante cahiz de blé de l'année, valant seize livres tournois, et de huit livres en argent pour la tenue dudit château pendant l'année courante jusqu'à la première fête de Sainte-Marie de la mi-août suivante. (Arch. de l'Emp. 1275—90—J. 614.)

Dans un autre reçu de la même catégorie J. 614, n° 60, Miguel Periz de Legaria est qualifié d'alcaïd du même château. Il ne l'était plus l'année suivante, comme on est autorisé à le penser en voyant en 1277 Juan Periz de Legaria, fils de don Miguel, donner reçu à Eustache de Beaumarchais de quarante cahiz de blé, mesure de Pampelune, et de huit livres tournois, pour l'entretien du château de Monjardin[1]. (*Ibid.* 1276 — 238 —

---

[1] En 1283, cette place n'était déjà plus aux mains de Juan Periz de Legaria; on en trouve la preuve dans ces articles des comptes de Navarre :

« Roberto de Sanliz, castellano castri de Monte Jardini, pro retinencia ejusdem castri per litteram dicti gubernatoris, xxx libras. »

(Ms. Bibl. imp. Suppl. lat. n° 1657, fol. 3 verso.) — « Roberto de Sanliz, pro garnisione castri de Monte Jardino, x kaficia farine. ¶Aymardo de Villari, castellano castri de Monte Jardino, proservientibus quos ibi tenuit tempore domini Gerini (de Amplo Puteo), xxv kaficia. » (Folio 11 verso.)

J. 614.) La même année, Johan Periz de Legaria recevait vingt livres tournois pour son service. (*Ibid.* 228.)

Ailleurs, Miguel Periz de Legaria est qualifié d'alcade du marché d'Estella. Voyez ci-dessus, p. 464, n° 100.

Page 242, vers 3759, couplet LXXX.

Comme les héros de l'antiquité, les combattants du moyen âge ne manquaient jamais de s'exciter par des brocards et des injures. Wace rapporte qu'au siége d'Alençon les gardiens de la tête du pont injuriaient Guillaume le Bâtard :

> Plusieurs feiz li unt hucié :
> « La pel, la pel al parmentier! »
> Pur ceo ke à Faleize fu nez,
> U peletiers aveit asez.
>
> *Le Roman de Rou*, v. 9459; t. II, p. 50.

Plus tard, les Français, en guerre avec les Flamands, ayant abordé devant Zierikzee, en Zélande, étaient accueillis par une grêle de flèches et par les épithètes de gloutons et de voleurs. Voyez la Branche des royaux lignages, ann. 1304; parmi les Chroniques nationales françaises, t. VIII, p. 308.

Page 244, vers 3773, couplet LXXXI.

La chatte ou le chat, dont il est si souvent question dans nos anciens auteurs[1], était une sorte de galerie en bois, couverte de merrain, de fer et de peaux, que l'on approchait du pied des murs d'une place assiégée, et qui permettait aux assaillants de faire agir le bélier[2], ou de saper les tours

---

[1] Guill. Brit.-Armor. *Philipp.* lib. VII, v. 797. (*Rec. des hist. des Gaules*, etc. t. XVII, p. 209, B.) — *Hist. de la crois. contre les hér. alb.* p. 50, 112, 182, 282, 294, 336. — Matth. Paris. *Hist. major*, ann. 1226; ed. Lond. MDCLXXXIV, p. 281, l. I. — *Hist. de S. Louis*, éd. du Louvre, p. 42, et gloss. p. XIV, col. 1. — *Br. des roy. lign.* ann. 1185 (*Chron. nat. fr.* t. VII, p. 49, v. 626); ann. 1205 (*ibid.* p. 188, v. 4340). Cf. *Gloss. med. et inf. Latin.* t. III, p. 247, col. 1 et 2, v° *Catus*; et t. IV, p. 583, col. 2, v° *Murilegus*. — On lit dans un roman encore inédit :

> Li rois fet ses engins drecier
> Et vers les hauz murs charroier,
> Bibles et mangonniax geter
> Et les *chaz* aus fossez mener,
> Les berfroiz traire vers murs.
>
> *Le Roumanz de Claris et de Laris*, ms. de la Bibl. imp. n° 7534 ³, fol. 160 verso, col. 2, v. 34. Cf. fol. 161 recto, col. 2, v. 28.

[2] On a quelquefois révoqué en doute que le bélier des anciens ait été connu et employé pendant le moyen âge. M. Viollet-le-Duc fait observer (*Dict. rais. de l'arch. franç.* t. Ier, p. 337) que nous possédons les preuves de l'emploi.

ou courtines au moyen du pic-hoyau, ou encore d'apporter de la terre et des fascines pour combler les fossés[1].

En recourant à Végèce, liv. IV, chap. XVI, et en comparant ce qu'il dit avec un passage de Guillaume le Breton (liv. II, v. 566), traduit par Guillaume Guiart, on voit que le chat était la même chose que la vigne des anciens, c'est-à-dire une machine destinée à dissimuler, à couvrir une mine; mais pourquoi ce nom de *chat*? Sans doute parce que *mine*, dans le langage populaire, signifiait déjà *chatte*. Pendant le siége de la Fère en 1596, un soldat gascon au service de la ligue s'aperçut, du haut du rempart où il était en faction, que le roi de Navarre, occupé à observer les fortifications, était placé précisément sur une mine à laquelle on allait mettre le feu. Voulant sauver son compatriote, le soldat se met à crier en son patois, que personne de la place ne pouvait comprendre : « Moulié de las tous de Barbaste, pren garde à la gatte que ba gatoua, » c'est-à-dire : « Meunier de la tour de Barbaste, prends garde à la chatte qui va faire des petits. » Henri se rappela fort bien que *chatte* se dit également en gascon *gatte* et *mine*; et il se retira promptement. Un instant après, l'explosion avait lieu[2].

pendant les X°, XI°, XII°, XIV°, XV°, et même XVI° siècles, de cet engin propre à battre les murailles, sous le nom de *bosson* (voyez *Hist. de la crois. contre les hérét. alb.* p. 150, 172, 182, 282, 314) et de *mouton*. Pour mon compte, je connais trois passages dans lesquels ce dernier mot présente la signification de *machine de guerre*, ce sont ces vers de Wace et d'un trouvère postérieur :

> De totes pars ensagnes misent,
> Periers, truies et *motons*,
> Et engins de pluisors façons
> Firent faire et al mur hurter
> Por lui perchier et affondrer.
> *Le Roman de Brut*, t. I°°, p. 146, v. 3080.
> Il font engien gitter, sans faire nul detry ;
> Et firent ung *mouton* qui les payens honny.
> *Le Chevalier au Cygne*, t. II, p. 110, v. 6033.

C'est encore une phrase de Froissart, empruntée au récit du siége d'Audenarde en 1382 (livre II, chapitre CLXI; tome II, p. 214, col. 1), et citée dans le Glossaire de du Cange, t. IV, p. 572, col. 3, au mot *Muto*; mais dans ce dernier passage il n'est question que d'une machine de jet, et non d'un bélier, et les autres citations sont peu concluantes. Dans le même Glossaire, t. V, p. 229, col. 3, au mot *Petrorita*, et t. VI, p. 134, col. 1, au mot *Scropha*, du Cange cite des passages de Foucher de Chartres et de Jean, moine de Marmoutier, écrivains du XIII° siècle, dans lesquels il est fait mention de béliers sous le nom d'*arietes*. Ces textes ne sont pas les seuls; on en peut citer d'autres, tels qu'un passage d'Albert d'Aix, *Hist. Hierosol.* liv. VI, chap. IX (*Gesta Dei per Francos*, p. 277, l. 39), et une phrase de Guillaume de Tyr, liv. VIII, chap. VI. (*Ibid.* p. 751, l. 9.) On trouve dans la Chronique de Richer un chapitre intitulé *Compositio arietis*, entre deux autres, non moins utiles à consulter pour l'histoire de la poliorcétique au moyen âge. Voyez liv. II, chap. X (t. I°°, p. 136, 138); liv. III, chap. CV (t. II, p. 130-132), et liv. IV, chap. XXII, ann. 989 (p. 170-172).

[1] *Dictionn. raisonné de l'arch. franç.* etc. par M. Viollet-le-Duc, t. I°°, p. 342.

[2] *Notice historique sur la ville de Nérac*, etc.

Page 244, vers 3791, couplet LXXXII.

Je trouve ce Guillaume Isarn nommé dans cet article des comptes de Navarre pour 1284 :

Item Petro abbatis Guillelmi Ysarni, pro servicio facto dominio, lxx solidos. (Ms. Bibl. imp. Suppl. lat. n° 165⁷, fol. 29 recto.)

Plus tard, je le retrouve merino d'Estella et rendant ses comptes comme tel. Voyez fol. 37 verso, 88 verso et 105 recto.

Page 252, vers 3910, couplet LXXXV.

L'opération que décrit ici le troubadour constituait un *hoard*, *ourdeys*, *hourdement*, car le même mot a plus d'une physionomie dans notre ancienne langue, comme le terme correspondant de la basse latinité, que l'on trouve écrit *hardicium*, *hardicius*, *hordamentum*, *hordecium*, *hordicium* et *urdicius*. Voyez le Glossaire de du Cange, t. III, p. 732, col. 3, p. 733, col. 1 et 2; et t. VI, p. 884, col. 3; sans oublier les Instructions du comité historique des arts et monuments sur l'architecture militaire, p. 40, 41, fig. LXVII. Cf. fig. XVIII *bis*, p. 15.

Hourt avait pareillement plus d'une signification. On le trouve employé avec le sens d'*échafaud* dans *le Chevalier au Cygne*, édit. de M. de Reiffenberg, t. II, p. 412, v. 14936; et dans les *Mémoires d'Olivier de la Marche*, ann. 1454, liv. Ier, chap. XXIX; édit. du Panthéon littéraire, p. 491, col. 2.

De *hoard* est venu l'ancien mot *hoarder*, que l'on trouve, avec le sens de *fortifier*, de *munir*, d'*accompagner*, dans li *Romans de Garin le Loherain*, t. Ier, p. 12, et dans les Chroniques de Froissart, liv. III, ch. LVIII, à l'année 1386. (Édit. du Panthéon littéraire, t. II, p. 562, col. 2.)

On disait aussi *hordoier* :

> Cil drecent au chastel perrieres,
> Grans cailloux de pesans perrieres,
> Por les murs rompre lor envoient;
> Et li portiers les murs hordoient
> De fors cloies refuséices,
> Tissues de verges pléices, etc.
>
> *Le Roman de la Rose*, v. 1605; édit. de Méon, t. III, p. 84 [1].

par Christophe Villeneuve-Bargemont. A Agen, de l'imprimerie de Raymond Noubel, 1807, in-8°, p. 104, 105.

[1] Auparavant, t. II, p. 358, v. 11758, on trouve une expression dans laquelle figure le mot qui nous occupe : c'est *faire bien tomber ses hourds*, que je traduirais volontiers par *bien faire jouer ses batteries*.

Comme les ouvrages de défense, les machines d'attaque étaient aussi revêtues de claies d'osier. Je ne citerai que le bélier dont parle Albert d'Aix, dans un passage auquel j'ai renvoyé pour l'usage de cet engin au moyen âge, et qui n'est pas moins utile à consulter pour le sens exact du mot *barbacane*.

Page 254, vers 3941, couplet LXXXV.

On remarquera que nous nous sommes écarté ici du sens et de l'orthographe que Raynouard donne à *mal haurat*, qu'il écrit en un seul mot. Voyez *Lexique roman*, t. II, p. 542, col. 1, n° 17.

Page 256, vers 3973, couplet LXXXV.

Nous avons une pièce d'un guitour (guide?) d'Anitz nommé *Fortain Hiegue*, qui déclare avoir reçu d'Eustache de Beaumarchais trente livres tournois pour le voyage de France (Arch. de l'Emp. 191 — J. 614); mais rien de plus qui nous apprenne à quelle occasion ce voyage eut lieu.

Page 256, vers 3978, couplet LXXXVI; page 268, vers 4174, couplet LXXXIX.

Tout le monde sait que nos anciens rois avaient la réputation de guérir les écrouelles en les touchant, ce qui sans doute avait valu à cette maladie le nom de *mal du roi*[1], et des auteurs graves assurent que jusqu'à Henri II cette pratique n'était point vaine : comme le fait remarquer M. C. Leber, « il est permis de croire que les choses n'ont pas changé au seizième siècle, ni depuis[2]. »

C'était surtout à l'époque de leur sacre que les rois de France exerçaient ce pieux privilége. Ils invoquaient la protection de saint Marcoul, dont les reliques, conservées dans le bourg de Corbeny, inspiraient une grande confiance aux personnes affectées d'humeurs scrofuleuses, mais qui devait sans doute sa réputation médicale à la ressemblance de son nom avec le *mal de cou*; ils étaient ensuite conduits dans le parc de l'abbaye de Saint-Remi de Reims pour y toucher les malades, qu'ils trouvaient rangés par classes de nations dans les allées, et dont la réunion était ordinairement

---

[1] « Filia Bartholomæi custurarii habebat in collo scrophulas gravissimas, quæ infirmitas vocatur *malum regis*. » (*Miracula sancti Fiacrii*, ap. Bolland. t. VI aug. p. 618, col. 2.)

[2] *Des Cérémonies du sacre*, etc. Paris et Reims, 1825, in-8°, § XVI, p. 447-461. (*Du toucher des écrouelles*.)

fort nombreuse. Les Espagnols, quand il y en avait, étaient touchés les premiers, en vertu d'un ancien privilége auquel ils tenaient beaucoup. La mention qu'Anelier lui consacre en deux endroits de son poëme vient à l'appui de ce que nous disons, d'après M. Leber, de l'empressement et de la confiance avec lesquels nos voisins se présentaient à l'attouchement royal, et ferait soupçonner que la Navarre espagnole encourait déjà au XIII° siècle le reproche adressé plus tard au pays d'Henri IV par l'un de ses ennemis[1].

Outre l'ouvrage de M. Leber, voyez le traité d'André du Laurent, premier médecin de Henri IV, intitulé, *De mirabili strumas sanandi vi solis Galliæ regibus christianissimis divinitus concessa Liber unus*, etc. M. DC. IX. Parisiis, apud Marcum Orry, in-8°, et *L'Incredulité et mescreance du sortilege plainement convaincue*, etc. par P. de l'Ancre. A Paris, chez Nicolas Buon, M. DC. XXII. in-4°, traicté III, p. 157-171.

Page 258, vers 3999, couplet LXXXVI.

Ce nom de *Lenay*, *Lanay*, *Lenays*, que nous avons transporté matériellement dans notre traduction, nous paraît être *Aunay* ou *Aunoy* défiguré. On lit dans les comptes de Navarre :

Anno Domini millesimo ducentesimo octogesimo quinto.

Compotus denariorum et bladi de tempore domini Clementis de Alneto, *redditus eidem per merinos et ballivos regni Navarre.* (Ms. Bibl. imp. Suppl. lat. n° 165', fol. 53 recto.)

Le P. de Moret, parlant de ce chevalier aux années 1280 et 1282, l'appelle *Clemente de Alveto*, par une erreur qui n'est pas rare chez cet auteur; car il appelle Aymar Crozat *Azenario*[2], et le successeur d'Eustache de Beaumarchais *don Reynaldo de Ronay*, alors que, selon toute apparence, le grand Cartulaire qu'il cite porte *Azemario*, et l'acte de Santa Maria de Fitero *Rovray*, ou du moins *Rovay*.

Quelques années après l'administration de Renault de Rouvray, la Na-

---

[1] Quoi! nous souffrirons qu'un Marrane
Soit de l'eglise gallicane
Protecteur et chef volontiers?
Nous entendons trop ses cautelles,
Il veut guerir des escrouelles
Qui abondent en ses quartiers.
Hymne en l'honneur du roi Henry IV, avant la bataille d'Ivry, etc. st. XXVI. (*Recueil* I. A Paris, MDCCXL, in-8°, p. 143.)

[2] Voyez *Ann. del reyno de Navarra*, l. XXIV, chap. V, n°ˢ V et XVI; t. III, p. 430, col. 1; p. 431, col. 1, et p. 436, col. 1.

varre eut un gouverneur qui portait aussi le nom d'*Aunay;* c'était sire Ponz de Morentayne, vicomte d'Aunay, qui paraît avoir été originaire du pays[1].

Page 258, vers 4013, couplet LXXXVI.

Le mot *eratamens*, qui se trouve encore plus loin, v. 4249 et 4585, veut bien dire *possessions*, comme nous l'avons traduit ici, en dépit de ce que nous avons écrit plus haut, p. 83, v. 1204, d'après le Lexique roman[2], où *heretamen*, *eretamen*, est uniquement rendu par *héritage*, *hérédité*.

Ces mêmes équivalents sont, un peu plus haut, donnés à *heretat*[3], que nous avons diversement traduit[4]; et le savant lexicographe ajoute qu'en espagnol le terme correspondant est *heredad*. Sans doute; mais en castillan ce mot signifie surtout *terre cultivée*, ou *de rapport, fundus, prædium, ager*[5] :

La viña y la *heredad* sirve no solamente al que la plantó, sino tambien al que la cava y la riega. (Fray Luis de Granada, *Adiciones al Memorial*, cap. XXII.)

Y por esso aviso al labrador, que en tal tiempo y con tal modo y sazón labre y are de *heredad*, que su trabajo haya todos efectos. (Alonzo de Herrera, *Agricultura*, lib. I, cap. V.)

J'ajouterai qu'*ireté*, *héritage*, avait le même sens dans notre ancienne langue[6], et c'est encore le nom qu'on donne, en Berry, à la petite propriété. Voyez *Mauprat*, t. Ier, chap. IV.

Page 260, vers 4038, couplet LXXXVII.

Nous avons traduit *gofos* par *gonds;* il paraît que les Navarrais, à cette époque, avaient ce dernier mot :

Pro operibus factis in stabulo regis, videlicet pro faciendo de novo fenestris, cum

---

[1] *Annales,* etc. lib. XXVII, escolios y adiciones, n° 7, año 1317; t. III, p. 554, col. 1. — *Diccion. de antig. del reino de Nav.* t. III, p. 67.

[2] T. III, p. 527, col. 2, n° 12.

[3] De même, M. Fauriel traduit toujours *eretat* par *héritage*. (V. *Hist. de la crois. contre les hérét. alb.* p. 302, v. 2823; p. 236, v. 3329; p. 238, v. 3372, etc.)

[4] Voyez p. 126, v. 1914; et p. 132, v. 1999.

[5] *Diccionario de la lengua castellana...* compuesto por la real Academia española, in-fol. t. IV, p. 140, col. 2. (Cf. *Dicc. de ant. del reino de Navarra,* t. III, p. 366.)

[6] Les francs homes desiretés
A de tot le raine mandés,
Lor iretés lor a rendues, etc.
Le Roman de Rose, v. 9850; t. II, p. 68.

«Après se leva... sire Jacques de Vissant, qui estoit riche homme de meubles et d'héritage,» etc. (*Les Chroniques de sire Jean Froissart,* liv. Ier, part. 1, ann. 1347; édit. du Panthéon littéraire, t. Ier, p. 270, col. 1.)

L'on pouvoit partout seurement
Labourer en son *héritage.*
Chanson de Martial de Paris. (*Essai sur la musique,* t. II, p. 375.)

lignis emptis, instrumentis vocatis *verleveles* et *gontes*, ac clavis emptis vocatis *de tornayllera* et *de entablur*, preparandis presepibus dicti stabuli, cum tegulis emptis et portatis ad stabulum, cum locatione et expensis latomorum, aliorum operariorum et mulierum... xliiij solidos viij denarios. (Ms. Bibl. imp. Suppl. lat. n° 165', fol. 68 recto.)

On ne saurait douter que le mot *gontes* n'ait ici le sens que nous donnons à *gonds*, quand on voit *cardines* employé dans un article analogue.

Item pro cardinibus et vertovellis emptis ad opus portarum et fenestrarum, et seris emptis ad opus porte turris, xij solidos. (Fol. 5 verso.)

Page 266, vers 4150, couplet LXXXVIII.

Ce Garcia Martintz d'Eussa, dont Anelier nous raconte la mort funeste, si ce n'est son fils, était chevalier et avait eu en garde le château de Saint-Jean-Pied-de-Port, ainsi qu'en témoigne la pièce suivante :

« Philippus, Dei gratia Francorum rex, etc. Scire vos volumus quod nos Martino Garcie de Eusse, militi, dedimus et concessimus quingentas libras turonenses pro missionibus quas fecit in custodia castri Sancti Johannis de Pede Portus, mandantes vobis quatinus predictam pecunie summam, prius vobis tradito et deliberato omnino dicto castro, solvatis seu solvi faciatis eidem. Actum Meleduni, die lune post festum Epiphanie, A. D. M° CC° septuagesimo sexto. (Arch. de l'Empire, 3—J. 614.)

Page 268, vers 4155, couplet LXXXVIII.

Ce Pierre Ayvar avait en 1283 et 1284 la garde d'un château, comme on le voit par ces articles des comptes de Navarre :

Petro Ayvarr de Iriverri pro Castro Novo, per medium annum, ut proxime supra, vij libras x solidos. (Ms. Bibl. imp. Suppl. lat. n° 165', fol. 2 recto.)

Item eidem (domino Clementi gubernatori), per manum Petri Ayvarr, pro solvenda retinencia de Castro Novo per medium annum usque ad Candelariam, anno octogesimo secundo, vij libras x solidos. (Fol. 4 verso.)

Domino Petro Ayvar de Iriverri, pro Castro Novo, per medium annum usque ad Candelosam, anno octogesimo tercio, l katicia. (Fol. 9 verso. Cf. fol. 77 verso.)

Item Petro Ayvarr de Iriverri, pro retinencia de Castro Novo, xx kaficia. (Fol. 15 recto.)

De Cimaquera que fuit Dominici Petri de Ayvarr, viij denarios. (Fol. 26 recto. *De Locatione ortorum et aliorum ortorum vocatoram* abolecas. Cf. fol. 44 recto.)

Item Petro Ayvarr de Iriverri, pro castro de Liguin, per annum, ut supra, viij libras. (Folio 101 verso.)

Voyez encore folio 97 recto, où l'on trouve nommés *Per Ayvarr* et *Petrus Symon de Ayvarr*.

Page 268, en note.

Peu de temps après, la veuve de D. Pierre Sanchiz de Cascante et sa famille, qui s'étaient rendus en France pour obtenir du roi le payement des sommes qui lui étaient dues, se déclaraient satisfaits par l'acte suivant :

Nos Helissendis de Triangulo, domina de Cascant, relicta defuncti Petri Sancii, domini quondam de Cascant, Petrus Sancii, decanus Tutellensis, et Johannes Sancii, miles, notum facimus universis presentibus pariter et futuris quod serenissimus princeps Philippus, Dei gratia Francorum rex, nobis, nostro et Sancii Fernandi, nostri, dicte Helissendis et dicti defuncti viri nostri quondam filii, nomine, competentem recompensacionem fecit omnium missionum, expensarum et custamentorum ac deperditorum et dampnorum quas et que defunctus Petrus et nos in custodia et regimine regni Navarre, seu in ipsius regni negociis expediendis feceramus a tempore mortis clare memorie Henrici, quondam regis Navarre, genitoris percarissime domine nostre Johanne regine Navarre illustris, usque ad obitum prefati Petri Sancii, et quibuscumque temporibus aliis. Quare nos tam dictum dominum regem Francie quam prefatam Johannam, dominam nostram, quittamus in perpetuum et absolvimus omnino, nostro et dicti Sancii Fernandi nomine, de omnibus missionibus, expensis et custamentis, dampnis et deperditis memoratis, et quibuslibet aliis debitis seu prestationibus, que ab eisdem domino regi Francie et domina nostra, seu altero eorundem, possemus petere usque in diem presentem. Et promittimus, nostro nomine, nos et omnia bona nostra mobilia et immobilia, presentia et futura, ad hec omnia et singula obligando, nos facturos et curaturos erga dictum Sancium Fernandi, quod haberi quittationem ratam et gratam habebit, et liberaturos ipsos dominum regem et Johannam, dominam nostram, erga omnes, si forte apparerent aliqui qui ab eis quicquam vellent petere, racione premissorum, et ipsos quantum ad hoc indempnes servaturos. In cujus rei testimonium presentes literas nostrorum sigillorum fecimus impressionibus communiri. Actum apud Meledunum, anno Domini millesimo ducentesimo septuagesimo sexto, die lune post festum Epiphanie Domini. (Trésor des chartes, 1276 — 14 — J. 613.)

Nous apprenons du P. de Moret que la femme de D. Pedro Sanchiz de Monteagudo, qu'il appelle *doña de Traynuel* et qualifie de *matrona de singular valor*, se ligua avec la famille de son mari, ses amis et Eustache de Beaumarchais, contre le meurtrier, et que celui-ci ne trouva d'autre moyen de se dérober à leur vengeance qu'en se réfugiant en Castille[1].

Helissende ou Aelis de Trainel figure de la manière suivante, dans les comptes de Navarre, pour 1283 et années suivantes :

Domine Ahelidi de Traynel pro eodem (complemento mesnadarie sue), 1 kaficia. (Ms. suppl. lat. n° 165⁷, f° 10 v°. Compot. Roderici Petri de Echalaz. Cf. fol. 44 v°, 79 r°.)

D. Ahelidi de Traynel, pro complemento miliciarum suarum, x libr. (F. 24 r° Comp. ejusd.)

[1] *Annales del reyno de Navarra*, lib. XXIV, cap. III, § VI, n° 21 ; t. III, p. 412, col. 2.

Domine Ahelidi in tributo hereditatis regis vocate *sex Quynones*, et molendini in villa Franca, 1 kaficia. (Folio 40 recto. *Compot. Lupi Orticii, merini Ripperie. — Dona regum ad vitam.*)

Item domino Clementi gubernatori per partes, videlicet pro mutuo facto domine Ahelidi de Traynel pro tribus saumeriis emptis per manum Lupi portarii, xxx libras x solidos. (Folio 70 recto. *Compot. Joffredi Descors, castellani castri Stelle.*)

Item domine Ahelidi de Traynel mutuatum que debet reddere gubernatori, x kaficia. (Folio 84 recto. *Compot. Lupi Garsie de Sallinis, servientis armorum apud Thebas.*)

La famille de Trainel à laquelle appartenait la veuve du sire de Cascante, et qui compte parmi ses membres un chancelier de France, était de Champagne et déjà ancienne au xiii° siècle. Guiot de Provins, énumérant les barons du temps passé dont l'exemple est à imiter, s'écrie :

> Qui furent cil de Trieignel ?
> Molt se contindrent bien et bel.
>
> *La Bible Guiot de Provins*, v. 452. (Fabliaux et contes, édit. de Méon, t. II. p. 322.)

Page 272, vers 4224, couplet xc.

Le comte d'Artois nommé ici est Robert II, mort le 11 juillet 1302. Voyez le P. Anselme, *Hist. généal. et chronol. de la maison royale de France*, t. Ier, p. 382, 383.

Page 274, vers 4257, couplet xci.

Les consuls et la commune de Narbonne répondirent à cette convocation par un don gracieux de mille livres tournois, somme qui ne doit pas sembler trop considérable si l'on songe à l'importance qu'avait autrefois cette ville, surtout par son commerce[1]. Voici l'acte qui témoigne de ce fait ; nous l'avons tiré du troisième thalamus de l'hôtel de ville de Narbonne, déjà mis à contribution, pour le même objet, par D. Vaissete[2] :

---

[1] Dans l'une de nos anciennes chansons de geste, il est question d'une fourrure de prix achetée à Narbonne :

> .j. cercle d'or me donrés à Judis,
> De boines pieres i a plus de vij^{xx}.,
> Et à sa file donrés cest osterin
> Et cest anel et che riche rubin
> Et ceste penne c'on appiele *delfin*,
> Que j'acatai à Nerbonne la chit ;
> Si en donai de mon or le plus fin :
> Qui l'a ou dos, bien se peut faire fin
> Que n'ara froit pour grant yvier venir.
> Ne ne peut estre entoskiés de venin
> De nés .j. homme païen ne sarrasin,
> Ne de nul clerc, tant soit de sens garnis.
> Qui l'a ou dos, bien se peut faire fin
> Ja n'ara caut pour grant caure venir.
>
> *Le Roman des Lorrains*. Ms. du fonds de Colbert, n° 602, du Roi 9654 — 3. A, folio 201 verso, col. 2, v. 4.

[2] Voyez les Preuves de l'Histoire générale de Languedoc, t. IV, n° xi, p. 66.

Gaufridus de Colletrio, miles, constabularius Carcassone, locum tenens nobilis viri domini Guillelmi de Choardono, militis, domini regis senescalli Carcassone et Bitterris, universis et singulis per presentes fieri volumus manifestum quod Johannes Benedictus et Amorosius, cives Narbone, pro se et consulibus urbis et suburbii ac communitate Narbone, nobis sponte obtulerunt et ex gratia, ut dicebant, mille libras turonenses pro exercitu domini regis mandato versus Morlanum in Biarno, vel inde alibi in Navarram, ita quod de predicto exercitu predicta communitas sit immunis. Quod nos Gaufridus tenens locum dicti senescalli acceptamus, salvo jure domini regis et beneplacito ejus in omnibus, hoc acto quod si exercitus istius terre remanserit et non iverit in predicta loca, predicta Narbone communitas ad solvendum minime teneatur, et quod per dictam oblationem eidem communitati in posterum non possit prejudicium generari alicujus nove servitutis; ymo ei jus suum super hoc salvum remaneat in futurum, salvo jure domini regis in omnibus, ut est dictum. Datum Carcassone, ij idus Augusti, anno Domini м° cc° lxx° sexto. [Suit une déclaration du copiste de cette pièce, qui affirme l'avoir transcrite fidèlement.]

Le même jour, les consuls de Narbonne firent plus amplement leurs réserves par l'acte que voici :

Noverint universi presentes pariter et futuri, quod accedentes ad presentiam nobilis viri domini Guillelmi de Colletrio, militis, constabularii Carcassone, tenentis locum nobilis viri domini Guillielmi de Coardono, militis, domini regis senescalli Carcassone et Bitterris, Johannes Benedictus et Amorosius, burgenses Narbone, et in ipsius presencia constituti, pro se, consulibus et universitate ville Narbone predicte, et nomine eorumdem, protestati fueruut quod per ea que dicent, offerent vel proponent, non intendunt renunciare in aliquo suis libertatibus, consuetudinibus, usibus, ynmunitatibus sive juri, nec sibi nec eorum posteris facere prejudicium, nec se, consules seu universitatem predictam alicui subjicere vel submittere servituti; et salvis nunc et in posterum consulibus et universitati predictis que superius sunt expressa, et que in casu presenti et similibus pro conservatione predictorum sibi competere viderentur, et dicte universitatis in omnibus jure salvo, dicunt et proponunt quo supra nomine quod ad submonitionem sibi nuper factam litteratorie per dictum dominum senescallum, seu ejus auctoritate, super exercitum seu etiam cavalgatam mittendis apud Morlanum pro guerre subsidio quam gentes domini regis, ut dicitur, sustinent in Navarra, ire ex debito vel mittere non tenentur. Ceterum, propter honorem et reverentiam excellentissimi domini nostri regis Francie illustris, et ex mera liberalitate ac gratia speciali, predictis protestationibus repetitis, pro se, consulibus et universitati predictis, predicto domino regi, et ipsius nomine, prelibato domino constabulario obtulerunt et in presenti offerunt mille libras turonenses pro subsidio gracioso per terminos infrascriptos, si guerra processerint et exercitus eosque idem dominus rex per se vel per alium fuerit prosecutus, ita tamen quod ratione guerre predicte et exercitus nichil aliud possit peti vel exigi ab eisdem, affectantes ipsi domino regi in tante necessitatis articulo ex gracia subvenire. Termini vero solutionum ducentarum mille librarum sunt hujus modi : videlicet quingentas libras turonenses in primo venturo festo Nativitatis Domini. Quam oblationem dictus constabularius acceptavit, salvo jure dicti domini regis et beneplacito, grates agendo burgensibus supradictis. Acta sunt hec in civitate Carcassone, infra curiam ubi dominus senescallus predictus et ejus officiales Carcassone audiunt causas, anno Christi Nativitatis millesimo ducentesimo septuagesimo sexto, rege regnante Philippo, ij idus Augusti, in presentia et testimonio magistri Bartholomei de Podio, judicis Carcassone, magistri Raimundi Gras, sacriste majoris ecclesie Sancti Pauli Narbone, magistri Bernardi de Porciano, officialis Carcassone, Petri Marcendis, notarii Carcassone, et mei, Arnaldi Rosseti, publici Narbone notarii, qui hec omnia scripsi et in publicam formam reddegi. Hoc est translatum, etc.[1]

La susceptibilité de la municipalité de Narbonne est encore attestée par une autre protestation des consuls déclarant qu'ils ne sont pas tenus d'aller à l'armée qui est à Morlaas ou en Navarre, ni de payer aides pour les armées, suivant leurs priviléges et immunités. Voulant rassurer les Narbonnais, le connétable de Carcassonne leur donna connaissance de lettres patentes du roi, qui repoussait toute intention d'imposer de nouvelles charges à ses sujets de la sénéchaussée appelés à contribuer à l'expédition de Navarre, et de porter atteinte à leurs libertés. Ceux-ci s'empressèrent de consigner sur les registres municipaux la communication qui leur était faite, et c'est là que nous l'avons relevée :

Gaufridus de Colletrio, miles, constabularius... manifestum quod dominus senescallus litteras patentes serenissimi domini regis Francie, ejus sigillo pendenti cereo sigillatas, non viciatas, non cancellatas, nec in aliqua sui parte abolitas, recepit pridie, formam hujus modi continentes : « Philippus, Dei gratia Francorum rex, universis presentes litteras inspecturis, salutem. Notum facimus quod pro exercitu et cavalcata ad submonitionem nostram extra regnum nostrum, prestandis a baronibus, militibus et aliis fidelibus et subditis nostris senescallie Carcassone, nolumus eos alicui jugo nove subjectionis submitti; concedentes quod proinde eis in suis libertatibus nullum omnino prejudicium generetur. Actum Parisiis, die Veneris ante festum beate Marie Magdalene, anno Domini millesimo ducentesimo septuagesimo sexto. » In quorum omnium

---

[1] Suit le reçu de Pierre de Saint-Denys, receveur des rentes du roi dans la sénéchaussée de Carcassonne et de Béziers, qui, plus tard, donnait en ces termes une autre quittance au bourg de Narbonne pour sa part de l'offrande faite au roi :

« Noverint universi quod nos P. de Santo Dyonisio, receptor reddituum domini regis Francie in senescallia Carcassone et Bitterris, recognoscimus nos recepisse ab Amoroso et Laurencio de Sarragossa, burgensibus Narbone, ducentas quinquaginta libras turonenses de parte contingenti universitati burgi Narbone de oblacione facta domino regi ad exercitum Navarre, de quibus ij^c. l. libris nos tenemus integre pro paccatis. In cujus rei testimonium sigillum nostrum presentibus [duximus] apendendum. Datum Carcassone, die Mercurii in crastino nativitatis beate Marie virginis, anno Domini m^o cc^o lxx^o sexto. Hoc est translatum, » etc.

premissorum testimonio, nos dictus tenens locum dicti domini senescalli, ad requisitionem Johannis Benedicti et Amorosii, civium Narbone, presentibus litteris sigillum nostrum duximus apponendum. Actum Carcassone, anno Domini m°. cc°. lxx°. sexto, et die Mercurii ante festum Assumpcionis beate Virginis. Hoc est translatum, etc.

Voyez, sur la manière de lever les armées, en France, sous les rois de la troisième race, l'*Histoire de la milice françoise* du P. Daniel, liv. III, chap. II, t. I, p. 69-87; et les *Fabliaux ou contes* de le Grand d'Aussy, t. III, p. 25, 26.

Page 276, vers 4299, couplet XCII.

La pièce suivante donne le dénombrement des denrées dont on approvisionnait les places fortes à l'époque :

Sepan quantos esta carta verán et oderán que yo, Gerin d'Amplepuys, casteillano del castieillo d'Esteilla, otorgo é vengo de conocido que he recebido de vos, me sire Eustace de Biau Marches, governador de Navarra, todas las cosas de yuso scriptas por guarnizon del dicho castieillo d'Esteilla, de como se puede entender por las partidas de yuso escriptas, es assaber : xl rovos de sal, mesura de Esteilla, cinquocientos rovos de ordio, veynt rovos de guarvanços, veynt rovos de favas, dos dozenas de pebre, una libra de çafran, diez libras de canela, una libra de girofle, veynt rovos de nuezes, dos dozenas de gingibre [1], veynt dozenas de candelas de sevo, dos milleros de arenques, todo

---

[1] A cette époque, on employait du gingembre, avec de la cannelle, de l'huile, du lin, de la chaux et des tuiles de moulin, pour faire du ciment, recette de charlatan, peut-être même de fripon : « Item pro oleo, calce, lino, canela, gimgibre et tegulis molendini ad faciendum bitumen (ad opus castri de Irurita), » etc. (Ms. Bibl. imp. Suppl. lat. n° 165⁷, fol. 38 recto.) — «Item pro quadam cisterna facienda et aperienda, et quadam fovea ad faciendum furnum calcis, tegulis et lignis emptis, saumeriis locatis ad portandum lapides et calcem, et locatione operariorum operancium intra saxum ad faciendum cisternam, tenuis lapidibus vocatis *losas* extrahendis et portandis, faciendo bitumen ad opus cisterne, pice, resina, speciis, olivis et oleo emptis, ut apparet per partes sui libri, ij^c xxvi libras iij solidos. » (Folio 91 recto.)
—D'autres fois, l'on se passait d'épices, que l'on remplaçait par des œufs et du fromage :

« Pro operibus factis in castro de Estaqua, imprimis pro facienda quadam cisterna cum bitumine, almagra, oleo, linofi, calce, ovis et caseis emptis ad opus bituminis, et instrumentis vocatis *cedaços*, grillos et linteo ad opus bituminis, cooperienda cisterna de lignis, » etc. (Folio 18 verso.) — «Item pro oleo, lino et calce emptis ad faciendum bitumen, vi libras v solidos v denarios. » (Folio 38 recto.) —« Item pro operibus factis in castro del Estaqua per manum Johannis Sancii Amatiayn, videlicet pro reparando muro circiter castrum, reparanda cisterna, cum bitumine, ferris, calce, ovis, stupa et aliis necessariis emptis ad opus bituminis, plastro facto ad opus castri, saumeriis portantibus castrum aquam, ligna et alia necessaria superius ad castrum, latomis et operariis ibidem operantibus per partes, pro expensis latomorum operancium defensiones vocatas *andamiones* et alia opera predicta qui

mesura d'Esteilla, stopas é filo d'estopas que costó xx. sueldos sanchetes, dozientos pares de çapatos, cinquocientas escudieillas, dozientos vasos de fust, cinquanta peilliças, baillena que costó cient sueldos sanchetes, sayn que costó seis libras sanchetes, caynnamo é cuerdas que costaron .vj. libras, alcoton que costó cient sueldos, dos cargas de olio, leynna que costó xx libras, carbon diez libras, seze dozenas de cera, treynta dozenas de filo para las baillestas, huevos é queso que costaron diez libras sanchetes, allos é ceboillas que costaron .lx. sueldos, lardo fondido quatro libras sanchetes, gallinas quaranta sueldos sanchetes, tanailla por tener olio diez sueldos dos dineros sanchetes, paynno que costó seze libras, para calças et otras cosas, cient libras de riz, bachas et ostillas de fierro é maçoneros é carpenteros ocho libras sanchetes, ostilla de quozina cinquo sueldos et onze libras sanchetes, lanternas veynt sueldos sanchetes, cruyeillos cinquo sueldos sanchetes, fierro diez libras sanchetes, cedaços á barutieillos diez sueldos sanchetes, veynt dozenas de cominos, treynta e tres dozenas de almendras, vinagre que costa quaranta sueldos sanchetes, cient puercos, tres et una libra et un quarteron de çucre[1], ceboillas que costan treynta sueldos, cient seταynta una quoqua de vino, mesura d'Esteilla; item dozientas seissanta seis kafices, dos de trigo, é dozientos é dos rovos de avena, mesura d'Esteilla; item cinquo quoquas de vino, mesura d'Esteilla; item doze baillestas

sunt iij^e xliij operarii, et clavis emptis, ut apparet per partes sui libri, lxiiij libras xiiij solidos iij denarios. » (Folio 53 verso.) — On faisait entrer aussi du vinaigre dans la composition du mortier. L'un des auteurs du *Roman de la Rose*, décrivant la tour élevée par Jalousie pour enfermer Bel-Acueil, dit:

Li murs ne doit pas faire faute
Por engin qu'on saiche getier;
Car l'en destrempa le mortier
De fort vinaigre et de chaus vive.

Édit. de Méon, t. I, p. 156, v. 3848.

Enfin, la tradition veut que la tour de l'église de Thann ait été construite avec un mortier fait avec du vin.

[1] Voyez, sur le commerce, la fabrication et l'usage du sucre au moyen âge, ci-dessus, pag. 426-430, et l'*Athenæum français*, numéro du 5 janvier 1856, pag. 13, 14. — Je profite de l'occasion pour compléter ce que j'ai dit du sucre violet, en rapportant un passage d'Arnaud de Villeneuve, consacré à cet électuaire, qui vient immédiatement après le sucre rose, dont la préparation est annoncée comme étant la même:

« Saccharum violaceum proprie respicit virtutem naturalem, et spiritualem, appetitum dejectum excitat. Datum cum aqua liquiri confert tussi siccæ et cholericæ. Datum cum calida laxat ventrem. Datum cum frigida humectat pectus, gulam, et mitigat sitim, et æstuationem viscerum febricitantium acute, et confert ephemeræ propter iram, et cardiacæ ex humoribus calidis in stomacho. Datum cum ptisana confert pleuriticis, peripneumonicis, ex materia calida, et confert valde asthmati sicco. Datum cum infusione sandalorum, confert hepaticis. Ejus dosis est quasi ℥. 1. mane et meridie; servatur per biennium, et fit ex viol. purpureis bene depuratis a viriditatibus, et sacch. alb. ut sacch. rosaceum. » *Arnaldi Villanovani Antidotarium*, cap. xv : *De confectionibus*. (*Arnaldi Villanovani... Opera omnia*, etc. Basileæ, ex officina Pernea per Conradum Waldkirch, cIɔ Iɔ xxcv, in-fol. col. 428.) — Parmi les auteurs cités ci-dessus en note, p. 427, col. 2, nous aurions encore pu mentionner Jean de Joinville, qui s'exprime ainsi au sujet d'une localité de la Syrie:

« Lendemain just l'ost en un lieu que en appele *Passe poulain*, là où il a de moult beles eaues, de quoy l'en arrose ce dont le sucre vient. » (*Recueil des historiens des Gaules*, etc. tom. XX, pag. 275, D.)

de guarrot, item mil saetas de garrot, item por siet vassels que costaron viij° libras, quinze sueldos sanchetes, item quatro molinos manuales. Et en testimonio d'esto do á vos, governador antedicho, esta mi carta abierta seeillada con mio seyeillo. Data en Pomplona, domingo ante la fiesta de Santa Maria mediant agosto, anno Domini M° CC° LXX° septimo. (Arch. de l'Emp. 1277—342—J. 614[1].)

Voici maintenant une pièce qui nous donne le détail des munitions de guerre dont étaient approvisionnés les châteaux de la Navarre :

Noverint universi quod nos Philippus de Montibus, miles domini regis, senescallus Carcassone et Bitterris[2], vidimus, tenuimus et perlegi coram nobis fecimus, quasdam litteras sigillatas sigillo domini Eustachii de Bello Marchesio, militis et senescalli Tholosani, quarum tenor talis est : « Noverint universi presentes litteras inspecturi, seu etiam audituri, quod nos Eustachius de Bello Marchesio, miles, pro excellentissimo domino rege Francorum et regni Navarre gubernator, recognoscimus et in veritate confitemur quod Nicholaus, predicti domini regis serviens, de mandato nostro recepit a Colino de Carcassona, operatorio ballistarum domini regis predicti apud Pampilonam, quadraginta sex coffres plenos sagitarum, et viginti septem scuta magna, et duo parva, et duas tiendas, et unum saccum fili, et canabim pro cordis ballistarum, et triginta duas claves ballistarum, et unum saccum pennarum ad pennandum sagitas, et quatuordecim sculpos ligni pro columpnis ballistarum; item viginti ballistas torni duorum pedum; item triginta ballistas torni unius pedis; item tres ballistas de torno, et tres tornos ad tendendum ballistas; item viginti tres croces ad tendendum ballistas; item ferros et instrumentum ad operandum ballistas, item viginti quatuor streps ballistarum; item duas dozenas nucium ballistarum; item duas libras de gluto piscis; item viginti libras nervorum ad nervandum ballistas; item duas padodas metalli ad distemperandum glutum et collam; item duodecim libras corticis de bez ad cooperiendum ballistas; item duodecim arberios novos ballistarum. In cujus rey testimonium dicto presentes nostras litteras tradimus sigilli munimine roboratas. Data Pampilone, die Mercurii post festum beati Andree, A. D. M°. CC°. LXX°. sexto. » In quorum premissorum testimonio nos, senescallus Carcassone predictus, presentibus litteris sigillum nostrum duximus apponendum. A. D. M°. CC°. LXX°. octavo, in crastino festi Omnium Sanctorum. (Arch. de l'Emp. 1278—39—J. 614. On lit au dos : *De artiliatura dimissa in Navarra*.)

On trouve dans le Dictionnaire des antiquités du royaume de Navarre, à l'article *Castillos*, t. Ier, p. 214, 215, plusieurs curieux inventaires des châteaux de ce pays en 1308, 1339, 1355, 1356 et 1357.

Il n'y est nullement question de livres, et cependant nous sommes au-

---

[1] Comparez le dénombrement donné dans cette pièce avec celui des provisions du château de Pampelune en 1522. (*Dicc. de ant. del reino de Nav.* t. I, p. 217.)

[2] Suivant Brussel, cet officier exerçait encore sa charge en 1282. (*Nouvel Examen de l'usage general des fiefs en France*, etc. liv. II, chap. XXXV; tom. Ier, pag. 491, col. 1.)

torisés à croire que les anciens châteaux de l'autre côté des Pyrénées n'en étaient pas dépourvus. Dans un traité sur la manière de garnir un château en temps de guerre, traité attribué au roi de Castille Alonzo X, mais qui évidemment n'est pas de lui, il est recommandé d'avoir une bibliothèque pour la garnison : « Item sint ibi romancia et libri gestorum, videlicet Alexandri, Karoli, et Rotlandi, et Oliverii, et Verdinio (?), et de Antellmo lo Danter, et de Otonell, et de Bethon, et de Comes de Mantull, et libri magnorum et nobilium bellorum et præliorum que facta sunt in Hispania, et de iis animabuntur et delectabuntur. »

Une autre absence que je remarque dans l'approvisionnement du château d'Estella, c'est celle du biscuit, et cependant on en faisait usage à l'époque, au moins dans les expéditions. Un trouvère, décrivant les préparatifs des premiers croisés de Césarée, dit :

> Là véissiés querquier mainte targe enfunkie,
> Et mainte lanche oussy qui fu en rumye,
> Caudieres, cauderons, mainte targe noircie,
> Viandes et *besquis* et le boin vin sor lie.
>
> *Le Chevalier au Cygne*, etc. v. 16022 ; édit. de M. de Reiffenberg, t. II, p. 448.

Mais je m'en tiens à la Navarre, et en recourant au registre des comptes de ce pays pour 1286, j'y vois que le panetier du roi était venu y faire du biscuit, article probablement inconnu avant lui dans cette contrée :

Item pro lignis emptis ad decoquendum panem biscoctum quando Stephanus de Compigna, panaterius domini regis [Francie], venit in Navarram, in viginti quinque diebus, I solidos. (Ms. suppl. lat. n° 165⁷, folio 101 verso. *Compot. Sancii del Trillar, ballivi Pampilonensis.*)

Comme de nos jours, le biscuit était plus généralement employé sur mer. Nous l'avons déjà vu, page 362, compris dans le dénombrement des provisions d'un bâtiment du xve siècle ; le passage suivant nous le montre dans une nef du xiie :

> La nés fu grande et de biele façon
> Et tant divers que ne l' diroit nus hom.
> La mers i fu portraite et li poison
> Et tout li oir de France le roion
> De Cloevis, qui tant estoit preudom.
> Canbres i ot à molt grande fuison.
> Dedens ont mis les auferrans gascons
> Et pain et car, vin, claré à fuison

> Et de *besouit* tant comme il lor fu bon,
> Et vair et gris i misent li baron.
>
> *Huon de Bourdele*, ms. de la Bibliothèque publique de Tours, fol. 16 recto,
> v. 13. Cf. fol. 48 verso, v. 23.

Voyez, concernant le biscuit, l'Histoire de la vie privée des Français, par le Grand d'Aussy, édit. de Roquefort, t. Ier, p. 101-104.

Page 279, vers 4323, couplet XCIII.

Je reviens sur la traduction du mot *enig*, parce que je ne la crois pas exacte. Selon toute apparence, cet adjectif a, dans le vers d'Anelier, le même sens que *iniquas* dans ce passage d'Ovide :

> Dira lues, ira populis Junonis *iniquæ*
> Incidit, exosæ dictas a pellice terras.
>
> *Metam.* lib. VII, v. 523 [1].

Il faudrait alors *courage*, ou plutôt *cœur irrité*.

Je profite de l'occasion pour rendre compte du *g* que l'on s'étonne de trouver à la suite du dérivé français d'*unus*, le mot *ung*. Je ne fais aucun doute qu'il ne vienne du latin *unicus*, tandis que le féminin *ane*[2] sort d'*una*.

Page 284, couplet XCIV, vers 4421-23.

Quand on compare ce passage avec celui de l'Histoire de la guerre contre les hérétiques albigeois, p. 340, 341, couplet CLXIX, vers 4909-12, on est tenté de croire qu'Anelier s'est approprié, en les modifiant légèrement, les vers de Guillaume de Tudela. Au reste, les voici :

> D'entr'ambas las partidas li metge e 'l marescal
> Demandan ous e aiga e estopa e 'l sal
> E onguens e empastres e benda savenal,
> Pels colps e per las nafras de la dolor mortal.

Il n'est pas impossible, cependant, que les deux troubadours aient puisé à une source commune.

---

[1] Voyez nombre d'autres exemples, dans le grand Lexique de Facciolati, Forcellini et Furlanetto, au mot *Iniquus*.

[2] Je ne connais que ce seul exemple d'*ungne :*
Je te requiers que tu l'esveille,
Et me dis ce que t'as songé,
Ungne autre fois pour la pareille.

Manuscrit de la Bibl. imp. n° 7196, folio 2 verso.

Au temps de la guerre de Navarre, les *meges*[1], ou médecins, et les maréchaux, ou vétérinaires, étaient ordinairement juifs ou maures. On le voit par ces articles des comptes de Navarre pour 1283 et 1284, dont cinq cependant semblent se rapporter à des chrétiens.

Item Aceu, Judeo cirurgico, custodienti vulneratos tempore guerre, de dono gubernatoris, per litteram ipsius, iiij kaficia. (Ms. Bibl. imp. Suppl. lat. n° 165⁷, fol. 14 recto.)

Item magistro Sancio, phisico, de dono domini Clementis gubernatoris pro servicio facto dominio, x kaficia. (Folio 16 verso.)

Pro expensa equorum regis quiescentium Stelle, cum gagiis garcionum custodientium ipsos, frenis et ferraturis emptis ad opus ipsorum, cum expensis garsionis Petri Ros et Audomelich, sarraceni medici, et locatione lectorum in quibus jacebant pueri, iiij^xx iiij libras x solidos viij denarios. (Fol. 37 verso. Cf. fol 47 verso.)

De domibus supra portam ferream nichil, quia Facen medicus tenet. (Folio 62 verso. *De locatione domorum intra castrum [Tutele].*)

Item pro expensis magistri Johannis, phisici et m[aj]oris domus gubernatoris, in xxiiij diebus existendo in custodia Lupi Orticii infirmi, xvj libras x solidos vj denarios. (Folio 63 verso.)

Item Michaeli de Burgos pro curando dicto roncino, v solidos. — Item Michaeli de Burgos pro medicando dicto roncino v solidos. (Folio 67 recto.)

Garsie Petri de Miranda, fabro, pro medicandis equis gubernatoris, xl solidos. (Fol. 69 recto.)

Item Gento medico pro servicio facto dominio, vj kaficia. (Folio 83 recto.)

Si nos ancêtres s'éloignaient des juifs par souci pour leur âme, ils s'en rapprochaient pour la conservation de leur corps, qui ne leur paraissait en bonnes mains qu'en celles des mécréants. Wace racontant comment Appas empoisonna Ambrosius, nous apprend qu'il en était un :

> Paiens ert, de Sessone nés,
> Qui mult estoit enloçonnés.
> De mecines se faisoit sages, etc.
>
> *Le Roman de Brut*, v. 8443 ; t. II, p. 4.

On lit dans un autre poëme ancien :

> Au roi viennent dui Surian,
> Riche mire fisician ;

---

[1] Ce mot subsistait encore en Navarre au xv° siècle. Voyez le Dictionnaire des antiquités de ce pays, t. I, p. 314, art. *Mege*.

Molt il oitent par bonne foi,
Il les menoit adés o soi.

Li Romanz de Floiremont, ms. de la Bibl. imp. n° 6973, fol. 3 verso, col. 1,
v. 20. Cf. ms. 7498 ⁴, Cangé 26, fol. 6 verso, col. 2, v. 7.

Concurremment avec les infidèles, le clergé exerçait aussi la médecine. L'un de nos troubadours nous montre son héros aux mains d'un moine, le plus habile médecin, dit-il, qui fût au monde :

De sobre un feltre obrat de Capadoine,
Se jatz lo coms. G. denan un moine;
Non a tal metge d'aisi en Babiloine.

Le Roman de Gérard de Rossillon, p. 18, v. 21.

A la même époque, certaines opérations de chirurgie étaient laissées aux femmes. Voyez le fabliau de la Saineresse, dans les *Fabliaux et contes*, édit. de Méon, t. III, p. 451, 454; les *Mémoires sur l'ancienne chevalerie*, édit. de Ch. Nodier, t. Ier, p. 35; les *ancient Engleish metrical romanceës*, de Ritson, t. III, p. 241; et surtout le *Roman de la Violette*, p. 106.

Dans un autre poème, un Sarrasin manifestant à Godefroi de Bouillon son étonnement de voir des femmes dans l'armée des croisés,

« Sire, dist Godefrois, très-bien ensonnyer
Les sevent nostre gent, pour iaus appareillier,
De leur robes laver, de viestir et cauchier,
De la quisine faire, de keudre et de taillier,
Et de tourner le rost et le sausse broyer,
Et garir les navrés, de leur dekouchier,
D'esbatre par amours qui en a desirier.

Le Chevalier au Cygne, etc. tom. II, pag 468, v. 16657.

Les soldats se traitaient aussi à l'aide de remèdes empiriques et le plus souvent superstitieux. « Plusieurs soldats, dit Pierre de l'Ancre, guerissent de fort cruelles et grandes playes par le seul soufle, par le baiser ou par l'application d'un simple linge, qu'ils appellent l'art de S. Anselme. Il y a aussi certaines gens qu'ils appellent en Espagne *insalmadores*, qui guerissent par la salive et par le soufle [1]. » Pierre de l'Ancre parle certainement des soldats

---

[1] *L'Incredulité et mescreance du sortilege plainement convaincuë*, etc. traicté III, p. 156. Cf. *Du Sortilege*, etc. MDCXXVII, in-4°, p. 340; et *Disquisitionum magicarum Libri sex*, auct. Martino del Rio. Lugduni, apud Horatium Cardon, 1612, in-folio, lib. I, cap. III, quæst. IV, p. 14, col. 2, D.

de son temps, et il vivait au xvii° siècle; mais il n'y a point à douter que le remède qu'il signale ne fût employé bien longtemps avant lui. On le trouve indiqué dans un ouvrage du xv° siècle [1], et si l'on cherchait bien, on en découvrirait sûrement des traces plus anciennes.

Page 286, vers 4442, couplet xcv.

Il existe deux reçus de don Fortun Almoravid, l'un de cinq cents livres tournois des deniers du roi de France et par les mains de maître Pierre *de Condeto*, clerc de ce prince, «*por razon*, dit la partie prenante, *de las cavaillerias que yo devo prender por honor*[2];» l'autre de onze cents livres de bons tournois pour fin de payement des *cavaillerias* du fief que D. Fortun tenait de doña Johana, reine de Navarre[3].

Le même personnage est encore nommé dans les comptes de ce pays pour 1284 et années suivantes :

Item Andree Martini Stelle, pro complemento debiti in quo sibi tenebatur dominus Fortunius Almoravit, videlicet pro frumento et ordeo pecte de Iriverri, et pro denariis quos Sancius Orticii, merinus, recepit in quatuor annis, xxxiij libras xj solidos iiij denarios, etc. (Ms. Bibl. imp. Suppl. lat. n° 165⁷, folio 32 verso.)

Domino Fortunio Almoravit pro eodem (servicio facto dominio) c kaficia. (Folio 40 recto.)

Item eidem (gubernatori) pro mutuo facto domino Fortunio Almoravit, que fuerunt vendita et retenta de paga gagiorum suorum, c kaficia. (Folio 41 recto.)

Domino Furtunio Almoravit, pro eodem in Erroz, iiij libras xij solidos vj denarios. ¶ Item eidem in Odieta xj libras x solidos x denarios. ¶ Item eidem in valle de Esquavart lxxij solidos. ¶ Item eidem in valle de Olave xj libras viij solidos. ¶ Item eidem in valle de Anue, in milicia superiori, viij libras xij solidos. (Folio 61 recto. Cf. folio 92 verso.)

Item de viginti kaficiis panis cocti de dicta farina (non bone), quando dominus Furtunius Almoravit credidit intrare in Aragoniam et non intravit. (Folio 65 verso.)

De lezta macelli a prima die Januarii anno octingentesimo quarto usque ad secundam diem Jovis ante festum nativitatis beati Johannis Babtiste anno octingentesimo quinto, qua die recepit villam de Olito dominus Furtunius Almoravit, xxx solidos vi denarios obolum. (*Ibidem.*)

---

[1] «... ledict baillif de joye par sa sentence et au regard à certains rapportz des medecins d'amours, qui avoient rapporté le peril, et dict que la playe estoit en lieu dangereux, condemna ladicte dame à mouiller de sa salive tous les moys la playe de son amy, pour faire en aller le venin, jusqu'à ce qu'il fust guery.» (*Les Arrêts d'amours*, etc. A Amsterdam, MDCCXXXI, in-8°, t. I, p. 33. Voyez aussi la note 5.)

[2] Arch. de l'Empire, 127—6301—J. 614.

[3] *Ibid.* 210.

Domino Fortunio Almoravit pro eodem (complemento miliciarum suarum) in pecta de Falcibus, iiij^c kaficia. (Folio 75 recto.)

Pro domino Fortunio Almoravit, de pecta de Irure et de Neusol, xxv kaficia. (Folio 75 verso.)

Domino Furtunio Almoravit pro eodem (complemento miliciarum suarum) iij^c xlvi kaficia ij rova. (Folio 79 recto. *Compot. Roderici Petri de Echalaz, merini.* Cf. folio 80 verso.)

Domino Furtunio Almoravit pro eodem in pecta de Erroz et de Gunçun, xx kaficia ij rova iij quartalia. (Folio 79 verso.)

De pecta de Casseda nichil, quia dominus Furtunius Almoravit tenet. (Folio 81 verso.)

Domino Furtunio Almoravit pro eodem (complemento miliciarum suarum) in pecta de la Berrueça, in Echayo, in Oco, in Legaria, in Mirifuentes, in Laraga, in Falcibus, in pecta de Aylloz et de Lecaar, in valle d'Ayllin et in Açagra, vi^c xlv libras iiij solidos x denarios. (Folio 89 recto. Cf. folio 106 recto.)

Domino Furtunio Almoravit, pro eodem iij^c xiij libras xv solidos x denarios. (Folio 91 recto. *Compot. Roderici Petri de Echalaz, merini.*)

Item pro expensis ejusdem (almiraldi Sangosse), quando ivit apud Stellam ad gubernatorem super cursu quem domini Furtunius Almoravit et Petrus Velaz fecerant in Aragoniam, de quo nolebant solvere quintum, xviij solidos. ¶ Item pro expensis ejusdem, quando iterum ivit apud Olitum super cursu quem familia domini Furtunii Almoravit fecerat in Aragoniam, de quo similiter nolebat solvere quintum. (Folio 97 recto.)

En 1298, D. Fortunio Almoravid était *alferez* de Navarre, qualité que deux anciens écrivains confondent bien à tort avec celle de gouverneur, les fonctions de ce dernier étant alors remplies par Alphonse de Rouvray. Réuni à D. Almoravid, évêque de Calahorra, D. Miguel évêque de Pampelune, Garcia, prieur de Roncevaux, et d'autres prélats, des riches hommes, des chevaliers et des représentants des municipalités de la Navarre, D. Fortun prit part à une ligue formée pour le maintien des fors, usages et priviléges du pays[1] : ce qui constituait un commencement d'opposition très-marquée vis-à-vis du pouvoir royal. En 1307, cette opposition était devenue de l'hostilité, à ce point que le 23 août le roi Louis Hutin ayant adressé de Toulouse des lettres aux représentants des divers états de la Navarre, pour leur commander d'obéir, en attendant son arrivée, au gouverneur Guillaume de Chaudenay et à ses officiers, D. Fortun, qui était avec D. Martin Se-

---

[1] *Diccionn. de antigüed. del reino de Navarra*, t. I, p. 291.

meniz de Aybar, à la tête des riches hommes, refusa de prendre connaissance de la lettre qui leur avait été présentée de la part du gouverneur, déclarant qu'ils ne le considéraient plus comme tel depuis le milieu du mois d'août, conduite qui trouva des imitateurs [1]. Enfin le roi arriva en Navarre. Son premier soin, s'il faut en croire le continuateur de Guillaume de Nangis [2], fut de s'assurer de Fortun et de ses complices, de visiter et de pacifier le royaume, après quoi il se fit couronner dans la cité de Pampelune. Que devint le champion de la nationalité navarraise? L'auteur que nous venons de citer n'en dit rien, pas plus que Guillaume de Frachet, qui a reproduit son récit en l'abrégeant [3]; mais en recourant au Mémorial des histoires, de Jean de Saint-Victor [4], on apprend qu'en quittant la Navarre, Louis emmena Fortun avec lui à Toulouse, et que là il le retint en prison avec quelques-uns de ses partisans. A l'exemple du continuateur de Guillaume de Nangis, l'écrivain présente le *ricome* navarrais comme un gouverneur qui avait formé le dessein d'usurper la couronne : accusation contre laquelle s'élèvent la loyauté dont il avait fait preuve pendant la guerre civile de Pampelune, tous les actes auxquels il prit part dans la suite, et par-dessus tout les idées d'une époque où de pareilles révolutions étaient inconnues.

Le P. de Moret, qui semble ne pas avoir connu les écrivains que je viens de citer, mais seulement le prince de Viana et l'évêque de Bayonne D. Garcia, prend à partie Sandoval et plus particulièrement Estevan de Garibay. Il ne veut pas que Louis Hutin ait emmené D. Fortun Almoravid et les nobles navarrais pour en faire des prisonniers d'état, mais au contraire pour les avoir comme auxiliaires, et pour augmenter par leur présence l'éclat de sa nouvelle cour. Avec le double témoignage que nous avons rapporté plus haut, surtout avec les preuves qui nous restent de l'opposition patriotique de la noblesse navarraise à la domination française en Navarre, il nous semble bien difficile que les choses se soient passées comme le voudrait le P. de Moret. Au reste, ceux que cette discussion pourrait intéresser feront bien de recourir aux *Annales del reyno de Navarra*, liv. XXVI, chap. II, § VII, n° 21; édit. de MDCCLXVI, p. 526-530.

---

[1] *Diccionn. de antigüed. del reino de Navarra*, t. I, p. 295, 296.

[2] *Contin. Chron. Guillelmi de Nangiaco*, A. D. MCCCVII. (*Rer. Gallic. et Franc. Script.* t. XXI, p. 595, C. Cf. *Chr. de S. Denis*, p. 682, C.)

[3] *Chron. Girardi de Frachet.* (*Ibid.* p. 28, J.)

[4] *Excerpta e Memoriali historiarum Johann. a S. Victore*, apud Script. rer. Gallic. et Francic. t. XXI, p. 648, E.

Page 286, vers 4444, couplet xcv.

Maynader, qu'Anelier emploie plus loin, p. 312, v. 4841, en parlant des hommes d'armes qui suivaient le roi de France, était le titre par lequel on désignait, en Navarre, les chevaliers auxquels le souverain donnait une somme annuelle, à la condition de le servir avec armes et chevaux pour un temps limité ou quand le besoin s'en présenterait. Les grands seigneurs aussi, à ce qu'il paraît, donnaient des *mesnadas;* on est du moins autorisé à le penser en voyant Lupo Eximino, seigneur d'Agon, déclarer qu'il était trop noble pour recevoir *mesnaderia* d'autre que du roi. En 1340, Philippe de Valois disait qu'à la prière de *prudhommes* il avait fait dans le royaume certains *mesnaderos*, dont les uns manquaient de chevaux et d'armes, et dont les autres vivaient hors du pays, de façon que, quand on avait besoin d'eux, on ne les trouvait pas : en conséquence, il ordonna qu'à l'avenir il ne serait payé de gages à aucun *mesnadero* habitant hors du royaume. Il y avait aussi des étrangers enrôlés sous ce titre. En 1346, D. Miguel Perez de Zapata, chevalier aragonais et conseiller du roi d'Aragon, recevait de celui de Navarre quinze *cavallerias* ou *mesnadas*. Le roi D. Carlos II, faisant don à Ochoa de Urtubia de la maison de Yaben en 1351, lui imposait la condition de le servir, à ses frais, avec un homme d'armes à cheval bien armé, comme il appartenait à *mesnadero*, c'est à savoir quarante jours par an, ensemble ou séparément. La même année, le roi accordait quarante livres annuelles de *mesnada* à Martin Ferrandez de Medrano, à la charge d'avoir toujours un cheval et des armes, avec un compagnon, *como á mesnadero pertenecia*. Les quarante livres formaient une *mesnada* double ou deux *mesnadas*, et pour cela on exigeait deux hommes de guerre : en effet, la même année le roi fit ses *mesnaderos* d'Arnal de Ceylla et de Martin d'Agramont, avec vingt livres à chacun d'eux pour être toujours pourvus d'armes et de chevaux comme *mesnaderos*. On donnait aussi à des Maures la solde attachée à ce titre. En 1355, l'infant D. Luis, gouverneur de la Navarre, assignait par an dix cahiz de blé et dix d'orge à Cajz Alpelni, alfaqui maure de Tudela, pour qu'il fût prêt et pourvu d'armes et de cheval pour le service du roi, comme il appartenait à *mesnadero*. S'il faut en croire un document invoqué par D. José Yanguas, auquel nous avons emprunté les renseignements qui précèdent, les *mesnaderos* ne pouvaient être en même temps alcaïds de châteaux. Voyez *Diccionario de antigüedades del reino de Navarra*, t. II, p. 24.

M. Raynouard, qui a donné place à *mainader, mainadier*, dans son Lexique roman, t. IV, p. 149, col. 2, omet de dire que ce mot existait également en catalan; Mosen Jayme Febrer l'a employé dans les vers qu'il a consacrés à la bataille de las Navas de Tolosa :

> Era Juan Azllor
> Caballer valent,
> Que com *mainader*
> Asisti en las Naves, etc.
>
> *Memor. histór. de la vida y acc. del rey D. Alonso el Noble,* apénd. p. cxvi.

Page 286, vers 4447, couplet xcv.

On appelait *lices* une muraille extérieure ou une palissade de bois que l'on établissait en dehors des murailles et qui formait une sorte de chemin couvert; presque toujours un fossé peu profond protégeait les lices, et quelquefois un second fossé se trouvait entre elles et les murs. Par extension on donna le nom de *lices* aux espaces compris entre les palissades et les murs de la place, et aux enceintes extérieures, même lorsqu'elles furent plus tard construites en maçonnerie et flanquées de tours. On appelait encore *lices* les palissades dont on entourait les camps.

On lit dans le Roman de la Rose :

> Fors des fossés a unes lices
> De bons murs fors à creniaus bas,
> Si que cheval ne puent pas
> Jusqu'as fossés venir d'alée,
> Qu'il n'i éust avant mellée.
>
> Édit. de Méon, t. Ier, p. 156, v. 3872.

Voyez le Glossaire de du Cange, art. *Liciæ*, n° 1, t. IV, p. 105, c. 2 ; et le Dictionnaire raisonné de l'architecture française, par M. Viollet-le-Duc, t. Ier, p. 346, not. v.

Page 288, vers 4488, couplet xcvi.

Ce pont, sur lequel on passe l'Arga en sortant de Pampelune par la porte de France, a échangé son ancien nom, qu'il devait sans doute au hameau le plus voisin[1], contre le nom *de la Rochapea*, qui lui vient de celui d'un petit faubourg, bien postérieur au xiiie siècle.

---

[1] Il s'y trouvait déjà un couvent de femmes, mentionné plus loin par Anelier, p. 300, v. 4653, et dans les comptes de Navarre, en 1283 et 1284 :

Item monasterio Sancti Petri de Rippis, ibidem pro eodem, 1 solidos. (Ms. Bibl. imp. Suppl. lat. n° 165⁷, fol. 2 recto.)

Item dominabus Sancti Petri de Ripis, pro eodem anniversario (regum), 1 solidos. (Fol. 34 recto.)

Deux troubadours, Pierre d'Auvergne et le moine de Montaudon, faisant la revue de leurs confrères, nomment *En Guillelms de Ribas*[1]; mais il est à croire que ce dernier nom se rapporte à Ribes, dans le département de l'Ardèche, à moins que l'on ne préfère une localité appelée de même dans celui des Hautes-Alpes, commune de Freissinières, ou un hameau de la commune de Naintré, près de Châtellerault (Vienne).

Page 296, vers 4590, couplet xcvii.

Il s'agit de Roger Bernard III, comte de Foix et vicomte de Castelbon, mort en 1301. Voyez l'Histoire de Béarn, de Pierre de Marca, liv. VIII, ch. xxviii, p. 787-792; et l'Histoire..... de la maison royale de France, etc. t. III, p. 347.

Page 296, vers 4591, couplet xcvii.

Le seigneur nommé dans ce vers était Géraud V, comte d'Armagnac et de Fézensac, mort en 1285, dont il existe une lettre à Édouard Ier, roi d'Angleterre, pour lui demander sa protection dans un procès qu'il avait à la cour de France, au sujet d'hostilités commises entre les habitants d'Auch et ceux d'une bastide voisine. Cette pièce, qui porte la date du 6 octobre 1273, a été publiée par M. Champollion-Figeac, dans les Lettres des rois, reines et autres personnages de France, depuis Louis VII jusqu'à Henri IV, t. Ier, p. 163, 164.

Plus loin, nous retrouvons le même baron dans une lettre de Jean de Greilly, sénéchal de Gascogne, au roi d'Angleterre, sur l'état des affaires en Périgord, Armagnac et Fézensac. Géraud avait été pris dans un château près de Toulouse, et tant lui que son frère l'archevêque d'Auch avaient été si malmenés par le sénéchal de la première de ces villes, qu'ils s'étaient vus dans la nécessité de livrer à cet officier, qui n'est pas nommé, la seconde avec son château; mais, au moment de la livraison, le procureur du comte, autorisé à cet effet, avait déclaré que son maître tenait ce château, comme tout ce qu'il avait, avec hommage lige, et d'autres services spécifiés, du roi d'Angleterre[2].

Voyez, sur Géraud V, l'Histoire de Béarn, de Pierre de Marca, p. 603,

---

[1] *Choix des poésies originales des troubadours*, tom. IV, p. 298, 372.

[2] *Lettres des rois, reines*, etc. t. Ier, p. 310. Cette pièce, sans date, est d'environ 1283.

607, 616, 622, 776, 778, 830, 835; et l'Histoire... de la maison royale de France, t. III, p. 414.

Page 296, vers 4592, couplet XCVII.

Le comte de Périgord ici nommé était Archambaud II, qui vivait encore en 1295. Voyez une notice sur lui dans l'Histoire... de la maison royale de France, t. III, p. 72.

Page 296, vers 4593, couplet XCVII.

Il s'agit ici de Jourdain V, baron de l'Ile-Jourdain[1], que l'on retrouve plus tard tenant le château de Casaubon du roi d'Angleterre[2]. Vers 1290, ce chevalier lui adresse une pétition pour demander la confirmation d'un pariage convenu avec le roi de France, et Édouard Ier répond qu'il soit mandé au sénéchal de Gascogne, s'il trouve le pariage profitable à la couronne, de le souffrir, sinon de remettre les parties en l'état où elles étaient antérieurement[3]. On a d'autres lettres du même prince datées de Westminster, le quatrième jour de novembre 1318, et adressées à Jourdain de l'Isle, pour le prier d'intercéder auprès du pape en faveur de Bertrand de Goth, vicomte de Lomagne, et d'Amanieu, sire d'Albret[4]; mais, à cette époque, Jourdain V ne vivait plus : c'était Bernard-Jourdain, VIe du nom, son successeur, qui mourut en 1340[5].

Page 296, vers 4594, couplet XCVII.

On est conduit à penser que le premier des deux barons nommés ici avait pris part à la croisade de 1270, en lisant ces *Lestres pendanz au seneschal pour Sycart de Montaut* :

Aufons, filz de roi de France, coens de Poitiers et de Tholose, à son amé et son fael le seneschal de Tholose et d'Aubijois, salus et amour. Come entre nos, d'une part, et nostre amé et nostre fael Sycart de Montaut, chevalier de l'evesché de Tholose, d'autre, soient fetes certaines covenances per quoi il nos doit servir outre mer en l'aide de la Terre Sainte,

---

[1] *Hist. généal. et chron. de la maison royale de France*, t. II, p. 705, 706.

[2] *Catalogue des rolles gascons, normans et françois*, etc. par Thomas Carte, t. I, p. 23.

[3] *Lettres des rois, reines et autres personnages de France, depuis Louis VII jusqu'à Henri IV*, publ. par M. Champollion-Figeac, t. I, p. 381.

[4] *Catal. des rolles gascons*, etc. t. Ier, p. 54.

[5] *Hist. de la maison royale de France*, t. II, p. 706, 707.

si comme il est plus pleinement contenu en ses lestres pendanz et de ses pleiges qu'il etabli pour li principals rendeeurs : c'est assavoir Guillem Unaut, chevalier, et Sycart, vicomte de Lautrec, domzel, lesqueles lestres nos avons par devers nos scellées de leur seaus, nous vous mandons que vos faciez lever le foage des homes de la tere dudit Sycart, tant de la seue tere propre cum de celle tere o nous avons part o li, cum il soit einsint acordé entre nos et li, et li faciez paier cinc cenz livres de tornois des premiers deniers qui seront levez, ou ont esté levez, doudit foage receu de lur puble instrument et ses lestres pendanz dou paiement que vos li auroiz fet desdites cinc cenz libres de tornois. Ce fu doné à Loncpont, le juedi après la feste saint Martin d'yver, en l'an nostre Seigneur mil cc lx vij. (*Epistolæ Alfonsi, comitis Pictavie et Tholose*, 1250-1269, dans le Trés. des chartes, cart. J. 319, reg. LXXI, vol. I, fol. 55 recto.)

Cette pièce est suivie de cette autre, qui la complète :

Senescallo pro hominibus dicti Sycardi super dicto focagio.

Alfonsus, filius regis Francie, comes Pictavie et Tholose, dilecto et fideli nostro senescallo Tholose et Albiensi, salutem et dilectionem. Cum per nostras patentes litteras vobis scripserimus quod vos dilecto et fideli nostro Sycardo de Monte Alto, militi, quingentas libras turonenses de primis denariis quos de focagio hominum suorum leveritis, solveritis, vobis mandamus quatenus, non obstante dicto mandato, ipsos homines, si coram vobis super hoc querimoniam protulerunt, diligenter audiatis, facientes eisdem super predictis quod justum fuerit et consonum racioni, convocato consilio Guillermi de Plesseio et Salomonis, clericorum nostrorum; et quantum ad alios, istud secretum teneatis. Datum apud Longum Pontem, die Veneris in octabis beati Martini hyemalis, anno Domini M° CC° lx° vij°.

Auparavant, dans le même registre, folio 46 recto, on trouve d'autres lettres sous ce titre : *Senescallo Tholose pro hominibus Willelmi Unaldi et Sycardi de Monte Alto.*

Voyez encore folio 128 recto : *Judici vicario Tholose pro Raimundo Athani littera patens* (Datum apud Longum Pontem, anno Domini M° CC° lx° octavo); folio 130 verso : *Au seneschal de Tholose et d'Aubijois por le conte sear les chevaliers.* (Ce fu donné à Loncpont le diemenche en la feste seint Jehan Baptiste, en l'an nostre Segneur M. CC. lx viij); folio 131 recto et verso, folio 142 verso.

Page 296, vers 4595, couplet XCVII.

Ce *seyne de Calmont* est ou Bertrand, seigneur de Caumont, de Samazan et de Montpouillan, en 1292, nommé parmi ceux qui servirent le roi Philippe le Bel, sous le comte d'Artois, en 1296, vingt ans après la conclusion de la guerre de Navarre; ou son père, Guillaume, II° du nom, qui fit

HISTOIRE DE LA GUERRE DE NAVARRE. 617

hommage, en 1260, à Alphonse, comte de Poitiers et de Toulouse, de sa terre et seigneurie de Caumont, à l'exception de la motte du château, qu'il tenait du seigneur de Marsan[1]. Voyez *Hist. généal. et chronol. de la maison royale de France*, t. IV, p. 468.

Dans un registre du bureau des finances de Bordeaux, C, fol. 117 verso, Bertrand de Caumont, damoiseau, avoue, le 13° à l'issue de mars 1272, tenir en fief du roi d'Angleterre tout ce qu'il a dans les paroisses de Cauchinan et de Samazan, excepté les dîmes qu'il tient de l'évêque de Bazas, ce qu'il a au château de Bouglon et dans les paroisses de Cozet et de Bouglon, pour lesquelles choses il est obligé de faire hommage-lige, tant pour lui que pour Arnaud de Marmande, Pierre de Lobenx, Arnaud Bernard de la Roque et Pierre Grimoard, et de fournir un chevalier à l'armée dudit roi.

Dans le même registre, folio 49 verso et 118 recto, il est mention, sous les années 1272 et 1275, d'un chevalier nommé *Anissant de Caumont* et qualifié de seigneur de Sainte-Baseille. A la première de ces dates, il avoue tenir en fief du roi d'Angleterre tout ce qu'il a et possède à Sainte-Baseille, à Landeron et autres lieux du diocèse de Bazas. Ailleurs on voit le même personnage faire un aveu analogue pour d'autres terres qu'il tenait en fief du comte de Toulouse[2]. Je retrouve encore dans un inventaire des copies des titres du Trésor des Archives de Pau[3], Anassans de Caumont d'Audet, épousant Isabeau, fille d'Alexandre *de la Pebrea* et de Marguerite de Turenne, dame de Bergerac et de Gensac, le 6 juin 1289.

---

[1] « Ego Willelmus de Cavomonte, confiteor... [me tenere] Caumont, cum suis pertinenciis, excepta mota dicti loci, quam teneo a domino de Marsa, » etc. (Trésor des chartes, cart. J. 314, n° 57, art. 7. Cf. Registre des fiefs d'Albigeois, Poitou, Saintonge, Auvergne, Agenais, Quercy, Rouergue et Venaissin, coté xi au Trésor des chartes, fol. 73 verso, col. 1, art. 1.)

[2] « Ego Anisancius de Cavomonte, dominus de Sancta Basilia, confiteor... me tenere in feudum a domino comite quicquid habeo in castro de Mouceto et de Betmon, » etc. (Trésor des chartes, cart. J. 314, n° 57, art. 3.)

« Ego Anissancius de Cavomonte, miles, dominus de Manurc, confiteor... me tenere in feudum... quicquid habeo in castro et honore et pertinenciis de Manurc, et in castro de Moncasi et castro de Bertholio, cum honoribus et pertinenciis eorumdem, et quicquid habeo in diocesi Agennensi, excepto hoc quod habeo in honore de Clarmont, » etc. (*Ibid.* n° 27.)

« Nos, Bego et Anissancius et Guiscardus de Cavomonte, fratres, confitemur... nos tenere in feodum... quicquid habemus in castro et honore Podii Miela... item quidquid habemus apud Monbeus..... item ego Bego quicquid habeo in castro et pertinenciis de Lauduno... item ego Anissancius castrum de Cancor pro uxore mea, et quicquid habeo apud Sanctam Liberatam, » etc. (*Ibid.* n° 60.)

[3] Collection Doat. (Bibl. imp.), t. I, p. 73.

Page 296, vers 4595, couplet XCVII.

Ce *seynne de Berenx*, l'un des grands barons du pays d'Albigeois, s'appelait *Guillaume-Pierre*, nom commun dans sa famille et qu'avait porté son père, comme on le voit par les procédures des commissaires d'Alfonse, comte de Toulouse, en 1267[1]. Le sire de Berens qui se joignit à Philippe le Hardi en 1277 figure encore dans la charte suivante, dont la langue, pour être du pays et du temps d'Anelier, n'en diffère pas moins de celle de sa chronique :

Conoguda causa sia a totz homes que En Guillem Pere de Berenx, per mi e per totz los meus presens et endevenidors, vendi per titol de perfiecha venda, solvi, quiti e gurpisc e dezemperi per aras e per totz temps, senes retenguda que nom fas de re, a moseinhor lo rei et a vos Pons Guillem de Gailhac, sobrebaile d'Albijes, presen e receben, en nom e per nom del seinhor rei devant dig, .j. sester de froment et autre de sivada, las quals .ij. sesters de blat me devio cessals per cadaus li parcenier dels molis de la Pusla per los digz molis. E vendi vos mai tot lo dreg e tota la razo e tota la axio que ieu avia o que aver devia en los digz molis per razo dels davant digz .ij. sesters de blat, e vos avetz m'en donat pretz bon e leial : so es assaber .xvj. libras de caorsins, las quales i'ei agudas nomnadament de vos, e m'en tieng per be pagatz e noing solvi ; esse valia mai, doin vos tota la mai valousia, esseriei noing guirens de totz emparadors, esse nog tengutz de la envictio ; per laqual envictio e per la guirencia sobredicha vos obligui totz mos bes presens et endevenidors. E per mai de fermetat, doin vaing en testimoni aquesta present carta, ab la qual vaing meti en tenezo et em possessio per totz temps et us prometi que jamai re nom demandariei.... Facha carta .v. kalendas marcii, A. D. M°. CC°. lxx°. iiij°. Testimonis : Perramun, fornier, W. pairollier, Bernar de Gailhac, P. Tholza, Johan Marti, notari, et En Guillem del Vallar, public notari de Gailhac, que aquesta carta receubi et escriussi e de mo seinhal la seinhieri ✝. (Trésor des chartes, cart. J. 323, n° 97[2].)

Page 296, vers 4597, couplet XCVII.

Ce seigneur de Tonneins était ou Guilhaumet Ferriol, dont on a un aveu d'environ 1260[3], ou Étienne Ferriol, l'un des deux témoins nommés

---

[1] *Hist. gén. de Languedoc*, t. III, preuves, n° CCCLIV, col. 581.

[2] Le n° 98 se rapporte à une pièce de « P. de Montagut, cavalier de Berex, » appelé dans un autre document, coté 94 : « P. de Montagut, donzel. » Ces deux pièces sont de même date. (Cf. n° 65.)

[3] « Ego Guilhalmetus Ferioli, confiteor vobis magistro Bono Coseti, judici Agennensi pro illustri domino comite Tolosano, et de mandato nobilis viri Guilhermi de Balneolis, senescalli Agennensis et Caturcensis, presenti et requirenti, me tenere in feudum a domino comite, quicquid habeo apud Tonenxs et apud Grezellum... et apud Gontadum, » etc. Suivent les devoirs et les témoins. (Trésor des chartes, cart. J. 314, n° 57, art. 1er.)

HISTOIRE DE LA GUERRE DE NAVARRE.

à la suite d'un semblable aveu[1], et que l'on voit figurer dans la guerre qui éclata entre Philippe le Bel et Édouard Iᵉʳ. Il reçut du moins en 1294 une lettre de convocation pour se joindre aux autres vassaux du roi d'Angleterre et l'aider à recouvrer la Gascogne, dont il prétendait avoir été dépouillé par fraude. Voyez la collection de Rymer, 3ᵉ édit. t. Iᵉʳ, part. III, p. 134, col. 1; et les Recherches historiques sur la ville et les anciennes baronnies de Tonneins, p. L. F. Lagarde. Agen, de l'imprimerie de Prosper Noubel, 1833, in-8°, p. 39.

Page 296, vers 4598, couplet XCVII.

Quinze ans auparavant, Bertrand de Cardeyllac était au service de l'Angleterre. On le voit par des lettres patentes de Henri III, en date du 14 juillet 1262, par lesquelles ce prince reconnaît avoir fait recevoir le serment de fidélité des consuls et de la communauté du château de Limoges, en son nom, par Bertrand de Kardillac, alors son sénéchal en Limousin, Périgord et Quercy. Voyez l'Histoire de Saint-Martial, etc. par le R. P. Bonaventure de S. Amable, IIIᵉ partie. A Limoges, par Antoine Voisin, M. DC. LXXXV. in-folio, t. III, p. 572, col. 2. Cf. *Hist. gén. de Langued.* t. III, preuves, col. 477.

Page 296, vers 4599, couplet XCVIII.

Le seigneur de Navailles, dont Anelier fait ici mention, se nommait Garci' Arnalt; on le retrouve en 1283 recevant des mains de *Hugelinus de Vikio*, familier du roi d'Angleterre, une indemnité de dix livres morlanes pour un cheval perdu au service fait pour ce prince au roi de Castille, en compagnie de Rainfroi de Montpezat, chevalier, qui reçut cinquante livres pour deux chevaux tués, et à la suite de Gaston, vicomte de Béarn, qui atteste ces faits dans une charte datée de Pampelune le lundi après la fête de saint Laurent. Voyez les *Fœdera, conventiones*, etc. de Rymer, troisième édit. t. Iᵉʳ, part. II, p. 217, col. 2.

Page 296, vers 4600, couplet XCVII.

Au nombre des seigneurs qui accompagnèrent Philippe le Hardi dans la guerre de Navarre, il faut compter le comte de Blois, qui n'y était point

---

[1] Trésor des chartes, cart. J. 314, n° 5.

obligé. Le roi lui en donna les lettres suivantes pour que ce service volontaire ne pût lui préjudicier, non plus qu'à ses héritiers ou successeurs :

Philippus, Dei gratia Francorum rex, universis presentes inspecturis salutem. Notum facimus quod pretextu servicii a dilecto et fideli nostro comite Blesensi nobis ex gratia prestiti in exercitu regni Navarre, nolumus eum, aut heredes vel successores suos, alicui jugo nove subjectionis submitti, nec sibi, vel heredibus aut successoribus ejus, in libertatibus suis prejudicium aliquod in posterum generari. In cujus rei testimonium presentibus litteris nostrum fecimus apponi sigillum. Actum Parisius, die Lune ante Pascha, anno Domini M°. CC°. septuagesimo sexto. (Arch. de l'Empire, K. 34, n° 15.)

Nous avons encore une requête présentée à Philippe le Hardi par Amauri, procureur de nobles hommes Roger Isarn et Arnaud de Marcafava, chevaliers, qui avaient servi le roi dans la guerre de Navarre; ils demandaient à être maintenus dans la possession de leur état comme ils étaient auparavant :

Regie Majestati signifficat Amalricus, procurator nobilium virorum domini Rogerii Isarni et domini Arnaldi de Marcafava, militum, existencium in servicio domini regis in Navara, quod de mandato facto domino comiti Fuxi per dominum regem, ut dictos dominus comes teneret et servaret predictos nobiles qui fuerunt nuper in guerra dicti domini comitis cum dicto domino rege, in eo statu in quo erant tempore dicte guere incoate, et ne ipsos offenderet, sub pena omnium que poterat dictus dominus comes comitere contra regem, nullum predicti nobiles sunt comodum consecuti. Cum postmodum dictus dominus comes dictorum nobilium manifeste se ostendit inimicum, et juridictionem et incursus et feuda militaria que ad dictum comitem et dictos nobiles simul, tanquam ad perciarios seu periorios spectat, gentes dicti domini comitis appropriaverint et usurpaverint eidem domino comiti soli, et multa alia dampna et gravamina dicte gentes dictis nobilibus intulerunt, et idem dominus comes plura exstiterit cominatus : unde suplicant dicti nobiles sibi per clementiam regiam provideri ut, secundum quod arestatum et promissum est eis per dictum dominum regem, sint sine periculo et dampno, ita quod dictus dominus rex dictos nobiles, cum bonis suis que haberent sub dicto domino comite, ponat ad inmediatum regium dominium, vel dicta bona ad manum suam recipiat, et det eisdem emendam alibi, vel saltem eosdem faciat ad solidam pacem et concordiam dicti domini comitis recipi, proviso eisdem quod ea que per gentes suas post dictum mandatum innovata sunt revocentur, et eosdem in dicto statu in quo erant tempore dicte guere incoate teneat et servet.

On lit à la suite de cette pièce :

Facit dominus comes audiri causas per judicem suum specialem in castro de Savarduno, quod est dictorum nobilium et dicti domini comitis, ubi tantum consuevit esse judex comunis, etc.

Vient ensuite une autre requête du seul Roger Isarn et de ses frères, qui donne plus de détails sur le service du premier à la suite du roi, et sur les ravages exercés contre ses possessions par les gens du comte de Foix :

> Regie Majestati significat Amalricus, procurator nobilis viri domini Isarni, militis existentis in servicio domini regis in Navara cum viginti hominibus armatis in equis, et triginta peditibus, et Isarni fratrum, quod de mandato domini Ludovici condam bone memorie fuerunt assignate domino Lupo de Fuxo, patri dictorum fratrum, .L. libre turonenses annui redditus super castro de Mazerello pro emenda terre uxoris dicti domini Lupi, matris dictorum fratrum, quam terram dominus rex tenet. Pro qua assignatione, seu assisia, dictus dominus Rogerius Isarni, de voluntate dicti domini Lupi, patris sui, cum dicta assisia facta fuisset pro emenda terre matris sue et dicti fratris sui, fecit homagium nuper apud Carcasonam domino regi; et postmodum cum dictus dominus Lupus intrasset ordinem ospitalis Iherosolimitani, et sic filios suos de dicta assisia et aliis bonis suis tanquam mortuus saisivisset, dominus Guillelmus de Corde, senescallus Carcasonensis, assignavit diem dictis fratribus ad ostendendum literam suam de dicta asisia. Quas cum non possent ostendere, quod easdem, cum multis aliis cartis et aliis rebus, amiserant in quodam castro quod gens domini comitis Fuxi combuserunt eisdem nuper in guera domini regis, in qua guera dicti fratres erant cum domino rege, dictus dominus senescallus posuit dictam asisiam ad manum domini regis, licet tam dicti fratres quam dictus dominus Lupus, pater eorum, dictam assisiam per triginta annos et amplius tenuissent. Unde supplicant dicti fratres ut pro jure et gratia dominus rex faciat eis dictam assisiam restitui, offerentes se paratos ad servicium regium in omnibus partibus mundi. (Archives de l'Empire, J. 1030, n° 63.)

Suit une note destinée à retrouver la trace de l'assise réclamée.

Page 300, vers 4660, couplet XCVIII.

Le troubadour Guiraut Riquier parle d'un chemin de pèlerins dans le voisinage d'une localité de la Gascogne :

> D'Astarac venia
> L'autrier vers la Ylla
> Pel *camin romieu*.

La quinta pastorella, l'an 1376. (*Le Parnasse occitanien*, t. Ier, p. 338.)

Je trouve un autre chemin semblable, dans une petite ville de la Guienne, dont les coutumes nous ont été conservées : « E establissen, y est-il dit, que neguna bestia no entria per apastengar, del premier dia de mars jusqua a la Sent-Martin, en segun prat que sia a segur de sa Lendulha en jusqua a l'aiga del Drot, ni de Sen-Giralt en jus en jusqua a Servairac, aissi cum la riu va, e de Servairac en jusqua la riu mort, ayssi cum lo *camin aromival* va, » etc. (*L'Esclapot*, registre des archives de la mairie de Monségur, fol. 78 recto et verso.)

Page 300, vers 4673, couplet XCVIII.

Un vieux trouvère, signalant la lâcheté de quelques individus qui avaient abandonné leur drapeau, termine par le même trait qu'Anelier :

> Il ot tex trois o lui de mesnie escarie
> Qui à orguel le tindrent et à grant estoutie,
> Et por paor de mort ont s'eschiele guerpie;
> Jo sai bien qui il furent, mais ne's nomerai mie.
>
> *La Chanson d'Antioche*, ch. VIII, coupl. x; t. II, p. 207.

Page 302, vers 4706, couplet XCVIII.

Chez nos ancêtres, il était assez d'usage d'exprimer sa douleur en se frappant la cuisse. On lit dans le précieux drame d'*Adam*, que vient de nous donner M. Victor Luzarche[1] : « Cum venient Adam et Eva ad culturam suam, et viderint ortas spinas et tribulos, vehementi dolore percussi, prosternent se in terra, et residentes percucient pectora sua et femora sua, dolorem gestum facientes, » etc. Mathieu Paris, rapportant l'impression produite au concile de Lyon, en 1245, par l'excommunication prononcée contre l'empereur Frédéric II, ajoute que ses procureurs se battaient, qui la poitrine, qui la cuisse, en signe de douleur[2].

On se frappait aussi la cuisse pour témoigner de la joie :

> Li rois l'entent, sa cuise bat
> De la joie qu'il ot éue.
>
> *De la Male Honte*, v. 140. (*Fabliaux et contes*, édit. de Méon, t. III, p. 214.)

Page 302, vers 4715, couplet XCVIII.

Le mot *nafils*, que nous avons traduit par *cors*, n'appartient pas à la langue des troubadours : aussi ne le trouve-t-on pas dans le Lexique roman. Il vient de l'espagnol *añafil*, que le grand dictionnaire de l'Académie rend par *ins-*

---

[1] Tours, impr. de J. Bouserez, MDCCLIV, in-8°, p. 39.

[2] Matth. Par. *Historia major*, edit. Lond. MDCLXXXIV, p. 589, l. 50.

trumento músico á manera de trompéta derecha y de metal, de que usaban los Moros.

On conserve dans les cabinets des curieux d'anciens cors, la plupart en ivoire et décorés d'arabesques et de figures bizarres, dont le style paraît emprunté au genre d'ornementation usité en Orient. Ces cors, nommés *olifants*, *oliphants*[1], soit à cause de leur matière, soit par suite de leur ressemblance avec la trompe d'un éléphant, venaient probablement tout sculptés des pays où vit cet animal[2], et figuraient parmi les objets de luxe des grands personnages[3], qui s'en servaient en guerre[4] et à la chasse[5], comme aussi pour boire.

Le fameux cor, à *quatre bendes de or*, qui figure dans le lai de Robert Bikez, avait cette dernière destination. Le vieux trouvère le décrit ainsi :

> Li corn estoit de iveure
> Entaillez de trifure,
> Peres i out assises
> Qui en le or furent mises,
> Bericles e sardoines
> E riches calcedoines ;

---

[1] Voyez le Glossaire de du Cange, au mot *Elephas*, t. III, p. 28, col. 1 ; et la Notice des émaux..... du Louvre, par M. de Laborde, IIe part. Paris, Vinchon, 1853, in-12, p. 408, 409, art. *Olifant*. On disait aussi *cor* et *trompe d'olifant* :

> Plus de quarante mil Arabis et Persant
> En sonerent lor graisles et maint *cor d'olifant.*
>   *La Chanson d'Antioche*, ch. VIII, couplet xxxix ;
>   t. II, p. 247.
> A tant a fait li rois soner
> .j. *cor d'olifant* bel et cler.
>   C'est de Troies, ms. de la Bibl. imp. n° 6987,
>   folio 73 verso, col. 1, v. 21.
> Mil *cors d'olifant* y sonnent à une fois.
>   *Le Chevalier au Cygne*, t. II, p. 220, v. 9177.
> ... ou palais où ly deduis fu grans
> De *cors* sarrasinois, de *trompes d'olifans.*
>   *Ibid.* t. II, p. 396, v. 14461.

[2] C'est-à-dire de l'Inde. Nos ancêtres, qui, en général, ne se faisaient pas une idée bien nette des contrées d'outre-mer, avaient changé le nom d'Alep en *Oliferne* (*La Chans. d'Ant.* ch. VII, coupl. VIII, t. II, p. 146), comme si la Syrie eût été un pays à éléphants ou qu'il nous en vînt des cors d'ivoire. Wace, faisant mention d'un roi de l'Espagne, alors au pouvoir des musulmans, l'appelle *Alifantin.* (V. le *Roman de Brut*, t. II, p. 207, v. 13144, 13147.)

[3] Le cor d'ivoire qui tant fait à prisier.
    Li Romans de Garin le Loherain, t. II, p. 233, v. 17.

Sonnoient cil nakaire et cil *riche* olifant.
    Le Chevalier au Cygne, etc. t. II, p. 414, v. 14992.

Ung riche cor d'ivoire qu'il ama et tint chier.
    Ibid. pag. 510, v. 17941.

[4] .K. fetz .xxx. grailes esems sonar ;
Lhi corn foro d'evori, gran e perclar.
    Roman de Gérard de Rossillon, p. 56, v. 9.

[5] Voyez le récit de la mort de Begon de Belin, tué à la chasse ; ce baron est représenté

> ...bien aparillié
> De bel arroi et de courant destrier,
> Hueses chaucies et esperons d'or mier,
> Et à son col un cor d'ivoire chier
> A neuf viroles de fin or bien loiés ;
> La guiche en fu d'un vert paile prisiés.
>   *Li Romans de Garin le Loherain*, t. II, p. 282.

> Il fust fest de ollifaunt.
> Ounkes ne vi si graunt
> Ne si fort ne si bel.
> Desus out un anel
> Neelé ad argent;
> Eschieles i out cent
> Petitettes de or fin.
> En le tens Constentin,
> Les i fist une fée
> Qui preuz ert e senée,
> E le corn destina
> Si cum vous orrez jà.
>
> Le Lai du Corn, v. 41. (*Ueber die Lais, Sequenzen und Leiche*, etc. von Ferdinand Wolf. Heidelberg, 1841, in-8°, p. 328.)

A la musique enchanteresse que rendaient les cent petites plaques d'or, pour peu que l'on touchât le cor du doigt, cet instrument joignait une vertu encore plus étonnante, vertu comparable à celle du fameux manteau mal taillé, par le moyen duquel un mari, un amant pouvait sûrement découvrir si sa femme, sa maîtresse lui était fidèle.

Quelque merveilleux que fût ce cor magique, celui d'Auberon n'avait rien à lui envier. Voici en quels termes un autre trouvère en parle dans le portrait qu'il trace du roi de féerie :

> .j. arc portoit dont bien savoit berser...
> Et ot au col .j. cor d'ivoire cler.
> A bendes d'or estoit li cors bendés,
> Fées le fissent en une ille de mer.
> Une en i ot qui donna .j. don tel :
> Qui le cor ot et tentir et sonner,
> S'il est malades, lués revient en santé,
> Jà n'avera tant grande enfermeté.
> Et l'autre fée i donna mieus asés :
> Qui le cor ot, çou est la verités,
> S'il a famine, il est tout asasés;
> Et s'il a soif, il est tous abevrés.
> Et l'autre fée i donna miex asés,
> Q'i n'est nus hom, qui tant ait povretés,
> S'il ot le cor et tentir et sonner,
> K'au son del cor ne l'estuece canter.
> Le quarte fée le vaut mix asener,

> Quant li donna tel don que vous orrés,
> Que il n'a marce ne païs ne regné
> Desc'au Sec Arbre ne si de là la mer,
> S'il velt le cor et tentir et sonner,
> Auberons l'ot à Monmur sa cité.
>
> *Huon de Bourdele*, ms. de la Bibl. de Tours, fol. 55 v°, v. 24.

Différent du cor de la cour du roi Arthur, et de celui de Rimenhild, qui paraît n'avoir jamais été autre chose qu'une corne à boire[1], celui d'Auberon était plutôt petit que grand[2]. Tout célèbre qu'il fût dans notre mythologie nationale, il ne pouvait entrer en comparaison, sous ce rapport, avec l'olifant du neveu de Charlemagne, du héros de Roncevaux. Nous n'en avons pas la description; nous savons seulement que c'était un don du grand empereur à son neveu[3], et que, celui-ci l'ayant embouché peu d'instants avant sa mort, le son s'en fit entendre à plus de trente lieues. C'est là du moins ce que rapporte Turold, l'auteur de la Chanson de Roland (couplet cxxxi, p. 68); celui de la chronique danoise de Charlemagne dit quinze milles, et les vieilles chansons islandaises citées par Olaus Wormius, vingt[4]. L'un est tout aussi croyable que l'autre.

Ce merveilleux olifant était, dit-on, conservé dans l'église de Saint-Seurin, à Bordeaux, où les pèlerins de Saint-Jacques de Compostelle l'allaient voir en passant[5]; nous ne saurions donc l'identifier avec celui que l'on garde

---

[1] En la butelrie est Rimel après çoe entrée;
Un corn prist grant dunt la liste ert gemmée,
K'entur la buche ert bien demi-pié lée,
Si ert d'or affrican à merveille bien ovrée.
Horn et Rimenhild. p. 209, v. 4152.

[2] Dist Auberons : « Encore atenderés,
Car j'ai çaiens .j. cor d'ivoire cler...
Ens t'aumosniere le pués molt bien porter.
De Huon de Bourdele. folio 64 recto, v. 12.

On lit dans un autre roman, moins ancien :

Et li prevoz lor court donner
.j. cor d'yvoire trop fetiz,
Qui n'ert trop granz ne trop petiz ;
Et puis lor dist sans demorée :
« Se la guivre aviez tuée
Et ses vivres, qu'il ne lessassent
Que tantost le cor ne sonnassent ;
Car bien savoit de verité,

Tuit seroient envenimé,
Encor fust la beste tuée.
Le Roumans de Claris et de Laris. ms. de la Bibl. imp. n° 7534³, folio 101 verso, col. 1, v. 26.

[3] A une Pentecoste fu Charles à Paris,
Venus fu de Saissoigne, s'ot Guiteclin ocis;
Sebile la roïne, qui tant ot cler le vis,
Dona à son neveu Bauduin le marchis,
A son neveu Rolant l'olifant qu'ot conquis, etc.
Roman des quatre fils d'Aymon, ms. de la Bibl. imp. fonds de la Vallière, n° 39, folio 15 verso.

Dont fist Rollandin cevalier
Carles, od maint fil de princier....
Et si conquist son olifant,
Qu'encor voient viel et enfant.
Chronique rimée de Philippe Mouskés, v. 4490; t. Ier, p. 181.

[4] Voyez *Danicorum monumentorum Libri sex*, etc. Hafniæ, A°. MDCXLIII, in-4°, lib. V, p. 351.

[5] Vint à Burdeles la citet de [valur];

dans le trésor de la cathédrale d'Aix-la-Chapelle et que l'on montre aux visiteurs comme ayant appartenu à Charlemagne[1]. Cette pièce, véritablement remarquable, n'est surpassée que par l'olifant de M. le duc de Luynes, le plus beau sans contredit de tous ceux qui nous sont parvenus : on ne saurait donc trouver mauvais que nous en parlions ici avec quelque étendue.

En 1781, des recherches minéralogiques et géologiques ayant conduit M. Thomas Riboud à la chartreuse de Portes, située dans la partie la plus élevée de la chaîne méridionale des montagnes du Bugey, l'olifant dont il s'agit lui fut présenté par les religieux, qui devaient plus tard lui en faire don. Suivant la tradition de la maison, qui le possédait depuis environ quatre siècles, il avait été trouvé vers la fin du XIVe, par des bergers au fond d'une grotte ou anfractuosité de rochers, dans le territoire d'Ordonnaz, village peu éloigné de Portes. Revêtu d'un double étui de cuir bouilli, il était posé horizontalement dans le vide que laissaient entre eux deux lits de roches saillantes, et n'avait été attaqué ni par le contact de l'air, ni par l'humidité.

Toute la superficie extérieure de cet olifant, qui est d'un seul morceau d'ivoire, est divisée en huit compartiments ou sections, dont trois sont unies et cinq occupées par des bas-reliefs et des ornements sculptés et ciselés sur le corps de l'instrument. Tous les objets étrangers, comme cercles, anneaux, etc. qui s'y trouvaient adaptés, ont disparu, vraisemblablement en raison de ce qu'ils ressemblaient plus ou moins, comme matière, si ce n'est comme travail, aux ornements décrits par Robert Bikez; on ne voit même plus aucune trace de la dorure dont l'embouchure a dû être décorée[2].

Les bas-reliefs occupent à peu près les trois quarts de la superficie du cor, et chacune de leurs cinq sections embrasse sa circonférence. Dans la zone supérieure, un cavalier monté sur un animal fantastique donne de sa lance dans le derrière d'un autre animal du même genre, de la bouche du-

---

Desur l'alter seint Severin le baron
Met l'oliphan plein d'or et de manguns;
Li pelerin le veient ki là vunt.

La Chanson de Roland, édit. originale, couplet CCLXIX, p. 142.

[1] Ce cor, décrit partout, serait de fabrique occidentale s'il était vrai qu'il fût fait avec une dent de l'éléphant envoyé à Charlemagne par Haroun-al-Raschid; il est attaché à un ceinturon de velours cramoisi sur lequel on lit les mots *Dein ein* (l'unique à toi), gravés en argent doré. (Voyez *Magasin pittoresque*, t. Ier, 1833, p. 114, col. 1, et *Souvenir de Voyages*, par D. Nisard. Paris, Michel Lévy frères, 1855, in-12, p. 347.)

[2] De l'oliphant la lumière dorée
Mist à sa bouche, si sonne la menée.

Roman de Roncevaux, cité par du Cange, *Gloss. med. et inf. Lat.* t. IV, p. 457, col. 2, au mot *Menetum*.

quel sort un serpent; à droite et à gauche sont des animaux également chimériques, dont l'un à face humaine. La seconde zone est occupée par des lions affrontés, séparés par une espèce d'arbre; dans la troisième, on voit des oiseaux de proie enlevant chacun un lapin dans leurs serres, puis un chameau, deux grands oiseaux buvant dans une fontaine, et un animal couché. La quatrième zone, toujours en montant vers l'embouchure, présente des griffons et une sorte de bête portant sur son dos un oiseau de proie qui la mord; enfin, au centre de la dernière zone, se voit une femme dont les hanches exagérées semblent indiquer une origine arabe, ou plutôt indienne, car je retrouve cette même exagération dans les figures colossales des souterrains d'Ellora qui font partie des sculptures nommées *Rames-warra* et destinées, à ce que l'on croit, à rappeler les noces de Ram et de Seeta. Au reste, le chameau et le buffle étranglé par un serpent suffiraient à eux seuls pour indiquer l'origine orientale de l'olifant de M. le duc de Luynes. origine que je me garderai bien d'assigner à trois autres cors d'ivoire, l'un de la collection de M. le prince Soltykoff[1], l'autre du cabinet de M. Roux, à Tours, le troisième conservé à Bordeaux, dans celui de M. Durand, architecte. Ce dernier porte une croix inscrite dans un cercle.

Quant au fourreau de cuir de l'olifant de M. le duc de Luynes, il est certainement européen. Parmi les ornements qui le distinguent, on remarque six compartiments en forme de losange et qui ont un caractère héraldique. La forme indique des armoiries de femme; le champ porte à droite un demi-château, à gauche une demi-fleur de lis, c'est-à-dire de Castille parti de France. Il est vrai que cela n'est pas absolument correct, puisque l'écu de France fut d'abord semé de fleurs de lis sans nombre, et qu'ensuite il n'en porta que trois, 2, 1, et jamais une seule; mais enfin l'indication peut suffire.

La place d'honneur attribuée aux tours de Castille annonce que le propriétaire de l'olifant était Castillan, et le second rang donné à la fleur de lis de France indique une alliance avec cet état. La forme en losange serait-elle seulement une suite de la disposition des filets, dont l'entrelacement forme des losanges, au lieu de rappeler la navette qui était, avec la

---

[1] Voyez *Handbook of the Arts of the middle Ages and Renaissance*, translated from the French of M. Jules Labarte. London : John Murray, 1855, in-8°, pag. 9 et 10, fig. 5. — On trouvera plusieurs autres olifants dans *les Arts au moyen âge*, par A. de Sommerard, album, 4° série, pl. XXVI, XXVIII, et 5° série, pl. XI; et dans *le Moyen Age et la Renaissance*, art. *Chasse*, sect. *Mœurs et usages de la vie privée*, fol. VI verso.

quenouille, l'apanage de la femme? C'est possible, mais non vraisemblable. Rien n'aurait empêché que, dans ce losange, on donnât à l'écu sa forme normale et triangulaire, qui désigne spécifiquement un homme, et non une femme.

J'ai dit que, selon toute apparence, l'olifant de M. le duc de Luynes était de fabrique orientale. Plusieurs passages de nos anciens trouvères nous montrent dans les orchestres de nos ancêtres des cors *sarrasinois* [1]. C'étaient probablement des *nafils*.

Sûrement ces cors n'étaient pas tous en ivoire ou en métal précieux [2]. Dans le Roman de Claris, cité par Roquefort [3], il est fait mention de cors de pin, et les auteurs de la Chanson d'Antioche, du Roman de la Violette et du Chevalier au Cygne parlent de buisines, de cors, de trompes d'airain, de laiton, voire même d'acier [4].

Dans le plus ancien de ces poëmes, il est fait mention d'un grand cor *montanier* [5]. Je laisse le soin d'expliquer ce mot aux savants qui, reprenant en

---

[1] Plenté d'estrumens oyssiez :
Vielles et salterions,
Harpes et gigues et canons,
Leus, rubebes et kitaires;
Et ot en pluseurs lieus nacaires
Ki molt très-grant noise faisoient,
Mais fors des routes mis estoient.
Cymbales, rotes, timpanons
Et mandoires et micanons
I ot et cornes et douçaines
Et trompes et grosses araines;
Cors sarrazinois et tabours
I avoit molt en lieus plusours, etc.
Roman de Cleomades, ms. de la Bibliothèque de l'Arsenal, B.-L. fr. in-folio, n° 175, folio 66 verso, col. 3, v. 14.

Là véissiez menesterez,
Et sachiez qu'il i a de tez
Qui portent harpes et vieles,
Salterions, citoles beles
Et flëutes et siphonies;
Si i ot maintes armonies,
Tabours et *cors sarradinois*.
Entr'eus mainent grant taborois.
Li .j. tument, li autre saillent.
Le Romanz de Claris et de Laris, ms. de la Bibl. imp. n° 7534¹, folio 158 recto, col. 2, v. 31.

Voyez encore un passage du Roman de la Rose, cité par Roquefort : *De l'État de la poésie françoise dans les XII° et XIII° siècles*, p. 122 ; le Chevalier au Cygne, etc. t. II, p. 41, v. 4347, p. 170, v. 7740, et p. 414, v. 15008 (Cf. p. 159, v. 7414, *Cornet sarrasinois, tabour et clarion*); l'Histoire de S. Louis, par Jehan sire de Joinville, édit. du Louvre, p. 9 ; la Chronique de Bertrand du Guesclin, t. I", p. 388 ; enfin un extrait du rôle de la chambre des comptes de Paris, cité au mot *Nacara*, n° 1, du Glossaire de du Cange.

[2] Il est question de *buisines* et de trompes d'argent dans le Chevalier au Cygne, t. II, p. 201, v. 8644 ; p. 414, v. 15009. — On trouve *aña files de plata* dans une ancienne romance espagnole publiée dans le *Romancero castellano*, etc. por G. B. Depping. Leipsique, F. A. Brockhaus, 1844, in-12, t. I, p. 392, rom. 281 (*Paseábase el rey moro*, etc.).

[3] *De l'État de la poésie françoise*, etc. p. 121.

[4] *La Chanson d'Antioche*, ch. I, couplet XIV (t. I, p. 25) ; ch. V, couplet XLIII (t. II, p. 65) ; ch. VI, couplet IX (p. 83), couplet XXXIII (p. 122) ; ch. VIII, couplet XXVII (p. 233. Cf. p. 238). — Roman de la Violette, p. 129, v. 2563. — *Le Chevalier au Cygne*, t. II, p. 159, v. 7413 ; p. 242, v. 8967 ; p. 388, v. 14195.

[5] *La Chanson d'Antioche*, ch. IV, couplet XVIII ; t. I, p. 226.

HISTOIRE DE LA GUERRE DE NAVARRE.

sous-œuvre le travail de feu Bottée de Toulmont[1], se donneront la tâche de le compléter : ces notes n'ont d'autre objet que de leur servir de *subsidia*. Je veux seulement faire remarquer la ressemblance qu'offre le mot *montanier* avec *menuier*, autre épithète de *cor*, de *graile* :

> Il a sonné .i. graile *menuier*.
> *Li Romans de Raoul de Cambrai*, p. 200.

> Bilas prent .i. cor *menuier*,
> Sa gent comence à ralier.
> *Le Roumanz de Claris et de Laris*, ms. de la Bibl. imp. n° 7534⁵, fol. 134 recto, col. 2.

De là sans doute les mots *menuiax*, *monniaus*, qui paraissent avoir eu le même sens :

> Et voit Frans ralier au son des *menuiax*.
> *La Chanson des Saxons*, t. II, p. 76, v. 4.

> Sonnoient tymbre et cor et ces trompes d'argent,
> Naquaires et buisines et *monniaus* giettant vent.
> *Le Chevalier au Cygne*, etc. v. 9310; t. II, p. 226.

A première vue, il semble que ce mot *menuier* ne soit autre chose que l'adjectif *manuel*, ce qui après tout est une étymologie plus raisonnable que celle qui est donnée dans le Glossaire de la langue romane[2]; mais on est tenté

---

[1] *Dissertation sur les instruments de musique employés au moyen âge*, dans les Mémoires et dissertations sur les antiquités nationales et étrangères, publ. par la Société royale des Antiquaires de France, nouv. sér. t. VII (Paris, MDCCCXLIV). Ce qui se rapporte aux cors, trompes, trompettes et cornets, se trouve p. 63-67, 142-147. — Les pages 164-166 sont occupées par deux pièces de vers de Guillaume de Machaut, où sont énumérés des instruments de musique en usage au XIV° siècle. Voici deux autres passages de poëtes plus anciens :

> Assez avoit et .i. et el,
> Si com afiert à menestrel.
> Là sont trestuit si estrument...
> Harpes, rotes, gigues, violes,
> Leus, kintaires et citoles
> Et timpanes et micanons

> Rubebes et salterions.
> Tabours et muses et flajos
> l a assez grailes et gros,
> Flaütes d'argent traversainnes,
> Estives, cornes et douçainnes,
> Et d'autres estrumens assez
> Que ne vous ai pas tous nommez.
> *Li Romans de Cleomades*, ms. du fonds de la Vallière n° 5² (Bibl. imp.), folio 65 verso, col. 2, v. 27.

> Cil jougleour de pluisors terres
> Cantent et sonent lor vieles,
> Muses, harpes et orcanons,
> Timpanes et salterions,
> Gigues, estives et frestiaus
> Et buisines et calemiaus.
> *De l'Atre perilleus*, ms. de la Bibl. imp. n° 7989², folio 44 verso, col. 2, v. 27.

[2] T. II, p. 170, col. 1, au mot *Menuel*.

de renoncer à l'une et à l'autre quand on lit dans des poëmes que nous avons déjà cités :

> Del olifant haltes sunt les *menées*.
>
> La Chanson de Roland, st. CCXL, v. 6, p. 128.

> Li Rous r'a sa gent aûnée,
> An .j. cor sonne la *menée*.
>
> Le Roumanz de Claris et de Laris, ms. 7534², fol. 99 verso, col. 2, derniers vers.

On sonnait aussi de la trompe *à la vollée*[1]. Il ne paraît pas, cependant, que l'on fît autre chose, dans l'origine[2], que tirer de cet instrument des sons purs et simples, sans chercher à moduler :

> Du menuel qu'au col avoit,
> Sonna trois sons grans et tretis.
>
> Roman de Perceval, cité par Borel et Roquefort.

> Beaus fu li jors, et li estors fu for;
> Et Viviens a haut sonné son cor
> .ij. fois en graille, et li tierz fu en gros.
>
> La Chevalerie Vivien, ms. de la Bibl. imp. n° 6985, fol. 105 verso, col. 1, v. 17.

Nous avons ici l'étymologie du verbe *graisloier, graloier, graloyer*, que l'on trouve à chaque instant dans nos anciens poëmes avec *soner* et *bondir*[3]; cependant il n'est pas défendu de croire, comme on l'a fait jusqu'à présent, que *grasloier* vient du nom de l'instrument appelé *graisle* en ancien français, et *gracilis* en latin. Le cas ne pourra être décidé que lorsque l'on saura d'une manière plus précise comment on sonnait du cor à l'époque où le verbe commença à être en usage.

Alors on employait surtout les instruments de cette espèce en guerre, pour indiquer les diverses manœuvres, ce qui se fait encore aujourd'hui;

---

[1] *Le Chevalier aa Cygne*, etc. v. 16066; t. II, p. 449.

[2] Pour la fin du XIV° siècle on trouvera comment on doit corner, dans le Livre de la chasse, par Gaston Phébus. La figure du manuscrit de la Bibl. imp. n° 7088, fol. 43, a été reproduite dans l'Histoire des comtes de Foix de la première race (Gaston III), publiée à Paris en 1834, in-8°, par M. Gaucheraud; et dans l'article *Chasse* de M. Elzéar Blaze. (*Le Moyen Age et la Renaissance*, fol. XII recto. Cf. fol. IV v°.)

[3] Voyez la *Chanson d'Antioche*, ch. V, coupl. XIII (t. II, p. 26), et ch. VI, coupl. XXXIII (p. 122); la *Mort de Garin le Loherain*, p. 50, v. 1044; le *Chevalier au Cygne*, etc. t. II, p. 165, v. 7607, p. 316, v. 11987, p. 510, v. 17940, p. 519, v. 18214, etc. Cf. *Gloss. med. et infim. Latinit.* t. III, p. 545, col. 1, v° *Gracilis*, et t. IV, p. 357, col. 2, v° *Menetum*.

mais il y avait cette différence que le plus souvent c'était le chef lui-même qui appelait ses hommes au son du cor[1], qui les ralliait ou qui sonnait la retraite[2]. Dans la paix, cet instrument servait aussi à annoncer les repas[3].

A la fin du moyen âge, les cors cessèrent de nous venir d'Orient; sous Louis XIII, ils nous arrivaient d'Angleterre, et Sedan était renommé pour ses trompes[4].

Page 304, vers 4750, couplet XCVIII.

Entre autres lampes placées dans la cathédrale de Pampelune, il y en avait une qui brûlait devant les tombeaux des rois de Navarre. Elle fut rétablie, comme on le voit par cet article des comptes de ce royaume en 1284 :

Pro lampade ardente ante sepulcra regum in ecclesia Beate Marie Pampilonensis, XXX solidos. (Ms. Bibl. imp. Suppl. lat. n° 165[7], folio 34 recto.)

Page 306, vers 4759, couplet XCVIII.

Ce tableau de dévastation, à rapprocher de celui qu'a tracé Guillaume Guiart[5], rappelle le sac de Lyon par Begon de Belin et les Lorrains :

    Là véissiés les grans salles rober,
    Chambres brisier et les escrins forcier,
    Et les toniaus des celiers fors giter.
    Les chars garnissent et de vin et de blés;
    Grant gaaing i firent, nus ne le puet nonbrer.
    Defors as chans font les charrois mener.
       Là sejornerent dusques à l'anuitier.
    Matin leva Begons qui fu mout ber,
    Le feu escrie, par tout le fait bouter;
    La ville esprent, nus ne l'en puet tenser.
    Là véissiez ces mostiers enbraser,
    Et ces grans tors trebuchier et verser,

---

[1] *Le Roumanz de Claris et de Laris*, ms. 7534[5], folio 114 verso, col. 2, v. 33.

[2] *La Chanson d'Antioche*, ch. Ier, coupl. XXIII (t. Ier, p. 37); ch. II, couplet XXVI (p. 122. Cf. p. 457).—*Li Romans de Raoul de Cambrai*, p. 357, v. 10.

On lit ailleurs :
    Dont fist Artus ses cors corner,
    Graîlles et buisines soner :

Ce fu signes de retorner.
    Le Roman de Brut, v. 9824, t. II, p. 67.

[3] *Le Chevalier au Cygne*, etc. t. II, p. 394, v. 14383.

[4] *Les Jeux de l'inconnu*, etc. A Rouen, chez Jacques Cailloué, M.DC.XXXXV. in-8°, p. 163.

[5] *La Branche des royaux lignages*, parmi les Chroniques nationales françaises, t. VIII, p. 126, v. 3240. Cf. p. 159, v. 4087.

> La gent menue et les femes plorer,
> De mors i ot que nus ne sait nombrer.
>
> *Li Romans de Garin le Loherain*, t. I, p. 197.

Les *escrins* dont parle le trouvère ne sont pas ce qu'y voit son éditeur, qui traduit ce mot par *petites chambres, sortes de cabinets consacrés aux objets précieux*[1]; c'étaient des coffres portatifs :

> Li somier sont trossé, li coffre et li escrin.
>
> *La Chanson des Saxons*, coupl. L; t. I, p. 323.

Peut-être même faudrait-il y voir des espèces de tiroirs; on est du moins fondé à le croire en lisant le fabliau des trois Bossus :

> Uns chaaliz ot lez le fouier,
> C'on soloit fere charier;
> El chaaliz ot trois *escrins*...
> En chascun a mis un boçu.
>
> *Fabliaux et contes*, édit. de Méon, t. III, p. 348.

Les *escrins* étaient les armoires[2] de l'époque; on peut d'autant mieux appliquer ce nom à cette espèce de meubles, que l'on y conservait les armes de prix.

Un passage du *Roman des aventures Fregus*[3], qu'à cette occasion nous avons cité plus haut, p. 579, en note, nous présente un serviteur apportant de l'eau dans un bassin précieux trouvé dans un coffre. Ceux dans lesquels nos ancêtres serraient l'argent et les objets de prix portaient plus généralement le nom de *forcier, forchier, forger, forgier* ou *forceret*, en latin *forcerius, forgerium, forsarius*, mots dont l'un figure déjà dans un inventaire du trésor de la cathédrale de Saint-Paul dressé en 1295[4].

---

[1] Voyez le Glossaire de du Cange, au mot *Scrinium*, t. VI, p. 130, col. 1. Comme Jean Bodel, Froissart emploie *escrin* en le joignant à *coffre* :

« ... les aucuns ouvroient leurs coffres et leurs escrins, » etc. (Liv. I", part. I, ch. CCLXXII; éd. du Panthéon littéraire, t. I", p. 315, col. 2.)

« ... les escrins et les coffres pleins de bons joyaux. » (Liv. I", part. II, ch. XIX; t. I", p. 315, col. 2.)

[2] On a commencé par dire *armaise* : « Il y a en la maison de prest, dit Cleirac, magazins, cabinets, *armaises*, tirettes, coffres, bahuts, layettes, cassettes, et quaisses... à mettre et tenir les joyaux, vaisselle d'argent, meubles et marchandises portées en gages, » etc. (*Usance du négoce ou commerce de la banque des lettres de change*, etc. A Bourdeaux, par Guillaume de la Court, 1670, petit in-12, p. 168.)

[3] Page 11, v. 17.

[4] *The History of Saint Paul's Cathedral in London*, etc. by Sir William Dugdale. London,

HISTOIRE DE LA GUERRE DE NAVARRE. 633

Pendant tout le moyen âge, jusqu'à une époque assez rapprochée de nous, les coffres tenaient, avec les lits, la première place dans le mobilier des appartements, où ils servaient aussi de siéges :

> N'est pas bons à sainnier de vainne
> Gerars, quant vi l'ostel si povre.
> Séir le font desor .j. coffre
> Li chevalier, etc.
>
> *Roman de la Violette,* p. 80, v. 1567 [1].

On leur donnait aussi le nom de *huche* [2], et leur place était surtout au pied des lits :

> Et se li covient huches
> Et corbeillons et cruches,
> Le chat aus soris prendre
> Por les huches desfendre.
>
> *De l'Oastillement au Villain.* A Paris, chez Silvestre, M. DCCC. XXXIII, in-8°, p. 12.

> Sus une huche aus piez du lit
> A cil toute sa robe mise.
>
> *Du Chevalier à la robe vermeille,* v. 66. (*Fabliaux et contes,* t. III, p. 274.)

>..... rompoient coffres et huches, etc. (*Les Chroniques de J. Froissart,* liv. III, chap. LXXXVIII, ann. 1387; t. II, p. 643, c. 2.)

1818, in-fol. p. 312, col. 2, art. *Cruces.—Gloss. med. et inf. Latin.* v° *Forsarius,* t. III, p. 373, col. 1. Cf. p. 348, col. 2, et 356, col. 3. Aux exemples français qui y sont cités et qui tous établissent la synonymie de *forcier,* etc. avec *coffre* et *escrin,* on peut ajouter ceux qui nous sont fournis par la Chronique de Bertrand du Guesclin, t. I", p. 15, col. 2, et p. 60, en note, et par *li Romans de Bauduin de Sebourc,* ch. IV, v. 750, t. I", p. 120; ch. V, v. 887, 905, 910, p. 148, 149; et ch. XIV, v. 212, t. II, p. 207.

[1] Dans le *Roman de Garin le Loherain,* un messager envoyé au comte de Flandre le trouve dans sa tente,

> Sor un coffre où se sist.
> T. I", p. 214.

Mais là rien de plus naturel que d'avoir pour meubles des coffres servant à transporter les effets. Il y en avait même de destinés à la célébration de la messe en campagne. L'autel portatif dont il est question dans une pièce de l'an 1291 (*Fœdera, conventiones,* etc. 3ᵉ edit. tom. I pars II, p. 89, col. 2), rentrait probablement dans cette catégorie. En 1513, Henry Algernon Percy, comte de Northumberland, s'apprêtant à rejoindre l'armée anglaise en France, emportait un coffre-autel de ce genre garni de deux couvercles, celui de dessus décoré de peintures représentant Jésus-Christ sur la croix, la sainte Vierge et saint Jean. Voyez *Remembrances for the Apparel... of Henry Algernon Percy,* etc. by Sir Frederic Madden. (*Archæologia,* etc. vol. XXVI, p. 413.)

[2] En bas latin *hacha, hachia, hucellus, hutica.* (Voyez le Glossaire de du Cange, t. III, p. 274, col. 1 et 2, et 735, col. 3.)

Donc veissiez ces Bretons et ces routes entrer en ces hostels... rompre huches et escrins, etc. (*Les Chroniques de J. Froissart*, t. II, p. 644, col. 1.)

> Une huche rompi, où .i. escrin trouva.
>
> *Chronique de Bertrand du Guesclin*, v. 659; t. I, p. 28.

Placé devant une maison en temps de foire, un coffre servait à indiquer une boutique, que souvent il constituait tout seul : ce qui a engagé D. Carpentier à traduire par *officina* le mot *arca* d'une charte de 1241, concernant Garsias, sous-doyen du chapitre de Troyes, dans laquelle il est question d'héritages situés en cette ville[1].

Il n'est pas jusqu'aux cages d'oiseaux auxquelles on n'ait donné le nom de *coffre* :

> Je vi par le trelis d'un coffre...
> Oisiaus qui avoient piez beus,
> Qui furent pris sus la marine.
>
> *Le Dit des rues de Paris*, v. 170. (*Fabliaux et contes*, t. II, p. 249.)

Plus près de nous, le coffre, que nous voyons dans le palais des rois de France en une circonstance peu honorable pour l'un d'eux[2], avait ailleurs un emploi auquel il est fait allusion dans une expression proverbiale dont nous ne nous rendons pas parfaitement compte. En effet, comment expliquer ce vers de la satire III de Mathurin Regnier, où le poëte, interrogeant le marquis de Cœuvres, lui demande s'il doit continuer à courtiser son maître,

> Puis sans avoir du bien, troublé de resverie,
> Mourir dessus un coffre, en une hostellerie,
> En Toscane, en Savoye, ou dans quelque autre lieu,
> Sans pouvoir faire paix, ou trefve avecques Dieu[3] ?

---

[1] «Cum dedisset idem rex (Navarre) quod nulla archa ante predictam domum de cetero poneretur, quamdiu idem Garsias viveret, nisi de voluntate ipsius; nos... protestamur, quod post decessum ipsius Garsie, dictus rex aut heres ejus, si voluerit, possit ponere de jure illam arcam ante dictam domum in nundinis ante dictis.» (*Chart. Camp.* ms. Bibl. imp. n° 5993 A, fol. 430 recto, col. 1. Cf. *Gloss. med. et inf. Latin.* t. I, p. 364, col. 1, v° *Arca*.)

[2] Voyez la Confession catholique du sieur de Sancy, liv. I**er**, chap. VII, à la suite du Journal de Henry III, édit. de 1746, t. III, p. 209. Cf. t. I**er**, p. 28, sept. 1577.

[3] Voyez encore un passage d'une lettre de M**me** de Sévigné du 2 août 1675, et une épitaphe de Tristan l'Hermite, cités par M. Quitard, dans son Dictionnaire des proverbes français, 3° édit. p. 123, 124. — On disait aussi *piquer le bahut*. (Voyez les Aventures du baron de Fœneste, édition de M. Prosper Mérimée, p. 265.)

Cette expression *mourir sur un coffre*, si nous la rencontrions dans un écrivain du xiv° siècle, éveillerait dans notre esprit l'idée du dernier supplice. Froissart, racontant « comment messire Hue le Despensier le jeune eut la teste tranchée et fut mis en quatre quartiers, » ajoute : « Premierement il fut trahiné sur un bahut, à trompes et à trompettes, par toute la ville de Hereford, de rue en rue[1]. » Ce bahut était probablement la bière du condamné, appelée *coffre* dans le siècle suivant[2]. Au xvii°, on ne traînait plus que sur la claie, supplice infligé aux cadavres des suicidés, non-seulement chez nos voisins, mais à Bordeaux[3], où ils l'avaient probablement importé.

Quelles étaient la matière, la forme et la décoration de ces coffres? Je laisse à un habile archéologue le soin de décrire ceux qui nous restent, et, sans recourir aux renseignements intéressants recueillis par l'éditeur des Comptes de l'argenterie des rois de France au xiv° siècle[4], je m'en tiens à quelques indications fournies par les documents anciens que j'ai pu consulter. Un trouvère du xiii° siècle nous montre l'un de ses personnages appuyé

Sor .j. coffre bendé de coivre.

Roman de la Violette, p. 25, v. 449.

Dans un autre roman il est question d'un *escrin qui est ferés d'achier*[5]. Un inventaire de la même époque nous offre un coffre appelé *quarellet*, ferré de plate ferrure, prisé trente-deux sous; un autre ferré de ferrure « ouvrée à coquelles, » estimé vingt-quatre; trois coffres pareils couverts de cuir et doublés de toile par dedans, marqués ensemble seize sous, prix fixé à un coffre long en chêne; un vieux petit coffre peint par dehors, estimé quarante-cinq sous; plusieurs coffres plats de bois blanc, sans pieds, à

---

[1] *Les Chroniques de sire Jean Froissart*, liv. Ier, 1re partie, chap. xxiv, ann. 1326; t. Ier, p. 17, col. 1.

[2] « ... elle soit tenue de... baiser le poile estant sur le coffre dudict defunct, » etc. (*Les Arrêts d'amours*, xxii° arrest; édit. de mdccxxi, t. Ier, p. 238.)

[3] Registres de la jurade conservés à l'hôtel de ville, année 1624-25, folio 74 verso.

[4] Table des mots techniques des Comptes de l'argenterie, aux mots *Bahu* et *Coffres*, p. 349, 362. (Voyez encore dans le compte d'Étienne de la Fontaine (1352), p. 121, 122, l'article *Coffrerie pour le roy*.)

[5] *Li Romans de Bauduin de Seboure*, ch. xiv, v. 232; t. II, p. 7.

quatre sous la pièce; enfin un coffret long, pareillement de bois blanc, à quatre pendants de fer, et plusieurs coffres couverts de cuir[1].

L'inventaire des meubles, joyaux, etc. de notre roi Charles V, rédigé vers la même époque, offre la mention de deux pierres « estans en ung coffre de cypraès, que le roy fait porter continuellement avecques soy, dont il porte la clef[2]. »

Dans un compte postérieur, figure un coffre de cyprès donné au roi d'Angleterre Henri VIII, qui avait, à ce qu'il paraît, un coffretier en titre[3]. Il se nommait William Grene, et reçut six livres dix-huit shillings un penny, pour avoir fait un coffre de futaine de Naples et plein de tiroirs bordés de taffetas rouge et vert, destinés à contenir des pierres de diverses sortes[4]. Vers la même époque, nous trouvons dans un inventaire du trésor de la cathédrale de Salisbury un beau coffre curieusement travaillé, couvert de drap d'or et décoré d'écussons d'armoiries relevés de perles, avec serrure, moraillons et clef en argent doré; un autre peint et doré, avec pierres précieuses et boutons de verre, bordé de corail et peint en argent à l'intérieur; trois autres presque aussi riches, enfin nombre d'autres meubles pareils, dont quatre en cyprès couverts de drap bleu et décorés d'armoiries[5].

---

[1] *Inventaire après le décès de Richard Picque, archevêque de Reims.* Reims, MDCCCXLII, in-18, p. 20, 22, 23.

[2] Ms. de la Bibl. imp. n° 8356, fol. lxxij verso. Dans le testament de Jean de Gaunt, qui est de 1397, il est fait mention d'une petite boite en bois de cyprès. (Voyez *The privy Purse Expences of King Henry the eighth*, etc. London : William Pickering, MDCCCXXVII, in-8°, p. 311, col. 2.)

[3] *Ibid.* p. 30, 184, 228, 311, col. 2.

[4] *An Account of Church Plate, Money, Gold, Silver Images, Jewels, etc. delivered to King Henry the VIII*[th], etc. (*Memoirs of the Antiquities of Great Britain, relating to the Reformation*, etc. London, 1723, in-18, chap. IV, p. 144. — *The privy Purse Expences of King Henry VIII*, p. 311, col. 2.)

[5] *Register and Inventory of the Jewels and Riches belonging to the cathedral Church of Sarum... in the year 1536*, etc. — *An historical Account of the episcopal See and cathedral Church of Sarum,* etc. by William Dodsworth, 1814, in-4°, appendix n° 1, p. 229. — *A Dictionary of the Architecture and Archæology of the middle Ages*, etc. by John Britton, etc. London, MDCCCXXXVIII, grand in-8°, p. 148. — Dans la description des coffres de cet inventaire, nous avons traduit par *moraillons* le mot anglais *gemmel*, qui n'est plus d'usage. Il l'était autrefois chez nous :

> Mais tant sos de ses paremens
> Qu'il estoit plus noirs que airemens,
> Fors tant qu'il y ot trois *gemelles*
> De fin or, etc.
>
> *Les Tournois de Chauvenci*, par Jacques Bretex (1285), v. 1465, p. 70.

Du mot anglais *gemel*, dérivé comme le nôtre du latin *gemellus* et qui signifiait *couple, paire,* est venu *gemels*, par lequel on désignait une paire de gonds ou de charnières, et que l'on trouve diversement écrit, par exemple *gymow*,

HISTOIRE DE LA GUERRE DE NAVARRE.

On voit par ce qui précède, et par une foule d'autres passages que j'omets[1], à quel point l'usage des coffres était autrefois répandu en Angleterre. En cela, nos voisins n'avaient point cessé de ressembler à leurs ancêtres les Saxons, chez lesquels ce meuble avait donné lieu à un article de loi. Un objet volé était-il trouvé dans le coffre d'une femme mariée, elle était considérée comme coupable du larcin, par la raison, dit le législateur, qu'elle doit garder elle-même ce qui est à elle, et dans le détail de ce qui lui appartient il nomme le *teaghe*, rendu par *scrinium* dans la rédaction latine du code du roi Knute[2].

Selon toute apparence, il ne nous reste pas de coffre de ces époques reculées; mais on en trouve de temps plus rapprochés de nous. Dans le tome II des *Specimens of gothic Architecture*, etc. du célèbre architecte

---

comme dans l'article consacré à William Grene. Dans quelques vieux écrivains cités par Stevens, il semble avoir le sens de *gimmal*, double boucle :

    Joynter and *gemows* he jogges in sondyre.

    _{Morte Arthure, ms. de la cathédrale de Lincoln, fol. 84 recto. Cf. Halliwell, *A Dictionary of archaic and provincial Words*, etc. London : John Russell Smith, MDCCCXLVII, in-8°, t. I, p. 396, c. 1.}

Un autre passage indique plus clairement encore la signification et l'usage de *gemmel* et de *gymow*:

    Far under is a cave whose entrance streight
    Clos'd with a stone-wrought (lore of no mean weight,
    Yet from itself the *gemels* heaten (beasen?) so
    That little strength could thrust it to and fro.

    _{Browne's *British Pastimes*, book II, song III, p. 109.}

On disait aussi *gimmal* ou *gimbal ring*, expression que Skinner rend par *annulus gemellus, quoniam, sc. duobus aut pluribus orbibus constat* : — « Anamnestes, his page, sattin sute purple, buskins, a garland of bays and rosemary, a *gimmal ring* with one link hanging , » etc. *Lingua*, etc. act. II, sc. IV. (*A select Collection of old Plays*, etc. London : Septimus Prowett, M. DCC. XXV. petit in-8°, vol. V, pag. 135.)

[1] Dans l'inventaire du trésor de la cathédrale de Saint-Paul de Londres dressé en 1295, on trouve les articles suivants : « Item duæ coffræ magnæ eburneæ modo vacuæ. — Item duæ coffræ rubeæ de opere Limonicensi (leg. Limovicensi)... stantes supra altare. — Item scrineum de opere Dunelmensi, continens reliquias sigillatas. — Item forier (leg. forsier) de spruewerk, continens multas reliquias. — Item una cofet nigra, picturata cum avibus aureis, continens multas reliquias. » (*The History of Saint Paul's Cathedral*, etc. p. 314, col. 2, art. *Feretra*, et p. 338, col. 2, art. *Cruces*.) — Il est probable que l'usage des coffres n'était pas moins répandu dans nos églises : « ... si ledict deffendeur est agenouillé, dit un écrivain du XV° siècle, et il ha quelque chien derrière qui abbaye, ou un coffre qui crye, il ne se doit point retourner, » etc. (*Les Arrêts d'amours*, etc. A Amsterdam, MDCCXXXI, in-8°, Ire part. p. 53, v° *Arrêt*.)

[2] « Si homo furtivum aliquid in domo sua occultaverit, et ita fuerit abarvatus, rectum est ut inde habeat quod quæsivit. Et si non sub custodia uxoris ponatur, uxor innocens habeatur; sed suum borderium quod dicere possumus dispensam, et cistam suam et teaʒe, id est scrinium suum, debet ipsa custodire. Si sub aliquo istorum furtum inveniatur, tunc ipsa quoque culpabilis habeatur. » (*Leges Kanuti regis*, art. CIII, apud Johann. Bromton ; *Historiæ Anglicanæ Scriptores X*, ed. Roger. Twysden, t. I, col. 930, lin. 60.)

A. Pugin, on voit la représentation d'un coffre délicatement sculpté, avec une description et des remarques historiques dues au propriétaire M. George Ormerod, l'historien du Cheshire, et par M. E. J. Wilson. M. Henry Shaw en a aussi reproduit deux autres très-beaux, dans ses *Specimens of ancient Furniture*, publiés à Londres en 1836, in-4°.

Après avoir représenté les vainqueurs de la Navarrerie ouvrant maint coffre et forçant complétement mainte bonne huche, Anelier dit que l'on pouvait voir ouvrir maint coussin, et la plume voler. Sans doute les pillards en agissaient ainsi parce qu'ils soupçonnaient les vaincus d'avoir caché des valeurs dans ces objets mobiliers; mais on peut dire aussi que c'était tout simplement pour emporter plus facilement la taie ou enveloppe, qui était fréquemment d'une étoffe précieuse, comme celle de l'oreiller dont parle un trouvère :

> Moult par fu bons li orelliers,
> Et por la plume fu moult ciers;
> Entoiés est d'un drap de soie,
> Del plus soef que ja hom voie.
>
> *Partonopeus de Blois*, v. 10359; t. II, p. 182.

Ayant eu déjà l'occasion de signaler l'emploi des coussins de ce genre pendant le moyen âge, je ne m'arrêterai pas plus longtemps sur ce sujet ; je me bornerai à renvoyer à mes Recherches sur le commerce, la fabrication et l'usage des étoffes de soie, etc. t. I, p. 222; et t. II, p. 113, en note, p. 360, 361.

Page 306, vers 4765, couplet XCVIII.

Guillaume de Nangis ajoute un nouveau trait à ce tableau de désolation, qu'il met principalement sur le compte des Béarnais et des Albigeois du comte de Foix : « Non-seulement, dit-il, ils pillèrent la ville ; mais, ce qui est pis, ils se comportèrent comme des Sarrasins et des ennemis de la foi, mettant cruellement à mort hommes et femmes, et, par un raffinement de méchanceté, violant les dames et les jeunes filles. Ils mirent le comble à la scélératesse en portant des mains sacriléges sur la tombe en cuivre doré du roi Henri, qui reposait dans l'église de Santa Maria; croyant qu'elle était d'or, ils la mirent en pièces. A la nouvelle de ces horreurs, le comte d'Artois ressentit un violent chagrin; il manda les chanoines, que la frayeur avait dispersés, et, compatissant à leurs maux et à ceux des citoyens, il leur rendit la sécurité et la liberté, leur confirma leurs revenus, et fit rentrer tout ce qu'il put de la proie enlevée par des mains scélérates, dans celles des légitimes propriétaires[1]. »

Page 306, vers 4770, couplet XCVIII.

Au moyen âge, traîner un condamné à la queue d'un cheval constituait une aggravation de supplice, généralement réservée aux traîtres. Dans les comptes de Navarre pour 1284, nous voyons un juif ainsi puni pour un crime dans lequel avait trempé un individu de la Navarrerie :

Item pro quodam saumerio locato ad traynandum Juce Tuebilo per villam Stelle, qui postea fuit suspensus eo quod fuit in consilio ut regnum Navarre venderet domino Sancio, iij solidos. ¶ Item pro expensis unius de Navarreria Pampilone capti eo quod vendidit cartas cuidam judee de falsitate quam aliqui faciebant ut venderent terram domino Sancio, et fuit captus, a tercia die ante festum beati Benedicti, mense marcii, usque ad terciam diem ante festum beati Johannis Babtiste, qua die fuit suspensus, xxxiij solidos ix denarios. » (Ms. Bibl. imp. Suppl. lat. n° 156[7], folio 33 recto. *Compot. Johanis Petri de Gandidayn, prepositi de Olito*.)

Page 306, vers 4775, couplet XCVIII.

La Navarrerie, si cruellement traitée, ne tarda pas à être reconstruite; on trouve, dans les comptes de Navarre pour 1284, cet article, qui semble se rapporter à ce travail de réparation :

Pro operibus factis in domibus Navarrerie, et pro dampno eis illato in ortis propter torrentem, ix libras vi solidos ix denarios. (Ms. Suppl. lat. n° 165[7], folio 35 r°.)

Page 308, vers 4780, couplet XCIX.

Estevan de Garibay assure que les flammes qui dévorèrent la Navarrerie passèrent à la Chambre des Comptes et mirent le feu à quelques actes publics[2]; mais la chose paraît peu croyable au P. de Moret, vu la difficulté

---

[1] *Gesta Philippi III, Francorum regis*, etc. (*Recueil des historiens des Gaules et de la France*, t. XX, p. 508, A.) — La remarque de Guillaume de Nangis, relative aux auteurs des atrocités commises à Pampelune, qui, suivant lui, étaient des gens sans considération, cette remarque, omise dans la version française, a été reproduite et amplifiée par Velly, t. VI, p. 335.

[2] « En esta destruccion y quema de la Navarrería, recibió tambien daño la Poblacion, porque saltando el fuego se quemó parte, y la Cámara de comptos, que estava arrimada á la Poblacion se quemó juntamente, y perecieron muchas escrituras antiguas del reyno; y las que se salvaron, passaron al castillo de Tiebas, donde estuvo en largos años la Cámara de comptos y archivo del reyno. » (*Compendio historial de las chrónicas y universal historia de todos los reynos d'España*, etc. Impreso en Anvers por Christophoro Plantino, 1571, in-folio, lib. XXVI, cap. III.)

qu'aurait eu l'incendie à traverser deux murailles[1], en supposant que la Chambre des Comptes existât alors où se trouvent aujourd'hui ses archives : or cet édifice ne reçut pas cette destination avant 1524. Ce qui est certain, c'est que l'on ne trouve de comptes du patrimoine royal qu'à partir de l'an 1365, ce qui vient à l'appui de l'assertion de Garibay[2].

Je n'ajouterai plus qu'un mot relativement à l'histoire de la Navarrerie après le sac de 1277. L'année suivante, le roi Philippe le Hardi ordonna au gouverneur de la Navarre d'évaluer les biens des rebelles, afin de les faire servir à indemniser les habitants du Bourg des dommages qu'ils avaient éprouvés pendant qu'Eustache de Beaumarchais était resté enfermé avec eux[3]. En 1280, nouvel ordre de restituer leurs biens à ceux qui étaient innocents, d'écouter les réclamations des juifs qui, n'ayant point trempé dans la rébellion, avaient eu leurs maisons détruites, et de leur donner des terrains pour en construire d'autres[4]. A la suite des spoliations et des violences commises dans les églises pendant le sac de la Navarrerie, il s'était élevé des différends entre le roi et l'évêque; ils furent réglés en 1291. On peut voir de quelle manière dans le Dictionnaire des antiquités du royaume de Navarre, où l'on trouvera aussi la suite de l'histoire de la Navarrerie et des détails sur la reconstruction de cette partie de Pampelune, en 1324[5]. A la fin de ce siècle, l'œuvre de destruction du précédent ne devait plus laisser de traces; nous voyons en effet, en 1393, le roi Charles III donner à Charles de Beaumont et à ses successeurs les palais, places et jardins, qu'il avait dans la Navarrerie de Pampelune et dans la rue de Santa Catalina, ou Anglentina, auprès de la venelle située près de Saint-Augustin[6].

Page 308, vers 4781, couplet xcix.

Voyez sur les motifs qui déterminèrent l'expédition de Philippe le Hardi en Navarre, et sur les négociations qui eurent lieu, à cette occasion, entre lui et le roi d'Espagne, la Vie de Philippe III, par Guillaume de Nangis (*De Profectione regis Philippi apud Salvamterram in Gasconia*), dans le Recueil des historiens des Gaules, etc. t. XX, p. 502, E.

---

[1] *Annales del reyno de Navarra*, lib. XXIV, cap. II, § II, n° 17; t. III, p. 424, col. 2.
[2] *Diccionar. de antigüed. del reino de Navarra*, t. Iᵉʳ, p. 49, 50, art. *Archivos*.
[3] *Ibid.* t. II, p. 517.
[4] *Ibidem.*
[5] *Ibid.* p. 517-519.
[6] *Ibid.* t. Iᵉʳ, p. 117.

HISTOIRE DE LA GUERRE DE NAVARRE. 641

Page 308, vers 4783, couplet xcix.

On a de la peine à croire que Philippe le Hardi se soit mêlé activement de l'administration de la Navarre, en voyant le petit nombre de pièces émanées de lui relativement à ce pays. Voici celles qui sont venues à notre connaissance :

1. Philippus, etc. Scire vos volumus quod nos Johanni Sancii, militi, latori presencium, dedimus et concessimus mille libras turonenses pro missionibus quas fecit in custodia castri de Stella, mandantes vobis quatinus predictam pecunie summam, prius tradito et deliberato vobis omnino dicto castro, solvatis seu solvi faciatis eidem. Actum Meleduni, dominica post Epiphaniam, anno ejusdem M° CC° septuagesimo sexto. (10 jan. 1277.)

Arch. de l'Empire, 1276—12—J. 614.

2. Philippus, etc. Scire vos volumus quod nos Petro Sancii[1], decano Tutellensi, concessimus et dedimus quingentas libras turonenses pro missionibus quas fecit post decessum Petri Sancii, fratris sui, mandantes vobis quatinus predictas quingentas libras turonenses sibi pro nobis solvatis, etc.

Ibid. 13.

3. Philippus, etc. Cum nos Petro dicto Yvart, latori presencium, concesserimus ad usus et consuetudines regni Navarre quadraginta meinaderias, mandamus vobis quatinus eas, secundum quod dictum est, deliberetis eidem. Actum Meleduni, die Lune post festum Epiphanie Domini, anno ejusdem M° CC° septuagesimo sexto. (11 jan. 1277.)

Ibid. 10.

4. Philippus, etc. Cum vobis alias per nostras litteras mandaverimus ut Johanni Nunii, fideli nostro, de stipendiis militum suorum quos habuisset ad nostrum servicium in Navarra, necnon de restauro equorum militum eorumdem, hac racione habita quod pro cariori equo restitutio viginti quinque librarum turonensium summam nullatenus excederet, usque ad nuper preteritum festum Purificacionis beate Marie virginis satisfacere curaretis, mandamus vobis quatinus, si quid restat solvendum de premissis, usque ad terminum supradictum de hoc eidem Johanni satisfaciatis indilate; eidem nichilominus solventes, ab eodem termino donec ad vos venerit in Navarram, stipendia militum suorum quos interim ad nostrum habuerit servicium in Navarra, et restaurum equorum suorum adhibita pretaxata ratione. Actum apud Vicennam, die Mercurii post festum Purificacionis beate virginis Marie, A. D. millesimo ducentesimo septuagesimo sexto. (3 febr. 1277.)

Ibid. 9.

5. Philippus, etc. Mandamus vobis quatinus dilecto nostro Fernando Johannis, mi-

---

[1] Son véritable nom était don Pero Sanchez de Montagut, comme nous l'apprend un reçu de cinq cents livres tournois, à lui données par le roi de France, par les mains de Martin d'Undiano. (Arch. de l'Empire, 1277 —338—J. 614.)

liti, tradatis septem solidos et sex denarios turonenses per diem pro quolibet milite quem idem Fernandus tenuit secum in servicio nostro in Navarra. Nichilominus tradatis eidem Fernando centum libras turonenses pro tertia parte stipendiorum suorum que debet percipere a nobis. Predictus vero Fernandus tenetur servire nobis cum decem militibus, ad expensas suas, quadraginta diebus, a festo instantis Pasche in antea computandis, prout in litteris conventionum inter nos et ipsum initarum, quas vobis exhibere poterit, plenius continetur[1]. Actum apud Vicennam, dominica Brandonnum, A. D. M°CC° septuagesimo sexto. (14 febr. 1277.)

Arch. de l'Empire, 1276 — 5 — J. 614.

---

[1] Voici ces lettres, dont il a déjà été question, p. 472, not. 4, col. 1 :

«Nos, Fernandus Johannis, miles, notum facimus universis presentes litteras inspecturis, quod inter excellentissimum principem carissimum dominum nostrum, Philippum, Dei gratia, Francorum regem illustrem, habite sunt conventiones tales : Promisimus siquidem eidem domino regi quod adducemus ad suum servicium faciendum, quanto celerius poterimus, decem milites, cum quibus serviemus ipsi domino regi per quadraginta dies; et hac prima tantum vice, donec presentaverimus predictos decem milites, serviemus cum quot militibus habere poterimus; et dum insistemus servicio ipsius, habebimus de ipso domino rege singulis diebus septem solidos et sex denarios turonenses pro persona nostra, et pro quolibet milite similiter septem solidos et sex denarios turonenses, cum restauramento equorum, quod aliis stipendiariis ipsius domini regis fieri consuevit. Et quum habebamus a rege Castelle in annuis redditibus usque ad valorem trecentarum librarum turonensium racione miliciarum nostrarum, quas dimisimus pro servicio ipsius domini regis et nepotum suorum, volens idem dominus rex Francorum in equivalentibus redditibus providere, nobis concessit tantum in redditibus quantum, ut dictum est, dimisimus usque ad summam predictam. Quos redditus tenebimus de ipso domino rege Francorum eo modo quo de dicto rege Castelle redditus, ut dictum est, dimissos tenebamus, ad voluntatem videlicet vel ad vitam. De quibus redditibus eidem domino regi Francorum fecimus homagium ligium contra omnes homines qui possint vivere vel mori, nepotibus ipsius domini regis, filiis domine Blanche, sororis sue, susceptis a clare memorie Fernando, quondam dicti regis Castelle primogenito et herede, dumtaxat exceptis. Tenemur autem servire dicto domino regi Francorum in regnis et terris Castelle, Aragonie et Portugalie regum, nec non in regno Navarre, in Vasconia, in comitatu Tholosano, ac in terris seu regionibus intermediis. Serviemus autem hoc modo ▶ in unoquoque anno tenemur habere et tenere ad servicium dicti domini regis Francorum, in locis predictis, infra sex septimanas postquam ex parte sua super hoc fuerimus requisiti, decem milites, cum quibus serviemus eidem per quadraginta dies ad omnes sumptus nostros et expensas; et finitis ipsis quadraginta diebus, tenemur eidem servire successive aut ex intervallo, quando et quamdiu voluerit, ad illum numerum militum quem potuerimus habere, et ipse dominus rex Francorum tenetur tunc dare nobis singulis diebus quibus eidem serviemus post lapsum quadraginta dierum, septem solidos et sex denarios turonenses pro persona nostra, et pro quolibet milite quem tunc nobiscum habebimus, similiter septem solidos et sex denarios turonenses, sine restauro equorum. Incipient autem debiti redditus quos prefatus dominus rex Francorum nobis, ut dictum est, concessit, quando primum eidem presentaverimus decem milites ad servicium ipsius, competenter paratos. Et fiet nobis paga ipsorum reddituum in tribus compotis ipsius domini regis, ita quod terciam partem eorum-

HISTOIRE DE LA GUERRE DE NAVARRE. 643

6. Philippus, etc. Mandamus vobis quatinus dilecto nostro Johanni Nunii, militi, deliberetis quadraginta milicias tenendas ab ipso secundum usus et consuetudines regni Navarre, quas olim tenuerat ab Henrico, quondam rege Navarre illustri, etc.

Arch. de l'Empire, 1276 — 7 — J. 614.

7. Philippus, etc. Mandamus vobis quatinus dilecto et fideli nostro Johanni Nunii, militi, a die qua intravit servicium nostrum in Navarra usque ad instans Pascha, solvatis pro qualibet die centum solidos turonenses, et pro quolibet milite quem tenuit et tenebit in servicio nostro in Navarra usque ad predictum terminum Pasche, per singulos dies septem solidos et sex denarios turonenses, cum restauro equorum perditorum, usque ad festum Omnium Sanctorum ultimo preteritum, dum tamen restaurum equi summam viginti quinque librarum turonensium non excedat. Prefatus vero Johannes tenetur servire nobis cum trecentis militibus per quadraginta dies ad expensas proprias post instans festum Pasche, secundum convenciones habitas inter nos et eundem, quas in litteris super hoc confectis plenius videbitis contineri[1]. Actum Parisiis, die Martis ante cathedram sancti Petri, A. D. millesimo ducentesimo septuagesimo. (16 febr. 1277.)

Ibid. 8.

8. Philippus, Dei gracia Francorum rex, etc. Notum facimus quod nos dilecto et fideli nostro Eustachio de Bello Marchesio, regni Navarre gubernatori, latori presencium, plenam damus et concedimus potestatem recipiendi mutuo pro nobis et negociis dicti regni, ab una persona vel pluribus, quindecim milia librarum turonensium, promittentes quod nos mutua que pro nobis a quantumcumque seu quibuscumque personis contraxerit idem gubernator usque ad summam predictam, prout in patentibus litteris suis super eisdem mutuis confectis apparebit, creditoribus, seu mandato ipsorum predictas litteras afferenti, reddi faciemus Parisiis, apud Templum, infra quindenam postquam super hoc fuerimus requisiti. Datum Parisiis, die Mercurii ante cathedram sancti Petri, A. D. millesimo ducentesimo septuagesimo sexto. (17 febr. 1277.)

Ibid. 1.

9. Philippus, etc. Mandamus vobis quatinus Remigio Egidii, militi, tradatis centum libras quas ei dedimus pro appellatione sua prosequenda. Actum Parisius, die Veneris

dem reddituum in unoquoque compoto percipiamus annuatim. Insuper promisimus sub fidelitate qua sibi tenemur astricti, quod ad requisitionem nobis factam ex parte ipsius domini regis Francorum, fideliter serviemus, et milites ad suum servicium adducemus, secundum formam superius annotatam. Et est actum inter ipsum et nos quod si contigerit in posterum quod aliquis dictorum nepotum ipsius regis regnaret in Castella, vel in regno Legionis, extunc non teneretur nobis ad dictos redditus vel ad aliquid premissorum. In cujus rei testimonium presentes litteras nostro sigillo fecimus roborari. Actum Engolismi, anno Domini m° cc° septuagesimo sexto, mense septembri. (Trésor des chartes, 1276 — 13 ter — J. 600.)

[1] Ces lettres, dont il a été parlé ci-dessus, p. 472, not. 4, étant conçues dans la même forme que celles qui concernent Fernando Ibañez, nous nous abstiendrons de les rapporter.

81.

post mediam quadragesimam, A. D. millesimo ducentesimo septuagesimo sexto. (12 mart. 1277.)

Arch. de l'Empire, 1276 —5— J. 614.

10. Philippus, etc. Mandamus vobis quatinus, postquam Egidius Martini des Ars, miles, castrum des Ars vobis restituerit, quinquaginta libras turonenses solvatis eidem. Actum Parisius, in festo Resurrectionis dominice, anno ejusdem millesimo cc° septuagesimo septimo. (28 mart. 1277.)

Ibid. 6.

11. Philippus, etc. Mandamus vobis quatinus postquam Garsias Sancii, castellanus castri de Lescoe de Lane, dictum castrum vobis restituerit, viginti libras turonenses solvatis eidem, etc.

Ibid. 11.

12. Philippus, etc. gubernatori regni Navarre, salutem. Mandamus vobis quatinus, castro de Larcace ab Egidio Arciz, milite, dicti castri castellano, vobis primitus restituto, sexaginta libras turonenses solvatis eidem, etc.

Ibid. 17.

13. Philippus, etc. gubernatori regni Navarre, salutem. Mandamus vobis quatinus Henricum Dulit balistarium, latorem presencium, ad vadia balistarii equitis recipiatis. Actum Parisius, die Lune post quindenam Pasche, A. D. millesimo ducentesimo septuagesimo septimo. (12 apr. 1277.)

Ibid. 2.

14. Philippus, etc. dilectis et fidelibus suis Ymberto de Bellojoco domino Montispancerii, constabulario Francie, et gubernatori regni Navarre, salutem et dilectionem. Cum Martinus Roderici, lator presencium, asserat se fecisse multas expensas in custodia castrorum que reddidit Johanne regine Navarre, mandamus vobis quatinus, pensatis meritis suis et expensis propter hoc factis, eidem recompensacionem, secundum quod videritis esse faciendum, faciatis, etc.

Ibid. 14.

15. Ordonnance pareille et sous la même date en faveur de Martin *Semeninus*, chevalier, dont il va être question.

Ibid. 15.

16. Philippus, etc. Imberto de Bellojoco... et gubernatori regni Navarre, salutem et dilectionem. Cum Martinus Semenini miles dicat se habere quadraginta libras annui

HISTOIRE DE LA GUERRE DE NAVARRE. 645

redditus ex dono quondam Henrici regis Navarre, mandamus vobis quatinus easdem percipere pacifice dimittatis eundem, etc.

Ibid. 16.

La même année, le roi mandait à son gouverneur en Navarre de payer à Rodrigo Alvaro et Fernando Nuno, chevaliers, dix sous par jour à chacun, et à chaque chevalier sous leurs ordres jusqu'au nombre de quinze, sept sous six deniers tournois par jour, et l'entretien de leurs chevaux [1].

Philippe le Hardi écrivait encore au même gouverneur de ne pas avoir pour la défense du royaume plus de deux cents hommes à cheval et de trois cents fantassins, et de réduire le nombre des sergents des châteaux ainsi que la quantité des munitions. Il est à regretter que D. José Yanguas, qui cite cette lettre[2], n'en ait pas donné le texte.

Aux pièces qui précèdent, je demande d'en ajouter deux, d'Imbert de Beaujeu et de Robert, comte d'Artois, qui peuvent servir à montrer jusqu'à quel point s'étendaient les attributions du gouverneur de la Navarre :

17. Ymbertus de Bello Joco, etc. Noveritis nos habuisse et recepisse a domino Eustachio de Bello Marchesio, Navarre gubernatori condam, duo milia quingentas triginta unam libram, quindecim solidos .viij. denarios turonenses, quum eramus in servicio domini regis Francie et domine Johanne in Navarra. Quam pecuniam nos expendimus ibidem pro negociis dicti domini regis et dicte domine Johanne. Et ad majus testimonium veritatis nos presentes litteras sigilli nostri munimine fecimus roborari. Datum fuit hoc Parisius, A. D. M° CC° LXX° septimo, in crastinum sancti Martini yemalis. (12 nov. 1277.)

Arch. de l'Emp. 1277 — 18 — J. 614.

18. Robertus, comes Atrebatensis, etc. Noveritis quod nos recepimus, per manum nobilis viri domini Eustachii de Bello Marchesio... triginta sex libras et decem solidos turonensium, videlicet de denariis domini regis Francie. In cujus rei testimonium, etc. Datum apud Roncevallem, die Martis post festum beati Martini hyemalis, A. D. M° CC° septuagesimo sexto. (16 nov. 1277.)

Ibid. 1276[3] — 19 — J. 614.

---

[1] *Diccion. de ant. del reino de Navarra*, t. II, p. 21.
[2] *Ibid.* t. II, p. 20.
[3] Le numéro suivant se rapporte à un reçu du même, en même forme, de la somme de six mille cinq cent trente-trois livres quatorze sous neuf deniers tournois; il est daté de Pampelune, de la veille, c'est-à-dire du lundi.

Page 308, vers 4787, couplet xcix.

Les principales des tentes dont parle le troubadour devaient être en bien grand nombre, à en juger par l'importance de la somme qu'il en coûta pour les faire réparer. Elle n'était pas moindre de huit cent cinquante livres tournois, dont Hugues Grosse-Tête et Jacques *de la Felraria*, valets de chambre du roi de France, donnaient reçu à Eustache de Beaumarchais, qui leur avait compté l'argent sur l'ordre de leur maître. Il est juste de dire qu'outre la réparation des tentes et pavillons de Philippe le Hardi il est fait mention, dans l'acte dont nous tirons ces détails, des nécessités des deux serviteurs[1].

A cette époque, les tentes étaient généralement en toile de couleur, au moins dans le midi de la France. Guillaume Guiart, parlant de Simon de Montfort assiégé dans Muret par Raimond comte de Saint-Gilles, aidé du roi d'Aragon, de Navarrais, de gens de Carcassonne et d'autres villes voisines, représente le chef de l'armée des croisés implorant l'aide de Dieu à la vue des nombreux pavillons et des tentes de toile *tainte* qui couvrent la campagne. Voyez *Branche des royaux lignages*, à l'année 1208[2].

Il y avait cependant des tentes en soie et en drap d'or; à tout moment nos trouvères en mentionnent de semblables[3]. On trouve dans le compte général des revenus du roi pendant l'année 1202, un article[4] d'où il est permis d'inférer, non pas que *cendallum* ait jamais été pris pour synonyme de *tabernaculum*, mais que Philippe-Auguste, si simple dans ses mœurs, avait cependant des tentes de l'étoffe appelée *cendal*.

On en voyait de pareilles, si ce n'est de plus riches, dans l'armée du roi d'Angleterre, avec lequel il était en lutte. Guillaume le Breton, faisant le dénombrement du butin tombé, dans une circonstance, entre les mains des Français, parle de tentes formées de tissus barbares :

Textaque barbarico tentoria regia filo.

Guillelmi Britonis Armorici Philipp. lib. X, v. 308. (*Rec. des hist. des Gaules*, etc. t. XVII, p. 247, C.)

---

[1] Arch. de l'Empire, 1277—38—J. 614.)
[2] *Chroniques nationales françaises*, édit. Verdière, t. VII, p. 213, v. 5075.)
[3] *Recherches sur le commerce, la fabrication et l'usage des étoffes de soie*, etc. t. Ier, p. 371, 372; t. II, p. 1, etc.
[4] *Nouvel Examen de l'usage général des fiefs en France*, t. II, p. 202, col. 2.

Page 308, vers 4791, couplet XCIX.

Déjà, page 335, nous avons fait observer que nous aurions dû laisser subsister la leçon du manuscrit, qui porte *Lormans*, et nous avons rapporté un passage de M. Edelestand du Méril, qui assure qu'en ancien portugais on disait *Lormandos*. Nous n'avons pu retrouver, M. Barbosa Canaes et moi, qui avais eu recours au savant académicien de Lisbonne, aucun passage en cette langue pour appuyer l'assertion de l'auteur de l'Histoire de la poésie scandinave; mais il ne faut pas pour cela s'inscrire en faux contre lui, car dans les plus anciennes annales de la Péninsule nous trouvons *Lordomani* aussi bien que *Nortmani*, *Normani* et *Nordomanni*. Ainsi l'auteur de la Chronique d'Albelda, qui vivait en 883, écrit *Lordomani*[1], et celui des Annales d'Alcala de Henarès qui finissent en 1126, *Lodormani*[2], tandis que dans la chronique de Sébastien, évêque de Salamanque, qui est de la fin du IXe siècle, on lit *Nordomanni*[3], dans celle de Sampirus, évêque d'Astorga, écrivain du Xe, *Nortmani*[4], et *Normani* dans la chronique du moine de Silos[5], qui florissait au XIe siècle, du temps de D. Alfonse VI et de sa fille doña Urraca.

Page 308, vers 4797, couplet XCIX.

On entendait par *abatz legender* des supérieurs d'abbayes dans les ordres et disant l'office, dont le livre portait autrefois le nom de *legenda* en latin, et de *legendier* dans notre langue. Voyez le Glossaire de du Cange, t. IV, p. 62, col. 3.

Legender a été omis dans le Lexique roman, où l'on trouve *Legenda*. Voyez t. IV, p. 43, col. 2.

Page 310, vers 4812, couplet XCIX.

A une époque où les voies de communication étaient rares et difficiles, l'agglomération et le séjour de troupes nombreuses dans un pays y devaient amener nécessairement la famine. Ainsi déjà en 1253 ce fléau avait sévi en Gascogne, dans l'armée du roi d'Angleterre, à ce point, dit Mathieu

---

[1] *Chronicon Albeldense*, n°ᵒˢ 59, 60. (*España sagrada*, etc. t. XIII, p. 452, 453.)
[2] *Annales Complutenses*, sub anno 970. (*Ibid.* t. XXIII, p. 311.)
[3] *Chronicon Sebastiani*, n° 23, Ranimirus I.
(*España sagrada*, etc. tom. XIII, pag. 486.)
[4] *Chronicon Sampiri*, n° 28, Ranimirus III. (*Ibid.* t. XIV, p. 457.)
[5] *Monachi Silensis Chronicon*, n° 33, Ranimirus I. (*Ibid.* t. XVII, p. 289.)

Paris, qu'une poule se vendait six deniers sterling, une charge de froment vingt sous, une charge d'avoine dix sous, un setier de vin deux sous et plus, un pain du poids d'une livre deux ou trois deniers, en sorte qu'un chevalier à jeun pouvait à peine se sustenter convenablement, lui, son écuyer, son page et ses chevaux, avec deux sous d'argent par jour. Cette famine continuant, Henri III envoya chercher en Angleterre ce qui était nécessaire à son armée [1].

Page 310, vers 4828, couplet XLIX.

Il y a toute apparence qu'il ne s'agit pas seulement des tours de défense de l'enceinte de la cité, mais encore de toutes celles que les particuliers avaient ajoutées à leur domicile pour en augmenter la sûreté et en rendre l'aspect plus imposant. La longue note consacrée à ce genre de constructions par le Grand d'Aussy [2] nous dispense de disserter sur le goût manifesté par le moyen âge pour les tours, et sur l'usage, je pourrais même dire sur l'abus qu'il en fit; mais il nous sera permis de compléter ce petit travail en faisant remarquer la conformité de ce qui avait lieu en Galice et dans les Asturies, avec ce que l'on voit en Italie, où les tours étaient une preuve de noblesse [3], et le merveilleux dont nos anciens poëtes se plaisent à entourer celles dont ils ont à parler. En Rossillon, dit l'un d'eux, il y a une tour *de mur calcina*.

> Lhi cairel son de peira alamandina [4],
> Lo pege de fors fetz gens sarazina.
>
> *Le Roman de Gérard de Rossillon*, p. 14-15.

Un autre nous parle de tours faites par des géants et par des diables :

> Vers la tente Tangré, qui fu et haute et grant,
> Ot une grande tour que fermerent gaiant.
>
> *La Chanson d'Antioche*, ch. IV, couplet 1; t. Ier, p. 212.

> En la porte s'afiche que firent aversier.
> Li diable la firent et ovrer et drecier,

---

[1] Matth. Paris. *Histor. maj.* édit. de Paris, MDCXLIV, p. 584, col. 2, E; et 589, col. 1, C.

[2] *Fabliaux et contes*, édit. de Renouard, t. Ier, p. 294-296.

[3] «... nunca falta una casa de un hidalgo, que tenga, como ellos dicen, torre, » etc. (*Viage de Ambrosio de Morales*, etc. En Madrid : por Antonio Marino. Año de 1765, in-fol. p. 213.)

[4] De la Limagne d'Auvergne.

> Bien a plus de mil ans, sans point de mençongier;
> Et la tor firent faire à un lor manouvrier.
> Cele fist Cerberus, qui d'enfer est portier;
> La port d'enfer en ot, itel est son loier.
>
> *La Chanson d'Antioche*, ch. VI, couplet xxxvi, t. II, p. 129.

Dans un roman aussi ancien, Auberons s'entretenant avec le héros principal, lui défend de tourner ses pas vers Dunostre, et lui décrit ainsi cet endroit merveilleux :

> C'est une tors qui siet devers la mer.
> Et si vous di, jà mar le mesqerrés,
> Jules Cesar, ki me nouri soué,
> Si m'aît Dix, le fist faire et fremer.
> En .xl. ans ne fu pas manouvrés.
> Onques si bele ne vit nus hom carnés :
> .iij^{c}. fenestres puet-on laiens trover,
> .xxv. cambres a ou palais listé,
> Ains de plus rice n'oï nus hom parler, etc.
>
> *De Huon de Bourdele*, ms. de la Bibliothèque publique de Tours, fol. 78 verso, v. 20.

Au reste, il faut le reconnaître, toutes les constructions, tant soit peu monumentales ou anciennes, étaient l'objet de l'admiration de nos ancêtres, qui les attribuaient en général aux Sarrasins, aux païens, comme les grandes fenêtres du palais épiscopal de Verdun[1], les murs du palais dont il est fait mention dans *li Romans de Garin le Loherain*, t. Ier, p. 88, dans *Sir Guy*, etc. Qu'entendait-on alors par *Sarrasins*? Les Romains, on l'a dit, je le sais; mais j'inclinerais plutôt vers les musulmans, surtout depuis que dans un ancien poëme j'ai vu une cité nommée Luiserne,

> Et les hauz murs d'antiquité
> Qui seoient en la montaigne,
> Ouvrez de droite euvre d'Espaigne.
>
> *Le Roamanz de Claris et de Laris*, ms. de la Bibl. imp. n° 7534^{5}, fol. 159 recto, col. 2, v. 5.

Page 310, vers 4838, couplet xcix.

Ce *syre Johan d'Acre*, ou de Brienne, était grand bouteiller de France.

---

[1] *La Mort de Garin le Loherain*, p. 146, v. 3101.

En 1279, les habitants de Provins s'étant soulevés contre leur maire Guillaume Pentecoste, qui perdit la vie dans cette émeute, Edmond de Lancastre et messire Jean furent chargés du châtiment. Ils traitèrent la ville avec la plus grande rigueur, au point d'encourir le blâme d'un rimeur de l'époque :

> Un an après, ce m'est avis,
> Fu la grant douleur à Prouvins.
> Que de penduz, que d'afolés,
> Que d'occis, que de decolés.
> Mesire Jehan d'Acre fist
> Grant pechié quant s'en entremist.
>
> *Chroniques de Saint-Magloire*, v. 132. (*Fabliaux et contes*, édit. de Méon, t. II, p. 229.)

Voyez encore la Chronique de Rouen, dans la *Bibliotheca nova manuscriptoram librorum* du P. Labbe, t. I", p. 380; l'Histoire de Provins, par Félix Bourquelot. Provins, Lebeau, 1839, in-8°, t. I", p. 239-243, et, pour les autres particularités de la vie de Jean d'Acre, l'Histoire généalogique et chronologique de la maison royale de France, etc. t. VIII, p. 518, A, B.

Page 312, vers 4846, couplet xcix.

La guerre se termina, en 1277, par un traité conclu entre Alfonse, roi de Castille, et les ambassadeurs du roi de France, Robert, comte d'Artois, Gaston de Béarn, frère Guillaume de Villaret, prieur de Saint-Gilles, et frère Arnoul de Visemale, de l'ordre du Temple[1]. Par ce traité, Alfonse donne, à charge de réciprocité, trêve au royaume de Navarre jusqu'à ce que la reine Jeanne soit en âge, suivant le for du pays; et l'on stipule la restitution de quelques châteaux occupés par les uns et par les autres. En ce qui touche la succession de Castille et de Léon, le roi promet de faire révoquer le serment de fidélité prêté par les barons de ces royaumes à Sancho, son

---

[1] L'année précédente, Philippe le Hardi avait employé ce chevalier dans une singulière circonstance; il l'avait envoyé, avec l'évêque de Dol, consulter une béguine de Nivelle, qui avait la réputation de connaître l'avenir. (Voyez les Gestes de Philippe III, par Guillaume de Nangis, dans le Recueil des historiens des Gaules, t. XX, p. 502, D. Le français en regard porte *frere Arnoul de Haisemale*.) — Une pareille crédulité, disons-le en passant, nous étonne à bon droit; elle n'était pourtant pas rare à l'époque et aux précédentes. Pour n'en citer qu'un exemple, Suger avait la simplicité de croire aux prophéties de Merlin, qu'il appelle *Anglorum sempiterni eventus mirabilis spectator*. Il en cite une, qu'il applique à Henri I", roi d'Angleterre. (Voyez *Histor. Franc. Script.* ed. Andr. Duchesne, t. IV, p. 295.)

fils aîné, d'assembler la cour de ses barons et de faire juger par elle auquel des deux, de Sancho ou du fils aîné de Fernando, appartient le trône en litige, ajoutant que le roi de France pourra envoyer à cette assemblée des hommes sages et capables pour soutenir les droits d'Alfonse, fils de Fernando, s'engageant de plus à donner audit Alfonse des avocats du pays qui traiteront l'affaire suivant la coutume de Castille.

Par un autre traité de pareille date et entre les mêmes personnes, Alfonse X stipule que le roi de France pardonnera aux barons qui se sont retirés en Castille, leur rendra leurs biens et les recevra en sa grâce, et que les bannis de la Navarrerie seront rétablis dans leur état primitif; il déclare qu'à la prière du roi il a fait grâce à Juan Nuñez, à son frère et à d'autres chevaliers, ainsi qu'à leurs familles, qui s'étaient retirés en France.

Voici le texte de la première de ces deux pièces, d'après l'original scellé de cinq sceaux, qui est conservé aux Archives de l'Empire :

Noverint universi presentem litteram inspecturi, quod cum ad presentiam nostri Alfonsi, Dei gratia regis Castelle, Tholeti, Legionis, Gallitie, Sibilie, Cordube, Murcie, Giennii et Algarbii, venissent nobiles viri Rotbertus, comes Atrebatensis, et Gasto de Bearn, ac religiosi viri frater .G. de Vilareto, prior Sancti Egidii, et frater Arnulfus de Visemale, de ordine militie Templi, super discordia que orta erat inter illustrem regem Francorum, ex una parte, et nos, ex altera, ratione regni Navarre et ratione successionis Alfonsi, filii Fernandi, quondam primogeniti nostri, in regnis Castelle et Legionis, quam dictus rex Francorum ad dictum Fernandi filium pertinere dicebat, inter nos de concordia tractaturi, habitis diversis tractatibus, tandem cum eis concordavimus in hunc modum. Primo super facto regni Navarre fuit tractatum et concordatum hoc modo, quod nos demus et concedamus treugam, ad preces comitis Atrebatensis predicti, regno Navarre et omnibus habitantibus in eodem, et omnibus rebus et bonis habitantium in eodem, ad tantum temporis quod Johanna, regina Navarre, ydonee sit etatis, secundum forum regni Navarre. Item concordatum fuit quod nobis regnum Navarre similiter det treuguam et regnis nostris et habitantibus in eisdem, eo modo et forma quibus nos treuguam regno Navarre damus, et ad tantum temporis sicut nos concedimus regno predicto. Et fuit concordatum quod pro hujus modi treugua quam nos regno Navarre damus, rex Francie illustris suas patentes litteras nobis donet, sigillo suo munitas, continentes quod per hujus modi treuguam non sit nobis prejudicium in posterum, neque nostris in jure nostro, quominus illud prosequi et petere possimus in dicto regno Navarre, nec pro demandis quas in Navarra facere poteramus, de quibus petendis cessamus donec predicta regina Johanna ydonee sit etatis, secundum forum regni Navarre, ut est dictum. Item concordatum fuit quod nos illa duo castra, que Fernandus, quondam filius noster, cepit, videlicet Mendaviam et Moredam, restituamus regno Navarre predicto, nomine et vice regine Johanne predicte, et restitui faciamus illis a quibus capta fuerunt. Et rex Francorum similiter restituat, vel restitui faciat, nomine et vice nostra, illa duo castra nostra, videlicet Toro et Tolonio, illis a quibus abstulerunt ea Navarri. Fuit similiter concordatum quod illi barones et milites et nobiles alii de Navarra, quibus parcit rex Francie, tenebunt castra que tenent modo, bene et fideliter, ad comodum regine Navarre, et prestabunt et facient omnia que debent de ipsis castris facere regine predicte, vel locum suum tenenti, secundum forum et consuetudinem de Navarra. Preterea, super demanda quam idem rex Francorum illustris faciebat in regnis Castelle et Legionis, ratione nepotis sui Alfonsi, filii Fernandi, nostri quondam primogeniti, quorum successionem dicebat ad ipsum Alfonsum pertinere, concordatum extitit in hunc modum : videlicet quod predicto comiti Atrebatensi cum sacramento promisimus quod procurabimus nostro posse ut sacramenta et homagia que barones regnorum nostrorum fecerunt Santio, nostro primogenito, revocentur, tam per eundem Santium, nostrum primogenitum, quam etiam per barones qui ea sacramenta et homagia prestiterunt; et postea de instanti festivitate Nativitatis Domini infra unum annum nostram curiam congregabimus; qua congregata, faciemus jurare barones nostros et prelatos terre nostre ut, secundum Deum et equitatem, ad morem et forum regnorum nostrorum, videant et judicent quis istorum, videlicet aut filius noster Santius supradictus, aut filius Fernandi, primogeniti quondam nostri, hereditare habeat regna nostra, exposito prius et ostenso jure utriusque in curia supradicta. Voluimus etiam et concessimus et sic extitit concordatum, quod rex Francorum illustris possit ad nostram congregatam curiam pro dicto negotio aliquos sapientes et viros providos transmittere, qui jura dicti Alfonsi per instrumenta, vel alio modo quocumque, ostendant et pro eo advocent in curia supradicta. Nosque predicto Alfonso advocatos dabimus de terra nostra, qui secundum morem terre nostre mostrent jus predicti Alfonsi bene et fideliter ad curiam supradictam. Et promisimus nos per fidem nostram quod jus quod judicabitur in curia quam celebraturi sumus pro hoc negotio, salvum faciemus illi cui fuerit judicatum, et eum habere faciemus, et tenemus jus quod ei dabitur per notitiam nostre curie. Et si contingat quod jus successionis nostrorum regnorum detur Alfonso, primogenito Fernandi, primogeniti quondam nostri, vel alteri fratri suo, si (quod absit!) primogenitus defficeret, per notitiam nostre curie nobis placebit. Si vero daretur filio nostro Santio supradicto, ut alii filio nostro, si Santius (quod absit!) defficeret, extitit concordatum quod illustris rex Francorum nunquam aliquid possit petere de jure vel de facto, ratione nepotis sui, in nostris regnis vel successione eorum, neque nos inquietare in eis, vel heredes nostros; neque possit ad Romanam curiam, vel aliquam curiam secularem, aut alibi, per se nec per suos, aliquatenus appellare, et quod de hoc suam patentem litteram suo sigillo munitam predictus rex Francie nobis donet. Et si contingeret quod non possemus facere revocari per predictum Santium, nostrum filium, et barones sacramenta et homagia facta eidem Santio, fuit concordatum et concessimus quod alii barones et prelati de terra nostra, de melioribus et sapientioribus qui poterunt inveniri, Deum timentes et justitiam diligentes, qui nondum predicto Santio, nostro primogenito, sacramenta et homagia prestiterunt, faciant et cognoscant de jure successionis regnorum Castelle et Legionis, sicut superius est expressum, qui jurabunt ad sancta Dei Evangelia quod secundum Deum et justitiam, ad forum terre nostre, judicamentum faciant supradictum. Et ut iste conventiones in dubium revocari non possint, presentem litteram sigillo nostro, una cum sigillis nobilium virorum comitis Atrebatensis et Gastonis de Bearn et fratris .G. de Vilareto, prioris Sancti Egidii, et fratris Arnulfi de Visemale, templarii, fecimus sigillari. Actum Victorie, in domo fratrum Minorum, .vij°. idus novembris, anno Domini M° CC° septuagesimo sexto. (Trésor des chartes, 1276—12—J. 599.)

Le second traité conclu entre le roi de Castille et les ambassadeurs du roi de France est ainsi conçu :

Noverint universi presentem litteram inspecturi, quod cum ad presenciam nostri Alfonsi, Dei gracia regis Castelle, Toleti, Legionis, Galicie, Sebilie, Cordube, Murcie, Geennii et Algarbii, venissent nobiles viri Rotbertus, comes Atrebatensis, et Gasto de Bearn, et religiosi viri frater .G. de Vilareto, prior Sancti Egidii, et frater Arnulfus de Visemale, templarius, super discordia que orta erat inter illustrem regem Francorum, ex una parte, et nos, ex altera, racione regni Navarre et racione successionis Alfonsi, filii Fernandi, quondam primogeniti nostri, in regnis Castelle et Legionis, quam dictus rex Francorum ad dictum Fernandi filium pertinere dicebat, inter nos de concordia tractaturi, tandem inter alia cum eisdem concordavimus super precibus infrascriptis, quas facturi sumus illustri regi Francorum et ipse nobis. Et primo extitit concordatum quod ad preces nostras idem rex Francorum parcat baronibus qui expulsi sunt de Navarra, et eorum militibus, et nobilibus aliis et familiis suis illis qui modo de parte nostra sunt, in quantum est et pertinet ad regem Francorum et reginam Navarre, et reddat eis sua heretagia et honores que antea possidebant, pro quibus heretagiis et honoribus ipsi barones serviant et faciant servicia secundum morem et consuetudinem Navarre, et ipsa heretagia et honores possint possidere secure et quiete, secundum forum Navarre. Tamen si essent aliqui qui de dictis baronibus conquererentur in aliquo, teneantur ipsi barones stare juri coram curia regni Navarre conquerentibus de eisdem, ad forum et consuetudinem de Navarra. Et secundo extitit acordatum quod, ad preces nostras et [pro] Dei amore, homines et gentes de Navarreria qui expulsi sunt inde, recuperent et habeant possessiones et domos suas et ea que eis remanserunt; tamen si essent aliqui qui de eis conquererentur, stare debeant juri coram curia regni Navarre, sicut superius de baronibus est expressum, ad forum videlicet de Navarra. Tercio fuit similiter concordatum quod, ad preces illustris regis Francorum, nos Johannem Nuniz et fratrem suum, et milites et nobiles et alios qui cum eis modo sunt, et familiam suam ad amorem nostrum et graciam admittamus, et quod demus eis tantum de avere nostro quantum tenere de nobis solebant, donec escadat nobis terra quam eis dare possimus. Et ut predicta in dubium revocari non possint, presentem litteram sigillo nostro, una cum sigillis nobilium virorum comitis Atrebatensis et Gastonis de Bearn, ac prioris Sancti Egidii, videlicet fratris .G. de Vilareto et fratris Arnulfi de Visemale predictorum, fecimus sigillari. Actum Victorie, in domo fratrum Minorum, .vij. idus novembris, anno Domini M° CC° LXX° sexto. (Trésor des chartes, 1276—14—J. 600. Cinq sceaux.)

Les stipulations de ce second traité furent-elles religieusement observées[1]? On a des raisons pour en douter. Dans les comptes de Navarre pour 1283 et années suivantes, on trouve des articles spéciaux consacrés aux biens des bannis, ce qui semble annoncer des proscrits politiques, et non des malfaiteurs ordinaires, comme il n'en manquait pas à l'époque[2]; et au milieu des noms qui figurent dans ces articles, on remarque ceux de plusieurs des nobles navarrais insurgés avec la Navarrerie :

De bonis bannitorum.

De pecta rusticorum Petri Symonis in Çavalça, xj kaficia. ¶ In villa de Artieda, de quarto agrorum Petri Symonis, i kaficium i rovum. ¶ In villa de Hedava, de quarto agrorum ejusdem, j kaficium. ¶ In villa de Assuriz, de pecta rusticorum Enneci Almoravit, iiij kaficia ij rova. Garsias Gundisalvi de Andosella tenet. (Ms. Bibl. imp. Suppl. lat. n° 165⁷, folio 10 verso. Cf. folio 44 recto.)

De pecta de Vidaure xvi kaficia j rovum. ¶ Ibi de hereditate et molendino nichil, quia in compoto denariorum computantur sub certo tributo. ¶ De pecta de Muez, xij kaficia. ¶ De pecta rusticorum de Ayllo xlviij kaficia ij rova. ¶ Ibi de rusticis domine Alduende nichil, quia gubernator reddidit eo quod in veritate invenit violenciam sibi factam fuisse. ¶ De pecta de Areillano, vj kaficia ij rova. ¶ Ibi de tributo hereditatis, iiij kaficia ij quartalia. ¶ In villa de Otynano, de sernis, de pecta x kaficia. ¶ In Cabrega, de sernis, iiij kaficia ij rova iiij quartalia. ¶ De pecta de Mendaça, xxv kaficia. ¶ Ibi de tributo serne, xxxj kaficia j rovum. ¶ In villa de Petramillera, de pecta ij kaficia iiij rova j quartale. ¶ De pecta de Mues, de jure vocato *terrage* et de censalibus, lxx kaficia ij quartalia ij almudes. Deficiunt ij kaficia pro clericis, quia, secundum sua privilegia, non debent solvere. ¶ Ibi de

---

[1] Le cartulaire de Philippe le Hardi, conservé dans les archives de la Chambre des comptes, à Pampelune, renferme, à ce qu'il paraît, des lettres de rémission relatives à des révoltés de la Navarrerie; mais, si j'ai bien compris les paroles de D. José Yanguas, il y est question seulement de l'archidiacre *de mensa* et d'autres ecclésiastiques compromis dans la révolte. —En 1278, le roi manda à son gouverneur d'évaluer les biens des rebelles pour les employer à indemniser les dommages causés aux habitants du Bourg quand Eustache y était bloqué. En 1280, il envoya l'ordre de restituer leurs héritages à ceux qui étaient innocents, d'écouter les réclamations des juifs, qui, restés étrangers à la révolte, avaient eu leurs maisons détruites, et de leur donner des terrains pour en construire d'autres.—Un différend s'était élevé entre le roi et l'évêque de Pampelune au sujet du pillage et des violences exercés pendant le sac de la Navarrerie : l'interdiction, portée en 1277, de fonder de nouveaux couvents d'ordres mendiants vint sans doute encore l'envenimer; il se termina en 1291 par des arrangements dont on peut lire le détail dans le Dictionnaire des antiquités du royaume de Navarre, t. II, p. 517. (Voir aussi t. I, p. 252.)

[2] « Item Lupo de Vergara pro servicio facto dominio fugando malefactores, per annum xx libras. » (Ms. Bibl. imp. Suppl. lat. n° 165⁷, folio 60 verso. *Compot. Sancii de Garriz, merini Pampilonensis.*)

serna palacii nichil, quia Sancius Poncii Stellensis tenet [1]. ¶ In villa de Feregortes, de agris ejusdem (domini Gundisalvi [2]) ij kaficia. ¶ De ij kaficiis j quartali de jure vocato *boteias* de lana nichil, quia dominus Gerinus (de Amploputeo) contulit Michaeli Petri de Petramillera pro servicio facto regine [3]. ¶ In villa de Harana, de jure vocato *boteias* ejusdem, vj kaficia j rovum. ¶ De tributo molendinorum de Uxanevilla nichil, quia Petrus Garsie de Yaniz tenet de dono domini Gerini (pro servicio facto dominio [4]). ¶ In villa de Pedramillera, de rusticis qui fuerunt Johannis de Guergueciayn, iiij kaficia ij rova iij quartalia. ¶ In villa de Arcubus, de hereditate que fuit Sancii Garsie, iiij rova iiij quartalia. ¶ In villa del Busto, de tributo hereditatis Johannis de Guergueciayn, x kaficia iij rova iij quartalia. ¶ De tributo molendini [5] Sancti Christophori usque ad proximum festum nativitatis beati Johannis Babtiste, x kaficia iij rova iiij quartalia. ¶ Ibi de ligno nemoris venditi, vj kaficia ij rova j almude. ¶ Pro domino Johanne de Vidaure de xxiiij kaficiis de pecta de Arguynano, de vj kaficiis de costeria de Arçoz, de iij kaficiis iij quartalibus de tributo hereditatis de Aritçala, et de xxiij kaficiis de tributo d'Artaço nichil, quia magister Radulphus percipit pro debito in quo idem Johannes tenebatur patri suo. ¶ Pro domino Garsia Almoravit de xiij kaficiis ij rovis de pecta d'Oteyça, de xj kaficiis iij quartalibus hereditatis nichil, quia Andreas Martini (de Arbertça [6]) percipit pro debito in quo sibi tenetur. ¶ Pro domino Furtunio Almoravit, de pecta de Irure et de Neussol xxv kaficia. ¶ In villa de Gurguillano, de rusticis Egidii de Vidaure, v kaficia, que percipit abbas d'Arçoz pro debito in quo sibi tenetur [7]. ¶ Item de compoto Martini Roderici, merini, iij^m v^c lxxv kaficia. (Folio 11 verso. Cf. fol. 43 recto.)

Pro domino Gundisalvo Johannis. ¶ In villa de Ayllo, de pecta rusticorum ipsius xlviij kaficia ij rova [8] ¶ Ibi de rusticis domine Alduence nichil, quia gubernator reddidit eo quod invenit violenciam sibi factam fuisse. ¶ De pecta de Mendaça xxv kaficia. ¶ De pecta de Otynano xv kaficia. ¶ De pecta d'Ancin vij kaficia iiij quartalia. ¶ De pecta de Mues et de censalibus et de jure vocato *terrage*, lxviij kaficia iij rova ij quartalia ij almudes. Deficit unum kaficium j rovum ij almudes pro clericis, quia privilegiati sunt. ¶ De hereditate de Guergueciayn de censu del Busto, x kaficia iij rova iij quartalia ij almudes. ¶ De pecta de Mues xij kaficia. ¶ De pecta de Vidaure xvj kaficia j rovum, residuum in denariis computatur. ¶ De pecta d'Areillano iiij kaficia ij rova. ¶ Ibi de hereditate ij kaficia ij rova. ¶ De tributo molendini Sancti Christophori x kaficia iij rova iij quartalia. ¶ Ibi de ligno nemoris venditi xvj kaficia iij rova iij quartalia. ¶ Pro domino Johanne de Vidaurre, de decem et novem kaficiis de pecta de Arguynano, de duobus kaficiis de pecta d'Ariçala

---

[1] « Ibi de orto nichil, quia gubernator dedit eum Sancio Poncii. » (Fol. 41 verso.)

[2] Folio 41 verso.

[3] « De jure vocato *boteyas* de lanna, xij kaficia j rovum. Michael Petri, rector de Piedramillera tenet de dono domini Gerini pro servicio facto dominio. » (Folio 74 recto.)

[4] Folio 41 verso.

[5] *Molendinorum*, fol. 41 verso.

[6] Folio 41 verso.

[7] Le même article se retrouve plus loin, folio 74 recto ; mais les dix derniers mots y sont remplacés par ceux-ci : « quia pepercit ei dominium. »

[8] Cf. folio 11 recto, fol. 41 verso.

nichil, quia magister Radulphus tenet pro debito in quo tenetur patri suo. ¶ De pecta de Arguynano, de rusticis Egidii de Vidaurre unum kaficium, quod abbas de Arçoz recipit pro debito in quo sibi tenetur. ¶ Pro domino Garsia Almoravit, de tredecim kaficiis iiij rovis de pecta de Oteyça. Andreas Martini Stellensis recipit pro debito suo, etc. (Fol. 12 recto. Cf. fol. 43 recto.)

De Emparanciis bannitorum.

In villa de Blascoayn de Garsia Petri de Sarria, vij kaficia j rovum. ¶ In villa de Vidaureta de bonis Alvaro nichil, quia Didacus Petri de Sotes tenet. ¶ In villa de Itçu, de domino Fortunio Almoravit, xxxv kaficia j quartale. ¶ In villa de Ariz de eodem, iij kaficia. ¶ In villa de Ilarraçu, de eodem, vij rova. ¶ In Blastegui, de eodem, j kaficium. ¶ In Barassague, de eodem, iiij kaficia. ¶ In Cuaztu et Equay, pro domino Gundisalvo Johannis, v rova. ¶ In villa de Marquelayn, pro eodem, xj kaficia. ¶ In villa de Irurçun, de Symone d'Oarriz, j rovum. ¶ In Navaz [et] in Unçu, pro eodem, xxxiij kaficia. ¶ De filiis Symonis de Echarren iij rova. ¶ Pro domino Garsia Almoravit, in villa del Cart, xix kaficia. ¶ In villa de Garzarun, de Enneco Almoravit nichil, quia Garsias Gundisalvi de Andosella tenet. (Folio 13 recto.)

De bonis bannitorum.

Pro domino Furtunio Almoravit, de pecta d'Ariz, iij kaficia ordei. ¶ Item iij kaficia avene. ¶ De pecta de Içu, xvij kaficia ij rova. ¶ In villa de Ilarraçu, pro eodem, ij rova. ¶ In villa de Blastegui, pro eodem, j kaficium. ¶ In Cuaztu (*at supra*). ¶ De pecta de Unçue et de Navaz, pro eodem, xx kaficia iiij rova. ¶ Pro domino Garsia Almoravit (*at supra*). ¶ De pecta d'Ararax, pro domino Enneco Almoravit, vj kaficia iij quartalia. (Folio 13 verso.)

Pro domino Gundisalvo Johannis de Baztan, de pecta et tributo hereditatis de Vidaurre, xlj libras. ¶ De tributo de Muez, con areis de Salinis, lx solidos. ¶ In villa de Leçaun, de pecta rusticorum, xxx solidos. ¶ In villa de Galdiano, de pecta lxij solidos. ¶ In villa de Ayllo, de pecta xj libras x solidos. ¶ Item de tributo orti, xiiij solidos. ¶ In villa de Mendaça, de pecta xvij libras. ¶ In villa de Otynano, de pecta xlvj solidos. ¶ In Cabrega, de pecta xxv solidos. ¶ In Mues, de pecta vij libras x solidos. ¶ Ibi de xlij morabatinis et duabus terois auri, xvij libras viij solidos vj denarios. ¶ In Areillano, de pecta arietum taxatorum xviij solidos vij denarios. ¶ Ibi de uvis taxatis, xiiij solidos. ¶ Ibi de tributo unius vinee que fuit dicti domini Gundisalvi, xx solidos. ¶ In Sancto Christophoro, de vindemia vinearum ejusdem vendita xxvij solidos, et fuerunt perdite propter tempestatem. ¶ De medietate vinee Sancti Martini de Mendaça vendita, xxxij solidos, et fuit perdita propter tempestatem. ¶ De fructu orti Sancti Christophori nichil, quia perditus fuit propter tempestatem. ¶ In villa de Ancin, de pecta rusticorum Martini Furtado, xxxvij solidos. ¶ In villa de Pedramillera, de pecta rusticorum, xxxv solidos viij denarios. ¶ Ibi de racemis venditis, iiij solidos. ¶ Pro Didaco Enneci de Assarta, de vindemia vendita vinee date ad medietatem, x solidos, et fuit perdita propter tempestatem. (Folio 21 recto.)

HISTOIRE DE LA GUERRE DE NAVARRE.

Pro domino Johanne de Vidaurre, de pecta de Açoz, xxv libras. ¶ De pecta d'Aricala, iij solidos vj denarios. ¶ De pecta de Artaçu et de Orindayn, xv libras iiij solidos. ¶ De tributo vinearum de Arçoz, xvj solidos. Magister Radulphus tenet pro debito in quo sibi tenebatur pro patre suo idem Johannes. ¶ De pecta de Laatça, in pane, vino, denariis nichil, quia Abraham, alcaldus Judeorum Stelle, recipit pro usuris debiti in quo sibi tenebatur idem Johannes. ¶ Pro domino Garsia Almoravit, de pecta de Oteyça, lxv solidos. Andreas Martini de Arbeyça[1] recipit pro debito in quo sibi tenebatur idem Garsias. ¶ Pro domino Furtunio Almoravit, de pecta de Irure et de Neusol, l solidos [2]. ¶ De tributo domus sub Bargota, xxv libras. Magister Radulphus tenet pro debito in quo tenebatur patri suo[3]. ¶ Pro Marcho Gundisalvi et Ferrando Gundisalvi, fratre suo[4]. ¶ De locatione domorum Marchi Gundisalvi, ij solidos. ¶ Ibi de vindemia vinearum ejusdem vendita, xx solidos. ¶ Item de vindemia vinearum Ferrandi Gundisalvi vendita, xv solidos[5]. ¶ De herbatico de Asa, ix libras x solidos. ¶ Ibi de c liij kaficiis frumenti venditis, iiij^{xx} libras xv solidos. ¶ Item de v kaficiis frumenti de residuo molendure molendinorum

---

[1] *De Stella*, fol. 55 verso.

[2] Après cet article, on lit au folio 55 verso: « Et quitavit ei rex. »

[3] A la place de ces dix derniers mots, on lit au folio 55 verso: « Abbas de Sorauren percipit pro capellaniis domini regis Henrici quondam. »

[4] Le roi Philippe ayant donné ordre, en 1277, au gouverneur de la Navarre de se saisir de tous les bannis qu'il y trouverait, hors des lieux qui jouissaient du droit d'asile, et d'exécuter en leurs personnes les sentences qu'ils avaient encourues (*Dicc. del ant. del reino de Nav.* t. I", p. 83), un officier de justice fut envoyé à Funes pour s'emparer de Ferrand Gonçalvez. On le voit par cet article des mêmes comptes:

« Item pro expensis merini et servientium armorum qui iverunt ad villam de Funes ut caperent Ferrandum Gundisalvi, xl solidos. » (Fol. 22 verso.)

Nous ne savons si le mérino fut heureux dans sa recherche; mais le même registre nous apprend qu'il pendit un écuyer de Biscaye, qui était de la famille de D. Lope:

« Item quando suspendit (merinus), apud Maragnon, quendam scutiferum de Vizcaya, qui erat de familia domini Lupi, lx solidos. » (Fol. 22 verso.)

Ce pauvre écuyer était sans doute un banni, comme un certain Garsia de Segura, qui reçut le même traitement à Inça de Arayz, ainsi que nous l'apprend un autre article du même registre, folio 60 verso. — Au même endroit il est fait mention de trois autres écuyers tués en combattant les bannis, de maisons brûlées, de morts et de blessés dans une attaque contre ceux-ci:

« Item Johanni Martini de Udaue in Aresso pro emenda domus sue combuste quando fuit combusta domus concubine Aceari Sumaquila, ubi hospitabantur banniti, xxv libras. ¶ Item Galindo d'Alcoz pro emenda domus sue combuste quando dictus Aceari et socii sui incluserunt se ibi, et fuit vulneratus dictus Aceari, et aliqui de sociis suis mortui, et aliqui recesserunt vulnerati, xxx libras. — Item pro expensis trium scutiferorum qui interfecti fuerunt quando habuerunt conflictum cum bannitis, pro portandis interfectis, et sanandis vulneratis. »

[5] Cet article et quelques-uns des précédents reviennent ainsi plus loin, à l'année 1285:

« Ibi de emparanciis bannitorum, videlicet de locatione domorum Marchi Gundisalvi nichil. ¶ Ibi de vindemia vendita vinearum ipsius, viij solidos. ¶ Ibi de vendemia vendita vinearum Ferrandi Gundisalvi, vij solidos. ¶ Ibi de locatione domorum ipsius, iij solidos. » (Folio 56 recto.)

de Peralta, xl solidos. ¶ Item de vj metre vini venditi, de pecta vallis de Ayllin, xxxiij solidos iiij denarios. (Fol. 21 verso.)

In villa de Çavalça, de vindemia vendita vinearum Petri Symonis, xxj solidos. ¶ De vineis de Artieda, de Sanssoayn et de Argurroz nichil, quia sunt in compoto bladi sub certo tributo. ¶ In villa de Liedaria, de vindemia vendita vinearum Petri Symonis, v solidos. ¶ In villa de Liçoayn, de vineis Garsie Petri nichil, propter tempestatem. ¶ In villa de Oylloquin, de vindemia vendita vinearum Lupi Garsie d'Arleta, xij solidos. ¶ In villa de Ayvarr, de vindemia vendita vinearum Symonis Petri de Oppaco, Symonis Petri de Çavalça et Symonis d'Oarriz, x solidos. (Folio 24 recto.)

In Blascoayn, de vinea Garsie Petri de Sarria nichil, quia pepercit ei dominium. ¶ In Vidaureta de Alvaro nichil, pro eodem. ¶ In Mendicoa de eodem Alvaro nichil, pro eodem. ¶ In Ilarraçu, de domino Furtunio Almoravit, iiij solidos. ¶ In Yçu, de eodem, videlicet de vindemia vendita, vj solidos, et fuit perdita propter tempestatem et gelu. ¶ In Ariz, de eodem, pro vino v solidos. ¶ In Irurçun, de Symone d'Oarriz, xij denarios. ¶ In Arayz, de eodem, viiij solidos. ¶ In Navaz, pro eodem, de vindemia vendita viij solidos, et fuit perdita propter gelu. ¶ In Elcart, de domino Garsia Almoravit, xxix solidos. ¶ Ibi de vindemia lxx solidos. ¶ In Garçariayn, de domino Enneco Almoravit nichil, quia Garsias Gundisalvi de Andosella tenet, quia fidejussor est pro eo. ¶ In Arrarax, de eodem, xvj solidos vj denarios. ¶ In villa de Marquelayn, de domino Gundisalvo Johannis de Baztan, de pecta xxvj solidos. ¶ In Henderin, de Sancio Remigii nichil, quia uxor ejus tenet in fidelitate. ¶ In Açoz, de vindemia vendita vinearum Petri de Veraxayn, viij solidos, et fuerunt perdite propter gelu. ¶ In Orqueyen, de vineis Michaelis Sancii corrigiarii nichil, quia Remundus Bernardi de Puges et P. de Equia tenent una cum vineis Navarrerie. ¶ In Liçassoayn, de Symone Symonis nichil, quia pepercit ei dominium. ¶ In Assyayn, de eodem nichil, pro eodem. (Folio 25 recto.)

...De pecta de Leçaun, j kaficium j rovum. ¶ De pecta de Herendacu, ix kaficia j rovum. ¶ De pecta de Villanova, iij kaficia iij quartalia... ¶ In villa de Cabrega, de sernis ij kaficia j rovum j quartale ij almudes. Deficiunt totidem propter tempestatem... ¶ De jure vocato *boteius* de lana, xij kaficia j rovum. Michael Petri, abbas de Piedramillera, tenet de dono domini Gerini pro servicio facto dominio... ¶ Pro domino Johanne de Vidaurre, de pecta de Arguynano, xxiiij kaficia. ¶ Ibi de costeria de Arçoz, vj kaficia... ¶ De tributo de Artaçu, xxiij kaficia. Totum tenet magister Radulphus pro debito in quo sibi tenetur idem dominus Johannes de Vidaurre. (Folio 41 verso.)

In villa de Santo Martino d'Unx, de tributo hereditatis Symonis d'Oarriz, xx kaficia. ¶ De Petro Symonis de Çavalça, videlicet de tributo hereditatis ipsius in villa de Artieda, de Sanssoayn, de Uli et de Argurroz, xxij kaficia... ¶ In villa de Licoayn, de quarto agrorum Garsie Petri, iij rova iij quartalia. ¶ In villa de Sagasseta, de tributo agrorum ejusdem, v kaficia. ¶ In villa de Arçanegui, de quarto agrorum Petri Symonis, j kaficium. ¶ In villa de Oylloqui, de agris Lupi Garsie de Arleta nichil, quia inculte remanent... ¶ In villa de Ayvarr, de quarto agrorum Symonis Petri de Oppaco, Petri Symonis de Çavalça et Symonis d'Oarriz, vj kaficia. ¶ In villa de Lerga, de agro Symonis Petri de Oppaco nichil, quia incultus remanet. ¶ In villa de Echave, de hereditate Petri Symonis de Çavalça v kaficia. ¶ In villa de Menduul, de emparancia nichil, quia inculta remanet. (Folio 44 recto. Cf. fol. 45 verso, 46 recto, 47 recto.)

Pro domino Gundisalvo Johannis de Baztan de pecta de Vidaurre, xv libras. ¶ Ibi de arietibus taxatis, iiij libras x solidos. ¶ Ibi de sex rusticis quorum quisque debet unum arietem, xviij solidos. ¶ Ibi de tributo vinee, l solidos. Residuum computatur in blado. ¶ Ibi de tributo orti xxx solidos. ¶ De tributo de Muez con areis de Sallinis, iiij libras... ¶ In villa de Galdiano de pecta, lv solidos. Deficiunt septem solidi, quia gubernator mandavit reddi monasterio de Navarret hereditatem suam, quam tenebat violenter dictus dominus Gundisalvus...¶ De pecta de Mues, vij libras x solidos... ¶ De vindemia vendita vinearum Sancti Christophori, l solidos. ¶ De vindemia vinee Sancti Martini de Mendaça, lx solidos, et data est ad tributum ad duos annos sequentes. ¶ De tributo orti Sancti Christophori, lxx solidos. (Folio 55 verso, A. D. 1285.)

In villa de Ilarraçu, de Izco, de Areyz, de bonis domini Furtunii nichil, quia rex pepercit ei... Pro domino Guillelmo de Podio in Çaval, xv solidos. ¶ Item in Senossiayn, xxx solidos. ¶ In Çaval, pro vindemia vendita vinearum ipsius perdita propter tempestatem, x solidos. ¶ Pro Didaco Petri Descoron de bonis ipsius, que sunt circa tresdecim libras. Petrus Michael portarius computabit. ¶ In villa de Artaxona, de Roderico Martini de Azqueta. Idem Petrus Michael computabit. ¶ In villa de Legarda et de Villanova, de bonis domine Tote Petri de Oarriz. Guillelmus Marzelli tenet ea. ¶ In villa de Bruirun, de hereditate regis. Lupus Garsia de Salinis computabit. (Folio 60 recto.)

Voyez encore folios 74 recto, 75 verso, 77 recto, 78 verso, 79 verso, 80 recto, 87 verso, 91 recto, 92 recto, 105 verso et 106 verso.

Page 312, vers 4849, couplet xcix.

Les extraits suivants des comptes de Navarre, pour 1284-86, montrent combien, dans ces temps de troubles, la frontière était peu sûre, à quel point les vols y étaient fréquents et les divers genres de châtiments infligés à leurs auteurs, surtout, mais non pas uniquement, par les mérinos:

Item pro expensis quas fecit (dominus Johannes le Briays, castellanus castri Sancti Johannis de Pede Portus) quando cepit quendam latronem apud Soroetam, iij solidos. (Folio 5 recto. Cf. fol. 71 recto.)

Item pro expensis viginti scutiferorum quos merinus (Pampilonensis Didacus Sancii de Garriz) misit ad custodiendum vias de Andia et de Ancia tempore guerre, racione latronum et illorum qui extrahebant bladum de terra.

Item pro expensis ejusdem quando suspendit latrones Pontis Regine, qui furati fuerunt oves apud Larraga. ¶ Item pro expensis dicti merini quando suspendit quemdam latronem apud Thebas, qui fuerunt capti apud Mendigorriam cum furto quod commiserunt in Baygorri. ¶ Item pro expensis dicti merini quando suffocavit quamdam in fluvio de Urriçola, quia furata fuit raubam in Etayo. ¶ Item pro expensis dicti merini qui suspendit Garsiam de Segura apud Inça de Arayz, bannitum, cum salario insidie.

83.

¶ Item pro expensis merini quando suspendit Sancium Velça, latronem manifestum, et fuit suspensus apud Algorriaga, cum salario insidie. ¶ Item pro expensis dicti merini quando cepit et suspendit Sancium Durayar apud Alsassu, latronem manifestum, cum salario insidie.

Item pro expensis dicti merini quando cepit et suspendit Symonem, nepotem Aceari Sumaquila, apud Odietam, qui erat bannitus, et interfecit quemdam scolarem, et furatus fuit quemdam roncinum, cum salario insidie. ¶ Item pro expensis dicti merini quando amputavit aurem cuidam apud Salinas prope Noayn, quia furatus fuit unum rovum frumenti. ¶ Item pro expensis dicti merini, quando combussit domum concubine de Beguichipia apud Beiniça, quia ibi hospitabantur banniti. ¶ Item pro expensis dicti merini quando combussit domum concubine Aceari Sumaquila apud Aresso, quia ibi hospitabantur banniti. ¶ Item pro expensis merini quando combussit domum concubine Lupi Ochoe apud Utcii, quia ibi hospitabantur banniti et minuti. ¶ Item pro expensis dicti merini quando combussit duas domos apud Burunda, quia ibi hospitabantur banniti et fiebant plurima furta. (Folio 60 verso.)

Item pro expensis dicti justiciarii (Tutele, Ferrandi de Eslava) quando ivit Pampilonam ad gubernatorem ad ostendendum eidem factum denariorum falsorum quos invenerat, et factum latronum, in quinque diebus, iiij libras. (Folio 65 recto.)

Item pro expensis Petri de Burgos, cui amputata fuit auris pro furto commisso, vj solidos viij denarios.

Item pro expensis Johannis Chapairon de Casseda, qui fuit suspensus apud Sangossam eo quod cum furto commisso in Navarra intrabat Aragoniam, iij solidos. (Folio 66 recto.)

Item Roldano et sociis suis, qui ceperunt in villa de Arguedas quosdam de Aragonia, de mandato gubernatoris, quia depredaverant greges de Arguedas, x libras. (Folio 87 recto.)

Item pro expensis insidiarum que fecerunt capi Petrum Escaz, latronem et malefactorem, et vivebat in Aragonia, et fuit suspensus in termino de Navascues, viij libras xvij solidos. ¶ Item pro expensis insidiarum que fecerunt capi Sancium d'Olaz, bannitum, qui interfuit deraubationi et morti mercatoris de Isana, et fuit suspensus ibidem, x libras. ¶ Item pro expensis Paschasii de Liçarra, qui fuit suspensus apud Tafalliam, vij solidos. ¶ Item pro locatione insidiarum que capi fecerunt Ennecum del Espinal, qui interfecit Lupum de Doldiriz, mulaterium, in via publica Roscidevallis, et fuit captus, et manus sibi scissa, et demum traynatus et suspensus in loco ubi fecit proditionem, iiij libras x solidos. (Folio 91 recto.)

Item merino (Pampilonensi, Didaco Sancii de Garriz) pro fugandis malefactoribus, capiendis et suspendendis, cum salario insidiarum, et quando ibat locuturus cum illo de Ipuzcoanos ad ponendum terram in pace, et pro custodienda terra et castris quando rex Castelle erat apud Sanctum Sebastianum, lxx libras, que computate non sunt. (Folio 92 verso.)

HISTOIRE DE LA GUERRE DE NAVARRE.

Les femmes se mêlaient aussi de voler, sans se laisser arrêter par la crainte de l'affreux supplice qui les attendait :

Item pro expensis Jordane et Gracie de Alçuça, que interfecerunt quendam presbyterum et deraubaverunt eum, et fuerunt propter hoc combuste in mercato : pro lignis emptis, xxij solidos viij denarios. ¶ Item quatuor hominibus deferentibus eas per villam et [qui] fecerunt justiciam, vj solidos. ¶ Item pro duobus magnis lignis emptis et fixis in terra ad ligandum eas ibidem donec comburerentur, ij solidos vj denarios. ¶ Item pro duabus cathenis et cordis ad ligandum eas emptis, ij solidos ij denarios. ¶ Item preconibus preconizantibus in villa et in mercato, ij solidos. (Folio 70 verso. *Compot. Sancii de Trillar, ballivi Pampilonensis*, A. D. 1285.)

Item pro facienda quadam fovea in villa de Arguedas ad ponendum ibidem mulierem quandam que furata fuit denarios dicto Gayllart, xiiij denarios. (Folio 87 recto. *Compot. Johannis de Yanvilla, merini Ripperie*, A. D. 1286.)

Page 312, vers 4848, couplet XCIX.

Cette expédition de Philippe le Hardi fut jugée très-sévèrement par ses contemporains, qui considéraient Pampelune comme située au bout du monde[1]. L'auteur des Chroniques de Saint-Magloire, après avoir rapporté la mort de Saint-Louis et son enterrement à Saint-Denis, ajoute :

> Et en Espaingne et en Sauveterre
> Ala ses fius folie querre.

Fabliaux et contes, édit. de Méon, t. II, p. 228, v. 118.

Comparez avec le récit d'Anelier celui que fait Guillaume Guiart dans sa Branche des royaux lignages, t. VIII des Chroniques nationales françaises, p. 124-127.

Page 312, vers 4863, couplet C.

Ce comte de Bigorre s'appelait *Eschivat*. Eustache de Beaumarchais lui avait prêté, à deux différentes reprises, des sommes, dont voici les reconnaissances :

---

[1] Metre le cuide en tele trape,
C'el le tient, ains qu'il li eschape,
Qu'il vodroit estre à Pempelune.

Du Vallet aux douze fames, v. 39. (*Fabliaux et contes*, édit. de Méon, t. III, p. 149.)

Nos Eschivatus, comes Bigorre, dominus de Chabanesio, notum facimus universis quod nos debemus ac nos debere confitemur nobili viro domino Eustachio de Bello Marquesio, militi, senescallo Tholosano et Albiensi, ac gubernatori terre Navarre, pro domino rege Francie illustri, viginti sex libras turonenses ex legitimo mutuo, renunciando excepcioni non numerate pecunie, non habite, non tradite, non recepte et spei numeracionis future et erroris calculi. Quas viginti sex libras predictas promittimus nos soluturos et reddituros eidem domino Eustachio, vel ejus certo mandato, in instanti festo Pasche. In cujus rei testimonium presentibus litteris sigillum nostrum duximus apponendum. Datum die sabbati ante festum beati Andree apostoli, anno Domini millesimo ducentesimo septuagesimo sexto. (Trésor des Chartes, 1376 — 13 — J. 613. Sceau représentant deux lions passants.)

Noverint universi presentes pariter et futuri, quod nos Eschivatus, comes Biguerre, dominus de Chabanesio, scimus et in veritate confitemur nos recepisse a vobis domino Eustachio de Bello Marchesio, militi, senescallo Tholose et Albiensi, regnique Navarre gubernatori, octo viginti septem libras septem solidos sex denarios turonencium, quas nobis apud Pampilonam mutuo amicabili tradidistis. Quam summam... vobis, aut certo mandato vestro, aut domino Petro de Fontanis, Tholoze, infra proximum festum Resurexionis Domini promittimus soluturos... Et in testimonium, *etc.* Datum Pampilone, die dominica post octavam beati Martini yemalis, A. D. M° CC° LXX° sexto. (Arch. de l'Emp. 1276 — 34 — J. 614.)

On trouvera une notice sur Esquivat dans l'*Essai historique sur le Bigorre*, par M. A. Davezac-Macaya. Bagnères, imprimerie de J. M. Dossun, M DCCC XXIII, in-8°, t. II, liv. V, chaq. Ier, p. 1-44.

Page 318, vers 4936, couplet CI.

Le mot *galiers* signifie bien, comme nous l'avons traduit, *tromperie* : aussi n'est-ce pas pour revenir sur cette interprétation que nous écrivons cette note. Nous voulons demander si notre ancien mot *gallier*[1], qu'Antoine Oudin traduit par *meschant fripon*[2], ne viendrait pas de la langue d'oc. On est autorisé à en douter en voyant un autre lexicographe[3] donner *gailliens* avec le sens de *forçat*, ce qui indique *galée* (galère) pour racine.

---

[1] Voyez-en un exemple dans l'*ancien Théâtre françois*, etc. par M. Viollet-le-Duc, t. Ier (à Paris, chez P. Jannet, MDCCCLIV, in-18), p. 261.

[2] *Curiositez françoises pour supplément aux dictionnaires*, etc. Imprimé à Rouen, M DC LVI in-8°, p. 189.

Dans cette ville, on disait *galier* :
D'engaigne vous disiez que j'estois un butor ;
Mais qu'esque vous diriez de Jean, men petit frere.

Qui fait par men serment mille fais pire encore.
Combien que Fustibus n'espargne sen driere ?
Le dimanche et la fête y me jouë de ses tours...
Y s'en ira joüer les double à la pierrette,
Et quand dessus le soir je vo prens men *galier*,
Je regarde combien ses cauche ont d'éguillette.

Première et seconde Muse normande, p. 37.

[3] *Les Epithetes de M. de la Porte Parisien*, A

Nous avions aussi autrefois *gallefretier*, mot auquel Oudin[1] attribue la même signification, celle de *coquin*, de *fripon*, et que nos anciens auteurs emploient fréquemment :

Feston diene, *guallefretiers*, venez-vous sus mon marché? (Rabelais, liv. IV, chap. XVI.)

Ventre sus ventre, quelz trinquenailles! quelz *guallefretiers*! (Le même, liv. V, prologue.)

Guallefretiers mes amis, je ne suis que trop bien ainsi debout. (Le même, liv. V, chap. XI.)

... on void aujourd'huy non-seulement des simples gentils-hommes, mais aussi des *galefretiers* porter des broderies et porfileures, etc. (*Deux dialogues du nouveau langage françois, italianizé*, p. 188.)

Quant à quelques *galefretiers*, suyvans la cour, je sçay bien que vous n'allez pas ouir leurs propos, non plus que moy. (*Ibid.* p. 614.)

Ah! vraiment, vraiment, s'il falloit que je tinsse parole à tous ceux à qui j'ai donné rendez-vous, j'aurois plus de trente *gallefretiers* à mes trousses. (*La Fausse Coquette* [1694], act. I", sc. IX; dans la Suite du Théâtre italien, etc. t. II. A Genève, chez Jacques Dentand, M. DC. XCVII., in-8°, p. 105; et dans Le Théâtre italien de Gherardi, t. V, p. 392.)

Henri Estienne, à la recherche de l'étymologie de ce mot, s'avisa de l'écrire différemment qu'il ne l'avait fait précédemment :

Et semble bien que quelque povre *gallefrottier* de moine repris par luy (son chef) de larrecin, luy pourroit faire une pareille response à celle que fit le pirate à Alexandre le (Grand. *Apologie pour Hérodote*, liv. I", chap. XXIII, p. 367.)

Mais je ne sais pas en vérité si l'habile écrivain parlait sérieusement, et ne me sens nullement disposé à le croire sur cette simple parole.

Page 318, vers 4950, couplet CI.

On ne trouve pas *monters* dans le Lexique roman de M. Raynouard. Les Catalans avaient le même mot; du moins on lit *azcona montera*, avec le sens de *lance*, dans un écrivain cité par le P. de Moret. Voyez *Annales del reyno de Navarra*, liv. XXV, § V, chap. XVIII; t. III, p. 453, col. 2.

Lyon, par Benoist Rigaud, M. D. XCII., petit in-12, fol. 188 recto. — Les Espagnols avaient autrefois *galiador*, probablement avec le même sens. Je le trouve dans le nom d'une localité de Sangüesa consigné dans cet article des comptes de Navarre : — «De domo de vicco vocato de *Galiadores* nichil, quia Martinus Durant tenet eam.» (Ms. Bibl. imp. Suppl. lat. n° 165?, folio 31 recto.)

[1] *Curiositez françoises*, etc. p. 189.

Page 322, vers 5011, couplet CII.

Il existe un reçu souscrit par Johan Garciez, alcade de Viana, de mille livres de tournois, pour indemnité du dommage fait, au siége de *Panicastro*, aux gens qui cherchaient leurs biens dans le voisinage du château. (Archives de l'Empire, 1277—334—J. 614.) Rendant compte à Eustache de Beaumarchais, il reconnaissait avoir reçu huit cent soixante livres tournois pour les traites payées par ordre du gouverneur à don Lop Diaz et aux autres gens de l'ost (*de la huest*), y compris les vingt livres tournois données par Johan Garciez à Per Lopez Puerco, et les deux cent cinquante livres de tournois pour compléter les mille livres sanchets payées pour la taille du siége de Punicastro. (Arch. de l'Emp. 1277—331—J. 614.)

Page 322, vers 5023, couplet CIII.

Fortuyn Eniguitz figure dans la pièce suivante, qui sert de preuve. jusqu'à un certain point, à ce que dit le troubadour :

Seppan quantos esta present carta verán et odrán, que nos, Ferrant Lopiz, Martin Alaman, Aznar Yeneguiz, Furtuyn Yeneguiz, Sant de Salterra, Lop Siminiz, Gonçalvo Lopiz, cavaylleros, é Roy Ferrandez, Garcia Periz, Simen Yeneguiz, Gonçalvo Asnariz, Sancho Periz de Beyre, Lop Sanchez, Sancho Arnalt, Pero Martiniz, Calvet d'Alcoiriz, escuderos, venimos de conoscido é de manifiesto que avemos recebido de vos, me sire Eustace... por espensas nostras del tiempo que don Pero Sanchez era governador, teniendo frontera in Coreylla, ata el dia que esta carta fué feita, cient libras de torneses ; é por emienda de .ij. cavayllos que mataron los de Alffaro á nos, Gonçalvo Aznariz é Gonçalvo Lopiz antedichos, .xlv. libras torneses.... Et en testimonio desto, *etc.* Data en Pamplona, martes primero ante la fiesta de sant March evangelista, A. D. millesimo cc° LXXVI. (Arch. de l'Empire, 1276 — 285 — J. 614. Sceau de don Pero Sanchez de Montagut, seigneur de Cascant.)

Je retrouve le même personnage dans les comptes de Navarre pour 1283 :

Furtunio Enneci pro expensis suis dum remansit vulneratus apud Taffaliam, xv kaficia. ¶ Item pro expensa Judei cirurgici custodientis eum, j kaficium. (Ms. Bibl. imp. Suppl. lat. n° 165', folio 7 recto.)

Item Furtunio Enneci pro alta turre de Coreilla a medio me[n]se maii proximo preterito usque ad sequens festum Assumpcionis, v kaficia. ¶ Item eidem pro dicta turre a dicto festo Assumpcionis usque ad sequentem Candelosam, per medium annum, x kaficia. (*Ibid.*)

Item Furtunio Enneci pro alta turre de Coreilla per annum, ut supra, iiij libr. (Folio 19 verso.)

Furtunio Enneci pro alta turre de Coreilla per annum, ut supra, xv libr. (Fol. 54 recto. Cf. fol. 87 recto.)

Item Furtunio Enneci pro secunda turre de Coreilla per annum, ut supra, xxx kaficia. (Fol. 72 recto.)

Aznario Enneci et Furtunio Enneci pro duabus turribus de Coreilla, per annum, xl kaficia. (Fol. 102 recto.)

Page 326, vers 5070, couplet CIII.

L'époque du siège de Garayno est fixée par la date d'une pièce que nous avons donnée ci-dessus, p. 444, col. 1.

Page 326, vers 5074, couplet CIII.

Mathieu Paris rapportant, sous l'année 1191, l'arrivée de Richard Ier en Palestine, donne le détail du bruit que faisait entendre une armée dans une circonstance semblable. Il entra, dit-il, dans le port d'Acre, au son des clairons et au bruit des trompettes. Le fracas de tous les joueurs d'instruments remplissait le rivage : « . . . lituorum stridor, clangor tubarum, strepitus cornicinum horribilis, littora repleverunt[1]. »

Page 328, vers 5097, couplet CIV.

A sa sortie de fonctions, qui eut lieu avant le mois de mai de l'an 1277[2], Eustache de Beaumarchais remit à son successeur l'argent et les chevaux qu'il avait entre les mains, ainsi qu'en témoigne la pièce suivante :

Universis presentes litteras visuris et audituris, Reginaldus de Rovreyo, miles, regni Navarre gubernator, salutem et veritatem. Notum vobis facimus quod nos habuimus et recepimus a venerabili viro domino Estachio milite, ante nos Navarre gubernatori, .v[c] .viij. libras .ij. solidos .vij. denariorum turonencium in pecunia numerata, de quibus tenemus nos plenarie pro re pagatis. Item recepimus a milite supradicto septem equos magnos, bonos et malos, de quibus omnibus tenemus pro pagatis.... In cujus rei testi-

---

[1] Math. Paris, Hist. Angl. ed. Lond. 1640, p. 163, l. 40, ed. 1684, p. 137, l. 2. La traduction qui précède ce passage est de M. A. Huillard-Bréholles (Grande Chronique de Mathieu Paris, t. II, p. 164) : faut-il faire remarquer que *strepitus cornicinum* n'est pas rendu?

[2] *Annales del reyno de Navarra*, comp. por el P. Joseph de Moret, lib. XXIV, cap. v, § 1, n° 2 ; t. III, p. 430, col. 1.

monium, *etc.* Datum apud Sanctum Johanem de Pede Portuum, die lune post festum decollationis beati Johanis Baptiste, A. D. M° CC° LXVII°. (Arch. de l'Emp. 1277 — 36 — J. 614.)

Renaud figure dans les comptes de Navarre pour une allocation faite la même année à Martin Ruiz, mérino de la Ribera :

Item recepit anno lxxvij° in garnisione castri de Peynnaflor de domino Reginaldo de Rovray, gubernatore. (Ms. Bibl. imp. Suppl. lat. n° 165⁷, folio 6 verso.)

Ce Renaud de Rouvray, ou de Rouvroy, était maître des arbalétriers du roi en 1274, suivant un état de la maison de Philippe III, dans laquelle il est mentionné, avec plusieurs autres chevaliers de l'hôtel de ce prince, auxquels on distribua des manteaux. Voyez l'Histoire.... de la maison royale de France, etc. t. VIII, p. 2. Cf. t. IV, p. 395.

Après Renaud de Rouvray, la Navarre eut un autre gouverneur du même nom, Alphonse de Rouvray, que la liste donnée par Oihenart indique à trois reprises différentes, en 1278 et 1279, de 1297 à 1306, en 1316, enfin en 1322, 23 et 24[1].

En 1355, on trouve un Juan de Robray, mérino de la Ribera[2]. Ce personnage serait-il sorti de la famille du successeur d'Eustache de Beaumarchais dans le gouvernement de la Navarre?

---

[1] *Notitia utriusque Vasconiæ*, etc. Parisiis, sumptibus Sebastiani Cramoisy, M. DC. XXXVIII, in-4°, lib. II, cap. XVI, p. 360.

[2] *Diccionario de antigüedades del reino de Navarra*, t. I*ᵉʳ*, p. 37, art. Año.

TABLE

DES PRINCIPAUX MOTS ET DES MATIÈRES

CONTENUS

DANS L'HISTOIRE DE LA GUERRE DE NAVARRE.

A

Abas, abat, abbat, abbatz. Des abbés ont des doubles des chartes d'union des bourgs de Pampelune, p. 42, v. 593. — Incendie de la maison d'un abbé disant messe, 284, 4403. — Abbés légendiers à la suite de Philippe le Hardi dans son expédition de Navarre, 308, 4797. Voyez *Mont Arayo*.

Acort. La garnison de Garaynno fait des propositions aux assiégeants, 326, 5068.

Acostat. D. Corbaran sort de Pampelune avec ses amis, 290, 4522.

ACRE. Les croisés ont l'espoir d'aller au Caire et de protéger la première de ces deux villes, 16, 353. Voyez *Johan d'Acre (Syre)*.

ADAM D'OARRITZ. Commission que lui donne D. Garcia Almoravid, 76, 115.

Affortit. Eustache de Beaumarchais intrépide et déterminé, 312, 4860.

AGEN, ville au roi de France, 24, 340.

Aguyllo. Nul homme ne doit se regimber contre l'aiguillon, 322, 5024.

Aiga, aigla, aygla. On voyait une aigle à Olatz, au palais, 120, 1809. — D. Pierre Sanchiz en avait une dans ses armes, 44, 621; 64, 924; 122, 1846; 130, 1982; 134, 2038.

AIGAS MORTAS. Saint Louis et les croisés s'embarquent à Aigues-Mortes, 26, 348.

Aitz. Des lignes d'hommes à pied se font, 292, 4550.

ALAMAINNA. Allemagne, patrie de la première femme du roi Thibaut le Grand, 27, 292.

Alavesa, alavessa. On peut voir voler les projectiles de ce nom, 198, 3059; 238, 3690. — Des combattants s'arment d'alavèses, 282, 4376.

Alcaitz. Proclamation des alcaïds de Tunis, à l'arrivée des chrétiens devant la ville, 28, 379.

ALAMANS. Allemands faisant partie de l'armée de Philippe le Hardi, 308, 4792.

ALAVA, l'une des quatre provinces basques. Un messager va dans le Maroc annoncer au roi Sancho VI qu'il l'a perdue, 10, 119.

ALAVES. Voyez *Miquel Santz Alaves*.

Alberc. Boquin menace de détruire les habitations des bourgs, 198, 3048.

Alcoto. Hoquetons ouverts dans une circonstance, 206, 3186.

ALDAVA. Voyez *Johan d'Aldava, Pere d'Aldava (Don)*.

Aldea. Les vilains des villages d'autour de Pampelune viennent contre les bourgs, 240, 3719.

ALEXANDRE. Jamais ce roi n'eut chevalier pareil à Eustache de Beaumarchais, 86, 1265.

Alfons, Alphonse, roi de Castille, 4, 23. — Un messager annonce au roi D. Sancho qu'il est entré en Navarre, 10, 113. Voyez *Anfos*.

ALFONSO. Voyez *Johan Alfonso*.

Algarada. Les habitants de la Navarrerie, après le départ de la reine Blanche, construisent des algarades, 44, 639, 640; 46, 647. — Un orateur s'en plaint dans le conseil des bourgs, 655. — Un autre propose de s'en plaindre au gouverneur, ce qui a lieu, 48, 678, 691. — Le gouverneur reproche aux bourgeois de la Navarrerie d'en-élever, 50, 727. — Un bourgeois des bourgs s'en plaint dans le conseil, 70, 1039. — Des bourgeois demandent à en faire à l'exemple de leurs adversaires, 72, 1070. — Un bourgeois propose d'en faire pour mieux combattre, 74, 1089, 1101. — Le prieur Sicart prétend qu'aucun gouverneur ne peut juger que celles de la Navarrerie doivent être mises en pièces, 116, 1765. — Noms des combattants logés dans l'algarade placée devant Saint-Nicolas, 170, 2599. — Noms des bourgeois auxquels est donnée celle de Saint-Cernin, 2605. — Dans une autre prennent place trente-quatre personnes, 2611. — Noms des défenseurs de l'algarade de la Roche, 2617. — Petite algarade appelée *Petit-Grelot*, 2623. — Espoir du prieur de Saint-Gilles de conserver les algarades de la Navarrerie, 190, 2933. — Pascal Gomiz décroche une algarade, 192, 2970. — Boquin promet aux riches hommes de la Navarrerie de chasser les habitants des bourgs avec ses algarades, 198, 3047. — On baisse les algarades, 214, 3310, 3311.

ALMIRAT. Voyez *Pere l'Almirat*.

ALMORAVIT. Voyez *Garcia (Don)* et *Fortuynn, Fortuynno Almoravit*.

ALVERNIA, ALVERNE, Auvergne. Envoyé dans ce pays, Eustache de Beaumarchais lui rend la sécurité, 86, 1277, 1285.

Ambans. Urgence de garnir ceux des bourgs, 166, 2549. — Bourgeois et ouvriers indistinctement les défendent, 168, 2585. — Eustache de Beaumarchais visite ceux de la Poblacion, 196, 3036. — Moulin environné de retranchements, 232, 2589. — Les pierres tranchent les ambans, 236, 3665. — D. Fortuyn Almoravit est chargé de mettre en état les ambans du couvent de Saint-Jacques, 286, 4443. — Les pierriers renversent des maisons, 288, 4467. — Un messager annonce à Imbert de Beaujeu la reddition des ambans de Mendavia, 320, 4975.

AMOMELIN (Un rei), roi musulman présent à la bataille de las Navas, 4, 19; 6, 73.

AMORCS, Abou Yakoub, sultan du Maroc. Ses rapports avec D. Sancho VI, roi de Navarre, 8, 89.

AMOSQUA, Amescoa ou Amescua, vallée de la merindad d'Estella. Un messager va annoncer à Maroc, à D. Sancho VI, qu'il l'a perdue. 10, 120.

ANDRE SIMENETZ, ANDREU XEMENEYTZ, bourgeois de Pampelune, fait partie d'une conférence tenue dans l'église de Saint-Laurent, 158, 2419. — L'algarade de la Roche lui est donnée, 170, 2620.

ANDREU DE MARÇA (Don), bourgeois de Pampelune, est blessé à la face, 302, 3122.

ANDREU D'ESTELA. Guillaume Anelier le voit couvert de carreaux, 236, 3653.

ANPOS (En), Alphonse, roi de Castille. Lettres de ce prince aux barons de Navarre, annonçant une trêve de quinze ans, 126, 1903, 1908. Voyez *Alfonso*.

ANFOS, Alphonse, comte de Poitou, frère de saint Louis, fait Eustache de Beaumarchais sénéchal de ce pays, 86, 1969.

Angarda. Le prieur de Saint-Jean, passant en Espagne, franchit la hauteur de Roland, 178, 2748.

Angoyssa. Au siége de Garaynno, les gens rient au milieu de leur angoisse, 324, 5057.

Apeat. Des lignes d'hommes à pied se font, 292, 4550.

Apostoli de Roma. Philippe le Hardi expose à son conseil que le pape a mis en sa garde l'infante de Navarre et ses biens, 84, 1239.

Aptitz. Le comte de Foix, habile dans l'art de la guerre, 312, 4862.

Arabitz. Les barons navarrais, D. Simon et D. Lope montent sur les chevaux arabes, 140, 2128. — Les soldats de l'armée française en Navarre en font autant, 214, 4885.

ARAGO. Voyez *Mont Arago*.

ARAGO, ARAGCON. Le roi d'Aragon à la bataille de las Navas, 4, 25; 6, 60. — D. Sancho VI envoie un messager en Aragon au roi D. Jaime, 14, 180.

ARANSUS. Voyez *Semerot cel d'Aransus*.

ARAQUILL. Voyez *Pere Peritz d'Araquill.*

Arbre. Complot tendant à couper les arbres des bourgs de Pampelune, 240, 3716.

Arc. Un traître tend un arc de deux pieds, 234, 3634. — Des combattants s'arment d'arcs à main, 282, 4374.

Arca. Maint coffre ouvert au sac de Pampelune, 304, 4737.

Arcevesques. Archevêques à un parlement convoqué par Philippe le Hardi, 274, 4250. — Archevêques dans l'expédition de ce prince en Navarre, 308, 4797.

ARCEYTZ. Voyez *Per'Arceyz*, *Per'Arceytz d'Echauri.*

ARCS, ARS, ARX. Cortès tenus au château de los Arcos, 130, 1978.

Arma. Dans un combat, mainte âme se sépare du corps, 280, 4344.

Armadura. Armures sur des sommiers à la suite du roi de France, 308, 4787.

Armas. Cris aux armes, 244, 3781; 254, 3934; 282, 4368; 286, 4444; 288, 4483; 298, 4622; 302, 4713; 314, 4885; 316, 4928; 318, 4949; 324, 5043. — Un malheureux sorti sans armes est tué, 254, 3450. — Irritation du peuple des bourgs de Pampelune quand on criait aux armes, 256, 3960. — Eustache de Beaumarchais crie aux armes, 290, 4520.

ARMAYNNAC. Le comte d'Armagnac fait partie de l'armée française en Navarre, 296, 4591.

ARNALT. Voyez *Garci' Arnalt.*

ARNALT AYMAR (En), bourgeois de Pampelune, appelé à défendre la tour de la Cloche, 162, 2478.

ARNALT DE SANGOSSA. Il assiste à une conférence tenue dans l'église de Saint-Laurent de Pampelune, 158, 2411.

ARNAUT DE BERRET (En). Il brandit sa lance et la jette au moulin de l'évêque, 280, 4337.

ARNAUT DE MARCAFAVA, écuyer, est blessé au pied, 200, 3102. — Anelier l'entend demander le combat, 278, 4317. — Il suit Eustache de Beaumarchais dans Mendavia, 318, 4944. — Il est encore blessé d'un coup de pierre, 4962.

Arnes, arnescamens. Lieu de Navarre où arrivent les équipages de l'armée française, 298, 4629. — L'or flamboyant y luit, 320, 4987.

Arquer. Archers donnés pour la défense de la tour ronde de Pampelune, 166, 2559. — Ils sortent pour commencer la guerre, 232, 3599. — Un archer desserre une baliste et frappe un chevalier, 242, 3754. — D. Gonzalve propose un plan pour mettre des archers dans l'église de Saint-Nicolas, 248, 3861. — Les archers tirent des tours, 286, 4555. — Archers dans l'expédition de Navarre, 308, 4896.

Arremit. Le sire de Beaujeu jure par le Seigneur qui fut mis en croix, 314, 4899. — Il ne permet pas que le projet des habitants de Mendavia s'accomplisse, 316, 4914.

ARS. Voyez *Arcs.*

Artamens. Gaston, sire de Béarn, signalé pour sa ruse, 260, 4026.

ARTEDERRETA. D. Garcia menace D. Pierre Sanchiz s'il passe cette limite, 62, 892.

ARTES. Le comte d'Artois dans un parlement assemblé par Philippe le Hardi, 272, 4224. — Il assiste à un autre conseil, 274, 4246. — Il est nommé l'un des chefs de l'expédition de Navarre et part pour Toulouse, 4262, 4273. — Il amène le secours à Pampelune avec Imbert, sire de Beaujeu, 294, 4587. — Un messager annonce la présence du comte à Eustache de Beaumarchais, 296, 4608. — Imbert de Beaujeu lui annonce l'approche des bourgeois, qu'il prend pour les révoltés, 298, 4633. — Endroit où Eustache de Beaumarchais et les bourgeois le font placer, 4648. — Il songe à entrer dans la Navarre, 306, 4761. — Un messager venu de Navarre auprès de Philippe le Hardi, se dit envoyé par le comte d'Artois, 310, 4816. — Il assiste à un conseil de guerre, 312, 4858.

ARX. Voyez *Arcs.*

Ascona. Les défenseurs de Saint-Christophe ripostent à l'armée française en lui envoyant des javelines, 314, 4888. Voy. *Escona,'scona.*

ASSIAYN, AYSSIAYNN (L'abat d'). Il assiste à une conférence des bourgeois de Pampelune,

150, 2306. — Il fait partie d'une autre conférence tenue dans l'église de Saint-Laurent de cette ville, 158, 2416

Asta. Épieu fourbi, avec hampe de chêne, 282, 4373.

ASTACHA (N), 122, 1838. Voyez *Estacha* (En).

AUGEOS. Une fois hors du danger qu'il avait couru dans la Navarrerie, Eustache de Beaumarchais jure avoir eu plus de joie que s'il eût été comte d'Anjou, 120, 1832.

Aur. Le roi de Tunis donne aux croisés dix mille onces d'or pour se retirer, 34, 470. — Nobles harnois où luit l'or flamboyant, 318, 4987.

Auryflam. Philippe le Hardi annonce vouloir suivre, avec l'oriflamme, les chefs de son armée en Navarre, 274.

Autar. Les autels, à Pampelune, sont entourés de cierges, 198, 3065. — Ils sont dépouillés pendant le sac de la Navarrerie, 306, 4752.

Auzberc, azberc. Le haubert brodé de D. Garcia le garantit du coup du soldat Guiot, 218, 3367. — Le haubert doublé de D. Garcia lui est enlevé, 220, 3390.

Auzel. Carreaux comparés à des oiseaux qui volent, 228, 3519.

Auzelos. Pierres volant plus vite qu'un oisillon, 260, 4036; 324, 5038.

Avaucers. Arnault de Marcafava s'avance, 318, 4962.

Avers. Les munitions vont à Puñicastro, 320, 4981.

Aversers. Pierre comparée à un diable, 318, 4963.

AVILAR, Auvillars, chef-lieu de canton du département de Tarn-et-Garonne, arrondissement de Moissac, 24, 340. — Le vicomte d'Auvillars fait partie de l'armée française envoyée en Navarre, 296, 4597.

Ayga. Une pierre lancée par les engins de la Navarrerie donne dans l'eau, 294, 4573. — Eau empoisonnée par les habitants de Saint-Christophe, 316, 4913. — L'armée française coupe l'eau aux habitants de Garaynno, 324, 5047.

Aygla. Voyez *Aiga*.

AYMAR. Voyez *Arnalt Aymar* (En), *Bernart Aymar* (D.).

AYMAR CROTZAT, ou CROZAT, bourgeois de Pampelune. Il parle aux bourgeois assemblés, 146, 2229. — Il assiste à une conférence entre eux et Eustache de Beaumarchais, 150, 2296. — Il assiste à une autre conférence dans l'église de Saint-Laurent, 156, 2408. — Il est commis à la garde de l'algarade de Saint-Cernin, 170, 2606. — Il est blessé d'un carreau d'acier à la figure, 254, 3940.

AYMAR CROZAT. Il prend la parole dans une assemblée de bourgeois de Pampelune, 146, 2219, 2220.

AYMERIC. Voyez *Bernaz*, *Ramon Aymeric* (En).

AYVAR. Voyez *Pere Ayvar*.

Ayzitz. Le seigneur de Beaujeu disposé à parler, 314, 4872.—Saint-Christophe en état, 4882.

Azayrit. Les défenseurs de Saint-Christophe envoient à l'armée française des épieux acérés, 314, 4888.

Azberc. Voyez *Auzberc*.

AZNAR DE ÇARAQUIETA. Il est tué à la défense des bourgs de Pampelune, 202, 3130.

B

Bacos. Les habitants du bourg de Pampelune rassemblent toutes les flèches de lard des bourgs, 276, 4299.

BADOZTAYNN. Voyez *Bernart de Badoztayna*, *Johan de Badoztayn* (En), *Pere de Badoztaynn* (Don).

BAFOMET, Mahomet. Les Sarrasins jurent par lui, 30, 409.

BAIVERS. Bavarois dans l'armée de Philippe le Hardi, 308, 4792.

Balar. D. Gonzalve appelle les révoltés de la Navarrerie à l'assaut, 302, 4689.

BALDOIN. Voyez *Pascal Baldoyn*, *Pontz Baldoin*.

Balesta. On commence à tirer des balistes dans la Navarrerie, 174, 2675. — On peut voir desserrer des balistes de toute sorte, 196,

3015; 210, 3245; 230, 3555. — On envoie les balistes, 198, 3053. — Les balistes sont tendues et desserrées de nouveau, 3060.— A Pampelune, des combattants prennent leur arbalète, 200, 3083; 206, 3179. — Peyret Carnero, l'arbalète au poing, 220, 3396. — Balistes placées dans quatre tours de bois, 232, 2590. — Un écuyer de D. Corbaran décharge une baliste, 234, 3641.— Les arbalétriers des bourgs apportent une forte baliste de tour, 242, 3751. — Des combattants s'arment d'arbalètes, 283, 4374.—Les défenseurs de Mendavia prennent des arbalètes, 318, 4951.

Balester. Eustache de Beaumarchais emmène de Toulouse maint bon arbalétrier, 98, 1458. — Grand nombre d'arbalétriers dans la maison de dame Marie Pélegrin, 164, 2512. — Bons arbalétriers dans la tour de la Roche et dans la tour Mirable, 2527; 166, 2639.—Arbalétriers et soldats s'écartent et lancent des carreaux, 198, 3057. — Des arbalétriers des bourgs font une sortie, 216, 3355. — Grand nombre de carreaux lancés par eux, 222, 3436. — Les arbalétriers du gouverneur sortent des bourgs, 234, 3611. — Leur loyauté, 242, 3744. — Ils font une nouvelle sortie, 3749. — Un mauvais arbalétrier détend son arc, 286, 4460. — Les arbalétriers d'Eustache de Beaumarchais sortent des bourgs, 288, 4491. — Un arbalétrier tire sur les chevaux, 4495.—D. Martin Crozat pense le frapper par les côtés, 290, 4500. — D. Miquel Crozat avertit son oncle que les arbalétriers leur tirent des carreaux acérés, 4506. — Flèches à l'usage des arbalétriers portées à la suite du roi de France, 308, 4788. — Les arbalétriers de l'armée française voient Saint-Christophe évacué, 314, 4904. — Le sire de Beaujeu s'étonne de ne pas voir sortir un seul arbalétrier de Mendavia, 316, 4934.

Balestera. Charpentier tué par la balistière, 236, 3648.

Bar. Pour le comté de Bar le roi Henri n'eût pas défait l'unité de Pampelune, 40, 583. — L'évêque de Bar assiste au conseil de Philippe le Hardi, 92, 1390. — On aurait promis ce comté à Eustache de Beaumarchais pour rentrer dans la Navarrerie de Pampelune, qu'il ne l'aurait pas voulu, 118, 1803.

Bar, Barri en Pouille. Saint Nicolas surnommé de Barri, 114, 1737; 170, 2600.

Baratz. Tromperie à l'arrivée de l'armée française en Navarre, 298, 1645, 4645. — Apparence de tromperie, 300, 4662.

Barnatz. Barons de France arrivés à Jaca, 292, 4559.

Baronia. Mainte baronie vient trouver Eustache au bourg Saint-Cernin, 120, 1814.

Baros. Le roi de Tunis envoie des messagers pour conférer avec quelques-uns des barons croisés, 34, 466. — Après la mort du roi Henri, les barons laissent le pays à l'abandon, 42, 609. — Le gouverneur de la Navarre annonce aux bourgeois de Pampelune son intention de convoquer maints barons honorés, 50, 713.— D. Pierre Sanchiz adresse la parole à tous les barons des cortès convoqués par lui, 56, 808. — Ils se retirent à part, 814. — Les barons convoqués par D. Pierre Sanchiz se rendent à son appel, 62, 904.— Don Garcia Almoravid propose à D. Pierre Sanchiz un combat singulier, pour que leurs barons ne soient pas maltraités, 64, 929. — Ce dernier mande les barons pour leur conter les nouvelles, 936, 938. — Les barons se séparent, 70, 1027. — Toute la Navarre se perd par les barons, 76, 1133. — Aucun ne se veut contraindre, 78, 1156. — Ils se réunissent en assemblée générale, 1157. — Un messager dit à Philippe le Hardi qu'ils se disputent, 80, 1199. — Anelier omet de nommer nombre de barons qui assistaient à un conseil convoqué par le roi, 94, 1392. — Eustache de Beaumarchais sort de Toulouse à la manière de bon baron, 98, 1456. — Nombre de barons qu'Anelier ne nomme pas prêtent serment entre les mains d'Eustache de Beaumarchais, 104, 1558. — Les barons le viennent trouver à Pampelune, 1569. — Convoqués par Eustache de Beaumarchais, ils se retirent à part pour donner conseil, 112, 1706. — Le prieur Sicart s'adressant aux membres de la douzaine, les appelle *barons*, comme Jean Murde parlant aux habitants de la Navarrerie, 116, 1781; 118, 1797. — Complot des barons de marque de la Navarre, 126, 1899. — Irritation et douleur des barons, 128, 1940, 1945. — Ils ourdissent un complot. 1950. — Ils s'en vont contents, 132, 2014. — Eustache de Beaumarchais convoque les barons d'élite, 134, 2033.—Assemblée de barons à Pampelune, 2042. — Le gouverneur Eustache veut aller en Castille avec les barons, défendre les châteaux, 136, 2085. — Il les invite à aller sans lui auprès de don Simon Ruiz et de don Lope Diez, 138, 2099. — Ils répondent et demandent leurs mises, 2104. — Eustache de Beaumarchais les leur accorde, 2108. — Ils s'en vont en armes, mais peu garnis de courage, 2117. — Les barons et les riches hommes conjurés se rassemblent dans un pré pour conférer sur le sort d'Eustache de Beaumarchais, 142, 2153. — Un bourgeois de Pampelune rappelle aux autres que les barons de Navarre veulent abaisser Eustache, 146, 2223. — Il propose de le défendre contre eux, les armes à la main, 2243, 2246. — Les barons s'en vont furieux en voyant Eustache défendu par les bourgeois des bourgs, et ils entrent dans la Navarrerie, 152, 2330. — Le prieur de Saint-Jacques et le gardien des frères mineurs s'en vont en la Navarrerie, où étaient les barons, 172, 2652. — Eustache caractérise d'enfantillage la sommation que lui font les barons de quitter la Navarre, 176, 2702. — Il rappelle à deux chevaliers français l'opposition que lui font les barons de Navarre, 180, 2768. — Les barons et les riches hommes abusés par la promesse de Boquin, 198, 3051. — Ils appellent aux armes, 204, 3155. — Ils s'arment, 214, 3318. — Ils sortent, 216, 3330. — Un baron d'une intrépidité remarquable s'élance contre les combattants des bourgs, 3340. — Le messager d'Eustache annonce au roi que les barons de Navarre ont bloqué son maître, et le roi le répète à Imbert, sire de Beaujeu, 224, 3454, 3462. — Un autre messager vient annoncer la même chose, 3474. — Les barons arrêtent, avec les riches hommes et les autres révoltés de la Navarrerie, de dévaster les propriétés de leurs adversaires, 240, 3713. — Les barons et les riches hommes proposent une conférence, 248, 3848. — Entendant crier aux armes, les barons viennent, 254, 3936. — Les messagers des bourgs informent Philippe le Hardi que les barons de Navarre les bloquent, 256, 3990. — Gaston de Béarn, sire Clément d'Aunay et le prieur de Saint-Gilles vont dans la Navarrerie, où étaient les barons, 260, 4031. — Ils leur parlent, 262, 4067. — Gaston fait au roi un récit de ce qu'Eustache de Beaumarchais avait souffert des barons, de l'état dans lequel il les avait trouvés, et de leur complot contre don Pierre Sanchiz, 270, 4185, 4191, 4198. — Les barons de marque de la Navarre sortent de la Navarrerie, 290, 4510. — Eustache de Beaumarchais convoque les siens, 4519. — Les barons de la Navarrerie tiennent conseil, 4528. — Un messager va aux bourgs annoncer l'arrivée du comte d'Artois, du sire de Beaujeu et des barons de France, 296, 4609. — Les barons et les riches hommes tiennent conseil, 300, 4676. — Un messager, venu de Navarre, apprend à Philippe le Hardi qu'ils se sont enfuis de nuit, abandonnant la Navarrerie, 310, 4820. — Le roi en informe ses conseillers, 4834. — Les barons de France sont saisis de la Navarrerie, 312, 4856. — Maints barons sages et d'élite font partie du conseil convoqué après le sac de la Navarrerie, 4864. — Eustache de Beaumarchais rappelle ce qu'il a eu à souffrir des barons de Navarre, 4868. — Les barons commandant les troupes françaises en Navarre marchent contre Mendavia, 316, 4925. —Tous les barons de l'armée française viennent à Estella, puis à Garaynno, 322, 5015.

Barrera. Les habitants des bourgs portent des barrières pour mieux s'abriter, 278, 4328.

Bastimens. Les bourgeois cherchent à rassurer Eustache de Beaumarchais en lui disant

qu'ils ont des bâtiments doubles, 152, 2316.
— Joie des Français à la prise des forts bâtiments de Garaynno, 326, 5078.

Bastit. Il est de droit de renverser les bâtiments des félons, 314, 4876.

Basto. Coups de bâton donnés dans une rencontre, 242, 3760. — Des combattants s'arment de bâtons, 282, 4372; 318, 4952.

Baston de pomer. Voyez *Pomer*.

Batayla. Le sire de Beaujeu va ordonner la première compagnie, 304, 4728.

Batayller. Un messager annonce au roi la destruction des murs crénelés de la Navarrerie, 310, 4828.

Bayllon. Hommes roulant comme ballon au siége de Garaynno, 324, 5054.

Bayntz. Approvisionnements logés dans les bains de la Navarrerie, 212, 3271, 3274.

Béarn. Imbert, sire de Beaujeu, dit à Philippe le Hardi qu'il peut être renseigné sur les affaires de Navarre par le sire de Béarn, 258, 4018. — A son arrivée en Navarre, le sire de Béarn va se retirer à Saint-Pierre de Ribas, 298, 4652. — Il assiste à un conseil de guerre, 312, 4861.

Beatzça. Voyez *Pascal Beatzen (En)*.

Belcaire, Béaucaire, ville au pouvoir du roi de France, 24, 339.

Bel-Juec, Beu-Juec, Beaujeu. La seconde femme de Thibaud le Grand, fille du sire de Beaujeu, 20, 295. — Le sire de Beaujeu au conseil de Philippe le Hardi, 94, 1391. — Le roi le mande et confère avec lui, 224, 3458, 3465; 258, 4012. — Imbert prend la parole dans un parlement convoqué par le roi, 272, 4233. — Dans un conseil secret, Philippe le Hardi s'adresse à lui, et Imbert lui répond, 274, 4253, 4269. — Il vient à Toulouse avec le comte d'Artois, 276, 4274. — Il amène le secours de France, 294, 4584. — Un messager annonce la présence du sire de Beaujeu, 296, 4609. — Il ordonne la première compagnie qui doit donner, 304, 4727. — Il veut protéger les droits de l'Église, 306, 4762. — Il assiste à un conseil de guerre et y prend la parole, 312, 4859; 314, 4872. — Il jure

d'avoir Saint-Christophe ou de mourir, 314, 4898. — Il exprime à Eustache de Beaumarchais son étonnement de ne voir personne pour défendre Mendavia, 316, 5131. — Il accepte les propositions de la garnison de Garaynno, 326, 5071.

Berens (El seynne de). Il fait partie de l'armée française envoyée en Navarre, 296, 4595.

Bergoynnos. Bourguignons dans l'armée de Philippe le Hardi, 308, 4793.

Bernart Aymar. Il occupe la tour Mirable, 164, 2539.

Bernart, Bernat Bigorda (En), frère de Raymond et de sire Jean Bigourdan, l'un des défenseurs de la tour Neuve, à Pampelune, 162, 2483. — Il est mortellement blessé, 216, 3343, 3351.

Bernart de Badoztaynn. Il est blessé au pied d'un carreau d'acier et meurt, 254, 3942.

Bernart de Vila Nova. Il est grièvement blessé, 246, 3811.

Bernart Peritz, frère de Ramon. Il assiste avec lui à une conférence tenue dans l'église de Saint-Laurent de Pampelune, 158, 2410.

Bernartz (Mayestre). Il se tient, avec son fils, dans une des algarades des bourgs, 170, 1615.

Bernaz Aymeric, l'un des bourgeois de Pampelune enfermés dans la tour de la Fille de l'hôpital, 164, 2517.

Berret. Voyez *Arnaut de Berret*.

Bertolomeu Caritat. L'une des tours de Pampelune lui est donnée à défendre, 162, 2503.

Bertolomeu Doat, compagnon de don Raymond dans la défense de la tour de Pampelune qui est après celle de la Cloche, 162, 2489.

Bertolomio (Sant). Le jour de Saint-Barthélemy en août, bourgeois et ouvriers crient aux armes, 280, 4367.

Bertran (En maestre), ingénieur au service des bourgs de Pampelune. Eustache de Beaumarchais le mande auprès de lui, 230, 3570. — Il annonce aux vingt qu'il faut maître Bertrand pour contre-miner les desseins des révoltés, 250, 3870. — Il lui parle, 3875. — Bertrand lui répond, 3879. — Il assiste au siége de Garaynno, 324, 5030. Voyez *Pere Bertran.*

BERTRAN DE CARDEYLLAC. Il fait partie de l'armée française envoyée en Navarre, 296, 4598.

BERTRESCAS. Eustache de Beaumarchais dénonce aux cortès de Navarre les bretèches élevées par les bourgeois de Pampelune les uns contre les autres, 112, 1699. — Le conseil général de toute la Navarre se tient au château de los Arcos, sous la bretèche, 130, 1979.

BEU JUEC. Voyez *Bel Juec.*

BEU MARCHE. Frayeur des malfaiteurs en Auvergne à l'annonce de l'arrivée d'Eustache de Beaumarchais, 86, 1296. Voyez *Eustacha de Beu Marche.*

BEU MARCHET, l'un des cris de guerre des bourgs, 206, 3192.

BICHIA. Voyez *Johan Bichia.*

BIDAURRE. Le seigneur de ce lieu assiste aux cortès de Pampelune en 1274, 44, 622. — Bidaurre proclamé à l'assemblée des riches hommes et des barons à Pampelune, 134, 2046.

BIDAURRE, l'un des cris de guerre poussés par les habitants de la Navarrerie, 206, 3190.

BIGORDA. Voyez *Bernart (En), Johan (En), Ramon Bigorda.*

BIGORRA (El compte de). Il prend part à un conseil de guerre, 312, 4863.

BISCAYA, BISQUAYA. Permission donnée à Jean Alphonse et à sa troupe par le roi de Castille d'entrer en Biscaye, 132, 2022.

Bisbe, bispe. Le gouverneur va au palais de l'évêque, 118, 1783. — Évêques à un parlement convoqué par Philippe le Hardi, 274, 4250. — Évêques à la suite de Philippe le Hardi en route pour la Navarre, 308, 4797. Voyez *Moli del Bispe.*

BISQUARRET, Viscarret, village de la vallée d'Erro dans la merindad de Sangüesa. Voyez *Ochoa de Bisquarret.*

BISQUAYA. Voyez *Biscaya.*

BITORIA, capitale de la province d'Alava. Un messager va annoncer à Sanche VII qu'il a perdu cette ville, 10, 119.

Blanc d'ueu. Voyez *Ueu (Blanc d').*

Bocal. On voit, dans une circonstance, saigner mainte bouche, 284, 4407.

BOLOGNA, Bologne dans les États de l'Église. Les riches hommes représentent les habitants des bourgs comme capables de jouer quelqu'un qui aurait étudié dix ans dans cette ville, 178, 2743.

BOQUIN. Promesse qu'il fait aux riches hommes, 198, 3046.

BORBO. La fille du sire de Bourbon, épouse de Thibaud le Grand, 24, 324.

Borc. Inimitié du bourg de Saint-Cernin et de la Navarrerie, 12, 144. — Constructions indûment élevées dans le Bourg de Pampelune, 151. — Le roi de Navarre donne au Bourg la pierre de la tour où l'on vendait du sel, 163. — Le roi Henri envoie au Bourg des messagers dire à la Poblacion qu'il avait besoin d'eux, 38, 539. — Après la rupture de l'union, les bourgeois rentrent dans le Bourg, 43, 578. — Priviléges du bourg de Saint-Cernin, 46, 645. — Irritation du peuple du Bourg en voyant les gens de la Navarrerie se fortifier, 648. — Les premiers rappellent au gouverneur la défense consignée dans leurs priviléges, 48, 695. — Il sort du Bourg, 50, 720. — Il y rentre, 52, 752. — Ceux de la Navarrerie songent à opposer à ceux du Bourg D. Garcia, 756. — D. Pierre Sanchiz signale aux barons des cortès la discorde née entre la Navarrerie et les bourgs, 56, 809. — Les bourgs intercèdent pour la Navarrerie, 58, 850. — Les riches hommes et les barons proposent au gouverneur de rentrer dans le Bourg, ce qu'ils font, 68, 1016, 1018; 70, 1019. — Le Bourg et la Poblacion font assembler le conseil, 1032. — Les deux bourgs font choix de deux bourgeois pour aller conférer avec don Pierre Sanchiz à Estella; 72, 1055, 1059. — Leur conférence, 1062, 1065, 1066. — Ils rentrent au Bourg, 74, 1082, 1084. — Garcia Almoravid donne l'ordre de piquer à coups de haches les verges que les bourgs avaient fait faire, 76, 1118. — Le Bourg est accusé auprès d'Eustache de Beaumarchais à son arrivée en Navarre, 98, 1472. — Eustache très-rêveur de l'état où étaient le Bourg et la Navarrerie, 106, 1585. — Réponse des habitants des bourgs à ce qu'il leur dit, 1594. — Ils se montrent disposés à la réconciliation, 1600. — Eustache prie les habitants de la Navarrerie de faire la paix, 110, 1153, 1659. — Don Sancho Mustarra accuse ceux des bourgs de duplicité, 110, 1667. — Les deux bourgs décident d'observer ce que sire Eustache avait décidé, 134, 1868. — Des bourgeois des bourgs vont aux frères Mineurs et engagent don Ponce Baldoin à découvrir à Eustache de Beaumarchais un complot tramé contre la personne du gouverneur, 136, 2087. — — D. Ponce Baldoin l'engage à ne pas sortir du Bourg, 138, 2094. — Les riches hommes envoient chercher les bourgeois des bourgs, 144, 2186. — Les bourgeois des deux bourgs s'assemblent, 146, 2218. — Eustache de Beaumarchais confère secrètement avec eux, 150, 2287. — Les bourgeois lui donnent l'assurance de l'entier dévouement des bourgs, 2309. — Ils vont avec Eustache se retrancher dans le Bourg, 152, 2327, 2328. — Les barons s'en vont furieux en voyant Eustache ainsi défendu par les bourgeois des bourgs, et ils prédisent la perte de ceux-ci, 2331, 2332. — Ils augurent bien de ce que tous les riches hommes se sont mis mal avec les habitants des deux bourgs, 3342. — Don Gonzalve déclare aux bourgeois de la Navarrerie que leur réputation sera ruinée si les bourgs ne sont abattus, 154, 2356. — Don Pascal Beatza ajoute que la tour de la Galée ne les empêchera point d'entrer, 2367. — Don Pierre Sanchiz se range du côté des révoltés, après être parti en colère des bourgs qui l'aimaient, 2381, 2382. — On ne tarde pas à savoir dans le Bourg ce qui s'était passé dans la Navarrerie, 156, 2402. — Eustache de Beaumarchais est enfermé dans les bourgs, 160, 2460. — Les vingt choisissent les meilleurs combattants pour garnir les tours, 2466. — Précautions prises dans les deux bourgs pour que le feu n'y puisse prendre, 170, 2631. — Dieu les garde, car la guerre y commence, 172, 2634, 2635, 2637. — Les habitants de la Navarrerie les accusent de tromperie, 2657. — L'abbé de Mont-Aragon vient au Bourg un jour, 174, 2677. — Eustache de Beaumarchais lui déclare acquiescer à ce qui plairait aux bourgeois des bourgs, 2692. — Il lui apprend qu'il est protégé par les bourgs et qu'il n'en sortira pas tant qu'il vivra, 176, 2709, 2712. — Les riches hommes annoncent à ce religieux que bientôt les bourgs payeront leurs tromperies, 178, 2738. — Eustache de Beaumarchais et les bourgeois qui l'avaient accompagné auprès du prieur de Saint-Gilles, s'en viennent près du bourg de Saint-Cernin, 180, 2787. — Le prieur de Saint-Gilles s'offre pour aller savoir les intentions des bourgs, et il y va, 184, 2837, 2840. — Les riches hommes persistent à réclamer l'expulsion d'Eustache, les menaçant, dans le cas contraire, des plus grands maux, 186, 2856, 2861. — Le prieur de Saint-Gilles dit à l'abbé de Mont-Aragon que des messagers sont partis pour annoncer au roi de France comment Eustache était bloqué dans le Bourg, 188, 2900. — Il annonce avoir pensé à ce qui sera salut en la Navarrerie et dans les bourgs unis, 2904. — Les deux religieux concluent une trêve entre les bourgs et la Navarrerie, 2913. — Les habitants de ce quartier demandent si ce qu'il dit serait ratifié par les bourgs, 190, 2938. — Le prieur et les religieux de sa suite reviennent au Bourg, 2945. — Une pierre partie de la Navarrerie va tomber dans le Bourg, 192, 2971. — Dans l'espoir de trouver les hommes des deux bourgs, et sur la foi d'un certain Boquin, les riches hommes sortent de Pampelune, 198, 3045, 3048. — On envoie les balistes, de façon à laisser en sûreté dans les bourgs ceux qui voudraient s'y loger, 3054. — Les bourgeois des deux bourgs raniment le courage d'Eustache de Beaumarchais, 204, 3138. — Cris de guerre

85.

des habitants des bourgs, 206, 3191. — Ils soutiennent bravement une sortie de chevaliers de la Navarrerie, et ils veulent s'opposer à ce qu'Eustache sorte de son côté, 208, 3211, 3212, 3215. — Don Simon Ruiz et Lope Diez prient Eustache de Beaumarchais et les bourgs d'accorder une trêve de deux jours, 212, 3268. — Les hommes du Bourg sont au verger, de l'autre côté du pont neuf, 216, 3334. — On leur adresse des cris de mort, 3337. — Ce qu'ils répliquent, 3338. — Un baron s'élance contre les combattants des bourgs, 3342. — Les arbalétriers des bourgs font une sortie en invoquant l'aide de Dieu, 3335. — A l'approche de l'un des chevaliers de don Garcia, les combattants des bourgs fuient de tous côtés, 218, 3379. — Anelier jure que si les combattants du Bourg eussent su que don Garcia Almoravid était à terre, il n'aurait pas échappé, 222, 3430. — Énorme quantité de carreaux lancés un certain jour par les balistes des bourgs, 5436. — Les combattants des bourgs rentrent contents, 3441. — Ils s'émerveillent de ce que leurs adversaires veulent faire, et se découragent, 228, 3544; 230, 3549. — Ils poursuivent l'ennemi, 3577. — La perte d'un moulin leur eût donné fort à faire, 232, 3582. — Bourgeois, marchands, ouvriers, arbalétriers, sortent des bourgs, 3609. — Difficulté de combattre du côté des habitants du Bourg, 234, 3620. — Les bourgs peu aimés, 240, 3722. — Leurs propriétés sont dévastées, 3729. — Cris des habitants des bourgs à la mort de Miguel Peritz de Legaria, 242, 3759. — Il n'est plaint d'aucun d'eux, et nul ne fait dire de messe pour lui, 3764, 3765. — Sire Étienne le peigneur est enterré dans le Bourg, 246, 3831. — Les mineurs des bourgs surprennent ceux des révoltés et emportent leurs outils, 250, 3893; 252, 3896. — Fierté et contentement des habitants des bourgs, 3899. — Embarras des trébuchets des bourgs, 3921. — Eustache et les bourgeois des deux bourgs décident ensemble d'aller chercher des pierres pour alimenter les trébuchets, 3924. —

Le peuple une fois entré dans le Bourg, Eustache en fait fermer la porte, 254, 3954. — Trois messagers partent des bourgs pour aller trouver Philippe le Hardi, 256, 3967. — On annonce que, si le roi n'envoie pas bientôt du secours, Eustache et les bourgs sont perdus, 258, 3993. — Une pierre partie du trébuchet des bourgs frappe le chaudron de la cuisine de Gaston, sire de Béarn, 260, 4035. — Deux riches hommes tirent parti de cette circonstance contre le Bourg, 4041. — Gaston y envoie un messager à Eustache de Beaumarchais, 4048. — Le prieur de Saint-Gilles et sire Gaston entrent dans les bourgs après avoir juré de n'y pas rester, 262, 4056, 4058. — Ils prennent d'eux une trêve de quinze jours, et sire Gaston l'annonce aux révoltés de la Navarrerie, 4060, 4069. — Il vient dans le Bourg avec le prieur de Saint-Gilles, et les habitants des bourgs viennent avec eux, 4077. — Ils y reviennent, 4079. — Plaintes des riches hommes contre les bourgs, 264, 4086. — Don Gaston invite don Pierre Sanchiz à s'en retourner dans le Bourg, 4099, 4112. — Celui-ci prie Gaston de le raccommoder avec les bourgs, 4109. — Don Pierre Sanchiz fait veiller les bourgs toute la nuit, 266, 4123. — Don Gaston envoie au Bourg pour recommander que personne ne se montre, 268, 4162. — Eustache de Beaumarchais et les bourgs veulent entrer dans la Navarrerie pour punir les révoltés, 4168. — Gaston part sans oser retourner jusqu'aux bourgs, 4171. — Il dit au roi qu'Eustache de Beaumarchais est bloqué dans le bourg de Saint-Cernin, 270, 4182. — Il ajoute qu'il n'obtint de rentrer dans le Bourg qu'à la condition de partir, 4208. — Il le prie d'avoir pitié des bourgs, 4212. — Violation de la trêve dans le bourg de Saint-Cernin, 276, 4279. — Don Miguel de Zabaldica menace publiquement Eustache de Beaumarchais de le jeter hors du bourg de Saint-Cernin par le pied, 276, 4290. — Habileté de ses habitants, qui ramassent toutes les provisions des bourgs, 4296, 4297. — Ils demandent quand doit venir le secours de France, 4304. — Maint homme des bourgs s'effraye du retard, 4308. — Les bourgs s'arment, 4325. — Ils sont bien instruits à porter la barrière pour s'abriter, 4330. — Les combattants des bourgs fuient sans assister leurs amis, 280, 4357.— Leurs progrès dans une autre circonstance, 282, 4392, 4400. — Les bourgs cessent de craindre d'être pris par les révoltés, 284, 4426. — Des chevaliers armés sortent des bourgs, 288, 4490. — Un bourgeois du Bourg s'avance et pense frapper un arbalétrier, 290, 4497. — Les défenseurs des bourgs retournent jusqu'aux limites, 4517. — Don Garcia les croit d'accord pour une bataille, 292, 4530. — Un messager va aux bourgs annoncer à Eustache de Beaumarchais l'arrivée de l'armée française, 296, 4606. — Les habitants vont au parlement convoqué par le gouverneur, 4612. — Un cavalier annonce au comte d'Artois et au sire de Beaujeu l'approche des bourgs, 298, 4638. — Les gens des bourgs vont prier Eustache de Beaumarchais de leur donner certain passage à garder, 300, 4666. — On amène dans le Bourg les révoltés de la Navarrerie dont on peut s'emparer, 306, 4756. — Tous les chefs de l'armée française vont s'y reposer, 4766. — Eustache de Beaumarchais déclare dans un conseil de guerre que sans les bourgs il aurait été mis à mort, 312, 4870.

Borgues, borzes. Les bourgeois de la ville de Pampelune bâtissent avec la pierre donnée par le roi Sancho, 12, 164. — Les bourgeois de la Poblacion viennent à l'appel du roi Henri, 38, 541. — Leur douleur en apprenant son courroux, 551. — Réponse qu'ils lui font, 40, 582. — Mot d'un bourgeois après la destruction des chartes d'union des différentes parties de Pampelune, 42, 594.— Les bourgeois entrent dans le Bourg, 598. — Un bourgeois se lève et parle au peuple, 46, 667. — Les bourgeois se rendent auprès du gouverneur et lui dénoncent les entreprises de la Navarrerie, 48, 687. — Réponse du gouverneur, 734. — Il se rend dans la Navarrerie, mande les principaux bourgeois et leur fait des représentations, 50, 724, 726. — Leur réponse, 732. — Il leur annonce l'intention où il est de convoquer les cortès, 52, 742.— D. Garcia et les bourgeois se rassemblent, 54, 794. — Réponse de D. Pierre Sanchiz aux bourgeois, et réplique de ceux-ci, 58, 858; 60, 863. — Bourgeois de la Navarrerie, recommandés de D. Garcia, 889. — Un bourgeois se lève et parle au peuple des bourgs, 70, 1035. — Il propose que deux bourgeois se rendent auprès du gouverneur, 1042. — Ils vont le voir à Estella, et une conférence s'établit entre eux, 1059, 1062, 1063, 1076. — Ils partent reconnaissants pour rentrer chez eux, 74, 1081, 1085. — Chagrin des bourgeois, quand ils apprennent la destruction de leurs coupes de bois, 76, 1123. — Les bourgeois des bonnes villes se réunissent en cortès, 78, 1158. — Eustache de Beaumarchais leur parle pour les réconcilier avec leurs adversaires, 106, 158, 1610. — Ils y consentent, 1594, 1600. — L'un d'eux se lève et parle à Eustache, qui les remercie, 108, 1620, 1632. — Un bourgeois prend la parole aux cortès de Pampelune, 114, 1735. — Eustache adresse un souhait aux bourgeois, 116, 1742. — Des bourgeois des bourgs vont aux frères Mineurs et engagent D. Pontz Baldoin à découvrir à E. de B. un complot ourdi contre sa personne, 136. 2087. — Les principaux se rendent auprès de lui, 2089. — Eustache reste avec eux, 138, 2114, 2115. — Les ricomes conjurés envoient chercher des bourgeois des bourgs et s'efforcent de les engager dans leur révolte, 144, 2186, 2187, 2189. — Ils s'y refusent et annoncent leur intention de se défendre, 2195, 2202.—D. Gonçalvo Ibañez les approuve, et ils le remercient, 2211, 2215. — Les bourgeois des deux bourgs s'assemblent, 146, 2218. — Eustache de Beaumarchais confère secrètement avec eux, 150, 2287, 2288. — Ils délibèrent, 2294. — Grand nombre de bourgeois réunis dans cette circonstance, entre autres D. Pontz Baldoin, 295, 2306. — Ils refusent l'engagement que veut leur souscrire Eustache de Beaumarchais, 152, 2321. — Ils se retranchent dans le Bourg avec lui, 2326. — Les barons s'en vont, courroucés de le voir ainsi défendu par les bourgeois, 2331. — Les bourgeois et le menu peuple se rendent au parlement convoqué dans Sainte-Marie par les ricomes révoltés, 154, 2352. — D. Raymond, bourgeois très-subtil, sage et patient, 162, 2487. — Bourgeois et ouvriers mêlés pour défendre les bourgs de Pampelune, 168, 2584, 2588. — Les vingt confient les engins à des bourgeois justes, pacifiques et prudents, 2591. — Eustache de Beaumarchais déclare être prêt, avec les bourgeois des bourgs, à acquiescer à ce que la justice commande, 174, 2692. — Il se rend, avec les principaux bourgeois, auprès du prieur de Saint-Gilles, 180, 2772. — Il prend congé du prieur avec les bourgeois, et s'en vient vers le bourg de Saint-Cernin, 2785. — Les bourgeois des deux bourgs raniment le courage d'Eustache de Beaumarchais, 204, 3138. — Ils crient aux armes, 3156. — Ils s'arment, 214, 3319. — Ils empêchent Eustache de sortir, 220, 3401, 3411. — Les bourgeois arrêtent, avec les autres révoltés de la Navarrerie, de couper les vignes et les arbres de leurs adversaires, 3714. — Ils rentrent dans la ville avec Eustache de Beaumarchais, 248, 3448. — Ils décident avec lui d'aller chercher des pierres pour alimenter les trébuchets des bourgs, 252, 3924. — Anelier affirme que l'on n'eût pu trouver fils de bourgeois comparable à Bernard de Badoztaynn, 254, 3944. — Gaston, sire de Béarn, annonce aux révoltés de la Navarrerie que les bourgeois veulent leur donner des trêves, 262, 4069. — Ils s'arment, 266, 4124. — Eustache de Beaumarchais parle aux bourgeois qui lui demandent quand viendra le secours de France, 278, 4311. — Ils crient aux armes et y courent, 282, 4368, 4371. — Mort de Pierre Bertrand, bourgeois de Pampelune, pendant la guerre, 284, 4411. — Les bourgeois crient aux armes, 286, 4444, 288, 4484. — Un bourgeois des bourgs s'avance et pense frapper un arbalétrier, 290, 4497. — Les bourgeois de la ville prennent part à une sortie, 4523. — Eustache de Beaumarchais confère avec les bourgeois, 292, 4536. — Ils consentent à ce qu'il veut, 4547. — Ils descendent des bourgs, 302, 4699. — Sortie des bourgeois de la Navarrerie, 304, 4732. — Un messager venu de Navarre apprend au roi Philippe qu'ils se sont enfuis de nuit, abandonnant la Navarrerie, 310, 4820. — A l'aspect de l'armée qui vient les assiéger, les bourgeois de Mendavia crient aux armes, 316, 4929. — A la vue de l'enseigne d'Eustache de Beaumarchais, leur épouvante s'accroît, et ils crient de nouveau aux armes, 318, 4949.

Borzes. Voyez Borsus.

Bot. Le neveu de D. Pierre Sanchiz périt avec lui, 268, 4155. — Philippe le Hardi délibère s'il ira en Castille faire ses neveux héritiers, 310, 4836.

Braçal. Spectacle de bras rompus, 284, 4406.

Brans. Combat au glaive, 238, 3689.

Brasser, brassier. Tour en danger des manouvriers de la Poblacion, 168, 2577. — La Navarrerie est réduite en cendres, 308, 4780. — Un messager l'annonce au roi, 310, 4827.

Brega. Grand bruit au sac de la Navarrerie, 305, 4760.

Bresca. Philippe le Hardi dit au figuré à Eustache de Beaumarchais qu'il portera en Navarre la gaufre, 94, 1421.

BRETAINNA, BRETAYNNA. Thibaut le Grand donne sa fille au comte de Bretagne, 20, 302. — Le comte de Bretagne assiste à un conseil secret, tenu par Philippe le Hardi, 274, 4247.

BRETOS. Bretons dans l'armée de Philippe le Hardi, 308, 4792.

Broteria. Maître Bertrand, l'ingénieur des bourgs, perce dans la boucherie jusqu'à ce qu'il passe par le mur, 250, 3888.

BROTERIA VIELLA (La). Algarade établie vis-à-vis, 170, 2612.

BROTERS. Ils partent de la tour de la Poterne, à Pampelune, 164, 2528.

Broto. Les révoltés de la Navarrerie coupent les branches des arbres des bourgs, 240, 3729.

BRUCS. Burgos au pouvoir du roi de Castille, 128, 1956.

BRUDELAMAR. Dangers courus par ceux qui, avant l'arrivée d'Eustache de Beaumarchais en Auvergne, passaient dans la vallée de Montbrun, de Mar, 90, 2354.

BRUSLADA. Lieu de Navarre où arrive l'armée française, 298, 4628.

Budel. Boyaux allant au hasard, 282, 4389.

C

Ca, can. Des chiens sauvent l'armée française en Navarre, en mangeant des vivres empoisonnés, 316, 4908, 4910.

Cabdaler, capdal, capdaler, capdel, capdelamen, capdeler. Perte de la Navarre par ses chefs, 78, 1144. — Chefs des tours et des machines de Pampelune, 166, 2567; 168, 2572; 2588, 2596. — Le commandant du moulin del Maço est blessé à mort, 210; 3248. — Un messager annonce à Philippe le Hardi que les chefs de la Navarre bloquent Eustache de Beaumarchais, 224, 3454. — D. Semen de Gueretz, chef de Garra, 236, 3651. — Le comte d'Artois et Imbert de Beaujeu chefs de l'armée royale envoyée en Navarre, 274, 4262. — Tous les chefs courent aux armes, 282, 4371. — Souci des chefs de la Navarrerie à la vue du pennon d'Eustache de Beaumarchais sur une église, 286, 4451. — Le roi et tous les chefs adoptent un avis de sire Jean d'Acre, 312, 4847. — Les troupes et leurs commandants vont à Mendavia, 316, 4925.

Cabel. Se voyant abandonnés, les révoltés de la Navarrerie se tirent les cheveux, 302, 4706.

Cabyros. Chevrons tranchés par une pierre lancée par un trébuchet des bourgs de Pampelune, 260, 4042.

Cadafal. Les révoltés de la Navarrerie font faire quatre tours de bois, 232, 3590.

CABRCI. Philippe le Hardi donne à Imbert, sire de Beaujeu, le commandement du Quercy, 274, 4257.

Cafiz. Eustache de Beaumarchais fait donner aux pauvres des bourgs mille cafiz de blé, 212, 3879.

CAIRE (El). S. Louis veut marcher contre cette ville, 24, 338. — Priviléges et indulgences accordés pour aller en croisade à cette ville, 26, 350. — S. Louis et les croisés espèrent pouvoir aller de Tunis au Caire, 26, 353.

Caliz. Calices dérobés au sac de la Navarrerie, 306, 4752.

CALMONT (El seyune de). Le seigneur de Caumont fait partie de l'armée française envoyée en Navarre, 296, 4595.

Calonge. Chanoines faisant partie de la conférence de Santa Maria, 156, 2393.

Cambe. Spectacle de jambes blessées par les nerfs, 284, 4410.

Cambera. Nombreuses jambières chaussées dans une circonstance, 304, 4724.

Cambra, canbra. Chambres détruites par les pierres lancées par des engins, 214, 3314. — Pierres envoyées des chambres de Mendavia, 318, 4956.

Cami, camin. Trois messagers des bourgs de Pampelune prennent un chemin séparé, 256, 3969, 3971. — Spectacle de nombre d'hommes rendus sur le chemin royal, 284, 4409. — Multitude de combattants se répandant par les chemins, 288, 4482. — Les révoltés de la Navarrerie occupent les chemins garnis de fossés, 290, 4516. — Eustache de Beaumarchais et sa troupe vont par les chemins, 298, 4627. — Il fait venir l'armée française par les chemins, 4635. — Le chemin des pèlerins, à Pampelune, est abandonné, 300, 4660. — L'armée, commandée par Philippe le Hardi, couvre les chemins, 308, 4789. — Un messager annonce au roi que les révoltés se sont enfuis par les chemins de traverse, 310, 4821. —

L'armée française va à Saint-Christophe par les chemins unis, 314, 4881; 316, 4922, 4924. — Elle va à Puñicastro par les chemins battus, 320, 4982.

Caminamens. Le roi Philippe le Hardi dit aux messagers des bourgs de Pampelune qu'il n'a pas rencontré ses envoyés en route, 258, 4000.

Camisa. Garcia Martinez d'Eussa s'avance en chemise pour défendre son maitre, 268, 4152.

CAMPAINA, CAMPAYNNA. Le neveu du roi D. Sancho, comte de Champagne, 18, 237. — Un messager se rend dans ce pays pour annoncer la mort de D. Sancho, 244. — Nom de *Champagne*, substitué à celui de *Navarre*, dans le manuscrit de Fitero, 26, en note. — La reine Blanca part pour la Champagne voir sa fille, 44, 635. — Philippe le Hardi chargé par le pape de garder ce pays, 84, 1259. — Ceux de Champagne seuls avertis de l'arrivée d'Eustache de Beaumarchais, 98, 1483. — Les ricomes assurent que leur reine, nourrie en Champagne, ne viendrait pas à bout de payer les dépenses d'Eustache, 182, 2819.

CAMPANA (La torr de la), confiée à D. Pascal Baldoyn, 162, 2475.

Campana. Les cloches sonnent à Pampelune pour annoncer une sortie, 208, 3173; 214, 3316; 232, 3605; 244, 3783. — En les entendant, des chevaliers cessent de dévaster les vignes, 3784. — Les touriers des tours sonnent les cloches pour appeler aux armes. 288, 4480. — Autre appel aux armes annoncé par les cloches, 302, 4714.

Campaners. Don Jean bon sonneur de cloches, 166, 2555.

Canbra. Voyez *Cambra*.

Canonge. Chanoines à la suite de Philippe le Hardi en route pour la Navarre, 308, 4798.

Canongia. Les habitants de la Navarrerie, à l'instigation du chapitre, demandent le rappel de l'union de Pampelune, 36, 512.

CANTAL. Vols au pont du Cantal, avant l'arrivée en Auvergne d'Eustache de Beaumarchais, 90, 1357.

Cantal. Quartiers de pierre lancés pendant la guerre civile de Pampelune et pendant le siége de Garayano, 224, 3476; 246, 3808; 282, 4384; 324, 5050.

CANTBON. Voyez *Riba de Cantbon*.

Capdal, capdaler, capdel, capdelamen, capdeler. Voyez *Cabdaler*.

Capel. Un écuyer de D. Corbaran frappe un combattant sous le chapeau de fer, 234, 3642. — Maint chapeau luisant dans l'armée française en Navarre, 296, 4604.

Capitel. Tour battant sur le chapiteau de D. Jean Lombart, à Pampelune, 162, 2496.

Cara. D. Aymar Crozat est frappé d'un carreau d'acier à la figure, 254, 3940. — En se voyant abandonnés par les ricomes, les révoltés de la Navarrerie se frappent par la figure, 302, 4706.

CARCASES. Philippe le Hardi donne à Imbert de Beaujeu le commandement du Carcassais, 274, 4257.

CARDEYLLAC. Voyez *Bertran de Cardeyllac*.

Carestia. Grande disette dans l'armée de Philippe le Hardi en Navarre, 312, 4842.

Cariçal. Combattant frappé par la visière, 282, 4395.

CARITAT. Voyez *Bertolomeu, Johan, Simon Caritat*.

CARLES. Au dire d'Erart de Valeri, Charlemagne n'eut jamais chevalier comparable à Eustache de Beaumarchais, 86, 1265.

CARLES. Le roi Charles d'Anjou vient à Tunis voir son frère après sa mort, 32, 461.

Carnal. Étrange carnage dans une circonstance, 284, 4401.

Carner. Grand nombre de morts à mettre au cimetière, 236, 3661.

CARNERO. Voyez *Peyret Carnero*.

Carpenter. Un bourgeois des bourgs de Pampelune propose d'envoyer chercher des charpentiers pour faire des engins, 74, 1093. — Les charpentiers défont les engins des bourgs, 124, 1875. — D. Simon Maiestre bon charpentier, 168, 2571. — Mort d'un charpentier, 236, 3646.

ÇARAQUIETA. Voyez *Aznar de Çaraquieta*.

Carreter. Trésor du roi de France, venant à sa suite avec des charretiers, 308, 4786.

Carta. Le roi Henri se fait apporter les chartes de l'union de Pampelune, 40, 587. — Il les fait tailler avec un couteau, 42, 590. — Un messager annonce à Philippe le Hardi une lettre d'Eustache de Beaumarchais, 122, 3450. — Lettres portées aux vingt de Pampelune, 124, 1898. — Les barons de Navarre apportent des lettres du roi de Castille, 126, 1902. — Eustache veut donner des lettres aux bourgeois des bourgs pour leur garantir leurs pertes, 160, 2444. — Les messagers de Philippe le Hardi remettent à Eustache des lettres de leur maître, 226, 3497. — Les lettres des trois messagers des bourgs s'accordent, 258, 4008.

CARTAINA. S. Louis et les croisés arrivent au port de Carthage, 26, 355. — Ils s'approchent de la ville, 360.

Carto. Ecus mis en morceaux au siège de Garaynno, 324, 5053.

CASCANT. L'un des cris de guerre poussés par les habitants de la Navarrerie, 206, 3190.

CASCANT, CASQUANT, QUASCANT. Le seigneur de Cascant assiste aux cortès de Pampelune en 1274, 44, 621. — Il est élu gouverneur de la Navarre, 625. — D. Garcia, 70, 1026. — Il se rend auprès d'Eustache de Beaumarchais, à son arrivée à Pampelune, 100, 1494. — D. Gonzalve parle au nouveau gouverneur de la haine qui divisait D. Garcia et D. Pierre Sanchiz, 102, 1528. — Ce dernier prend la parole aux cortès d'Estella, 1540. — Il se rend aux cortès à Pampelune avec son gonfanonier, 112, 1680. — Il se retire à part pour délibérer, 1702. — Cascant proclamé à Pampelune, 134, 2046. — Le prieur de Saint-Gilles trouve dans la Navarrerie D. Pierre Sanchiz, auquel Cascant est soumis, 182, 2799. Voyez *D. Pero Sanchez de Montagut.*

Cascavelet. *Petit Grelot,* nom de l'une des algarades des bourgs de Pampelune, 170, 2624.

CASQUANT. Voyez *Cascant.*

Cassa. Incendie de la maison d'un abbé, à Pampelune, 284, 4403. — Le prieur de Saint-Jacques prie Eustache de Beaumarchais de protéger cette maison, 286, 4435. — Les pierriers renversent les maisons, 288, 8467. — Maisons prises et brûlées par l'armée française en Navarre, 304, 4736, 4740. — Pierres lancées des maisons de Mendavia, 318, 4956.

Castel. La noblesse de Navarre demande à Eustache de Beaumarchais le payement des frais faits pour la garde des châteaux, 104, 1572. — Plan qui devait mettre aux mains des barons les châteaux de la Navarre, 136, 2079. — Eustache de Beaumarchais veut aller en Castille défendre les châteaux, 2086. — Appréhension exprimée par un baron qu'Eustache n'enlève les châteaux pour de l'argent, 142, 2165; 144, 2192. — Eustache est accusé de demander les châteaux à force de parisis, 182, 2813. — Un messager annonce au roi que ses lieutenants vont aux châteaux des barons révoltés, 310, 4830. — Attitude de la garnison de Puñicastro à l'arrivée de l'armée française, 320, 4992. — Le château est pris, 322, 5011. — Château de Garaynno fortifié par Fortuyn Eniguitz, 322, 5021. — Imbert de Beaujeu et Eustache de Beaumarchais le contournent, 324, 5028. — Une pierre lancée le dépasse, 5039. — Ceux de Pampelune y vont, 5046. — Le connétable propose une machine pour prendre le château, 326, 5066. — La garnison du château parlemente, 5069. — Il est rendu, 5072. — Joie causée par la prise du château, 5078. — Monreal, beau et fort château, 5081.

CASTELA. Alphonse, roi de Castille, à la bataille de las Navas, 4, 33; 6, 59. — Proposition de mariage entre la fille de Thibaud le Grand et le roi de Castille, 12, 297. — Celui-ci baise la main au roi Thibaud, 22, 299. — La Castille menacée de guerre avec la Navarre par suite du mariage de la fille de Thibaud le Grand avec le comte de Bretagne, 305. — La Castille convoite la Navarre, 80, 1174. — Un messager annonce à Philippe le Hardi que la Castille menace ce pays, 82, 1205. — D. Gonzalve propose à Eustache de Beaumarchais d'assembler les cortès dans les Castilles, 102, 1531. — Lettres d'Alphonse, roi de Castille, aux barons de Navarre, 126, 1903, 1908. — Il y est dit que l'exportation des produits de la Castille y sera permise, 1910. — Sa puissance est à craindre, 1919. — Expulsion de la Castille, par le roi, de Lop Diez de Biscaye et de D. Simon Ruiz, 128, 1955, 1957. — Au cas où la Navarre serait attaquée, ils promettent de montrer leur étendard contre la Castille, qu'ils ne craignent pas, 130, 1969. — Puissance du roi de Castille, 132, 1997. — Permission donnée par ce prince d'entrer en Biscaye et de ravager le pays, 2020. — Sans D. Pierre Sanchiz la Navarre eût été à la Castille, 136, 2080. — Eustache de Beaumarchais veut y aller pour défendre les châteaux, 2086. — D. Pontz lui annonce que s'il va en Castille, il n'en reviendra pas, 138, 2091. — Philippe le Hardi demande aux pairs de France conseil pour savoir s'il ira en Castille faire ses neveux héritiers, 310, 4836.

CASTELAS. Philippe le Hardi apprend l'entrée en Navarre et les ravages des Castillans, 84, 1248. — D. Lop Diez et D. Simon annoncent l'entrée des Castillans en armes sur leurs terres, 124, 2054. — Les Navarrais se séparent des Castillans, sans que personne soit mort ni blessé, 2146. — Si le roi castillan se conduit mal envers Philippe le Hardi, sire Jean d'Acre conseille à celui-ci de soumettre le différend au jugement de l'Église, 312, 4844.

Cata. Eustache de Beaumarchais fait tirer la chatte, 244, 3773. — Elle va sortir vers Çorriburbu, 3775. — Des chevaliers et des autorités viennent vers la chatte l'écu embrassé, 244, 3790. — On tire la chatte, 248, 3838. — Guillaume Minaut et sa compagnie tirent une chatte, 254, 3932.

Caudera. Les ricomes font remarquer à sire Gaston de Béarn la félonie de leurs adversaires, qui ont tranché des chaudières de sa cuisine, 260, 4042.

Cavador. Les cavaliers sortent de la Navarrerie avec les sapeurs, 236, 3673.

Caval. Les ricomes font garnir et apprêter leurs chevaux, 198, 3042. — Le cheval de D. Garcia trébuche et tombe, 118, 3361. — Un chevalier éperonne le sien pour le secourir, et l'animal l'emporte, 3370, 3372. — Il faillit tomber de cheval, 3381. — Un écuyer lui donne le sien, 220, 3419. — On lui en prépare un, et il laisse le sien, 222, 3425, 3427. — Sept chevaux écorchés dans la Navarrerie, 3439. — Des messagers vont à Pampelune sur des chevaux qui marchent à l'amble, 226, 3494. — Semen de Guerets va auprès de D. Corbaran sur un cheval milsoudor, 3512. — Des chevaliers demandent leur cheval, 282, 4378. — Des chevaux armés sortent des bourgs, 288, 4490. — Un arbalétrier tire les chevaux, 290, 4496. — D. Martin Crozat éperonne son cheval, 4499. — Miquel Crozat pique le sien, 4504. — Il expose à son oncle que si les chevaux meurent, ils sont sans défense, 290, 4507. — A un appel aux armes, on voit couvrir les chevaux, 302, 4717. — Grand nombre de chevaux blessés, 314, 4891.

ÇAVALDICA. Le sire de ce lieu se présente au roi Henri pour lui demander la rupture de l'unité de Pampelune, 38, 532; 40, 579. Voyez *Miguel Peritz aquel de Çavaldica*.

Cavaler, cavales. Les chevaliers de Navarre s'assemblent, 78, 1157. — Philippe le Hardi, répondant à des messagers de ce pays, les appelle ainsi, 82, 1212. — Éloge d'Eustache de Beaumarchais, chevalier, par Érard, sire de Valeri, et par un chevalier, 84, 1264; 90, 1340. — Eustache dit au roi qu'il a dans son royaume plus d'un chevalier meilleur que lui, 96, 1428. — Maint bon chevalier vient rendre visite à Eustache, à son arrivée à Pampelune, 100, 1501. — Les chevaliers sont mandés aux cortès d'Estella, 102, 1536. — Les chevaliers s'arment, 210, 3238; 214, 3318. — Un chevalier vole au secours de D. Garcia, 218, 3368. — Un messager annonce au roi qu'Eustache de Beaumarchais est pourchassé parce qu'il se conduit en loyal chevalier, 224, 3456. — Les chevaliers sortent de la Navarrerie, 232, 3607. — Les chevaliers de ce quartier complottent de couper les vignes de leurs adversaires, 240, 3713. — Sortie des arbalétriers des bourgs contre les chevaliers de la Navarrerie, 242, 3750. — Un archer frappe un chevalier au cœur, 3755. — Des chevaliers accourent à l'appel aux armes, 254, 3936; 282, 4371. — Sire Clément d'Aunay, chevalier prudent, 258, 3999. — Chevalier tué avec D. Pierre Sanchiz, 270, 4202. — Menace des chevaliers à Eustache de Beaumarchais, 286, 4437. — Église gardée par maint chevalier, 290, 4526. — Eustache confère avec les chevaliers des bourgs, 292, 4536. — Il se trouve maint chevalier dans l'armée envoyée en Navarre, 296, 4600. — Un chevalier signale une erreur des chefs, 298, 4637. — Des chevaliers de la Navarrerie en descendent, 302, 4699. — Le roi vient en Navarre avec des chevaliers, 308, 4790. — Épouvante des chevaliers de Mendavia, à la vue de l'enseigne d'Eustache de Beaumarchais, 318, 4946.

Caver. Les chevaliers navarrais jurent fidélité au roi Jaime d'Aragon, 16, 219. — D. Pierre Sanchiz mande ceux qui étaient sous ses ordres, 62, 900. — Éloge, par un baron, d'Eustache de Beaumarchais, chevalier, 90, 1340. — Les chevaliers de Navarre vont au-devant d'Eustache de Beaumarchais, 98, 1467. — Ils demandent le payement des avances qu'ils avaient faites pour la garde des châteaux, 104, 1570. — Des chevaliers crient aux armes, 204, 3155; 288, 4484.— Sortie de chevaliers de la Navarrerie, 208, 3209. — Eustache de Beaumarchais est dissuadé de sortir si mal accompagné contre six cents cavaliers, 220, 3404. — Les chevaliers montent à cheval, 228, 3539. — Entendant les cloches, les chevaliers qui coupaient les vignes s'arrêtent, 244, 3783, 3784. — Des chevaliers mettent pied à terre, 3789. — Des chevaliers de Navarre tiennent bloqué Eustache de Beaumarchais, 256, 3990. — Maint chevalier armé sort du moulin de l'Évêque, 280, 4351. — Les chevaliers demandent leur cheval, 282, 4378.

— Ils consentent à ce que veut Eustache, 292, 4547. — Nouveaux chevaliers levés dans la campagne, D. Fortuyn Almoravid en fait un, 4552. — On voit maint chevalier monter, 304, 4719. — Le bruit se répand que les chevaliers de la Navarrerie étaient sortis de la ville, 4732. — Arrêt du sire de Beaujeu contre les chevaliers de la Navarrerie, 314, 4873.

Caveria. La reine Blanche mande les chevaliers du royaume de Navarre, 44, 615. — Les chevaliers voient le salut du royaume dans la nomination d'un gouverneur par le roi de France, 78, 1153.

Cayrel. Grêle de carreaux lancée dans plusieurs circonstances, 196, 3011; 246, 3807; 254, 3638; 282, 4384. — Carreaux volant épais comme oiseaux, 206, 3187; 228, 3519. — Têtes, pieds et bras blessés de carreaux, 3194. — Le commandant du moulin del Maço est blessé à mort par un carreau, 210, 3251. — On demande des carreaux, un champ de bataille en est jonché, 220, 3414, 3415. — Grand nombre de carreaux lancés par les bourgs de Pampelune, 222, 3435; 224, 3476; 230, 3580. — Un traître met huit carreaux par l'écu écartelé de Guillaume Anelier, 234, 3637. — Un écuyer de D. Corbaran tire un carreau, 3641. — D. Semen de Gueretz est frappé de deux carreaux d'acier, 236, 3652. — André d'Estella est couvert de carreaux, 3654. — Carreau posé sur la noix d'une baliste, 242, 3752. — Sire Étienne le peigneur est tué d'un carreau dans l'œil, 246, 3826. — Un carreau d'acier frappe à la figure D. Aymar Crozat, 254, 3940. — Un autre frappe par le pied Bernard de Badoztaynn, 3942. — Un malheureux sorti sans armes est tué d'un carreau, 3951. — Défense au Bourg d'envoyer des carreaux, 268, 4163. — Défense de lancer des carreaux, 270, 4189. — Spectacle de carreaux dans les yeux, 284, 4408. — Un écuyer est frappé d'un carreau d'acier par l'œil, 286, 4457. — Un mauvais arbalétrier blesse un soldat, 4461.— Miquel Crozat dit à son oncle que les arbalétriers leur ti-

86.

rent des carreaux acérés, 290, 4506. — Provisions de carreaux à l'usage des arbalétriers, 308, 4788. — Les défenseurs de Saint-Christophe ripostent à l'attaque de l'armée française, en lui envoyant des carreaux d'acier poli, 314, 4887. — On pouvait, à Mendavia, voir prendre des carreaux, 318, 4951. — Courtois damoisel frappé d'un carreau de garrot au siége de Garaynno, 326, 5061.

Cayro revesers, revessal. Voyez *Reveser* (*Cayro*).

Cayro, cayron. Une sentinelle tire une pierre, 194, 3000. — On voit mainte pierre descendre de la tour du moulin *del Maço*, 210, 3242. — Guillaume Anelier tire un quartier de pierre, 234, 3630. — Grand nombre de pierres lancées pendant le siége de Garaynno, 324, 5050.

Cayssa. Caisses, châsses, ouvertes au sac de la Navarrerie, 304, 4756, 4751.

Celer. Celiers détruits par des pierres, 236, 3665; 304, 4737.

Cenz Micolaos. Saint-Nicolas, l'un des bourgs de Pampelune, 168, 2568.

Cerni (Sant). Son nom est employé comme cri de guerre par les habitants des bourgs, 206, 3192.

Cervela. Cervelles répandues par le gazon, 282, 4391. — Cervelles répandues au sac de la Navarrerie, 304, 4747.

Cervigal. Grand nombre de cerveaux ouverts dans une circonstance, 282, 4387.

César. Mention du trésor de César, 144, 2213.

Chalat. Voyez *Pere de Chalat* (*Don*).

Champayner. Champenois dans l'armée de Philippe le Hardi, 308, 4791.

Chapitel (Lo portal del). Porte de Chapitela gardée par Hugues de Montlasu, 212, 3286.

Chaplar, chaplers. Grandeur du combat au sac de la Navarrerie et au siége de Mendavia, 306, 4760; 318, 4954.

Christianisme. A la mort du roi de France et du roi de Navarre, la chrétienté baisse de deux échelons, 32, 460. — L'archevêque de Narbonne prétend qu'elle descend par suite du relâchement des croisés, 34, 477.

Christians, cristias. Les chrétiens menacent les Sarrasins, 26, 360. — Ils campent et dressent leurs tentes loin de Tunis, 369, 372. — Les Sarrasins sortent pour assaillir les chrétiens pendant qu'ils étaient à dîner, 28, 384, 387. — Ils craignent que les chrétiens ne donnent, 32, 451. — Anelier invite à prier le Seigneur de ne point permettre le retour de certaine boucherie parmi les chrétiens, 238, 3707; 240, 3708.

Cicart de Montauyt. Ce seigneur fait partie de l'armée française envoyée en Navarre, 296, 4594.

Ciçur. D. Pierre Sanchiz annonce qu'il veut dormir le jour même dans les prés devant Zizur, 64, 953. — Il y va et y reste jusqu'au lendemain matin, 66, 957, 978. — D. Gonçalvo y va trouver son neveu D. Garcia, 66, 986.

Cinner. On voit ceindre mainte épée dans l'armée française en Navarre, 304, 4719.

Cipdadan. Les citadins de la Navarre prêtent serment de fidélité à Jaime, roi d'Aragon, 16, 218.

Ciptatz, titre de la Navarrerie, 72, 1069. — Il est donné à Pampelune, 104, 1559; 134, 2037. — Les messagers des bourgs annoncent à Philippe le Hardi que les habitants de la cité occupent les passages, 258, 3991. — Toulouse, cité agréable, 276, 4275.

Clarmon. Clermont tient à Montferrand, 294, 4586.

Claus. Eustache de Beaumarchais se fait apporter la clef du portail de la Roche, 194, 2993. — D. Garcia demande s'il aura les clefs de la ville, 300, 4682. — Les clefs de Mendavia sont remises à Imbert de Beaujeu, 320, 4976.

Claver. Le prieur de Saint-Jacques prie Eustache de Beaumarchais d'être gardien de leur maison, 286, 4436. — Imbert de Beaujeu confie les clefs de Mendavia à des hommes à lui, 320, 4976.

Clement de Lenay, Climent de Lanay Climens de Lanays (En). Clément d'Aunay est envoyé en Navarre par Philippe le Hardi, 258, 3999. — Les messagers des bourgs le trouvent à Pampelune, où il était venu pour savoir les faits, 260, 4027, 4030. — Il fait partie de l'armée française envoyée en Navarre, 296, 4595.

Cloquer. Les bourgeois et les ouvriers de Pampelune indistinctement défendent les clochers, 168, 2585. — Les cloches de cette ville sonnent dans leurs clochers, 232, 3605. — D. Fortuyn Almoravit met en état les clochers de Saint-Jacques, 286, 4443. — Des parlementaires annoncent à Imbert de Beaujeu la reddition de Mendavia et de ses clochers, 320, 4975.

Cob. Draperie prise sans coup férir, au sac de la Navarrerie, 306, 4757.

COFESSAR, COFESSOR. Dans une rencontre, plus d'un combattant a besoin d'un confesseur ou meurt sans en avoir, 228, 3521, 3536.

Comandat. Un chevalier recommandé de D. Pierre Sanchiz est tué avec lui, 270, 4202. — Eustache de Beaumarchais mande tous ses subordonnés, 290, 4519.

Comiadar. Les riches hommes veulent congédier le lendemain Eustache de Beaumarchais, 144, 2194.

Cominaltat. Multitude qui sort des bourgs, 254, 3929. — Elle court aux armes, 282, 4370. — Grandes multitudes de combattants des deux partis en Navarre, 290, 4527.

Compaynna. Très-belle compagnie au siége de Garaynno, 324, 5036.

Coms. Comtes dans le conseil et dans l'armée du roi de France, 272, 4219; 308, 4790.

Concilis, coseil, coseyll, cosseil, cosseyll. Les habitants des bourgs convoquent un conseil pour délibérer sur les entreprises de la Navarrerie, 46, 651. — D. Pierre de Sanchiz annonce devoir prendre l'avis du conseil, 52, 743. — Le conseil des cortés se rend auprès de D. Pierre de Sanchiz, 56, 818. — Voyant qu'il conseille loyalement, le gouverneur ordonne de détruire les engins de la Navarrerie, 826. — Il assemble un conseil pour délibérer sur la réponse de ses habitants, 58, 842. — Le Bourg et la Poblacion convoquent un conseil, 70, 1033. — Il est nombreux, 1034. — On y adopte la proposition de Garci Arnalt, 72, 1052. — Le conseil en adopte une d'un bourgeois de Pampelune, 74, 1104. — Les conseils des deux bourgs envoient chercher des ingénieurs en Gascogne, 1108. — Les diverses classes de personnes en Navarre tiennent une assemblée générale, 78, 1160. — Le conseil de Philippe le Hardi est convoqué pour délibérer sur l'état de la Navarre, 84, 1233. — Paroles du conseil à Philippe le Hardi, 94, 1397, 1398. — Il est d'avis et ordonne avec le roi d'envoyer Eustache en Navarre, 1405, 1414. — Le sire de Cascante rappelle aux cortès d'Estella l'envoi d'un messager au roi de France par le conseil de Navarre, 102, 1542. — Les révoltés de la Navarrerie tiennent conseil dans la douzaine, 108, 1642. — Le conseil général de toute la Navarre s'assemble au château de los Arcos, 130, 1980. — Grand conseil assemblé à Pampelune, 134, 2044. — Conférence du prieur de Mont-Aragon avec le conseil des bourgs, 186, 2868, 2875. — Conseil privé tenu à cette occasion, 188, 2889. — Eustache de Beaumarchais appelle ceux qui sont du conseil, 204, 3160. — D. Ponce Baldoin tient un conseil secret avec Eustache de Beaumarchais, 226, 3502. — Complot des habitants de la Navarrerie contre les vignes de leurs adversaires, 240, 3715. — Les ricomes tiennent conseil avec ceux de la ville, 266, 4131. — Philippe le Hardi mande son conseil, 272, 4216. — Décision du conseil, 4239. — Le roi de France tient un conseil secret, 274, 4243, 4245. — Convocation d'un conseil de guerre, 312, 4857. — Quand il est complet, Eustache de Beaumarchais se lève, 4865.

Condut. Reddition des conduits de Mendavia à Imbert de Beaujeu, 320, 4979.

Conestable. Paroles adressées par Philippe le Hardi au connétable de France, 224, 3482. — Sa réponse, 226, 3491. — Le roi mande le connétable et s'entretient avec lui, 258,

4013, 4016; 272, 4234. — Il assiste à un conseil secret, 274, 4249. — Le roi lui parle, 4252. — Son arrivée en Navarre, 294, 4585. — Il va passer en revue les troupes et réveiller le guet, 300, 4669. — Il envoie un messager à Philippe le Hardi, 310, 4817. — Il parcourt la Navarre pour chasser les voleurs, 312, 4849. — Des messagers de Mendavia se présentent auprès de lui, 320, 4973. — Il y entre avec son enseigne, 4973. — Manœuvre du vaillant connétable pour assiéger Garaynno, 322, 5026. — Il parle à Eustache, 326, 5063.

Cosqua, Qoonqua. En 1274, D. Garcia la tenait en son pouvoir, 44, 630; 122, 1847. — D. Pierre aspire à y rester un mois, 62, 898. — Il fait annoncer son arrivée à D. Garcia, 915. — La Cuenca le réclame, 112, 1704.

Conte. Philippe le Hardi ordonne à Imbert de Beaujeu de mander les comtes pour aller en Navarre, 274, 4259.

Coral. Hampe de chêne à un épieu, 282, 4373.

Corbarans (Don). Il vient à l'appel de D. Pierre Sanchiz, 62, 909. — Il prête serment au nouveau gouverneur Eustache de Beaumarchais, 104, 1555. — Il se rend aux cortès à Pampelune, 112, 1682. — Il se retire à part pour délibérer, 1705. — A l'appel d'Eustache de Beaumarchais, il revient à Pampelune, 134, 2041. — Il assiste dans Sainte-Marie à la séance où les révoltés prêtent serment, 156, 2383. — Le prieur de Saint-Gilles se trouve dans la Navarrerie, 182, 2800. — Pontz Baldoin annonce à Eustache de Beaumarchais que D. Corbaran veut passer de son côté, 226, 3504. — Celui-ci arrive dans les bourgs, 226, 3514. — Un écuyer de D. Corbaran est tué à côté de Guillaume Anelier, 234, 3640. — D. Corbaran se trouve à une sortie avec ses amis, 290, 4522. — Conversation qu'il a avec Eustache de Beaumarchais, 292, 4541, 4544, 4557.

Corda. Révoltés de la Navarrerie amenés au Bourg la corde au cou, 306, 4756.

Cordeliers. Cordeliers dans l'armée de Philippe le Hardi, 308, 4798.

Cordo. Anelier voudrait pendre Miguel Peritz avec une corde d'un denier, 276, 4293.

Çoriburbu, Çorriburbu. La chatte des bourgs va sortir vers cet endroit, 244, 3775. — Maître Bertrand, creusant la mine, va sortir tout droit vers ce lieu, 250, 3887.

Corn. Sorties annoncées au son des cors, 206, 3173; 288, 4480; 298, 4625.

Corneyllat. Machine de guerre employée par les bourgeois de Pampelune, 164, 2516.

Corona. Couronnement de la Galée tranchée par les trébuchets, 252, 3905. — Couronne du saint Crucifix dérobée pendant le sac de la Navarrerie, 304, 4749.

Çorriburbc. Voyez Çoriburbu.

Cort, cortz. La reine Blanche convoque les cortès à Pampelune, 14, 618. — Elles sont nombreuses, 623. — Elles se séparent, 629. — Un orateur des bourgs déclare qu'il y aurait folie à mettre le feu à la Navarrerie sans jugement de cour, 48, 684. — Le gouverneur annonce son intention de mander les cortès, 50, 712. — D. Pierre Sanchiz annonce aux bourgeois de la Navarrerie qu'il fera mander les cortès, 52, 742. — D. Sancho de los Arcos lui répond qu'il peut le faire, 749. — D. Garcia ne veut pas y aller, 763. — Les cortès convoquées par D. Pierre Sanchiz sont nombreuses, 56, 804. — Jugeant en cour plénière, il ordonne la destruction des engins de la Navarrerie, 827. — Il ordonne de punir les habitants suivant l'ordonnance de la cour, 58, 847. — Après l'audience donnée aux messagers de Navarre, la cour se sépare, 82, 1231. — D. Gonçalvo Ibañez conseille d'assembler les cortès dans les Castilles, 102, 1531. — Elles s'assemblent en nombre, 1538. — Eustache de Beaumarchais en convoque de grandes à Pampelune, 112, 1685. — La cour se sépare après une entrevue entre Eustache et les barons de la Navarre, 132, 2010. — Il leur rappelle qu'ils ont prêté serment en cour plénière, 148, 2276. — Sans décision de cour on ne peut donner congé à un gouverneur, 178, 2732. — Promesse d'Eustache de Beaumarchais de s'en aller s'il est congédié par une cour plénière, 184, 2850. — Les ricomes sont prêts à la faire, 2852. — L'abbé de Mont-Aragon rapporte à Eustache de Beaumarchais ce que les ricomes lui ont dit au sujet de la promesse de celui-ci, 188, 2893. — La cour de la Navarrerie se sépare, 264, 4089. — Celle de Philippe le Hardi se sépare, 274, 4272.

Coseil, coseyll, cosseil, cosseyll. Voyez *Concilis*.

Coseyllador, cosseyller. Assemblée des conseillers des bourgs à Saint-Laurent, 190, 2947. — Tous les conseillers du roi marchent à sa suite, 308, 4796. — Philippe le Hardi mande ses conseillers, 310, 4832.

Cosiros. Les troupes françaises en présence de Saint-Christophe s'en retournent pensives, 314, 4896.

Cosseyller. Voyez *Coseyllador*.

Cossirer. Souci des chefs de la Navarrerie à la vue du pennon d'Eustache de Beaumarchais sur une église, 286, 4452.

Cotel. Le couteau employé dans la guerre civile de Pampelune, 200, 3085. — Des mineurs, s'étant rencontrés, s'attaquent à coups de couteaux, 250, 3892. — Couteaux-poignards tirés dans la guerre civile de Pampelune, 282, 4386.

Cozina. La cuisine de Gaston, sire de Béarn, placée à portée d'un trébuchet, 260, 4034.

Cozna. Coussins ouverts au sac de la Navarrerie, 306, 4758.

CRESTEL, CRISTEL (En). Il encourage la rupture de l'unité de Pampelune, 36, 523; 40, 580. — Il se rend auprès d'Eustache de Beaumarchais à son arrivée en Navarre, 98, 1470.

Criad. Deux jeunes écuyers, serviteurs de D. Pierre Sanchiz, tués avec lui, 270, 4203.

Cristal. Panaches rompus en grand nombre, 284, 4402.

CRISTEL (En). Voyez *Crestel*.

CRISTOFOL. Don Gonçalvo Ibañez jure par saint Christophe, 68, 998.

Cros, crotz, croz. L'archevêque de Narbonne prêche que la croix du Sauveur se vendait pour de l'argent, 34, 4775, 4776. — La croix est apportée aux cortès d'Estella pour qu'Eustache de Beaumarchais jure dessus, 104, 1551. — Elle est apportée à la conférence de Santa Maria, 156, 2394. — Croix volées au sac de la Navarrerie, 306, 4752.

Crozada. Fin de la sixième croisade, 34, 480.

CROZAT. Voyez *Aymar Crozat*, *Marti (D.)* et *Pere Crozat*.

Crucifix. Couronne dérobée au saint Crucifix au sac de la Navarrerie, 304, 4749.

CUBA. Voyez *Johan de la Cuba (En)*.

Cuba. Cuves lancées aux portails de Pampelune, 300, 4685.

Cuberta. La couverture de D. Garcia lui est enlevée, 220, 3390.

Çucre. Philippe le Hardi dit, au figuré, à Eustache de Beaumarchais qu'il portera en Navarre le sucre, 94, 1421.

Cuyta. Intensité de la presse en un combat, 284, 4415.

D

DAIRE. Henri, roi de Navarre, présenté comme plus courageux que Darius, 24, 334.

Dart. Multitude de dards lancés en certaines occasions, 206, 3185; 220, 3416; 230, 3556; 246, 3809. — Grand bruit de dards, 208, 3227. — Des combattants s'arment de dards, 282, 4374. — Combattant frappé d'un dard par la visière, 4395. — Les défenseurs de Saint-Christophe envoient des dards à l'armée française, 314, 4888.

DAVI. Voyez *Elias Davi*.

DELGUADA. Voyez *Maria Delguada*.

Dens. Congé dont la dent ne branle point, 149, 2280.

Derrocatz. Saint-Christophe est détruit de fond en comble, 316, 4917, 4918.

Desaforar. Voyez *Desforar*.

Descauzit. Habitations des ricomes coupables de la Navarrerie renversées, 314, 4880.

Desforar, desaforar. Un bourgeois des bourgs de Pampelune propose de se plaindre au gouverneur qu'ils sont dépouillés de leurs fors, 48, 676. — Les riches hommes se plaignent qu'Eustache de Beaumarchais veuille violer les fors, 144, 2190.

Desgontar. Les ricomes de la Navarrerie vont enlever les portes du cimetière de leurs gonds, 302, 4697.

Desparat. Un engin est désemparé, 294, 4571.

Despodestit. Le chevalier félon envers son seigneur doit être dépossédé, 314, 4875.

Destral. Des combattants s'arment de haches, 282, 4375.

Destrer. Maint noble destrier dans l'armée française en Navarre, 310, 4808. — Les troupes de l'expédition de Navarre ressanglent leurs destriers, 316, 4930.

Deus ayuda. Cri de guerre, 384, 4407.

DIEGO MARTINETZ, bourgeois de Pampelune, perce d'un coup de lance la poitrine à son adversaire, 202, 3105.

DIEZ. Voyez *Lope Diez*.

Dîner. Les barons demandent de l'argent à Eustache de Beaumarchais, 138, 2105, 2109. — Ils se plaignent qu'il veuille les chasser des châteaux pour de l'argent, 2192. — Eustache de Beaumarchais demande aux bourgeois des bourgs s'ils veulent qu'il mange ses deniers avec toutes ses gens et avec eux, 150, 2291; 158, 2431. — Argent donné par la jeune reine à Fortuyn Eniguitz, 322, 5022.

Dios. Dieu ne veut pas souffrir qu'Eustache de Beaumarchais fasse rien de déloyal, 128, 1942, 1943. — Il l'avait en sa garde, 130, 1985. — Les bourgeois de Pampelune prient Eustache de Beaumarchais de se rappeler les paroles du bon larron, quand Dieu l'aura ramené en France, devant le roi couronné par lui, 160, 2448, 2449, 2451. — Anelier invoque Dieu pour le gouverneur enfermé dans le Bourg, 2461, 2462. — Il se dit porté à croire que la guerre civile de Pampelune était l'effet de la colère de Dieu, 238, 3703. — Dieu honoré par Philippe, roi des Francs, couronné et honoré par lui, 256, 3966, 3974, 3977. — Gaston, sire de Béarn, dit à D. Pierre Sanchiz que, s'il aime le Seigneur, Dieu l'aimera, 163, 4103. — Dieu ne veut pas que D. Pierre Sanchiz se rende dans les bourgs, 266, 4129. — On ne peut pas échapper à ce que Dieu veut, 286, 4459. — Dieu aime Eustache de Beaumarchais, 294, 4575. — Louanges à Dieu à cause de la ruine de la Navarrerie et des révoltés, 306, 4777, 4778; 312, 4853, 4854. — Invocation à Dieu au siége de Garaynno, 324, 5044.

DOARRITZ. Voyez *Adan d'Oarritz*.

DOAT. Voyez *Bertolomeu Doat*.

DOMINGO (Don), supérieur de l'hôpital, garde la tour qui lui appartient, 166, 2564.

DOMINGO D'OLAYZ. Il occupe la tour de la Teyllère, à Pampelune, 164, 2536.

DOMINGO REGNE (Don), pelletier, l'un des défenseurs de l'une des tours de Pampelune, 166, 2566.

DOMINGO VICENS. Il occupe la tour de la Teyllère, à Pampelune, 164, 2536.

Domna, dona. Les dames des bourgs vont chercher de l'eau pour éteindre un incendie, 196, 3025. — Elles se plaignent et soupirent à cause de la guerre, 198, 3063. — On eût pu les voir s'agenouiller en pleurs, 3067. — Sire Gaston reproche à D. Pierre Sanchiz de se révolter contre sa dame, 264, 4097. — Les chefs de l'armée française vont visiter les dames, 300, 4653. — Dames malmenées au sac de la Navarrerie, 304, 4748. — Châtiment de chevaliers félons envers leur dame, 314, 4874.

Dona. Voyez *Domna*.

Doncella, donzella. Les demoiselles des bourgs vont chercher de l'eau pour éteindre un incendie, 196, 3025. — On eût pu les voir s'agenouiller en pleurant, 3067. — Mainte belle demoiselle retenue et emmenée au sac de Pampelune, 304, 4738. — Demoiselles malmenées dans cette circonstance, 4748.

Donzelon. Le prieur de Saint-Gilles et Gaston de Béarn s'en retournent avec leurs suivants, 262, 4062. — Un courtois damoisel meurt au siége de Garaynno, 324, 5060.

Dozena. Après la rupture de l'union des bourgs de Pampelune, les habitants de la Navarrerie font douzaine, 42, 602. — Le prieur Sicard vient à la douzaine, 116, 1757. — Les engins démontés sont enfermés dans la douzaine, 124, 1878.

Draperie. Draperie prise au sac de la Navarrerie, 306, 4757.
Dretura. Prière à Dieu d'exaucer droiture, 324, 5045.
Dreytz. Droit établi touchant la félonie, 314, 4874.

E

ECHAURI. Voyez *Pedro Garcia d'Echauri* (Don), *Per Arceytz d'Echauri.*
Efanço, efançon. Les enfançons de la Navarre vont au-devant d'Eustache de Beaumarchais, 98, 1467. — Ils viennent le trouver à Pampelune, 104, 1570.—Ils crient aux armes, 204, 3155. — Ceux de la Navarrerie font une sortie, 236, 3673.—Ceux de Mendavia crient aux armes, 318, 4947.
Efans. Semen de Gueretz vient avec ses enfants, 226, 3513. — Anelier déclare que les révoltés de la Navarrerie faisaient l'œuvre des enfants, 238, 3682.
Efanta de Navaira. Jeanne confiée aux soins de Philippe le Hardi, 84, 1242, 1259.
ELCART. Cri de guerre poussé par les habitants de la Navarrerie, 134, 2045; 206, 3189.
ELIAS DAVI, préposé à l'une des machines de guerre des bourgs, 170, 2601.
ELIO. Voyez *Johan Elio.*
Elms, elme. Les barons révoltés entrent dans la Navarrerie avec des heaumes peints, 152, 2335. — Maint heaume luisant, bel et clair, dans l'armée française en Navarre, 296, 4601; 304, 4723; 308, 4807. — A Puñicastro, le pays resplendit de l'éclat des heaumes de l'armée française, 320, 4986.
Embriacx. Au siége de Garaynno des hommes tombent comme s'ils étaient ivres, 324, 5055.
Emendamens. Eustache de Beaumarchais dit aux barons que, s'ils perdent dans ses payements, il veut qu'il en soit fait bonne réparation, 150, 2282.
Emperaire. Droit de l'empereur (Justinien?), 56, 815.
Encartamens. Les bourgeois répondent à Eustache de Beaumarchais qu'ils ne veulent pas de charte de qui est enfermé, 152, 2322.—

Les messagers des bourgs présentent leurs lettres au roi Philippe, 258, 3994.
Encarterar. Têtes mises en quartiers au sac de Pampelune, 304, 4747.
ENEQUO ERLANS (Don), l'un des défenseurs des bourgs de Pampelune, 166, 2558.
Enfforçar, enforcar. Eustache de Beaumarchais fait pendre tous ceux qui lui avaient fait de la peine, 306, 4769; 308, en note, col. 2.
Enfrenar. Goujats bridant des roussins, 304, 4720.
Engan. Eustache de Beaumarchais propose de révéler un piége à l'ingénieur maître Bertrand, 250, 3872.
Engen, engin. On ne doit élever aucune machine de guerre dans une ville contre une autre sans la permission du seigneur, 50, 729; 56, 817.—D. Pierre Sanchiz menace de faire détruire les engins de la Navarrerie, 52, 744. — D. Sancho de los Arcos l'engage à les laisser, ajoutant qu'ils les garderont, 52, 748, 750. — Pierre Sanchiz les signale aux cortès assemblées par lui, 56, 811. — Le conseil des cortès est d'avis de les défaire, 821.—Le gouverneur en donne l'ordre, 828. — Les habitants de la Navarrerie lui déclarent que les engins resteront comme ils sont, 58, 832, 835. — Un bourgeois des bourgs demande d'y faire des engins, 70, 1044. — Ceux de leurs adversaires font leur force, 1046. — Les bourgeois des bourgs déclarent au gouverneur qu'ils ne veulent pas commencer d'engins sans son ordre ni sa volonté, 72, 1073. — Il leur permet d'en faire, 1077. — Un bourgeois propose d'envoyer chercher des charpentiers pour faire les engins, afin de mieux combattre, 74, 1094, 1096. — Les vingt leur commandent de les faire, 76,

1110. — Les bourgeois en font de forts, 1125. — Les cortès assemblées à Pampelune tombent d'accord sur la nécessité de détruire les engins des deux côtés; discours d'Eustache de Beaumarchais à ce sujet, 114, 1717, 1722, 1729, 1733. — Le prieur Sicard dit au conseil de la Navarrerie de briser les engins, quand l'Église le commandera, 116, 1767. — Le conseil décide de laisser les engins tels qu'ils sont, 118, 1773. — Les douze annoncent au gouverneur leur résolution, 1779. — On croit dans la Navarrerie que le gouverneur va démonter les engins, 1785. — Les vingt mandent les charpentiers pour défaire les engins des bourgs, 124, 1874. — Un messager annonce leur destruction au gouverneur, 1887. — Les vingt des bourgs commandent de garder es engins, 160, 2465; 168, 2591. — Maître Guillaume chargé de la direction d'un engin, 170, 2608. — Bonne compagnie placée dans l'algarade de la Roche pour armer l'engin, 2622. — Proposition transmise aux habitants des bourgs de mettre en pièces les engins, 186, 2860, 2873. — Conditions posées pour la conservation de ceux des bourgs, 192, 2955. — Le bruit se répand que les engins ont tiré, 2977. — Les vingt disent à Eustache de Beaumarchais que l'on veut combattre sur leurs engins, 194, 2989. — A l'expiration des trèves, les sentinelles des tours menacent l'ennemi des engins, 214, 3307. — Eustache de Beaumarchais fait tourner un des engins contre les révoltés, 230, 3564. — Sans l'engin, les habitants des bourgs ne pouvaient plus moudre, 3589. — Un engin est désemparé, 294, 4571. — Au siége de Garaynno, Imbert de Beaujeu et Eustache de Beaumarchais cherchent un endroit pour placer un engin, 324, 5029. — Ils tombent d'accord sur l'emplacement, 5032. — La machine part, 5037. — Elle frappe où l'on mangeait, 326, 5062. — Le connétable propose de faire un autre engin, 5065. — Au moment où les assiégeants voulaient commencer une autre machine, les assiégés capitulent, 5067. Voyez Gin.

Engennayre. Maître Bertrand, ingénieur sans pareil, 230, 3571; 324, 5030.

Engolit. La gourmandise des chiens sauve l'armée française devant Saint-Christophe, 316, 4908.

Eniguitz. Voyez Fortayn Eniguitz.

Enpastre. Emplâtres demandés pour panser des blessures, 284, 4423.

Enric, Enbric. Henri, fils puîné de Thibaut le Grand, roi de Navarre, 42, 606 et en note. — Partage de la Navarre, par ce prince, entre D. Garcia, D. Gonçalvo et D. Pedro Sanchez de Montagut, 44, 632. — Doña Johanna, sa fille, 308, en note, col. 2.

Ensacar. Belles robes mises en sac à la prise de Pampelune, 304, 4739.

Entendrit. Pains tendres empoisonnés par les habitants de Saint-Christophe, 316, 4913.

Equia. Voyez Pere d'Equia.

Eratamens, eretamen. Le seigneur de Beaujeu connétable des possessions françaises, 258, 4013; 274, 4249; 294, 4585.

Erba. Après le sac de la Navarrerie, on eût pu y faire de l'herbe, 306, 4776.

Eretamen. Voyez Eratamens.

Ereters. D. Dominique héritier de l'une des tours de Pampelune, 168, 2564.

Erlans. Voyez Enequo Erlans.

Ermandat. Eustache de Beaumarchais exprime son chagrin de voir former une ligue contre la reine, 126, 1929.

Erro. Voyez Lop d'Erro.

Escausit. Les défenseurs de Saint-Christophe qualifiés de malavisés, 314, 4889.

Esclusa. Les révoltés de la Navarrerie vont défaire l'écluse d'un moulin, 228, 3547. — Les habitants des bourgs voyant couper l'écluse crient aux armes, 230, 3553. — Les révoltés ne veulent pas l'abandonner, 3557. — Eustache de Beaumarchais voyant qu'elle allait se détacher, appelle son monde à l'aide, 3561. — L'écluse est abandonnée, 3575. — On la raccommode, 232, 3585.

Escona. Pendant la guerre civile de Pampelune, on lance des piques, 230, 3556. Voyez Ascona et 'scona.

Escritz sagelat. Trois messagers des bourgs

partent pour Paris avec des écrits scellés, 256, 3967.

Escud, escut. Les riches hommes et les barons d'élite se rendent auprès d'Eustache de Beaumarchais avec des écus peints, et D. Garcia avec un écu à bandes, 134, 2035, 2039. — Écu impuissant à protéger don Pierre Sanchiz, 140, 2141. — Écus ouverts dans une circonstance, 206, 3186. — Les bourgeois de Pampelune s'arment d'écus de quartier, 214, 3324. — Écu peint, 220, 3299. — Guillaume Anelier prend l'écu au cou, 234, 3627. — Il partage un écu en deux, 3629. — Écu écartelé d'Anelier, 3637. — Chevaliers et autorités venant vers une chatte les écus embrassés, 244, 3790. — Garcia Martinez d'Eussa se présente devant son maître avec l'écu, 268, 4152. — Des combattants s'arment d'écus, 283, 4374. — Nobles écus dorés et écartelés dans l'armée française en Navarre, 295, 4603; 310, 4809. — Spectacle d'écus mis en quartiers à Mendavia, 318, 4966.— A Puñicastro le pays resplendit de l'éclat des écus peints, 320, 4986. — Coups sur les écus au siège de Garaynno, 324, 5053.

Escuder, escudes, escuier. D. Pierre Sanchiz envoie deux écuyers à Eustache de Beaumarchais à son arrivée à Pampelune, 100, 1505. — Écuyer blessé dans un combat, 200, 3101. — Exploits d'un autre écuyer, 202, 3115. — Des écuyers prennent part à une sortie des combattants de la Navarrerie, 216, 3330. — Un écuyer privé donne son cheval à D. Garcia, 220, 3418. — Un écuyer de D. Corbaran tire un carreau à Guillaume Anelier, 234, 3639. — Deux jeunes écuyers de D. Pierre Sanchiz tués avec lui, 270, 4203. — Un écuyer est blessé sur l'église Saint-Jacques, 286, 4556. — Des écuyers crient aux armes, 316, 4929. — Écuyer plus brave qu'Olivier, 318, 4943. Voyez *Arnaut de Marcafava.*

Esfelnit. Courroux du sire de Beaujeu, 314, 4898.

Esforçat. Hommes déterminés en compagnie de D. Corbaran, 290, 4526.

Esfossat. Les révoltés de la Navarrerie occupent les chemins garnis de fossés, 290, 4516.

Esparver. Pierres comparées à des éperviers, 236, 3654.

Espaurit. Les défenseurs de Saint-Christophe peu effrayés de la présence de l'armée française, 314, 4886.

Espaventes. Accroissement d'épouvante des habitants de Mendavia, 318, 4948.

Espaynna. Proposition de défendre la Navarre si du côté de l'Espagne on lui faisait tort, 130, 1965. — Le prieur de Saint-Jean va en Espagne, 178, 2747. — Lop Gardacho déclare à D. Garcia que si l'on le reconnaissait, le don du royaume d'Espagne ne l'empêcherait pas d'être tué, 222, 3423.

Espeu, arme employée dans la guerre de Pampelune, 200, 3082; 206, 3181; 214, 3323; 246, 3809; 304, 4723. — Épieux lancés dans une occasion, 206, 3185; 220, 3416. — Grand bruit d'épieux, 208, 3227. — Un grand nombre de gens viennent sur Guillaume Isarn avec des épieux affilés, 244, 3800. — Épieux acérés envoyés par les défenseurs de Saint-Christophe à l'armée française, 314, 4888. — Épieux de chasse entre les mains des habitants de Mendavia, 318, 4950.

Establida. Les chevaliers et les enfançons de toute la Navarre demandent à Eustache de Beaumarchais le remboursement des avances faites pour le payement des garnisons à demeure des châteaux, 104, 1573.

Establizon. Eustache de Beaumarchais fait mettre garnison à Garaynno, 326, 5073.

Estacha de Beu Marche (En). Sénéchal de Poitou, 86, 1268, 1272. — Envoyé en Auvergne par le comte Alphonse, il voit ce pays sur le penchant de sa ruine, 86, 1284. — Un baron du conseil du roi de France le vante après messire Erard de Valeri, 88, 1307. — Un des douze pairs de France fait son éloge, 90, 1350. — Le roi de France annonce à son conseil qu'il veut l'envoyer en Navarre, et le conseil partage cet avis, 1403, 1406, 1411, 1415. — Le roi lui annonce sa nomination comme gouverneur de la Navarre, 94, 1416. — Son entretien avec le roi, 96, 1427, 1430, 1432. — Il s'agenouille devant le roi et lui demande sa bénédiction, 1436. — Il sort et fait ferrer ses chevaux pour aller à Toulouse, 1443. — Il en sort pour aller en Navarre, 98, 1455. — Il prie que personne de Pampelune ne vienne au-devant de lui, 1474. — Arrivé dans cette ville, il y reste, 100, 1490, 1493. — D. Pierre Sanchiz lui envoie deux écuyers intimes, 1505. — Après les avoir entendus, il leur répond, 1510. — Une fois entré dans le monastère de Saint-Jacques, D. Pierre s'avance auprès de lui, 102, 1519. — D. Gonzalve Ibañez lui parle, 1525. — Eustache de Beaumarchais, après avoir reçu le serment des principaux seigneurs de la Navarre, jure à son tour de maintenir les fors, 104, 1561. — Il parcourt la Navarre, 1563, 1566. — Il consent à payer les riches hommes, barons, chevaliers et enfançons, 1574. — Il est très-préoccupé de l'état où il voit Pampelune, 106, 1583. — Il parle en particulier aux bourgeois, 1609. — Un bourgeois de Pampelune lui adresse la parole, 108, 1622. — Eustache de Beaumarchais remercie les bourgeois de s'être mis à ses ordres, 1632. — S'étant rendu dans la Navarrerie, il en convoque les habitants et les reçoit bien, 110, 1647. — Les deux partis consentent qu'Eustache de Beaumarchais puisse faire la paix entre eux, 1674. — Voyant le conseil complet, il ouvre par un discours les cortès de Pampelune, 112, 1686. — Résolution des cortès, qui lui est communiquée, 114, 1720.—Il prend la parole, 1724. — Sire Ponce Baldoin lui parle, 116, 1739. — Il engage les habitants de la Navarrerie à tenir conseil, 1748. — En le voyant passer, ils s'arment pour le tuer, 116, 1791. — Eustache voudrait être outre mer, 1792. — Il presse son cheval et veut se réfugier dans Sainte-Marie, 1799. — Il n'aurait pas voulu, pour le comté de Bar, retourner dans la ville, 1803. — Transporté de colère, il se retire au palais d'Olaz, 120, 1808. — De retour au bourg de Saint-Cernin, il parle aux habitants, 1822. — Il songe à éteindre le mal produit par la discorde qui règne entre les diverses parties de Pampelune, 122, 1838. — Il parcourt la Navarre, 1856. — Les bourgs arrêtent de faire exécuter ce qu'il avait ordonné, 124, 1869. — Ils lui envoient un messager, 1882. — Eustache lui répond, 1890. — D. Gonzalve se rend auprès de lui et lui parle, 126, 1905, 1907, 1921. — Désespoir d'Eustache et sa réponse, 1923. — Dieu ne veut pas souffrir qu'il fasse rien de déloyal, 128, 1944.—La noblesse navarraise complote de le chasser du royaume, 1950. — Les barons de Navarre lui jurent qu'ils donneront leur concours à Lope Diez et à Simon Ruiz, 130, 1970. — Il répond aux barons, 1975. — Ils demandent qu'il meure, 1983. — Il tombe d'accord avec eux, tout en doutant de leur sincérité, 132, 2008. — Il chevauche préoccupé, et vient à Pampelune, 2011.—Lope Diez envoie des messagers à Eustache de Beaumarchais, 134, 2029. — Celui-ci convoque les barons de Navarre, 2032. — Complot ourdi contre lui par un Navarrais, 136, 2071, 2075. — Il veut aller en Castille défendre les châteaux, 2086. — Les plus notables des bourgeois de Pampelune vont à lui pour lui découvrir le complot, 2089. — Il invite les barons à se rendre sans lui auprès de D. Simon Ruiz et de D. Lope, 138, 2097. — Eustache répond à leur demande d'argent, 2108. — Il reste avec les bourgeois, 2114, 2115. — D. Simon Ruiz et D. Lope Diez rentrent en Navarre, bafoués de ce qu'Eustache n'avait pas été déconfit, 140, 2136. — Les barons et les riches hommes conjurés viennent de Pampelune pour abaisser Eustache, 142, 2173, 2174. — Il consent à écouter les riches hommes du couvent de Saint-François, 2183. — Deux bourgeois de Pampelune rappellent aux autres que les barons de Navarre veulent l'abaisser et le chasser, 146, 2223, 2235. — Ils proposent de le défendre, 2242; 148, 2251, 2252. — Les bourgeois vont auprès de lui aux frères

Mineurs, 2255. — Il se lève et prend la parole, 2271. — D. Gonzalve insiste pour qu'il s'en retourne en France, 150, 2284. — Eustache confère secrètement avec des bourgeois des bourgs, 2286. — Ils lui donnent l'assurance de leur entier dévouement, 2308. — Il les remercie et leur offre de leur souscrire un engagement de les indemniser de leurs pertes, 152, 2317. — Il vient avec eux se réfugier dans le Bourg, et il y est reçu avec joie, 2326, 2329. — Jamais il ne vit si grand mal, 2342. — D. Gonzalve déclare aux bourgeois de la Navarrerie que leur réputation sera ruinée si les bourgs et Eustache de Beaumarchais ne sont abattus, 154, 2356. — Serment prêté contre Eustache enfermé dans les bourgs, 156, 2399. — Il prie les vingt de convoquer un parlement, 2403. — Il prend la parole dans l'église de Saint-Laurent, 158, 2422. — Pontz Baldoin lui répond, 2438. — Eustache veut de nouveau souscrire aux bourgeois un engagement de les indemniser de leurs pertes, 160, 2443. — Il a les yeux mouillés de larmes de joie, 2457. — Le voilà enfermé avec les habitants des bourgs, 2460. — Les habitants de la Navarrerie, courroucés de ce que ceux des bourgs ont accueilli Eustache, leur font de belles promesses pour les amener à le chasser, 172, 2659, 2661.—Dépit des vingt à cette nouvelle, 174, 2667.— L'abbé de Mont-Aragon trouve le gouverneur avec eux, et propose sa médiation, 2678, 2688. — Réponse d'Eustache, 2689. — L'abbé reprend à son tour, 176, 2716. — Il rend compte aux riches hommes de sa conversation avec le gouverneur et avec les vingt, et rappelle le serment prêté à Eustache, 178, 2727, 2730. — Un messager d'Eustache au roi Philippe apprend les nouvelles au prieur de Saint-Jean, 2751. — Deux chevaliers français, en route pour Saint-Jacques de Compostelle, s'arrêtent à Pampelune et viennent à Eustache de Beaumarchais, qui les reçoit bien, 180, 2765, 2766. — Le prieur de Saint-Gilles envoie chercher Eustache, qui se rend auprès de lui, 2771, 2772. — Il répond au prieur de Saint-Gilles, 2777. — Il prend congé de lui avec les bourgeois et va vers le bourg de Saint-Cernin, 2785. — Griefs d'Eustache, enfermé dans la Navarrerie, contre les riches hommes, 182, 2805. — — Griefs de ceux-ci contre lui, 2811. — Un riche homme rappelle à l'abbé de Mont-Aragon une parole d'Eustache, 184, 2849. — Les riches hommes persistent à demander l'expulsion d'Eustache, 186, 2857, 2871. — L'abbé de Mont-Aragon lui rapporte cette réponse, 2885; 188, 288, 2890. — De retour de la Navarrerie, ce religieux, le prieur de Saint-Gilles et sa suite trouvent Eustache dans Saint-Laurent, 190, 2947. — Eustache va se recueillir avec les vingt, et ils confèrent ensemble, 192, 2959, 2962. — Ce qu'il dit en voyant la Navarrerie lancer des pierres contre les bourgs, 194, 2981. — Il pense à monter à cheval et à se mettre en route, 194, 2987. — Il reçoit un carreau sur son heaume, 3001. — Il va par les tours réconforter les touriers, 196, 3021. — Joyeux de la chute d'une maison de veilleur incendiée, il pense à se rendre à la Poblacion, 3033. — Il se démène de façon à remplir de joie toute la ville, 198, 3068. — Il parle aux habitants des bourgs, 200, 3087. — Il vient au four, 3097. — Eustache, voyant ses hommes blessés et déconfits, invoque Jésus-Christ à haute voix, 202, 3132. — Il appelle les vingt et les conseillers, et confère avec eux, 204, 3159; 206, 3171. — Il sort pour combattre avec les bourgeois, qui veulent l'en empêcher, 208, 3223. — Les révoltés de la Navarrerie prient Lope Diez et D. Simon Ruiz de demander une trêve à Eustache, et celui-ci l'accorde, 212, 3268, 3270. — Il fait faire le relevé des provisions des bourgs, 3275. — Il se lève la nuit et va voir si les portails sont bien gardés, 214, 3300. — Il s'avance avec sa compagnie, 216, 3327. — Il veut sortir avec ses gens, mais les bourgeois s'y opposent, 220, 3399, 3407. — Le messager d'Eustache présente au roi les salutations de son maître, 222, 3648. — Philippe le Hardi apprend à Imbert, sire de

Beaujeu, qu'Eustache est retenu prisonnier, 224, 3463. — Un second messager annonce au roi qu'Eustache est en proie à de vives angoisses, 3472. — Philippe renvoie les messagers avec promesse de prompts secours, 226, 3493. — Ils lui remettent des lettres du roi, 3497. — Ponce Baldoin confère avec lui, 3502, 3509. — Eustache reçoit de J.-C. la grâce de parler, 230, 3560. — Il mande maître Bertrand l'ingénieur, 3572. — Il éprouve un grand chagrin des ravages exercés par les révoltés de la Navarrerie contre les propriétés des bourgs, 240, 3738. — Il prend un très-bon parti, 244, 3771. — Il engage ses hommes à avoir des pics, 3777. — Voyant Guillaume Isarn blessé, il appelle ses gens à l'aide, 246, 3804. — Efforts d'Eustache dans cette circonstance, 248, 3811. — Il rentre dans les bourgs, 3843. — Instruit des projets des révoltés, il confère avec les vingt et envoie chercher maître Bertrand l'ingénieur, 250, 3866. — Il lui parle, 3875. — Il décide avec les bourgeois d'aller chercher des pierres pour alimenter les trébuchets, 252, 3923. — Une fois le peuple entré dans le Bourg, Eustache fait fermer la porte, 254, 3955. — Cette précaution garantit maint homme de mort ou de blessure, 256, 3963. — Un messager des bourgs prie le roi de songer à Eustache, 3987. — Un autre annonce à Philippe le Hardi que, s'il n'est pas promptement secouru, Eustache est perdu, 258, 3993. — Le roi témoigne du regret de le perdre faute de secours, 4015. — Un messager est envoyé à Eustache par D. Gaston, 260, 4049. — Celui-ci et le prieur de Saint-Gilles confèrent avec Eustache, 262, 4059. — Les riches hommes de la Navarrerie se plaignent de lui, 264, 4086. — D. Pierre Sanchiz prie D. Gaston d'obtenir son pardon d'Eustache, 4110. — Des messagers vont lui conter que sire Pierre Sanchiz venait prendre position dans le Bourg, 4118. — Eustache répond qu'il est le bienvenu, 266, 4119. — Il fait armer ses hommes, 4123. — Il veille toute la nuit, 4128. — D. Gaston représente Eustache enfermé dans Pampelune, 270, 4182. — Il implore pour lui la pitié du roi, 4211. — Philippe consulte son parlement, 272, 4221. — L'assemblée est d'avis de secourir Eustache, 4228, 4241. — Philippe déclare vouloir l'arracher au péril où il se trouve, 274, 4268. — Propos outrageant de D. Miguel Peritz de Zavaldica à Eustache, 276, 4289. — Réponse d'Eustache aux bourgs dans l'attente du secours de France, 4305. — Sa douleur en ne le voyant point venir, 278, 4309. — Eustache cesse d'être inquiet sur le sort des bourgs, 284, 4425. — Il fait occuper l'église de Saint-Jacques par des soldats chargés de la défendre, 286, 4441. — Ils mettent sur la voûte son pennon armorié, 4450. — Sortie des arbalétriers d'Eustache, 288, 4491. — Il convoque ses barons, 290, 4518. — Paroles qu'il adresse à ses barons et à D. Corbaran, 292, 4535, 4544. — D. Fortuyn Almoravid lui demande de faire partie de la première compagnie, 4554. — Paroles que lui adressent les vingt et D. Corbaran, 4558. — Paroles d'Eustache, 294, 4574. — Dieu aime Eustache, 4575. — Un messager va annoncer à celui-ci l'arrivée de l'armée française, 296, 4607. — Plein de joie, il convoque un parlement et il y prend la parole, 4610, 4613. — Il va au-devant de l'armée française, 298, 4624. — Il lui est annoncé, 4638. — Il met son zèle à la placer où il fallait, 300, 4664. — Il va, avec le connétable de France, inspecter les troupes et réveiller le guet, 4670. — Il veut protéger les droits de l'Église, 306, 4762. — Il va inspecter les révoltés de la Navarrerie, et fait pendre ceux qui lui avaient fait du mal, 4767. — Un messager venu de Navarre auprès de Philippe se dit envoyé par Eustache, 310, 4818. — Eustache parcourt le pays, 312, 4851. — Il assiste à un conseil de guerre et y prend la parole, 4860, 4866. — Le sire de Beaujeu lui propose de déposséder les barons révoltés et de jeter par terre leurs tours et leurs bâtiments, 314, 4873. — Le même lui témoigne son étonnement de ne voir aucun défenseur à Mendavia, 316, 4932. — Celui-ci lui répond et s'avance le premier, 318, 4937, 4941. — Manœuvre d'Eustache pour assiéger Garaynno, 322, 5027. — Imbert de Beaujeu lui adresse la parole, 326, 5063. — Il fait mettre garnison dans Garaynno, 326, 5073.

Estadal. Les autels sont entourés de cierges, 198, 3065. — Maison brûlant plus clair qu'échafaud, 284, 4404.

Estela, Estella, l'Estela. Les terres d'Estella au pouvoir de D. Gonçalvo en 1274, 44, 631. — Les bourgeois des bourgs de Pampelune y vont trouver D. Pedro Sanchiz, 72, 1057. — Ils en sortent, 74, 1082. — Les cortès s'y assemblent, 102, 1534. — Avant de céder aux barons, Eustache consent à être dépouillé de son château d'Estella, 128, 1936. — Les troupes françaises se portent sur Estella, 322, 5014, 5015. — Elles en sortent, 5018. Voyez *Johan d'Estela, Andreu d'Estela*.

Esteve lo peynner (En). Il est tué et enterré dans le Bourg, 246, 3821.

Esteven Peritz, nommé parmi les défenseurs des bourgs de Pampelune, 168, 2569.

Estopa. Étoupe employée pour le pansement des blessures, 284, 4422.

Estrans. Eustache de Beaumarchais est accusé par les riches hommes de donner le bien de l'État aux étrangers, 182, 2817.

Estrop. Balistes d'étrier, 196, 3015; 210, 3245.

Esveyllart. Voyez *Miquel Esveyllart*.

Eussa. Voyez *Garcia Murtintz d'Eussa*.

Ezcona, espèce de javelot employé en Navarre, 282, 4385. Voyez *Ascona, Escona*.

F

Fantos. Les enfançons de Navarre s'assemblent pour délibérer sur l'état du pays, 78, 1159.

Farao. Les bourgeois disent à Eustache que, s'ils le perdaient, il vaudrait mieux pour eux être venus au pouvoir de Pharaon, 208, 3222.

Faydit. Les révoltés de la Navarrerie sont bannis, 306, 4778; 310, 4835.

Faylla. Eustache de Beaumarchais commande d'allumer les torches, et lui-même, une torche au poing, il porte le feu dans la Navarrerie, 194, 2992, 2996. — Les habitants de la Poblacion montent sur les murs avec des torches, 3005. — Les chevaliers de la Navarrerie commandent d'allumer et de faire briller les torches, 210, 3239. — Sire Eustache le peigneur et d'autres, la torche au poing, s'avancent pour mettre le feu à la Navarrerie, 246, 3820, 3822. — Un combattant s'avance vers le moulin de l'évêque, une torche à la main, 278, 4334.

Fayllizo, fayllizon. Faute de Fortuyn Eniguitz, 322, 5023. — Dieu garde de faute Eustache de Beaumarchais, 5027.

Fayzit. Action des chevaliers de Navarre digne de châtiment, 314, 4873. Voyez *Faydit*.

Felip (Johan). Voyez *Johan Felip*.

Felip de França, Philippe le Hardi. Les barons de la Navarre et les bourgeois de Pampelune songent à lui demander un gouverneur, 78, 1151. — Eustache de Beaumarchais demande aux bourgeois de Pampelune s'ils veulent le garder avec eux jusqu'à ce qu'il ait pris les ordres de Philippe de France, 150, 2293. — Messager envoyé au roi par Eustache de Beaumarchais, 178, 2751. — Paroles que lui adresse Imbert, sire de Beaujeu, 224, 3466. — Les messagers d'Eustache remettent à leur maître des lettres de Philippe, 226, 3498. — Trois messagers envoyés par les bourgs vont à lui, 256, 3968. — Désir de Philippe de venir en Navarre, 308, 4782. — Un messager vient de ce pays auprès de lui, 310, 4814.

Felonia. La furie recommence, à Pampelune, entre les deux partis, 276, 4302.

Femelit. Nourriture empoisonnée par les traîtres déloyaux de Saint-Christophe, 316, 4912.

Femna. Dans la Navarrerie, on pense à retirer les femmes, 196, 3038. — Au sac de cette localité on dépouille les femmes, 306, 4753.

Feysser. Guillaume Anelier loue deux portefaix pour porter des pierres, 234, 3626.

Filla (La tor de la) del ospital, nom de l'une des tours de Pampelune, 164, 2515.

Finestrers. Une pierre casse une dent à Arnaut de Marcafava par où paraît l'ouverture, 318, 4965.

FLAMENX. Flamands dans l'armée de Philippe le Hardi, 308, 4792.

FLANDRE. Le comte de Flandre assiste à un conseil convoqué par Philippe le Hardi, 274, 4247.

Flor. Le roi de France désigné comme porteur ou propriétaire de la fleur de lis, 32, 440; 88, 310; 94, 1414; 176, 2707; 226, 3491; 272, 4218.— Eustache de Beaumarchais est présenté par sire E. de Valeri comme n'étant pas endormi pour défendre la fleur de lis, 88, 1310.

Flor de França. Loyauté d'Imbert de Beaujeu envers la fleur de France, 274, 4255.

Foc. Hommes préposés dans les bourgs pour veiller au feu, 178, 2631. — Eustache de Beaumarchais met le feu à une maison de la Navarrerie, 194, 2998. — Le feu prend fort, 2999. — Les habitants de la Poblacion, voyant le feu monter, portent l'incendie dans Sorriburbu, 3004, 3007. — Le feu fait changer le ciel et l'air, 196, 3016. — Il force les défenseurs du moulin del Maço de se rendre, 210, 3251. — Les hommes de la tour de la Galée veulent mettre le feu à la Navarrerie, 246, 3817. — Il prend, 3819; 248, 3838. — D. Gonzalvo propose de mettre le feu à la Poblacion et de l'enlever ainsi, 3857, 3859; 250, 3878. — Un combattant des bourgs met le feu au moulin de l'évêque, 278, 4335. — On met le feu à la maison d'un abbé, 284, 4404. — Spectacle de désolation pendant le feu, 4405. — Un messager annonce au roi que le feu a été mis à la Navarrerie, 310, 4827.

Fontana. Au siége de Garaynno, l'ennemi monte jusqu'à la fontaine, 324, 5047.

Fonterabia. Un messager va porter la nouvelle de la perte de Fontarabie à D. Sancho, dans le Maroc, 10, 121.

Força. Plan calculé de façon à mettre aux mains des barons les forteresses de la Navarre, 136, 2079.

Forment. Les habitants du bourg de Pampelune ramassent tout le blé des bourgs, 276, 4297. — Froment vendu au sac de la Navarrerie, 306, 4759.

Forn. Combats au four près de Pampelune, 200, 3094; 228, 3531, 3535. — Eustache de Beaumarchais s'y rend, 3098. — Certains des bourgeois des bourgs vont à la tête du four, 234, 3616. — Configuration de cet endroit, 3619.

Fors, fos. Serment du gouverneur de la Navarre aux fors et franchises des Navarrais, 46, 674. — Eustache de Beaumarchais jure les fors de la Navarre, 104, 1562.

FORTUYN, FORTUYNN, FORTUYNNO ALMORAVIT, ALMORAVID (Don). — Il est mandé par Eustache de Beaumarchais pour protéger l'église de Saint-Jacques, 286, 4442; 288, 4472. — Il sort avec son porte-enseigne sans trouver personne à sa rencontre, 4464. — Eustache de Beaumarchais le mande, 290, 4524. — Don Fortuyn fait un nouveau chevalier, 292, 4553.

FORTUYN ENIGUITZ. Un écuyer, son frère, perce un ennemi de sa lance, 202, 3116. — Il met le château de Garaynno en état de défense, 322, 5020.

Fos. Voyez Fors.

Foys, Fois, Fuys, le pays de Foix. Eustache de Beaumarchais le maintenait en paix, 92, 1364. — Le comte de Foix fait partie du secours envoyé à Pampelune par Philippe le Hardi, 296, 4590. — On le place auprès du comte d'Artois à son arrivée à Pampelune, 298, 4650. — Il prend part à un conseil de guerre, 312, 4862.

Fraire, frayre. — Deux religieux vont dans la Navarrerie et ont une conférence avec les révoltés, 172, 2651, 2654, 2657. — Ils retournent dans la vingtaine des bourgs et s'entretiennent avec les vingt, 174, 3664, 3670. — Les vilains des environs de Pampelune accourent comme des moines à un sermon, 240, 3721. — L'église des religieux gardée par don Fortuyn Almoravit, 290, 4525.

FRANÇA. Le roi de France force Thibaut le Grand à donner sa fille au comte de Bretagne, 20, 303. — Saint Louis, roi de France, 30, 420. — Éloge des combattants de France, 32, 446. — Le fils du roi de France prend part au traité avec le roi de Tunis, 34, 471. — Le roi Henri assure que pour ce royaume il ne déferait pas l'unité de Pampelune, 40, 583. — Les bourgeois de Pampelune songent à demander un gouverneur à Philippe, roi de France, 78, 1151; 102, 1543. — Ils songent à envoyer deux messagers en France, 78, 1169. — Discours de l'un d'eux, 80, 1190; 82, 1203. — Le roi de France l'écoute et lui répond, 82, 1210. — Il arrête d'assembler son conseil, 1224. — Il va entendre la messe, 1230. — Discours de l'un des douze pairs de France au roi, au sujet d'Eustache de Beaumarchais, 90, 1349. — Le roi de France parle à son conseil, 94, 1393. — Le conseil de France veut qu'Eustache de Beaumarchais soit gardien de la Navarre, 94, 1414. — A son arrivée, le bruit se répand dans les pays qu'ils avaient de France un très-bon gouverneur, 100, 1439. — Don Pedro Sanchiz propose de prêter serment au gouverneur envoyé par le roi de France, 102, 1546. — Eustache de Beaumarchais dit à D. Gonzalvo que le roi de France ne l'a pas envoyé pour le trahir, ni pour former de mauvais desseins contre la reine, 128, 1933, 1938. — Eustache demande aux bourgeois s'ils veulent le garder avec eux jusqu'à ce qu'il ait pris les ordres de Philippe de France, 150, 2993. — Les bourgeois demandent à Eustache de Beaumarchais de vouloir bien, à son retour en France, se souvenir des bourgs, 152, 2323; 160, 2448, 2456. — Il déclare ne pas en vouloir sortir avant que le messager qu'il a envoyé la veille en France ne soit revenu, 176, 2713; 188, 2899. — Philippe le Hardi déclare ne faire aucun cas du roi de France si Eustache de Beaumarchais n'est secouru, 224, 3464. — Les messagers de ce dernier lui rapportent des lettres de Philippe, roi de France, 226, 3498. — Il reçoit à Paris des messagers des bourgs, 256, 3974, 3981. — Le sire de Beaujeu, connétable de France,

258, 4013; 272, 4234; 274, 4249; 294, 4585; 300, 4669. — Gaston et le prieur de Saint-Gilles sortent de la Navarrerie et vont auprès du roi de France, 268, 4173, 4174. — Le premier lui adresse la parole, 268, 4179. — Il parle dans un parlement convoqué par le roi de France, 272, 4234, 4235. — Tous ceux qui en faisaient partie sont d'avis que tous les vaillants de France aillent secourir Eustache de Beaumarchais, 4240. — Le roi de France tient un conseil secret, 274, 4243. — Il loue Imbert de Beaujeu de s'être loyalement comporté envers la fleur de France, 4251, 4255. — Philippe, seigneur de France, a désir de venir en Navarre, 308, 4782. — Les seigneurs de toute la France le suivent, 4785. — Un messager arrive de Navarre auprès de Philippe de France, arrêté à Sauveterre, 310, 4814. — Sire Jean d'Acre conseille au roi de rentrer en France, 312, 4841. — Les barons de France sont maîtres de la Navarrerie, 4856. — Voyez *Felipe de França*.

FRANCES. Exclusion des Français de la Navarre réclamée par Alphonse, roi de Castille, 126, 1916. — Les riches hommes annoncent que français ni roman ne servira aux habitants des bourgs, 178, 2739. — Deux chevaliers français, en route pour Saint-Jacques, viennent à Pampelune, 180, 2761. Voyez *Francs*.

Frances (Lo rei). Saint Louis donne un baiser à Thibaud II, 30, 435. — Il meurt, et après lui le roi de Navarre, 32, 454, 457, 459. — Le roi Charles vient le voir après sa mort, 463.

FRANCS, FRANX, Français. Messager envoyé par Eustache de Beaumarchais à Philippe, roi des Français, 173, 2751. — Trois messagers envoyés par les bourgs vont à Philippe, roi des Français, 256, 3968. Voyez *Frances*.

Franquezes. Serment du gouverneur de la Navarre aux fors et franchises du pays, 46, 674.

Frayre. Voyez *Fraire*.

Fronda. Frondes employées pendant la guerre civile de Pampelune, 246, 3810.

Fruitz. Sortie des révoltés de la Navarrerie

pour détruire les fruits des habitants des bourgs, 242, 3769.

Frustra, fust, 'fusta. Construction de quatre tours de bois, 232, 3590. — Maître Bertrand fait porter du bois pour miner, 250, 3884. — Pièces de bois lancées aux portails de Pampelune, 300, 4685.

Fruytal. Les révoltés de la Navarrerie dévastent plus d'un verger de leurs adversaires, 240, 3736.

FURTADO. Voyez *Pere Furtado* (*Don*).

Fust, fusta. Voyez *Frustra*.

G

Gaita, gayta. Les sentinelles de Pampelune crient toute une nuit, 200, 3079. — A l'expiration des trêves, les sentinelles des tours crient aux armes, 214, 3305. — La sentinelle de la tour appelle aux armes, 226, 3515. — Vigilance des sentinelles pendant la nuit, 228, 3525. — On les entend se répondre toute la nuit, 232, 3593. — Elles appellent à une sortie, 3604. — Une sentinelle annonce l'apparition de l'aube, 236, 3669. — Les sentinelles de la tour se crient l'une à l'autre des injures, 240, 3710.

GALARR. Voyez *Gairgorri de Galarr*.

GALEA, nom de l'une des tours du Bourg. Pascal Beatza assure qu'elle n'empêchera pas les révoltés de la Navarrerie d'entrer dans les bourgs, 154, 2366. — Défenseurs de cette tour, 160, 2467. — Incommodités qu'ils ont à souffrir, 196, 3018. — On y apporte de l'eau pour restaurer les hommes, 3027. — Ses défenseurs disent à Bernard de Villeneuve que le mur est troué, 216, 3815. — Ravages causés à la Galée par les trébuchets des révoltés, 252, 3904. — Guyralt de Seta met sur la Galée de grandes poutres de chêne bien équarries, 3909.

Galiers. La conduite des habitants de Mendavia semble à Imbert de Beaujeu une fourberie, 318, 4936.

GARAYNNO, GARAYNO. Les barons de l'armée française en Navarre prennent la résolution de se porter sur cette ville, et la réalisent, 322, 5017, 5019. — Ils envoient à Pampelune demander que des troupes viennent à Garaynno, 324, 5035.

GARCI ARNALT, GARCIA ARNALT (Don), bourgeois de Pampelune. Discours qu'il tient, 70, 1086. — Il commande de fortifier les bourgs, 76, 1111. — Il assiste à une conférence tenue entre les bourgeois des bourgs de Pampelune et Eustache de Beaumarchais, 150, 2299. — Il fait partie d'une autre conférence tenue dans l'église de Saint-Laurent, 158, 2412.

GARCIA. Voyez *Pedro Garcia d'Echauri* (*Don*) et *Garcia Martinitz d'Uritz*.

GARCIA (Don), neveu de D. Gonzalvo Ibañez. Il assiste aux cortès de Pampelune en 1274, 44, 620. — Il tenait la Cuenca en son pouvoir, 630. — Les habitants de la Navarrerie comptent sur lui, 52, 754. — Son chagrin de voir D. Pedro Sanchiz gouverneur de la Navarre, 758. — Refus d'aller aux cortès convoquées par lui, 762. — Les députés de la Navarrerie le trouvent à Raondo, 54, 773. — Il leur fait fête, 777. — Il consent à embrasser le parti de la Navarrerie, 786. — Il s'en va avec les députés dans cette partie de Pampelune, 789, 792. — Le lendemain il s'assemble avec les bourgeois et se ligue avec eux, 794, 797. — Il n'assiste pas aux cortès de Pampelune, 56, 805. — Il embarrassait le gouverneur, 58, 839. — Il reçoit un messager de D. Pedro Sanchiz, 62, 914, 919. — Colère et réponse de D. Garcia, 920; 64, 925. — D. Pedro Sanchiz la rapporte aux barons, 941. — D. Gonzalvo veut aller auprès de lui, 66, 967. — D. Pedro sort du camp pour voir si D. Garcia sortirait, ce qu'il ferait bien si l'on ne le tenait, 971, 972. — D. Gonzalvo l'apostrophe, 983. — Il le trouve à Zizur, 68, 987. — D. Garcia répond à son oncle, 993. — Sa réponse est rapportée à D. Pedro Sanchiz, 1006. — Celui-ci rentre au Bourg, joyeux de ce que D. Garcia avait eu le dessous, 70, 1020. — Il jure de se venger, 1021. — Le bruit de sa confusion se répand par la Navarre, 1030. — Il apprend les coupes de bois que les bourgs avaient fait faire pour construire des machines de guerre, 74, 1114. — Il voulait être maître en Navarre, 1135. — Il se rend auprès d'Eustache de Beaumarchais, à son arrivée à Pampelune, 100, 1497. — D. Pedro Sanchiz prie Eustache de venir le trouver, vu l'inimitié qu'il y avait entre D. Garcia et lui, 1507. — Il entretient le gouverneur, puis s'en va, 102, 1517, 1519. — D. Gonzalvo parle à Eustache de Beaumarchais de l'inimitié existant entre D. Garcia et D. Pedro Sanchiz, 1526. — D. Garcia jure fidélité à Eustache de Beaumarchais, 104, 1554. — Il vient aux cortès, à Pampelune, 112, 1679. — Il se retire à part pour délibérer, 1704. — Un chevalier l'accuse auprès d'Eustache de Beaumarchais d'encourager les habitants de la Navarrerie dans leur refus d'obéissance, 122, 1836. — D. Gonzalvo Ibañez cherche à le réconcilier avec D. Pedro Sanchiz, 1847. — D. Garcia vient à l'assemblée des riches hommes et des barons, à Pampelune, 134, 2039. — Un Navarrais lui donne place dans un complot contre Eustache de Beaumarchais, 136, 2073. — D. Garcia prend la parole dans l'assemblée des riches hommes révoltés et enfermés dans la Navarrerie, 154, 2370. — Il assiste le lendemain, dans Sainte-Marie, à la prestation de serment des révoltés, 156, 2370. — Le prieur de Saint-Gilles le trouve dans la Navarrerie, 182, 2798. — D. Garcia fond avec impétuosité sur les combattants des bourgs, 216, 3345, 3350. — Il est renversé par terre, 218, 3361. — Un sergent des bourgs cherche vainement à le tuer, 3366. — Un de ses chevaliers accourt pour le secourir, 3369. — Morts et blessés dans le jardin où gît D. Garcia, 220, 3391. — Un écuyer lui donne son cheval, et D. Lope Gardacho lui adresse la parole, 3418, 3421. — D. Garcia propose de mettre de bonne heure à exécution le plan imaginé contre les bourgs par D. Gonzalvo Ibañez, 248, 3864. — D. Garcia va se divertir auprès de D. Pierre Sanchiz, 266, 4138. — Il est signalé comme l'un des auteurs de sa mort, 268, en note. — D. Garcia adresse la parole aux révoltés, 292, 4529. — Le maréchal des logis de l'armée française fait très-grand semblant d'amitié à D. Garcia, 300, 4659. — Quelqu'un de l'armée lui envoie un messager chargé de lui dire de partir, 4672. — Il annonce à D. Gonzalvo qu'il y avait à craindre, et il parle aux barons et aux riches hommes, 4674, 4677.

GARCIA ALMORAVIT (Don) le pros, père de D. Garcia dont parle Anelier, 70, 22.

GARCIA DE TURRILLES (En). On lui donne à surveiller l'une des algarades des bourgs de Pampelune, 170, 2626.

GARCIA MARTINTZ D'EUSSA. D. Pierre Sanchiz, avant de mourir, l'appelle à son aide, 266, 4150.

GARCIA MARTINITZ D'URITZ (Don). Il garde le portail de Saint-Laurent, à Pampelune, 212, 3289.

Garço. Cri des garçons de la Navarrerie, 208, 3211.

GARDACHO. Il va à D. Garcia et l'exhorte à s'en retourner, 220, 3420. Voyez *Lope Gardacho*.

GARDIA (La). Eustache de Beaumarchais voyage en Navarre jusqu'à ce qu'il y soit, 122, 1843.

Garnimens. Combattants invités à prendre leurs harnois, 298, 4622.

GARRA. Don Semen du Gueretz, chef de Garra, est blessé par la figure de deux carreaux d'acier, 236, 3651.

Garrot. Un bourgeois des bourgs de Pampelune propose de garnir les tours d'hommes et de garrots, 74, 1091. — Sire Pascal Baldoin tient les garrots avec les carreaux acérés, 162, 2476. — Garrot de la tour de D. Gurigorri de Galar, 164, 2509. — On desserre les garrots, 230, 3555. — Défense au Bourg de desserrer aucun garrot, 268, 4164. — Courtois damoisel frappé d'un carreau de garrot au siége de Garaynno, 326, 5061.

Gasco (El). Les Gascons font honneur à Eustache de Beaumarchais à son arrivée à Sau- 88.

veterre, 98, 1461. — Ils gardent seuls le portail du marché, et celui de Saint-Nicolas avec les Toulousains, 212, 3292, 3294. — Les barons révoltés placent la cuisine du seigneur des Gascons en butte aux coups des trébuchets des bourgs, 260, 4034.

GASCOINA, GASCOYNA. L'un des bourgeois de Pampelune propose d'envoyer chercher des ingénieurs en Gascogne, 74, 1098. — Eustache de Beaumarchais maintenait ce pays en paix, 92, 1364. — Il passe par la Gascogne pour se rendre en Navarre, 98, 1460.

GASTO (En), sire de Béarn. Eustache de Beaumarchais, se rendant en Navarre, passe par sa terre, 98, 1460. — Philippe le Hardi annonce à un messager des bourgs qu'il a envoyé en Navarre sire Gaston, 258, 3997. — Les messagers des bourgs le trouvent à Pampelune, où il était venu pour savoir les choses, 260, 4026, 4029. — Deux riches hommes vont auprès de lui, 4039. — Il leur demande une trêve de quinze jours, 4044. — Il envoie un messager à Eustache de Beaumarchais, 4050. — Le prieur de Saint-Gilles et D. Gaston entrent au Bourg, 262, 4055. — D. Gaston parle aux barons, 4068. — Les riches hommes lui annoncent qu'ils veulent faire leur volonté, 4072. — Le prieur et D. Gaston les conjurent en vain de mettre un terme à la guerre, 4080, 4084. — Les riches hommes invitent D. Gaston à ne pas parler d'arrangement, 264, 4090. — Le lendemain D. Pierre Sanchiz vient lui faire sa cour, leur conversation, 4092, 4095, 4108, 4111, 4114, 4116. — Il est saisi de crainte à la nouvelle de la mort de D. Pierre Sanchiz, 268, 4160. — Il sort de la ville et se rend auprès du roi de France, 4170, 4175. — Langage qu'il lui tient, 4178. — Réponse du roi, 270, 4214. — Philippe le Hardi arrête que sire Gaston guidera l'expédition à travers les ports des Pyrénées, 274, 4261. — Il fait partie de l'armée, 296, 4589.

GAVALDA. Eustache de Beaumarchais tenait le Gévaudan en paix, 92, 1363.

Gayt, gayta. Les soldats des bourgs font le guet jusqu'à l'aube, 280, 4359. — Imbert de Beaujeu et Eustache de Beaumarchais vont passer les troupes en revue et réveiller le guet, 300, 4670. Voyez *Gaita*.

Gazarma, arme employée pendant la guerre civile de Pampelune, 106, 3182. Voyez *Guyssarma*.

Gerra, guerra. Coutume et droit de la guerre, 204, 3140. — Un jour, la guerre dure jusqu'au coucher du soleil, 228, 3520, 3523. — A l'aube du jour les archers sortent pour commencer la guerre, 232, 3600. — La guerre recommence de nouveau, 234, 3617. — Tristesse de la guerre, 3657. — Anelier ne croit pas avoir vu de guerre pareille à la guerre civile de Pampelune, 238, 3693. — Il fait connaître quelle est la guerre la plus périlleuse, 3695. — Bonheur de ceux qui prenaient part à la guerre de Pampelune, 3700. — Fin de la guerre un certain jour, 242, 3762. — Mur troué pendant la guerre, 246, 3813. — La sagesse est bonne en guerre, 256, 3965. — La guerre recommence de nouveau, 276, 4302. — Elle dure tout le jour, 278, 4321, 4322. — Chaque jour les combattants de Pampelune sortent pour la guerre de campagne, 280, 4363. — Un jour, la guerre cesse, 284, 4424. — Elle continue, 288, 4474. — D. Gaston savant en fait de guerre, 296, 4589. — Grandeur de la guerre entreprise par l'armée française en Navarre, 306, 4760. — La guerre devant Saint-Christophe dure jusqu'à la fin du jour, 314, 4894.

Gin. Des traîtres tournent les engins de Pampelune, 294, 4569. — La ruse ne sert de rien à Eustache de Beaumarchais, 300, 4665. Voyez *Engen*.

GLESA, GLEYSA, GLEYSSA, GLISIA. Le roi de France, pilier de l'Église après le pape, 80, 1170. — Le prieur Sicard reproche au conseil de la Navarrerie d'abaisser l'Église en obéissant aux ordres d'Eustache de Beaumarchais, 116, 1762. — Les membres du conseil, se voyant soutenus par l'Église, décident de leur résister, 1770. — Les douze de la Navarrerie se prétendent d'Église et soumis à sa juridiction, 118, 1778; 306, 4763. — Sire Jean d'Acre conseille à Philippe le Hardi de soumettre à l'Église son différend avec le roi de Castille, 312, 4845. — Le sire de Beaujeu et Eustache de Beaumarchais veulent, au sac de la Navarrerie, protéger les droits de l'Église.

Glessia, gleyssa. Les riches hommes, les bourgeois et le peuple tiennent une conférence dans l'église de Sainte-Marie, 154, 2353.—D. Fortuyn Almoravit est chargé de mettre en état l'église de Saint-Jacques, 286, 4443. — Ceux de la ville s'en emparent, 4448. — Souci des chefs de la Navarrerie à la vue du pennon d'Eustache de Beaumarchais sur cette église, 4452. — Les Français entrent dans l'église de la Navarrerie, 304, 4743.

Guerra. Voyez Gerra.

Guerreyar, guerreiar. Le comte de Foix ardent à guerroyer, habile dans l'art de la guerre, 296, 4590; 298, 4650; 312, 4862.

Glorios. Le prieur de Saint-Gilles et Gaston, sire de Béarn, jurent sur le Glorieux, c'est-à-dire sur le crucifix, de ne pas rester dans le Bourg, 262, 4057.

Gloto. Injure adressée par les défenseurs de Garaynno aux assiégeants, 324, 5049.

Gofos. Gonds de chaudron tranchés par une pierre, 260, 4038.

Gola. Révoltés de la Navarrerie pendus par la gueule, 306, 4769.

Golfaino, golfayno. Des combattants prennent leur gonfanon, 206, 3178. — Les riches hommes sortent de la Navarrerie chacun avec son gonfanon, 240, 3725. — L'armée française va à Puñicastro, gonfanons étendus, 320, 4983.—Les barons français prennent la résolution d'aller à Garaynno avec leur gonfanon, 322, 5017.

Gomiz. Voyez *Pascal Gomiz (En)*.

Gonçalvo Ivaynnes ou Hyvainnes. Il assiste, en 1274, aux cortès de Pampelune, 44, 620. — Il possédait les terres d'Estella, 631. — Il se rend à l'appel de D. Pero Sanchiz, 62, 908. — Il lui parle et lui annonce l'intention où il est de se rendre auprès de D. Garcia, 66, 962, 979, 982. — Ses paroles à son neveu, 68, 988, 997. — De retour auprès du gouverneur, il lui rend compte de son entrevue, 1005.—Il retenait une partie de l'autorité, 76, 1136. — Il se rend auprès d'Eustache de Beaumarchais à son arrivée à Pampelune, 100, 1498. — Il lui propose d'assembler les cortès pour conjurer les effets de la haine qui divisait D. Garcia et D. Pierre Sanchiz, 102, 1524.—Il se rend aux cortès de Pampelune, 112, 1681. — Il se retire à part pour délibérer, 1703. — Il tente de rétablir la bonne harmonie entre son neveu et D. Pierre Sanchiz, 122, 1844. — Invention de ce baron, 126, 1904. — Paroles que lui adresse Eustache de Beaumarchais, 1927. — D. Gonzalve Ibañez prend la parole aux cortès de los Arcos, 132, 1995. — Il vient à Pampelune se joindre aux riches hommes et aux barons, 134, 2040. — Il engage le gouverneur à porter secours à D. Lope Diez et à D. Simon Ruiz, 2057. — Il adresse la parole aux barons de l'expédition de Najera, en route pour retourner à Pampelune, 140, 2151. — Il menace Eustache de Beaumarchais devant les bourgeois, 144, 2198. — Il blâme les riches hommes conjurés contre le gouverneur, 2210. — Il l'engage à s'en aller, 148, 2259. — D. Gonzalve prend la parole dans l'assemblée des riches hommes révoltés enfermés dans la Navarrerie, 154, 2354. — Il assiste le lendemain à la prestation de serment dans Sainte-Marie, 156, 2379. — Le prieur de Saint-Gilles le trouve dans la Navarrerie, 182, 2797. — D. Gonzalve propose aux révoltés de la Navarrerie un plan pour emporter les bourgs, 248, 3850.—D. Gonzalve commande l'assaut, 302, 4689.

Gonfaironer, gonfayroner. Le seigneur de Cascante se rend à une conférence avec son gonfanonier, 112, 1680. — Le gonfanonier d'Imbert de Beaujeu se retire, 320, 4972.

Gonio. Casaque en usage à Pampelune, 206, 3177.

Gorgera, gorgero. Des combattants s'arment de gorgerins, 206, 3180; 282, 4370.

GOTDALFAGAR. Le roi de Castille, seigneur de cet endroit, 6, 59.

Governador, governaire, governayre. La reine Blanche se décide à donner un gouverneur à la Navarre, 42, 613; 44, 614. — Territoire que tenait le gouverneur, 632. — Un bourgeois de la Navarrerie propose de se plaindre au gouverneur des entreprises des bourgs, 46, 672. — Un gouverneur est institué pour tenir droiture, 48, 680. — Les bourgeois des bourgs se rendent auprès du gouverneur et lui adressent la parole, 686. — Le gouverneur est bien disposé à écouter les bourgeois, et il leur répond, 50, 707.— Ils lui répliquent, 734. — D. Sancho de los Arcos s'adresse au gouverneur, 52, 747. — Le gouverneur sort de la ville et entre dans le Bourg, 751. — Les habitants de la Navarrerie s'imaginent que le gouverneur ne pourrait les subjuguer, 52, 757. — Ils se plaignent à D. Garcia qu'il veuille les soumettre, 767. — Ayant appris qu'il avait l'intention de détruire leurs engins et leurs retranchements, ils lui parlent très-résolument, 58, 831, 833. — Les habitants des bourgs intercèdent pour les rebelles, 852; 60, 863. — Il sort de Pampelune armé, 869.— Un messager de D. Garcia lui adresse la parole, 885. — Un bourgeois ouvre l'avis d'envoyer deux bourgeois au gouverneur, 70, 1043. — Un autre annonce que le gouverneur veut tout ce que veulent les bourgeois, 74, 1088. — Tout le monde, en Navarre, veut être gouverneur, 78, 1149. — Un bourgeois propose de demander un gouverneur au roi de France, 1152. — L'assemblée tombe d'accord sur ce point, 80, 1176. — Un messager demande un gouverneur au roi, 1196. — Philippe le Hardi expose l'affaire à son conseil, 84, 1252. — Sire Érard de Valeri propose au roi pour gouverneur Eustache de Beaumarchais, 1262. — Le roi veut qu'il le soit de toute la Navarre, 94, 1418. — Le bruit court en Navarre que le pays avait un bon gouverneur de France, 100, 1489. — Le seigneur de Cascante rappelle aux cortès d'Estella la demande d'un gouverneur adressée à Philippe le Hardi, 102, 1544. — Eustache de Beaumarchais chevauche en Navarre comme gouverneur, 104, 1564, 1565. — Les bourgeois de Pampelune se mettent aux ordres d'Eustache de Beaumarchais, 106, 1594. — Le gouverneur prie humblement les habitants de la Navarrerie de se réconcilier avec leurs adversaires, 1598.—L'un de ceux-là, Sancho Mustarra, lui adresse la parole, 110, 1665. — Aucun gouverneur ne peut, au dire du prieur Sicart, ordonner la destruction des machines de guerre de la Navarrerie, 116, 1764. — Les douze de la Navarrerie refusent d'obéir au gouverneur, 118, 1776. — Il leur répond et se rend au palais épiscopal, 1780, 1782. — Les habitants du bourg de Saint-Cernin l'excitent à la vengeance, 120, 1817.—Un messager des bourgs lui adresse la parole, 124, 1884. — Les barons, ayant comploté de le chasser, lui adressent la parole, 128, 1954. — D. Gonzalve Ibañez lui parle aux cortès de los Arcos, 132, 1996.— Il s'adresse de nouveau à lui, à Pampelune, 136, 2058. — Sire Eustache le gouverneur veut aller en Castille, 285. — Les barons et les riches hommes rassemblés se demandent ce qu'ils feront de ce gouverneur, 142, 2156. — Il accorde audience aux riches hommes, 2181. — Les ricomes demandent aux bourgeois ce que leur semble de leur gouverneur, 144, 2190. — Aymar Crozat annonce aux bourgeois que les barons veulent abaisser le gouverneur Eustache de Beaumarchais 146, 2223.—D. Gonzalve Ibañez engage Eustache de Beaumarchais à s'en retourner en France, 148, 2260. — D. Ponce Baldoin déclare à Eustache de Beaumarchais que, puisque la Navarre lui a prêté serment comme gouverneur, il sera en sûreté, 158, 2440.—Le gouverneur à Saint-Laurent, 190, 2946.—Les arbalétriers du gouverneur sortent des bourgs, 234, 3611. — Philippe le Hardi doit secourir Eustache, puisqu'il l'a fait gouverneur de toute la Navarre, 272, 4230. — Le prieur de Saint-Jacques s'adresse au gouverneur pour lui demander protection, 286, 4434.

GRACIA. Voyez *Santa Gracia.*

Grayle, graylle. Eustache de Beaumarchais sort avec des clairons, 298, 4625. — On en sonne pour appeler aux armes, 302, 4715. — A Mendavia le pays retentit des petits clairons de l'armée française, 320, 4990.

GUARCI ALMORAVID. Si les combattants du Bourg l'eussent su terrassé, il n'aurait point échappé, 222, 3431.

GUERETZ. Voyez *Semen de Gueretz.*

GUILLEM (Maestre). Il est chargé de diriger l'algarade de Saint-Cernin, 170, 2608.

GUILLEM ANELIER (En), auteur de ce poême, 1. — Il déclare avoir vu à tout instant D. Pierre Marra dans l'algarade de Saint-Cernin, 170, 2609. — Il raconte ce qu'il a vu, 194, 2998. — Il croit que le capitaine du moulin du Maçon fut frappé un vendredi, 210, 3250. — Les révoltés de la Navarrerie entreprennent de le faire rendre à merci, avec ses compagnons, 3253. — Il est témoin de ce qui fut tiré en deux jours des bains et des celliers de la Navarrerie, 212, 3273. — Il rend justice à la vigilance d'Eustache de Beaumarchais, 214, 3300. — Il jure que si les bourgeois du Bourg avaient su D. Garcia à terre, ils l'auraient tué, 222, 3429. — Il sait qu'un jour sept chevaux de prix furent écorchés dans la Navarrerie, 3438. — Il peut conter ce qu'il a vu, 230, 3573. — Il affirme quelque chose avec serment, 232, 3581. — Ses exploits dans une circonstance, 234, 3624. — Il voit André d'Estella couvert de carreaux, 236, 3653. — Il se dit porté à voir dans la guerre civile de Pampelune un effet de la colère de Dieu, 238, 3702. — Il jure par le Seigneur qu'un certain jour les juifs firent de grands ravages, 240, 3732. — Il assure que si Eustache de Beaumarchais avait eu compagnie, il serait sorti contre les révoltés de la Navarrerie, 242, 3740. — Il voit tendre une baliste et tuer un chevalier, 3753. — Il lui vient à l'esprit, en voyant porter un coup à Guillaume Isarn, qu'il est tué, 246, 3803. — Il jure qu'il voudrait pendre D. Miguel Peritz, 276, 4392. — Il dit savoir que maint homme des bourgs s'effrayait du retard du secours de France, 278, 4308. — Il entend Arnaut de Marcafava demander le combat, 4317. — Il sait qui, dans une circonstance, fut blessé, qui périt, 280, 4345, 4354. — Il peut dire le nom d'un bourgeois qui se porta en avant dans une circonstance, 290, 4499. — Il sait bien qui donna avis à D. Garcia de s'en aller, mais il ne veut pas le nommer, 300, 4373.

GUILLEM YSSARN, GULLYEM ISARN, GUYLLEM YSARN, chevalier toulousain, porte-enseigne d'Eustache de Beaumarchais, se distingue, 244, 3791, 3798. — Il entre dans Mendavia avec Arnaut de Marcafava, 318, 4942.

GUILLEM, GUILLEN, GUYLLEM MARZEL (Don), bourgeois de Pampelune. Il assiste à une conférence tenue entre les habitants des bourgs et Eustache de Beaumarchais, 150, 2300. — Il assiste à une autre conférence, dans l'église de Saint-Laurent, 158, 2413. — On lui confie une des algarades des bourgs, 170, 2619.

GUIOT, sergent des bourgs, porte un coup à D. Garcia, 218, 3364.

GUIRALT LOMBART, bourgeois de Pampelune. L'une des tours de cette ville lui est confiée, 162, 2500.

GUIRGORRI DE GALARR (La torr don), à Pampelune, donnée en garde à des bourgeois, 162, 2505.

GUYLLEM DE LARRAYA (En), vaillant arbalétrier placé dans Maria Delgada, 166, 2551.

GUYLLEM MARTIN. L'une des tours des bourgs de Pampelune lui est donnée en garde, 162, 2504.

GUYLLEM MINAUT. Il est placé en avant, avec sa compagnie, dans une sortie, 254, 3930.

Guyssarma, espèce d'arme employée dans la guerre civile de Pampelune, 200, 3085; 282, 4375. Voyez *Gazarma.*

GUZIEU, JUZIEUS, YUZIEUS. Les révoltés de la Navarrerie mandent les juifs et les prennent pour auxiliaires, 240, 3723, 3726, 3731.

H

Helias Davi (Don), bourgeois de Pampelune, assiste à une conférence dans l'église de Saint-Laurent, 156, 2407.

Hubrir. Silos, caisses, coussins, ouverts au sac de Pampelune, 304, 4740, 4746, 4751; 306, 4758.

Hucka. Huches forcées au sac de la Navarrerie, 304, 4741.

Hueyllal. Yeux frappés par des carreaux, 284, 4408.

I

Ifanta. Gardien de l'infante, le roi de France doit garder sa terre, 91, 1399.

Imbert, Inbert, sire de Beaujeu, connétable de France. Philippe le Hardi le mande et confère avec lui, 224, 3460; 258, 4014, 4023. — Il assiste à un conseil secret tenu par le roi, 274, 4248. — Le roi lui adresse la parole, 4253. — Sire Imbert amène le secours de France, 294, 4584.

Irat de Valeri, Erard de Valery. Langage qu'il tient au roi de France, 84, 1255. — Philippe le Hardi lui reproche de trop vanter Eustache de Beaumarchais, 88, 1301.

Isarn. Voyez *Gaillem Yssarn*.

Issada. Sans Eustache de Beaumarchais, une sortie aurait coûté bien davantage, 254, 3946.

Issarnitz. Anelier donne cette épithète au comte d'Artois, 312, 4858.

Ivero. Voyez *Johan d'Ivero*.

Iza. Voyez *Pedro d'Iza*.

J

Jaca. D. Corbaran et les vingt disent à Eustache de Beaumarchais que le secours venu de France est à Jaca, 292, 4559.

Jacme, Jaime, roi d'Aragon. Le roi Sancho lui envoie un messager, 14, 181. — Il s'en vient à Tudela, 183. — Discours que lui tient D. Sancho, 191. — Joie de D. Jaime à l'ouverture que lui fait le roi de Navarre, 16, 207. — Autre discours que lui adresse D. Sancho, 215. — Il garde le pays avec des hommes d'armes, 224.

Jacmes Lambert (Don), l'un des défenseurs de l'une des tours de Pampelune, 162, 2499.

Jacopis. Jacobins dans l'armée de Philippe le Hardi, 308, 4799.

Jaymes le correyer. Il reçoit la mission de garder le corneillat, à Pampelune, 164, 2520.

Jhesu-Crist, Jhesu Cristi. Il inspire aux barons navarrais et aux bourgeois de Pampelune de demander un gouverneur à Philippe le Hardi, 78, 1143. — Son amour pour Eustache de Beaumarchais, 122, 1861. — Eustache attribue à J. C. son salut, à lui et aux bourgeois, 158, 2429. — J. C. abaisse l'orgueil excessif, 178, 2734. — Prières adressées à J. C. pour le succès de la médiation de l'abbé de Mont-Aragon et du prieur de Saint-Gilles entre les bourgs et la Navarrerie, 188, 2915. — J. C. envoie à Eustache de Beaumarchais la grâce de parler, 230, 3559. — Il ne veut pas souffrir que les bourgs perdent un certain moulin, 3584, — ni que le crime tenté par les habitants de Saint-Christophe soit consommé, 316, 4914.

Joc. Assimilation d'un combat à un jeu, 270, 4186; 278, 4333; 388, 4492.

Johan (Don), sonneur de cloches, l'un des défenseurs de l'une des tours de Pampelune, 166, 255.

Johan Alfonso vient, gonfanon déployé, avec la permission d'entrer en Biscaye et d'y exercer des ravages, 132, 2017. — Un Navarrais le met d'un complot, 136, 2068.

JOHAN BICHIA, commandant de la tour de la Roche, à Pampelune, 164, 2524.

JOHAN BIGORDA (En), bourgeois de Pampelune, frère de sire Raymond et de sire Bernard, et défenseur de la tour Neuve, 162, 2483.

JOHAN CARITAT (En), propriétaire de l'une des anciennes tours de Pampelune, 162, 2502.

JOHAN CORBARAN (ED), sire de Let. Il se rend auprès d'Eustache de Beaumarchais, à son arrivée à Pampelune, 100, 1500. — Il lui prête serment, 104, 1557.

JOHAN D'ACRE (Sire). Il répond à Philippe le Hardi, qui consulte son conseil pour savoir s'il doit aller en Castille, 310, 4838.

JOHAN D'ALDAVA. On lui donne à défendre la tour de D. Guirgorri de Galar, à Pampelune, 164, 2507.

JOHAN DE BADOZTAYNN, bourgeois de Pampelune. Il assiste à une conférence entre Eustache de Beaumarchais et les bourgeois, 150, 2298.

JOHAN DE BIDAURRE (En). Il prête serment à Eustache de Beaumarchais, 104, 156. — Il se rend, sur son destrier, aux cortès de Pampelune, 112, 1683. — Il assiste à la séance où les révoltés prêtent serment dans Sainte-Marie, 156, 2384.

JOHAN D'ESTELA, bourgeois de Pampelune, l'un des défenseurs des tours, 162, 2495.

JOHAN DE LA CUBA (En). Il meurt pendant la guerre civile de Pampelune, 284, 4412.

JOHAN DE LE QUOATE, l'un des défenseurs de Maria Delgada de Pampelune, 166, 2552.

JOHAN DE TUNAYN, fils de D. Pierre Aybar et neveu de D. Pierre Sanchiz, tué avec celui-ci, 268, 4156.

JOHAN D'IVERO. Il concourt à la défense des bourgs de Pampelune, 166, 2565.

JOHAN D'OTEIÇA. Il garde la tour de la Poterne, à Pampelune, 164, 2531.

JOHAN ELIO (Don), bourgeois de Pampelune. On lui confie la tour Neuve, 162, 2481.

JOHAN ESPECIER, bourgeois de Pampelune, l'un des défenseurs de la tour de la Cloche, 162, 2477.

JOHAN FELIP, bourgeois de Pampelune, l'un des défenseurs de la tour Neuve, 162, 2484.

JOHAN GONÇALVEITZ, fils de Gonzalve Ibañez, se rend auprès d'Eustache de Beaumarchais, à son arrivée à Pampelune, 100, 1499.

JOHAN LOMBART. Tour de Pampelune battant sur son chapiteau, 162, 2497.

JOHAN MURDE se met à la tête des révoltés de la Navarrerie et les fait reculer, 118, 1796.

JOHAN PERITZ ALEGRE (En ou Don). Il se présente au palais pour demander la rupture de l'unité de Pampelune, 38, 528. — Il est choisi pour aller auprès de D. Garcia, 54, 770. — Il assiste à la séance où les révoltés se jurent, à Sainte-Marie, aide et amitié, 156, 2390.

JOHAN PERITZ MORÇA, MOTZA ou MOTZHA (Don), bourgeois de la Poblacion de Pampelune, assiste à une conférence tenue entre Eustache de Beaumarchais et les bourgeois, 150, 2303. — Il prend part à une autre conférence tenue dans l'église de Saint-Laurent, 158, 2418. — Il est commis à la garde de l'algarade de Saint-Cernin, 170, 2607.

JOHAN ROS (ED). La tour de D. Guirgorri de Galar, à Pampelune, lui est donnée en garde, 164, 2506.

JOHANNA, REYNA DE NAVARRA (Doña). Punition de la Navarrerie coupable de trahison envers cette princesse, 308, en note.

JORDA DE YLLA (En). Il fait partie de l'armée française envoyée en Navarre, 296, 4593.

JORDAN DE RABASTENS. Il fait partie de l'expédition de Navarre, 296, 4594.

Jornal. Mauvaise journée, 284, 4424.

Jox. Voyez Joc.

JUDAS. Le sort de Judas Iscariote souhaité à l'infracteur de l'unité des bourgs de Pampelune, 36, 510.

Junta. Arnaut de Marcafava demande joute, 278, 4318.

JUZIEUS. Voyez Guzieu.

L

Labrados. Actions de grâces des laboureurs d'Auvergne à Dieu pour leur avoir envoyé Eustache de Beaumarchais, 88, 1298.

LACEYLLA. Voyez *Pere Laceylla* (*Don*).

LADRO, l'un des cris de guerre poussés par les habitants de la Navarrerie, 206, 3189.

LAMBERT. Voyez *Jacmes Lambert*.

Lampa. Lampes d'argent prises et cachées au sac de la Navarrerie, 304, 4750.

Lança. Emploi de cette arme dans la guerre civile de Pampelune, 200, 3082; 206, 3178; 246, 3809. — D. Diego Martinez secoue sa lance, 202, 3105. — Un écuyer se jette en avant, la lance au poing, et tue un ennemi, 3117, 3120. — Lances jetées dans une circonstance, 206, 3185. — Grand bruit de lances que l'on y entend, 208, 3237. — D. Garcia donne des coups de lance à Bernard Bigourdan, 216, 3352. — Un chevalier reçoit un coup de lance en secourant D. Garcia, 218, 3377. — Rude coup de lance donné à Peyret Carnero, 220, 3397. — Grand nombre de lances dans une circonstance, 3416. — Charpentier tué d'une lance, 236, 3649. — Combat à coups de lance, 238, 3689. — A Pampelune et à Mendavia des combattants s'arment de lances, 282, 4372; 302, 4717; 318, 4951. — A Puñicastro, le pays resplendit de l'éclat des fers de lances, 320, 4988.

Lanceiar. Hommes percés à coups de lance, 304, 4736.

Languinar. Eustache de Beaumarchais fait languir à Tebas certains des vaincus de la Navarrerie, 306, 4772.

LANTZ, LANZ. Voyez *Maria de Lantz* et *Pere de Lanz* (*Don*).

LARRAYA. Voyez *Guyllem de Larraya* (*En*).

LARUMBE. Voyez *Ochoa de Larumbe*.

LATURLEGUI. Voyez *Martin de Laturlegui*.

LAVIANO. Voyez *Martin de Laviano* (*Don*).

Layro. D. Ponce Baldoin rappelle à Eustache de Beaumarchais la parole du bon larron à J. C. sur la croix, 160, 2451.

LEGARIA. Voyez *Miguel Periz de Legaria*.

Legender. Abbés légendiers à la suite de Philippe le Hardi dans son expédition en Navarre, 308, 4797.

LENAY. Voyez *Clement de Lenay* (*En*).

LEO. Le roi de Léon à la bataille de las Navas, 4, 24.

Leon. Le lion armoiries de la Castille, 130, 1969. — Le connétable de France parcourt la Navarre, puis entre dans Mendavia avec son lion noir, 312, 4850; 320, 4997. — Le connétable qui porte le lion, au siége de Garaynno, 322, 5026.

LET, 100, 1500; 104, 1557. — Let proclamé à l'assemblée des riches hommes et des barons, à Pampelune, 124, 2046. Voyez *Johan Corbaran*.

Leynna. Les habitants du bourg de Pampelune ramassent tout le bois des bourgs, 276, 4299.

Lial. Gens loyaux à Pampelune, 326, 5075.

Libras. Un orateur de la Navarrerie promet à D. Garcia mille livres par an pour s'équiper, s'il veut défendre les révoltés, 54, 785. — Un bourgeois des bourgs offre de prêter cent livres de sanchets au conseil, 72, 1051.

Libre. Le livre des Évangiles est apporté aux cortès d'Estella pour y prêter serment au gouverneur, 104, 1651. — Il est apporté à la conférence de Santa-Maria, 156, 2394.

LIMOGES. Le roi Philippe le Hardi donne à Imbert, sire de Beaujeu, le commandement des possessions royales au delà de Limoges, 274, 4258.

Lissa. Ceux de la ville se mettent par palissade, 286, 4447.

Lobetz. Loups dans les armoiries de Lop Diez, seigneur de Biscaye, 134, 2051.

LODOYS, saint Louis. Il forme le projet de passer outre-mer, 24, 341. — Il reçoit très-durement le roi de Navarre à la suite d'un combat, 30, 420.

Logader. Nul mercenaire ne sort de Pampelune, 288, 4469.

LOMBARDIA. Manière dont on fait la paix en Lombardie, 122, 1851.

LOMBART. Voyez *Guiralt* et *Johan Lombart*.
LOP. Le loup est dupé par Renard, son compagnon, 242, 3747. — Révoltés de la Navarrerie comparés à des loups ravissants, 272, 4236.
LOP D'ERRO. Il sort de Pampelune, 288, 4476.
LOP DIES. Eustache de Beaumarchais se rend au palais épiscopal pour accompagner ce baron, 118, 1783. — Les barons de Navarre annoncent à Eustache de Beaumarchais l'expulsion de Lope Diez de la Castille, 128, 1958; 132, 1998. — Il assiste aux cortès du château de los Arcos, 130, 1992. — D. Lop Diez va auprès de D. Simon Valer, 132, 2025. — Eustache de Beaumarchais annonce aux riches hommes et aux barons qu'il a reçu un message de ce seigneur, 134, 1051. — Un Navarrais tient un conciliabule avec lui et D. Simon Ruiz, 136, 2066. — Eustache de Beaumarchais invite les barons de Navarre à se rendre auprès de D. Lope Diez sans lui, 138, 2100. — Ils sont bien accueillis de D. Lope, 2119. — Il confère avec D. Simon, 140, 2123. — Ils viennent ensemble à Pampelune pendant la guerre civile, 210, 3261. — Les révoltés de la Navarrerie le prient de demander des trêves à Eustache, ce qu'ils font, 212, 3265, 3267.
LOPE GARDACHO. Lui seul reconnaît D. Garcia Almoravid, son maître, terrassé dans un jardin, 222, 3433.
LOPEYZ. Voyez *Miguel Lopeyz*.
LORCA. Les Navarrais y vont avec D. Simon Ruiz et D. Lope Diez, 140, 2130.
LOREN (El martre sant). D. Garcia Martinitz d'Uritz garde le portail de Saint-Laurent, 212, 3288.
Loriga. Belles cuirasses dans l'armée française en Navarre, 296, 4604; 310, 4809.
LORMANDIE. Une fois à l'abri du danger qu'il avait couru dans la Navarrerie, Eustache de Beaumarchais jure qu'il avait eu plus de joie que s'il eût été duc de Normandie, 120, 1832.
Luec. Une machine, au siége de Garaynno, frappe au lieu où mangeaient les assiégeants, 326, 5062.

M

Maça. Des combattants de Pampelune s'arment de masses, 214, 3325; 282, 4372. — Nombreuses masses prises dans une circonstance, 304, 4722.
MAÇO (El molin del). Les révoltés de la Navarrerie cherchent à s'en emparer, 210, 3236. — Attaque de ce moulin, 3241, 3242, 3248. — Perte du moulin, 3256, 3257.
Maestria. Habileté des habitants des bourgs, 276, 4296.
MAGDALENA. Les défenseurs des bourgs passent le pont à la Magdeleine, 302, 4703.
MAIESTRE. Voyez *Simon Maiestre*.
Maiestre, ingénieur. Un bourgeois propose d'envoyer chercher des ingénieurs en Gascogne, 74, 1099. — Le conseil des bourgs y envoie, 1109.
Mal. Qui mal cherche, mal veut, proverbe, 286, 4453.

Malaute. Le roi de France guérit les malades, à l'exclusion de tout autre roi, 256, 3979.
Manguanel. Les habitants de la Navarrerie font des mangonneaux contre le bourg de Saint-Cernin, 46, 647.
Mansbrit. Habitations de marbre de la Navarrerie détruites, 314, 4879.
MARÇA. Voyez *Andreu de Marça*.
MARCAFAVA. Voyez *Arnaut de Marcafava*.
MARÇAL (San), saint Martial. Les barons de Navarre jurent par son corps, 130, 1970.
Marchant. Avant l'arrivée d'Eustache de Beaumarchais en Auvergne, les marchands n'y pouvaient circuler, 86, 1278. — Leurs actions de grâces à Dieu, 88, 1299. — Localités où ils étaient victimes de guet-apens et démontés, 1317; 90, 1356. — Ce qu'ils disent d'Eustache, 1335. Voyez *Mercader*.
Marcs. Les défenseurs de Garaynno, pour se

rendre, demandent cent marcs de dépens, 326, 5070.

MARIA (Santa). Invocation des croisés à sainte Marie, 28, 389. — Sainte Marie représentée sur le sceau de Pampelune, 38, 546. — Elle est invoquée en plusieurs circonstances par les bourgeois, 282, 4382; 302, 4707. — Eustache de Beaumarchais assigne la Sainte-Marie d'août comme époque de l'arrivée du secours de France, 276, 4305. Voyez *Santa Maria*.

MARIA DE LANTZ, habitante de la Navarrerie. Eustache de Beaumarchais met le feu à la maison où d'habitude elle se tenait, 194, 2997.

MARIA DELGUADA, l'une des tours, à ce que je présume, de l'un des bourgs de Pampelune, 166, 2550.

MARIA PELEGRIN (Doña), propriétaire d'une maison à Pampelune, 164, 2511.

MARIN (Lac de). Désordres qui y avaient lieu avant l'arrivée d'Eustache de Beaumarchais en Auvergne, 90, 1353.

MARIN DE SALT (Don), bourgeois de Pampelune, chargé de la défense de deux tours, 162, 2493.

MARIN Ros. Il concourt à la défense des bourgs de Pampelune, 164, 2512.

Marines. Saint Nicolas invoqué par les marins, 206, 3193.

MAROCS. Le roi Sancho va dans ce pays, 8, 99. — Un messager l'y va trouver, 10, 110.

MARQUO, charpentier. On lui donne la surveillance de l'une des algarades des tours de Pampelune, 170, 2625.

MARRA. Voyez *Pere Marra (Don)*.

MARTI, MARTIN D'UNDIANO (Don), bourgeois de la Poblacion de Pampelune. Il assiste à une conférence entre Eustache de Beaumarchais et les bourgeois, 150, 2304. — Il assiste à une autre assemblée, dans l'église de Saint-Laurent, 158, 2416.

MARTI PELEGRI (En), l'un des défenseurs des bourgs de Pampelune, 164, 2513.

MARTI, MARTIN CROZATZ, bourgeois du bourg de Pampelune, frère d'Aymar Crozat. Il adresse des exhortations aux autres bourgeois, 146, 2233. — Il assiste à une conférence entre eux et Eustache de Beaumarchais, 150, 2297. — Il fait partie d'une autre conférence tenue dans l'église de Saint-Laurent, 158, 2409. — Il pique son cheval et pense frapper un arbalétrier, 298, 4498.

MARTIN DE LATURLEGUI se place dans la tour de la Galée, 160, 2471.

MARTIN DE LAVIANO, l'un des défenseurs des bourgs de Pampelune, 168, 2575.

MARTIN DE RONCAL, nommé parmi les défenseurs des bourgs de Pampelune, 168, 2576.

MARTIN DEL OSPITAL. Il est chargé de guider le trébuchet de l'algarade établie devant Saint-Nicolas de Pampelune, 170, 2603.

MARTIN MORÇA (Don). Il est placé dans l'algarade des bourgs de Pampelune, 170, 2602.

MARTINETZ. Voyez *Diego Martinetz*.

MARTINTZ. Voyez *Garcia Martintz d'Eussa*.

MARZEL. Voyez *Guillem Marzel (Don)*.

Mayestre. Les vingt ordonnent aux ingénieurs de se préparer à défaire les machines, 124, 1872.

Maynader. Sire Jean d'Acre conseille à Philippe le Hardi de s'en retourner avec tous ses guerriers, 312, 4841.

Mazel. Boucherie dans une circonstance, 284, 4401.

Mege. On demande des médecins pour soigner les blessés, 284, 4421.

MENDAVIA. Des messagers envoyés à Philippe le Hardi lui annoncent la perte de cette ville, 82, 1208; 84, 1249. — Les sentinelles des bourgs crient à ceux de la Navarrerie d'y aller, 232, 3596. — Imbert, sire de Beaujeu, et Eustache de Beaumarchais tombent d'accord d'aller prendre Mendavia, 316, 4923.

Menestrals. Les ouvriers de la Navarre s'assemblent pour délibérer sur l'état du pays, 78, 1159. — Ouvriers mêlés aux bourgeois pour la défense des bourgs de Pampelune, 168, 2584, 2589. — Des ouvriers, dans cette ville, crient aux armes, 204, 3156; 282, 4368; 288, 4484; 316, 4929. — Ils s'arment, 214, 3319. — Les ouvriers de la Navarrerie entrent dans un complot contre les vignes de leurs adversaires, 240, 3714.

MENORES, MENORS, MENOS (Frays). Les frères mineurs en possession d'un double de la charte d'unité de Pampelune, 42, 592. — Des bourgeois des bourgs s'y rendent et engagent D. Ponce Baldoin à révéler à Eustache de Beaumarchais un complot ourdi contre lui, 136, 2087. — D. Marti Crozat propose aux autres bourgeois de Pampelune de se réunir aux frères mineurs, 146, 2240. — Les bourgeois s'en vont jusqu'aux Frères Mineurs avec Eustache de Beaumarchais, 148, 2256. — Le gardien du couvent vient en la vingtaine pour tâcher de rétablir la paix entre les bourgs et la Navarrerie, 172, 2639. — Le prieur de Saint-Gilles et l'abbé de Mont-Aragon quittent la Navarrerie accompagnés de frères mineurs, 190, 2943.

Mercader. Les marchands de la Navarre s'assemblent pour délibérer sur l'état du royaume, 78, 1158, 1159. — Les marchands des cortès de Navarre délibèrent avec les autres ordres, 112, 1706. — Les marchands des bourgs en sortent, 232, 3609. — Un messager annonce à Philippe le Hardi la fuite des marchands de la Navarrerie, 310, 4820. Voyez *Marchant*.

Merce. Exhortés à se rendre à merci, les défenseurs du moulin du Maçon suivent cet avis, 210, 3253.

Merescal. On demande des maréchaux pour panser les blessés, 284, 4421.

MERLIS, Merlin l'enchanteur. Anelier proclame D. Gonzalve Ibañez plus savant que Merlin, 182, 2797.

Mesage, mesatgans, message, messager, mesatge. Un messager va annoncer à Sancho VII la perte de Vitoria, 10, 109. — Le roi de Tunis envoie des messagers aux croisés, 34, 465. — Thibaut II en envoie au Bourg de Pampelune, 38, 539. — Un messager de D. Garcia vient trouver D. Pero Sanchiz à Tafalla, 60, 885. — Le gouverneur appelle un messager et l'envoie à D. Garcia, 62, 912, 913. — Le messager remplit sa commission, et D. Garcia lui répond, 918, 922, 923. — Il rapporte la réponse à son maître, 64, 931, 933. — Le conseil des bourgs consent à envoyer un messager au gouverneur, 72, 1053, 1054. — Un bourgeois propose d'envoyer des messagers en Gascogne pour avoir des ingénieurs, 74, 1098. — D'après la résolution de l'assemblée générale des divers ordres de la Navarre, des messagers vont à Paris auprès du roi, et l'un d'eux lui adresse la parole, 80, 1183, 1184, 1189. — Philippe convoque ses conseillers intimes au lieu qui leur serait assigné par le messager, 82, 1228. — Il leur expose qu'il lui en est venu de Navarre, 84, 1245. — Réponse d'Eustache de Beaumarchais à des messagers envoyés par D. Pierre Sanchiz, 100, 1511. — Le seigneur de Cascante rappelle aux cortès d'Estella l'envoi d'un messager au roi de France, 102, 1542. — Les bourgs envoient à Eustache de Beaumarchais un messager pour lui annoncer la destruction des machines, entretien qu'a celui-ci avec le gouverneur, 124, 1881, 1883, 1891. — Le messager s'en vient à Pampelune, aux vingt, 1996. — Lope Diez envoie des messagers en Navarre à sire Eustache, 134, 2028. — Il en instruit le parlement, 2052. — Les riches hommes mandent parlement par les messagers connus, 154, 2349. — Un messager va dire aux vingt de Pampelune que l'attaque commence dans la Navarrerie, 174, 2671. — Eustache de Beaumarchais déclare ne pas vouloir sortir des bourgs avant le retour d'un messager envoyé en France, 2713. — Messager d'Eustache de Beaumarchais envoyé à Philippe le Hardi, 178, 2750. — L'abbé de Mont-Aragon invoque sa qualité de messager pour fermer la bouche aux vingt des bourgs, 186, 2882. — Il se donne à Eustache comme messager contraint, 188, 2890. — Messagers envoyés en France pour annoncer le siège de Pampelune, 2899, 2901. — Le messager arrive à Paris et parle au roi, 222, 3446. — Le roi Philippe annonce devoir envoyer un messager à Eustache de Beaumarchais, 224,

3467. — Un deuxième messager arrive à Paris, 3471. — Paroles du roi aux messagers d'Eustache de Beaumarchais, 226, 3492. — Ils s'en retournent à Pampelune, 3494. — Trois messagers des bourgs vont au roi Philippe, 256, 3966. — Raison d'un pareil nombre, 3969. — Un messager se présente devant le roi et lui expose son message, 3980. — Le roi lui répond, 258, 3996. — Un autre messager arrive, 4002. — Le roi parle aux deux, 4009. — Les messagers reviennent à Pampelune, 260, 4024. — Un messager vient au Bourg de la part de sire Gaston, 4048. — D. Pedro Sanchiz déclare vouloir envoyer un messager au Bourg pour announcer son retour, 264, 4115. — Sire Gaston en envoie un autre, et tous deux vont à Eustache de Beaumarchais, qui leur parle, 4117, 4118; 266, 4121. — A l'approche de l'armée française, un messager va en courant aux bourgs, 296, 4606. — Quelqu'un de cette armée va envoyer un messager à D. Garcia, 300, 4672. — En l'entendant parler, D. Garcia dit à D. Gonzalve qu'il y a à craindre, 4674. — Un messager annonce à Philippe le Hardi la fuite des révoltés et le sac de la Navarrerie, 310. 4813, 4815, 4819. — Des parlementaires de Mendavia se présentent à Imbert de Beaujeu comme messagers, 320, 4973. — Messagers envoyés à Pampelune pour mander des troupes au siège de Garaynno, 324, 5034.

Messa. Un chevalier ayant été tué, Anelier fait remarquer que nul des bourgs ne fit dire de messe pour lui, 242, 3765.

Messal (Abbat). Voyez *Abas*.

Messio. Les nobles de Navarre demandent à Eustache de Beaumarchais leurs frais de garde des châteaux, et autres, 104, 1571; 138, 2106. — Accusations portées contre les dépenses d'Eustache de Beaumarchais, 148, 2162, 2266. — Les défenseurs de Garaynno demandent, pour se rendre, cent marcs de dépens, 326, 5070.

Meynader. Des chefs de bande crient aux armes, 286, 4444.

Micolau (Sant). Saint Nicolas sur le sceau de Pampelune, 38, 548. — Son nom employé comme cri de guerre par les habitants des bourgs de Pampelune, 206, 3193.

Miguel, Miquel Peritz. Il se présente au roi Henri pour demander la rupture de l'unité de Pampelune, 38, 531. — Il prend soin d'une tour, 164, 2508.

Miguel. Peritz aquel de Çavaldica. Il menace publiquement Eustache de Beaumarchais de le mettre hors du bourg de Saint-Cernin par le pied, 276, 4287.

Miguel Peritz de Legaria, chevalier. Il est tué d'un coup de baliste, 242, 3757.

Minador. Rencontre de mineurs, 250, 3891.

Minaut. Voyez *Guyllem Minaut*.

Miquel (Don), l'un des vingt de Pampelune, défenseur de la tour de la Cloche, 162, 2479.

Miquel Crozat, neveu de D. Martin. Il lui adresse des représentations, 290, 4503.

Miquel Esveyllart, nommé parmi les défenseurs des bourgs de Pampelune, 168, 2582.

Miquel Lopeyç, l'un des défenseurs de l'une des tours de Pampelune, 164, 2518.

Miquel (Sant). S. Michel sur le sceau de Pampelune, 38, 547.

Miquel de la Rayna, de la Raynna, de Lyrainna (En), bourgeois de la Navarrerie. Choisi pour aller auprès de D. Garcia, il porte la parole, 54, 755, 779. — Il se rend auprès d'Eustache de Beaumarchais, à son arrivée en Navarre, 98, 1470. — Il assiste au serment prêté dans Sainte-Marie par les révoltés, 156, 2387.

Miquel de Tayssonar, bourgeois de Pampelune. Une tour lui est confiée, 162, 2498.

Miquel Santz Alaves, défenseur de la tour de la Galée, à Pampelune, 160, 2469.

Mirabla (La torr), tour de Pampelune située vis-à-vis de Saint-Laurent, 164, 2537.

Moli del bispe. Les bourgs s'arment pour prendre le moulin de l'évêque, 278, 4329. — Un des combattants s'avance vers lui une torche à la main, 4334. — Sire Arnaud de Berret jette sa lance au moulin, 280, 4338.

—Tel portait défense qui la laissa au moulin, 4350.

Molin del Maço. Voyez *Maço.*

Molin, molis, molyn. Les révoltés de la Navarrerie vont devant le moulin défaire l'écluse, 228, 3547.—Ils n'ont plus de moulin où ils puissent aller, 230, 3550. — Suites désastreuses de la perte du moulin, 232, 3582. — Le moulin est bien gardé, 3588. — On pense que l'eau y diminue, 238, 3680.

Molto. Mouton cuisant dans une chaudière de la cuisine de sire Gaston de Béarn, 260, 4037.

Monge. Moines à la suite de Philippe le Hardi, 308, 4798.

Mon Real, château de Navarre, embarras pour les troupes françaises, 326, 5080.

Mont-Arago. L'abbé de ce monastère vient au Bourg de Pampelune pour essayer de rétablir la paix avec la Navarrerie, 174, 2677. — Le prieur de Saint-Gilles exhorte l'abbé de Mont-Aragon à s'aboucher avec les bourgeois de la ville, 184, 2836, 2863. — Réponse de l'abbé; il confère avec eux, 2865, 2876, 2881, 2883. — Il se rend auprès d'Eustache, et confère avec lui et avec le prieur de Saint-Gilles, 2885; 188, 2888, 2890, 2897, 2992. — Il sort de la Navarrerie et vient au Bourg, 190, 2944.—Eustache de Beaumarchais prend à témoin l'abbé de Mont-Aragon des intentions hostiles de la Navarrerie, 194, 2982.

Montauyt. Voyez *Cicart de Montauyt.*

Mont-Ferant, l'une des possessions d'Imbert, sire de Beaujeu, 274, 4248; 294, 4586.

Monter. Épieux de chasse entre les mains des habitants de Mendavia.

Montlasu. Voyez *Uc de Montlasu (En).*

Morça. Voyez *Johan Peritz Morça* et *Martin Morça (Don).*

Moro (El rei). Le roi D. Sancho prend congé de lui, 10, 28.

Moros. Maures à la bataille de las Navas de Tolosa, 4, 34; 6, 75; 8, en note, col. 2.

Moster. Le prieur de Saint-Jacques prie Eustache de Beaumarchais de protéger ce monastère, 286, 4435. — Un écuyer est blessé sur l'église, 4456. — Nul ne défend l'église, 288, 4468.—D. Fortuyn entre dans l'église pour la garder, 288, 4471, 4472; 290, 4525.

Motzha. Voyez *Johan Peritz Morça (Don).*

Mur. Murs établis par les vingt de Pampelune pour batailler, 170, 2629. — La chatte des bourgs va sous le mur soutenu de terre, 244, 3776. — Des chevaliers de la Navarrerie, occupés à couper les vignes de leurs adversaires, viennent à la ville pour contribuer à défendre le mur, 3787, 3788. — Pierres lancées des murs d'une place, 246, 3808. — Mur troué pendant la guerre civile de Pampelune, 3813, 3815. — Il est entr'ouvert et renversé, 248, 3836, 3839. — Mur neuf de la Poblacion; D. Gonzalve propose d'y faire brèche et de le renverser, 3854, 3855, 3857; 250, 3877.—Maître Bertrand mine jusqu'à ce qu'il passe par le mur, 3889. — Défense de se montrer sur les murs du Bourg de Pampelune, 282, 4397. — Un messager annonce à Philippe le Hardi la destruction des murs crénelés de la Navarrerie, 310, 4828. — Pierres lancées des murs de Mendavia, 318, 4955.

Muradal (El portz de), localité indiquée comme étant au pouvoir du roi de Castille, 128, 1956.

Mustarra. Voyez *Sancho Mustarra.*

N

Nafil. Cors sonnés pour appeler aux armes, 302, 4715.

Nafrar. Hommes blessés au siége de Mendavia, 318, 4966.

Nafrat. Des blessés vont se faire panser, 198, 3072. — Blessés qui se confessent, 238, 3692. — Spectacle de pieds et de jambes blessés par les nerfs, 284, 4410.

Nagera. Les Navarrais ayant résolu d'y aller avec D. Simon Ruiz et D. Lope Diez, s'y rendent, en effet, le lendemain 140, 2126, 2129.

NARBONA. L'archevêque de Narbonne prêche les croisés, 34, 474.

NAVARR. Ils se placent à Tunis à côté de leur roi, 28, 898. — On y voit les Navarrais sautiller çà et là en chemise, 30, 407. — Le roi de Navarre Thibaut II s'entretient avec saint Louis, 32, 439. — Éloge de sa bravoure, 447. — Il meurt de chagrin, 456, 459. — Les Navarrais retournent dans leur pays, 34, 438. — D. Gonçalve Ibañez propose de les mettre d'un côté dans une bataille et de leur donner la première place, 136, 2070, 2072. — Tous les Navarrais tiennent conférence avec D. Simon et D. Lope Diez, 140, 2122. — Les Navarrais se séparent des Castillans sans que personne soit tué ou blessé, 2145. — Eustache appréhende d'être trahi, parce qu'il avait avec lui bon nombre de Navarrais, 242, 3743.

NAVARRA. Le roi de Navarre à la bataille de las Navas, 4, 25. — Il revient dans ses États, 87. — Le sultan du Maroc entend parler de lui, 93. — Le roi de Castille envahit la Navarre, 8, 102. — Un messager vient l'annoncer à D. Sancho, 10, 111, 114, 124. — Dieu donne bon vent à D. Sancho pour venir en Navarre, 12, 139, 140. — Un messager de ce pays se rend à Provins, auprès du comte Thibaut, pour lui présenter les salutations des Navarrais, et lui annoncer la mort de son oncle, 18, 248, 250. — Il vient en Navarre, 20, 265. — Ce pays est menacé d'une guerre avec la Castille, par suite du mariage de la fille de Thibaut le Grand avec le comte de Bretagne, 22, 305. — Menace du roi de Castille contre ce pays, 22, 315. — Le nom de la Navarre biffé du manuscrit de Fitero, 26, 345. — *Navarre*, cri de guerre, 28, 395; 206, 3191. — Le roi de Navarre poursuit à Tunis les Sarrasins, 30, 414. — Les croisés navarrais reviennent dans leur pays, 34, 490. — La Navarre est dans la peine par suite de la mort de Henri, 42, 607. — Le sire de Cascante est appelé à gouverner la Navarre, 44,

626. — Priviléges des rois de Navarre en faveur du bourg de Saint-Cernin, 641. — Le gouverneur D. Pierre Sanchiz est accepté par toute la Navarre, 46, 673. — Chagrin de D. Garcia de ce que D. Pierre Sanchiz était gouverneur de ce pays, 52, 759. — Celui-ci voyage par la Navarre, 60, 876. — Le bruit de la confusion de D. Garcia se répand dans le pays, 70, 1029. — Le désordre s'accroit au point que toute la Navarre est bouleversée, 76, 1127, 1133. — D. Pierre Sanchiz, D. Garcia et son oncle la mènent à leur guise, 1137. — Il n'y avait nul seigneur, 78, 1142. — Les Navarrais de toutes les classes, voyant que le pays se perdait, s'assemblent en cortès, 1156, 1160. — Les barons navarrais et les bourgeois de Pampelune prient Philippe le Hardi de garder la Navarre et d'y envoyer un gouverneur, 80, 1174, 1177. — L'un des messagers lui présente les hommages du pays, 1191. — Il assure que la Navarre est perdue et qu'on le sait bien, 82, 1204, 1209. — Philippe le Hardi, après avoir rappelé que l'infante de Navarre lui a été confiée, annonce à son conseil le péril où est le pays, 84, 1242, 1244. — Il lui rappelle que la Navarre a besoin de protection, 94, 1395. — L'assemblée est d'avis et arrête d'y envoyer Eustache de Beaumarchais, 94, 1406, 1412, 1413. — Le roi lui annonce sa nomination de gouverneur, 1418. — Eustache sort de Toulouse pour aller en Navarre, 96, 1454; 98, 1455. — Le bruit de son arrivée court par la Navarre, 100, 1488. — Eustache y voyage, 104, 1567. — Les riches hommes, barons, chevaliers et enfançons lui demandent leurs gages, 1570. — Eustache dit aux bourgeois de Pampelune qu'ils sont la tête et le gouvernement de la Navarre, 106, 1610. — Les riches hommes vont par la Navarre, 122, 1854. — Eustache de Beaumarchais la parcourt, 1857, 1858. — Les barons de Navarre ourdissent un complot, 126, 1900. — Alphonse, roi de Castille, propose une trêve, à la condition que la reine n'accueillerait personne en Navarre avec plus de dix che-

valiers de ses intimes, 1914. — Douleur des barons de la Navarre en voyant le mauvais succès de leurs pratiques contre Eustache de Beaumarchais, 128, 1945. — Lope Diez de Biscaye et D. Simon Ruyz avaient mis à mal la Navarre, qu'ils aimaient, 128, 1960, 1961. — Ils s'offrent à la défendre, 130, 1964. — Eustache de Beaumarchais parle du souci qu'il a du bien-être de la Navarre, 1996. — Les cortès de ce pays s'assemblent au château de los Arcos, 1980, 1981. — Les barons de Navarre s'en vont contents chacun chez lui, 132, 2014. — Lope Diez envoie en Navarre des messagers à Eustache de Beaumarchais, 134, 2028. — Complot tramé par un individu de Navarre, qui promet la possession du pays à la Castille, 136, 2064, 2078, 2080. — Les barons de Navarre s'en vont en armes, mais peu rassurés, 138, 2117. — Plus d'un individu de ce pays, voyant ses desseins découverts, s'en va marri auprès de D. Lope Diez et de D. Simon Ruyz, 2120. — Ces deux seigneurs reviennent en Navarre avec confusion, 140, 2135. — L'un des conjurés signale Eustache de Beaumarchais comme à la veille de devenir maître de la Navarre, 142, 2162. — D. Gonzalvo s'étonne que les barons de Navarre soient assez fous pour vouloir rien entreprendre contre le gouverneur, 144, 2212. — Un bourgeois de Pampelune rappelle aux autres que les barons de Navarre veulent abaisser Eustache de Beaumarchais, 146, 2222. — Il leur dit que, tous ceux de la Navarre lui ayant fait serment, il croit qu'il doit être chassé du pays par tous à l'unanimité, 2274, 2277. — Il pense que ce serait chose grave d'abandonner la Navarre sur la sommation des riches hommes, 176, 2699, 2700. — Le roi le tiendrait pour insensé, 2708. — L'abbé de Mont-Aragon rappelle aux riches hommes renfermés dans la Navarrerie le serment prêté à Eustache par le peuple de la Navarre, 178, 2729. — Eustache de Beaumarchais rappelle à deux chevaliers français l'opposition que lui font les barons de la Navarre, 180, 2768. — Il dit n'avoir jamais vu de tromperie comme celle qui courait en Navarre, 2779. — Le messager d'Eustache de Beaumarchais annonce au roi que les barons de Navarre ont bloqué son maître, et le roi le répète à Imbert, sire de Beaujeu, 224, 3454, 3462. — Un autre messager vient annoncer la même chose, 3474. — Les arbalétriers du gouverneur étaient de Navarre, 234, 3612. — Un messager des bourgs apprend au roi que les barons de Navarre les tiennent bloqués, 256, 3990. — Celui-ci lui annonce avoir envoyé en Navarre sire Gaston, son parent, 258, 3997. — Celui-ci rappelle au roi cette mission, 270, 4180. — Il ajoute qu'avec D. Pierre Sanchiz les Français auraient eu la moitié de la Navarre, 4197. — Le comte d'Artois est d'avis que Philippe secoure Eustache de Beaumarchais, l'ayant fait gouverneur de toute la Navarre, 272, 4230. — Philippe ordonne à Imbert, sire de Beaujeu, d'aller en Navarre, 274, 4260. — Les barons de Navarre sortent de la Navarrerie, 290, 4511. — Destruction de la Navarrerie en punition de la trahison commise contre doña Johana, reine de Navarre, fille de D. Henri, roi de ce pays, 308, en note, col. 2. — Philippe le Hardi a le désir de venir en Navarre, 4783. — Un messager vient de Navarre près de lui, à Sauveterre, 310, 4813. — Le roi annonce à ses conseillers la fuite et l'exil des barons de Navarre, 4834. — Le connétable parcourt la Navarre, 312, 4850. — Eustache de Beaumarchais rappelle aux barons français assemblés en conseil de guerre ce que lui ont fait souffrir ceux de la Navarre, 4868.

NAVARRERIA, l'une des villes dont se composait Pampelune. Malveillance de ses habitants à l'égard du bourg de Saint-Cernin, 12, 145. — Ils songent à rompre l'unité et l'égalité entre les bourgs, 36, 511. — Le roi Henri dit qu'il s'y trouve des traîtres, 40, 561. — Après la rupture de l'unité, les habitants de la Navarrerie font douzaine, 42, 601. — Ils arrêtent de bâtir des algarades, 44, 637.

— Les bourgeois se plaignent d'eux, 46, 655. — Ils vont se plaindre au gouverneur, 48, 677, 690. — Celui-ci se rend dans la Navarrerie, 50, 723. — Idée que les habitants avaient de leur force, 753. — Ils vont supplier D. Garcia de les protéger, 764; 54, 781. — Ils retournent dans la Navarrerie, 789. — Le gouverneur déclare la voir en grand désarroi à cause des engins que l'on venait d'y faire, 56, 809, 811. — Il ordonne de les défaire, 828. — Désobéissance et punition des habitants de la Navarrerie, 58, 830, 845. — Il sort de Pampelune irrité de cette contrariété, 60, 874. — D. Garcia lui fait dire qu'il est étonné de l'arrêt porté contre les habitants de la Navarrerie, 890. — Garcia Arnalt signale aux barons leur conduite, 70, 1038. — La Navarrerie appelée *cité*, 72, 1069. — Des citoyens de la Navarrerie vont trouver Eustache de Beaumarchais à son arrivée, 98, 1469. — Il est très-préoccupé de la discorde existant entre la Navarrerie et les bourgs, 106, 1685. — Il exhorte les bourgeois à la concorde avec ceux de la Navarrerie, 108, 1605. — Il y va avec sa suite, et mande aux habitants de venir le trouver en cachette, 1636, 1639. — A son passage, ils se mettent à crier, s'arment et tendent les chaînes, 48, 1784. — Les habitants de Saint-Cernin lui disent avoir ouï ce qui s'était passé, 120, 1819. — Les barons révoltés entrent dans la Navarrerie, 152, 2337. — Une fois enfermés dans la place, ils convoquent le parlement dans Sainte-Marie, 154, 2348. — La joie se répand dans la Navarrerie, 2360. — Bourgeois de la Navarrerie qui prêtent serment dans Sainte-Marie, 156, 2386. — Quand tous les riches hommes se sont bien entendus avec eux, on sait dans le Bourg ce qui s'était tramé, 2401. — Tour en danger des manouvriers de la Poblacion vers la Navarrerie, 168, 2579. — Fous bavards dans la Navarrerie, 2594. — La guerre y commence, 172, 2637. — Le prieur de Saint-Jacques et le gardien des frères mineurs s'y rendent pour tâcher de rétablir la paix, 2652. — Un messager annonce le commencement des hostilités de la part de la Navarrerie, 2672, 2675. — L'abbé de Mont-Aragon s'y rend en sortant des bourgs, 176, 2722. — Le prieur de Saint-Gilles y va pour tâcher de rétablir la paix, 182, 2796. — Il annonce à l'abbé avoir imaginé quelque chose de salutaire à la Navarrerie et aux bourgs unis, 188, 2904. — L'abbé de Mont-Aragon et le prieur de Saint-Gilles prient fort les habitants de la Navarrerie pour obtenir une trêve, 2914. — Tous les ordres y vont priant le Sauveur d'avoir pitié de ce peuple pécheur, 190, 2920. — Le prieur de Saint-Gilles signale la présence des riches hommes dans la Navarrerie comme un obstacle au rétablissement de la paix, 192, 2952. — Le bruit s'y répand qu'elle se faisait, 2967. — Les femmes y pensent à se retirer et les hommes à combattre, 196, 3037. — Cris de guerre poussés par les habitants de la Navarrerie, 206, 3188. — Des chevaliers de la Navarrerie font une sortie, 208, 3209. — En la Navarrerie, ils tentent d'avoir le moulin du Maçon, 210, 3235. — Lope Diez et Simon Ruyz voient le mal et le tort qu'avait la Navarrerie, 212, 3264. — Sept chevaux de prix y sont écorchés, 222, 3438. — Les chevaliers, les riches hommes et les soldats en sortent, 232, 3607. — Autre sortie des combattants de la Navarrerie, 236, 3673. — Les révoltés de la Navarrerie arrêtent de dévaster les propriétés de leurs adversaires, 240, 3715. — Sortie des chevaliers de la Navarrerie, 242, 3767. — Les révoltés se prennent à avoir peur, 244, 3780. — Eustache de Beaumarchais rapporte à maître Bertrand l'ingénieur ce qui se dit dans la Navarrerie, 250, 3876. — Gaston de Béarn, sire Clément d'Aunay et le prieur de Saint-Gilles y viennent, 260, 4031. — Pour tenir leur serment, ils y rentrent, 4066. — De la Navarrerie ils reviennent au Bourg, 4075. — Les révoltés de cette cité tuent D. Pierre Sanchis de Cascante, 268, en note. — Eustache de Beaumarchais veut y entrer pour écraser les

DE LA GUERRE DE NAVARRE.

traîtres, 4169. — La trêve y est violée, 276, 4279. — On y suspend les hostilités, 4331. — Souci des chefs en voyant le pennon armorié d'Eustache de Beaumarchais sur l'église de Saint-Jacques, 286, 4451. — Sortie des révoltés, 288, 4486. — Les barons de Navarre sortent de la Navarrerie, 290, 4513. — Le bruit se répand que l'armée française peut y entrer, 304, 4730. — Décadence de la Navarrerie, mise en cendres, 306, 4774; 308, 4780, et en note.

NAVAYLLA (El seynne de). Il fait partie de l'armée française envoyée en Navarre, 296, 4599.

Nervial. Spectacle de pieds et de jambes blessés par les nerfs, 284, 4410.

NOMPODER, impuissance. Eustache de Beaumarchais est retenu en prison par cet être allégorique, 242, 3739.

NORMAN. Normands dans l'armée de Philippe le Hardi, 308, 4791.

Notz. Carreau posé sur la noix d'une baliste à tour, 242, 3753.

NOVA (La tor). La tour Neuve, à Pampelune, donnée à Jean Elio, 162, 2480.

Nuyritz. Le comte de Bigorre bien élevé, 312, 4863.

O

OARRITS, OARRITZ. L'un des cris de guerre des révoltés de la Navarrerie, 206, 3190. Voyez *Adam d'Oarritz, Semen cel d'Oarritz.*

OCHOA DE VISQUARRET, l'un des défenseurs de l'une des tours de Pampelune, 164, 2532.

OCHOA DE LARUMBE (En), défenseur de la tour de la Galée, 160, 2472.

OCHOA SANTZ (Don), habitant de la Navarrerie, choisi pour aller auprès de D. Garcia, 54, 771. — Il assiste à la séance où les riches hommes se liguent avec ses concitoyens contre les bourgs, 156, 2391.

OLATZ. Eustache de Beaumarchais s'y rend avec sa suite, 98, 1480. — Il y va souper, 120, 1805, 1809.

OLAYZ. Voyez *Domingo d'Olayz.*

Oli. Huile bouillie employée comme remède, 384, 4422.

OLIT. D. Pierre Sanchiz se rend à Olite, 60, 880.

OLIVER, OLIVERS. Chacun des barons navarrais croit être un Olivier, 80, 1179. — Anelier proclame Martin de Roncal et un baron plus intrépides que ce preux, 168, 2576; 216, 3340. — Un messager donne le même éloge au connétable de France, 310, 4817. — Anelier le donne aussi à Eustache de Beaumarchais, 312, 4851. — Il qualifie de même Arnaud de Marcafava, 318, 4944.

Olm de Sant Jacme (L'). Combat sous l'orme de Saint-Jacques, à Pampelune, 282, 4318. — Soldat frappé sous l'orme, 286, 4462.

Om, ome. Hommes perdus et dépaysés par suite d'un retard dans l'ouverture des portes des bourgs, 256, 3962. — Eustache y met ordre, 3964. — Hommes de valeur au parlement de Philippe le Hardi, 272, 4219. — On peut voir, au siége de Garaynno, les hommes rouler, 324, 5054.

Onbrer. Soldat frappé à l'ombre de l'orme de Saint-Jacques, à Pampelune, 286, 4462.

Onta. Injures de D. Miguel Peritz à Eustache de Beaumarchais, 276, 4291.

Ontatz. Le roi est honni, 328, 5118.

Orde. Tous les ordres religieux vont en la Navarrerie prier le Sauveur de prendre pitié de ce peuple pécheur, 190, 2919.

Orfener. La reine de Navarre, enfant orphelin, 316, 4920.

Ort, orta. Un chevalier est emporté dans un jardin, 218, 3374, 3378. — Les révoltés de la Navarrerie dévastent les jardins des bourgs, 240, 3729. — Le roi en apprend la nouvelle, 270, 4183. — L'armée française commandée par lui occupe les jardins de Sauveterre, 308, 4804.

Ortolas. Les révoltés de la Navarrerie brûlent de bonnes maisons de jardinier, 240, 3734.

Osdal. Maisons renversées et mises en pièces par des trébuchets, 196, 3014; 224, 3478,

90.

280, 4363. — Un messager d'Eustache de Beaumarchais entre au logis du roi de France, 3470. — Dans une circonstance, chacun eût voulu être au logis, 284, 4416.

Ospital. Tours rondes attenantes à l'hôpital de Saint-Cernin, 162, 2490. — Mobilier qui tient en l'hôpital, 226, 3481. — Les riches hommes sont plus chagrins que pauvres d'hôpital, 284, 4427.

OSPITAL. Voyez *Martin del Ospital*.

Ospitaler. Hospitaliers dans l'armée de Philippe le Hardi, 308, 4799.

Ost. Les chefs de l'armée royale s'en vont à Toulouse pour faire venir les troupes, 276, 2776, 4277. — Une grande armée ne peut venir à volonté, 278, 4314. — Le connétable de France et le comte d'Artois amènent les troupes royales en Navarre, 294, 4588. — Lieu où elles viennent, 298, 4629. — Elles se séparent, 4644. — Les troupes de Toulouse se mettent en mouvement, 300, 4654. — L'armée reste sans bouger, 4668. — Le connétable de France va la passer en revue, 4670. — Messager pris dans l'armée et envoyé à D. Garcia, 4671. — Le nombre des troupes passe l'imagination, 4679. — Deux armées réveillées par le bruit des clairons, des cors et des tambours, 302, 4716. — Multitude des troupes de l'expédition française en Navarre, 308, 4800. — Les soldats de l'armée en face de Saint-Christophe s'arment, 314, 4884. — Ils ripostent aux défenseurs de la place, 4889. — Ils se retirent chagrins, 4896. — L'armée une fois devant Saint-Christophe, personne ne sort, 4902. — Elle entre dans la place, 316, 4907. — Les troupes vont à Mendavia, 4922, 4925. — L'armée française se retire de devant Mendavia et va à Puñicastro, 320, 4771, 4981. — Après la prise de cette place, les troupes françaises chevauchent avec bruit à Estella, 322, 5o3. — Elles campent tout autour de Garaynno, 5025. — Elles sont considérables, 324, 5033. — Messager envoyé à Pampelune pour mander les troupes à Garaynno, 5035. — Les troupes à Garaynno, 5035. — Elles lèvent le siége de cette place, 326, 5074.

OTEIÇA. Voyez *Johan d'Oteiça*.

Oueylla. Partisans d'Eustache comparés à des brebis, 272, 4236.

P

Pa, pan. Prix du pain de deux deniers à l'arrivée de Philippe le Hardi en Navarre, 310, 4811. — Pains empoisonnés par les habitants de Saint-Christophe, 316, 4913.

Paga. Eustache de Beaumarchais dit aux barons que s'ils perdent dans ses payements, il veut qu'il en soit fait bonne réparation, 150, 2281.

Pagamens. Eustache de Beaumarchais accusé d'avoir fait de mauvais payements, 148, 2264.

Pal. Les révoltés de la Navarrerie apportent des pieux pour déjoindre, 228, 3543. — Des combattants s'arment de pieux, 282, 4376.

Pala. Les révoltés de la Navarrerie apportent des pelles, 228, 3543. — Les mineurs de cette cité s'enfuient laissant leurs pelles, 250, 3895.

Palaci, palaitz, palays, palaytz. Palais du roi de Navarre à Olatz et à Pampelune, 98, 1480, 1484. — Maison de dame Marie Pelegrin, 164, 2512. — Maison tranchée par les pierres, 214, 3314. — Un messager vient par le palais des rois de France, 258, 4001. — Habitations de la Navarrerie renversées, 314, 4879.

PALMER. Voyez *Pere Sanz Palmer*.

Palutz. Le marais, à Puñicastro, resplendit de l'éclat des armes des troupes françaises, 320, 6485.

PAMPALONA, PANPALONA. Le roi D. Sancho y vient, 12, 143. — Il veut que le roi D. Jaime y reçoive les serments de ses sujets après lui, 16, 205. — Le comte Thibaut le Grand appelé à Pampelune pour y recevoir le serment des habitants, 20, 255. — Ils vont à sa rencontre, 266. — Paix et union à Pampelune avant la séparation des bourgs, 36, 508. — Cortès à Pampelune après la mort du roi Henri, 44, 619. — Défense d'y élever des fortifications, 46, 644. — D. Pero Sanchiz en sort pour parcourir la Navarre, 60, 870. — Revenu dans cette ville, il en sort de nouveau pour aller devant Zizur, 66, 955. — De grands malheurs s'apprêtaient à Pampelune, 78, 1141. — Quand on sait, à Pampelune, l'arrivée en Navarre d'Eustache de Beaumarchais, trois bourgeois vont le trouver, 98, 1488. — Il mande à cette ville que personne ne vienne à sa rencontre, 1476. — Il arrive un dimanche matin, 1483. — Il y reste, 100, 1491, 1492. — Pampelune prête serment à Eustache de Beaumarchais, 104, 1559. — Au retour d'un voyage en Navarre, il rentre dans cette ville, 1568. — Il est très-préoccupé de l'état de Pampelune, 106, 1584. — Il ouvre les cortès de Pampelune par un souhait pour son bonheur, 112, 1689. — Il leur parle de la discorde des bourgs entre eux et de la peine qu'il en ressent, 114, 1727. — Après avoir pris congé d'Eustache de Beaumarchais, le messager des bourgs s'en vient aux vingt, à Pampelune, 124, 1897. — Eustache de Beaumarchais se rend dans cette ville, 132, 2012. — Convoqués, les riches hommes et les barons vont auprès de lui, 134, 2027. — Une fois tous réunis, ils présentent un nombre considérable, 2043. — Les Navarrais de l'expédition de Najera rentrent à Pampelune, 140, 2150. — Les barons et les riches hommes y vont et se concertent pour abattre Eustache de Beaumarchais, 142, 2172. — Le prieur de Saint-Jean-Pied-de-Port, en route pour l'Espagne, s'arrête à Pampelune, 178, 2754. — Deux chevaliers français, en route pour Saint-Jacques de Compostelle, viennent à Pampelune, 180, 2763. — Lop Diez et don Simon Ruiz y sont pendant la guerre civile, 210, 3262. — Les messagers d'Eustache de Beaumarchais y reviennent, 226, 3495. — Des vilains des environs de Pampelune viennent pour ravager les propriétés des bourgs, 240, 3720. — Un messager annonce à Philippe le Hardi que s'il n'envoie pas promptement du secours à Pampelune, Eustache de Beaumarchais et les bourgs sont perdus, 258, 3992. — Les messagers des bourgs reviennent à Pampelune, 260, 4025. — Les assiégeants de Garaynno envoyent un messager à Pampelune pour avoir des troupes, 324, 5035. — Au siége de Garayno, les habitants de Pampelune crient aux armes, 5043. — Les assiégeants rentrent à Pampelune, 326, 5075.

Pans. On voit des projectiles passer par les pans, 238, 3690.

Papa (La sancta). Ordre donné par le Saint-Père de garder l'infante de Navarre et ses possessions, 84, 1258.

Paradis. Il est urgent que la paix de paradis vienne dans les bourgs de Pampelune, 184, 2827.

Paresis. Eustache de Beaumarchais est accusé de demander les châteaux de la Navarre à force de parisis, 182, 2813.

Paria. Rupture de l'égalité entre le bourg de Saint-Cernin et la Navarrerie, 276, 4280.

Paris, ville du roi de France, 24, 339. — Des messagers des barons de Navarre et des bourgeois de Pampelune y vont, 80, 1184. — Philippe le Hardi y mande Eustache de Beaumarchais, 92, 1378. — Paris n'a pas été fait en un jour, ancien proverbe, 124, 1892. — L'avoir de Paris cité comme très-considérable, 182, 2816. — Le messager d'Eustache de Beaumarchais y vient, 222, 3447. — Les trois messagers des bourgs ne se rejoignent qu'à Paris, 256, 3972. — Une fois arrivés à Paris, Gaston, sire de Béarn, et le prieur de Saint-Gilles vont auprès du roi, 268, 4176.

Parlador. Ponce Baldoin entre au milieu du parloir, 226, 3501. — Le comte d'Artois assiste à une conférence avec le roi de France, 272, 4224.

Parlament. Les riches hommes et les prélats veulent que le parlement s'assemble à Estella, 102, 1535. — Grand parlement à Pampelune, 134, 2048, 2049. — D. Simon et D. Lope font parlement dans un pré, 140, 2124. — Parlement aux Frères Mineurs, 148, 2256. — Fin d'une conférence entre Eustache de Beaumarchais et les bourgeois, 152, 2325. — Les riches hommes mandent parlement dans Sainte-Marie, 154, 2349.— Parlement mandé dans Saint-Laurent, 156, 2406. — Le connétable de France conseille à Philippe le Hardi de convoquer son parlement, 258, 4021. — Il le fait, 272, 4217, 4218. — Eustache convoque un parlement dans Saint-Laurent, 296, 4611. — Les barons français prennent la résolution d'aller en armes à Garaynno, 322, 5016.

Parler. Des parlementaires de Mendavia se rendent auprès d'Imbert de Beaujeu, 320, 4972.

Parleria. Bavardage de D. Miguel Peritz, 276, 4287.

Pas. Les douze pairs de France à la suite du roi, 308, 4796. — Il les mande et les consulte, 310, 4832.

Pas. Les hommes des bourgs prient Eustache de Beaumarchais de leur donner certain passage à garder, 300, 4667.

PASCAL BALDOYN, bourgeois de Pampelune, appelé à défendre la tour de la Cloche, 162, 2175.

PASCAL, PASQUAL BEAÇA, BEATZA, BEATZÇA (En ou Don). Il se présente au roi Henri pour demander la rupture de l'unité de Pampelune, 38, 527; 40, 578. — Il est choisi pour aller auprès de D. Garcia, 54, 769. — Il se rend auprès d'Eustache de Beaumarchais à son arrivée en Navarre, 98, 1469.— Il parle aux riches hommes et leur prédit la perte des bourgs, 154, 2361. — Il assiste à la séance où les riches hommes et les bourgeois se jurent aide et amitié, 156, 2388.— Il descend des bourgs, 302, 4699.

PASCAL GOMIZ, GOMITZ (En), bourgeois de la Navarrerie. Il assiste à la séance où les riches hommes et les bourgeois se jurent aide et amitié, 156, 2392. — Il lance dans le Bourg une pierre qui rallume la guerre civile, 192, 2969.

PASCAL LACEYLLA (Don), bourgeois de Pampelune. Il assiste à une conférence dans l'église de Saint-Laurent, 158, 2414.— Il est frappé d'un carreau à la figure, 202, 3125.

Passamens. Les messagers des bourgs annoncent au roi Philippe que les habitants de la cité de Pampelune occupent les passages, 258, 3991.

Passion. Au siége de Garaynno, les gens rient au milieu de la douleur, 324, 5057.

Pastor. Comparaison d'Eustache de Beaumarchais avec un berger, 272, 4235.

Patz. D. Gonçalvo Ibañez fait la paix entre D. Pierre Sanchiz et D. Garcia, 122, 1850. — Ce que c'est que la paix de Lombardie, 1851. — L'abbé de Mont-Aragon vient en la Navarrerie pour mettre bonne paix, 176, 2723, 2724. — Le prieur de Saint-Jean prie Dieu de rétablir la paix à Pampelune et cherche à y arriver, 178, 2757; 182, 2794. — Il est urgent que la paix de paradis y vienne, 184, 2827. — Le prieur et l'abbé de Mont-Aragon songent entre eux comment ils pourraient faire la paix, 2833. — Conditions auxquelles la paix eût pu être rétablie à Pampelune, 192, 2954. — Bruit du rétablissement de la paix, 2968.

Payrol. Chaudron de la cuisine de sire Gaston tranché par une pierre, 260, 4037, 4038.

Pec. Un malheureux sort sans armes et périt, 254, 3950.

Pecat, peccat. Deux religieux exhortent les révoltés de la Navarrerie à opposer des obstacles à l'influence maligne du péché, 172, 2643, 2645. — Le péché est logé avec eux, 238, 2698. — Il semble à sire Gaston que D. Pierre Sanchiz soit poussé par le péché, 264, 4098.

PEDRO D'IZA, bourgeois de Pampelune. Il est appelé à défendre la tour de la Cloche, 162, 2478.

PEDRO GARCIA D'ECHAURI (Don), mercier, l'un des défenseurs des bourgs de Pampelune, 166, 2557.

Peirer. Eustache de Beaumarchais expose aux cortès de Navarre que les bourgeois de Pampelune élèvent les uns contre les autres des pierriers, 112, 1698.— Les pierriers tirent dans les villes de Pampelune, 288, 4468.

PEITAU, PEITEU. Eustache de Beaumarchais nommé sénéchal de Poitou par Alphonse, frère de saint Louis, 86, 1272.

Peitavis. Eustache de Beaumarchais est accusé de donner des poitevins pour des sanchets, 182, 2814.

PELEGRI, PELEGRIN. Voyez *Johan Peleyri* (En). *Maria Pelegrin, Martin* (En).

Pelegris. Deux chevaliers français en pèlerinage à Saint-Jacques, 180, 2762.

Peletes, Peleters. D. Domingo Regne, pelletier honoré, 166, 2556. Voyez *Rocha dels Peletes* (*La*).

Pendo, ppendo, pennon pendant la guerre civile de Pampelune, 208, 3181. — Les combattants des bourgs mettent sur la voûte d'une église celui d'Eustache de Beaumarchais, 286, 4449. — Souci des chefs de la Navarrerie à cette vue, 4452. — Les révoltés sortent pennons déployés, 288, 4487; 290, 4514. — Ils fuient vers le pont où le pennon était signalé, 4491. — Grand nombre de pennons dans l'armée française en Navarre, 296, 4601.

Peo. La noblesse de Navarre réclame le payement des frais faits pour l'entretien des fantassins, 104, 1573. — Des gens de pied crient aux armes, 204, 3156.

Peonez. Sire Eustache veut aller en Castille avec des fantassins défendre les châteaux, 136, 2085.

Per' ARCEYZ, étalagiste, nommé parmi les défenseurs des bourgs de Pampelune, 168, 2569.

Per' ARCEYTZ D'ECHAURI, l'un des défenseurs des bourgs de Pampelune, 166, 2560.

Pera, peira, peyra. Grandes pierres rondes lancées par les engins de la Navarrerie, 56, 812. — Sous l'administration d'Eustache, on peut voyager en Auvergne, que l'on porte des pierres ou un trésor, 92, 1361. — Pierre lancée par Pascal Gomiz, qui ranime ainsi la guerre à Pampelune, 192, 2791. — Une autre pierre tombe dans une maison, 194, 2979. — On peut voir les trébuchets envoyer des pierres, 196, 3013; 224, 3477.

— Grêle de pierres lancées pendant la guerre civile de Pampelune, 214, 3313. — Combattants armés de pierres, 3323. — Des combattants des bourgs lancent une pierre avec un de leurs engins, 230, 3568, 3574. — Guillaume Anelier fait apporter des pierres et les lance contre l'ennemi, 234, 3626, 3628. — Pierres comparées à des éperviers, 236, 3664. — Pierres lancées des murs d'une place, 246, 3808. — Pierres lancées par les frondes, 3810. — A la venue d'une pierre d'un trébuchet, les soldats des bourgs se mettent dans la Galée, 252, 3911. — Cinquante pierres par jour la frappent de côté, 3917. — On en trouverait mille au pied de la tour, 3920. — Les trébuchets des bourgs en manquent, 3922. — Les bourgeois arrêtent d'en aller chercher, 3925. — Prix élevé de la pierre à cette occasion, 254, 3952. — Eustache de Beaumarchais fait murer les portails avec de grandes pierres sèches, 3957. — Une pierre lancée par un trébuchet des bourgs donne dans un chaudron de la cuisine de sire Gaston, 260, 4036. — Pierres lancées, dont l'une donne dans l'eau, 294, 4572. — Pierres lancées aux portails de Pampelune, 302, 4686. — Pierres lancées de toutes parts à Mendavia, 318, 4955. — Pierre comparée au diable, 4963. — Pierre lancée qui s'élève plus haut qu'un oisillon, 321, 5038. — Pierres rondes lancées au siége de Garaynno, 324, 5051.

PERE AYVAR. Son fils, neveu de D. Pierre Sanchiz, est tué avec celui-ci, 268, 4155.

PERE BERTRAN, bourgeois de Pampelune, meurt pendant la guerre, 284, 4411.

PERE CROZAT, bourgeois de Pampelune, l'un des défenseurs des bourgs, 162, 2494.

PERE D'ALDAVA (Don), bourgeois de la Poblacion de Pampelune, assiste à la conférence tenue dans l'église de Saint-Laurent, 158, 2417. — Il est cité parmi les défenseurs des bourgs, 168, 2580.

PERE DE BADOZTAYNN (Don), nommé parmi les défenseurs des bourgs de Pampelune, 168, 2570.

PERE DE CHALAT (Don), bourgeois de la Poblacion de Pampelune, figure à la conférence tenue en l'église de Saint-Laurent, 158, 2417.

PERE DE LANZ (Don), tient à Pampelune la tour de la Roche, 164, 2525.

PERE D'EQCIA, l'un des commandants de la tour des Tripiers, à Pampelune, 168, 2573.

PERE D'UNDIANO LE JOVE (Don). Il se tient dans une des algarades de Pampelune, 170, 2614.

PERE FURTADO (Don), nommé parmi les défenseurs des bourgs de Pampelune, 168, 2583.

PERE LACEYLLA (Don), l'un des défenseurs des bourgs de Pampelune, 168, 2581.

PERE L'ALMIRAT (Don), bourgeois de la Poblacion de Pampelune. Il assiste à une conférence tenue entre les bourgeois et Eustache de Beaumarchais, 150, 2302. — Il fait partie d'une autre conférence tenue dans l'église de Saint-Laurent, 158, 2415.

PERE MARRA (Don), l'un des chefs de la tour des Tripiers, à Pampelune, 168, 2574. — Anelier le voit à tout instant dans l'algarade de Saint-Cernin, 170, 2609.

PERE ROS. Il concourt à la défense des bourgs de Pampelune, 166, 2566.

PERE SANCHITZ, PERO SANCHETZ (Don). Ses paroles aux habitants de la Navarrerie, 52, 741. — Chagrin de D. Garcia de le voir gouverneur, 759. — Il mande les cortès à Pampelune, 56, 801. — Il prend la parole, 807. — Le conseil se retire vers lui et lui parle, 819. — Jugement qu'il rend relativement aux fortifications élevées par les habitants de la Navarrerie, 825. — Leur réponse navre D. Pierre Sanchiz, 58, 837. — Il donne l'ordre de les châtier, 843. — Sa réponse à la réclamation des bourgs, 857. — Sa colère à la réception d'un message de D. Garcia, 62, 894. — Ayant assemblé les riches hommes et les barons, il déploie son gonfanon, 906. — Il envoie un messager à D. Garcia, 912. — Il est désigné par l'aigle de ses armoiries, 64, 925. — Le messager lui rapporte la réponse de D. Garcia, 932. — Paroles de D. Pierre, 934. — Il confère avec les barons, et se prend à rire au souhait qu'ils lui adressent, 950. — D. Gonçalve Ibañez lui annonce l'intention où il est de se rendre auprès de D. Garcia, 66, 963. — D. Pierre sort du camp, 969. — Il reste jusqu'au lendemain matin au-dessous de Zizur, 977. — D. Gonçalve blâme son neveu de sa conduite envers D. Pierre, 68, 990. — Le premier revient auprès du gouverneur, 1003. — D. Pierre se met en route, 70, 1028. — Les bourgeois des bourgs de Pampelune vont le trouver à Estella, 72, 1057. — Langage qu'il leur tient, 1075. — Sa prétention d'être maitre en Navarre, 1134. — A l'arrivée d'Eustache de Beaumarchais, il se rend à Pampelune, 100, 1494, 1503. — Il va au monastère de Saint-Jacques, 102, 1520. — Il prête serment à son successeur, 104, 1552. — Eustache de Beaumarchais lui dit d'indiquer les sommes à payer à la noblesse et aux chevaliers de toute la Navarre, 1576. — Il fait la paix avec D. Garcia, 122, 1846. — Il ne se réunit pas aux barons assemblés au château de los Arcos, 130, 1982. — Il répond à l'appel d'Eustache de Beaumarchais, 134, 2038. — Un Navarrais complote, avec D. Simon Ruiz et D. Lope, la mort de D. Pierre Sanchiz, 136, 2077. — A l'en croire, l'ancien gouverneur aurait empêché le pays d'être à la Castille, 2081. — Sans la puissance de D. Pierre Sanchiz, Eustache de Beaumarchais aurait été trahi, 140, 2137. — D. Pedro se range du côté des révoltés, après être parti en colère des bourgs qui l'aimaient, 156, 2380. — Le prieur de Saint-Gilles le trouve dans la Navarrerie, 182, 2799. — D. Pierre reçoit à merci les défenseurs du moulin du Maçon, 210, 3254. — Il vient faire sa cour à Gaston, sire de Béarn, et au prieur de Saint-Gilles, et le premier cherche à le détacher de ses confédérés, 264, 4092, 4096, 4104. — Deux messagers annoncent à Eustache de Beaumarchais que D. Pierre Sanchiz vient prendre position dans les bourgs, 266, 4119. —

Les riches hommes et ceux de la ville trament la mort de D. Pierre, 4132. — D. Garcia va se divertir près de lui, 4139. — Les conjurés se portent chez lui, 4145. — Il est tué par D. Garcia Almoravid et les révoltés de la Navarrerie, 268, en note. — Le bruit de sa mort se répand et fait verser des larmes à plus d'une personne, 4158. — D. Gaston l'apprend à Philippe le Hardi, 270, 4194.

PERE SANZ, bourrelier du bourg de Saint-Nicolas, nommé parmi les défenseurs des bourgs de Pampelune, 168, 2568.

PERE SANZ PALMER. Il tient la tour de la Roche, à Pampelune, 164, 2526.

PERE SEMENEYTZ (En). Il occupe la tour Mirable, à Pampelune, 164, 2538.

PEREGUERC. Le comte de Périgord fait partie de l'armée française envoyée en Navarre, 296, 4592.

PERITZ. Voyez *Bernard Peritz*, *Esteven Peritz*, *Johan Peritz Alegre*, *Johan Peritz Morça*, *Miguel Peritz de Legaria*, *Miguel Peritz aquel de Çavaldica*, *Pero Peritz*, *Pero Peritz d'Araquill*, *Ramon Peritz*.

PERO PERITZ, charpentier, concourt à la défense de Pampelune, 164, 2521.

PERO PERITZ D'ARAQUILL, défenseur des bourgs de Pampelune. Il est tué, 208, 3129.

Perpuynt. Des combattants endossent des pourpoints, 282, 4376. — On peut voir déchirer, vétir maint pourpoint, 284, 4402; 304, 4724.

PEYRE DE SANT GERMA, garde de chemin à Pampelune, 164, 2514.

PEYRET CARNERO. Il est blessé par Simon d'Oaritz, 226, 3395.

Peyron. Le connétable de France fait observer à Eustache de Beaumarchais que le trébuchet brise le perron de Garayno, 326, 5064.

PEYTERS. Poitevins dans l'armée de Philippe le Hardi, 308, 4793.

Peytral, pièce du harnachement d'un cheval, 282, 4379.

Pica. Des combattants s'arment de piques, 282, 4375.

PICARTZ. Picards dans l'armée de Philippe le Hardi, 308, 4792.

Pietatz. La pitié est bonne envers ses ennemis, 184, 2825.

Piex, pix. Les révoltés de la Navarrerie apportent des pics, 244, 3778. — Les mineurs de la Navarrerie s'enfuient abandonnant leurs pics, 250, 3895.

Pilar de la Glesia. Le roi de France pilier de l'Église, 60, 1170.

Pintat escut. Écus peints, 68, 995.

PINTOR. Voyez *Savaric Pintor*.

Plaço, plançço, arme employée pendant la guerre civile de Pampelune, 206, 3182. — Complot tendant à couper les arbustes des bourgs, 240, 3716. — Bourgeois de Mendavia armés de javelots de pommier, 318, 4952.

POBLACION, POBLATION, quartier de Pampelune. Le roi Henri lui envoie dire qu'il a besoin d'elle, 38, 540. — Après la rupture de l'unité, les bourgeois rentrent dans la Poblacion, 42, 599. — Leur irritation, 46, 649. — Elle convoque un conseil avec le Bourg, 70, 1032. — Elle est accusée auprès d'Eustache de Beaumarchais, 98, 1472. — La Poblacion veut que l'arrêt d'Eustache de Beaumarchais, au sujet des fortifications de Pampelune, soit exécuté, 122, 1865. — Bourgeois de la Poblacion qui assistaient à une conférence entre les habitants des bourgs et Eustache de Beaumarchais, 150, 2301. — Bourgeois du même quartier qui figurent dans la conférence de l'église Saint-Laurent, 158, 2415. — Guillaume Anelier annonce qu'il garnira les tours et les autres ouvrages de la Poblacion, 166, 2545. — Défenseurs de la tour située sur le premier portail de la Poblacion, qui touche au marché, 2554. — Tour en danger des manouvriers de la Poblacion, 168, 2578. — Les habitants de la Poblacion montent sur les murs avec des torches, 3004. — Eustache de Beaumarchais songe à s'y rendre, 196, 3035. — Les Gascons gardent le portail du marché dans la Poblacion, 212, 3291. — Eustache de Beaumarchais rapporte à maitre

Bertrand la menace de la Navarrerie contre le mur de la Poblacion, 250, 3877.

Poble, pople, menutz, menuzers. Le menu peuple de la Navarrerie se rend au parlement convoqué par les riches hommes révoltés, 154, 2352. — Le peuple leur amène les avoirs et la nourriture, 154, 2362. — Le peuple des bourgs, d'une voix unanime, rassure Eustache de Beaumarchais, 158, 2434. — Tous les ordres religieux vont en la Navarrerie prier le Sauveur de prendre pitié de ce peuple pécheur, 190, 2921. — Eustache de Beaumarchais signale au conseil des bourgs une sortie du peuple de la ville, 204, 3163.— Les vingt lui répondent en l'assurant de l'amour du peuple, 206, 3169. — Après une sortie, le peuple rentre se reposer, 208, 3232.— Eustache de Beaumarchais, voyant le peuple sortir niaisement, établit aux portes ses meilleurs soldats, 212, 3284. — Il regrette que le peuple meure pour lui, 220, 3408. — Le peuple rentre, 232, 3586. — Le peuple une fois rentré, Eustache de Beaumarchais fait fermer le portail, 254, 3954. — Irritation du peuple quand on criait aux armes, 3959.— Il combat toute la journée, 278, 4316. — Il retourne au combat, 4326.— Le menu peuple s'approche, 288, 4485.— Le peuple est invité à rentrer, 294, 4567.—Le menu peuple, à Mendavia, crie aux armes, 318, 4947.

Podestat. Les autorités se rendent auprès d'Eustache de Beaumarchais à son arrivée à Pampelune, 100, 1501. — D. Gonzalve Ibañez vient à lui, suivi de mainte autorité, 126, 1906. — Faits et paroles arrêtés par les autorités, 132, 2007. — Autorités dans la conférence de Sainte-Marie, 156, 2385. — Le prieur de Saint-Gilles exhorte l'abbé de Mont-Aragon à s'aboucher avec les autorités de la Navarrerie, 184, 2835. — Des autorités mettent pied à terre, 244, 3789. — Il en vient quand on crie aux armes, 254, 3936. — Des autorités crient aux armes, 288, 4484.

Polverers. Poussière soulevée par l'armée de Philippe le Hardi en Navarre, 308, 4800.

Pomer. Des bourgeois de Pampelune et de Mendavia s'arment de bâtons de pommier, 214, 3325; 318, 4952.

Pont. Les riches hommes et les chevaliers passent les ponts, 228, 3541.—Guillaume Isarn se met à la tête d'un pont jeté sur un fossé, 244, 3792. — Tout le peuple des deux bourgs sort au delà du pont, 278, 4327. — Combat de l'autre côté du pont, 288, 4482. — Les révoltés de la Navarrerie sortent en armes sur le pont de Saint-Pierre de Ribas, 4488.—Ils fuient vers le pont où était le pennon signalé, 4494.—Les riches hommes vont passer le pont à la Magdeleine, 302, 4703. — D. Martin Crozat se trouve en face de ceux qui étaient sur le pont, 290, 4502.

Pont nou (le). La tour de la Poterne, à Pampelune, était située au-devant, 164, 2529.— Entendant crier aux armes, les bourgeois de Pampelune sortent, et les uns vont de l'autre côté du Pont-Neuf, 200, 3095. — Les hommes du Bourg sont au verger, de l'autre côté du Pont-Neuf, 216, 3335. — Combat acharné qui s'y livre, 236, 3655.

Pontz Baldoi, Baldoin, Baldoy, Baudoy, bourgeois du bourg de Saint-Nicolas de Pampelune. Il s'adresse à Eustache de Beaumarchais, 108, 1621. — Il prend la parole aux cortès de Pampelune, 114, 1736. — Des bourgeois des bourgs l'engagent à découvrir à Eustache de Beaumarchais un complot tramé contre le gouverneur, ce qu'il fait, 136, 2088, 2090. — Il assiste à une conférence entre Eustache de Beaumarchais et les bourgeois de Pampelune, 150, 2295. — Il est présent à celle de l'église de Saint-Laurent, 156, 2408. — Il y adresse la parole à Eustache de Beaumarchais, 158, 2437. — Ponce Baldoin répond au gouverneur, qui propose de nouveau aux bourgeois de leur garantir, par une charte, de les indemniser de leurs pertes, 160, 2446. — Il vient conférer avec Eustache de Beaumarchais, 226, 3501. — Il explique la cause du retard du secours envoyé de France, et calme les bourgeois, 278, 4313.

Porta. Espoir du prieur de Saint-Gilles de conserver les portes de la Navarrerie, 190, 2934. — Un chevalier, emporté par son cheval, faillit se rompre la tête au passage d'une porte, 218, 3375. — Les révoltés de la Navarrerie en apportent pour leur servir de bouclier, 228, 3542. — Les bourgeois des bourgs ouvrent les portes de leurs quartiers, 254, 3928. — Irritation du peuple des bourgs de Pampelune à la vue des portes fermées, 256, 3961. — Les révoltés de la Navarrerie tranchent les portes de D. Pierre Sanchiz, 266, 4146. — D. Gonçalve annonce aux révoltés qu'ils iront mettre les portes en pièces, 302, 4694.—Ils vont au cimetière arracher les portes des gonds, 4697.

Portal, portaler. Eustache de Beaumarchais expose aux cortès de Navarre que les bourgeois de Pampelune élèvent des portails les uns contre les autres, 112, 1199. — Tour sur des portails de Pampelune, 166, 2553; 168, 2578. — Bourgeois et ouvriers indistinctement les défendent, 2586. — Destruction des portails élevés dans les bourgs demandée à leurs habitants, 186, 2858, 2873. —Conditions auxquelles ils pourraient espérer la conservation de leurs portails, 192, 2956. — Eustache de Beaumarchais ouvre le portail de la Roche, 194, 2994. — Il va à la Poblacion regarder les portails, 196, 3035. — Gardiens des portails des bourgs, 212, 3285, 3286, 3288, 3292, 3295. — Eustache de Beaumarchais fait observer au conseil des bourgs que le peuple de la ville sort des portails, 204, 3164. — Il se lève et va voir si les portails sont bien gardés, 214, 3302. — Un messager apprend au roi qu'Eustache de Beaumarchais n'ose pas sortir hors du portail, 222, 3452. — Les gens rentrent par les forts portails, 236, 3659. — Eustache de Beaumarchais fait ouvrir le portail de la Triperie, 244, 3774. — Les combattants de la tour de la Galée descendent de la tour du portail, et il s'ouvre, 246, 3819. — Maître Bertrand se prend à miner entre la Galée et le portail crénelé, 250, 3885. — Eustache de Beaumarchais se met sur un portail, 254, 3948. — Une fois le peuple rentré, il fait fermer le portail, 3955. — Reproche aux révoltés de la Navarrerie d'avoir fait des portails contre leur dame, 272, 4237.— Sortie des combattants hors du portail de Pampelune, 282, 4377. Ceux des bourgs tous également sur le premier portail, 4393. — Ils vont par un autre portail, 4400.— Eustache de Beaumarchais sort par les portails, 290, 4521. — Cuves et pièces de bois lancées aux portails de Pampelune, 300, 4685. — On les barricade, 302, 4686, 4688. — Après avoir arrêté de briser les portes aux portails, les riches hommes vont au cimetière arracher des gonds celles du lieu, 3698. — L'armée française entre par les portails, 304, 4734. — Elle trouve ouverts les portails de Mendavia, 316, 4927. — Le sire de Beaujeu s'étonne de n'y voir aucuns défenseurs, 4934, 4935.— Le connétable de France fait observer à Eustache de Beaumarchais que le trébuchet brise le portail de Garayno, 326, 5064.

Porter. Absence de portiers aux portes de Mendavia, 316, 4935.

Portogal. Le roi de Portugal à la bataille de las Navas, 4, 24; 6, 61.

Portz. Eustache de Beaumarchais et sa compagnie passent les ports pour se rendre en Navarre, 98, 1464. — Défense de recevoir les Français par deçà les ports, 126, 1916. — Les ports de Muradal au pouvoir du roi de Castille, 128, 1956. — D. Gonçalve Ibañez déclare qu'Eustache de Beaumarchais agira sagement en passant les ports, 144, 2200. —Le prieur de Saint-Jean et sa suite les passent pour se rendre en Espagne, 178, 2748. — Sire Gaston désigné pour guider l'armée française par les ports, 274, 4261.

Posterna (La torr de la), tour de Pampelune. Nom de ses défenseurs, 164, 2528.

Pradal. Philippe le Hardi et le sire de Beaujeu entrent dans un préau pour délibérer, 224, 3459. — Sang répandu par le gazon, 282, 4391.

Prat. Multitude de combattants se répandant par les prés, 288, 4482.

Preslat. Les prélats de Navarre se concertent avec les riches hommes pour tenir les cortès à Estella, 102, 1533.

Presonar. Eustache de Beaumarchais fait emprisonner à Tebas certains des révoltés de la Navarrerie, 306, 4771.

Previlege, privilege. Priviléges donnés au bourg de Saint-Cernin par les anciens rois de Navarre, nommément par D. Sancho le Grand, 44, 642; 48, 693.

Prex. Le seigneur de Beaujeu avec valeur accepte les propositions des assiégés de Garaynno, 326, 5071.

Prior, prios. Les habitants de la Navarrerie, à l'instigation du prieur, demandent le rappel de l'union de Pampelune, 36, 512. — Des prieurs ont des chartes d'union, 42, 593. Voyez *San Geli* et *Sant Johans*.

Proins, Proyns, Provins en Brie. Un messager s'y rend pour annoncer la mort de D. Sancho au comte Thibaut, 18, 245. — La reine Blanche va voir sa fille que l'on y élevait, 44, 636.

Puch, puy, puytz. A Puñicastro, la montagne en pointe retentit du son des trompettes, 320, 4991. — Les assiégeants conviennent de placer une machine de guerre sur une hauteur, 324, 5031. — Au siège de Garaynno, les gens de Pampelune montent sur le coteau, 5046.

Puynhi Castro, Puynni Castro. L'armée commandée par Imbert de Beaujeu et Eustache de Beaumarchais se présente devant cette place, 320, 4982, 4984.

Puynnal. Voyez *Cotel*.

Puynner. Nul ne doit se regimber contre l'aiguillon, 322, 5024.

Q

Quaire. Le sultan du Caire en guerre avec celui du Maroc, 8, 91.

Quintal. Quartiers de pierre lancés par les trébuchets, 224, 3477. — Pierres de trois quintaux lancées contre la tour de la Galée, 252, 3918. — Quartiers de pierres lancés aux portails de Pampelune, 302, 4686.

Quoate. Voyez *Johan de le Quoate*.

Quonca. Voyez *Conqua*.

R

Rabastens. Voyez *Jordan de Rabastens*.

Rainna. Voyez *Miquel de la Rainna* (En).

Ramo Bigordan, bourgeois de Pampelune, parent de D. Johan Elio et l'un des défenseurs de la tour Neuve, 162, 2482.

Ramon, comte de Toulouse, beau-père du roi Sancho, 4, 17.

Ramon (Don), bourgeois de Pampelune, défenseur de la tour qui est après celle de la Cloche, 162, 2486.

Ramon Aymeric (En), défenseur de deux tours, à Pampelune, 162, 2492.

Ramon Peritz, Periz (Don), bourgeois de Pampelune, assiste à une conférence tenue dans l'église de Saint-Laurent, 158, 2410. — Il est commis au gouvernement de la bonne algarade établie vis-à-vis de la vieille Boucherie, 170, 2613.

Ramon Roger. Il fait partie de l'armée française envoyée en Navarre, 296, 4596.

Raondo. Les députés de la Navarrerie choisis pour se rendre auprès de D. Garcia vont loger en cet endroit, 54, 772.

Rauba. Nombre de belles robes prises au sac de Pampelune, 304, 4739.

Raubacer. Les révoltés de la Navarrerie appelés traitres voleurs, 310, 4819. — Le connétable de France parcourt la Navarre pour chasser les voleurs, 312, 4849.

Raubadors, raubados. Eustache de Beaumarchais purge l'Auvergne de voleurs, 86, 1291; 88, 1326, 1327. — Ce que disent ceux qui échappent, 90, 1332.

Rayllo. Un messager apprend aux vingt qu'en la Navarrerie on lance des traits, 174, 2672. — Des combattants s'arment de traits, 206,

3179; 282, 4375. — Recommandation à Eustache de Beaumarchais de ne pas envoyer de traits, 260, 4051. — Grand nombre de traits lancés au siége de Garayno, 324, 5052.

REGNE. Voyez *Domingo Regne* (Don).

Regina, reina, reyna. La reine Blanche, veuve du roi Henri, se détermine à nommer un gouverneur à la Navarre, 42, 611. — Elle veut s'en aller en Champagne voir la reine sa fille, 44, 634, 636. — Un messager des bourgs dit à Philippe le Hardi que, puisqu'il garde la reine de Navarre, il doit vouloir que le royaume n'éprouve pas d'abaissement, 80, 1194. — Le seigneur de Cascante rappelle aux cortès d'Estella que la reine est sous la protection du roi de France, 102, 1547. — Condition imposée à la jeune reine de Navarre par Alphonse, roi de Castille, 126, 1913. — Eustache de Beaumarchais a compassion d'elle, 1925, 1929. — Il n'avait pas reçu du roi de France congé de rien faire contre elle, 128, 1939. — Danger pour la reine de trop grandes dépenses faites par Eustache de Beaumarchais, 148, 2263. — Il est accusé de dilapider les revenus de la reine, 2267. — D. Ponce Baldoin déclare à Eustache de Beaumarchais que, puisque la reine l'a envoyé pour garder son royaume, le corps de cette princesse ne sera pas mieux gardé que lui, 158, 2439, 2441. — Les riches hommes prétendent qu'Eustache de Beaumarchais pourrait ruiner leur reine, 182, 2819. — Le seigneur de Saint-Christophe insolent contre la noble reine de Navarre, 316, 4920. — Fortuyn Eniguitz débiteur de la jeune reine, 322, 5023.

Rei, rey. Messagers envoyés en France par le bon roi couronné, 188, 2898. — Invocation au vrai roi, c'est-à-dire à Dieu, 216, 3356. — Le roi est honni, 328, 5118.

Rei cui es la flor, rei emperial, titres donnés à Philippe le Hardi, 224, 3479; 226, 3974. — Le roi de France à Paris, 256, 3974. — Il est le seul roi couronné de Dieu et qui guérisse les malades, 3975, 3976, 3977. — Un messager des bourgs se présente devant lui et lui adresse la parole, 3981, 3982.

— Réponse du roi, 258, 3995. — Un autre messager lui remet ses lettres, 4003. — Il lui parle, mande deux de ses conseillers et confère avec eux, 4007, 4011, 4014, 4023. — Sire Gaston de Béarn se rend auprès du roi de France, de vertu couronné, et lui parle, 268, 4173, 4174, 4179. — Réponse du roi, 272, 4213, 4214. — Il mande son conseil et parle à ceux qui en font partie, 4218, 4220. — Le sire de Beaujeu lui répond, 272, 4235. — Le bon roi de France lui adresse la parole, 274, 4254.

RENALT DE RROVE[BAY], 328, 5096.

RENART. Il dupe le Loup, son compagnon, 242, 3747.

Rengamens. Les premiers rangs de l'armée française se harnachent, 298, 4636.

Reprover. Proverbe cité par Anelier, 286, 4458. — Après avoir ouï le rapport d'un messager, Philippe le Hardi mande les douze pairs, 310, 4831.

Reson. Grand retentissement devant Puñicastro, 324, 5033.

Ressidar. Le bruit des clairons, des cors et des tambours réveille deux armées, 302, 4716.

Revesers, revessal (cayro). Carreaux renversés ou à revers pendant la guerre civile de Pampelune, 282, 4385. — Porte-enseigne d'Eustache de Beaumarchais abattu par un carreau à revers, 318, 4959.

Reverser. Un messager annonce à Philippe le Hardi que les révoltés se sont enfuis par les chemins de traverse, 310, 4821.

RIBA DE CANTBON. Avant l'arrivée d'Eustache de Beaumarchais en Auvergne, on y détroussait les marchands, 90, 1356.

RIBA DE FALCES MAYNNA. On n'osait y aller avant l'arrivée d'Eustache en Auvergne, 90, 1352.

RIBA DE FULGOS. Désordres dans ce pays avant l'arrivée d'Eustache, 88, 1318.

RIBA DE JORDAN'. Triste état de cette vallée avant l'administration d'Eustache de Beaumarchais, 88, 1316.

RIBA DE MALRIN ou MALRIU. Meurtres commis dans cette vallée avant Eustache de Beaumarchais, 88, 1316.

RIBA DE MARONNA. Mauvais traitements infligés aux marchands dans ce lieu avant l'arrivée d'Eustache, 88, 1317.

RIBA DE PORTUS. Peu de sûreté de ce pays antérieurement à l'arrivée d'Eustache en Auvergne, 88, 1315.

RIBA DE VALRHUTZ. On n'osait passer dans cette vallée avant l'administration d'Eustache, 90, 1351.

RIBA DE VOLBERTA. Désordres dans ce pays avant l'arrivée d'Eustache de Beaumarchais, 88, 1314.

Riba del val. Les combattants des bourgs de Pampelune vont à un portail par la rive du val, 282, 4399.

RIBAS. Voyez *Sant Pere de Ribas.*

Ribera. La plaine, à Puñicastro, resplendit de l'éclat des armes de l'armée française, 320, 4985.

Ricome, rricome. La reine Blanche, veuve du roi Henri, mande les riches hommes, 44, 615. — Nombre de riches hommes viennent aux cortès convoquées par D. Pierre Sanchiz, 56, 803. — Ils se retirent à part, 814. — D. Pierre Sanchiz tient conseil avec tous les riches hommes, 58, 843. — Il les convoque, 62, 901. — Ils se rendent à son appel, 904, 910. — Ils lui adressent leurs souhaits, 64, 948. — Nombre de riches hommes accompagnent D. Gonçalve auprès de D. Pierre Sanchiz, 66, 980. — Les riches hommes voient qu'il y aurait salut à demander un gouverneur au roi, 78, 2153. — Les riches hommes se concertent avec les prélats et sont mandés aux cortès d'Estella, 102, 1533, 1536. — Ils viennent trouver à Pampelune Eustache de Beaumarchais, 104, 1569. — Réponse que leur fait le gouverneur, 1575. — Nombre de riches hommes viennent le trouver dans le bourg de Saint-Cernin, 120, 1814. — Ils vont par la Navarre, 122, 1853. — D. Gonçalve Ibañez vient à Eustache de Beaumarchais suivi de maint riche homme, 126, 1906. — Les riches hommes ourdissent un complot, 128, 1950. — Approbation, par les riches hommes, d'un discours de D. Gonçalve Ibañez, 132, 2007. — Au reçu du message de D. Lope Diez, Eustache de Beaumarchais envoie vers les riches hommes, 134, 2033. — Complot des riches hommes contre le gouverneur, 142, 2153. — Ils demandent audience au gouverneur, 2180. — Paroles des riches hommes aux bourgeois des bourgs, 144, 2189. — Réponse de ceux-ci, 2203. — Exhortation de tuer les riches hommes, 146, 2246. — Riches hommes à la conférence tenue aux frères mineurs, 148, 2257. — Invitation adréssée en leur nom à Eustache de Beaumarchais, 2269. — Les bourgeois de la Navarrerie se réjouissent d'avoir avec eux les riches hommes brouillés avec les bourgeois des bourgs, 152, 2340, 2344. — Une fois descendus dans la Navarrerie, les riches hommes y mandent parlement, 154, 2349. — Langage que leur tient Pascal Beatza, 2362. — Grand nombre de riches hommes dans la conférence tenue à Sainte-Marie, 156, 2385. — Ils s'entendent avec la Navarrerie, 2400. — Eustache de Beaumarchais annonce aux bourgeois des bourgs qu'il est congédié par les riches hommes, 158, 2425. — Il leur demande s'il peut compter sur eux dans le cas où il serait malmené par les riches hommes, 2432.

Robre. D. Guyralt de Seta fait monter sur la Galée de grandes poutres de chêne, 252, 3908.

Roca. Roche pendante à Bruslada, 298, 4628.

Rocal. Nombreux rochers lancés et tirés des murs de Pampelune, 282, 4397.

ROCHA (La torr de la), à Pampelune. Ses défenseurs, 164, 2522.

ROCHA DELS PELETES (La). Algarade de la roche dite *des Pelletiers,* 170, 2618. — Eustache de Beaumarchais se fait apporter la clef de la Roche, 194, 2993.

Rocis. Goujats bridant des roussins, 304, 4720.

RODRIGO, archevêque de Tolède, assiste à la bataille de las Navas, 4, 28.

ROERGUE. Paix maintenue dans le Rouergue par Eustache de Beaumarchais, 92, 1363. — Philippe le Hardi donne à Imbert, sire de Beaujeu, le commandement de cette province, 274, 4257.

ROGER. Voyez *Ramon Roger.*

ROLAN, ROLANT, neveu de Charlemagne, héros de roman. Chacun des barons de Navarre croit en être un, 80, 1179. — Anelier dépeint les bourgeois de Pampelune plus fiers que Roland, 252, 3899.

ROLAN, ROLLANT (L'angarda, l'engarda), hauteur située à Roncevaux, 18, 229. — Le prieur de Saint-Jean-Pied-de-Port et sa suite la passe pour aller en Espagne, 178, 2748.

Rollar. Au siége de Garayno on voit les hommes rouler comme des ballons, 324, 5054.

ROMA. Le roi de Navarre veut élever la sainte foi de Rome, qu'il voit baisser, 28, 401. — L'infante de Navarre confiée à la garde de Philippe le Hardi par le pape de Rome, 84, 1239.

ROMANIA. Une fois échappé au danger qu'il avait couru dans la Navarrerie, Eustache de Beaumarchais en témoigne plus de joie que s'il eût été empereur de Romanie, 120, 1833.

Romans, langue romane; individu qui la parle, 178, 2739.

RONCAL. Voyez *Martin de Roncal.*

RONÇASVALS, RONÇAVALS, Roncevaux. D. Sancho y est enterré, 18, 229. — Eustache de Beaumarchais y arrive, 98, 1468. — Le prieur de Saint-Jean-Pied-de-Port vient à l'hôpital de Roncevaux, 178, 2750.

Ros. Voyez *Johan, Marin, Pere Ros.*

Rosal. La roseraie, après un combat, reste sanglante, 284, 4420.

Rrecinglar. Les troupes de l'expédition française en Navarre ressanglent leurs selles, 316, 4930.

RROVE[RAY], 328, 5097.

Rrua. Hommes de rue combattant à Pampelune, 238, 3687.

Ruan, ouvrier de ville. Aucun d'eux ne se veut contraindre, 78, 1156.

Rumeu (Cami). Le chemin des pèlerins, à Pampelune, est délaissé, 300, 4660.

Runa. Les révoltés de la Navarrerie pensent faire passer un cours d'eau par les vignes, 238, 3676.

RUYZ. Voyez *Simon Ruytz (Don).*

S

Sabaters. G. Anelier frappe un cordonnier à la gorge, 334, 3630.

Sagel. Eustache de Beaumarchais déclare que si toute la terre le congédiait avec des écrits scellés, il ne pourrait rester, 176, 2705.

Sagelamens. Eustache de Beaumarchais promet aux bourgeois des chartes en double, 152, 2319. — Un messager des bourgs vient au roi de France avec des lettres, 258, 4002.

Sageta. Grand nombre de flèches lancées dans deux occasions, 246, 3807; 324, 5052. — Sire Gaston envoie à Eustache de Beaumarchais un messager pour lui recommander de ne point envoyer de flèches, 260, 4051. — Flèches portées sur des sommiers à la suite du roi de France, 308, 4788.

Sagnar. Têtes, pieds, poings et doigts qui saignent, 314, 4990.

Saiel. Sceau de Pampelune sur lequel est sainte Marie; le roi Henri consent à ce qu'il soit rompu, 38, 546. — Il se le fait apporter, 40, 587. — Il le prend et le fait mettre en pièces, 42, 589.

Sal. Sel employé comme remède, 284, 4422.

SALT. Voyez *Marin de Salt (Don).*

SALVADOR. Les ordres se rendent dans la Navarrerie priant le Sauveur qu'il lui prenne compassion de ce peuple pécheur, 190, 2920.

SALVADOR DE VERAYTZ, l'un des défenseurs des bourgs placé dans la tour de la Teyllère, 164, 2535.

SALVA TERRA, SAUBA TERRA, Sauveterre en Béarn. Eustache de Beaumarchais y vient, 98, 1461. — A la nouvelle de la mort de D. Pierre Sanchiz, sire Gaston aurait voulu y être, 268, 4161. — L'armée commandée par

Philippe le Hardi vient à Sauveterre, 308, 4803.

SAN CERNIN, SANT CERNI, bourg de Pampelune. Sa malveillance à l'égard de la Navarrerie, 12, 144. — Cimetière des morts de l'hôpital devant Saint-Cernin, 153. — Priviléges accordés à ce bourg par les rois de Navarre, 46, 643. — D. Pierre Sanchiz s'y établit avec D. Gonzalve Ibañez, D. Corbaran et d'autres riches hommes, 62, 911. — Les bourgeois qui se présentent devant Estella devant D. Pierre Sanchiz se disent envoyés par ce bourg, 72, 1065. — D. Ponce Baldoin, conseiller des bourgs de Saint Cernin et de Saint-Nicolas, adresse la parole à Eustache de Beaumarchais, 116, 1728. — Après avoir échappé à la mort à la Navarrerie, Eustache se rend, avec sa suite, au bourg de Saint-Cernin, 120, 1811. — Après y être resté tant qu'il lui plut, il voyage en Navarre, 122, 1841. — Le bourg de Saint-Cernin, d'accord avec la Poblacion, veut que l'arrêt d'Eustache de Beaumarchais au sujet des fortifications de la Navarrerie soit exécuté, 1864. — Un messager annonce à Eustache que les bourgs de Saint-Cernin et de Saint-Nicolas ont défait les machines, 124, 1885. — Eustache rentre dans le bourg de Saint-Cernin, où les habitants faisaient sa volonté, 132, 2013. — Un complot ourdi contre lui transpire dans le bourg de Saint-Cernin, 136, 2083. — Les riches hommes et les habitants de la Navarrerie se liguent contre les bourgs de Saint-Cernin et de Saint-Nicolas, 156, 2397. — Hôpital de Saint-Cernin, 162, 2491. — Noms des défenseurs de l'algarade de Saint-Cernin, 170, 2605. — Sire Eustache et les bourgeois s'en vont vers le bourg de Saint-Cernin, 180, 2787. — Le messager d'Eustache de Beaumarchais annonce que son maître n'ose pas sortir de l'enceinte du bourg de Saint-Cernin, 224, 3453. — D. Gonzalve Ibañez propose aux révoltés de la Navarrerie un plan pour la conquête de ce bourg, 248, 3862. — Requête du bourg de Saint-Cernin à Philippe le Hardi, 256, 3984. — Le prieur de Saint-Gilles et Gaston, sire de Béarn, vont conclure des trêves dans Saint-Cernin, 262, 4076. — Gaston apprend au roi de France qu'Eustache de Beaumarchais est enfermé dans le bourg de Saint-Cernin, 270, 4182. — Pendant que le comte d'Artois et le sire de Beaujeu convoquent leurs troupes, la trêve était violée dans Saint-Cernin, 276, 4279. — D. Miguel Peritz de Zabaldica menace Eustache de Beaumarchais de le jeter par les pieds hors du bourg de Saint-Cernin, 4290.

SAN GELI, SANT GILI. Le prieur de Saint-Gilles mande auprès de lui Eustache de Beaumarchais, 180, 2770. — Il se rend dans la Navarrerie pour essayer de rétablir la paix entre elle et les bourgs, 182, 2793. — Il s'abouche avec Eustache de Beaumarchais et s'entretient avec l'abbé de Mont-Aragon, 188, 2887, 2888, 2907, 2912. — Les habitants des bourgs prient que le prieur et l'abbé de Mont-Aragon puissent rétablir la paix, 2912. — Il revient une autre fois dans la Navarrerie, et confère avec les principaux de la cité, 190, 2922, 2925, 2926, 2937. — Il se rend au Bourg et s'entretient avec Eustache de Beaumarchais et les habitants, 2943; 192, 2948. — Le roi Philippe dit à l'un des bourgs qu'il a envoyé le prieur en Navarre, 258, 3998. — Imbert, sire de Beaujeu, dit au roi qu'il peut être renseigné sur les affaires de Navarre par le prieur de Saint-Gilles, 258, 4019. — Les messagers le trouvent à Pampelune, où il était venu pour savoir les choses, 260, 4027, 4030. — Sire Gaston de Béarn demande une trêve de quinze jours pour le prieur et lui, 4845. — Crainte du prieur et des bourgs, 4052. — Il entre dans les bourgs avec sire Gaston, 262, 4055. — Les riches hommes s'engagent à faire la volonté du prieur, 4073. — Il les prie de mettre fin à la guerre, 4080. — Il rentre dans le Bourg, 264, 4090. — D. Pierre Sanchiz vient faire sa cour à sire Gaston et au prieur, 4093. — Celui-ci revient à Paris avec sire Gaston, 268, 4175.

SANC, SSANC. Sang courant comme du vin par une cannelle, 282, 4388. — Sang répandu par le gazon, 4391.

SANCHETZ, SANCHITZ. Voyez *Pere Sanchitz*.

Sanchetz, sanchitz, sanchiz. Des bourgeois de la Navarrerie offrent trente mille sanchets au roi Henri pour rompre l'union des bourgs de Pampelune, 38, 537. — Les riches hommes se plaignent d'être payés en tournois au lieu de sanchets, 144, 2191. — Ils l'accusent de leur donner des poitevins pour des sanchets, 182, 2814. — Prix du pain de deux deniers élevé à deux sanchets, 310, 4812.

SANCHO, roi de Navarre, à la bataille de las Navas, 4, 15. — Son absence permet au roi de Castille d'envahir la Navarre, 8, 104. — Un messager va le trouver, 10, 110. — Sancho revient dans son royaume, 12, 137. — Il y voyage, 142. — Il fait détruire une tour où l'on vendait du sel, 158. — Sa colère en apprenant que les chevaliers de Navarre, profitant de sa reclusion à Tudela, pillaient le pays, 14, 178. —Le roi d'Aragon, D. Jayme, vient le trouver, 187. — Discours que lui tient D. Sancho, 190.—Réponse de D. Jayme, 16, 211.— Réplique de D. Sancho, 214.— Sa mort en 1234, 16, 225; 18, en note. — Ses hommes proposent son neveu pour lui succéder, 235. — La mort de Sancho est annoncée à Thibaut, 252. — Priviléges du roi Sancho en faveur de Pampelune, 48, 693.

SANCHO DE LOS ARCOS. Ses paroles au gouverneur D. Pierre Sanchiz, 50, 746.

SANCHO DE VILAVA (Don), charpentier, reçoit l'une des algarades des bourgs de Pampelune, 170, 2621.

SANCHO lo ferrers, l'un des défenseurs des bourgs de Pampelune, 166, 2561.

SANCHO MUSTARA (Don), habitant de la Navarrerie de Pampelune. Il adresse des reproches à Eustache, 110, 1664. — Il assiste à la séance où les riches hommes et les habitants de la Navarrerie se jurent aide et amitié, 156, 2389.

SANCT JACME, SANT JACME, SANT YAIME. Les frères de Saint-Jacques en possession de la charte d'union de Pampelune, 42, 592. — Ils vont, avec D. Pierre Sanchiz, à la rencontre d'Eustache de Beaumarchais, 100, 1504.—Le prieur de Saint-Jacques se lève et vient dans la vingtaine pour essayer de réta-

blir la paix entre les bourgs et la Navarrerie, 172, 2638. — Entendant crier aux armes, les habitants des bourgs sortent, les uns vers Saint-Jacques, où l'on se battait, 200, 3093. — Du côté de Saint-Jacques les défenseurs des bourgs sont repoussés, 202, 3127. — Bourgeois et ouvriers crient de se porter à Saint-Jacques, 282, 4369.—Combat acharné sous l'orme de Saint-Jacques, 4381. — Le prieur de Saint-Jacques demande protection à Eustache de Beaumarchais, 286, 4432.

SANCTA CLARA. Le comte d'Artois et le comte de Foix, à leur arrivée à Pampelune, vont loger à Sainte Claire, 298, 4651.

SANGOSSA, Sangüesa. Voyez *Arnalt de Sangossa*.

SANT CIBRIAN. Les troupes de Toulouse, à leur arrivée à Pampelune, vont à Saint-Cyprian et préparent les tentes, 300, 4655.

SANT CRISTOFOL, cri de guerre poussé par les habitants de la Navarrerie, 206, 3189.

SANT CRISTOFOL. SANT CRISTOFOS. Saint-Christophe proclamé dans l'assemblée des riches hommes et des barons à Pampelune, 134, 2045. — Imbert de Beaujeu et Eustache de Beaumarchais se portent sur cette place, 314, 4895. — Imbert jure de la prendre ou de mourir, 4900. — Personne n'en sort, et l'avant-garde voit que la place avait été évacuée, 4903 ; 316, 4905. — Elle est rasée, 4916.

SANT DENIS. L'abbé de Saint-Denis assiste au conseil du roi Philippe le Hardi, 92, 1390.

SANT FRANCES, couvent de Pampelune. Eustache de Beaumarchais consent à y écouter les riches hommes, 142, 2183.

SANT GERMA. Voyez *Peyre de Sant Germa*.

SANT JACME. Deux chevaliers français en route pour Saint-Jacques de Compostelle viennent à Pampelune, 180, 2762.

SANT JOHAN, Saint-Jean-Pied-de-Port. Eustache de Beaumarchais est reçu avec allégresse par les habitants de cette ville, 98, 1462. — Le prieur de Saint-Jean, allant en Espagne, apprend des nouvelles de la guerre civile de Pampelune et vient dans cette ville, 178, 2746.

SANT, SANTZ LAURENTZ, église de Pampelune.

Les bourgeois y tiennent une conférence, 156, 2406. — La tour Mirable est située devant, 164, 2537. — Le prieur de Saint-Gilles, l'abbé de Mont-Aragon, accompagnés de frères mineurs, entrent à Saint-Laurent, 190, 2946.—Un habitant des bourgs va dans Saint-Laurent et y donne l'alarme, 192, 2975.—Eustache de Beaumarchais convoque un parlement dans Saint-Laurent, 196, 4611.

Sant Micolau, l'un des bourgs de Pampelune. Les bourgeois qui se présentent à Estella devant D. Pierre Sanchiz se disent envoyés par ce bourg, 72, 1066. — Sire Ponce Baldoin, conseiller du Bourg, parle aux cortès de Pampelune, 114, 1737. — Un messager annonce à Eustache de Beaumarchais que les bourgs de Saint-Cernin et de Saint-Nicolas ont défait leurs machines, 124, 1886.—Les riches hommes et les habitants de la Navarrerie se liguent contre les bourgs de Saint-Cernin et de Saint-Nicolas, 156, 2398.—Algarade placée devant Saint-Nicolas, 170, 2600. — Les Toulousains et les Gascons gardent tous ensemble le portail de Saint-Nicolas, 212, 3293. — D. Gonzalve Ibañez propose un plan pour occuper les tours de l'église de Saint-Nicolas, 248, 3861. — Requête du bourg de Saint-Nicolas à Philippe le Hardi, 256, 3985.

Sant Pere, Sant Peyre de Ribas. Les révoltés de la Navarrerie s'en viennent tous armés sur le pont de Saint-Pierre de Ribas, 288, 4488. — Le seigneur de Béarn va se retirer à Saint-Pierre de Ribas visiter les dames, 300, 4653.

Sant Sabastian, port de mer du Guipuzcoa. Un messager va annoncer au roi D. Sancho qu'il a perdu cette ville, 10, 122.

Sant Yaime, église de Pampelune. Voyez Sanct Jacme.

Santa Cecilia, église de Pampelune. Quartier construit au-dessus, 12, 148.

Sancta Gracia, église de Pampelune, 164, 2533.

Sancta Maria, Santa Maria. Cortès assemblées, en 1274, dans cette église, 48, 624.

— Guillaume Anelier voit Eustache de Beaumarchais faisant, à son arrivée, sa prière à Sainte-Marie, 100, 1487. — Les gens de Sainte-Marie s'imaginent qu'Eustache de Beaumarchais n'avait pas le droit de faire détruire des ouvrages de guerre, 116, 1753. — Eustache de Beaumarchais, poursuivi dans la Navarrerie, veut s'y réfugier, 118, 1800. — Il est mieux accueilli dans le bourg de Saint-Cernin, 120, 1813. — Une fois renfermés dans la Navarrerie, les riches hommes convoquent un parlement dans Sainte-Marie, 154, 2350. — Les révoltés y prêtent serment le lendemain, 156, 2377.

Santas, santz. Saints et saintes illuminés à Pampelune, 198, 3068.

Santz. Les révoltés de la Navarrerie jurent sur des reliques que la mort de D. Pierre Sanchiz sera secrète, 266, 4137. — Anelier déclare pouvoir attester un fait sur les reliques, 300, 4656.

Santz. Voyez Miquel Santz Alaves et Pere Santz.

Santz Espiritz. Eustache de Beaumarchais comparé au Saint-Esprit, 90, 1335. — Le Saint-Esprit ne veut pas qu'Eustache de Beaumarchais succombe sous les embûches des barons de Navarre, 140, 2144.

Sargan, sergan, sergen. Le prieur de Saint-Gilles envoie vers Eustache de Beaumarchais ses meilleurs serviteurs, 180, 2771. — Eustache place aux portails des bourgs de ses meilleurs soldats, 212, 3285. — Un soldat nommé Guiot frappe D. Garcia, 118, 3364. — Bons soldats combattant dans les rangs des révoltés de la Navarrerie, 238, 3686. — Eustache de Beaumarchais envoie un serviteur à maître Bertrand l'ingénieur, 250, 3873. — Les soldats des révoltés de la Navarrerie tiennent Eustache de Beaumarchais bloqué, 256, 3990.

Sarrazin. Menacés par les chrétiens, les Sarrasins pensent à se défendre, 26, 361. — Ils sortent de Tunis pour assaillir les chrétiens, 28, 384. — Ils font l'éloge des Navarrais, 30, 408.

Saumer. Sommiers dans la suite du roi de

France, 308, 4787. — Le roi part avec eux, 312, 4848.
SAVARIC PINTOR. Il concourt à la défense des bourgs de Pampelune, 166, 2561.
Savenal (Benda). Bandes fines pour blessures, 284, 4423.
Savi. La reine Blanche convoque à Pampelune les sages de la Navarre, 44, 616. — Un sage se lève dans le conseil des bourgs de Pampelune et parle au peuple, 46, 653. — Philippe le Hardi convoque ses sages, 82, 1226. — Il leur adresse la parole, 94, 1394. — Sage emmené de Toulouse par Eustache de Beaumarchais, 98, 1457. — Le comte de Périgord qualifié de *sage*, 296, 4592. — Anelier déclare sage celui qui pensa à se sauver de la Navarrerie, 302, 4708. — Barons sages et d'élite dans un conseil de guerre, 312, 4864.
Savietat. Grande sagesse que montre Eustache de Beaumarchais, 254, 3956. — La sagesse est bonne en guerre, 256, 3965.
SAZAR, César. Son trésor, 92, 1361.
'Sconas. Javelines lancées au siège de Garayno, 324, 5051. Voyez *Ascona* et *Escona*.
Secors. Les bourgs de Pampelune demandent quand doit leur arriver du secours de France, 276, 4304. — Le secours de France est à Jaca, 292, 4559. — Eustache de Beaumarchais l'annonce, 296, 4614.
Segeta. Grêle de flèches lancées dans une circonstance, 196, 3011. Voyez *Sageta*.
Sela. Des chevaliers sellent leur cheval, 282, 4373. — A un appel aux armes, on met la selle aux chevaux, 302, 4718. — Les troupes de l'expédition de Navarre ressanglent leurs selles, 316, 4930.
Semder. L'armée royale couvre les sentiers, 308, 4789; 316, 4924.
SEMEN CEL D'OARRITZ (En). Il s'avance sur un champ de bataille et blesse Peyret Carnero, 220, 3394.
SEMEN DE ou DU GUERETZ (En). Il propose à Eustache de Beaumarchais d'aller chercher D. Corbaran, 226, 3510. — Il est blessé de deux carreaux d'acier à la figure, 236, 3651.
SEMEN TOMAT (Don), bourgeois de Pampelune.

Il assiste à une conférence dans l'église de Saint-Laurent, 158, 2418.
Semenar. Après le sac de la Navarrerie, on eût pu y semer, 306, 4776.
SEMENEYTZ. Voyez *Pere Semeneytz* (En).
SEMEROT CEL D'ARANSUS. Il garde la tour de la Poterne, à Pampelune, 164, 2530.
Semeteri. Les riches hommes de la Navarrerie vont au cimetière ôter les portes des gonds, 302, 4697.
SENE DREITURERS, SEYNNE, SEYNNOR. Philippe le Hardi bénit Eustache de Beaumarchais et le recommande au Seigneur rédempteur, 96, 1442. — Anelier invite à prier le Seigneur de ne point permettre le retour des maux de la guerre civile de Pampelune, 238, 3705. — Il jure par le Seigneur qu'un jour les juifs firent de grands ravages, 240, 3732. — Le sire de Beaujeu jure par le Seigneur droiturier, 316, 4932.
Sens. Le sens est bon en guerre, 256, 3965.
Sesal. Un messager annonce à Philippe le Hardi qu'Eustache de Beaumarchais n'ose pas sortir de la censive de Pampelune, 224, 345. — Les bourgs ni Eustache ne se soucient pas que les riches hommes prennent la rente, 284, 4426.
SETA. Voyez *Gayralt de Seta* (Don).
Setis. L'homme chargé de déterminer les places au camp de l'armée française à Pampelune, donne une preuve d'amitié à D. Garcia, 300, 4658.
Seynal, seyonal. Signal montré sur le premier portail des bourgs de Pampelune, 282, 4394. — Les combattants rentrent avec enseigne, 284, 4419. — Ils mettent sur la voûte d'une église le pennon portant les armoiries d'Eustache de Beaumarchais, 286, 4450.
Seynerer, seynnerer, seynnorer. Le seigneur de Cascante se retire à part avec son porte-enseigne pour délibérer aux cortès de Navarre, 112, 1702. — D. Fortuyn sort avec son porte-enseigne, 286, 4464. — Les seigneurs de toute la France suivent Philippe le Hardi en Navarre, 308, 4785. — Guillaume Isarn, porte-enseigne d'Eustache de

Beaumarchais, est blessé au siége de Mendavia, 318, 4942. Voyez *Gonfaironer.*

Seynna. Philippe le Hardi prévoit l'urgence d'envoyer à Pampelune son enseigne à la fleur de lis, 224, 3469. — Un combattant des bourgs de Pampelune met l'enseigne sur le premier portail, 282, 4394. — Les révoltés sortent de la Navarrerie avec l'enseigne, 288, 4489. — Grand nombre de belles enseignes dans l'armée française en Navarre, 296, 4602; 310, 4808. —Voyant dans leurs murs l'enseigne d'Eustache de Beaumarchais, les habitants de Mendavia sentent croître leur épouvante, 318, 4948.

Seynnalat. Hommes rangés sous des enseignes, 290, 4549.

SEYNNE DELS GASCOS. Cuisine de sire Gaston placée à la portée d'un trébuchet, 260, 4034.

Seynnera. Le menu peuple de la Navarrerie sort enseignes déployées, 288, 4487; 290, 4514. — Nombreuses enseignes déployées, 304, 4721. — L'armée française va à Puñicastro enseignes déployées, 320, 4983.

Seynnor. On ne doit pas se révolter contre son seigneur, 262, 4083. — Sire Gaston dit à D. Pierre Sanchiz que sa nature a voulu établir les droits de son seigneur, 264, 4102. — Il ajoute que s'il aime son seigneur, Dieu l'aimera, 4103. — Des assassins percent Martinez d'Eussa sur son seigneur, 268, 4154. — Folie de celui qui fait la guerre à son seigneur, 285, 4454.

SICARTZ, prieur de Sainte-Marie de Pampelune, va à la douzaine de la Navarrerie, et la dissuade d'obéir aux ordres du gouverneur, 116, 1756.

Sil. Provisions renfermées dans les celliers de la Navarrerie, 212, 3274. — Nombre de silos ouverts au sac de Pampelune, 304, 4740.

Silvent. Des soldats crient aux armes, 204, 3156. Voyez *Sirven.*

SIMENITZ. Voyez *Andre Simenitz.*

SIMON, SYMON RUYTZ. Les barons le représentent à Eustache de Beaumarchais comme chassé de la Castille, 128, 1959; 132, 1998. — Il assiste aux cortès du château de los Arcos, 130, 1993. — Jean Alphonse et sa troupe ont la permission de courir sus à D. Simon, 132, 2022. — Beaucoup de gens marchent contre lui, 2024.— Eustache de Beaumarchais annonce aux riches hommes et aux barons qu'il en a reçu un message, 134, 2052. — Un Navarrais tient un conciliabule avec lui et D. Lope Diez, 136, 2066. — Eustache de Beaumarchais invite les barons de Navarre à se rendre sans lui auprès de D. Simon Ruyz, 138, 2100. — Il confère avec D. Lope dans un pré, 140, 2123. — Il arrive à Pampelune avec lui pendant la guerre civile, 210, 3261. — Les révoltés de la Navarrerie le prient de demander des trêves à Eustache, ce qu'ils font, 212, 3265, 3267.

SIMON CARITAT, bourgeois de Pampelune. Il assiste à une conférence tenue à Saint-Laurent, 158, 2411.

SIMON MAIESTRE (Don), charpentier, nommé parmi les défenseurs des bourgs de Pampelune, 168, 2571.

SIMON VALER. Lope Diez se rend auprès de lui, 132, 2026.

Singlar. A un appel aux armes, on sangle les chevaux, 302, 4718.

Sirven, sirvent. On entend à Zizur maint soldat jouer et s'amuser, 66, 961. — Adam d'Oarritz va avec plusieurs serviteurs détruire l'ouvrage des bourgs, 76, 1119. — Les serviteurs de la Navarre s'assemblent pour délibérer sur l'état du pays, 78, 1159. — Les soldats des bourgs apportent de l'eau pour mettre en la Galée, 196, 3026. — On peut voir les soldats s'écarter et présenter des carreaux, 198, 3057. — A l'appel des sentinelles, les soldats vont s'armer, 214, 3319. — Les soldats de la Navarrerie en sortent, 232, 3608. — Ils entrent dans un complot contre les vignes de leurs adversaires, 240, 3714. — Eustache de Beaumarchais est appelé serviteur du roi, 256, 3987. — Philippe le Hardi ordonne à Imbert de Beaujeu de mander les soldats pour aller en Navarre, 274, 4259. — Soldat tué sous l'orme, 286, 4462. — Soldats à pied se démenant mal au sac de la Navarrerie, 304, 4745. — Soldats à pied dans l'armée de Philippe le Hardi, 308, 4806. — Des soldats crient aux armes, 316, 4928.

Sirventa. Les servantes des bourgs portent de l'eau pour mettre en la Galée, 196, 3026.

So. Au premier bruit, le peuple de la Navarrerie sort hors des portes, 204, 3163. — Retraite bruyante de l'armée française devant Garaynno, 326, 5074.

Sobranceria. Énormité des riches hommes de la Navarrerie, 276, 4281.

Sobransers. Le seigneur de Saint-Christophe insolent à l'égard de la reine, 316, 4919. — Eustache de Beaumarchais se promet de triompher des défenseurs de Mendavia, 4939. — Il y en a de terribles qui chassent les assaillants, 318, 4967.

Sobredens. Monreal, château de Navarre, embarras pour l'armée française, 326, 5980.

Sobreseynal. Nombreux panaches dans l'armée de Philippe le Hardi en Navarre, 310, 4810.

Soler. Urgence de garnir les plates-formes des bourgs, 166, 2549.—Destruction de mainte plate-forme par les pierres que l'on y lance, 214, 3314. — Les pierriers de Pampelune renversent des hauts de maisons, 288, 4467. —Un messager annonce au roi Philippe que les révoltés de la Navarrerie ont abandonné les plates-formes, 310, 4822. — Pierres lancées des plates-formes ouvertes de Mendavia, 328, 4956.

Sonet. A Puñicastro, le pays retentit du bruit des trompettes de l'armée française, 320, 4990.

SORRIBURBU. Les habitants de la Poblacion y vont mettre le feu, 194, 3007.

Soudader. A l'appel des sentinelles, les soldats de Pampelune vont s'armer, 214, 3319. — Eustache de Beaumarchais mande les soldats, 286, 4441. — Les barons soudoyés campent à Sauveterre, 308, 4805. — Les soldats ne trouvent pas de quoi vivre pendant l'expédition de Navarre, 312, 4842. — Des soldats crient aux armes, 316, 4928.

T

Tabla. Les révoltés de la Navarrerie apportent des tables pour leur servir d'écus, 228, 3542.

TACONERA. Les riches hommes sortent de Pampelune et vont se poster vers la Taconera, 198, 3044.

TAFAILLA. D. Pierre Sanchiz se rend dans cette ville, 60, 883.

Tamboret. Batterie de tambours pour appeler aux armes, 302, 4715.

Tapia. Moulin environné de revêtements en terre, 232, 2589.

Tayllada. Les révoltés de la Navarrerie font des abatis, dans l'idée que l'eau diminuerait au moulin, 238, 3678, 3681.—Tranchée opérée par les riches hommes pendant les trêves, 276, 4282.

TAYSSONAR. Voyez *Miquel de Tayssonar.*

TEBAS. Eustache de Beaumarchais y fait emprisonner un certain nombre des révoltés de la Navarrerie, 306, 4771.

Tenda. Les troupes de Toulouse commencent à préparer les tentes, 300, 4655. — Tentes sur des sommiers à la suite du roi de France en route pour la Navarre, 308, 4787.

TEMPLE. Philippe le Hardi déclare à son conseil qu'il tirera Eustache de Beaumarchais de la fâcheuse position où il est, dût-il lui en coûter tout l'argent du Temple, 274, 4267. — Chevaliers du Temple dans son armée, 308, 4799.

Terminat. Les combattants des bourgs reculent jusqu'aux limites, 290, 4517.

Terra. Mur de terre à Pampelune, 248, 3837. — Les révoltés de la Navarrerie arrêtent de creuser la terre pour miner les bourgs, 3653. — D. Guyralt de Seta fait monter sur la Galée des poutres qu'il couvre de sarments et de terre, 252, 3910. — La tour de la Galée remplie de terre à moitié, 3915.

Terrer. Les révoltés de la Navarrerie sont détruits, morts et bannis par les terres, 306, 3779.

Tesau de Cesar. Voyez *Cesar*.

Tesaur. Trésor du roi de France porté sur des charrettes, 308, 4786.

Teyllera (La tor de la), à Pampelune. Cette tour est donnée à quatre bourgeois, 164, 2532.

Thibald el segundo, Tibalt, Thibaut II, fils aîné et successeur de Thibaut le Grand, 24, 335. — Louis IX l'emmène outre-mer, 344. — Voyant à Tunis ses hommes perdre courage, il crie *Navarre* et va s'armer, 28, 394. — Il rallie ses gens, 30, 416.— Sa réponse à Louis IX, 30, 429.—Il meurt en 1270, 32, note 2. Voyez *Navarra, Navarr (Lo rei)*.

Tibalt, Tibautz, Thibaut le Grand, comte de Champagne et de Brie, est appelé à succéder à D. Sancho, son oncle, 18, 235. — Il part pour la Navarre, son entrée à Pampelune, 20, 235. — Fêtes à son couronnement, largesses faites aux jongleurs, 271. — Prospérité de son règne, éloge de ce prince, 275. — Ses poésies, 284. — Le roi de Castille baise la main au roi Thibaut qui lui avait promis sa fille, 22, 300. — Il est forcé de la donner malgré lui au comte de Bretagne, 303. — Il entend que Thibaut lui baise aussi la main, 311. — Thibaut règne comme un bon roi, 24, 321. — Sa femme étant morte, il se remarie, 24, 522. — Il meurt, 328. — La construction du palais d'Olaz lui est due, 98, 1480.

Tinal. Gourdins employés pendant la guerre civile de Pampelune, 282, 4372.

Tir, Tyr. D. Gonzalve Ibañez dit à D. Pierre Sanchiz que son neveu, D. Garcia, ne sortirait pas pour ce royaume, 66, 964.

Tirar. Grand nombre de flèches tirées au siége de Garaynno, 324, 5052. Voyez *Trayre*.

Toledo. Rodrigue, archevêque de Tolède, assiste à la bataille de las Navas, 4, 28. — Tolède au pouvoir du roi de Castille, 128, 1956.

Tolosa, Tolotsa, Toulouse, patrie de Guillaume Anelier et de la femme de D. Sancho, 2, 4, 16. — Toulouse au pouvoir du roi de France, 24, 339. — Eustache de Beaumarchais se rend de Paris à Toulouse, 96, 1448. — Il en sort pour aller en Navarre, 1453.— Les sentinelles des révoltés de la Navarrerie crient à ceux des bourgs de retourner à Toulouse, 232, 3594. — Le comte d'Artois et le sire de Beaujeu s'en viennent à Toulouse, 276, 4275. — Les troupes de Toulouse, à leur arrivée à Pampelune, vont vers Saint-Cyprien et préparent les tentes, 300, 4654.

Tolsa, Tolsan, le pays toulousain. Eustache de Beaumarchais y maintenait la paix, 92, 1364. — Le roi lui envoie un messager dans ce pays, 1373. — Philippe le Hardi donne le commandement du Toulousain à Imbert, sire de Beaujeu, 274, 4256.

Tolsa. Les Toulousains gardent, avec les Gascons, le portail de Saint-Nicolas de Pampelune, 212, 3294. — Des révoltés de la Navarrerie appellent Guillaume Isarn *Toulousain*, 244, 3794.

Tomat. Voyez *Semen Tomat (Don)*.

Tonoens (El seynne de). Le seigneur de Tonneins fait partie de l'armée française envoyée en Navarre, 296, 4597.

Tor, torr. Eustache de Beaumarchais signale aux cortès de Navarre les tours élevées par les bourgeois de Pampelune les unes contre les autres, 112, 1699. — Les vingt des bourgs commandent à garder les tours, 160, 2465. — Tours des bourgs mises en état de défense et confiées à des bourgeois, 2467; 162, 2474, 2480, 2485, 2490, 2496, 2501, 2505; 164, 2508, 2515, 2522, 2528, 2532, 2537; 166, 2540, 2544, 2549, 2553, 2559, 2562, 2567; 168, 2572, 2577, 2585, 2588. — Le péril dans la tour de la Galée, 162, 2473. — Tours établies par les vingt de Pampelune pour batailler, 170, 2629. — Proposition aux habitants des bourgs de détruire la tour, s'ils veulent abandonner Eustache, 186, 2874. — Espoir du prieur de Saint-Gilles de conserver les tours de la Navarrerie, 190, 2933.—Eustache de Beaumarchais va d'une tour à l'autre, 196, 3022.—Les défenseurs de la tour de la Galée renversent la maison du veilleur, 196, 3030.—Eustache de Beaumarchais va à la Poblacion regarder les tours, 3036. — Cri des hommes des villes de Pampelune qui veillaient les tours, 206, 3174. — On voit tendre des arcs et plus d'un carreau descendre de la tour du moulin du Maçon, 210, 3242.—A l'expiration des trèves, les sentinelles des tours crient aux armes, 214, 3305.— Tours tranchées par les trébuchets, 224, 3478.—La sentinelle de la tour pousse le même cri, 226, 3515.—Grêle de pierres qui tranche les tours, 236, 3665. — Les sentinelles de la tour se crient des injures, 240, 3710. — Les défenseurs de la Galée descendent de la tour du portail, mais se montrent mauvais, 246, 3818, 3832. — D. Gonzalve propose un plan pour s'établir sur les tours de l'église de Saint-Nicolas, 248, 3860. — La tour de la Galée tremble des coups de trébuchet, 232, 3914. — Défense de se montrer aux tours du Bourg, 268, 4163.—Reproche aux révoltés de la Navarrerie d'avoir fait des tours contre leur maîtresse, 272, 4237.—Les habitants de la Navarrerie guettent toute la nuit par les tours, 280, 4362. — Les trébuchets brisaient les tours, 4364. — Archers tirant des tours, 286, 4555. — Les touriers des tours appellent aux armes, 288, 4479. — Un messager annonce à Philippe le Hardi que les révoltés de la Navarrerie ont abandonné les tours, 310, 4822.—Destruction des tours de cette cité, 4828. — Les tours du félon doivent être détruites, et celles des révoltés de la Navarrerie le sont, 314, 4876, 4879. Voyez *Campana, Filla, Galea, Nova.*

Torcha. Saints et saintes, à Pampelune, illuminés de torches, 198, 3066. — D. Gonzalve ordonne aux révoltés d'allumer des torches, 302, 4690.

Torn. Balistes de tour, 196, 3015; 210, 3245. — Gens chargés de tourner les manivelles de machines de guerre, 170, 2604, 2610, 2627. — Le tour d'une baliste apportée par les arbalétriers des bourgs de Pampelune se tend, 242, 3751, 3752.

Tornes. Crainte des riches hommes de se voir enlever les châteaux pour des tournois, 142, 2264. — Les riches hommes se plaignent qu'Eustache les paye en tournois, 144, 2191.

Torones. Tourangeaux dans l'armée de Philippe le Hardi, 308, 4793.

Torr ab escalos, machine de guerre élevée par les révoltés de la Navarrerie, 70, 1039.

Torreis, torrer. Eustache de Beaumarchais ranime les gardiens des tours, 196, 3022.—Cri des touriers au point du jour, 214, 3316. — Ils appellent à une sortie, 232, 3604. — Ils sonnent les cloches à cet effet, 288, 4479.

Tors, Tours en Touraine. Eustache de Beaumarchais donne aux barons et chevaliers de la Navarrerie cinquante mille tournois de Tours, 106, 1582.

Torturers. Le roi de Castille, bourreau des neveux de Philippe le Hardi, 410, 4827.

Trabuquet. Les habitants de la Navarrerie élèvent des trébuchets contre le bourg de Saint-Cernin, 46, 647. — On ne doit pas en élever dans une ville contre une autre sans ordre du seigneur, 657.—Des bourgeois des bourgs demandent à en élever, à l'exemple de leurs adversaires, 72, 1070.—Eustache de Beaumarchais expose aux cortès de Navarre que les bourgeois de Pampelune élèvent les uns contre les autres des trébuchets, 112, 1698. —Bourgeois chargé de guider un trébuchet, 170, 2603. — On peut entendre les trébuchets détendre, 196, 3013. — Trébuchets lançant des pierres de trois quintaux, 224, 3477.—Couronnement de la Galée tranché par les trébuchets, 252, 3903.—A l'arrivée de la pierre du trébuchet, les assiégés se mettaient dans la Galée, 3911.— Embarras des trébuchets des bourgs, 3921.— Cuisine de sire Gaston placée à la portée du trébuchet des bourgs, 260, 4033.—Il se détend très-vite, 4035. — Défense au Bourg de détendre aucun trébuchet, 4050; 268, 4164. —Les trébuchets recommencent à tirer, 276, 4301. — Tours ruinées par les trébuchets, 280, 4364. — Envoi de trébuchet à D. Fortuyn Almoravit, 288, 4473.—Le connétable de France fait observer à Eustache de Beaumarchais que le trébuchet ruine le portail et le perron de Garaynno, 326, 5064.

Trachos, trachor, trahor. Les traîtres de la Navarrerie tournent les engins, 294, 4569, — Eustache de Beaumarchais annonce dans le parlement de Saint-Laurent qu'il tirera vengeance des traîtres mécréants, 296, 4615. — Supplice des traîtres de la Navarrerie, 306, 4754. — Eustache de Beaumarchais va les examiner, 4764. — Anelier loue Dieu de leur fuite et de leur supplice, 4778; 312, 4852, 4854. — Un messager annonce à Philippe le Hardi la fuite des traîtres voleurs, 310, 4819. — Vivres empoisonnés par les traîtres de Saint-Christophe, 316, 4913. — Résolution de prendre Mendavia et les traîtres meurtriers, 4923. Voyez *Traydos*.

Trapana. Les croisés arrivent à Trapana en Sicile, 34, 483.

Traus. Maître Bertrand fait porter des poutres pour servir de traverses, 250, 3884. — D. Guyralt de Seta fait monter de grandes poutres sur la Galée, 252, 3908.

Trautz. Les équipages de l'armée française s'en retournent en France, 312, 4848. — Ils vont à Puñicastro, 320, 4981.

Traycio. Trahison va et court de tous côtés, 294, 4576. — Dieu est prié d'abaisser trahison, 324, 5045.

Traydos. Les habitants des bourgs prennent l'armée royale pour les traîtres de la Navarrerie 298, 4131. — Joie de l'armée française en Navarre, d'avoir chassé les traîtres, 326, 5079. Voyez *Trachos*.

Traynar. Eustache de Beaumarchais fait traîner certains des révoltés de la Navarrerie, 306, 4770.

Trayre. Grand nombre de traits lancés au siège de Garaynno, 324, 5052. Voyez *Tirar*.

Trega, treva. Conditions auxquelles on pouvait garantir des trèves pour cent ans à Pampelune, 190, 2932; 192, 2954. — Lope Diez et sire Simon demandent des trèves à Eustache de Beaumarchais, 212, 3266, 3269. — A l'expiration des trèves, les sentinelles crient aux armes, 214, 3304. — Trève de quinze jours demandée par sire Gaston, 20, 4046. — Sire Gaston de Béarn dit aux barons que les bourgeois veulent leur donner des trèves, 262, 4068. — Les trèves prises, il rentre au Bourg avec sa compagnie, 4078. — Philippe le Hardi est informé de ces trèves, 270, 4188. — Rupture de ces trèves, 276, 4280, 4283, 4284. — Eustache de Beaumarchais déclare ne pas vouloir de trèves, 4286.

Trepez. Trépied de chaudron tranché par une pierre, 260, 4038, 4042.

Trinitatz. Eustache de Beaumarchais dit aux chevaliers et aux bourgeois que la Trinité veut qu'ils se vengent, 292, 4537. — Celui qui est Trinité considère le droit, le tort et les péchés, 294, 4573.

Triperia. Eustache de Beaumarchais fait tirer et venir la chatte derrière lui jusqu'à la Triperie, 244, 3774.

Tripers (La torr del). Ses défenseurs, 168, 2572.

Trompa. Sonnerie de trompettes, 230, 3578. — A Mendavia, le pays retentit du bruit des trompettes de l'armée française, 320, 4990. — Sa retraite de Garaynno avec trompettes, 326, 5074.

Trompados. Eustache de Beaumarchais sort avec des trompettes, 298, 4625.

Trompar, tronpar. Appel aux armes à son de trompe, 302, 4714. — Bruit de trompettes dans l'armée française en Navarre, 304, 4725.

Troter. Les goujats brident les roussins, 304, 4720. — Ils meurent de faim dans l'expédition de Navarre, 312, 4843.

Tudela. Le roi D. Sancho se retire dans cette ville, 14, 173. — Le roi d'Aragon, D. Jayme, vient l'y trouver, 184. — D. Pierre Sanchiz y va, et y séjourne longtemps, 60, 877, 879. — D. Garcia déclare ne pas vouloir, lui donnât-on Tudela, que ses confédérés soient trahis, 154, 2372.

Tunayn. Voyez *Johan de Tunayn*.

Tunitz. Saint Louis et les croisés arrêtent d'aller dans cette ville pour la conquérir, 26, 351. — Les Sarrasins s'y réfugient, 364. — Les chrétiens ne songent pas à l'assiéger, 365. — Le roi de Tunis se réjouit en voyant les chrétiens camper loin de la ville, 368. —

Apprenant qu'ils voulaient la bloquer, les alcaïds convoquent les Tunisiens musulmans, 28, 328. — Ils entrent à Tunis, 382.— Ils attaquent les chrétiens en criant *Tunis*, 382. —Ils retournent vers cette ville, 30, 413.— S'ils eussent fait du bruit, ils l'auraient prise, 32, 449. — Le roi Charles y vient pour voir saint Louis après sa mort, 462. — Le roi de Tunis envoie des messagers aux barons croisés, 34, 464. — Quand il va à Tunis, Thibaut II laisse le gouvernement de sa terre à son frère, 36, 495.

Turmens. Joie de l'armée française, après la prise de Garayno, d'avoir jeté les traîtres dans les tourments, 326, 5079.

Turrilles. Voyez *Garcia de Turrilles* (En).

U

Ubeda, 4, 18; 8, en note, col. 2.

Uc cel de Montlasu (En). Il reçoit en garde le portail dit *del Chapitel*, à Pampelune, 212, 3287.

Ueu (Blanc d'). Blanc d'œuf employé comme remède, 284, 4432.

Ueyll. Un écuyer est frappé par l'œil d'un carreau d'acier, 286, 4457.

Unamens. Union des bourgs de Saint-Cernin et de Saint-Nicolas, 256, 3985.

Undiano. Voyez *Martin d'Undiano* (Don) et *Pere d'Undiano lo jove* (Don).

Unguens. Onguents pour blessures, 284, 4423.

Unitatz. Unité de Pampelune au temps du roi Thibaut II, 36, 509. — Les habitants de la Navarrerie arrêtent de la rompre, 514.—Ils s'adressent au roi à cet effet, 519. — Le notaire sire Jean Peritz Alegre l'avait écrite, 38, 529. — Michel Peritz de Zavaldica signalé comme un ardent adversaire de l'unité, 53 l. —Le roi consent à la rupture de l'unité, 546. — Elle se défait, 42, 597.—Unité entre le Bourg et la Poblacion, 46, 649.—Un bourgeois des bourgs propose de mettre le feu à la Navarrerie, du moment que l'unité est rompue, 46, 664.—Les machines de guerre enfermées dans la douzaine avant l'existence de l'union, 124, 1879.

Uritz. Voyez *D. Garcia Martinitz d'Uritz*.

V

Val de Foillola. Désordres dans ce pays avant l'arrivée d'Eustache de Beaumarchais en Auvergne, 88, 1312.

Val Ribera. Triste état de ce pays avant l'administration d'Eustache de Beaumarchais, 38, 1311.

Valatz. Guillaume Isarn se met à la tête d'un pont, sur un fossé, 244, 3792.

Valedor. Résolution d'envoyer en Navarre les vaillants de France, 272, 4250.

Valer. Voyez *Simon Valer*.

Valeri. Voyez *Irat de Valeri*.

Vasal. Nombre de vassaux, à Pampelune, combattant et frappant, 282, 4396.

Vayll. La vallée, à Puñicastro, resplendit de l'éclat des armes des troupes françaises, 320, 4985.

Vedel. Veau rôti destiné à empoisonner l'armée française devant Saint-Christophe, 316, 4909.

Venable. D. André de Marça est blessé à la figure d'un coup d'épieu, 202, 3122.— Des combattants s'arment d'épieux, 282, 4373.

Veraytz. Voyez *Salvador de Veraytz*.

Verga. Trente personnes employées à baisser la verge d'un engin, 170, 2616. — Des combattants en font ailleurs autant, 230, 3567.

Verge. Philippe le Hardi jure par le Seigneur qui naquit de la Vierge la nuit de Noël, 224, 3484.

Verger. Combat acharné au verger de l'autre côté du pont neuf, à Pampelune, 236, 3655. — Sortie des habitants des bourgs dans le verger, 278, 4327.

Verial, veyrial. Le conseil général de toute la Navarre se tient au château de los Arcos, en face de la verrière, 130, 1979.—Verrières de Pampelune tranchées par les trébuchets, 224, 3478; 280, 4362.

Vertut. Vertu thérapeutique du roi de France, 256, 3978; 268, 4174.

Veylla. Une sentinelle tire une pierre qui va frapper Eustache de Beaumarchais, 194, 3000.

Veyllador. La maison du veilleur des bourgs, à Pampelune, prend feu, 196, 3028.

Vezis. La plus périlleuse des guerres est celle qui a lieu entre deux voisins, 238, 3696.

Via. L'armée française en route pour Mendavia court les routes, 316, 4924.

Via fora. Appel aux armes, 288, 4481.

Vianda. Nourriture, en abondance, empoisonnée par les habitants de Saint-Christophe, 316, 4909, 4913.

Viander. Carreaux rapides entre les mains des habitants de Mendavia, 318, 4951. — Pierres lancées par eux comparées à la foudre voyageuse, 4957.

Vicens. Voyez *Domingo Vicens*.

Vieylla (Fontana). Les habitants des bourgs y vont, 282, 4399.

Vila. On ne doit pas élever de machines de guerre dans une ville contre une autre sans la permission du seigneur, 50, 729. — Le gouverneur sort de la ville de Pampelune pour entrer dans le Bourg, 52, 752. — Les habitants de la Navarrerie s'imaginent que s'ils pouvaient avoir D. Garcia pour défendre la ville contre le Bourg, ils seraient invincibles, 755. — Les habitants de la ville voyant entrer D. Garcia avec leurs envoyés, mènent grand'joie, 54, 790. — La ville se lie avec D. Garcia, 798. — D. Pierre Sanchiz tient conseil avec les habitants des villes présents, 58, 843. — Un bourgeois des bourgs demande d'y faire des engins, puisqu'on en fait dans l'autre ville, 70, 1044. — Désordre dans toutes les villes principales, 76, 1140. — Les villes voient leur salut dans l'envoi d'un gouverneur par le roi de France, 78, 1154. — Les Castillans entrés dans Mendavia prennent la ville, 84, 1250. — Les habitants de la ville de Saint-Jean font fête à Eustache de Beaumarchais, 98, 1463. — Il voit l'animosité qui existait entre les villes dont se composait Pampelune, 1475. — D. Pierre Sanchiz fait dire à Eustache de Beaumarchais que les habitants de cette ville (de la Navarrerie) étaient les recommandés de D. Garcia, 100, 1508. — Eustache de Beaumarchais exprime le désir de pouvoir rétablir la paix entre les villes, 1514. — Convocation des plus avisés des bonnes villes aux cortès d'Estella, 102, 1537. — Les villes de Navarre y prêtent serment à Eustache de Beaumarchais, 104, 1560. — Faits et dits arrêtés par les bonnes villes, 132, 2009. — Plan calculé de façon à mettre aux mains des barons les villes de la Navarre, 136, 2079. — Les bourgeois de Pampelune annoncent qu'ils manderont d'armer dans la ville cinq cents hommes, et ils le font, 146, 2231. — Les bourgeois des bourgs cherchent à rassurer Eustache de Beaumarchais en lui annonçant qu'ils ont une forte ville, 152, 2316. — Les habitants de la ville de Pampelune mandés et rappelés pour une conférence, 154, 2351. — S'ils veulent aider les riches hommes, les bourgs et Eustache de Beaumarchais sont perdus, 2357. — Le peuple amène aux riches hommes dans la ville le bien et la nourriture, 2362. — Défense de la ville de Pampelune organisée par les vingt, 170, 2628. — Deux religieux les exhortent à ne pas souffrir que le péché y soit puissant, 172, 2644. — Notables de la ville dans la Navarrerie, 2653. — Le prieur de Saint-Jean apprend que les villes de Pampelune sont dans l'inquiétude, 178, 2755. — Deux chevaliers français remarquent le désordre qui y règne, 180, 2764. — Grand bruit et vacarme que l'on y entend au début de la guerre, 2788. — Le prieur de Saint-Gilles exhorte l'abbé de Mont-Aragon à s'aboucher avec les bourgeois de la ville, 184, 2836; 186, 2863. — Destruction des portails de la ville demandée à ses habitants, 2858. — Le prieur de Saint-Gilles mande les meilleurs de ceux qui étaient en ville, 190, 2925. — Eustache de Beaumarchais cause de la joie à la ville, 198, 3069. — Il fait observer au conseil des bourgs que le peuple de la ville sort des portes, 204, 3163. — Cri des hommes des villes qui veillaient les tours de Pampelune, 206, 3174. — Les chevaliers de la Navarrerie sortent de la ville, 210, 3240. — Sortie du peuple des villes, 214, 3321. — Les bourgeois des villes arrêtés devant Eustache de Beaumarchais, 220, 3401. — Les riches hommes et les chevaliers sortent de la ville, 228, 3541. — Les pierriers tirent dans les villes, 236, 3663. — Les habitants de la ville font une sortie, 3674. — Ils sortent en grand nombre pour couper les vignes de leurs adversaires, 240, 3727; 242, 3768. — Les chevaliers qui coupaient les vignes viennent à la ville, 244, 3786. — Les bourgeois de la ville rentrent, 248, 3844. — Ils confèrent avec les barons et les riches hommes, 3849. — D. Gonzalve propose de fondre sur la ville pour s'en rendre maître, 3858, 3859. — D. Garcia propose l'aide des habitants des villes pour l'exécution d'un plan, 250, 3865. — Les riches hommes tiennent conseil avec les habitants de la ville, 266, 4131. — A l'heure où rentrent les gens de la ville, les conjurés vont s'armer, 4142. — Sire Gaston sort de la ville, 268, 4172. — Les combattants rentrent dans les villes, 284, 4419. — Ceux de la ville crient aux armes, 286, 4445. — Les pierriers tirent dans les villes de Pampelune, 288, 4466. — Les bourgeois de la ville sortent avec D. Corbaran, 290, 4543. — L'armée française s'avance vers la ville, 296, 4605. — Ceux de la ville sortent avec Eustache de Beaumarchais, 298, 4626. — Le bruit d'une conférence se répand dans la ville, 300, 4684. — Ceux de la ville sont instruits de l'affaire, 302, 4687. — D. Gonzalve invite les riches hommes à prendre ceux de la ville qu'ils pourront trouver, 4691. — Douleur des habitants de la ville en voyant la fuite des riches hommes, 4704.

— Le bruit se répand que les révoltés sont sortis de la ville, 304, 4733. — Tout l'avoir de la ville renfermé dans l'église de la Navarrerie, 304, 4743-4744. — Un messager annonce au roi que les révoltés ont abandonné la ville et qu'elle est livrée aux flammes, 310, 4822, 4827. — Les barons de France sont saisis de la ville, 312, 4856. — Eustache de Beaumarchais se plaint d'avoir été honni et vilipendé par ceux de la ville, 4869. — Guillaume Isarn donne au milieu de la ville de Mendavia, 318, 4943. — Épouvante de ceux de la ville, 4946. — Il y en a qui chassent les assaillants, 4967. — Les parlementaires sortent de la ville et offrent de la rendre, 320, 4972, 4975. — Elle est rendue, et le connétable de France y est reçu en seigneur, 4978, 4979, 4980.

Vila, vilan. Des vilains se mêlent à une sortie des révoltés de la Navarrerie, 236, 3673. — Les vilains des environs de Pampelune accourent pour couper les vignes des bourgs, et sortent pour cela de la Navarrerie, 240, 3719, 3730. — Nouvelle sortie des vilains de la Navarrerie dans le même but, 242, 3768. — Vilains déloyaux combattant avec des frondes, 282, 4398. — Les vilains de Mendavia crient aux armes, 318, 4947.

Vilania. D. Miguel Peritz dit mainte vilenie à Eustache de Beaumarchais, 276, 4291.

VILAVA. Voyez *Sancho de Vilava*.

VILA NOVA. Voyez *Bernart de Vila Nova*.

Vina, vinna, vinner. Les révoltés de la Navarrerie pensent faire passer un cours d'eau par les vignes, 238, 3677. — Ils complotent de couper les vignes de leurs adversaires, et ils le font, 240, 3716, 3729, 3735. — Nouvelle sortie dans le même but, 242, 3769. — Les chevaliers qui coupaient les vignes entendent sonner les cloches, 244, 3783. — La dévastation des vignes est rapportée au roi, 270, 4183. — Multitude de combattants se répandant par les vignes, 288, 4482. — Les révoltés de la Navarrerie les occupent, 290, 4516. — L'armée française, commandée par Philippe le Hardi, occupe les vignes de Sauveterre, 308, 4804. — Elle est par les vignes devant Mendavia, 316, 4926.

Vintena, vinteria, vingtaine, conseil des bourgs de Pampelune. Les bourgeois y viennent, 74, 1086. — Ils s'y rassemblent, 146, 2232. — Le prieur de Saint-Jacques et le gardien des frères mineurs viennent en la vingtaine, 172, 2640; 174, 2665. — L'abbé de Mont-Aragon s'y rend, 186, 2867. Voyez *xx*. (*Les*).

Viscoms. Vicomtes dans le parlement de Philippe le Hardi, 272, 4219.

Volgutz. Château de Puñicastro convoité par les troupes françaises, 322, 5011.

Vouta. Les combattants des bourgs mettent sur la voûte d'une église le pennon d'Eustache de Beaumarchais, 286, 4449.

X

.xij. (Les), conseil de la Navarrerie. Ils vont auprès d'Eustache de Beaumarchais lui annoncer leur refus d'obéir à ses ordres, 118, 1775. — Ils se retirent, 1781.

.xx. (Les), vingtaine, conseil des bourgs de Pampelune. Le messager des bourgs quitte Eustache de Beaumarchais et se rend auprès des vingt, 124, 1897. — Eustache de Beaumarchais les prie de convoquer un parlement, 156, 2404. — Ils choisissent les meilleurs combattants pour garnir les tours de Pampelune, 160, 2464. — D. Miquel, premier des vingt, 162, 2479. — Dispositions prises par eux, 166, 2546; 170, 2628. — Les vingt donnent les engins à garder à des bourgeois considérables, 168, 2590, 2597, 2598. — Les vingt consentent à faire la paix avec les révoltés de la Navarrerie, 172, 2649. — Les moines qui s'étaient chargés de la négociation reviennent leur rendre compte, 174, 2666. — Dépit des vingt et leur réponse aux moines, 174, 2667, 2670. — Un messager annonce aux vingt le commencement des hostilités, 2671. — L'abbé de Mont-Aragon les trouve qui faisaient fête et compagnie à Eustache de Beaumarchais, 2679. — Les vingt lui adressent la parole, 176, 2719. — Il rapporte aux riches hommes enfermés dans la Navarrerie l'entretien qu'il avait eu avec les vingt, 178, 2728. — L'abbé de Mont-Aragon, envoyé auprès des vingt par les riches hommes, confère avec les premiers et avec le conseil privé, 186, 2868. — Ils délibèrent et lui répondent, 2875, 2883. — De retour de la Navarrerie, l'abbé de Mont-Aragon et le prieur de Saint-Gilles trouvent les vingt dans l'église de Saint-Laurent, 190, 2947. — Eustache de Beaumarchais va se recueillir avec les vingt, et ils confèrent ensemble, 192, 2959, 2962. — Ils demandent à Eustache de Beaumarchais ce qu'il veut faire, 194, 2988. — Eustache de Beaumarchais les appelle et confère avec eux, 204, 3160. — Sommes comptées aux vingt pour carreaux lancés un jour contre la Navarrerie, 222, 3437. — Eustache de Beaumarchais leur annonce qu'il va prévenir les desseins des révoltés, 250, 3867. — Représentations des vingt à Eustache de Beaumarchais, 292, 4557. Voyez *Vintena*.

Y

Yausens. L'armée française quitte Garaynno, joyeuse d'avoir pris la place, 326, 5077.

Yfanço. Les enfançons de la Navarre complotent de couper les vignes de leurs adversaires, 240, 3714.

Ylla. Voyez *Jorda de Ylla* (*En*).

Ymbert. Voyez *Imbert*.

Yoc. Combat terrible sous l'orme de Saint-Jacques, à Pampelune, 282, 4381. — Un autre jour, les combattants auraient bien abandonné la partie, 284, 4417.

Ypuzquoa, Guipuzcoa, l'une des quatre provinces basques de l'Espagne. Un messager va annoncer au roi D. Sancho qu'il l'a perdue, 10, 120.

Ysarn, Yssarn. Voyez *Guillem Yssarn.*

Yssample. Exemple donné à la postérité par la punition des révoltés de la Navarrerie, 310, 4824.

Yssarmens. D. Guyralt de Seta met sur la Galée des poutres couvertes de sarments et de terre, 252, 3910.

Yuzieus. Voyez *Guzieu.*

Z

Zeuza, cri de guerre poussé par les habitants de la Navarrerie, 106, 3189.

TABLE DES NOTES

DE

L'HISTOIRE DE LA GUERRE DE NAVARRE.

P. 337. Passage de la Bible au seignor de Berze rapproché des plaintes d'Anelier sur le triomphe de la trahison sur l'antique loyauté.

Ibid. Sur l'usage, la provenance et le prix des mulets pendant le moyen âge[1].

P. 338. Sur la localité appelée par Anelier *Gotdalfagar*.

P. 339. Explication de l'expression *descadenar* employée par Anelier dans le récit de la bataille de las Navas de Tolosa. — Sur l'origine des armes de Navarre issues de cet événement, suivant la plupart des auteurs[2].

P. 340. Sur la bataille de las Navas de Tolosa.

P. 341. Sur un passage obscur d'Anelier.

P. 342. Sur le voyage de don Sancho le Fort en Afrique et sur son séjour à la cour de Maroc. — Réfutation de M. Romey, qui les révoque en doute.

P. 345. Sur la capitulation de Vitoria, en 1200.

P. 346. Sur l'orthographe du nom de la province de Guipuzcoa[3].

Ibid. Sur les châteaux de Navarre pendant le moyen âge, sur le mobilier qui les garnissait et la solde que les alcaïds recevaient du trésor royal. — Extraits des comptes de Navarre pour 1283, concernant le château de *Belmecher* ou *Beumerches*, à Estella. — Sur l'expression proverbiale *faire des châteaux en Espagne*.

P. 347. Sur le sens du mot *venable*.

P. 348. Sur le droit de gîte qu'avaient autrefois nos rois.

Ibid. Sur la partie de Pampelune désignée par le nom de *Navarreria*, et sur la situation respective des Navarrais et des *Francos* dans divers fueros du nord de l'Espagne. — Dispositions des *fueros* d'Estella relatives à l'administration de la preuve dans les procès entre Navarrais et *Francos*.

P. 351. Sur la porte de Pampelune dite *Royale*.

P. 352. Fréquentes mentions de Tudela dans nos anciens romans. — Selles de *Tudiele*. — Importance commerciale de Tudela; grand nombre de Maures et de juifs qui s'y trouvaient réunis.

P. 354. Translation du corps de D. Sancho le

---

[1] Philippe de Commynes rapporte que Louis XI « en Cecille envoyoit querir quelque mulle, especiallement à quelque officier du pays, et la payoit au double; à Naples des chevaulx, » etc. (*Mémoires*, liv. VI, chap. VII, ann. 1482.)

[2] A ceux que nous avons cités, il faut ajouter Oihenart, *Notitia utriusque Vasconiæ*, lib. II, cap. XVI; édit. de M.DC.XXVIII., p. 354–359; et La Bastide, qui attribue aux armes de Navarre une origine phénicienne. (Voyez *Dissertation sur les Basques, les Gascons, Wasconès ou Vascones* (Paris, de l'imprimerie de Valleyre l'aîné, 1786), in-8°, art. v, p. 331-350.)

[3] Voyez encore *Notitia utriusque Vasconiæ*, lib. II, chap. VIII, p. 163.

Fort dans l'église de Roncevaux. — Règle des chanoines de cette église. — Sens et étymologie du mot *engarda*.

P. 354. Passage d'un ancien roman et des comptes de Navarre pour 1286, concernant les messagers au moyen âge.

P. 355. Vers de deux troubadours relatifs à Thibaut le Grand.

P. 356. Citation de la vie de saint Grégoire qui prouve que notre ancienne langue avait aussi le mot *doune*.

Ibid. Sur la troisième femme de Thibaut VI.

P. 357. Passage d'un sirvente de Boniface Calvo pour engager le roi de Castille, Alphonse X, à envahir la Navarre.

Ibid. Sur les mentions du roi *Daire* dans nos anciens poëmes du midi et du nord. — Méprise de M. de Reiffenberg.

P. 358. Sur Auvillars, ancien château de l'arrondissement de Moissac.

Ibid. Sur la manière dont on embarquait, au moyen âge, les chevaux destinés aux expéditions d'outre-mer. — Approvisionnement des vaisseaux à cette époque.

P. 364. Origine et sens du mot *alcaitz*.

P. 365. Cri de guerre des rois de Navarre. — *Passe-avant*, nom d'une bannière.

Ibid. Réputation des Navarrais pour leur habileté à manier la lance[2] et à lancer le javelot. — Les Gascons ne leur sont point inférieurs[3]. — Goût des Espagnols pour l'exercice du javelot. — Leur habitude de combattre avec des dards et des *archegayes*, des zagaies sans doute. — Observation sur le mot *azcona*.

P. 368. Sur le nom de Mahomet dans nos anciens auteurs. — Le législateur des Arabes mis par nos ancêtres au nombre des dieux qu'ils prêtaient aux mécréants. — Son nom employé dans le sens d'*idole*, de *fétiche*.

P. 372. Mention d'une complainte sur la mort de Thibaut V.

P. 373. Sur l'expression *rram de traiços*.

Ibid. Mentions des relations de la croisade de Tunis.

Ibid. Des anathèmes ou imprécations lancées contre ceux qui oseraient violer les pactes ou les articles dont on était convenu.

P. 374. Sur la monnaie navarraise appelée *sanchet*.

Ibid. Sur la paix et l'union conclues entre les quatre villes dont se composait Pampelune. — Sceau de ces diverses villes. — Explication de celui du bourg de Saint-Cernin et de la ville de Saint-Nicolas. — Document des archives de l'ayuntamiento de Pampelune relatif à l'union et à l'accord des quatre villes.

P. 376. Chartes du comte de Foix engagées entre les mains des frères mineurs de Toulouse. — Lettres de Philippe le Hardi au sénéchal de cette ville, portant l'ordre de les restituer dans le cas où le payement aurait eu lieu. — Usage de l'époque, de mettre en dépôt, entre les mains des religieux, ce que l'on pouvait avoir de plus précieux.

P. 377. Sur la continuation, même après la rupture de l'union des bourgs de Pampelune, du même régime pour ceux de Saint-Cernin et de Saint-Nicolas, administrés tous deux par un seul conseil. — Exemple tiré

---

[1] Les Espagnols avaient *enguarda* avec le même sens :

> Por las enguardas de Francia
> Vieron Moros asomar.
>
> *Romance de los doce pares de Francia*, v. 17.
> (*Flor y primavera de romances*, etc. publ. por don Fernando José Wolf y don Conrado Hofmann. Berlin, en casa de A. Asher y comp. 1856, en 8°, t. II, p. 401.)

[2] Le mot de *lance* lui-même viendrait de l'ancien espagnol, s'il faut s'en rapporter à Varron, cité par Aulu-Gelle. (*Noct. Att.* lib. xv, cap. xxx.)

[3] J'aurais pu ajouter les Auvergnats, sur une autorité malheureusement peu grave. Dans son poëme de la Pucelle d'Orléans, liv. VI, v. 362 et suivants, Chapelain fait mention du nombre d'hommes de la haute Auvergne qui partirent pour aider Charles VII à reconquérir son trône. Après avoir parlé du contingent fourni par la basse Auvergne, il dit :

> Cantal, le mont neigeux, cette Alpe de la France,
> Pour assister son roi découvre sa puissance,
> Et joint seul aux premiers trois fois cent montagnards,
> Grands coureurs, grands lutteurs et grands lanceurs de dards.

d'une charte de 1275 (V. S.), émanée de *dona Guirauta*, femme de feu don Pes de la Clau.

P. 378. Lettre par laquelle Thibaut II donne son consentement au mariage de son frère Henri.

Ibid. Sens du mot *caveria* au XIII° siècle.

P. 379. Nomination de D. Pierre Sanchiz, seigneur de Cascante, comme gouverneur de la Navarre; il jure d'observer les *fueros*. De leur côté, les bons hommes des villes jurent entre eux que, dans le cas où D. Pierre ou tout autre gouverneur les violerait, ils s'aideraient les uns les autres pendant l'espace de trente ans. — Acte des archives d'Olite qui témoigne de ce fait [1].

P. 381. Sur la part prise à l'administration de la Navarre par Blanche, veuve de Henri, roi de Navarre, malgré la nomination d'un gouverneur. — Bourguignon en Navarre [2]. — Charte de Blanche en faveur des habitants de Viana. — Note sur l'expression *fossadera*.

P. 383. Passages d'écrivains espagnols où se trouve le mot *algarrada*.

P. 384. Rectification relative au mot *Conca*, à remplacer par *Caenca*.

Ibid. Sur les machines de guerre appelées *mangonneaux*.

P. 386. Article des fueros de Navarre relatif à un point de droit mis en avant par D. Pedro Sanchiz; analogie, sous ce rapport, de cette législation avec celle de notre pays.

P. 387. Sur le titre de *ricome* affecté à certains nobles navarrais. — Sens exact de *rico, rics, rikr* et *riche*, en espagnol, en provençal, en islandais et en ancien français.

P. 390. Sur le droit romain des deux côtés des Pyrénées.

P. 391. Conférence d'Olite passée sous silence par Anelier. — Document de la chambre des comptes de Pampelune qui apprend une résolution arrêtée en cortès, le 1" novembre 1274, dans la première de ces deux localités, en faveur de l'infant don Pedro, fils ainé du roi d'Aragon. — Autres documents se rapportant à cet acte.

P. 398. Conventions passées entre Philippe le Hardi et Blanche de Bourbon, reine douairière de Navarre, pour le mariage de sa fille avec l'un des fils de France.

P. 399. Réponse des barons de Navarre à la notification du mariage de leur reine par Philippe le Hardi.

P. 400. Autorisation du gouverneur don Pierre Sanchiz aux habitants du bourg de Saint-Cernin de placer des machines de guerre où ils jugeraient convenable, pour se défendre de ceux de la Navarrerie.

P. 401. Sur l'espèce de traits appelée *garrot*.

Ibid. Sur la considération accordée au métier de charpentier et à la profession d'ingénieur au XIII° siècle. — Articles des comptes de Navarre pour l'an 1284 relatifs à un charpentier de conséquence.

P. 402. Conjectures sur la localité à laquelle les habitants du bourg de Pampelune durent s'adresser pour obtenir des ingénieurs. — Armes, armures et plus spécialement épées de Bordeaux [3]. — Fabriques d'armes de

---

[1] Au bas de cette page se trouve une faute d'impression, *antiqo* au lieu d'*antiq.*, abréviation d'*antiguëdades*.

[2] J'ai trouvé depuis un autre Bourguignon, nommé dans cet article des comptes de Navarre, si souvent cités dans le cours de ce travail : « Item gubernatori, per manum Henrici de Belna, pro quodam roncino empto de mandato gubernatoris, et pro gagiis ipsius Henrici et sociorum suorum quando remanserunt in castro Tutele cum exercitus Petri de Aragonia erat, iiij^{or} vij libras. » (Folio 29 verso.)

[3] J'aurais dû citer encore le passage suivant, qui se rapporte au même objet :

As-vos par camp Alon le fils Ansel.
Haubers et jazeran dès le capel,
Et ot lacié li heaume Raimon Borel,
Et a çainte l'espade Milon d'Urgel,
Lance porte et escu qui est de Bordel, etc.
Gérard de Rossillon, p. 345, lig. 8. Cf. p. 346, ligne 9.

Il est question de dagues de Bordeaux, comme d'épées de Clermont, de couteaux de Milan, de masses de Damas, etc. dans une précieuse ballade d'Eustache Deschamps, *de la Malédicion sur ceuls qui requièrent à faire armes*, publiée par Crapelet. (*Poésies morales et historiques*, etc. A Paris, M DCCC XXXII, in-8°, p. 132, 133.)

Bayonne. — Fer d'épieu, ou plutôt de lance, de Toulouse.

P. 404. Sens exact du mot *maiestre*. — Méprise de M. de Reiffenberg en le traduisant.

P. 405. Explication de l'expression *ruano*[1].

Ibid. Sur ce qu'il faut entendre par *bonne ville*.

Ibid. Sur Roland et Olivier, les deux héros de Roncevaux.

P. 406. Sur Erard de Valery.

Ibid. Sur la vie privée et administrative d'Eustache de Beaumarchais en Poitou, en Auvergne et dans le pays toulousain[2].

P. 414. Détermination des localités de la haute Auvergne nommées dans l'Histoire de la guerre de Navarre. — Sens de *ribera*[3] et de *Mur*.

P. 416. Continuation du même sujet. — Charte d'Henri, fils du comte de Rouergue, datée à Paris du mois de décembre 1268.

P. 421. Célébrité du trésor, de l'or de César, comme de ceux de l'empereur Octavien, de l'or de Constantin, du trésor d'Arthur et de Salomon. — Légende fabuleuse de César au moyen âge. — Les voies romaines plus communément appelées chez nous *chemins*, *chaussées de Brunehault* ou *Bruneau*, du nom d'une fée, attribuées à ce grand homme. — Sur l'ancien nom du passage de France en Espagne par le col de Roncevaux.

P. 421. Sur Mathieu de Vendôme, abbé de Saint-Denis.

P. 425. Sur Imbert ou Humbert, seigneur de Beaujeu, connétable de France.

Ibid. Sur le mot *bresca*[4], et sur *brunche* qui en est dérivé. — Remarque sur *rame* et *rème*.

P. 426. Sur le commerce, la fabrication et l'usage du sucre au moyen âge.

P. 430. Renommée des arbalétriers gascons[5]. — Réputation de ceux de Gênes. — Exercice de l'arbalète en faveur dans cette ville.

P. 432. Populations désignées sous le nom de *Gascons* du temps d'Anelier. — Distinction à observer entre les Gascons et les Basques. — Objection au système de M. de Humboldt sur la diffusion des Basques en Europe.

P. 434. Sur la condition des enfançons navarrais. — Sur ce qu'il faut entendre par le mot *enfans* de notre ancienne langue.

P. 435. Sur l'emploi du mot *palaitz*, et du plu-

---

[1] On retrouve *ruan* dans une charte de 1452, citée par Oihenart, p. 127.

[2] Aux pièces qui se rapportent à l'administration d'Eustache de Beaumarchais, à Toulouse, il convient d'ajouter un acte notarié dont il résulte qu'en présence de discrètes et vénérables personnes, sire Guy de Boy, chanoine de Reims, et sire Gilles Camelin, chanoine de Meaux, clercs du roi de France, délégués par lui pour assigner à noble homme messire Bertrand, vicomte de Bruniquel, quarante livres tournois de revenu annuel sur la forêt de Thulmone, ledit vicomte et Guillaume dit *Jarras*, son fils, ont déclaré, pour eux et leurs héritiers, quitter et abandonner audit seigneur roi, moyennant la susdite assignation, tout ce qu'ils prétendaient ou pouvaient prétendre au château de Bruniquel et dans la susdite forêt de Thulmone. Cette pièce finit ainsi : « Acta sunt hec in Thulmone apud bastidam de Neigra Pelicia, sub prescentia et testimonio nobilis viri domini Eustachii de Bello Marchesio, militis, senescalli Tholosanensis et Albyensis, et domini Bertrandi, vicecomitis Lauticensis, domini Siccardi de Monte Acuto, archidiaconi Montis Pensati in ecclesia Caturcensi, etc. et mei Petri de Cuysello, notarii publici de Neigra Pelicia, qui hoc instrumentum inde rogatus scripsi et signavi, intrante julio mense, die quinta, anno Domini millesimo ducentesimo [septuagesimo] quinto, regnante Philippo, Francorum rege, Raymundo Caturcensi episcopo. » (*Sequitur signum notarii.*)

Arch. de l'Emp. Trésor des chartes, J. 473, n° 1, invent. de Dupuy, quittance 1, n° 1.

[3] Oihenart donne ce mot, qu'il écrit *erribeera*, à l'idiome gascon, et le traduit par *regio infera seu demissa*. (*Notitia utriusque Vasconiæ*, liv. II, chap. VI ; édit. de M. DC. XXXVIII, p. 132.)

[4] J'ai omis de dire que ce mot avait passé dans la langue basque ; on le voit figurer dans ce proverbe recueilli par Oihenart : *Erle ioan-nahiac, es esti, es bresca*. (L'abeille qui a envie de quitter sa ruche ne fait ni miel, ni bournal.) Voy. notre édition des Proverbes basques, p. 23, 24, prov. 146.

[5] Il faut ranger sous cette dénomination les arbalétriers de Béarn, dont il est question dans la Collection générale des documents français qui se trouvent en Angleterre, t. I", p. CCXXI et 57.

riel *palacios* en espagnol, pour désigner un seul édifice[1].

P. 436. Charte d'accord intervenue entre don Garcia Almoravid et messire Eustache de Beaumarchais. — Extraits des comptes de Navarre pour 1283, relatifs à don Fortun Yeneguez de Urdaniz et au château d'Aussa.

P. 439. Sur don Corbaran de Lehet.

Ibid. note 2. Explication des diverses mesures usitées en Navarre au XIII° siècle.

P. 440. Sur l'itinéraire d'Eustache de Beaumarchais en Navarre, aussitôt après son arrivée dans ce pays.

Ibid. Acte du serment prêté à ce gouverneur par la ville d'Artaxona.

P. 441. Payements faits par lui aux chevaliers et aux enfançons de toute la Navarre pour leur service militaire ; reçus de Pero Sanchez de Monteagudo, seigneur de Cascante, de D. Garcia Almoravid, de Johan Corbaran de Vidaurre, de Miguel Periç de Arviçu.

P. 443, n° 1. Reçu de don Garcia Martinez de Uriz[2].

Ibid. n° 2. Reçu de Fortun Yeneguez de Urdariz, châtelain des châteaux de Mont-Ferrant, de Guerayño, de Aycita et de Aussa.—Pièce relative au siége de Gueraÿño.

P. 444, n° 3. Reçu de don Lope Martinez de Uriz, châtelain du château de Maya.

Ibid. n° 4. Reçu de Martin Yvaynnes de Uriz.

Ibid. n° 5. Reçu de Petrus Roderici de Argaitz, châtelain de Leguin.

P. 445, n° 6. Reçu de Petrus Martini de Gualipenso, chevalier, châtelain du château de Gualipenso.

P. 445, n° 7. Reçu d'Arnaldus Bernardi d'Argava, maître des arbalétriers du royaume de Navarre, châtelain du château de Muret freito.

Ibid. n° 8. Reçu de Michael Guarcie d'Oarris, chevalier, châtelain du château de Horcorros.

Ibid. n° 9. Reçu de Guarcias Petri de Cadreita, chevalier, *mesnadero*.

Ibid. n° 10. Reçu de Bernardus de Guarro, arbalétrier.

P. 446, n° 11. Reçu de don Pero Velaz de Guevara.

Ibid. n° 12. Reçu de don Garcia Almoravid.

Ibid. n° 13. Reçu de Pero Periz de Ax, *mesnadero*.

Ibid. n° 14. Reçu de don Semen de Sotes, châtelain des châteaux de Sangüessa la Vieilla et de Ongaçarria.

Ibid. n° 15. Reçu de don Garcia Ochoa d'Opaco, châtelain du château d'Oro.

Ibid. n° 16. Reçu de don Roy Marquez de Tafailla.

P. 447, n° 17. Reçu de Martin Xemenez d'Eyvar, châtelain du château d'Irurlegui.—Acte de foi et hommage de cet officier à Eustache de Beaumarchais pour cette place.

Ibid. n° 18. Reçu d'Enego Periz de Sansoayn, chevalier.

Ibid. n° 19. Reçu de Roland Periz d'Oscaris et de Lope Çuria d'Aransus, *mesnaderos* de dona Johana, reine de Navarre.

---

[1] Aux textes espagnols que nous avons cités, on peut ajouter les suivants :

Pregunta por los palacios
Del rey Carlos á dó estaen.

Romance del Palmero. (Anónimo.)
(*Romancero de romances caballerescos é históricos*, parte 1. Madrid, 1832, in-8° esp. p. 6, col. 1.)

Fui me para los palacios
Del rey don Pedro mi hermano.

Romance de don Fabrique, maestre de Santiago, y de cómo lo mandó matar el rey don Pedro su hermano, v. 47. (*Primavera y flor de romances,* etc. t. I, p. 206.)

Cata Francia, Montesinos,
Cata Paris la ciudad...
Cata palacios del rey,
Cata los de don Beltran, etc.

Romance de Montesinos, v. 1. (*Ibid.* t. II, p. 267.)

[2] Dans cette pièce, comme dans la plupart des autres, on trouvera *ec.* au lieu d'*etc.* Ayant toujours entendu prononcer ce mot comme s'il n'eût pas eu de t, je croyais que les Espagnols l'avaient supprimé ; mais, depuis, je me suis assuré qu'il n'en était rien.

P. 448, n° 20. Reçu de Guarcias Lopis Arraisso, *mesnadero* de la reine.

Ibid. n° 21. Reçu de don Garcia Gil de Yaniz.

Ibid. n° 22. Reçu de don Garcia Sanchez de Urniça, *mesnadero*.

Ibid. n° 23. Reçu d'Arnalt Arremon de Malleon, *mesnadero*.

Ibid. n° 24. Reçu de don Diago Lopez d'Ezperun, *mesnadero*.

Ibid. n° 25. Reçu d'Adam de Sada, *mesnadero*.

P. 449, n° 26. Reçu de don Roldan Periz de Sotes, alcaïd.

Ibid. n° 27. Reçu de don Garcia Periz de Sarria, Johan Periz de Villa Nueva, Alvar Garcia de Vidaurreta et Ferrand Roiz de Harroniz, *mesnaderos*.

Ibid. n° 28. Reçu de Martin Ferrandez d'Eransus, châtelain du château de Herraregui.

Ibid. n° 29. Reçu de Semen Martin de Mutilva.

Ibid. n° 30. Reçu de don Per Abe, don Martin de Valtierra, don Alvar Yvaynnes et don Semen Çapata, *mesnaderos*.

P. 450, n° 31. Reçu de don Lop Martinez de Mendia et don Garcia Periz de Subiça.

Ibid. n° 32. Reçu d'Arnalt Arremon Baldango.

Ibid. n° 33. Reçu de Semen Ochoa d'Avanos, *mesnadero*.

Ibid. n° 34. Reçu de Martin Xemenez de Garinoayn, *mesnadero*.

Ibid. n° 35. Reçu de don Johan Martinez d'Ayllo et don Sancho Sanchez de Dicasteillo, *mesnaderos*.

Ibid. n° 36. Reçu de Sanchez Ladron de Guevara.

P. 451, n° 37. Reçu de don Pero Semen de Falces et de don Ferrant Periç de Maynneru, chevaliers, et de Maran Roiz, mérino de dona Johanna, reine de Navarre.

Ibid. n° 38. Reçu de Lop Ieneguiç de Sada.

Ibid. n° 39. Reçu de Roy Ferrandez de Arnedo et Roy Ferrandez de Medrano, *mesnaderos*.

Ibid. n° 40. Reçu de Gil de Vidaurre.

P. 451, n° 41. Reçu de don Gomiz de Harroniz, châtelain du château et des souterrains de Lerin.

Ibid. n° 42. Reçu de Sancho Periz de Piedrola.

Ibid. n° 43. Reçu de Diago Garcia de Alfaro[1].

Ibid. n° 44. Reçu de Gonçalvo Roiz d'Arroniz, *mesnadero*.

Ibid. n° 45. Reçu d'Alffonso Diaz de Morentain, alcaïd de la tour de Caparroso, et don Diago Martinez de Morentin.

P. 452, n° 46. Reçu de Martin Diez et Johan Diez de Mirifuentes et Martin Ieneguiz de la Goardia. — Sur l'office de mérino en Navarre.

Ibid. n° 47. Reçu de Miguel Martinez de Eranssus, alcaïd du château de Sancta Cara.

Ibid. n° 48. Reçu de Roy Martinez de Mirifuentes, Sancho Lopez de Mues et Per Martinez de los Arquos, *mesnaderos*.

Ibid. n° 49. Reçu de don Miguel Garciç de la Puent.

P. 453, n° 50. Reçu de don Semen de Oylleta.

Ibid. n° 51. Reçu de Garcia Ferrandez de Nacar, *mesnadero*.

Ibid. n° 52. Reçu de don Garcia Martinez de Lerin.

Ibid. n° 53. Reçu de Roy Diaz d'Oyon, châtelain de Sant Vicent de la Gorsierra.

Ibid. n° 54. Reçu de Garcia Periz de Lagral, châtelain du château de Toro.

P. 454, n° 55. Reçu de Martin Gonçalviç de Yecora.

Ibid. n° 56. Reçu de Diago Martiniz de Miraglo et Roy Sanchez de Miraglo. — Charte contenant des renseignements sur les rapports du premier avec le roi de France.

Ibid. n° 57. Reçu de Lop Alvariz de Rada.

Ibid. n° 58. Reçu de Pero Martinez de Sarrya, Gil Xemenez et Martin Xemenez de Falces, *mesnaderos*.

P. 455, n° 59. Reçu de Sancho Garcia d'Agoncieillo.

Ibid. n° 60. Reçu de don Garcia Sanchez d'A-

---

[1] Voyez, sur ce personnage et sur sa famille, une charte analysée par le P. de Moret. (*Annales*, liv. XXIV, chap. v, § 1, n° 2; t. III, p. 430, col. 1.)

raiz et don Pero Martinez de Cripan, *mesnaderos*.

P. 455, n° 61. Reçu de San de Valtierra, *mesnadero*, alcaïd du château de Coreilla.

Ibid. n° 62. Reçu de Aznar Ieneguiç, don Lop Semeneyz de Netuesa, Ferrant Lopiç et Gonçalvo Lopiç de Coreilla, chevaliers, Semen Ieneguiç, Lop Sanç, Sancho Arnalt de Liçoayn, Sancho Periç de Beyre, Pero Martinez, Gonçalvo Aznariz et Roy Ferrandiz, écuyers.

P. 456, n° 63. Reçu de Pero Garciez d'Andosieilla, châtelain des souterrains et de la tour de Azagra.

Ibid. n° 64. Reçu de Johan Sanches de Guevara, Diago Periç et Diago Martineç (?) del Ciego, Alvar Martineç de Leza, Johan Garciç de Samayuego, Pero Martineç de la Goardia, Sancho Lopiç de Samaynego, Gil Diago Ochoa et Ferran (?) Lopiç d'Avalos.

Ibid. n° 65. Reçu de Gonçalvo Gil de los Arcos pour Garcia Gonçalviç de Andosieilla.

Ibid. n° 66. Reçu de Ferrando Ieneguiz de Miraglo.

P. 457, n° 67. Reçu de Rodrigo Ortiz de Baynos et Ferran Semeneyç de Cripan.

Ibid. n° 68. Reçu de Pero Lopiz de Novarr.

Ibid. n° 69. Reçu de Ienego de Rada et Pero Semeneyç de Rada, alcaïd du château de Sancho Avarca.

Ibid. n° 70. Reçu de Gonçalvo Gil de los Arquos, chevalier.

Ibid. n° 71. Reçu de Diago Periç de Sotes. — Hommage par ce châtelain à Imbert de Beaujeu pour les châteaux de Peralta et d'Arguedas.

P. 458, n° 72. Reçu de Johan Martiniz Manjon.

Ibid. n° 73. Reçu de Pero Garciez d'Harroniz.

P. 459, n° 74. Reçu de don Martin Gil de Falces, Lop Ortiz de Montagut, Yenego de Gada et Aznar de Sada, *mesnaderos*.

Ibid. n° 75. Reçu de don Pero Roiz d'Argaiz, alcade[1] major de Navarre.

Ibid. n° 76. Reçu de Diago Lopiç de Olloqui.

Ibid. n° 77. Reçu de Sancho Periç de Açagra, Ferran Sanchez, Pero Sanchez et Alffonso Ferrandiç de Açagra.

P. 459, n° 78. Reçu de Gil Martineç de los Arcos, Pero Gil de los Arcos et Semen Gonçalviç de Peynalen.

P. 460, n° 79. Reçu de Johan Periz de Oylleta.

Ibid. n° 80. Reçu de Semen Dies de Samaynego.

Ibid. n° 81. Reçu de don Semeno de Mont Agut, don Pero Xemenez de Córtes, don Yenego Remon de Falces, don Martin Periz de Morentain, Per Yeneguez de Indurayn, Garcia Lopez de Narvayz, Johan Periz de Mont Agut, Calvet de Arçoiriz, *mesnaderos*.

P. 461, n° 8. Reçu de don Diago Martinez de Huarriz, alcaïd de Peynna.

Ibid. n° 83. Reçu de Ferrand Gil de Sarassa, alcaïd du château de Casseda.

Ibid. n° 84. Reçu de Martin Xemenez de Echalaz, *mesnadero*.

P. 462, n° 85. Reçu d'Alvar Periz de Rada, Aznar Martinez de Miraglo et Semen Periz de Peralta, *mesnaderos*.

Ibid. n° 86. Reçu de Roy Semeneyç de Tudela.

Ibid. n° 87. Reçu de Roy Sequo, alcaïd du château de Buradon.

Ibid. n° 88. Reçu de Semen Ortiç de Elcoaz.

Ibid. n° 89. Reçu de don Garcia Semeneyç de Oriz et don Martiniç Aleman de Coreilla.

Ibid. n° 90. Reçu de don Johan Periç de Mayllen, alcaïd de Córtes.

P. 463, n° 91. Reçu de Pero Sanchez de Gascue, arbalétrier.

Ibid. n° 92. Reçu de don Martin Çamel et Sancho Aznariz de Murguia.

Ibid. n° 93. Reçu de Pero Lopez Puerco.

Ibid. n° 94. Reçu de Remiro de Harroniz, *mesnadero*.

Ibid. n° 95. Reçu de Pero Periz d'Oria, alcaïd du château de Caparroso.

P. 464, n° 96. Reçu de Semen Periz de Hafizedo, *mesnadero*.

Ibid. n° 97. Reçu de Pero Simon de Navasseras.

Ibid. n° 98. Reçu de Pero Garcia Droaniz.

---

[1] Dans la pièce lisez *alcalde*.

P. 464, n° 99. Reçu de don Sancho Periz de Peralta et don Pero Garciez de la Raya, *mesnaderos*.

Ibid. n° 100. Reçu de Miguel Periz de Legaria, alcade du marché d'Esteilla.

Ibid. n° 101. Reçu de Johan de la Seror et Pero Vacher, jurats de Viana.

P. 465, n° 102. Reçu de don Lop Xemenez d'Agon, alcaid des châteaux de Ferrera et de Peynna Redonda.

Ibid. n° 103. Reçu de Bernard, seigneur de Garro, et Gil Garciez de Olquoz, *mesnaderos*.

Ibid. n° 104. Reçu de Ramiro Gil de los Arquos, mérino. — Extrait des comptes de Navarre pour 1284, relatifs à ce personnage.

P. 466, n° 105. Reçu d'Oger de Malleon. — Extraits des comptes de Navarre relatifs à ce personnage.

Ibid. n° 106. Reçu de don Miguel Xemeney d'Urroz, *mesnadero*.

P. 467, n° 107. Reçu de don Bernart Duhart, don Bernart d'Agramont, don Lop Gassia de Sivas, don Ramon de Bardos et don Guillem Arnalt de... *mesnaderos*.

Ibid. n° 108. Reçu de don Per Arnalt de Salt et du vicomte de Bigorre, *mesnaderos*.

Ibid. n° 109. Reçu de Pero Roiz de Mues, *mesnadero*.

Ibid. n° 110. Reçu de don Ochoa de Rieta, alcaïd de Castiel Nuevo.

P. 467, n° 111. Reçu de Furtado Periz de Eransus.

P. 468, n° 112. Reçu de don Pere Arnalt, seigneur de Sant Pere, du seigneur d'Atssa, de don Guillem Arnalt de Salt, du seigneur de Villa Nova, du seigneur d'Yrumberry, de don Gassia Arnalt d'Ezpeleta, de don Gassia Arnalt de Salt, de don Sanz de Lastaun et de don Bernart, seigneur de Beeria. — Autre reçu des mêmes, en compagnie de sire Braso, seigneur de Luxa, Per Arnalt de Salt, Sancho Arnalt de Armendariç, Guillem Arnal d'Atiti, Bernart de Agramon, Remon de Bardos, du seigneur de Garro et de Bernart de Luxa.

Ibid. n° 113. Reçu de don Guillem de Villa Nueva, châtelain du château de Roqua Bruna. — Extrait des comptes de Navarre (1283-1286), relatifs à ce personnage.

P. 469, n° 114. Reçu de don Miguel de Luesia, *mesnadero*.

Ibid. n° 115. Reçu de Gil Ortiz de Armaynanças.

Ibid. Système économique de l'administration militaire de la Navarre à la fin du XIII° siècle.

P. 471. Analyse des reçus et autres documents du Trésor des chartes relatifs à l'administration de la Navarre postérieurement à l'année 1275 (V. S.)[1]; utilité de ce travail pour l'accroissement de la liste des alcaïds, chevaliers et autres individus plus ou moins haut placés dans l'échelle sociale, avec lesquels Eustache de Beaumarchais eut affaire[2].

---

[1] A ces pièces il convient d'ajouter la suivante, qui nous avait d'abord échappé :

« Sabuda cosa sia á totz omes que io don Pere Viçiosso, mayordome de don Ferrant Periz Ponz, otorgui é vengui de conoysuc é de manifest que hei reçebut de vos, mesire Eustaçe de Beau Marches, gevernador de Navarra, cent livras de tornes negres por razon dels gages de don Ferrant Ponz, las cals ditas cent livras de tornes recebí per la man de Johan Climent de Estela..... Esta carta fu faita .xxvj. dias dintz el mes de may, era m°. ccc° é quinze. » (Archives de l'Empire, cart. J. 614, n° 106.)

[2] L'un de ces personnages est dona Marquesa Lopiz, dame de Rada, qui figure dans les conventions passées, en 1270, entre son mari et Henri, frère de Thibaut II. Ayant rencontré cette pièce dans le Trésor des chartes, nous la donnons malgré sa longueur, qui a fait reculer jusqu'au P. de Moret, dans les Annales duquel on en trouvera l'analyse, liv. III, chap. 11, § 6, n°ˢ 11—17; t. III, p. 368—371.

« In nomine Domini nostri Jhesu Christi, amen. Sepan quantos esta present carta verán é odrán, que nos, don Henrric, por la gracia de Dios rey de Navarra, de Campania é de Bria cuende palazin, entendiendo é veyando por cierto que, si Dios quisiere, es ó será nuestra honrra é pro é seguridad de todo el nuestro regno de Navarra é de todos nuestros successores, fazemos tales aveniençaz é paramientos con nuestro amado ricombre don Gil, seynor de Rada, é con la

P. 472, not. 4. Sur Johan Nunnes, vassal de Santa Maria, seigneur d'Alvarrasi.

P. 477. Sur le sens exact du mot *soler*.

P. 478. Sur celui du mot *bretèches*.

P. 479. Nom de l'évêque de Pampelune contemporain des faits racontés par Anelier.

honrrada dueyna dona Marquesa Lopiç, su muger é seynora de Rada : es asaber que don Gil é dona Marquesa Lopiç sobredichos deven recebir é aver por alcayt en el su castiello de Rada un cavallero quoal nos con eyllos é eyllos con nos escogieremos por alcayt é por goarda de aquell castiello de Rada, qui sea natural é heredero del nuestro regno de Navarra de padre é de madre, el quoal alcayt deve ser esleyto é puesto en tal manera : qua nos avemos á esleyer tres cavalleros de los vaxallos de don Gil quales nos quisieremos, é don Gil, ó aquell qui enpues eyll sera seynor de Rada, otros tres cavalleros de nuestros vaxallos quoales eyll quisiere, qui sean naturales é herederos en Navarra, como sobredicho es. É destos seys cavalleros nos é don Gil é nuestros successores comunalment esleyeremos quoal mejor fuere é mas quisieremos por alcayt de aquel castiello de Rada, el quoal alcayt será tenido de retenir ó goardar aquel castiello de Rada comunalment por nos é por eyllos é por los nuestros é lures successores, segunt las avenienças que se sieguen juso en esta nuestra present carta. E deve ser est alcayt vaxalio de nos é de don Gil sobredicho é de nuestros successores; é la retenença d'este castiello é la soldada del cavallero qui será alcayt, avemos á dar al dito alcayt que hi será puesto por los tiempos, de como sobredicho es, por meytad, es asaber nos por nos la una meytad, é don Gil é dona Marquesa Lopiç sobredichos la otra meytad. Demas si por aventura avenies que nos ó nuestros successores oviessemos alguna guerra en Castiella ó con Aragon ó con quoalesquier otras tierras ó con otros enemigos nuestros (lo que Dios no quiera!), don Gil é dona Marquesa Lopiç sobredichos ó fijos suyos qui devieren heredar Rada por eyllos, deven recebir en Rada toda nuestra compayna que nos enbiassemos por ayllá á fazer el nuestro servicio é mandamiento, segurando aquellos que ayllá enbiassemos á don Gil é á dona Marquesa Lopiç, que ningun daynno nou lis venga por eyllos mas que de sus vaxeillos mismos, ni á eyllos ni á otros sus fijos varones qui devieren heredar Rada por eyllos. É si por aventura, por robería ó por otra guerra que fagan las nostras conpaynas que hi metremos, en Castiella ó en Aragon ó en otro logar, en nuestro servicio les venies mal ó enbargo ninguno á don Gil é á dona Marquesa Lopiç, su muger, que nos seamos tenidos de aiudar é de cautener á eyllos en esto. É nos otrosi avemos en convenieça con don Gil é dona Marquesa Lopiç antedichos de dar á don Gil huytanta caverías en toda su vida, ni li avemos á camiar la tierra que una vez le dieremos é asentaremos por estas huytanta caverías sen plazentería suya. É si don Gil finare dexando fijo varon de dona Marquesa Lopiç sobredicha, qui non sea de edad de quinze aynos, avemos á dar al fijo veynte caverías ata edad de veynte aynos, para su criazon ; é diadelante avemos li á conplir los huytanta caverías, de como fiziemos á su padre don Gil ; é desi á quantos fijos varones herederos fueren de Rada, qui viengan d'aquello fijo de don Gil é que sean de leal conjugio, avemos á conplir esso mesmo. É don Gil sobredicho é qui enpues eyll fuere seynor de Rada, segunt que dito es, deve servir á nos é á nuestros successores, como vasayllo á su seynor, por las cinquanta caverías. Demas si por aventura don Gil sobredicho finare sen fijo varon que aya de dona Marquesa Lopiç sobredicha, avenieça es de nos é d'eyllos que nos é nuestros successores devamos heredar Rada entegrament, con todo el castiello é con todos sus drechos ó pertinencias movientes é manientes, por secula cunta; enpero en esta manera que si fija ó fijas dexare don Gil que las aya de dona Marquesa Lopiç, su muger, nos devemos é somos tenidos de dar ad aquella su fija ó fijas, quantas que sean, rentas de seys milia sueldos de sanchetes corribles en Navarra, é sietezientos é cinquanta kafizes de trigo de la mesura de Pomploya. É aquestas rentas sobredichas de dineros é de pan somos tenidos de dar á las fijas por heredamiento pora sí é pora todos aquellos é aquellas qui de eyllas venieren, per secula cunta, de Artederreta aiuso entro á Tudela ó nos vieremos por mejor, de guisa que ayan bonas entegras en nostros heredamientos planos, de guisa é de manera que aquellas fijas de don Gil é los qui verrán d'eyllas puedan é devan heredar aquellos heredamientos pora siempre é fazer d'eyllos toda lur propia voluntad, como cada uno faze de la su propia cosa. Este mesmo paramiento es entre nos que si el fijo varon de don Gil é de dona Marquesa Lopiç sobredicha, su muger, qui oviere á heredar Rada por eyllos, finare sen fijo varon de leal conjugio, é dexare fijas, que nos é nuestros successores heredemos Rada por siempre, con todos sus drechos, dando á las sus fijas las rentas sobredichas, de como sobredicho es. É xo mismo convenimos, si fijo dexare de ganancia, que haya las rentas sobredichas que avian ad aver las fijas, é diadelante assi se agoarde entre nos é nuestros suc-

P. 479. Sur l'instrument employé en Navarre au xvᵉ siècle pour tendre les balistes.

P. 480. Sur la part prise par le clergé de la cathédrale de Pampelune à la résistance des habitants de la Navarrerie contre le gouverneur. — Acte des archives municipales de

cessores d'una parte é los fijos varones é fijas qui verrán é descendrán de genola de don Gil é dona Marquesa Lopiç sobredichos, per secula cunta. É demas esto es puesto entre ambas las partidas que si nos ó nuestros successores non quisiessemos dar á don Gil ó ad aquellos fijos qui por eyll heredaren Rada, como es dicho desuso, las huytanta caverias sobredichas, é por culpa de nos ó de nos successores fincasse tres meses don Gil, ó, enpues sus dias, aquell qui fuere seynor de Rada sines esta honor, que aquell alcayt que fuere en Rada por nos é por eyllos sea tenido de render é desemparar el castieillo á don Gil ó á qui fuere seynor enpues eyll, ni el seynor de Rada sea tenido de goardar estos paramientos á nos ni á nostros successores. É demas el alcayt qui esto fará non pueda ser dicho mal ninguno por eyllo. Otrosi si por aventura el seynor de Rada non quisiere recebir estas huytanta caverias, nos queriendo li dar, ata tres meses, ó nos fallecies en estos paramientos que son escriptos en esta present carta ó en alguno d'eyllos, el alcayt sea tenido de render é desemparar á nos é á nuestros successores el castieillo sobredicho de Rada sen blasmo de sí, de como sobredicho es. É si por aventura el alcayt sobredicho non rendies é non desemparas, de como sobredicho es, el castieillo á nos é á nuestros successores, ó á don Gil é ad aquell qui fuere enpues eyll seynor de Rada, que finque por traydor como aquell qui se alça con castieillo... ni se pueda salvar por sus manos ni por ayllenas ni por otra razon ninguna. É otrosi si nos ó don Gil sobredicho ó nuestros successores li fiziessemos al alcayt sobredicho fuerça ninguna de aquell castieillo por nos ó por otri, que aquelli qui le fiziere... por traydor ni se pueda salvar sobre esto por sus manos ni por ayllenas ni por otra razon ninguna. Demas es avenienca nostra que si por aventura fijas solas fincaren, é non fijo varon, que el alcayt qui fuere en el sobredicho castieillo de Rada... apoderado de aquell castieillo, ni las fijas mas que el su padre, ata que sean heredadas por nos é nuestros successores, de las rentas sobredichas, como dicho es desuso. É deven ser heredadas ata tres meses del dia que finare lur padre, é sino que hereden Rada con todas sus pertinencias, de como faria el fijo varon de leal conjugio. É si don Gil (lo que Dios non quiera!) ovies guerra con algunos, el alcayt que será en Rada por nos é por eyllos sea tenido de aiudarli del castieillo é de todo lo al contra todo hombre, salva la nostra fé, tan bien como faria á nos si oviessemos alguna guerra. Empero si nos, ó aquell qui toviere nuestro logar en Navarra, quisiessemos entrar en el castieillo, ó don Gil sobredichos, el alcayt qui será non deva ni pueda recebir á ninguno de nos qui intrar quisiere, sino á sí tercero. Esso mesmo sea de la reyna de Navarra é de dona Marquesa Lopiç sobredicha, si quisiessen hi entrar. Demas ni nos ni nuestros successores podamos demandar algo ni mandar en Rada, por razon d'estos paramientos, mas de quanto esta nuestra carta de las avenienças dize. É nos don Gil é dona Marquesa Lopiç sobredichos, seynores de Rada, venimos de cognoscido é de manifiesto que nos por nuestra plana voluntad, sen fuerça é sen costrenimiento de seynor ni de otri, é sen engayno ninguno, fiziemos todos los paramientos é las avenienças d'esta present carta con el sobredicho nuestro seynor rey de Navarra, por nos é por todos nuestros successores; é prometemos por nos é por todos nuestros successores al sobredicho nuestro seynor rey de Navarra, por sí é por todos sus successores, á bona fé, sines mal engayno, de agoardar é de mantener é aver por firmes per secula cunta todos estos paramientos desta present carta é cada uno d'eyllos, é non contravenir por nos ni por otri en ninguna manera que pueda ser pensada, en tal manera que si nos hi al fiziessemos (lo que Dios non quiera!) seamos por eyllo, nos é nuestros successores qui contra esta carta fizieren, traydores, de guisa que non nos podiessemos salvar... bre esto por nuestras manos ni por ayllenas nin por otra cosa ninguna. É con todo esto todos los paramientos desta carta sean firmes é valedueros é agoardados d'ambas las partidas pora siempre jamas. É renunciamos por nos é por nuestros successores, en todas estas cosas é en cada una d'ellas, á todo fuero ecclesiástico é seglar, é á toda otra nuestra accion é defension general é special que nos aver podiessemos ó allegar por nos en alguna guisa. É si por aventura paresçies algun tiempo donacion ó enpeynamiento, vendicion, destin ó camio ó qualquier otro contracto de alienacion que nos ambos ensemble é cada uno por sí oviessemos fecho del sobredicho castieillo de Rada ó de sus pertinencias que nos hoy tenemos, queremos que todo aquello sea casso é vano, quanto en nos, ni pueda aver en sí firmeza ninguna. É tan solament los paramientos desta present carta valan é tengan pora jamas. Demas yo dona Marquesa Lopiç sobredicha, seynora de Rada, en mayor firmeza de todas estas cosas sobredichas, veniendo de cognoscido que so mayor de veynte

Pampelune, émané des vingt conseillers du bourg de San Cernin et de la *poblacion* de San Nicolas.

P. 482. Sur l'usage, chez nos ancêtres, de surmonter d'un aigle les tentes et les habitations des classes élevées.

P. 484. Mauvaise réputation des Lombards, ou, pour mieux dire, des Italiens chez nous, au moyen âge.

P. 486. Sur les algarades et autres machines de guerre employées au moyen âge.

P. 489. *Estat des armes trouvées dans l'arcenal de la ville de Carcassonne par Lambert de Tureye, chevalier, senechal de Carcassonne. Des nones de décembre 1298.*

P. 492. Reçu d'un charpentier pour la fabrication d'un engin de guerre exécuté à Viana par ordre d'Eustache de Beaumarchais.

P. 493. Denrées exportées d'Espagne en France et en Flandre aux XIIIe et XIVe siècles.

P. 494. Sur le mot *ermandat* [1].

Ibid. Détermination de la localité appelée par Anelier *Muradal*.

Ibid. Sur don Lope Diaz de Haro y Bearne, treizième seigneur de Biscaye, et sur don Simon Ruiz, seigneur de los Cameros.

P. 495. Pièce du Trésor des chartes qui sert de preuve à ce que dit Anelier sur les ravages exercés en Navarre par don Lope Diez.

Ibid. Sur les armes de Castille et de Léon.

Ibid. Sur les fenêtres vitrées, et sur les vitraux

---

cinquo aynos, certificada de todo mio drecho, specialment renuncio al beneficio del senatus-consulto velleyano é á todo drecho que yo ovies ó aver podies en el castiello de Rada, ó en sus pertinencias, por razon de peynal de las mis arras ó por quoalquier otra razon que far podies. Otrosi nos, don Henric, por la gracia de Dios sobredicho rey de Navarra, prometemos, por nos é por nuestros successores, á nuestros amados don Gil é dona Marquesa Lopiç sobredichos, seynores de Rada, por sí é por todos lures successores, á bona fé, sen mal engayno, de agoardar é de mantener é aver por firmes por secula cunta los paramientos desta present carta é cada uno d'eyllos, é de non contravenir por nos ni por otri en ninguna manera que pueda ser pensada; en tal guisa que si nos hi al fiziessemos (lo que ser non podria), cayamos é seamos... dichas que son escriptas contra don Gil sobredicho é dona Marquesa Lopiç, su muger, é lures successores. É con todo esto todos los paramientos d'esta present carta sean firmes é valedueros é agoardados d'ambas las partidas... renunciamos por nos é por todos nostros successores en todas estas cosas é en cada una d'eyllas á todo fuero ecclesiástico é seglar, é á toda otra nuestra accion é defension general é special, que nos aver podiessemos ó allegar por..... É demas plaze nos ad ambas las partidas de aver todas aquellas cosas por dichas expressament é fechas, por las quales pueda ser mas valedera esta present carta, magüer non se fallen escriptas en eylla é que sean..... de una misma forma é tenor seelladas con seyellos pendientes d'ambas las partidas, é que tengamos nos la una carta d'estas, é don Gil é dona Marquesa Lopiç sobredichos tengan la otra, é el alcayt que hi sera puesto... es tenga la tercera. En testimonio et en mayor firmeza de todas estas cosas sobredichas é de ca[da] una d'eyllas, nos don Henric, por la gracia de Dios sobredicho rey de Navarra, é don Gil é dona Marquesa Lopiç [sobredichos, seyno]res de Rada, ponemos los nuestros seyellos pendientes en esta present carta. Testigos son qui fueron presentes en todas estas cosas sobredichas, don Corbaran de Vidaurre, don Pero Sanchez de Mont Agut, seynor de Quascant... Roldan Periç de Eranssus, alcalde mayor de Navarra, don Johan Sanchiz de Quascant, sire Giles de Sotoz, don Miguel Periç de Legaria, don Pero Ieneguiz de Urroç, don Gonçalvo Gil de los Arcos, don Lop Ortiç, cavallero..... don Gil sobredicho, mayestre Gil, clérigo del seynor rey devandicho. É yo Pero Martineç de Arceyç, escrivano jurado del seynor rey don Henrric sobredicho, fu present en todas estas cosas sobredichas, é por plazenteria..... damiento d'ambas las partidas escriví esta present carta con la mi propia mano. É en testimonio d'esto fiç en eylla este mi signo ✠ acostumbrado. Facta carta en Tudela en el mes de noviembre, sabado primero... fiesta de sant Climent, anno Domini millesimo ducentesimo septuagesimo.» (Trésor des chartes, 1270-7 — J. 613. Trois sceaux.)

[1] Au temps d'Anelier, ce mot désignait plus particulièrement une association établie, au commencement de l'année 1204, entre les Navarrais et les Aragonais de la frontière, pour la répression du brigandage. (Voyez *Annales del reyno de Navarra*, liv. XX, ch. IV, § III, n° 10, t. III, p. 64.)

peints qui se trouvaient ailleurs que dans les églises.

P. 497. Sur l'aigle impériale à deux têtes; liste des publications auxquelles cet emblème a donné lieu.

P. 498. Sur don Juan Alfonso, neuvième seigneur de los Cameros.

Ibid. Sur la décoration des écus au moyen âge.

P. 500. Sur le sens du mot *bastonatz*, employé en parlant d'armoiries; des armes de Catalogne introduites en Aragon.

Ibid. Sur les mots *renaudetz* et *lobetz*.

Ibid. Traité conclu, à los Arcos, entre Eustache de Beaumarchais et divers chevaliers castillans qui avaient abandonné le service de leur souverain[1]. — Pièces de comptabilité conservées dans le Trésor des chartes et constatant des prêts d'argent faits par Eustache de Beaumarchais à Lop Diaz de Haro.

P. 502. Sur *peonetz*, *peonier* et *peonciello*.

Ibid. Sur la conjuration des grands de la Navarre pour se débarrasser du gouverneur Eustache de Beaumarchais; et sur la part que, dans cet événement, Anelier attribue à don Diego de Biscaye et à don Simon Ruiz, seigneur de los Cameros.

P. 503. Récit de la conjuration des barons par le prince de Viana.

P. 504. Sur les diverses espèces, le commerce, la production et l'usage des chevaux pendant le moyen âge. — *Arabis*, *arabois*, ou chevaux arabes.

P. 506. Passages d'anciens poëtes où se trouve l'adjectif *ferrans*.

P. 507. Renommée des chevaux et des mulets arabes et africains.

P. 508. Chevaux gascons.

P. 509. Sur le commerce de chevaux que faisait Sully.

P. 510. Ancienneté de la réputation des chevaux d'Espagne[2]; noms divers par lesquels ils sont désignés dans nos anciens poëtes[3].

P. 515. Dextriers, chevaux d'Allemagne, de Hongrie, de Russie et des Orcades[4].

P. 517. Chevaux bretons.

P. 518. Sur ce qu'il faut entendre par *chevaux de Bric*.

P. 519. De l'importation des chevaux en Angleterre au moyen âge.

P. 520. Sur la différence existant entre le cheval anglais d'aujourd'hui et celui d'alors. — Prix des chevaux en Angleterre à diverses époques du moyen âge[5].

P. 521. Prix des chevaux et législation française de l'époque relative à ces animaux.

P. 522. Inventaire des chevaux de Louis Hutin dressé en 1317[6].

---

[1] Parmi ces chevaliers se trouve don Vela Ladron de Guevara, nommé dans un article des comptes de Navarre pour 1286, où s'est glissée une faute d'impression : au lieu de *Lacronum*, lisez *Lacroniam* (Logroño).

[2] A la suite de la dixième ligne, ajoutez ce qui suit : Dans les priviléges accordés au monastère bâti à Squirs, appelé plus tard la Réole, par Gombaud, évêque de Gascogne, et son frère Guillaume Sanche, duc du même pays, l'an de J. C. 977, il est marqué que les chevaux d'Espagne passant par la ville auront à payer quatre deniers par tête au portier. (Voy. Labbe, *Novæ bibliothecæ manuscript. librorum tomus secundus*, p. 747, lig. 19.)

[3] Pour peu que l'on soit curieux de connaître les noms des chevaux fameux des romans pendant le moyen âge, on peut recourir à la Chronique rimée de Philippe Mouskès, introd. au tome II, p. CXIII-CLXI.

[4] Ici j'aurais pu parler des *hobins* et citer un passage des *Mémoires de Philippe de Commynes*, où, parlant de la duchesse d'Autriche morte d'une chute de cheval, il nous dit qu'elle chevauchait un hobin ardent. (Liv. VI, chap. VI, ann. 1482.)

[5] Ayant cité d'une manière imparfaite le *Liber quotidianus contrarotulatoris garderobæ*, je vais en donner ici le titre tout au long : *Liber quotidianus garderobæ anno regni regis Edwardi Primi vicesimo octavo, A. D. MCCXCIX. et MCCC. Ex codice Ms. in bibliotheca sua asservato typis edidit Soc. Antiq. Londinens.* (cur. D. Lort, et DD. Gough, Topham et Brand). Londini, Excudebat J. Nichols, etc. MDCCLXXXVII, in-4°.

L'indication donnée p. 521, not. 1, d'après Sir Nicholas Harris Nicolas, n'est pas complétement exacte. Au lieu de *vol. III*, lisez *vol. IV*.

[6] A la romance citée à la fin de la note 4, p. 522,

DE L'HISTOIRE DE LA GUERRE DE NAVARRE. 755

P. 523, en note. Extraits des comptes de Navarre pour 1283 et 1284, relatifs à des envois de chevaux de Navarre au roi de France, et au prix de ces animaux. — Sur la classe de personnes appelées *almogavares*.

P. 525, note 2. Sur l'ancienne famille Gentien.

P. 526. Sur ce qui constituait la beauté d'un cheval à l'époque d'Anelier.

Ibid. Sur l'entretien des chevaux pendant le moyen âge jusqu'en 1624.

P. 527. Sur l'équitation au commencement du XV° siècle.

Ibid. Sur l'hippiatrique au moyen âge.

Ibid. Sur l'accusation lancée contre Eustache de Beaumarchais, par les riches hommes, de vouloir réformer les coutumes, ou plutôt les fors de Navarre.—Droit que cette législation donnait au souverain de retirer la garde des châteaux à ceux qui les occupaient.

P. 528. Sur le verbe *desforar*, et l'équivalent de *fuero* dans notre ancienne langue.

Ibid. Sur la monnaie navarraise portant le nom de *sanchet*, et sur sa correspondance avec les tournois de France.

P. 529. Document des archives de l'ayuntamiento de Pampelune qui établit l'infériorité des tournois.

Ibid. Diverses monnaies du payement d'un achat de chevaux en Navarre par le châtelain du roi d'Angleterre à Bordeaux, en 1290.

P. 530. Diversité des monnaies pendant le moyen âge; embarras qu'elle causait au commerce.

P. 531. Sur divers individus du nom de *Crozat* et de *Cruzat*[1].

P. 531. Formule de serment usitée chez les musulmans, au rapport de nos anciens trouvères.

P. 532. Sur le nom de l'*Almirat*.

Ibid. Sur un personnage nommé *domnus Michael Moza*.

P. 533. Situation de deux couvents de Pampelune mentionnés par Anelier.

Ibid. Sur les heaumes pendant le moyen âge. — Prix que nos ancêtres attachaient à ceux des pays musulmans, de Grèce et d'Italie.

P. 535. Mentions, dans nos anciens poëmes, de heaumes de Provence, de Poitiers, de heaumes *vienois*[1], de heaumes de Chartres, de Blaye, de *Roais*, et de Senlis.

P. 536. Décoration des heaumes au XII° et au XIII° siècle.

P. 537. Noms mystérieux inscrits sur certains heaumes. — Épithète de *vert* donnée à certains heaumes. — *Vertz kelmes brunitz*, vert acier bruni.

Ibid. not. 1. Sur les épées d'Allemagne.

Ibid. not. 2. Épées de prix mentionnées par deux anciens auteurs.

P. 539. Heaume, cercle, acier, épieux bruns, brunis, dans les vieux écrivains français et anglais.

P. 540. Époque de la révolte de D. Gonzalvo Ibañez, D. Juan Gonzalvez, son fils, et D. Juan de Vidaurre, contre la reine de Navarre et Eustache de Beaumarchais. — Article des comptes de Navarre pour 1283 relatif au dernier.

Ibid. not. 2. Articles des mêmes comptes qui pourraient peut-être bien se rapporter au premier.

---

col. 2, on peut ajouter ce passage, qui concourt au même objet :

>   Cadenas de oro de Arabia...
>   Caballos os di ruanos,
>   Y para en plaza seis yeguas, etc.
>   *Elvira, solta el puñal*, etc. (*Romancero de romances caballerescos é históricos*, parte II. Madrid, 1832, in-8° esp. p. 165.)

[1] Dans les Mémoires d'Estevan de Garibay, publiés par l'Académie royale de l'Histoire, de Madrid, liv. IV, tit. XIII; je trouve un *Lais Cruzat*, habitant de Saint-Sébastien, nommé comme un des deux auteurs du Recueil des lois et ordonnances relatives au Guipuzcoa en 1682. (Voy. *Memorial histórico español*, etc. t. VII. Madrid, imprenta de José Rodriguez, 1854, in-4° esp. p. 408.)

[1] Il faut sans doute mettre à côté de ces armes, dans la même catégorie, la cuirasse mentionnée dans les vers suivants :

>   Et Alou fiert si lui, quant le cop sent,
>   Et li false la broigne de Saint-Maisseus, etc.
>   *Gérard de Rossillon*, p. 345, v. 14.

P. 541. Sur Guillem Marzel, père et fils; reçu du Trésor des chartes émané du père; extraits des comptes de Navarre pour 1283 et années suivantes, relatifs à l'un et à l'autre.

P. 542. Sur Martin d'Undiano; reçu de don Pero Martineytz de Subiça, où il est qualifié de *chambellan de la reine*.

P. 543. Articles des comptes de Navarre pour 1283 et 1284, relatifs à Pierre d'Aldava. — Erreur probable au sujet de l'orthographe du nom de don Pierre de Chalat.

Ibid. Sur la part considérable prise à la guerre civile de Pampelune par la classe moyenne de la société.

P. 544. Document des archives de l'ayuntamiento de Pampelune qui témoigne d'une offre faite par Eustache de Beaumarchais.

P. 545. Pièce du Trésor des chartes qui semble annoncer qu'Eustache de Beaumarchais réalisa l'espoir que les bourgeois de Pampelune avaient en lui.

P. 546. Rente annuelle de dix livres accordée à Ponce Baldoin par Philippe le Hardi.

Ibid. Extraits des comptes de Navarre pour 1283 et 1284, relatifs à Guyralt de Seta.

P. 547. Sur Jean Lombart porté dans les mêmes comptes pour 1283 et 1286, comme créancier de Gerin d'Amplepuis, gouverneur de la Navarre après Eustache de Beaumarchais, et comme fermier des biens de la Navarrerie.

Ibid. not. 1. Autres articles des mêmes comptes relatifs à des Gascons plutôt qu'à des Basques.

P. 548. Sur la famille Caritat, de Tudela.

Ibid. Sur le véritable sens du mot *palaci* employé par Anelier.

Ibid. Sur celui de *bmters*.

P. 549. Synonymie de ce terme avec *mazeliers*.

P. 550. Signification du mot *ambans;* passages de l'Histoire de la Croisade contre les hérétiques albigeois, qui peuvent servir à l'établir.

P. 551, not. 5. Acception du mot *barbacane*, dans la Chronique de Bertrand du Guesclin, par Cuvelier, et dans le Chevalier au Cygne.

P. 552. Sens exact du verbe *dezanvanar*.

Ibid. Ce qu'il faut entendre par les mots de *Maria Delguada*.

Ibid. Sur don Pedro Garcia d'Echauri *lo merces*.

P. 553. Sur les personnages portant le nom de *Badoztaynn, Bazdoztayn, Baudesteng, Badoztayn*, dans l'Histoire de la guerre de Navarre.

Ibid. Sur Pierre d'Equia.

Ibid. Doutes sur l'orthographe de *Laceylla*.

P. 554. Détermination de l'emplacement des tours fortifiées du Bourg et de la Poblacion de San Nicolas. — Remarque sur l'imitation par Anelier de l'Histoire de la Croisade contre les hérétiques albigeois.

P 555. Reçu de Joan Periç Motza, bourgeois de Pampelune.

Ibid. Extraits des comptes de Navarre pour 1283 relatifs à Sancho de Vilava.

Ibid. not. 1. Acte du Trésor des chartes portant acquisition de maison, à Pampelune, par Eustache de Beaumarchais.

P. 557. Sur le meilleur sens à donner au verbe *batayllar*. — Sur le nom de *grange batelière*.

Ibid. not. 1. Champenois, Français et Normands établis en Navarre à la fin du XIIIe siècle.

P. 558. Célébrité de Bologne au moyen âge pour l'étude de la jurisprudence.

Ibid. Sur Guillaume de Villaret, grand maître de l'ordre de Saint-Jean de Jérusalem.

P. 559. Sur Merlin et ses prophéties.

Ibid. Rapports financiers de don Corbaran de Vidaurre avec la couronne de France.

Ibid. not. 2. Gens de Cahors dans les finances et dans le commerce au XIIIe et au XIVe siècle.

P. 561. Extraits des comptes de Navarre pour 1283 et 1284, relatifs à Corbaran de Vidaurre.

P. 562. Sur le mot *palazis*.

P. 563. Sur les balistes ou grandes arbalètes à un et à deux pieds.

P. 564. *Ars de cor*.

P. 565. Balistes ou arbalètes de corne. — Extraits des comptes de Navarre pour 1284 et 1286, relatifs à des matériaux pour la réparation de ces armes et à des arbalétriers sarrasins.

P. 566. Emploi de l'arbalète en chirurgie.

P. 567. Détermination de deux localités de Pampelune nommées par Anelier, la rue de Sorriburbu, ou Corriburbu, et la Taconera.

Ibid. Énumération d'armes en usage au XIII° siècle. — Sur la guisarme.

P. 568. Sur sire Arnault de Marcafava.

Ibid. Sur le sens exact et les formes diverses du mot *alcoto*.

Ibid. Remarque sur l'orthographe du mot *Zeuza*.

Ibid. Détermination de l'emplacement du moulin du bourg de Pampelune appelé *del Maço*.

P. 569. Mentions de bains dans les comptes du royaume de Navarre, à la fin du XIII° siècle.

P. 571. Régime sous lequel les bains étaient placés pendant le moyen âge.

P. 572. Sur l'usage des bains à cette époque.

P. 573. Mentions de celliers dans les anciens comptes de Navarre. — Maçons en Navarre servis par des femmes et des individus qualifiés d'*Anglais*.

P. 574. Définition de la mesure appelée *cahiz*.

Ibid. Mentions de don Garcia Martinitz de Uritz dans les comptes de Navarre pour 1283 et 1284.

P. 575. Sur le mot *viander* omis dans le Lexique roman.

Ibid. Reçu de Semen d'Oarritz. — Autres individus porteurs du nom d'*Oarritz* mentionnés dans les anciens comptes de Navarre.

Ibid. Sur ce que devint don Garcia Almoravid.

P. 576. Pièce des Archives de l'Empire qui fait connaître les noms de la femme de don Garcia Almoravid.

Ibid. Sur le mot *criad* et sa correspondance en espagnol et en gascon.

P. 577. Sur l'expression *narri, nourri, norri,* employée dans le sens de *domestique,* les verbes *norir* et *nodrir* usités avec celui d'*élever,* et le substantif *nudricion* (éducation).

P. 578. Prix des flèches à l'époque de la guerre de Navarre; extraits des anciens comptes de ce pays relatifs à cet objet.

P. 579, note 1. Sur la garniture des flèches.

Ibid. note 2. Sur l'ancien usage de tenir les armures enfermées dans des coffres; étymologie du mot *armoire*.

P. 580. Sur les traits appelés *carreaux*.

Ibid. en note. Fabrique de chapeaux à Montauban, au XIII° siècle.

P. 581. Lettre d'Alphonse, comte de Poitiers, précieuse pour l'histoire des armes de guerre.

P. 582. Supériorité des carreaux de Gênes à la fin du XIII° siècle; synonymes du mot *carreau*.

P. 583. Sur le mot *tapiar*.

Ibid. Sur la signification du mot *cadafalc*.

Ibid. Doutes sur la traduction du vers 3594; sur le mot provençal *via*; exemples de *vias, viaz, vie,* employés par nos anciens écrivains.

P. 584. Sur deux moulins de Pampelune mentionnés par Anelier.

Ibid. Sur le sens de *corder*.

Ibid. Observation sur l'omission de *cuvador* dans le Lexique roman de M. Raynouard; sens de ce mot.

P. 585. Observation sur notre traduction d'*aluvessas*; emploi du mot *alenaz* avec le sens de *poignard*; habitude qu'avaient nos ancêtres de lancer en combattant leurs armes contre l'ennemi.

P. 586. Observation sur le mot *aldea*.

P. 587. Sur les excès reprochés par le P. de Moret aux habitants de la Navarrerie pendant la guerre civile de Pampelune; sur les juifs de la Navarrerie à cette époque; leur condition agricole déterminée par des articles des comptes de Navarre pour 1283 et 1286.

P. 588, note 1. Sur les vignes du roi et de la reine en Navarre et leur mode de culture.

Ibid. note 2. Colère d'un souverain pontife au sujet de la fabrication du vin par les juifs [1].

P. 589, note 2. Sur les bijoutiers et les cordonniers juifs de Pampelune; article des comptes de Navarre qui donne à penser qu'en 1285

---

[1] Dans la citation que nous avons faite du Roman de Fauvel, il s'est glissé une faute, *Saint-Jngon,* pour *Saint-Jangon.*

les alcades de Navarre portaient des anneaux d'or comme signe de leur dignité.

P. 589, note 2. Allusions au *roman du Renart*.

P. 590. Détails sur Miguel Periz de Legaria; indication de pièces du Trésor des chartes relatives à ce personnage.

P. 591. Habitude chez les combattants du moyen âge de s'exciter par des injures.

Ibid. Sur la machine de guerre appelée *chatte* ou *chat*.

Ibid. note 2. Sur l'usage du bélier pendant le moyen âge.

P. 592. Anecdote relative à Henri IV.

P. 593. Articles des comptes de Navarre pour 1284, relatifs à Guillaume Isarn.

Ibid. Sur le mot *hourd*, ses dérivés et leur signification.

P. 594. Sur le sens et l'orthographe de l'expression *mal haarat*.

Ibid. Indication d'une pièce du Trésor des chartes émanée d'un guitour d'Anitz, nommé *Fortuin Hiegue*.

Ibid. Sur la réputation qu'avaient nos anciens rois de guérir les écrouelles en les touchant [1].

P. 595. Sur le véritable nom du personnage appelé par Anelier *Lenay, Lanay, Lenays* [2].

P. 596. Sur l'une des acceptions d'*eratamens, heretat, hereldad*, etc.

Ibid. Sur le mot *gofos* usité en Navarre à la fin du XIIIe siècle.

P. 597. Charte de Philippe le Hardi relative à Garcia Martinz d'Eussa.

Ibid. Articles des comptes de Navarre pour 1283 et 1284 relatifs à Pierre Ayvar.

P. 598. Autres articles du même registre consacrés à Helissende ou Aelis de Trainel, veuve de D. Pierre Sanchiz de Cascante; acte des Archives de l'Empire par lequel cette dame et la famille de son mari donnent décharge au roi des sommes dues au défunt.

P. 599. Sur Robert II, comte d'Artois.

Ibid. Actes des archives de l'hôtel de ville de Narbonne, relatifs au don gracieux de la somme de mille livres tournois fait à Philippe le Hardi, en 1277, à l'occasion de la guerre de Navarre.

P. 602. Pièce du Trésor des chartes, qui donne le dénombrement des denrées dont on approvisionnait les places fortes à la même époque.

Ibid. en note. Articles des anciens comptes de Navarre contenant de curieuses recettes de ciment.

P. 603, en note. Observations supplémentaires sur le commerce, la fabrication et l'usage du sucre au moyen âge.

P. 604. Pièce des Archives de l'Empire, où se trouve le détail des munitions de guerre dont étaient approvisionnés les châteaux de la Navarre.

P. 605. Composition d'une bibliothèque de château fort, en Espagne. — Sur la fabrication en Navarre et l'usage du biscuit au moyen âge.

P. 606. Sur le véritable sens de l'adjectif *enig*, employé par Anelier; racine de notre ancien mot *ung*.

Ibid. Passage de l'Histoire de la guerre contre les hérétiques albigeois imité par le même troubadour.

P. 607. Sur l'origine juive ou moresque des médecins et vétérinaires navarrais à la fin du XIIIe siècle; extraits des comptes de Navarre où se trouvent mentionnés des individus de ces professions; indications et passages relatifs aux médecins pendant le moyen âge.

---

[1] Aux ouvrages auxquels nous renvoyons sur la guérison des écrouelles par les rois de France, ajoutez l'Histoire critique des pratiques superstitieuses qui ont séduit les peuples et embarrassé les savants, etc. par le R. A. Pierre le Brun. A Paris, chez Poiron, M. DCC. L. in-8°, liv. IV, chap. IV, n°s 4 et 5, t. II, pag. 112-121. — Philippe de Commynes, rapportant un acte de dévotion de Louis XI, ajoute: «..... quant les roys de France veulent toucher les malades, ils se confessent: et nostre roy n'y failloit jamais une foiz la sepmaine. Si les aultres ne le font, ils font très-mal, car tousjours y a largement malades.» (*Mémoires*, liv. VI, chap. VI, ann. 1480.)

[2] On trouve *D. Climent de Launay, senescal de Navarra*, nommé par les témoins d'une charte de D. Brax Gassia, seigneur de Luxa, datée de Saint-Jean-Pied-de-Port, 1258. (Voyez *Notitia utriusque Vasconiæ*, liv. II, chap. XII, pag. 265.)

P. 608. Sur l'exercice de la médecine par les femmes à cette époque; *insalmadores*, espèces de charlatans espagnols mentionnés par des écrivains des XVIe et XVIIe siècles.

P. 609. Pièces du Trésor des chartes, articles des comptes de Navarre relatifs à don Fortun Almoravid; détails sur la fin de ce personnage.

P. 612. Sur la dénomination de *maynader*, *mesnadero*, etc.

P. 613. Définition du mot *lice*.

Ibid. Sur le pont de Saint-Pierre de Ribas, à Pampelune.

P. 614. Sur Roger Bernard III, comte de Foix.

Ibid. Sur Géraud V, comte d'Armagnac et de Fézensac.

P. 615. Sur un comte de Périgord mentionné par Anelier.

Ibid. Sur Jourdain V, baron de l'Ile-Jourdain.

Ibid. Pièces du Trésor des chartes relatives à Sicard de Montaut.

P. 616. Sur le seigneur de Caumont, nommé par Anelier comme ayant pris part à l'expédition de Navarre; autres personnages du même nom qui vivaient à l'époque.

P. 618. Sur le seigneur de Berens nommé par Anelier; charte émanée de lui en 1274.

Ibid. Sur le seigneur de Tonneins à l'époque de la guerre de Navarre.

P. 619. Sur Bertrand de Cardeyllac, le seigneur de Navailles, le comte de Blois et d'autres personnages qui accompagnèrent Philippe le Hardi dans la guerre de Navarre: pièces qui les concernent.

P. 621. Sur l'expression *cami rameu*.

P. 622. Rapprochement entre un trait d'Anelier et un passage de la Chanson d'Antioche.

Ibid. Geste de douleur en usage chez nos ancêtres.

Ibid. Sur l'instrument de musique appelé *nafil*; sur les cors usités pendant le moyen âge; cor enchanté du Lai de Robert Bikez; cor d'Auberon dans le *Roman de Huon de Bordeaux*; olifant de Roland; olifant de M. le duc de Luynes; cors de pin; buisines, cors, trompes d'argent [1], d'airain, de laiton, d'acier; graîles, cors *menuiers*; menuiax, monniaus; sur les diverses manières de sonner du cor et de la trompette au moyen âge.

P. 631. Sur la lampe qui brûlait devant les tombeaux des rois de Navarre, à Pampelune.

Ibid. Rapprochement du tableau du sac de la Navarrerie avec un passage du *Roman de Garin le Loherain*.

P. 632. Sens des mots *escrin*, *forcier*, *forchier*, *forger*, *forgier*, *forceret*; place que tenaient les coffres et les huches dans le mobilier des appartements de nos ancêtres; signification d'un coffre placé devant une maison en temps de foire; cage d'oiseau appelée *coffre*, dans le Dit des rues de Paris; explication des locutions proverbiales *mourir sur un coffre*, *piquer le bahut*; forme et décoration des anciens coffres; passages d'inventaires et de comptes où il en est mention; sur l'usage des coffres en Angleterre.

P. 638. Enveloppe précieuse de certains oreillers au moyen âge.

Ibid. Détails sur le sac de la Navarrerie de Pampelune, par Guillaume de Nangis.

P. 639. Sur le supplice réservé aux traîtres pendant le moyen âge [2]; extrait des comptes de Navarre pour 1284, relatifs à un juif traîné par la ville d'Estella, et à un individu de la Navarrerie de Pampelune, pendu à la même époque.

Ibid. Sur la reconstruction de la Navarrerie.

Ibid. Assertion d'Estevan de Garibay, relativement à l'extension de l'incendie de la Navarrerie jusqu'à la chambre des comptes de Pampelune; dernier mot sur l'histoire de la Navarrerie après le sac de 1277.

---

[1] P. 628, note 2, l. 3, lisez *añafiles*, en un mot.

[2] Nous aurions pu citer, à ce propos, ce passage d'une ancienne chanson de geste:

Que la divinitat a li actor
Nos mostrent en la lei au Redemptor

Quel justice l'en fait de traitor:
Desmembrar à cheval, ardre à chalor, etc.

Gerard de Rossillon, p. 356. Cf. p. 208.

TABLE DES NOTES DE LA GUERRE DE NAVARRE.

P. 639. Sur les motifs qui déterminèrent l'expédition de Philippe le Hardi en Navarre.

P. 641. Pièces émanées de ce prince et relatives à l'administration de la Navarre; traité entre lui et Fernando Ibañez (*Fernandus Johannis*).

P. 645. Pièces du Trésor des chartes émanées d'Imbert de Beaujeu et de Robert, comte d'Artois, pour servir à montrer jusqu'à quel point s'étendaient les attributions du gouverneur de la Navarre.

P. 646. Sur les tentes au moyen âge.

P. 647. Sur l'orthographe du mot *Lormans*.

Ibid. Sens de l'expression *abatz legender*.

Ibid. Sur la famine amenée par le séjour de Philippe le Hardi en Béarn, et par celui de Henri III, roi d'Angleterre, en Gascogne, l'an 1253.

P. 648. Sur les tours au moyen âge; admiration de nos ancêtres pour les monuments anciens, qu'ils attribuaient aux Sarrasins, aux païens[1].

Ibid. Sur sire Jean d'Acre.

P. 650. Traités par lesquels se termina la guerre de Navarre.

P. 654. Extraits des comptes de Navarre, relatifs aux biens des bannis de ce pays, à la fin du XIIIe siècle.

P. 659. Autres extraits des mêmes comptes, destinés à montrer combien la frontière était peu sûre à l'époque, et comment s'y faisait la police.

P. 661. Jugement porté sur l'expédition de Philippe le Hardi, par ses contemporains.

Ibid. Sur le comte de Bigorre, mentionné par Anelier; pièces du Trésor des chartes qui le concernent.

P. 662. Sur le mot *galier*[2].

P. 663. Sur l'expression *monters*.

P. 664. Pièces du Trésor des chartes relatives au siége de Puñicastro.

Ibid. Autre pièce du même fonds dans laquelle figure Fortuyn Eniguitz; articles des comptes de Navarre pour 1283, concernant ce personnage.

P. 665. Sur le bruit que faisait entendre une armée en retraite.

Ibid. Acte des archives de l'Empire qui témoigne de la remise faite par Eustache de Beaumarchais, à son successeur, des chevaux et de l'argent qu'il avait entre les mains; détails sur Renaud de Rouvray et sur deux autres personnages, nommés *Alphonse de Rouvray* et *Jean de Rouvray*.

---

[1] On trouve dans la chronique de Matthieu Paris, sous l'année 1184, un fait de nature à prouver qu'il ne faut pas rapporter uniquement aux anciens les monuments attribués aux Sarrasins par nos ancêtres. Après le récit d'une victoire d'un roi de Portugal sur les Maures, l'historien ajoute que ce prince donna à des maçons les captifs sarrasins, pour qu'ils les employassent à réparer les églises. (*Matth. Paris... Historia major*, ed. 1640, p. 142, l. 1.)

[2] Ce mot ne se trouve pas seulement dans l'*Ancien Théâtre françois*, mais encore dans Rabelais, nouveau prologue du livre IV.

APPENDICE.

APPENDICE.

Des fouilles plus profondes dans les Archives de l'Empire nous ayant fait découvrir de nouvelles pièces relatives à l'administration de la Navarre par Eustache de Beaumarchais, et des indications concernant celle de ses affaires personnelles, nous avons cru devoir donner ces documents, aussi bien que d'autres indications qui se rapportent à sa fille et à son gendre. Ce ne sont, il est vrai, que des articles d'un ancien inventaire des chartriers de trois des châteaux du héros d'Anelier; mais, à la distance où l'un et l'autre sont de nous, toute lumière sur l'histoire d'un homme qui fit, comme administrateur et comme guerrier, une si grande figure à la fin du XIIIe siècle, ne peut manquer d'intéresser ceux qui cherchent à se rendre compte de cette époque, encore si mal connue.

La première des pièces qui suivent se rapporte à un chevalier castillan dont il a été fait mention ci-dessus, p. 472, not. 4, et p. 473, comme ayant passé au service de la France.

I. Noverint universi presentes litteras inspecturi, seu etiam audituri, quod ego Nunius Gundissalvi confiteor et recognosco de plano me recepisse ab excellentissimo domino domino Philippo, Dei gratia rege Francorum, duo milia sexcentas sexaginta et sex libras, tresdecim francos et quatuor denarios turonensium nigrorum, quas idem dominus rex Eneco Lupi de Çuaçu, militi meo, et Petro de Ayllloç[1], Petro Sancii Calvet, Michaheli Petri et Eximino Petri, mercatoribus Stellensibus, vice ac nomine meo, mandavit exsolvi de illa pecunie quantitate quam ego eram recepturus ab eodem domino rege in festo Penthecostes, secundum pactaciones habitas inter ipsum dominum et me, renuncians nichilominus excepcioni

---

[1] Probablement le même dont il est question dans cet article des comptes de Navarre pour l'année 1286 :

« Petro Helie, Stellensi tenderio, pro debito in quo sibi tenebatur dominus Johannes de Vidaurre super bonis suis, xli libras iiij solidos vj denarios. » (Ms. Bibl. imp. suppl. lat. n° 165⁷, fol. 89 verso. Compot. Guillelmi Ysarni, merini Stellensis. Cf. ibid. l. 1.)

non numerate peccunie, non habite nec recepte, et omni alii juris auxilio, tam canonici quam civilis, per quod super predictis, vel eorum quolibet, contra ipsum dominum regem me possem defendere vel tueri. In quorum omnium testimonium et munimen hanc presentem paginam feci sigilli mei appensione muniri. Et ut etiam hec omnia et singula pleniorem obtineant firmitatem, rogo dominum Eustachium de Bello Marchesio, regni Navarre gubernatorem, ut huic presenti recognicionis instrumento sigillum suum apponi faciat in testimonium et munimen omnium premissorum. Et nos Eustachius de Bello Marchesio, gubernator predictus, ad preces et instanciam ejusdem domini Nunii Gundissalvi, presens instrumentum sigilli nostri fecimus appensione muniri. Datum aput Stellam xiij° kalendas madii, anno Domini m°. cc°. lxx°. septimo. (Trésor des chartes, J. 474, n° 43. Deux sceaux.)

Le n° II, qui suit, est relatif à l'un des frères de D. Pierre Sanchiz de Cascante, nommé ci-dessus, p. 598.

II. Sepan quantos esta present carta verán é odrán, que yo, don Johan Sanchez de Montagut, vengo de cognoscido é de manifesto que he recebido de vos, me sire Eustace de Beaumarches, governador de Navarra, setanta é dos libras de tornes por la retenienҫa del castieillo de Esteilla, é otrosí por las viandas que yo vos vendi por goarnizon del dicho castieillo, dozientas é sexaynta é quatro libras é cinquo sol. de tornes, é otrosí mil libras de tornes, que el seynor rey de França me mandó dar de dono por mano de don Martin de Undiano, de Panplona. É en testimonio desto dovos esta mi carta abierta seellada con mi seyeillo. Datum en Esteilla, viernes postremero del mes de mayo, anno Domini m°. cc°. lxx°. septimo. (Trésor des chartes, J. 308, n° 80.)

Les indications suivantes serviront à compléter et à rectifier les détails que nous avons donnés, p. 410, 413, 414, sur la biographie d'Eustache de Beaumarchais.

III. Litera acordii facti inter magistrum Guillelmum de Curia, tutorem Marie, filie condam domini Eustachii, et religiosum virum dominum Hugonem de Villa, priorem de Marcolesio. Anno Domini m° iij° primo, die lune qua cantatur *Sarge, care.* xliij.

Inventarium factum per... Robertum de Chalacio, commissarium per... ducem

Borbonesii, de literis, instrumentis, recognitionibus, homagiis, terrariis papiris, papiris, registris et aliis documentis inventis in castro Calvineti et castellanie de Vinzella et de Roncino, etc. A. D. 1434. (Arch. de l'Emp. sect. administrative, partie domaniale, P. 1356, cote iij^e iiij, folio iiij recto.)

IV. Litera super juramento prestito per dominum Petrum de Via pro baronia Calvineti. Anno Domini M° iij^c tercio, die tricesima mensis setembris. xliiij.

Fol. iiij verso.

V. Litera testamenti, seu vidimus ejusdem, facti per dominum Eustachium de Bello Marchesio. Die Veneris post festum Omnium Sanctorum, anno Domini M° iij^c trisesimo. xlix recto.

Fol. v recto.

VI. Litera vidimus cujusdam accordii domini Eustachii de Bello Marchesio et domini abatis Aurelhiaci et domini abatis Maurcii. Die lune post festum beati Luce, anno Domini M° iij^c septuagesimo quinto. Lxvj.

Fol. vj verso.

VII. Litera donationis domini comitis Ruthenensis facte Poncio de Villa de hiis que habebat in parrochia de Cassanhosa. Anno Domini M° ij^c xl. mense junii. iiij^{xx} viij.

Fol. viij verso.

VIII. Litera emptionis baronie Calvineti facte per dominum Calvineti a domina Maria de Bello Marchesio. Anno Domini M° iij^c xx tercio, die lune in festo sancti Ambrosii aprilis. C.

Fol. ix verso.

IX. Litera venditionis facte per dominam Mariam de Bello Marchesio domino Petro de Via, militi, de baronia castrorum Calvineti, de Vinzella, de Roncino, de Moreto et de Senaco Chambuer, de Salerno, et affarii de Falcimanha et de Tornamira, de Lininhaco (Leinhaco?), de Verneto et de hiis quas habebat in villa Aurelhiaci. Die lune in festo beati Marchi, anno Domini M° iij^c xx tercio. C iiij^{xx} xij.

Fol. xvij verso.

X. Litera constitutionis dotis inter dominam Mariam, filiam domini

Petri de Via, et Beraldum Dalphini, de summa octo milium florenorum de Florencia. Anno Domini m° iij^e trisecimo tercio, die xx mensis junii.

C iiij^{xx} xiij.

Fol. xviij recto.

XI. Litera venditionis facte per dominam Mariam de Bello Marchesio domino Petro de Via, de baronia Calvineti, de Vinzella et aliis locis. Die Veneris post festum sancti Bartholomei, anno Domini m° iij^c xx tercio.

ij^c iiij^{xx} xvij.

Fol. xxvij verso.

XII. Litera venditionis facte per dominam Mariam de Bello Marchesio, domino Petro de Via, de baronia Calvineti et de castellania de Vinzelle. Die Jovis post festum beati Petri, anno Domini m° iij^c xx. tercio.

ij^c viij verso.

Fol. xxviij verso.

XIII. Litera compromissi inter dominum Arnaldum de Via et dominam Mariam de Bello Marchesio. Datum xxij jour de mai, l'an de gracia mil iij^c xxix.

iij^c xiiij.

Fol. xxix recto.

XIV. Litera procurationis facte per dominam Mariam de Bello Marchesio ad vendendum baroniam Calvineti. Die lune iiij^a aprilis, anno Domini m° iij^c xx tercio.

iij^c xvj.

Ibid.

XV. Litera procurationis ad custodiendum depositum summe quadragintarum milium librarum super facto dictarum venditionum. Anno Domini m° iij^c xx tercio, die iij maii.

iij^c xviij.

XVI. Litera requisitionis facte per dictam dominam Mariam ut ejus vir non reciperet summas predictas. Datum die xix februarii, anno Domini m° iij^c xxiij.

iij^c xix.

XVII. Litera procurationis facte per dictam dominam Mariam ut portarent summas predictas in Francia. Datum die lune ante Brandones, anno Domini m° iij^c xx tercio.

iij^c xx.

Fol. xxix verso.

APPENDICE.

XVIII. Quidam liber papiri, in quo sunt centum et decem folia, et in eodem fit mentio de instrumentis et literis existentibus in castro Calvineti. In primo vero instrumento dicti libri fit mentio de quodam contractu inter dominam Mariam de Bello Marchesio et dominum Petrum de Via, sub anno Domini millesimo iij^e xxj, die quarta mensis januarii, etc.   iij^e xxxiij.

Fol. xxx recto.

XIX. Litera compositionis inter magistrum Guillelmum de Curia, tutorem nobilis Marie, filie domini Eustacii de Bello Marchesio, et religiosum fratrem Petrum Ricardi, pro tunc priorem domus de las Bessiegas, super facto dominii dicte domus. Datum die ultima mensis maii, anno Domini millesimo ij^e xlvij. Signatum.   Quinta.

Ibid. La Vinzela, cote iij^e iiij bis, folio 1 recto.

XX. Litera emptionis facte per dominum Eustacium de Bello Marchesio ab Austorgo Lasfreta et Guillelmo, ejus nepote, de dominio et omne illud quod habebant in castellania de Vinzella. Datum die Veneris post sanctum Bricium, anno Domini millesimo ij^e lxxxj^o. Signatum.   Sexta.

Fol. 1 verso.

XXI. Litera venditionis facte per Giraldum Aldeguier et Helypdim, ejus uxorem, domino Eustachio de Bello Marchesio, de omnibus juribus, actionibus et aliis juribus que habebant in parrochiis de Sancto Porcheno, de Noalhaco et de Flamhaco (Flanhaco?), et in castro de Vinzella et ejus districtu. Datum in crastino Epiffanie Domini, anno Domini millesimo ij^e lxxx. Signatum.   Octava.

Ibid.

XXII. Litera donationis et transportus facti domino Eustacio de Bello Marchesio per Hugonem Chantrac, domicellum, de omni dominio et juridictione quod habebat in castro et loco de Vinzella, ac censibus et accapitibus ac domibus et aliis rebus quas habebat in dicto loco de Vinzella. Datum secundo ydus octobris, anno Domini millesimo ij^e lxiiij^o. Signatum.

xij^a.

XXIII. Litera tra[n]sportus facti per dominum Athonem la Roqua, militem, pro se et Archambaldo la Roqua et pro heredibus domini Athonis la

Roqua, condam, domino Eustacio de Bello Marches, de juridictione et dominio quem habebat in terra ac castro de Vinzella. Datum die Mercurii post Septuagesimam, anno Domini millesimo iij̄ᶜ octuagesimo. Signatum.

xiij*.

Fol. ij recto.

XXIV. Litera tra[n]sportus facti per Adhemarum Gausserandi domino Eustacio de Bello Marches, de jure et dominio alto et basso quod habebat in castro de Vinzella et in fortalitio dicti castri. Datum die Veneris post beatum Bricium, anno Domini millesimo ij̄ᶜ lxxx primo. Signatum. xv*.

Ibid.

XXV. Litera transportus et vendicionis facte per dominum Garnerium de Tremolhas domino Eustacio de Bello Marches, de quodam dominio alto et basso sibi pertinenti in loco sive castro de Vinzella. Datum die Martis post beatum Bricium, anno Domini millesimo ij̄ᶜ lxxx primo. Signatum.

xvj*.

XXVI. Litera transportus facti per Bertrandum de Valom domino Eustacio de Bello Marchesio, de parte et portione strate de la Vinzella vocata *de la Provechal*, que vadit versus Cassanhozam et versus Montem Salvium. Datum die Veneris post festum beati Martini yemalis, anno Domini millesimo ij̄ᶜ lxx quinto. Signatum. xvij*.

Fol. ij verso.

XXVII. Litera compositionis et acordii facti inter dominum Petrum de la Via et homines de Vinzella. Datum die xviij mensis madii, anno Domini millesimo iij̄ᶜ xxxixᵒ. Signatum. xix*.

Ibid.

XXVIII. Litera transportus facti per Bertrandum de Tremolhas domino Eustacio de Bello Marchesio, de toto dominio alto et basso quod habebat in castro de Vinzella et fortalitio ejusdem. Datum die Veneris post beatum Bricium, anno Domini millesimo ij̄ᶜ lxxx primo. Signatum. xxij*.

XXIX. Litera venditionis facte per Simonam (?), relictam Petri de Roquafort, castri de Vinzella, nomine Rigaldi et Sebelie et Stele, filiorum suorum, heredum dicti Petri, domino Eustacio de Bello Marchesio, de medietate pro indiviso cujusdam domus scite in dicto loco; item de omni jure alto et basso quod habebat in castro de Vinzella. Datum die Veneris post beatum Bricium, anno Domini millesimo ij^c lxxx primo. Signatum. xxiij^a.

XXX. Litera venditionis facte per Bernardum del Mas, domicellum, domino Eustacio de Bello Marchesio, de omni jure et dominio quod habebat in castro de Vinzella. Datum die Veneris post beatum Bricium, anno Domini millesimo ij^c lxxx primo. Signatum. xxiiij^a.
Fol. iij recto.

XXXI. Litera emptionis facte per dominum Eustacium de Bello Marchesio a Geraldo Aldeguier, de quibusdam domibus scitis in loco de Sancto Porchenno, et quibusdam ortis et censibus quos habebat in partibus de Sancto Porchenno et de Noalhaco et de Cassanhoza. Datum die Veneris post beatum Bricium, anno Domini millesimo ij^c lxxx primo. xxvij^a.
Ibid.

XXXII. Litera permutationis inter dominum Eustacium de Bello Marchesio et dominum Guillelmum de Vialaret, priorem prioratus Sancti Yri ordinis sancti Johannis, de uno cestario siliginis in manso de Bielhmon. Datum die Jovis ante festum dominice Ramis Palmarum, anno Domini millesimo ij^c lxxiij^o. Signatum. xxviij^a.

XXXIII. Litera homatgii facti per fratrem Raimundum de Salas, ordinis sancti Johannis Iherosolimitani, procuratorem hospitalis de las Vessieyras, domino Johanni Hugonis de Chambuer et nobili Marie de Bello Marches, de domibus dicti hospitalis, de manso de Puechal, de manso del Botz, de manso de la Calmeta, de manso de Campaulena, de manso de Puechaldes, de manso del Glayal, de manso de Cayssials, de manso de Laboria, de manso de la Becana, de medietate mansi de Sala, proviso et quitquid habet in loco de Vinzella et parrochia de Sancto Porchenno, de Agrietz, Sancti Constancii de Fervoles et alibi. Datum die xxvij julii, anno Domini millesimo iij^c xij. xxix^a.

XXXIV. Litera venditionis facte per dominum Bertrandum Aldegui[er] domino Eustacio de Bello Marchesio, de una domo scita in castro de Vinzella juxta ecclesiam dicti loci; item de omni jure et dominio alto et basso quod habebat in dicto castro. Datum die Veneris post beatum Bricium, anno Domini millesimo ij^c lxxx primo. Signatum. xxx^a.

XXXV. Litera venditionis facte per Raimundum Scafredi dicto domino, de quinta parte pro indiviso cujusdam curtilis scite in dicto loco sive castro de Vinzella, et de omni jure et dominio et censu sibi pertinentibus in dicto loco et in parrochiis de Sancto Porchenno et de Grandivabro. Datum die lune post festum beati Bricii, anno Domini millesimo ij^c lxxx primo. xxxj^a.

XXXVI. Litera venditionis facta per Poncium de Corbia, domicellum, dicto domino Eustacio, de omni jure et censu ac dominio quod et que habet in castro de Vinzella et in parrochiis de Sancto Porchenno et de Grandivabro. Datum die Martis post beatum Bricium, anno Domini millesimo ij^c lxxx primo. Signatum. xxxij^a.

Fol. iij verso.

XXXVII. Litera venditionis facte per Archambaldum la Roqua, domicellum, dicto domino Eustacio, de toto directo dominio quod habebat et habere poterat in castro et castellania de Vinzella. Datum die Veneris post beatum Bricium, anno Domini millesimo ij^c lxxx primo. xxxiiij^a.

Fol. iiij recto.

XXXVIII. Litera transportus et venditionis facte per Hugonem Molinerii, preceptorem hospitalis Sancti Andree de Gallaco, Albiensis diocesis, dicto domino Eustacio, de bonis et proprietatibus quas habet in pertinentiis hospitalis, que bona eidem hospitali dederat Bertrandus Aldeguier, et bona erant in parrochia de Sancto Porchenno et de Vinzella. Datum decimo kalendas novembris, anno Domini millesimo ij^c octuagesimo sexto. Signatum. l prima.

Fol. v verso.

XXXIX. Litera venditionis facte per Hugonem de Roquafort, domicellum, dicto domino Eustacio, de medietate cujusdam domus indivise posite in loco de Vinzella, et de omni jure et actione quod habebat in castro de Vinzella. Datum die Martis post festum beati Bricii, anno Domini millesimo ij^c octuagesimo primo. Liiij^a.

Fol. vj recto.

XL. Litera ratifficationis facta per Cebeliam, uxorem Duranti Pogol, dicto domino Eustacio, de possessionibus quas vendiderat dictus ejus vir. Datum die Jovis post festum Pasche Domini, anno Domini millesimo ij^c lxx tercio. Signatum. Lvj^a.

Ibid.

XLI. Litera permutationis facte inter dominum Eustacium de Bello Marchesio et Begonem de Longaserea, domicellum, qui tradidit eidem domino unam albergam, loco census Aymarii Gausserandi, domicelli : scilicet unam reffectionem, sive prandium, et unam cenam de cibariis competentibus, cum quinque militibus et cum quinque garsonibus, sive garsons, et uno serviente, et fenum et avenam ad opus et sufficientiam equorum ipsius Begonis et dictorum quinque militum per unam diem annuatim, et quoddam prandium, sive reffectionem, in crastinum illius diey in mane, de cibariis competentibus, cum militibus, garsonibus et servienti predictis, prout dictum est. Item plus unam reffectionem et cibaria necessaria que percipiebat super Aybelina, relicta Geraldi Aldegueri, domicella, ad unam diem semel annuatim; et qua die illa consuevit percipere reffectionem predictam, eadem relicta debet et tenetur ex consuetudine obviare ei, et in recessu ipsius Bec, post dictam reffectionem, ipsum Bec conducere sive endressar cum tortitz, sive retortz de cera, usque ad hospitium dicti Bec in villa de Vinzella; et quod ipsa domina eidem debet facere lectum et suo socio, et eidem dare et ministrare, ante intramentum lecti, vinum bonum et sufficiens ad potandum, sibi et suis sociis. Et de aliis redditibus in dicta litera contentis, et pro hoc dictus dominus Eustacius eidem tradidit totum jus quod habet in domibus vocatis *de Lescura*, positis in parrochia de Maurcio, et alias res in dicta litera contentas. Datum die dominica post festum beati Martini yemalis, anno Domini millesimo ij^c septuagesimo nono.

Lxxvj^o.

XLII. Litera acquisitionis facta a Bernardo Joii, domicello de Ausicio, per dominum Johannem de Chambili et dominam Mariam, ejus uxorem, de duobus cestariis vini, mensure de Ausicio, super territorio vocato *de Riu Marti*, parrochie de Ausicio. Datum die Jovis ante festum Omnium Sanctorum, anno Domini millesimo iij^c xj^o. Signatum. Lxxvij^o.

Folio viij recto.

XLIII. Litera permutationum compositionis facte inter dominum Eustacium de Bello Marches et dominum prepositum et conventum monasterii Montis Salvii. Datum die Jovis in crastinum Omnium Sanctorum, anno Domini millesimo ij⁕ lxxx quarto. vj⁕.

Fol. x recto. *Castellanie de Rossino.*

XLIV. Litera quitationis facta heredibus, seu eorum exequtoribus, domini Eustacii de Bello Marches per dominum prepositum et sindicum monasterii Montis Salvii, de legato facto per dictum dominum Eustacium dicto monasterio. Datum die Veneris in vigilia Purifficationis beate Marie, anno Domini millesimo ij⁕ nonagesimo sexto. Signatum. ix⁕.

Fol. x verso.

XLV. Litera excambii et compositionum factorum inter dominum Eustacium de Bello Marchesio et religiosos viros prepositum et conventum monasterii Montis Salvii. Datum die Jovis in crastinum Omnium Sanctorum, anno Domini millesimo ij⁕ lxxx quinto. Signatum. xviij⁕.

Fol. xj recto.

XLVI. Litera homatgi facti per dominum Petrum vocatum *de Monsalvi*, presbiterum, dicto domino Eustacio, de affario vocato *del Rossi*, cum suis pertinentiis. Datum die Veneris ante festum beati Clementis, anno Domini millesimo ij⁕ lxxx nono. Signatum. xxvij⁕.

Fol. xij recto.

XLVII. Litera recognitionis facte per dominum Geraldum Gui, presbiterum, tutorem Bernardi Gui, condam, et Raimundi Gui et Deodati Gui, fratrum Petri Gui, et Guillelmi Vessieyra, pro se et Guillelmo Manset, procuratore ejusdem Guillelmi Vessieyra, domine Marie de Bello Marches, de medietate, pro indiviso, affarii de las Vessieyrias, sciti in parrochia de Junhac, cum omnibus juribus et pertinentiis suis. Datum die Mercurii in vigilia Assensionis Domini, anno Domini millesimo ij⁕ nonagesimo sexto. Signatum. xxxix⁕.

Fol. xiij recto.

XLVIII. Litera homatgi facti per Aymericum de Beterinia, domicellum, dicto domino Eustacio, de una parte, pro indiviso, mansi vocati *del Betz*, sciti in parrochia de Junhaco, et appendarie vocate *del Betz* in dicta parrochia, et de affario vocato *de las Carrals de la Calmeta*, scito in dicta parrochia, cum omnibus juribus et pertinentiis suis. Datum die Martis post festum beati Petri, anno Domini millesimo ij⁕ lxxix⁕. Signatum. xlv⁕.

APPENDICE. 773

XLIX. Litera compromissi facti inter dictum dominum Eustacium, ex una parte, et dominum Petrum de Monte Salvio, presbiterum, et Hugonem de Monte Salvio, fratres, et Geraldum et Guidonem de Monte Salvio, fratres, filios condam Guidonis de Monte Salvio, fratres dictorum domini Petri et Hugonis, super debato quem habebant de loco de Rossi. Datum xiij kalendas decembris, anno Domini millesimo ij^c nonagesimo. xlvj^a.

Fol. xiij verso.

L. Litera venditionis facte per dominum Geraldum Nicholay, presbiterum, dicto domino Eustacio, de affario del Toron[1] dels Micholaus, cum omnibus suis juribus positis in parrochia de Ginolhaco. Datum die Veneris ante festum beati Luche, anno Domini millesimo ij^e lxxxij^o. Lxv^a.

Fol. xv recto.

LI. Litera venditionis facta per Ristanh, dominum de Bessuejols, domino Eustacio de Bello Marchesio, de uno cestario siliginis, mensure de Interaquis, censuali quem percipiebat in et super territorio de Puech Guillelmi et de las Royvaldias, et de sex denariis Ruthenensibus quos percipiebat in toto affario del Bosquet, et de omni jure quod habebat in eisdem, que scita sunt in parrochia de Ginolhaco. Datum die Martis post festum beati Ylarii, anno Domini millesimo ij^e lxxx primo. Signatum. Lxxiij^a.

Fol. xvj recto.

LII. Litera homatgii facti per Bertrandum Berengarii de Interaquis domine Marie de Bello Marchesio, de baldia et territorio dicti nemoris. Datum die Veneris post festum beati Martini, anno Domini millesimo ij^c xiij^o. Lxxxiij^a.

Fol. xvij recto.

---

[1] Ce mot, omis par Raynouard dans son *Lexique roman*, mais recueilli par du Cange (*Gloss. med. et inf. lat.* t. VI, p. 615, 616, v° *Toro*), D. Carpentier (*Ibid.* t. VII, p. 319, col. 3), et, d'après lui, par Roquefort (*Gloss. de la langue romane*, t. II, p. 622, col. 1, et p. 633, col. 2), se retrouve dans le nom d'une localité d'outre-mer, ainsi mentionnée par Jean Pierre Sarrasin : « Li amiraus loja son ost en ce lieu que on apele *le Toron des chevaliers*, en tele maniere que ceuls de Japhe les veoient plainement. » (*Histoire de saint Louis*, par Jean, sire de Joinville, etc. Paris, Firmin Didot, 1857, in-12, p. 304.) — On peut, il est vrai, lire *Coron*, mot que l'on rencontre auparavant et ailleurs, avec le sens de *coin* : ... il vindrent au *coron* de celle isle, là où les deus iaues s'euforcent. » (*Ibid.* p. 265.)

« Or avint ensi ke li empereres ot a faire au *coron* de se tiere, » etc. (*Li Contes dou roi Coustant l'empereor*, dans les *Nouvelles françoises en prose du XIIIe siècle*, etc. A Paris, chez P. Jannet, MDCCCLVI, in-8°, p. 19.)

LIII. Litera recognitionis facta per Guillelmum Valeta, dompnum sive heremitam de Bilies, domine Marie, filie domini Eustacii de Bello Marchesio, de domibus suis de Bilies, cum omnibus juribus et pertinentiis suis. Datum die Jovis post festum Nativitatis Domini, anno Domini millesimo ij^c nonagesimo quinto. Signatum. iiij^{xx} xj^e.

Fol. xviij recto.

LIV. Litera permutationum factarum inter dominum Enricum, comitem Ruthenensem, ex una parte, et dominum Eustacium de Bello Marchesio, militem, ex parte altera, de certis redditibus scitis in parrochia de Ginolhaco et castellanie de Rinhaco et de Bello Castro. Datum die Veneris post festum circumcisionis Domini, anno Domini millesimo iij^c (sic) octuagesimo quinto. Signatum. iiij^{xx} xvj^e.

Fol. xviij verso.

LV. Litera homatgii facti per Hugonem de Monsalvi, filium Hugonis de Monsalvi, domino Eustacio de Bello Marchesio, de manso superiori de Cassas, et de affario dicto *de Alogne*, et affario dicto *de Frous*, et de affario dicto *del Moyonial*, cum suis pertinentiis. Datum die Veneris ante festum beati Clementis, anno Domini millesimo ij^c octuagesimo nono. Signatum.
iiij^{xx} xviij^e.

LVI. Litera venditionis facta per dominum Geraldum Nicholay, presbiterum, pro se et suis fratribus et sororibus, dicto domino Eustacio, de territorio vocato *del Toron dels Micholans*. Datum die Veneris ante festum beati Luche euvangeliste, anno Domini millesimo ij^c octuagesimo secundo. Signatum. iiij^{xx} xix^e.

Ibid.

LVII. Litera homatgii facti per Geraldum et Guidonem de Monte Salvio, clericos, domine Marie de Bello Marchesio, filie condam domini Eustacii, de manso de Alogne, et de manso superiori de Cassas, et de aliis rebus in dicta litera contentis. Datum die sabbati post octavas apostolorum Petri et Pauli, anno Domini millesimo ij^c nonagesimo quinto. Signatum. C quinta.

Fol. xix recto.

LVIII. Litera compositionum factarum inter dominum prepositum monasterii Montis Salvii et dominum Eustacium de Bello Marches. Datum die sabbati post festum sancti Michaelis, anno Domini millesimo ij^c nonagesimo secundo. Signatum. cxxxj^a.

Fol. xxj verso.

LIX. Litera recognitionis facta per Johannem, Guillelmum, Stephanum et Guillelmum del Sel, domine Marie de Bello Marchesio, de medietate pro indiviso affarii de Galhuneyras, posito in parrochia de Junhaco. Datum die Mercurii in vigilia Assentionis Domini, anno Domini millesimo ij^c nonagesimo sexto. Signatum. Cxxxiij^a.

LX. Litera venditionis facta per Hugonem Vitalis, pro se et tutorio nomine Guillelmi et Johannis Vitalis, fratrum, et Agnetis, eorum matris, dicto domino Eustacio de Bello Marchesio, de affario vocato *de la Garriga* et *de Montagra*, cum omnibus juribus et pertinentiis suis. Datum die Martis post festum beati Martini, anno Domini millesimo ij^e nonagesimo secundo. Signatum. Cxxxiiij^a.

Ibid.

LXI. Litera homatgii facti per Geraldum, dominum [de] la Valada, domino Eustacio de Bello Marchesio, de bona vocata *de la Valada*, cum suis pertinentiis; item de manso dels Sols et de appendaria vocata *de la Richardia*, et de nemore del Vinhal. Datum die Veneris ante festum beati Clementis, anno Domini millesimo ij^c octuagesimo nono. Signatum.

C xliij^a.

Fol. xxij verso.

LXII. Litera cessionis, sive transportus facti per dominam Ayselinam de Bedues, vicecomitissam Montis Clari, domine Marie, uxori domini Johannis de Chambeli, de montaneis de Lhiuran in Alvernia. Datum die octava exitus mensis januarii, anno Domini millesimo iij^c xxiiij^o. iij^a.

Fol. xxiij verso. *Litere montanearum de Chambuer.*

LXIII. Litera recognitionis facte per Rigaldum de Masymal, parrochie de Bredon, domino Hugoni de Chambili et domine Marie de Bello Marches, ejus uxori, de toto jure quod habebat in montaneis, nemore et tenentiis del Lhiuran. Et nichilominus in dicto instrumento fit mentio qualiter dictus Rigaldus permutavit predictum omne jus quod habebat in montaneis predictis. Datum die Mercurii post festum Pentecostes Domini, anno Domini millesimo iij^c x octavo. Signatum. Quinta.

LXIV. Litera recognitionis facte per Stephanum Bonada et Raimundam, ejus uxorem, dicto domino Johanni Hugoni et ejus uxori, dominis de Chambuer, de omni jure suo quem habebant in manso de Frayssa, parrochie de Bredom. Datum die Veneris ante festum beati Petri ad vincula, anno Domini millesimo iij^c nono. vj^a.

Ibid.

LXV. Litera recognitionis facta per Guillelmum Boni domino Hugoni Johanni de Chambeli et domine Marie, ejus uxori, de omne id quod habebant in manso de Frayssa, parrochie de Bredom. Datum die Jovis ante festum beati Petri ad vincula, anno Domini millesimo iij^c nono. viij^a.

LXVI. Litera recognitionis qualiter dominus Johannes Hugonis de Chambeli et domina Maria, ejus uxor, recognoverunt habuisse a domino Petro de la Via mille libras ad causam venditionis montanee de Lhiuran. Datum die dominica Annunciationis beate Marie, anno Domini millesimo iij^c xxiij^o. ix^a.

LXVII. Litera regia faciens mentionem qualiter dominus Eustacius de Bello Marchesio erat dominus montanearum del Lhiuran. Datum die septima junii, anno Domini millesimo iij^cc xxix. x^a.

Fol. xxiiij recto.

La même collection dont nous avons tiré les indications qui précèdent, renferme également une charte sur parchemin signée *de Bosco, notarius regius*, et datée du 12 mai 1429, contenant copie d'une charte de commune délivrée aux habitants de Calvinet, par Eustache de Beaumarchais et dame Marie, son épouse, dont cette pièce nous révèle le nom :

Nos Eustachis de Beumarchetz e Na Maria, sa molher, a totz los esgardadors d'aquestas letras salutz. Nos cosentem voluntier a las preguarias de nostres homes, quant elh requiro a nos causa que nos cresem que sia drechurieyra : aquo es que ns a inclinet a las preguarias dels prodomes he de la comunitat de Calvinet, de l'aves at d'Alvernhe, estans en la nostra terra,

APPENDICE.

aut cosselh de proshomes relegios e seglars, als davant dich homes [et] a la coniltat de Calvinet autregam los us e las costumas desotz scrichas. De las quales la primeyra es que se alcus hom o alcuna femna intra de dias en ortz o vinhas o pratz d'alcun sens la voluntat o mandamen d'aquel de cui sera, puis que nostre mandamen sera cadans cridat, pagare tres sols de la monedat corren en aquel loc als cossols d'aquel meteis loc, se a de quei puesca pagar; e se non a, al albrit de nostre juge o de nostre bayle sia punit corporalmen; e cascuna bestia que sera aqui trobada, pague als dichtz cossols iiij^e deniers. Es se sia auca o semblaus ausels, o porx, pague .j. denier; e 'l senhe de qui sera la bestia o l'auca o l'ausels, esmendara lo dampnatge; e los deniers que los cossols penran per aquestas causas, metran en profiech de la viala de Calvinet, ad esmendar los mals passatges e las vias publicas e los pons. E li estranhs que aquest mandamen no sabra, no seran tengut an aquesta pena, mas seran punitz alt[r]amen, ad albrit de nostre juge. Item se alcus hom o alcuna femna intra de nuetz en ortz o en vinhas o en pratz d'alcun sens mandamen o sens voluntat d'aquel de cui sera, paguara a nos .lx. sols per aquel forfach, pois que nostre mandamen sera cridat cadan, et esmendara lo dampnatge. Item totz hom que tenra a la dicha viala fals pes, falsa mesura o falsa auna, sera encorregut a nos en .lx. sols j. denier; es se altras doas veguadas faia aysso, al nostre albrit de nostre juge sera punit. Item se [li] maselier que vendran la scarns a la dicha viela, vendo bonas carns e sanas; es se non ero bonas e sanas, o li maselier non revelavo als compradors la malvestat de las carns quant seran malvesas, sian presas e donadas als paubres per l'amor de Dieu, e sia rendut lo pres ad aquel que las avia compradas. Empero quant li maselier revelarien la malvestat de las carns a naquel que las comprarien, no sio de re tengutz. De la festa de sanch Miquel tro a Paschas gasanhe en cascun sol .iij. mealhas tan solamen, e de las Pascas entro a Sanch Miquel .ij. deniers tan solamen. E totz maseliers que aquesta deffensa o mandamen transpassara, sera encorregut a nos en vij^{et} sols .j. denier. Item cascuna pestoressa o cascuni que faia pan a vendre en la dicha viela, gasanhe en cascun sestier de fromen .viij. denier e lo bren tan solamen, et aquo segon may o segon mens. Es se may y gasanha, totz lo pa sia pres e donat, per l'amor de Dieu, als paubres. Totas causas mangablas, pueys que seran aportadas a la dita viela a vendre, no sio vendudas entro que sio davant aportadas a la plassa, pueis que de nostre mandamen aura stat cridat en la dita viela, e deffendut. Et aquesta deffencios dure de la festa de sanch Johan Batista entro a la festa de sanch Miquel. Et que aquest mandament transpassara sera condampnat a nos en .xij. deniers. Perditz, lebres, coniths sio vendutz al for que sera cridat al mercat, o e la viela, de part nos. Item tot hom e tota femna que aportara causas mangablas a la dicha viala, coma so volatilias, bestias salvagas, pomas, peras e causas semblans, non done leyda se non era al dia del mercat. Item negus homs habitan e la dicha viala, as sos propris hus, a dia de mercat o d'altre, en lo mercat o de fora, no done leyda de causas que venda ni compre en la dicha viala. Item nos volem que negus bayles no fassa forsa a negun home de la dicha viala, ni prengua son cors ni retenha, se non era en cas que son cors degues esser pres. Es s'en prendia alcu o li fassia forsa, que aquel a cui seria facha la forsa pogues a nostra cort apelar, dada causio covenhabla d'estar a drech per davant nos. Li cossol de la dicha viala juraran a gardar et a deffendre ben e leialmen nostre cors e nostres membres e nostras drechuras, e que gardaran e faran ben e leialmen lo offici del cossolat tant quant seran en aquel offici, e que non prengo do ni servici per razo d'aquel offici que teno, d'alcu home per lor ni per alcun ma, se non era causa que sia autregada e drecha, cascun estan en aquel offici. Item la comunaltat de la dicha viela jurara a nos, o a nostre mandamen, en la presence dels cossols, a donar als dichtz cossols bon cosselh e leal, segon lor poder, quant elh seran requist d'aysso, sal en totas causas nostre drech. Item estrument fach de public notari establit per nos o per nostre mandamen, aio aquela fermetat que an public estrumen. Item testamen fach en la darrieyra voluntat d'ome davant testimonis covenhables, aio fermetat. Item si alcus, mor sens heretier, que non deia esser hereties e non aia fach son testamen, li cossols de la dicha viala de nostre mandamen gardaran los bes d'aquen per .j. an et .j. dia; empero que los bes sian scrich per nostre bayle. Es se an aquel an et .j. dia non venia heretier que agues heretar, li cossol redram a nos aquels bes, affar planieyramen nostra voluntat. Item totz deudes conogutz, se clams nos faho, se non es pignorat dins xiiij dias, lo deneyre paguara a nos tres sols per clams. Es se los deudes es neguat e non puesca esser proatz, aquel que sera vencutz sera condampnat a nos en .ij. sols. Item si alcus ditz al altre paraulas contumehous (sic) e grossas, se clams non es fach, non es tengut a nos ad amenda. Es se clams n'es fait, es tengut a nos en .iij. sols, per locta e per la estimacio de la injuria en .ij. sols par l'hura. Item se alcus tray glasi contra altre e non fer, sera condampnat a nos en lx. sols.

E s'en fer e sanc ne yeis, sera punit a nos en .c. sols, et esmendara al nafrat. E s'en pert membre, sera condempnat a nos en .x. libras o en plus, se a nos platz, et esmendara al nafrat. Es se aquel que sera ferit, mor per lo cop, aquel que fara lo cop sera punit a nostra voluntat, e totz lhy bes seran pres a nostra ma. Item se alcus es condempnat de qualque dampnatio que sia, li sien be seian pres en nostra ma, e li sieu deudes seian pagatz d'aquels bes, e lo remanens, s'en i a, seran nostres. Item li layro e lo omesida seran punitz a nostra voluntat. Item se alcus es pres en adulteri, correra per la viala, o pague a nos .ij^c. sols. D'aquo aia la causida aquel que deu corre. Item se alcus intra en fermansa per altre, s'el principal deudere non a de que pague, aquel que sera fermansa pague, se a dont puesca pagar. Item se alcus vol donar la soa causa, done-la, et aquest do sia ferms per tos temps, sal aysso que drechurieyra porcios sia donada assos enfans, als hus et a las costumas de la terra, sal nostre drech en totas causas e de tot altre home en aquest cas. Item nos autregam als davant ditz homes de Calvinet que puesco acessar et comprar de totz home que vuelha vendre ni cessar en nostra terra et en nostra senhoria, sal nostre drech. Item tot home que venir vuelha a la dita viala o abitar es ser estaga, sia francx ayssi coma li altre habitadors, se far se pot, sens prejudici d'altrui. Item la dita vila sia franqua de tota questa, se non era facha de voluntat dels homes de la vila, esters en tres cas, lo quals podem far quista : so es assaber per la redemptio de nostre propri cors, per nostra filha maridar o s'avenia nostras personas passar la mar per causa de pegrinatio. Item en cascuna mayo o en cascun ayrat lonc de detz canas e larc de quatre, a la mesura de Figac, devem aver cadans .vj. deniers sensals a la festa de sant Andrieu apostol, et aquo segon may e segon mens. Item tot buou que sera vendut al mercat o en la viala, devem aver de l'escranh d'aquel que comprara .j. denier, de porc .j. denier, de ase ferrat .vj. deniers, e de defferrat .j. denier; de bestia grossa .xij. deniers, de cascun cuer de bestia grossa .j. denier d'aquel que lo vendra; de pel de volp o de loyra .j. denier. Item de houeylha o de cabra .j^a. mealha d'aquel que la comprara. Item desora d'una libra e d'aqui ensus .j. denier d'aquel que la ven. Es si colier la porta, non dara mas .j. denier. Item d'una saumada d'olas .j. denier o .j^a. ola que valha .j. denier. Item de cascuna feusa de carn de porc que sera trobada el mercat plus propda davant nadal, .j^a. veguada el an .j. denier. Aquestas leudas davan dichas pagaran li estranh. E li home de la dicha vila sia franx de tota leyda de las causas que compraran a lor propris hus o en la vila o en lo mercat. Item tot hom estranh que tenha tenda lo dia del mercat, de quelque mestier que sia, done .j. denier per leyda, exceptat mersier, que non deu mas mealha. Item cascun fazen pa a vendre en la vila, donara a nos cadans .iiij. denayradas de pa lo jous de la cena. Item la saumada del fer aportada de foras donara a nos per leyda .iiij. deniers, huna saumada de sal .j*. pena de sal et .j. denier. Tot home estranh que vuelha trayre de la dita vila blat ni sal, donara per .j*. saumada de blat .j*. copa raza, et aquo segon may o segon mens; e per una saumada de vi .j. denier per leyda; per lo fays de hun home de sal, .j*. mealha; del fays d'enaps de veyres .j. denier d'ome estranh; d'un fays d'escudelas de grasals .j. denier; de cascuna semensa d'ort del estranh, segon que raso sera justa. Se alcus que deia leyda et icis fora de la vila o del mercat que non pague leyda, paguara a nos set sols et .j*. mealha per emenda. Qui ferra alcun el mercat am lo ponh, paguara a nos .vj. sols et .j*. mealha d'encorreguda. Et se sanc ne yeis, el sera condempnat a nos a .lx. sols. Qui de pocessio playjara, pague per libra .ij. sols; et aquela soma no paguara aquel que playgara entro a la ffi del plach. Item se alcus bayles penhurava alcun home aprop .xiiij. dias assignatz al deudor, aquel de cui sera lo deutes gardara las penhuras per altres .xiiij. dias, et passatz los .xiiij. dias el vendra las penhuras; e non es plus tengutz que las tenha. Item lo bayle de la vila jurara en la presencia dels cossols que el fara leialmen son offici, e que non prengua do ni servici per son offici; a cascun redra son drech, segon son poder. Los hus e las costumas de la dicha vila aproadas et scrichas gardara, sal nostre drech, et deffendra. Item nos establirem en la dita vila cossols cadans, lendema de Nadal. Es se adoncas non ero establitz, lor poder durara entro que asom establitz autres cossols. Item nos volem que li cossols aion poder de reyre, adobar los mals passatges per las vias publicas. Es se alcus jeta en las carrieyras causas pudens e causas nosens, sian punitz per nostre bayle e per los cossols, segon que y ffara affar. Tot aquest hus et aquestas costumas de davant dichas e totas las causas que dessus son scrichas nos ditz Eustachis e Na Maria prometem als ditz homes et a la comunitat de Calvinet tener e gardar et attendre per tos temps a bonaffe, a nostre poder, per nos e pels nostres. Et en testimoni d'aquestas causas et a maior fermetat aver, pausam nostres segels a la present carta et a las present letras, et aprobam los hus e las costumas desus dichas e totas las causas que dessus son scrichas e des ayssa en jos. Et ajustam ad aysso que dessus es escrich, que de cascu sestier de fromen e de qualque altre blat a la mesura de la vila dessus dicha cuech el nostre forn, devem aver .iiij. deniers. Item home de la dita vila devo far a nos mandia al bastimen de tors e de murs e de valatz e de palenc del castel de Calvinet per tos temps a lor despessas. Item li home de la dita viala devo molre lor blatz els nostres molis, aytant quant li mole sobredich seran apte de molre. Item si alcus hom vendia las penhuras quel seran rendidas per son deude, venda las per lo maior pretz que aver ne poyra; et aquo que n'aura may oltra lo deude, sia tengutz de redre e reda ad aquel de cui ero las penhuras. Item las dichas franquesas e'ls hus e las costumas dessus dichas devo aver e durar e la dicha vila et el castel de Calvinet, e dessa la vila e del castel entro al rieu de lonc la Teulieyra, et entro al rieu de l'Estanc, et entro al cap del Puech que apela hom *Puech maior*, entro al loc on s'ajusto li doy rieu sobre dich. Horum omnium sunt testes : Johans la Cort, B. Pelisiers, P. Mamet, G. la Cort, W. la Roqua, P. del Cassanh, clerc; G. de Tenergas (Senergas?), B. Laurens, clergue. Actum et datum in capella de Calvinet, tertio nonas aprilis, anno Domini millesimo .cc°. lx. sexto. »

Sequitur copia alterius litere annexe cum supradictis.

Nos Eustachis de Beu Marchet e nos Na Maria, sa molher, fam assaber a totz aquels que veyan aquest present scrich, que nos nos em acordatz am nostres homes de Calvinet en aquesta maneyra que elh, oltra lo bastimen del castel de Calvinet, nos devo far manobra a nostra despessa e las maios et els bastimens que nos farem a nostres ops et a nostres hus dius lo castel sobredich, de cascun bostal hun home, la semmana una vetz, sal el temps que es de la Sant Johan tro a la Sant Miquel no so tengutz d'aquesta manobra. Et aquesta manobra, ayssi com dessus escrich, devo far per .v. ans propdamens endevenedors complitz, e des aqui e lay non be so tengutz. Et no volem que per aysso apres los .v. ans sia fach alcus dampnatges ni alcus prejudicis als ditz homes e lor franqu[e]sas ni e lor hus ni e lor costumas que lor avem autregadas, ayssi coma so escrichas e segeladas ab nostres segels, mas que aio valor et fermetat per tos temps, et que apres los .v. ans sian franc de tota manobra, salva aquela que y conte e las dichas costumas. In cujus testimonium sigilla nostra presenti scripture duximus apponendum. Actum in capella de Calvinet, iij nonas aprilis, anno Domini millesimo .cc. lx. sexto. *Testes ut supra.*

Arch. de l'Emp. sect. administr. partie domaniale, p. 1364, cote 1290.

Page 124, vers 1092.

Ce même proverbe se retrouve ainsi en basque :

> Erroma ezen horen batez acabatu.
> (Rome ne fut pas faite en une heure.)

Page 347.

Voyez encore, sur ce même château de Belmarches, au bas du folio 68 verso.

Page 371.

Voici une autre citation à placer à la suite de celle des Tournois de Chauvenci :

« Uns des sains hommes del desiert contoit k'il avoit esté fius à .j. prouvoire des ydres. .J. jour entra ses peres el temple pour sacrefiier as mahommès, » etc. (Vies des pères du désert, ch. cxvj; Ms. de la Bibliothèque impériale, fonds de Sorbonne, n° 454, folio 99 recto, col. 2, l. 42.)

Page 402.

A ce que nous avons dit là et page 492, sur maître Martin, on peut ajouter ces deux articles des comptes de Navarre pour 1284 :

« Item magistro Martino preparanti cisternas castrorum et balistas de garroto, in quindecim diebus xxx solidos. » (Fol. 22 recto. *Compot. Sancii Orticii de Sancto Miliano, merini Stellensis.*)

« Item magistro Martino de Stella, carpentario, dum faciebat defensiones vocatas *archeras* in castro de Cortes de mandato gubernatoris, vi kaficia iij rova. » (Fol. 48 recto *Compot. Gileberti, ballivi Tutele.*)

Page 424.

Ces voies romaines n'étaient pas le seul ouvrage auquel on rattachât le nom du vainqueur des Gaules. Au xii° siècle, Jean Beleth (*Divin. off. Explic.* c. 159) regardait comme le tombeau de Jules César l'obélisque du Vatican, qui s'appelait de son temps l'aiguille de saint Pierre, erreur populaire que Duranti (*Rational. divin. off.* lib. I, c. v, n. 9) répétait plus tard.

Nos ancêtres du midi de la France ont accolé César à Hippocrate, comme on le voit par ce début d'un recueil de recettes médicales : YPOCRAS. — *In nomine domini nostri Jhesu Christi amen.* — So es lo libre que Ipocras trames a Cesar, e dis li : « Ara fai gardar aquest libre, car mot es profichables; sapchas que el es aitals con tu l'as demandat per ta salut; sapchas que la curation de ton cors a gran mestier. Si sera ad esproar ta natura, » etc. (Ms. de mon cabinet, folio 23 recto, col. 1.)

Pag. 426-429, addition à la note sur le sucre.

L'histoire de cette précieuse denrée est si intéressante, que nous ne pouvons résister au désir de fournir quelques indications de plus au savant qui voudrait la traiter.

La canne à sucre avait été vue par Brocard, en Palestine, vers 1283. Le sucre de canne, ou *canamiel*, était recommandé peut-être plus anciennement par Jean de Saint-Amant. Enfin, l'usage en est aussi conseillé par Alebrand de Florence. (Voyez l'Histoire littéraire de la France, t. XXI, p. 197, 265, 417.)

Page 448, en note, col. 2.

Dans les comptes de Navarre pour 1283, il est fait mention d'un *Petrus de Ezperun*. (Fol. 2 recto.)

Page 471, note 1.

Marquisia de Rada est encore nommée dans les mêmes comptes, fol. 19 verso, 49 recto, 54 verso, 72 verso.

Page 474, en note.

Dans les comptes de Navarre, il est fait mention de Ruy Perez de Tidon, de Simon Perez et Gomez Perez de Tidon. (Fol. 21 verso, 22 recto, 42 recto, 56 recto, 75 recto.)

Page 484.

Il existe nombre d'autres passages qui autorisent à dire qu'en général les Lombards sont mal renommés dans nos chansons de geste. (Voyez l'Histoire littéraire de la France, p. 464, 507, 591, 648.) Dans un grand nombre de manuscrits du Roman de la Rose on lit:

> Male-Bouche, que Diex maudie!
> Ot sodoiers de Lombardie.

(Voyez l'édition de Méon, t. Ier, p. 158, en note.)

Page 488, en note, col. 1.

Il est encore question de la tour de Malveizin, au folio 87 recto. On sait qu'il y avait un château de Mauvoisin, en Bigorre, dont il est question dans les chroniques de Froissart, liv. III, chap. VI, ann. 1388; édit. du Panthéon littéraire, t. II, p. 377.

Note à la page 489, ligne 5.

On retrouve le même *Lambertus de Tureyo* dans une pièce du Trésor des chartes (J. 302, n° 3); il y est qualifié de *dominus Saxiaci, procurator nobilis domine Guise de Lunello.*

Pag. 514.

Voyez, sur l'interprétation du mot *missoudor*, l'Histoire littéraire de la France, t. XXII, p. 927, 951.

Dans le *plaisant Galimatias d'un Gascon et d'un Provençal*, publié en 1619, on trouve le mot *mille-soudiers*, que M. Édouard Fournier rapporte au *gof* parisien et qui, dit-il, servait à désigner les gens assez riches pour pouvoir dépenser mille sous par jour. (Voyez *Variétés historiques et littéraires*, etc. t. II. A Paris, chez P. Jannet, MDCCCLV, in-12, p. 279, en note.)

Page 529.

Les extraits suivants des comptes de Navarre pour 1286 montrent le rapport qui existait entre les tournois et les sanchets:

« Summa expensarum ij^c xj libre iij denarii morlanensium xviij^{ens}; valent iij^c xvj libras x solidos iiij denarios sanchetorum.

« Item pro expensis dicti castellani (castri Sancti Johannis de Pede Portus), quando ivit ad regem et remansit ibi in septimanis decem et amplius, pro viginti libris turonensium xiiij^{ens}; valent xvij libras ij solidos xj denarios sanchetorum. » (Fol. 102 verso.)

« Summa totius recepte vi libre ix solidi viij denarii morlanensium xviij^{ens}; valent ix libras xiiij solidos vi denarios sanchetorum. » (*Ibid.*)

« Summa totius expense xviij libre vij solidi morlanensium; valent xvi libras xvij solidos vi denarios sanchetorum. » (*Ibid.*)

Page 531.

On trouve encore, au folio 97 recto des mêmes comptes, une autre mention du même *Benedictus Crosat*.

Page 538, note 1, col. 1.

Un trouvère cite une épée de Durazzo, ville qui était alors au pouvoir des Grecs.

El cors li met le bon fier de Duras,
Mort le trebuce sor un perron à quas...
L'arme emporterent Belzebus et Pilas.

Li Romans d'Anseis de Cartage, ms. de la Bibl. imp. n° 7191, fol. 64 recto, col. 2, v. 29.

APPENDICE.

Page 542.

Au folio 99 verso des mêmes comptes, je retrouve un *Paschasius Marzellus*, sans doute de la même famille.

Page 566.

Une lettre de Jean-sans-Terre, du 26 juillet 1205, nous montre en Angleterre un fabricant d'arbalètes nommé Pierre Sarrasin ou le Sarrasin, probablement à cause de son origine :

« Rex constabulario Norhamtonie, etc. Mittimus ad te Petrum Saracenum, factorem balistarum, mandantes ut illum retineatis, se altero, ad opera nostra facienda, et facias ei habere liberationes suas qualibet die fuerit in servicio nostro, ix denarios, » etc.

Dans le *pipe roll* de la sixième année de Richard Ier, frère et prédécesseur du roi Jean, on lit l'article suivant, où l'on voit également, en Angleterre, un Sarrasin mêlé à des arbalètes :

« Pro ducendis ad regem hominibus arbelastariorum regis cum arbalastis et hernasiis eorum, et cum quodam Sarraceno et quodam Griffono, xij s. et iiij d. »

(*Excerpta historica, or Illustrations of English History*. London : printed by and for Samuel Bentley, M. DCCC. XXXI. grand in-8°, p. 395.)

Page 557, en note, col. 2.

Hugues de Conflant est encore nommé dans les mêmes comptes, au folio 14 recto.

FIN.

TABLE DES MATIÈRES.

	Pages.
Introduction	1
Histoire de la guerre de Navarre en 1276 et 1277	1
Nouvelles observations sur le texte	331
Notes	337
Table des principaux mots et des matières contenus dans l'Histoire de la guerre de Navarre	667
Table des notes de l'Histoire de la guerre de Navarre	743
Appendice	761

www.ingramcontent.com/pod-product-compliance
Lightning Source LLC
Chambersburg PA
CBHW061723300426
44115CB00009B/1086